Tratado de Direito Internacional
Direito Internacional no Tempo Medieval

Tratado de Direito Internacional
Direito Internacional no Tempo Medieval

TOMO 4

2023 • 2ª Edição • Revista, Ampliada e Atualizada

Paulo Borba Casella

ALMEDINA

TRATADO DE DIREITO INTERNACIONAL
DIREITO INTERNACIONAL NO TEMPO MEDIEVAL
TOMO 4 – 2ª EDIÇÃO REVISTA, AMPLIADA E ATUALIZADA

Autor: Paulo Borba Casella

Diretor Almedina Brasil: Rodrigo Mentz
Editora Jurídica: Manuella Santos de Castro
Editor de Desenvolvimento: Aurélio Cesar Nogueira
Assistentes Editoriais: Larissa Nogueira e Letícia Gabriella Batista
estagiária de produção: Laura Roberti

Diagramação: Almedina
Design de Capa: Roberta Bassanetto

ISBN: 9786556278285
Maio, 2023

Dados Internacionais de Catalogação na Publicação (CIP)
(Câmara Brasileira do Livro, SP, Brasil)

Casella, Paulo Borba
Tratado de direito internacional : direito
Internacional no tempo medieval : tomo 4
Paulo Borba Casella. – 2. ed. – São Paulo : Almedina, 2023.

ISBN 978-65-5627-828-5

1. Direito internacional 2. Estado (Direito)
3. Idade Média I. Título.

23-146821 CDU-341

Índices para catálogo sistemático:

1. Direito internacional 341

EEliane de Freitas Leite – Bibliotecária – CRB 8/8415

Este livro segue as regras do novo Acordo Ortográfico da Língua Portuguesa (1990).

Editora: Almedina Brasil
Rua José Maria Lisboa, 860, Conj. 131 e 132, Jardim Paulista | 01423-001 São Paulo | Brasil
www.almedina.com.br

Não te esqueças que nos próprios limites dessa pequena habitação vivem numerosas nações, separadas umas das outras, pela língua, pelos costumes, por todos os hábitos da vida, e que tanto pela dificuldade das comunicações, quanto pela diversidade da linguagem e da ausência de relações regulares, eles são inacessíveis não somente ao renome dos indivíduos, mas mesmo ao das cidades.

BOÉCIO **Philosophiae consolationis** (524 A.D.)[1]

Nos enganaríamos, se quiséssemos pressupor que o direito internacional é uma criação da era moderna. Muitas valiosas pedras fundamentais foram trabalhadas por tempos mais antigos, que construíram as bases do direito internacional para sempre. Nessa empreitada, se destacam as contribuições de sábios da Antiguidade, filósofos e juristas, gregos e romanos. Não menos relevante foi a contribuição da Idade média, com sua plenitude de sabedoria, com seu fino e piedoso sentido de dar prosseguimento à construção desse legado intelectual, com seu

[1] BOÉCIO, **Consolação** (l. II, prosa VII, n. 7): quod hoc ipsum brevis habitaculi septum plures incolunt nationes lingua, moribus, totius vitae ratione distantes, ad quas tum difficultate itinerum, tum loquendi diversitate, tum commercii insolentia non modo fama hominum singulorum, sed ne urbium quidem pervenire queat. Foram utilizadas: BOÈCE, **Consolation de la philosophie** (traduction nouvelle en prose et en vers avec le texte en regard par Louis Judicis de MIRANDOL, Paris: Guy Trédaniel / Ed. de la Maisnie, 1981) b/c outra edição bilingue, BOÈCE, **La consolation de la philosophie / Philosophiae consolationis** (traduction nouvelle avec une introduction et des notes par Aristide BOCOGNANO, Paris: Garnier, 1937).

cristianismo vivo e seu forte sentimento do direito, amor ao próximo e justiça.

Otto SCHILLING (1919)[2]

A evolução política da Europa leva ao estabelecimento das grandes monarquias soberanas. Ao processo histórico corresponde uma nova concepção do direito internacional, que se estabelece sobre as ruínas dos princípios da Idade média. [...] O cosmos jurídico é então quebrado em fragmentos soberanos e a ideia da organização, forte e hierarquizada, do gênero humano, parece se desfazer para sempre.

Michel ZIMMERMANN (1933)[3]

Não é para nos livrar dela, que estudamos a história, mas para salvar do nada o passado que se afogaria sem ela; é para fazer renascer no presente aquilo que, sem ela, nem mesmo seria passado, nesse presente único, fora do qual nada existe. Para que exista de novo esse humano, em sua

[2] Otto SCHILLING, **Das Völkerrecht nach Thomas von Aquino** (Freiburg im Breisgau: Herdersche Verlagshandlung, 1919, na coleção Das Völkerrecht – Beiträge zum Wiederaufbau der Rechts- und Friedensordnung der Völker, im Auftrage der Kommission für Christliches Völkerrecht von Dr. Godehard Jos. EBERS, Heft Nr. 7 – digitalized by the Internet Archive in 2011 with funding from Univ. of Toronto, http://www.archive.org/details/dasvlkerrecht00schi, 1 – Einleitung, p. 1).

[3] Michel ZIMMERMANN, **La crise de l'organisation internationale à la fin du Moyen Âge** (RCADI, 1933, t. 44, p. 315-437, cit. p. 434).

complexidade individual e concreta, basta conhecê-lo; para nos enriquecer com sua substância, basta amá-lo.

Étienne GILSON (1938, ed. 1978)[4]

Historicamente é impossível encontrar o início de qualquer dos fios que vieram a ser trançados na trama do direito internacional moderno.

Mark W. JANIS (1999, ed. 2004)[5]

O direito é uma parte da história, e a ciência jurídica pode ver-se como auxiliar de outras ciências, precisamente da história e da política. Mas também se produz o inverso. A história pode desenvolver função auxiliar, e a ciência jurídica (que é em si mesma uma ciência histórica) pode 'pedir conselho' à história.

Mario BRETONE (2000)[6]

[4] Étienne GILSON, **Héloïse et Abélard** (orig. publ. 1938, Paris: Vrin, 3e éd. rev., 2e tirage, 1978, chap. 8 – La leçon des faits, p. 147-168, cit. p. 168): "Ce n'est pas pour nous débarrasser d'elle que nous étudions l'histoire, mais pour sauver du néant le passé qui s'y noierait sans elle; c'est pour faire que ce qui, sans elle, ne serait même plus du passé, renaisse à l'existence dans cet unique présent hors duquel rien n'existe. Pour que cet humain existe de nouveau dans sa complexité individuelle et concrète, il suffit de le connaître; pour nous enrichir de sa substance, il suffit de l'aimer."

[5] Mark JANIS, Religion and the literature of International Law: some standard texts (in **Religion and International Law**, ed. by M. W. JANIS and C. EVANS, orig. Publ. 1999, Leiden / Boston: M. Nijhoff, 2004, p. 121-143, cit. p. 121).

[6] Mario BRETONE, **Derecho y tiempo en la tradición europea** (orig. publ. **Diritto e tempo nella tradizione europea**, 1994, trad. Isidro ROSAS Alvarado, México: Fondo de

Não percamos jamais de vista esse dado essencial: todo pensamento se inscreve no contexto do tempo, assim como a duração única que vive cada um se inscreve na duração coletiva. Isso nos torna prudentes mesmo em relação a tudo que apareça como absoluto. Do que parece, mas aos olhos de quem e em que momento? Na verdade, está tudo aí.

L. JERPHAGNON (2010)[7]

cultura economica, 1° ed., 1999, reimpr., 2000, primera parte, cap. IV – La investigación del tiempo clásico, p. 87-112, cit. p. 91).

[7] Lucien JERPHAGNON, **La... sottise?** (vingt huit siècles qu'on en parle) (Paris: Albin Michel, 2010, cit. p. 122-123): "Mais laissons ces controverses aux escholiers du Paris médiéval. Non qu'ils fussent plus stupides que nous, ni d'ailleurs plus intelligents. Cela, ils l'étaient tout autant, mais autrement, et l'on a pu voir en passant que de l'intelligence et de la sottise ils avaient eux aussi leur idée. ABÉLARD vous l'aurait dit, ou deux cents ans plus tard, une belle tête comme GUILLAUME D'OCKHAM."

ABREVIATURAS

a. C. – antes de Cristo

A.D. – anno Domini, para designar a cronologia a partir do nascimento (presumido) de Jesus Cristo, também designado como "d.C."

AFDI — *Annuaire Français de Droit International* (publicação do C.N.R.S., Paris)

AIEA — Agência Internacional de Energia Atômica (IAEA, em inglês)

AJIL — *American Journal of International Law.*

ARSI – *Archivum Romanum Societatis Jesu – Arquivo romano da Companhia de Jesus*

Bol. SBDI ou *Boletim* — *Boletim da Sociedade Brasileira de Direito Internacional.*

BYBL — *British Yearbook of International Law*

© – copyright = indica a data de publicação original da obra citada

ca. – *circa*, por volta de

CBN – Comunidade Britânica de Nações (*British Commonwealth of Nations*)

CDI ou ILC — Comissão de Direito Internacional da Nações Unidas – International Law Commission

CEDIN – Centro de estudos de direito internacional, seguido de indicação da Universidade

cf. – conforme

cfr. – confira-se

CIJ — Corte Internacional de Justiça, Haia (1946-)

CPJI — Corte Permanente de Justiça Internacional

d. C. – depois de Cristo, para designar o calendário da era cristã

DI – Direito internacional (público)

Difel – Editora Difusão Européia do Livro, São Paulo
DIP — Direito internacional privado
DTV – Deutscher Taschenbuch Verlag, Munique
Ed. cit.
Edusp – Editora da Universidade de São Paulo, São Paulo
EJIL – European Journal of International Law
Encyclopedia of International Law — The Max Planck Encyclopedia of public international law (ed. by R. WOLFRUM, Oxford: Univ. Press, 2012, 11 vols.), com indicação do tomo e das páginas – edição anterior da **Enclyclopedia** foi coordenada por R. BERNHARDT (Dordrecht, 1981-1990, 12 vols.)
FAO — *Food and Agriculture Organization* (Organização para a Agricultura e Alimentação das Nações Unidas), Roma
FCE – *Fondo de cultura economica*, Cidade do México e outras cidades
FUNAG – Fundação Alexandre de Gusmão, Brasília
Fundamentos – P. B. CASELLA, **Fundamentos do direito internacional pós-moderno** (prólogo Hugo CAMINOS, São Paulo: Quartier Latin, 2008)
GYIL — German Yearbook of International Law
i.a. – *inter alia* – dentre outros
ICLQ — *International and Comparative Law Quarterly*
IDI – Instituto de Direito internacional — *Institut de droit international*
IHLADI — Instituto Hispano-Luso-Americano de Direito Internacional
ISIAO – Istituto Italiano per l'Africa e l'Oriente, Roma
LCL – Loeb Classical Library (Greek and Latin series), Cambridge, Ma. / London, England: Harvard Univ. Press
Manual – H. ACCIOLY – G. E. do NASCIMENTO E SILVA – P. B. CASELLA, **Manual de direito internacional público** (com a colaboração de Arthur R. Capella GIANNATTASIO, São Paulo: Saraiva, 25ª ed., 2021)
op. cit. – opus cit. – obra citada
orig. publ. – originalmente publicado em
PU – Presses Universitaires (com indicação da universidade / cidade)
SdN — Sociedade das Nações
SFDI – Sociedade francesa para o direito internacional
OESP – jornal "O Estado de São Paulo"
ONU — Organização das Nações Unidas

PUF – Presses Universitaires de France, Paris
RCADI — *Recueil des Cours de l'Académie de Droit International de La Haye – Collected courses of the Hague Academy of International Law* (Haia) – publicados desde 1923, com indicação do ano, volume e páginas
RDILC – Revue de droit international et de législation comparée
Restatement — American Law Institute, *Restatement of the law — The foreign relations law of the United States,* St. Paul, Minn., 1987, 2 v.)
RGDIP — *Révue Générale de Droit International Public,* Paris
tb. – também
Tratado – Tratado de direito internacional (Almedina, 2022-) P. B. CASELLA, **Tratado de direito internacional** (São Paulo: Almedina, 2022-) com indicação do tomo e do capítulo ao qual se remete
Tratado ACCIOLY – H. ACCIOLY, **Tratado de direito internacional** (terceira edição, histórica, com pref. P. B. CASELLA, Brasília: FUNAG / São Paulo: Quartier Latin, 2009, 3 vols.)
UNTS – United Nations Treaty Series – com indicação do volume e página
Univ. – Universidade / University / Université
UP – ou Univ. Press – University Press (seguido da indicação do nome e/ou local da Universidade)
VRBEI – Vorträge, Reden und Berichte aus dem Europa-Institut – Sektion Rechtswissenschaft – Universität des Saarlandes, Saarbrücken
v. – vide – ver
v. tb. – ver também
YILC — *Yearbook of the International Law Commission*
ZEE — Zona Econômica Exclusiva

SUMÁRIO

POR QUE O DIREITO INTERNACIONAL NO TEMPO MEDIEVAL?

> A história existe e sua realidade não depende da mera vontade ou da habilidade do lexicógrafo. A história é uma disciplina científica, rica de muitos séculos de experiência, e que detém método original, elaborado, pouco a pouco e progressivamente aperfeiçoado, em contato com seu objeto.
>
> H.-I. MARROU (1961)[8]

A realidade da experiência histórica leva à reflexão e à construção da sistematização metodológica e dos mecanismos de apoio para o conhecimento do passado e da relevância da ação humana, para o tempo já decorrido, como para pautar a ação no tempo presente. Não se esgota como relato, nem como olhar voltado para trás, mas se constrói como aporte para a relação do homem com o mundo, o que se manifesta tanto no plano das relações interpessoais, como das relações entre sociedades politicamente organizadas e independentes.

[8] Henri-Irénée MARROU, *Qu'est-ce que l'histoire?* (in **L'Histoire et ses méthodes**, dir. de Charles SAMARAN, Paris: Gallimard-Pleiade, 1961, p. 1-33, cit. p. 3): L'histoire existe et sa réalité ne dépend pas du bon plaisir ou de la dextérité du lexicographe. L'histoire est une discipline scientifique, riche de longs siècles d'expérience, et en possession d'une méthode originale élaborée peu à peu et progressivement affinée en contact avec son objet.

De modo equivalente, para o direito internacional, olhar para o passado não se esgota em si mesmo. Não se trata de ver somente o direito internacional como este se deu no passado, mas a partir deste, importa conhecer e fazer operar o direito internacional sobre a realidade atual. Esta é a proposta deste exame do direito internacional no tempo: olhar o sistema, no tempo passado, para o conhecimento e a ação deste sobre o presente, e perquirir sobre o que pode se construir neste, a seguir. No presente tomo, voltado para o tempo medieval.

Esse conhecimento e essa operação do direito internacional exigem, como toda área de conhecimento humano, o olhar sobre o que aconteceu para ajudar a compreender o que existe hoje, e o que pode vir a existir a seguir. É o processo de construir meios de adaptação às necessidades da pós-modernidade, com elementos antigos.[9] O que sempre se fez: a especificidade da pós-modernidade é acusar as fontes, em lugar de pretender reinventar a roda.

Por isso, após considerar o **direito internacional no tempo antigo**, nos dois tomos precedentes, trata-se, aqui, de apontar algumas das etapas principais e dos conceitos mais relevantes, da fase seguinte, sobre o direito internacional no tempo **medieval**. E a partir desse, prosseguir rumo ao **moderno**.[10]

O encadeamento é lógico, histórico e institucional: a fase seguinte contém elementos da anterior, mas traz dados novos, que as diferenciam entre si. Ocorrem grandes mutações, na história da humanidade, sobretudo no Ocidente, entre o tempo antigo e o assim chamado tempo

[9] Entre construir meios de adaptação às necessidades da modernidade com elementos antigos e mentir, parece mais adequado indicar as fontes. Fred E. SCHRADER, **L'Allemagne avant l'État-nation: le 'corps germanique' (1648-1806)** (Paris: PUF, 1998, p. 77) falava em 'construire des moyens d'adaptation aux besoins de la modernité avec des éléments anciens'. O que se pode também aplicar à pós-modernidade.

[10] Cf. **Tratado** (tomo 5 – **Direito internacional no tempo de Francisco de Vitória**). 'Moderno' aqui não se utiliza como sinônimo de 'atual', mas como relacionado à Idade moderna – séculos XV a XVIII – era normalmente enfeixada entre a queda de Constantinopla, em 1453, e a queda da Bastilha, em 1789. Muitas quedas para um período só; muitas outras ocorrerão nesse tempo de grandes mutações, que nos faz a ponte entre o passado antigo e medieval, para os nossos tempos – ditos contemporâneos. Esses marcos inicial e terminal, embora úteis, podem ser questionados; como se verá. Cfr. Modesto FLORENZANO, **Lições de história moderna** (séculos XV a XX) (São Paulo: Intermeios, 2021, esp. III – Tradição e ruptura no Renascimento e na primeira modernidade, p. 69-84).

medieval. Não serão estas mudanças menores entre os tempos medieval e moderno. São aqui consideradas as grandes mutações ocorridas no contexto medieval e, concomitantemente, com o direito internacional.

Destas se vem, com mais algumas transformações, no assim chamado direito internacional moderno, deste rumo ao clássico, até o contexto pós-moderno. Fases que serão objeto de posterior exame.

Compreender e situar esse conjunto na 'longa duração' – *la longue durée* – é o que se busca com a utilização de conceitos e de referências históricas[11] que permeiam e dão base para o exame 'do direito internacional', que se faz 'no tempo'. Essa longa duração, esclarecia BRAUDEL, não é mero decurso de tempo, cronologicamente longo, mas a concomitância de elementos de uma fase, que se prolongam em outras fases da história.

A percepção da continuidade e do encadeamento são elementos relevantes para a compreensão do processo civilizacional, no qual, inexoravelmente, inscreve-se o direito internacional, como 'produto cultural'. A compreensão contextualizada permite situar o conjunto do sistema institucional e normativo internacional, até os nossos tempos. Aí, inscreve-se a mudança, combinada com a continuidade, entre as diferentes fases da evolução do sistema institucional e normativo internacional.

A perspectiva histórica também se faz necessária, de modo a evitar o etnocentrismo, praga essa que, desgraçadamente, mancha parte da história do direito internacional clássico – ao aceitar o colonialismo,[12] e

[11] F. BRAUDEL, *Histoire et sciences sociales. La longue durée* (orig. publ. em 1958, republicado in **Écrits sur l'histoire**, Paris: Flammarion/Champs, © 1969, impr. 1984, nova impr. 1989, p. 15-38).

[12] Cf. **Tratado** (tomos 14 a 17 – **Direito internacional no tempo do colonialismo**). Ver Albert MEMMI, **Le racisme**: descriptions, définitions, traitement ("nouvelle édition revue", © 1982, 1994, Paris: Gallimard-Folio actuel, 1994, cap. 2. '*l'observation*', p. 38-54, cit. p. 45-46): "Le racisme est d'abord une expérience vécue; c'est aussi une expérience commune, très largement partagée; avant d'être utilisée comme une machine idéale a détruire autrui. Les colonisateurs sont souvent racistes, oui, mais les colonisés aussi. Nul manichéisme n'est ici possible: le péché est aussi commis spontanément par les victimes. Le raciste moyen, petit colonisateur, 'petit-blanc' ou métropolitain de médiocre culture, n'a pas besoin de lire GOBINEAU ou **Mein Kampf** pour mépriser l'indigène, le Juif ou l'immigré. Les colonisés ou les minoritaires n'avaient pas besoin, pour être xénophobes, de livres de références ou de leurs textes traditionnels, lesquels les conseillaient plutôt de respecter l'étranger. Il est facile de reconnaître les erreurs des autres, surtout s'ils ont le tort, en outre, d'être puissants, redoutables et privilégiés. Ce l'est moins de les avouer en soi-même et chez les siens, surtout s'ils sont des victimes."

a falácia preconceituosa da suposta *missão civilizadora do homem branco*.[13] E disso se acede logo adiante ao racismo.[14]

> O colonizador propõe tal imagem do colonizado, tão adaptada às exigências da colonização que seria preciso acreditar em harmonia pré-estabelecida. Escreveu-se que os europeus construíram um império colonial porque os futuros colonizados eram 'colonizáveis'. Compreende-se que a Europa tinha de preencher esse vazio: este era seu 'dever histórico'! Afirmou-se isso sem rir: estabeleciam-se protetorados, para proteger o colonizado. Os lucros e as

[13] Como se examina no **Tratado** (tomo 14 – **Direito internacional no tempo do colonialismo**, item – colonialismo e hipocrisia da suposta 'missão civilizadora do homem branco'); v. tb. Albert MEMMI, **Portait du colonisé** précédé du **Portrait du colonisateur** (préface de Jean-Paul SARTRE, orig. publ. 1957; nova ed., 1985; Paris: Gallimard-Folio actuel, 2010; respectivamente, p. 97-162 e 27-95). Observa A. MEMMI as razões que o levaram a escrever os precedentes *retratos*, no seu livro **Le racisme** (op. cit., 1994, cap. 2. *'l'observation'*, p. 38-54, *'racisme et colonisation*, p. 49-54, cit. p. 50): "Il en ressortait, entre autres, à quel point nous étions liés les uns aux autres; de sorte que les traits et les conduites de chacun retentissaient sur ceux des autres. Bref, qu'il existait une relation coloniale, où chacun était nécessairement impliqué. Or je découvris, au cours de cette description méthodique, que le racisme était une des dimensions inévitables de cette relation. [...] Il me paraît encore légitime de conclure que le racisme illustre, résume et symbolise la relation coloniale." Adiante observa A. MEMMI (op. cit., 1994, cap. 3, *'l'interprétation'*, p. 55-85, cit. p. 61-62): "Même l'instituteur, laïc et républicain, dévoué à ses élèves 'indigènes', se croyait investi d'une mission: former des petits Français à sa propre image, celle de la civilisation, des bonnes moeurs, du goût et du bien parler... français. Plus tard, en arrivant à la 'Métropole' je constatai que ce même instituteur, joyau de la démocratie jacobine, pouvait avoir une attitude semblable à l'égard des paysans de son pays ou même des Bretons ou des Alsatiens. Ce qui n'est presque pas une autre histoire."

[14] A. MEMMI (op. cit., 1994, p. 53) frisa que não basta a existência de diferenças entre os homens – o que pode ser discutido, e até mesmo provado – nem tampouco que estas sejam ditas – porque em tal afirmação das diferenças entre os homens ainda não se incorreu em racismo –, mas aparece o racismo como terceiro dado, mediante o *uso* que se faça dos dois primeiros, e se faz racista o uso da diferença contra outrem, com o fim de tirar proveito de tal estigmatização: "Affirmer, à tort ou à raison, que tel peuple colonisé est technologiquement inférieur à un autre n'est même pas encore du racisme. Cela se discute et doit être démontré ou infirmé. Mais les colonisateurs ne se sont pas contentés de ce constat ou de cette erreur: ils en ont conclu qu'ils pouvaient, et devaient, *dominer* le colonisé; et ils l'ont fait. Ils ont expliqué, légitimé leur présence en colonie par les carences du colonisé. C'est tout juste s'il ne fallait pas les remercier de s'être dérangés et dévoués au salut de frères inférieurs. S'il n'y avait pas eu cette utilisation intéressée, la colonisation aurait été, peut être, une entreprise philanthropique, mais elle fut surtout un système de rapines." Toda essa maquinação tinha a finalidade de legitimar e de consolidar o poder e os privilégios dos colonizadores.

exações eram, sem dúvida, devidos a enganos, a negligências, a erros, como hoje se diz.[15]

O que ocorreu não somente por parte dos europeus e dos norte-americanos; vale a admoestação, também, em relação aos latino-americanos, em geral, e mesmo em relação aos brasileiros.[16] A negação sistemática das diferenças pode ser encontrada na interpretação do racismo.[17] É sempre mais fácil enxergar os defeitos dos outros!

O indispensável alargamento da perspectiva se põe, justamente, no sentido de não nos prendermos somente ao que se deu, em parte restrita da Europa ocidental, nesse tempo, igualmente restrito, dos últimos séculos, mas deve se fazer de modo a abranger, ainda que somente como breves cortes verticais temporais, em relação ao que ocorria em outros quadrantes do mundo.[18] Esta poderia ser chamada de "janela do

[15] A. MEMMI (op. cit., 1994, p. 68).

[16] Nós, brasileiros, que nos considerávamos imunes a esse mal – porque, afinal, os racistas são sempre os outros – expusemos a realidade ao tornar o racismo "crime inafiançável": se foi preciso tipificar, e se é preciso punir, e o fazer de modo particularmente gravoso, confirma-se que o fenômeno é mais presente e frequente do que se teria gostado de admitir. Somos mais sensíveis enquanto *vítimas* do racismo do que como *autores*.

[17] Ainda A. MEMMI (op. cit., 1994, cap. 3, '*l'interprétation*', p. 55-85, cit. p. 59): "Une variante curieuse, presque amusante de ce gommage systématique des différences se retrouve dans l'interprétation du racisme chez certains psychanalystes contemporains. Ils veulent bien admettre que le racisme s'édifie, à partir de l'hétérophobie, sur la crainte du différent, donc de l'inconnu; mais, se demandent-ils aussitôt, quelle est cet inconnu? C'est, affirment-ils, notre propre inconscient, qui nous effraie parce qu'il nous semble étrange, et que nous projetons ensuite sur autrui. On voit ici les bénéfices de l'opération: la négation de l'objectivité des traits différentiels permet de rester dans le cadre de la théorie analytique; comme elle permet aux jacobins de sauver leur philosophie de la nation prétendument homogène."

[18] Sintomaticamente, mesmo ao se abrir a perspectiva histórica e cultural para o exame do direito internacional, tanto Wolfgang PREISER (1976) quanto Robert KOLB (2010) falam, respectivamente, em "mundo extraeuropeu" e "culturas extra europeias", ou seja, estas *outras* culturas e civilizações se veem e se examinam a partir da Europa. Se a apresentação desta perspectiva do direito internacional, além da Europa, é salutar e necessária, a ótica pela qual se faz ainda padeceria desse mesmo 'eurocentrismo'? As considerações da obra original de Wolfgang PREISER, **Frühe Völkerrechtliche Ordnungen der aussereuropäischen Welt**: ein Beitrag zur Geschichte des Völkerrechts („Sitzungzberichte der Wissenchafltichen Gesellschaft an der Johann Wolfgang Goethe Universität Frankfurt-am-Main – *Societas Scientiarum Francofurtensis*", Wiesbaden: Franz Steiner, 1976) foram

Ocidente" sobre o mundo.[19] Isso se faz e se deve fazer não somente por diletantismo, ou curiosidade, mas como dados relevantes e necessários para compreender o homem e a sua trajetória no espaço (do mundo) e no tempo (da história).

Cabe advertir,[20] que "somente a própria história da história pode nos fazer tomar consciência da existência e da originalidade dessa tradição de estudo, desse conjunto de procedimentos técnicos testados, que constituem o método histórico".[21]

traduzidas e adaptadas por Robert KOLB, **Esquisse d'un droit international public** des anciennes cultures extra européennes (Paris: Pedone, 2010). Em sentido oposto, ver Y. ONUMA, **A Transcivilizational Perspective on International Law** (RCADI, 2009, vol. 342; tb. publ. Haia: Pocketbooks of the Hague Academy of International Law, 2010) insiste na necessidade de reconhecer o valor da diversidade cultural e civilizacional.

[19] Gustav MEYRINK, nascido Gustav MEYER (1868-1932), em seu **L'ange à la fenêtre d'Occident** (do original **Der Engel vom westlichen Fenster**, 1927, présentation, traduction, chronologie et bibliographie par Jean-Lacques POLLET, Paris: GF – Flammarion, 2005) passa do ocultismo, que pautara as suas primeiras obras romanescas, para dimensão intelectual de reflexão crítica sobre os fundamentos da cultura ocidental – e do questionamento radical desta, na sua vertente europeia, depois da vivência da catástrofe da primeira guerra mundial.

[20] H.-I. MARROU (texto cit., 1961, p. 4-5, "le mot et la chose"): "ceci importe plus encore, et ce n'est pas le mot seulement, c'est aussi la chose qui nous vient de la Grèce antique: avec les mathématiques, la médecine expérimentale, la théorie de la musique et la philosophie, l'histoire compte au nombre des techniques les plus caractéristiques qui, à l'intérieur de la civilisation de l'Occident contemporain, représentent l'héritage de l'Antiquité classique". De Henri-Irénée MARROU, veja-se também o seu clássico estudo sobre a **Histoire de l'éducation dans l'Antiquité** (orig. publ. 1948, Paris: Seuil, tome I – le monde grec, 2000; tome II – le monde romain, 2003). E o debate sobre a perda dessas referências culturais básicas para a identidade do Ocidente, em Jean-Marie PAILLER e Pascal PAYEN (éd.), **Que reste-t-il de l'éducation classique?** – Relire 'le MARROU', Histoire de l'éducation dans l'Antiquité (Toulouse: Presses Universitaires du Mirail, 2004).

[21] V. tb. H.-I. MARROU, **De la connaissance historique** (orig. publ. 1954; Paris: Seuil, 6e ed. rev. e aumentada, 1973, 'introduction: la philosophie critique de l'histoire', p. 9-27, cit. p, 24) depois de resenhar os principais autores que contribuem para a formação da filosofia crítica da história: "Quelle que soit l'originalité de chacun de ces penseurs, la variété de leurs prises de position et, je ne l'oublie pas, le caractère toujours ouvert du débat, l'apport de ces trois quarts de siècle révèle bien, à l'examen, une certaine convergence dans la manière de poser le problème comme dans les solutions qui en sont proposées: à partir d'une analyse des servitudes logiques pesant sur l'élaboration de la connaissance historique, on est bien arrivé à constituer une philosophie critique de l'histoire, ou du moins un certain nombre de principes fondamentaux qu'il est permis désormais de tenir pour acquis."

Ao nome se soma o objeto, a coisa: 'história' é 'relato', no sentido inicial amplo de 'investigação', com o qual se inaugura a disciplina. Já na obra de HERÓDOTO se explicita o objeto da História: "para impedir que as ações realizadas pelos homens se apaguem com o tempo".[22]

A esse dado 'documental' se agrega outra dimensão, algumas décadas mais tarde, com TUCÍDIDES. E, alguns séculos mais adiante, na época helenística, com POLÍBIO, soma-se o sentido crítico da história.

Este historiador permite ressaltar a importância da época helenística. Esta era não pode ser vista de perspectiva de excessivo purismo humanista, como decadência em relação ao século dito de ouro, ou de PÉRICLES, mas como a admirável maturidade da civilização antiga. A sua versão mais universal, e mais abrangente, antes do ocaso do mundo antigo e a posterior longa transição para o contexto medieval.

POLÍBIO, ao lado de TUCÍDIDES, são os historiadores da Antiguidade cuja prática mais se aproxima da ciência moderna.[23] Ambos definem o futuro da disciplina,[24] quando a história se especializa, ao se voltar para o conhecimento do passado.

[22] HERÓDOTO, **História** (intr.. e trad. Màrio da Gama KURY, 1985, Brasília: Ed. UnB, 2ª ed., 1988, livro I – Clio, n. 1, p. 19): "Os resultados das investigações de Herôdotos de Halicarnassos são apresentados aqui, para que a memória dos acontecimentos não se apague entre os homens com o passar do tempo, e para que feitos maravilhosos e admiráveis dos helenos e dos bárbaros não deixem de ser lembrados, inclusive as razões pelas quais eles se guerrearam."

[23] A obra de POLÍBIO se apoia sobre documentação precisa, cuidadosamente estabelecida, e de primeira mão, quer se trate de entrevistas feitas com atores sobreviventes, ou da consulta de documentos: POLÍBIO leu a inscrição que mandara fazer ANÍBAL, sobre placa de bronze, instalada no santuário de Hera, no cabo *Lacinium*, o que lhe permite reportar, com precisão, até o último elefante, o efetivo do grande chefe militar cartaginês; da mesma forma, ele consultou os arquivos do templo de Júpiter capitolino, e lá encontrou o texto exato dos tratados celebrados entre Roma e Cartago. Comenta MARROU (texto cit., 1961, p. 14): "POLYBE, en véritable historien, cherche à déceler l'enchaînement des causes et des conséquences, les structures". Sua questão central era entender e explicar como, em período de cinquenta anos, os romanos tinham conseguido realizar o feito sem precedentes de se tornarem senhores da quase totalidade do "mundo habitado" – entenda-se aí o conjunto da civilização mediterrânea, e como se considerou, também, no **Tratado** (tomos 3 A – **Direito internacional no tempo antigo**, 2022 e 3 B – **Gregos, romanos, chineses e indianos**).

[24] H.-I. MARROU, **De la connaissance historique** (1954; 6e ed., 1973, chap. premier – 'l'histoire comme connaissance', p. 28-50, cit. p. 29): "Notre tradition méthodologique n'a cessé de se transformer: HÉRODOTE, par exemple, nous apparaît moins comme le 'Père de l'histoire' que comme un aïeul un peu retombé en enfance et la vénération que nous

Alcançou-se visão singularmente enriquecida – na linha de DROYSEN e ROSTOVTZEV – a respeito da civilização helenística. Esta, agora, parece-nos antes como a admirável maturidade da civilização antiga – esse longo verão sob o imóvel sol meridional, *'ce long été sous l'immobile soleil de midi'* – em lugar de representar já a sua decadência, como apontava certo purismo humanista, excessivamente centrado na noção de um 'século de ouro', ou em visão romântica da história, somente sensível aos valores de originalidade de criação, de florescimento inicial, o que levava antes ao arcaísmo, à juventude da arte, do pensamento, de uma civilização.[25]

História não se esgota como conhecimento do passado humano,[26] mas, a partir deste, como reflexão sobre o presente.[27] Como se ressalta, desde

professons pour son exemple n'est pas exempte de quelque sourire protecteur; bien que, dès THUCYDIDE ou POLYBE, nous reconnaissions, quant à l'essentiel, notre manière de travailler, nous admettons que l'histoire véritablement scientifique n'a achevé de se constituer qu'au XIXe siècle".

[25] Como se mostrou no **Tratado** (tomos 3 A – **Direito internacional no tempo antigo** e 3 B – com exame da contribuição de **Gregos, romanos, chineses, indianos**), na linha de Johann Gustav DROYSEN, **Histoire de l'Hellénisme** (trad. de l'allemand sous la direction d'Auguste BOUCHÉ-LECLERCQ, préface, note sur la traduction, bibliographie Pascal PAYEN, Grenoble: Éd. Jerôme Millon, 2005, 2 vols.); Mikhail ROSTOVTZEV (1870-1952), **The social and economic history of the Hellenistic world** (Oxford: Clarendon Press, 1942, 3 vols.); Henri-Irénée MARROU, **De la connaissance historique** (orig. publ., 1954; Paris: Seuil, 6ª. ed., 1973, chap. II – L'histoire est inséparable de l'historien, p. 51-67, cit. p. 67).

[26] H.-I. MARROU (1954, ed. 1973, p. 32-33) propõe: "L'Histoire est la connaissance du passé humain." Justamente: "Nous dirons *connaissance* et non pas, comme tels autres, 'narration du passé humain', ou encore 'oeuvre littéraire visant à le retracer' [...]" e enfatizava: "Nous dirons connaissance et non pas, comme d'autres, recherche ou étude (bien que le sens d'enquête soit le sens premier du mot grec ιστορια), car c'est confondre la fin et les moyens; ce qui importe c'est le résultat atteint par la recherche". Nesse sentido, agrega: "'la connaissance *scientifiquement élaborée* du passé', si la notion de science n'était elle-même ambiguë." E prossegue: "Connaissance du *passé* même s'il s'agit d'histoire tout à fait contemporaine" [...] "connaissance du passé *humain*". Este se entende (p. 34-35): "le comportement susceptible de compréhension directe, de saisie par l'intérieur, actions, pensées, sentiments, et aussi toutes les oeuvres de l'homme, les créations matérielles et spirituelles de ses sociétés et de ses civilisations ". E entendia (p. 36-37): "la préhistoire est déjà de l'histoire au sens plein du mot." E adverte (p. 36): "la richesse de la connaissance historique est directement proportionnelle à celle de la culture personnelle de l'historien: le fait s'observe déjà en préhistoire où c'est l'ethnographie qui, élargissant notre expérience de la variété des techniques humaines, est l'instrument de culture qui rend l'historien plus capable de son objet."

[27] Aí se inscreve a assim chamada filosofia da história. V. por ex., Raymond ARON, **Introduction à la philosophie de l'histoire**: essai sur les limites de l'objectivité historique

ARISTÓTELES, "a diferença entre o poeta e o historiador não está no uso de verso ou prosa" – e a obra de HERÓDOTO poderia estar em versos e continuaria a ser história – mas porque a história é a narração do que efetivamente ocorreu e a poesia trata do que poderia ocorrer.[28]

Não destoa o sinólogo belga Simon LEYS, no tocante à distinção entre romancistas e historiadores, porquanto suas diferenças não estariam na natureza do trabalho, mas no modo de o fazer.[29] No mesmo sentido, a fina percepção de Joseph CONRAD.[30]

As civilizações que conheceu a humanidade experimentaram a necessidade de conservar a lembrança do passado, de fixar essa memória coletiva. Aí, põe-se a indagação quanto a constituir o mito quer um meio ou a recusa em exprimir essa preocupação. Mas, é verdade, tal anseio se percebe também nas civilizações antigas do Oriente médio, do Egito

(orig. publ. 1938, nouvelle édition, revue et annotée par Sylvie MESURE, Paris: Gallimard – tel, 1996). E ainda MARROU (1954, 6e ed., 1973, p. 37): "l'histoire est la relation, la conjonction, établie, par l'initiative de l'historien, entre deux plans d'humanité, le passé vécu par les hommes d'autrefois, le présent où se développe l'effort de récupération de ce passé au profit de l'homme et des hommes d'après. *Omne simile claudicat*: la comparaison demeure imparfaite [...] dans l'histoire, ces deux plans ne sont saisissables qu'au sein de la connaissance qui les unit. Nous ne pouvons isoler, sinon par une distinction formelle, d'un coté, un objet, le passé, de l'autre un sujet, l'historien."

28 ARISTOTLE, **Poetics** (ed. with an English translation by S. HALLIWELL, Cambridge, Ma. / London: Harvard Univ. Press – LCL 199 ARISTOTLE XXIII, p. 1-141, cit. 1451a IX, p. 58-59).

29 Simon LEYS, *Notre seul parapluie* e *Des mensonges qui disent la vérité* (no volume **Le bonheur des petits poissons** – Lettres des Antipodes, © 2008, J. C. Lattès; Paris: LGF – Librairie générale française, 2009, p. 27-30 e 128-143, cit. p. 29 e 136, e a seguir, p. 135): "Les romanciers sont les historiens du présent, les historiens sont les romanciers du passé" – e completa, no sentido de que: "L'un et l'autre doivent inventer la vérité". Nesse sentido: "L'historien ne se contente pas d'enregistrer, il édite, il omet, il juge, il interprète, il réorganise, il arrange, il compose."

30 Joseph CONRAD, *Preface to* **The Nigger of the 'Narcissus'** (1897, in J. CONRAD, **Selected Novels and Stories**, Twickenham, UK: Hamlyn, 1986, p. 9-11): "render the highest kind of justice to the visible universe, by bringing to light the truth, manifold and one underlying its every aspect. It is an attempt to find in its forms, in its colours, in its light, in its shadows, in the aspects of matter, and in the facts of life what of each is fundamental, what is enduring and essential – their one illuminating and convincing quality – the very truth of their existence."

faraônico, ao Império aquemênida.[31] Como, também, na Índia,[32] apesar de "seu amor exuberante pelo mito e sua indiferença aparente para com a cronologia". Diversamente do que ocorre na China.

Sabe-se a importância do setor histórico na literatura clássica da China. Os chineses veem a si mesmos como povo histórico, insertos em tradição temporal e cultural. E, não obstante grandes mudanças, almejam a continuidade e o encadeamento com os tempos imemoriais. Muito embora a projeção do mito sobre o tempo realmente vivido pelos homens constitua uma tentativa de interpretação ingenuamente racionalista, tal iniciativa encontra seu equivalente no tratamento que os letrados confucianos fizeram passar os mais antigos documentos da literatura chinesa.[33]

A grande tradição de prática da sabedoria, ilustrada pelos pensadores confucianos, das dinastias Song e Ming pode ser revivida e encontrar novas aplicações. É possível fazer ponte entre o presente e essa época magistral, passando por cima dos três séculos da dinastia manchu, marcada pela degenerescência do ensinamento confuciano, em estudos

[31] Sobre o império persa, ver **Tratado** (tomo 3 A – **Direito internacional no tempo antigo**, cap. 4). H.-I. MARROU (texto cit., 1961, p. 5): "ce qui importe c'est de constater que notre histoire est ce qu'est devenue (bien entendu se transformant au cours des siècles et, il est permis de le penser, en se perfectionnant, mais au cours d'une évolution continue homogène) la technique inaugurée dans la seconde moitié du Ve. siècle par les premiers grands historiens grecs. / Sans doute, notre science s'est aussi incorporé l'apport de l'oeuvre historique des autres civilisations, mais lorsque cette assimilation s'est effectuée (à l'époque hellénistique pour le Proche Orient, à partir du XVIIe. siècle pour l'Extrême Orient), la tradition historique issue de l'hellénisme avec déjà pris sa forme et assumé ses caractères originaux, si bien que cet aspect l'a enrichie sans la contraindre à se transformer radicalement."

[32] Sobre a Índia antiga, ver **Tratado** (tomo 3 B – **Gregos, romanos, chineses, indianos**, item 7.1); K. R. R. SASTRY, **Hinduism and international law** (RCADI, 1966, t. 117, p. 503-616, chap. I, 'Introductory', cit. p. 507): "The main principles of international law are in conformity with the basic doctrine or philosophy of Hinduism and can perhaps even be said to be part of that doctrine or philosophy".

[33] Sobre a China antiga, ver **Tratado** (tomo 3 B – **Gregos, romanos, chineses, indianos**, item 7.2); H.-I. MARROU (texto cit., 1961, p. 7); H. G. CREEL, **La pensée chinoise**: de CONFUCIUS à MAO Tseu-Tong (trad. Jean-François LECLERC, Paris: Payot, 1965); Marcel GRANET, **La civilisation chinoise**: la vie publique et la vie privée (ed. orig. 1929, Paris: Albin Michel, 1968); MOU Zongsan (1909-1995), **Spécificités de la pensée chinoise** (intr. Joël THORAVAL, trad. du chinois Ivan P. KAMENAROVIC et Jean-Claude PASTOR, Paris: Cerf – Patrimoines – Confucianisme, 2003).

filosoficamente estéreis, e além do intelectualismo e do niilismo dos intelectuais engajados no movimento dito de renovação do 'Quatro de maio' de 1919, que depois do fim do império, em 1911, proclama uma nova cultura, científica e democrática. A corrente do "neoconfucianismo contemporâneo", do qual MOU Zongsan (1909-1995) foi um dos principais representantes, pode se apresentar como alternativa a esse movimento antitradicionalista,[34] e, inscreve-se em sentido de continuidade histórica.

Na medida em que se aperfeiçoam os nossos conhecimentos, percebe-se que isso é também verdade nas civilizações pré-colombianas, azteca, maia e inca.[35] Mas, ainda há muito atraso relativo a ser recuperado. E o conhecimento da contribuição dessas civilizações para o conjunto da humanidade deve ser ampliado. Não somente como relato 'antropológico', nem tampouco somente a partir da perspectiva europeia ocidental e norte americana.[36]

A história é relato do passado, mas a sua técnica apresenta estrutura bipolar: de um lado, há o esforço para compreender, explicar e introduzir na evocação do passado, o máximo de inteligibilidade, mas, de outro, é preciso assegurar o lugar e reconhecer a importância, igualmente essencial, do trabalho de coligir, ordenar e criticar a documentação, os dados elementares, os materiais com os quais se construirá a síntese almejada: "a validade desta repousa, definitivamente, sobre a qualidade e a solidez dos meios elaborados pela análise erudita".[37]

[34] Joël THORAVAL, *Idéal du sage, stratégie du philosophe*: introduction à la pensée de MOU Zongsan (1909-1995) (in **Spécificités de la pensée chinoise** de MOU Zongsan, Paris: Cerf – Patrimoines – Confucianisme, 2003, p. 7-65, cit. p. 14).

[35] W. PREISER, **Frühe völkerrechtliche Ordnungen der aussereuropäischen Welt**: ein Beitrag zur Geschihte des Völkerechts (Wiesbaden: F. Steiner Verlag, 1976) trad. R. KOLB, **Esquisse de droit international public des anciennes cultures extra-européennes** (Paris: Pedone, 2010, esp. L'Amérique précolombienne, p. 31-87).

[36] Jared DIAMOND, **Guns, germs and steel**: the fates of Human societies ("with a new afterword about the modern world", © 1997, New York: Norton, 1999); Jared DIAMOND, **Colapso**: como as sociedades escolhem o fracasso ou o sucesso (do original **Collapse**, © 2005, trad. A. RAPOSO, rev. técnica W. D. MAIA, Rio de Janeiro: Record, 2ª ed., 2005).

[37] H.-I. MARROU (texto cit., 1961, p. 10, e a seguir, p. 12): "L'érudition, disions-nous, elabore les matériaux destinés à construire l'histoire; comme il est naturel, l'analyse s'efface, pour finir, derrière la synthèse." O mesmo MARROU, **De la connaissance historique**

Toda história é história contemporânea, afirmava Benedetto CROCE, porquanto esta, mesmo quando trata de assuntos aparentemente muito distantes, no espaço e no tempo, somente merece o nome de 'história' na medida em que se revela como contribuição para a elucidação dos problemas, colocados à consciência do historiador e de seus pares, a interpretação da situação que lhes é feita pela conjuntura política, social, econômica e cultural do tempo em que estão situados.[38]

> Nos séculos da história europeia, na passagem do mundo greco-romano ao medieval, apesar das devastações e das destruições dos bárbaros invasores, manteve-se sentido de continuidade, assim como efeito da persistente ideia de Roma, como para o cristianismo, que recolhe muitos elementos da herança do mundo antigo. A continuidade foi reintegrada e mais vivamente sentida no início da idade moderna, [período] intenso em obras e em confiança, pela transformação dos grandes estados, pelas descobertas e conquistas de terras, além do oceano, pela cultura rapidamente crescente nos vários povos da Europa, pelos corajosos espíritos inovadores em religião, na filosofia e na ciência. E no século XVIII, se reforçou o seu mito na teoria do progresso irrefreável e na força da razão reformadora.[39]

Existe, assim, encadeamento entre as civilizações antigas, em especial a greco-romana, sucedida pela cristã-eclesiástica, e esta pela cristã-leiga,

(1954, 6a. ed., 1973, 'introduction: la philosophie critique de l'histoire', p. 9-27, p. 25): J'ai moins cherché l'originalité qu'à rassembler, filtrer, vérifier, préciser ce qui, sous des formes plus ou moins différentes, allait partout se répétant.

[38] Benedetto CROCE, **Teoria e storia della storiografia** (1912-1913, a cura di Edoardo MASSIMILLA e Teodoro TAGLIAFERRI, con una nota al testo di Fulvio TESSITORE, Napoli: Bibliopolis / Edizione Nazionale delle Opere di B.C. / Filosofia come scienza dello spirito IV, 2007, 2 tomos); B. CROCE, **Filosofia e Storiografia** (1948, a cura di Stefano MASCHIETTI, Napoli: Bibliopolis / Edizione Nazionale delle Opere di B.C. / Saggi filosofici XII, 2005). Ver tb. CROCE, *Recenti controversie intorno all'unità della Storia d'Italia* (orig. publ. **Proceedings of the British Academy**, London, vol. XXII, 1936, reproduzido no volume **La storia come pensiero e come azione**, 1938, Napoli: Bibliopolis / Edizione Nazionale delle Opere di B.C. / Saggi filosofici IX, 2002, p. 325-337).

[39] B. CROCE, *La fine della civiltà* (1946, in **Filosofia e Storiografia**, 1948, a cura di Stefano MASCHIETTI, Napoli: Bibliopolis / Edizione Nazionale delle Opere di Benedetto CROCE / Saggi filosofici XII, 2005, p. 283-291).

ou particularizando, a civilização do humanismo[40] e do renascimento, aquela do iluminismo e a esta, por sua vez, pela liberal – "a última percebida pelo observador histórico" – e, em todas essas sucessões, a tradição se conserva, e todos ainda vivemos, embora com mudadas relações, e proporções, e perspectivas, e acentuações, dos pensamentos e das obras, e dos sentimentos, dos gregos e dos romanos, e da igreja medieval, e do humanismo, e do renascimento e do iluminismo, que são partes ativas da nossa alma, de modo que a privação de algumas destas seria, por nós, sentida como dolorosa e vergonhosa mutilação: e este é o sentido vivo do progresso: conservação e inovação em uma certa 'unidade de civilização'.[41]

Aqui, propõe-se perspectiva histórica que contribua para o conhecimento e a compreensão do direito internacional. Nestes tomos, voltados para o tempo medieval e moderno, são consideradas etapas relevantes do desenvolvimento conceitual e institucional do 'sistema internacional'. Foram etapas formadoras do sistema, antes de se chegar à configuração do direito internacional clássico, até o direito internacional pautado pela pós-modernidade.

Deve-se compreender o desenvolvimento histórico do direito internacional, enquanto trajetória no tempo histórico e no contexto cultural, como elemento para o conhecimento primeiro e, em seguida, para o aperfeiçoamento, e a melhor aplicação deste, como sistema institucional e normativo internacional. Não se trata aqui somente de fazer história do direito internacional, mas, de compreender o direito internacional na história – por isso, denominou-se direito internacional no tempo, e este se cinde, para fins tão somente organizacionais em três tomos: nos dois precedentes se considerou o tempo antigo; no tomo presente, o tempo medieval e, nos seguintes, o moderno, o clássico, o direito internacional no tempo do colonialismo, até se alcançar o presente contexto pós-moderno.

[40] Alessandro BARICCO, **I barbari**: saggio sulla mutazione (Milano: Feltrinelli, 2006, 4ª ed., 2008, p. 105): "Abbiamo chiamato *umanesimo* l'istante, lunghissimo, in cui ereditando intuizioni che venivano da lontano, un'élite intellecttuale iniziò a immaginare che l'uomo portasse dentro di sè un orizzonte spirituale non riconducibile, semplicemente, alla sua fede religiosa."

[41] B. CROCE *La fine della civiltà* (ensaio de 1946, no volume **Filosofia e Storiografia**, orig. publ. 1948, a cura di Stefano MASCHIETTI, Napoli: Bibliopolis / Edizione Nazionale delle Opere di B. CROCE / Saggi filosofici, XII, 2005, p. 283-291).

A falta de referências históricas é empobrecedora da riqueza da experiência e dos desdobramentos da trajetória humana no espaço do planeta e no tempo, construído pela mão e pela mente humanas. O conjunto se põe como necessidade para a compreensão não somente do passado, que já se escoou, embora ainda repercuta sobre o presente, mas, antes, para que possamos nos dar conta de quantas coisas podem ser mais bem compreendidas quando situadas de modo adequado em relação a conjunto mais abrangente de referências e de experiências. Isso é o que se chama civilização; o direito internacional é parte desse legado.

Se o futuro da presença do passado é história, cabe situar o conjunto do direito internacional pós-moderno, em relação às matrizes medieval, moderna e clássica, que nortearam a formação e o desenvolvimento deste, até o aparecimento do direito internacional atualmente vigente. Como interação entre fases que nos conduzem até o presente momento de crise e de reavaliação, na pós-modernidade.

Curiosamente o mundo medieval, embora cronologicamente e causalmente mais próximo de nossos tempos pós-modernos, parece suscitar mais resistência do que os tempos antigos. Jules MICHELET, em sua obra sobre as origens do direito francês,[42] buscadas nos símbolos e fórmulas do direito universal, apontava: "se o direito teve uma idade poética, é bem difícil que essa idade tenha perecido, sem deixar traços". E aduzia:

> Nenhuma forma de sociedade deixou mais ódio que o mundo feudal, nem mais rancor junto ao povo. A Antiguidade, sem dúvida, tinha sido muito mais dura; da escravidão à servidão, aos direitos citadinos (*villenage*), o progresso foi sensível. Mas a feudalidade foi insolente, cheia de pose e de desprezo.[43]

[42] Jules MICHELET, **Origines du droit français** – cherchées dans les symboles et formules du droit universel (orig. publ. Bruxelas: Meline, Cans et Compagnie, 1840, dois tomos; reedição facsimile, Paris: L'Harmattan, 2009, dois tomos). Ver tb. a respeito Georges DUBY, em seu conjunto de estudos reunidos no volume **Qu'est-ce que la société féodale?** (Paris: Flammarion, 2002); G. DUBY, **L'histoire continue** (Paris: Odile Jacob, 1991, p. 192): Je m'en tenais toujours à l'histoire-problème, à l'histoire-question. Ma question demeurait la même: qu'est-ce que la société féodale?

[43] MICHELET (op. cit., 1840, ed. 2009, tomo I, 'introduction', p. 41-42): Nulle forme de société n'a laissé plus de haine que le monde féodal, plus de rancune dans le peuple.

Não disfarçava MICHELET a sua atitude crítica em relação à feudalidade: "os habitantes das terras não demarcadas (*la Marche*) – estas que pertenciam à comunidade, muitas vezes sem delimitação precisa – tiveram muito trabalho, durante a Idade média, em defender a liberdade de suas velhas florestas, contra a feudalidade insolente da qual estavam cercados".[44]

O caráter internacional do mundo medieval tinha natureza e extensão distintas das que caracterizam o mundo moderno e tal como se manifesta a internacionalidade deste último até nossos dias. Mas, existia e operava como tal.

A internacionalidade intrínseca ao mundo medieval é dado crucial, e se manifestava em vários planos, inclusive com relação a diversas instituições feudais, compartilhadas em vastas extensões da Europa ocidental. Compõe quadro institucional, embora comportando a contraposição entre poder laico e poder religioso, com fortes elementos de padrão cultural comum, decorrente do uso da mesma língua, no conjunto do Ocidente 'civilizado', da Antiguidade até ao menos o final do século XVII.

A ação uniformizadora do latim como língua culta unificada, para o conjunto da Europa ocidental, durante mais de um milênio, após a queda de Roma, vai mesmo além da unidade das instituições, como o império e o papado. Essa internacionalidade medieval parece ser, muitas vezes, negligenciada, esquecida, ou quiçá desconhecida, o que é negativo para a compreensão do fenômeno da existência e da operação de sistema institucional e normativo internacional medieval.

Esta é vertente relevante não somente para a compreensão do mundo medieval, como para a formação e o funcionamento do mundo moderno, que recebeu esse legado.

L'antiquité, sans nul doute, avait été plus dure; de l'esclavage au servage, au villenage, le progrès est sensible. Mais la féodalité fut insolente, pleine de morgue et de dédain.

[44] MICHELET (op. cit., 1840, ed. 2009, tomo I, Livre II – Propriété; chap. II – Possession, p. 211-240, cit. p. 214): "Les gens de la Marche eurent bien de la peine, pendant le Moyen Âge, à défendre la liberté de leurs vieilles forêts contre la féodalité insolente dont ils étaient environnés." Ver tb. M. BLOCH, *Liberté et servitude personnelles au Moyen Age, particulièrement en France* – contribution à une étude des classes (orig. publ. 1933, in M. BLOCH, **Mélanges historiques**, Paris: Ed. CNRS, 2011, p. 286-355, cit. p. 355): "Les institutions humaines étant des réalités d'ordre psychologique, une classe n'existe jamais que par l'idée qu'on s'en fait."

A ignorância decorre do desconhecimento do legado comum.[45] Este é compartilhado, e permanece necessário, para a concepção do Ocidente, com suas raízes greco-latinas e outras, e os seus desdobramentos nas nações modernas. O encadeamento é claro.

É fundamental que se perceba quantos elementos desse sistema 'internacional' medieval integram a evolução para o sistema 'moderno' de internacionalidade, que nos parece mais próximo: este último não surge, do dia para a noite, pronto e acabado, de uma vez, depois de 1648. A sua gestação se estende por séculos, desde a Antiguidade e a Idade média.[46]

Este é o propósito do presente exame do direito internacional no tempo medieval: mostrar a internacionalidade e a sua regulação institucional e normativa, em contextos menos frequentemente apontados. A internacionalidade existia, sob forma diversa do que será elemento característico desta, após a consolidação dos modernos estados nacionais.

A feudalidade e a igreja eram fatos 'europeus' e não 'nacionais'. Isto se põe no sentido de fenômenos continentais – ao menos em relação à igreja, de vocação universal – dados compartilhados por conjunto de identidades nacionais em formação.[47]

[45] PETRARCA, em seu provocante ensaio sobre a sua própria ignorância e a de tantos outros, **De suis ipsius et multorum ignorantia** (1367-1368, **Mon ignorance et celle de tant d'autres**, édition bilingue latin-français, préface d'Olivier BOULNOIS, traduction de Juliette BERTAND (1929), révue par Christophe CARRAUD (1999), notes de Christophe CARRAUD, Grenoble: Jerôme Millon, 2000) a respeito dos males decorrentes da ignorância, que tem de ser combatida, com todas as armas.

[46] Como se examina no **Tratado** (tomo 8 – **Direito internacional além do paradigma vestfaliano**); v. tb. M. VILLEY, **La formation de la pensée juridique moderne** (Paris: PUF – Leviathan, 2003); Paolo GROSSI, **L'ordine giuridico medievale** (Roma – Bari: Laterza, 1995).

[47] Daniel ROPS, **A igreja dos tempos bárbaros** (orig. publ.. **L'église des temps barbares**, 1991, trad. E. da GAMA, São Paulo: Quadrante, 1991, cap. VII – O papado e o novo império do Ocidente, p. 378-434, cit. P. 378): "Nesse ininterrupto entramado de acontecimentos que constitui a história da humanidade, há certos períodos em que ela parece esforçar-se coletivamente por assentar em bases novas o seu futuro, por extrair dos dados intelectuais e morais acumulados pelo passado as novas diretrizes que, quer sejam boas ou más, hão de impeli-la em direção a novos destinos."

Paolo GROSSI (1995) conceitua o contexto legal:[48]

> O direito feudal é o conjunto de costumes – e secundariamente algumas leis imperiais, sentenças de cúrias feudais, e teorizações doutrinárias – que se acumulam durante toda a alta Idade média, e que disciplinam aquele universo de relações entre senhores e vassalos, entre superiores e inferiores, que é a ordem feudal: relações pessoais consistentes em homenagem e fidelidade, por parte do vassalo, e em proteção, por parte do senhor. Um universo jurídico exclusivo, que desenvolveu as suas regras típicas, e tem os próprios tribunais para aplicá-las; que, sob esse aspecto, bem pode ser qualificado como manifestação de particularismo, mesmo se devemos acrescentar que a dimensão universal do fenômeno feudal induz os mestres de direito a inserir o tesouro consuetudinário feudal, os assim chamados **Libri feudorum**, em apêndice ao próprio **Corpus juris civilis**, como matéria digna de ser estudada e glosada, também pela ciência.[49]

A consolidação de consciência europeia é fenômeno cultural e histórico, mais que geográfico. Esse espaço-tempo-cultura são percorridos por fenômenos comparáveis: a tradição filosófica tem troncos comuns, quer na linha idealista, que liga PARMÊNIDES, PITÁGORAS, PLATÃO, ZENÃO DE ELEIA, TOMÁS DE AQUINO, DESCARTES, SPINOZA, KANT, FICHTE e HEGEL, quer na linha cético-empirica, que liga PROTÁGORAS, ARISTÓTELES, CARNEADES, GUILHERME DE OCKHAM, MONTAIGNE, BACON, HOBBES, LOCKE, BERKELEY, HUME. Esses elos sistêmicos são ainda mais fortes e podem ser demonstrados de modo cogente no caso da consciência religiosa ou científica.[50]

De modo comparável, o desenvolvimento da pintura a óleo, por exemplo, foi o resultado de forte união de elementos, habilidades e tradições bizantinas, flamengas e italianas; a música como forma de arte, fez-se com a conjugação de habilidades e tradições italianas, francesas, alemãs e austríacas; a arquitetura, especialmente gótica e o reflorescimento

[48] Paolo GROSSI, **L'ordine giuridico medievale** (Roma – Bari: Laterza, 1995).

[49] P. GROSSI (op. cit., 1995, cap. VIII, *'Pluralismo giuridico del tardo medioevo: diritto comune e diritti particolari'*, p. 223-235, cit. p. 224-225).

[50] Philip ALLOTT, **The Health of Nations** – Society and Law beyond the State (Cambridge: Univ. Press, 2002, esp. II. *'European Society and its law'*, p. 159-285, cit. p. 232-233).

da arquitetura greco-romana fluem a partir da Itália e da França, para proporcionar estilo compartilhado e comparável de vida, para a vida urbana;[51] da mesma forma, o romance, o teatro e o filme, como formas de arte, para os quais autores de tantas partes contribuíram, "são formas de auto-contemplação coletiva, que podem ser vistos como a continuação da filosofia por outros meios (mais acessíveis)". De tal modo, "sempre existiram outros externos, que ajudaram a constituir a identidade (*self*) europeia".[52]

> Quando viajantes medievais tardios se aventuraram além da Europa continental, particularmente para a Índia e a China, tornou-se necessário reimaginar o lugar da Europa em mundo físico e cultural, que ia muito além deste. Quando os colonizadores europeus se deslocaram por todo o mundo, um 'Novo Mundo', tornou-se necessário reimaginar a natureza e a responsabilidade do europeísmo, como fenômeno cultural exportável.
> Podemos concluir que a atração magnética de subjetividade europeia compartilhada sempre esteve em oposição dialética com a atração de subjetividade particularizante.[53]

O fenômeno da feudalidade se verifica na parte 'ocidental' da Europa medieval, como também se produz na Europa dita 'central'. Existem traços comuns e diferenças específicas.[54]

[51] Cidades como Estocolmo e São Petersburgo são marcantes pela forte presença de elementos arquitetônicos clássicos (greco-romanos) e mediterrâneos (sobretudo italianos), transplantados para outras regiões.
[52] Ph. ALLOTT (op. cit., 2002, p. 233-234); ver tb. Peter D'EPIRO e Mary Desmond PINKOWISH, **Sprezzatura** – Fifty ways Italian Genius shaped the World (New York: Anchor Books, 2001).
[53] Ph. ALLOTT (op. cit., 2002, loc. cit.): "Ancient Greece could not fail to be exceptionally conscious of the ancient civilisations which had preceded it, some of which co-existed with it. Ancient Rome, at least as its history is usually told, was never allowed to forget the other surviving civilisations and the countless unRomanised and non-European tribes, which were a permanent, and ultimately disastrous, physical and psychic challenge to its very self--conscious self. Medieval Christendom found a formidable other in Islam, which seemed to be a challenge both to Christianity as a religion and to Christendom as a social formation."
[54] "L'historien n'a pas à substituer à la doctrine du passé sa propre doctrine" advertia M. BLOCH, em seu extenso e cuidadosamente fundamentado estudo sobre *Liberté et servitude personnelles au Moyen Age, particulièrement en France* – contribution à une étude des classes

Nos Balcãs, a conquista e a dominação otomana incluem laços feudais, como se deu, por exemplo, na região da atual Bulgária, durante os cinco séculos de dominação por otomanos ou por renegados búlgaros.[55] Apesar de tudo, durante ao menos os primeiros trezentos anos, o regime dessa feudalidade, sob ocupação estrangeira, teria sido menos gravoso, para os camponeses, do que o anterior, regido pelos grandes proprietários de terras (*boiardos*) búlgaros, em relação aos seus próprios conterrâneos.

Muitas das fórmulas que a igreja e a feudalidade conferiram à França não são exclusivamente francesas, mas europeias. Nesse sentido, MICHELET referia: "nosso direito feudal, embora se tenha formado de maneira totalmente independente, lembra, em muitos pontos, aquele dos povos vizinhos. Algumas vezes, ele parece eco prosaico do direito feudal alemão".[56]

Em linguagem simbólica,[57] MICHELET compara os aportes francos e germânicos, na formação da identidade ocidental medieval, entre os baluartes do império e do papado:

(orig. publ. 1933, in M. BLOCH, **Mélanges historiques**, Paris: Ed. CNRS, 2011, p. 286--355, cit. p. 327 e 317): Comme toutes les institutions de l'âge vassalique, le servage s'est développé dans une atmosphère de rudesse, où les abus de droit étaient quotidiens. [...] À donner du statut servile une image trop bien ordonnée et qui se puisse résumer comme en quelques articles d'un code, l'historien manquerait à faire sentir tout ce que cette puissance d'un homme sur un autre comportait, dans la pratique, de brutalité et d'arbitraire.

[55] Ernest WEIBEL, **Histoire et géopolitique des Balkans de 1800 à nos jours** (Paris: Ellipses, 2002, p. 128) a propósito dos búlgaros, durante os cinco séculos de 'jugo turco', observa: "le sort de la paysannerie bulgare sera nettement plus clément au cours des trois premiers siècles de la domination ottomane que sous le régime féodal des *boyars* bulgares d'avant la conquête turque. Un nouveau système féodal sera implanté par les conquérants. Les fiefs ou *spahiliks* seront confiés à des chefs ottomans ou à des nobles renégats bulgares, tandis que les Chrétiens asservis seront soumis à des nombreuses charges." V. tb. R. J. CRAMPTON, **A concise history of Bulgaria** (orig. publ. 1997, Cambridge: Univ. Press, 4th printing, 2010, chap. 3- Ottoman rule in the Bulgarian Lands, p. 29-44).

[56] MICHELET (op. cit., 1840, ed. 2009, tomo I, p. 90): "La féodalité, comme l'Église, était un fait européen et non national, plusieurs des formules qu'elle a données à la France ne sont pas exclusivement françaises. Notre droit féodal, quoiqu'il se soit formé d'une manière toute indépendante, rappelle, en une foule de points, celui des peuples voisins. Quelquefois, il semble un écho prosaïque du droit féodal allemand."

[57] MICHELET (op. cit., 1840, ed. 2009, tomo I, p. 111 e a seguir, p. 112): "Le symbolisme féodal n'eut point en France la riche efflorescence poétique qui le caractérise en Allemagne. La France est une province romaine, une terre d'église. Dans ses âges barbares, elle conserva

> O Império teve dois herdeiros, o Cristianismo dois discípulos, a Alemanha e a França: discípulos questionadores, que deram muito trabalho para seus mestres; a Alemanha ultrassimbólica, a França antissimbólica.
> A Alemanha, mesmo se dizendo Santo império românico, não quis nem a língua de Roma, nem o seu direito civil. Em direito, ela foi semipagã, e em religião, mística; ou seja, aquém e além da igreja, raramente segundo a linha prescrita. [...]
> O império dos Francos já é a centralização do mundo bárbaro. Os próprios francos, como se sabe, não são nem uma raça, nem uma tribo, mas uma associação. Em suas fórmulas da tradição e do casamento, eles mesclam todos os símbolos jurídicos das diversas nações alemãs.[58]

A armadura das instituições que regem uma sociedade não poderia, em última análise, explicar-se se não pelo conhecimento do meio humano, como um todo – advertia Marc BLOCH, em seu magistral estudo sobre a sociedade feudal[59] – "pois a ficção de trabalho que, no ser de carne e de sangue, nos obriga a recortar esses fantasmas: *homo oeconomicus, philosophicus, juridicus*, esta é, sem dúvida, necessária, mas somente suportável se nos recusarmos a ser enganados por ela".[60] Ao mesmo tempo, também enfatizava:

toujours des attitudes logiques. La poésie féodale naquit au sein de la prose. [...] La France est le vrai continuateur de Rome. Elle poursuit l'oeuvre de l'interprétation. Travail logique, prosaïque, antisymbolique."

58 MICHELET (op. cit., 1840, ed. 2009, p. 109-110): "L'Empire eut deux héritiers, le christianisme deux disciples, l'Allemagne et la France; disciples raisonneurs qui devaient donner beaucoup à faire à leur maître; l'Allemagne ultrasymbolique, la France antisymbolique. / L'Allemagne, tout en se disant le Saint empire romain, ne voulut ni de la langue de Rome, ni de son droit civil. En droit, elle fut semi-payenne, en religion, mystique; c'est-à-dire en deçà et au delà de l'Église, rarement sur la ligne prescrite. / [...] / L'empire des Francs est déjà la centralisation du monde barbare. Les Francs eux mêmes, comme on sait, ne sont pas une race, une tribu, mais une association. Dans leurs formules de la tradition et du mariage, ils mêlent toutes les symboles juridiques des diverses nations allemandes."

59 Marc BLOCH, **La société féodale** (orig. publ. 1939, Paris: Albin Michel, 1994, 704 p.).

60 M. BLOCH (op. cit., ed., 1994, '*livre deuxième: les conditions de vie et l'atmosphère mentale*', p. 97-179, cit. p. 97): L'armature des institutions qui régit une société ne saurait, en dernier ressort, s'expliquer que par la connaissance du milieu humain tout entier. Car la fiction de travail qui, dans l'être de chair et de sang, nous contraint à découper ses fantômes: *homo oeconomicus, philosophicus, juridicus*, elle est nécessaire sans doute; mais supportable seulement si l'on refuse d'en être la dupe.

> Seria erro de pesadas consequências tratar a 'civilização feudal' como constituindo, no tempo, um único bloco. Provocadas sem dúvida, também tornada possível pela interrupção das últimas invasões. Mas, na mesma medida em que eram o resultado desse grande fato, com atraso de algumas gerações, uma série de transformações, muito profundas e muito gerais, observam-se por volta da metade do século XI. Com certeza, não cabe falar em ruptura, mas mudança de orientação, que, apesar de inevitáveis descompassos, segundo os países ou os fenômenos considerados, atingiu, sucessivamente, praticamente todas as camadas da atividade social.[61]

Segundo o ângulo pela qual se considere, a civilização da Europa feudal parece tanto maravilhosamente universalista, tanto particularista ao extremo – considerava BLOCH – e "essa antinomia tinha, antes de tudo, sua origem em regime de comunicações tanto favorável à longínqua propagação de correntes de influência muito gerais, como rebelde, nos detalhes, à ação uniformizadora das relações de vizinhança".[62]

Ao se falar em contexto medieval se põe, assim, ao mesmo tempo, certa unidade e certa diversidade, certo contraste entre estabilidade e mudança, certa tensão entre o passado e o presente, entre o distante e o próximo, entre as várias formas possíveis de ordenação da vida em sociedade. Como, ademais, em outras fases da história mas, importa, sobretudo, mencionar esses dados em relação ao contexto medieval, que tende a ser considerado, como um bloco, negativamente.

O esforço para situar o contexto e inscrever o direito internacional do tempo em exame, no conjunto da civilização de determinada época, não se destina a elencar os dados extrajurídicos como fins em si mesmos, mas na medida em que estes possam contribuir para a compreensão do fenômeno jurídico internacional, em sua formação, seu desenvolvimento e sua transição para modelo diverso, em fase histórica distinta. O quadro é necessário, com seus elementos históricos, políticos, filosóficos; mas

61 M. BLOCH (op. cit., 1994, p. 98-99).

62 M. BLOCH (op. cit., 1994, p. 101-105): "Si, selon l'angle où on la considère, la civilisation de l'Europe féodale paraît tantôt merveilleusement universaliste, tantôt particulariste à l'extrême, cette antinomie avait avant tout sa source dans un régime de communications aussi favorable à la lointaine propagation de courants d'influence très généraux que rebelle, dans le détail, à l'action uniformisatrice des rapports de voisinage."

o propósito é jurídico: situar o direito internacional no tempo, aqui em relação ao contexto medieval.

"A elucidação do conceito geral de direito parte da filosofia".[63] Esse é todo um programa de pensamento e de construção do direito, enquanto sistema, cuja validade e pertinência não se questiona.[64] VILLEY o enfatizava, em relação aos medievais, mas a advertência continua verdadeira e se mostra muito presente, em nossos dias: "o descrédito dos autores pagãos tem como corolário a recusa expressa de uma filosofia".[65] O legado da Antiguidade e da Idade média são vitais para a construção da filosofia, como do direito modernos.[66]

A essência do direito internacional se manifesta, assim entendo e trabalho, assim como produto cultural e temporalmente condicionado. Todo pensamento se inscreve no tempo e no espaço, como no contexto cultural, social e mesmo linguístico do seu autor – não é mero detalhe a advertência de Ludwig WITTGENSTEIN: "os limites da minha linguagem são os limites do meu mundo; mas toda linguagem

[63] Michel VILLEY (1914-1988), em um de seus últimos livros, **Le droit et les droits de l'homme** (Paris: P.U.F., 1983, cit., p. 35): "L'élucidation du concept général de droit ressortit de la philosophie."

[64] V. tb. Michel VILLEY, **Réflexions sur la philosophie et le droit** – les Carnets ("textes préparés et indexés par" Marie-Anne FRISON-ROCHE et Christophe JAMIN, préf. de Blandine KRIEGEL et François TERRÉ, Paris: P.U.F., 1995, 'préface', pp. V-IX, cit. p. V): "Sa préoccupation philosophique est dominante. Elle inspire ses réflexions sur l'homme, sur l'univers et sur Dieu. En ce qu'elles portent sur l'homme, elles sont indissociables du fait que Michel VILLEY a regardé et a réfléchi à la fois comme philosophe et comme historien. [...] L'homme et son devenir sont, dans une perspective finaliste, au coeur de ses réflexions". V. tb. o já referido livro de Michel VILLEY, **Le droit et les droits de l'homme** (Paris: PUF-questions, 1983).

[65] M. VILLEY, **La formation de la pensée juridique moderne** (Paris: PUF – Leviathan, 2003, p. 205).

[66] Cf. se aponta no **Tratado** (tomo 8 – **Direito internacional além do paradigma vestfaliano**). No conjunto deste **Tratado**, pretendo mostrar a relevância da evolução histórica para a compreensão do direito internacional, enquanto sistema institucional e normativo. E que as origens deste não podem ser limitadas a 1648, mas remontam muitos séculos antes! A perspectiva temporal não se põe, no direito internacional, como fim em si mesma – como seria o caso, primacialmente, em estudo de história do direito internacional – mas visa permitir que se busquem, por meio da dimensão temporal, o sentido da evolução e o progressivo enriquecimento do conteúdo do direito internacional. O foco é a sua evolução como sistema.

tem uma mesma lógica, de modo que seus limites são os limites do mundo".[67]

Esse caráter condicionado de toda obra humana, assim como do direito internacional, em nada o diminui, nem invalida, nem restringe o seu alcance; mas, é preciso deixar de repetir, sempre, os mesmos enganos, e não mais incorrer nas mesmas generalizações simplistas, relativas ao direito internacional, em outras eras e em contextos diversos do cristão, europeu e ocidental, dos últimos dois ou mesmo dos últimos quatro séculos. O que já é muito; mas não o bastante, para que este seja compreendido como criação de vocação universal. Ao menos, o é ou deve ser, como 'vocação'. Se não puder ser como efetividade.

> Não percamos jamais de vista esse dado essencial: todo pensamento se inscreve no contexto do tempo, assim como a duração única que vive cada um se inscreve na duração coletiva. Isso nos torna prudentes mesmo em relação a tudo que apareça como absoluto. Do que parece, mas aos olhos de quem e em que momento? Na verdade, está tudo aí.[68]

Foram as extraordinárias mudanças ocorridas no direito internacional, nas últimas décadas, que tornam necessário revisitar as premissas básicas da disciplina.[69] Essa viagem no tempo não se destina a fazer 'volta ao passado', mas, a partir deste, compreender o presente e colocar elementos para o futuro.

O direito internacional também ocorre antes e ocorre também em contextos diversos do cenário cristão, europeu e ocidental, moderno e contemporâneo, no qual teve e tem seu papel, e a partir do qual se

[67] Ludwig WITTGENSTEIN, **Tractatus logico-philosophicus** (orig. publ. **Logisch-philosophische Abhandlung**, 1921, trad. e apresentação J. A. GIANNOTTI, São Paulo: Edusp / Ed. Nacional, 1968).

[68] Lucien JERPHAGNON, **La... sottise?** (vingt huit siècles qu'on en parle) (Paris: Albin Michel, 2010, cit. p. 122-123) já citado na epígrafe do volume: "Mais laissons ces controverses aux escholiers du Paris médiéval. Non qu'ils fussent plus stupides que nous, ni d'ailleurs plus intelligents. Cela, ils l'étaient tout autant, mais autrement, et l'on a pu voir en passant que de l'intelligence et de la sottise ils avaient eux aussi leur idée. ABÉLARD vous l'aurait dit, ou deux cents ans plus tard, une belle tête comme GUILLAUME D'OCKHAM."

[69] Como examinei nos **Fundamentos do direito internacional pós-moderno** (São Paulo: Quartier Latin, 2008).

projetou para outros contextos, no tempo e no espaço.[70] O alargamento da perspectiva é indispensável para a adequada compreensão da disciplina.

Tem, assim, aqui, a perspectiva temporal caráter instrumental, para o estudo e a análise do direito internacional. O propósito não é a história: até porque me faltariam as premissas de formação na área específica.

O exame do direito internacional no tempo se inscreve como programa de ação característico da pós-modernidade: por meio do diálogo com as fontes e por meio da reconsideração do legado do passado se pode chegar a melhor compreensão do presente e tentar projetar elementos para a possível atuação deste no futuro. Entendê-lo como parte de conjunto integrado à história em geral e à história das ideias, assim como à filosofia, é a proposta de trabalho: considero fundamental dispor de tal embasamento para melhor compreender e operar o direito internacional pós-moderno.

O direito internacional não deve ser visto e estudado isolado da história. Se se quiser compreender a sua essência e a sua existência, a perspectiva histórica agrega elementos fundamentais para a sua compreensão: a história geral, como, especificamente, a história das ideias, são elementos cruciais para tal entendimento.

Ao mesmo tempo, a formação e a institucionalização do direito internacional como sistema pode e é objeto de controvérsias. E estas foram consideradas em relação ao tempo antigo[71] e também serão aqui tratadas.[72]

[70] Por isso, no **Tratado**, o precedente estudo sobre o **Direito internacional dos espaços** (tomos 1 e 2, 2ª. ed., 2022) dialoga constantemente com o presente **Direito internacional no tempo medieval** (tomo 4, 2ª. ed., 2023) e **Direito internacional no tempo de Francisco de Vitória** (tomo 5, 2ª ed., 2023) bem como os anteriores, sobre o **Direito internacional no tempo antigo** (tomo 3 A, 2ª ed., 2022 e tomo 3 B – **Gregos, romanos, chineses, indianos**, 2ª ed., 2023). São cada um destes facetas, pelas quais se manifesta a mesma busca, da compreensão do direito internacional, em suas dimensões espacial e temporal. Como também em relação aos **Fundamentos do direito internacional pós-moderno** (2008). Formam conjunto, para o mesmo e único fim: a compreensão de conjunto do direito internacional, enquanto sistema institucional e normativo.

[71] No **Tratado**, os precedentes **Direito internacional no tempo antigo** (tomo 3 A, 2ª ed, 2022) e **Gregos, romanos, chineses, indianos** (tomo 3 B, 2ª. ed., 2023).

[72] As traduções para o português de autores estrangeiros, citados no conjunto do trabalho, exceto se diversamente indicado, são de minha responsabilidade.

Por exemplo, Mario GIULIANO em breve ensaio sobre "o sistema medieval e as pretensas origens da sociedade e do direito internacional",[73] não obstante a erudição e a experiência do autor, em dez páginas faz quatro assertivas distintas:

- a primeira é a linha clássica: o ambiente no qual o direito internacional se manifesta e opera é o produto das profundas transformações políticas, econômicas e sociais que ocorrem na Europa, entre a primeira metade do século XV e a segunda metade do século XVII – e isso é justificado com elementos incontroversos na matéria, tais como a constituição ou consolidação de pluralidade de monarquias nacionais e de principados; o estabelecimento de intensa e regular vida de relações entre estes; esta vida internacional expressa em missões diplomáticas permanentes entre soberanos;[74]
- segundo outros estudiosos, o marco fundador do sistema internacional seria o final da Guerra dos trinta anos, em 1648, com *La pace (detta di Westfalia)* – GIULIANO os cita e rejeita esse entendimento[75] – aponta esse momento como marco transformador e não como a gênese do moderno sistema internacional;

[73] Mario GIULIANO, *La 'Respublica Christiana' medioevale e le pretese origini della società e del diritto internazionale* (in **Multitudo legum, ius unum**: Mélanges en l'honneur de / Essays in honour of / Festschrift für Wilhelm Wengler zu seinem 65. Geburtstag, herausgegeben von Josef TITEL et al., Berlin: Interrecht, 1973, Band I – Allgemeine Rechtslehre und Völkerrecht, p. 155-163).

[74] M. GIULIANO (texto cit., 1973, p. 155): "Si manifestarono precipuamente, cioè, nella costituzione o nel consolidamento di una pluralità di centri sovrani e indipendenti di potere politico e nello stabilirsi di una vita di relazioni tra essi". V. tb. G. E. do NASCIMENTO E SILVA – P. B. CASELLA – O. de O. BITTENCOURT Neto, **Direito internacional diplomático** (São Paulo: Saraiva, 4ª ed., 2012, esp. item "embaixadores residentes a partir do século XV na Itália").

[75] M. GIULIANO (texto cit., 1973, p. 158-159): "Per quanto poco convincente appaia la tesi che individua nei predetti trattati le origini della società internazionale, è indubbio che il Congresso di Westfalia costitui una delle manifestazioni più significative della nuova struttura sociale stabilitasi in Europa ed anticipò, con la tecnica dei grandi congressi diplomatici in esso inaugurata, le linee dell'evoluzione ulteriore di questa società e del suo diritto." Nesse sentido, refira-se tb. R. QUADRI, **Diritto internazionale pubblico** (Napoli, 5° ed., 1968, p. 96); R. QUADRI, **Le fondement du caractère obligatoire du droit international public** (RCADI, 1952, t. 80, p. 579-634).

- na terceira, diversamente, as origens da sociedade internacional e do seu direito seriam reportadas a época muito mais remota. Estas remontariam à alta Idade média: aproximativamente ao período histórico compreendido entre o século IX e o século XI.
  A comunidade das gentes cristãs (a assim chamada *Respublica christiana* ou *Respublica sub Deo*) se teria, então, constituido na Europa ocidental, e essa comunidade teria tido uma estrutura hierárquica, no sentido que a intrincada rede de relações de caráter feudal entre os reis, os príncipes e os senhores, que presidiam ao governo daquelas gentes, teria tido, no seu vértice, e seria, assim, culminada pela suprema autoridade dos papas (e, segundo outros, também dos imperadores).
  A partir da segunda metade do século XV, essa comunidade se teria lentamente transformado, até assumir a estrutura da moderna sociedade internacional: isto é, a de uma sociedade entre autoridades políticas *superiorem non recognoscentes*. Mas, esta teria sido uma transformação meramente estrutural e que não teria comportado solução de continuidade, em relação à *Respublica christiana*: da qual, assim, a moderna sociedade internacional constituiria a continuação e o desenvolvimento;[76] e
- a quarta assertiva: caso se desejasse traçar uma linha de continuidade desde a *Respublica christiana* medieval, com outra formação social, essa linha deveria endereçar-se não rumo à moderna

[76] M. GIULIANO (texto cit., 1973, p. 159-160) adverte, contudo, logo a seguir, considerar que esta tese não se sustenta: "Anche se autorevolmente sostenuta, a noi pare tuttavia che tale tesi non regga al vaglio di una più approfondita riflessione intorno ai dati storici e sociologici rilevanti nella materia". Remete ao seu anterior estudo: M. GIULIANO, *Rilievi sul problema storico del diritto internazionale* (in Comunicazioni e Studi dello Istituto di diritto internazionale e straniero dell'Università di Milano, III, 1950, p. 105); e no volume **La comunità internazionale e il diritto** (Padova, 1950, p. 11 s.). Cita, dentre os defensores de tal configuração medieval do sistema internacional: ROMANO, **Corso di diritto internazionale** (Padova, 4° ed., 1939); BALLADORE-PALLIERI, **Diritto internazionale pubblico** (Milano, 8ª ed., 1962, p. 3-7); BALLADORE PALLIERI-VISMARA, **Acta pontificia juris gentium** usque ad annum MCCCIV (Milano, 1946, p. XIII ss., XXX ss.); MORELLI, **Nozioni di diritto internazionale** (Padova, 7° ed., 1967); AGO, **Lezioni di diritto internazionale** (Milano, 1943, p. 4 ss.); BOGNETTI, *Formazione storica dell'Europa e diritto internazionale nel medioevo* (in Comunicazioni e Studi dello Istituto di diritto internazionale e straniero dell'Università di Milano, II, 1946, p. 38).

> sociedade internacional, que lhe é a clara antítese; mas, se fosse o caso, rumo ao império romano, do qual a primeira representou, definitivamente a continuação e o desenvolvimento, frente às transformações da situação política, econômica, religiosa e social ocorridas na Europa, depois do fim do império romano do ocidente.[77]

A concepção de império passou por múltiplos avatares desde então.[78] Não somente no Ocidente medieval.

Grandes movimentos, regrupamentos e rupturas transformam, aos poucos, nos mil anos entre o século V e o século XV, o conjunto da Europa medieval rumo à Europa moderna dos estados:[79] o que se faz como cons-

[77] M. GIULIANO (texto cit., 1973, p. 162-163): "Qualora si volesse tracciare una linea di continuità della *Respublica christiana* medioevale con un'altra formazione sociale, questa linea dovrebbe indirizzarci, non verso la moderna società internazionale che ne è la netta antitesi; ma caso mai verso l'impero romano, di cui la prima non rappresentò in definitiva che una continuazione e uno sviluppo di fronte alle trasformazioni della situazione politica, economica, religiosa e sociale intervenute in Europa dopo il crollo dell'impero romano d'occidente."

[78] Cf. adiante, neste tomo, cap. 9 – MARSÍLIO DE PÁDUA e GUILHERME DE OCKHAM, b/c **Tratado** (tomo 3 A – **Direito internacional no tempo antigo**, item 3.2 – conceito jurídico de império: I – da Antiguidade rumo à Idade média e tomo 5 – **Direito internacional no tempo de Francisco de Vitória**, item 12.2. conceito jurídico de império: II – da Idade média à era moderna); P. B. CASELLA, *Empires, hegemony and cooperation* (in **Pravovie aspekti BRICS – Aspetti giuridici del BRICS – Legal aspects of BRICS**, ed. By P. CATALANO and T. ALEXEEVA, Saint Petersburg: National Research Univ., 2011, p. 27-48, cit. p. 48): "Summing up, it is clear that the notion of Empire can have different meanings and can be framed in many different ways. As evidenced by its metamorphosis along the centuries and under different civilization contexts"; ver tb. Marc BLOCH, *L'empire et l'idée d'empire sous les Hohenstaufen* (conferências em Estrasburgo, em 1927-1928, in Marc BLOCH, **Mélanges historiques**, préface de Yann POTIN, Paris: Ed. CNRS, 2011, p. 529-559, cit. p. 531): depuis le 25 décembre 800 il y a de nouveau en Occident un Empereur, qui se pose lui aussi en ayant droit d'AUGUSTE ou de CONSTANTIN, et considère Rome comme sa ville et l'un des sièges principaux de son pouvoir.

[79] Françoise AUTRAND e Philippe CONTAMINE, *La diplomatie à la conquête de l'identité française* (Première partie – Naissance de la France: naissance de sa diplomatie – Le Moyen Âge, sous la dir. de F. AUTRAND, L. BÉLY, P. CONTAMINE e T. LENTZ, **Histoire de la diplomatie française**, vol. I – Du Moyen Âge à l'Empire, présentation de Dominique de VILLEPIN, Paris: Perrin – tempus, ed. orig. 2005, reimpr. 2007, p. 44-69, cit. p. 47): pour la France, la dynamique politique du Ve au XVe siècle, accélérée depuis la fin du XIIe siècle,

trução conjugada de quadro territorial – a fixação espacial do estado – e quadro institucional – cada estado se dota de conjunto de órgãos da administração, nas suas várias áreas de atuação, inclusive 'diplomática', voltada para as relações 'exteriores'.

Essa construção 'interna' se faz ao mesmo tempo em que ocorrem as interações 'externas'. Não existe a Europa isolada, cortada do mundo. Do ponto de vista comercial, os produtos circulam pelos caminhos da Ásia menor, na qual se cruzam caravanas, e existe grande atividade de intercâmbio entre os habitantes dos diversos estados do Oriente médio, com seus centros principais em Sivas, Sinope e Trebizonda. O comércio pode ter grande parcela concentrada nas mãos de gregos e armênios, mas os venezianos, os genoveses e os provençais obtém direitos, garantidos por meio de tratados com os turcos seldjúcidas e os conservam durante séculos.[80]

Consciente das novidades do seu tempo, GUILHERME DE PLAISIANS, em 1307, assinala quais seriam as fronteiras do reino de FELIPE, o belo: "as fronteiras da França se estendem até o Ródano. Tudo o que está no interior dessas fronteiras é da competência do rei, ao menos para a proteção, a justiça e o poder".[81]

Tratava-se, no mesmo movimento, de construir o 'estado' e a 'nação', no interior dos próprios 'limites' do 'reino'. Como dados característicos dessa transição e mudança de paradigma – do medieval, que então findava, ao moderno, que se anunciava.

Esse conjunto de transformações nos leva do mundo antigo que desaparecera, para, progressivamente, dar lugar ao mundo medieval. Depois

est la construction de l'unité et celle de l'état moderne. Or, l'une et l'autre ont une face diplomatique et même une double face, l'une étant la conquête de l'espace français et l'autre celle du monopole de la diplomatie.

[80] Ver, por exemplo, Robert MANTRAN, **Histoire de la Turquie** (orig. publ. 1952, Paris: PUF – Que sais-je? 539, 7e éd., 1993, chap. premier, *Les Seldjoukides*, p. 9-25).

[81] Reproduzido em F. AUTRAND e P. CONTAMINE (op. cit.. 2007, cit. p. 48) observam ser este justamente oriundo de região então situada fora da França, na região do Mont Ventoux, no antigo Marquisado da Provença, e depois de ter aprendido e ensinado o direito romano em Montpellier, passa ao serviço do rei da França, para se tornar um dos 'legistas' reais: 'Les frontières de la France s'étendent jusqu'au Rhône. Tout ce qui est à l'intérieur de ces frontières relève du roi, au moins pour la protection, la justice et le pouvoir.'

de cerca de mil anos deste, passa-se pelo grande florescimento humanista da Renascença para chegar ao mundo moderno.

Esta é a proposta pós-moderna de diálogo com as fontes e de exame das premissas contextuais deste trabalho. Para a compreensão do fenômeno, necessário ir buscar os elementos históricos: mostrar os dados de continuidade e de ruptura; de renovação e de permanência; de criação e de institucionalização do sistema institucional e normativo internacional. E como isso se constrói, ao longo do tempo.

Neste tomo, a análise se dá ao longo do tempo medieval. Vasto e complexo conjunto. Existem, contudo, encadeamento, no sistema internacional, como na história geral e na história das ideias, como na filosofia pura e na filosofia dita 'política'.

O fato de ser a matéria controvertida torna o tema, assim, mais interessante. É oportuno e necessário considerar essa perspectiva, e mostrar os elementos de tais interações. Porque nesses meandros da história surge e se constrói o direito internacional pós-moderno. E, o que existe no tempo presente não surgiu do nada, mas se fez a partir de conjunto de experiências, de tentativas, de ensaios e erros, numa sucessão de contemporaneidades, que se entremeiam no tempo e nos trazem até os últimos dois séculos.

Cabe lembrar[82] que "a história não é uma ciência exata, ao menos aquela que nós praticamos. Na imensa floresta de doutrinas, nós escolhemos examinar esta ou aquela, um pouco ao acaso, inicialmente, sem estar absolutamente seguro que seja esta a mais importante".[83]

[82] Mais uma vez, Michel VILLEY, **La formation de la pensée juridique moderne** (texte établi, révisé et présenté par Stéphane RIALS, notes revues par Eric DESMONS, Paris: PUF – Leviathan, 2003).

[83] M. VILLEY (op. cit., 2003, 'conclusion sur la scolastique du Moyen Âge', p. 269-276, cit. p. 269): Ne cédons pas trop à la mode. Reconnaissons qu'il ne traîne pas dans nos rues, malgré notre grandiose politique de promotion de la culture, beaucoup d'hommes d'une intelligence, d'une puissance de réflexion, d'une ampleur de vues comparables à celles de saint THOMAS D'AQUIN et de GUILLAUME D'OCCAM. Et si nous avons attribué à ces deux auteurs plus d'importance relative qu'on ne leur accorde d'ordinaire, c'est non seulement, nous l'avons dit, parce qu'ils posèrent les fondations du droit moderne, mais encore parce que leur philosophie reste un instrument nécessaire pour aborder nos problèmes d'aujourd'hui.

O direito é parte da história.[84] Ambos interagem.

E, o direito internacional como os demais ramos, também se inscreve no marco histórico e cultural, no qual se cria, aplica-se e desenvolve-se: "não compreenderemos o caminho do pensamento moderno, se evitamos confrontá-lo com a tradição clássica".[85] De tal modo, "a polaridade que confusamente percebemos entre a tradição clássica e o pensamento moderno exige ir além da superfície das coisas".[86]

A seguir, pode-se passar à consideração do direito internacional entre o mundo tardo-antigo e o medieval. O que se põe no marco da longa e penosa mas também grande transição da Antiguidade para a Idade média – nos variados e complexos caminhos da instauração medieval.

Ao mundo de conceitos gerais – ainda em santo TOMÁS DE AQUINO, na esteira de PLATÃO e de ARISTÓTELES – do mundo pautado por gêneros, espécies, naturezas,[87] causas formais e causas finais, a 'modernidade' medieval traz a visão de DUNS SCOT: nesta se substitui o anterior por um mundo de manifestações únicas, de pessoas e de indivíduos.[88] O que, em GUILHERME DE OCKHAM

[84] Mario BRETONE, **Derecho y tiempo en la tradición europea** (orig. publ. **Diritto e tempo nella tradizione europea**, 1994, trad. Isidro ROSAS Alvarado, México: Fondo de cultura economica, 1a. ed., 1999, reimpr., 2000, primera parte, cap. IV – La investigación del tiempo clásico, p. 87-112, cit. p. 91): "O direito é uma parte da história, e a ciência jurídica pode ver-se como auxiliar de outras ciências, precisamente da história e da política. Mas também se produz o inverso. A história pode desenvolver função auxiliar, e a ciência jurídica (que é em si mesma uma ciência histórica) pode 'pedir conselho' à história."

[85] M. BRETONE (op. cit., 1994, ed. 2000, I.II. 'el tiempo y la norma', p. 40-67, cit. p. 45).

[86] M. BRETONE (op. cit., ed. cit., loc. cit.).

[87] Como se considera, neste tomo, cap. 10 – TOMÁS DE AQUINO e DANTE ALIGHIERI; cfr. ARISTOTLE, **Physics**: Books I-IV (original grego, with an English translation by P. H. WICKSTEED e F. M. CORNFORD, Cambridge, Ma. / London: Harvard UP, LCL vol. 228, ARISTOTLE vol. IV, © 1929, reprinted 2005); ARISTOTLE, **Physics**: Books V-VIII (original grego, with an English translation by P. H. WICKSTEED e F. M. CORNFORD, Cambridge, Ma. / London: Harvard UP, LCL vol. 255, ARISTOTLE vol. V, © 1934, reprinted 2006).

[88] DUNS SCOTUS, **On the will & morality** (selected and translated with an Introduction by Allan B. WOLTER, O.F.M., translation ed.William A. FRANK, Washington: The Catholic Univ. of America Press, © 1986, 1997); Kurt FLASCH, **Introduction à la philosophie médiévale** (trad. de l'allemand par Janine de BOURGKNECHT, Paris: Ed. du Cerf / Fribourg: Éd. Univ. Fribourg, 1992); Mary Beth INGHAM, **Initiation à la pensée de Jean Duns Scot** (orig. publ. **Scotus for Dunces. An introduction to the subtle doctor**, 2003, trad. française Yves SOUDAN, avec Geneviève EGUILLON et Luc MATHIEU, ofm, Paris:

se configurará como o nominalismo,[89] que terá inúmeros desdobramentos filosóficos e políticos.

Assim, do antigo se passa ao medieval. Elementos da fase anterior se encontram na seguinte, mas com outros elementos, anteriormente não conhecidos e não praticados.

Depois de cerca de um milênio, pela rota do 'renascimento', far-se-á, por sua vez, a transição do mundo medieval para o moderno. E, criam-se as bases, sobre as quais, posteriormente, erige-se o sistema de direito internacional moderno.[90]

Éd. Franciscaines, 2009); Alain MICHEL (éd. de), **Théologiens et mystiques au Moyen âge** (choix présenté et trad. du latin par A. MICHEL, Paris: Gallimard-Folio classique, 1997); Léon VEUTHEY, **Jean Duns Scot** – pensée théologique (Paris: Éd. franciscaines, 1967); Paulo VIGNAUX, **A filosofia na Idade média** (terceira ed. francesa, **La philosophie au Moyen âge**, 1958, trad. A. Pinto de CARVALHO, rev. A. Martins de CARVALHO, Coimbra: Armênio Amado, 1959); Thomas WILLIAMS (org.), **Duns Scotus** (orig. publ. **The Cambridge Companion to Duns Scotus**, trad. Cassiano T. RODRIGUES, São Paulo: Ideias e letras, 2013, 2ª impressão, 2017).

89 Cf., neste tomo, cap. 9 – MARSÍLIO DE PÁDUA e GUILHERME DE OCKHAM.

90 Cf. **Tratado** (tomo 5 – **Direito internacional no tempo de Francisco de Vitória** e seguintes).

TÍTULO II
DIREITO INTERNACIONAL ENTRE O MUNDO TARDO-ANTIGO E O MEDIEVAL

Faz, de algum modo, o 'direito das gentes' parte da linguagem jurídica da Idade média ?

Wilhelm GREWE (1984)[91]

Uma das características da Idade média não consiste justamente no enfraquecimento do estado ? O poder do estado se teria esfacelado, e estaria diluído no regime feudal. Como imaginar, assim, um direito das gentes construído sobre essa noção, um direito das gentes do qual o estado seria o motor principal ?
O que se encontra na Idade média, por outro lado, é uma certa unidade da Europa (...) Uma civilização homogênea (...) dominada pela fé (...) Uma organização, modelada nas tradições do Império romano (...) eis a realidade que serviu de suporte para as concepções internacionais da Idade média.

M. BOURQUIN, *Grócio é o pai do direito das gentes?* (1948)[92]

[91] Wilhelm G. GREWE, **Epochen der Völkerrechtsgeschichte** (Baden-Baden: Nomos, 1984, parte I, cap. 5 – Die Rechtsbildung: Naturrecht und Vertragspraxis, p. 108-118): "Ist 'Völkerrecht' uberhaupt ein quellenmässiger Begriff der mittelalterlichen Rechtssprache?"
[92] M. BOURQUIN, **La Sainte-Alliance: un essai d'organisation européenne** (RCADI, 1953, t. 83, p. 377-464); M. BOURQUIN, *Grotius est-il le père du droit des gens?* (in **Grandes**

Mais do que o tradicionalmente adotado ponto de inflexão da Antiguidade para a Idade média, com a deposição do último imperador, ROMULO AUGUSTOLO, em 476 A.D., e o "fim do Império do Ocidente",[93] é possível encontrar meio termo entre a linha de outros historiadores[94] e a tese de Henri PIRENNE[95] para situar a mutação institucional, que marcaria o fim da Antiguidade, não na 'queda de Roma',

figures et grandes oeuvres juridiques, Genebra, 1948, p. 80 e 81); M. BOURQUIN, **Pouvoir scientifique et droit international** (RCADI, 1947, t. 70, p. 331-406); M. BOURQUIN, **Stabilité et mouvement dans l'ordre juridique international** (RCADI, 1938, t. 64, p. 347-478); M. BOURQUIN, **Le problème de la sécurité internationale** (RCADI, 1934, t. 49, p. 469-542); M. BOURQUIN, **Règles générales du droit de la paix** (RCADI, 1931, t. 35, p. 1-232); M. BOURQUIN, **Crimes et délits contre la sûreté des états étrangers** (RCADI, 1927, t. 16, p. 117-246); M. BOURQUIN, **L'organisation internationale des voies de communication** (RCADI, 1924, t. 5, p. 159-210).

93 Como observado no **Tratado** (tomo 3 A – **Direito internacional no tempo antigo**, cap. 3 – civilizações antigas entre hegemonia e relações internacionais, percebe-se antes transformação progressiva do que ruptura, na transição entre a Antiguidade e o mundo medieval, e esta pode ser muito longa e estender-se durante séculos, dependendo do modelo que se adote para a caracterização da passagem de uma fase para a outra. O que pode tornar-se fim em si mesmo. V. tb. Averil CAMERON, **Il tardo impero romano** (do original **The later Roman Empire**, Londres: Fontana Press, 1993, trad. italiana a cura di Elio LO CASCIO, Bolonha: Il Mulino, 1995); Edward GIBBON, **Declínio e queda do império romano** (do orig. **Decline and fall of the Roman Empire** ed. abreviada, org. e intr. Dero A. SAUNDERS, pref. Charles A. ROBINSON Jr., trad. e notas suplementares José Paulo PAES, São Paulo: Companhia das Letras, 2005); Gherardo GNOLI e Giulia SFAMENI GASPARRO (a cura di), **Potere e religione** nel mondo indo-mediterraneo tra ellenismo e tarda-antochità ("Atti dell'Incontro di studio della Società Italiana di Storia delle Religioni, Roma, 28-29 ottobre 2004", Roma: ISIAO – Istituto Italiano per l'Africa e l'Oriente, 2009).

94 Michel ROUCHE, **Les racines de l'Europe: les sociétés du haut moyen âge 568-888** (Paris: Fayard, 2003); Julia M. H. SMITH, **L'Europa dopo Roma** – una nuova storia culturale 500-1000 (do original **Europe after Rome – a new cultural History 500-1000**, Oxford: Univ. Press, 2005, trad. Giovanni ARGANESE, Bolonha: Il Mulino, 2008); Bryan WARD-PERKINS, **La caduta di Roma e la fine della civiltà** (do original **The Fall of Rome and the end of civilization**, Oxford: Univ. Press, 2005, trad. Mario CARPITELLA, Roma/Bari: Laterza, 2008).

95 O historiador belga Henri PIRENNE (1862-1935), **Mahomet et Charlemagne** (1936) seguido de Bruce LYON, *le débat historique sur la fin du monde antique et le début du moyen âge*, André GUILLOU, *Byzance et la genèse de l'europe occidentale*, Francesco GABRIELI, *Effets et influences de l'Islam sur l'europe occidentale*, Heiko STEUER, *De Théodoric le grand à Charlemagne* (trad. de Hélène SEYRÈS, Milão: Jaca Book, © 1986, 1ª ed. francesa, 1987); v. tb. de Henri PIRENNE, **Les villes du Moyen âge** (Paris: PUF, 1971).

mas quando acontece a ruptura física da unidade mediterrânica. O que se daria somente alguns séculos mais tarde, com o advento do Islão, entre o final do século VII e início do VIII. O fim do Mediterrâneo como *mare nostrum* romano poderia ser apontado como marca paradigmática para assinalar, ao menos em relação ao mundo mediterrâneo, o final da Antiguidade e o início da Idade média.[96]

O surgimento e a expansão do Islão traz, ao mesmo tempo, o desenvolvimento de toda uma civilização nova, com avanços notáveis, em várias áreas do conhecimento, como também predicação carregada de hostilidade em relação aos não muçulmanos – ou 'infiéis' – e o conceito de unidade – a *Dar al-Islam* ou comunidade dos fiéis (*umma*), que, em poucas décadas, estendeu-se por vários países muçulmanos. Esta civilização também teve o desenvolvimento de regras humanas na condução dos conflitos armados e os "povos do livro" – ou seja, judeus e cristãos – que deveriam receber menos cruel e sumário tratamento do que os demais não crentes, embora em condição inferior aos muçulmanos.[97]

A convivência entre entidades políticas cristãs e muçulmanas traz encontros e desencontros, mas, também, leva à configuração de normas 'internacionais', que se enfeixam na categoria de 'relações internacionais'. A partir do final do período das conquistas, diante da impossibilidade de abranger todo o mundo então conhecido, e com a consolidação do poder organizado, começam a se desenvolver normas para regular a convivência com os não muçulmanos. O direito relativo aos representantes

[96] W. V. HARRIS (ed. by), **Rethinking the Mediterranean** (Oxford: Univ. Press, 2005); Fernand BRAUDEL, **La méditerranée et le monde méditerranéen à l'époque de Philippe II** (Paris: Armand Colin, © 1966, impr. 1987, 2 vols.); F. BRAUDEL, **Écrits sur l'histoire** (Paris: Flammarion/Champs, © 1969, impr. 1984), F. BRAUDEL (coord.), **La méditerranée: espace et histoire** (Paris: Flammarion / Champs, 1ª ed., 1977, impr. 1985), F. BRAUDEL e Georges DUBY (coord.), **La méditerranée: les hommes et l'héritage** (Paris: Flammarion / Champs, 1ª ed., 1977, impr. 1986), G. DUBY, **L'Europe au moyen âge** (Paris: Flammarion / Champs, 1ª ed., 1981, impr. 1984), G. DUBY, **An 1000 – an 2000: sur les traces de nos peurs** (Paris: Textuel, 1995), Henri FOCILLON, **L'an mil** (Paris: Denoel, 1984), Norman F. CANTOR, **The civilization of the middle ages** (New York: Harper, 1993); Henri PIRENNE, **Les villes du Moyen Âge** (Paris: PUF, 1971).

[97] Como se examina neste tomo do **Tratado** (cap. 11, esp. item 11.2 – guerra justa e guerra santa: entre *jihad* e as cruzadas). V. tb. Gamal M. BADR, *A Survey of Islamic International Law* (in **Religion and International Law**, ed. by M. JANIS and C. EVANS, Leiden: M. Nijhoff, 1999, reprinted 2004, chap. 5, p. 95-101).

diplomáticos se fundamenta nas noções de hospitalidade e segurança (*aman*), enquanto normas regulando acordos internacionais derivam do conceito de respeito à palavra dada.

Aponte-se ter "Bizâncio, que continuava Roma", conservado o "domínio da quase totalidade da bacia do Mediterrâneo",[98] quando, no século VII, o Islão vem destruir o multisecular império persa,[99] tomar as províncias semíticas de Bizâncio, e arrancar o conjunto do Oriente da ordem fundada por Roma e o Cristianismo. A ruptura do mundo antigo, causada pelo avanço, rápido e inesperado, do Islão, teve por consequência separar definitivamente o 'Ocidente' e o 'Oriente', pôs fim à unidade mediterrânea. Contrariamente à tese de PIRENNE, afirmava Maurice LOMBARD:[100]

> Se as invasões germânicas precipitaram o declínio do Ocidente, as invasões muçulmanas provocaram antes novo influxo dessa civilização. Em suma, o problema colocado no Ocidente a respeito da chegada dos bárbaros, da continuidade ou da regressão econômica, deve ser solucionado, no caso da conquista árabe, para o conjunto do domínio muçulmano, pela afirmação não somente de qualquer ausência de corte (*coupure*), mas, muito mais, de prodigioso impulso (*éssor*).[101]

Na mesma linha, já apontara Ernest LAVISSE terem os germânicos precipitado a decadência romana: "eles mataram, no Ocidente, o império

[98] Edmond RABBATH, **L'orient chrétien à la veille de l'Islam** (Beirute: Publ. de l'Univ. Libanaise, 1980, 'introduction', pp. 9-11): Byzance, qui continuait Rome, gardait la maîtrise de la presque totalité du bassin méditerranéen.

[99] Cf. se examina no **Tratado** (tomo 3 A – **Direito internacional no tempo antigo**, cap. 4 – império persa).

[100] Maurice LOMBARD, **L'Islam dans sa première grandeur (VIIIe-XIe siècle)** (orig. publ. 1971, préf. de Hichem DJAÏT, Paris: Flammarion / Champs, impr. 1980).

[101] M. LOMBARD (op. cit., pp. 19-20): "Si les invasions germaniques ont précipité le déclin de l'Occident, les invasions musulmanes ont provoqué la relance de sa civilisation. Bref, le problème posé en Occident à propos de l'arrivée des barbares, de la continuité ou de la régression économique, doit être tranché, dans le cas de la conquête arabe, sur l'ensemble du domaine musulman, par l'affirmation non seulement de toute absence de coupure, mais plus encore, d'un prodigieux essor". Compare-se W. V. HARRIS (ed. by), **Rethinking the Mediterranean** (Oxford: Univ. Press, 2005) que considera oportuno 'repensar' o Mediterrâneo, enquanto categoria antropológica relevante (*a major category in anthropology*) para aqueles que estudam o mundo antigo e medieval.

que agonizava".[102] Mencionava que "entre os historiadores, alguns lhes atribuem grandes virtudes, outros consideram a sua ação nociva e responsável pela interrupção do progresso". E fulminava a controvérsia: "os primeiros não sabem história, o segundos confundem-se, porque buscam causas finais. Os germânicos são atores novos, simplesmente".[103]

Além das controvérsias da historiografia, para o direito internacional interessa sobretudo situar o contexto histórico e cultural no qual se inscreve a crise de um anterior modelo e a progressiva emergência de outro, com os reflexos sobre os séculos seguintes.

Na longa transição entre o fim do mundo antigo e o início do medieval se põe a crise de modelo anterior, até que se complete o surgimento de nova concepção de ordens internas e de configuração de sistema internacional. Como vivemos, atualmente a crise do modelo do direito internacional 'clássico',[104] rumo à instauração do direito internacional pós-moderno. A crise do modelo antigo pauta o tempo da transição medieval até que se constate o aparecimento de algo que antes não existira:

> Nossos merovíngios nunca explicaram bem a autoridade monárquica. Entretanto, tentaram; o império estava morto; o espírito que vinha de Roma não soprava mais. E se os merovíngios não aprenderam nada; os galo-romanos desaprenderam. Surgiu uma grande obscuridade. A sociedade

[102] O historiador francês Ernest LAVISSE (1842-1922), *Do determinismo histórico e geográfico* (1879, trad. Tereza Cristina KIRSCHNER, in J. MALERBA, **Lições da História** – o caminho da ciência no longo século XIX (Rio de Janeiro: Ed. FGV / coed. EdiPUCRS, 2010, p. 353-374).

[103] E. LAVISSE (texto cit., 1879, ed. 2010, cit. p. 368-369): "Aqueles que confiam em TÁCITO esquecem que o grande escritor traçou um retrato ideal da *civitas* germânica. O retrato, se verdadeiro, o que provaria? Que o povo germânico permaneceu onde estavam séculos antes, os povos helênicos e latinos; a *civitas* homérica assemelha-se muito à *civitas* germânica de TÁCITO. Esta, simplesmente, não resistiu, eis tudo. Estes germânicos introduziram uma solidariedade histórica diferente daquela que pesava sobre os povos do império. É verdade que o caráter germânico não estava intacto. Eles viveram muito tempo em contato com o império. Singular confusão. Tentaram compreender o império, dar-lhe continuidade, mas não conseguiram. Não chegaram a conhecer as próprias instituições que aplicavam."

[104] Como se expõe nos **Fundamentos** (op. cit., 2008); v. tb. **Tratado** (tomo 8 – **Direito internacional além do paradigma vestfaliano** e seguintes).

galo-franca se decompunha e, hesitantemente, procurava novas vias. Encontrou-as no feudalismo.[105]

Nessa altura, entre mutações internas e impactos externos, começaria a se instaurar na Europa o modelo dito do "feudalismo", que caracteriza considerável parte da Idade média, ao menos em generalização apressada para obras de divulgação. A realidade é sempre mais complexa e mais carregada de nuances variadas. Novamente, isso se dará no início da era moderna.[106]

Com o advento do Islão, da África à Espanha, áreas que estavam na órbita do mundo ocidental passam a gravitar em torno de Damasco e, depois, de Bagdá. É outra religião, e também surge outra cultura, que se manifesta em todos os campos.

O 'Ocidente' se vê cercado de todos os lados e obrigado a viver voltado para si mesmo.[107] Pela primeira vez, o eixo da vida histórica europeia é empurrado do espaço Mediterrâneo para o interior do continente, enquanto o eixo econômico desloca-se do sul para o norte.

O fracionamento da unidade do Império romano (do Ocidente), leva à instauração do feudalismo e do que se convenciona chamar de "Idade média",[108] em longa transição, que se estende por período mais ou menos longo, conforme os critérios adotados para tal determinação, mas que se pode considerar abrangida entre os marcos de 500 até 1000 A.D. Essa visão pode ser criticada como reducionista:

105 E. LAVISSE (texto cit., 1879, ed. 2010, loc. cit.): "Houve, portanto, um acidente, que interrompeu o efeito da solidariedade histórica. [...] O fato de povos que viveram tanto tempo sob o governo de Roma formarem hoje na Europa uma categoria à parte, diferente em pontos essenciais dos povos germânicos ou eslavos, é um efeito prodigioso dessa solidariedade."

106 Cfr. **Tratado** (tomos 5 – **Direito internacional no tempo de Francisco de VITORIA**, 6 – **Direito internacional no tempo de SUÁREZ, GENTILI e ZOUCH** e 7 – **Direito internacional no tempo de Hugo GRÓCIO** e seguintes).

107 Henri PIRENNE (op. cit., loc. cit.): "La Méditerranée occidentale, devenue un lac musulman, cesse d'être la voie des échanges et des idées qu'elle n'avait cessée d'être jusqu'alors."

108 Jacques LE GOFF com a colaboração de Jean-Maurice de MONTREMY, **Em busca da idade média** (trad. Marcos de CASTRO, Rio de Janeiro: Civilização brasileira, 2005). Obra de divulgação recente e de utilidade para a compreensão das transformações ocorridas, durante o período que, inadequadamente, ainda se vê referido como 'idade das trevas'.

> O emprego da expressão 'Idade das trevas', para designar o período que vai do ano 600 ao ano 1000 assinala nossa inadequada restrição à Europa ocidental. Na China, o período abarca a dinastia Tang e o auge da poesia chinesa, sendo notável também por inúmeros motivos. Da Índia à Espanha, a brilhante civilização do islamismo floresceu. O que se perdeu para a cristandade à época, não se perdeu para a civilização, mas antes o contrário. Ninguém poderia adivinhar que a Europa ocidental prevaleceria tanto no plano do poder quanto no plano da cultura. Nós hoje temos a impressão de que o Ocidente europeu é a civilização, mas trata-se, essa, de uma visão limitada. A maior parte do conteúdo cultural da nossa civilização veio do Mediterrâneo oriental, das mãos de gregos e judeus. Quanto ao poder, a Europa ocidental teve predomínio desde as guerras púnicas até a queda de Roma – grosso modo, durante os seis séculos entre 200 a.C. e 400 d.C. Passada essa época, nenhum estado da Europa ocidental desfrutou de poder comparável ao da China, do Japão e do Califado.[109]

Os séculos entre o fim da Antiguidade tardia e o notável florescimento da "Europa cristã cosmopolita dos séculos XII e XIII", são "os parentes pobres, uma idade arcaica de misérias, de barbárie e de superstição", onde "se concebe a dinâmica histórica europeia em termos lineares ou evolucionísticos": esses séculos são um período de incubação nacional de narrativas que se deslindam em virtudes simples, distintas identidades e sólidos fundamentos de progressos futuros. Se, diversamente, a história é entendida em sentido cíclico, estes se tornam um intervalo de importância secundária, entre dois cumes político-culturais. Ambas as perspectivas impõem juízos de valor, cujas raízes se implantam nas necessidades políticas e nas preferências culturais da Europa pós-iluminista. Entende Júlia SMITH ser necessário afastar tais paradigmas, "teorizando a fundamental importância que a transformação dinâmica das culturas europeias entre a Antiguidade e a Idade média teve enquanto tal".[110]

[109] Bertrand RUSSELL, **História da filosofia ocidental** livro 2 – **A filosofia católica** (orig. publ. **History of Western Philosophy**, 1945, trad. Hugo LANGONE, Rio de Janeiro: Nova Fronteira, 2015, cap. 7 – O papado na idade das trevas, p. 111-123, cit. p. 123).

[110] Como expõe Julia M. H. SMITH, **L'Europa dopo Roma** – una nuova storia culturale 500-1000 (orig. publ. **Europe after Rome** – a new cultural history 500-1000, 2005, trad. Giovanni ARGANESE, ed. italiana a cura di Claudio AZZARA, Bolonha: Il Mulino, 2008).

Conforme oscilem tais critérios, entre quatro ou cinco séculos, ou entre marcos temporais mais restritos, por vezes, entre 650 e 750 A.D.,[111] autores como AGOSTINHO DE HIPONA (354-430 A.D.) e ISIDORO DE SEVILHA (560-636 A.D.) se inscreveriam ainda no marco temporal do final da Antiguidade ou já na transição para o período medieval,[112] como aqui se observa.

A decadência já se havia instalado no século IV. O acesso aos textos pressupõe a conservação dos originais, por vezes sujeitos a circunstâncias as mais variadas:

- a tradição manuscrita submete os textos a duras provas – não tanto pela possibilidade de deformação, como pela recepção ou não de uma obra, que determina de fato sua sobrevivência ou ocaso – copiava-se somente o que se considerava essencial ou, ao menos, útil: esse processo de depuração sem piedade levou a sacrificar muitas obras, importantes e valiosas, e o historiador da literatura não deve perder de vista quanto se perdeu, mesmo que seja para relativizar seus juízos, que se baseiam somente no que foi conservado;
- a tradição é um processo vivo. Não podemos nos acercar de maneira imediata dos textos antigos sem termos uma ideia das circunstâncias de sua transmissão. Sequer podemos estar seguros do texto, sem antes fazer esse esforço: somente uma verdadeira história do texto pode nos conduzir ao conhecimento do mesmo – quando isso é possível – e apreciá-lo tendo em conta o processo de sua

[111] Com algumas diferenças quanto à extensão desse período, cfr. Michel ROUCHE, **Les racines de l'Europe: les sociétés du haut moyen âge 568-888** (Paris: Fayard, 2003); Julia M. H. SMITH, **L'Europa dopo Roma** – una nuova storia culturale 500-1000 (do original **Europe after Rome – a new cultural History 500-1000**, Oxford: Univ. Press, 2005, trad. Giovanni ARGANESE, Bolonha: Il Mulino, 2008); Bryan WARD-PERKINS, **La caduta di Roma e la fine della civiltà** (do original **The Fall of Rome and the end of civilization**, Oxford: Univ. Press, 2005, trad. Mario CARPITELLA, Roma/Bari: Laterza, 2008).

[112] Como se verá neste tomo, cap. 9 – MARSÍLIO DE PÁDUA e GUILHERME DE OCKHAM; cap. 10 – TOMÁS DE AQUINO e DANTE ALIGHIERI; cap. 11 – tratadistas da guerra: Baltazar AYALA e Pierino BELLI e no seguinte tomo 5 – **Direito internacional no tempo de Francisco de VITORIA**, cap. 12 – *jus gentium, jus commune, jus europaeum*: entre a teoria e a prática.

transmissão e, na medida do possível, dos motivos do acolhimento ou repúdio de cada texto.[113]

Algumas épocas foram decisivas para a transmissão da literatura antiga. Dentre os fatores críticos, podem ser apontados:

- a sobrevivência de determinadas obras correu perigo particularmente grave na fase de passagem da literatura romana do formato de rolo de papiro para o codex de pergaminho, processo que se completou no século IV d.C. – autores então não levados em consideração, nessas circunstâncias, daí em diante ficaram fora da transmissão;
- o segundo período de perigo foram os chamados 'séculos obscuros' – entre a queda do Império romano do Ocidente e o reinado de CARLOS MAGNO – livros que, naquela época não encontraram espaço dentro dos muros dos mosteiros ou nas bibliotecas episcopais, perderam-se para sempre. Além disso, sequer essa acolhida, no espaço das bibliotecas, garantia a sobrevivência da obra antiga, pois muitos dentre os raros e caros pergaminhos eram raspados para serem reaproveitados, apagando manuscritos pagãos para inscrever textos cristãos. No curso da Idade média, a multiplicação dos livros em grande número de pequenas bibliotecas reduz o risco de total cancelamento da literatura antiga;[114] e ainda, além destes fatores circunstanciais,
- também devem ser levadas em consideração as perdas provocadas por motivos políticos, religiosos e ideológicos: o imperador cristão JOVIANO, sucessor de JULIANO, dito o 'Apóstata', fez queimar uma inteira biblioteca criada por seu predecessor em Antioquia. Exemplo de perdas constatadas de obras antigas: o libelo anticristão de CELSO, o **Discurso verdadeiro**, teve de ser reconstituído a partir de fragmentos citados pelos escritos eclesiásticos da época. Em

[113] M. von ALBRECHT, **História de la literatura romana** (ed. 1999, vol. II, cap. Sexto – Condiciones para la tradición de la literatura romana, p. 1573-1582, cit. p. 1577) cita AMMIANO MARCELINO (14,6,18): *Bibliothecis sepulcrorum ritu in perpetuum clausis.*

[114] M. von ALBRECHT, **História de la literatura romana** (ed. 1999, vol. II, p. 1578) assinala que somente no final da Idade média se fez o procedimento inverso: raspar textos cristãos, para inscrever um texto pagão.

geral, a igreja se mostra mais tolerante com os escritos de autores pagãos do que com relação a autores cristãos de confissão diversa da corrente 'oficial' majoritária, cujas obras, em sua maioria, são por nós conhecidas somente por referências nos escritos de seus adversários.[115]

O mundo ocidental se dará conta da extensão das mudanças ocorridas por ocasião da ascensão de CARLOS MAGNO, instaurando novo império (carolíngio) no ano 800 A.D., simbolicamente pautado no modelo romano, mas aplicado à realidade distinta e vivido em contexto histórico e cultural diverso. A partir desse marco, pode-se falar em nova era, com a assim chamada "renascença carolíngia":[116] volta a haver um 'império' no Ocidente: o que não foi facilmente aceito pelo imperador romano do Oriente, em Constantinopla.

Embora esta tese da contraposição entre MAOMÉ e CARLOS MAGNO – como marcos, respectivamente, do fim de uma era e do início de outra – possa ser objeto de controvérsias, pode esta ser tomada como uma das grandes rupturas da história. Marca a mudança de modelos: o fim do vigente em era anterior, até se chegar a novo modelo, que emergirá na fase seguinte – nesse sentido, a percepção da temporalidade e da

[115] M. von ALBRECHT, **História de la literatura romana** (ed. 1999, vol. II, p. 1578) comenta: "La colección de libros heréticos que un patriarca de Constantinopla realiza al final del siglo VIII es la excepción que confirma la regla. Si nos han llegado escritores como TERTULIANO y ORÍGENES, si bien su ortodoxia no está de hecho libre de toda sospecha, ello depende exclusivamente del hecho de que no era posible renunciar a estos autores a causa de su excepcional relieve intelectual."

[116] Louis HALPHEN, **Charlemagne et l'empire carolingien** (Paris Albin Michel, 1947); M. von ALBRECHT, **História de la literatura romana** (ed. 1999, vol. II, p. 1579) assinala que impulso essencial para a preservação da literatura antiga se deveu a medida administrativa: para governar seu império, CARLOS MAGNO precisa de sacerdotes e administradores instruídos. Para tanto, institui escolas e escritórios (*scriptoria*) em todas as abadias e cidades episcopais. Para tanto, pode valer-se dos mosteiros, em sua maioria fundados por irlandeses e anglo-saxões. Seu conselheiro, ALCUÍNO, é por ele chamado de York, então centro intelectual do norte da Europa. Os preciosos livros da biblioteca palatina de CARLOS MAGNO se transmitem, por meio da produção de novos manuscritos, em números sem precedentes, a mosteiros e catedrais da França, Alemanha e Suíça. Assim se assegura o principal para a sobrevivência da literatura antiga.

mudança de modelos interagem e permitem destacar o surgimento de nova configuração do mundo e das normas humanas que o regem.

Grande relevância tem o período que se segue ao fim do Império romano,[117] até que, alguns séculos depois, ocorra o surgimento do feudalismo, como do absolutismo, com suas variantes:[118]

> Na primeira metade da Idade média, momento histórico em que, por vários motivos, tornaram-se mais frequentes as tentativas de introdução de novas regras na organização social, sem preservar ou preservando apenas em parte, os valores e costumes tradicionais de cada povo, a consciência dessas características ficou clara e começou a influir nas decisões políticas.[119]

O homem se encontra em estado que não é nem o de Deus nem o das coisas –[120] na relação entre "a idade média e a história", como tempo onde este "não é simplesmente levado, como o resto do mundo físico, em escoamento ordenado (*écoulement ordonné*); ele tem consciência de estar no devir e mesmo o pensa":[121]

> Permitindo recolher instantes sucessivos, que, sem ela, voltariam ao nada, sua memória constrói uma duração, como sua visão reúne, em um espaço, a dispersão da matéria. Decorrência do fato de que ele se lembra, o homem redime (*rachète*) assim, parcialmente o mundo do devir, que o arrasta e

117 Louis HALPHEN, **Charlemagne et l'empire carolingien** (Paris: Albin Michel, 1947); Karl F. WERNER, **Les origines – avant l'an mil** ('texte français original, mis au point par Jean FAVIER', in **Histoire de France**, dir. de J. FAVIER, vol. I, Paris: A. Fayard, 1984, impr. 2001).

118 Dalmo de Abreu DALLARI, **A Constituição na vida dos povos**: da Idade média ao século XXI (São Paulo: Saraiva, 2010).

119 D. DALLARI (2010, op. cit., p. 10): "Surge, então, a ponderação de que a constituição do povo e de seu governo, assim como as mudanças na constituição, deveriam estar baseadas, fundamentalmente, em regras de convivência nascidas da realidade social e mantidas através do tempo com a concordância geral, como padrão básico de justiça e expressão das conveniências comuns."

120 Étienne GILSON, **L'esprit de la philosophie médievale** (« Gifford Lectures/ Université d'Aberdeen », Paris: Vrin, deuxième éd. revue / troisième tirage, 1978, chapitre XIX – Le Moyen Âge et l'Histoire, p. 365-382).

121 E. GILSON (op. cit., 1978, p. 367): "il se sait dans le flot du devenir et pense le devenir même".

> se redime com este. Pensando o universo e nos pensando a nós mesmos, engendramos a ordem do ser intermediário, entre a instantaneidade do ser dos corpos e a permanência eterna de Deus. Contudo, o homem passa também, sob essa frágil estabilidade da sua memória, que vai mergulhar, por sua vez, no nada, se Deus não a recolher e não a estabilizar. É por esse motivo, longe de ignorar que tudo muda, o pensamento cristão sentiu, até a angústia, o caráter trágico do instante. Pois não há somente ele de real: é nele que o pensamento reúne, por sua vez, os restos arrancados do naufrágio do passado e as antecipações do futuro; mais que isso, é, assim, no instante, que se constrói simultaneamente esse passado e esse futuro, tanto que essa imagem precária de permanência verdadeira, estabelecida pela memória, acima do fluxo da matéria, se vê arrastada, conduzindo consigo o butim que gostaria de salvar do nada. Assim, o passado não escapa da morte, se não no instante de pensamento que dure, mas o *instante* é, por sua vez, aquilo que se tem no presente e se projeta no futuro, no qual ele tampouco perdurará; é também o que a interrupção brusca fecha a história, e fixa um destino para sempre.[122]

Existe assim, para todo pensador medieval, homens que passam, em vista de fins que não passam. Mas, como advertia GILSON, há mais do que isso.

A temporalidade, assim, não somente não foi estranha ao pensamento medieval, como este a viveu de modo muito presente. Deixemos de lado a frase de efeito, mas distorsiva da realidade, segundo a qual a Idade média se pautaria pelo imobilismo, entre a Antiguidade tardia, marcada pela percepção da decadência, e a Idade moderna, marcada pela pretensão do progresso, linear e cumulativo, passível de ser acumulado *ad infinitum*. Esta seria uma das primeiras generalizações apressadas, herdadas de obras baratas de divulgação, a ser deixada de lado, se tentamos compreender a percepção da temporalidade no direito – e buscar o que possa especificamente existir de direito internacional – na época da transição entre o mundo antigo e o mundo medieval.

Se as lições da história para o direito internacional são relevantes – e, afinal, esta é a tônica de todos estes volumes – as lições desta em relação

[122] E. GILSON (op. cit., 1978, loc. cit.).

ao 'mundo' medieval não serão menos importantes. Como se considera, justamente, neste título.

Para pensador como Guilherme de OCKHAM (ca. 1280 –1349),[123] uma vez seja afirmado como supremacia militar, como preponderância econômica, como avanço relativo nas ciências e na pesquisa, ou como enunciados de cunho fundamentalista de qualquer confissão, na simples medida em que pretendam congelar e apresentar como paradigmática, se não a única possível, determinada concepção estática do mundo, da vida e dos seres, sem levar em conta a realidade destes, termina por afastar todos os que não se submetam a tais tiranias intelectuais, assim, tender-se-á acirrar conteúdos predominantemente reacionários.

O problema não é novo, como OCKHAM já demonstrava no "breve discurso sobre o governo tirânico". Mas permanece, em boa medida, problema não solucionado.[124]

Do ponto de vista intelectual, a distinção, trazida por seu contemporâneo, MARSÍLIO DE PÁDUA, é um instrumento de grande eficácia, que assinala a radical contingência do mundo criado, frente à livre vontade divina – este é aspecto filosófico importante – e abre a mente filosófica à hipótese *per imaginationem* de outras leis materiais e éticas.[125]

> Não se pode deixar de ver, na verdade, nesse segundo ponto, por sua vez, uma consequência do tema teológico, a verdadeira novidade na história das ideias: é certo que a procura dos possíveis (*l'indagine sui possibili*) e o conceito de infinitude dos mundos é, em primeiro lugar, concebido mediante o abandono – a estrada será longa – o universo fechado, e regido por leis necessárias, presente na ciência e no imaginário, até o fim da Antiguidade.

[123] Alguma variação também ocorre no caso deste, em relação às datas de nascimento e morte, mas consideram-se aceitáveis as datas do nascimento por volta de ('ca.') 1280 e do falecimento, em 1349. V. WILLIAM OF OCKHAM, **A short discourse on tyrannical government**: over things divine and human, but especially over the empire and those subject to the empire, usurped by some who are called highest pontiffs (edited by Arthur Stephen McGRADE, transl. by John KILCULLEN, "Cambridge texts in the history of political thought", Cambridge: Univ. Press, 1992).

[124] V. cap. 9, esp. item 9.2 – GUILHERME DE OCKHAM.

[125] Mariateresa Fumagali Beonio BROCCHIERI, no estudo introdutório (in Marsílio da PADOVA, **Il difensore della pace / Defensor pacis**, "testo latino a fronte", Milão: Rizzoli/ BUR/ I classici, 1ª. ed. 2001, 2ª. ed., 2009, 2 vols., vol. I, pp. V-XVI).

A ciência, para muitos intelectuais medievais, não é passível de demonstrar nem a onipotência divina, nem, por conseguinte, a pluralidade dos mundos (esta decorre da primeira); a ciência natural e a filosofia moral e política se ocupam *deste* mundo que se revela, assim, o campo do provável, um mundo de certezas não absolutas.[126]

A cada tempo histórico e cada contexto cultural corresponderão as formas consideradas válidas e aceitáveis para tal regulação. As lições de E. GIBBON[127] e G. FERRERO[128] sobre o declínio e a queda do império romano merecem ser meditadas,[129] quando se pensa a transição do mundo antigo para o medieval:[130]

> O príncipe godo [ALARICO] teria subscrito com prazer o édito que o fanatismo de OLÍMPIO ditara ao simplório e devoto imperador. HONÓRIO excluiu todas as pessoas, que eram contrárias à Igreja católica, de todos os cargos do estado, rejeitou obstinadamente o serviço de quantos dissentissem de sua religião, e arrebatadamente desqualificou muitos dos seus mais bravos e mais hábeis oficiais, que aderiam ao culto pagão ou perfilhavam as opiniões do arianismo.
> Essas medidas, tão vantajosas para um inimigo, ALARICO as teria aprovado e poderia inclusive tê-las sugerido; é de duvidar, entretanto, que o

[126] M. F. B. BROCCHIERI (estudo cit., ed. 2009, p. VIII).

[127] Edward GIBBON (1737-1794), **Declínio e queda do império romano** (do orig. **Decline and fall of the Roman Empire** ed. abreviada, org. e intr. Dero A. SAUNDERS, pref. Charles A. ROBINSON Jr., trad. e notas suplementares José Paulo PAES, São Paulo: Cia. das Letras, 2005).

[128] Guglielmo FERRERO (1871-1942), **Grandeur et décadence de Rome** (trad. de l'italien par Urbain MENGIN seis volumes): **I – La conquête** (Paris: Plon, 13ª ed., 1908); **II – Jules César**, Paris: Plon, 12ᵉ ed., 1907); **III – La fin d'une aristocratie** (Paris: Plon, 11ª ed., 1907); **IV – Antoine et Cléopatre** (Paris: Plon, 11ª ed., 1908); **V – La Republique d'Auguste** (Paris: Plon, 8ª ed., 1907); **VI – Auguste et le grand empire** (Paris: Plon, 4ª ed., 1908).

[129] Hélio JAGUARIBE (e colaboradores), **Um estudo crítico da história** (trad. Sérgio BATH, São Paulo: Paz e Terra, 2001, 2 vols, vol. II, 'conclusões', pp. 647-688, cit. p. 661) sintomaticamente chegam às mesmas conclusões de GIBBON: "Assim, Roma não foi vitimada pelos assaltos externos dos bárbaros, mas pela sua barbarização interna; perdeu a funcionalidade econômica e militar e, finalmente, a funcionalidade sociocultural, sua capacidade de autorregular-se"

[130] E. GIBBON (op. cit., caps. 21 e 38 do original, 'observações gerais sobre a queda do império romano do ocidente', cit. p. 507).

bárbaro houvesse promovido os seus próprios interesses à custa da desumana e absurda crueldade perpetrada sob a direção, ou pelo menos com a conivência dos ministros imperiais. [...]
Nas artes de negociação, tanto quanto nas de guerra, o rei godo mantinha a sua superioridade sobre um inimigo cuja aparente inconstância provinha de uma total carência de juízo e de propósito.[131]

A substituição do antigo ao medieval não é automática, nem se faz de maneira imediata. Ainda GIBBON: "a incapacidade de um governo fraco e aturdido pode amiúde assumir a aparência e produzir os efeitos de um traiçoeiro entendimento com o inimigo público".[132]

Não por acaso pode ser datado o surgimento histórico do direito internacional de várias formas. Ou quanto a quais sejam e como atuem os sujeitos do direito internacional pós-moderno, como se viu e se vê.[133] A adoção de determinado momento em detrimento de outro, como ponto de inflexão, entre uma e outra fase, não será escolha neutra, mas reflete o conteúdo que se quer enfatizar ou o modo de assegurar a implementação do resultado de tal processo.

GRÓCIO, no **Direito da guerra e da paz** (1625), depois de discorrer sobre a relevância dos Antigos gregos e romanos,[134] do Antigo e do Novo Testamentos, situa[135] os escolásticos, dentre as contribuições medievais para o direito das gentes:

[131] E. GIBBON (op. cit., p. 507-508).

[132] E. GIBBON (op. cit., loc. cit.).

[133] Como se examina nos **Fundamentos do direito internacional pós-moderno** (op. cit., 2008), bem como no **Tratado** (tomo 20 – **Direito internacional, história e cultura**).

[134] Hugo GRÓCIO, **O direito da guerra e da paz** (do original **De jure belli ac pacis**, 1625, intr. Antonio Manuel HESPANHA, trad. de Ciro MIORANZA, col. clássicos do direito internacional, Ijuí: Ed. Unijuí, 2004, 2 vols.). Ver tb. **Tratado** (tomo 7 – **Direito internacional no tempo de Hugo Grócio**).

[135] GRÓCIO, **De jure belli** (prolegômenos, § 50): "Os cânones dos Sínodos, que estão conformes à regra, são raciocínios extraídos dos princípios gerais da lei divina, adaptados aos casos que se apresentam. Mostram também o que a lei de Deus prescreve ou exortam ao que Deus aconselha. [...] Os costumes seguidos ou aprovados pelos antigos cristãos e aqueles que preenchiam a medida de tão grande nome tem de *per se* a mesma força que os cânones. A autoridade pertence em segundo lugar a esses homens que, cada um em seu tempo, foram renomados entre os cristãos por sua piedade e por sua ciência, e jamais incorreram num erro grave qualquer."

mostram muitas vezes a grandeza de sua inteligência, mas eles viveram em séculos infelizes e ignorantes das artes liberais, o que faz com que não devamos nos admirar se, entre outras coisas dignas de elogio, se encontre algumas que sejam dignas de indulgência para com seus autores. Quando eles concordam, no entanto, em questões de moral, raramente se enganam, sendo realmente muito perspicazes em perceber o que pode ser tomado dos escritos dos outros.[136]

O direito internacional, desde suas origens[137] até o momento pós-moderno, está intrinsecamente relacionado com o tempo histórico

[136] GRÓCIO, **De jure belli** (prolegômenos, § 52).

[137] Cf. considerava nos **Fundamentos** (2008) e ulteriormente em P. B. CASELLA, Negociação e conflito no direito internacional: cinco mil anos de registro da história (São Paulo: Revista. Fdusp, 2019, vol. 114, p. 185-230) pode-se datar o direito internacional de várias formas: desde a Antiguidade, a partir da existência de registro histórico da ocorrência de tratados, entre unidades políticas, remontaria a cerca de 3100 a.C., como também se pode sustentar extensão temporal e tematicamente restritiva, onde primeiro teriam surgido as nações, no contexto da Europa moderna, para entre estas se estabelecerem as normas do que se convencionou denominar 'direito internacional'. A respeito, v. dentre outros: Roberto AGO, **Science juridique et droit international** (RCADI, 1956, t. 90, p. 851-958); AGO, SCHIEDERMAIR, RIPHAGEN, TRUYOL Y SERRA, FEENSTRA, **Commémoration du quatrième centenaire de la naissance de Hugo Grotius / Commemoration of the fourth centenary of the birth of Grotius** (RCADI, 1983, t. 182, p. 371-469); Denis ALLAND (coord.), **Droit international public** (Paris: PUF, 2000, parte I, 'histoire du droit international public', p. 37-96); F. CASTBERG, **International law in our time** (RCADI, 1973, t. 138, p. 1-26); L. EHRLICH, **The development of international law as a science** (RCADI, 1962, t. 105, p. 173-266); T. M. FRANCK, **Fairness in the international legal and institutional system**: general course on public international law (RCADI, 1993, t. 240, p. 9-498); Dominique GAURIER, **Histoire du droit international** (Rennes: Presses Universitaires de Rennes, 2014); W. G. GREWE, **Epochen der Völkerrechtsgeschichte** (Baden-Baden: Nomos, 1984, tb. na trad. inglesa, **The Epochs of international law**, Berlin – New York: W. de Gruyter, 2000); P. GUGGENHEIM, **Contribution à l'histoire des sources du droit des gens** (RCADI, 1958, t. 94, p. 1-84); E. JIMENEZ DE ARECHAGA, **International law in the past third of a century** (RCADI, 1978, t. 159, p. 1-343); S. B. KRYLOV, **Les notions principales du droit des gens:** la doctrine soviétique du droit international (RCADI, 1947, t. 70, p. 407-476); Manfred LACHS, **Le monde de la pensée en droit international public**: théories et pratique (Paris: Economica, 1989); ___, **The development and general trends of international law in our time**: general course in public international law (RCADI, 1980, t. 169, p. 9-377); ___, **Teachings and teaching of international law** (RCADI, 1976, t. 151, p. 161-252); S. H. NASSER, **Fontes e normas do direito internacional**: um estudo sobre a

e contexto cultural no qual opera,[138] como ademais qualquer criação humana. Tais relações e interações não são neutras nem unívocas: fazem-se cruzadas e interferem reciprocamente.

De modo permanente, ao longo dos tempos, ocorrem os fenômenos: resta, aos intérpretes, perceber o que pôde levar a tais novas formulações, a partir das necessidades do tempo e do meio, nos quais são suscitadas as novas concepções. Pode haver necessidade de reconhecimento das exigências operacionais e metodológicas desse direito internacional pós-moderno, que simultaneamente se diversificou.

O direito internacional pode atuar 'em velocidades variáveis', de modo a se adaptar à diversidade dos sujeitos destinatários de suas normas, ou adotar como vertente central, para o exame da temática jurídica internacional a "comunidade internacional e disparidades de desenvolvimento",[139] ou ainda a variabilidade de ritmos, no mesmo tempo histórico, como se questiona em relação à implementação dos processos de integração regional.[140]

soft law (São Paulo: Atlas, 2005); C. ROUSSEAU, **Principes de droit international public** (RCADI, 1958, t. 93, p. 369-550); A. TRUYOL Y SERRA, **Histoire du droit international public** (Paris: Economica, 1995); ___, **L'expansion de la société internationale au XIX.e et XX.e siècles** (RCADI, 1965, t. 116, p. 89-180); ___, **Génèse et structure de la société internationale** (RCADI, 1959, t. 96, p. 553-642); Stephan VEROSTA, **International Law in Europe and Western Asia between 100 and 650 A.D.** (RCADI, 1952, t. 80, p.485-620); P. WEIL, **Le droit international en quête de son identité:** cours général de droit international public (RCADI 1992, t. 237, p. 9-370); W. WENGLER, **Public international law:** paradoxes of a legal order (RCADI, 1977, t. 158, p. 9-86); P. ZICCARDI, **Les caractères de l'ordre juridique international** (RCADI, 1958, t. 95, p. 263-408); M. ZIMMERMANN, **La crise de l'organisation internationale à la fin du Moyen Âge** (RCADI, 1933, t. 44, p. 319-437, chap. premier, p. 319-337, cit. p. 319-320), logo no início de seu curso apontava a diferença de opinião, citando autores contra e a favor, da existência ou não de uma 'organização jurídica muito desenvolvida já conhecida na Idade média".

[138] Cf. se considera no **Tratado** (tomo 20 – **Direito internacional, história e cultura**).

[139] G. LADREIT DE LACHARRIERE, **L'influence de l'inégalité de développement des états sur le droit international** (RCADI, 1973, t. 139, p. 227-268); René-Jean DUPUY, **Communauté internationale et disparités de développment**: cours général de droit international public (RCADI, 1979, t. 165, p. 9-231).

[140] Fernando A. de A. MOURÃO, no 'prefácio' (in **Mercosul: integração regional e globalização**, coord. P. B. CASELLA *et al.*, Rio de Janeiro: Renovar, 2000, p. VII-IX, cit., p. VII): "O tema da integração regional e da globalização, visto de uma ótica sistêmica, lembra-nos os dizeres que aparecem nas tabuletas que chamam a atenção em áreas em obras: *homens*

Dois exemplos marcantes podem ser apontados. O primeiro de vocação universal e o segundo regional.

A ideia de organização política de vocação universal, para regular a convivência entre unidades políticas soberanas, da qual alguns elementos já podem ser apontados em Christian WOLFF[141] e Samuel RACHEL[142] serão, séculos mais tarde, retomados por W. WILSON e estarão não somente na base da Liga das Nações, como da sucessora desta, a Organização das Nações Unidas.

Em âmbito regional europeu, as formulações durante séculos teóricas ou francamente utópicas, no sentido da regulação jurídica vinculante entre as soberanias europeias,[143] desde Dante ALIGHIERI,[144] instauram-se em extensão considerável, como hoje no âmbito da União Europeia e

trabalhando. Estamos diante de um processo que vem acontecendo, como no caso da Europa, há mais de quatro décadas: da fase de uma Europa econômica à de uma Europa política, testemunharam-se necessidades e óbices de uma engenharia que se apelidou de Europa de *geometria variável*, Europa *a duas velocidades*, Europa *a la carte*. A Europa *a duas velocidades* refletiu o ritmo dos processos integrativos, aceitando, contudo, o primado de que os objetivos da U.E. deviam ser respeitados mutuamente; a Europa *a la carte* permitia aos estados optar ou não pelas disposições comunitárias; na perspectiva da Europa de *geometria variável*, nem todos os estados participaram das mesmas ações. Num arranjo possível dos subsistemas internacionais, enfatizou-se ora o fator econômico-financeiro, ora o fator estratégico; às vezes, o fator político, outras vezes o social e o cultural. Hoje, a *Europa dos cidadãos* – regida pelo princípio estruturador da economia do livre comércio, da política democrática, de aspectos sociais solidários – é o resultado de uma vontade política gradual".

141 Cf. se considera no **Tratado** (tomo 10 – **Direito internacional no tempo de C. van BYNKERSHOEK e C. WOLFF**, cap. 22 – Christian WOLFF (1679-1754)).

142 Cf. se considera no **Tratado** (tomo 9 – **Direito internacional no tempo de Samuel PUFENDORF**, cap. 19 – Samuel RACHEL (1628-1691)).

143 Ver **Tratado** (tomo 5 – **Direito internacional no tempo de Francisco de VITORIA**, cap.13 – estado como sujeito de direito internacional: a contribuição de MAQUIAVEL e BODIN, esp. item 13.3 – estado soberano e direito internacional); P. B. CASELLA, *Pax perpetua: a review of the concept from the perspective of economic integration* (in **Dimensão internacional do direito**: estudos em homenagem a G. E. do Nascimento e Silva, org. P. B. CASELLA, São Paulo: LTr, 2000, p. 69-88); ___, **União europeia**: instituições e ordenamento jurídico (São Paulo: LTr, 2002, esp. 1.2 – projetos e experiências de União Europeia: antecedentes históricos, p. 54-71); Jens BARTELSON, **A genealogy of sovereignty** (New York / Cambridge: Cambridge Univ. Press, 1995) desenvolve exame bastante 'eurocêntrico' e por assim dizer 'eurocentrado' da matéria.

144 Cf. se considera neste tomo, cap. 10 – TOMÁS DE AQUINO e DANTE ALIGHIEIRI, esp. item 10.2 – DANTE ALIGHIERI (1265-1321).

suas sucessivas ampliações, aumentando a esfera de colocação em funcionamento prático desse anseio de construção da paz na Europa, mediante regulação da convivência entre estados.[145]

Entre a utopia e a realidade pode ser também questão de passagem de tempo. Como ensinava GIBBON: "desde a descoberta primeva das artes, a guerra, o comércio e o ardor religioso difundiram entre os selvagens do velho e do novo mundo esses dons inestimáveis. Eles se propagaram aos poucos e jamais poderão perder-se". E aduzia: "podemos, portanto, chegar todos à aprazível conclusão de que cada época da história do mundo aumentou e continua a aumentar efetivamente a riqueza, a felicidade, o saber e quiçá a virtude da raça humana".[146]

Além das barreiras do tempo histórico e do contexto cultural, outras são frequentemente erigidas entre os seres humanos – por vezes falaciosas e destituídas de fundamento, como a 'raça'. A ciência da genética nos mostra que o conceito de 'raça' pouco significa, ao menos de ponto de vista genético.[147] Pode ser lembrado e utilizado, para outros fins – político-ideológicos, por exemplo – mas essencialmente não faz sentido, porquanto todas as 'raças' se misturam, em maior ou menor grau, ao longo dos séculos. Isso não deve ser esquecido.[148]

[145] Continuam a ocorrer disfuncionalidades, como ilustram a malfadada retirada do Reino Unido e as perniciosas manobras da Hungria e da Polônia na União Europeia, cf. se considera em P. B. CASELLA, *Imperativo categórico da cooperação e as lições do BREXIT* (in **A evolução do direito no século XXI** – homenagem ao prof. A. WALD, coord. F. U. COELHO, G. TEPEDINO, S. F. LEMES, São Paulo: Ed. IASP, 2022, vol. 3, p. 963-1001).

[146] E. GIBBON (op. cit., p. 545).

[147] Luigi Luca CAVALLI-SFORZA, **Genes, povos e línguas** (do original **Geni, popoli e lingue** © 2000 e da trad. inglesa de Mark SEIELSTAD, trad. Carlos A. MALFERRARI, São Paulo: Cia. das Letras, 2003).

[148] L. L. CAVALLI-SFORZA (op. cit., 2000, ed. bras., 2003, p. 107-108): "Arthur GOBINEAU, diplomata e intelectual francês do século XIX, autor do popularíssimo **Ensaio sobre a desigualdade das raças humanas**, que contribuiu para a ascensão do racismo alemão, morreria de raiva e vergonha com essa sugestão" – a de serem geneticamente os europeus dois terços asiáticos e um terço africanos – "pois acreditava que os europeus (especialmente os da Europa Central, que se encontram no centro genético da Europa) eram a raça geneticamente mais pura, a mais bem dotada intelectualmente e a menos debilitada por miscigenação racial. Sua convicção de que a mistura racial é a causa da degeneração tornou-se muito popular, embora contrarie tudo o que sabemos hoje."

Como se deu a respeito das trocas entre "o velho mundo e o novo":[149]

> As consequências das viagens de COLOMBO e de seus sucessores são irreversíveis. Os sofrimentos impostos aos americanos nativos ou aos africanos importados, seja pela ação humana premeditada, seja pelos efeitos inesperados da conquista e da exploração, são inegáveis e não podem ser anulados em retrospecto. Não se pode negar nem negligenciar que o impacto da conquista e da exploração sobre essas populações foi catastrófico, e não só durante os primeiros 150 anos de conquista europeia. Não obstante, não podemos anular a história, mas apenas lembrá-la, esquecê-la ou inventá-la.[150]

A pós-modernidade nos ensina a ser menos confiantes em relação à irreversibilidade do progresso[151] e ao aumento progressivo "da riqueza, da felicidade, do saber e quiçá da virtude da raça humana", de que falava GIBBON, e nos traz mais perto da reticente avaliação de HOBSBAWM. Tal ponderação pode ser útil para a compreensão da passagem de uma para outra era. E da diversidade de modos de interpretar cada uma delas.

Quando se fala em diversidade de modos de interpretação, a notável fluidez da utilização do termo 'moderno' é ilustrativa.

O termo 'moderno' foi empregado pela primeira vez no final do século V para distinguir a presença cristã, então tornada oficial, do passado romano-pagão. A partir de então, a 'modernidade' irá exprimir-se, com conteúdos diversos, cada vez que se relaciona, como consciência de uma época, a um passado antigo e representará a si mesma como o resultado da transição do velho ao novo.[152]

[149] Eric HOBSBAWM, *O velho mundo e o novo: quinhentos anos de Colombo* (orig. publ. na *London Review of Books*, 9 de julho de 1992, reunido no volume **Pessoas extraordinárias: resistência, rebelião e jazz**, do original **Uncommun people**, 1998, trad. Irene HIRSCH e Lólio L. de OLIVEIRA, São Paulo: Paz e Terra, 3ª ed,, 2005, p. 405-414).

[150] E. HOBSBAWM (art. cit., 1992, ed. cit., 2005, p. 405).

[151] Robert REDEKER, **Le progrès ou l'opium de l'histoire** (Nantes: Éd. Pleins feux, 2004, cit. p. 9) assinala como a questão do progresso, "sua assunção, seu reinado e sua decadência" acompanha as aventuras históricas da finalidade: da queda da finalidade teológica para a finalidade humana – marca o nascimento do progresso, no século XVI – a "autofinalização do progresso", no século XIX, até sua "desfinalização", em nossa época.

[152] Paolo PORTOGHESI, **Depois da arquitetura moderna** (orig. publ. **Dopo l'archittetura moderna**, 1980, trad. e apres. Ana Luiza NOBRE, São Paulo: Martins Fontes, 2002,

Nesse sentido, como 'moderno' se reconheceram e se afirmaram:

- o século V, em contraposição ao que passara a ser o mundo 'antigo', que ficava para trás;
- o tempo de CARLOS MAGNO – início do século IX – em relação aos séculos precedentes, descartados como 'idade das trevas';
- mais adiante, também os séculos XII e XIII, com notáveis desenvolvimentos civilizacionais e culturais, em relação aos tempos precedentes;
- o Renascimento, paradigmaticamente marca, para nós, o início da 'era moderna', deixando para trás o milênio medieval;
- assim também o Iluminismo se considerou 'moderno', no século XVIII, distanciando-se do passado recente;[153]
- temporalmente mais próximo de nós, o 'modernismo' marca presença como reivindicação, nas duas primeiras décadas do século XX.[154] Sempre se pautando pela pretensão de superar o que para trás ficava.

"conclusão", p. 207-213, cit. p. 208) observa: "Não seguiremos HABERMAS na sua reconstrução da trajetória histórica da 'modernidade', mas não podemos deixar de notar a pouca atenção – de resto, sintomática – que ele confere ao paradoxo renascimental da 'Antiguidade resgatada'."

[153] Sobre a 'modernidade', no contexto do Iluminismo, ver **Tratado** (tomo 11 – **Direito internacional no tempo do Iluminismo**). A respeito, Modesto FLORENZANO, Três viradas históricas revolucionárias: 1517, 1789, 1917 (in **Lições de história moderna**, São Paulo: Intermeios, 2021, p. 13-46, cit. p. 46): "Concluo apresentando dois finais, ambos tremendos, sobre um possível sentido a ser dado à modernidade tal como a configuramos e às suas três revoluções constitutivas. Um final é secular e terrivelmente triste e desesperançado: a modernidade foi/é a busca do paraíso perdido, o único verdadeiro, como se lê no livro de PROUST **Em busca do tempo perdido**; o outro é espiritual, terrivelmente esperançoso, mas enigmático: a modernidade foi 'um trabalho de Deus, porque não foi feita pela vontade dos homens e porque foi um momento de virada na história humana'! Essas são palavras do historiador marxista inglês Ch. HILL, com as quais encerra um seu conhecido artigo, de 1981, sobre a revolução inglesa de 1640." Cita Christopher HILL, A Bourgeois revolution (in **The Collected Essays**, Amherst: Univ. Massachusetts Press, 1986, vol. 3, p. 118).

[154] Como ilustra a 'Semana de arte moderna' de São Paulo, em 1922. A respeito, Marcos Augusto GONÇALVES, **1922 – A semana que não terminou** (São Paulo: Companhia das Letras, 2012).

Trata-se, assim, de fenômeno recorrente na história, a afirmação da 'modernidade'. A 'modernidade' sempre se apresenta em contraposição a um passado, que se quer deixar assinalado como 'velho' ou 'superado'. Até que se alcancem nossos tempos pós-modernos, menos otimistas, em relação à superação de fases anteriores. Trata-se, antes, de conviver e de dialogar com estas.

Nos textos do primeiro renascimento não é raro que os termos 'moderno' e 'modernos' refiram-se não à cultura nova, mas à antiga, melhor dizendo, à cultura 'gótica', que por muito tempo representou a cultura dominante, à qual o pensamento humanístico fazia oposição. Assim, "antes que a modernidade seja identificada com o retorno às normas da Antiguidade clássica, de fato, a batalha contra a modernidade derrotada – que havia assumido a aparência do internacionalismo gótico – deverá ser concluída":[155]

> Sem compreender a dialética histórica da modernidade, nem verificar filologicamente esta correlação entre valores e significados, a história da palavra 'moderno' perde concretude e corre o risco de criar um fetiche que nunca existiu, validado apenas por uma estabilidade semântica.[156]

A pós-modernidade não se põe como crítica à modernidade, como esta se apresenta em relação ao que a preceda, mas se propõe alcançar olhar mais abrangente, que alinhe o tempo presente aos passados e, deste conjunto, tão amplo quanto seja possível abarcar, delinear a compreensão dos fenômenos humanos, como aqui se enceta em relação ao direito internacional: o mais antigo pode contribuir para a compreensão de contextos mais recentes. Por isso, pode ser útil, para alcançar tal compreensão mais abrangente, justamente buscar as fases de transição, nas quais se percebe a obsolescência de um modelo anterior, que não mais responde

[155] P. PORTOGHESI (op. cit., ed. bras. 2002, loc. cit.): "dois séculos depois ocorrerá algo semelhante, quando, por exemplo, o Padre POZZO defenderá a sua 'modernidade', naquele momento barroco, das pretensões de nivelamento da crítica classicista, que algumas décadas depois encontrará apoio 'progressista', na nascente cultura iluminista."

[156] P. PORTOGHESI (op. cit., ed. bras., 2002, p. 208-209): "A percepção limitada de HABERMAS, quanto à natureza dialética da modernidade e seu gosto pela dissimulação o impede de enxergar o seu caráter tortuoso, o qual acaba sendo reduzido a um percurso linear."

às necessidades e aos anseios do tempo subsequente, sem que automaticamente se componha novo modelo para esse tempo em curso. Até que se componha novo modelo, vive-se fase de 'transição'.[157]

Nos contextos moderno e pós-moderno, o modelo englobante da sociedade se faz laico, perde a legitimação intrínseca que lhe conferia a sua origem sagrada, mas, para que possa existir, primeiro formar-se e, em seguida, operar, terá sempre de ser visto e reconhecido como elemento para a construção da coesão, entre as sociedades, reguladas por esse sistema internacional. Pode mudar a caracterização,[158] mas não deixará de

[157] Ver **Tratado** (tomo 20 – **Direito internacional, história e cultura**); P. B. CASELLA, **Fundamentos do direito internacional pós-moderno** (São Paulo: Quartier Latin, 2008). Exemplo de ponderação útil, para a compreensão da passagem de uma para outra era, se inscrevem os 'grandes projetos', que serão acolhidos como totalmente utópicos ou destituídos de impacto possível sobre a realidade, muitas vezes não somente na altura em que são formulados, como durante tempo histórico considerável, até que se venham adotar elementos destes, na regulação efetiva e prática da ordenação jurídico-internacional do mundo. Esta aí terá deixado de ser utópica, para se inscrever na realidade. Mas, para poder chegar a ser efetivamente instaurado foi, antes, pensado como modelo e possibilidade. / Toda e qualquer sociedade, ao elaborar concepção global de sua organização social, produz mitos fundadores, explicando suas origens e seus ideais. Estes não podem nem devem ser vistos como fábula, mas como tentativa de criação de sociedade, a partir de evento real, que ocorreu nas origens, *in illo tempore*. A materialidade do evento importa menos do que a convicção de sua aplicabilidade como modelo conceitual, modelador de condutas presentes e futuras. / Em forma literária, sob impulso dos detentores dos atributos do sagrado, poetas ou sacerdotes, exprimem o ponto de vista do grupo humano, que comunga aquele ideal social. A origem sagrada lhe confere a legitimação.

[158] Beatriz SARLO, traz caracterização adequada do contexto pós-moderno, **Cenas da vida pós-moderna**: intelectuais, arte e videocultura na Argentina (trad. Sérgio ALCIDES, Rio de Janeiro: Ed. UFRJ, 3ª. ed., 2004, i.a., p. 178-179): "A dificuldade dos saberes e a perda de um sentido do geral são efeitos de processos que correm em paralelo. As sociedades estão cada vez mais informatizadas e comunicadas, do ponto de vista técnico, mas algumas questões essenciais parecem cada vez mais opacas: as decisões, então, ficam a cargo dos especialistas e seus patrões políticos. Ao mesmo tempo, a revanche do senso comum popular consiste em considerar esses mesmos políticos como incorrigivelmente corruptos. / "A perda dos sentidos não tem a ver somente com o rompimento vivido no presente, mas também com a sombra que o acompanha: o esquecimento da história e de um tempo que 'deixou de ser tempo histórico', e, portanto, não mantém laços com o passado nem faz promessas de continuidade futura. Com a dispersão de sentidos e a fragmentação de identidades coletivas, não é somente a autoridade da tradição que vai a pique; também se perdem as âncoras que permitem viver o presente não como o instante, ao qual se seguirá outro instante que

haver necessidade de fonte legitimadora do sistema, que se vai instaurar como regulador para que possa ser aceito pelos regulados.

A legitimação do sistema, sem recurso a elemento externo da atribuição da origem divina, terá de ser construída pelo próprio sistema. Este terá de conter, simultaneamente, as suas bases conceituais e os seus mecanismos de aplicação – como o direito internacional.

As sociedades se mantêm de pé graças a sistemas normativos, enquanto reguladores de conduta. A convivência entre estas, igualmente, faz-se mediante conjunto de princípios e normas, no direito internacional, ou mediante relações de força e poder, nas relações internacionais.

A história do período – da 'Antiguidade tardia' ao início da Idade média, no direito internacional – é normalmente dividida entre a história do império romano tardio, a história das grandes migrações como tempo de 'convulsões' e 'transição', e a história do império persa, até sua conquista pelos árabes. "Sempre há continuidade na história" – expunha Stephan VEROSTA:[159]

- a continuidade na história do direito internacional foi assegurada pelo Império romano do Oriente, ou Império bizantino;
- o Império romano do Ocidente foi substituído por um sistema de novos estados europeus ocidentais, a partir de 450 AD em diante, que depois se fracionaram em numerosas unidades territoriais e feudais, bem como cidades-estado, uma comunidade cristã de

também chamaremos de 'presente', mas sim como projeto. O passado, como pretendia o filósofo, já não pesa sobre nós; pelo contrário, se tornou tão leve, que nos impede de imaginar a 'continuidade de nossa própria história'." De Beatriz SARLO, v. tb. **Tempo presente**: notas sobre a mudança de uma cultura (do original **Tiempo presente**: notas sobre el cambio de una cultura, 2004, trad. Luís Carlos CABRAL, Rio de Janeiro: José Olympio, 2005).

[159] Stephan VEROSTA, **International Law in Europe and Western Asia between 100 and 650 AD** (RCADI, 1964, t. 113, p. 485-620) mostra as relações entre os impérios persa e romano (caps. I, III e VI), as relações entre os dois impérios e os estados, cidades-estado e tribos das fronteiras norte e sul (caps. II e V), o estatuto da Armênia como estado-tampão entre os dois impérios (cap. III), e as relações entre os dois impérios e os hunos, entre os quais os hunos europeus constituíram poderosa terceira força, na Europa entre 380 e 460 AD. (cap. IV). Ver tb. Annie et Jean-Pierre MAHÉ, **Histoire de l'Arménie** – des origins à nos jours (Paris: Perrin-histoire, 2012); Ashot ARTZROUNI, **História do povo armênio** (apresentação Eurípides S. de PAULA, São Paulo: Comunidade da Igreja Católica Apostólica Armênia no Brasil, 1976).

estados e unidades políticas soberanas (*a Christian family of sovereign political units and states*);

- o Império persa foi substituído pelos árabes que, anexando o Mediterrâneo oriental e norte-africano puseram fim à Antiguidade tardia, baseada na unidade do espaço mediterrânico, e a uma fase da história do direito internacional;[160]
- o re-helenizado Império romano do Oriente ou Império bizantino se manteve em plena continuidade política e cultural, como herdeiro e sucessor do direito internacional, desenvolvido entre 100 e 650 AD, com as relações entre romanos e persas;[161]
- estabelecendo a coexistência e relações internacionais com o Califado da Ásia ocidental e seus estados sucessores islâmicos, bem como com o novo sistema de estados da Europa ocidental, o Império romano do Oriente, ou bizantino, transmitiu aos estados europeus ocidentais e da Ásia ocidental, para leste e para oeste, a partir de Constantinopla, parte do conteúdo e muitas das formas do direito internacional, elaborado pela Europa e Ásia ocidental na Antiguidade tardia.[162]

[160] Cf. se examina no **Tratado** (tomo 3 A – **Direito internacional no tempo antigo**, cap. 4 – império persa).

[161] Principal fonte histórica do século VI, PROCÓPIO DE CESAREIA narra, nas **Guerras de Justiniano**, as guerras dos bizantinos contra os persas (livros I e II) cf. ed. PROCOPE DE CÉSARÉE, **Les guerres contre les perses** (trad. Janick AUBERGER, notes par Geoffrey GREATREX, Paris: Les belles lettres, 2022), contra os vândalos (livros III e IV), cf. ed. PROCOPE DE CESARÉE, **La guerre contre les vandales** (trad. et commenté par Denis ROQUES, préf. Philippe MURRAY, Paris: Les belles lettres, 2004), bem como contra os godos (livros V a VIII), cf. ed. PROCOPE, **Histoire des goths** (trad. Denis ROQUES, présenté, révisé et annoté par Janick AUBERGER, Paris: Les belles lettres, 2015, 2 vols.).

[162] Stephan VEROSTA (op. cit., 1964, Conclusion, p. 612-613): "There is always continuity in history. The continuity in the history of international law was assured by the East Roman or Byzantine Empire. / "The West Roman Empire was replaced by a system of new West-European states from AD. 450 onwards, which later split into many territorial and feudal units and city-states, a Christian family of sovereign political units and states. The Persian Empire was replaced by the Arabs who, by annexing the Eastern and the North-African shore of the Mediterranean had brought the period of later antiquity, based on the unity of the Mediterranean area, to an end, and with it a period in the history of the Law of Nations. / "The re-hellenized East-Roman or Byzantine Empire remained in full political and cultural continuity as the depositary heir of the Law of Nations developed between 100 and 650 AD. in Roman-Persian relations. Establishing co-existence and international relations with

A ideia do Império romano – *imperium romanorum* – estendeu-se muito adiante de seu tempo e de seus efeitos. Pode-se ver, com altos e baixos, a continuidade deste anseio, até 1806, quando, no impacto das vitórias de NAPOLEÃO, a dinastia dos HABSBURGO renuncia ao que se tornara tão somente nominalmente o título de Imperador do Sacro império romano germânico.[163]

Essas transformações serão ulteriormente acentuadas, em 1918, ao enterrar-se o modelo de Vestfália, com a queda e o fim dos Impérios russo, alemão e austro-húngaro, ao término da Primeira Guerra Mundial, para dar lugar às tentativas de instauração, nos anos vinte do século passado, de novo paradigma de ordenação internacional, com o tratado de Versalhes, de 1919, e os demais tratados que põem fim à primeira guerra mundial.[164]

> Na segunda metade do século XII, a autoridade monárquica achava-se completamente diminuída no império romano-germânico: nessa mesma segunda metade do século XII, o renascimento do direito romano, os contatos mais estreitos com Bizâncio, a própria personalidade de FREDERICO BARBAROSSA fortaleceram singularmente a ideia imperial. Confundida agora com a realeza alemã, embora a sagração pelo Papa tendesse a tornar-se uma simples formalidade ritual e os príncipes da Germânia julgassem eleger verdadeiramente o Imperador, ligado mais solidamente à tradição

the West-Asian power of the Caliphate and its Islamic successor states and with the new state-system of Western Europe, the East-Roman or Byzantine Empire transmitted to the West-European and to the West-Asian states, to East and West as seen from Constantinople, a part of the tenor and much of the forms of the Law of Nations elaborated by Europe and Western Asia in later antiquity."

[163] Cf. se examina no **Tratado** (tomo 11 – **Direito internacional no tempo do Iluminismo**, esp. os itens – mutação de fase histórica e reformulação das bases do sistema internacional, bem como – contexto europeu (1792-1815) e suas repercussões mundiais).

[164] Ver **Tratado** (tomo 8 – **Direito internacional além do paradigma vestfaliano** e tomo 13 – **Direito internacional no tempo do concerto europeu**); P. B. CASELLA, **Tratado de Versalhes na história do direito internacional** (São Paulo: Quartier Latin, 2007); Margaret MACMILLAN, *A primeira guerra terminou neste ano* (O Estado de São Paulo, 28 de dezembro de 2010, p. A 16) observa: "Poucas pessoas notaram na época, mas a 1ª. Guerra terminou neste ano. Bem, num sentido ela terminou em 3 de outubro, a Alemanha finalmente terminou de pagar os juros sobre os bônus que foram emitidos pelo governo de Weimar num esforço para pagar as reparações de guerra, impostas pelo tratado de Versalhes."

carolíngia, como manifestara com brilho, em 1165, a canonização de CARLOS MAGNO, centrado em Aquisgrana e as regiões renanas, o Império apresentava-se, entretanto, como o prolongamento direto do *imperium romanorum*, cuja majestade única e caráter sagrado os juristas de Bolonha exaltavam.[165]

A ideia do *imperium romanorum* permanece, e se adapta aos novos contextos. Essa concepção tem notável e duradouro impacto sobre outros tempos históricos e outros contextos culturais.[166]

A matéria tem enorme relevância para o exame das especificidades do direito das gentes antigo e medieval. E prepara o caminho para o contexto da história moderna – dos séculos XV a XVIII. Não somente como dados precursores,[167] mas com relação ao direito internacional propriamente dito. Por isso é cabível dedicar a este período considerável extensão.[168] Inegavelmente, trata-se de fase relevante da história, ao menos em relação ao mundo ocidental.

Para este tempo histórico e contexto cultural, trata-se de considerar a relação direta e necessária entre o surgimento do estado (moderno) e o sistema dito propriamente internacional (moderno). Existem e operam

165 Edouard PERROY, Jeannine AUBOYER, Claude CAHEN, Georges DUBY e Michel MOLLAT, **A idade média** (trad. J. GUINZBURG e Vítor RAMOS, São Paulo: Difel, 4ª ed., 1974, História Geral das Civilizações, vols. 6, 7 e 8, cit. vol. 7, p. 148).

166 A concepção de império passou por múltiplos avatares desde então. Não somente no Ocidente medieval, como mencionado, ver **Tratado** (tomo 3 A – **Direito internacional no tempo antigo**, item 3.2 – conceito jurídico de império: I – da Antiguidade rumo à Idade média e tomo 5 – **Direito internacional no tempo de Francisco de Vitória**, item 12.2. conceito jurídico de império: II – da Idade média à era moderna); P. B. CASELLA, *Empires, hegemony and cooperation* (in **Pravovie aspekti BRICS – Aspetti giuridici del BRICS – Legal aspects of BRICS**, ed. By P. CATALANO and T. ALEXEEVA, Saint Petersburg: National Research Univ., 2011, p. 27-48, cit. p. 48): "Summing up, it is clear that the notion of Empire can have different meanings and can be framed in many different ways. As evidenced by its metamorphosis along the centuries and under different civilization contexts"; ver tb. Marc BLOCH, *L'empire et l'idée d'empire sous les Hohenstaufen* (in Marc BLOCH, **Mélanges historiques**, ed. cit., 2011, p. 529-559).

167 Louis Le FUR, **La théorie du droit naturel depuis le XVIIe siècle et la doctrine moderne** (RCADI, 1927, t. 18, pp. 259-442) permite inferir a existência de direito internacional se rapprochant à beaucoup d'égards du notre.

168 Wilhelm G. GREWE, **Epochen der Völkerrechtsgeschichte** (Baden-Baden: Nomos, 1984).

sistemas internacionais, mesmo em eras em relação às quais faltaria o elemento operacional considerado chave, justamente o estado moderno. Muitos outros elementos estão presentes e atuantes no presente, mesmo se o estado permanece o elemento chave para o funcionamento do atual sistema institucional e normativo internacional.

Nesse sentido, desde os primeiros padres da Igreja, no início da Idade média, até os pós-glosadores de Bolonha, comprova-se o uso de vocábulos, que demonstram uma série de normas fundamentais (*Grundregeln*), que nós, com base em seu conteúdo, podemos descrever como de direito internacional público, contido no conceito de direito internacional ou das gentes – *jus gentium*.[169]

Há quem trace linha divisória entre o direito internacional medieval – ainda centrado na contraposição entre império e papado que, de certo modo prolonga o direito das gentes antigo – no contexto medieval – "a serviço do projeto imperial de dominação universal",[170] em relação ao quadro que se esboça a partir do século XIII. Mudaria o contexto, a partir de quando "aparece novo ator político, que não pretendia senão à dominação interna e, por isso, iria lutar para ter a sua independência exterior". Esse novo ator, a partir do final da Idade média e início da era moderna, é o estado em gestação, que "vai recolocar em causa a coerência do direito das gentes antigo e medieval, e anunciar uma nova ordem internacional".[171]

Apesar do surgimento e desenvolvimento progressivo do 'estado' – mesmo antes de sua formulação conceitual –[172] no século XIII, o império

[169] W. GREWE (op. cit., 1984, cap. cit., p. 108): "Allerdings wirkt die römische Tradition bei ihnen allen noch so stark fort, dass der römische Bedeutungsinhalt des *ius gentium* nicht preisgegeben wird. Das *ius gentium* in ihren Sinne erschöpft sich also nicht in jener Regeln. Es umfasst vielmehr auch und vor allem diejenigen (ihren Wesen nach nicht völkerrechtlichen) Normen, der in den Gesetzen aller Völker wiederkehren."

[170] A respeito da contraposição entre Império e papado, como elemento ordenador do sistema internacional medieval, na Europa ocidental, neste tomo cap. 9 – MARSÍLIO DE PÁDUA e GUILHERME DE OCKHAM. Ver Slim LAGHMANI, **Histoire du droit des gens**: du *jus gentium* impérial au *jus publicum europaeum* (Paris: Pedone, 2003, chap. 1 – Le droit des gens antique et médieval, p. 7-60).

[171] S. LAGHMANI (op. cit., 2003, p. 60).

[172] Como se examina no **Tratado** (tomo 5 – **Direito internacional no tempo de Francisco de VITORIA**, cap. 13 – estado como sujeito de direito internacional: a contribuição de MAQUIAVEL e BODIN).

romano-germânico ainda é fórmula de longa duração e múltiplos avatares, que desliza progressivamente para o sul, e tenta manter seu impacto sobre a realidade: para conter as rebeliões constantes na Itália, coberta de cidades, foi mudado o foco dos campos germânicos e dos projetos de expansão para o leste, que se realiza, sem presença imperial, a cargo dos príncipes reinantes nas regiões de fronteira do império.

O imperador HENRIQUE VI reclama para si o *dominium mundi*, a direção universal da cristandade, o controle do papado, à moda carolíngia, a autoridade moral e precedência sobre os *provinciarum reges*, os demais reis do Ocidente, considerados satélites do Império. Ao mesmo tempo, tenta efetivar essa concepção por meio de relações de vassalagem, obtendo a homenagem até mesmo por parte dos reis de Chipre e da Inglaterra, mas encontra a encarniçada resistência de FILIPE AUGUSTO, de França, e também por parte dos Papas.

HENRIQUE VI, na Sicília, sonha com a dominação mediterrânica e seu filho, FREDERICO II, quis alicerçar seu poder sobre a simbologia imperial, a partir de Roma.[173] Para evitar ferir suscetibilidades, renuncia à ideia das relações de vassalagem e propõe pacto por meio do qual todos os soberanos do Ocidente formariam espécie de comunidade espiritual, a *respublica universae christianitatis*, liga dirigida simultaneamente à luta contra as heresias e contra as pretensões temporais do Papado.[174] Foi feroz a resistência deste, apegado com crescente ardor à sua primazia espiritual, usando também de termos muito terrenos de expressão de submissão.[175]

[173] Ernst KANTOROWICZ, **L'empereur Frédéric II** (orig. publ. **Kaiser Friedrich der Zweite**, 1927, trad. Albert KOHN, Paris: Gallimard – Quarto, 2000, **Kantorowicz oeuvres**, p. 9-641).

[174] Ver **Tratado** (tomo 5 – **Direito internacional no tempo de Francisco de VITORIA**, cap. 12 – *jus gentium, jus commune, jus europaeum*: entre a teoria e a prática); Olaf B. RADER, **Friedrich II. Der Sizilianer auf dem Kaiserthron** – eine Biographie (orig. publ. 2010, Munique: C. H. Beck, 4a. ed., 2012); Jacques BENOIST-MÉCHIN, **Frédéric de Hohenstaufen** – ou le rêve excommunié (1194-1250) (orig. publ. 1980, Paris: Perrin-tempus, 2008).

[175] Justamente nessa mesma época de exacerbação do poder político e temporal da Igreja Católica, como iniciativa política, na Europa, a partir do século XIII, curiosamente, quando, igualmente, se insere o prostrar-se de joelhos, durante a celebração da missa, e se encetam novas perseguições contra judeus, heréticos e homossexuais. A respeito v. John BOSWELL, **Christianity, social tolerance and homosexuality** (Chicago: Chicago Univ. Press, © 1980, edition 1981), cfr. tb. **Fundamentos** (2008, item IV – Direito internacional e duração).

Incapaz de sustentar oposição, simultaneamente, em várias frentes, o Império desapareceria como instituição eficaz, a partir da metade do século XIII. Embora, formalmente, somente tenha sido abolido em 1806.[176]

Só sobrevive o Império como sonho de unidade e de paz,[177] a ideia imperial, vivificada por toda uma corrente de pensamento messiânico, que se alimentava nas obras do Abade italiano JOAQUIM DE FIORE, recentemente fortalecida pelos tratados doutrinários que FREDERICO II mandara redigir em sua luta contra o papa.[178] O conteúdo efetivo, contudo, deste se esvaíra.

A influência benéfica que a igreja procurou exercer sobre a sociedade, sobre a condução da guerra e sobre os costumes foi neutralizada pelos ferozes e implacáveis conflitos de poder entre os papas e os imperadores:

[176] Ver **Tratado** (tomo 13 – **Direito internacional no tempo do concerto europeu**, esp. o item – do direito internacional no tempo do 'iluminismo' ao tempo do concerto europeu); François FEJTÖ, **Requiem pour un empire défunt** – Histoire de la destruction de l'Autriche-Hongrie (orig. publ. 1988, Paris: Perrin-tempus, 2014); Frédéric MITTERRAND, **Les Aigles foudroyés** – La fin des Romanov, des Habsbourg et des Hohenzollern (orig. publ. 1997, Paris: Perrin-tempus, 2016); Béatrice NICOLLIER, **Le saint empire romain germanique au temps des confessions** (1495-1648) (Paris: Ellipses, 2012, cit. p. 3): Le centre de l'Europe a connu trois empires: le premier fut le Saint Empire romain germanique, qui dura près de mille ans, soit pendant tout le Moyen âge et l'Ancien régime, et disparut en 1806. Le second empire, fruit de l'unité allemande, a existé de 1871 à 1918, sous le règne de Guillaume II de HOHENZOLLERN. Le troisième, enfin, celui de HITLER, a entraîné, pour ces régions, de 1933 à 1945, une catastrophe majeure; Francis RAPP, **Le saint empire romain germanique** – D'Otton le grand à Charles Quint (Paris: Tallandier, 2000); Peter H. WILSON, **The Holy Roman Empire** – a thousand years of Europe's History (orig. publ. 2016, London: Penguin, 2017).

[177] Edouard PERROY, Jeannine AUBOYER, Claude CAHEN, Georges DUBY e Michel MOLLAT, **A idade média** (trad. J. GUINZBURG e V. RAMOS, São Paulo: Difel, 4ª ed., 1974, História Geral das Civilizações, vols. 6, 7 e 8, cit. vol. 7, p. 149).

[178] Prosseguem Edouard PERROY *et al.*, **A idade média** (vol. 7, p. 149-151): "Esse esboroamento rompeu a união que ligava a Itália à Alemanha, cavou profunda depressão política entre as regiões, que estiveram diretamente submetidas ao Imperador, entregando-as, em contraste com os reinos coerentes do ocidente europeu, à fragmentação e às rivalidades." Sobretudo na Itália e Alemanha, a fragmentação do espaço antes imperialmente organizado, em múltiplas unidades políticas e poderes concorrentes, perdurará até a metade do século XIX, e explica a particular virulência do nacionalismo italiano e alemão, que foram causa de consideráveis estragos na história europeia e mundial, no final do século XIX e primeira metade do século XX.

"teoricamente as funções eram distintas; na prática,superpunham-se em muitos aspectos".[179] Apesar de esforços apologéticos,[180] "a substituição da ordem feudal pela real correspondeu, portanto, a uma profunda transformação da concepção das relações humanas entre os séculos XI e XIII".[181]

Dentre as partes do Ocidente que, por volta de 1050, constituíam as bases sólidas do mundo cristão, três tiveram durante cerca de trezentos anos uma história política fortemente estruturada, enquanto a Itália atravessou períodos extremamente confusos, que ainda se prolongariam por muito tempo:[182]

- a França se transforma, nesses três séculos, a partir de 987, com a chegada ao poder do duque de França, Hugo – que adota o cognome Capeto, e inaugura a dinastia dos CAPETOS –, este se vê diante de um mosaico de quinze principados feudais, muitos dos quais em muito o ultrapassam. Em torno de 1300, haverá uma única França e a monarquia

[179] Ver neste tomo, a seguir, cap. 11 – tratadistas da Guerra: Balthazar AYALA e Pierino BELLI, e seus itens, esp. 11.1 – cristianizar a guerra e 11.2 – guerra justa e guerra santa: entre *jihad* e as cruzadas; observava C. G. FENWICK, **International Law** (orig. publ., 1924, New York / London: D. Appleton-Century Co. Inc., 2nd ed. revised and enlarged, 1934, cit., ed. 1934, p. 15): "The plan of cooperation on equal terms in the maintenance of unity and law gave way to a rivalry as to which should take precedence over the other."

[180] Daniel ROPS, **A igreja das catedrais e das cruzadas** (orig. publ. **L'église de la cathédrale et de la croisade**, 1993, trad. Emérico da GAMA, São Paulo: Quadrante, 1993, alentado volume de 720 páginas).

[181] D. ROPS, **A igreja das catedrais e das cruzadas** (ed. 1993, os reinos da terra, p. 31): "Este foi o quadro dentro do qual a Igreja teve de agir, e não se pode compreender a sua história sem tê-lo presente a todo o instante. Precisamente por ter alcançado um lugar de primeira importância, esta sociedade sobrenatural encontrava-se estreitamente ligada às instituições e aos homens da sociedade temporal. O reino de seu Mestre não era deste mundo, mas era com os reinos da terra que ela estava em contato, e eram os súditos desses reinos que formavam o rebanho dos seus fiéis. E se esse rebanho compreendia a massa total dos homens da época, como poderia ela desinteressar-se das autoridades que mandavam sobre eles? Os acontecimentos da história da Igreja e os acontecimentos da história dos homens estarão tão entrelaçados que frequentemente será impossível dissociá-los."

[182] Indro MONTANELLI e Roberto GERVASO, **L'Italia dei Comuni** – il Medio Evo dal 1000 al 1250 (orig. publ. 1966, Premessa di Sergio ROMANO, Milano: Rizzoli, ed. aggiornata, 2010); Gaetano GRECO e Mario ROSA (a cura di), **Storia degli antichi stati italiani** (Roma-Bari: Laterza, 1996); Michel ZIMMERMANN, **La crise de l'organisation internationale à la fin du Moyen Âge** (RCADI, 1933, t. 44, p. 315-437).

se fez respeitar;[183] foram cinco períodos, cada um dos quais marcado por uma personalidade significativa: HUGO CAPETO, LUÍS VI, FELIPE AUGUSTO e, em violento contraste, São LUÍS e FELIPE o belo. O primeiro período (987-1060), ainda evocou os costumes carolíngios; e os primeiros HUGO CAPETO, ROBERTO, o piedoso, e HENRIQUE I (1031-1060) olharam excessivamente para as regiões periféricas do país, como a Aquitânia, e pouco para a parte central; tudo muda com FELIPE I (1060-1108), que trabalha para unir a terra francesa e consolidar sua autoridade; seu filho, LUÍS VI, o gordo (1108-1137), continua a obra do pai; já LUÍS VII, o jovem (1137-1180) fez o reino atravessar dificuldades, com suas fantasias matrimoniais, ao divorciar-se de ELEONOR da Aquitânia fez com que esta levasse seu enorme dote para o rei inglês, o que constituiu séria ameaça para a França, mas a monarquia se tornara sólida o bastante para declinar sem soçobrar. Como mostra FELIPE AUGUSTO (1180-1223) triplicando o domínio real, com a incorporação à coroa do Vermandois, Valois, Normandia, Maine, Anjou e Poitou, enquanto as principais casas feudais se desmembram, e a coalizão germano-britânica é destruída em Bouvines (1214). LUÍS VIII (1223-1226) teve breve reinado, mas concluiu a expansão rumo ao sul. LUÍS IX (1226-1270) consolida as conquistas do pai e do avô, sendo sucedido por FELIPE III, o audaz (1270-1285), bom unificador de terras, e FELIPE IV, o belo (1285-1314), que inaugura a corrida para o leste e faz progredir a organização administrativa. Depois dele, breves reinados de seus três filhos: LUÍS X, o teimoso (1314-1316), FELIPE V (1316-1322) e CARLOS IV, o belo (1322-1328).[184]

[183] Jean FAVIER, **Le temps des principautés** – de l'an mil à 1515 (in **Histoire de France**, dir. de J. FAVIER, orig. publ. 1984, Paris: Fayard, 2002, Introduction, p. 7-13, cit. p. 7): Une société qui achève de donner une cohérence à son double héritage latin et germanique, militaire et chrétien, tel est, dans un espace à peu près défini par celui de la France actuelle, le fondement humain de ce qui sera pour l'historien venu plus tard la civilisation de la France médiévale; tb. D. ROPS, **A igreja das catedrais e das cruzadas** (ed. 1993, loc. cit.).

[184] D. ROPS, **A igreja das catedrais e das cruzadas** (ed. 1993, cit p. 32-33): Tomada em conjunto, a obra dos CAPETOS diretos é admirável. Ao mesmo tempo que 'faziam a França', criavam os seus organismos essenciais, o sentido da justiça fundada no direito e exercida por uma autoridade superior; do mosaico feudal, extraíam uma nação. [...] Menos avançada do que a Itália ou Flandres, do ponto de vista econômico, a França foi, na encruzilhada dos caminhos e das ideias, o cadinho privilegiado das criações artísticas e do pensamento.

Enquanto o reino da França evolui no sentido do constante fortalecimento da autoridade central,[185] dois estados cristãos vizinhos se encaminham em sentido oposto;

– na Inglaterra, GUILHERME, o bastardo, duque da Normandia, em 1066, atravessa o canal da Mancha, com seus cavaleiros armados de machados e suas brigadas internacionais, realiza desembarque em Senlac, perto de Hastings, e substitui a dinastia anglossaxônica de EDUARDO o confessor (1035-1066), mata o pretendente HAROLD e funda uma nova dinastia. GUILHERME, o conquistador (1066-1087), estabelece a autoridade da coroa à maneira de um líder guerreiro, exige a obediência de todos; o **Doomesday Book** organiza o cadastro de todos os bens para que o fisco possa operar mais facilmente e a submissão de todos ao rei impede a rivalidade racial entre vencedores e vencidos. Mas GUILHERME comete o erro de dividir seus domínios entre os filhos, gerando setenta anos de incertezas, sob os reinados de GUILHERME II, o ruivo (1087-1100), de Henrique BEAUCLERC (1100-1135) e de ESTEVÃO de Blois (1135-1154) – mas, amplia-se a dominação inglesa na região do Anjou Plantageneta. HENRIQUE II, Plantageneta (1154-1189), restabelece a situação, retoma e consolida a obra do Conquistador, e ELEONORA da Aquitânia, repudiada por LUÍS VII da França, oferece os seus imensos domínios a HENRIQUE, que se torna senhor de estado coeso, da Escócia aos Pirineus.[186]

[185] Como apontam Françoise AUTRAND e Philippe CONTAMINE, *La diplomatie à la conquête de l'identité française* (Première partie – Naissance de la France: naissance de sa diplomatie – Le Moyen Âge, in **Histoire de la diplomatie française**, vol. I, op. cit., ed. 2007, p. 44-69, cit. p. 47): Pour la France, la dynamique politique du Ve au XVe siècle, accélérée depuis la fin du XIIe siècle, est la construction de l'unité et celle de l'état moderne. Or, l'une et l'autre ont une face diplomatique et même une double face, l'une étant la conquête de l'espace français et l'autre celle du monopole de la diplomatie.

[186] D. ROPS, **A igreja das catedrais e das cruzadas** (ed. 1993, cit p. 34): Se não fossem as graves dificuldades que experimentou com os seus filhos, e as não menos penosas com a Igreja e são Tomás BECKETT – e sobretudo com a aparição na França de FELIPE AUGUSTO – talvez tivesse conseguido selar a sorte dos CAPETOS dois séculos antes da guerra dos cem anos. V. tb. Olga Cecília MÉNDEZ GONZÁLEZ, **Anglo-Iberian relations 1150-1280: a diplomatic history** (University of East Anglia School of History, 2013, tese de doutorado, disponível on line 29106096.pdf, p. 73-122), cujo cap. 4 examina o impacto do casamento de ELEONORA da Inglaterra com ALFONSO IV de Castilha.

Depois desse grande soberano vem o declínio: um herói sem prudência, RICARDO, Coração de Leão (1189-1199), e um medíocre, JOÃO Sem-Terra (1199-1216), malbarataram as possibilidades da coroa. Este perde os domínios da França e a nação inglesa se insurge contra o déspota – nobreza e clero unem-se para impor-lhe a *Magna Carta* (1215) e uma assembleia, que passa a se chamar Parlamento, associa ao governo os eleitos das classes altas – tornando inútil qualquer tentativa da Coroa de retomar a autoridade sem controle, como ensaiou HENRIQUE III (1216-1272), resultando nas *Provisões de Oxford* (1258), mecanismo adicional de controle do poder real. Um grande rei, EDUARDO I (1272-1307) compreende ser mais prudente aceitar o fato consumado e trabalhar de acordo com a nação – inclusive votar seus próprios impostos – em vista do interesse comum. Os direitos da Coroa são restringidos, mas esta reúne em torno de si a realidade viva e livre da Inglaterra. A concepção enraíza-se profundamente na consciência do país e, quando EDUARDO II (1307-1327) procura rejeitá-la, ele se vê rejeitado, mediante ato de força do Parlamento, e sua morte conclui a evolução de uma monarquia autoritária para um estado 'parlamentar' bastante adiantado para a época;[187]

- essa sabedoria e profundo senso do possível e do impossível, que caracterizam os reis mais destacados da França e da Inglaterra, faltaram por completo aos senhores desse complexo ítalo-alemão, que se denomina Sacro Império romano-germânico: depois da morte de HENRIQUE, o santo, em 1024, a coroa imperial passou a ser eletiva, tornando os soberanos dependentes dos grandes senhores que, em princípio, deviam-lhes obediência. A Itália, sacudida por mil paixões, onde o papado assumia peso crescente, e os normandos constituem um reino de aço, é mais um obstáculo que uma ajuda, levando os imperadores germânicos

[187] D. ROPS, **A igreja das catedrais e das cruzadas** (ed. 1993, cit. p. 34-35); E. L. WOODWARD, **Uma história da Inglaterra** (orig. publ. **A history of England**, 1962, trad. Álvaro CABRAL, Rio de Janeiro: Zahar, 1964, III – Alfredo. As invasões dinamarquesas. A conquista normanda, IV – Os Angevinos e a Magna Carta, V – Eduardo I e os 'Parlamentos', VI – a guerra dos cem anos: Lancastristas e Yorkistas, p.25-69); Simon SCHAMA, **A History of Britain** – at the edge of the world? 3000BC – AD1603 (New York: Hyperion, 2000, chap. 2 – Conquest, chap. 3 – sovereignty unbound?, chap. 4 – Aliens and Natives, p. 66-221).

> a dispersar as suas forças. Todos esbarram nas mesmas dificuldades e encontram idênticas decepções.
> O nó do problema estará nas relações com o papado – e na querela das investiduras – onde o império esgotará as suas forças vivas: HENRIQUE IV (1090-1106), FREDERICO BARBAROSSA (1122-1190), HENRIQUE VI (1190-1197), FREDERICO II (1218-1250) – todos homens de mérito e, pelo menos dois, talvez geniais – desperdiçarão dons e meios notáveis em tentativas demasiado ambiciosas. A Alemanha e a Itália passarão por alternâncias de ordem rígida e anarquia sangrenta, de que algumas grandes cidades comerciais saberão tirar proveito mas, no conjunto, serão a elas muito prejudiciais. Depois de CONRADO (1254) e CONRADINO (1268), de trágico destino, com o qual se encerra a dinastia dos HOHENSTAUFEN, e do *Grande Interregno* (1250-1273) que deixou o Império sem imperador durante vinte e três anos, será praticamente impossível às famílias devolverem a ordem e a paz ao seu país, e a hereditariedade à sua coroa – nem a casa de HABSBURGO da Áustria, com RODOLFO (1273-1291) e ALBERTO I (1298-1308), nem a casa de LUXEMBURGO com HENRIQUE VII (1308-1314), nem LUÍS IV da Baviera (1314-1347) conseguirão realmente impor-se. Nos meados do século XIV, o Sacro Império romano-germânico cairá numa tristeza e numa desagregação, que perdurarão por muito tempo.[188]

Quando encetada, no século XIII, a afirmação da supremacia, não somente espiritual, como temporal, do papa – simbolizada no acréscimo de segunda coroa à tiara pontifical, como representação da soberania *temporal*, ao lado da *espiritual* –, já era tal pretensão anacrônica e não poderia ser sustentada.[189] A preocupação com a afirmação solene de algo se faz, sintomaticamente, quando essa assertiva se vê ameaçada ou negada pela realidade.

[188] Francis RAPP, **Le saint empire romain germanique** – D'Otton le grand à Charles Quint (Paris: Tallandier, 2000); Peter H. WILSON, **The Holy Roman Empire** – a thousand years of Europe's History (orig. publ. 2016, London: Penguin, 2017); D. ROPS, **A igreja das catedrais e das cruzadas** (ed. 1993, cit. p. 35-36)

[189] E. PERROY *et al.*, **A idade média** (vol. 7, p. 151). V. tb. Jens BARTELSON, **A genealogy of sovereignty** (New York / Cambridge: Cambridge Univ. Press, 1995).

Tal como o imperador, o papa não podia impor a sua tutela aos estados, que agora partilhavam entre si a Europa. Assim começaria o processo de multipolarização da Europa.[190]

Estas afirmativas talvez chocassem os elementos, cada vez mais numerosos, que se viam afetados por todos os escritos, desde o **De Consideratione** (1145) de SÃO BERNARDO, abade DE CLAIRVAUX,[191] colocando o pontífice em guarda, contra as tentações do poder temporal. E estes, alertados pelos polemistas a serviço de FREDERICO II, julgavam que o papa, aspirando à dominação temporal, traía a sua verdadeira missão.[192]

Depois desta longa fase de ruptura e reacomodação de parâmetros,[193] mostra-se obsoleta a ideia de ordenação do sistema internacional como todo gravitando em torno de único eixo.[194] Esse marco simbólico da crise do modelo medieval de eixo central de ordenação, em favor de

[190] Como se examina no **Tratado** (tomo 5 – **Direito internacional no tempo de Francisco de Vitória**, esp. o título I – multipolarização da Europa na era moderna e advento do direito internacional como sistema).

[191] São BERNARDO, abade de CLAIRVAUX e doutor da Igreja (1090-1153), nas suas **Considerações ao papa Eugenio III** (em 1145), denuncia com veemência os abusos cometidos por Roma, ao mesmo tempo em que oferece ao papa a fórmula de mediação. V. Pierre PIERRARD, **Dictionnaire des prénoms et des saints** (Paris: Larousse, 1974, pp. 40-41).

[192] E. PERROY *et al.*, **A idade média** (ed. cit., vol. 7, p. 151): "De fato, a cristandade unida da época feudal, das primeiras cruzadas, fracionara-se definitivamente. E este próprio fracionamento, o reforço das potências laicas de um lado, e de outro o desenvolvimento econômico, o crescente poder do dinheiro e a consecutiva transformação dos costumes, acarretavam desde a metade do século xii, o mal estar cada vez mais penoso, no interior da Igreja."

[193] Louis E. Le FUR, **Le développement historique du droit international: de l'anarchie internationale à une communauté internationale organisée** (RCADI, 1932, t. 41, p. 501-602), b/c do mesmo Le FUR, tb. seu curso **Règles générales du droit de la paix** (RCADI, 1935, t. 54, p. 1-308).

[194] Seria excessivo ver-se a pretensão de re-edição dessa concepção primária de ordenação do sistema mundial, em torno de único eixo? Na política externa dos Estados Unidos da era BUSH Jr., de modo bastante simplista, o paralelo não deixa de estar esboçado, quando se cotejam declarações oficiais deste e da Secretária de estado, Condoleeza RICE. Mais que simplesmente *primus inter pares* seria a hegemonia norte-americana o eixo central de ordenação do sistema, visto a partir de Washington? Séculos atrás, já se mostrou, insustentável teoricamente, e inviável na prática, a pretensão de tal modelo. Ou como parece, por sua vez, querer ensaiar a China de XI Jinping, no seu terceiro mandato, a partir de 2022.

multipolaridade, que começa a ser instaurada, será marco do fim do contexto medieval e do início da era moderna.

FREDERICO II teria construído o primeiro estado totalmente laico. E teria, assim, contribuído para a caracterização do estado como núcleo de poder laico, ordenado independentemente de qualquer fundamentação religiosa.[195]

A construção de sistema europeu 'multipolar' sucedeu o modelo medieval de eixo central: "A evolução política da Europa leva ao estabelecimento das grandes monarquias soberanas. Ao processo histórico corresponde uma nova concepção do direito internacional, que se estabelece sobre as ruínas dos princípios da Idade média".[196]

Cabe apontar o caráter por assim dizer 'constitutivo' da sucessão de estados, no sistema de organização internacional do final do período medieval:

> o papa sanciona as mudanças territoriais. O simples fato brutal da conquista, do desmembramento parcial ou da destruição total de um estado, não tem valor formal. A questão das fronteiras não deve ser regulada tão somente pelos interessados. Trata-se de problema que diz respeito à inteira comunidade dos povos.[197]

[195] De Ernst KANTOROWICZ, cfr. o já ref. **L'empereur Frédéric II** (do original **Kaiser Friedrich der Zweite**, © 1927, trad. Albert KOHN, Paris: Gallimard – Quarto, 2000, **Kantorowicz oeuvres**, p. 9-641).

[196] Cfr. **Tratado** (tomo 5 – **Direito internacional no tempo de Francisco de Vitória**, título I – multipolarização da Europa na era moderna e advento do direito internacional como sistema); Michel ZIMMERMANN, **La crise de l'organisation internationale à la fin du Moyen Âge** (RCADI, 1933, t. 44, p. 315-437, cit. p. 434): "Le cosmos juridique est alors brisé en fragments souverains et l'idée de l'organisation forte et hiérarchisée du genre humain semble s'évanouir pour toujours."

[197] M. ZIMMERMANN (op. cit., chap. III, p. 352-368, cit par. 14, p. 360-361): Le pape attribue aux rois de Castille, d'Aragon et de Portugal des terres qu'ils vont conquérir sur les infidèles. Le pape GRÉGOIRE VII décide que le pays anglais a commis un crime en ne payant pas régulièrement les dîmes dues à l'église, et il reconnaît par l'envoi d'un étendard bénit le droit de GUILLAUME DE NORMANDIE de s'approprier l'Angleterre. On a discuté longtemps pour savoir si le pape ADRIEN IV avait fait la donation de l'Irlande aux rois d'Angleterre. Il s'agit plutôt dans ce cas du même acte juridique: le peuple irlandais n'observait pas les devoirs dûs à l'église et le pape reconnaît le droit de l'Angleterre d'asservir l'Irlande. Le pape dispose des terres conquises en Europe aux païens (Prussiens,

Convém contrapor reflexões de contemporâneo,[198] passando por ulteriores[199] desenvolvimentos do tema,[200] tal como abordados,[201] à luz da prática e da doutrina.[202]

Em lugar de negar ou pretender restringir a ocorrência de sistema de direito internacional propriamente dito, tal como se constitui em fases posteriores da evolução da humanidade, cabe considerar a ocorrência de elementos de sistemas internacionais, nessa extensa, complexa e tantas

Lithuaniens) ou aux infidèles (arabes). La terre sainte surtout a un statut spécial au point de vue juridique. Cette terre ne peut être annexée par aucun pays participant aux croisades, les petites principautés y établies sont sous la suzeraineté du pape seul. V. tb. **Tratado** (tomo 1 – **Direito internacional dos espaços**, 2009, cap. 6 – modos de aquisição e de perda do domínio do estado sobre o território e cap. 7 – conceito e extensão do domínio terrestre).

[198] Manlio UDINA, **La succession des états quant aux obligations internationales autres que les dettes publiques** (RCADI, 1933, t. 44, p. 665-774).

[199] Karl ZEMANEK, **State succession after decolonization** (RCADI, 1965, t. 116, p. 181-300); ___, **The legal foundations of the international system**: general course on public international law (RCADI, 1997, t. 266, p. 9-335); ___, *Österreichs Neutralität und die GASP* (Vortrag vor dem Europa-Institut der Universität des Saarlandes, Saarbrucken, den 17. Januar 1995, na série dos Vorträge, Reden u. Berichte aus dem Europa-Institut – Sektion Rechtswissenschaft, vol. 315, p. 1-20); ___, *What is 'state practice' and who makes it ?* (in **Festschrift fur Rudolf BERNHARDT**, Berlim: Springer Verlag, 1995, p. 289).

[200] Vladimir-Djuro DEGAN, *On state succession* (in **Dimensão internacional do direito: estudos em homenagem a G. E. do NASCIMENTO E SILVA**, org. P. B. CASELLA, São Paulo: LTr, 2000, p. 118-140); ___, **Création et disparition de l'état (à la lumière du démembrement de trois fédérations multiethniques en Europe)** (RCADI, 1999, t. 279, p. 195-375); ___, *Some objective features in international law* (in **Essays in honour of Krystof SKUBISZEWSKI**, ed. by Gerzy MAKARCZYK, Haia: Kluwer Law International, 1996, p. 123-146); ___, *La succession d'états en matière de traités et les états nouveaux* (AFDI, 1996, t. XLII, Paris: CNRS Ed., p. 206-227); ___, *L'affirmation des principes du droit naturel par la Révolution française* (AFDI, 1989, vol. XXV, p. 99-116).

[201] Edward McWHINNEY, **Self-determination of peoples and plural-ethnic states (secession and state succession and the alternative federal option)** (RCADI, 2002, t. 294, p. 167-264).

[202] Considerável trabalho de ordenação e de sistematização do tema foi desenvolvido por Georg RESS, na qualidade de Relator, na Resolução de Vancouver (2001), do *Instituto de direito internacional*, sobre sucessão de estados. Ver *Instituto de direito internacional*, sessão de Vancouver, 2001, 7ª Comissão, relator Georg RESS **la succession d'Etats en matière de biens et de dettes**. Adotada em 26 de agosto de 2001. Antes abordara o IDI a questão da sucessão de estados: na sessão de Siena, 1952 (Resolução n. 1) e na sessão de Bruxelas, 1936 (também a respeito da sucessão de estados).

vezes negligenciada fase de transição do mundo antigo para o medieval. O estudo é oportuno e relevante, porquanto não se pode, sem ele, compreender o mundo moderno e contemporâneo, que surgem como decorrência da Idade média, assim como esta, por seu turno, decorreu da fase anterior.[203]

Como se passa a considerar (no capítulo 8), a longa transição entre a Antiguidade e a Idade média, de grande significação para a compreensão das fases seguintes da evolução do direito internacional. Esta fase é relevante para preparar o caminho, até se chegar ao nosso contexto pós-moderno.

[203] Como examinado no **Tratado** (tomos 3 A – **Direito internacional no tempo antigo** e 3 B – **gregos, romanos, chineses, indianos** e prossegue no tomo 5 – **Direito internacional no tempo de Francisco de Vitória**).

CAPÍTULO 8
A LONGA TRANSIÇÃO DO MUNDO TARDO-ANTIGO AO MEDIEVAL

RÔMULO AUGUSTOLO, último imperador romano, cai, em Ravena, nas mãos do primeiro verdadeiro rei da Itália, de estirpe germânica. ODOACRO assume o título de rei, e logo o fez confirmar pelo Senado, em Roma; mas não endossou nem a púrpura, nem o diadema. [...] em 23 de agosto de 476 d.C. O afortunado rei dos mercenários não concebeu o desígnio de elevar-se a imperador do Ocidente, nem de separar a Itália do restante do Império, para dela fazer um reino independente, potencialmente germânico. A majestade do Império, único e indivisível, cujo centro ora se encontrava em Constantinopla, permanecia um princípio político, diante do qual mesmo os bárbaros se inclinavam com respeito.

Ferdinand GREGOROVIUS (1859, ed. 2011)[204]

[204] Ferdinand GREGOROVIUS, **Geschichte der Stadt Rom im Mittelalter vom V. bis XV. Jahrhundert** (orig. publ. em 8 vols., 1859-1873), ed. italiana **Storia della città di Roma nel Medioevo** (intr. Waldemar KAMPF, trad. Andrea CASALEGNO, Torino: Einaudi, 1973, 3 vols., ristampa 2011, livro I, cap. VII, cit. vol. 1, p. 131).

É sempre perigoso tentar dividir a história em períodos secos e estanques. Tais divisões são artificiais, são o resultado do trabalho acadêmico, com a vantagem do olhar retrospectivo.

Robert M. OGILVIE (1980)[205]

Quando se produziu essa transformação? Periodizar é a armadilha fatal para os historiadores. Com base em premissas diversas se teoriza o fim do mundo antigo em momento compreendido entre o século V e a passagem do século X para o XI. O momento de passagem é colocado aqui ou ali segundo o fato que a prioridade da periodização seja dada a critérios políticos, institucionais, sociais, econômicos ou culturais.

Julia SMITH (2005, ed. 2008)[206]

Na longa e complexa transição entre o 'fim' da 'Antiguidade' e o 'começo' da 'Idade média', podem ocorrer variações de alguns séculos – a tal ponto extensas que podem, por exemplo, oscilar entre o ano 500 até 1000 A.D. – e isso se dá segundo as correntes de interpretação às quais se filiem os autores, ou as referências centrais, escolhidas como parâmetros de análise pelos historiadores. Basicamente, põe-se o intervalo que convenha ou se veja como necessário para a constatação entre o desaparecimento de um e o surgimento de outro modelo de civilização, com seu quadro social, cultural, institucional, político e jurídico. Isso não é de hoje, mas se verifica desde clássicos, porém ideologicamente muito marcados, como Edward GIBBON, que tem como premissa de orientação da sua obra atacar o modelo romano (papista e autoritário) em relação ao que considerava novo modelo de 'liberdade' e de 'progresso',[207]

[205] Robert M. OGILVIE (1932-1981), **Roman literature and society** (London: Penguin, 1980, chap. 10 – The new dawn, p. 224-257, cit. p. 224): "It is always dangerous to attempt to divide history into cut and dried periods. Such divisions are artificial, the work of academic hindsight."

[206] Julia M. H. SMITH, **L'Europa dopo Roma** – una nuova storia culturale 500-1000 (orig. publ. **Europe after Rome – a new cultural History 500-1000**, Oxford: Univ. Press, 2005, trad. Giovanni ARGANESE, Bolonha: Il Mulino, 2008, Introduzione, p. 11-21, cit. p. 12).

[207] Edward GIBBON, **Declínio e queda do império romano** (orig. publ. **Decline and fall of the Roman Empire**, ed. cit., org. e intr. D. A. SAUNDERS, pref. C. A. ROBINSON Jr., trad. e notas suplementares J. P. PAES, São Paulo: Companhia das Letras, 2005).

e se verifica, igualmente, em Jacob BURCKHARDT.[208] Esse debate se estende a algumas contribuições recentes.[209]

Se se for buscar marco que possa ser assinalado como ponto de referência, tanto simbólica quanto culturalmente se poderia marcar o término do primeiro milênio. O ano mil marcou o fim de uma era e o início de outra – sob o signo do 'terror'. E, cabe assinalar paralelo com a virada do (segundo para o terceiro) milênio também.[210]

Não é mera coincidência o fato de estarmos justamente em período de transição, no qual se espelham alguns dos sintomas que pautaram a passagem do mundo antigo para o medieval, deste para o moderno, e quer se veja ainda a passagem para um mundo contemporâneo, até se chegar ao presente contexto de transição pós-moderno.[211] A percepção da obsolescência de um modelo antigo não garante a concepção de um

[208] Jacob BURCKHARDT, **The civilization of the Renaissance in Italy: an essay** (orig. publ. 1860, trad. C. S. G. MIDDLEMORE, de 1878, da segunda edição em alemão, "introduction" by Hajo HOLBORN, New York: The Modern Library, © 1954, reimpressão sem data).

[209] Como considerado no título II – Direito internacional entre o mundo tardo-antigo e o medieval; Averil CAMERON, **Il tardo impero romano** (do original **The later Roman Empire**, Londres: Fontana Press, 1993, trad. italiana a cura di Elio LO CASCIO, Bolonha: Il Mulino, 1995); Gherardo GNOLI e Giulia SFAMENI GASPARRO (a cura di), **Potere e religione** nel mondo indo-mediterraneo tra ellenismo e tarda-antichità ("Atti dell'Incontro di studio della Società Italiana di Storia delle Religioni, Roma, 28-29 ottobre 2004", Roma: ISIAO – Istituto Italiano per l'Africa e l'Oriente, 2009); Michel ROUCHE, **Les racines de l'Europe: les sociétés du haut moyen âge 568-888** (Paris: Fayard, 2003); Julia M. H. SMITH, **L'Europa dopo Roma** – una nuova storia culturale 500-1000 (op. cit., 2005, trad. italiana, 2008); Bryan WARD-PERKINS, **La caduta di Roma e la fine della civiltà** (do original **The Fall of Rome and the end of civilization**, Oxford: Univ. Press, 2005, trad. Mario CARPITELLA, Roma/Bari: Laterza, 2008).

[210] Henri FOCILLON, **L'an mil** (Paris: Denoel, 1984); Georges DUBY, **An 1000 – an 2000**: sur les traces de nos peurs (Paris: Textuel, 1995); G. DUBY, **L'Europe au moyen âge** (Paris: Flammarion / Champs, 1ª ed., 1981, impr. 1984); Jacques LE GOFF com Jean-Maurice de MONTREMY, **Em busca da idade média** (trad. Marcos de CASTRO, Rio de Janeiro: Civilização brasileira, 2005); Edouard PERROY, Jeannine AUBOYER, Claude CAHEN, Georges DUBY e Michel MOLLAT, **A idade média** (trad. J. GUINZBURG e Vítor RAMOS, São Paulo: Difel, 4ª ed., 1974, História Geral das Civilizações, vols. 6, 7 e 8); Henri PIRENNE, **Les villes du Moyen Âge** (Paris: PUF, 1971).

[211] Cf. se considerou no **Tratado** (tomo 3 A – **Direito internacional no tempo antigo**, cap. 3 – civilizações antigas entre hegemonia e relações internacionais) e também nos **Fundamentos** (op. cit., 2008)..

novo modelo. E, aí, pode-se inscrever a multiplicação dos sintomas de tais transições: o cansaço das instituições e dos moldes que pautaram a era anterior, a necessidade de escapismo e de busca do transcendente como modo de se confortar ante o mundo que não faz 'sentido' – e, assim, projeta-se no além, que é matéria de fé, não de demonstração.

A longa deriva entre o mundo antigo que terminava e o mundo medieval que surgia, embora se estenda por séculos, foi, a seu tempo, denominada transição para o que se tinha então como uma nova era, e esta assim foi chamada de 'moderna', como se dá, por exemplo, por volta do século IV d.C., quando autores – sobretudo pensadores e apologistas cristãos – falam nesse mundo 'cristão' que sucede ao romano como um mundo 'moderno', e deste buscam fazer o que sói ser chamado o 'primeiro renascimento'. Essa foi, assim, em seu tempo, considerada fase 'moderna': a visão cristã, em relação à herança pagã que, em parte, assumia-se e, em parte, renegava-se.[212]

Nessa fase final do Império romano do Ocidente, busca-se reviver a grandeza de Roma, como mostra a **História Augusta**,[213] escrita por volta do ano 395 A.D. Por vezes fantasiosa em suas inserções de discursos e 'documentos', esta coletânea de dados sobre os imperadores – de ADRIANO até NUMERIANO – serve como evidência de conjunto da história romana nos séculos II e III, descontadas as interpolações posteriores e as variações da época em relação aos fatos.

Nessa altura, ainda se cultiva o latim clássico, com o surgimento de obras de autores tais como PRUDENCIO,[214] AMIANO

[212] Cfr. o precedente título II – Direito internacional entre o mundo tardo antigo e o medieval. Instigante e único, o **Discurso** do Imperador JULIANO, pleno de referências culturais e literárias, sobretudo na sua diatribe contra o uso da barba. JULIEN, **Misopogon** (edição bilingue, texte établi et traduit par Ch. LACOMBRADE, introduction et notes par Aude de SAINT-LOUP, Paris: Les belles lettres, 2003).

[213] HISTORIA AUGUSTA (no original **Vitae Diversorum Principum et Tyranorum a Divo Hadriano usque ad Numerianum Diversis Composit**, with an English translation by David MAGIE, Cambridge, Ma. / London: Harvard U.P., vol. I – HADRIAN to CLODIUS ALBINUS, LCL 139, first publ., 1921, reprinted 2000, vol. II – CARACALLA to MAXIMUS and BALBINUS, LCL 140 first publ., 1924, reprinted 2000, vol. III – The two VALERIANS to CARUS, CARINUS, NUMERIAN, 263, first publ., 1932, reprinted 1998).

[214] PRUDENCIO [Aurelius PRUDENTIUS Clemens] nascido em 348 AD em Cesaraugusta (Saragoza) e viveu principalmente no norte da Espanha, mas visitou Roma entre 400 e 405. Seus pais, presumivelmente cristãos o teriam educado com ênfase na literatura e na

MARCELINO,[215] com sua **História**, no final do século IV A.D. – este, tanto pela técnica, como no enfoque claramente inspirado em SALÚSTIO[216] – e, ainda, CLAUDIANO.[217] Sem deixar de referir

retórica. Tornou-se advogado e engajado na administração pública, teria recebido honrarias do imperador TEODÓSIO. Apesar de cristão convicto, PRUDENCIO admitia a importância da literatura e da arte pagãs, como parte da herança de civilização, legada por Roma, especialmente os grandes poetas latinos, cujas fórmulas também utilizava, e foi buscar nas realizações históricas de Roma o prenúncio da vinda do Cristo e do triunfo de império espiritual. Suas principais obras, conservadas até nós são: **Liber cathemerinon** contendo poemas, com prefácio autobiográfico, o **Apotheosis** (estudo sobre a divindade do Cristo e a Trindade), **Hamartigenia** (estudo sobre a origem do pecado), **Psychomachia**, ou a luta pela alma do homem, entre as virtudes (cristãs) e os vícios (pagãos), a **Contra orationem Symmachi** (a resposta a Symmachos, com ataque aos deuses pagãos), o **Peristephanon Liber** (contendo hinos a quatorze mártires, sobretudo da Espanha), o **Tittuli Historiarum** (contendo 49 quadras em verso, para serem inscritas sob cenas históricas, nos muros de uma igreja) e **Epilogo**. Veja-se a edição PRUDENTIUS (with an English translation by H. J. THOMSON, Cambridge Ma. / London: Harvard U.P. / LCL 387, 1st. publ., 1949, reprinted, 2006 e LCL 398, 1st. publ. 1953, reprinted 2005).

215 AMMIANUS MARCELLINUS, **História** (no original **Ammiani Marcellini Rerum Gestarum Libri qui supersunt**, with an English translation by John C. ROLFE, Cambridge, Ma. / London: Harvard UP, LCL 300, first publ. 1935, reprinted 2005). Este nasce em Antioquia por volta de 330 A.D. e se instala em Roma, por volta de 390 A.D. Embora natural da Ásia menor, escreve, em latim, a continuação da **História** de TÁCITO, em 31 livros, dos quais se conservaram os livros XIV até XXXI, que abrangem o período de 353 a 378 A.D., ou seja de CONSTANCIO até a morte de VALENS. A respeito da contribuição deste, observa Paul HARVEY, **Classical Literature** ('the Oxford Companion', compiled by P.H., Oxford: U.P., 1st. publ., 1937, reprinted, 1990, p. 24): "AMMIANUS was a patriotic Roman and a philosophic historian, with a high conception of the role of history, and he aimed at truthfulness and accuracy. He himself served under JULIAN against the Persians and his experience lends vividness to some of the campaigns he describes. There are interesting digressions on a variety of subjects [...] and impartial judgments on the various nations dealt with, on the Christians (he was a pagan but opposed to the persecution of Christians), and on the emperors themselves."

216 CAIUS SALLUSTIUS CRISPUS (86-35 a.C.), historiador e homem público romano. SALLUSTE, **Conjuration de Catilina. Guerre de Jugurtha. Histoires** (trad., intr. et notes par François RICHARD, © 1968, Paris: Flammarion, 1990).

217 CLAUDIUS CLAUDIANUS, o último grande poeta do mundo pagão, e embora, por vezes, nominalmente cristão, mostra-se pagão convicto. Grego de origem, passou a juventude em Alexandria, e deve ter vivido em Roma de 395 até 404 A.D., chegou a ser homenageado por sua obra com estátua de bronze, erigida no foro Trajano em Roma, escreveu em latim número considerável de poemas oficiais em hexâmetros, alguns dos quais em

outros autores, tais como MACRÓBIO,[218] SERVIUS,[219] AUSONIO[220] e

louvor do então jovem imperador HONÓRIO e de alguns dos ministros deste, especialmente do general STILICHO – ao qual se reporta E. GIBBON, no seu **Decline and fall of the Roman Empire** (cap. XXIX) – e outros, falando de modo desabusado a respeito de seus inimigos, particularmente de RUFINO, o guardião, em Constantinopla, de ARCÁDIO, irmão do imperador HONÓRIO, e do eunuco EUTRÓPIO, sucessor de RUFINO, no favor de ARCÁDIO. Também escreveu épicos a respeito da guerra contra os Godos e contra o usurpador GILDO, na África. Paul HARVEY, **Classical Literature** (op. cit. 1937, reprinted, 1990, p. 107) observa: "These poems show sincere enthusiasm for the Roman empire, great technical and rhetorical skill, and a vigor at times reaching high eloquence, though both his panegyric and his invective are extravagant. He makes abundant use of allegory and mythological episode and allusion."

[218] Pagão do final do século III e início do século IV, MACRÓBIO compôs variações filosóficas conhecidas sob o título **In Somnium Scipionis.** Étienne GILSON, no seu **La philosophie au moyen âge** (Paris: Payot, 1976, vol. I, p. 115 e 117) assim se refere: MACROBE se réclame de PLATON et de PLOTIN, les deux principaux philosophes. Avec eux, il place au sommet de l'échelle des êtres le Bien (*T'agathon*), qui est la cause première. Vient ensuite l'Intelligence (*Nous*), née de Dieu, et qui contient en soi les exemplaires de toutes les choses ou idées. [...] La définition de l'âme admise par MACROBE lui permettait d'ailleurs de l'ouvrir ainsi aux influences divines. [...] Le commentaire de MACROBE est l'une des nombreuses influences qui imposeront ces thèmes platoniciens à la pensée du Moyen Âge.

[219] SERVIUS MARIUS HONORATUS aparece como um dos interlocutores na **Saturnalia** de MACRÓBIO, foi gramático latino da segunda metade do século IV e início do século V A.D., autor de comentário sobre VIRGÍLIO, que chegou até nós em duas versões, uma longa e outra breve. O grande valor e interesse de SERVIUS decorrem dos conhecimentos e das referências deste a assuntos históricos, literários, religiosos e 'antiguidades', de modo que permite suprir lacunas decorrentes da perda de outras obras da época.

[220] DECIMUS MAGNUS AUSONIUS (310-395 A.D.) filho de médico de Bordeaux, lá foi educado e também em Toulouse, e depois de ensinar retórica durante trinta anos em Bordeaux, foi nomeado pelo imperador VALENTINIANO tutor de seu filho GRACIANO. Nessa condição acompanhou a expedição de VALENTINIANO contra os Germanos em 368-369 A.D., e sob GRACIANO recebeu importantes incumbências, tais como a de prefeito das províncias da Gália, Itália, Ilíria e África, bem como foi eleito cônsul em 379. AUSONIO deixou considerável obra em versos, com uso de várias métricas. Seus mais importantes e interessantes poemas são as **Ephemeris**, ou descrição de um dia normal da sua vida, embora a data exata e a localização sejam controvertidas, bem como o **Mosela**, longo poema construído a respeito de visita à região, com descrição de sua jornada através da Gália, dirige-se ao rio, faz a lista das espécies de peixes que se encontravam neste, descreve vinhedos, imagens que se refletem nas águas do rio, esportes aquáticos, as luxuosas *villae* nas suas margens, bem como os seus afluentes, até desaguar no Reno.

SYMMACHOS.[221] A lista poderia ser consideravelmente estendida: não é este o propósito, mas sim o de evidenciar como se trata de processo, que mostra antes continuidade do que ruptura radical, embora pautada pela diversidade em relação à herança 'clássica', então já passada.

As rupturas política e religiosa, normalmente enfatizadas, não devem fazer esquecer a continuidade cultural e a transmissão de legado civilizacional que, da Antiguidade, passa pelo conjunto da Idade média. Depois desta, novamente, pode-se ver antes continuidade com transformações, quando o legado da Antiguidade clássica, transmitido pelo Medioevo, floresce no Renascimento.[222]

Este legado se transmuta pelas mãos da escola platônica de Cambridge, com SHAFTESBURY (1711) e outros.[223] Por sua vez, a Escola platônica de Cambridge influenciará os românticos alemães, nos séculos XVIII e XIX. Não obstante as mutações ocorridas, a substancial tradição cultural clássica se mantém, perpassa múltiplos séculos, e chega aos nossos tempos pós-modernos, como recorrência na busca de valores humanistas e de parâmetros civilizacionais.

Nessa trajetória do mundo 'antigo' para o 'medieval', percebe-se antes transformação progressiva do que ruptura. A transição entre a Antiguidade e o mundo medieval pode ser muito longa e estender-se durante séculos, dependendo do modelo que se adote para a

[221] QUINTUS AURELIUS SYMMACHOS (345-405 A.D.), de família nobre, foi eminente orador e administrador, tendo exercido o cargo de prefeito de Roma em 384. Deste se conservaram registros de sua eloquência em MACRÓBIO – que o menciona como *pingue et floridum* – e também mencionado por Santo AMBRÓSIO. As cartas de SYMMACHOS em dez livros, foram conservadas por seu filho. Sua obra mais conhecida é o relatório, ou **Relatio**, que enviou ao jovem imperador VALENTINIANO II, em 384, quando exercia o cargo de prefeito de Roma, no qual se manifesta em defesa das antigas instituições religiosas, contra a interferência crescente dos cristãos, e pleiteia a restauração no Senado do altar da deusa Vitória, que o imperador GRACIANO tinha mandado remover de lá, como símbolo da grandeza histórica de Roma. Sua recomendação – comovente defesa de uma fé que morria – foi violentamente atacada por Santo AMBRÓSIO.

[222] Joscelyn GODWIN, **The Pagan Dream of the Renaissance** (Londres: Thames & Hudson, 2002).

[223] Anthony Ashley Cooper, Third Earl of SHAFTESBURY (1671-1713), **Characteristicks of men, manners, opinions, times** (1711, foreword by Douglas DEN UYL, Indianapolis: Liberty Fund, 2001, 3 vols.).

caracterização da passagem de uma fase para a outra. A periodização pode tornar-se fim em si mesma.[224]

Como visto, por volta do ano 500 A.D., na prática, o Império romano do Ocidente tinha cessado de existir, mas grande parte da cultura e dos modos e práticas romanas continuavam, independentemente da não subsistência da evolução do antigo modelo político. Assim, por volta do ano 500, a "Europa do tempo era pós-imperial, mas não por isso pós-romana",[225] e muito o quadro teria mudado, ao cabo dos quinhentos anos seguintes: "em torno do ano 1000, o panorama é dominado por entidade imperial totalmente diversa, e a herança cultural romana se tinha transformado, e ao mesmo tempo tinha imprimido os seus efeitos transformadores sobre vasta área da Europa".[226]

De grande significação, podem ser referidas as contribuições de Santo AGOSTINHO DE HIPONA (354-430 A.D.) (8.1) bem como de ISIDORO DE SEVILHA (560-636 A.D.) (8.2), ambos bispos e doutores da Igreja, cujas obras se projetaram sobre todo o Ocidente medieval, durante cerca de mil anos. Separados por séculos e não menores distâncias, ambos se engajam na apologia da fé cristã, inscrevem suas obras nesse esforço, e são parte dessa longa transição entre mundo decadente e mundo medieval em formação.

A linha de toda a evolução do direito das gentes, praticamente até o século XVIII, traz a marca de Roma:[227]

> a terminologia sumamente aperfeiçoada do ensino do direito romano tinha sido adotada invariavelmente pelos autores de direito internacional. Não somente essa terminologia lhes oferecia instrumento incomparável de precisão jurídica, como também vocabulário utilizado e compreendido em todo o mundo ocidental, inclusive na Inglaterra que, em outros aspectos,

[224] Como adverte Norman F. CANTOR, **The civilization of the middle ages** (New York: Harper, 1993).

[225] J. SMITH (op. cit., 2005, ed., 2008, loc. cit.).

[226] J. SMITH (op. cit., 2005, ed., 2008, loc. cit.): "Tali cambiamenti si riscontrano in modo altretanto chiaro nella stessa città di Roma, nelle ex province occidentali dell'impero,

[227] A. NUSSBAUM, **Historia** (op. cit., 1947, ed., cit., p. 13 e p. 14): "la formulación de la doctrina de la guerra justa constituye la más destacada contribución de Roma a la historia del derecho internacional." [...] "No fueran menos destacables las repercusiones indirectas del sentido jurídico de Roma sobre la ciencia del derecho de gentes."

tinha rechaçado a recepção do direito romano. E o processo de recepção não ficou limitado à nomenclatura. Sempre que possível, os escritores de direito internacional tentavam apoiar seus ensinamentos com referências a fontes romanas.[228]

A própria expressão direito das gentes (*Völkerrecht, droit des gens, derecho de gentes, pravo narodom*) constitui transposição do antigo conceito romano de *jus gentium*, muito embora tivesse, este, significado originalmente distinto.[229] Segundo tal entendimento, somente no século XVIII e, sobretudo, no XIX, o direito internacional se desvencilharia da herança romana para se instaurar com metodologia própria.[230] Justamente na fase histórica em que o direito internacional se institucionaliza, porém perde a sua universalidade.

O *jus gentium* não pode ser resumido a direito interno romano, como foi apontado. Desde 240 a.C., quando se estabelece, em Roma, a categoria do *praetor peregrinus*, põe-se a necessidade de regular relações e solucionar

[228] Prossegue NUSSBAUM, **História** (op. cit., loc. cit.): "En realidad esas fuentes nada dicen sobre el derecho internacional; en consecuencia las normas de Roma sobre la propiedad privada (*dominium*) fueran aplicadas sin la menor distinción a la soberanía territorial; las reglas sobre los contratos privados se adujeron a los tratados; las disposiciones sobre el *mandatum* se aplicaron a las funciones de los agentes diplomaticos."

[229] Cfr. se examinou no **Tratado** (tomo 3 B – **Gregos, romanos, chineses, indianos**, cap. 6- na formação e no desenvolvimento de Roma; bem como adiante, tomo 5 – **Direito internacional no tempo de Francisco de Vitória**, cap. 12 – *jus gentium, jus comune, jus europaeum*: entre a teoria e a prática); Slim LAGHMANI, **Histoire du droit des gens: du *jus gentium* impérial au *jus publicum europaeum*** (Paris: Pedone, 2003). Observa a respeito NUSSBAUM, **História** (op. cit., p. 15): "La evolución del *jus gentium* simboliza la liberalidad de Roma con la cultura extranjera; pero ese *jus gentium* nada tiene que ver con el moderno 'derecho de gentes', que como sabemos significa la ley que regula las relaciones entre los Estados independientes en cuanto tales naciones. El *jus gentium* es un derecho nacional de Roma – aunque algunas veces tome prestadas algunas ideas jurídicas a otras legislaciones –, virtualmente 'derecho privado', esto es: se refiere a las relaciones entre los individuos."

[230] Como se examina no **Tratado** (tomo 13 – **Direito internacional no tempo do concerto europeu**); por sua vez, observava NUSSBAUM, **História** (op. cit., loc. cit.): "cuando quedó roto este influjo del antiguo derecho romano sobre la teoria del derecho internacional." Sobre os distorsivos efeitos da aplicação da noção de *dominium*, transposta do direito privado para a esfera do direito internacional, v. tb. **Tratado** (tomo 1 – **Direito internacional dos espaços**, esp. título preliminar – conceitos basilares, caps. 1 a 4).

controvérsias entre estrangeiros ou entre estes e cidadãos romanos.[231] Essa visão de mundo parece ampliar-se na proporção da extensão das fronteiras do imério romano para abranger (quase) todos os povos.

Na primeira parte do **Corpus iuris**, nas **Institutas** de GAIO (século II A.D.), estabelece-se a relevante distinção entre o direito civil, como aquele que *cada* nação estipula para si mesma, em relação ao *jus gentium* estabelecido entre (quase) *todos os homens*, pela razão natural, e observado por todas as nações (*jus inter omnes gentes*): o direito se divide em direito civil e das gentes. Todos os povos, regidos pelas leis e pelo costume, o são em parte pelo seu próprio, em parte por direito comum, compartilhado por todos os homens.[232]

E prossegue: aquele que cada povo para si mesmo constitui, para reger a sua própria cidade, é chamado de direito civil, quase o direito próprio daquela cidade.[233] Em contraposição ao direito que se aplica a todos os homens e, por isso, denomina-se direito das gentes, ou, hoje diríamos, direito internacional:

> aquele direito que a razão natural constitui entre todos os homens (*naturalis ratio inter omnes homines constituit*), e do qual se cuida junto a todos os povos (*id apud omnes populos peraeque custoditur*) se denomina direito das gentes (*ius gentium*), como aquele do qual gozam quase todos os povos (*quo iure omnes gentes utuntur*).[234]

231 Cfr. se examinou no **Tratado** (tomo 3 B – **Gregos, romanos, chineses, indianos**, cap. 6 – na formação e no desenvolvimento de Roma); e tb. NUSSBAUM, **História** (op. cit., p. 16): "Esta generalización filosófica de las condiciones romanas altera mucho el significado del término. Mientras el *jus gentium* histórico de los romanos solo utiliza la experiencia extranjera en contados casos, el *jus gentium* filosófico tal como lo define GAYO es un concepto mucho más amplio que comprende en si normas e instituciones jurídicas, que se encuentran por todas partes, como son las del matrimonio, la defensa y protección de la propiedad y la obligación de indemnizar por daños: es pues, un derecho universal."

232 **Digesto**, I. II. 1: "Ius autem civile vel gentium ita dividitur: omnes populi qui legibus et moribus reguntur, partim suo proprio, partim communi omnium hominum iure utuntur." (**Corpus iuris civilis**, vol. primum, **Digesta** recognovit Theodorus MOMMSEN retractavit Paulus KRUEGER, Dublin / Zurich: Weidmann, 22ª. ed., 1973) – propõe-se a tradução acima apontada.

233 **Digesto** (loc. cit.): "nam quod quisque populos ipse sibi ius constituit, id ipsius proprium civitatis est vocaturque ius civile, quasi ius proprium ipsius civitatis;

234 **Digesto** (loc. cit.): "quod vero naturalis ratio inter omnes homines constituit, id apud omnes populos peraeque custoditur vocaturque ius gentium, quasi quo iure omnes gentes utuntur."

A dimensão plena desse direito comum da humanidade é afirmada com clareza:

> o direito das gentes é assim comum a todo o gênero humano (*ius autem gentium omni humani generum communi est*). Ele se constitui a partir das exigências do uso comum e das necessidades humanas, que, para si mesma formula a gente humana (*nam usu exigente et humanis necessitatibus gentes humanae quaedam sibi constituerunt*).[235]

O direito das gentes é aquele passível de ser compartilhado por todos os homens; mesmo se nem sempre é consubstancial a todos os povos. Na medida em se busque a adesão de cada povo, ao que depois se considera como 'sistema' institucional e normativo internacional. Essa adesão faz a potencialidade desse direito comum, como tal partilhável por todos os homens, passar a ser, efetivamente partilhado e aplicado.

O direito, durante séculos, parece ter sido dominado pelo ideal de justiça absoluta, concebida ora como se fosse de origem divina, ora como natural ou racional, fez que este fosse definido como *ars boni et aequi*,[236] a arte de determinar o que é justo e equitativo. No direito internacional as expectativas normalmente se pautam por padrões comportamentais e normativos mais humanamente realistas.[237]

Nesse direito de fonte romana, inscrevem-se institutos típicos do direito internacional, tais como o respeito da palavra dada e dos tratados, a observância das imunidades no direito de legação – enviar e receber legados – bem como na regulação das relações com outros povos, em tempos de paz como de guerra, despojos de guerra, e outros institutos

[235] **Digesto** (I.II.2): "ius autem gentium omni humani generum communi est. nam usu exigente et humanis necessitatibus gentes humanae quaedam sibi constituerunt."

[236] **Digesto**, I. I. 1: "Iuri operam datarum prius nosse oportet, unde nomen iuris descendat, est autem a iustitia appellatum: nam, ut eleganter CELSIUS definit, ius est ars boni et aequi." (**Corpus iuris civilis**, vol. primum, **Digesta** recognovit Theodorus MOMMSEN retractavit Paulus KRUEGER, Dublin / Zurich: Weidmann, 22ª. ed., 1973)

[237] Como assinalava nos **Fundamentos** (2008, Introdução, p. 15-61, bem como item III, 'direito internacional pós-moderno: entre técnica, espírito e utopia', p. 297-379), sem deixar de acolher o espírito e de reservar espaço para a utopia, que podem voltar a enriquecer o direito internacional pós-moderno, acrescentando-lhes novos fatores e novas dimensões de atuação.

correlatos. Mas este não pode ser simplesmente equiparado ao direito das gentes da era moderna.

Nenhuma outra civilização da Antiguidade alcança semelhante grau de internacionalidade.[238] Esse legado se transmite e se transmuta ao longo dos séculos e marca de modo indelével o conteúdo e o espírito do direito das gentes, até os nossos tempos, em contraposição às correntes 'nacionais' – por vezes mesmo nacionalistas – recorrentes nos ordenamentos jurídicos internos. A distinção entre *jus civile* e *jus gentium* foi adotada e cultivada pelos autores medievais e pós-medievais, com o resultado de que se produziu ainda maior ambiguidade a respeito do conceito de *jus gentium*. Até que acaba por prevalecer o significado de direito universal.[239]

Somente a partir do final do século XVII, a denominação *jus gentium* passa a ter o sentido de termo técnico para designar o conjunto de normas voltadas a regular as relações entre estados independentes.[240] A interferência recíproca entre os conceitos é ainda exacerbada pela recorrente utilização da expressão direito das gentes para designar o direito internacional clássico.

Interferência adicional decorrerá do extenso – e por vezes abusivo – uso de expressões visando caracterizar o que seria um direito 'natural'. Especialmente tal como se põe entre autores que se apropriam do legado

[238] Como se desenvolve neste tomo e, mais adiante, no **Tratado** (tomo 5 – **Direito internacional no tempo de Francisco de Vitória**, cap. 12 – *jus gentium, jus comune, jus europaeum*: entre a teoria e a prática). Ressalvava NUSSBAUM, **História** (op. cit., p. 16): "La parte principal de ese *jus gentium* filosófico también está formada por el derecho privado, aumentado por ciertos temas de derecho público interno, como por ejemplo el *status* del *deportatus*, de quien se dice que el goza del *jus gentium* aunque no de algunos derechos políticos especiales (esto es de derechos derivados del *jus civile*)."

[239] Cfr. **Tratado** (tomo 3 B – **Gregos, romanos, chineses, indianos**, cap. 6 – na formação e no desenvolvimento de Roma); e ainda NUSSBAUM, **História** (op. cit., p. 16).

[240] Para situar a evolução posterior do direito das gentes, cf. **Tratado** (tomo 3 B – **Gregos, romanos, chineses, indianos**, cap. 6- na formação e no desenvolvimento de Roma, e tomos 5 a 13 seguintes). A. NUSSBAUM, **História** (op. cit., pp. 16-17): "Por desgracia, la traducción de esa frase [*jus gentium*] por la de 'derecho de gentes' o incluso por 'derecho internacional' ha sido aplicada con frecuencia a referencias más primitivas al *jus gentium*, aunque la primera forma puede dar lugar a errores y la ultima es inadecuada por completo". Adota, assim, NUSSBAUM como critério deixar sem tradução *jus gentium* quando se reporte ao direito romano antigo e traduzir por direito das gentes ou direito internacional, quando se aplique no sentido moderno do termo.

romano, de vocação e de conteúdo universais, para deste conceito fazer algo passível de ser apropriado pela apologética cristã.

Para assinalar a transição entre o mundo antigo e o medieval, pode ser feita rápida menção a BOÉCIO e CASSIODORO, antes do exame da contribuição de santo AGOSTINHO para a história do pensamento ocidental (8.1). Ambos disputam nos livros de história o título de "último dos romanos". E, como alguns outros contemporâneos, ambos o merecem.

BOÉCIO (480-524 A.D.) merece ser assinalado[241] por sua obra multiforme. Foi o professor de lógica[242] que exerceu influência direta sobre o conjunto da Idade média, ao menos até o século XIII, e pode ser considerado "o maior representante dessa sociedade romana tardia, e de sua cultura severa, polida e um tanto decadente".[243]

A figura de BOÉCIO avulta como ainda pautada pelo paradigma antigo, na transição entre o fim da antiguidade romana e o início da Idade

[241] ou ANICII MANLII SEVERINI BOETHII, para citar o nome completo. Avalia M. von ALBRECHT, **História de la literatura romana** (ed. 1999, vol. II, cap. quinto – Literatura de los períodos imperiales médio y tardio, p. 1167-1572, esp. Boecio, p. 1545-1572, cit. p. 1545--1546): BOECIO, pensador y romano, reconoce proféticamente las exigencias del momento: para hacer accesible la filosofía ao Occidente latino se propone traducir la obra completa de ARISTÓTELES y PLATÓN y – en el sentido de PORFÍRIO – mostrar las coincidencias de ambos. Es él en esta época el único que podría llevar a cabo semejante empresa. Desgraciadamente al bárbaro coronado, no se le ocurre condenar al erudito, no a la muerte, sino a arresto domiciliario con tinta y pluma; de este modo la joven Europa no consigue en un primer momento leer, en latín, de ARISTÓTELES sino una pequeña parte y de PLATÓN ningún diálogo fora del **Timaios**, ya traducido desde mucho antes.

[242] Étienne GILSON, **La philosophie au moyen âge** (Paris: Payot, 1976, vol. I, p. 138-155, cit. p. 139): L'oeuvre de BOÈCE est multiforme, et il n'est pas un de ses aspects qui n'ait influencé le Moyen Âge, mais nulle part son autorité ne fut plus répandue que sur le terrain de la logique. [...] On peut dire que par l'ensemble de ces traités, BOÈCE est devenu le professeur de logique du moyen âge, jusqu'au moment où au XIIIe siècle l'**Organon** complet d'ARISTOTE lui-même (c'est-à-dire l'ensemble de ses oeuvres de logique) fut traduit en latin et directement commenté.

[243] Hans Freiherr von CAMPENHAUSEN, **Lateinische Kirchenväter** (Stuttgart: Kohlhammer, (c) 1960, 4a. ed., 1978, 7. Kapitel, *Boethius*, pp. 223-251): BOETHIUS ist der grösste Vertreter dieser späten römischen Gesellschaft und ihrer strengen und vornehmen, ein wenig uberzuchteten Kultur.

média ocidental.[244] Ele encerra a série da patrística latina, que se inscreve ao lado da patrística grega.[245]

Pouco antes de ser executado judicialmente, segundo a tradição, BOÉCIO escreveu e foi conservado o tratado, em cinco livros, sobre a consolação da filosofia, **Philosophiae consolationis** (524 A.D.).[246] Um "diálogo terapêutico" entre a filosofia e um indivíduo injustamente condenado à morte, no qual BOÉCIO continua o papel de 'diretor de consciência' da literatura romana, como se encarna de forma exemplar, em SÊNECA.[247]

A linguagem adotada e a matéria tratada fazem com que esta obra seja constantemente republicada até hoje; para ela tem-se a elaboração da importância da sabedoria para enfrentar as adversidades e saber relativizá-las, mesmo diante da morte iminente.

BOÉCIO faz registro sobre o mundo do seu tempo, que continua a valer para nós:

> não te esqueças que nos próprios limites dessa pequena habitação vivem numerosas nações, separadas umas das outras, pela língua, pelos costumes, por todos os hábitos da vida, e que tanto pela dificuldade das

244 E. GILSON (op. cit., 1976, p. 150): BOÈCE n'a pas écrit d'encyclopédie comme feront ISIDORE DE SÉVILLE et BÈDE le Vénerable, mais il a laissé des éléments de musique (**De institutione musica**), des éléments d'arithmétique (**De institutione aritmetica**) et une géometrie (**De Geometria**) qui reproduit celle d'EUCLIDE. Ces manuels scolaires représenteront longtemps à peu près tout ce que le moyen âge savait sur ces sujets. L'influence de BOÈCE a été multiple et profonde. Especificamente GILSON observa: quant au **De consolatione philosophiae** on le retrouvera présent et agissant à toutes les époques.

245 Hans Freiherr von CAMPENHAUSEN, **Griechische Kirchenväter** (Stuttgart: Kohlhammer, (c) 1955, 5a. ed., 1977).

246 Foram utilizadas: BOÈCE, **Consolation de la philosophie** (traduction nouvelle en prose et en vers avec le texte en regard par Louis Judicis de MIRANDOL, Paris: Guy Trédaniel / Ed. de la Maisnie, 1981); outra edição bilingue, BOÈCE, **La consolation de la philosophie / Philosophiae consolationis** (traduction nouvelle avec une introduction et des notes par Aristide BOCOGNANO, Paris: Garnier, 1937).

247 M. von ALBRECHT, **História de la literatura romana** (ed. 1999, vol. II, Boecio, p. 1545-1572, cit. p. 1547): Hay esperanza de salvación, pues en BOECIO la fe en Dios como causa y meta de todo lo que sucede se encuentra todavía sin fisura. La Filosofía determina también la terapia: contra el dolor debe lucharse primero con medios primero más blandos, después con aquellos que penetran cada vez más a fondo. El último poema del primer libro culmina con la exigencia de la ataraxia, la libertad de todos los afectos.

comunicações, quanto pela diversidade da linguagem e da ausência de relações regulares, eles são inacessíveis não somente ao renome dos indivíduos, mas mesmo ao das cidades.[248]

Por sua vez, CASSIODORO (entre 477 e 481-570 A.D.) faz brilhante carreira política[249] e, depois de estadia em Constantinopla, por volta de 554, mais e mais se dedica ao mosteiro de Vivarium, que fundou em terras de propriedade de sua família, na Calábria. Para lá se retira, onde escreve parte importante de sua obra, morrendo em idade avançada.

De CASSIODORO além dos doze livros de **Historia gothica** – que se perderam, e dos quais somente se conservaram algumas referências, bem como parte dos **Discursos**, sem seu nome –[250] chegam-nos, além do seu tratado sobre a alma, **De anima**,[251] também o seu tratado sobre as instituições divinas e seculares, **Institutiones divinarum et secularium litterarum** (terminado no ano 544).[252]

Este último tratado de CASSIODORO, frequentemente utilizado nas escolas monásticas, constituiu espécie de enciclopédia das artes liberais, ou mais exatamente do que seria necessário e oportuno que um monge

[248] BOÉCIO, **Consolação** (l. II, prosa VII, n. 7), já mencionado: quod hoc ipsum brevis habitaculi septum plures incolunt nationes lingua, moribus, totius vitae ratione distantes, ad quas tum difficultate itinerum, tum loquendi diversitate, tum commercii insolentia non modo fama hominum singulorum, sed ne urbium quidem pervenire queat.

[249] M. von ALBRECHT, **História de la literatura romana** (ed. 1999, vol. II, Cassiodoro, p. 1358-1362, cit. p. 1358-1359): Flavio Magno Aurelio Cassiodoro Senator procede de una familia noble. Desarrolla su actividad desde 507 en la corte ostrogoda como cuestor y llega a ser *consul ordinarius* en 514, *magister officiorum* en 523, *praefectus praetorio* en 533. Sus planes de fundar una escuela de estudios superiores con el papa AGAPITO en Roma fracasan (536-537).

[250] M. von ALBRECHT, **História de la literatura romana** (ed. 1999, vol. II, Cassiodoro, p. 1358-1362, cit. p. 1358-1359): 12 libros de **Historia gothica** (perdidos: 526-533 o 519); se conserva el extracto de JORDANES **De origine actibusque Getarum** (551).

[251] Sobre o **De anima** de CASSIODORO observa E. GILSON (op. cit., 1976, p. 151): Le **De anima** de CASSIODORE est un opuscule dont on peut dire qu'il rentre dans un genre littéraire déterminé. Il y a des *De anima* comme il y a des *De intellectu*. Celui de CASSIODORE s'est inspiré des traités d'AUGUSTIN sur le même sujet.

[252] Étienne GILSON, **La philosophie au moyen âge** (Paris: Payot, 1976, v. I, p. 151): L'encyclopédie de CASSIODORE doit son succès au style élégant et aisé de son auteur; celle d'ISIDORE DE SÉVILLE (+636) a dû le sien à la masse de définitions et des notions sur tous sujets qu'elle mettait à la disposition du public.

soubesse para estudar com proveito as *Escrituras* e depois, por sua vez, as ensinar.

Graças à sua orientação prática, seus escritos foram estudados com fervor na Idade média: as **Variae** cumprem a função de modelos de estilo de bom latim para documentos oficiais e, ademais, comunicava incidentalmente bens culturais. Assim como as **Instituições** contribuíram, de modo essencial, para que os monges ocidentais não se limitassem à contemplação religiosa, mas que se fizessem veículos de formação humanística e enciclopédica, por meio da transcrição e estudo dos textos clássicos. A luta contra a barbárie somente pode ser feita no silêncio e com armas intelectuais.[253]

CASSIODORO foi um dos grandes educadores da Europa. Cabe fazer paralelo entre a contribuição deste com a mais adiante referida contribuição de ISIDORO DE SEVILHA (8.2).

A tônica cultural dominante seria, assim, a 'cristianização' do legado da antiguidade clássica.[254] O que não se fez de modo neutro, mas discriminadamente privilegia o que pudesse ser útil para a defesa e a consolidação, intelectual e política da 'nova fé'.

Caberia, igualmente, considerar as especificidades do desenvolvimento do direito, em geral e especificamente de alguns elementos de direito internacional, além dos limites geográficos e culturais estritos da Europa ocidental. Graças a JUSTINIANO o direito romano se converteu em forma próxima da clássica, geralmente adotável: a ciência jurídica

[253] M. von ALBRECHT, **História de la literatura romana** (ed. 1999, vol. II, Cassiodoro, p. 1358-1362, cit. p. 1361): La caída del reino godo es para CASSIODORO una ocasión de libertad de la que sabe servirse. Funda un vivero (*Vivarium*) del espíritu. El impulso pedagógico y enciclopédico, de antigua raigambre en Roma, echa de nuevo anclas en el cristianismo, con una base más profunda y una institucionalización con sentido práctico.

[254] Henry BETTENSON, **The early Christian Fathers** ("a selection from the writings of the Fathers from St. Clement of Rome to St. Atahnasius", edited and translated by H.B., Londres: Oxford Univ. Press, 1969); Charles Norris COCHRANE, **Christianity and classical culture** – a study of thought and action from Augustus to Augustine (Londres: Oxford Univ. Press, 1st. publ. 1940, reprinted 1968); Edwin HATCH, **The influence of Greek Ideas on Christianity** (foreword with new notes and a bibliography by Frederick C. GRANT, New York: Harper, 1957); Werner JAEGER, **Early Christianity and Greek Paideia** (1961, Londres: Oxford Univ. Press, 1969); Werner JAEGER, **Humanismo y teologia** (do original **Humanism and theology**, © 1963, trad. de Alberto José GENTY TREMONT, Madri: Rialp, 1964); Daniel RUIZ BUENO, **Padres apostólicos** (Madri: BAC, 1985).

da primeira Idade média pôde fundar-se no trabalho de seus juristas. "Na sua função de ponte entre a Antiguidade, a Idade média e a Idade moderna, as obras jurídicas, promovidas por JUSTINIANO, somente podem ser comparadas com os escritos filosóficos contemporâneos de BOÉCIO".[255]

Nos séculos seguintes, a Europa ocidental progressivamente se veria submetida à dupla influência dos dois poderes que, nesta, organizam-se, ao longo da era medieval, sob a égide do papa e do imperador. As interações e as contraposições entre estas duas ordens de poderes terão múltiplos e relevantes desdobramentos na elaboração de teorias políticas e de regimes legais de ordenação de espaços e de convivência.[256]

Combinar-se-ão, assim, em cada quadro regional diferenciado, o legado romano e a progressiva assunção de caracteres 'nacionais', inclusive no tocante a língua, cultura e identidade nacional, que pautarão as formas ulteriormente desenvolvidas, sob a égide dos estados-nação europeus. Destes resultarão os futuros estados da Europa dita 'ocidental'.[257]

Ao lado destes, o mundo bizantino,[258] por sua vez, representa conjunto que, de um lado, inscreve-se na continuação do legado de Roma,

[255] M. von ALBRECHT, **História de la literatura romana** (ed. 1999, vol. II, cap. quinto, 2 – Fundadores del derecho, p. 1362-1384, cit. p. 1383-1384): Tan importantes como una legislación comprensible son sin duda para este soberano también la presentación de la plenitud de su poderío y la indicación de sus antepasados espirituales.

[256] Alguns dentre estes serão adiante considerados, esp. cap. 9 – MARSÍLIO DE PÁDUA e GUILHERME DE OCKHAM, bem como cap. 10 – TOMÁS DE AQUINO e DANTE ALIGHIERI, com relevantes desdobramentos também para a configuração de modelos de ordenação da convivência no plano internacional.Cfr. **Tratado** (tomo 5 – **Direito internacional no tempo de Francisco de Vitória**, título II – multipolarização da Europa na era moderna e advento do direito internacional como sistema).

[257] Cfr. **Tratado** (tomo 5 – **Direito internacional no tempo de Francisco de Vitória**, cap. 13 – estado como sujeito de direito internacional – a contribuição de MAQUIAVEL e BODIN).

[258] Munemoto YANAGI, Eiichi TAKAHASHI, Shiguebumi TSUJI e Yasushi NAGASUTKA, **Byzantium** (© 1969, translated from the German by Nicholas FRY, Londres: Cassell, 1978); Sir GALAHAD, **Byzance** (trad. de Jacques CHIFELLE-ASTER, Paris: Payot, 1937); Steven RUNCIMAN, **A teocracia bizantina** (do original **The bizantine theocracy**, © 1977, Cambridge Univ. Press, trad. Heloisa Toller GOMES, Rio de Janeiro: Zahar, 1978) – reúne conferências proferidas pelo autor para a "Frank L. Weil Institute for Studies in Religion and Humanities do Hebrew Union College, Jewsih Institute of Religion, Cincinatti"; Nicholas ZERNOV, **Il cristianesimo orientale** (do original **Eastern Christendom**, © 1961, trad.

como o 'Império romano do oriente' e, isso até a metade do século XV, enquanto, por outro lado, neste se consolidam, progressivamente identidades próprias, e destas resultarão a configuração das nações da Europa central – esta, por vezes dita e, entendo, impropriamente, Europa 'oriental' –,[259] sob a égide da Igreja dita 'ortodoxa'. Rico e complexo universo que se estende por mais de mil anos, como Império bizantino – a segunda Roma – e depois desta passa à Santa Rússia dos Czares, com a pretensão de apresentar Moscou como a terceira Roma.[260]

Esse império, dito 'bizantino', "baseou-se numa clara concepção religiosa: a de que representava a cópia terrena do reino dos céus" e, como esclarece S. RUNCIMAN,

> o Império, que por conveniência denominamos bizantino, mantinha uma concepção mais abrangente: considerava-se um império universal. Idealmente deveria açambarcar todos os povos da terra, os quais idealmente seriam membros da única verdadeira igreja cristã, sua própria igreja ortodoxa.[261]

O modelo romano, mesmo após o desaparecimento do Império do Ocidente, com a queda de Roma (476 A.D.), aplica-se não somente

Orazio NICOTRA, Milão: Il Saggiatore, 1962); Vincenzo ARANGIO-RUIZ, **Storia del diritto romano** (Napoli: Eugenio Jovene, settima edizione riveduta con note aggiunte, 1977, esp. cap. XVI, 'le fonti giuridiche bizantine', pp. 398-404).

259 Michel de TAUBE, **Études sur le développement historique du droit international dans l'Europe orientale** (RCADI, 1926, t. 11, pp. 341-536); Anthony-Emil N., TACHIAOS, **Cirillo e Metodio – le radici cristiane della cultura slava** (do original Cyril and Methodius of Thessalonica – the acculturation of the Slavs © 2001, ed. italiana a cura di Marcello GARZANITI, Milão: Jaca Book, 2005).

260 V. tb. **Tratado** (tomo 3 A – **Direito internacional no tempo antigo**, cap. 3 – civilizações antigas entre hegemonia e relações internacionais e tb. tomo 17 – **Direito internacional no tempo do colonialismo**, cap. 11 – colonização russa).

261 Steven RUNCIMAN, **A teocracia bizantina** (ed. bras., 1978, 'introdução', pp. 9-11, cit. p. 9): "Assim como o homem fora feito à imagem de Deus, também o reino do homem sobre a terra se fizera segundo a imagem do reino dos céus. Assim como Deus governava o céu, da mesma forma um imperador, feito à sua imagem, deveria governar a terra e por em execução seus mandamentos. O mal insinuara-se na criação divina e o homem fora manchado pelo pecado. Porém se a cópia – a palavra grega era *mimesis*, 'imitação' – pudesse efetuar-se, com o imperador, seus ministros e conselheiros imitando Deus, com seus arcanjos, anjos e santos, consequentemente a vida sobre a terra poderia tornar-se uma preparação adequada para a realidade mais verdadeira da vida no céu."

aos reinos sucessores do império, mas também ao império universal. Ao mesmo tempo, no Ocidente europeu – com sucessivas declarações de renovação do Império romano, no Ocidente, a partir de CARLOS MAGNO e os imperadores otonianos do Sacro império romano germânico,[262] bem como, diretamente no Império bizantino.

O Império bizantino pretendia ser, de fato, a continuação do Império romano, ao qual o imperador CONSTANTINO dera nova feição, ao transferir sua capital para o Oriente. Novamente, pelos sucessores deste, fazendo-o um império cristão. Mesmo que, ao longo dos séculos, fosse tal império mais e mais grego, e cada vez menos romano. E, ainda menos universal, com o encolhimento progressivo dos povos e territórios sob seu controle.[263]

[262] Ferdinand GREGOROVIUS, **Geschichte der Stadt Rom im Mittelalter vom V. bis XV. Jahrhundert** (orig. publ. em 8 vols., 1859-1873), ed. italiana **Storia della città di Roma nel Medioevo** (intr. Waldemar KAMPF, trad. Andrea CASALEGNO, Torino: Einaudi, 1973, 3 vols., ristampa 2011, cit. vol. 1, p. 752-753) refere iniciativas tomadas pelo imperador OTTO III, no sentido da *Renovatio Imperii Romani* – a renovação do império romano, adotando essa inscrição e imagem de Roma, como mulher coberta de véu, em seu selo real, bem como autodesignando-se como 'imperador dos romanos' e 'cônsul do Senado e do povo romano', bem como o uso de roupas de pompa oriental, inspiradas na corte de Bizâncio, porquanto "desiderava rinnovare i costumi, da lungo tempo tramontati, dei Romani e fece molte cose che furono variamente giudicate".

[263] Ver **Tratado** (tomo 3 A – **Direito internacional no tempo antigo**, item 3.2 – conceito jurídico de império I: da Antiguidade à Idade média, tomo 3 B – **Gregos, romanos, chineses, indianos**, cap. 6 – na formação e no desenvolvimento de Roma, e tomo 5 – **Direito internacional no tempo de Francisco de Vitória**, item 12.2 – conceito jurídico de império II: da Idade média à era moderna); tb. Stephan VEROSTA, **International Law in Europe and Western Asia between 100 and 650 A.D.** (RCADI 1964, t. 113, p. 485--620, Conclusion, p. 612-613): There is always continuity in history. The continuity in the history of international law was assured by the East Roman or Byzantine Empire. [...] The re-hellenized East-Roman or Byzantine Empire remained in full political and cultural continuity as the depositary heir of the Law of Nations developed between 100 and 650 A.D. in Roman-Persian relations. Establishing co-existence and international relations with the West-Asian power of the Caliphate and its Islamic successor states and with the new state--system of Western Europe, the East-Roman or Byzantine Empire transmitted to the West European and to the West-Asian states, to East and West as seen from Constantinople, a part of the tenor and much of the forms of the Law of Nations elaborated by Europe and Western Asia in later antiquity.

Em certo modo, esse modelo se conservará, durante mais de mil anos, no Império romano do oriente ou bizantino e deste passará a ideia de manter a mesma concepção, junto à Rússia dos czares, como a 'terceira Roma'. Esta permanece, ao menos como ideia, até a extinção do regime pela revolução (1917 e 1918).[264]

Esse modelo, como dito, não imitado e não imitável,[265] conserva-se, contudo, multiplica-se e renova-se, em diferentes tempos e contextos, especialmente nas áreas que tiveram impacto direto do 'império', como na Itália, onde, apesar dos fracionamentos em seis unidades, dentre as quais o ducado de Roma, mostra-se como espécie de embrião abortado do antigo poder,[266] de certo modo 'miniatura do império', ou império em miniatura. Mas se dá, igualmente, na Espanha, na Gália, na Germânia, assim como na Heptarquia dos reinos anglo-saxões, os quatro reinos célticos, entremeados pelos principados episcopais, como Clermont, Órleans, Auxerre e outros.

> Para evitar qualquer aparência de usurpação, ODOACRO obrigou AUGUSTOLO a abdicar, formalmente, diante do Senado, e impôs a este último declarar extinto o Império do Ocidente. O último ato político da

[264] Nesse momento poderia a Rússia ter feito a transição para sociedade democrática e estado de direito, o que nunca veio a ocorrer, desde a Rússia imperial, passando pela Rússia soviética, até os desvarios da atual Federação Russa, sob V. V. PUTIN, cf. **Tratado** (tomo 2 – **Direito internacional dos espaços**, item 29.3 –dimensão humana do território como expressão da relação entre espacialidade e direitos fundamentais, p. 598-626). A respeito, dentre considerável bibliografia disponível: Hélène CARRÈRE d'ENCAUSSE, **Russie, la transition manquée: Nicolas II, Lenine, Unité proletarienne et diversité nationale** (Paris: Fayard, 2005).

[265] V. tb. P. B. CASELLA, **Introdução ao estudo do direito – Ensaios didáticos** (orig. publ. 2008, São Paulo: Ed. dos Editores, 3ª ed., 2019, esp. cap. – Utopia como dado necessário, p. 245-257), b/c **Tratado** (tomo 3 A – **Direito internacional no tempo antigo**, cap 3 – civilizações antigas entre hegemonia e relações internacionais, item 3.2 – conceito jurídico de império: I – da Antiguidade rumo à Idade média e tomo 5 – **Direito internacional no tempo de Francisco de Vitória**, cap. 12 – *jus gentium, jus commune, jus europaeum*: entre a teoria e a prática, item 12.2 – conceito jurídico de Império: II – da Idade média à era moderna).

[266] F. GREGOROVIUS, **Storia della città di Roma nel Medioevo** (ed. 2011, livro I, cap. VII, cit. vol. 1, p. 131-132) assinala: "ODOACRO queria somente ser reconhecido como rei da Itália, última província do Império, que permanecia no Ocidente; e nela fundou não uma monarquia nacional, mas um reino de mercenários bárbaros, sem bases e sem futuro. A seus guerreiros deu a terça parte das terras italianas".

Curia citadina traz essa espécie de melancolia. O Senado enviou legados a Constantinopla, que declararam ao imperador ZENÃO, em nome do povo e do Senado, que Roma não mais tinha necessidade de um imperador autônomo: um só imperador bastava, seja para o Oriente, como para o Ocidente; e, dado que ODOACRO, o general mais hábil nas artes da paz e da guerra, tinha sido eleito protetor da Itália, pediam que lhe fosse concedido o título de *patricius* e o governo da Itália.[267]

Apesar da crise do modelo e do fracionamento político, a dominação conceitual romana do espaço continua, em diversas escalas, dos seus quadros institucionais. A *civitas* perdura, ao menos enquanto ideal.

No caso bizantino, o passado romano, mesmo se traduzido em grego e pensado em contexto diverso, mantém-se presente e operante. Não foi esquecido o direito romano, mesmo se este constituía legislação secular, desenvolvida por conjunto de administradores práticos, que se havia tornado base profundamente respeitada da sociedade. Mas a este se soma a filiação consciente e orgulhosa ao passado e à cultura grega, com sua filosofia e seu pensamento político.

Ao contrastar 'igreja' e 'estado', faz-se distinção que não teria sentido para um bizantino. Representa erro histórico e filológico, ao mesmo tempo em que a falta dessa distinção causou no passado, para Bizâncio, como causa, ainda hoje, consideráveis problemas, sobretudo no caso do mundo muçulmano, onde se esvaece a linha divisória entre os dois campos, no ocidente, progressivamente distintos, e cujas respectivas áreas de atuação vieram a ser delimitadas.[268]

Atualmente entre os ortodoxos, mesmo no caso da Grécia e da Bulgária – insertas na União Europeia – mais ainda em relação à Rússia e à Sérvia, não se concebe estrita separação entre 'igreja' e 'estado'. Ambas

[267] F. GREGOROVIUS, **Storia della città di Roma nel Medioevo** (ed. 2011, I.VII, vol. I, p. 132): "As condições desesperadas de Roma mitigaram, talvez, a amargura dessas declarações; doravante, a presença efetiva do poder imperial nesta tinha se tornado impossível, e o povo, depois de tantos sofrimentos, se dava conta que o governo de um *patricius* de estirpe germânica, sob a alta soberania do Império que, no Oriente, conservava a sua força, era preferível à contínua sucessão de impotentes larvas de imperadores locais".

[268] Por vezes de modo abertamente conflituoso, como se verá, nos capítulos 9 e 10 seguintes, sobre as tentativas de separação entre igreja e estado, com os choques entre poderes do papa e do imperador, no contexto do Ocidente medieval.

instituições e respectivas esferas de atuação muitas vezes se confundem, sendo as igrejas ortodoxas nacionais mais ou menos diretamente controladas e mantidas pelos respectivos estados.

Em todo o leste da Europa, a autoridade máxima era o imperador de Bizâncio, e com "sua legislação era cesaropapista, considerava a si mesmo como o sucessor verdadeiro dos imperadores romanos, e pretendia governar sobre todo o mundo, e ao mesmo tempo era o chefe supremo da Igreja ortodoxa, que se separa definitivamente daquela de Roma, no século XI".[269] Desse domínio sobre a igreja, derivaria o imperador bizantino seu 'direito' a ser o protetor dos cristãos, sobretudo dos ortodoxos, mesmo fora das fronteiras do Império.

Esse poder, simultaneamente de base temporal e religiosa, exercido pelo Imperador bizantino, traduzir-se-á no plano internacional como "arrogante intervencionismo", com a desculpa de proteger os cristãos, mesmo fora dos limites do Império.[270] Com base em seus títulos, o imperador bizantino também concedia títulos e funções a príncipes orientais.

> Quando no século X e seguintes, adotam os russos as crenças ortodoxas a influência espiritual de Bizâncio se estende por amplíssima e nova parte do mundo, e depois do fim do Império do oriente, em 1453, a tradição e a ideologia bizantinas foram recolhidas em grande medida, pelo império russo, que se formava lentamente.[271]

[269] Arthur NUSSBAUM, **Historia del derecho internacional** (do original **A concise History of the Law of Nations** © 1947, trad. Francisco Javier OSSET, adiciones sobre História de la doctrina hispanica de derecho internacional por Luís GARCIA ARIAS, Madrid: Revista de derecho privado, s/d, prólogo de L.G.A. datado "1949", cap. II – La edad média, p. 19-52, cit. p. 24).

[270] Ver **Tratado** (tomo 3 A – **Direito internacional no tempo antigo**, cap. 3 – civilizações antigas entre hegemonia e relações internacionais, cap. 4 – império persa e Oriente médio antigo; tomo 3 B – **Gregos, romanos, chineses, indianos**, cap. 5 – cidades-estado gregas e mundo helenístico; tomo 5 – **Direito internacional no tempo de Francisco de Vitória**, bem como, neste tomo, o item 8.4 – continuidade e mudança do contexto medieval ao moderno); Stephan VEROSTA, **International Law in Europe and Western Asia between 100 and 650 A.D.** (RCADI 1964, t. 113, p. 485-620, chap. 3 – Armenia under the co-suzerainty of the Roman and Persian Empires, p. 543-561) analisa a aplicação de co-suzerania dos Impérios bizantino e persa sobre a Armênia, que permanece um sujeito independente de direito internacional, embora política e militarmente neutralizada, entre ambos.

[271] A. NUSSBAUM (op. cit., 1949, loc. cit.).

As remissões a Roma se multiplicam e se repetem, direta ou indiretamente, ao menos até 1806 – data da abolição do império, após as conquistas de NAPOLEÃO. De certa forma, a ideia do poder central de inspiração romana pode-se dizer se tenha ainda prolongado até 1918 – quer no Império Austro-húngaro, sob a égide dos HABSBURGOS, quer no Império Russo, sob a égide dos ROMANOVS.

A noção de império romano universal se conserva, não obstante os avatares da segunda metade do século VII. Universal ou regional, a concepção de Roma estará sempre presente. Se inviável como anseio generalizado, atuará de modo pontual ou setorial, mas não deixará de estar presente.[272]

O Sacro império romano do ocidente, instaurado por CARLOS MAGNO, no ano 800, quando o papa LEÃO III confere a este a coroa imperial, restabeleceria, assim, a ideia de império romano no Ocidente, conferindo-lhe, ademais, espírito cristão. Esse ato veio a ser o ponto de partida de teoria segundo a qual a humanidade inteira estaria unida em santo e universal império, entidade política e moral, sob a condução de uma autoridade temporal e outra espiritual, o imperador e o papa.

Sabemos que esse Sacro império romano em paralelo ao Império romano do Oriente não foi visto com bons olhos, nem facilmente aceito, pelos imperadores em Constantinopla. Pode-se questionar, como observou VOLTAIRE, que este não foi nem sacro, nem romano nem tampouco um império. Contudo, neste novo avatar europeu ocidental do 'império' se manteve vagamente a mesma ideia com relação à vice-realeza divina do imperador. Embora, "excessivamente envolvido em tradições feudais e raciais para implementar a ideia" – e, sem esquecer que o imperador ocidental tinha rival considerável na figura do pontífice romano – o qual por sua vez, estava limitado por seu sacerdócio".[273]

[272] Michel ROUCHE, **Les racines de l'Europe: les sociétés du haut moyen âge 568--888** (Paris: Fayard, 2003, esp. cap. I – Les conceptions des sociétés, p. 9-25, cit. p. 13), no exarcato de Ravena, os cidadãos se dizem romanos e se recusam a ser considerados gregos. O termo *Romagna*, de *Romania*, aparece no século VIII, na crônica de AGNELLUS. Justamente, prossegue em Ravena, sem nunca se interromper, a atuação da escola municipal romana (*l'école municipale romaine*), que relançará o direito romano a partir do século XI.

[273] S. RUNCIMAN (op. cit., ed. bras., 1978, loc. cit.); v. tb. sobre a evolução e a lenta decadência do Sacro império romano germânico, até a sua extinção, em 1806, i.a., Tim BLANNING, **The Pursuit of Glory – Europe 1648-1815** (© 2007, Londres: Penguin, 2008).

Outra potência se consolida a leste de Bizâncio. Entre o Império do Ocidente e o Império bizantino, o califa muçulmano poderia representar paralelo mais próximo. O islamismo, também, idealmente, era uma fé universal, sendo o condutor dos fiéis, simultaneamente, seu sacerdote-rei. Mas o pensamento islâmico nunca teve o califa como 'vice-rei' de Deus, e mesmo MAOMÉ, apenas como o seu profeta: "o califa não constituía a imitação terrena da divindade, mas sim seu inspirado primeiro-ministro".[274]

Diversamente do que ocorre em relação aos estados de direito contemporâneo, e no âmbito interno de considerável parte destes – nos quais, normalmente, respeitam-se os assim chamados direitos fundamentais, garantias individuais, direitos políticos e direitos sociais – nas relações entre os estados, no âmbito internacional, pode-se dizer, comparativamente falando, que estaríamos em época em torno do ano 500 A.D. Ou seja, na altura e contexto em que o então *homo liber* começará o percurso de cerca de mil anos, até atingir a condição do cidadão nos estados de bem estar social.

O contexto histórico do estado no mundo atual pode ser equiparado como cópia surpreendentemente fiel da condição do *homo liber* há mais de mil e quinhentos anos. Essa constatação se impõe, no sentido de termos clareza quanto a ser a sociedade internacional consideravelmente mais 'primitiva', no sentido de politicamente menos estruturada e organizada, que a maioria dos estados atualmente existentes.[275]

Expressivo expoente desse tempo, entre o contexto cultural romano e o mundo medieval, pode-se passar ao exame da contribuição de AGOSTINHO DE HIPONA (8.1.).

São frequentemente lembradas as críticas de VOLTAIRE ao Império, por ele considerado nem 'sacro' nem 'romano', mas somente 'germânico'. V. tb. D. KERN, *Voltaire* (in Jurandir MALERBA, org., **As lições da história**: o caminho da ciência no longo século XIX, Rio de Janeiro: Ed. FGV, 2010, p. 33-62).

[274] S. RUNCIMAN (op. cit., ed. bras., 1978, loc. cit.); v. tb. Fazlur RAHMAN, **O Islamismo** (do original inglês **Islam** © 1966, trad. J. Teixeira de Aguiar, Lisboa: Arcádia, s/d).

[275] Maarten BOS, **A methodology of international law** (Amsterdam – New York – Oxford: North Holland, 1984, cit. p. 19): "the historical background of the State in international relations is one totally different from the historical background of the citizen in, say, the modern welfare state." V., tb., Maarten BOS, *Old Germanic Law analogies in International Law, or: the state as* ***homo liber*** (Netherlands International Law Review, 1978, p. 51-62).

8.1. Agostinho de Hipona (354-430 A.D.)

> Conseguem, por vezes, os iníquos alcançar as honras do mundo; e quando alcançam tais honras e se veem constituídos como juízes ou reis, posto que isso faz Deus, para ensinar à sua plebe e seu povo, não deixa de acontecer que se preste a devida honra aos poderes.
>
> AGOSTINHO, Coment. salmo CXXIV[276]

Em sua extensa e complexa obra, AGOSTINHO DE HIPONA (354-430 A.D.), além de tratados apologéticos,[277] morais[278] e filosóficos, de polêmicas contra as heresias dos maniqueus, dos donatistas, e dos pelagianos,[279] de quatro volumes de comentários sobre os

[276] "Aliquando iniusti perveniunt ad honores saeculi; cum pervenerint et facit vel iudices, vel reges, quia hoc facit Deus propter disciplinam plebis suae, propter disciplinam populi sui; non potest fieri nisi ut exhibeatur illis honor debitus potestati".AGOSTINHO DE HIPONA, **Enarraciones sobre los Salmos** (edicion bilingue, en cuatro tomos, prep. por Balbino MARTIN Perez, in **Obras de San Augustín**, vols. XIX, 1964, 84+780 p.; vol. XX, 1965, 1010 p.; XXI, 1966, 1034 p. e XXII, 1967, 950 p.; Madri: Biblioteca de Autores Cristianos, vols. 235, 246, 255 e 264, comentário ao Salmo CXXIV, vol 4º, p. 314): "Consiguiendo algunas veces los iniquos los honores del mundo. Pues, cuando han alcanzado estos honores y han sido constituidos jueces o reyes, puesto que esto lo hace Dios por la enseñanza de su plebe y de su pueblo, no puede menos de acontecer que se preste el debido honor a los poderes."

[277] AGOSTINHO DE HIPONA, **De la verdadera religión. De las costumbres de la Iglesia. Enquiridión. De la unidad de la Iglesia. De la fé en lo que no se ve. De la utilidad de creer** (edicion bilingue, versiones, intr. y notas de V. CAPANAGA, T. PRIETO, A. CENTENO, S. SANTAMARTA y H. RODRIGUEZ, in **Obras de San Agustín**, vol. IV, "Obras apologéticas', 1975, p. XVI + 770, Madri: Biblioteca de Autores Cristianos, vol. 30).

[278] AGOSTINHO DE HIPONA, **Del bien del matrimonio. Sobre la santa virginidad. Del bien de la viudez. De la continencia. Sobre la paciencia. El combate cristiano. Sobre la mentira. Contra la mentira. Del trabajo de los monjes. El sermón de la montaña** (edicion bilingue, versiones, intr. y notas de Felix GARCIA, Lope CILLERUELO y Ramiro FLOREZ, in **Obras de San Agustín**, vol. XII, "Tratados morales', 1973, p. XVI + 883, Madri: Biblioteca de Autores Cristianos, vol. 121).

[279] AGOSTINHO DE HIPONA, **Los dos libros sobre diversas cuestiones a Simpliciano. De los méritos y del perdón de los pecados. Contra las dos epístolas de los pelagianos. Actas del proceso contra Pelágio** (edicion bilingue, primera versión española, intr. y notas de V. CAPANAGA, G. ERCE, in **Obras de San Agustín**, vol. IX, "Tratados sobre la gracia' (2º.), 1973, p. XII+676, Madri: Biblioteca de Autores Cristianos, vol. 79).

Salmos,[280] sobre livros do Antigo[281] e do Novo Testamento,[282] bem como o **Tratado sobre a graça,**[283] o **Tratado sobre a trindade**, os comentários sobre **Epístolas**[284] de São PAULO e São JOÃO, e da sua surpreendente autobiografia, **Confissões** –[285] que traça o percurso do pensador pagão que se faz sábio, bispo e santo cristão – bem como os **Solilóquios,**[286]

280 AGOSTINHO DE HIPONA, **Enarraciones sobre los Salmos** (edicion bilingue, prep. por Balbino MARTIN Perez, in **Obras de San Augustín**, vols. XIX, 1964, 84+780 p.; vol. XX, 1965, 1010 p.; XXI, 1966, 1034 p. e XXII, 1967, 950 p.; Madri: Biblioteca de Autores Cristianos, vols. 235, 246, 255 e 264).

281 AGOSTINHO DE HIPONA, **De la doctrina cristiana. Del Gênesis contra los maniqueos. Del Gênesis a la letra** (edicion bilingue, preparada por Balbino MARTIN Perez, in **Obras de San Agustín**, vol. XV, 'Tratados Escriturarios', 1957, p. 1272, Madri: Biblioteca de Autores Cristianos, vol. 168).

282 AGOSTINHO DE HIPONA, **Tratados sobre el Evangelio de San Juan** (edicion bilingue, versión, intr. y notas Teófilo PRIETO, in **Obras de San Agustín**, vol. XIII (1-35), 1955, p. VIII + 800, vol. XIV (36-124), 2ª ed., 1956, Madri: Biblioteca de Autores Cristianos, vol. 139 e 165).

283 AGOSTINHO DE HIPONA, **Del espíritu y de la letra. De la naturaleza de la gracia. De la gracia de Jesucristo y del pecado original. De la gracia y del libre albedrio. De la corrección y de la gracia. De la predestinación de los santos. Del don de perseverancia** (edicion bilingue, versiones, intr. y notas de V. CAPANAGA, E. LOPEZ, A. CENTENO, E. DE VEGA y T. DE CASTRO, in **Obras de San Agustín**, vol. VI, "Tratados sobre la gracia', 1971, p. XVI +832, Madri: Biblioteca de Autores Cristianos, vol. 50); AGOSTINHO DE HIPONA, **Los dos libros sobre diversas cuestiones a Simpliciano. De los méritos y del perdón de los pecados. Contra las dos epístolas de los pelagianos. Actas del proceso contra Pelágio** (edicion bilingue, primera versión española, intr. y notas de V. CAPANAGA, G. ERCE, in **Obras de San Agustín**, vol. IX, "Tratados sobre la gracia' (2º.), 1973, p. XII+676, Madri: Biblioteca de Autores Cristianos, vol. 79).

284 AGOSTINHO DE HIPONA, **Exposición de algunos pasajes de la Epístola a los Romanos. Exposición incoada de la Epístola a los Romanos. Exposición de la Epístola a los Gálatas. Exposición de la Epístola de San Juan a los Partos** (edición bilingue, preparada por Balbino MARTIN Perez, in **Obras de San Agustín**, vol. XVIII, 1959, p. 512, Madri: Biblioteca de Autores Cristianos, vol. 187).

285 AGOSTINHO DE HIPONA, **Confissões** (do original **Confessionum libri tredecim**, trad. J. Oliveira SANTOS e A. Ambrósio de PINA, São Paulo: Abril cult. / Pensadores, vol. VI, 1973, p. 9-316); tb. na edição **Las Confesiones** (edicion bilingue, trad. Angel CUSTODIO Vega, in **Obras de San Agustín**, vol. II, 7ª ed. (8ª do autor), 1979, p. VIII + 612, Madri: Biblioteca de Autores Cristianos, vol. 11).

286 AGOSTINHO DE HIPONA, **Los Soliléquios** (edicion bilingue, prep. por Victorino CAPANAGA, in **Obras de San Augustín**, vol. I, 5ª ed., 1979, p. 427-533, Madri: Biblioteca de Autores Cristianos, vol. 10); **De la vida feliz** (edicion bilingue, prep. por Victorino

Sermões[287] e **Cartas.**[288] Além de todas as demais, legou-nos sua monumental obra sobre a **Cidade de Deus** ou **De civitate Dei**, escrita entre 413 e 427 A.D.[289]

Além do interesse humano, que suscita sua trajetória conturbada, engajado nas grandes questões de seu tempo,[290] aqui, interessa, sobretudo, a contribuição de Santo AGOSTINHO para a filosofia política. Fez, na **Cidade de Deus**, sua defesa do Cristianismo, contra a acusação dos pagãos do seu tempo a respeito da alegada responsabilidade dos cristãos pelo abandono dos deuses antigos e pela decadência trazida pela adoção da nova fé. Esse abandono do culto dos deuses pagãos antigos teria enfraquecido Roma e sido a causadora do saque da cidade eterna, pelas hordas de visigodos, conduzidas pelo rei ALARICO, no ano 410 A.D.

CAPANAGA, in **Obras de San Augustín**, vol. I,, 1979, p.535-586, Madri: Biblioteca de Autores Cristianos, vol. 10); **Del orden** (edicion bilingue, prep. por Victorino CAPANAGA, in **Obras de San Augustín**, vol. I, 1979, p. 587-707, Madri: Biblioteca de Autores Cristianos, vol. 10).

[287] AGOSTINHO DE HIPONA, **Homilias** (en edición lilingue, preparada por Amador del FUEYO, in **Obras de San Agustín**, vol. VII, 3ª ed., vol. X, 2ª ed., 1965, Madri: Biblioteca de Autores Cristianos, vols. 53, 95).

[288] AGOSTINHO DE HIPONA, **Cartas** (en edición bilingue, preparada por Lope CILLERUELO, in **Obras de San Agustín**, vol. VIII, 2ª ed., vol. XIa, 2ª ed., 1972, vol. XIb, 2ª ed., 1972, Madri: Biblioteca de Autores Cristianos, vols. 69, 99A e 99B).

[289] AGOSTINHO DE HIPONA, **A Cidade de Deus** (do original **De civitate Dei** trad. Oscar PAES LEME, intr. Pe. Riolando AZZI, São Paulo: Edameris – Editora das Américas, 1964, 3 vols.); também utilizada a edição **De civitate Dei / La ciudad de Diós** (edicion bilingue, trad. Santos SANTAMARTA Del Rio y Miguel FUERTES Lanero, intr. y notas de Victorino CAPANAGA, in **Obras de San Agustín**, vols. XVI e XVII, 3ª ed., 1977, 2 vols., Madri: Biblioteca de Autores Cristianos, vols. 171 e 172).

[290] Victorino CAPÁNAGA, **Agustín de Hipona**: maestro de la conversión cristiana (Madri: Biblioteca de Autores Cristianos – série maior, 1974); Carlo CREMONA, **Agostinho de Hipona**: a razão e a fé (do original italiano **Agostino d'Ippona: la ragione e la fede**, © 1966, apres. Cardeal Carlo Maria MARTINI, trad. Pergentino Stefano PIVATTO, Petrópolis: Vozes, 1990); Étienne GILSON, **Introduction à l'étude de Saint Augustin** (Paris: Vrin, 4e éd., 1969); Henri-Irinée MARROU avec A.-M. La BONNARDIÈRE, **St. Augustin et l'augustinisme** (orig. publ. 1955, Paris: Seuil – Maîtres spirituels, 1980); Giovanni PAPINI, **Santo Agostinho** (do original **Sant'agostino**, trad. de M. G. da COSTA, Braga: Livr. Cruz, 3ª ed., 1958); **Vida de San Agustín escrita por su discípulo San Posídio** (in **Obras de San Augustín**, vol. I,, 1979, p. 293-393, Madri: Biblioteca de Autores Cristianos, vol. 10).

Os pagãos passam, então, a divulgar a tese dos efeitos nefastos do abandono da fé nos deuses antigos como causadora das desgraças daquele tempo. Para fazer a defesa contra tal alegação, AGOSTINHO redige o seu monumento, em vários tomos, intitulado a **Cidade de Deus**. Assim, construiu-se, para responder a tais críticas, a concepção agostiniana da política – com vários desdobramentos, inclusive quanto ao conceito de guerra justa, que teria extensos e complexos desdobramentos ao longo dos séculos seguintes.

Relevante a linha divisória lá estabelecida:

> Dois amores construíram duas cidades: o amor de si mesmo, até o desprezo de Deus, deu lugar à cidade terrena, e o amor de Deus, até o desprezo de si, a celestial. A primeira se gloria em si mesma; a segunda se gloria no Senhor. Aquela solicita dos homens a glória; a maior glória desta está em ter a Deus como testemunha de sua consciência. [...] A primeira está dominada pela ambição de domínio em seus príncipes, ou nas nações que submete; na segunda servem-se mutuamente na caridade os superiores mandam e os súditos obedecem.[291]

Como se pode compreender, AGOSTINHO não pretende ao milenarismo, que comprometera os vaticínios de apologistas cristãos, de séculos anteriores: não propugna AGOSTINHO o advento de reino cristão, de paz e de concordância universais, mas apresenta a inexorável dualidade entre a cidade divina e a humana, como expressões de dois impulsos distintos – *fecerunt itaque civitates duas amores duo* – e essa dualidade permanece, sem perspectiva de 'solução' imediata, ao menos no mundo dos homens. Haverão de conviver as ordens humana e divina.

Não há sucessão, para AGOSTINHO, como não houvera, antes deste, em ORÍGENES. As duas cidades existem, lado a lado, desde a origem dos tempos. Uma descende de Abel, a outra de Caim. Elas são simultaneamente inimigas e estão, inexoravelmente, imbricadas uma à outra. Essa

[291] AGOSTINHO, **De civitate Dei** (liber XIV, cap. XXVIII): "Fecerunt itaque civitates duas amores duo; terrenam scilicet amor sui usque ad contemptum Dei, celestem vero amor Dei usque ad contemptum sui. Denique illa in se ipsa, haec in Domino gloriatur. Illa enim quaerit ab hominibus gloriam; huic autem Deus conscientiae testis. [...] Illi in principibus eius, vel in eis quas subiugat nationibus dominandi libido dominatur; in hac serviunt invicem in caritate, et praepositi consulendo, et subditi obtemperando."

oposição absolutamente não pode ser expressa pela contraposição entre igreja e estado.

A cidade celeste está de passagem no mundo terreno, em peregrinação, em exílio. Como estiveram os judeus, durante o cativeiro da Babilônia. Somente Deus sabe a qual cidade cada um pertence. Assim, não poderia haver 'comunidade dos puros', onde cada um reconheceria os demais – como pretendiam os maniqueus, e contra os quais se manifestou AGOSTINHO, ou pretenderam, séculos mais tarde, os cátaros.[292]

Depois da cidade ou da urbe, vem o orbe da terra, o terceiro grau da sociedade humana – *incipientes a domo, atque indem ad urbem, deinde ad orbem* – aponta AGOSTINHO na **Cidade de Deus** (livro XIX, cap. VII).[293] Este considerava ser a principal causa de separação entre os homens a diversidade de línguas.[294]

A definição de povo, dada por AGOSTINHO, na **Cidade de Deus** (livro XIX, cap. XXIV),[295] merece ser referida: "povo é o conjunto de seres nacionais associados pela concorde comunidade de objetos amados". Daí decorre a necessidade de "para saber o que é cada povo, examinar os objetos de seu amor".[296]

Acertadamente ressalta AGOSTINHO, em sua definição de 'povo', a existência de elos imateriais. Elementos cruciais, até nossos tempos, para distinguir 'povo' e 'população'.[297]

Essa extensa e complexa obra, com grande reflexão sobre a história, ainda mais que sobre o estado (cidade), somente trata de questões políticas em algumas passagems – sobretudo no livro XIX – enquanto o foco

[292] René NELLI, **Les Cathares** (© 1972, Culture, Arts, Loisirs; Paris: Marabout – Histoire, 1987, cit. p. 9): "On peut étudier le phénomène cathare sous deux angles bien différents: en tant qu'hérésie ou en tant que civilisation originale."

[293] AGOSTINHO, **De civitate Dei** (Liber XIX, c. VII): "Post civitatem vel urbem sequitur orbis terrae, in quo tertium gradum ponunt societatis humanae, incipientes a domo, atque indem ad urbem, deinde ad orbem progrediendo venientes."

[294] AGOSTINHO, **De civitate Dei** (Liber XIX, c. VII): "In quo primum linguarum diversitas hominem alienat ab homine."

[295] AGOSTINHO, **De civitate Dei** (Liber XIX, c. XXIV): "Populus est coetus multitudinis rationalis, rerum quas diligit concordit, communione sociatus."

[296] AGOSTINHO, **De civitate Dei** (Liber XIX, c. XXIV): "profectu ut videatur qualis quisque populus sit, illa sunt intuenda quae diligit."

[297] Cfr. **Tratado** (tomo 2 – **Direito internacional dos espaços**, esp. cap. 29 – espacialidade e direitos fundamentais: a dimensão humana do território, p. 531-626).

do trabalho está sobretudo voltado para questões teológicas e filosóficas, com extensas considerações sobre os enganos do paganismo, a criação do mundo, o pecado original, a história da salvação, o juízo final, o inferno e o paraíso.

O saque de Roma foi acontecimento marcante da época. Mesmo São JERÔNIMO em seu ermo retiro, em Belém, teria recebido notícia do impacto do incidente:[298] o mais grave era a humilhação, pois desde o saque da cidade pelos gauleses, em 387 a.C., a capital do Império não tinha sido invadida e pisada por conquistadores estrangeiros. Embora várias vezes ameaçada, Roma tinha sempre não somente conseguido salvar-se, mas manter e expandir a sua hegemonia sobre considerável parcela do mundo.[299]

> Roma personificava para sempre toda a civilização, era ainda o paládio da humanidade. Mesmo quando deixou de ser a sede do Império e das mais altas autoridades do estado, permanecia o centro ideal do Império. O seu nome, venerado por todos os homens era, em si, uma força. A ideia de Roma, de romano, exprimia a ordem de todo o universo. Embora a cidade tivesse subjugado, uma após outra, tantas nações, em guerras sangrentas, a cidade não era, contudo, odiada, uma vez que todos, mesmo os bárbaros, sentiam orgulho em chamar-se cidadãos romanos. Somente alguns cristãos carolas podiam considerar com horror a cidade, como sede da idolatria. [...] Contra VIRGÍLIO, os padres da igreja, TERTULIANO e CIPRIANO, afirmavam que também o Império romano, como aqueles dos persas, dos medas, dos egípcios, dos macedônios, que o tinham precedido, era limitado no tempo, e rumava para o seu fim. A lenda narra que CONSTANTINO,

[298] Giovanni PAPINI, **Santo Agostinho** (do original **Sant'agostino**, trad. de M. G. da COSTA, Braga: Livr. Cruz, 3ª ed., 1958).

[299] Por muitas vicissitudes passaria Roma, nos séculos seguintes, como examinam Ferdinand GREGOROVIUS, **Geschichte der Stadt Rom im Mittelalter vom V. bis XV. Jahrhundert** (orig. publ. em 8 vols., 1859-1873), ed. italiana **Storia della città di Roma nel Medioevo** (intr. Waldemar KAMPF, trad. Andrea CASALEGNO, Torino: Einaudi, 1973, ristampa 2011, 3 vols.) e Jean DELUMEAU, **La seconde gloire de Rome** XVe – XVIIe (Paris: Perrin, 2013); por sua vez, mencionava G. PAPINI (op. cit., ed. port., 1958, cap. XXVIII – as duas cidades, p. 242-255, cit. p. 243-244): "Acreditava na sua inviolabilidade, no seu caráter sagrado, na proteção dos deuses que ENEIAS trouxera de Tróia, ou do novo Deus que PEDRO trouxera de Jerusalém. O espanto foi maior que o terror, a vergonha maior que o espanto."

instado por um oráculo, construiu no Bósforo a nova Roma, porque a velha estava destinada a inevitável ocaso.[300]

No sermão *De Urbis excidio*, AGOSTINHO fez eco ao desalento dos fugitivos que, da Itália, tinham procurado refúgio no norte da África, na insensata ilusão de que os bárbaros não conseguiriam invadir aquela província. Duas décadas mais tarde, os vândalos invadiriam o norte da África, pondo fim a séculos de colonização romana.[301] E durante essa invasão, na tomada da cidade de Hipona, em 430 A.D., é morto AGOSTINHO.

[300] F. GREGOROVIUS, **Storia della città di Roma nel Medioevo** (ed. 2011, livro I, cap. III, cit. vol. 1, p. 67-68).

[301] Sophie BESSIS, **Histoire de la Tunisie** – de Carthage à nos jours (orig. publ. 2019, Paris: Tallandier-texto, éd. actualisée, 2022, esp. chap. II – L'Afrique romaine: occupation, exploitation, romanisation, p. 51-71 e chap. III – De Rome aux arabes, p. 73-93) se reporta aos períodos romano, vândalo e bizantino de dominação da região, até a conquista árabe, no século VII; S. DENOIX et H. RENEL (dir. de), **Atlas des mondes musulmans médiévaux** (Paris: Éd. CNRS, 2022, Les entités politiques de l'Antiquité tardive, p. 48-49); sobre O período romano e pós-romano na África do norte – parte I: o período romano, A. MAHJOUBI e parte II: de Roma ao Islã, P. SALAMA (in **História geral da África** – vol. II: **A África antiga**, coord. G. MOKHTAR, orig. publ. **Histoire générale de l'Afrique**, 1980, trad. C. H. DAVIDOFF et al., São Paulo: Ática / Paris: Unesco, 1983, p. 473-509 e 511-523, cit. p. 511-512): "Nada era mais inesperado na África do Norte do que estes conquistadores de origem germânica. Nenhuma dominação se adaptou menos às realidades do território. Distanciando-se dos outros povos germânicos que, como eles, haviam emigrado em massa para a Europa ocidental em + 406, os vândalos inicialmente se instalaram no sul da península Ibérica, que, ao que parece, conservou seu nome (Vandalusia = Andalusia). Chamados ou não a intervir nas disputas internas do poder romano na África do Norte, eles cruzaram o estreito de Gibraltar, com uma força de 80 mil homens, sob o comando de seu rei GENSERICO (ou GEISERICH) no ano de + 429. O avanço foi fulminante. Em + 430, já sitiavam a cidade de Hipona e, em + 435, viram reconhecida por parte dos romanos a posse de Constantina. Três anos mais tarde apoderaram-se de Cartago e, após uma breve retirada em + 442, iniciaram, a partir de + 455, três operações de grande envergadura: a anexação definitiva de toda a zona oriental da África romana, a conquista da maior parte das principais ilhas do Mediterrâneo ocidental – Baleares, Sardenha e Sicília – e uma audaciosa expedição para saquear a própria Roma". Somente no século VI, durante o reinado de JUSTINIANO, tropas imperiais, sob o comando do general BELISÁRIO, reconquistam o norte da África, como registra PROCÓPIO DE CESAREIA, nas **Guerras de Justiniano** (livros III e IV) cf. ed. PROCOPE DE CESARÉE, **La guerre contre les vandales** (trad. et commenté par Denis ROQUES, préf. Philippe MURRAY, Paris: Les belles lettres, 2004). Para darem lugar à conquista árabe, no século VII seguinte.

A ira impotente voltou-se contra o Cristianismo:[302] a nova fé e o abandono dos antigos deuses seriam a causa da decadência e da queda de Roma.[303] Enquanto tinham sido honrados os deuses tradicionais, alegavam os pagãos, Roma nunca tinha sido tocada e triunfara por toda parte.[304] Agora, abandonada a antiga fé, via-se o descalabro.[305]

Assim se viu a fragilidade do estado humano, tal como o saque de Roma pelas hordas de ALARICO evidenciara. E, se a república se faz mediante o consenso sobre o direito – onde AGOSTINHO retoma o ensinamento de CÍCERO, no **De republica** – e se os romanos nunca tinham conhecido o verdadeiro direito, nunca teria existido verdadeira república.

Com base na premissa de que o conhecimento e o culto do Deus verdadeiro são necessários para que os homens formem verdadeiro povo e verdadeira república, assim, a República pagã, como o Império pagão, nunca teriam verdadeiramente existido. Estes não foram, desta forma, destruídos por ALARICO, que foi somente um ato, em sequência histórica de atos de destruição e de pilhagem, como tantos praticados na história.

O saque de Roma por ALARICO não teria, assim, qualquer importância, na perspectiva da história – de 'longa duração', muito antes da formulação dessa concepção. A verdadeira mudança ocorreria somente

[302] Já em 252 A.D. São CIPRIANO tivera de responder a acusações semelhantes, quando certo DEMETRIANO lançara sobre os cristãos a culpa pela peste que assolara o Império, durante doze anos. A resposta de CIPRIANO visava reverter o argumento, alegando que a peste seria justamente a punição de Deus, pelas perseguições praticadas contra os cristãos.

[303] LACTÂNCIO, pouco antes do **Edito de Milão** (em 313 A.D.) declarava que se o Império se colocasse sob o Cristianismo, voltaria a idade de ouro.

[304] Depois que o Cristianismo deixara de ser perseguido, a partir de CONSTANTINO, e apesar do poder sempre crescente da Igreja, não somente não voltava a idade de ouro, mas se multiplicavam os flagelos, o que fazia perder todo o valor à profecia de LACTÂNCIO e parecia dar razão aos remanescentes defensores do paganismo.

[305] G. PAPINI (op. cit., ed. cit., 1958, p. 246): "Dizia GOETHE que as líricas mais belas são as de ocasião. Os vinte e dois livros da **Cidade de Deus**, que são a mais extraordinária epopeia em prosa que eu conheço, surgiram também das circunstâncias de momento, e talvez nunca tivessem sido escritos, sem as tristes façanhas de ALARICO. Todavia, o saque de Roma não passou de um pretexto: partindo daquele sucesso que nada tinha de extraordinário – em todas as épocas milhares de cidades foram postas a saque – o gênio de AGOSTINHO soube elevar-se a uma síntese da história humana e divina, segundo a qual o gênero humano, dividido em dois exércitos, combate entre si, sob o olhar de Deus: esta concepção iluminou e modelou a Cristandade no decurso de um milênio."

com a conversão de Roma – e dos bárbaros – à fé cristã, sob a conduta da igreja, dispensadora do batismo e mediadora da graça divina, entre os homens. Somente então, com homens animados pela crença no Deus verdadeiro e a quem a graça tornou capazes de amar, poder-se-ia praticar a verdadeira justiça e seria possível uma verdadeira república.

Na linha do "augustinismo político", somente poderá haver estado autêntico se este for cristão, porquanto o estado não poderia existir sem a igreja.[306] Depois da queda do império, com os reinos pouco organizados dos tempos bárbaros, não somente se enfraquece a ideia de 'estado', como este ameaça desaparecer.

O augustinismo político foi convenientemente adotado pelo papado medieval. Reiteradamente influenciou os papas da Idade média:[307] GREGÓRIO VII depõe HENRIQUE IV, por estimar ter naturalmente poder para tanto, dado que a função atribuída ao imperador permanece sob seu controle espiritual, mesmo quando se trata de medidas

[306] Philippe NEMO, **Histoire des idées politiques en Antiquité et au Moyen âge** (1ère. éd., 1998, Paris: PUF – Quadrige, 2007, 'la doctrine politique de Saint Augustin', p. 749-757, cit. p. 751, e mais adiante p. 777-795) examina 'l'augustinisme politique au Haut Moyen Âge'; v. tb. Henri-Xavier ARQUILLIÈRE, **L'augustinisme politique** (orig. publ. 1933, Paris: Vrin, 2e ed., 1955) mostra como a teocracia pontifícia, fundada em concepção original, pretendeu que o temporal estaria incluso no espiritual e o poder laico seria instaurado somente para servir à causa cristã, ou seja, a causa da igreja, soberanamente dirigida pelo papado. Essa concepção nasce de interpretação da **Cidade de Deus** de santo AGOSTINHO, muito embora o bispo de Hipona reconhecesse a órbita própria de atuação do estado. Mas, querendo mostrar que o cristianismo não estava ligado à grandeza de determinado poder temporal, assim a cidade celeste seria o fim primordial, e manifestava a tendência de absorver a ordem natural na ordem sobrenatural, destacando a ideia de justiça, segundo a qual tudo neste mundo deve estar em conformidade com a ordem desejada por Deus, ou seja, a ordem sobrenatural.

[307] H.-X. ARQUILLIÈRE, **L'augustinisme politique** (orig. publ. 1933, Paris: Vrin, 2e ed., 1955, 'l'augustinisme politique et le problème de la papauté médiévale, p. 21-50), mesmo se o augustinismo político serve como tela de fundo, sem a qual não se podem entender os dramas da relação entre papado e império medieval, não consegue abarcar todos os argumentos teocráticos. Indagava o autor (op. cit., p. 32) se seria com a erosão do augustinismo político que se desfaz a concepção romana de 'estado'. Ou se esta tenderia, antes, a desaparecer por influência de outros fatores, particularmente os acontecimentos, que levaram ao fim do Império romano, para dar lugar aos reinos pouco organizados. E estes, mais tarde, nos séculos IX e X, dariam lugar ao sistema feudal. Permanece esta uma linha essencial para o estudo da história das doutrinas políticas medievais.

aparentemente materiais, sendo estas destituídas de valor e de utilidade, exceto em relação ao espiritual. Na sequência, INOCÊNCIO III, INOCÊNCIO IV e BONIFÁCIO VIII se alinharão pela mesma premissa.

Depois dos excessos cometidos por tais papas, contudo, a partir do século XIV, a ideia de 'estado', concebido como organismo natural, será retomada. E trará o fim da teocracia. Mas o papado continuará a perseverar na sua missão fundamental declarada de cristianizar a sociedade laica.

AGOSTINHO, na **Cidade de Deus** (livro XIX, cap. XXI, § 2), completa essa visão, com a consideração não menos fatal, sobre o direito 'natural' do estado: assim como no indivíduo, a razão somente pode legitimamente comandar as paixões, se e na medida em que Deus comanda a razão. Da mesma forma, na cidade, os homens não podem legitimamente comandar outros homens exceto se estes mesmos obedecem a Deus, e à lei do amor de Deus.

Diante de Deus, as hierarquias humanas desaparecem: os homens, que diferem uns dos outros na natureza, são iguais perante Deus, em razão da sua própria nulidade ontológica. Por conseguinte, nenhuma subordinação de um homem a outro tem valor. Existe princípio sério de subversão de todos os valores humanos, estipulados no seio da cidade pagã.

> na casa do justo, que vive segundo a fé e, todavia, viaja como peregrino rumo à cidade celeste, mesmo os que mandam estão a serviço dos que, segundo as aparências, são mandados. E, não os mandam, por afã de domínio, mas por dever de olhar por estes; não por orgulho de se destacarem, mas por [espírito de] serviço, cheio de bondade.[308]

Ao estado laico não se nega toda a legitimidade. AGOSTINHO tinha para tanto razões práticas e teóricas: a razão prática é que o 'estado' romano, ao tempo deste, ainda estava de pé, impressionante em sua força e majestade, e com tradição histórica de mais de mil anos, a qual era quase integralmente pagã. A igreja, em face desta longa história, não somente é recente, como ainda pequena e frágil.

[308] AGOSTINHO, **De civitate Dei** (Liber XIX, c. XIV): "in domo iusti viventis ex fide, et adhuc ab illa celeste civitate peregrinantis, etiam qui imperant, serviunt eis; quibus videntur imperare.Neque enim dominandi cupiditate imperat; sed officio consulendi; nec principandi superbia, sed providendi misericordia."

A segunda ordem de motivos se deve ao fato de que não se poderia pretender por abaixo o primeiro para reconstruir a sociedade e o estado em bases totalmente novas, inteiramente cristãs. Tanto mais que, para os cristãos do tempo de AGOSTINHO, o fim do mundo estaria próximo. E para esse evento a igreja deveria preparar os fiéis, mais do que tentar fundar na terra uma sociedade destinada a durar.[309]

A partir da afirmação de PAULO (**Epístola aos romanos**, 13, 1-7) no sentido de que todo poder vem de Deus – *omnia potestas nisi a Deo* – AGOSTINHO interpreta a fórmula como querendo dizer: por direito natural, nenhum homem tem direito sobre outro; assim toda autoridade tem fonte sobrenatural. Antes da queda, o amor bastaria para ordenar as relações humanas, em sociedade. Desde a queda, em razão do pecado, a raça de Caim está fadada a se autodestruir. Os homens têm, assim, necessidade, para ordenar a vida em sociedade, de autoridade que contenha seus ódios e refreie os seus impulsos assassinos. A essa necessidade, Deus, em sua bondade, teria provido, deixando que se estabelecessem os poderes políticos.

O poder político seria a consequência do pecado. Assim, exprimir-se-ia, segundo AGOSTINHO[310], a ordem natural das coisas – *hoc naturalis ordo praescribit*:

> Trata-se de prescrição da ordem natural. Assim Deus criou o homem. Domine, disse, os peixes do mar, as aves do céu e todo réptil que se move sobre a terra. Quis que o homem racional, feito à sua imagem, dominasse unicamente os irracionais e não o homem ao homem, mas o homem ao irracional. Eis o motivo de os primeiros justos terem sido pastores e não reis. Com isso Deus manifestava o que pede a ordem das criaturas e o que exige o conhecimento dos pecados. O jugo da fé impôs-se, com justiça, ao pecador. Por isso, não vemos empregado nas Escrituras a palavra *servo*, antes de

[309] P. NEMO (op. cit., 2007, pp. 752-753): "il faut, tout de même, dans cette période transitoire, trouver un statut théologique pour l'état laïque et le gouvernement civil, avec lesquels on va devoir cohabiter un certain temps et dont il faut expliquer pourquoi Dieu permet qu'il existe avec ses injustices. Saint AUGUSTIN résout ces problèmes en établissant, d'une part, une doctrine du pouvoir politique comme punition des pécheurs et, d'autre part, une doctrine de l'action de la providence dans l'histoire."

[310] AGOSTINHO, **De civitate Dei** (liber XIX, c. XV).

o justo Noé castigar com tal nome o pecado do filho. Esse nome mereceu-o, pois vem da culpa e não da natureza.
A palavra *servo*, na etimologia latina designa os prisioneiros, cuja vida os vencedores conservavam, embora pudessem matá-los por direito de guerra. Tornavam-se *servos*; palavra derivada de servir. Isso também é decorrência do pecado. Pois embora se trave guerra justa, a parte contrária guerreia pelo pecado. E toda vitória, mesmo a conseguida sobre os maus, humilha os vencidos por juízo divino, corrigindo os pecados, ou castigando-os. [...] por natureza, tal como Deus em princípio criou o homem, ninguém é escravo do homem, nem do pecado. Mas a escravidão penal está regida e ordenada pela lei, que manda conservar a ordem natural e proíbe perturbá-la. Se nada se fizesse contra essa lei, não haveria nada a castigar com essa escravidão.[311]

De modo equivalente, a caracterização da guerra justa, apresentada por AGOSTINHO, fará escola,[312] e será retomada por diversos autores ao longo dos séculos:

O sábio, acrescenta, há de travar guerras justas. Como se o sábio, cônscio de ser homem, não sentirá muito mais se ver obrigado a declarar guerras justas, pois se não fossem justas, não deveria declará-las, e portanto, para ele não haveria guerras! A injustiça do inimigo é a causa de o sábio declarar guerras justas.[313]

O estado laico, ou estado natural, ou poder civil, tem assim, a sua legitimidade.[314] O cristão pode viver no mundo e estar inserido no estado, e pode isso corresponder ao seu interesse – no sentido de permitir que obtenha as coisas necessárias para a conservação de sua vida, como este

[311] AGOSTINHO, **De civitate Dei** (liber XIX, c. XV).

[312] Como se examina, neste tomo, cap. 11 – tratadistas da guerra: Balthazar AYALA e Pierino BELLI e seus itens, esp. 11.1, 11.2 e 11.3.

[313] AGOSTINHO, **De civitate Dei** (liber XIX, c. VII): "Sed sapiens, inquiunt, iusta bella gesturus est. Quasi non, si se hominem meminit, multo magis dolebit justorum necessitatem sibi existisse bellorum; quia nisi iusta essent, ei gerenda non essent, ac per hoc sapienti nulla bella essent. Iniquitas enim partis adversae iusta bella ingerit gerenda sapienti: quae iniquitas utique homini est dolenda, quia hominum est, etsi nulla ex ea bellandi necessitas nasceretur."

[314] AGOSTINHO, **De civitate Dei** (liber XIX, c. XXIV).

considerara –[315] que o estado, embora imperfeito, exista e o homem nele viva.

Mas não deve o homem aderir sem reserva ao estado, por saber que este mundo e a sua organização social não são feitos para durar: "assim como a alma é a vida do corpo, assim também Deus é a vida bem-aventurada do homem".[316] E condena:

> Desgraçado, pois, o povo afastado de Deus! Também goza de certa paz própria, que não deve ser desprezada, paz de que não gozará no fim, porque dela não faz bom uso antes do fim. Mas interessa também que a nossa cidade dela goze neste mundo, porque enquanto confundidas ambas as cidades, também usamos da paz de Babilônia. O povo de Deus é livrado pela fé, para com ela caminhar, enquanto viva.[317]

A que se pode assemelhar essa convivência entre os homens imbuídos de Deus e os afastados de Deus, no mesmo mundo terreno, sob a mesma ordem política? Para AGOSTINHO, a vida da cidade é vida social – *quoniam vita civitatis utique socialis est* –[318] e nos apresenta a sua visão:

> A família dos homens, que não vivem da fé, busca a paz terrena nos bens e comodidades desta vida. Por sua vez, a família dos homens, que vivem da fé, espera nos bens futuros e eternos, segundo a promessa. Usam dos bens terrenos e temporais como viajantes. Não os prendem nem desviam do caminho que leva a Deus, mas os sustentam a fim de que suportem com mais facilidade e não aumentem o fardo do corpo corruptível, que oprime a alma. O uso dos bens necessários a esta vida mortal é, portanto, comum a ambas as classes de homens e a ambas as casas, mas no uso cada qual tem fim próprio e modo de pensar muito diverso do outro. Assim, à cidade terrena, que não vive da fé, apetece também a paz, porém firma a

[315] AGOSTINHO, **De civitate Dei** (liber XIX, c. I, § 2): "coisas que os homens buscam naturalmente, sem necessidade de mestre, nem de doutrina, nem de indústria, nem da arte de viver, que se chama virtude e é adquirível."

[316] AGOSTINHO, **De civitate Dei** (liber XIX, c. XXVI); na edição brasileira (1964, cit., vol. III, p. 191): 'a paz do povo separado de Deus e uso que dela faz, em sua peregrinação, o povo de Deus'.

[317] AGOSTINHO, **De civitate Dei** (liber XIX, cap. XXVI, cit.).

[318] AGOSTINHO, **De civitate Dei** (liber XIX, c. XVII).

concórdia entre os cidadãos que mandam e os que obedecem, para haver, quanto aos interesses da vida mortal, certo concerto das vontades humanas. Mas a cidade celeste, ou melhor, a parte que peregrina neste vale e vive da fé, usa dessa paz por necessidade, até passar a mortalidade, que precisa de tal paz.[319]

Daí, – considerando que mesmo à cidade terrena, aquela que não vive da fé, apetece também a paz – vem outra contribuição relevante de AGOSTINHO: a concepção de uma teoria da providência divina, manifestada na história. Porquanto é preciso explicar porque Deus permite que existam não somente poderes políticos não cristãos, mas ainda poderes furiosamente anticristãos e, também, tenham lugar catástrofes históricas, que suprimem estados[320] e permitem o surgimento de outros, de modo aparentemente errático e injustificado.

A noção de *providência* fora explicitada por AGOSTINHO.[321] A ordem das coisas pode nos parecer obscura, mas é perfeitamente conhecida por Ele.[322]

Essa doutrina de submissão se põe, mas não de forma absoluta. O estado vem bater no limite da consciência cristã.

A concepção agostiniana do poder e da providência vem responder às questões colocadas pelos pagãos, depois do saque de Roma, e mais genericamente, permite resolver o problema político colocado para os cristãos do seu tempo: não se faz necessário que o Cristianismo seja excessivamente solidário com as formas transitórias da política e da história humanas.

Roma vai desaparecer? E o destino cristão, ao não se identificar com Roma, como tampouco a qualquer outra pátria terrestre, pode buscar a cidade eterna, porquanto esta não há de passar.

A seguir, pode-se passar a considerar a importante contribuição de ISIDORO DE SEVILHA (8.2). A repercussão de sua obra, como a de

[319] AGOSTINHO, **De civitate Dei** (liber XIX, c. XVII).

[320] Embora cometa algumas imprecisões, ver Norman DAVIES, **Reinos desaparecidos** – História de uma Europa quase esquecida (orig. publ. **Vanished Kingdoms**, 2011, trad. Miguel MATA, Lisboa: Ed. 70, 2021, Introdução, p. 25-36, cit. p. 25): “O fosso entre as aparências e a realidade sempre me intrigou. As coisas nunca são o que parecem”.

[321] AGOSTINHO, **De civitate Dei** (liber V, c. XI).

[322] AGOSTINHO, **De civitate Dei** (liber IV, c. XXXIII).

AGOSTINHO estender-se-á por muitos séculos, em todo o contexto ocidental.

8.2. Isidoro de Sevilha (560-636 A.D.)

> Todas as leis são divinas ou humanas. As divinas têm seu fundamento na natureza; as humanas nos costumes dos homens. Precisamente por isso, estas últimas mostram discrepâncias entre si, uma vez que, a cada povo, agradam costumes distintos. O justo (*fas*) é lei divina; o legal (*ius*) é lei humana.
>
> ISIDORO, **Etimologias**, V.2 'das leis divinas e humanas'[323]

> Pode-se afirmar que a obra de ISIDORO teve repercussão sobre toda a civilização medieval do Ocidente.
>
> Pierre PIERRARD (1974)[324]

Nascido de família hispano-romana de Cartagena, ISIDORO perde muito cedo seu pai e recebe toda a sua formação de seu irmão Leandro, ao qual sucederá na cátedra de Sevilha. Esse seu irmão, homem de grande cultura, proporciona-lhe formação intelectual e moral excepcional.

Bispo em 599 A.D., após a morte de seu irmão, ISIDORO demonstrará grandes dons de organizador: sua ação se exprime não somente nos Concílios nacionais, que se realizam de tempos em tempos em Toledo, como capital intelectual da Espanha, no tempo dos visigodos, como também compõe a carta desses concílios, a **Ordo de celebrando concilio**, que regula minuciosamente as atividades da igreja. O prestígio e

[323] ISIDORO DE SEVILLA, **Etimologias / Etymologiarum** (edición bilingue, "texto latino preparado por Wallace M. LINDSAY publicado dentro de la *Scriptorum Classicorum Biblioteca Oxoniensis*, en el año 1911", versión española y notas José OROZ Reta y Manuel-A. Marcos CASQUERO, intr. general por Manuel C. DIAZ Y DIAZ, Madri: Biblioteca de Autores Cristianos, vol. 647, 1ª ed., 2004, reimpresión, 2009, liber V – De legibus et temporibus, cap. 2 – De legibus divinis et humanis, p. 500-501): "Omnes autem leges aut divinae sunt, aut humanae. Divinae natura, humanae moribus constant; ideoque haec discrepant, quoniam aliae alliis gentibus placent. *Fas* lex divina est, *ius* lex humana."

[324] Pierre PIERRARD, **Dictionnaire des prénoms et des saints** (Paris: Larousse, 1974, p. 111): "On peut affirmer que l'oeuvre d'ISIDORE a rayonné sur toute la civilisation du Moyen Âge occidental."

a reputação de ISIDORO fazem dele conselheiro muito apreciado por sucessivos reis visigodos: ele se liga, sobretudo, ao rei letrado SISEBUT, que reinou de 612-621 A.D., a quem dedica poema sobre os eclipses.

Após dois séculos de devastações e de decadência, o século VII na Espanha representa período de florescimento intelectual, e recolherá os frutos do que se costuma denominar a "renascença isidoriana", porquanto a obra de ISIDORO DE SEVILHA é considerável sob todos os pontos de vista, por sua extensão, por sua profundidade, como também admirável por sua diversidade. Logicamente também marcada por seu tempo e por seu meio, como qualquer obra humana.

A sua obra prima são os vinte livros que compõem as **Etymologiarum**, ou **Etimologias**,[325] espécie de enciclopédia, na qual resume o conjunto dos conhecimentos de seu tempo, compulsando extensamente fontes antigas. Estas serviram, ao lado de AGOSTINHO,[326] como uma das bases para a atividade intelectual, no Ocidente, durante cerca de mil anos.[327]

Historiógrafo, ISIDORO deixou, ainda, uma história universal, no **De Chronicon**. E uma história 'moderna', **História dos reis godos, vândalos e, suábios,** onde coloca os Visigodos na esteira de Roma.[328]

[325] ISIDORO DE SEVILLA, **Etimologias / Etymologiarum** (ed. cit., 2009). Comentava Étienne GILSON, **La philosophie au moyen âge** (Paris: Payot, 1976, v. I, p. 151-152): Ses **Origines** ou **Etymologiae**, forment une sorte de *Mémento encyclopédique* en vingt livres, auquel ces deux titres conviennent également. [...] Le succès de l'ouvrage s'explique aisément; les **Étymologies** tenaient dans une bibliothèque médiévale la même place que l'*Encyclopédie britannique* ou le *Larousse* dans une bibliothèque moderne. On avait souvent besoin de le consulter.

[326] Cf. brevemente referido no item 8.1. supra.

[327] E. GILSON (op. cit., 1976, p. 152): ISIDORE est persuadé et il en persuadera la masse de ses lecteurs que la matière primitive et l'essence même des choses se reconnaissent à l'étymologie des noms qui les désignent. Quand on ne connaît pas l'étymologie naturelle d'un nom, on peut toujours en inventer une *ad propositum*, pour les besoins de la cause. Vraies ou fausses, souvent ingénieuses, et parfois ridicules, les étymologies d'ISIDORE se transmettront de génération en génération jusqu'à la fin du moyen âge.

[328] Principal fonte histórica do século VI, PROCÓPIO DE CESAREIA narra, nas **Guerras de Justiniano**, as guerras dos bizantinos contra os vândalos (livros III e IV), cf. ed. PROCOPE DE CESARÉE, **La guerre contre les vandales** (trad. et commenté par Denis ROQUES, préf. Philippe MURRAY, Paris: Les belles lettres, 2004), bem como contra os godos (livros V a VIII), cf. ed. PROCOPE, **Histoire des goths** (trad. Denis ROQUES, présenté, révisé et annoté par Janick AUBERGER, Paris: Les belles lettres, 2015, 2 vols.).

No domínio eclesiástico, as suas obras lhe fizeram valer o título de doutor da Igreja. Nesse campo, as duas obras mais importantes deixadas por ISIDORO são: as **Sentenças**, ou **De Sententiarum libri tres**, que precedem a obra bem conhecida com o mesmo nome, de PEDRO LOMBARDO,[329] e as obras sobre a fé católica, o **De fide catholica**, sobre **Os deveres eclesiásticos**, esta última composta a pedido de seu irmão Fulgêncio, bispo de Ecija.[330]

Apesar da dificuldade da identificação e da sistematização das suas fontes,[331] a obra de ISIDORO mostra ampla base remanescente dos conhecimentos gerais, reunidos pela cultura latina clássica, que deveria servir como a primeira ordenação e sobre a qual se constrói o legado do qual viverá a Europa da alta Idade média.

ISIDORO nas **Etimologias** (livro V, caps. 2 a 6) caracteriza a sua compreensão:

- do direito, das leis e dos costumes – *ius, leges et mores* –[332] direito é um nome genérico; lei é um aspecto concreto do direito. Chama-se direito (*ius*) por ser justo. Todo direito está integrado por leis e costumes. Lei é uma disposição escrita. Costume uma prática sancionada pela antiguidade – *mos est vetustate probata consuetudo* –, ou seja, uma lei não escrita. Lei deriva de ler, uma vez que está escrita. O costume, por sua vez, é prática de longa tradição, e referida, unicamente, aos usos. Portanto o costume é espécie de direito instituído pela prática, e utilizado como lei quando esta não existe. E não importa que uma norma tenha a sua base na escrita ou somente

[329] A obra de PEDRO LOMBARDO será, por sua vez, substituída pela Suma teológica de TOMÁS DE AQUINO (1224 ou 1225-1277), cf. adiante se considera, item 10.1 – TOMÁS DE AQUINO.

[330] P. PIERRARD (op. cit., 1974, p. 111): Il faut ajouter une **Règle monastique**, des travaux d'exégèse scripturaire, un traité **Contre les juifs**, adressée à sa soeur sainte Florentine, un **Traité des hommes illustres**, et une longue méditation poétique intitulée **Lamentations de l'âme pécheresse**. [...] Moins de vingt ans après sa mort, le VIIIe Concile de Tolède (653) rendait hommage au 'docteur éminent, gloire la plus récente de l'Église catholique'. L'Église romaine l'a proclamé docteur en 1722.

[331] E. GILSON (op. cit., 1976, p. 152): Bien de travaux ont été consacrés aux sources d'ISIDORE DE SÉVILLE, mais ce ne sont pas les sources d'une pensée, ce sont celles d'un dictionnaire. De telles études ne sont pas moins fort utiles.

[332] ISIDORO, **Etim.** (V.3).

na razão, uma vez que a razão é o fundamento de toda lei – *legem ratio commendet.* Assim, se toda lei tem fundamento na razão, será lei tudo o que nela estiver fundado, conquanto esteja de acordo com a religião – *dumtaxat quod religioni congruat* –[333] conflua com a doutrina e se aproveite para a salvação – *quod disciplinae conveniat, quod saluti proficiat.* Chama-se costume por ser de uso comum;

- do direito natural, civil e das gentes – *ius autem naturale est, aut civile, aut gentium* – direito natural é aquele que é comum a todos os povos e existe em todos os povos, pelo simples instinto da natureza e não por força de qualquer promulgação legal – *non constitutione aliqua habetur*; direito civil é aquele que cada povo ou cidade estabeleceu para si mesmo, servindo-se de critério divino ou humano;[334] e, mais especificamente,
- do direito internacional – *jus gentium* – direito das gentes compõe a base das normas sobre ocupação de espaços, sobre edificações nestes construídas, sobre a guerra, sobre prisioneiros e escravidão, sobre a restituição de prisioneiros de guerra (*postliminia*), sobre a celebração de acordos (*foedera*) e tratados de paz (*paces*), sobre o dever de imunidade dos legados, bem como sobre a proibição de casamento entre pessoas de origem étnica distinta. Chama-se, assim, direito das gentes (*jus gentium*), porquanto diz respeito e tem vigência em quase todos os povos – *quod eo jure omnes fere gentes utuntur.*[335]

O termo 'ocupação' terá múltiplos desdobramentos e interpretações possíveis. Conforme o contexto histórico de que se trate.[336]

[333] Assim, íamos bem até aqui, mas a assertiva de se condicionar a lei, com fundamento na razão, por sua vez, sendo assim, lei tudo o que estiver fundado na razão, mas somente se confluir com a religião – *dumtaxat quod religioni congruat* – convenha com a doutrina e se aproveite para a salvação – *quod disciplinae conveniat, quod saluti proficiat* – parecem claramente interpolações estranhas à construção do raciocínio, e não se coadunam com este. Compromete-se a construção dos conceitos com esta interferência indevida de dogmática.

[334] ISIDORO, **Etim.** (V.4 e 5).

[335] ISIDORO DE SEVILLA, **Etimologías** (V.6): "Jus gentium est sedum occupatio, aedificatio, munitio, bella, captivitates, servitudes, postliminia, foedera, pacis, legatorum non violandorum religio, connubia inter alienigenas prohibita. Et inde jus gentium, quod eo jure omnes fere gentes utuntur."

[336] Cfr.**Tratado** (tomo 1 – **Direito internacional dos espaços**, cap. 6 – modos de aquisição e de perda do domínio do estado sobre o território); v. tb. Vaios KOUTROULIS, **Le début et la**

A formulação de ISIDORO a respeito do direito das gentes se repete durante séculos,[337] e manteve-se intocada. Encontra-se esta literalmente adotada nas Decretais de GRACIANO, os famosos **Decretum Gratiani**.[338]

No século XIII, Santo TOMÁS DE AQUINO, na **Suma teológica** (II, 2, q. 57 a 3) ainda se alinha pelo mesmo conceito,[339] tal como o formulara ISIDORO DE SEVILHA: o direito internacional, segundo tal concepção, compreende todas as normas que o homem, por força de sua razão, reconhece como necessárias, em todo o conjunto das relações humanas, e que desse modo, por todos os povos são observadas como

fin de l'application du droit de l'occupation (Paris: Pedone, 2010). Como analisam Antonio Vasconcelos de SALDANHA e JIN Guo Ping, **Para a vista do imperador – memoriais da dinastia Qing sobre o estabelecimento dos portugueses em Macau (1808-1887)** (Macau: Instituto português do Oriente, 2000, Introdução, p. 9-26, cit. p. 11) trata-se do sentido e do justo alcance de conceitos – *ocupação, ocupar* – que a historiografia e a política chinesa tem demonstrado alguma dificuldade em compreender nos textos portugueses, já que não dissocia o sentido meramente dinâmico ou logístico do termo ocidental (*ocupação, occupation*) do também possível (mas não inevitável) alcance do termo como indicativo de um título de aquisição territorial. Observam: "A tão discutida e polêmica ocupação de Macau encontra assim nos próprios documentos chineses aqui publicados, a chave da compreensão de uma progressiva dinâmica de 'assentamento temporário consentido', para 'estabelecimento sedimentado por pagamento de foro', complementado perifericamente com veras, mas já tardias 'aquisições territoriais por título de ocupação'."

[337] Cfr. **Tratado** (tomo 5 – **Direito internacional no tempo de Francisco de Vitória**, cap. 12 – *jus gemtium, jus commune, jus europaeum*: entre a teoria e a prática, b/c tomo 3 B – **Gregos, romanos, chineses, indianos**, cap. 6 – na formação e no desenvolvimento de Roma). W. G. GREWE, **Epochen der Völkerrechtsgeschichte** (Baden-Baden: Nomos, 1984, cap. 2, item 3 – Gibt es ein mittelalterliches Völkerrecht?, p. 30-32). Como observado supra, no presente cap. 8, a linha de evolução do direito das gentes, praticamente até o século XVIII – e mesmo até o presente, ao menos em alguns aspectos – traz a marca de Roma.

[338] **Decretum Gratiani** ou **Concordia discordantium canonum** ou, simplesmente, **Decretum**, é coletânea de direito canônico, compilada no século XII, como obra jurídica de GRACIANO, jurista que floresceu na primeira metade do século XII. Compõe parte do conjunto, que se tornaria conhecido como **Corpus juris canonici**. Foi a principal fonte de direito pelos canonistas, até a adoção das **Decretais** do papa GREGÓRIO IX, em 1234; como parte do **Corpus juris canonici**, permaneceu em vigor até 1917.

[339] Ver, adiante, 10.1 –TOMÁS DE AQUINO. A **Suma teológica** de TOMÁS DE AQUINO, escrita entre 1268 e 1273 conta numerosas edições, inclusive a reedição brasileira, tradução de Alexandre CORREIA (Campinas: Ecclesiae, 5 vols., 2016).

necessárias.[340] Em tal conjunto se inscrevem os princípios básicos da convivência entre os povos, tais como as normas, herdadas da antiguidade, a respeito da inviolabilidade dos mensageiros, e a premissa de que os acordos têm de ser cumpridos.[341]

Quando BÁRTOLO DE SASSOFERRATO fala a respeito de ordenação do mundo, segundo o *jus gentium*, tem este por base a mesma concepção, desenvolvida a partir do conceito do direito romano.[342]

Estas breves considerações sobre alguns notáveis expoentes da transição do mundo tardo-antigo para a Idade média – BOÉCIO e CASSIODORO, bem como AGOSTINHO e ISIDORO – apresentam o contexto desses séculos que medeiam entre o final da Antiguidade até que se instaurem as mudanças que levam à caracterização de 'nova' civilização, na altura do ano 800. Desse ponto em diante, a chamada 'baixa Idade média' prenuncia elementos do que virá surgir no Renascimento e depois deste, na era moderna.[343]

Colocam-se, também, os dados que levarão ao crescente fracionamento político, religioso e cultural, na assim chamada 'multipolarização' da Europa na era moderna, dado crucial para o advento e o desenvolvimento de sistema de direito internacional propriamente dito.[344]

340 W. GREWE (op. cit., 1984, p. 108-109): "Das *jus gentium* umfasst nach seine Auffassung alle Normen, die der Mensch kraft seiner Vernunft in gesammten menschlichen Verkehr als notwendig erkennt und die daher bei allen Völkern gleicherweise beobachtet zu werden pflegen."

341 W. GREWE (op. cit., 1984, p. 109): "Dennoch gehören zwar nicht alle völkerrechtliche Einzelsätze, wohl aber die tragenden Grundprinzipien des Völkerrechts zum *jus gentium* in thomistischer Sinne."

342 In I. Partem Codicis BARTOLI a Saxoferrato **Commentaria** (Opera omnia quae extant, ed. 1588, exemplar da Biblioteca pública de Lyon, digitalizado em 17 de fevereiro de 2017); ___, **Opera omnia**: in ius Universum civile comentaria, consilia, tractatus et repertorium Bartoli, interpretum iuris civilis Coryphaei (reimpressão Vico Verlag, 2007, tb. disponível on line).

343 Como se considera no **Tratado** (tomo 5 – **Direito internacional no tempo de Francisco de Vitória**, título I – multipolarização da Europa na era moderna e advento do direito internacional como sistema).

344 A seguir se passa a considerar, no cap. 9, a contribuição dada por MARSÍLIO DE PÁDUA (1275-1342) e por GUILHERME DE OCKHAM (ca. 1280-1349), antes de passar, no cap. 10, a breve exame das contribuições de santo TOMÁS DE AQUINO (ca. 1225-1277) e DANTE ALIGHIERI (1265-1321), e depois, no cap. 11, os tratadistas da guerra: Balthazer AYALA e Pierino BELLI.

A seguir, pode-se passar ao exame do que denomino os caminhos da instauração medieval (83.), distinguindo entre os respectivos – plano material: o que é? (8.3.1), extensão temporal: quando é? (8.3.2) e dimensão espacial: onde cabe falar em Idade média? (8.3.3) e, a seguir, apontar continuidade e mudança do contexto medieval ao moderno (8.4).

8.3. Caminhos da instauração medieval

> Para escrever obras históricas, é preciso dispor de fontes numerosas e de conhecimentos variados.
>
> Ibn KHALDUN (1332-1406), **Discurso sobre a história universal**[345]

> A queda do Império romano foi, verdadeiramente, para a humanidade um dos maiores benefícios: a Europa começou a se reanimar, acolheu em si novas formas de vida, e começou o processo que, por meio de longas e tempestuosas lutas de desenvolvimento, a teria transformado em um organismo de estados nacionais independentes.
>
> F. GREGOROVIUS (1859, ed. 2011)[346]

345 Ibn KHALDUN (1332-1406) em seu monumental **Al-Muqaddima**, ou Discurso sobre a História universal (ed. francesa **Discours sur l'histoire universelle**, traduction nouvelle, préf. et. notes V. MONTEIL, Paris: Sindbad, 3 vols., 1978). No Ocidente, será preciso esperar até Giambattista VICO, nos seus princípios de uma ciência nova, **Principi d'una scienza nuova d'intorno alla commune natura delle nazioni** (1725), para se colocar a assim chamada 'filosofia da história'. Coube a Pasquale Stanislao MANCINI, **Direito internacional** (do original **Diritto internazionale. Prelezioni**, trad. Ciro MIORANZA, Ijuí: Ed. Unijuí, 2003, esp. I. *'A nacionalidade como fundamento do direito das gentes'* – Preleção ao curso de direito internacional e marítimo, proferida na Real Universidade de Turim, em 22 de janeiro de 1851, p. 31-86, cit. p. 46-47) insistir na importância da contribuição de VICO, citando a autobiografia deste: "foi procurar esses novos princípios do direito natural dos povos dentro daqueles da humanidade das nações, isto é, em sua natureza comum, que descobre uma moral, uma política e uma jurisprudência naturalmente comuns a todas as nações". Ver G. VICO, **Vita scritta da se medesimo** (1723-1728, in G. VICO, **Opere**, a cura di A. BATTISTINI, Milano: Mondadori, 1990, 2 vols., t. I, p. 3-85).

346 Ferdinand GREGOROVIUS, **Geschichte der Stadt Rom im Mittelalter vom V. bis XV. Jahrhundert** (orig. publ. em 8 vols., 1859-1873), ed. italiana **Storia della città di Roma nel Medioevo** (intr. Waldemar KAMPF, trad. Andrea CASALEGNO, Torino: Einaudi, 1973, 3 vols., ristampa 2011, livro I, cap. VII, cit. vol. 1, p. 133).

> É um grande perigo sob a palavra 'hoje' subentender 'sempre'.
>
> Marc BLOCH (1937, ed. 2011)[347]

> Um modelo que a Europa conheceu bem foi a construção em três tempos: um presente em expansão, rumo a um futuro luminoso, um passado recente, que se quer esquecer, e um passado distante, idealizado, que se quer reapropriar. É o afresco histórico que pintaram os humanistas do século XVI europeu, depois envernizaram os sábios dos séculos XVIII e XIX: época moderna, idade média, antiguidade. Essa estrutura do relato recicla a nostalgia da era de ouro, os dias seguintes que cantam e o eterno retorno. A construção do passado distante, sempre pensada como uma reconstrução, é um exercício patrimonial em plena expansão na Índia, na China e nos países que lhes são próximos.
>
> Christian GRATALOUP (2011) [348]

Ao se falar em 'instauração medieval' vários conceitos devem ser precisados. Como se passa a desenvolver neste tópico.

Estes conceitos se põem no tocante à delimitação de tal conteúdo, em seu plano *material* – o que é? (8.3.1) – no tocante à extensão *temporal* – quando é? (8.3.2) – e também, em sua dimensão *espacial* – onde cabe falar em Idade média? (8.3.3). Em seguida, pode-se ensaiar síntese de

[347] "C'est un grand danger que sous le mot 'aujourd'hui' sousentendre 'toujours'." Escreveu Marc BLOCH (1886-1944), *Que demander à l'histoire?* (orig. publ. 1937, no vol. **Mélanges historiques**, orig. publ. 1963, Paris: CNRS Éditions, 2011, p. 3-15, cit. p. 8 e 13) logo a seguir, advertia: "Confondre le tout proche avec l'important, c'est oublier aussi que les institutions, une fois créées, prennent quelque chose de rigide et, tenant par toutes sortes de liens à l'ensemble du complexe social, poussent de trop fortes racines pour pouvoir être aisément arrachées lorsque leur première raison a disparu."

[348] Christian GRATALOUP, **Faut-il penser autrement l'histoire du monde?** (Paris: A. Colin, 2011, *Sommes-nous les nouveaux médiévaux de néo-modernes?* p. 204-206): "Le retour contemporain du confucianisme, qui vise à désoccidentaliser le mode de vie chinois, ou la vision de l'hindouisme du BJP [*Bharatiya Janata Party*, Parti du peuple indien] ne sont pas que des nostalgies réactionnaires, mais aussi des constructions identifiantes neuves et agressives. / Dans ces perspectives, 'nous', les sociétés occidentales, figurons donc comme leur Moyen âge. Le moment européen, qui fut pour la plupart des émergents un moment de colonisation subie ou au moins de forte pénétration économique et culturelle de la modernité d'alors, apparaît comme un âge sombre, de temps obscurs."

tal contextualização: 'continuidade e mudança do contexto medieval ao moderno' (8.4).

Trata-se de conjunto imenso. Qualquer tentativa de análise precisa levar em conta quadro extenso e complexo, com múltiplos desdobramentos materiais, temporais e espaciais:

- existem consideráveis debates a respeito dos elementos materialmente caracterizadores do que seja 'medieval' e da Idade média – e a própria denominação não muito ajuda, na medida em que se põe como era 'média' entre a Antiguidade e o Renascimento –[349] e todas suscitam discussões a respeito de seus elementos configuradores;
- existem grandes diferenças entre sucessivas fases históricas durante o milênio da assim chamada Idade média – de cerca do ano 500 até 800 A.D., de 800 a 1000, depois o florescimento dos séculos XII e XIII e o assim chamado 'outono da Idade média', com peste, guerras, fome e graves problemas no século XIV;
- existem não menores controvérsias a respeito da extensão territorial, na qual pode ser situada a ocorrência da Idade média – Europa ocidental, sim, e Europa central até certo ponto, mas quanto do norte da Europa se inclui no quadro 'medieval' e diferenças temporais que se refletem em distintos contextos geográficos – como a península italiana, muito antes de outras regiões, vivendo o extraordinário florescimento cultural e artístico do Renascimento, claramente desde os séculos XIII e XIV – como notoriamente ilustram poetas e intelectuais da estatura de PETRARCA e DANTE,[350]

[349] Kurt FLASCH, **Introduction à la philosophie médiévale** (trad. do alemão Janine de BOURGKNECHT, préf. de Ruedi IMBACH e François-Xavier PUTALLAZ, Paris: Ed. du Cerf / Fribourg, Suisse: Editions universitaires 1992, chap. XIII – Savoir ou docte ignorance: Jean Wenck contre Nicolas de Cues, p. 208-224, cit. p. 218) assinala o papel desempenhado, no século XV, pela "cultura cristã do Renascimento, vinda de Roma", que anunciava sua superioridade sobre uma cultura escolar engessada. E que é preciso atentar para os vários sentidos do termo 'Renascimento', por exemplo em relação à nova filosofia de NICOLAU de CUSA, que se apresentava como "um novo começo, um renascimento, mas não como um retorno ao neoplatonismo".

[350] Cf. cap. 9, a contribuição dada por MARSÍLIO DE PÁDUA (1275-1342) e por GUILHERME DE OCKHAM (ca. 1280-1349), cap. 10, a breve exame das contribuições de santo TOMÁS DE AQUINO (ca. 1225-1277) e DANTE ALIGHIERI (1265-1321), e cap. 11, os tratadistas da guerra: Balthazer AYALA e Pierino BELLI. Da vasta e complexa obra de

enquanto a França, por volta de 1500 A.D. ainda se apresenta claramente medieval.[351]Assim como a Alemanha ou outras regiões da Europa central na mesma época.

Em relação a outras civilizações, como a Índia ou a China, o Califado ou a Espanha muçulmana,[352] claramente não faz sentido falar em Idade média ou, ao menos, não nos mesmos marcos temporais dos séculos V a XV.

Tudo isso torna necessariamente incompleta – e arriscada, para não dizer temerária – qualquer tentativa de apresentar o conjunto de todo esse universo. Tanto mais que a voz corrente tende – apressada e inadequadamente – a identificar como 'medieval' tudo o que é negativo ou atrasado: alegadamente 'medievais' são as horrendas condições de vida da grande maioria dos detentos nas prisões brasileiras, ou 'medievais' são comportamentos reacionários, que se voltam contra as liberdades conquistadas pelas sociedades civis, em processo de libertação do jugo

Francesco PETRARCA (1304-1374), destaque-se "minha ignorância e a de tantos outros", **De sui ipsis et multorum ignorantia** (1367-1368, trad. Juliette BERTRAND (1929) revue par Christophe CARRAUD (1999), **Mon ignorance et celle de tant d'autres**, ed. Bilingue, Grenoble: J. Millon, 2000) – segundo advertia o autor, logo no início: "trabalho bastante modesto, sobre tema tão vasto" – *parvum de materia ingenti, mea scilicet ac multorum ignorantia.*

351 E. CROUZET-PAVAN, **Renaissances italiennes 1380-1500** (Paris: Albin Michel – Histoire, 2007); ___, **Les villes vivantes** – Italie XIIIe – XVe siècle (Paris: Fayard, 2009); Erwin PANOFSKY, **La Renaissance et ses avant-courriers dans l'art d'Occident** (orig. publ. **Renaissance and Renascences in Western Art**, 1960, trad. Laure MEYER, Paris: Flammarion – champs – arts, ed. 1973, impr. 2012); como bem ilustra o volume **France 1500 – entre Moyen âge et Renaissance** (Paris: Réunion des musées nationaux / Galeries nationales, Grand Palais, 6 octobre 2010-10 janvier 2011, cit. p. 11) comenta Thomas GRENON: "une exposition consacrée à l'art en France de la fin du XVe siècle au début du XVIe siècle. Entre Moyen âge et Renaissance, entre influences gothiques 'modernes' et motifs italianisants à l'antique, la production artistique de cette époque charnière se caractérise par un foisonnement créatif et une diversité des genres." V. ainda Pierre TOUBERT et Michel ZINK (dir. de, collab. Odile BOMBARDE), **Moyen âge et Renaissance au Collège de France** – leçons inaugurales (Paris: Fayard, 2009), esp. Georges DUBY (1919-1996), *Des sociétés médiévales* (op. cit., 2009, p.469-489) e André CHASTEL (1912-1990), *Art et civilisation de la Renaissance en Italie* (op. cit., p. 491-508).

352 Como se considera no **Tratado** (tomo 3 B – **Gregos, romanos, chineses, indianos**, cap. 7); v. tb. S. DENOIX et H. RENEL (dir. de), **Atlas des mondes musulmans médiévaux** (Paris: Éd. CNRS, 2022).

teocrático... para nos ater a algumas menções ao 'medieval', como se ouvem a torto e poucas vezes a direito.

Mas este esforço de situar o conjunto 'medieval' pode ser redimido pelo propósito aqui enunciado: busca-se a evolução do direito internacional, enquanto sistema institucional e normativo. Os demais dados terão, assim, caráter acessório e instrumental, em função do objetivo central do presente estudo.

Mesmo assim, dentro do milênio medieval, o caráter fragmentário e a multiplicidade de facetas da Idade média tornam arriscadas quaisquer generalizações. Desta maneira,[353] "às concepções de direito internacional do final da Idade média se conectam os espanhóis, com suas fortes tendências universalistas, que nos trazem para o início da era moderna".[354]

Agora, pode-se passar à consideração da 'materialidade': o que é Idade média? (8.3.1)

8.3.1. Plano material: o que é?

> Considerando quanto tinham sofrido o Império romano germânico, bem como o Reino dos ingleses, por falta de descendentes para a sucessão – *in defectu successive prolis* – chegando quase à ruína, quanto mais os francos ouviam as queixas dos habitantes desses reinos, mais se felicitavam pela boa sucessão do rei e do reino e das vantagens, para todos e para cada um.
>
> Abade SUGER (ca. 1081-1151)[355]

[353] Como se examina no **Tratado** (tomo 5 – **Direito internacional no tempo de Francisco de Vitória** e tomo 6 – **Direito internacional no tempo de Suárez, Gentili e Zouch**, esp. o item – outras vozes no direito internacional: Domingos de Soto e Vazquez de Menchaca e cap. 15 – Francisco Suárez (1548-1617)).

[354] Wilhelm GREWE, **Epochen der Völkerrechtsgeschichte** (Baden-Baden: Nomos, 1984, primeira parte – *Ius gentium*: Grundzüge der mittelalterlichen Völkerrechtsordnung, p. 55-162, cit. p. 60-61) observa não serem estes os herdeiros de toda a tradição medieval, mas de forma específica e tardia desta: "Es darf zur Absetzung gegen die geläufigen Beurteilungen dieses geistigen Erbganges schon hier betönt werden, dass die Spanier nicht die Erben des wahren mittelalterlichen Geistes, sondern nur die seiner Spätformen gewesen sind."

[355] Abade SUGER, **De glorioso rege Ludovico, Ludovici filio / Histoire de Louis VII** (in SUGER, **Oeuvres** – tome I – Écrit sur la consécration de Saint-Denis, L'oeuvre administrative, Histoire de Louis VII, texte établi, traduit et commenté par Françoise GASPARI,

> Em 400 A.D. a Europa ocidental não passava de conceito geográfico. A civilização romana estava centrada no Mediterrâneo, e França, Inglaterra e o Vale do Reno não passavam de meros acréscimos ao mundo mediterrâneo. Em 800, a Europa significava uma nova civilização, em área coextensiva à da Cristandade latina, criada pela confluência das tradições germânicas com a cultura latina e cristã.
>
> Norman CANTOR (1993)[356]

Primeiro a delimitação *material* do conceito: o que é a 'Idade', que se diz 'média'? O milênio que se estende entre os séculos V a XV – ou mais especificamente entre o final do Império romano do ocidente e a queda de Constantinopla (476-1453 d.C.) – pode ser reconhecido como o 'campo temporal' no qual se situa cronologicamente a era medieval. Mas, tentar definir os extremos significa reconhecer quanto podem estes oscilar, conforme os critérios materiais adotados, para a determinação da Idade média.

O incômodo da utilização do termo – apesar de tudo corrente – de uma idade 'média' é o fato desta *média* colocar-se, tautologicamente entre duas outras. Se é 'Idade média', esta o é por colocar-se entre uma que a precede, a 'antiga', e outra que a sucede, a 'moderna'. Mas isso, em si, tampouco esclarece o conteúdo específico e as características desta era.

Assim, não se trata somente de definir a 'Idade média' em si, mas, ainda, de a contrapor aos marcos, inicial e terminal, dessa longa fase da

Paris: Les belles lettres – Les classiques de l'histoire de France au Moyen Âge, vol. 37, 2008, 2e tirage, Introduction, p. VII-LXVI, p. 156-177, cit. I, p. 158-159): "Imperium siquidem Romanorum, regnum etiam Anglorum in defectu successivae prolis multa incomoda fere usque ad status sui ruinam sustinuisse conspicantes, quanto eorum regnorum indigenas super his dolore audiebant, tanto regis et regni successibus omnium et singulorum commoditatibus applaudebant."

356 Norman F. CANTOR, **The civilization of the middle ages** (New York: Harper, 1993, chap. Seven – Culture and society in the first Europe, p. 185-204, cit. p. 185): "In AD 400 Western Europe was merely a geographic expression. Roman civilization was centered on the Mediterranean, and France, England and the Rhine Valley were mere adjuncts of the Mediterranean world. In 800 Europe signified a new civilization that was coextensive with the area of Latin Christianity and created by the confluence of Germanic traditions and Latin-Christian culture."

história.[357] A definição do conteúdo desta fase se faz, ao menos até certo ponto, negativamente, ou seja: Idade média é aquilo que não mais é o tempo antigo, que existe entre estes outros dois marcos – como mostram as controvérsias entre historiadores –[358] e cessa diante daquilo que já se

[357] Nesse sentido, as considerações do título II – direito internacional entre o mundo tardo-antigo e o medieval, bem como do início do presente cap. 8 – a longa transição do mundo tardo-antigo ao medieval.

[358] Jacques LE GOFF, **Le Moyen Age et l'argent**: essai d'anthropologie historique (Paris: Perrin, 2010, cap. 1 – L'héritage de l'empire romain et de la christianisation, p. 17-21) fala a respeito da "thèse célèbre mais contestée" na qual o grande historiador belga Henri PIRENNE (1862-1935) sustentara que o surgimento do Islão no século VII, e a conquista primeiro da África do Norte e em seguida da Espanha, pusera fim ao comércio mediterrâneo e às trocas econômicas entre o Ocidente e o Oriente. Em contraposição a esta – "sans épouser les excès de la thèse contraire" – Maurice LOMBARD (falecido em 1964), viu, ao contrário, na conquista muçulmana, um chamado à renovação do comércio ocidental. Entre ambos, Marc BLOCH, em seu notável estudo, publicado dez anos após a morte do autor, **Esquisse d'une histoire monétaire de l'Europe** ('Deux mots d'explication' par Lucien FEBVRE; postface de Fernand BRAUDEL, Paris: Colin, 1954), observara: "cette pratique prouve aussi que l'Occident du haut Moyen Âge n'accorde pas de valeur au travail de l'orfèvre et à la beauté des objets qu'il fabrique". Comenta LE GOFF (op. cit., 2010, cap. cit.): "Il faut reconnaître que les échanges n'ont jamais complètement cessé entre l'Occident et l'Orient, l'Orient byzantin, et surtout islamique, fournissant un reste de paiement en or, en échange des matières premières que continuait à lui livrer l'Occident christianisé et barbarisé (bois, fer, esclaves). De fait, seul le grand commerce avec l'Orient maintiendra en Occident une certaine circulation de l'or sous forme de monnaie byzantine (le nomisma, dit 'besant' en Occident) et musulmane (dinar d'or et dirhem d'argent)". V. tb. Etienne FOURNIAL, **Histoire monétaire de l'Occident médiéval** (Paris: Fernand Nathan, 1970) e Marie-Christine BAILLY-MAÎTRE, **L'argent**: du minerai au pouvoir dans la France médiévale (Paris: Picard, 2002), b/c Edmond RABBATH, **L'Orient chrétien à la veille de l'Islam** (Beirute: Publications de l'Université Libanaise – Section des études historiques, vol. XIII, 1980); Peter L. BERNSTEIN, **O poder do ouro**: história de uma obsessão (do original **The power of gold**: the History of an obsession, © 2000, trad. Alexandre F. ROSAS, Rio de Janeiro: Campus, 2001, p. 62-63 e 67) observa a respeito da nova moeda chamada sólido de ouro, dito *besant*, instituído durante o reinado de CONSTANTINO (306-337 d.C.) e que detém até hoje o recorde de estabilidade e de tempo de circulação: "O besante continuou em produção, com igual peso e pureza, durante cerca de setecentos anos" [...] "nenhuma outra moeda em toda a história pôde rivalizar com a sua longevidade." E prossegue: "a integridade, a pureza, a fama e a aceitação do besante de ouro de CONSTANTINO era uma preocupação central de todos eles [os imperadores bizantinos]. Toda a história do império bizantino é marcada por sua obsessiva atenção ao ouro, não apenas como dinheiro, mas também como

pode, a seguir, apontar como característico do tempo moderno.[359] Com o impacto do Renascimento, que traz mudança de rumos e de conteúdos. E que por sua vez exige conceituação e contextualização adequadas: 'renascimento' de que?

A passagem do pensamento medieval para o humanismo do Renascimento é um enigma para o historiador.[360] Para tentar explicar o fenômeno, três hipóteses são propostas:

- o desabamento ou ruptura interna da escolástica – entendida no sentido estrito de ensinamento, baseado em argumentação lógica, caracterizado pela forma de questões (*quaestio*), como elemento

ostentação de inigualável opulência. [...] O besante de ouro financiava as importações do império, seus exércitos e suas alianças com outros povos."

359 Assim, a respeito da controvérsia sobre a extensão da ruptura e da continuidade do comércio internacional, apesar das conquistas muçulmanas a partir do século VII, nunca teria ocorrido a interrupção total deste, entre o Ocidente e o Oriente e, ao longo dos séculos seguintes, intenso e variado comércio de longa distância estaria organizado. A respeito, o já ref. estudo de Edmond RABBATH, **L'Orient chrétien à la veille de l'Islam** (Beirute: Publications de l'Université Libanaise – Section des études historiques, vol. XIII, 1980). Como observa J. LE GOFF (op. cit., 2010, cap. 5 – Échanges, argent, monnaie dans la révolution commerciale du XIIIe siècle, p. 59-81, cit. p. 65): "L'augmentation de la quantité des monnaies était une conséquence directe du volume croissant des exportations et réexportations des produits orientaux en Europe opérées par les Italiens. Deux importations d'Orient en Occident prirent une importance plus particulière, le coton de la Syrie et les épices venues d'Inde et d'Arabie. [...] L'argent occidental finança aussi le commerce des produits orientaux sur des très longues distances. Si des acquisitions dans des régions relativement proches comme la Russie pour les fourrures et l'Asie mineure pour l'alun, alimentèrent ce commerce, celui-ci atteignit au cours du long XIIIe siècle la Chine pour la soie, les Indes orientales pour les épices et les pierres précieuses et le golfe Persique pour les perles. On entrevoit ici qu'une des raisons de la plus grande diffusion de l'argent dans ou par l'Occident du XIIIe siècle fut aussi le développement du luxe dans la société occidentale, seigneuriale et surtout urbaine, dans la couche supérieure des bourgeois."

360 Olivier BOULNOIS, *Scholastique et humanisme, Pétrarque et la croisée des ignorances* (in Francesco PETRARCA, **De sui ipsis et multorum ignorantia / Mon ignorance et celle de tant d'autres**, ed. cit., 2000, p. 5-43, cit. p. 5-6): "Plus d'un siècle avant cette Renaissance, vers 1367-1368, donc en plein Moyen âge, l'oeuvre de PÉTRARQUE est la première à poser la question des limites de la scolastique et de son dépassement, dans sa structure, ses méthodes et ses institutions."

característico desse pensamento escolástico, que teria passado por mutação interna e repentina;[361]

- causas intelectuais externas – a redescoberta do pensamento grego e, notadamente, da obra de PLATÃO, em seu contexto original – sem as distorções medievais do platonismo;[362]
- causas institucionais – deslocamento dos centros de conhecimento das universidades para as cortes principescas, inclusive a corte pontifícia – "no século XV, a política se apossa da Universidade e a Universidade da política", de tal modo que "o filósofo do Renascimento se contrapõe ao professor".[363]

Mas, em suma, se estes marcos nos permitem dizer o que não seja a era medieval, pouco contribuem, contudo, para dizer o que esta seja, intrinsecamente considerada. Como começa e como termina?

Os "fundamentos do ordenamento jurídico internacional medieval"[364] se situam no período que se estende entre a fundação do "império ger-

[361] Paulo VIGNAUX, **A filosofia na Idade média** (orig. publ. **Philosophie au Moyen âge**, terceira ed. francesa, 1958, trad. A. Pinto de CARVALHO, rev. por A. Martins de CARVALHO, Coimbra: Arménio Amado ed., 2ª ed., 1959, cap. VI – Aspectos dos séculos XIV e XV, p. 209-249, cit. p. 248-249): "E assim a nossa análise torna a encontrar – muito aprofundado – o ponto de partida: o humanismo medieval. Não foi um artifício de exposição: bastou-nos seguir o fio da história. Eis-nos no momento de abandonar a Idade média: a unidade do Cristianismo ocidental toca no poente." [...] "Se o Espírito, nimiamente deslocado do seu ambiente, buscar no universo mental da Idade média, um movimento da humanidade viva, encontra no centro, em função de todo este transcendente e sobrenatural, um naturalismo definido pela fórmula escotista: *dignificare naturam*; na condição de não esquecer que Aquele que criou as naturezas, revela o sentido desta criação e opera a sua salvação unindo-se a Ele, é o Deus de caridade, manifestado em Cristo."

[362] Alain de LIBERA, **La philosophie médiévale** (orig. publ. 1989, Paris: PUF – Quadrige, 1993, cit. p. 487): "Entre la chute de Grenade et la reconquête de l'ARISTOTE grec, il y a un point commun: l'arabe, l'homme et la langue sont chassés du patrimoine. Le mouvement ne s'arrête pas là. L'expulsion des juifs menace Tolède. Il n'y a plus de dette extérieure. Byzance est morte. La Grèce est là, intacte."

[363] A. de LIBERA, **La philosophie médiévale** (op. cit., 1993, cit. p. 474, 486); O. BOULNOIS, *Scholastique et humanisme, Pétrarque et la croisée des ignorances* (in Francesco PETRARCA, ed. cit., 2000, p. 5-43).

[364] Wilhelm GREWE, **Epochen der Völkerrechtsgeschichte** (Baden-Baden: Nomos, 1984, primeira parte: *Ius gentium*: Grundzüge der mittelalterlichen Völkerrechtsordnung, p. 55-162).

mânico em solo romano" e terminaria com o advento da Renascença e da Reforma.[365] Ou seja, dos primeiros séculos da era medieval (século V) ao seu termo, entre o final do século XV e o início do século XVI.[366] Com algumas variações possíveis, no tempo e no espaço.[367]

Em termos de história cultural, a transição da "Europa depois de Roma" – para conjunto de quinhentos anos, deu-se entre 500-1000.[368]

Sem entrar na controvérsia histórica, que pode se tornar fim em si mesma, é possível adotar como parâmetro, para os fins do presente trabalho, caracterizar a era *medieval*, materialmente, no momento no qual se deixa de ter as estruturas jurídicas do Império romano do ocidente (476 d.C.) – no final do século V – até se chegar à configuração do espaço moderno – com a Paz de Augsburgo, em 1555, ou seja, em meados do século XVI. Que, também, aproxima-se das datas de Francisco de VITÓRIA (1480-1546), escolhido como marco dessa transição.[369]

Além das questões temporais e conceituais atinentes ao marco inicial e terminal da Idade média existe, ainda, a questão da *caracterização desta, em si mesma*: a dificuldade de dar sentido pleno a esse conceito de Idade média, porquanto está implícito, no uso da expressão, a pressuposição de homogeneidade que não existe. Por isso tantos livros sobre a Idade média fazem a prévia justificação dos critérios e dos marcos adotados para o exame que lá se vai desenvolver.

Materialmente, como falar em direito 'internacional' no contexto medieval? Pois este não conhece nem 'estados', nem 'soberania', nem, tampouco, sistema de interação entre estes no sentido moderno dos termos; o que quer dizer que existe sistema internacional medieval, mas este

[365] W. GREWE (op. cit., 1984, p. 58-59).

[366] W. GREWE (op. cit., 1984, p. 57): "im geschichtlichen Raum des Mittelalters mit politischen Faktoren und Kräften zu tun hat, die sich grundsätzlich von den Trägern und Motoren der modernen Staatengeschichte unterscheiden."

[367] Como se considera nos seguintes itens 8.3.2 e 8.3.3 sobre a extensão temporal e a dimensão espacial da Idade média.

[368] Julia M. H. SMITH, **L'Europa dopo Roma** – una nuova storia culturale 500-1000 (orig. publ. **Europe after Rome – a new cultural History 500-1000**, Oxford: Univ. Press, 2005, trad. by Giovanni ARGANESE, Bologna: Il Mulino, 2008); Bryan WARD-PERKINS, **La caduta di Roma e la fine della civiltà** (originalmente publicado **The Fall of Rome and the end of civilization**, Oxford: Univ. Press, 2005, trad. by Mario CARPITELLA, Roma/Bari: Laterza, 2008).

[369] Cf. **Tratado** (tomo 5 – **Direito internacional no tempo de Francisco de Vitória**).

trabalha com forças e com modelos distintos daqueles que se tornarão conhecidos e aplicados a partir do início da era moderna, o marco final do presente tomo.

A transposição do conceito de 'estado', para o contexto medieval traz riscos de uma série de mal entendidos, e de distorsões conceituais; por isso, apontam-se outros termos para designar o fenômeno – entidade política, ou se usa 'estados' entre aspas. Não havia 'estados', mas havia sistema 'internacional' na era medieval.[370]

Na edificação do conceito de ordem jurídica internacional medieval, não temos 'estados', no moderno sentido do termo, mas temos 'entes públicos' (*Gemeinwesen*), ou em latim, *res publica*.[371] Essa ordenação da 'ordem pública medieval' se põe para o douto internacionalista e diplomata alemão, W. GREWE (1984), como 'feudalismo'.[372] Mas este parece esquecer de notar que o próprio termo 'feudalismo' não existia na época medieval, e somente aparece no século XVII.

> O feudalismo, como fenômeno da história social geral e constitucional, nem se limita ao espaço temporal da Idade média (*Zeitraum des Mittelalters*), nem se restringe ao espaço cultural do Ocidente (*Kulturkreis des Abendlandes*).[373]
>
> Para a compreensão das instituições de direito internacional da Idade média é necessário analisar os elementos componentes dessa caracterização

[370] A respeito, **Tratado** (tomo 5 – **Direito internacional no tempo de Francisco de Vitória**, cap. 12 – *jus gentium, jus commune, jus europaeum*: entre a teoria e a prática).

[371] Wilhelm GREWE, **Epochen der Völkerrechtsgeschichte** (Baden-Baden: Nomos, 1984, primeira parte – *Ius gentium*: Grundzüge der mittelalterlichen Völkerrechtsordnung, p. 55-162, 3. Kapitel, ‚*Die Subjekte der Völkerrechtsgemeinschaft*', p. 83-98, cit. p. 83): "Das Gesicht der mittelalterlichen Völkerrechtsordnung ist bestimmt durch die Struktur der politischen Verbände, die diese Ordnung tragen. Diese Verbände sind, wie schon grundsätzlich festgestellt wurde, keine '*Staaten*' in moderne Sinne, sie werden hier als '*Gemeinwesen*' bezeichnet."

[372] Veja-se W. GREWE (op. cit., 1984, p. 84): "Das allgemeinste und durchgängigste Merkmal der abendländisch-mittelalterlichen Gemeinwesen ist jene politisch--militärisch-ökonomische Struktur, die man im allgemein mit den Begriff des *Feudalismus* kennzeichnet."

[373] W. GREWE (op. cit., 1984, p. 84) considera seria justamente característico do tempo medieval e do Ocidente a utilização do *Lehnfeudalismus*.

geral do sistema feudal:[374] o vínculo pessoal,[375] o lastro de direito real,[376] o caráter aberto (*Offenheit*),[377] a honra[378] (abrangendo o dever de resgatar ofensas),[379] e o direito de resistência.[380]

Aí, aparecem, por exemplo, as diversas modalidades possíveis de feudalismo. Max WEBER distinguia as modalidades de feudalismo litúrgico, patrimonial e livre –[381] *liturgischen, patrimonialen, freien Feudalismus* – entre

[374] W. GREWE (op. cit., 1984, p. 87-98) conclui o capítulo, reafirmando serem conceitos tais como soberania, jurisdição territorial, fronteiras nacionais, domínio reservado, intervenção, guerra civil, inaplicáveis ao contexto medieval. E reafirma a necessidade de considerar as estruturas essenciais específicas do contexto internacional público medieval.

[375] W. GREWE (op. cit., 1984, cit. p. 87): "Der Lehnfeudalismus stellt seinem Wesen nach ein Herrschaftssystem stark personalen Character dar. [...] Von hier aus ist die personalistische Struktur der völkerrechtlichen Anerkennung und des völkerrechtlichen Vertrages im Mittelalter zu verstehen."

[376] W. GREWE (op. cit., 1984, cit. p. 88) trata da *Verdinglichung*: "Dagegen sind sie – zum späteren Mittelalter hin in wachsenden Masse – durch eine eigentümliche Tendenz zur *Verdinglichung* gekennzeichnet, das heisst, durch einen spezifischen Funktionszusammenhang zwischen dinglichen Bodenrecht und hersschaftlicher Gewalt."

[377] W. GREWE (op. cit., 1984, p. 91-93): "Neben dieser personalistischen, jedoch zum Verdinglichung tendierenden Herrschaftsstruktur ist es vor allen die *Offenheit* der Herrschaftsverbände, die das politische System des Feudalismus kennzeichnet."

[378] W. GREWE (op. cit., 1984, p. 93-97): "Fehde und Widerstand werden in ihren Wesen zutiefst verkannt, wenn sie von die Voraussetzungen des modernen Rechts- und Staatsdenkens her als Rudimente einer vorrechtlichen oder vorsozialen Zeit oder gar als Anarchie und *Faustrecht* abgetan werden. *Rechte Fehde* ist nach mittelalterlicher Anschauung ein nicht nur erlaubter, sondern möglicherweise sogar gebotener und in rechtlich streng geregelter Form zu vollziehender Akt der Gewaltanwendung, der nichts anders als die Durchsetzung des Rechts selbst bezweckt."

[379] Segundo W. GREWE (op. cit., 1984, p. 95) poderia ser considerada a linha direta entre a concepção medieval e moderna: "das klassische europäische Völkerrecht der Neuzeit als die geradlinige Fortsetzung des spätmittelalterlichen Fehderechts" e cita autor que chama esse conceito de berço do direito internacional público.

[380] W. GREWE (op. cit., 1984, loc. cit.).

[381] Maximilian Karl Emil WEBER (1864-1920), orig. publ. 1921-1922, por sua viúva Marianne, **Wirtschaft und Gesellschaft** – Grundriss der verstehenden Soziologie (besorgt von Johannes WINCKELMANN, Tübingen: Mohr Siebeck, 5a. ed., 2002, p. 724); ver tb. ___, **Political writings** (ed. by Peter LASSMAN and Ronald SPEIRS, Cambridge: Univ. Press, 1984).

as quais chama o feudalismo 'ocidental' – *okzidentalen Lehnsfeudalismus* – de modalidade do feudalismo 'livre'.

Embora as origens do instituto remontem ao período galo-romano, a modalidade específica do feudalismo ocidental teria início no Ocidente, na época carolíngia. Seu fundamento seria o benefício vassálico – *vasalistische Benefizium* –, ou seja, a relação jurídica por meio da qual se estabelece vinculação pessoal e de confiança – a vassalidade, *vassus* – e esta se conjuga com a transferência de direito real sobre bem imóvel – o *beneficium*, ou *feudum* – e ambas criam conjunto de direitos e obrigações recíprocos entre os dois contratantes. Um lado se vincula, pela duração da vida, ao outro, mais poderoso, que, em contrapartida, assegura ao vassalo proteção e manutenção, em relação a tarefas de toda sorte.

O vínculo se constrói, no feudalismo dito livre, entre iguais: existe bilateralidade e equilíbrio entre as respectivas obrigações. A bilateralidade é assegurada pelo lado mais poderoso, pela cessão do *beneficium*, quer sob a forma de bem imóvel ou cargo público colocado a disposição do vassalo.[382]

Podem ser propostas comparações entre fenômenos equivalentes, em distintas sociedades e contextos culturais tão diversos quanto: a situação do reino franco, no contexto do fim da civilização do Império romano; dos russos em contato com o Império romano oriental-bizantino; dos povos islâmicos, em contato com o Império neopersa dos sassânidas; e ainda, dos japoneses, na recepção da cultura chinesa. Em todas as partes, o feudalismo parece surgir como a reação de povos mais 'jovens', a formas provenientes de outra cultura mais antiga, de resultado de ajuste histórico.

Mas, antes de tal divisão e ordenação em categorias, é preciso voltar aos próprios termos 'feudal' e 'feudalismo'.[383] Pois estes, igualmente, precisam ser materialmente situados.

[382] Pode-se questionar se a relação de vassalidade constituiria o embrião de modelo, que depois se desenvolveria com os estados nacionais, na era moderna, ou antes, seria característica do contexto universalista medieval. Ver **Tratado** (tomo 20 – **Direito internacional, história e cultura**, cap. 1 – Direito internacional no tempo e seu papel na história, item 1.1 – o Leviatã e suas transformações).

[383] Georges DUBY (1919-1996), **Qu'est-ce que la société féodale** (Paris: Flammarion, 2002) alentado volume de LXXVIII + 1760 p.) contém diversos livros do autor sobre o tema central da sua indagação: a sociedade feudal; como ilustra G. DUBY, **L'histoire continue**

A própria terminologia – o termo 'feudalismo' – não exista na era dita 'feudal': somente surge com o olhar retrospectivo, que se volta à contemplação do tempo passado, na era moderna. 'Feudalismo' é termo de uso corrente para designar o contexto medieval, mas esta expressão somente surge na era moderna.

O que se afigura instrutivo a respeito dos caminhos do conhecimento humano. Assim, se o adjetivo *feodalis*, em sua roupagem latina, data da Idade média, o substantivo 'feudalismo' nos vem do século XVII, na melhor das hipóteses: "mas um e outro conservaram durante longo tempo valor estritamente jurídico".[384] Em que momento passaram estes a designar uma fase da história e um estado da civilização?

"Governo feudal" e "feudalismo" (*féodalité*) figuram com essa acepção, nas cartas históricas sobre os parlamentos, **Lettres historiques sur les Parlemens**, publicadas em 1727, cinco anos após a morte de seu autor, o conde de BOULAINVILLIERS: "o exemplo mais antigo que exame bastante aprofundado me permitiu descobrir", que teria sido, assim, o "inventor de uma classificação histórica nova".[385] Mas além de dar nome à coisa, fica essa fase assim caracterizada?

Cabe advertir, por sua vez, quanto "a inércia, não menos que a comodidade, perpetua entre os historiadores o uso de termos tradicionais aos quais mais ninguém hoje saberia atribuir sentido pleno: assim a expressão de *Idade média*":[386]

> O longo período de oito ou dez séculos que esta designa não apresenta – apesar do conservadorismo que predominou – se não aparente

(Paris: Odile Jacob, 1991, p. 192): "Je m'en tenais toujours à l'histoire problème, à l'histoire-question. Ma question demeurait la même: qu'est-ce que la société féodale?"

[384] Marc BLOCH, **La société féodale** (orig. publ. 1939, Paris: Albin Michel, 1994).

[385] M. BLOCH (op. cit., ed. 1994, Introduction, p. 11-17, cit. p. 12): "nos études ont connu peu d'étapes aussi décisives que le moment où 'empires', dynasties, grands siècles placés chacun sous l'invocation d'un héros éponyme, tous ces vieux découpages, en un mot, nés d'une tradition monarchique et oratoire, commencèrent ainsi de céder la place à un autre type de divisions, fondées sur l'observation des phénomènes sociaux."

[386] Um dos maiores medievalistas do século XX, Paul ZUMTHOR (1915-1995), linguista e historiador, fez a sua carreira nos Países Baixos e no Québec, Canadá, comentava na apresentação de seu livro sobre **Guillaume le conquérant** (orig. publ. 1964, Paris: Tallandier, nova ed. 2003, reimpr. 2004).

> homogeneidade. Correntes contrárias a percorrem e nela provocaram periodicamente redemoinhos, além dos quais se expandia o novo, mas com mudança de ritmo. No espírito dos homens, os mesmos contrastes, as mesmas crises, as mesmas rupturas.[387]

A ideia de corte nítido, de patamar na evolução, parece guiar todos os discursos. Numerosos autores, e não dos menos importantes, dos quais não se pode negar nem a boa vontade, nem a ampla audiência, indagam-se gravemente se este ou aquele personagem (rei, conselheiro, homem de guerra ou prelado) era "ainda um homem da Idade média" ou "já um homem moderno":[388]

> 'Medieval' não mais serve somente para designar uma época, para definir, bem ou mal determinado contexto cronológico, mas, tomado resolutamente como o qualificativo que situa toda uma escala de valores, para julgar e assim, para condenar: sinal de arcaísmo, de obscurantismo, de coisa ultrapassada, objeto de desprezo ou de indignação virtuosa. Pode ser e se tornou uma espécie de injúria.[389]

Idade média, além da dificuldade de assinalar seu início e seu fim, suscita questionamentos internos a respeito da caracterização *material* desta, como fase da história, e como conteúdo específico. Existem grandes diferenças entre as sucessivas fases, no interior desta assim chamada Idade 'média'.[390]

[387] P. ZUMTHOR (op. cit., ed. 2004, Avant-propos, p. 9-10) prosseguia: Peut être une instabilité foncière des mentalités et des institutions – d'où l'impossibilité de périodisations trop rigides – caractérise-t-elle, depuis l'aube des temps historiques, l'aventure des peuples européens.

[388] Jacques HEERS, **Le Moyen Âge, une imposture** (orig. publ. 1992, Paris: Perrin, 2008).

[389] J. HEERS (op. cit., ed. 2008, p. 14): "L'idée d'une nette coupure, d'un seuil dans l'évolution conduit tous les discours. [...] 'Médiéval' ne sert plus seulement à désigner une époque, à définir tant bien que mal un contexte chronologique, mais, pris résolument comme un qualificatif qui situe sur une échelle de valeurs, à juger et donc à condamner: signe d'archaïsme, d'obscurantisme, de vraiment dépassé, objet de mépris ou d'indignation vertueuse. Ce peut être et c'est devenu une sorte d'injure."

[390] Peter BROWN, *Society and the Supernatural: a Medieval change* (no volume **Society and the Holy in Late Antiquity**, London: Faber and Faber, 1982, p. 302-332) enfatiza a profunidade e a extensão das mudanças ocorridas, por exemplo, entre os séculos XI e XII; na mesma

Os termos 'feudalidade', 'feudalismo' e 'Idade média' têm inúmeras conotações e mesmo entre os medievalistas seu emprego suscita graves discordâncias: "as representações contemporâneas da Europa feudo-medieval dependem fundamentalmente de fraturas que se produziram na segunda metade do século XVIII".[391]

> A noção de feudalismo soa antes de tudo como o apelo a uma escolha da qual é inútil pretender se esquivar: ou nos acomodamos ao espírito de síntese mais difundido, o do senso comum, que se refere aos efeitos do acaso e dos grandes homens, que a respeito de tudo invoca a infinita diversidade do real e a eternidade da psicologia humana, que acredita, portanto, na autossuficiência das narrativas e das pequenas construções locais; ou, então, percebemos a necessidade prévia de esclarecer a lógica geral de uma civilização para poder compreender o sentido de seus elementos e procuramos construir as noções e as hipóteses que permitem, lenta e laboriosamente, apreender fragmentos de coerência nessa civilização, evitando, dessa forma, atribuir relações que lhe são alheias.[392]

linha, ver também: vários dos ensaios de Marc BLOCH, no volume **Mélanges historiques**, Paris: Ed. CNRS, 2011), b/c seu **La société féodale** (op. cit., Paris: Albin Michel, 1994); de Richard William SOUTHERN, **L'église et la société dans l'Occident médieval** (do original **Western society and the church in the Middle Ages**, 1970, trad. de l'anglais par Jean-Pierre GROSSEIN, Paris: Flammarion, 1997); R. W. SOUTHERN, **The making of the Middle Ages** (New Haven: Yale Univ. Press, 1953).

[391] Alain GUERREAU, Feudalismo (in Jacques Le GOFF e Jean-Claude SCHMITT, **Dicionário temático do Ocidente medieval**, orig. publ. **Dictionnaire raisonné de l'Occident médiéval**, 1999, coord. trad. H. FRANCO Jr., trad. Verbete E. MAGNANI, Bauru: Edusc, 2006, p. 437-455, cit. p. 437): "desde meados do século XVII, a lógica de transformação do sistema feudal, ainda em vigor, produzia efeitos cada vez mais desequilibradores; no plano das representações, pensadores como SPINOZA, LOCKE, MONTESQUIEU sugeriram formas de organização social pouco compatíveis com os princípios nodais da organização feudal."

[392] A. GUERREAU, Feudalismo (in Jacques Le GOFF e Jean-Claude SCHMITT, **Dicionário temático do Ocidente medieval**, ed. 2006, cit. p. 454 e 446): "as intermináveis disputas dos medievalistas (sobretudo germânicos) que se perguntaram doutamente se os 'altos dignatários francos' o eram porque 'grandes proprietários', ou se os 'grandes proprietários' o eram porque 'altos dignatários', são um exemplo maravilhoso de uma discussão absurda que além de não fazer alcançar o conhecimento, produz um bloqueio particularmente nocivo, contribuindo a fixar uma alternativa que distorce e quebra a realidade histórica considerada."

Isso se põe em vários momentos. Desde a etapa inicial até o seu termo.[393]

Por esses motivos, VITÓRIA pode ser assinalado como marco e divisor de águas:[394] quando este começa a pensar os problemas do seu tempo, a partir das categorias filosófico-jurídico-políticas então existentes, estava imerso em contexto 'medieval'; depois de vinte anos de exercício de seu magistério na cátedra de Salamanca, quando morre VITÓRIA, o que se faz como direito internacional, a partir dele, será 'moderno' – termo que, por sua vez, também exige algumas conceituações.

Cumpre observar,[395] "pode-se estudar a Idade média por simples curiosidade, como se pode tentar compreender, assim, os tempos modernos, e sua atual desintegração, o que chamamos de pós-modernidade".[396]

A dimensão material exprimir-se-á na compreensão do papel e da extensão da Idade média, não somente como 'ponte' entre os mundos antigo e moderno, mas também como tempo de elaboração de conceitos capitais para toda a evolução posterior. Tais como 'estado', 'soberania' e a consolidação do sistema interestatal moderno.[397]

Há riqueza de dados, há diversidade, há mudanças consideráveis, ao longo dos séculos, que compõem o milênio da duração medieval, mas

[393] A. GUERREAU, Feudalismo (in Jacques Le GOFF e Jean-Claude SCHMITT, **Dicionário temático do Ocidente medieval**, ed. 2006, cit. p. 446): "Deve-se, aliás, dizer o mesmo da maioria dos dicionários de língua medieval, que contra todo o realismo se esforçam por separar um sentido 'real' e um sentido 'pessoal' a significação de uma série de vocábulos que, pelo contrário, têm como especificidade não distinguir os dois sentidos e considerar o *dominium* na sua unidade: *potestas, senioratus, dominium, demaine, poesté, seignorie*. Estes termos não possuem um equivalente nas línguas europeias atuais, pois a relação social que elas designam desapareceu."

[394] Como se examina no **Tratado** (tomo 5 – **Direito internacional no tempo de Francisco de Vitória**).

[395] Kurt FLASCH, **Introduction à la philosophie médiévale** (trad. do alemão Janine de BOURGKNECHT, préf. de Ruedi IMBACH e François-Xavier PUTALLAZ, Fribourg, Suisse/ Paris: Editions universitaires/ Ed. du Cerf, 1992, chap. II – Délimiter les frontières: l'Occident latin contre la Rome orientale – La rationalité carolingienne face au culte byzantin des images, p. 14-28)

[396] K. FLASCH (op. cit., 1992, p. 14). Cfr. **Tratado** (tomo 20 – **Direito internacional, história e cultura**); tb. **Fundamentos do direito internacional pós-moderno** (op. cit., 2008).

[397] Cf. **Tratado** (tomo 5 – **Direito internacional no tempo de Francisco de Vitória**, cap. 13 – estado como sujeito de direito internacional: a contribuição de MAQUIAVEL e BODIN).

sobretudo existem continuidades e encadeamentos: entre as distintas e sucessivas fases deste período, como da era medieval, em relação aos grandes períodos históricos, precedente e sucessivo: enquanto continuação da Antiguidade e de todo o caudal, herdado da era medieval, que deságua no contexto moderno.

No curso da Idade média, número considerável das formas contemporâneas de contato e de relações internacionais recebe a sua formatação moderna, a partir de usos das regiões mediterrânea e europeia ocidental e, nessas mesmas áreas, deram-se os eventos que marcam a era medieval europeia. Aí surge e se desenvolve o estado moderno, com suas instituições, que logo viria a ser utilizado em várias outras partes do planeta.[398] Foi também nessa área que a complexa trama de tradições e crenças se desenvolveu, que, embora mantendo a sua identidade como parte da cultura europeia ocidental, foi, nos tempos modernos, quem forneceu a matriz para os movimentos humanos em todos os continentes.[399]

A seguir, pode-se passar a considerar a extensão temporal da Idade média (8.3.2).

8.3.2. Extensão temporal: quando é?

> O início exato da Idade média é obscuro. Obviamente é impossível assinalar uma data. [...] É deveras interessante pensar sobre essa época – como qualquer outro período de tempo convencional – mais como uma sobreposição à época anterior do que como uma descontinuidade.
>
> G. H. T. KIMBLE (2005)[400]

[398] Ver Adda BOZEMAN, **Politics & Culture in International History** – from the Ancient East to the opening of the Modern Age (orig. publ. 1960, New Brunswick, N.J.: Transaction Publishers, 2nd ed., 4th printing, 2010).

[399] A. BOZEMAN (op. cit., 1960, ed. 2010, p. 220): "These, in brief, are the grounds that make it just to say that present international relations have their anchorage in the European region and in the millennium from A.D. 500 to 1500."

[400] G. H. T. KIMBLE, **A geografia na Idade média** (orig. publ. **Geography in the Middle Ages**, 1938, com reparos à trad. Márcia Siqueira de CARVALHO, segunda ed. revista, Londrina: Eduel / São Paulo: Imprensa Oficial do Estado, 2005, cap. 1 – o fim da geografia clássica, p. 1-22, cit. p. 3-4) assinala, contudo, alguns dados operacionais: "Para o nosso objetivo imediato, uma linha divisória conveniente pode ser feita a partir do reino de CONSTANTINO (ca. 300). Daí em diante, até COLOMBO, a civilização europeia foi selada

É difícil datar a evolução de uma orientação; contudo, os historiadores acharam que certo número de tendências críticas convergiam para o século XV, como o grande divisor de águas. E assim foi, finalmente, que o século XV veio a ser considerado como o fim da Idade média.
Foi mais difícil, contudo, estabelecer o marco inicial, que assinalaria o começo da Idade média. Uma Europa medieval parecia ser identificável por volta do ano 1000, e conservava forma que poderia ser considerada característica até por volta de 1400 ou 1500 d.C. Mas, o que fazer do complicado meio milênio, que se seguia ao 'colapso' de Roma?

A. BOZEMAN (1960, ed., 2010)[401]

Ninguém mais do que eu se dá conta da fraqueza das características gerais. Pinta-se um povo inteiro, um período, um país – e o que se pintou? Agrupam-se povos e períodos, que se sucedem, alternando, eternamente, como as ondas do mar – a quem se pintou? a quem se aplica a pintura das palavras? No fim das contas, agrupa-se, sob um termo geral, algo que nada significa e sob o qual cada um pensa e sente o que quer – meio imperfeito de descrição! e que se fica exposto a ser mal compreendido!

Johann Gottfried HERDER (1774)[402]

Em segundo lugar, vem a questão da determinação *temporal* da Idade média: quando 'começa' e quando 'termina'? O início e o fim da era medieval, como visto, podem suscitar muitas controvérsias.[403]

com a marca de duas tradições e disciplinas – a clássica e a cristã. Elas eram os marcos do período e, por mais que tentemos defini-las, não podemos perder de vista o fato de que a Europa medieval deleitou-se em pensar sobre si mesma como o velho mundo romano sob uma religião".

401 Adda BOZEMAN, **Politics & Culture in International History** – from the Ancient East to the opening of the Modern Age (orig. publ. 1960, New Brunswick, N.J.: Transaction Publishers, 2nd ed., 4th printing, 2010, esp. chap. 6, *'New Perspectives'*, p. 215-225, cit. p. 218).

402 Johann Gottfried HERDER, **Une autre philosophie de l'histoire** (orig. publ. **Auch eine Philosophie der Geschichte zur Bildung der Menschheit**, 1774, no volume **Histoire et cultures**, trad. et notes par Max ROUCHÉ, présentation, bibliographie et chronologie par Alain RENAUT, Paris: GF-Flammarion, © 1964, 2000, cit. I. 502, p. 69).

403 A. BOZEMAN (op. cit., 1960, ed. 2010, p. 219) insiste no fato de escolher marcos históricos que possam ter alcance e relevância universais: "Indeed, in the context of an international history of relations between nations, the existing boundaries through time

Em relação aos primeiros séculos, ou fase inicial da Idade média – séculos V ao VIII, ou mesmo até o ano 1000, dependendo de quais critérios norteiem a denominação – o dado mais marcante se põe na *transição*, entre o fim do mundo antigo e o contexto propriamente medieval.[404] Trata-se de fase ainda marcada por forte presença de elementos do período anterior, com os impactos somados do fracionamento do império romano do Ocidente,[405] do surgimento e expansão do Cristianismo, das invasões germânicas, do distanciamento entre Bizâncio[406] e o Ocidente, da ruptura do 'mundo mediterrânico antigo' decorrente da expansão do Islão, da desurbanização da sociedade, combinada com a desmonetização

will retain validity only if we can determine rather precisely those occurrences in medieval history that have a universal meaning. And these are found to open a retrospective view from which it may be inferred that the millennium here at issue constitutes the first great chapter of a narrative analysis of modern international relations. For not only did the outlines of the modern world became apparent as that period closed with great discoveries, but at the same time the several modern nations and their separate culture realms began to emerge."

[404] Para situar o fenômeno, vejam-se as considerações precedentes no título II – direito internacional entre o mundo tardo-antigo e o medieval, bem como no início do presente cap. 8 – a longa transição do mundo antigo ao medieval.

[405] Como examina o já referido Guglielmo FERRERO, em seu **Grandeur et décadence de Rome** em seis volumes (trad. de l'italien par Urbain MENGIN): **I – La conquête** (Paris: Plon, 13ª ed., 1908); **II – Jules César**, Paris: Plon, 12e ed., 1907); **III – La fin d'une aristocratie** (Paris: Plon, 11ª ed., 1907); **IV – Antoine et Cléopatre** (Paris: Plon, 11ª ed., 1908); **V – La Republique d'Auguste** (Paris: Plon, 8ª ed., 1907); **VI – Auguste et le grand empire** (Paris: Plon, 4ª ed., 1908).

[406] A respeito, dentre extensa bibliografia disponível: Alain DUCELLIER, **Les Byzantins**: histoire et culture (Paris: Seuil, © 1988, impr. 2002); A. DUCELLIER, **Le drame de Byzance**: idéal et échec d'une société chrétienne (Paris: Hachette – littératures, 1997); A. DUCELLIER e Michel BALARD (direction de), **Constantinople 1054-1261** (Paris: Autrement, 1996); Jacques HEERS, **Chute et mort de Constantinople** (1204-1453) (Paris: Perrin, © 2005 e 2007, impr. 2008); Donald M. NICOL, **Les derniers siècles de Byzance 1261-1453** (do original **The last centuries of Byzantium, 1261-1453**, © 1972, trad. Hughes DEFRANCE, Paris: Tallandier – coll. Texto, 2008); John Julius NORWICH, **Histoire de Byzance** 330-1453 (orig. publ. **A short History of Byzantium**, © 1988, trad. Dominique PETERS, Paris: Perrin, 2009); M. VILLEMAIN, "da Academia francesa", **Lascaris ou les grecs du Quinzième siècle** – suivi d'un essai historique sur **L'état des grecs** – depuis la conquête musulmane jusqu'à nos jours (Paris / Bruxelas: chez Ladvocat Libraire, 1826); Stéphane YERASIMOS, **Constantinople: de Byzance à Istanbul** (© 2000, Paris: Place des Victoires, 2010).

da economia, tudo isso instalado em vastas extensões do que vem depois a ser chamado de e começa a ver-se a si mesmo como 'Europa'.[407]

A assim chamada 'alta' Idade média ou primeira fase desta, põe-se, assim, como tempo de 'crise' do modelo 'antigo' – romano e grego, sobretudo – no caso do Ocidente. E, a concomitante entrada do cristianismo, no curso do século IV: primeiro tolerado, conforme estipula o Édito de Milão, 312 d.C., do imperador CONSTANTINO, depois tornado oficial, no final do século IV, pelo imperador TEODÓSIO, em 394 d.C.[408]

O tom predominante, em autores da época 'antiga', parece ser de percepção do esfacelamento do modelo romano, de decadência das letras e dos costumes, cujos efeitos e avatares se estendem no tempo, apesar de sobejos sinais de cansaço e de esgotamento do vigor anterior, e de não menor perplexidade ante os dilemas do tempo presente. Os apologistas da nova fé descrevem a si mesmos e a seu tempo como 'modernos' – esse termo já se põe como contraposição em relação ao 'antigo', no século V. Como se viu, a ideia de modernidade ressurge várias vezes em séculos posteriores

Do tempo de transição do final da Antiguidade romana, para a primeira fase da Idade média, o pensamento vivo sobre os princípios do direito tem de ser buscado nos autores do tempo. Se a 'decadência' fica patente, em relação aos grandes filósofos da Antiguidade, não se pode

[407] Michel ROUCHE, **Les racines de l'Europe: les sociétés du haut moyen âge 568-888** (Paris: Fayard, 2003, chap. premier – Les conceptions des sociétés, p. 9-25): "Toute société est le résultat d'une pensée. Les sociétés du haut Moyen Âge, qu'elles soient romaines, celtique ou germanique, ont élaboré une conception globale de leur organisation sociale."

[408] Além das já referidas considerações no início do presente cap. 8 – a longa transição do mundo antigo ao medieval, ver tb.: A.-G. HAMMAN, **A vida cotidiana dos primeiros cristãos** (95-197) (orig. publ. **La vie quotidienne des premiers chrétiens**, 1971, trad. B. LEMOS, São Paulo: Paulus, 1997); P. de LABRIOLLE, **La réaction païenne**: étude sur la polémique anti-chrétienne du Ier au VIe siècle (Paris: l'Artisan du livre, 1934); Henri-Irénée MARROU, **Décadence romaine ou Antiquité tardive?** IIIe-VIe siècle (Paris: Seuil, 1977); ___, **L'église de l'Antiquité tardive** 303-604 (Paris: Seuil, 1963 e 1985); Daniel ROPS, **A igreja dos apóstolos e dos mártires** (orig. publ. **L'église des apôtres et des martyrs**, 1988, trad. E. da GAMA, São Paulo: Quadrante, 1988); ___, **A igreja dos tempos bárbaros** (orig. publ. **L'église des temps barbares**, 19911, trad. E. da GAMA, São Paulo: Quadrante, 1991); Maurice VALLERY-RADOT, **L'Église des premiers siècles** (Paris: Perrin, 1999 e 2006); Paul VEYNE, **Quand notre monde est devenu chrétien** (312-394) (Paris: Albin Michel, 'édition revue et augmentée', 2007).

negar a importância que tiveram, porquanto são estes os espelhos dos seus tempos.

Qualquer coleção de manuscritos medievais conteria, provavelmente, BOÉCIO, CHALCIDIUS, Martianus CAPELLA, MACRÓBIO, CASSIODORO e ISIDORO DE SEVILHA.[409] Foram estes autores e as suas obras as referências que permitem a passagem do tempo antigo para o medieval.[410] E trazem sua marca sobre os autores dos séculos seguintes, como se dá com VITÓRIA e seus sucessores, no âmbito estrito do direito internacional.

Dentre os pensadores religiosos da Igreja grega e latina, não se pode negligenciar a importância, para o mundo ocidental, da obra de Santo AGOSTINHO e de Santo TOMÁS DE AQUINO.[411] Tiveram papel formador do conjunto da civilização cristã ocidental, na esteira de PLATÃO e ARISTÓTELES, e dos demais pensadores antigos, gregos e latinos.

Advertia Santo AGOSTINHO, no Sermão 362: "as civilizações nascem, amadurecem e morrem; mas, estamos nós na terra simplesmente para construir, depois destruir, civilizações, essas fábricas provisórias – *machinas transituras*?"[412]

Mas tanto AGOSTINHO como TOMÁS DE AQUINO, argumentam os opositores, podem dever a sua posição predominante à escolha política, decorrente de critérios de promoção eclesial. A primazia de ambos, dentre os pensadores medievais, poderia não responder a critérios estritamente filosóficos.[413]

[409] Sobre a contribuição de santo ISIDORO, ver o item 8.2.

[410] Como parte da longa transição da Antiguidade para a Idade média.

[411] Sobre a contribuição de santo AGOSTINHO, ver item 8.1; sobre a contribuição de santo TOMÁS DE AQUINO, ver adiante, neste tomo, o item 10.1.

[412] Santo AGOSTINHO, *Sermão 362,7*: "Architectus aedificat per machinas transituras domum manentem." Observava Henri-Irénée MARROU, **De la connaissance historique** (orig. publ. 1954; Paris: Seuil, 6e ed. rev., 1973, Introduction: la philosophie critique de l'histoire, p. 9-27, cit. p. 16): "Faut-il se résigner à cette perspective sans grandeur, ou au contraire faut-il reconnaître une valeur, une fécondité, un sens à ce pèlerinage, tour à tour triomphal et douloureux, de l'humanité à travers la durée de son histoire?"

[413] Em sentido crítico, do ponto de vista filosófico, v. K. FLASCH (op. cit., 1992, VI – Liberté ou servitude à l'égard de la politique et de la culture: MANEGOLD DE LAUTENBACH contre WOLFHELM DE COLOGNE, p. 71-89). Em sentido favorável ao destaque para AGOSTINHO e TOMÁS, do ponto de vista da filosofia do direito, Michel VILLEY, **La formation de la pensée juridique moderne** (Paris: PUF-Leviathan, 2003, esp. titre II, chap.

João Escoto ERIGENA, Pedro ABELARDO, ANSELMO de Canterbury, DUNS SCOTUS, MARSÍLIO de PADUA ou, com destaque, GUILHERME de OCKHAM poderiam reclamar equivalente tratamento. A determinação do padrão 'clássico' é complexa, especialmente quando se trata do contexto medieval.[414]

O reconhecimento dos 'clássicos' da filosofia vem do personalismo moderno e contemporâneo, que isola o 'pensador' específico, subestima a importância da tradição e das instituições, e negligencia-as, a partir de dados básicos, o que se busca reverter com a pós-modernidade e sua ênfase na contextualização, e no diálogo com as fontes.

As tradições determinantes não nasceram da competição entre os espíritos mais profundos: resultam da combinação complexa de necessidades pedagógicas e sociais, de intervenções culturais e políticas, bem como de eventos intelectuais anteriores. Elementos intrínsecos e extrínsecos se mesclam nesses destinos.

Fazem-se os autores; instituem-se os pilares do saber e os seus textos. Foi a política cultural de CARLOS MAGNO que, sozinha, determinou

1 – La doctrine du droit de Saint AUGUSTIN, p. 107-131; chap. 2 – De Saint AUGUSTIN à Saint THOMAS, p. 132-148; chap. 3 – La doctrine du droit de Saint THOMAS, p. 149--176; cit. p. 110-111): "Il est difficile de choisir, dans l'oeuvre colossale de Saint AUGUSTIN, les textes portant sur notre sujet. Rien n'y traite spécifiquement du droit; mais beaucoup d'ouvrages s'y rapportent indirectement. [...] s'il faut mettre à part quelques textes essentiels (cela ne peut se faire sans arbitraire), je choisirai d'une part le dialogue sur le *libre arbitre* – dans lequel Saint AUGUSTIN étudiant la liberté de l'homme concilié avec l'omnipotence divine, nous donne une théorie des lois qui règlent la conduite humaine – et d'autre part et surtout la **Cité de Dieu**". Existe abundante literatura sobre a doutrina jurídica em Santo AGOSTINHO: G. COMBÈS, **La doctrine politique de Saint Augustin** (Paris, 1927); S. COTTA, **La città politica di Sant'Agostino** (Milano: Communità, 1960); F. FLÜCKIGER, **Geschichte des Naturrechts** (Zurique: Evangelischer Verlag, 1954); G. GARILLI, **Aspetti della filosofia giuridica, politica e sociale di S. Agostino** (Milão: Giuffrè, 1957); V. GIORGIANNI, **Il concetto di diritto e dello stato di S. Agostino** (Padova: Cedam, 1951); O. SCHILLING, **Die Staats und Soziallehre des heil. Augustinus** (Freiburg, 1910); A. TRUYOL Y SERRA, **El derecho y el estado en San Augustin** (Madrid: Editorial Revista de Derecho Privado, 1944).

414 K. FLASCH (op. cit., 1992, p. 71-72): "As listas de clássicos apresentam mais inconvenientes do que vantagens e essa constatação vale especialmente para a filosofia da Idade média; para essa época, é impossível definir com certeza quem são os 'maiores'. [...] Em nossa época ainda, confere-se demasiada importância aos critérios teológicos na história do pensamento medieval".

o papel científico e pedagógico dos *Beneditinos*, e isso se prolongou até meados do século XII.

Ao lado da matriz romana,[415] de sua formação e de sua fundamentação, não se pode compreender AGOSTINHO sem atentar para as concepções de PLATÃO sobre o direito e a justiça –[416] o que nos remete à ligação, e à continuidade entre eras e fases da evolução humana.[417] Tampouco se pode compreender TOMÁS de AQUINO sem nos reportarmos a ARISTÓTELES:[418]

> É fundamental, para a história do direito, compreender, de um lado, que a elite jurídica da alta Idade média foi formada na órbita da doutrina

415 Santo AGOSTINHO, no livro IV da **Cidade de Deus**, fala a respeito dos templos que os romanos tinham dedicado à justiça e à fé. A concepção de ARISTÓTELES, de justiça como busca de igualdade rigorosa, é desenvolvida por Santo TOMÁS DE AQUINO, e predomina no ensinamento oficial da Igreja. A essa, se opõe a **Bíblia**, onde exprime conteúdo diverso a palavra justiça (*tsedaka*; na tradução grega dos Setenta, *dikaiosiné*; e na **Vulgata**, *justitia*), onde ser justo é estar de acordo com a vontade divina e observar perfeitamente a sua lei. Sobre o direito e a justiça ver tb. **Tratado** (tomo 3 B – **Gregos, romanos, chineses, indianos**, cap. 6 – na formação e no desenvolvimento de Roma).

416 Michel VILLEY (1914-1988), **La formation de la pensée juridique moderne** (Paris: PUF-Leviathan, 2003, chap. II – La philosophie du droit de Platon, p. 65-77).

417 M. VILLEY (op. cit., 2003, p. 70): "La notion très large et très ambitieuse que PLATON développe du droit me paraît être d'une immense importance pour l'historien. Nous la retrouverons par exemple chez saint AUGUSTIN et dans le droit du haut Moyen Âge, indistinctement relatif aux rapports sociaux extérieurs et à la vie morale privée, à la piété, à la vertu, aux intentions intérieures. Sans doute aussi, nous aiderait-elle, en droit comparé, à comprendre les institutions de certains peuples contemporains". E, logo adiante, aduzia VILLEY (op. cit., 2003, p. 73): "Un rôle croissant est attribué aux sources religieuses, rôle sur lequel ont beaucoup insisté certains historiens de PLATON. Cet élément de la doctrine sera reçu et transposé par le christianisme. La philosophie du droit de Saint AUGUSTIN, par exemple, devra beaucoup à celle de PLATON (dont les oeuvres ont d'ailleurs tenu un rôle dans la conversion du Père de l'église) et ce d'autant plus que le Néoplatonisme du Bas Empire aura encore accentué le caractère mystique de la doctrine platonicienne et développé, notamment, le rôle de l'*extase*." V. tb. P.-M. SCHUHL, **L'oeuvre de Platon** (Paris: Vrin, 4e éd., 1967); A.-J. FESTUGIÈRE, **Contemplation et vie contemplative d'après Platon** (Paris: Vrin, 2e éd., 1950).

418 ARISTOTLE, **Politics** (original grego, with an English translation by R. RACKHAM, Cambridge, Ma. / London: Harvard UP, LCL vol. 264, ARISTOTLE vol. XXI, © 1932, reprinted 2005); M. VILLEY (op. cit., 2003, titre II, chap. III – La doctrine du droit de saint THOMAS, p. 149-176). Sobre santo TOMÁS DE AQUINO, ver, adiante, item 10.1.

agostiniana e, de outro lado, que a partir do século XII, nos centros de estudo, em que se forjavam os legisladores e os juízes, progressivamente se liberaram dessa influência.[419]
A doutrina jurídica de santo AGOSTINHO não proíbe o recurso aos textos romanos; garante-se o lugar das leis temporais. Além disso, não parece haver incompatibilidade profunda entre a Igreja e o direito romano – *ecclesia sub romana lege vivit*.[420]

Depois de alguns séculos, mas ainda dentro do contexto medieval, progressivamente muda esse quadro.[421] Aos poucos, criam-se novas estruturas sociais e de 'governo', adaptam-se algumas dentre as antigas, instauram-se mecanismos possíveis de operação da economia. Isso muito lentamente, e com grandes variações de uma região para outra. Assim, prepara-se uma nova 'fase' na Idade média.[422]

O encadeamento – entre 'Antiguidade tardia', 'alta Idade média' e 'baixa Idade média' e desta com o início da 'era moderna' – pode ser complexo e se tornar fim em si mesmo. E, o marco final seria o esgotamento do modelo medieval, o assim chamado "outono da Idade média", como

419 M. VILLEY (op. cit., 2003, titre II, chap. II – De saint AUGUSTIN à saint THOMAS, p. 132-148, cit. p. 132 e p. 133): "L'emprise de saint AUGUSTIN sur la culture cléricale du haut Moyen Âge est trop connue pour qu'on ait besoin d'y insister." [...] "La plus grande partie des ouvrages de la renaissance carolingienne sont des mosaïques de citations de l'école augustinienne."

420 M. VILLEY (op. cit., 2003, p. 139).

421 K. FLASCH (op. cit., 1992, p. 75) convida a refletir sobre a noção de 'filosofia': "o sentido do termo não pode ser dado de uma só vez, pois depende de tradições, de convenções de linguagem e de necessidades, que estão longe de serem claramente definidas. No final da Antiguidade e na Idade média, esses contornos ainda estavam muito fluidos." [...] "Esse estado do saber pode parecer confuso; ele assegurava, contudo, à filosofia uma relação constante com as ciências naturais".

422 Por sua vez, M. VILLEY (op. cit., 2003, p. 133) nota: "todo o direito da Idade média não seguiu essa mutação da cultura: existem restos de direito romano, existem costumes populares, sobrevivências e usos de fato; estes tinham razão de sobreviver, mesmo no sistema agostiniano. Mas, o que é o direito, se não sobretudo o pensamento vivo de uma elite organizadora sobre o que *deve* constituir a ordem? As camadas novas e dominantes do direito da alta Idade média trazem a marca de santo AGOSTINHO. Nós, modernos, temos dificuldade em nos reconhecer nessas novas instituições; delas procedem uma noção de fontes do direito, de fronteiras e do objeto do direito, que hoje nos desconcertam."

magistralmente se descreveu.[423] Final de uma era histórica que, por sua vez, leva para a abertura da era 'moderna'.[424]

É preciso encontrar o momento, ou os momentos, nos quais as várias sociedades medievais, progressivamente, descolam-se do modelo anterior e, veem-se insertas no contexto medieval – o que pode ser fascinante, mas em considerável medida foge ao escopo do presente trabalho, como pesquisa histórica em si mesma. E, que suscita muitas controvérsias entre os 'medievalistas'.

Vale, contudo, considerar o milênio medieval, sobretudo no Ocidente, por seus desdobramentos em relação ao modelo e premissas do direito internacional medieval. Conteúdos deste – como o estado – permanecem presentes e atuantes no presente sistema institucional e normativo internacional.

Uma das questões que todo sistema de convivência organizada tem de enfrentar são os requisitos para a admissão de novos membros. E como regular a aceitação dos efeitos das mudanças políticas internas, que se refletem sobre uma ordem internacional?

O vigente sistema de direito internacional desenvolveu série de técnicas e de modalidades de aceitação dos efeitos para os assim chamados

[423] Johan HUIZINGA, orig. publicado em 1919, **Herfsttij der Middeleeuwen**. A primeira tradução foi a alemã, **Herbst des Mittelalters** – Studien über Lebens- und Geistesformen des 14. und 15. Jahrhunderts in Frankreich und in den Niederländen (hrsg. Kurt KÖSTER, Der Übertragung liegt die niederländische Ausgabe letzter Hand (1941) zugrunde / Deutsche Fassung – unter Benutzung der älteren Übersetzung von T. WOLFF-MÖNCKBERG (1923), Stuttgart: Alfred Kröner, 11a. ed., 1975); ed. bras., **O outono da Idade média** – estudo sobre as formas de vida e de pensamento dos séculos XIV e XV na França e nos Países Baixos (ensaios de Peter BURKE e Anton van der LEM, entrevista Jacques LE GOFF, trad. Francis Petra JANSEN, São Paulo: Cosac Naify, 2010). De Johan HUIZINGA, vejam-se, ainda os ensaios reunidos no volume, **El concepto de la historia y otros ensayos** (trad. Wenceslao ROCES, México: FCE, 1946, 5ª reimpr., 2005).

[424] Cf. se examina no **Tratado** (tomo 5 – **Direito internacional no tempo de Francisco de Vitória**). Como já assinalado, 'moderno' se utiliza como relacionado à Idade moderna – séculos XV a XVIII – era normalmente enfeixada entre a queda de Constantinopla, em 1453, e a queda da Bastilha, em 1789. Ver Modesto FLORENZANO, **Lições de história moderna** (séculos XV a XX) (São Paulo: Intermeios, 2021, esp. III – Tradição e ruptura no Renascimento e na primeira modernidade, p. 69-84).

"reconhecimentos de estado e de governo",[425] bem como a "sucessão de estados".[426] No contexto medieval não existia equivalente exato ao atual, porquanto as premissas de ordenação do sistema eram diversas.

Alguns precedentes mostram elementos de direito internacional em casos de 'reconhecimento'. No qual avulta o papel do papa, como centro ordenador do sistema.[427]

Quando o príncipe PEPINO III (741-751) derruba CHILDERICO III, o último rei merovíngio, em 751, e faz-se eleger rei dos francos (751-768), em detrimento da linha de sucessão pelo sangue da dinastia anterior, PEPINO busca e obtém, anteriormente, o reconhecimento do papa

[425] A respeito, P. B. CASELLA, *Sucessão de estado no direito internacional pós-moderno* (Revista da Faculdade de Direito da Universidade de São Paulo, vol. 102, 2007, pp. 1155-1170); P. B. CASELLA, *Reconhecimento de estado e de governo no direito internacional contemporâneo* (in **Direito internacional no terceiro milênio** – estuddos em homenagem ao prof. Vicente Marotta RANGEL, São Paulo: LTr, 1998, p. 287-318); James CRAWFORD, **The creation of states in international law** (Oxford: Clarendon Press, 1st. publ., 1979, 2nd. ed., 2006, reprinted 2011); Aleksandar PAVKOVIC and Peter RADAN, **Creating new states**: theory and practice of secession (Aldershot / Burlington: Ashgate, 2007, Part II – Secession in theory, p. 171): "There are at present no laws, except a few constitutions which rule which secessions are legal and which not."

[426] Ver: M. BEDJAOUI, **Problèmes récents de succession d'états dans les états nouveaux** (RCADI, 1970, t. 130, p. 455-586); H. M. BLIX, **Contemporary aspects of recognition** (RCADI, 1970, t. 130, p. 587-704); Giorgio CANSACCHI, **Identité et continuité des sujets internationaux** (RCADI, 1970, t. 130, p. 1-94); E. S. CASTRÉN, **Aspects récents de la succession d'états** (RCADI, 1951, t. 78, p. 379-506); D. P. O'CONNELL, **Recent problems of state succession in relation to new states** (RCADI, 1970, t. 130, p. 95-206); R. ERICH, **La naissance et la reconnaissance des états** (RCADI, 1926, t. 13, p. 427-508); M. KAMTO, **La volonté de l'état en droit international** (RCADI, 2004, t. 310, p. 9-428, publ. 2007); H. LAUTERPACHT, **Recognition in international law** (Cambridge: Univ. Press, 1947); Y. MAKONNEN, **State succession in Africa: selected problems** (RCADI, 1986, t. 200, p. 93-234); Photini PAZARTZIS, **La succession d'états aux traités multilatéraux: à la lumière des mutations territoriales récentes** (Paris: Pedone, 2002); B. STERN, **La sucession d'états** (RCADI, 1996, vol. 262, p. 9-437); E. McWHINNEY, **Self-determination of peoples and plural-ethnic states (secession and state succession and the alternative federal option)** (RCADI, 2002, t. 294, p. 167-264, esp. chap. IV, 'the United Nations Charter principle of territorial integrity of states. the *uti possidetis* doctrine as element in state succession', p. 229-235).

[427] W. GREWE (op. cit., 1984, p. 105): "Wie in neueren Zeit die Staaten, so verstand es im Mittelalter auch die Kurie, ihre Anerkennungspolitik im Rahmen ihrer weitgespannten diplomatischen Ziele zu Hand haben."

ZACARIAS (741-752).[428] Nesse sentido, PEPINO se faz ungir pelo representante do papa, BONIFÁCIO, por ocasião de sua coroação; e, em 754, o próprio papa, desta vez, ESTEVÃO II (752-757), sucessor de ZACARIAS, repete a unção.[429]

Em 911, dá-se o fracionamento do império carolíngio com a eleição de CONRADO I. Para consolidar essa divisão, temos outro exemplo de 'reconhecimento', no contexto medieval.

Este acontece no ano 921, quando o carolíngio CARLOS III e o rei da Saxônia HENRIQUE I buscam reconhecimento recíproco de suas respectivas condições, como reis dos francos, do leste e do oeste. Estes reis se prometem amizade recíproca, extensiva aos amigos um do outro.[430]

Este precedente é significativo como expressão de reconhecimento recíproco, livre e bilateralmente pactuado, entre dois senhores temporais, sem intervenção papal – muito embora fizessem ambos, naquele ato, também o juramento solene de observar as respectivas promessas, sobre relíquias de santos.

Sobre o sistema medieval de reconhecimento, podem ser, assim, apontadas duas linhas: de um lado, a aprovação papal se conserva como corrente, e tem peso jurídico e político, durante a maior parte da Idade média.[431] De outro lado, desenvolve-se prática de reconhecimento bilateral entre soberanos, independentemente de chancela pontifícia.

[428] W. GREWE (op. cit., 1984, p. 105): "Schon der Entscheid des Papstes ZACHARIAS gegen der Merowinger CHILDERIC gründete sich auf dieses Kriterium [die politische Tauglichkeit des Krönprätendenten, seine allgemeine Herrschertüchigkeit]. GREGOR VII. hat diese Tatsache in einem Schreiben an Bischof HERMANN VON METZ (1081) nachdrücklich unterstrichen: nicht als ungerechter, sondern als machtlosen und daher ungeeigneter Herrscher sei der Frankenkönig seines Amtes entsetzt worden. Es war somit keineswegs ein wie auch immer geartetes Legitimitätsprinzip, das die Kirche ihrer Anerkennungspolitik zugrunde legte."

[429] A respeito do caso, observa W. GREWE (op. cit., 1984, p. 101): "Ein für Jahrhunderte bedeutsamer Präzedenzfall war mit dieser päpstlichen Anerkennung des im Widerspruch zur traditionellen Legitimität zur Macht gelangten Herrschers geschaffen."

[430] "Ego CAROLUS divina propitiante clementia rex Francorum occidentalium amodo ero huic amico meo regi orientali HENRICO amicus, sicut amicus per rectum debet esse suo amico secundum meum scire ac posse, ea vero ratione, si ipse mihi iuraverit ipsum reliquiae."

[431] W. GREWE (op. cit., 1984, p. 104): "haben in zahlreichen Fällen Könige und Fürsten, deren Legitimität zweifelhat erscheinen mochte, die päpstliche Anerkennung nachgesucht und auch empfangen."

Esse fenômeno papal se produz não somente em relação a reis da França e da Inglaterra, da Dinamarca e da Suécia, de Aragão e de Castilha, de Portugal, da Hungria, da Polônia, da Dalmácia e da Bulgária, mas, mesmo em relação a dirigentes russos, búlgaros[432] e, finalmente, também numerosos reis alemães buscaram obter o reconhecimento do pontífice romano. Por vezes, o paradoxo se coloca: tinha tal importância a formalidade, que, GUILHERME da Sicília, depois de derrotar as tropas pontifícias de ADRIANO IV (1154-1159), no tratado de paz de Benevento, em 1156, exige o reconhecimento papal da sua 'legitimação'.[433]

Mostram-se, assim, típicas questões relacionadas com o reconhecimento 'de estado': estas evidenciam, em qualquer caso, ser politicamente vantajoso conseguir indícios de legitimação, por meio do reconhecimento papal, mas não são prova suficiente de que tal reconhecimento juridicamente poderia ser considerado exigível.

As modalidades de reconhecimento 'papal' poderiam ser feitas de modos distintos – quer mediante benção pelo próprio papa, ou por um legado pontifício, ou bispo, encarregado de tal missão; também poderia ser feita por meio de bula papal enviada, com a formalização do reconhecimento, ou mesmo de Decreto papal. As premissas para o conteúdo de tais atos ou instrumentos se faziam segundo critérios eclesiásticos e de base doutrinária,[434] de ordem religiosa e moral.

Ao lado destas modalidades praticadas, por assim dizer, a partir do eixo central de poder internacional do sistema medieval, também

[432] W. GREWE (op. cit., 1984, p. 104): "Russische und bulgarische Herrscher, deren Zugehörigkeit zur abendländischen Völkerrechtsgemeinschaft aus räumlichen, religiöse und kulturellen Gründe zweifelhaft war, glaubten sich durch die römischen Päpste bestätigen lassen zu müssen."

[433] W. GREWE (op. cit., 1984, p. 104): "Man muss sich die Motive und die Situation vergegenwärtigen, die zu solchen Anerkennungsverlangen führten: Stets handelte es sich um fragwürdige, usurpatorische oder noch nicht gefestigte Herrschaftsbegründungen, die durch päpstliche Sanktion legitimiert werden sollten."

[434] W. GREWE (op. cit., 1984, p. 105): "Die Doktrin der Anerkennung traf in diesem Punkte mit der kirchlichen Widerstandslehre und den Anspruch einer Gerichtsbarkeit *ratione peccati* zusammen. [...] Mit dem Anwachsen der hierokratische Ansprüche wurde auch die Lehre von der *impedimenta* entwickelt, die der Regierungsfähigkeit eines Herrschers und damit seine Anerkennung entegegenstanden."

ocorriam e se praticavam acordos bilaterais[435] de reconhecimento.[436] Estes se mostram mais próximos da prática atual na matéria.

> O peso específico do reconhecimento papal e ao lado deste, a não menor importância do reconhecimento recíproco, entre poderes temporais, cujo papel não deve ser negligenciado, espelham com fidelidade a construção da comunidade medieval de direito internacional: mostra-se a elevada, mas não preponderante condição jurídica do papado, no seio da 'cristandade', mas os entes públicos (*Gemeinwesen*) que a compunham também se ordenavam, simultaneamente, segundo critérios de igualdade de direitos e de reciprocidade.[437]

A questão da aprovação papal dos novos imperadores eleitos pode ser apontada como dado central, em toda a ordenação do sistema internacional medieval.[438] Desta resultam tensões e confrontos, que se estendem e se renovam – e nos quais engajar-se-ão teóricos e práticos –[439] e constitui eixo central de ordenação do sistema medieval.

[435] W. GREWE (op. cit., 1984, p. 102) descreve o esforço do papado em assegurar o papel da aprovação da sede papal, como premissa de validade, não somente em casos de interrupção da continuidade jurídica, como em casos de pretensões rivais, entre dois ou mais candidatos, dos quais era preciso fazer escolha, e sobretudo, em casos de legitimidade duvidosa dos poderes temporais, para os quais poderia ser útil poder contar e exibir a chancela papal em relação à própria condição.

[436] W. GREWE (op. cit., 1984, p. 106): "So stark auch das Gewicht der päpstlichen Anerkennung gewesen sein mochte, so hat doch daneben auch die Anerkennung seitens der weltlichen Gewalten ihre politische und völkerrechtliche Bedeutung behalten."

[437] W. GREWE (op. cit., 1984, p. 107).

[438] As exigências papais para o reconhecimento do imperador são apresentadas na Decretal **Venerabilem**, de INOCENCIO III, em 1202; e estas depois, em maior ou menor grau, foram estendidas aos demais reis e príncipes da Cristandade. Nos artigos 8 e 9 da Decretal **Venerabilem**, de 1202, são especificados, dentre os motivos, para impedimento de acesso ao trono, a ocorrência de herança familiar de oposição à igreja, denominada de *genus persecutorum*. Os impedimentos, contudo, não se limitavam a questões de ordem religiosa, como observa W. GREWE (op. cit., 1984, p. 105): "Besonders bemerkenswert ist jedoch, dass sich die Kirche seit alters her nicht auf *impedimenta ratione peccati* beschränkte, sondern auch Erfordernisse berücksichtigte, die ganz der Bereiche der weltlich-politischen Ordnung zugehörten: die politische Tauglichkeit des Krönprätendenten, seine allgemeine Hersschertuchigkeit wurde als Kriterium der Anerkennung behandelt."

[439] Tais como MARSÍLIO DE PÁDUA e GUILHERME DE OCKHAM, examinados no cap. 9; bem como TOMÁS DE AQUINO e DANTE ALIGHIERI, examinados no cap. 10,

Várias vezes se busca, do lado eclesiástico, a caracterização da necessidade da aprovação papal: autores como BERNARDO de Clairvaux, HUGO DE SÃO VÍTOR e JOHN of SALISBURY fizeram esforços nesse sentido. Por outro lado, a partir de meados do século XI, os próprios papas passam a enviar número crescente de comunicações de sua eleição a autoridades não somente eclesiásticas, como temporais: por exemplo, em 1362, URBANO V envia comunicação de sua eleição a 32 dirigentes eclesiásticos e a 70 líderes temporais. Esperava-se que estas comunicações deveriam ser respondidas com manifestação de obediência.[440]

Com o mesmo empenho e não menor entusiasmo, são buscados argumentos para negar ou minimizar a necessidade de reconhecimento papal. Com argumentos construídos com base no direito romano antigo, por parte dos defensores da autoridade imperial, como espaço independente do exercício do poder temporal, com sua própria fundamentação.[441]

A percepção de mudança e de renovação se põe, mais uma vez, na passagem da fase inicial para a assim chamada 'era carolíngia' – sempre segundo as regiões e os critérios considerados, do final do século VIII ou início do IX, ao século X. Período de tempo que pode parecer curto, em termos históricos, mas significativo, como conjunto de mudanças.

Quando parecia se ter esgotado o mito imperial romano, este ressurge como o elemento subjacente e inspirador a partir de CARLOS MAGNO e seus sucessores. Este movimento foi expressivamente descrito como a conjugação entre 'secularização da esfera espiritual' e, sobretudo, a 'espiritualização da esfera temporal'.[442]

adiante. Ver ainda **Tratado** (tomo 3 A – **Direito internacional no tempo antigo**, item 3.2 – conceito jurídico de império I: da Antiguidade à Idade média e tomo 5 – **Direito internacional no tempo de Francisco de Vitória**, item 12.2 – conceito jurídico de império II: da Idade média à era moderna).

[440] W. GREWE (op. cit., 1984, p. 106): "Nicht nur in den Augen der Kurie schloss die mittelalterliche Konzeption des hierarchischen Aufbaus der Christenheit die Vorstellung aus, dass die Rechtstellung des Papstes durch seine Anerkennung seitens der weltlichen Gewalten bedingt sein könnte. Anders aber lagen die Verhältnisse im Hinblick auf die gegenseitigen Beziehungen der weltlichen Gewalten. Hier konnte eine wechselseitige Anerkennung statthaben."

[441] A respeito, ver **Tratado** (tomo 5 – **Direito internacional no tempo de Francisco de Vitória**, cap. 12 – *jus gentium, jus commune, jus europaeum*: entre a teoria e a prática.

[442] E. KANTOROWICZ (art. cit., 1988, p. 67): "Ce qui s'est produit, ce n'est pas la sécularisation de la sphère spirituelle, mais bien plutôt une spiritualisation de la sphère séculière.

A era carolíngia como nova fase serve somente para o Ocidente. Havia, para o Império romano do Oriente, em Constantinopla, a convicção da continuidade e a legitimidade residia na sede do império.

Não nos esqueçamos que CARLOS MAGNO, ao ser ungido pelo papa como rei, pretendia restaurar a dignidade que remontaria aos romanos.[443] Mas este, aos olhos do legítimo "Imperador dos romanos", em Bizâncio, não passava de um rei bárbaro qualquer, usurpador desse título único e sacrossanto.[444] Será somente a contragosto que o imperador bizantino reconhece, no ano 812, esse novo imperador do Ocidente.[445]

A tese de que teria ocorrido a renovação do império – *renovatio imperii* –, proposta por CARLOS MAGNO e os imperadores otonianos, foi julgada pouco convincente de ponto de vista doutrinal. Esta deu lugar, a partir do século XIII, a outra tese mais radical, no sentido de que teria ocorrido a trasladação do império – *traslatio imperii* – dos gregos, em favor dos francos ou dos germânicos. Justamente na fase em que se acentuava a ascensão destes, dava-se a progressiva e inexorável decadência do Império romano do Oriente.

Sobretudo a partir da agressão ocidental e ocupação de Bizâncio, de 1204 a 1261. Tal fato obrigou o Império diminuído, a se refugiar em

Sacrum imperium n'est pas un emprunt au vocabulaire de l'Église; il s'agit d'une qualification para-ecclésiastique qui existe par elle-même bien que, lorsqu'elle fut reintroduite, elle ait remplacé l'ancienne opposition du *sacerdotium* et du *regnum imperium* par des qualifications mieux coordonnées entre elles et plus complémentaires: la *sancta ecclesia* et le *sacrum imperium*, la sainte Église et le Saint empire."

443 Michel de TAUBE, **L'apport de Byzance au développement du droit international occidental** (RCADI, 1939, t. 67, p. 233-340).

444 O que se inscreveria em movimento generalizado, por parte dos 'ocidentais' romano-germânicos, de afastar e negligenciar a contribuição de Bizâncio, como potência dominante mesmo sobre o 'Ocidente', ao menos desde o século V até as Cruzadas. Como observa M. de TAUBE (op. cit., 1939, p. 239): "Rien n'est plus caractéristique pour cet état de choses que les tentatives de l'Occident médiéval de faire définitivement oublier à ses peuples le basileus de Constantinople, ainsi que la posture – plus ou moins gênée –, des savants modernes qui, tout en fermant les yeux sur Byzance, sentent bien que c'est là est une 'pierre d'achoppement', pour la généalogie exacte de leurs doctrines, présentées peut-être comme trop 'occidentales' et trop indépendantes de toute influence de l'idéologie byzantine."

445 M. de TAUBE (op. cit., 1939, p. 245): "Byzance ne cesse de revenir sur cette décision proclamant toujours pour son basileus ses vieux droits (ou ses vieilles prétentions) 'oecuméniques', tout au moins jusqu'à l'année fatale de 1204."

Nicéia, durante essas décadas, até ocorrer a restauração do Império em Bizâncio, sob a dinastia dos PALEÓLOGOS, de 1261 até 1453. O Império romano do Oriente encolhe progressivamente até ser liquidado definitivamente, quando os otomanos conquistam Constantinopla, e o último imperador morre em combate.

Foi preciso renunciar à concepção da unidade do Império em relação ao Ocidente –[446] e mesmo se, nessa altura, ainda não se tem os 'estados' – não deixa de existir toda uma comunidade de entidades políticas, mais ou menos autônomas, ou mesmo independentes, na Europa central e no Oriente médio. As entidades políticas referidas representam, ao menos nominalmente, a ideia de autoridade central, e o Império como centro de sistema ordenado de convivência: "uma família de estados, em sua maioria independentes de fato, e verdadeiros sujeitos de direito internacional, mas que se movem sobre terreno jurídico comum, caracterizado pela ficção do pertencimento ao Império romano, representado pelo basileus de Constantinopla".[447]

> Para o mundo bizantino, que acreditava na existência de império cristão universal, com um único imperador à sua frente – o que se conturba após o ano 800, quando o Ocidente faz sua essa concepção – não poderia haver, em princípio, nem estados completamente soberanos, nem tampouco, e menos ainda, igualdade entre todos esses integrantes da *respublica christiana*. Abaixo do basileus, que coroava a pirâmide de povos, com os seus príncipes, havia uma hierarquia dos diversos estados e de seus chefes,

[446] Shabtai ROSENNE, *The influence of Judaism on the development of international law: an assessment* (in **Religion and International Law**, edited by Mark W. JANIS & Carolyn EVANS, © 1999, Leiden/Boston: M. Nijhoff, 2004, p. 63-94, cit. p. 63) considera "Public international law in its historical evolution is essentially the product of European Christian civilization, and for the greater part of Western civilization at that" e ressalva: "A Byzantine strain has always existed, being chiefly expounded by the Russian internationalists".

[447] Segundo M. de TAUBE (op. cit., 1939, p. 245-246) é em sinal dessa supremacia que o imperador bizantino distribui aos reis e príncipes – seus 'filhos' – títulos pomposos, emprestados da corte imperial, enviando-lhes coroas e mantos de púrpura, como insígnias de sua dignidade. A respeito, ver tb. Adda BOZEMAN, **Politics & Culture in International History** – from the Ancient East to the opening of the Modern Age (© 1960, New Brunswick, N.J.: Transaction Publishers, 2nd. ed., 4th. printing, 2010, esp. chap. 9, '*The Byzantine Realm*', p. 298-356).

estritamente definida por Constantinopla e mais ou menos aceita pelos próprios interessados.[448]

No campo ocidental, nesse meio tempo, a concepção 'imperial' se instaura em relação ao espaço deste, como em relação aos vizinhos. O letrado EGINHARDO (ca. 775-840), quando se retira dos seus cargos oficiais, exercidos desde o final do século VIII, na corte dos reis francos, em sua Vida de Carlos, **Vita Karoli**, redigida a partir do ano 828, inspira-se na vida dos doze Césares do romano antigo SUETÔNIO, e escreve livro que foi sucesso na época e se manteve, desde então, reeditado.[449]

Nesta obra do século IX, EGINHARDO caracteriza elementos da política exterior e da 'diplomacia' do reino dos francos: durante os quarenta e sete anos de seu reinado, a partir do ano 768, CARLOS teria dobrado a extensão do seu reino. Da mesma forma que o imperador romano AUGUSTO, assim teria CARLOS aumentado a glória de seu reino, "conciliando a amizade de muitos reis e de numerosos povos". Alguns são nominalmente citados:

- ALFONSO II (791-842), rei da Galícia e de Astúrias, quando dirigia cartas a CARLOS MAGNO ou a este enviava embaixadores, se fazia chamar seu "homem próprio" – ou seja, seu servo;
- os reis dos Scotos – se irlandeses ou escoceses, não se pode determinar com segurança – dado o uso abrangente, que então se fazia do termo – intitulavam-se, em suas cartas, "súditos e servos" de seu senhor CARLOS;

[448] M. de TAUBE (op. cit., 1939, p. 245-246) reporta fatos característicos, que se estendem dos séculos V ao XV, e provam precisamente "des liens de 'suzeraineté morale' entre le basileus de Byzance et d'autres souverains chrétiens, indépendants de fait, mais considérés comme des 'vassaux volontaires' de l'Empereur."

[449] EGINHARD, **Vie de Charlemagne** (trad. Michel SOT e Christiane VEYRAD-COSME, Paris: Les belles lettres, 2014); ___, ___ (éd. et trad. L. HALPHEN, Paris, 1938, p. 44-50); v. tb. F. AUTRAND e P. CONTAMINE, *La diplomatie à la conquête de l'identité française* (Première partie – Naissance de la France: naissance de sa diplomatie – Le Moyen Âge, in F. AUTRAND, L. BÉLY, P. CONTAMINE e T. LENTZ (dir. de), **Histoire de la diplomatie française** – vol. I. Du Moyen Âge à l'Empire, présentation Dominique de VILLEPIN, Paris: Perrin – tempus, ed. orig. 2005, reimpr. 2007, p. 44-69, cit. p. 72-73): "affaire de prestige, plus que d'avantages concrets."

- os imperadores de Constantinopla, NICÉFORO I (802-811), MIGUEL I (811-813) e LEÃO V (813-820), solicitavam a sua amizade e a sua confiança – e, apesar da desaprovação oficial da assunção do título imperial por CARLOS – foi celebrado um "muito sólido tratado"; e, ainda,
- ocorreram célebres tratativas e trocas de embaixadas entre CARLOS e o "rei dos persas AARON", ou seja o califa da dinastia dos abássidas, HARUM AL RASHID (que reinou de 786 a 809).[450]

Convém lembrar que o Império carolíngio ainda passaria por sucessivas fases. Somente, séculos mais tarde, passa a ser denominado *Sacro império romano da nação germânica*, a partir da época de FREDERICO BARBAROSSA.[451] Mas é a mesma ideia de retomada do Império romano que perdura por vários séculos seguintes.

Em torno do Império, de um lado, e do papado, de outro, ocorre a ordenação segundo dois eixos de poder, distintos e separados.

O caráter sagrado do império e do imperador vai buscar em si mesmo a sua fundamentação. Trata-se, no império, de santidade secular, *sui juris* e *sui generis*, distinta da igreja. Nessa linha se inscrevem, por

[450] Observam F. AUTRAND e P. CONTAMINE (op. cit., 2007, p. 72), independentemente da veracidade histórica de cada uma das afirmações de EGINHARDO, sobre a qual os especialistas continuam a debater e não sem motivo, interessa, sobretudo, a ocorrência da categoria de política exterior e que esta procede de modo evidente.

[451] Como reflexo das mutações políticas, em curso na época de BARBAROSSA começa o império a ser chamado de 'Sacro', e se expande a utilização da denominação *sacrum imperium*. A respeito, Ernst H. KANTOROWICZ, em seu estudo, *La royauté médiévale sous l'impact d'une conception scientifique du droit* (Paris: Philosophie – revue trimestrielle, n. 20, automne 1988, pp. 48-72, p. 66): "tout médiéviste devrait se sentir mal à l'aise lorsqu'il lit dans un manuel qu'en 800 CHARLEMAGNE fut couronné empereur du Saint empire romain, car une telle phrase est un tissu d'erreurs et d'incompréhensions; elle est aussi anachronique que si l'on parlait des fusils d'ALEXANDRE, ou des parachutistes de CESAR. *Sacer*, dans le langage du droit romain, ne signifie rien de plus qu'impérial, bien qu'en latin médiéval le mot ait pu avoir davantage de connotations chrétiennes et ecclésiastiques. C'est en tout cas au droit romain que BARBEROUSSE a emprunté l'épithète *sacrum* pour désigner son *imperium*, et ce serait brouiller la tonalité spécifique à la fois de l'époque de CHARLEMAGNE et de celle de BARBEROUSSE."

exemplo, os adiante referidos MARSÍLIO de PÁDUA e GUILHERME de OCKHAM.

Se CARLOS MAGNO é o símbolo político e militar, o fundador da cultura ocidental, este era (funcionalmente) analfabeto. Mas não por isso menos genial e intuitivo, ele soube cercar-se dos homens mais capazes do seu tempo, cujo símbolo intelectual seria o teólogo anglossaxão ALCUÍNO – originalmente chamado, na forma celta do nome, *Ealwhine*, ou em latim *Albinus Flaccus* – nascido em York, por volta de 735 e falecido em Tours, em 804 d.C. Os dois se conheceram, provavelmente durante viagem a Roma, no ano de 781, quando CARLOS MAGNO teria convidado ALCUÍNO para conduzir a sua política pedagógica e eclesiástica, com a atribuição de reger a escola imperial, atribuindo-lhe a responsabilidade pelo desenvolvimento da cultura. E também a formação de quadros, para administrar o Império, que se expandia.

ALCUÍNO teve assim papel crucial para a definição dos rumos do Ocidente, no seu tempo. Condutor da política imperial, interna e externa, bem como o mestre do pensamento filosófico.

Tratava-se de realizar a unificação da 'humanidade' – como pretendiam os homens do tempo – e, assim, buscar a união dos diversos grupos humanos, ainda em guerra, sem deixar de ter consciência de agir em conformidade com o espírito do Deus trinitário, um em três pessoas. Isso é o que deveria conferir sentido à guerra e canalizar as novas energias.

O conhecimento era e permanece sendo uma arma poderosa, que é preciso saber manejar. A dialética era, então, necessária aos vencedores das guerras saxônicas, que perseguiam a sua própria formação intelectual e poderiam, assim, apresentar-se como os herdeiros vivos da antiga fusão romana, que aspirava ao comando reunindo poder e sabedoria.

ALCUÍNO explica o sentido da palavra 'império', no prefácio do seu livro sobre a trindade, **De fide sanctae Trinitatis** (escrito por volta de 802 A.D.). Esta exprime a dignidade imperial, instituida (*ordinata*) de modo judicioso por Deus, e com fim único: que o imperador esteja à frente do seu povo e que lhe seja útil (*populo praeesse et prodesse*). Por isso, o poder (*potestas*) e a sabedoria (*sapientia*) são qualidades inerentes ao cargo – o poder para afastar os 'orgulhosos' e proteger os 'humildes'; a sabedoria, para instruir os súditos e os exortar a uma vida piedosa. Deus investiu o imperador desses dois atributos.

Insere-se a formulação em contexto bastante específico:[452] "o tratado de ALCUÍNO é um livro do pós-guerra; era preciso encontrar um sentido para a guerra, dar diretrizes ao imperador e aos seus próximos, para os anos vindouros".[453]

Na passagem da guerra para a paz,[454] não terá sido a única ocasião em que o conhecimento desempenha tais funções. Isso se vê acontecer em várias fases da era medieval.

Indo do século XIII para o XIV, DANTE, com a sua visão de dois paraísos, um imperial e terrestre e o outro, eclesiástico e celeste, revelou-se o intérprete mais eloquente dessa concepção de conferir primazia do poder temporal ao imperador.[455] Inicialmente foi esta concepção esboçada por ALCUÍNO; embora não se alegue ligação direta entre ambos.

Contemporâneo de ALCUÍNO, o erudito, historiador e santo anglossaxão BEDA, dito o *Venerável*, nascido em Wearmouth Durham, em 673 e falecido em Jarrow Durham, em 735 d.C., deixou registro na **Historia ecclesiastica gentis anglorum** (731) da Inglaterra,[456] desde a primeira invasão romana, ao tempo de JULIO CÉSAR,[457] até

[452] Kurt FLASCH, **Introduction à la philosophie médiévale** (trad. do alemão Janine de BOURGKNECHT, préf. de Ruedi IMBACH e François-Xavier PUTALLAZ, Fribourg, Suisse / Paris: Editions universitaires / Ed. du Cerf, 1922, I – 'Citer et insérer: la Renaissance carolingienne', pp. 4-13, cit. p. 7): Ce traité contenait un exposé succinct et complet de la foi catholique, et il répondait aux critères en vigueur dans l'Occident latin vers l'an 800. Il devait contribuer à consolider l'unité du pays, chère à CHARLEMAGNE et à ALCUIN.

[453] K. FLASCH (op. cit., 1992, p. 12) considera que "não haveria, então, na Europa, outra pessoa que tivesse suficiente autoridade para o fazer."

[454] Ver, adiante, cap. 11 – tratadistas da guerra: Balthazar AYALA e Pierino BELLI.

[455] Ver 10.2, sobre 'DANTE ALIGHIERI (1265-1321)'.

[456] BEDE, **Historical works** – Ecclesiastical History of the English Nation Books I-III (with an English translation by J. E. KING, Cambridge, Ma./London: Harvard UP, LCL vol. 246, BEDE vol. I, © 1930, reprinted 2006); BEDE, **Historical works** – Ecclesiastical History of the English Nation Books IV-V – Lives of the Abbots – Letter to Egbert (with an English translation by J. E. KING, Cambridge, Ma./London: Harvard UP, LCL vol. 248, BEDE vol. II, 1st publ. 1930).

[457] BEDE (op. cit., 731, ed. 1930, livro V, cap. XXIV, p. 374-5): "Anno igitur ante incarnationem Dominicam sexagesimo, GAIUS IULIUS CAESAR, primus Romanorum, Brittanias bello pulsavit, et vicit; nec tamen ibi regnum potuit obtinere." – Sessenta anos antes da encarnação do Senhor, JULIO CESAR, o primeiro dos Romanos, atacou a Grã-Bretanha com guerra e alcançou a vitória, mas não conseguiu definitivamente estabelecer seu reinado ali.

a conquista, ao tempo de CLÁUDIO,[458] e o fim da presença romana, em 409 d.C.[459]

Registra BEDA a chegada em 596 às Ilhas britânicas de outro sacerdote, com o mesmo nome de AGOSTINHO, acompanhado de outros prelados (*cum monachis*), todos eles enviados, pelo papa GREGORIO, para cristianizar os povos das ilhas Britânicas – *qui verbum Dei genti Anglorum evangelizarent*.[460] O relato de BEDA se estende até o seu tempo, ou mais precisamente, o ano 731 – quando encerra a redação da obra.

O estilo de BEDA, impessoal, claro e simples, o coloca acima dos seus contemporâneos. Atribui-se a ele uma de suas últimas frases, que teria sido "não quero que meus filhos leiam mentiras" – para justificar a sua preocupação constante, como historiador, com a qualidade das fontes e o adequado tratamento da informação.

A assim chamada "era carolíngia", foi fase de renovação e de mudanças, em meio ao tempo medieval.[461] Anuncia mutações, em relação ao passado. Inova, ao ponto que se fala tanto em "Renascença carolíngia".

458 BEDE (op. cit., 731, ed. 1930, livro V, cap. XXIV, p. 374-5): "Anno ab incarnatione Domini 46 CLAUDIUS, secundus Romanorum Brittanias adiens, plurimam insulae partem in deditionem recepit; et Orcadas quoque insulas Romano adiecit imperio." – No ano 46 da encarnação do Senhor, CLAUDIO, o segundo dos Romanos a vir para as Ilhas Britânicas, submete a maior parte da ilha ao seu poder; e chega a acrescentar as ilhas Órcades ao Império romano. Será preciso esperar séculos, para ter novos registros da história das Ilhas Órcades. Por volta de 1200, a saga escrita por Anônimo islandês, da qual ficou o registro na **Orkneyinga Saga** – The History of the Earls of Orkney (translated with an Introduction by Hermann PÁLSSON and Paul EDWARDS, Londres: Penguin, 1978).

459 BEDE (op. cit., 731, ed. 1930, livro V, cap. XXIV, p. 374-5): "Anno 409 Roma a Gothis fracta: ex quo tempore Romani in Brittania regnare cessarunt." – No ano 409, Roma foi tomada pelos Godos; a partir desse tempo, os Romanos cessaram de governar as Ilhas Britânicas.

460 BEDE (op. cit., 731, ed. 1930, livro V, cap. XXIV, p. 376-7): "Anno 596 GREGORIUS papa misit Brittaniam AUGUSTINUM cum monachis, qui verbum Dei genti Anglorum evangelizarent." – No ano 596, o papa GREGÓRIO enviou AGOSTINHO e outros monges à Grã-Bretanha, para pregar as boas novas da palavra de Deus para a nação inglesa.

461 Jean CHÉLINI, **Histoire religieuse de l'Occident médieval** (Paris: Hachette-Histoire, ed. 1991, impressão 2006, esp. cap. III – La restauration carolingienne, p. 123-212); Louis HALPHEN, **Charlemagne et l'empire carolingien** (Paris: Albin Michel, 1947); Richard William SOUTHERN, **L'église et la société dans l'Occident médieval** (orig. publ. **Western society and the church in the Middle Ages**, 1970, trad. de l'anglais par Jean-Pierre

Ocorre nessa fase certa reurbanização, certa recomposição da vida política e das assim chamadas relações internacionais, concomitantemente à criação de novas rotas de comércio e florescimento do conhecimento. São vários os elementos que poderiam ser enumerados para caracterizar esse breve período carolíngio como tempo de mudança e de renovação.

As mudanças intelectuais ocorridas devem ser contextualizadas. Nesse sentido[462] cabe ponderar, a extensão na qual, econômica e militarmente mais forte, o Ocidente enceta, na segunda metade do século XI, relações mais agressivas com Bizâncio, os judeus e os árabes. A partir daí, passa o Ocidente a poder suportar comparações e assinalar diferenças.

A relação com Bizâncio tem papel preponderante sobre o conjunto da Europa medieval. Essa relação é relevante não somente no plano material.

Sem esquecer que as relações entre o Ocidente medieval e o Império romano do Oriente sempre foram marcadas por certa ambiguidade.[463] Como, em meio ao movimento das 'cruzadas', tornam-se flagrantes o desvio de função e de propósitos, cometido no "ano fatal" de 1204 – quando os 'ocidentais' invadem e saqueiam a capital bizantina, durante a Quarta cruzada, em lugar de irem lutar contra os sarracenos na Terra santa.[464]

GROSSEIN, Paris: Flammarion, 1997); R. W. SOUTHERN, **The making of the Middle Ages** (New Haven: Yale Univ. Press, 1953).

[462] K. FLASCH (op. cit., 1992, chap. V – Insensé ou empiriste: ANSELME DE CANTORBÉRY contre GAUNILLON, p. 57-70, cit. p. 61).

[463] Michel de TAUBE, **L'apport de Byzance au développement du droit international occidental** (RCADI, 1939, t. 67, p. 233-340, cit. p. 240): pendant ces sept siècles Byzance reste la reine véritable du monde politique chrétien, ce n'est pas seulement sur le plan matériel. Nesse sentido, haveria precedência de alguns séculos de Bizâncio em relação às universidades da Europa ocidental, e ressalta ter ocorrido, já durante o reinado de TEODÓSIO II (408-450) a fundação de Escola superior cristã, para se contrapor à influência da célebre Escola Filosófica de Atenas – e esta última viria a ser fechada por JUSTINIANO em 529 d.C.; por volta de 850-860 ocorre a reconstituição da Universidade, sob a direção de César BARDAS, tio do imperador MICHEL III; em 1045, ocorre, em Constantinopla, a fundação pelo imperador CONSTANTINO IX Monomachos, de Escola de altos estudos jurídicos, a cujo diretor é atribuída a dignidade de senador; além disso, existiam outras escolas de altos estudos nas cidades de Antioquia, Beritos, Edessa, Gaza e Nisibis.

[464] Ver, adiante, no cap. 11 – tratadistas da guerra, esp. o item 11.2 – guerra santa e guerra justa: entre *jihad* e as cruzadas.

Irreversivelmente, a quarta cruzada causa o aprofundamento da divisão cultural entre cristianismo ocidental (católico) e o cristianismo oriental (ortodoxo). Quando a quarta cruzada toma Constantinopla e transforma o Império grego em Império latino, o novo imperador anuncia ao papa a tomada como uma vitória da latinidade e, dada a indizível inimizade dos gregos e a oposição destes ao papa, não valeria menos que a tomada de Jerusalém.[465]

Na verdade os cruzados experimentaram, por parte dos gregos, não menor inimizade do que havia por parte dos sarracenos, quando os cruzados se engajaram em desclassificar e espoliar os cristãos orientais. Essa inimizade não decorria somente da separação entre as igrejas, mas também decorria da consciência da diversidade cultural, com a consequente exclusão dos greco-bizantinos da estreita comunidade de direito internacional da cristandade ocidental.[466]

Distintos rumos passam a ter esses sistemas regionais de relações internacionais. Com interações entre os ocidentais, os bizantinos e os islâmicos, conflitos diretos entre estes, bem como confrontações indiretas, em suas respectivas 'zonas de influência' ou de interesses, alternando com relações comerciais e trocas pacíficas.

Cabe enfatizar o papel desse eixo bizantino de direito internacional:

> Da mesma forma que no seio da família de povos islâmicos, que se ordena em círculo jurídico distinto, as relações internacionais se ordenam segundo direito internacional regulado por Bizâncio. Nesse círculo jurídico, o imperador do Oriente – como Basileus e Autocrator – desempenha papel de autoridade espiritual suprema, sobre todos os demais dirigentes desse espaço greco-eslavo, como também detém a primazia, em relação aos príncipes ortodoxos da Sérvia e da Bulgária, da Moldávia e da Valáquia, de Kiev, dos territórios do norte da Rússia, e da Geórgia, muito embora essas relações se pautassem, formalmente, pela independência e, na prática, pela

[465] W. GREWE, **Epochen der Völkerrechtsgeschichte** (Baden-Baden: Nomos, 1984, p. 78-79) observava: "Die Folge dieses religiös-kulturellen Gegensatzes war, dass der griechisch-byzantinische Kreis aus den engeren Völkerrechtsgemeinschaft der abendländischen Christenheit ausgeschlossen blieb."

[466] W. GREWE (op. cit., 1984, p. 79).

igualdade de direitos. Como também se dava nas múltiplas relações com o califado árabe e os estados sucessores deste.[467]

Tais diferenças, no próprio seio da religião, ameaçavam a sensação de se viver na verdade, sobretudo por essa verdade ser enunciada sob a forma de teses prontas. Os judeus, sobretudo, que viviam no interior das cidades cristãs, e davam testemunho de importante avanço cultural, obrigavam a discussões sobre a religião; por isso se tinha necessidade de argumentos que não fossem tirados de livros de referência.

Para compreender o método de dois intelectuais relevantes desse tempo, BERENGER e, principalmente, ANSELMO, é preciso ter em mente as relações da cristandade ocidental com o exterior, e sempre as colocar em relação com os racionalistas, e as distinções internas, operadas pelos próprios cristãos: mais de um cristão escondia um herético ou um descrente no fundo de si mesmo. Era preciso, então, elaborar um discurso racional sobre Deus, sua existência e sua natureza.[468]

Como observa HEGEL ao falar sobre a atitude religiosa (*das religiöse Verhältnis*), na relação do homem com a divindade, o que, segundo ele, na nova teologia – *neue Theologie* – se põe antes como religião em si, do que como busca de Deus.[469] Enquanto, na Idade média a ênfase se punha, antes, na contemplação da essência de Deus e na afirmação desta essência.[470] HEGEL considerou necessário colocar a religião, em si, como objeto da reflexão filosófica, e situar essa contemplação como parte específica, em relação ao conjunto da filosofia.[471]

467 W. GREWE (op. cit., 1984, p. 79).

468 Para percepção de conjunto da imensa e diversificada evolução da matéria durante o milênio da era medieval, vejam-se por exemplo os textos coligidos e apresentados por Alain MICHEL, no volume **Théologiens et mystiques au Moyen Âge**: la poétique de Dieu V^{e} – XVe siècles (orig. publ. 1997, choix présenté et traduit du latin par Alain MICHEL, Paris: Gallimard – Folio classique, impr. 2003).

469 G. W. F. HEGEL, **Vorlesungen über die Philosophie der Religion I** ("auf der Grundlage der Werke von 1832-1845 neu edierte Ausgabe, Redaktion Eva MOLDENHAUER und Karl Markus MICHEL", edição de 1969, Frankfurt am Main: Suhrkamp, impr. 1986).

470 HEGEL (op. cit., ed., cit., 1986, p. 102): "hat man in Mittelalter mehr das Wesen Gottes betrachtet und bestimmt."

471 HEGEL (op. cit., ed. cit., 1986, p. 11): "Ich habe es für nötig erachtet, die Religion für sich als Gegenstand der philosophischen Betrachtung zu machen und diese Betrachtung als einen besonderen Teil zu den ganzen der Philosophie hinzuzufügen."

Outra enorme mudança se põe na fase sucessiva (séculos XI a XIII), com período de expansão econômica e institucional, de florescimento das artes e das letras, com o aparecimento de pensador da qualidade e profundidade de um Pedro ABELARDO (ca. 1079-1142) e outros, na esteira deste. Grande renovação intelectual se faz a partir da redescoberta, pelo Ocidente, dos escritos de ARISTÓTELES, e este movimento se exprime,[472] em grandes sínteses do conhecimento da época,[473] com ALBERTO MAGNO, TOMÁS DE AQUINO e outros.[474]

Na comparação entre os séculos XI e XII, cabe ressaltar:[475]

- vemo-nos diante de grande reavaliação da religião tradicional por parte de elite intelectual recentemente formada, associada com as escolas de Paris e grandes nomes como Pedro ABELARDO;
- achamos aguçamento e redistribuição de papéis na sociedade, dramaticamente assinalado pela repentina emergência de nova relação entre clérigos e leigos, ao tempo da controvérsia das Investiduras – em luta conectada ao nome de um grande papa, GREGÓRIO VII (1073-1085) – mas, na realidade, processo tão generalizado e tão inelutável como mudança de orientação da sociedade ocidental;
- no curso do século XI, emerge a classe dos cavaleiros feudais, como grupo social distinto, enquanto, no século XII, os fatos da vida urbana e de novo estilo de profissionalismo mercantil são mudanças que vieram para ficar, e que, de maneira lenta, mas segura, se incorporaram à imagem medieval da sociedade.[476]

[472] ARISTOTE, **De la richesse, De la prière, De la noblesse, Du plaisir, De l'éducation** – Cinq oeuvres perdues (fragments et témoignages, édités, traduits et commentés sous la direction et avec une préface de Pierre-Maxime SCHUHL, Paris: P.U.F., 1968).

[473] ARISTOTLE, **Physics**: Books I-IV (original grego, with an English translation by P. H. WICKSTEED e F. M. CORNFORD, Cambridge, Ma./London: Harvard UP, LCL vol. 228, ARISTOTLE vol. IV, © 1929, reprinted 2005); ARISTOTLE, **Physics**: Books V-VIII (original grego, with an English translation by P. H. WICKSTEED e F. M. CORNFORD, Cambridge, Ma./London: Harvard UP, LCL vol. 255, ARISTOTLE vol. V, © 1934, reprinted 2006).

[474] Ver tb. adiante, item 10.1 – TOMÁS DE AQUINO (ca. 1225-1277).

[475] Peter BROWN, *Society and the Supernatural: a Medieval change* (no volume **Society and the Holy in Late Antiquity**, London: Faber and Faber, 1982, p. 302-332).

[476] P. BROWN (op. cit., 1982, ensaio cit., p. 303).

Novamente se fala em "Renascimento", este do século XII. Graças ao desenvolvimento das artes, sobretudo nas escolas urbanas, e não mais nos mosteiros.

O desenvolvimento das escolas urbanas – as universidades – se dá primeiro em Bolonha, já a partir do século XI, depois também em Paris e Oxford. Ocorre também em Salamanca, a partir de 1218, e em Coimbra, a partir de 1270. Assim, também em outras grandes universidades, fez-se grande florescimento de ideias, conjugado com pesquisa filosófica, lastreada no conhecimento aprofundado dos antigos.[477]

Depois desse florescimento intelectual, em algumas praças, a Inquisição fará maiores estragos do que em outras, em detrimento dos espíritos livres e do desenvolvimento do conhecimento.

A devastação da livre indagação e da perquirição da verdade, pelos melhores cérebros do tempo, sob o argumento da preservação da hierarquia e da autoridade. Esse dilema aparece em vários momentos da história: o patrulhamento ideológico é praga que continua a acontecer.[478]

Caracterizam esse "renascimento do século XII": desenvolvimento do conhecimento dos antigos autores, com comentários a PLATÃO, a CÍCERO, aos poetas latinos, nesse intenso foco de humanismo, que foi Chartres, no século XII, a partir da antiga 'gramática'; mas também pelos desenvolvimentos da 'dialética'. O que começa, já antes, sobretudo em Paris, com destaque para PEDRO ABELARDO.[479]

[477] Ver **Tratado** (tomo 5 – **Direito internacional no tempo de Francisco de Vitória**, cap. 12 – *jus gentium, jus commune, jus europaeum*: entre a teoria e a prática).

[478] Mesmo em nossos tempos pós-modernos, sob a nefasta forma das 'fake news' e das ideologias. A propósito deste vasto e complexo tema, ver, por exemplo: Istvan MESZÁROS, **O poder da ideologia** (do original **The power of idelogy**, © 1989, trad. Paulo Cezar CASTANHEIRA, São Paulo: Boitempo, 2004); Paul RICOEUR, **L'idéologie et l'utopie** (do original **Lectures on ideology and utopia** © 1986, trad. Myriam R. D'ALLONNES e Joël ROMAN, Paris: Seuil, 1997, impr. 2005); Frances Stonor SAUNDERS, **Quem pagou a conta?** – A CIA na guerra fria da cultura (do original **Who paid the piper?** © 1999, trad. Vera RIBEIRO, Rio de Janeiro: Record, 2008); Fréderic HOFFET, **Psychanalyse de l'Alsace** (texte de 1951, augmenté d'une préface de l'auteur et d'un avant-propos de Germain MULLER, Colmar: Alsatia, 1973, cit. p. 204-205): Les mythes dont se nourrissent les collectivités sont défendus par le bras séculier. Les polices ont pris la place des clergés. L'humanité a peur de perdre ses mythes, comme elle avait jadis peur de perdre ses dieux.

[479] Henri-Irénée MARROU, **De la connaissance historique** (originalmente publicado, 1954; Paris: Seuil, 6a. ed. rev. e aumentada, 1973, chapitre II: 'l'histoire est inséparable de

Posteriormente, impulso adicional é dado pela redescoberta dos textos de ARISTÓTELES, contendo os **Tópicos** e constituindo a chamada 'lógica nova'.[480]

Destacam-se as obras de ALBERTO MAGNO, assim como de TOMÁS DE AQUINO – no qual se encontram não somente uma filosofia do direito, como também as bases conceituais para a construção de direito moderno. Isso se dá, também, na obra de discípulo tomista, JEAN DE PARIS, quando escreve sobre o poder imperial e papal, **De potestate regia et papali**,[481] no início do século XIV.

Estes pensadores se inserem no vasto movimento de renascimento humanista da filosofia pagã.[482] Será, antes, nas faculdades de artes do que entre os teólogos que se encontrarão os frutos de tais esforços.

Dentre estes, contam-se pensadores originais e vigorosos como João DUNS SCOT, MARSÍLIO DE PÁDUA e GUILHERME DE OCKHAM. Este último, sobretudo, sente a diferença que separa o mundo medieval da antiga sociedade romana. Ele exprime o seu tempo. Começa a surgir

l'historien', p. 51-67, cit. p. 64): "je ne jetterai pas la pierre à MICHELET, pour avoir fait d'ABÉLARD un libre esprit, un apôtre de la raison contre les 'obscurantins scolastiques'; les catégories héritées de l'*Aufklärung* ne donnaient pas à ce libéral romantique l'équipement mental nécessaire pour comprendre la pensée chrétienne du XIIe siècle; si nous y réussissons mieux aujourd'hui, c'est grâce aux progrès réalisés, grâce aux efforts dépensés avec continuité, de MICHELET lui-même à Étienne GILSON. / Il reste que la connaissance d'un objet historique peut être dangereusement déformée ou appauvrie par le biais maladroit suivant lequel elle a été abordée au départ."

480 ARISTOTLE, **Categories, On interpretation, Prior analytics** (original grego, with an English translation by H. P. COOKE e Hugh TREDENNICK, Cambridge, Ma. / London: Harvard UP, LCL vol. 325, ARISTOTLE vol. I, © 1938, reprinted 2002); ARISTOTLE, **Posterior analytics, Topica** (original grego, with an English translation by H. TREDENNICK e E. S. FORSTER, Cambridge, Ma. / London: Harvard UP, LCL vol. 391, ARISTOTLE vol. II, © 1960); ou tb. na ed. francesa, ARISTOTE, **Organon**: I. Catégories / II. De l'interprétation (trad. nouvelle et notes par J. TRICOT, Paris: Vrin, 1984); ARISTOTE, **Organon**: III. Les premières analytiques (trad. nouvelle et notes par J. TRICOT, Paris: Vrin, 1983); ARISTOTE, **Organon**: IV. Les secondes analytiques (trad. nouvelle et notes par J. TRICOT, Paris: Vrin, 1979); ARISTOTE, **Organon**: V. Les Topiques (trad. nouvelle et notes par J. TRICOT, Paris: Vrin, 1984); ARISTOTE, **Organon**: VI. Les réfutations sophistiques (trad. nouvelle et notes par J. TRICOT, Paris: Vrin, 1977).

481 JEAN DE PARIS, **De potestate regia et papali** (éd. J. LECLERCQ, Paris, 1942).

482 A respeito, ver Joscelyn GODWIN, **The Pagan Dream of the Renaissance** (Londres: Thames & Hudson, 2002).

um direito novo, que se funda sobre a liberdade, como parte desse movimento de renovação intelectual, que enfatiza a dignidade humana.

Uma revolução ocorre na cultura da Europa. Esta traz mudanças de visão do mundo, mudanças nos sistemas jurídicos, mudanças das condições econômicas e renascimento dos estudos do direito romano. Mas esta renovação logo se vê confrontada pelos desafios e pelas necessidades do seu tempo:

> A doutrina de GUILHERME DE OCKHAM relete, ou melhor explicita, a experiência dos tempos cristãos e não mais somente a experiência das cidades antigas. Graças a esse aporte cristão, a sabedoria dos modernos não será somente a repetição da filosofia clássica da Antiguidade, e o Renascimento não será somente um renascimento.[483]

O acordo entre o direito canônico e o antigo direito romano parece romper-se quando surge a escola de Bolonha. Entre a lei do CRISTO e a de CÉSAR, a lei de CÉSAR é expressa pelo imperador. Este representa a lei de CÉSAR, e é à causa imperial que esta lei romana se mostra útil.

Na *Dieta de Roncaglia*, em 1158, o imperador FREDERICO BARBA-ROSSA patrocina o direito romano; mas, "doutrinariamente, o partido do imperador germânico não tem o espírito do tempo a seu favor, e a maioria da elite italiana lhe é desfavorável".[484]

A realeza medieval teve o impacto de concepção 'científica' do direito. Quanto aos "fundamentos da sociedade moderna", põem-se em evidência

[483] M. VILLEY (op. cit., 2003, 'conclusion sur la scolastique du Moyen Âge', p. 269-276, cit. p. 271): Ne nous laissons pas égarer en effet par les lieux communs de l'opinion contemporaine anticléricale. Ce n'est pas 'le droit naturel' qui procède du Christianisme: il vient d'ARISTOTE. C'est la philosophie moderne, c'est le nominalisme, c'est le positivisme juridique: d'où le rôle historique essentiel de la scolastique franciscaine, que je n'ai pas choisie au hasard, donc ce n'est pas sans raison que j'ai fait encore notre objet principal d'étude.

[484] M. VILLEY (op. cit., 2003, p. 139, e a seguir, p. 142): "Nos séculos XII e XIII, a cristandade ocidental foi centro de estudos de prodigiosa vitalidade. O centro dos estudos teológico-filosóficos foi não mais Bolonha, mas Paris e algumas outras capitais universitárias. Estas foram a sede não de um ensino conformista, mas de violentas lutas doutrinais, e viram efetuar-se, em dois séculos, sob o controle da igreja, uma metamorfose decisiva da cultura europeia. É preciso resumir esses progressos, essas reações, e a arbitragem pontifical, que tornaram possível a passagem do agostinismo jurídico à doutrina de Santo TOMÁS DE AQUINO."

alguns efeitos de uma filosofia do direito, ordenada e científica – seja esta objeto ou não de um renascimento – sobre a realeza medieval: "o que sem dúvida distinguiu, na esfera pública, o século XII das épocas anteriores, foi a existência de uma filosofia erudita do direito – *philosophie savante du droit*":[485]

> Logicamente, sempre existiu direito, mesmo no mais profundo dos séculos obscuros. Contudo, essas leis bárbaras (*leges barbarorum*) se caracterizavam pelo fato que, em sua competência e em seu âmbito de aplicação (*ressort*), elas eram regionais e não universais; em segundo lugar, eram obra não de juristas profissionais mas de particulares, versados na arte da jurisprudência, mesmo se muitos traços foram emprestados ao direito científico, ou seja, ao direito romano; enfim, essas leis, que representavam costume de uma tribo ou de uma região, eram administradas por particulares, que faziam as vezes de homens da lei – reis, condes, clérigos, nobres ou *missi*, enviados quaisquer –, e não por juízes sábios e cientificamente formados.[486]

Situação semelhante prevalecia no campo do direito eclesiástico: é verdade que os cânones dos concílios, os decretos dos papas, e algumas leis dos imperadores cristãos – além das Escrituras e da tradição patrística – formavam, *a priori*, um corpo de direito eclesiástico, que, contudo, nem era decantado nem organizado.[487]

As forças liberadas pela reforma gregoriana da igreja e o acirramento de posições, em decorrência da querela das investiduras, ampliam as

[485] Ernst H. KANTOROWICZ, *La royauté médiévale sous l'impact d'une conception scientifique du droit* (Paris: Philosophie – revue trimestrielle, n. 20, automne 1988, pp. 48-72). Ver tb. Paolo GROSSI, **L'ordine giuridico medievale** (Roma – Bari: Laterza, 1995).

[486] Como apontava E. KANTOROWICZ (art. cit., 1988, p. 48), basta lembrar os impressionantes conjuntos de julgamentos dos reis anglo-saxões, os éditos lombardos, as coleções de direito visigóticas, ou as *Capitularia* dos carolíngios, para compreender que a primeira Idade média era tudo, menos desprovida de direito.

[487] *'Ni décanté ni organisé'* ponderava E. KANTOROWICZ (art. cit., 1988, p. 48-49). Mas, no âmbito da Igreja, logo essas coletâneas regionais-provinciais de material canônico (africano, espanhol, galicano, italiano), foram seguidas por período do qual se tem coletâneas de caráter mais universal, das quais número respeitável foi produzido entre a época carolíngia e a de GREGÓRIO VII.

perspectivas universalistas.[488] Não se pode negligenciar que, sob o mesmo impulso, resgata-se e reativa-se o *corpus* do direito romano. Com enormes consequências, inclusive sobre a evolução do direito internacional moderno e clássicos, com seus autores – tais como VITÓRIA, SUÁREZ, GRÓCIO, PUFENDORF, Samuel RACHEL – bebendo diretamente na fonte jurídica romana, ao construir as suas obras nos séculos XVI e XVII.

A grande transformação, ocorrida na época, para os nossos propósitos, na perspectiva do direito internacional, é o fato de, no espaço de uma ou duas gerações, ter-se criado "um direito eclesiástico universal e um direito secular universal, que fazem a sua aparição, no início do século XII".[489] Nessa mesma altura, o desenvolvimento dos 'estados', 'nacionais' e 'modernos' – todos os termos utilizados com reparos – começava a esboçar-se como dado relevante da organização política.[490]

[488] E. KANTOROWICZ (art. cit., 1988, p. 49): "Après les efforts de BURCHARD DE WORMS et d'IVO DE CHARTRES, un *corpus* important et organisé de droit canon fut composé, de manière isolé, par le moine bolonais GRATIEN: le *Decretum Gratiani*."

[489] Confira-se Paolo GROSSI, **L'ordine giuridico medievale** (Roma – Bari: Laterza, 1995). Na formulação do já referido estudo de Ernst H. KANTOROWICZ, *La royauté médiévale sous l'impact d'une conception scientifique du droit* (Paris: Philosophie – revue trimestrielle, n. 20, automne 1988, pp. 48-72). Por sua vez, M. VILLEY (op. cit., 2003, p. 141): "Os progressos da ciência do **Corpus juris civilis** foram rápidos. Talvez primeiro confinados às justiças municipais, já na segunda metade do século XII eles conquistam o próprio direito canônico: a igreja sente necessidade de se organizar – de se organizar '*à la romaine*'; além disso, seus quadros oficiais também precisam satisfazer as necessidades práticas dos burgueses e do comércio renascente. Mais tarde, os reis a imitarão, tomando legistas a seu serviço". Ver **Tratado** (tomo 5 – **Direito internacional no tempo de Francisco de Vitória**, cap. 12 – *jus gentium, jus commune, jus europaeum*: entre a teoria e a prática).

[490] Nesse sentido os adiante referidos estudos de Harold J. BERMAN, **La formación de la tradición jurídica de Occidente** (orig. publ. **Law and Revolution** – the Formation of the Western Legal Tradition, 1983, trad. by Monica UTRILLA DE NEIRA, Mexico: Fondo de cultura económica, 1996); Mario BRETONE, **Derecho y tiempo en la tradición europea** (orig. publ. **Diritto e tempo nella tradizione europea**,1994, trad. Isidro ROSAS Alvarado, México: Fondo de cultura economica, 1ª ed., 1999, reimpr., 2000); Jean PICQ, **Une histoire de l'état en Europe** – pouvoir, justice et droit du Moyen âge à nos jours (Paris: Presses de Sciences Po., 2009); b/c Michel VILLEY (1914-1988), esp. **A formação do pensamento jurídico moderno** (orig. publ. **La formation de la pensée juridique moderne**, trad. by Claudia BERLINER, São Paulo: Martins Fontes, 2005, 2a. ed., 2009); Franz WIEACKER, **História do direito privado moderno** (orig. publ. **Privatrechtsgeschichte der Neuzeit** – unter besonderer Berücksichtigung der deutschen Entwicklung, © 1967 – 2a. ed., trad. A. M. Botelho HESPANHA, Lisboa: Fund. C. Gulbenkian, 4ª ed., 2010).

Em plena guerra das investiduras, INOCENCIO III (papa, de 1198 até 1216), na Decretal **Venerabilis**, de 1202, fixa o direito canônico a respeito. No século XIII, sobre essa base, prosseguirá a construção da base legal para as pretensões papais, com INOCENCIO IV (papa, de 1243 até 1254). Levada ao paroxismo de sua formulação com BONIFÁCIO VIII (papa, de 1294 até 1303), acarreta a ruptura da pretensão papal. E a oposição frontal de FELIPE o belo da França, somada às agitações então reinantes em Roma, será o marco do início do período de "cativeiro da Babilônia", com os papas em Avinhão, durante as décadas seguintes, no século XIV.

Apesar das suas flutuações:

> a consagração eclesiástica dos dirigentes temporais – que no caso de PEPINO assume a concreta configuração legal de aprovação – se mantém como elemento constitutivo da realeza ocidental, durante todo o conjunto da Idade média.
> Esta tem papel central nos ritos de coroação. [...] Esta se faz, não pelo papa, mas pelos metropolitas de cada um dos reinos: na Alemanha, pelo arcebispo de Mainz, na França, pelo arcebispo de Reims, e na Inglaterra, pelo arcebispo de Canterbury.[491]

Esta terá, também, papel relevante, embora muitas vezes sujeito a controvérsias, em relação à consagração papal dos imperadores, após a eleição destes. Basicamente, pode-se arguir ser a questão central a determinação – para utilizar terminologia jurídica processual, transposta para esta matéria de direito público medieval – de quanto a consagração papal poderia ter, quer de "efeito constitutivo" ou meramente "efeito declaratório" da dignidade imperial.

A discussão parece ter alcance antes teórico e conceitual, do que consequências – se vista com os olhos de hoje. Mas, não podem ser esquecidos, em torno disso, quantos acirrados confrontos intelectuais e muitas lutas foram travadas durante séculos no Ocidente medieval.

O conjunto terá importância considerável para e impacto direto sobre a futura criação de sistema de direito internacional. É impossível

[491] W. GREWE (op. cit., 1984, p. 103): "Im Krönungsritus hatte sie ihren unerschütterlichen zentralen Platz."

conceber o trabalho de VITÓRIA,[492] no século XVI e, sobretudo, de SUAREZ,[493] no século XVII, sem as bases formuladas por TOMÁS de AQUINO, no século XIII. Notavelmente, SUAREZ foi o "principal canal por meio do qual a escolástica se tornou conhecida dos modernos filósofos clássicos".[494]

Na Idade média, a cultura está nas mãos dos teólogos: nas escolas religiosas do século XII – tais como Chartres, Laon e Paris – ou, mais tarde, nas Universidades dos séculos XIII e XIV. Nesse contexto, "existem poucas filosofias do direito tão célebres, tão notáveis como a incluída na **Suma teológica** de Santo TOMÁS.[495] E poucos eventos, tão carregados de consequências, como o surgimento da escolástica franciscana, com DUNS SCOT e GUILHERME DE OCKHAM".[496]

Mas – o que é menos conhecido – a época moderna conservou, as preocupações religiosas e teológicas. Embora a cultura tenha amplamente passado ao mundo leigo e, ademais, a distinção entre clérigos e leigos perde todo o seu sentido entre os protestantes. O século XVI não é descrente (*incroyant*)[497] e a filosofia do direito aí está representada, primeiro pelos teólogos espanhóis da Reforma católica – com VITÓRIA, SUAREZ, F. VAZQUEZ.

[492] Sobre TOMÁS DE AQUINO, ver o item 10.1, no presente tomo. Sobre VITÓRIA ver **Tratado** (tomo 5 – **Direito internacional no tempo de Francisco de Vitória**, cap. 14).

[493] Ver **Tratado** (tomo 6 – **Direito internacional no tempo de Suárez, Gentili e Zouch**, cap. 15 – Francisco SUÁREZ (1548-1617)); John P. DOYLE, *Francisco Suarez on the Law of Nations* (in JANIS Mark W. & Carolyn EVANS (edited by), **Religion and International Law** © 1999, Leiden/Boston: M. Nijhoff, 2004, p. 103-120); e tb. Armand A. MAURER, **Medieval philosophy** (New York: Random House, 1962).

[494] A respeito, **Tratado** (tomo 6 – **Direito internacional no tempo de Suarez, Gentili e Zouch**, cap. 15, cit.). Ver, neste tomo, cap. 11 – tratadistas da guerra: Balthazar AYALA e Pierino BELLI; v. tb. Alfred VANDERPOL, **La doctrine scolastique du droit de guerre** (Paris: Pedone, 1919); A. VANDERPOL, **Le droit de guerre d'après les théologiens et les canonistes du Moyen Âge** (Paris/Bruxelles: Tralin, 1911).

[495] Ver, adiante, 10.1 –TOMÁS DE AQUINO. TOMÁS DE AQUINO, **Suma teológica** (escrita 1268-1273, tradução Alexandre CORREIA, Campinas: Ecclesiae, 5 vols., 2016).

[496] M. VILLEY (op. cit., 2003, Introduction, p. 56-57) observava: Seuls les 'philosophes' français du XVIIIe siècle commencent à faire exception, encore qu'ils ne soient pas exempts, de façon négative, des préoccupations religieuses.

[497] M. VILLEY (op. cit., 2003, loc. cit.).

Vale lembrar que, não somente "LUTERO, CALVINO e os calvinistas trazem pensamento sobre o direito",[498] como também GRÓCIO, PUFENDORF, LOCKE, SPINOZA, LEIBNIZ, WOLFF e KANT todos escreveram obras de teologia, que, a seu tempo, não foram as menos célebres dentre as suas obras.[499]

Existe continuidade e encadeamento, na vida dos homens, como na vida da espécie humana. Na história em geral, como na história das ideias.

Alegava VILLEY que PLATÃO confundia, sob os termos de *nomos* e de *dikaion*, a célebre e necessária linha divisória entre o direito e a moral. E isso tem múltiplos efeitos e consequências.

Por sua vez, ARISTÓTELES,[500] na **Ética a Nicômaco**,[501] chega à distinção entre o direito e a justiça: sem dúvidas, ARISTÓTELES trata do direito,[502] em estudo dedicado à justiça.[503] O justo como objetivo da justiça – *Jus objectum justitiae*, dirá TOMÁS.

> Existem civilizações que misturam direito e moral, como o fazia PLATÃO, e como faz a Idade média, na esteira de santo AGOSTINHO. Existem outras que, seguindo a descoberta de ARISTÓTELES,[504] sabem delimitar

[498] M. VILLEY (op. cit., 2003, loc. cit.)..

[499] Nesse sentido, ver **Tratado** (tomo 5 – **Direito internacional no tempo de Francisco de Vitória**, título I – multipolarização da Europa na era moderna e advento do direito internacional como sistema, bem como tomos 6 – **Direito internacional no tempo de Suárez, Gentili e Zouch**, 7 – **Direito internacional no tempo de Hugo Grócio**, 8 – **Direito internacional além do paradigma vestfaliano**, 9 – **Direito internacional no tempo de Samuel Pufendorf** e 10 – **Direito internacional no tempo de C. van Bynkershoek e Christian Wolff**).

[500] ARISTOTLE, **Nichomachean Ethics** (original grego, with an English translation by R. RACKHAM, Cambridge, Ma. / London: Harvard UP, LCL vol. 73, ARISTOTLE vol. XIX, © 1926, reprinted 2003).

[501] ARISTÓTELES, **Ética a Nicômaco** (livro V, caps. VIII e IX).

[502] Ver tb. ARISTOTLE, **Politics** (original grego, with an English translation by R. RACKHAM, Cambridge, Ma. / London: Harvard UP, LCL vol. 264, ARISTOTLE vol. XXI, © 1932, reprinted 2005).

[503] M. VILLEY (op. cit., 2003, p. 84-85): "la science du droit est une partie de la science de la justice, mais une partie bien distincte. [...] La science du droit a conquis son autonomie, comme y conduisait l'examen de l'expérience, si puissamment, si fidèlement conduit dans le livre V de l'**Éthique**."

[504] Dentre as obras perdidas, podem ser recuperados alguns elementos, a partir de fragmentos e de testemunhos. Veja-se, por ex., ARISTOTE, **De la richesse, De la prière, De**

> setor jurídico especializado, rejeitar, da ciência do direito, de um lado, o estudo das diversas virtudes (caridade, misericórdia), diversas da justiça, em sentido específico, e de outro lado, o exame das intenções.
> É a definição estrita do direito que construiu o direito romano clássico – como na linha de TOMÁS e porque TOMÁS conheceu a **Ética** de ARISTÓTELES[505] – [que se coloca] no direito europeu moderno.[506]

No direito, em geral, é necessária essa delimitação das fontes, do método e dos fins, como se dá, também, especificamente no direito internacional. Por isso, é relevante apontar quanto do direito internacional do tempo medieval se põe como vinculação direta, em relação ao que ocorrerá, alguns séculos mais tarde, no contexto da era moderna.[507]

Em relação ao conjunto medieval, "apesar de nossos preconceitos, nada mais contrário ao dogmatismo que a inteligência medieval, respeitosa em relação à transcendência, consciente da fragilidade de todas as opiniões humanas, dialética, pronta a acolher a contradição".[508]

la noblesse, Du plaisir, De l'éducation – Cinq oeuvres perdues (fragments et témoignages, édités, traduits et commentés sous la direction et avec une préface de Pierre-Maxime SCHUHL, Paris: P.U.F., 1968).

505 ARISTOTLE, **Nichomachean Ethics** (original grego, with an English translation by R. RACKHAM, Cambridge, Ma. / London: Harvard UP, LCL vol. 73, ARISTOTLE vol. XIX, © 1926, reprinted 2003).

506 M. VILLEY (op. cit., 2003, loc. cit.): "le contenu de la science du droit, ses sources, sa méthode, son esprit dépendent largement des frontières que l'on assigne à cette science."

507 Como se considera no **Tratado** (tomos 5 a 10, já referidos)..

508 Compare-se Paolo GROSSI, **L'ordine giuridico medievale** (Roma – Bari: Laterza, 1995). Por sua vez, M. VILLEY (op. cit., 2003, p. 146 e a seguir p. 147) observa: "pode-se registrar com certeza que *novas fontes* foram colocadas em circulação; fontes de origem profana. Já o trabalho dos glosadores mostrara as definições romanas do direito natural. Os homens de Chartres recolocam em lugar de honra diversos textos: o **De officiis** de CÍCERO, fonte de importância capital para a teoria geral do direito; seu **De inventione**, que comporta classificação célebre das fontes do direito – e foi comentado por THIERRY DE CHARTRES; o comentário do **Timeu** de CHALCIDIUS, que carrega para o direito as ideias aristotélicas – e ao qual parece remontar a expressão 'direito positivo'. Mas, sobretudo a grande invasão de ARISTÓTELES: de suas obras de filosofia, sobretudo o **De anima**, cujo estudo se difunde em Paris, na metade do século; da **Ética a Nicômaco**, da qual, em Oxford, Robert GROSSETESTE faz nova tradução, por volta de 1245, que logo depois já circulava na França; da **Retórica**, por volta de 1250. São ALBERTO MAGNO se propõe comentar todas as obras do Estagirita. E santo TOMÁS fará traduzir, a partir de um manuscrito bizantino,

Não menor será a transformação na assim chamada 'fase final' da Idade média – dos séculos XIV ao XV, cujos efeitos adentram o século XVI – quando se põem sinais de crise das estruturas vigentes na fase anterior. Por isso, cabe falar em "outono da Idade média" – mas também cumpre regisrar a ocorrência de inovações e mutações prenunciadoras do futuro. Foram tempos de crise e de esgotamento, que marcam a fase final do modelo medieval,[509] que, por sua vez, prepara o caminho para a experimentação de novas receitas. Em estreito paralelo com experimentações de nossos tempos pós-modernos.[510]

e comentará a **Política**. Eis, assim, restabelecido o contato direto com a filosofia clássica do direito natural."

[509] Guy BEAUJOUAN, em seu estudo, *Le temps historique* (in **L'Histoire et ses méthodes**, direction de Charles SAMARAN, Paris: Gallimard-Pleiade, 1961, p. 52-67, cit. p. 62-63) mostra que pode haver relação entre a crise e deterioração econômica da fase final da Idade média com as condições climáticas dessa mesma época: "Comment ne pas exploiter à fond, même si les bases scientifiques en sont fragiles, la théorie de PETTERSSON qui explique par l'excès de la 'force génératrice des marées' une détérioration du climat européen aux XIVe et XVe siècles, c'est-à-dire à l'époque de la régression économique et démographique qui marque la fin du Moyen Âge?" Algo semelhante pode ser lembrado em relação à crise do século XVII, em decorrência de frio excessivo, que foi chamado de '*little ice age*', com forte proporção de invernos rigorosos, entre 1540 e 1600. Mas, não se deve confiar excessivamente em tais projeções a longo prazo: "Il faut donc, selon une expression chère à Mr. BRAUDEL, rechuter du 'temps long' au 'temps court'. On peut alors observer avec E. LEROY-LADURIE, que, pour la France, de 1646 à 1651, six années continuellement pluvieuses sont à l'origine du malaise économique et social qui s'est maladroitement exprimé dans les révoltes de la Fronde. Bien plus, toujours pour la France, la méthode phénologique permet d'opposer les périodes végétatives chaudes des années 1652-1687 aux printemps et aux étés plutôt frais des années 1687-1717. Avec les subsistances moins abondantes et plus chères, nous sommes ainsi au coeur même des difficultés qui s'amoncellent dans la seconde moitié du règne de LOUIS XIV."

[510] Ver **Tratado** (tomo 5 – **Direito internacional no tempo de Francisco de Vitória**, cap. 13 – estado como sujeito de direito internacional – a contribuição de Maquiavel e Bodin). Ver tb. Wallace K. FERGUSON, **La Renaissance dans la pensée historique** (1950, **The Renaissance in historical thought**, trad. Jacques MARTY, préf. Élisabeth CROUZET-PAVAN, Paris: Payot, 2009); Federico ZERI, **Renaissance et pseudo-Renaissance** (do original, publicado em 1983, **Rinascimento e pseudo-Rinascimento**, trad. Christian PAOLONI, Paris: Payot, 2001); e Adda B. BOZEMAN, **Politics & Culture in International History** – from the Ancient Near East to the opening of the Modern Age (originally publ., 1960, New Brunswick, USA: Transaction Publishers, 2nd ed., 1994, 4th. printing, 2010).

A fragmentação política, com a emergência das 'soberanias' dos 'estados',[511] a ruptura da unidade religiosa do Ocidente, em decorrência da reforma protestante,[512] e a combinação dos efeitos entre as mutações internas combinadas com as mudanças do 'contexto internacional', da queda de Bizâncio, em 1453, às 'descobertas' da América, em 1492 e 1500, trazem mutação em escala mundial[513] e novo cenário, não somente para os dois continentes – porque as partes do mundo se transformam ao entrar em contato umas com as outras –,[514] com repercussões cruzadas entre Europa e América, como também Ásia e África. Como ilustra a confluência do antigo e do novo na obra de Francisco de VITÓRIA.[515]

[511] Como ref. **Tratado** (tomo 5 – **Direito internacional no tempo de Francisco de Vitória**, cap. 13 – estado como sujeito de direito internacional – a contribuição de Maquiavel e Bodin); Léon DUGUIT, **Souveraineté et liberté** ("leçons faites à l'Université Columbia (New York) 1920-1921", Paris: La Mémoire du droit, 2002, cit. p. 3-4) enfatiza a continuidade da evolução social: Une des conceptions les plus fécondes de la sociologie moderne est celle de la continuité de l'évolution sociale: la nature sociale, pas plus que la nature physique, ne fait de sauts, et la vieille théorie des époques historiques se distinguant nettement les unes des autres, est une doctrine artificielle, fausse et antiscientifique.

[512] Vejam-se, dentre tantos outros: de ERASMO DE ROTTERDAM, os libelos coligidos no volume **Liberté et unité dans l'église** (*Sur l'interdiction de manger de la viande – Contre de soi-disant évangéliques – Sur la concorde de l'église*, intr., présentation des textes et bibliographie par J. M. de BUJANDA, trad. et notes par Roland GALIBOIS en collab. avec Pierre COLLINGE, Québec, Canadá: Ed. Cosmos/Centre d'Études de la Renaissance de l'Université de Sherbrooke, 1971); b/c, para apresentação das posições do lado protestante, Jean-Paul BARBIER-MUELLER, **La parole et les armes**: Chronique des guerres de religion en France 1562-1598 (Genebra: Musée international de la Réforme / Hazan, 2006, p. 13): Le conflit était inévitable, pas tant pour des raisons religieuses que pour des causes propres à la royauté française. Car la Réformation luthérienne, si elle a donné lieu à des mécontentements (CHARLES QUINT enrageait) et à des combats, n'a toutefois pas conduit le Saint-Empire dans les affres d'une guerre civile internationale.

[513] Para análise sobretudo histórico-economica do fenômeno, veja-se de Aldo FERRER, **História de la globalización** – Orígenes del orden económico mundual (Buenos Aires: FCE de Argentina, 1996) e **História de la globalización II** – La Revolución industrial y el segundo orden mundual (Buenos Aires: FCE de Argentina, 1999).

[514] Jay A. LEVENSON (edited by), **Circa 1492** (Washington / New Haven: National Gallery of Art / Yale University Press, 1992); Serge GRUZINSKI, **Las cuatro partes del mundo** – História de una mundialización (México: FCE, 2010, cit. p. 93-94): "Las partes del mundo se transforman al entrar en contacto unas con otras."

[515] Cf. **Tratado** (tomo 5 – **Direito internacional no tempo de Francisco de Vitória**); ver A. PAGDEN, *Dispossessing the barbarian: the language of Spanish Thomism and the debate over*

Estes dados acarretarão novas condições para os séculos seguintes: sem a compreensão destes dados contextuais básicos não se compreende a passagem do mundo medieval para o moderno, passando pelo Renascimento, ou 'renascimentos', na medida em que podem ser apontadas várias fases e modalidades deste.[516] O mundo 'moderno', basicamente compreendido entre os marcos de 1453 e 1789, ou mesmo 1815, também se inscreve como continuidade, com transformações,[517] a partir deste marco 'medieval'.

Durante a fase final da Idade média, a estrutura escolástica[518] e universitária não mais atrai as mentes mais brilhantes do tempo. A grande renovação intelectual virá de fora dos quadros institucionais estabelecidos – o que deve servir de advertência, para todas as épocas.

Francisco PETRARCA (falecido em 1374) pode ser símbolo dessa fase: o intelectual solitário, que se arranjou, como pode, com as cortes dos príncipes; e se tornou a referência para as gerações seguintes de escritores e de filósofos. Como mencionado, além de erudito e extraordinariamente bom poeta – que fez pela poesia lírica italiana, o que DANTE fez pela épica – PETRARCA foi também pensador relevante.[519] Ele marca, com

the property rights of the American Indians (in **The languages of political theory in early modern Europe** (Cambridge: Univ. Press, © 1987, edição de 1990, p. 78-98); Patricia SEED, **Ceremonies of possession in Europe's conquest of the new world 1492-1640** (New York / Cambridge: Cambridge Univ. Press, 1995).

516 É. CROUZET-PAVAN, **Renaissances italiennes 1380-1500** (Paris: Albin Michel, 2007).

517 Como se considera no **Tratado** (tomos 5 a 13, esp. tomo 5, introdução).

518 Cf. os já referidos estudos de Alfred VANDERPOL, **La doctrine scolastique du droit de guerre** (Paris: Pedone, 1919) e **Le droit de guerre d'après les théologiens et les canonistes du Moyen Âge** (Paris/Bruxelles: Tralin, 1911).

519 Francisco PETRARCA, **Liber sine nomine** (1342-1361, **Sans titre**, édition bilingue latin-français, texte traduit, présenté et annoté par Rebecca LENOIR, Grenoble: Jerôme Millon, 2003); PETRARCA, **De otio religioso** (1346-1357, **Le repos religieux**, édition bilingue latin-français, préface de Jean-Luc MARION, intr., traduction et notes de Christophe CARRAUD, Grenoble: Jerôme Millon, 2000); PETRARCA, **De sui ipsius et multorum ignorantia** (1367-1368, **Mon ignorance et celle de tant d'autres**, édition bilingue latin-français, préface d'Olivier BOULNOIS, traduction de Juliette BERTAND (1929), révue par Christophe CARRAUD (1999), notes de Christophe CARRAUD, Grenoble: Jerôme Millon, 2000); PETRARCA, **Invectives** (1352-1373, **Invective contra medicum**, 1352-53; **Contra eum qui maledixit Italie**, 1373; **Invectiva contra quendam magni status hominem sed nullius scientie aut virtutis**, 1355; édition bilingue latin-français, texte traduit, présenté et annoté par Rebecca LENOIR, Grenoble: Jerôme Millon, 2003).

sua inteligência profunda e por vezes senso de humor cortante, a sua presença na história das ideias e concepções intelectuais, pelas quais se alinhará o futuro.

PETRARCA se destaca entre os que afirmam a primazia do imperador, como soberano temporal.[520] A grande controvérsia do tempo teve, também, o seu preço para o grande humanista.

Os papas da Renascença foram alguns dos mais cultos e generosos patronos das artes e das letras na Europa da época, embora nem sempre modelos de piedade e de fé cristã. No século XV, dentre os papas humanistas, desponta personalidade como Eneias Silvio PICCOLOMINI, o papa PIO II (1405-1464). Os diários deste, ou **Comentários**,[521] a meio caminho entre a biografia e a narrativa de eventos de seu tempo, são a única autobiografia de um papa, que se tornou pública. A obra, escrita em elegante latim, modelado em CESAR e CÍCERO, deixa-nos visão íntima da sua vida e pensamento, bem como vivo retrato do seu tempo, com foco na interação entre um grande homem e as poderosas forças da história, que dirigiram sua carreira e que este, por sua vez, contribuiu para fazer tomar forma em determinado sentido. Por vezes, de modo bastante filosófico: "*Como são risíveis as coisas do mundo, onde nada é estável nem seguro*".[522]

Antigo contestador do poder do papado e libertino, além de notável poeta latino e diplomata, Eneias 'converte-se', torna-se padre, é nomeado bispo de Trieste, depois bispo de Siena, legado pontifício e embaixador imperial, antes de chegar a cardeal. Reúne, assim, considerável experiência e depois, em 1458, é eleito papa, com o nome de PIO II (1458-1464). Eneias exclama "não conhecer outro homem que tivesse a ventura de ser

[520] PETRARCA, **De suis ipsius et multorum ignorantia** (1367-1368, ed. 2000, II.17): "Romanum hunc principem – neque enim alius etate haec legitimus princeps fuit."

[521] Aeneas Silvius PICCOLOMINI, papa PIUS II, **Commentariorum Pii Secundi Pontificis Maximi Libri XIII** (edição bilingue **Commentaries**, ed. by Margaret MESERVE and Marcello SIMONETTA, Cambridge, Ma. / London: Harvard Univ. Press – The I Tatti Renaissance Library, vol. I – Books I-II, 2003; vol. II – Books III-IV, 2007). Exemplo da atividade do humanista, ver tb. Enea Silvio PICCOLOMINI, **Storia di due amanti** (do original **Historia de duobus amantibus**, trad. e intr. di Maria Luisa DOGLIO, testo latino a fronte, con un saggio di Luigi FIRPO, *Enea Silvio, pontefice e poeta*, (c) 1973, Milão: TEA, 1990).

[522] PIUS II (op. cit., 1464, ed. 2003, I.22.5): "Ridendus est mundi cursus, in quo nihil stabile, nihil securum invenitur."

tão exaltado pela fortuna, a ponto de servir como secretário a dois papas, um imperador e um antipapa".[523]

Este humanista e diplomata, ao se tornar papa, dedica os seus seis anos de exercício do pontificado, sobretudo, à preservação das prerrogativas papais. Ao menos nominalmente, engajar-se-ia na organização de cruzada pan-europeia contra o Império otomano.

Digno de nota, igualmente, o também humanista e papa NICOLAU V (1447-1455). Predecessor de PIO II. Ambos fazem da Cúria pontifical uma corte principesca, e esta se engajava em brilhar, tanto ou mais do que as outras.[524]

Isso se explica como tentativa de compensar o que ocorrera, na maior parte do século XIV, quando Cúria deixou grande parte de seu prestígio em Avinhão.[525] Esse foi tempo sombrio na história da igreja – não por acaso chamado de 'exílio da Babiblônia' –, quando se chegou a ter, simultaneamente, dois ou mesmo três papas, que se excomungavam reciprocamente, bem como aos partidários de seus opositores.

[523] PIUS II (op. cit., 1464, ed. 2003, I.14.1): "Nec scio, an alteri unquam contigerit eo fortunam unum efferre hominem, ut apud duos Romanos pontifices, unum imperatorem et unum antipapam secretariatu potiri posset!"

[524] O ideal do homem de corte foi retratado, algumas décadas mais tarde, por Baldassar CASTIGLIONE (1478-1529), **Il libro del Cortegiano** (intr. di Amedeo QUONDAM, note di Nicola LONGO, Florença: Garzanti, 1° ed., 1981, 5° ed., 1992; tb. na trad. de Juan BOSCÁN, **El Cortesano**, estudio preliminar Teresa SUERO ROCA, Barcelona: Bruguera, 1972). O próprio CASTIGLIONE, homem de seu tempo, político mas também com extensa produção literária, nascido em Casatico, na província de Mântua, em 1478, depois de trabalhar, a partir de 1499, para a família de Francesco GONZAGA, reside na corte de Urbino, de 1504 a 1513, pela qual foi encarregado de missões diplomáticas (na Inglaterra, em 1506, em Milão, em 1507, dentre outras), primeiro por GUIDUBALDO DI MONTEFELTRO e depois pelo sucessor deste, Francisco Maria della ROVERE. Em 1513 foi enviado como embaixador a Roma, onde residiu até 1516. Retorna a Mantua, nos anos 1520, e viúvo de Ippolita TORELLI, assume o estado eclesiástico e foi nomeado, em 1524, núncio apostólico de CLEMENTE VII, junto à corte de Madri. Este mais tarde o criticou, por não ter sabido prever e prevenir diplomaticamente o saque de Roma, em 1527. CASTIGLIONE se eximiu das acusações, com nobre carta ao papa, e depois ulteriormente demonstrou a sua fidelidade à igreja com a *Requisitória* (1528) contra Alonso VALDÉS, irmão de Juan, e secretário de CARLOS V. Morreu no ano seguinte de "febre pestilencial" na cidade de Toledo.

[525] Dominique PALADILHE, **Les papes en Avignon** (orig. publ. 1974, Paris: Perrin, 2008). Ver tb., adiante, cap. 9 – MARSÍLIO DE PÁDUA e GUILHERME DE OCKHAM.

Esses desmandos públicos e de luta aberta pelo poder temporal também explicam projetos como o do pensador Mestre ECKHART (falecido por volta de 1327), de vida religiosa interiorizada, moderada sob muitos aspectos. Uns se voltavam para o ascetismo e a vida interior, enquanto outros esperavam que o movimento conciliar produziria reforma enérgica das estruturas institucionais da Igreja.

A expressão da tensão entre as duas tendências – reformista e ortodoxa – se reflete na condenação do reformador checo Jan HUSS, a morrer queimado na fogueira, em 1415, pelo Concílio de Constança. Este Concílio – que se estendeu de 1414 até 1418 – revelou os limites do que se poderia esperar da igreja, face aos movimentos populares de renovação.

Não se deve, contudo, esquecer ter sido neste concílio proclamada a concepção de direito da sociedade humana – *jus humanae societatis*. Fica-se surpreendido que fato de tal importância histórica tenha sido tão pouco estudado, não somente pelo pensamento filosófico, como também do ponto de vista das doutrinas da sociedade internacional. Advirta-se[526] que "este bastaria a nos tornar prudentes em relação a tantas afirmações categóricas sobre as pretensas origens das doutrinas modernas".[527]

À luz desse grande debate, torna-se possível compreender as bases para o enunciado das teses de VITÓRIA, depois da descoberta do Novo Mundo. E, justamente, ressaltar que isso se deu lá, no Concílio de Constança, em 1415, muito antes da obra de VITÓRIA.

Afirma VITÓRIA serem os índios verdadeiros senhores de seu território, no direito público, como no privado – *sunt veri domini, publice et privatium* – posteriormente ao descobrimento do Novo Mundo, quando se viu diante da necessidade de enunciar premissas sobre as quais colocar a ideia de ordem mundial. Esta foi expressa como tentativa de legitimar o direito dos 'infiéis' ao 'domínio' e à 'jurisdição' e, consequentemente, a

[526] Jean MOREAU-REIBEL, **Le droit de société interhumaine et le *jus gentium*: essai sur les origines et le développement des notions jusqu'à Grotius** (RCADI, 1950, t. 77, pp. 481-598, esp. chap. III, 'Des canonistes à VITORIA – proclamation du 'jus humanae societatis' au Concile de Constance', p. 523-536), lembra também a contribuição de precursor holandês, do século XV, HENRI DE GORINCHEN.

[527] Como se examina no **Tratado** (tomo 5 – **Direito internacional no tempo de Francisco de Vitória**, cap.14); para J. MOREAU-REIBEL (1950, p. 531 e 532), à luz desse grande debate se torna possível compreender as bases para o enunciado das teses de VITÓRIA, depois da descoberta do Novo Mundo.

possibilidade para os povos cristãos de celebrar acordos com estes povos não-cristãos.[528]

Sem descaracterizar a originalidade do pensamento de VITÓRIA, na primeira metade do século XVI, esta não pode ser adequadamente compreendida sem reportar esse debate, do início do século XV. Foi o precedente, suscitado no Concílio de Constança, em 1415 e 1418, relevante como premissa filosófica e teológica, para a construção das bases para o relacionamento entre sociedades, alinhadas por diferentes concepções religiosas e culturais. Inclusive em matéria de direito e relações internacionais, no tocante à licitude e à extensão possível de tratados e das relações comerciais entre cristãos e muçulmanos.

A questão da relação com o outro é sempre problema humano e social.[529] E que se reflete no direito em geral e, particularmente, no direito internacional, por sua própria natureza e seu âmbito de aplicação.

E o debate pode, por vezes, colocar-se de maneira insidiosa. Basta, por exemplo, substituir o 'outro', por termos tais como 'infiéis', 'pagãos' ou 'bárbaros', tal como se conheceu e praticou desde a Antiguidade[530]

[528] J. MOREAU-REIBEL (op. cit., 1950, p. 525-528) critica a omissão dos autores de direito internacional em mencionar a importante discussão a respeito dos limites da sociedade inter-humana, tal como se deu no âmbito do Concílio de Constança Com a honrosa exceção de Ernest NYS, **Le droit international: les principes, les théories, les faits** (Paris: Marcel Rivière, 1912). Mas sem deixar de assinalar que este teria feito menção à discussão no concílio de Constança de modo incompleto, reportando somente sessão de 6 de julho de 1415, e não a de 22 de abril de 1418, na qual a matéria teria recebido o seu mais extenso e adequado desenvolvimento. Cfr. Jacques LENFANT, **Histoire du Concile de Constance** (Amsterdam: chez Pierre Humbert, « nouvelle édition », 1727).

[529] Franklin Leopoldo e SILVA, **O outro** (São Paulo: Ed. WMF-Martins Fontes, 2012, cit. p. 32): "A presença do outro mantem-se indecifrável do ponto de vista teórico. O que muda é a significação do princípio, que agora é visto no caráter imediato da relação e na força com que ela se impõe. É esse o significado do princípio ético de alteridade."

[530] A respeito ver **Tratado** (tomos 3 A – **Direito internacional no tempo antigo**, 3 B – **Gregos, romanos, chineses, indianos**); Alessandro BARBERO, **Barbares – immigrés, réfugiés et déportés dans l'Empire romain** (orig. publ. **Barbari – Immigrati, profughi, deportati nell'Impero romano**, 2006, trad, Pérette-Cécile BUFFARIA, Paris: Tallandier, 2009, Introduction – Frontières et mobilité humaine dans l'empire romain, p. 9-22, cit. p. 9-10): "A importância determinante de que se reveste em nossa época o problema da imigração encorajou pesquisadores a retomar essa questão, graças a léxico novo e conceitos renovados, sem recear admitir que são precisamente nossas preocupações atuais que influenciam as questões que dirigimos ao passado. É assim que se fala correntemente sobre

e, também, o Império romano do Oriente,[531] para se ver justificada a exclusão da ordem internacional daquele que, suposta ou efetivamente, não preencha os mesmos requisitos civilizacionais que os nossos.[532] Basta lembrar a redação (vigente) que enumera os "princípios gerais de direito, reconhecidos pelas nações civilizadas", para se ver como o risco permanece presente e próximo.

Face ao perigo que representavam os turcos otomanos, uma atitude concertada do Ocidente, sob a direção do papa, poderia ter sido resposta adequada.[533] O papado chega a conceber e tentar uma reconciliação com Bizâncio, para formar frente unificada, de ação e de defesa do Ocidente e do Império romano do Oriente.

Em lugar dessa atuação concertada, parece-se esquecer todos os ataques perpetrados pelo Ocidente, contra o outro Império cristão, na Ásia menor. Todos os ataques e, inclusive, ocupação que os europeus ocidentais – 'francos' ou 'latinos' – contra Bizâncio praticaram.

Os dois impérios cristãos tinham se tornado potências estrangeiras uma à outra. O cisma de 1054 torna evidente – e oficial – o antagonismo entre as igrejas 'católica' e 'ortodoxas'. Em 1204, o conflito se torna sangrento.

> Estadistas ocidentais parecem não ter reconhecido o fato de que Bizâncio, apesar de todas as suas fraquezas, ainda era o mais forte e, em verdade, o indispensável bastião de defesa do inteiro espaço cultural cristão, nas suas

os imigrantes, para se referir aos bárbaros, aos quais o governo concedia pacificamente o direito de se instalar em solo romano."

[531] Ver Michel de TAUBE, **L'apport de Byzance au développement du droit international occidental** (RCADI, 1939, t. 67, p. 233-340).

[532] Cf. **Tratado** (tomo 14 – **Direito internacional no tempo do colonialismo**, item – colonialismo e hipocrisia da suposta 'missão civilizadora do homem branco'); v. tb. H. ACCIOLY – G. E. do NASCIMENTO E SILVA – P. B. CASELLA, **Manual** (25ª ed., 2021, item 1.4 – inocência do direito internacional em pedaços: leituras críticas e novas perspectivas sobre a área, p. 136-148)

[533] Eneias Sílvio PICCOLOMINI, antes de ser eleito papa PIUS II (op. cit., 1464, ed. 2003, I.24.3) relata ocasião na qual em discurso teria implorado ao papa NICOLAU V que preparasse e proclamasse cruzada contra os inimigos da Cristandade, de modo a prevenir ulterior sofrimento entre os cristãos da Grécia e do Oriente: "*generale passagium adversus Christiani nominis inimicos indiceretur atque instrueretur, papam hortarus est, ne Christicolae per Graeciam et orientem amplius vexarentur.*"

relações com o mundo asiático. E, nesse estado de visão restrita – *state of contracted vision* –, organizaram uma 'guerra santa' contra Constantinopla.[534]

Em 1204, a quarta cruzada que deveria lutar na Terra santa, volta-se contra a capital do Império romano do Oriente, ocupa-a e saqueia-a – foi a maior pilhagem da era – e isso chega a ser comemorado como relevante vitória no Ocidente, na época. Após a ocupação, os cristãos ocidentais fracionam o antigo Império romano do Oriente, e instalam-se como mestres na Grécia, durante meio século.

A ocupação ocidental de Bizâncio permanece até ser o Império reconstituído em 1261, quando os gregos retomam o comando. Mas, o império se viu enfraquecido nesses séculos finais (1261-1453).[535]

Antes e depois desse episódio de ocupação, o Império bizantino, na continuidade do Império romano do Ocidente, perpetuou-se e conheceu história brilhante mas, exceto durante curtos períodos, somente englobou na Europa países povoados por gregos. Em outras áreas se criam,

[534] Adda BOZEMAN, **Politics & Culture in International History** – from the Ancient East to the opening of the Modern Age (© 1960, New Brunswick, N.J.: Transaction Publishers, 2nd ed., 4th printing, 2010, esp. chap. 8, '*The medieval Western European Realm*', p. 238-297, cit. p. 283): "schemes to subdue Byzantium took priority over programs to recover the Holy Land. But whereas Byzantium's hostility to Rome was on the whole tempered by its centrally directed, long range statesmanship, the West's antagonism to its Christian rival was, by comparison, frequently irrational – particularly since each small faction claimed the right to formulate its own objectives and vent its own vindictiveness. In the absence of any over-all evaluation of the Western stake in Asia, Western statesmen did not recognize the fact that Byzantium, despite its many weaknesses, was yet the strongest, indeed the indispensable, bastion of the entire Christian culture realm in its relations with the Asian world. And in this state of contracted vision, they organized a Holy War against Constantinople."

[535] Nesse sentido, alguns estudos já referidos: Alain DUCELLIER, **Les Byzantins**: histoire et culture (Paris: Seuil, © 1988, impr. 2002); A. DUCELLIER, **Le drame de Byzance**: idéal et échec d'une société chrétienne (Paris: Hachette – littératures, 1997); A. DUCELLIER e Michel BALARD (direction de), **Constantinople 1054-1261** (Paris: Autrement, 1996); Jacques HEERS, **Chute et mort de Constantinople** (1204-1453) (Paris: Perrin, © 2005 e 2007, impr. 2008); Donald M. NICOL, **Les derniers siècles de Byzance 1261-1453** (do original **The last centuries of Byzantium, 1261-1453**, © 1972, trad. Hughes DEFRANCE, Paris: Tallandier – coll. Texto, 2008); John Julius NORWICH, **Histoire de Byzance** 330--1453 (do original **A short History of Byzantium**, © 1988, trad. Dominique PETERS, Paris: Perrin, 2009); Stéphane YERASIMOS, **Constantinople: de Byzance à Istanbul** (© 2000, Paris: Place des Victoires, 2010).

em diferentes épocas, estados mais restritos: os impérios búlgaros dos séculos VII ao XI e, novamente, do século XII ao XIV; o império sérvio dos Nemanidas, do século XII ao XIV; o reino da Croácia do século IX ao XI; e o estado bósnio do século XIV.[536]

As regiões da Europa que escapam da conquista turca são agrupadas em outro imenso império, dos HABSBURGO, que engloba parte da zona pré-balcânica: a Eslovênia, a Alta Croácia com Zagreb e, mais tarde, também a Transilvânia.[537]

Na costa adriática, a Dalmácia e algumas ilhas são controladas por Veneza. Dubrovnik é uma república marítima independente, mas vassala do sultão.

As cidades-estado italianas, como Gênova ou Veneza, construíram uma rede de relações diplomáticas com o mundo muçulmano a partir dos primeiros séculos da Idade média. No final da era medieval, os principados italianos entram nesse jogo: os duques de Milão, que controlam Gênova em 1421-1435, 1464-1478 e 1487-1494/1499, herdam as redes genovesas no Mediterrâneo e delas se servem para proteger seus interesses e os dos seus comerciantes. Os principados de Mântua, Ferrrara e

[536] Paul GARDE, **Les Balkans** (Paris: Flammarion, 3e éd., 1999, L'histoire, p. 33-49, cit. p. 34-35): "La conquête ottomane amène des bouleversements considérables dans la géographie humaine de la région. Elle y introduit une troisième religion. Elle cause aussi des dévastations et des migrations massives, en général du sud-est vers le nord-ouest Les populations sont inextricablement mêlées."

[537] R. J. CRAMPTON, **A concise History of Bulgaria** (orig. publ. 1997, Cambridge: Univ. Press, 2nd ed., 2005, 4th printing, 2010, chap. 3 – Ottoman rule in the Bulgarian lands, p. 29-44); Otto LUTHAR (ed. by), **The land between – A History of Slovenia** (Frankfurt: Peter Lang, 2nd ed., 2013, esp. The early Middle ages, p. 81-110 e Feudalism, p. 111-189); Miklós MOLNAR, **Histoire de la Hongrie** (orig. publ. 1980, Paris: Perrin-tempus, 1996, impr. 2010, chap. II – Grandeur et déclin. Des rois Anjou à la bataille de Mohács, 1301-1526, p. 59-123); László KONTLER, **Uma história da Hungria** (orig. publ. **A History of Hungary**, 2009, trad. Leila V. B. GOUVÊA, São Paulo: Edusp, 2021, II – A criação de uma monarquia medieval – 895-1301, p. 73-133 e III – Idades de ouro e declínio – 1301-1526, p. 135-205, cit. 'A ameaça otomana', p.204-205): "Mesmo no final do século XIV, quando o território do Império otomano não chegava a ser maior do que o do reino da Hungria, os otomanos já eram muito superiores em termos militares e estratégicos. As conquistas do século XV, sobretudo as de MURAD II e MEHMEDD II nos Bálcãs e na Ásia menor, alteraram o equilíbrio territorial, e os otomanos passaram a reter mais que o dobro da área da Hungria; e as de SELIM I, desde 1512, na Síria, no Egito e no Iraque, elevaram sua área para o triplo do tamanho do reino húngaro".

Rimini se libertam da hegemonia das grandes cidades e tomam a iniciativa de enviar embaixadores e presentes para negociar diretamente com os mamelucos, os hafsidas e os merinidas, para comprar cavalos árabes, para recomendar os seus concidadãos, obter concessões comerciais e negociar a libertação de cativos.

Após a conquista de Constantinopla, os otomanos se veem no centro do jogo diplomático: para os estados italianos, o sultão se torna, ao mesmo tempo, o adversário principal e um aliado potencial.[538]

Depois da queda de Constantinopla, muitas vozes se levantaram, inclusive a de Eneias Silvio PICCOLOMINI, o papa PIO II (1405-1464).[539] Mas naquela altura, em 1453, nada mais podia ser feito:

> Os turcos, que já tinham ocupado a Ásia Menor e a maior parte da Grécia, por muitos anos, assediaram Constantinopla, capital do Império do oriente, e a única cidade da Trácia a resistir ao jugo maometano. Enorme exército cercou a cidade, por terra e por mar; o sítio durou treze dias. Então os turcos atacaram, capturaram e saquearam a cidade.[540]

Outra figura relevante desse período foi o astuto cardeal grego BESSARION (1403-1472).[541] Instalado no Ocidente e convertido à fé

538 Sylvie DENOIX et Hélène RENEL (dir. de), **Atlas des mondes musulmans médiévaux** (Paris: CNRS Éd., 2022, Les relations entre les principautés italiennes et les pays musulmans au XVe siècle, p. 322-323): "D'autres princes musulmans – tel Uzun Hasan Aq QOYUNLU – entrèrent dans le jeu diplomatique. La 'captivité-refuge' de DJEM, frère de BAYAZID II, à Rome et à Naples, et la descente de CHARLES VIII en Italie, contribuèrent à multiplier les contacts officiels et secrets pendant les années 1490."

539 Aeneas Silvius PICCOLOMINI, PIUS II, **Commentaries** (edited by Margaret MESERVE and Marcello SIMONETTA, Cambridge, Ma. / London: Harvard Univ. Press – The I Tatti Renaissance Library, vol. I – Books I-II, 2003; vol. II – Books III-IV, 2007).

540 PIUS II (op. cit., 1464, ed. 2003, I.26.1): "Turchi, dum haec aguntur, iam pridem Minoris Asiae et maioris Graeciae partis domini, Constantinopolim orientalis imperii sedem, quae sola in terra Thracia Mahumetis iugum obtrectabat, ingentibus copiis terra marique obsident et tredecim oppugnatam diebus expugnant, capiunt, diripiunt."

541 Henri VAST, **Le Cardinal Bessarion**: étude sur la chrétienté et la Renaissance vers le milieu du XVe siècle (Paris: Hachette, 1878, 'préface', p. III-XII, cit. p. III): "Le XVe siècle est à la fois l'un des plus agités et des plus féconds de l'histoire. Il est à la limite de deux grandes époques, du moyen âge et de l'âge moderne. Les secousses violentes et les révolutions y abondent. Constantinople est pris par les Turcs; les derniers vestiges de l'empire romain

católica, não somente recebe o título de cardeal, como foi cogitado para ser papa.[542]

Essa reconciliação não chegou a ter efeito. Bizâncio cai em 1453.

Foi esse um trauma e opróbrio para toda a cristandade do seu tempo – *quorum tempora hoc tanto Christianae religionis opprobrio non modica notata sunt ignominia* –[543] assistir ao fim da segunda Roma.[544] Não nos esqueçamos quanto contribuíra para tanto o Ocidente, que, em considerável medida, causa este desfecho, para depois lastimar a perda da capital do Império romano do Oriente.

O movimento das cruzadas em nada contribuiu para aplacar o avanço otomano.[545] Claramente,

disparaissent; la féodalité est attaquée partout; mais les monarchies nouvelles s'établissent, la Renaissance est à l'aurore. Un monde ancien s'affaisse et périt pour laisser la place à une ère nouvelle et meilleure." Podemos ter dúvidas quanto a uma era 'melhor', mas certamente se tratou de era 'nova'.

[542] PIUS II (op. cit., 1464, ed. 2003, I.28.5) dá vivo relato da conversa entre os cardeais, quando o nome de BESSARION chegou a ser cogitado, para ser eleito papa e ocupar o trono de São Pedro em Roma: "Bessarionemque cardinalem Nicenum eligire decreverunt, quod is omnium aptior ad rem publicam gubernandam videretur". O que logo suscitou violenta reação do partido oposto, liderado pelo cardeal de Avinhão, que se indignou contra a nomeação de um grego, até pouco tempo antes contrário à fé católica, para ser nomeado cabeça da igreja de Roma: "Quod ubi ad alios alterius factionis delatum est, Alanus cardinalis Avinionensis nunc istum nunc illum circuiens: 'Ergo', inquit, 'Ecclesiae Latinae Graecum ponteficem dabimus, et in capite Libri neophitum collocabimus? Nondum barbam rasit Bessarion et nostrum caput erit?' [...]" A violenta diatribe parece ter surtido efeito, e o nome de BESSARION foi afastado, em favor do nobre espanhol, originário de Valencia, Alfonso, cardeal de Santi Quattro Coronati, "eminente jurista, com considerável experiência em muitos assuntos, mas que há muito já tinha passado da sua hora, e praticamente decrépito, pois já contava mais de setenta anos". No trono de São Pedro, "Alfonso assume o nome de CALIXTO III, e jura dirigir todas as suas energias contra os ímpios turcos".

[543] PIUS II (op. cit. 1464, ed. 2003, loc. cit.).

[544] M. VILLEMAIN, **Lascaris ou les grecs du Quinzième siècle** – suivi d'un essai historique sur **L'état des grecs** – depuis la conquête musulmane jusqu'à nos jours (Paris / Bruxelas: chez Ladvocat Libraire, 1826).

[545] Ainda Adda BOZEMAN (op. cit., 1960, ed. 2010, p. 275-276) avalia de modo bastante crítico e objetivo o desastroso resultado prático das 'cruzadas': "Whether the crusades were the only, or best, means of attaining the desired objective could not be answered conclusively at the time. Medieval Christian writers disagreed about the function of war in the implementation of a just cause, but the representatives of the church were in accord throughout this period, that for the defense of Christendom in Europe and the advancement of its cause

não fosse pela perversa ação de agressão do Ocidente, no século XIII, que destruiu o que restava do poder de Bizâncio, no mais crucial período da grande luta da Europa medieval com os poderes asiáticos, e o fracasso do Ocidente, em responder com ação concertada aos apelos de Constantinopla nos séculos XIV e XV, em favor de frente unida das forças cristãs, contra a crescente ameaça das forças turcas, os gregos poderiam ter mantido linha de defesa mais sólida contra as invasões do século XV, que trouxeram os otomanos da Ásia para o leste da Europa.[546]

Além disso, as cruzadas influenciaram de maneira duradoura a maneira do Ocidente manter relações com outros povos, especialmente não-ocidentais; resultaram em deslocamento para oeste do centro de gravidade política; e tiveram grande influência sobre a transformação gradual do estado internacional eclesiástico no sistema de estados nacionais seculares que, com o passar do tempo, difundir-se-ia para o mundo inteiro.[547]

Constantinopla poderia ter continuado a ser o baluarte para conter ulteriores avanços turcos otomanos sobre território europeu, nos séculos seguintes. Os invasores atravessam os Dardanelos, em 1354, derrotam os

in Asia, war was not only just but necessary. It seems, indeed, undisputable that Europe was threatened by a Muslim conquest from A.D. 622 onward; and while the crusades did not check the actual growth of Muslim power, they may have helped, during the period from 1096 to 1291, to restrain, blunt or delay a force that was to be thrust at Eastern Europe eventually in the seventeenth century. With respect to any advancement of the Christian position, however, the crusades may be written down as a failure. They began with the Seljuk Turks planted at Nicaea and ended with the Ottoman Turks entrenched by the Danube. In the thirteenth century Christianity was still strongly represented in Asia Minor, and indeed in Central Asia. From then onward, however, its influence declined, and in the fifteenth century the crescent was victorious over the cross, both in Asia and in Europe."

[546] Adda BOZEMAN, **Politics & Culture in International History** – from the Ancient East to the opening of the Modern Age (© 1960, New Brunswick, N.J.: Transaction Publishers, 2nd ed., 4th printing, 2010, esp. chap. 8, '*The medieval Western European Realm*', p. 238-297).

[547] A. BOZEMAN (op. cit., 1960, ed. 2010, chap. 8, '*The medieval Western European Realm*', p. 238-297, cit. p. 284): "Within the international framework of the Western union itself, the crusades had far-reaching consequences. They left a lasting impact on the Western way of conducting relations with other, and especially non-Western, peoples; effected a westward shift of the center of political gravity; and influenced greatly the gradual transformation of the international ecclesiastical state into that system of secular national states which was to be diffused, eventually, over the entire world."

sérvios na batalha do Kosovo, em 1389, tomam Constantinopla, em 1453. Estendem sua dominação sobre grande parte dos Bálcãs: a Bósnia cai, em 1463, a Valáquia e a Moldávia, em 1476 e 1503 e, avançando mais ao norte, os turcos invadem a Hungria, depois da batalha de Mohacs, em 1526, e mantém a ocupação do país até 1686, chegando, duas vezes, a sitiar Viena, em 1529 e novamente em 1683.[548]

O ano de 1453 marca o fim de uma era: os quase mil anos entre a queda de Roma, em 476 d.C., com a deposição de ROMULO AUGUSTOLO, o último imperador do Ocidente, e a queda de Bizâncio, com a morte do último imperador CONSTANTINO XI, Paleólogo (que reinou de 1449 a 1453), representam a extensão normalmente atribuída à Idade média – embora toda periodização histórica deva ser tomada com cautela.

Novos tempos se anunciavam. Com grandes transformações no mundo e no sistema internacional até então existente.[549]

Contemporâneo deste, NICOLAU DE CUSA foi o legado papal que se dirigiu a Constantinopla para acompanhar o imperador e o alto clero ortodoxo até o concílio, que deveria restabelecer a unidade dos cristãos.

Figura simbólica da fase final da Idade média é NICOLAU DE CUSA (falecido em 1464). Abandona o partido favorável aos concílios e se coloca a serviço da Cúria papal. Durante a viagem de volta de Constantinopla, teve a intuição de descoberta filosófica: a coincidência dos opostos (*coincidentia oppositorum*). A ideia de coincidência, além e acima das coisas aparentemente opostas, situa-se além das disputas estéreis da escolástica tardia.[550] Essa ideia central forneceria o quadro teórico para a situação geral, em meados do século XV.

548 Paul GARDE, **Les Balkans** (Paris: Flammarion, 3e éd., 1999, L'histoire, p. 33-49).

549 Cfr. **Tratado** (tomo 5 – **Direito internacional no tempo de Francisco de Vitória**, título I – multipolarização da Europa na era moderna e advento do direito internacional como sistema); Michel ZIMMERMANN, **La crise de l'organisation internationale à la fin du Moyen Âge** (RCADI, 1933, t. 44, p. 315-437, cit. p. 434): "A evolução política da Europa leva ao estabelecimento das grandes monarquias soberanas. Ao processo histórico corresponde uma nova concepção do direito internacional, que se estabelece sobre as ruínas dos princípios da Idade média".

550 Uma vez mais, cf. Alfred VANDERPOL, **La doctrine scolastique du droit de guerre** (Paris: Pedone, 1919); A. VANDERPOL, **Le droit de guerre d'après les théologiens et les canonistes du Moyen Âge** (Paris/Bruxelles: Tralin, 1911); Karl JASPERS, **Anselm and Nicholas de Cusa** (orig. publ. 1957, ed. by Hannah ARRNDT, transl. Ralph MANHEIM, New York: Harcourt, Brace Jovanovich, 1966, Nicholas de Cusa, p. 26-182).

Em 1448, NICOLAU é nomeado cardeal. Teve tempo de criar obra filosófica relevante, com o tratado sobre a douta ignorância, **De docta ignorantia** (1441 ?), seguida da **Apologia doctae ignorantiae** (1449), e vários outros escritos.

Em seu importante tratado **De coniecturis**, NICOLAU tinha estudado a diferença entre a razão e o intelecto e o vínculo, que existe entre as suas funções respectivas: não se deve representar a razão e o intelecto como andares separados; são funções de operação mental, que constitui uma unidade. Primeiro, o intelecto torna possível a razão; contempla o que faz a razão; vê como esta trabalha a experiência sensível e cria, assim, pontos estáveis de referência, conceitos abstratos, que repousam sobre a exclusão do contrário correspondente. A razão deve partir do fato de que seu âmbito de ação é limitado, e que as contradições não podem ser unificadas. Ela põe o princípio de não-contradição como condição de toda verdade; quando, na verdade, esse princípio só constitui condição das distinções, operadas pela razão.

Em vista dessa atividade, o intelecto já reuniu, em si, as contradições que, do ponto de vista da razão, não podem ser unificadas. A metafísica tradicional se exprimiu sobre o infinito como se este fosse objeto da razão; ora, a razão se define pelo fato de manter o infinito longe de si mesma. Para controlar a multiplicidade das diferenças individuais, a razão elabora esquemas lógico-ontológicos, estruturados segundo a ordem dos gêneros e das espécies. Ela declara que tais esquemas são da ordem da essência para não desabar sob o peso da infinita diversidade das coisas individualmente consideradas. Quando encontra o infinito, ela sucumbe de medo (*horror infiniti*) e se confrange de estupor (*stupor*); ela precisa das contradições, pois é a distinção que a faz viver.

O dado central do pensamento de NICOLAU DE CUSA é transcender a escolástica clássica, por ter compreendido que o aristotelismo, predominante até então, torna-se "hábito ultrapassado". A cultura cristã da Renascença, vinda de Roma, só conseguiria se manter por algumas décadas, mas foi suficiente para mostrar a sua superioridade sobre a cultura escolástica que se bloqueara em limites cada vez mais estreitos.[551]

[551] P. B. CASELLA, *Nicolau de Cusa* (Revista Liturgia e Vida, Rio de Janeiro, vol. XXXII, no. 191, nov.-dez. 1985, p. 18-31); ver tb. Karl JASPERS (1883-1969) sobre *Nikolaus Cusanus*, no volume **Anselm and Nicholas of Cusa** (from **Die grossen Philosophen** © 1957, **The Great**

O projeto de NICOLAU DE CUSA era uma reforma concreta da ciência; para ser esta útil e estar enraizada na consciência que assumiam os leigos, a respeito de seu papel. A partir de então, não mais era uma 'ciência', no sentido habitual. Era um saber do não-saber. Qual o significado de tudo isso? Depois de séculos de especulação, perdida em si mesma, depois de séculos de dogmatismo, confiante nas palavras, e justamente quando o pensamento em sentido inverso não tinha desaparecido, eis que se anuncia o retorno de SÓCRATES.[552]

É preciso atentar para o conteúdo[553] e utilizar de modo preciso termos – como 'renascimento' e 'renascença' – carregados de múltiplos significados.[554] Foram frequentemente opostos à consciência cristã;[555] foram, muitas vezes, compreendidos no sentido de uma secularização da Igreja. Seria, contudo, um erro falar desse modo, para os anos 1450: reformar a Igreja, dar nova orientação à filosofia, buscar, com mais cuidado, os tesouros da Antiguidade, essas atitudes não estavam em oposição.[556]

Philosophers, vol. II, ed. by Hannah ARENDT, transl. by Ralph MANNHEIM, © 1966, New York: Harvest Book – HBJ, 1974, p. 26-182).

552 Kurt FLASCH, **Introduction à la philosophie médiévale** (trad. do alemão Janine de BOURGKNECHT, préf. de Ruedi IMBACH e François-Xavier PUTALLAZ, Fribourg, Suisse / Paris: Editions universitaires / Ed. du Cerf, 1922, XIII. 'Savoir ou docte ignorance: Jean WENCK contre NICOLAS DE CUES', pp. 208-224, cit. p. 222-223).

553 Ver P. B. CASELLA, *Nicolau de Cusa* (art. cit., 1985, p. 18-31); Karl JASPERS, *Nikolaus Cusanus* (© 1957, 1964, trad. © 1966, ed. 1974).

554 E. CROUZET-PAVAN, **Renaissances italiennes 1380-1500** (Paris: Albin Michel – Histoire, 2007); ___, **Les villes vivantes** – Italie XIIIe – XVe siècle (Paris: Fayard, 2009); Erwin PANOFSKY, **La Renaissance et ses avant-courriers dans l'art d'Occident** (orig. publ. **Renaissance and Renascences in Western Art**, 1960, trad. Laure MEYER, Paris: Flammarion – champs – arts, ed. 1973, impr. 2012); como bem ilustra o volume **France 1500 – entre Moyen âge et Renaissance** (Paris: Réunion des musées nationaux / Galeries nationales, Grand Palais, 6 octobre 2010-10 janvier 2011); Pierre TOUBERT et Michel ZINK (dir. de, collab. Odile BOMBARDE), **Moyen âge et Renaissance au Collège de France** – leçons inaugurales (Paris: Fayard, 2009), esp. Georges DUBY (1919-1996), *Des sociétés médiévales* (op. cit., 2009, p.469-489) e André CHASTEL (1912-1990), *Art et civilisation de la Renaissance en Italie* (op. cit., p. 491-508).

555 Joscelyn GODWIN, **The Pagan Dream of the Renaissance** (Londres: Thames & Hudson, 2002).

556 K. FLASCH (op. cit., 1992, p. 218): "Parecia possível desenvolver em Roma, no seio da Igreja, cultura no sentido como a entendia PETRARCA. Para NICOLAU DE CUSA, tal

NICOLAU DE CUSA repõe em lugar de honra a riqueza da tradição medieval, que fora reduzida pelo tradicionalismo da escolástica tardia, bem como João Scoto ERÍGENA, este também condenado – como ECKHART o fora – bem como os pensadores da Escola de Chartres que tinham sido afastados (segundo NICOLAU, o mais notável dentre todos os autores que leu teria sido THIERRY DE CHARTRES). Revalorizou DAVID DE DINANT, também suspeito de panteísmo, e BERTOLDO DE MOOSBURG, que tinha comentado PROCLUS, no mesmo sentido de THIERRY DE FREIBERG e de ECKHART.[557]

Esses pensadores medievais, todos acusados de heresia, deveriam reencontrar seu justo lugar, em nova cultura filosófica. Para tanto seria necessário quebrar o jugo do aristotelismo escolástico e que ficasse superado o tempo em que se condenava a filosofia de inspiração e de tendência predominantemente neo-platônica.

A nova filosofia de NICOLAU DE CUSA se apresenta como novo começo, como 'renascença', mas não como retorno ao neo-platonismo: o CUSANO sustentava explicitamente que essa nova filosofia obteria a vitória sobre todas as tendências filosóficas. Essa vitória deveria ser alcançada pelo respeito dos valores respectivos, não por censura pedante, nem por meio de fórmulas que impusessem nova ditadura.[558]

Anunciam-se novos tempos e novos modelos. E também na configuração do sistema internacional, onde a crise da organização internacional do final da Idade média dará lugar ao que viria a ser o direito internacional moderno.[559]

cultura exigiria que se desse nova vida a DIONÍSIO AEROPAGITA, e que se reabilitasse Mestre ECKHART, o proscrito. "

557 K. FLASCH (op. cit., 1992, p. 219).

558 K. FLASCH (op. cit., 1992, p. 219): "A douta ignorância de NICOLAU DE CUSA propunha unificar os aspectos particulares, até então separados. O que tinha, até então, caracterizado a teologia filosófica, é que esta se contentava em justapor, sem estabelecer vínculos, enunciados afirmativos sobre a divindade e a teologia negativa: a doutrina da coincidência se propunha reunir nela todos esses modos de conhecimento, que permaneciam, até então, separados."

559 "Ao processo histórico corresponde uma nova concepção do direito internacional, que se estabelece sobre as ruínas dos princípios da Idade média" apontava M. ZIMMERMANN,

Foi este o tempo da "progressiva descoberta de que o universo possui significação humana":[560] "entre um e outro desses termos extremos, sucedem-se numerosos momentos dramáticos, graças aos quais cresce a consciência que assume o homem de sua condição carnal e de sua própria totalidade".[561] Conjugação de conscientização e totalidade: ou seja, civilização, indivisível.[562]

Ao cabo do tempo medieval – põe-se a indagação a respeito de qual marco é o mais adequado para assinalar o seu termo? 1453, com a queda de Constantinopla? 1492, com a 'descoberta' de Cristóvão COLOMBO?[563] – ainda será necessário inscrever o período dito do 'Renascimento'. Novamente, podemos nos guiar por sinais de modelo que se esgota, e de

La crise de l'organisation internationale à la fin du Moyen Âge (RCADI, 1933, t. 44, p. 315-437, cit. p. 434). Cfr. **Tratado** (tomo 5 – **Direito internacional no tempo de Francisco de Vitória**, título I – multipolarização da Europa na era moderna e advento do direito internacional como sistema).

[560] P. ZUMTHOR (op. cit., ed. 2004, *"avant propos"*, loc. cit.): "De l'un à l'autre de ces termes extrêmes, se succèdent plusieurs moments dramatiques, grâce auxquels grandit la conscience que prend l'homme de sa condition charnelle et de sa propre totalité."

[561] Os dois grandes marcos, propostos por ZUMTHOR seriam, assim, para simplificar: a "era romana" e a "era gótica", e situa a passagem: "Dans les vieux pays d'Occident, c'est au XIe siècle que la première prend son visage et s'invente – non sans mal – un langage".

[562] P. ZUMTHOR (op. cit., ed. 2004, loc. cit.): "Néanmoins, le mouvement des sociétés humaines n'affecte pas également tous leurs membres: lors même qu'il modifie les techniques, altère les styles de vie, ni la sensibilité, ni l'intelligence des individus ne s'y adaptent nécessairement. L'homme de l'an mil voisine encore, dans l'Europe moderne, avec celui du XXe siècle, de la même manière qui, dans le concert des nations, d'archaïques cultures agricoles avec la civilisation de demain. L'histoire, on le sait, ne se répète pas; mais les forces de tout ordre qui successivement y affleurent ne meurent pas sans de très longues agonies."

[563] Ver o conjunto dos ensaios reunidos no volume Jay A. LEVENSON (edited by), **Circa 1492** (Washington / New Haven: National Gallery of Art / Yale University Press, 1992). A respeito, tb. Guillermo GIUCCI, no ensaio, **Viajantes do maravilhoso: o Novo mundo** (edição original © 1992, trad. Josely Vianna BAPTISTA, São Paulo: Cia. das Letras, 1992, esp. cap. 3, *'Os conflitos do maravilhoso: Cristóvão Colombo'*, p. 100-149): "Com o messianismo colombiano esgota-se a interpretação 'figural' legítima do sentido da história. [...] Das Índias e da Espanha, durante os séculos XVI e XVII, os cronistas espanhóis farão um esforço engenhoso, e condenado ao fracasso, para harmonizar interpretações 'figurais' com a nova realidade. Ao contrário, em países como Alemanha e Inglaterra, a incorporação da América servirá de apoio às pretensões dos porta-vozes da ciência e para sepultar, de uma vez por todas, a noção de autoridade sacralizada pela tradição."

outro que vem ocupar o lugar do anterior.[564] São múltiplos os marcos propostos para assinalar o início da modernidade: variam conforme o critério adotado para tal determinação da 'era moderna'.[565]

Alguns inscrevem o Renascimento – no século XVI – como parte do longo ciclo da Idade média, que, assim, prolongar-se-ia, por séculos, para somente ser encerrada com o Século das Luzes. Outros fazem remontar o advento da era moderna ao final do século XV.

Tudo isso pode trazer ainda consideráveis flutuações cronológicas, terminológicas e temáticas, no tocante ao marco utilizado para fazer a distinção entre o "outono da Idade média",[566] face à nova fase, e outra experiência da civilização. Ou como grande transição do medieval para o mundo moderno, que se estenderia dos séculos XV ao XVIII.[567]

Quando e como se caracteriza o 'Renascimento'? Friedrich ENGELS qualificou justamente o Renascimento como "transtorno progressivo mais importante que este mundo conheceu até então":[568]

[564] Nesse sentido, A. PAGDEN, Dispossessing the barbarian: the language of Spanish Thomism and the debate over the property rights of the American Indians (in **The languages of political theory in early modern Europe** (Cambridge: Univ. Press, © 1987, edição de 1990, p. 78-98); Patricia SEED, **Ceremonies of possession in Europe's conquest of the new world 1492-1640** (New York / Cambridge: Cambridge Univ. Press, 1995).

[565] Por isso, no **Tratado**, se faz o corte, temporal e metodológico, entre o presente tomo 4 – **Direito internacional no tempo medieval** e o seguinte tomo 5, dedicado ao exame do **Direito internacional no tempo de Francisco de VITÓRIA**. Como escolha, passível de justificação, no conjunto do exame da matéria.

[566] O já citado clássico estudo de Johan HUIZINGA, **Herfstij der middeleeuwen**, orig. publ. 1919, sobre o fim da Idade média. Tradução alemã, **Herbst des Mittelalters** – Studien über Lebens- und Geistesformen des 14. und 15. Jahrhunderts in Frankreich und in den Niederländen (hrsg. Kurt KÖSTER, Stuttgart: A. Kröner, 11a. ed., 1975); ed. bras., **O outono da Idade média** – estudo sobre as formas de vida e de pensamento dos séculos XIV e XV na França e nos Países Baixos (ensaios de Peter BURKE e Anton van der LEM, entrevista Jacques LE GOFF, trad. Francis Petra JANSEN, São Paulo: Cosac Naify, 2010).

[567] F. BRAUDEL, **Civilisation matérielle, économie et capitalisme XVe-XVIIIe siècle** vol. I – **Les structures du quotidien: le possible et l'impossible** (Paris: Armand Colin 1979) vol. II – **Les jeux de l'échange**, Paris: Armand Colin, 1979) vol. III – **Le temps du monde**, (Paris: Armand Colin, 1979).

[568] Ernst BLOCH (1885-1977), **La philosophie de la Renaissance** (orig. publ. **Vorlesungen zur Philosophie der Renaissance**, 1972, trad. Pierre KAMNITZER, Paris: Payot, 1994, Introduction, p. 5-11, cit. p. 5).

Renovação, como a humanidade nunca tinha visto, ascensão, plena de vigor, de uma nova classe, um renascimento. Mas esse renascimento não era o reaparecimento de uma coisa passada, da Antiguidade, segundo interpretação muito difundida; era o nascimento de algo nunca antes concebido pelo homem, o aparecimento de figuras, como nunca se tinha visto sobre a terra. Essas surgem e cumprem a sua obra; foi uma primavera, uma nova partida.[569]

O arquiteto Leon Baptista ALBERTI traduz o sentimento de seu tempo, em fórmula sóbria, mas significativa: "o homem foi criado para agir; a utilidade é o seu destino".[570] HUTTEN tem consciência da juventude do seu tempo, quando afirma: "a ciência prospera; os espíritos se põem, frente a frente; é um prazer viver".[571]

Este, igualmente, pressupõe algo previamente existente, em relação ao qual se estabeleça essa condição 'renascida'. O que não somente não corresponde à realidade, porquanto inovou muito mais do que recriou o passado antigo. Nem esclarece o marco final medieval, nem tampouco o marco inicial moderno.

A cisão entre contexto medieval e o renascimento não pode ser apontada de modo abrupto. É ruptura, mas também transformação; florescem potencialidades que já estavam instaladas.[572]

Atribui-se ao Renascimento espírito crítico e humanista, que se reconhece como mais próximo de nossos atuais conceitos basilares para ver e ordenar o mundo. Pautar-se-iam por atitude mais racional em relação à história? E, sobretudo, a história recente, com interesse mais acentuado para com os problemas de ordem puramente humana e sobretudo

[569] E. BLOCH (op. cit., 1972, ed. 1994, loc. cit.).

[570] Leon Batista ALBERTI, **De Pictura** (redazione volgare) (a cura di Lucia BERTOLINI, Firenze: Polistampa – Edizione nazionale delle opere di Leon Batista Alberti, Trattatisca d'arte 1.1, 2011).

[571] E. BLOCH (op. cit., 1972, ed. 1994, loc. cit.).

[572] Conforme se examinem sobretudo uma ou outra faceta do fenômeno. Veja-se, por exemplo, os já referidos: Wallace K. FERGUSON, **La Renaissance dans la pensée historique** (1950, **The Renaissance in historical thought**, trad. Jacques MARTY, Paris: Payot, 2009); Élisabeth CROUZET-PAVAN, **Renaissances italiennes 1380-1500** (Paris: Payot, 2007); Federico ZERI, **Renaissance et pseudo-Renaissance** (orig. publ. **Rinascimento e pseudo-Rinascimento**, 1983, trad. Christian PAOLONI, Paris: Payot, 2001).

política? Se esse tipo de generalização é sempre, no mínimo, reducionista e simplista, ao menos pode servir somente como baliza para situar grandes conjuntos temporais e mutações de contextos culturais.

O que pode ser mais 'positivo', por exemplo do que os julgamentos formulados pelo humanista Eneias Sílvio PICCOLOMINI, o papa PIO II, em seus **Comentários** – completados pouco antes de sua morte, em 1464 – sobre JOANA D'ARC? Esta ainda se põe como o último grande símbolo medieval, ou já como expressão de novos tempos?[573] Ambas as interpretações são possíveis.[574]

[573] Filha de Jacques D'ARC e de Isabelle ROMÉE, *"on m'appelle tantôt Jeanne D'ARC et tantôt Jeanne ROMÉE"* dizia a seus juízes, e observava que na sua região de origem, o uso predominante era a transmissão do nome da mãe para a filha. A própria questão do nome e sobrenome reflete mudança do contexto medieval para o moderno. Observava Marc BLOCH, **La société féodale** (op. cit., 1939, ed. 1973, p. 206): "La stricte hérédité ne fut imposée que beaucoup plus tard, avec l'état civil, par les pouvoirs publics, soucieux de se faciliter ainsi leur tâche de police et d'administration. Si bien que, très postérieur aux dernières vicissitudes de la société féodale, l'immuable nom de famille, qui, aujourd'hui, réunit sous un signe commun des hommes souvent étrangers à tout vivant sentiment de solidarité, devait être finalement en Europe la création non de l'esprit de lignage, mais de l'institution la plus foncièrement contraire à cet esprit: l'état souverain."

[574] Não menos sintomático o fato de que a figura de JEANNE D'ARC se tenha fixado somente a partir do final do século XIX, especialmente nas primeiras décadas do século XX, como festa nacional e como figura histórica, em momento no qual a França se viu necessitada de símbolo catalisador de sua identidade e da resistência histórica da nacionalidade. Cabe o paralelo com o papel da figura de Joaquim José da Silva XAVIER, o Tiradentes, na história do Brasil, e na vida política nacional. Foi resgatado e transformado em símbolo nacional quando se precisava de algo equivalente, em passado recente, depois de séculos de esquecimento e de negligência com a sua memória e seu papel histórico. A mitificação política é processo de curiosos meandros. Toda concepção de conjunto do mundo, quando triunfa em determinado grupo social, repercute sobre o direito, como sobre a política e, consequentemente sobre a regulação da vida social. Veja-se, por exemplo: Henri DONTENVILLE, **Mythologie française** (orig. publ. 1947, Paris: Payot, 2004, Conclusion, p. 317-319, cit. p. 317): "Le mythe fait image, porte un nom, engendre symbole. Or, quels que soient les progrès matériels, la vie humaine, tantôt publique que privée, comporte des mots, des images, des symboles. Ce sont des mots qui portent le trouble ou la paix au coeur des individus et des nations; ce sont des images qui les rendent tangibles aux sens et leur donnent puissance d'entraînement, et les symboles, à leur tour, issus des images et des mots, ouvrent à l'esprit, l'une derrière l'autre et jusqu'à l'infini, des perspectives ascendantes. Le mythe qui est parole, image et symbole, est pour les hommes d'aujourd'hui comme d'hier, même si en leur orgueil, ils en ont peu conscience, chair de leur chair et pensée de leur pensée."

Essa mesma atitude de renovação e de espírito crítico se manifesta na obra de grandes historiadores de Florença, como Nicolau MAQUIAVEL[575] ou Francisco GUICCIARDINI.[576] Com grandes humanistas como estes, estamos, inegavelmente, em pleno 'renascimento'.

Na eclosão de novas ideias do Renascimento e novas formas de ordenação do pensamento combinam-se diversos fatores e tendências, onde o impacto da reforma protestante[577] não foi menor que o do humanismo[578] para o desenvolvimento do espírito crítico.

Esse fenômeno se manifesta em vários campos do conhecimento. Inclusive com múltiplas e controvertidas repercussões sobre o direito internacional.[579]

575 Ver **Tratado** (tomo 5 – **Direito internacional no tempo de Francisco de Vitória**, cap. 13 – estado como sujeito de direito internacional – a contribuição de MAQUIAVEL e BODIN, item 13.1, sobre MAQUIAVEL (1469-1527)).

576 Francesco GUICCIARDINI (1482-1540), **Storia d'Italia** (a cura di Silvana Seidl MENCHI, saggio introduttivo di Felix GILBERT, Turim: Einaudi, © 1971, ristampa 2008, 3 vols.).

577 CALVIN, **Oeuvres** (éd. établie par Francis HIGMAN et Bernard ROUSSEL, Paris: Gallimard – Pleïade, 2009); Marian ROTHSTEIN (ed.), **Charting change in France around 1540** (Selingsgrove: Susquehanna University Press, 2006); v. tb. Jean-Paul BARBIER-MUELLER, **La parole et les armes**: Chronique des guerres de religion en France 1562-1598 (Genebra: Musée international de la Réforme / Hazan, 2006).

578 No sentido de horizonte espiritual, tal como assinalado por Alessandro BARICCO, **I barbari**: saggio sulla mutazione (Milano: Feltrinelli, 2006, quarta ed., 2008, p. 105), nesta passagem: "Abbiamo chiamato *umanesimo* l'istante, lunghissimo, in cui ereditando intuizioni che venivano da lontano, un'élite intellecttuale iniziò a immaginare che l'uomo portasse dentro di sè un orizzonte spirituale non riconducibile, semplicemente, alla sua fede religiosa."

579 Ver **Tratado** (tomo 5 – **Direito internacional no tempo de Francisco de Vitória**, cap. 13 – estado como sujeito de direito internacional – a contribuição de MAQUIAVEL e BODIN, item 13.3 – estado soberano e direito internacional); A. HOBZA, **Questions de droit international concernant les religions** (RCADI, 1924, t. 5, p. 367-424); M. BOEGNER, **L'influence de la Réforme sur le développement du droit international** (RCADI; 1925, t. 6, p. 241-324); comenta Mark JANIS, Religion and the literature of International Law: some standard texts (in **Religion and International Law**, ed. by M. W. JANIS and C. EVANS, orig. Publ. 1999, Leiden / Boston: M. Nijhoff, 2004, p. 121-143) quanto deve o **De jure belli ac pacis** (1625) de GRÓCIO "itself deeply and directly in intellectual debt to a number of 16th century Spanish theologians – VITORIA, SUAREZ and others – who employed notions drawn from medieval Catholic theories of natural law to bolster their arguments against the Spanish Crown's exploitation of the natives in America" e a habitual

A ruptura religiosa do século XVI é rica de incidentes não somente – como é óbvio, diretamente, para a história europeia, mas tem igualmente repercussões para o conjunto do mundo, como também para o direito e as relações internacionais. A ruptura da unidade religiosa do Ocidente, por mais precária e circunstancial que fosse a operação desta, ao longo dos seus séculos de vigência, põe termo a esse 'sistema' medieval centralizado e instaura o sistema 'moderno' de cisão da Europa.[580]

Com estas cisões se conjuga a instauração dos 'estados' com caracterização 'nacional'. No espaço europeu se agrega – em dimensão multiétnica e com diversidade religiosa, como no Sacro Império –, doravante, a grande divisão e a oposição entre a Europa 'católica' – em suas expressões nacionais, tais como Portugal, a Espanha, a França e mesmo a Itália, apesar de seu extremado fracionamento interno – em relação à Europa 'protestante'. Nesta última, marcam-se as diferenças entre países de predominância luterana, tais como a Alemanha e os escandinavos, e calvinistas, tais como os Países Baixos, a Suíça, parte do vale do Reno e a Escócia.

Sem adentrar controvérsias doutrinárias ou teológicas, ocorre mudança política notável em decorrência do fracionamento da unidade religiosa da Europa ocidental. Esta, até então 'católica', contrapunha-se, de um lado, à Europa do leste e à Rússia ortodoxas e, de outro, às potências muçulmanas, da Ásia menor e do norte da África.

A partir das sucessivas fases da Reforma, as confrontações são trazidas para o interior do espaço europeu ocidental e para o interior dos estados nacionais. E muito se matou e se destruiu, em nome de Deus e da religião, na Europa, em sangrentas guerras ditas 'de religião' – verdadeiras guerras civis, sem trégua – até se alcançarem acomodações e convivência

alegação de que GRÓCIO "a Protestant, has so often been thought to have 'secularized' the law of nations"; tb. D. KENNEDY, Images of Religion in International Legal Theory (in **Religion and International Law**, op. cit. 2004, p. 145-153).

580 Cfr. **Tratado** (tomo 5 – **Direito internacional no tempo de Francisco de Vitória**, título I – multipolarização da Europa na era moderna e advento do direito internacional como sistema); Michel ZIMMERMANN, **La crise de l'organisation internationale à la fin du Moyen Âge** (RCADI, 1933, t. 44, p. 315-437, cit. p. 434) já citado, apontava como "a evolução política da Europa leva ao estabelecimento das grandes monarquias soberanas. Ao processo histórico corresponde uma nova concepção do direito internacional, que se estabelece sobre as ruínas dos princípios da Idade média".

organizada, como a paz religiosa de Augsburgo, em 1555, e os tratados de paz da Vestfália, em 1648.[581]

LUTERO teve e tem grande impacto sobre a formação da 'identidade' alemã. Ainda que sua concepção seja a contraposição a uma concepção germânica mais abrangente – como centro do Sacro império romano germânico, e potência central para o equilíbrio da Europa. Dessa concepção germânica, culturalmente mais abrangente,[582] suas figuras paradigmáticas seriam o imperador FREDERICO II Hohenstaufen –[583] que pautara, no século XIII, a inserção da Alemanha no conjunto da Europa

[581] Como se examina no **Tratado** (tomo 8 – **Direito internacional além do paradigma vestfaliano**); v. tb. Rainer A. MÜLLER (hrsg.), **Deutsche Geschichte** in Quellen und Darstellung: vol. 3 – **Reformationszeit 1495-1555** (hrsg. Ulrich KÖPF, Stuttgart: Ph. Reclam – UB Nr. 17003, 2001); vol. 4 – **Gegenreformation und Dreissigjähriger Krieg 1555-1648** (hrsg. Bernd ROECK, Stuttgart: Ph. Reclam – UB Nr. 17004, © 1996, impr. 2002).

[582] Rainer A. MÜLLER (hrsg), **Deutsche Geschichte** in Quellen und Darstellung: vols. 3 e 4, cit. supra; vol. 5, cit. infra; vol. 6 – **Von der Französischen Revolution bis zum Wiener Kongress 1789-1815** (hrsg.Walter DEMEL und Uwe PUSCHNER, Stuttgart: Ph. Reclam – UB Nr. 17006, © 1995, 2008); vol. 7 – **Vom Deutschen Bund zum Kaiserreich 1815-1871** (hrsg. Wolfgang HARDTWIG und Helmut HINZE, Stuttgart: Ph. Reclam – UB Nr. 17007, © 1997, impr. 2007); vol. 8 – **Kaiserreich und Erster Weltkrieg 1871-1918** (hrsg. Rüdiger vom BRUCH und Björn HOFMEISTER, Stuttgart: Ph. Reclam – UB Nr. 17008, © 2000, impr. 2010); Henry BOGDAN, **Histoire de l'Allemagne**: de la Germanie à nos jours (orig. publ. 1999, Paris: Perrin, 2003); Michel KERAUTRET, **Histoire de la Prusse** (Paris: Seuil, 2005, impr. 2010); Joseph ROVAN (1918-2004), **Histoire de l'Allemagne**: des origines à nos jours (orig. publ. 1994, Paris: Seuil, 1999); Ulf DIRLMEIER et al., **História alemã** – do século VI aos nossos dias (orig. publ. **Deutsche Geschichte**, 1995, 2013, trad. Marian TOLDY e Teresa TOLDY, Lisboa: ed. 70, 2014); David G. WILLIAMSON, **Germany since 1789** – a Nation forged and renewed (orig. publ. 2005, London: Palgrave – Macmillan, 2016).

[583] Jacques BENOIST-MÉCHIN, **Frédéric de Hohenstaufen** ou le rêve excommunié (1194-1250) (Paris: Perrin, © 1980, ed. 2008); Ernst KANTOROWICZ, **L'empereur Frédéric II** (do original **Kaiser Friedrich der Zweite**, © 1927, trad. Albert KOHN, Paris: Gallimard – Quarto, 2000, **Kantorowicz oeuvres**, p. 9-641, v. tb. nota do tradutor, p. 20, n. 3); Olaf B. RADER, **Friedrich II.** Der Sizilianer auf dem Kaiserthron – eine Biographie (orig. publ. 2010, Munique: C. H. Beck, 4a. ed. 2012); Rainer A. MÜLLER (hrsg), **Deutsche Geschichte** in Quellen und Darstellung: vol. 1 – **Frühes und hohes Mittelalter 750-1250** (hrsg. Wilfried HARTMANN, orig. publ. 1995, Stuttgart: Ph. Reclam – UB Nr. 17001, 2011); vol. 2 – **Spätmittelalter 1250-1495** (Stuttgart: Ph. Reclam, © 1996, impr. 2002).

e a sua presença como elemento central da identidade europeia – até o século XVIII,[584] com o rei FREDERICO II da Prússia.[585]

Inscreve-se a Alemanha como eixo ordenador da Europa, como mostram os dois FREDERICOS II, do século XIII e do século XVIII, em grande arco histórico e cultural, que se estenderia de CARLOS MAGNO até Konrad ADENAUER – desde a transição da 'alta' para a 'baixa' Idade média, até a Europa pós Segunda guerra mundial.[586]

Além de LUTERO, seu amigo MELANCTON – que redige a **Confissão de Augsburgo** (1530), na qual os dogmas da nova igreja são solenemente proclamados, com ciência e concordância de LUTERO – mas, também, CALVINO, além de outros pensadores 'protestantes' históricos, tiveram e tem relevância, não somente em matéria teológica e

[584] Rainer A. MÜLLER (hrsg.), **Deutsche Geschichte** in Quellen und Darstellung: vol. 5 – **Zeitalter des Absolutismus 1648-1789** (hrsg. Helmut NEUHAUS, Stuttgart: Ph. Reclam – UB Nr. 17005, © 1997, impr. 2006).

[585] FREDERICO II da Prússia (1712-1786), **L'antimachiavel** – ou examen du Prince de Machiavel (1740, originalmente publicado na Haia: Van Duren, 1741, ed. crítica de Ch. FLEISCHAUER, Genebra, 1958; seguido de **Réfutation du prince de Machiavel**, 1848, ed. rev. por Jean-Robert ARMOGATHE e Dominique BOUREL, in FRÉDÉRIC II, **Oeuvres philosophiques**, 1740-1780, Paris: Fayard – Corpus des oeuvres de philosophie en langue française, 1985).

[586] Dentre imensa bibliografia disponível, v. por exemplo: Rainer A. MÜLLER (hrsg), **Deutsche Geschichte** in Quellen und Darstellung: vols. 1 a 5, citados supra; vol. 6 – **Von der Französischen Revolution bis zum Wiener Kongress 1789-1815** (hrsg. Walter DEMEL und Uwe PUSCHNER, cit. 2008); vol. 7 – **Vom Deutschen Bund zum Kaiserreich 1815-1871** (hrsg. Wolfgang HARDTWIG und Helmut HINZE, cit. 2007); vol. 8 – **Kaiserreich und Erster Weltkrieg 1871-1918** (hrsg. Rüdiger vom BRUCH und Björn HOFMEISTER, cit. 2010); vol. 9 – **Weimarer Republic und Drittes Reich 1918-1945** (hrsg. Heinz HÜRTEN, Stuttgart: Ph. Reclam – UB Nr. 17009, © 1995, impr. 2007); vol. 10 – **Besatzungszeit, Bundesrepublik und DDR 1945-1969** (hrsg. Merith NIEHUSS und Ulrike LINDNER, Stuttgart: Ph. Reclam – UB Nr. 17010, © 1998, impr. 2009); vol. 11 – **Bundesrepublik und DDR 1969-1990** (hrsg. Dieter GROSSER, Stephan BIERLING und Beate NEUSS, Stuttgart: Ph. Reclam – UB Nr. 17011, © 1996, impr. 2009); Henry BOGDAN, **Histoire de l'Allemagne**: de la Germanie à nos jours (orig. publ. 1999, Paris: Perrin, 2003); Michel KERAUTRET, **Histoire de la Prusse** (Paris: Seuil, 2005, impr. 2010); Joseph ROVAN (1918-2004), **Histoire de l'Allemagne**: des origines à nos jours (orig. publ. 1994, Paris: Seuil, 1999); Ulf DIRLMEIER et al., **História alemã** – do século VI aos nossos dias (orig. publ. **Deutsche Geschichte**, 1995, 2013, trad. Marian TOLDY e Teresa TOLDY, Lisboa: ed. 70, 2014); David G. WILLIAMSON, **Germany since 1789** – a Nation forged and renewed (orig. publ. 2005, London: Palgrave – Macmillan, 2016).

religiosa, mas como momentos de mutação de concepções históricas, e na criação de novas estruturas institucionais e políticas. Não são, aqui, referidos enquanto teólogos, nem, tampouco, reformadores religiosos, mas por sua importância política, e como dados para a compreensão das mudanças estruturais, que levam da ruptura da unidade do mundo medieval para a fragmentação e multipolarização, características do mundo moderno.

Tiveram esses reformadores, e ainda têm, importância histórica, porque mudaram o mundo. E porque sem a compreensão do papel e da atuação da Reforma, não se pode compreender a Contra-reforma católica, do concílio de Trento às ações de ordem como a dos Jesuítas. Da mesma forma como LUTERO e CALVINO contribuem para a formação do mundo 'moderno', que se segue ao período dito do 'renascimento', a construção da modernidade e do direito especificamente moderno traz a contribuição relevante da escolástica católica dos séculos XVI e XVII.[587] O que costuma ser muito menos frequentemente lembrado.

Nessa linha, inscreve-se a atuação dos teólogos espanhóis, como VITÓRIA e SUÁREZ, e outros, como Domingo de SOTO e VAZQUEZ de MENCHACA. Que serão especificamente considerados, nas suas respectivas contribuições para a formação do direito internacional.[588]

Nos países que permanecem alinhados com a igreja católica, tais como a Itália, a França, a Espanha e Portugal, ao lado da escolástica tardia, florescem, também, correntes humanistas, de linha 'renascentista'. Certo renascimento do pensamento 'pagão', embora a filosofia permaneça, em extensa medida, nas mãos dos teólogos da igreja e sob controle das autoridades responsáveis pela fé – e pelas instâncias judiciárias: a Inquisição e o Santo Ofício. Com peso considerável do trabalho da resistência católica, sob a denominação da Contrarreforma e do concílio de

[587] Como se examina no **Tratado** (tomos 5 – **Direito internacional no tempo de Francisco de Vitória** e 6 – **Direito internacional no tempo de Suárez, Gentili e Zouch**); v. tb. Alfred VANDERPOL, **La doctrine scolastique du droit de guerre** (Paris: Pedone, 1919); A. VANDERPOL, **Le droit de guerre d'après les théologiens et les canonistes du Moyen Âge** (Paris/Bruxelles: Tralin, 1911).

[588] No **Tratado**, a contribuição de VITÓRIA no tomo 5, dedicado ao exame do **Direito internacional no tempo de Francisco de VITÓRIA** (cap. 14) e tem prosseguimento no tomo 6, com o exame das transformações ocorridas no **Direito internacional no tempo de SUAREZ, GENTILI e ZOUCH**, (cap. 15 sobre Francisco SUÁREZ precedido de item sobre – outras vozes no direito internacional: Domingo de SOTO e VAZQUEZ DE MENCHACA).

Trento (1545-1563): reforça-se a submissão à autoridade do papa, o dever de fidelidade à tradição, os perigos da leitura direta da Bíblia – e tudo isso teve impacto negativo considerável sobre a evolução posterior dessas sociedades.

Nos países que passam a se alinhar pelas concepções 'protestantes', as ideias de LUTERO e de CALVINO passam a prevalecer. Estas não se estudam, aqui, como mencionado, intrinsecamente pela qualidade intelectual ou pela inovação conceitual que trazem, em matéria de religião e de vida espiritual, mas o são pelo impacto prático que tiveram sobre o seu tempo e sobre os séculos seguintes. Ambos são relevantes por terem as suas ideias sido colocadas em prática; não se questiona o que valem pela teoria, mas se consideram pela aplicação, e por terem marcado o seu tempo, e os séculos seguintes.

Depois da reforma, passam a conviver, dentro da Europa, grupos doravante distintos, onde uns e outros não tem a mesma maneira de pensar a vida, a sociedade, a política, como, tampouco, o direito. A mutação se reflete interna e externamente para o conjunto das sociedades afetadas pelo fenômeno.[589]

Coloca-se uma chave para a interpretação do direito internacional e comparado: projeta-se muita luz sobre os sistemas jurídicos desses diversos países se conseguimos determinar o que implicam o luteranismo, o calvinismo, etc., em termos de princípios do direito. Com as rupturas, "o mapa religioso da Europa a partir do século XVI, torna-se imensamente complexo", tanto mais porque, a partir do século XVI, igrejas e seitas cristãs proliferaram.[590]

A internacionalidade e a necessidade de pensar e de operar algo semelhante a um 'sistema' internacional, passam a ser elemento interiorizado na Europa, passam a fazer parte do mundo imediato. O renascimento, os

[589] Ernst TROELTSCH, **Die Soziallehre der christlichen Kirchen und Gruppen** (Tübingen: Mohr, 1923).

[590] Michel VILLEY, **La formation de la pensée juridique moderne** (texte établi, révisé et présenté par Stéphane RIALS, notes revues par Eric DESMONS, Paris: PUF – Leviathan, 2003, titre 2, ch. I – La réforme protestante, p. 279-325): "Nous touchons même là une des clefs de la science du droit comparé. [...] On projetterait beaucoup de lumière sur les systèmes juridiques comparés de ces divers pays, si l'on arrivait à déceler ce qu'impliquent le luthéranisme, le calvinisme, etc., en fait de principes du droit. [...] La carte religieuse de l'Europe à partir du XVIe siècle est chose immensément complexe. [...] à partir du XVIe siècle, églises et sectes chrétiennes ont proliféré."

grandes descobrimentos e a reforma mudam a estrutura e o funcionamento da Europa, e as relações desta com outros continentes, o que tem impacto direto sobre a existência e o funcionamento do direito internacional.[591]

Antes, a 'internacionalidade' poderia passar longe do comum dos mortais, que se deslocavam ao longo da vida poucos quilômetros além da localidade onde nasceram. Com exceção de alguns grupos – como clérigos, intelectuais e militares – que faziam deslocamentos 'profissionais', mais ou menos extensos, para a grande maioria da população poderia se passar uma vida inteira – e as expectativas de vida eram décadas menos do que as atuais – sem se deslocar além do raio de alguns quilômetros do local de nascimento.

Os eslavos,[592] os gregos, os muçulmanos eram outros povos, sobre os quais pouco se sabia. Estavam distantes e se regiam por outras normas, com diferentes concepções de Deus e da vida. Estas concepções de vida e estes povos, por vezes, eram consideradas antagônicas: eram os outros, em oposição a nós.

Depois das sucessivas rupturas das reformas protestantes,[593] 'nós', em relação aos 'outros', são divisões que passam a estar muito mais perto, por vezes dentro do mesmo 'estado', ou até da mesma cidade. E, ter-se-ia de interagir, com muito mais frequência, com esses outros, com os quais passa a ser necessário aprender a lidar. Depois das matanças das guerras de religião, passam a ser estipuladas normas para a regulação dessa convivência, tais como a **paz de Augsburgo**, no século XVI, e a **paz de Vestfália**, no século XVII.

[591] Assim, a contribuição de VITÓRIA se coloca no tomo 5 – **Direito internacional no tempo de Francisco de VITÓRIA** e o exame da evolução do direito internacional moderno prossegue no tomo 6 – **Direito internacional no tempo de SUAREZ, GENTILI e ZOUCH**. Grandes transformações marcam não somente a Europa, mas também o conjunto do mundo, nessa época. Boa visão do conjunto nessa época nos estudos reunidos em Patrick BOUCHERON (dir. de), **Histoire du monde au XVe siècle**: vol. 1 – **Territoires et écritures du monde** (Paris: Fayard – pluriel, 2009) e vol. 2 – **Temps et devenirs du monde** (Paris: Fayard – pluriel, 2012).

[592] Francis CONTE, **Les Slaves**: aux origines des civilisations d'Europe centrale et orientale – VIe – XIIIe siècles (publ. orig. 1986, Paris: Albin Michel, 1996, Livre E – Les Slaves et l'Orient – mythes et réalités, com destaque para o cap. V – Les Slaves de l'Est entre l'Orient et l'Occident, p. 432-473, e o conjunto do Livre F – Les Slaves entre Byzance et Rome, p. 475-545).

[593] Jean-Paul BARBIER-MUELLER, **La parole et les armes**: Chronique des guerres de religion en France 1562-1598 (Genebra: Musée international de la Réforme / Hazan, 2006).

Muito mais próxima e mais tangível do que até então se fizera, essa internacionalidade intraeuropeia, decorrente da ruptura da unidade religiosa da Europa ocidental, a partir das reformas protestantes, explica alguns dentre os desenvolvimentos futuros.[594] Mas, não por isso se pode, adequadamente, datar o marco inicial do direito internacional somente após 1648!

O impacto da reforma, como um todo, não se fez somente sentir em matéria de exegese bíblica,[595] como, também, na concepção da história. E também na discussão quanto à existência ou não de continuidade apostólica, que facultaria à igreja católica apresentar-se como a continuadora e a herdeira da boa nova.

O comparatista, o filósofo do direito e o historiador cultural podem se debruçar proveitosamente sobre a experiência anglicana: meio termo entre reforma – luterana ou calvinista – e catolicismo, que guarda traços do humanismo renascentista, combinado com excelente tradição de exegese e de cultura bíblica. Desse contexto 'anglicano' surgem vários expoentes da escola platônica de Cambridge, e se destaca a obra de SHAFTESBURY.[596] Sem essas condições específicas não se podem compreender nem HOOKER, nem HOBBES, nem LOCKE.[597]

[594] Como se considera no **Tratado** (tomo 5, título I – multipolarização da Europa na era moderna e advento do direito internacional como sistema, prossegue, nos tomos 6 – **Direito internacional no tempo de SUAREZ, GENTILI e ZOUCH**, 7 – **Direito internacional no tempo de Hugo GRÓCIO** e 8 – **Direito internacional além do paradigma vestfaliano**).

[595] Henri-Irénée MARROU, *Qu'est-ce que l'histoire?* (in **L'Histoire et ses méthodes**, direction de Charles SAMARAN, Paris: Gallimard-Pleiade, 1961, p. 1-33, cit. p. 23): Les arguments historiques jouèrent un grand rôle dans la dispute; tous n'étaient pas, à l'origine, de même qualité. V. tb. o clássico estudo de H.-I. MARROU, **Histoire de l'éducation dans l'Antiquité** (orig. publ. 1948, Paris: Seuil, 2000).

[596] Anthony Ashley Cooper, Third Earl of SHAFTESBURY (1671-1713), representante mais destacado da assim chamada 'Escola platônica de Cambridge, autor de **A Letter concerning enthusiasm** (1708), sua obra mais representativa, **Characteristicks of men, manners, opinions, times** (1711, foreword by Douglas DEN UYL, Indianapolis: Liberty Fund, 2001, 3 vols.), foi autor de um dos livros mais importantes do século XVIII – e com o **Segundo tratado** de LOCKE – o mais frequentemente publicado no século, com repercussão não somente na Inglaterra, mas igualmente sobre o conjunto da Europa. Autores como Francis HUTCHESON, David HUME, Adam SMITH e outros contemporâneos, se vinculam a SHAFTESBURY, como parte da corrente teórica enfatizando o papel do sentimento na experiência moral.

[597] Cfr. **Tratado** (tomo 20 – **Direito internacional, história e cultura**, cap 1 – direito internacional no tempo e seu papel na história, item 1.1 – o Leviatã e suas transformações).

De modo equivalente, o movimento anabatista, na Europa central, explica as origens e traz as raízes das futuras doutrinas liberais e do idealismo. E, mesmo entre as igrejas luteranas e calvinistas, quantas linhas devem ser distinguidas: os calvinistas escoceses, franceses e norte-americanos se afastaram consideravelmente dos ensinamentos de CALVINO, em matéria de política e de direito.[598] Os Países Baixos, na época de GRÓCIO, estão divididos entre as seitas arminiana e gomarista. A linha arminiana, à qual este se filia, é menos rigorista e mais tolerante.[599]

Estas são grandes questões, cujo pleno tratamento refoge ao escopo do presente trabalho. Aqui, interessa, somente, sinalizar as mutações ocorridas e o impacto delas sobre o conjunto do 'mundo ocidental'. Especificamente sobre o direito e as relações internacionais. Porque a partir da crise do modelo medieval, instaura-se o modelo moderno e este constitui o marco para a expansão do sistema de direito internacional propriamente moderno, como se põe com os autores do direito internacional, nos séculos XVI e XVII.[600]

O mundo ocidental, fracionado a partir do Renascimento pela ruptura das premissas ordenadoras da era medieval, passa a necessitar de outros parâmetros para a sua ordenação. É fase de inovação, em vários campos do conhecimento, e o será, também, para o direito internacional – como ilustram concepções inovadoras de Francisco de VITÓRIA, na primeira metade do século XVI, respondendo aos desafios do seu tempo.

De um lado, este mundo nos parece mais familiar e, substancialmente, está mais próximo do nosso. De outro lado, ao menos em matéria

Embora justificasse a intolerância com relação por exemplo aos católicos – chamados de papistas – sustentava John LOCKE as razões da tolerância, na sua **Carta sobre a tolerância** (edição bilíngue, trad. F. Fortes e W. F. Lima, org., introdução, notas e comentários F. F. Loque, Belo Horizonte: Autêntica, 2019).

598 CALVIN, **Oeuvres** (éd. établie par Francis HIGMAN et Bernard ROUSSEL, Paris: Gallimard – Pleïade, 2009); Alain DUFOUR, *Le mythe de Genève au temps de Calvin* (in **Histoire politique et psychologie historique**, Genève: Droz, 1966); ver também Marian ROTHSTEIN (ed.), **Charting change in France around 1540** (Selingsgrove: Susquehanna University Press, 2006).

599 Cfr. **Tratado** (tomo 7 – **Direito internacional no tempo de Hugo GRÓCIO**)..

600 Como se examina no **Tratado**, a contribuição de VITÓRIA no tomo 5 – **Direito internacional no tempo de Francisco de VITÓRIA** e a análise da matéria prossegue, no tomo 6, a respeito do **Direito internacional no tempo de SUAREZ, GENTILI e ZOUCH**.

filosófica, as inovações não são de ordem comparável às ocorridas em outras áreas.

Aí, pode-se caracterizar a instauração da era moderna, e seus subsequentes desdobramentos.

Além dos progressos em todas as áreas do conhecimento, sobretudo nas matemáticas e nas ciências ditas 'exatas' e 'biológicas', também em dados práticos, como o desenvolvimento do livro, tal como veio – com pequenas mudanças – até os nossos tempos pós-modernos. Mesmo quando se alega que o livro impresso está em transição para o suporte digital eletrônico. Nesse tempo, o livro assume o seu aspecto moderno;[601] passa a abrir-se com página de rosto; passa a ser impresso em caracteres românicos[602] ou itálicos, e não mais góticos; ao mesmo tempo em que se consolidam, nas diferentes línguas, a grafia da maior parte dos termos, bem como acentos, pontuação, e outros usos gráficos que se conservam, durante séculos.

No mundo ocidental, na primeira metade do século XVI, primeiro na Itália, depois na França, Espanha, Alemanha e outras regiões da Europa, passam por transformações todas as áreas do conhecimento e todas as artes – pintura, escultura, arquitetura, literatura e música. Na esteira da impressão com tipos móveis, com GUTENBERG, difunde-se a produção de livros, e graças à redução de custos em relação aos manuscritos produzidos por copistas, são publicadas numerosas edições, traduções e comentários dos autores da Antiguidade greco-romana. E todas essas mutações terão grande impacto não somente sobre os autores da época, como também dos tempos posteriores.

[601] Plínio MARTINS Filho (org. e seleção), **A arte invisível** ou **A arte do livro** (traduções Geraldo Gerson de SOUZA, São Paulo: Ateliê edtrl., 2003); notável exemplo dessa atuação foi o editor, tipógrafo e livreiro Aldo MANUZIO (1450-1515) que, entre 1500 e 1515 editou cerca de cento e cinquenta obras que ajudaram a moldar a cultura ocidental, além de contribuições para as artes do livro, tais como a invenção da letra cursiva, o formato de bolso, o livro ilustrado, a ideia da página dupla como unidade formal, a capa de couro sobre papelão, as coleções temáticas, os catálogos, os conselhos editoriais, e resume em si mesmo a história do livro. A respeito, ver Enric SATUÉ, **Aldo Manuzio** (orig. publ **El disseny de llibres del passat, del persent e, tal vegada, del futur**. La petjada d'Aldo Manuzio, 2000, trad. Cláudio GIORDANO, São Paulo: Ateliê Edtrl., 2004).

[602] Como o uso do tipo de imprensa denominado "Times new roman" e tantos outros.

Ao mesmo tempo, podem-se apontar vários dados de continuidade e de transição paulatina entre o mundo medieval e o moderno. Por isso, são estes aqui considerados como sequência e como encadeamento temático das mutações ocorridas no direito internacional, enquanto sistema institucional e normativo.[603]

Por esses motivos, também, pode haver considerável oscilação entre os marcos temporais que assinalem o início e o fim da Idade média, na medida em que ainda se encontrem elementos antigos, ao longo de séculos já transcorridos, em meio ao que pode ser considerado como característico do tempo medieval. Como, também, podem-se perceber elementos tidos como 'modernos', em meio àquilo que ainda se configura como predominantemente medieval. Continuidades e encadeamentos se alternam com mutações e rupturas.

E, mesmo se os debates sobre o início e o fim da Idade média podem ser justificados de vários modos, a questão, em si, interessa-nos, sobretudo, como parâmetros temporais e conceituais: para situar os autores e as contribuições, na progressiva estruturação do direito internacional enquanto sistema institucional e normativo. Com o propósito de situar o direito internacional no contexto material, temporal e espacial da Idade média, porque este nos traz para o direito internacional moderno e clássico.

Convém se tenham balizado os marcos temporais para situar conceitos com os quais se tem de operar. E que serão, assim, estabelecidos ao menos em relação ao uso que destes aqui se vai fazer.[604] Isso se vai fazer com a aplicação dos critérios apontados.

Cabe reflexão relativa ao distanciamento entre o império de Bizâncio e o de CARLOS MAGNO, e este pode ser explicado pela concepção romano-bizantina do poder imperial, "encarnação terrestre do poder de Deus", "sacraliza não apenas o soberano, mas também a totalidade dos

[603] Assim se considera no item 8.4 – continuidade e mudança do contexto medieval ao moderno. No conjunto do **Tratado**, tomo 5 – **Direito internacional no tempo de Francisco de VITÓRIA** e se passa ao exame das contribuições **de SUAREZ, GENTILI e ZOUCH**, no tomo 6.

[604] Por isso as precedentes considerações no início deste cap. 8 – a longa transição do mundo antigo ao medieval e, como adiante se considera, no **Tratado**, tomo 5, título I – multipolarização da Europa na era moderna e o advento do direito internacional como sistema.

territórios e pessoas que reconhecem sua supremacia".[605] Desse modo, vistos do Império,

> os espaços exteriores, pagãos ou 'cristãos rebeldes', formam uma 'barbárie' que, para os antigos e ainda para Cosmas INDICOPLEUSTAS, no século VI, cerca o ecúmeno e são considerados inexistentes porque não reconhecem a autoridade de Constantinopla; eles nem mesmo podem ser descritos, pois ainda pertencem ao mundo do caos. PSELLOS escreveu que, desde o Cáucaso e o país dos árabes até o dos 'celtas', não existia nada, a não ser uma 'barbárie periférica', no seio da qual não havia diferença essencial entre bárbaros do Oriente e bárbaros do Ocidente.[606]

Os revezes de Bizâncio em nada modificam, antes do século XV, uma tenaz mentalidade 'romanocentrista' que, em relação aos ocidentais, admite a sua presença colonial no Império. A própria palavra 'Europa' designa muito raramente o continente europeu, sendo utilizada quase sempre para designar as províncias europeias do Império. No máximo, admite-se que os 'bárbaros' – romanos, germânicos e eslavos – ocupem uma Europa exterior.

Bizâncio, contudo, reservou, entre os bárbaros do Ocidente, um lugar especial aos francos, 'novo nome' dos germanos, segundo PROCÓPIO. Sob o vocábulo *Fraggia* tendeu-se, desde então, a agrupar todos os povos do continente europeu, sem distinção.

[605] Michel BALARD e Alain DUCELLIER, Bizâncio e o Ocidente (in Jacques Le GOFF e Jean-Claude SCHMITT, **Dicionário temático do Ocidente medieval**, orig. publ. **Dictionnaire raisonné de l'Occident médiéval**, 1999, coord. trad. H. FRANCO Jr., trad. Verbete José R. MACEDO, Bauru: Edusc, 2006, p. 119-128) apontam, desde o início: "Bizâncio ignorou quase que totalmente a geografia, contudo inventada pelos gregos antigos e florescida na Idade média entre seu inimigo e vizinho, o Islã". Atitude motivada por etnocentrismo, que considerava 'bárbaros' os povos e os espaços fora do alcance da autoridade do imperador.

[606] M. BALARD e A. DUCELLIER, Bizâncio e o Ocidente (in **Dicionário temático do Ocidente medieval**, ed. 2006, cit. p. 119): "Tais princípios não devem, contudo, levar-nos a supor que os bizantinos tivessem sido tão ignorantes com respeito ao mundo exterior, como os textos que nos legaram deixam transparecer: é preciso não esquecer que Bizâncio possuía um excelente sistema de informação sobre os bárbaros, sem o qual soberanos como JUSTINIANO ou MIGUEL VIII não teriam podido montar as complexas redes diplomáticas que, por tanto tempo, deram ao império o domínio das relações internacionais."

A partilha do Ocidente em diversos reinos bárbaros, ou os impérios ocidentais – carolíngio e depois otoniano – aliados ou adversários constantes de Bizâncio no Oeste. Vistos de Bizâncio, "é verdade que existem 'reinos' no Ocidente" mas, desde a época de CARLOS MAGNO, encontram-se submetidos a um soberano principal (*monokratôr* e não *autokratôr*), que vela pelos destinos da 'grande Francia'.[607]

> Entre os séculos X e XIV, tempo em que conquistas normandas, Cruzadas, invasão econômica latina, conflitos e rupturas com Roma fazem com que o Ocidente passe a ser cada vez mais o principal adversário de Bizâncio, nenhuma mudança significativa é feita na ideologia imperial, de modo que ninguém teve a ideia de descrevê-lo melhor a fim de explicar sua crescente superioridade.[608]

O Ocidente é, geralmente, visto como uma coalizão 'bárbara' contra o Império, e que o inveja:

- em 1190, enquanto RICARDO Coração de leão se apropria de Chipre;
- BARBAROSSA está a dois passos de atacar Constantinopla;
- contra a qual seu filho, HENRIQUE VI está a planejar uma cruzada;
- pouco importa aos gregos que tenham sido outros latinos que, em 1204, perpetram, por fim, o crime longamente premeditado, invadindo e saqueando Constantinopla;
- desde 1182, o povo de Constantinopla tinha dado mostras de que o ódio não era exclusivo das elites e do poder, ao massacrar todos os latinos que pôde.[609]

O distanciamento do império de Bizâncio em relação aos ocidentais somente se agrava após 1204, confirmando e reforçando o desprezo

607 M. BALARD e A. DUCELLIER, Bizâncio e o Ocidente (in **Dicionário temático do Ocidente medieval**, ed. 2006, cit. p. 120-121): "Desta Francia, no sentido de império do Ocidente, provém os refugiados que formam Veneza, sobre a qual o Porfirogêneta digna-se de explicar a origem, porque o Tratado de Aix, em 812, fizera dela uma terra bizantina."
608 M. BALARD e A. DUCELLIER, Bizâncio e o Ocidente (in **Dicionário temático do Ocidente medieval**, ed. 2006, cit. p. 121).
609 M. BALARD e A. DUCELLIER, Bizâncio e o Ocidente (in **Dicionário temático do Ocidente medieval**, ed. 2006, cit. p. 122).

bizantino pelo mundo ocidental. À medida que o Império declina, há cada vez menos espaço para dúvidas: a elite bizantina se vê diante da difícil escolha entre a submissão aos turcos e a união com o Ocidente. Para esta, o completo desaparecimento do Império ainda parecia impossível. O imperador MANUEL II chega a pedir ajuda aos reis da França e da Hungria.[610]

Interrogando a alma de JUSTINIANO, no Paraíso (VI, 4-10), DANTE demonstra[611] ter consciência da unidade e da continuidade do Império, simbolizado pela águia que, de Tróia, voou para Roma, antes de se fixar em Constantinopla, de onde passara a governar a cristandade. Para o poeta, Bizâncio personifica a ideia de um império regido por leis, como almejava fosse governado o Ocidente.

> As oscilações da imagem de Bizâncio, ao longo dos séculos, resultam de considerações políticas e estratégicas, de interesses religiosos ou econômicos que levam o Ocidente, primeiro, a respeitar a romanidade cristã e, depois, a tratar com indiferença e desprezo um mundo que redescobre com simpatia apenas no tempo do humanismo e do Renascimento.[612]

Até o início do século VIII, Bizâncio desfruta de grande prestígio no Ocidente que, ao menos formalmente, reconhece a superioridade do sucessor cristão do Império romano: a divisão instaurada em 395 A.D. nunca foi considerada uma ruptura definitiva e mesmo as

[610] M. BALARD e A. DUCELLIER, Bizâncio e o Ocidente (in **Dicionário temático do Ocidente medieval**, ed. 2006, cit. p. 123-124): "o imperador passou 'à França', alinhou-se com 'os francos', tornando-se ele próprio 'franco', termos em que subsiste a antiga imagem de um Ocidente dominado pelo Sacro Império."

[611] DANTE ALIGHIERI, nestas três edições: **La divina Commedia** (in **Tutte le opere**, a cura di Luigi BLASUCCI, Firenze: Sansoni, 1989, p. 387-733); **La divina commedia** (testo critico della Società Dantesca Italiana, riveduto col Commento Scartazziniano, rifatto da Giuseppe VANDELLI, Milano: Ulrico Hoepli, 21° ed., 1983); **A divina comédia** (traduzida, anotada e comentada por Cristiano MARTINS, São Paulo: EDUSP / Belo Horizonte: Itatiaia, 1976).

[612] Michel BALARD, Bizâncio visto do Ocidente (in Jacques Le GOFF e Jean-Claude SCHMITT, **Dicionário temático do Ocidente medieval**, orig. publ. **Dictionnaire raisonné de l'Occident médiéval**, 1999, coord. trad. H. FRANCO Jr., trad. Verbete José R. MACEDO, Bauru: Edusc, 2006, p. 129-138, cit. p. 129).

invasões bárbaras puderam ser consideradas como fator de renovação do ideal universalista.

> Todavia, a ideia de uma romanidade cristã, englobando Oriente e Ocidente e unida sob a autoridade do soberano de Constantinopla, não resiste ao choque das invasões – muçulmanas no Oriente, lombardas e depois carolíngias na Itália –, às evoluções culturais divergentes, aos sobressaltos das heresias orientais, em face das quais o papa aparece como o mais importante guardião da ortodoxia de Niceia. Na primeira metade do século VIII, Bizâncio deixa de ser para o Ocidente um poder tutelar, salvo em raras regiões da Itália, mantidas sob dominação direta.[613]

O distanciamento entre os Impérios carolíngio e bizantino se situa em plano no qual a comparação pode ser vislumbrada, além dos limites estritos de caso específico: "surpreendemo-nos, as vezes, ao descobrir que um fato contingente, aparentemente sem importância, tenha podido se tornar um critério de delimitação ou um símbolo controvertido, próprios a um centro de poder e de cultura".[614]

Esta pode ser projetada para outros tempos – *sub specie aeternitatis* – o que justifica a extensão da citação:

> Algumas grandes potências, como Bizâncio e o Império de CARLOS MAGNO, litigaram a propósito do culto das imagens. No século XI, a igreja romana, que se tornara potência importante, separou-se de Bizâncio, justificando esse ato pelo fato de se utilizar pão ázimo fora da Santa Ceia, que se jejuasse no sábado e que os padres se casem.

613 M. BALARD, Bizâncio visto do Ocidente (in **Dicionário temático do Ocidente medieval**, ed. 2006, p. 129-138, cit. p. 130-131): "Vários fatores políticos e religiosos concorreram para tornar o Império bizantino cada vez mais estranho ao mundo ocidental. Do ponto de vista político, o acontecimento decisivo é a intervenção carolíngia na Itália. [...] Um novo motivo de discórdia ocorre em 800, com a coroação de CARLOS MAGNO, considerada por Bizâncio um ato de rebelião, como a insuportável pretensão da velha Roma de retomar para si o direito de fazer o imperador. Confrontado com violenta reação antiocidental em Bizâncio, CARLOS MAGNO contemporiza."

614 Kurt FLASCH, **Introduction à la philosophie médiévale** (trad. do alemão Janine de BOURGKNECHT, préf. de Ruedi IMBACH e François-Xavier PUTALLAZ, Fribourg, Suisse/ Paris: Editions universitaires / Ed. du Cerf, 1922, IV – Chose ou signe: BÉRNAGER DE TOURS contre LANFRANC, p. 43-56).

> Quer busquem a guerra ou a paz, as grandes potências, em plena expansão, definem as linhas de demarcação decisivas que, justamente, vistas com distanciamento, parecem ter sido traçadas sem razão, um pouco por acaso. É de modo aparentemente arbitrário que elas consideram um fato como gravemente ofensivo, por exemplo a supremacia muçulmana sobre o lugar do túmulo do Cristo que, de qualquer modo, era acessível a todos os peregrinos. [...]
> Esses tópicos de controvérsia se parecem muito com os símbolos da soberania dos estados-nação; basta pensar em suas bandeiras. [...] No século XX, basta a violação de sítio militar prestigioso, ou a conquista de uma ilha da Antártica, improdutiva, mas estrategicamente importante, ou o atentado perpetrado por um jovem terrorista, para que se desencadeie uma guerra; em oposição a isso, parece-nos quase 'razoável' justificar as guerras por querelas dogmáticas.[615]

Estas eram na verdade questões de 'política internacional' e de hegemonia. O que estava em jogo, por exemplo, entre os séculos XI e XV, na controvérsia entre o papado e Bizâncio sobre os elementos da Santíssima trindade era a primazia entre o Oriente e o Ocidente. Tanto mais porque, ainda por volta do ano 800, o próprio papa ainda interpretava a questão da Trindade, no mesmo sentido que Bizâncio: o Espírito santo, o terceiro elemento da Trindade, procede somente do Pai, ou também do Filho? Esta é a célebre controvérsia do *filioque*.

Em suma, a referência a esta célebre controvérsia entre o papado e o império bizantino, que resultou na excomunhão do patriarca de Constantinopla pelo legado papal em 1054, e as repercussões desta, nos séculos seguintes, pode servir para balizar a questão da determinação temporal da Idade média: os problemas, por serem humanos, serão essencialmente, os mesmos, ou serão equivalentes. O que muda são os elementos circunstanciais, dos quais se revestem, em um ou outro caso.

O que marca, temporalmente e, por assim dizer, 'causalmente' a Idade média, não é a busca de hegemonia – o que ocorre, antes, na Antiguidade,

[615] K. FLASCH (op. cit., 1992, p.44-45): "Quando se desejava humilhar Bizâncio, e afirmar-se contra este, no plano político, ou justificar um ataque militar, contra este venerável centro da cristandade primitiva, publicavam-se então livros intitulados 'contra os erros dos gregos'. Muitas controvérsias eruditas tiveram origem em tais tentativas de expansão, e foi somente mais tarde que estas foram estudadas, no contexto das escolas."

e perdura até nossos dias – mas seria, antes, tipicamente ou representativo do contexto medieval que essa grande guerra hegemônica, entre duas potências da época, faça-se com base em controvérsia teológica.

Deve ser enfatizado o papel desempenhado por Bizâncio na formação da ideia da *respublica Christiana*,[616] da qual se apossam a doutrina política da igreja católica e seus defensores.

Assim, estava em jogo a hegemonia entre os dois 'blocos'. Como, também, põem-se as lutas pela hegemonia no interior do Ocidente. O conjunto pode ser ilustrado pela longa sucessão de conflitos entre papa e imperador.

Na linha de NICOLAU I, dito Magno – papa de 858-867 d.C. Nesse momento, já se ilustrava a concepção do papa como chefe, ao qual reis e o imperador, assim como os bispos e os padres, deveriam reportar-se e obedecer. Segundo este, o mundo inteiro deveria receber as diretivas exclusivamente do papado. O soberano temporal era beneficiário de poder político, mas deveria responder ao papa, no campo religioso.[617]

Com Bizâncio, a luta de NICOLAU I foi penosa, duramente sustentada por ele, mas acarreta o estranhamento progressivo entre o mundo latino e o mundo grego ortodoxo, luta esta que se estende pelos dois séculos seguintes.[618] Dos conflitos desta época resultará a culminação com o cisma de 1054, e a ocupação de Constantinopla, pelos cruzados, de 1204 a 1261.

Essas lutas pela hegemonia – entre Oriente e Ocidente, como neste último, entre o poder temporal e o eclesiástico – marcam o contexto medieval. Conflitos e lutas hegemônicas se produzem também em outros

[616] Michel de TAUBE, **L'apport de Byzance au développement du droit international occidental** (RCADI, 1939, t. 67, p. 233-340).

[617] Cláudio RENDINA, **I papi** – Storia e segreti (Roma: Newton, © 1983, nova ed., 1993, p. 224-230, cit. p. 226): "Tutto l'ordine sociale e religioso del mondo dipendeva dal papato di Roma: così NICCOLÒ I concepiva il ruolo dell'istituzione, ed in tale spirito egli governò", come osserva Walter ULLMANN, **Il papato nel medioevo** (Bari, 1975).

[618] C. RENDINA (op. cit., 1993, p. 229): "Terminata la lotta per le imagini, sembrava che le due chiese vivessero un periodo di tranquilla coesistenza sotto il patriarca METODIO. Alla morte di questi, nell'846, il successore, IGNAZIO, figlio del imperatore MICHELE I, era desideroso di mantenere i buoni rapporti con Roma nel rispetto del primato del papa". Ver tb. Anthony-Emil N. TACHIAOS, **Cirillo e Metodio** – le radici cristiane della cultura slava (do original **Cyril and Methodius of Thessalonica** – the acculturation of the Slavs © 2001, ed. italiana a cura di Marcello GARZANITI, Milão: Jaca Book, 2005).

tempos, dos mais recuados aos nossos tempos pós-modernos. O que caracterizaria a Idade média seria o fato de que o 'Ocidente', conduzido pela Roma papal, contraponha-se e guerreie contra Bizâncio, alegando diferenças teológicas.[619]

Daí resultou o enfraquecimento de ambos, do qual viriam a se beneficiar outros povos e potências que emergem a partir da perda de poderio militar e econômico e da capacidade de organização e de defesa de Bizâncio, enfraquecida por problemas internos, sim, mas também em razão de várias guerras que lhe foram feitas em duas frentes: não somente pelos turcos otomanos, como também pelo 'Ocidente'.[620]

Pode-se falar na traição do Ocidente, que ocupa, domina e espolia Bizâncio de 1204 até 1261;[621] que Constantinopla, a cidade de

619 Adda B. BOZEMAN, **Politics & Culture in International History** – from the Ancient Near East to the opening of the Modern Age (originally publ., 1960, New Brunswick, USA: Transaction Publishers, 2nd ed., 1994, 4th. printing, 2010, esp. chap. 9, 'The Byzantine Realm', p. 298-356).

620 Nesse sentido, retomem-se alguns títulos já referidos, dentre a extensa bibliografia disponível sobre o Império Romano do Oriente, e as relações deste com o 'Ocidente', bem como com a antiga Rússia: Alain DUCELLIER, **Les Byzantins**: histoire et culture (Paris: Seuil, © 1988, impr. 2002); A. DUCELLIER, **Le drame de Byzance**: idéal et échec d'une société chrétienne (Paris: Hachette – littératures, 1997); A. DUCELLIER e Michel BALARD (direction de), **Constantinople 1054-1261** (Paris: Autrement, 1996); Jacques HEERS, **Chute et mort de Constantinople** (1204-1453) (Paris: Perrin, © 2005 e 2007, impr. 2008); Donald M. NICOL, **Les derniers siècles de Byzance 1261-1453** (do original **The last centuries of Byzantium, 1261-1453**, © 1972, trad. Hughes DEFRANCE, Paris: Tallandier – coll. Texto, 2008); John Julius NORWICH, **Histoire de Byzance** 330-1453 (do original **A short History of Byzantium**, © 1988, trad. Dominique PETERS, Paris: Perrin, 2009); Stéphane YERASIMOS, **Constantinople: de Byzance à Istanbul** (© 2000, Paris: Place des Victoires, 2010); **I trattati dell'antica Russia con l'Impero Romano d'Oriente** (a cura di Antonio CARILE e Andrej N. SACHAROV, coll. "Da Roma alla Terza Roma", diretta da P. CATALANO e P. SINISCALCO, vol. II, Roma: L'Erma di Bretschneider, 2011). Foi considerável a influência da diplomacia bizantina sobre o império russo.

621 Michel BALARD e Alain DUCELLIER, Bizâncio e o Ocidente (in Jacques Le GOFF e Jean-Claude SCHMITT, **Dicionário temático do Ocidente medieval**, orig. publ. **Dictionnaire raisonné de l'Occident médiéval**, 1999, coord. trad. H. FRANCO Jr., trad. Verbete José R. MACEDO, Bauru: Edusc, 2006, p. 119-128, cit. p. 121-122): "a perversidade da Cruzada ficou depois provada pela falta de fé de uma expedição que, para os gregos só se justificaria com a restituição ao Império das terras que os turcos lhe haviam arrancado. Raros são os gregos que conseguem distinguir o ocidental abertamente predador – como BOEMUNDO em 1107-1108, ROGÉRIO II, o 'tirano da Sicília', em 1147-1148,

Constantino, tenha-se transformado em Istambul, e a basílica de Santa Sofia, tenha-se tornado uma mesquita,[622] depois um museu 'ecumênico', antes de voltar a ser uma mesquita, agora sob o ditador turco R. T. ERDOGAN. Vicissitudes que deveriam ser meditadas, como exemplo do que não se deve fazer.

A seguir, pode-se passar à consideração da dimensão espacial da Idade média (8.3.3).

8.3.3. Dimensão espacial: onde cabe falar em Idade média?

> A Idade média tentou estabelecer, com a noção de cristandade, uma comunidade ideal dos povos do Ocidente. Com o latim, língua da igreja, com o direito civil, com a escolástica e a crônica, fundou a comunidade intelectual das raças cristãs. Por meio da difusão das lembranças heroicas e das lendas de cavalaria, criou-se uma literatura verdadeiramente europeia.
>
> E. GEBHART (1901)[623]

O terceiro aspecto é o da determinação da extensão *espacial* do conceito de Idade média. É importante determinar em quais áreas do mundo cabe

GUILHERME II em 1185 – dos peregrinos armados que atravessam as fronteiras imperiais pouco antes ou pouco depois de terem sido claramente violadas por outros latinos."

[622] S. DENOIX et H. RENEL (dir. de), **Atlas des mondes musulmans médiévaux** (Paris: Éd. CNRS, 2022); Eduardo MANZANO Moreno, **História de las sociedades musulmanas en la edad media** (Madri: Síntesis, 1992); Philippe SÉNAC, **L'Occident médiéval fase à l'Islam** – L'image de l'autre (Paris: Flammarion, 2e. éd. revue; 2000, cit. p. 148-149): "Pour comble de sauvagerie, le célèbre sanctuaire de Sainte-Sophie, bientôt transformée en mosquée, avait été violé. Les hommes, les femmes, les vieillards et les enfants qui s'y étaient réfugiés furent l'objet de violences inouïes. [...] Plus encore que les défaites chrétiennes, la chute de Constantinople provoqua un choc psychologique considérable dans l'Église et chez les monarques occidentaux. [...] Après un siècle de silence, l'effroi jeté jadis par l'Islam semblait renaître de ses cendres. L'idée du péril turc débutait."

[623] Émile GEBHART, **Conteurs florentins du Moyen Âge** (Paris: Hachette, 1901, chapitre I, '*les primitifs – le novellino – Francesco da BARBERINO*', p. 1-64, cit. p. 1): Le moyen âge avait tenté d'établir, par la notion de chrétienté, une communauté idéale des peuples de l'Occident. Par le latin, langue de l'église, du droit civil, de la scolastique et de la chronique, il fonda la communauté intellectuelle des races chrétiennes. Par la diffusion des souvenirs héroïques et des légendes chevaleresques, il créa une littérature véritablement européenne.

falar em ocorrência de Idade média, pois, esse conceito difere consideravelmente, conforme a civilização a considerar.

Justamente, constata-se que a Idade média será antes dado cultural que meramente geográfico. Nesse sentido, oportuna a delimitar[624] o espaço cultural, linguístico e social no qual se inscreve o mundo medieval.

Simplesmente, não faz sentido – ou, ao menos, não fará o mesmo sentido – falar em Idade média, ao considerar-se espaços, nesses mesmos séculos, além das áreas normalmente caracterizadas como o Mediterrâneo e a Europa ocidental. E mesmo assim, somente em relação a parte destas. E com variações da extensão geográfica, em função da época a respeito da qual se fala.

Não faz muito sentido, assim, o termo 'Idade média', quando aplicado a Bizâncio e ao seu Império; nem, tampouco, em relação ao mundo muçulmano, a partir do surgimento destes e das conquistas encetadas pelas dinastias dos Abássidas e dos Omíadas. Ou, mais adiante, diante dos turcos Seljúcidas, que avançam progressivamente sobre grandes extensões do que fora território bizantino.

Não faz, assim, tampouco, sentido falar em Idade média em relação à China, e o sistema internacional sinocêntrico – aquele conjunto de países, que girava em torno desta. Embora tenha vivido longa e conturbada fase de conflitos internos, quando casas rivais se batiam pela supremacia total no Império do meio, dinastias menores ficam imersas em rivalidades incessantes e reis secundários se rebelam contra quaisquer autoridades superiores, sobretudo, no século III d.C., durante período dito dos "três reinos combatentes".[625] Mas, depois de longo período de discórdia e

[624] É. GEBHART, **Conteurs florentins du Moyen Âge** (op. cit., 1901, loc. cit.).

[625] Para situar o contexto chinês, **Tratado** (tomo 3 B – **Gregos, romanos, chineses, indianos**, esp. item 7.2). O primeiro romance da China antiga, de LUO Guanzhong, que viveu entre o final da dinastia Yuan (1260-1368) e o início da dinastia Ming (1368-1644), descreve o período dos reinos combatentes, no século III d.C. LUO Guanzhong, **Three Kingdoms** (translated by Moss ROBERTS, Beijing: Foreign Languages Press, 1st publ., 1995, 12th printing, 2010, quatro volumes). Essa obra de LUO sobre o período dos reinos combatentes é descrita por GAO Ru, da dinastia Ming, no volume seis da sua **Bibliografia dos cem rios**: "é baseado em fatos históricos, mas também incorpora elementos ficcionais. A linguagem é elegante e se conserva a correção. É fácil de ler, mas evita a vulgaridade e a trivialidade. Não foi escrito no estilo pedante de historiador, mas evita conversa descuidada. É um panorama de cem anos."

desordem, estas cedem com a instauração da dinastia TANG, a partir de 618 até 907 d.C., quando se inaugura outra idade de ouro, para a China unificada.[626] Esses séculos, que correspondem ao período mais sombrio da Idade média europeia são tempo de estabilidade política e imenso florescimento cultural, em várias áreas, com destaque para a poesia.

Pouco faz sentido falar em Idade média em relação à Índia.[627] A política indiana tinha passado por grandes mudanças, desde o século IV d.C.: o império Kushana tinha sido rompido pelas conquistas de CHANDRAGUPTA,[628] que inaugura o reino Gupta de Magadha, por volta de 320 d.C. Até que, por volta de 480 d.C. os "hunos brancos" – tribo nômade da Ásia, descrita como mais próxima dos turcos do que dos mongóis – derruba o reino Gupta e estabelecem a sua supremacia sobre o conjunto da Índia do norte, no início do século VI. Em meados do século VI, essa supremacia é quebrada, e no início do século VII nova monarquia surge na região norte da Índia, com exceção do Punjab, e consolida grande reputação devido à notória piedade do dirigente budista HARSHA, e pela humanidade de sua gestão.

Não somente Índia e China se encontravam em fases diversas de seus processos civilizacionais – estes aliás muito mais avançados que a situação da Europa ocidental, nessa mesma época. Esses mesmos séculos são também o tempo de extraordinários avanços na civilização islâmica, ao mesmo tempo em que conquistas militares asseguram imensos territórios e grandes contingentes humanos, sob comando das dinastias muçulmanas – califado omíada, depois os abássidas, o califado fatimida no Egito – depois de varrerem do mapa o império persa sassânida e avançar também sobre partes consideráveis do Império romano do Oriente.[629]

[626] René GROUSSET (1885-1952), **Histoire de la Chine**: des origines à la Seconde guerre mondiale (orig. publ. 1942, nouvelle éd. revue et corrigée, préface de François JOYAUX, Paris: Payot, 2000, impr. 2009, esp. cap. XVIII – Drames à la cour des Tang, p. 146-152).

[627] K. R. R. SASTRY, **Hinduism and international law** (RCADI, 1966, t. 117, p. 503-616, cit. p. 552): "It is instructive to get the idea of world-mindedness into Hinduism and to press it into service. The whole human family is one and basically indivisible".

[628] Não confundir com seu predecessor CHANDRAGUPTA, da dinastia Maurya.Cfr. **Tratado** (tomo 3 B – **Gregos, romanos, chineses, indianos**, esp. item 7.1 – Índia).

[629] Cf. **Tratado** (tomo 3 A – **Direito internacional no mundo antigo**, cap. 4 – Império persa e Oriente médio antigo); Maurice LOMBARD (1904-1965), **L'Islam dans sa première grandeur** – VIIIe–XIe siècle (orig. publ. 1971, préf. Hichem DJAÏT, Paris: Flammarion

Sem esquecer o papel até então desempenhado, pelos persas sassânidas, que operaram um sistema internacional, alternando guerras e tratados, com o Império romano do Oriente. Alcançam os sassânidas a maior extensão de seu poder com COSROES I, que sobe ao trono em 531 d.C.[630]

Foram vários os conflitos entre os sassânidas e os bizantinos, sobretudo conduzidos pelo imperador HERACLIO, considerado o criador da Bizâncio medieval – seu conceito de estado era romano, sua língua e sua cultura gregas, e sua fé cristã – por meio de série de campanhas bem sucedidas que parecem antecipar as cruzadas, em muitos aspectos, derrota os persas sassânidas, em 627 d.C., fazendo Bizâncio emergir como a maior potência do mundo mediterrâneo.[631]

Nem os bizantinos, nem os persas sassânidas, contudo, poderiam ter previsto o surgimento e a avassaladora expansão dos árabes, impulsionados pela difusão da nova fé muçulmana, que abalam a inteira ordem mediterrânea e do Oriente médio, até os seus fundamentos. Estes

– champs, 1987); Philippe SÉNAC, **L'Occident médiéval face à l'Islam** – L'image de l'autre (Paris: Flammarion, 2e éd. revue, 2000); Eduardo MANZANO Moreno, **História de las sociedades musulmanas en la edad media** (Madri: Síntesis, 1992); Sophie BESSIS, **Histoire de la Tunisie** – de Carthage à nos jours (orig. publ. 2019, Paris: Tallandier-texto, éd. actualisée, 2022, esp. chap. III – De Rome aux arabes, p. 73-93 e chap. IV – Les aventures médiévales de l'Ifriqiya, VIIIe-XIIe siècle, p.95-129) sobre a conquista árabe, a partir do século VII; S. DENOIX et H. RENEL (dir. de), **Atlas des mondes musulmans médiévaux** (Paris: Éd. CNRS, 2022, Les entités politiques de l'Antiquité tardive, p. 48-49); A. MAHJOUBI e P. SALAMA, O período romano e pós-romano na África do norte – parte I: o período romano, parte II: de Roma ao Islã (in **História geral da África** – vol. II: **A África antiga**, coord. G. MOKHTAR, orig. publ. **Histoire générale de l'Afrique**, 1980, trad. C. H. DAVIDOFF et al., São Paulo: Ática / Paris: Unesco, 1983, p. 473-509 e 511-523).

[630] Cf. **Tratado** (tomo 3 A – **Direito internacional no tempo antigo**, cap. 4 – Império persa e Oriente médio antigo, tomo 3 B – **Gregos, romanos, chineses, indianos**, cap. 6 – na formação e no desenvolvimento de Roma); A. BOZEMAN (op. cit., 1960, ed. 2010, p. 222-223).

[631] Stephan VEROSTA, **International Law in Europe and Western Asia between 100 and 650 AD** (RCADI, 1964, t. 113, p. 485-620) mostra as relações entre os impérios persa e romano (caps. I, III e VI), as relações entre os dois impérios e os estados, cidades-estado e tribos das fronteiras norte e sul (caps. II e V), o estatuto da Armênia como estado-tampão entre os dois impérios (cap. III), e as relações entre os dois impérios e os hunos (cap. IV); Annie et Jean-Pierre MAHÉ, **Histoire de l'Arménie** – des origins à nos jours (Paris: Perrin-histoire, 2012); Ashot ARTZROUNI, **História do povo armênio** (apresentação Eurípides S. de PAULA, São Paulo: Comunidade da Igreja Católica Apostólica Armênia no Brasil, 1976).

não vieram somente em busca de terras mais férteis, mas imbuídos da convicção do dever de lutar (*jihad*) contra os infiéis e levar ao mundo a mensagem de Alá, tal como anunciada por seu profeta MAOMÉ.[632]

Em contraposição, as fontes judaicas são ambíguas com relação ao papel que os judeus deveriam desempenhar, na comunidade de nações, e quais funções, se alguma, deveriam ser atribuídas a outros povos.[633]

> Essa mesma ambiguidade foi continuada por cristãos e muçulmanos, e a aceitação deste legado específico por ambos talvez tenha maiores consequências para a condução das relações internacionais, do que sua observância de qualquer outra norma bíblica, claramente enunciada. Pois a contradição entre universalismo e pacifismo de um lado, e extremo nacionalismo e beligerância de outro lado, não foi oficialmente resolvida por qualquer destes grupos religiosos, e se perpetuou nas visões de mundo, de todas as nações que reconhecem a sabedoria fundamental do Livro – a **Bíblia**. E dado que o primeiro período formativo da moderna sociedade das nações foi decisivamente influenciado pelos povos do Livro, essa ambiguidade se torna a origem de muita confusão internacional.[634]

Cabe assinalar a considerável extensão na qual as contradições internas, implícitas nessa orientação em relação ao conjunto do mundo, foram exacerbadas pelo reconhecimento dos estreitos laços das três religiões monoteístas com o helenismo pagão. Como exprime, por exemplo, a obra de PHILO DE ALEXANDRIA (nascido entre 20 e 10 a.C.), e se destaca, dentre os pensadores que buscaram a síntese entre o pensamento judaico

632 A. BOZEMAN (op. cit., 1960, ed. 2010, chap. 7 –The chief elements in Mediterranean power politics, p. 226-237, cit. p. 227): "When the Arabs started on their road to conquest in the seventh century, on the other hand, the two Christian orbits in the Occident, as well as the Chinese and Indian power centers in the Orient, were decisively reduced."

633 A. BOZEMAN (op. cit., 1960, ed. 2010, p. 233): "There are inspiring passages in the Old Testament to the effect that the Jews should be the gentle teachers of mankind, and also that they should accept God's choice of other men for the execution of His great design on earth. But there are other savage and vindictive statements which express profound contempt for all non-Jews and strangers – indeed for all men who do not side up with God's chosen people in their espousal of His holy cause."

634 A. BOZEMAN (op. cit., 1960, ed. 2010, p. 233-234).

e o helênico. Sua filosofia se tornou a mais sugestiva fonte comum para o pensamento progressista de posteriores estudiosos judeus, cristãos e islâmicos.[635]

[635] PHILO de Alexandria tem sua obra publicada em doze volumes (dez tomos principais, mais dois suplementos) da LCL: I. **On the Creation (*De Opificio Mundi*). Allegorical interpretation (*Legum Allegoriae*)** (edição em grego, with an English translation by F. H. COLSON and G. H. WHITAKER, Cambridge, Ma./London: Harvard UP, LCL 226, © 1929, reprinted 2004); II. **On the Cherubim, the Flaming Sword and Cain, the first man created out of man (*De Cherubim*). On Abel and the sacrifices offered by him and Cain (*De sacrificiis Abelis et Caini*). That the Worse is wont to attack the better (*Quod deterius potiori insidiare solet*)** (edição em grego, with an English translation by F. H. COLSON and G. H. WHITAKER, Cambridge, Ma./London: Harvard UP, LCL 227, © 1929, reprinted 2001); III. **On the Unchangeableness of God (*Quod Deus immutabilis sit*). On Husbandry (*De Agriculture*). On Noah's work as a planter (*De Plantatione*). On drunkenness (*De ebrietate*). On sobriety (*De sobrietate*)**; IV. **On the confusion of tongues (*De confusione linguarum*). On the migration of Abraham (*De migratione Abrahami*). Who is the heir of divine things (*Quis rerum divinarum heres*). On mating with the preliminary studies (*De Congressu quaerendae Eruditiones gratia*)** (edição em grego, with an English translation by F. H. COLSON and G. H. WHITAKER, Cambridge, Ma./London: Harvard UP, LCL 261, © 1932, reprinted 1996); V. **On Flight and Finding (*De Fuga et Inventione*). On the change of names (*De mutatione nominum*). On Dreams (*De Somniis*)** (edição em grego, with an English translation by F. H. COLSON and G. H. WHITAKER, Cambridge, Ma./London: Harvard UP, LCL 275, © 1934, reprinted 2001); VI. **On Abraham (*De Abrahamo*). On Joseph (*De Josepho*). Moses I and II (*De vita Mosis*)** (edição em grego, with an English translation by F. H. COLSON, Cambridge, Ma./London: Harvard UP, LCL 289, © 1935, reprinted 1994); VII. **On the Decalogue (*De Decalogo*). On the special laws I, II and III (*De specialibus legibus*).** (edição em grego, with an English translation by F. H. COLSON, Cambridge, Ma./London: Harvard UP, LCL 320, © 1937, reprinted 1998); VIII. **On the special laws IV (*De specialibus legibus*). On the virtues (*De Virtutibus*). On Rewards and Punishments (*De praemiis et poenis*).** (edição em grego, with an English translation by F. H. COLSON, Cambridge, Ma./London: Harvard UP, LCL 341, © 1939, reprinted 1989); IX. **Every good man is free (*Quod omnis probus liber sit*). On the contemplative life or Suppliants (*De Vita contemplativa*). On the eternity of the world (*De Aeternitate mundi*). Flaccus (*In Flaccum*). Hypothetica (*Apologia pro Iudaeis*). On Providence (*De Providentia*)** (edição em grego, with an English translation by F. H. COLSON, Cambridge, Ma./London: Harvard UP, LCL 363, © 1941, reprinted 1995); X. **The embassy to Gaius (*De legatione ad Gaium*)** (edição em grego, with an English translation by F. H. COLSON, Indices to volumes I-X by J. W. EARP, Cambridge, Ma./London: Harvard UP, LCL 379, © 1962, reprinted 1991); Supplement I. **Questions and Answers on Genesis (*Quaestiones et Solutiones in Genesim*)** (translated from the Ancient Armenian version of the original Greek by Ralph MARCUS, Cambridge, Ma./London: Harvard UP, LCL 380,

Estes foram, contudo, esforços individuais isolados, que não afetaram substancialmente a propagação das posições oficiais. A visão de princípios mediadores e complementares foi eclipsada quando os intérpretes subsequentes das três religiões preferiram a versão local da certeza mais próxima; em lugar do mais distante e exigente objetivo de interação harmoniosa entre culturas, tal como tinha sido concebido antes.

As três religiões monoteístas, sob a ótica das relações internacionais:

> Qualquer avaliação do impacto das novas religiões sobre as relações internacionais nesta era tem de incluir a realização que a difusão dos temas hebraicos, que instilou uma visão comum das questões mundiais, entre milhões de europeus, africanos e asiáticos, ao se alinharem com qualquer das três religiões reveladas. Pois, quer os homens tivessem adotado o judaísmo, o cristianismo ou o islão, eles ainda estavam de acordo em reconhecer o monoteísmo profético, adorando o mesmo Deus, cultivando a noção de grande *universum* como a forma constitucional definitiva da humanidade, e conservando a mesma imagem da história, como grande processo, limitado no tempo.
>
> Além disso, no contexto dessa orientação geral, outros paralelos se desenvolveram. Não somente as religiões irmãs inspiraram novos códigos morais e sistemas de valores, que guardam semelhança geral, uns com os outros, mas também trouxeram princípios análogos para a organização da vida em comunidade. Como judeus, cristãos e muçulmanos insistiram no primado das suas respectivas filiações religiosas, eles distenderam todos os outros vínculos que tinham mantido coesa a vida em comum, nos tempos antigos.[636]

© 1953, reprinted 2002); Supplement II. **Questions and Answers on Exodus (*Quaestiones et Solutiones in Exodum*)** (translated from the Ancient Armenian version of the original Greek by Ralph MARCUS, Cambridge, Ma./London: Harvard UP, LCL 401, © 1953, reprinted 2003).

636 A. BOZEMAN (op. cit., 1960, ed. 2010, p. 234-235): "Henceforth communities were formed because their members shared a faith, not because they shared a family, country, economic interest, political allegiance, or professional pursuit. One was a Jew, a Christian, or a Muslim now, and not a Greek, Roman or Egyptian. The principle of religious communalism thus became the foremost unifying factor in the world, since it denied that there were any limits to the community of believers."

A transposição de conceitos de uma civilização para outra pode ser, por vezes, muito complicada, pelas diferenças de contexto. Isso, muitas vezes, percebe-se na relação do 'Ocidente' com a Índia: desde Flávio ARRIANO (ca. 95-175 d.C.)[637] aos nossos tempos,[638] muitos relatos perdem credibilidade por se deixarem levar pelo fantástico e pelo inusitado.

Nos desencontros desse 'diálogo' entre Oriente e Ocidente, ao longo da História, é preciso combinar a percepção do outro e a consciência da relevância da contribuição de cada parte do mundo para o equilíbrio e as mutações do conjunto.[639]

Nesse sentido, a reflexão de MOU Zongsan –[640] a respeito de FENG Youlan – apontando, em relação à China e ao pensamento chinês,[641]

[637] Historiador grego e filósofo, natural de Nicomédia, na Bitínia, cidadão romano e ateniense, ARRIANO, ou FLAVIUS ARRIANUS, foi governador da província romana da Capadócia (132-137 d.C.), e repeliu invasão dos Álanos, no ano 134. Aposentado, morou em Atenas (onde foi arconte, em 148-149) e depois voltou à terra natal. Além da **Anabasis de Alexandre** deixou o relato de **Indica** (edição em grego, with an English translation by P. A. BRUNT, Cambridge, Ma. / London: Harvard UP, LCL 269, © 1933, reprinted 2000). Cfr. **Tratado** (tomo 3 B – **Gregos, romanos, chineses, indianos**, tanto no cap. 5 – cidades-estado gregas e mundo helenístico quanto no item 7.1 – Índia).

[638] Christine MAILLARD, **L'Inde vue d'Europe** – histoire d'une rencontre (1750-1950) (Paris: Albin Michel, 2008). Ver tb. P. B. CASELLA, **BRIC** (2011, esp. cap. 5, 'doce sabor da Índia entre tradição e inovação', p. 73-79) e **Tratado** (tomo 3 B – **Gregos, romanos, chineses, indianos**, esp. item 7.1, sobre o subcontinente indiano).

[639] Ver Anne CHENG, **Histoire de la pensée chinoise** (© 1997, Paris: Seuil, 2002, p. 17): "L'histoire passée de la pensée chinoise, comme toute histoire, est sans cesse à réviser à la lumière du présent."

[640] MOU Zongsan (1909-1995), **Spécificités de la pensée chinoise** (orig. publ. em chinês, em 1974, em Hong Kong, intr. Joël THORAVAL, trad. du chinois par Ivan P. KAMENAROVIC et Jean-Claude PASTOR, Paris: Cerf – Patrimoines – Confucianisme, 2003).

[641] FENG Youlan, nascido em 1895, começa a sua carreira filosófica em 1915. Escreve, em 1919, a sua História da filosofia chinesa, que teve grande repercussão na China. Permanece na China, depois da revolução de 1949. Some de circulação, durante os anos da 'revolução cultural', mas volta a aparecer, nos anos 1980, quando preside um Congresso de Filosofia. Seu **Précis d'histoire de la philosophie chinoise**, feito a partir da sua obra de 1919, foi escrito por FENG Youlan em inglês, depois traduzido em francês, e publicado em Paris, em 1985). Nessa obra, FENG Youlan separa dois períodos, que se refletem nas duas partes do livro: a *Época dos Mestres*, vai de antes de CONFÚCIO (551-479 a.C.) até a transição entre os QIN (221-207 a.C.) e os HAN (206 a.C. a 220 d.C.), o que corresponde a "adotar assim a divisão ocidental, da época grega" – quando o cônsul romano FLAMINIUS, em 197 a.C.

"tomar a Idade média segundo o modelo ocidental, faz com que não exista Idade moderna", o que nos traz, praticamente até o fim da dinastia CHING (1644-1911), e a instauração da República – por decreto imperial de 1º de janeiro de 1912: "o pensamento e as disciplinas chinesas praticamente não se adaptam aos procedimentos ocidentais, e não se alcança operar uma escolha, tomando como critério a filosofia ocidental".[642] E, como advertia, ademais, MOU Zongsan: "hoje, o Oriente e o Ocidente devem se considerar, reciprocamente, em pé de igualdade, e cumprir o seu destino cultural, graças a remanejamentos, complementos e fecundações recíprocas. Sem isso, não será possível evitar a provação de desastre comum".[643]

proclama a 'libertação' de todas as cidades gregas, ao fim da campanha militar, iniciada em 200. A segunda parte, a *Época dos comentários sobre os clássicos*, trata do que começa com o início dos HAN e se estende até LIAO Jiping (1852-1932), ou seja, o fim da dinastia CHING e início da República. "Aplicando à filosofia chinesa uma classificação, emprestada da filosofia ocidental, FENG Youlan comete, manifestamente, um grave erro".

[642] MOU Zongsan (op. cit., 1974, ed. francesa, 2003, première conférence – 'la Chine a-t-elle une philosophie?', p. 77-88, cit. p. 81-82): "Se adotamos o ponto de vista da lógica e da teoria do conhecimento para abordar a filosofia chinesa, constatamos que ela não dispõe, originalmente, nem de uma, nem de outra. Seria, então, fácil falar de sua extrema indigência. Se, contudo, concluímos que a China não tem filosofia, este será o pior modo de a subestimar. A China tem ou não uma filosofia? É fácil esclarecer a questão. O que é a filosofia? Meditar e explicar a atividade propriamente humana, por meio de noções e do entendimento, eis o que se poderia chamar filosofia. A China, cuja história da civilização é muitas vezes milenar, oferece, evidentemente, longa série de criação e de atividade humanas. Ela as meditou e explicou, por meio de noções intelectualmente elaboradas. Poder-se-ia dizer que ela está destituída de filosofia? Cada sistema de civilização possui a sua filosofia, sem o que não teria chegado a se tornar sistema organizado civilizado. Reconhecer que a China oferece um tal sistema, significa também reconhecer a existência de uma filosofia chinesa. A questão que se coloca é a da diferença de modalidade e de orientação entre os instrumentos filosóficos orientais e ocidentais."

[643] MOU Zongsan (op. cit., 1974, ed. francesa, 2003, p. 83): "Se ainda encontramos Ocidentais que se obstinam em absurdo sentimento de superioridade, não se trata se não de reflexo de nefastos hábitos do colonialismo. Se um pequeno número de chineses indignos, consumam a sua própria ruína até a morte, não fazem o menor caso do amor-próprio, pode-se dizer que realizam o ideal servil dos *compradores* que, desprezando a si mesmos, não fizeram se não a ruína da China". Ocupados somente com seu lucro pessoal, '*compradores*' eram chamados os comerciantes chineses que, no passado, serviam de intermediários à penetração estrangeira, fechando os olhos em relação aos tratados desiguais, ao tráfico de ópio,

Nos mesmos séculos do tempo 'medieval', o quadro mundial recebe elemento adicional, nessa conjugação de diálogo e desencontros entre 'Ocidente' e 'Oriente' com o impacto mundial do chamado "império das estepes", dos 'hunos' aos mongóis, com destaque em torno de nomes como ÁTILA, GENGIS KHAN e TAMERLÃO. Marcantes registros ficaram desses conquistadores, não somente dentre os cronistas ocidentais, como nos registros históricos chineses e também persas.[644]

No início do século XIII, depois de unificar as tribos nômades da Ásia central, tendo como objetivo a dominação do mundo e, depois de terminar a conquista da China do norte, em 1215, GENGIS KHAN se volta para o oeste e começa a sua marcha para oeste. Em cinco anos, ele destrói o império islâmico da era *Khwarezm*, arrasa as cidades e dizima impiedosamente as suas populações.

Em 1220 ocorre a primeira confrontação entre as tropas da "nação dos arqueiros" e o reino cristão da Geórgia. Serão sucessivas derrotas para os cristãos, nos anos seguintes. Logo os mongóis também atravessam o Cáucaso e passam a fazer incursões em territórios russos.

Cada um dos quatro filhos de GENGIS KHAN recebe, ainda em tempo de vida deste, o seu *oulous*, ou seja, certo número de tribos, sobre as quais exerceriam a sua dominação, em relação à sua *yurta*, ou seja, o apanágio territorial, ou extensão de estepe necessária para a vida pastoral dessas tribos, e o respectivo *indju*, ou seja, os rendimentos necessários para a gestão de sua corte e de seus 'funcionários', em cuja composição

organizado pelas autoridades britânicas, e à colonização da China pelas potências europeias, Estados Unidos e Japão.

644 René GROUSSET (1885-1952), **L'empire des steppes** ATTILA, GENGIS-KHAN, TAMERLAN (originalmente publicado em 1965, Paris: Payot, 2009); Laurent DESHAYES, **Histoire du Tibet** (Paris: Fayard, 1997); ver tb. René CHALIAND, **Les empires nomades** – de la Mongolie au Danube – Ve siècle av. J. C. – XVIe siècle (Paris: Perrin – tempus 117, © 1995, 1998, 2006, 'épilogue', p. 185-6): "La géopolitique mondiale a été longtemps en grande partie déterminée par les nomades de Haute Asie – qui fut le pivot de la masse eurasiatique – et par les héritiers des nomades, une fois ceux-ci islamisés. Lorsque l'Europe devient véritablement prééminente, la géopolitique classique s'articule non sur l'opposition entre nomades et sédentaires mais sur l'opposition entre puissances maritimes et continentales le pivot continuant de se situer au coeur de l'Eurasie. [...] Ces peuples de la périphérie des deux derniers empires, de Chine et surtout de Russie, ont commencé de recomposer la géographie régionale et vont, sans nul doute, peser à nouveau, notamment démographiquement, sur l'histoire de l'Asie centrale."

entravam tributos pagos pelas populações sedentárias das regiões dominadas da China, do Turquestão e do Irã.[645]

Em 1235, OGODAI, filho de GENGIS KHAN, decide dar prosseguimento à conquista do mundo encetada por seu pai: um exército foi enviado contra a China; enquanto isso, seu sobrinho, BATU, comandava outro exército, incumbido de submeter a Rússia e a Europa; e, por sua vez, TCHORMAGAN estava encarregado de conquistar o Oriente médio. Este organizou estrategicamente as suas operações, dividindo o seu exército em diversos corpos, cada um dos quais sob o comando de um *noyon* (general).

Em duas gerações, os conquistadores mongóis conquistam e estabelecem dinastias que passam a governar a China, com KUBILAI, ou KUBLAI KHAN, que estende o seu poder sobre a China inteira, incluindo o Sul, sob domínio turco-mongol,[646] o Turquestão sob a casa de DJAGATAI,[647] e a Pérsia mongol, sob a dinastia de HULAGU.[648]

O sistema internacional mongol era eficaz e simples: incomparáveis no manejo do arco e da cavalaria e regidos por férrea disciplina militar, logo adquirem reputação de serem simultaneamente invencíveis e implacáveis. Eram mestres em explorar as divisões internas dos inimigos, agiam com base em informações, coligidas por espionagem, em sistema de inteligência muito bem organizado, utilizavam os recursos dos povos submetidos – como a arte de colocação de minas, para as quais técnicos chineses eram utilizados. Quem se submetia era poupado; os demais eram totalmente

[645] R. GROUSSET (op. cit., 1965, ed. 2009, Les trois premiers successeurs de Gengis-Khan, p. 316-352).

[646] R. GROUSSET (op. cit., 1965, ed. 2009, Khoubilaï et la dinastie mongole de Chine, p. 352-397).

[647] R. GROUSSET (op. cit., 1965, ed. 2009, Le Turkestan sous la maison de Djaghataï, p. 397-420).

[648] R. GROUSSET (op. cit., 1965, ed. 2009, La Perse mongole et la maison de Hulägu, p. 420-468); Yves PORTER, **Les Iraniens** – Histoire d'un peuple (orig. publ. 2006, Paris: A. Colin, 2007, 2e partie – Le monde iranien du VIIe au XVe siècle, esp. chap. 8 – De Chengiz Khân à Timour Lang, p. 167-180 e chap. 9 – Timourides et Turkmènes, p. 181-196, cit. p. 179): Après une période d'invasions, d'abord sous la férule de GENGIS Khan, puis sous celle de ses successeurs, l'Iran retrouve, peu après la chute de Bagdad, une certaine prospérité. Certes, des villes comme Samarkand, Nishâpur ou Revy ont été pratiquement rayées de la carte; mais d'autres centres régionaux, comme Bagdad ou Tabriz, se relèvent assez rapidement.

eliminados. Se isso aterrorizou os cristãos, como refletem as crônicas da época, ainda mais aparecem relatos sombrios e violentos das ações dos mongóis entre os autores muçulmanos dessa mesma época.

O assim chamado sistema internacional mongol entre 1230 e 1255 chega a estender a sua dominação, quer direta, quer indireta, por meio de vassalos e reinos tributários, desde a orla do Pacífico, incluindo do norte ao sul, toda a China, até o advento da dinastia MING (1368-1644). Abrangeu o império mongol, também, todo o conjunto da Ásia central, indo dos principados russos ao norte, até o golfo Pérsico, ao sul, e se prolongava em toda a Anatólia (Turquia atual), e pelo Mediterrâneo se estendia no Sultanato Aiúbida do Egito, enquanto na Europa, incluía a Hungria, bem como partes consideráveis de territórios que anteriormente eram do Império bizantino.

Se o conjunto do império mongol, sob comando único, teve pouca duração, a matriz original se desdobra em várias dinastias: de um lado, a dinastia turco-mongol permanece no poder na China, até o advento da dinastia chinesa dos MING, em 1368. De outro lado, a dinastia *moghul*, na Índia, dura séculos e marca, profundamente, não somente os seus espaços de exercício direto de poder, bem como se projetam sobre os reinos circunjacentes, criando espaços de interação e de sistemas regionais de relações internacionais, até ser o controle efetivo da Índia assumido pelos ingleses, em meados do século XIX.[649]

Como ilustração do contexto medieval, inscreve-se a aspiração por construção de sistema de relações internacionais, baseado na tolerância e na convivência pacífica entre diferentes religiões.[650] Ainda que

[649] R. GROUSSET (op. cit., 1965, ed. 2009, La Perse mongole et la maison de Hulägu, p. 420-468); Michel BOIVIN, **Histoire de l'Inde** (Paris: PUF, quarta ed., atualizada, 2011); Abraham ERALY, **The Mughal Throne** – the saga of India's Great Emperors (© 1997, London: Phoenix, 1st publ., 2004). Ao menos nominalmente, a dinastia se estende até meados do século XIX, quando se instaura o Vicerrei britânico, depois da supressão violenta das revoltas. Ver, ainda, W. W. HUNTER, **The Indian Empire** – its people, history and products (orig. publ. 1886, New Delhi: Asian Educational Services, 2009); Niall FERGUSON, **Império**: como os britânicos fizeram o mundo moderno (orig. publ. **Empire** © 2003, trad. Marcelo Musa CAVALLARI, São Paulo: Planeta, 2010, p. 74): "herdeira dos mogóis, o governador-geral era o imperador *de facto* de um subcontinente."

[650] Claude MUTAFIAN, Le siècle mongol (1220-1320), planche de salut ou coup de grâce? (no volume **Arménie: entre Orient et Occident** – trois mille ans de civilisation, coord. Raymond H. KÉVORKIAN, Paris: Bibliothèque nationale de France, 2006, p. 174-183, cit.

de modo totalmente fictício, como ilustra a figura lendária do 'Preste João'.[651]

A visão da Índia pode parecer breve digressão[652] mas, constitui indício do modo pelo qual o 'Ocidente' vem a tratar essa civilização.[653] Muitas vezes perde-se a capacidade de reconhecer o igual, porém diverso.[654]

p. 174) aponta origem mongol para a lenda: a unificação das tribos mongóis da Ásia central, sob GENGIS KHAN, tinha propósito simples: a dominação do mundo. Os mongóis não tinham qualquer objetivo de proselitismo religioso, e nesse plano, a sua tolerância surpreendia os contemporâneos – *"d'où le fameux mythe du 'prêtre Jean', souverain chrétien à l'est de l'islam"* – e esta tradição repercute durante séculos: "Dans les régions conquises, ils n'avaient pas de politique de colonisation et préféraient exercer leur pouvoir par vassaux locaux interposés. Leurs méthodes même de conquête étaient nouvelles. Si une ville assiégée se soumettait volontairement, elle était en général épargnée; dans le cas contraire, elle était rasée et toute sa population impitoyablement massacrée. [...] Les Mongols acquirent vite une réputation d'invincibilité et de cruauté dont on trouve l'écho dans les chroniques chrétiennes, mais encore plus chez les auteurs musulmans."

651 Soberano lendário, o Preste João, ou Jehann, tem seu nome assinalado ao papa EUGÊNIO III, em 1145, e cujo reino, alinhado com o cristianismo nestoriano, conforme se acreditava, estender-se-ia em vastas extensões da Ásia central, além da Armênia e da Pérsia. Essa lenda, com origem em fontes da Ásia central que falam de um *wang-khan*, ou rei-sacerdote, inspirou numerosas ficções poéticas na Idade média. O preste João também teria sido evocado por MARCO POLO. Tradição mais recente, de inspiração portuguesa, coloca a identificação entre essa figura lendária e o *Negus* da Etiópia – soberano cristão, que segue tradição autocéfala.

652 Flávio ARRIANO, em seu relato **Índica**, escrito entre 130-137 d. C., quando governador da Capadócia, observava, como para os demais 'ocidentais' do seu tempo, a Índia como terra maravilhosa, tendo como pano de fundo a campanha de ALEXANDRE MAGNO (posteriormente a 331 a.C.). Como outros de seus contemporâneos, fascinavam ARRIANO os relatos sobre os grandes rios da Índia, como o Indus e o Ganges, com seu fluxo perene de águas navegáveis, bem como relatos sobre as castas, e o uso de elefantes na guerra. Ver FLAVIUS ARRIANUS, **Anabasis of Alexander** seguido de **Indica** (edição em grego, with an English translation by P. A. BRUNT, Cambridge, Ma. / London: Harvard UP, LCL 269, © 1933, reprinted 2000, p. 305-433).

653 Christine MAILLARD, **L'Inde vue d'Europe** – histoire d'une rencontre (1750-1950) (Paris: Albin Michel, 2008). Ver tb. G. BONGARD-LEVIN e A. VIGASIN, **The image of India** – The study of Ancient Indian Civilisation in the USSR (Moscou: Progress Publ., 1984).

654 Nesse sentido, ver **Tratado** (tomo 3 B – **Gregos, romanos, chineses, indianos**, esp. item 7.1 sobre o subcontinente indiano).

Ao longo dos séculos, e também para o mundo medieval e moderno, a Índia passa a ser elemento mágico e presença recorrente como civilização rica e misteriosa.[655] A partir das incursões de ALEXANDRE MAGNO (356-323 a.C.) e dos relatos de PLÍNIO, o velho (23-79 A.D.), na sua **História natural**,[656] instauram-se relatos sobre a Índia no imaginário ocidental.

Da obra de PLÍNIO, a Idade média somente conhecia o resumo feito pelo reitor do século III, SOLINUS, em sua coletânea de coisas memoráveis, **Collectanea rerum memorabilium**: nesta a Índia se apresenta, para a Europa medieval, como repositório do fantástico, "jazida de maravilhas e de monstros".

Um dos grandes mestres do Ocidente medieval, ISIDORO DE SEVILHA, no século VII, faz diversas referências à Índia, nas suas **Etimologias**.[657] Sob o signo do pitoresco e do fantástico.[658]

A fascinação com a Índia ainda permanece. Não é isso o que mais nos interessa.

A partir do século XII, a Índia passa a estar mais presente no imaginário coletivo medieval, com a aparição da fraude intitulada a *Carta do Preste João*, por volta de 1160. Essa 'missiva' teria sido enviada por personagem mítico, milagrosamente rico e poderoso, ao mesmo tempo padre e rei da Índia, cujos reinos se estendiam "entre o Extremo Oriente e a torre

[655] Jacques LE GOFF, **Un long Moyen Age** (© 2004, Paris: Hachette, 2009, *L'Inde merveilleuse: l'antichambre du paradis*, p. 237-245).

[656] PLINII, **Naturalis historia** (with an English translation by H. RACKHAM, Cambridge, Ma.: Harvard U.P. / Loeb Classical Library, 10 volumes, LCL 330 – preface and books 1-2, 1st. publ., 1938, rev. 1944 e 1949, reprinted, 2004), ou tb. PLINE L'ANCIEN, **Histoire naturelle** (textes choisis et présentés d'après la traduction de LITTRÉ par Hubert ZEHNACKER, Paris: Gallimard-Folio 3090, © 1999, impr. 2007).

[657] A respeito de ISIDORO ver, neste tomo, o precedente item 8.2. ISIDORO DE SEVILLA, **Etimologias** (edición bilingue, "texto latino preparado por Wallace M. LINDSAY publicado dentro de la *Scriptorum Classicorum Biblioteca Oxoniensis*, en el año 1911", versión española y notas José OROZ Reta y Manuel-A. Marcos CASQUERO, intr. general por Manuel C. DIAZ Y DIAZ, Madri: Biblioteca de Autores Cristianos, vol. 647, 1ª. ed., 2004, reimpresión, 2009).

[658] ISIDORO DE SEVILLA, **Etimologias** (ed. cit., 2009, Livro XIV, cap. 3, n. 5): "*India vocata ab Indo flumine*" – a Índia tem esse nome por causa do rio Indo [...] "tem muitas raças e cidades". [...] "Tem famosos rios, como o Ganges, o Indo e o Hipane. A terra da Índia, de grande fertilidade, produz duas colheitas por ano (*Terra Indiae favorii spiritu saluberrima in anno bis metit fruges*)." Prosseguia com extensa e colorida descrição dos animais e produtos da Índia.

de Babel" – onde foi, por vezes, situado o paraíso terrestre – teoricamente teria dirigido essa missiva ao imperador bizantino, MANUEL I COMMENIUS (1143-1180) e ao Imperador do ocidente, FREDERICO BARBAROSSA (1152-1190). Esse texto apócrifo – a carta fictícia – era, então, gênero literário corrente, embora os contemporâneos a considerassem como um documento, não como criação, foi traduzida em latim, e circulou em várias versões,[659] ainda no século XVI.[660]

Aqui, interessa referir esta fantasia literária, do século XII, quem sabe, talvez, gerada no círculo da corte bizantina, pelos fins a que se destinava: estabelecer boas relações entre elementos do sistema internacional da época, e por cima dos potentados muçulmanos, a ideia de aliança, entre a Índia e os cristãos.

Aí, encontra-se preocupação permanente dos ocidentais da Idade média: garantir relações diplomáticas com o Oriente. Mesmo quando o fazem de modo desastrado e desastroso, como se deu entre os ocidentais e o Império romano do Oriente, ou bizantino.

A busca de rotas de comércio e a concepção elementar de sistema mundial de 'relações internacionais'. O que explica, por exemplo, tantas embaixadas enviadas, a partir do Ocidente, ao Império mongol.

[659] Hervé PENNEC (introducão citada, 2010, pp. 5-25, cit. p. 5): "Elle véhiculait un message de portée aussi bien politique que théologique qui hantait l'Europe depuis longtemps et qui se trouvait à la racine même des questions de la conception du pouvoir et de son étendue". J. LE GOFF (op. cit., 2009, p. 239 e p. 243): "À côté de l'objectif diplomatique, cette lettre est pour le 'Prête Jean' l'occasion de faire une longue description de son royaume, et de ses prodigieuses richesses. Ainsi, la lettre constitue une des principales sources de la fantasmagorie concernant l'Inde. Une tradition qui sera reprise au XIIIe siècle, par les 'encyclopédistes', qui ne manqueront jamais de faire une place aux merveilles et aux monstres de l'Inde. [...] L'Inde n'a donc pas seulement été, pour l'Occident médiéval le réservoir des merveilles connues et imaginées depuis l'Antiquité. Le Moyen Age y a aussi projeté des inventions qui ne se sont réalisés que plusieurs siècles après. L'Inde a donc introduit les Occidentaux du Moyen Âge dans les merveilles du futur."

[660] Em 1541, o rei etíope LEBNA DENGEL recebe reforços militares do rei JOÃO III de Portugal. À frente destes, um certo João BERMUDES, dito "patriarca do Preste João" – esse evento, aparentemente anódino, foi ponto de inflexão nas relações entre a Etiópia e Portugal, cujas origens remontavam a meio século. No plano teológico e da imaginação, estas relações eram multisseculares. Ver João BERMUDES, **Ma géniale imposture – patriarche du Prêtre Jean** (introduction de Hervé PENNEC, trad. du portugais par Sandra Rodrigues de OLIVEIRA, Toulouse: Anarchasis, 2010).

> Os soberanos cristãos e muçulmanos do Oriente médio tinham a escolha entre duas políticas, face aos intrusos que eram os mongóis: podiam jogar com as solidariedades locais, esquecendo as suas diferenças, para se unirem, diante do invasor; mas era igualmente tentador cultivar boas relações com este, para utilizar o invasor contra os inimigos locais – em suma, solidariedade local, ou '*Realpolitik*'.
> Em 1241, a *Pax mongolica* reinava sobre o conjunto da Transcaucásia.[661] [...] Do ponto de vista cultural,[662] a *pax mongolica* permitiu notável renovação.[663]

[661] C. MUTAFIAN, Le siècle mongol (1220-1320), planche de salut ou coup de grâce? (no volume **Arménie: entre Orient et Occident** – trois mille ans de civilisation, coord. Raymond H. KÉVORKIAN, Paris: Bibliothèque nationale de France, 2006, p. 174-183, cit. p. 176, e a seguir, p. 177): em meados do século XIII havia duas Armênias: a Grande Armênia, totalmente integrada ao império mongol, e o reino armênio da Cilícia, independente, sob protetorado mongol, ameaçado pelo sultanato do Cairo, onde os Aiúbidas, tendentes à contemporização, tinham sido destronados por outra dinastia, a dos Mamelucos, muito mais agressiva, em termos de conquista e de ocupação: "En Grande Arménie, les nouveaux maîtres n'avaient pratiquement rien changé au système féodal de pouvoir mis en place sous la monarchie géorgienne."

[662] C. MUTAFIAN (cap. cit., 2006, p. 177) observa a cisão entre as duas componentes armênias do sistema internacional, sob hegemonia mongol, no século XIII: "La raison d'État commandait à la Cilicie de faire parfois des concessions à la papauté, pour réaliser des alliances politiques avec les Francs du Levant ou d'Occident, alors que le clergé de Grande Arménie, plus lointain et sans contact avec le monde catholique, restait farouchement opposé à toute trace de chalcédonisme." Ver também Béatrice KASBARIAN-BRICOUT, **L'Arméno-cilicie royaume oublié** (Paris: Ed. Astrid, 1982); Claude MUTAFIAN, **La Cilicie**: au carrefour des empires (Paris: Les Belles Lettres / Collection d'Études Anciennes, 1988, 2 vols.); H. PASDERMADJIAN, **Histoire de l'Arménie**: depuis les origines jusqu'au traité de Lausanne (Paris: Libr. orientale H. Samuelian, 3e éd., 1971).

[663] C. MUTAFIAN (cap. cit., 2006, p. 183): "Un remarquable développement culturel fut rendu possible par la *Pax mongolica:* au moins le pays vivait à l'abri des invasions étrangères, et les monastères et *scriptoria* étaient particulièrement favorisés. Mais la féodalité arménienne supportait mal l'autorité des fonctionnaires d'occupation, et la fin de la Perse mongole, au milieu du XIVe siècle, laissa une Arménie économiquement exsangue, largement dépeuplée par l'émigration massive – entr'autres en Cilicie et en Crimée –, avec des villes désolées et une hiérarchie nobiliaire pratiquement disloquée. Le terrain était mûr pour les invasions successives, d'abord musulmanes – timouride, ottomane, safavide – puis russe. La Grande Arménie, qui avait au XIIIe siècle perdu toute structure étatique, ne serait-ce qu'autonome, n'en retrouva une, d'ailleurs bien éphémère, qu'en 1918."

Ao mesmo tempo em que se mencionam a violência da ocupação e a crueza dos meios de ação dos mongóis, negligencia-se referir a habitual tolerância destes para com a diversidade confessional entre os seus súditos: a possibilidade de manter os cultos de diferentes religiões sob domínio mongol era pouco frequente naquele tempo. Como, ademais, em outras épocas, ainda se pauta como exceção.

Em meados do século XIII, a 'potência mundial' da época eram os mongóis: BATU, o mestre das estepes russas, que tinha feito tremer a Europa alguns anos antes, após a morte de GUYUK, em 1248, impõe, como sucessor deste MONG KA, outro neto de GENGIS KHAN. Este retoma a tradição do avô e, para a conquista do mundo designa seus dois irmãos, KUBILAI, para o extremo Oriente, e HULAGU, para o Oriente médio.[664]

KUBILAI ou KUBLAI KHAN (1215-1294) – do qual descreve o viajante e aventureiro MARCO POLO (1254-1324) o imenso império, o poder e as riquezas –[665] reinará sobre a China inteira, e funda a dinastia YUAN, cujos titulares herdam o título de Grande Khan.

[664] Cf. **Tratado** (tomo 3 B – **Gregos, romanos, chineses, indianos**, item 7.2 – China); v. tb. os já referidos René GROUSSET, **L'empire des steppes** ATTILA, GENGIS-KHAN, TAMERLAN (op. cit., 2009); Laurent DESHAYES, **Histoire du Tibet** (Paris: Fayard, 1997); René CHALIAND, **Les empires nomades** – de la Mongolie au Danube – Ve siècle av. J. C. – XVIe siècle (Paris: Perrin – tempus vol. 117, © 1995, 1998, 2006).

[665] Das aventuras de Marco POLO, originalmente escritas em francês por RUSTICHELLO de PISA, a partir do relato de Marco POLO, durante o tempo em que ambos passaram na prisão, por volta de 1298, a versão toscana do início do século XIV, é "talvez a mais antiga, seguramente a mais importante, porque documenta uma leitura do texto conduzida segundo a ótica e os interesses daquele segmento mercantil, que viria a revolucionar a economia europeia". Marco POLO, **Milione** ("versione toscana del trecento", edizione critica a cura di Valeria Bertolucci PIZZORUSSO, índice ragionato Giorgio R. CARDONA, © 1975, Milão: Adelphi, 1994); Marco POLO, **Le livre des merveilles du monde** (org. Marie-Thérèse GOUSSET, Paris: Bibliothèque de l'Image, 2002); Philippe MÉNARD, **Marco Polo à la découverte du monde** (Grenoble: Glenat – La Société de Géographie, 2007, p. 9-11) considera a medida na qual as várias versões conservadas mostram o texto, tal como o próprio viajante veneziano: sempre em movimento: "Marco POLO ne s'en est pas tenu à la première rédaction, la plus répandue. Il a procédé ultérieurement à certaines adjonctions. Ainsi varient les entreprises humaines, ainsi les textes changent d'aspect."

Por sua vez, HULAGU funda, em 1256, o reino mongol da Pérsia.[666] Este, teoricamente, vassalo do precedente, como os demais 'estados' surgidos do império mongol.

O Canato de DJAGATAI, na Ásia central,[667] foi por este filho de GENGIS KHAN governado de 1227 a 1242. Ao falecer, deixa seu reino para o neto QARA-HULAGU (1242-1246), que será sucedido por seu tio YISSU-MANGU (1246-1252).

De modo semelhante, a "Horda de ouro", fundada por BATU, nas estepes russas.[668] Durante dois séculos e meio a dominação mongol se

[666] R. GROUSSET (op. cit., 1965, ed. 2009, La Perse mongole et la maison de Hulägu, p. 420-468); Yves PORTER, **Les Iraniens** – Histoire d'un peuple (orig. publ. 2006, Paris: A. Colin, 2007, 2ᵉ partie – Le monde iranien du VIIᵉ au XVᵉ siècle, esp. chap. 8 – De Chengiz Khân à Timour Lang, p. 167-180 e chap. 9 – Timourides et Turkmènes, p. 181-196, cit. p. 179): "Après une période d'invasions, d'abord sous la férule de GENGIS Khan, puis sous celle de ses successeurs, l'Iran retrouve, peu après la chute de Bagdad, une certaine prospérité. Certes, des villes comme Samarkand, Nishâpur ou Revy ont été pratiquement rayées de la carte; mais d'autres centres régionaux, comme Bagdad ou Tabriz, se relèvent assez rapidement."

[667] O reino do Turquestão constituiu 'dominação mongol superposta a país turco' caracterizava R. GROUSSET (op. cit., 1965, ed. 2009, Le Turkestan sous la maison de Djaghataï, p. 397-420, cit. p. 397-402).

[668] O antigo Principado de Moscou, no século XIV, sobretudo depois da vitória sobre os tártaros, na batalha de Kulikovo, em 1380, se expande progressivamente, para absorver os estados sucessores da "Horda de ouro" pelos quais se mantivera o sistema, instaurado à época de GENGIS KHAN, mantendo o Sudeste da Rússia sob virtual estado de sítio e onerando o conjunto do país. Foram, assim, conquistados pelos russos, organizados sob o Grande principado de Moscou, a partir de 1462, com IVAN III, como o primeiro czar, e a Rússia, após a ascensão de IVAN IV, dito o terrível, em 1533, czar a partir de 1547, o Khanato de Kazan, em 1552, o Khanato de Astrakã, em 1556, e, por último, o Khanato da Crimeia, este somente em 1783. Ver: Nikita ROMANOFF e Robert PAYNE, **Ivan o terrível** (do original, **Ivan the terrible** © 1975, trad. Aurélio de LACERDA, Rio de Janeiro: Nova Fronteira, 1977); Anatole LEROY-BEAULIEU (1842-1910), **L'empire des Tsars et les Russes** (ed. présentée par Marc RAEFF, Paris: Robert Laffont – Bouquins, 1990); Francis CONTE, **Les Slaves**: aux origines des civilisations d'Europe centrale et orientale – VIᵉ – XIIIᵉ siècles (publ. originalmente em 1986, Paris: Albin Michel, 1996); Henry BOGDAN, **Histoire des pays de l'Est** – des origines à nos jours (orig. publ. 1991, Paris: Perrin – tempus 236, ed. atualizada, 2008, esp. primeira parte, chap. IV – L'Europe de l'Est entre les Habsbourg, les Turcs et la Russie, p. 99-119); Anthony-Emil N. TACHIAOS, **Cirillo e Metodio** – le radici cristiane della cultura slava (do original **Cyril and Methodius of Thessalonica** – the acculturation of the Slavs, © 2001, ed. italiana a cura di Marcello GARZANITI, Milão: Jaca Book, 2005). A respeito, R. GROUSSET (op. cit., 1965, ed. 2009, ch. III – Les derniers mongols,

manteve efetiva sobre a Rússia. A luta pela independência será elemento que leva à consolidação da identidade nacional russa.

Aí estão elementos característicos de sistema internacional de política de poder. Com todos os elementos acessórios pertinentes. A riqueza e a variedade das formas de relações internacionais no contexto medieval mostra não ser cabível pretender datar o surgimento do 'sistema internacional' somente a partir de meados do século XVII.

A 'contradição mongol' se mostra, por exemplo, em relação aos dois núcleos armênios da época: dos quais o reino armênio-cilício se mostrava mais conciliador em relação ao Ocidente e podia buscar alianças, quer junto ao papado, como junto aos bizantinos, ou aos latinos – francos – do Ocidente ou dos principados e enclaves cristãos do Oriente médio.[669]

Em setembro de 1260, os mongóis sofrem a primeira derrota importante e perdem, daí para a frente, a aura de invencibilidade. O sultão do Egito, KUTUZ, aproveitando-se do vazio de poder decorrente da morte de MONG KA, salva o Oriente muçulmano, ao conseguir o acordo dos francos do Levante, para passar com as suas tropas, e vai enfrentar o contingente do exército mongol, lá deixado por HULAGU, sob as ordens

p. 547-622, esp. item 1 – Les mongols de Russie, p. 547-556); B. RYBAKOV, **Early centuries of Russian History** (translated from the Russian by John WEIR, Moscou: Progress Publishers, 1965) e tb. Nicholas V. RIASANOVSKY e Mark D. STEINBERG, **A History of Russia** (Oxford: Oxford Univ. Press, 7th ed., 2005, esp. chap. 8 – The Mongols and Russia, p. 63-71, cit. p. 68): "but for the Mongols, Russia might well have participated in such epochal European developments as the Renaissance and the Reformation". A controvérsia a respeito da contribuição mongol para a formação da Rússia oscila entre as correntes que rejeitam como destrutiva e essencialmente negativa a ocupação e o jugo mongol, até as correntes que enfatizam a necessidade de reconsiderar tal visão, enfatizando a filiação da Rússia com relação à Ásia e o papel do legado eurasiano comum, trazendo o período mongol para o centro da história russa. Entre ambas se inscrevem interpretações mais modernas, no sentido do reconhecimento de aspectos tanto positivos quanto negativos.

669 C. MUTAFIAN (cap. cit., 2006, p. 178): "apparaît au grand jour la 'contradiction mongole': le roi arménien de Cilicie rentrait d'une fructueuse visite chez ces mêmes Tatares, dont le plus puissant prince de Grande Arménie voulait fuir le joug!" Vale reportar comentário sobre a situação internacional do século XIII, tal como conservado no relato da viagem do franciscano GUILHERME DE ROEBRUCK, que foi até os confins da Ásia, por determinação do rei da França, são LUIS. Na Grande Armênia, o viajante GUILHERME de ROEBRUCK foi hóspede do grande príncipe SAHENSAH, cujo filho ZAK, se queixava amargamente dos mongóis: "ele preferia ir para terra estrangeira, mais do que sofrer sob a sua dominação".

do general cristão KITBOGHA, perto das "fontes de Golias", aos pés do Monte Tabor, contando tropas armênias e georgianas.[670]

Tendo como prioridade a luta contra o sultanato mameluco do Egito, o *Khanato* ou Canato mongol, liderado por ABAGHA, busca alianças com os ocidentais, como já esboçara seu pai, em 1262. Em pelo menos quatro ocasiões, ABAGHA envia embaixadas à Europa e se faz representar no concílio de Lyon, em 1274.

Este tenta, em vão, coordenar as suas ações com as três cruzadas, lançadas sucessivamente pelos reinos de Aragão, da França e da Inglaterra, por volta de 1270. Mas, esses esforços de ABAGHA e de seu irmão e sucessor AHMED II, em 1282, não chegam a ter resultado.[671]

Em 1291, a conquista de Acre, ou São João de Acre, marca o fim do reino franco da Síria e da presença ocidental no Oriente médio. A retomada desta se dará somente muitos séculos mais tarde.[672]

Novas tentativas de aliança com os europeus são propostas, em 1302, ao papa e ao rei da Inglaterra. Igualmente sem sucesso.

Ainda no século XVI, a impostura do *Preste João* todavia circula.[673] O que mostra quantas utilidades pode ter esta fabulação.[674]

[670] C. MUTAFIAN (cap. cit., 2006, p. 180): La lutte s'annonçait âpre entre le sultanat mamelouk et l'ikhanat mongol, d'autant plus que, au nord et à l'est, deux États mongols allaient l'un après l'autre affirmer leur hostilité à leurs cousins de Perse: la Horde d'Or, convertie à l'islam, après la mort de BATOU, et le khanat de DJAGHATAÏ. Certes, depuis Pekin, le nouveau grand Khan, KOUBILAÏ était partisan de son frère HOULAGOU, mais son autorité sur le monde mongol hors de Chine restait toute théorique.

[671] C. MUTAFIAN (cap. cit., 2006, p. 181): Le nouvel ikhan en revint à la ligne politique traditionnelle de ses prédécesseurs, et envoya des nombreuses ambassades à la papauté, à PHILIPPE LE BEL, à EDOUARD I d'Angleterre. On possède l'original de la lettre de 1289 au roi de France, écrite en caractères ouïgours, et confiée à un génois de Perse, BUSCARELLO, préconisant toujours une proposition d'alliance antimamelouke, en échange de quoi les chrétiens recouvriraient Jérusalem.

[672] Comparem-se Pierre AUBÉ, **Les empires normands d'Orient** (orig. publ. 1991, Paris: Perrin, 2006) e François NEVEUX, **L'aventure des Normands** – VIIIe – XIIIe siècle (avec la collaboration de Claire RUELLE, Paris: Perrin – tempus, 2006, nova ed., 2009, impr. 2010, esp. VIII – Grandeur et décadences, p. 201-226).

[673] João BERMUDES, **Ma géniale imposture – patriarche du Prêtre Jean** (introduction de Hervé PENNEC, trad. du portugais par Sandra Rodrigues de OLIVEIRA, Toulouse: Anarchasis, 2010).

[674] Em 1541 o rei etíope Lebnä DENGEL recebe reforços militares do rei JOÃO III de Portugal. À frente da comitiva, um certo João BERMUDES, "patriarca do Preste João".

Deixando de lado a fraude e o questionamento dos motivos que podem ter levado a esta, cabe considerar a ingênua aspiração à construção de mundo melhor, por meio da instauração de sistema de relações internacionais, entre as 'potências' da época. Aí, haveria centelha que poderia ser dado precursor da institucionalização do sistema internacional em séculos futuros. Isso, mesmo quando se trate, ao menos de uma delas, de 'potência' totalmente fictícia.

A grande inflexão poderia ter ocorrido entre Ocidente e Oriente, caso tivesse sido coroada de sucesso a entrada do cristianismo na China, na era moderna.[675] Mas, assim como questões tanto de ordem doutrinária, quanto operacional dificultaram a expansão, na China, do budismo mais ortodoxo – a pequena via, ou a via estreita – em lugar da mais amplamente divulgada e aceita versão do 'grande' caminho, mil anos mais tarde, frustra-se a possibilidade de expansão vitoriosa do cristianismo na China,[676]

Observa H. PENNEC (introduction cit., 2010, p. 25): "les péripéties de João BERMUDES vont au-delà de l'imposture et leur lecture laisse entendre de quelle façon habile l'homme sut naviguer entre deux eaux, et maintenir les envieux des deux mondes en contacts; elle nous entraîne, entre les lignes, à la découverte des premières rencontres entre l'Éthiopie et un royaume d'Occident à travers les mémoires falsifiés d'un aventurier de la plus belle trempe."

675 Como se considera no **Tratado** (tomo 3 B – **Gregos, romanos, chineses, indianos**, item 7.2 – China, tópico – controvérsia sobre os ritos chineses), onde se menciona que já VOLTAIRE, em seu estudo sobre o século de LUIS XIV apontava os erros cometidos: a luta encarniçada entre diversas ordens religiosas, como entre facções políticas, onde os franceses sabotam o trabalho que já tinham desenvolvido os portugueses, querendo tomar para si os louros de tal empreitada, e essas rivalidades menores entre ordens cristãs e entre nacionalidades europeias levam à perda de todos os esforços, empreendidos pelos jesuítas, que se tinham empenhado em inserir-se na língua, na cultura, na vida da corte imperial chinesa, para estabelecer esse diálogo entre dois mundos, duas civilizações, cuja figura emblemática foi o jesuíta italiano Matteo RICCI, ou LI MADOU, para os chineses, ao lado de outros. A controvérsia doutrinal e política mostra as contradições entre a propalada religião e as limitações dos homens que iam levar tal mensagem. E fazem fracassar a evangelização do império chinês, que pode ter chegado perto de ser adotado como religião nacional, ao tempo do imperador letrado QIAN LONG. Seu filho YONG ZENG fará a inflexão de volta para a tradição chinesa, de linha confucionista. E afasta os cristãos do seu império, que passam a ser minoria perseguida.

676 DAI Sijie, **Par une nuit où la lune ne s'est pas levée** (Paris: Gallimard – Folio, © 2007, impr. 2008, p. 287) compara à controvérsia doutrinal que opusera BUDDHABHADRA e KUMARAJIVA, respectivamente arautos do 'pequeno caminho' e da 'grande via' no Budismo

pela intransigência em acomodar a convivência com a tradição confuciana. Como apontara VOLTAIRE.[677]

Somente com algumas adaptações do conceito é pertinente falar-se em 'Idade média' em outras partes da própria Europa, como se dá em relação à Rússia,[678] bem como ao conjunto dos povos eslavos, porquanto essas linhas divisórias são fluidas[679] e oscilaram ao longo dos séculos.[680] Nem mesmo se aplica a denominação 'medieval' em relação à Escandinávia,[681] e partes do norte da Europa, porquanto essas regiões se encontravam

ao que ocorre mil anos mais tarde com o fracasso da possível entrada do cristianismo na China: "de même que les jésuites, mille ans plus tard, perdront l'occasion de convertir cet immense empire au christianisme."

677 VOLTAIRE, **Le siècle de Louis XIV** (1753, édition établie, présentée et annotée par Jacqueline HELLEGOUARCH et Sylvain MENANT, Paris: Libr. Gén. Française, 2005, esp. cap. XXXV, 'Disputes sur les cérémonies chinoises', ed. cit., 2005, p. 861-869), cf. mencionado no **Tratado** (tomo 3 B – **Gregos, romanos, chineses, indianos**, item 7.2 – China).

678 M. BLOCH, European feudalism (orig. publ. 1931, in M. BLOCH, **Mélanges historiques**, Paris: Ed. CNRS, 2011, p. 177-188, cit. p. 185): "In Russia a real feudal regime was in full process of development up to the moment when it was stifled by the power of the Muscovite state. As in the West, the vassalage of the *boyars* became transformed into a state nobility."

679 Francis CONTE, **Les Slaves**: aux origines des civilisations d'Europe centrale et orientale – VIe – XIIIe siècles (publ. originalmente em 1986, Paris: Albin Michel, 1996); Henry BOGDAN, **Histoire des pays de l'Est** – des origines à nos jours (publicado originalmente 1991, Paris: Perrin – tempus 236, ed. atualizada, 2008, esp. primeira parte, cap. IV, 'L'Europe de l'Est entre les Habsbourg, les Turcs et la Russie', p. 99-119).

680 Veja-se a respeito, Anthony-Emil N. TACHIAOS, **Cirillo e Metodio** – le radici cristiane della cultura slava (do original **Cyril and Methodius of Thessalonica** – the acculturation of the Slavs, © 2001, ed. italiana a cura di Marcello GARZANITI, Milão: Jaca Book, 2005). A respeito do limite entre povos germânicos e eslavos, observava Henri-Irénée MARROU, **De la connaissance historique** (orig. publ., 1954; Paris: Seuil, 6e ed. rev. e aumentada, 1973, 'introduction: la philosophie critique de l'histoire', p. 9-27, cit. p. 15): "les partisans de la frontière Oder-Neisse invoquent l' 'exemple' de BOLESLAS le Vaillant et de la Pologne au temps des PIAST; mais comme la frontière occidentale des Slaves a varié des Bouches de l'Elbe (vers le Ve siècle) à Stalingrad (un instant en 1942), quelle que soit la ligne intermédiaire sur laquelle la politique de force stabilisera momentanément cette frontière, nous lui trouverons un 'précédent' et une 'justification' historiques!"

681 M. BLOCH (art. cit., 1931, ed. 2011, p. 185-186): "The Scandinavian peninsula offers a clear case of a country in which for want of one of the primary elements of feudal organization, that of seigniorial economy, a real feudalism failed to arise."

em fase praticamente pré-histórica, no sentido estrito de serem ainda escassos registros de história escrita.[682] Ao menos até o ano 1000.

Com a combinação de dois elementos – de um lado, a cristianização e, de outro, a monetização – vastas extensões, ocupadas por eslavos[683] e escandinavos,[684] progressivamente, ao longo dos séculos seguintes, agregam-se ao conjunto 'europeu',[685] ou conjunto 'ocidental' – com as cautelas

[682] Como observa Jacques LE GOFF, **Le Moyen Age et l'argent**: essai d'anthropologie historique (Paris: Perrin, 2010, chap. 2 – De Charlemagne à la féodalité, p. 23-28, cit. p. 26): L'empereur OTHON Ier (936-973) fonda plusieurs nouveaux ateliers monétaires dans la partie orientale de son empire élargi. Un monnayage danois se localisa à Hedeby. Depuis 960-965 on frappait des monnaies en Bohême, et, avant la fin du Xe siècle, dans la Russie de Kiev. A la fin du Xe siècle commence la production de monnaies officielles dans les pays scandinaves (Danemark, Norvège, Suède), et dès les premières années du XIe siècle apparurent des monnaies hongroises. [...] Vers 1020, la frappé des monnaies cesse en Suède, en Norvège, dans la Russie de Kiev et en Pologne.

[683] Nesse sentido, os já referidos estudos de B. RYBAKOV, **Early centuries of Russian History** (translated from the Russian by John WEIR, Moscou: Progress Publishers, 1965) e tb. Nicholas V. RIASANOVSKY e Mark D. STEINBERG, **A History of Russia** (Oxford: Oxford Univ. Press, 7th ed., 2005).

[684] A partir do século IX, os Vikings da Escandinávia – suecos, godos, dinamarqueses, noruegueses e outros – pela combinação de pilhagem e de comércio, causaram grandes transformações em consideráveis extensões da Europa, caracterizando o período de hegemonia 'viking' no Norte da Europa. A respeito: Neil KENT, **A concise History of Sweden** (Cambridge: Univ. Press, 1st publ., 2008, reprinted, 2010, esp. chap. I – From prehistory to Viking hegemony, p. 1-15, e chap. II – The formation and growth of the Swedish state, p. 16-48); Herman LINDQVIST, **A History of Sweden** – from Ice Age to our Age (© 2002, transl. by Rod BRADBURY, Estocolmo: Norstedts Förlag, 2006, esp. 'Ancient times', p. 7-50, e 'The Middle Ages', p. 51-90; cit. p. 51): "The people who lived during the Middle Ages had no idea that they were living during the Middle Ages. The very name sounds like a parenthesis. The adjective referring to the Middle Ages, is 'medieval'. And that word has a negative ring to it: when we say something is medieval, we usually mean that it is narrowminded and backward. But the people who lived then, especially in Sweden, did not see their time on Earth as a long period of darkness between two bright spots, Antiquity and the Renaissance. They lived in exciting times. Filled with upheaval and progress. The concept of the Middle Ages was created in the fifteenth and sixteenth centuries by Italian humanists who wanted to revive Antiquity, the Renaissance, as against those who lived *media aetas,* in the period between Antiquity and the Renaissance."

[685] Estima-se que entre 1142 e 1446 o Principado de Novgorod tenha lutado contra os Suecos vinte e seis vezes, contra os Cavaleiros teutônicos onze vezes, contra os Lituanos quatorze vezes e contra os Noruegueses cinco vezes. Foi preciso prestar vassalagem aos mongóis, mas assim se manteve ao menos autonomia parcial. Em 1471, a cidade se submete a

habituais com relação ao uso quer de um quer do outro termo. Tanto em relação aos eslavos, como aos escandinavos, o uso do termo 'Idade média' faz pouco ou nenhum sentido.

O mundo refletido no poema épico anônimo **Beowulf** ainda mostra mundo anterior ao cristianismo,[686] marcado com os traços das invasões escandinavas, remanejado entre os séculos VIII e X. Os elementos são escandinavos,[687] muito mais do que bíblicos, mediterrâneos, ou mesmo ingleses.[688]

IVAN III de Moscou. Depois de várias manifestações de resistência, em 1478, os moscovitas suprimem toda a oposição, exilam muitos e incorporam a cidade organicamente ao estado moscovita. Henry BOGDAN, **Histoire des pays de l'Est** – des origines à nos jours (orig. publ. 1991, Paris: Perrin – tempus, edição atualizada, 2008); Henry BOGDAN, **Histoire des peoples de l'ex-URSS** – du IXe. siècle à nos jours (Paris: Hachette – pluriel, 1995). Sobre as guerras dos Cavaleiros teutônicos ver: Henry BOGDAN, **Les chevaliers teutoniques** (© 1995, Paris: Perrin – tempus, 2009); William URBAN, **The Teutonic Knights** – a military history (London: Greenhill Books/Mechanicsburg, PA.: Stackpole Books, 2003). Ver ainda, Francis CONTE, **Les Slaves** – aux origines des civilisations d'Europe centrale et orientale (Paris: Albin Michel, 1e éd., 1986, nova ed., 1996).

686 O manuscrito somente foi publicado em 1815, mas pela sua redação se define como a mais antiga epopeia do mundo teutônico. Vê-se transposição mítica da derrota que os francos infligiram aos godos, conduzidos por HYGELAC, por volta do ano de 512 d.C. Nos combates se destaca o valoroso BEOWULF, um godo (*Geat*), originário de Seeland (*Sjaelland*). Dominado por Wyrd, a deusa da fatalidade e do destino, o poema conta a vitória do herói sobre o monstro Grendel, e cinquenta anos mais tarde, a sua derrota, frente a outra praga, e a sua morte. Ver Joseph F. TUSO (edited by), **Beowulf** (the DONALDSON translation, backgrounds and sources, criticism, New York: Norton, 1975).

687 Alvin A. LEE, *Symbolic metaphor and the design of Beowulf* (in **The Guest Hall of Eden** – four essays on the design of Old English Poetry, New Haven and London: Yale Univ. Press, 1972, 174-177; 211-223).

688 Derek BREWER, *The social context of Medieval English Literature* (in **Medieval literature: Chaucer and the Alliterative Tradition**, edited by Boris FORD, London: Penguin, 1st. publ. 1954, revised edition, 1990, p. 15-40) refere o conjunto existente, antes da conquista normanda de 1066, quando o povo inglês era constituído por conjunto mais ou menos esparso de antigos reinos Anglo-saxões, combinados com elementos Escandinavos (*old Danelaw*), no Norte, Midlands e Leste, com tribos célticas, na Cornualha, país de Gales e Strathclyde, e no norte, os escoceses, em tensão constante com os ingleses; mas, apesar desses dados: "The English enjoyed the most advanced peaceful culture in Europe. There was no European people so rich in writings in their own tongue – indeed vernacular culture barely existed elsewhere." Outras fontes referem antes os constantes conflitos quer entre os povos celtas, como entre os anglo-saxões, e de uns com os outros.

Da mesma forma, na **Saga dos condes das Ilhas Órcades**, obra anônima,[689] escrita por volta de 1200, o mundo no qual circulam os protagonistas é muito mais viking, cultural e politicamente muito mais próximo da Noruega, do que escocês. Para as Órcades, como para as Shetland, caracteriza-se herança cultural dual, tanto norueguesa como escocesa.

A grandiosidade literária e de visão histórica das **Sagas islandesas** constituem conjunto tanto admirável quanto difícil de ser adequadamente contextualizado: é difícil fazer nesses textos a linha divisória entre tradições lendárias, invenções pessoais e realidade dos fatos.[690] Estas logo passaram da 'hagiografia' real, ou seja louvor ao soberano e à casa reinante, para entrar verdadeiramente na documentação histórica: muito embora alguns dos textos, tal como foram compilados, deixam margem considerável para as lendas, por vezes soam como relatos desajeitados, nos quais o fio da história parece ser mero pretexto.[691]

Ainda que remanejadas e chegadas até nós por meio de redações mais tardias, as sagas constituem fontes originais para o conhecimento de sociedades desaparecidas; tal como foram registrados pelos próprios 'escandinavos' e não por seus opositores. Necessariamente a visão pode

[689] Redigido por Islandês, cujo nome não se conservou, por volta de 1200, a primeira tradução e edição em inglês foi publicada em 1873. Ver ANÔNIMO (ca. 1200), **Orkneyinga Saga** – The History of the Earls of Orkney (translated with an Introduction by Hermann PÁLSSON and Paul EDWARDS, Londres: Penguin, 1978), relata a vida dos condes das Órcades, durante mais de trezentos anos, do século IX até o século XIII, e nesse registro se mescla a história de outros países, sobretudo a Noruega e a Escócia.

[690] Régis BOYER, **Sagas islandaises** ("textes traduits, présentés et annotés" © 1973, 1976, 1980, 1987, Paris: Gallimard – Pleiade, impr. 1987).

[691] R. BOYER, **Sagas islandaises** ("textes traduits, présentés et annotés", ed. cit. 1987, introduction, p. IX-LXX, cit. p. XXXII-XXXIII) compara as diferenças entre a Saga dos descendentes de Skjöldr (*Skjoldunga Saga*) – ancestral mítico da dinastia dinamarquesa, cujo original se perdeu, mas do qual se conserva a tradução latina, feita no século XVII, pelo erudito islandês Arngrímur JÖNSSON – a Saga de Knútr (*Knytlinga Saga*), e "três textos mal alinhados mas muito curiosos" (*trois textes mal dégrossis mais fort curieux*): a Saga dos Orcadianos (*Orkneyinga Saga*), que relata a vida dos *jarls* (condes?) das Ilhas Órcades, a Saga dos Feronianos (*Faereyinga Saga*), das Ilhas Feroe, sobrecarregada de lenda e de magia, e a surpreendente Saga dos vikings de Jórnsborg (*Jórnsvikinga Saga*). Ponto importante parece consolidado: lembranças prestigiosas e imagens fascinantes fundem-se com talento em torno de um ou vários personagens 'dignos das sagas' – *til gamans* – para o prazer e o divertimento dos ouvintes e dos leitores.

ser menos positiva, tal como nos transmitem os relatos latinos, gregos e árabes, que nos falam de 'invasões' e de 'pilhagens' perpetradas pelos 'homens do norte'.[692] Sempre se coloca a questão da historicidade do relato: até que ponto este reflete o mundo relatado, ou antes o período da redação, mais do que a época retratada.[693]

[692] François NEVEUX, **L'aventure des Normands** - VIIIe - XIIIe siècle (avec la collaboration de Claire RUELLE, Paris: Perrin – tempus, originalmente publicado em 2006, nova edição 2009, impr. 2010, les sources, p. 15-18, cit. p. 15): "Les sources écrites concernant les Scandinaves pendant la période des 'invasions' proviennent presque toujours de l'étranger. Pour l'Occident chrétien ce sont des textes rédigés en latin par les clercs. Il existe également d'autres sources en arabe (provenant du monde musulman) ou en grec (provenant de l'Empire byzantin), qui concernent surtout l'Orient. Ces sources ont l'avantage d'être contemporaines du mouvement viking, mais elles présentent un inconvénient majeur: elles expriment un point de vue nettement hostile aux 'envahisseurs'." Para as fontes autóctones, é preciso recorrer às inscrições rúnicas, e também à literatura escandinava: primeiro os poemas escáldicos (*scaldiques*), escritos por poetas a serviço dos príncipes. Podem ser comparados aos bardos do antigo mundo celta ou aos contadores de histórias (*griots*) da África negra. Os poetas de corte estavam encarregados de exaltar os altos feitos daqueles que os protegiam e de seus ancestrais. Esses poemas se reportam à tradição oral, e são difíceis de serem interpretados pelos historiadores. E pode-se fazer a mesma reflexão em relação às sagas: originalmente transmitidas oralmente, antes de serem colocadas por escrito, a partir do século XII, e sobretudo nos séculos XIII e XIV (basicamente entre 1150 e 1350). As sagas foram produzidas na Noruega e sobretudo na Islândia: "L'Islande apparaît en effet comme un extraordinaire conservatoire d'institutions, de littérature et d'histoire scandinaves. Nous lui devons une bonne part de ce que nous connaissons du monde viking ancien." Relatos épicos de consonância histórica, as sagas são obras de grande qualidade, que muitas vezes podem ser qualificadas de obras primas literárias. A estas fontes devem ser acrescentadas as descobertas arqueológicas: "Elle est la seule qui puisse encore fournir des informations inédites."

[693] F. NEVEUX (op. cit., 2006, impr. 2010, p. 16-17) considera em que medida as sagas podem realmente ser consideradas documentos históricos: "Dans bien des cas, la légende semble l'emporter sur l'histoire." Além disso, os autores das sagas, são homens do seu tempo: os relatos visam exaltar tal família ou tal clã, da época na qual escrevem. Assim considera: "Les sagas nous éclairent souvent mieux sur la période de leur rédaction que sur celle dont elles sont censées rapporter l'histoire, quelques siècles auparavant." Como observa Régis BOYER, **Les Vikings** (Paris: Plon, 1992, cit. p. 33): as sagas não deixam de ser "prodigiosas minas de informações em todos os campos, mas é preciso aprender a ler entre as linhas". Ver tb. P. BAUDUIN, **Les Vikings** (Paris: PUF- sais-je ?, 2004). Pode-se fazer reflexão semelhante em relação às leis escandinavas, elas também de redação tardia (cerca de dois séculos depois da era dos Vikings). Muitas vezes se chegou a afirmar que sua contribuição não seria relevante para a época das 'invasões'. Há alguns anos, contudo, tal visão tem sido

Na construção do contexto medieval europeu, dado a ser enfatizado,[694] tão relevante quanto a ocorrência das sucessivas invasões – dos povos germânicos aos árabes, dos escandinavos e húngaros a outros 'povos das estepes' –, entre os séculos IV e X, foi a posterior interrupção destas, a partir dessa altura. Foram levas sucessivas, com impactos diversos.[695]

Os estragos e as transformações feitos por essas sucessivas hordas de invasores causaram profundos remanejamentos de povos, de culturas, de línguas, de estruturas político-administrativas e de modos de ocupação e de cultivo do solo, que tinham conferido a sua trama à história do Ocidente, como à do resto do mundo.

A partir dessa altura, nos séculos seguintes, nem os mongóis, nem os turcos, apesar do avanço destes sobre os Bálcãs, fariam mais do que arranhar as fronteiras do Ocidente. Sem causar transtornos de igual dimensão, ao que representaram as anteriores invasões germânicas bem como as provenientes da Ásia central, entre o final da Antiguidade e a alta Idade média.

O Ocidente terá as suas discórdias, mas estas se fazem em circuito interno e fechado ao exterior – *en vase clos*. Daí, a possibilidade de sua evolução cultural e social, muito mais regular, sem a fratura de nenhum ataque exterior, nem de qualquer afluxo humano estrangeiro.[696]

O Ocidente fica, a partir do século X, livre da ocorrência de grandes invasões; diversamente do que ocorre em outras partes do mundo – como na Rússia e nos Bálcãs. Ainda assim, "em muitos aspectos, as invasões modelaram a Europa ocidental. Mas, isso se deu deixando subsistir entre as diversas sociedades que a compunham, profundas divergências.

revista pelos historiadores do direito. Estes reconhecem que se encontram influências do direito romano e dos escritos bíblicos. De qualquer forma, essas leis têm sua origem em época antiga: a legislação escandinava tem incontestavelmente caráter conservador.

694 M. BLOCH (op. cit., ed. 1994, livre premier, chap. III – Quelques conséquences et quelques enseignements des invasions, p. 73-95).

695 Sobre os normandos, ver François NEVEUX, **L'aventure des Normands** – VIIIe – XIIIe siècle (avec la collaboration de Claire RUELLE, Paris: Perrin – tempus, 2006, nova ed., 2009, reimpr. 2010).

696 M. BLOCH (op. cit., ed. 1994, cit. p. 95): "D'où la possibilité d'une évolution culturelle et sociale beaucoup plus régulière, sans la brisure d'aucune attaque extérieure ni d'aucun afflux humain étranger."

Mais ainda, provocando, por seus próprios efeitos, alguns desses contrastes".[697]

Para se ter ideia da importância, primeiro, da ocorrência das grandes invasões e, depois, da interrupção destas, basta comparar com o que acontece, no século XIV, na Indochina, quando o esplendor dos Chams e dos Khmers desaba sob os golpes dos anamitas ou siameses.[698]

A própria Europa oriental foi varrida, em sucessivas levas, por povos ditos das estepes e pelos turcos. Basta perguntar qual teria sido o destino da Rússia[699] e da Polônia[700] sem os Polovetsi e sem os Mongóis. Como se houvesse 'insularidade', onde "não se pode deixar de pensar que essa extraordinária imunidade, da qual só dividimos o privilégio com o Japão, foi um dos fatores fundamentais da civilização europeia, no sentido profundo, e no sentido correto do termo".[701]

[697] Marc BLOCH, Sur les grandes invasions (orig. publ. 1945, in Marc BLOCH, **Mélanges historiques**, préface de Yann POTIN, Paris: Ed. CNRS, 2011, p. 90-109, cit. p. 109): "De bien de façons, les invasions ont donc modelé l'Europe occidentale. Mais ce fut en laissant subsister entre les diverses sociétés qui la composent des profondes divergences. Bien plus, en provoquant, par leurs propres effets, certains de ces contrastes."

[698] Ver, por exemplo, Marilia ALBANESE, **Angkor – splendeurs de l'ar Khmer** (Paris: Art des grandes civilisations – Art de l'Asie du Sudest, s/d); ___, **Angkor – gloire et splendeur de l'empire Khmer** (Paris: White Star, 2010); Catherine NOPPE, Jean-François HUBERT, **Arts du Vietnam** – La fleur du pêcher et l'oiseau d'azur (Mariemont: Musée royal de Mariemont – La Renaissance du livre, 2002).

[699] B. RYBAKOV, **Early centuries of Russian History** (translated from the Russian by John WEIR, Moscou: Progress Publishers, 1965); Nicholas V. RIASANOVSKY e Mark D. STEINBERG, **A History of Russia** (Oxford: Oxford Univ. Press, 7th ed., 2005). Henri-Irénée MARROU, **De la connaissance historique** (orig. publ. 1954; Paris: Seuil, 6e ed. rev. e aumentada, 1973, chap. premier – L'histoire comme connaissance, p. 28-50, cit. p. 42): Comme le représentant d'une espèce biologique, l'homme de telle société, de tel milieu de civilisation est le fils de son passé, de tout son passé (c'est même ici qu'on a le droit de parler d'une hérédité des caractères acquis!): les révolutions les plus novatrices ne réussissent pas à abolir tout cet héritage; ainsi, pour qui connaît un peu l'histoire de la Russie, cette même U.R.S.S. qui se veut tout entière marxiste, doit bien des traits de sa civilisation (la bonne conscience, par exemple, dans le recours à la terreur policière) à sa mère la Russie des Tsars et aux antécedents byzantins de celle-ci.

[700] Jerzy LUKOWSKI e Hubert ZAWADZKI, **Histoire de la Pologne** (orig. publ. **A concise History of Poland**, 2001, 2006, trad. Eric CHÉDAILLE, Paris: Perrin, 2010).

[701] M. BLOCH (op. cit., ed. 1994, loc. cit.): "Il n'est pas interdit de penser que cette extraordinaire immunité, dont nous n'avons guère partagé le privilège qu'avec le Japon, fut un des facteurs fondamentaux de la civilisation européenne, au sens profond, au sens juste du mot."

Dado marcante da transição do antigo para o medieval[702] e deste para o moderno será a configuração do estado soberano. Este produto tardio da história, conjunturalmente condicionado,[703] tem grande impacto sobre a existência e o funcionamento de sistema internacional na era moderna – séculos XV a XVIII, bem como do direito internacional e das relações internacionais nos séculos seguintes.

Pode-se ver a soberania política como a disposição da autoridade suprema, que ROUSSEAU definia como o 'exercício da vontade geral'; pode-se também vê-la, de maneira hegeliana, como o direito subjetivo

[702] Cf. se considerou no início do cap. 8 – a longa transição do mundo antigo ao medieval. V. tb. Edward GIBBON (1737-1794), **Declínio e queda do império romano** (orig. publ. **Decline and fall of the Roman Empire** editado por D. A. SAUNDERS, prefácio Charles A. ROBINSON Jr., tradução e notas de José Paulo PAES, São Paulo: Cia. das Letras, 2005); Averil CAMERON, **Il tardo impero romano** (orig. publ. **The later Roman Empire**, Londres: Fontana Press, 1993, trad. Elio LO CASCIO, Bologna: Il Mulino, 1995); Gherardo GNOLI & Giulia SFAMENI GASPARRO (a cura di), **Potere e religione** nel mondo indo-mediterraneo tra ellenismo e tarda-antichità ("Atti dell'Incontro di studio della Società Italiana di Storia delle Religioni, Roma, 28-29 ottobre 2004", Roma: ISIAO – Istituto Italiano per l'Africa e l'Oriente, 2009); Michel ROUCHE, **Les racines de l'Europe: les sociétés du haut moyen âge 568-888** (Paris: Fayard, 2003); Julia M. H. SMITH, **L'Europa dopo Roma** – una nuova storia culturale 500-1000 (orig. publ. **Europe after Rome – a new cultural History 500-1000**, Oxford: Univ. Press, 2005, trad. by Giovanni ARGANESE, Bologna: Il Mulino, 2008); Bryan WARD-PERKINS, **La caduta di Roma e la fine della civiltà** (orig. publ. **The Fall of Rome and the end of civilization**, Oxford: Univ. Press, 2005, trad. by Mario CARPITELLA, Roma/Bari: Laterza, 2008).

[703] Cfr. **Tratado** (tomo 5 – **Direito internacional no tempo de Francisco de Vitória**, cap. 13 – estado como sujeito de direito internacional – a contribuição de MAQUIAVEL e BODIN); Harold J. BERMAN, **La formación de la tradición jurídica de Occidente** (orig. publ. **Law and Revolution** – the Formation of the Western Legal Tradition, © 1983, trad. by Monica UTRILLA DE NEIRA, Mexico: Fondo de cultura económica, 1996); Mario BRETONE, **Derecho y tiempo en la tradición europea** (orig. publ. **Diritto e tempo nella tradizione europea**, 1994, trad. Isidro ROSAS Alvarado, México: Fondo de cultura economica, 1a. ed., 1999, reimpr., 2000); Jean PICQ, **Une histoire de l'état en Europe** – pouvoir, justice et droit du Moyen âge à nos jours (Paris: Presses de Sciences Po., 2009); Michel VILLEY (1914-1988), **A formação do pensamento jurídico moderno** (originalmente publicado **La formation de la pensée juridique moderne**, trad. by Claudia BERLINER, São Paulo: Martins Fontes, 2005, 2a. ed., 2009); Franz WIEACKER, **História do direito privado moderno** (originalmente publicado **Privatrechtsgeschichte der Neuzeit** – unter besonderer Berücksichtigung der deutschen Entwicklung, © 1967 – 2a. ed., trad. A. M. Botelho HESPANHA, Lisboa: Fund. C. Gulbenkian, 4a. ed., 2010).

do estado. São estes dois aspectos distintos da soberania – onde se pode contrapor "soberania e liberdade",[704] ou enfatizar a "soberania pós--nacional".[705] Sempre lembrando que a soberania se compõe de duas dimensões:

> A soberania política, segundo ROUSSEAU, é pensada como soberania popular. Do ponto de vista da soberania interna, esta corresponde à ideia de um corpo social capaz de agir sobre si mesmo, segundo o modelo da auto-legislação. Sob o aspecto hegeliano, que é o da soberania estatal, a soberania corresponde, do ponto de vista externo, à ideia de uma potência chamada a se fazer valer e reconhecer por outrem, pelas demais potências, como pessoa capaz de querer, de agir, e de responder por seus atos.[706]

A combinação dessas duas dimensões da soberania política – a soberania popular e a soberania estatal – que se manifestam no plano interno e no plano internacional, compreende o essencial do que se pode denominar soberania nacional, enquanto complexo que alia noções distintas de potência, de independência e de autonomia.[707]

[704] Léon DUGUIT, **Souveraineté et liberté** ("leçons faites à l'Université Columbia (New York) 1920-1921", Paris: La Mémoire du droit, 2002, cit. p. 7-8): En même temps qu'on formulait et qu'on voulait réaliser dans les faits, au point de vue politique, le principe de la souveraineté nationale, au point de vue social on formulait le principe de la liberté individuelle. On lui donnait le même caractère, je veux dire celui d'une vérité absolue, universelle, existant dans tous les temps et dans tous les pays, s'imposait à la croyance des hommes, à la manière d'une religion révélée. À côté du mythe de la souveraineté nationale, on instituait le culte de la liberté individuelle.

[705] Marc-Olivier PADIS (direction de), **Horizons de la souveraineté** (Paris: Esprit – Revue internationale, n. 281, jan. 2002, p. 82-185).

[706] Jean-Marc FERRY, *La souveraineté postnationale* (in **Horizons de la souveraineté**, cit., 2002, p. 137-149): La souveraineté politique, selon ROUSSEAU, est pensé comme souveraineté populaire. Du point de vue de la souveraineté interne, elle correspond à l'idée d'un corps social capable d'agir sur lui-même, sur le modèle de l'auto-législation. Sous l'aspect hégélien, qui est celui de la souveraineté étatique, la souveraineté correspond, du point de vue externe, à l'idée d'une puissance qui est appelée à se faire valoir et reconnaître par autrui, par les autres puissances, comme une personne capable de vouloir, d'agir et de répondre de ses actes.

[707] **Tratado** (tomo 5 – **Direito internacional no tempo de Francisco de Vitória**, item 13.3 – estado soberano e direito internacional). Ver tb. J.-M. FERRY, *La souveraineté postnationale* (2002, p. 138).

O direito moderno e a concepção de soberania tiveram contribuições relevantes de autores tão variados como TOMÁS DE AQUINO e GUILHERME DE OCKHAM, MARSÍLIO DE PÁDUA e DANTE ALIGHIERI, dentre outros.[708] E, por vezes, as interações passam por caminhos insuspeitados.

A soberania somente alcança a sua plena concepção histórica[709] à luz de herança que deve muito à doutrina cristã da pessoa humana. Sua elaboração é uma longa história, no século XIII, com TOMÁS DE AQUINO, especifica-se através de três grandes predicados: unidade, indivisibilidade e incomunicabilidade – ou também pode ser descrito como intransferabilidade ou inalienabilidade.

Estes três grandes predicados inspiram, de modo implícito, doutrinas modernas da soberania política, apresentada como una, indivisível e inalienável. Estas doutrinas modernas, também se expressaram com matizes absolutistas,[710] como se vê em Jean BODIN e Thomas HOBBES ou democráticas, como se deu em Jean-Jacques ROUSSEAU.

Este é, tão somente, mais uma faceta, na qual se se evidenciam encadeamentos históricos e conceituais entre os assim chamados 'mundo medieval' e 'mundo moderno'. Este não pode ser compreendido sem o anterior. E ambos são necessários para a compreensão dos desdobramentos desde então ocorridos, até o nosso presente contexto pós-moderno.

Por isso é importante estudar e conceber o direito internacional também ao lado e fora do que seja enquanto mera emanação do estado e dos

[708] Ver, neste tomo, os respectivos itens: 9.1 – MARSÍLIO DE PÁDUA; 9.2 – GUILHERME DE OCKHAM; 10.1 – TOMÁS DE AQUINO e 10.2 – DANTE ALIGHIERI.

[709] Cfr. por exemplo: Pierre BOURDIEU, **Sur l'État** ('cours au Collège de France, 1989-1992', éd. établie par Patrick CHAMPAGNE, Remi LENOIR, Franck POUPEAU et Marie-Chistine RIVIÈRE, Paris: Seuil 2012); Jean PICQ, **Une histoire de l'État en Europe** – pouvoir, justice et droit du Moyen âge à nos jours (Paris: Presses de Sciences Po., 2009); Michel VILLEY (1914-1988), **A formação do pensamento jurídico moderno** (orig. publ. **La formation de la pensée juridique moderne**, trad. by Claudia BERLINER, São Paulo: Martins Fontes, 2005, 2a. ed., 2009); Marc-Olivier PADIS (direction de), **Horizons de la souveraineté** (Paris: Esprit – Revue internationale, n. 281, jan. 2002, p. 82-185).

[710] Cf. **Tratado** (tomo IX – **Direito internacional no tempo de Samuel Pufendorf**); compare-se Rainer A. MÜLLER (hrsg.), **Deutsche Geschichte** in Quellen und Darstellung: vol. 5 – **Zeitalter des Absolutismus 1648-1789** (hrsg. Helmut NEUHAUS, Stuttgart: Ph. Reclam – UB Nr. 17005, © 1997, impr. 2006).

interesses deste, no que se costuma chamar de relações internacionais. Não pode ser reduzido a tão pouco.[711]

A comparação com outros mecanismos e organismos não estatais pode ser útil para a compreensão do fenômeno, como foi em considerável tempo, a história do que hoje é a Alemanha,[712] e exprime-se, por exemplo, na Liga Hanseática ou *Hansa*.

Organismo que sem constituir um 'estado', torna-se a partir do século XII, uma grande potência econômica, social e política, e faz entrar, na revolução comercial do século XIII o norte e nordeste da cristandade, foi a Liga Hanseática, ou *Hansa*: "o caso da Hansa ilustra como a Idade média suscitou e acompanhou a criação de entidades econômicas e políticas por vezes originais".[713]

[711] Cfr. **Tratado** (tomo 8 – **Direito internacional além do paradigma vestfaliano**); v. tb. Rainer A. MÜLLER (hrsg.), **Deutsche Geschichte** in Quellen und Darstellung: vol. 3 – **Reformationszeit 1495-1555** (hrsg. Ulrich KÖPF, Stuttgart: Ph. Reclam – UB Nr. 17003, 2001); vol. 4 – **Gegenreformation und Dreissigjähriger Krieg 1555-1648** (hrsg. Bernd ROECK, Stuttgart: Ph. Reclam – UB Nr. 17004, © 1996, impr. 2002).

[712] Ver Rainer A. MÜLLER (hrsg.), **Deutsche Geschichte** in Quellen und Darstellung: vol. 6 – **Von der Französischen Revolution bis zum Wiener Kongress 1789-1815** (hrsg. Walter DEMEL und Uwe PUSCHNER, Stuttgart: Ph. Reclam – UB Nr. 17006, © 1995, 2008); vol. 7 – **Vom Deutschen Bund zum Kaiserreich 1815-1871** (hrsg. Wolfgang HARDTWIG und Helmut HINZE, Stuttgart: Ph. Reclam – UB Nr. 17007, © 1997, impr. 2007); vol. 8 – **Kaiserreich und Erster Weltkrieg 1871-1918** (hrsg. Rüdiger vom BRUCH und Björn HOFMEISTER, Stuttgart: Ph. Reclam – UB Nr. 17008, © 2000, impr. 2010); Henry BOGDAN, **Histoire de l'Allemagne**: de la Germanie à nos jours (orig. publ. 1999, Paris: Perrin, 2003); Michel KERAUTRET, **Histoire de la Prusse** (Paris: Seuil, 2005, impr. 2010); Joseph ROVAN (1918-2004), **Histoire de l'Allemagne**: des origines à nos jours (orig. publ. 1994, Paris: Seuil, 1999); Francis RAPP, **Le Saint Empire romain germanique**: d'Otton le grand à Charles Quint (Paris: Tallandier, 2000, impr. 2003); Fred E. SCHRADER, **L'Allemagne avant l'État-nation**: le 'corps germanique' (1648-1806) (Paris: PUF, 1998).

[713] Jacques LE GOFF, **Le Moyen Age et l'argent**: essai d'anthropologie historique (Paris: Perrin, 2010, chap. 6 – L'argent et les états naissants, p. 83-97, Un organisme original, la Hanse, p. 95-97): Les Hanséates surent imposer à leurs partenaires un régime très favorable pour eux dans le règlement des dettes, signe de l'importance croissante du crédit dans le grand commerce au XIIIe siècle. Ils bénéficient aussi d'une rémunération pour le sauvetage des marins et des marchans menacés de naufrage. Mais surtout, ils obtinrent des réductions importantes des tarifs douaniers, une fixation minutieuse des taxes à payer, ainsi que l'assurance que ces taxes ne seraient pas augmentées et qu'aucune autre ne serait instituée. [...] L'usage du crédit, le plus souvent copié sur les pratiques des Italiens, en avance dans ce domaine de l'argent, se répandit largement dans l'espace hanséatique au XIIIe siècle.

Esta toma corpo[714] com a fundação da cidade de Lübeck, considerada a porta do Ocidente para o leste, em 1158.[715] Rapidamente, a cidade de Lübeck se tornou e permaneceu a cabeça da *Hansa*, constituída como associação dos mercadores das principais cidades comerciais da região. Estes substituíram, ampliando as atividades, os mercadores flamengos e alemães de outras regiões, particularmente, aqueles numerosos e ativos, originários de Colônia.

Uma primeira associação de mercadores alemães se formou, no século XII, na ilha sueca de Gotland. Sua principal cidade, Wisby, foi o local onde coexistiram, em estreita cooperação, uma associação de mercadores alemães e outra associação de mercadores escandinavos.

Por isso se veem, por vezes, mencionadas as **Leis de Wisby**, como dado precursor de possível futura regulação do comércio internacional, mas restringe-se ao interesse histórico.

Wisby foi concorrente de Lübeck e, no século XIII, chegou a tender a assumir a direção e a proteção dos alemães, que faziam comércio na Rússia. Estes depositavam, ano após ano, em Wisby, o caixa do estabelecimento fundado em Novgorod. Mas, a partir do final do século XII, Lübeck impõe sua superioridade[716] sobre Wisby, como o tinha feito em relação às demais cidades alemãs.

[714] H. BOGDAN, **Histoire de l'Allemagne** (op. cit., 2003); M. KERAUTRET, **Histoire de la Prusse** (op.cit. 2010); J. ROVAN, **Histoire de l'Allemagne**: des origines à nos jours (op. cit. 1999); Ulf DIRLMEIER et al., **História alemã** – do século VI aos nossos dias (orig. publ. **Deutsche Geschichte**, 1995, 2013, trad. Marian TOLDY e Teresa TOLDY, Lisboa: ed. 70, 2014); David G. WILLIAMSON, **Germany since 1789** – a Nation forged and renewed (orig. publ. 2005, London: Palgrave – Macmillan, 2016).

[715] Rainer A. MÜLLER (hrsg), **Deutsche Geschichte** in Quellen und Darstellung: vol. 1 – **Frühes und hohes Mittelalter 750-1250** (hrsg. Wilfried HARTMANN, orig. publ. 1995, Stuttgart: Ph. Reclam – UB Nr. 17001, 2011); vol. 2 – **Spätmittelalter 1250-1495** (Stuttgart: Ph. Reclam, © 1996, impr. 2002); ver tb. tomo 5, item 12.1 – Rodes e a lei do mar..

[716] Thomas MANN (1875-1955), natural de Lübeck, faz da vida e da sociedade desta o abrangente retrato com a saga dos **Buddenbrooks: a decadência de uma família**. Este romance, do início do século XX, foi a obra com o qual nominalmente a Academia sueca destaca a importância da contribuição de Thomas MANN, ao lhe ser atribuído o Prêmio Nobel de literatura, em 1929. Thomas MANN, **Buddenbrooks** – Verfall einer Familie – Roman, © 1922, Frankfurt: S. Fischer, 1979; em português, trad. Herbert CARO, intr. de Hildon ROCHA, Rio de Janeiro: Bruguera, s/d, 2 vols.).

À guisa de síntese desta breve contextualização, pode-se passar ao exame da continuidade e da mudança, do contexto medieval ao moderno (8.4).

8.4. Continuidade e mudança do contexto medieval ao moderno

> Em toda forma de conhecimento e ciência, bem como em toda regra ou axioma a eles pertinente, cumpre manter o meio termo entre o excesso de especificidades e o excesso de generalidades – entre os rochedos e o torvelinho, famosos pelo naufrágio de engenhos e artes.
>
> Francis BACON (1609, ed. 2002)[717]

> Nada iguala a paixão dos historiadores do Renascimento pelo individualismo, a independência de espírito e a rebelião contra o princípio de autoridade, se não a docilidade com a qual copiam-se uns aos outros e dogmatizam sobre essa Idade média, da qual, em realidade, sabem pouca coisa.
>
> Étienne GILSON (1938, ed. 1978)[718]

Ao se falar em Idade média, como se viu, trata-se de considerar vasto conjunto – geográfico, cultural e temporal – o que, mesmo restrito ao contexto da Europa 'ocidental' cristã e latina, basicamente entre os marcos históricos de 476 d.C. até por volta de 1500, é enorme tanto em termos espaciais como temporais. Sem falar de outras regiões do mundo e outras civilizações, em relação às quais faz pouco ou nenhum sentido falar em 'medieval'... Com considerável diversidade de uma a outra região.

Até cerca do ano 500 pode-se dizer que predominem os elementos antigos, no que virá a ser o Ocidente em formação. Embora há mais de um século, estivesse em fragmentação e franca decadência a civilização da Roma antiga.[719]

[717] Francis BACON de Verulam (1561-1626), **A sabedoria dos antigos** (orig. publ. **Wisdom of the Ancients**, trad. Gilson César Cardoso de SOUZA, São Paulo: Ed. UNESP, 2002, XXVIII – Ícaro alado, também Cila e Caribdes, ou caminho do meio, p. 86-87, cit. p. 87).

[718] Étienne GILSON, **Héloïse et Abélard** (orig. publ. 1938, Paris: Vrin, 3e éd. rev., 2e tirage, 1978, chap. 8 – La leçon des faits, p. 147-168, cit. p. 147).

[719] Cf. se examina no **Tratado** (tomos 3 A – **Direito internacional no tempo antigo** e 3 B – **Gregos, romanos, chineses, indianos**), b/c, neste tomo, no início do cap. 8; v. Guglielmo

Se a existência do Império de Roma nominalmente se extingue em 476 A.D., que sob vários aspectos já perdera efetividade muito tempo antes,[720] o fim do Império romano do Ocidente é somente marco possível, escolhido para referenciar períodos de tempo, porquanto as marcas do modelo 'romano' e do conceito de *imperium*, permanecem durante muitos dos quinze séculos seguintes e, de certo modo, projetam-se até o século XIX.

Especificamente em relação ao direito internacional, pode ser assinalado termo temporal. Com os reparos que possam ser formulados, as grandes navegações e os 'descobrimentos' inauguram nova fase da história. Faz, assim, sentido falar em nova fase em relação ao direito internacional, com a necessidade de enfrentar novas questões, decorrentes das relações que se instauram entre continentes. De tal modo, a contribuição de Francisco de VITÓRIA (1480-1546) já adentra o contexto da era moderna.[721]

Grande mutação ocorrida ainda no tempo antigo, mas que, como conjunto, projeta seus efeitos de modo marcante sobre o tempo medieval, é o surgimento e o desenvolvimento do Cristianismo. Diversamente de outras religiões, inscrever-se-ia no tempo e se vincularia, de modo estreito, ao tempo histórico.

> O cristianismo, que vê no tempo, vivido pelos homens, o tempo da história e o modo da realização do plano concebido por Deus, para a salvação da humanidade, implica toda uma teologia da história: ele professa que a história humana, concebida em seu conjunto, tem um sentido – uma orientação, um fim e uma significação.[722]

FERRERO, **Grandeur et décadence de Rome** em seis volumes (trad. de l'italien par Urbain MENGIN): **I – La conquête** (Paris: Plon, 13ª ed., 1908); **II – Jules César**, Paris: Plon, 12ᵉ ed., 1907); **III – La fin d'une aristocratie** (Paris: Plon, 11ª ed., 1907); **IV – Antoine et Cléopatre** (Paris: Plon, 11ª ed., 1908); **V – La Republique d'Auguste** (Paris: Plon, 8ª ed., 1907); **VI – Auguste et le grand empire** (Paris: Plon, 4ª ed., 1908).

[720] Como se considera no início do cap. 8 – a longa transição do mundo tardo antigo ao medieval.

[721] Cf. **Tratado** (tomo 5 – **Direito internacional no tempo de Francisco de Vitória**).

[722] H.-I. MARROU, *Qu'est-ce que l'histoire?* (in **L'Histoire et ses méthodes**, dir. de Charles SAMARAN, Paris: Gallimard-Pleiade, 1961, p. 1-33, cit. p. 18-19); v. tb. H.-I. MARROU, **L'Église de l'Antiquité tardive (303-604)** (orig. publ. 1963, Paris: Seuil, 1985, part I – Le

Em pensadores cristãos, com a profundidade de AGOSTINHO DE HIPONA, a reflexão se exprime como 'teologia da história', pondo em evidência o que se poderia chamar o 'mistério da história'. O sentido global da história é dado ao cristão pela revelação, mas este é conhecimento baseado na fé, que fica obscuro e incompleto: necessário e suficiente para a salvação, não autoriza, contudo, o crente a se acreditar de posse do conhecimento total e pleno de toda a realidade histórica da qual somente Deus, mestre e soberano, pode ser o detentor.[723]

Em pensador menos hábil, como ORÓSIO, discípulo de AGOSTINHO, sua **História**, ingenuamente apologética, mostra sensível degradação em relação à formulação do mestre. Em ORÓSIO, a filosofia cristã da história se põe como meio seguro e direto para resolver todos os problemas, procedimento infalível para penetrar no entendimento de todos os eventos que o historiador cristão estará habilitado a interpretar, colocando-se no ponto de vista de Deus. O que causa consideráveis excessos e muitas aplicações ilusórias.[724]

Além de seu papel como religião, que não cabe considerar no presente trabalho, o cristianismo levou o espírito humano a questionar o problema de conjunto, do que, por influência das ciências biológicas e da notável contribuição de Charles DARWIN,[725] chamamos hoje de "a evolução da humanidade". Esses são problemas que permaneciam estranhos, quer ao pensamento mítico, como, ainda, à ciência histórica da Grécia antiga, e que se encontram, somente como especulação, por exemplo, em POLÍBIO (ca. 202-120 a.C.), quando este apresentava a noção de esquema comum de desenvolvimento – o começo, a maturidade e a decadência – de todas as empresas humanas.

quatrième siècle, chap. XI – *Christiana tempora*, p. 107-115) ressalta o papel de instituições originalmente religiosas, que se laicizaram, tais como a assistência pública e a seguridade social, "que se tornaram atributos de qualquer estado civilizado, e o historiador da civilização deve assinalar que estas partem de inspiração cristã; que nasceram, cresceram e ainda durante muitos séculos viveriam sob a proteção da igreja". Esse lento trabalho de cristianização das instituições sociais, se ampliaria ao longo da Idade média.

723 A respeito de Santo AGOSTINHO ver o item 8.1.

724 A serem combatidos em séculos seguintes, como mostram MARSÍLIO DE PÁDUA e GUILHERME DE OCKHAM, adiante, no cap. 9.

725 Sobretudo em Charles DARWIN (1809-1882), **A origem das espécies** (trad. Eduardo Nunes FONSECA, São Paulo: Folha de São Paulo, 2010).

Estes problemas da linearidade da evolução humana e da história aparecem menos como análogos às filosofias da história, de tipo cristão, hegeliano ou marxista, do que assimiláveis ao esforço de historiadores da cultura. Como ocorre em relação a qualquer instituição humana, o direito internacional tem de ser situado no tempo histórico e no contexto cultural para não ser distorcido.[726]

Historiadores, ditos 'culturologistas', como Arnold J. TOYNBEE e outros, esforçam-se por destacar e acreditam formular leis gerais dos fenômenos que constituem as diferentes civilizações, sem, contudo, aspirar a cingi-las, em visão de conjunto, a explicação de suas sucessivas aparições e desaparecimentos.[727]

A assim chamada instauração medieval traria a marca da presença divina na história humana. Ainda inscritos em contexto cultural que se poderia denominar 'medieval' – dado que VITÓRIA, no século XVI, como também SUÁREZ, no início do século XVII, eram teólogos e professores de teologia – ambos ilustram modos de proceder decorrentes de contexto, temporal e culturalmente, diverso. O que os leva a buscar novos caminhos – inovando no direito internacional.[728]

Se se pode arriscar uma generalização a respeito desse tão variado e complexo período, que se estende por cerca de mil anos, no contexto ocidental, o mundo medieval se inspira no papel de Deus sobre a história e sobre os homens como dado central da concepção daquele tempo para a ordenação do mundo. Da Antiguidade aos nossos tempos, ocorre a presença de Deus sobre o mundo e a percepção dos homens. Se esta não se limita ao medioevo, neste se põe de modo particularmente presente.

A presença transcendente não se põe somente como formulações incidentais sobre a influência da divindade sobre os feitos dos homens, mas como concepção central da história – esta se concebe e se exprime

[726] Cf. **Tratado** (tomo 20 – **Direito internacional, história e cultura**, esp. cap. 1 – Direito internacional no tempo e seu papel na história).

[727] Arnold TOYNBEE (1889-1975), **Um estudo da História** (orig. publ. **A Study of History**, em 11 vols., edição ver. e condensada por A. TOYNBEE e Jane CAPLAN, 1972, trad. Isa Silveira LEAL e Miroel SILVEIRA, Brasília: Ed. UnB / São Paulo: Martins Fontes, 1987).

[728] A respeito de VITÓRIA e SUÁREZ, ver **Tratado** (tomo 5 – **Direito internacional no tempo de Francisco de Vitória**, esp. cap. 14, e tomo 6 – **Direito internacional no tempo de Suárez, Gentili e Zouch**, cap. 15).

como perfazimento da trajetória dos homens, em mundo criado e guiado por Deus. A história como trajetória humana, conduzida por mão divina.

A concepção medieval se pauta, assim, pela centralidade da preocupação com a história. A história se põe como caminho para a expressão da ação salvífica de Deus sobre os homens.

Em função de tal concepção se orientam práticas e reflexões da época. A crise do modelo medieval, centralmente concebido e ordenado, levará ao que aqui se chama de multipolarização, como dado característico da era moderna.[729]

HEGEL, nos dois volumes das preleções sobre a filosofia da religião,[730] refere passagem da atitude religiosa (*das religiöse Verhältnis*) para o que se poderia denominar a racionalidade moderna. E considera que a relação do homem com a divindade, tal como se punha na Idade média, tinha ênfase na contemplação da essência de Deus e na afirmação desta.[731] Em sentido diverso, ainda MARROU:[732]

> a historiografia da Idade média ocidental, na maior parte das suas produções, mostra-se dividida entre o nível, muito modesto, das crônicas ou dos anais, registrando sem qualquer tentativa de elaboração, os eventos de alcance local ou geral que chegaram ao conhecimento do autor, e aquele,

[729] Como se examina no **Tratado** (tomo 5 – **Direito internacional no tempo de Francisco de Vitória**, título I – multipolarização da Europa na era moderna e advento do direito internacional como sistema); v. tb. M. ZIMMERMANN, **La crise de l'organisation internationale à la fin du Moyen âge** (RCADI, 1933, t. 44, p. 315-418); H.-I. MARROU, *Qu'est-ce que l'histoire?* (texto cit., 1961, p. 21): "une large part de l'activité juridique, politique et diplomatique des hommes du Moyen âge et de leurs collectivités a consisté en revendications et prétentions basées sur un recours à l'histoire véritable, ou prétendue telle; car la fraude n'est jamais à court d'imagination: l'importance même attaché a ces 'faits' historiques est à l'origine de tous ces actes faux ou falsifiés qui encombrent les dossiers de nos médievalistes. [...] Ce qui leur a manqué, c'est une technique critique permettant à l'historien de discerner le vrai du faux, le valide de l'imaginaire, avec le degré de probabilité dont les données documentaires sont susceptibles, une méthode scientifique permettant d'asseoir la conviction, de la justifier, de la transmettre à autrui en le persuadant à l'aide d'arguments rationnels."

[730] G. W. F. HEGEL, **Vorlesungen über die Philosophie der Religion I** ("auf der Grundlage der Werke von 1832-1845 neu edierte Ausgabe, Redaktion Eva MOLDENHAUER und Karl Markus MICHEL", © 1969, Frankfurt am Main: Suhrkamp, 1986).

[731] HEGEL (op. cit., ed. cit., 1986, p. 102): "hat man in Mittelalter mehr das Wesen Gottes betrachtet und bestimmt."

[732] H.-I. MARROU (texto cit., 1961, p. 19-20).

muito ambicioso, de grandes sínteses da história universal, que pretendem, à luz da revelação, esboçar o quadro das idades sucessivas da humanidade, a partir da criação do mundo.[733]

Pode-se seguir, ao longo dos séculos, as metamorfoses, que não passam, muitas vezes, de caricaturas da formulação complexa da **Cidade de Deus** de Santo AGOSTINHO, e que se estendem, além do tempo medieval.[734] Ainda no século XVII, com o **Discurso sobre a história universal**, BOSSUET acreditava poder mostrar como as revoluções dos impérios são reguladas pela divina Providência.[735]

O conjunto das relações entre poder temporal e o papado é dado central para a compreensão do contexto da Idade média europeia ocidental. Aí também, consideráveis variações e evolução ocorrem ao longo dos mais de mil anos do período.

Quando OTTO, dito o grande, recebe do papa JOÃO XII, à coroa imperial, em 2 de fevereiro de 962, este, logo a seguir, fez estipular, em seu nome, um privilégio – o *Ottonianum*, de 13 de fevereiro de 962, na linha inspirada pelos "pactos", que fizeram antes os imperadores carolíngios, também por inspiração da historiografia, por meio do qual OTTO reconhece aos papas, "até o fim dos séculos", a possessão de imenso território, os assim chamados "estados pontifícios":

> Em nome do Pai, do Filho e do Espírito Santo, eu OTTO, pela graça de Deus, imperador augusto, prometo e atribuo, também em nome de meu filho, o glorioso rei OTTO, segundo decreto divino, nos termos deste contrato, ao santo apóstolo PEDRO, que tem as chaves do reino do céu, e ao

733 H.-I. MARROU (texto cit., 1961, p. 20) considera extrapolação ilegítima e muitas vezes ingênua dos princípios da teologia, que hoje nos aparece como tendo perturbado o desenvolvimento da ciência histórica e o desenvolvimento de seu método, prudente e rigoroso. O perigo em nada será diminuído quando, a partir da filosofia do Século das Luzes, essa teologia se laiciza, e, inversamente, se apresenta como uma filosofia da história pretensamente racional.

734 Como se examina no item 8.1, supra.

735 Jacques-Bénigne BOSSUET(1627-1704), **Discours sur l'histoire universelle** (orig. publ. 1681, textes établis et annotés par l'Abbé VELAT et Yvonne CHAMPAILLER, Paris: Gallimard – Pleiade, © 1961, impr. 2006, p. 657-1027, seguido de notas e variantes, p. 1471--1524). Ver tb. **Tratado** (tomo 5 – **Direito internacional no tempo de Francisco de Vitória**, cap. 12 – *jus gentium, jus commune, jus europaeum*: entre a teoria e a prática).

seu representante, o papa JOÃO XII, sacerdote supremo, como seus predecessores tiveram e geriram, o poder e a jurisdição sobre o ducado de Roma, com a sua cidade e os seus subúrbios, com todas as terras e aldeias, com as montanhas e os rios, as praias e os portos;
2. Além disso, na Tuscia, as seguintes localidades, castelos, cidades e aldeias: Porto, Civitavecchia, Bieda, Monteranno, Sutri, Nepi, Castel Galese, Orte, Bomarzo, Ameria, Todi, Perugia, com três ilhas e também as maiores e as menores, Pulvensis, Narni e Otricoli, bem como todas as regiões e terras que lhes pertencem;
3. Além disso, o inteiro exarcado de Ravena, com suas cidades, vilas, assentamentos e castelos, como os senhores PEPINO e CARLOS [Magno], ambos de gloriosa memória, imperadores notáveis, nossos predecessores, ao santo apóstolo PEDRO e aos predecessores [do atual papa], há muito transferiram por meio de escritura de doação. O que inclui a cidade de Ravena e a Emília: Bobbio, Cesena, Forumpopuli, Forli, Faenza, Imola, Bolonha, Ferrara, Comachio, Adria e Gavelo, com todos os seus territórios, terras e ilhas, águas e áreas marítimas, pertencentes a essas cidades;
4. Também a Pentápolis, ou seja, Rimini, Pesaro, Fano, Sinigaglia, Ancona, Orsino, Umana, Jesi, Fosombrone, Montefeltro, Urbino e as propriedades de Balba, Cagli, Luciolo e Gubbio, com todas as terras e bens pertencentes a essas cidades;
5. Também as terras sabinas, como foram dadas em sua totalidade, por nosso predecessor, o senhor CARLOS, ao santo apóstolo PEDRO, por meio de escritura de doação;
6. Além disso, na região longobarda da Tuscia, Toscanella, Sovana, Populonia, Rosello, com seus subúrbios, e todas as suas aldeias e o conjunto do território;
7. Além disso, Luna [perto de Gênova] com a ilha da Córsega, bem como Sarzanua e La Cisa, bem como Berceto, Parma e Reggio, Mântua e Monselice, e a Venetia, com a Ístria e todo o ducado de Spoleto, e Benevento, com a igreja de santa Cristina, em Pávia, a quatro milhas do [rio] Po;
8. Também na Campânia, Sora, Arces, Aquino, Arpenio, Teano e Cápua;
9. Acima de tudo, o domínio que se estende ao seu poder e autoridade, os patrimônios de Benevento, de Nápoles, da Calábria superior e inferior, a cidade de Nápoles, com seus castelos e terras, propriedades e ilhas, como obviamente pertencentes, e também o patrimônio da Sicília – caso venha Deus a entregá-lo em nossas mãos;

10. Também as cidades de Gaeta e Forli, com tudo o que as acompanha;
11. Além disso, também transferimos ao santo apóstolo PEDRO, e seu representante, o papa JOÃO e aos seus sucessores, em nosso nome, bem como de nosso filho e de nossos predecessores, pela salvação de nossas almas, bem como as de nossos filhos e de nossos ancestrais, de nosso próprio reino, as seguintes cidades e localidades principais, com seus respectivos direitos de pesca, a saber, Riete, Amiterno, Furcone [Aquila], Nursia, Valva e Marsica, e noutra região, a cidade de Teramo, com tudo o que lhe pertence;
12. Todas essas províncias, capitais, cidades e vilarejos, bem como castelos, aldeias e terras enumeradas, juntamente com os respectivos patrimônios, transferimos, pela nossa própria salvação, bem como a salvação de nosso filho, bem como de nossos ancestrais e sucessores, em gratidão pela proteção que Deus nos concedeu no presente e esperamos contar no futuro, para todo o povo dos francos, ao já mencionado apóstolo PEDRO, através de seu vigário, JOÃO, sumo sacerdote e papa, bem como a seus sucessores, com a convicção de que estes devem estar sujeitos à sua justiça, seu governo e sua autoridade, até o fim do mundo;
13. Assim também confirmamos, por meio desta nossa escritura de transferência de propriedade, as doações que nosso predecessor PEPINO, de abençoada memória, e depois dele, o imperador CARLOS, livremente concederam ao santo apóstolo PEDRO, bem como todos os tributos, impostos e outras prestações, pagáveis anualmente ao Palácio do rei dos Lombardos, como os de Tuscia e do ducado de Spoleto, tal como acima enumerado, constante de escrituras de doação, conforme acordado entre o papa ADRIANO, de abençoada memória, e o imperador CARLOS, sempre que o papa o solicitar aos referidos ducados de Tuscia e de Spoleto, para ser levado anualmente ao santo apóstolo PEDRO, sem prejuízo de nossa suzerania sobre referidos ducados, e o dever de fidelidade dos súditos, em relação a nós e ao nosso filho; [...]
15. Sem prejuízo de nossa suzerania, bem como de nosso filho e de nossos sucessores, em conformidade com o decreto e contrato, bem como a confirmação da promessa ao papa EUGÊNIO e seus sucessores, deve permanecer: que todo o clero e a nobreza do povo romano, em razão de numerosas ofensas e ilegais dificuldades, causadas pelos papas, contra os povos seus súditos, jurem que a futura eleição dos papas deve ocorrer em conformidade com os cânones e observando todas as normas de direito, segundo o

discernimento em cada caso, e que os sagrados regimentos apostólicos não devem ficar sujeitos a aprovação, para ser reconhecido um papa eleito, antes que este assuma publicamente, na presença de nosso representante nosso ou de nosso filho, o mesmo compromisso solene, de considerar tudo justo e perpetuamente, que nosso senhor e honrado pai espiritual, LEÃO, reconhece ter sido feito por sua livre vontade; [...]
20. E, para que, segundo nossa convicção, tudo isso seja reconhecido como verdadeiro, por todos os fiéis da santa igreja, são colocados os nossos sinetes, bem como as assinaturas dos mais destacados grandes [do império], lavrando a presente escritura e ordenando a sua confirmação, com a aposição de nosso lacre.
Sinetes de OTTO, imperador, e seus bispos, abades e condes.
No ano 962 da encarnação do Senhor, na quinta indicação, no mês de fevereiro, décimo terceiro dia desse mês. Documento emitido no vigésimo sétimo ano do reinado do invencível imperador OTTO.[736]

Se aplicado ao pé da letra, este documento de "cessão territorial" teria significado que o Sacro Império abria mão, em favor do "Patrimônio de São Pedro" da maior parte das terras imperiais na Itália, bem como das principais passagens alpinas. O que obviamente iria muito além do pretendido – como vagamente sugerem as menções à preservação da "suzerania imperial" sobre referidos territórios, bem como o "dever de fidelidade dos súditos, em relação a nós e ao nosso filho".

Certamente, jamais OTTO teria concebido que tais disposições, apesar de muito precisas, pudessem ser efetivamente aplicadas, comentava Marc BLOCH.[737] E aduzia, com sarcasmo: "nos surpreenderíamos menos se fosse o caso de um desses tratados mentirosos que, em todos os tempos, sob a pressão das circunstâncias, foram assinados com o firme propósito de não serem absolutamente cumpridos".[738]

[736] Minha tradução do texto em alemão, in Rainer A. MÜLLER (hrsg), **Deutsche Geschichte** in Quellen und Darstellung: vol. 1 – **Frühes und hohes Mittelalter 750-1250** (hrsg. Wilfried HARTMANN, orig. publ. 1995, Stuttgart: Ph. Reclam – UB Nr. 17001, 2011, 36.2 – *Ottonianum*, p. 160-164).

[737] Marc BLOCH, **La société féodale** (orig. publ. 1939, Paris: Albin Michel, 1994).

[738] M. BLOCH (op. cit., 1939, ed. 1994, p. 127): "Certainement, jamais OTTON n'avait songé que ces dispositions, pourtant fort précises, pussent être suivies d'effet. On s'étonnerait moins s'il s'agissait d'un de ces traités menteurs qui, de tout temps, sous la pression des

Ainda no final da Idade média, a mão severa de cronista e espírito crítico de historiador como Philippe COMMYNES ou COMINES (1447-1511)[739] parece anunciar o despertar de novos tempos. Como marcarão Francesco GUICCIARDINI (1483-1540)[740] e Nicolau MAQUIAVEL (1469-1527).[741]

Quem enxerga somente a dimensão religiosa da Idade média, se esquece de integrar à paisagem outras vozes profanas e por vezes vigorosas, com intervalos de séculos. Quase duzentos anos antes da irreverência de François VILLON,[742] desabusadamente anticlerical, o poeta-trovador RUTEBEUF (século XIII, provavelmente falecido por volta de 1285), já se fazia ouvir no século XIII.[743] Além de tantos outros.

circonstances, ont été signés dans le ferme dessein de ne les exécuter point." Prossegue, na mesma passagem: "Mais rien absolument, sinon une tradition historique plus ou moins mal comprise, n'obligeait le prince saxon à un pareil faux-semblant. D'une part, le parchemin et son encre; de l'autre, sans liens avec lui, l'action: tel était l'ultime, et sous cette forme particulièrement crue, l'exceptionnel aboutissement d'une scission beaucoup plus générale."

739 Philippe de COMMYNES, em suas **Mémoires** (présentation, établissement du texte, traduction et notes par Jean DUFOURNET, Paris: GF Flammarion, © 2007, vol. I: Livres I-III, 2007; vol. II: Livres IV-VI, 2007; vol. III: **Mémoires sur CHARLES VIII et l'Italie**, 2002).

740 O clássico estudo de Francesco GUICCIARDINI, **Storia d'Italia** (a cura di Silvana Seidl MENCHI, saggio introduttivo di Felix GILBERT, Turim: Einaudi, © 1971, ristampa 2008, 3 vols.).

741 Ver **Tratado** (tomo 5 – **Direito internacional no tempo de Francisco de Vitória**, item 13.1, sobre MAQUIAVEL). Comentava M. BLOCH (op. cit., 1939, ed., 1973, p. 126-127): "Comme pendant longtemps l'historiographie, elle aussi, avec ses jugements de valeur, fut aux mains des clercs, les conventions de pensée, autant que les conventions littéraires, conspirèrent à tisser devant la cynique réalité des motifs humains une sorte de voile qui ne devait guère être définitivement déchiré, au seuil des temps nouveaux, que par la dure main d'un COMMYNES et d'un MACHIAVEL."

742 François VILLON (ca. 1431-após 1463), **Oeuvres complètes** (éd. bilingue, trad. de l'ancien français par Jacqueline CERQUIGLINI-TOULET avec Laëtitia TABARD, Paris: Gallimard-Pleiade, 2014); ver tb. Italo SICILIANO, **François Villon et les thèmes poétiques du Moyen Âge** (orig. publ., 1967, Paris: Libr. A.-G. Nizet, 1992).

743 Falecido por volta de 1285, desenvolveu sua atividade principalmente em Paris, participando das lutas entre facções opostas na vida da cidade e da universidade, compôs canções, fábulas e lamentos. RUTEBEUF, **Oeuvres complètes** (« texte établi, traduit, annoté et présenté par Michel ZINK, Paris: Classiques Garnier, 2005, *Li testament de l'Asne*, pp. 103-113, vv. 165-167) exclama, em seu pitoresco francês medieval, que tem dinheiro não precisa se preocupar com o bom andamento e a proteção de seus interesses: Rutebués nos dist et enseigne, / Qui deniers porte à sa besoingne / Ne doit douter mauvais lyens.

Será, contudo, preciso tempo e maior difusão das letras, fora do meio dos clérigos e dos sacerdotes, para se chegar a ter algum distanciamento em relação ao predomínio eclesiástico, tanto nas letras quanto na historiografia medievais.[744] Como ilustram pensadores da estatura de Pedro ABELARDO, Dante ALIGHIERI e Francesco PETRARCA, estes dois últimos também notáveis poetas.[745] Ambos marcam, com suas inteligências profundas e senso de humor cortante, a sua presença na história das ideias e concepções intelectuais, pelas quais se alinhará o futuro.[746]

[744] Jacques LE GOFF, **Les intellectuels au Moyen âge** (orig. publ. 1957, Paris: Seuil – Histoire, 1985); Alain de LIBERA, **Penser au Moyen âge** (orig. publ. 1991, Paris: Seuil – Essais, 1996, Introduction, p. 9-25, cit. P. 9): "*Penser au Moyen âge.* Cela s'entend de deux façons: la première suggère que l'on pensait au Moyen âge, qu'il existait en ce lointain millénaire, quelque chose comme des penseurs et une pensée; la seconde, corrélative, dit que, de temps à autre, nous ferions bien de nous en souvenir, en un mot: d'y penser".

[745] A respeito de DANTE, ver adiante, cap. 10. A dimensão intelectual de Francesco PETRARCA (1304-1374) pode ser avaliada por algumas de suas obras, tais como sua poesia e seus ensaios: PETRARCA, **Rime** (introduzione e note di Guido BEZZOLA, con un saggio di Andrea ZANZOTTO, Milano: Rizzoli, 1976); ___, **Liber sine nomine** (1342-1361, **Sans titre**, édition bilingue latin-français, texte traduit, présenté et annoté par Rebecca LENOIR, Grenoble: Jerôme Millon, 2003); ___, **De otio religioso** (1346-1357, **Le repos religieux**, édition bilingue latin-français, préface de Jean-Luc MARION, intr., traduction et notes de Christophe CARRAUD, Grenoble: Jerôme Millon, 2000); ___, **De sui ipsius et multorum ignorantia** (1367-1368, **Mon ignorance et celle de tant d'autres**, édition bilingue latin-français, préface d'Olivier BOULNOIS, traduction de Juliette BERTAND (1929), révue par Christophe CARRAUD (1999), notes de Christophe CARRAUD, Grenoble: Jerôme Millon, 2000); ___, **Invectives** (1352-1373, **Invective contra medicum**, 1352-53; **Contra eum qui maledixit Italie**, 1373; **Invectiva contra quendam magni status hominem sed nullius scientie aut virtutis**, 1355; édition bilingue latin-français, texte traduit, présenté et annoté par Rebecca LENOIR, Grenoble: Jerôme Millon, 2003).

[746] Da vasta e complexa obra de Pedro ABELARDO, ou Petrus ABAELARDUS (1079-1142), **Historia calamitatum / Cartas** (pref., trad. e notas Abel N. PENA, estudo introdutório Abel SILVESTRE, Lisboa: Fund. Gulbenkian, 2008) – autobiografia em latim, escrita em forma de carta, influenciada pelas **Confissões** de santo AGOSTINHO; ABÉLARD et HELOÏSE, **Correspondance** (préf. Étienne GILSON, trad. Octave GRÉARD, présentée, revue et annotée par Édouard BOUYÉ, Paris: Gallimard-Folio-classique, 2000, impr. 2006); v. tb. Étienne GILSON, **Héloïse et Abélard** (orig. publ. 1938, Paris: Vrin, 3e éd. rev., 2e tirage, 1978, chap. 8 – La leçon des faits, p. 147-168, cit. p. 147): "Malgré les problèmes qu'elle nous laisse encore à résoudre, l'histoire d'Heloïse et d'Abélard est assez riche d'enseignements pour qu'il vaille la peine de les recueillir."

> Tais são os fatos. Antes de encontrar uma fórmula para definir a Idade média, seria preciso encontrar uma para definir HELOÍSA. Eu aconselharia, em seguida, encontrar uma para definir PETRARCA. Isso feito, que se busque uma fórmula para definir ERASMO. Resolvidos esses três problemas, poder-se-á proceder com segurança à definição de Idade média e de Renascimento. Três mais duas, somam cinco impossibilidades. Os que não tem gosto por empreitadas desse gênero se contentarão em prosseguir com a leitura e a análise dos textos.[747]

Igualmente erra o foco quem pretende formular generalizações – temporais e contextuais – de tal ordem, que são sempre arriscadas e devem ser relativizadas, no sentido de que depois de 1500 poder-se dizer que se multiplicam e se tornam predominantes os elementos 'modernos'. É preciso entender a complexidade e as múltiplas variáveis, entre os marcos do que se inscreve aqui, ao menos como noção de trabalho, como tempo 'medieval' em relação ao 'moderno' – por serem múltiplos os sinais, tanto em um sentido, como no outro.

Trata-se de situar o direito internacional no tempo histórico e no contexto cultural, com os reparos quanto às diversas correntes que podem fazer oscilar para mais cedo ou mais tarde um e outro marco – do 'medieval' ao 'moderno'. E destes, prosseguirão as mudanças para o marco do mundo 'moderno' ao 'clássico'.[748]

[747] É. GILSON, **Héloïse et Abélard** (ed. 1978, cit. p. 167 e a seguir, Appendice I – Authenticité de la correspondance d'Heloïse et Abélard, p. 169-191, cit. p. 189) aponta distorções a serem evitadas: "Quand on va au fond des choses, on se trouve en présence d'un phénomène assez commun dans la recherche historique: une fausse preuve qui suggère une infinité de pseudo-confirmations."

[748] V. **Tratado** (tomo 6 – **Direito internacional no tempo de Suárez, Gentili e Zouch**, item – do direito internacional moderno ao clássico). O marco inicial da era moderna pode oscilar consideravelmente, conforme os dados que se tomem como parâmetros para a definição de grandes mutações históricas. Por exemplo, John E. WILLIS Jr., **1688 – o início da era moderna** (do original **1688: a global history**, © 2001, trad. Gilson Baptista SOARES, Rio de Janeiro: Campus, 2001, cit. p. 17) argumenta porque situar o eixo em torno de determinado ano, o que, em si, já exige consideráveis adaptações: "a focalização mesmo em um só ano é um exercício arbitrário, muito mais fácil para nós do que para quem estava vivo em 1688". Este mesmo seria o ano 1099 e depois 1100 para os muçulmanos, e para os chineses o ano 26º e depois o 27º do reinado do imperador KANG XI. E ressalta: "O próprio conceito do mundo num único ano é artificial, e muito mais para o passado século XVII, do que para o passado século XX".

Como apontado, não menos complexa do que a caracterização material e temporal do contexto medieval é a dimensão espacial – à qual se pode aplicar a ocorrência do 'medieval'. Mesmo restrito a uma parte da Europa.

A própria caracterização da Europa 'ocidental' já é, em si, uma generalização arriscada, porquanto esta pressupõe homogeneidade que na verdade não existe entre as diversas partes desta, ao longo desses cerca de mil anos: a Itália nos séculos XIV e XV já está em pleno 'Renascimento', muito antes de outras regiões europeias.

Afirmação muitas vezes repetida, o Renascimento traz, com a ação dos humanistas, a retomada da atitude crítica em relação ao conhecimento e à história. Com reparos a mais esta generalização arriscada, um exemplo concreto de tal espírito crítico pode ser ilustrativo, pelo relevante impacto prático, que teve sobre o grande debate político-institucional medieval – a questão do poder temporal dos papas e das relações entre o papado e o império.

Em sua **Declamatio** (1440), somente publicada em forma de livro, com traduções em várias línguas, algumas décadas mais tarde, Lorenzo VALLA (1407-1457)[749] denunciava o caráter fraudulento da suposta *Doação de Constantino*. A **Declamatio** de Lorenzo VALLA teve de esperar de 1440, quando foi redigida, até 1517, quando foi impressa pelo animador da propaganda luterana, Ulrich von HÜTTEN, e amplamente distribuída, com comentários e traduções em diversas línguas.

Não foi somente o incômodo causado pela demonstração de VALLA – de que o 'documento' que conferia legitimidade às pretensões de exercício de poder temporal do papado era uma fraude – e levou à inclusão dessa obra no **Index librorum prohibitorum** – o catálogo de livros proibidos pela igreja, algumas décadas mais tarde. Assim, em lugar de se admitir o erro, culpa-se o autor do estudo, responsável por denunciar a fraude, que respaldava a **pretensão** à primazia temporal da igreja. Somado ao impacto que teve a divulgação do estudo de VALLA, como

[749] Lorenzo VALLA, **On the Donation of Constantine** (translated by G. W. BOWERSOCK, Cambridge, Ma. / London: Harvard Univ. Press – The I Tatti Renaissance Library, 2007); v. tb. Giovanni Maria VIAN, **La donazione di Costantino** (Bolonha: Il Mulino, 2004, esp. cap. II – Genesi di una legenda, p. 53-89, cap. III – Scoprire un falso, p. 91-128, e cap. IV – Polemica e filologia, p. 129-167).

argumento na confrontação entre católicos e protestantes, no contexto da Reforma e Contrarreforma.

Vale lembrar que, algum tempo antes do libelo de VALLA, também o cardeal NICOLAU DE CUSA atacara a "doação" e já a considerara espúria em seu tratado **De Concordantia catholica**.[750]

A assim chamada *Doação de Constantino* teria sido forjada, pela chancelaria papal, na época de PEPINO ou de CARLOS MAGNO. Ou seja, entre o final do século VIII e o início do IX. E, portanto, vários séculos depois do tempo do imperador CONSTANTINO, falecido no ano 337 A.D. em Nicomédia.

Como demonstrou VALLA, mediante exegese do texto 'latino' da *Donatio*, o 'documento' nunca poderia ter sido feito no século IV – a época de CONSTANTINO. Foi assim, antedatado em cerca de quatro ou cinco séculos – e, por meio dessa fraude, pretendera-se fundamentar, primeiro a existência dos estados pontifícios, já no século IX, e depois, a primazia do poder pontifical, a partir do século XI.[751]

Um dos desdobramentos – este espúrio – da ideia de ordenação do poder e das relações internacionais a partir de eixo central. Na falta de instrumento hábil, para fundamentar a pretensão à hegemonia, esta se supre mediante a fraude.[752]

750 P. B. CASELLA, *Nicolau de Cusa* (Rio de Janeiro: Revista Liturgia e Vida, vol. XXXII, n. 191, nov.-dez. 1985, p. 18-31).

751 Sobre as controvérsias entre o poder temporal do papado e a primazia em relação ao império, ver o seguinte cap. 9 – MARSÍLIO DE PÁDUA e GUILHERME DE OCKHAM. Como observava H.-I. MARROU (texto cit., 1961, p. 22): "Il ne faut pas attacher moins d'importance et de signification aux **Annotations** sur le texte du Nouveau Testament dans lesquelles, vers 1449, le même VALLA a ouvert la voie à la critique textuelle et se révèle un précurseur d'ÉRASME". A respeito desta célebre fraude, Jacques LE GOFF, **Le Moyen Age et l'argent**: essai d'anthropologie historique (Paris: Perrin, 2010, cap. 9, 'du XIIIe au XIVe siècle, l'argent en crise', p. 133-149, cit. p. 139): jusqu'au XVIe siècle beaucoup d'actes faux furent fabriqués et circulèrent sans problème – que l'on songe à la fausse *Donation de Constantin* forgée au VIIIe siècle à Rome et justifiant l'existence des états pontificaux.

752 Não é necessária grande criatividade para traçar o paralelo com as razões, igualmente fraudulentas e espúrias, que intentaram dar fundamentação à invasão do Iraque, em 2003. Os pretextos foram inventados, porque assim convinha à potência dominante da época, para dar alguma aparência de legitimidade ao exercício espúrio das próprias razões, sob a égide de aparente legitimidade formal e material, que se acobertava sob tênue camada de mentira. Ou os 'argumentos' para a guerra de agressão imotivada contra a Ucrânia, promovida

Convém contextualizar a falsificação, no contexto das grandes confrontações entre império e papado, que dominam a Alta idade média e culminam na controvérsia das Investiduras – que se estende de 1060 até 1130 A.D. – sempre giram em torno dos desvios em relação a essa concepção fundamental de ordenação, da diarquia – a contraposição entre o poder do imperador e do papa – quer rumo ao lado espiritual, quer rumo ao temporal.

> Com o papa NICOLAU I (858-867) achou o papado o seu primeiro significativo representante para afirmar as suas pretensões de poder. Dessa época datam as falsificações eclesiásticas (*die beruchtigten kirchliche Fälschungen*), que teriam tanta influência sobre o desenvolvimento ulterior do direito canônico – em seu mais amplo sentido (*des Kirchenrechts im weitesten Sinne jener Zeit*): as *Capitulares* de ANGELRAMI, as *Capitulares* de Benedictus LEVITA, e sobretudo as *Decretais* do pseudo-ISIDORO, que, dentre outras, conteriam parte de extrema importância e grande impacto, a *Doação de Constantino* – falsificação feita em 816, em São Denis, segundo a qual CONSTANTINO, o grande, ao deslocar o império para o Oriente, teria conferido ao papa SILVESTRE I grande parte dos poderes temporais sobre todo o conjunto.[753]

Ao menos em relação à parte ocidental do antigo Império romano, a *Doação de Constantino* teria pretendido criar 'domínio reservado', para exercício de poder do papado. O que se renova e se multiplica – e ainda é retomado no *Ottonianum*, a doação de OTTO, no ano 962 A.D., como acima reproduzido e comentado.

Essa fraude ainda teria sido a suposta base, sobre a qual sucessivos papas concederiam direitos de exploração – e alegadamente, de evangelização – de outros continentes, na linha da *Doação de Constantino*. Isso foi utilizado por parte de sucessivos papas, nos séculos seguintes.

pela Rússia de V. PUTIN, em 2022-2023, como se considera no **Tratado** (tomo 2 – **Direito internacional dos espaços**, item 29.3 – Dimensão humana do território como expressão da relação entre espacialidade e direitos fundamentais). Para nos atermos a somente dois exemplos notórios.

753 Wilhelm GREWE, **Epochen der Völkerrechtsgeschichte** (Baden-Baden: Nomos, 1984, primeira parte – *Ius gentium*: Grundzüge der mittelalterlichen Völkerrechtsordnung, p. 55-162, cit. p. 61).

Como fez o papa ALEXANDRE III ao conceder, em 1179, ao duque ALFONSO de Portugal, domínio sobre as terras que este alcançasse capturar dos infiéis.[754] Este logo em 1170 associa ao trono seu filho e herdeiro, SANCHO, então jovem de dezesseis anos, o que permite dinamizar a fase final do reinado. Os dois decênios seguintes foram assinalados por vigorosas campanhas militares, quer de conquista, quer de *razzia* e de defesa, contra os muçulmanos.[755]

Ou ainda tentam as bulas papais, de ALEXANDRE VI e outros papas, para divisão de hemisférios entre Portugal e Espanha, no final do século XV e início do XVI, conjugando-se com o tratado de Tordesilhas, de 1494, entre os dois estados.[756] De certa forma, essa pretensão histórica, baseada em uma fraude, seria a fundamentação para o colonialismo europeu sobre outros continentes.[757] Uma fraude lastreando outra.

Do ponto de vista do direito internacional e das relações internacionais, importa, sobretudo, assinalar o fato de que simultaneamente à implantação medieval não somente se dá a instauração de possível identidade europeia – onde a Europa se encontra e se define a si mesma na era medieval – bem como, igualmente ao longo desse milênio medieval

[754] Em outra passagem, o mesmo W. GREWE (op. cit., 1984, primeira parte, cap. 8, *Die Rechtsformen der Raumordnung: Adjudikation und Okkupation*, p. 148-156, cit. p. 153) observa a extensão de poder, derivado de tal falsificação, que se projeta como título legitimador no início da conquista colonial europeia na África: "Papst ALEXANDER III. sprach 1179 dem Herzog ALFONS von Portugal alle Länder zu, die er von den Heiden zu erobern vermochte. Auf diesen Rechtstitel gestützt, haben die Portugiesen die Kolonisation in Afrika aufgenommen. / Die *Konstantinische Schenkung* sprach den Päpsten ein merkwürdiges Recht zu. Sie gab ihnen die Verfügungsgewalt über alle Inseln der Welt."

[755] A. H. de OLIVEIRA MARQUES, **Breve história de Portugal** (orig. publ. 1995, Lisboa: Presença, 11ª ed., revista e atualizada, 2019, cap. II – o nascimento de Portugal, p. 33-78, cit. p. 40-41).

[756] Cfr. **Tratado** (tomo 2 – **Direito internacional dos espaços**, cap. 28 – Fases da formação do território brasileiro: algumas lições de direito internacional); v. tb. Denis MENJOT, Les monarchies ibériques: genèse de l'Espagne (in **Histoire du monde au XVe siècle** – vol. 1 – Territoires et écritures du monde, dir. de Patrick BOUCHERON, Paris: Fayard – pluriel, 2012, chap. V, p. 192-229).

[757] Como se examina no **Tratado** (tomos 14 a 17 – **Direito internacional no tempo do colonialismo** e tomo 20 – **Direito internacional, história e cultura**, cap. 13 – Impacto do colonialismo sobre o direito internacional, a descolonização e o desenvolvimento do direito de autodeterminação dos povos).

também se consolidam diversas identidades nacionais,[758] tais como Portugal e a Espanha,[759] bem como França,[760] Inglaterra[761] e os Países Baixos.[762]

[758] Como se examina no **Tratado** (tomo 5 – **Direito internacional no tempo de Francisco de Vitória**, título I – multipolarização da Europa na era moderna e advento do direito internacional como sistema). V. tb. Jean-Philippe GENET, *France, Angleterre, Pays-Bas: l'état moderne* (in **Histoire du monde au XVᵉ siècle**, dir. de Patrick BOUCHERON, vol. 1 – Territoires et écritures du monde, Paris: Fayard, 2012, chap. VI, p. 230-265).

[759] Denis MENJOT, *Les monarchies ibériques: la genèse de l'Espagne* (in **Histoire du monde au XVᵉ siècle**, dir. de Patrick BOUCHERON, vol. 1 – Territoires et écritures du monde, Paris: Fayard, 2012, chap. V, p. 192-229); A. H. de OLIVEIRA MARQUES, **Breve história de Portugal** (orig. publ. 1995, Lisboa: Presença, 11ª ed., 2019, cap. III – o estado feudal, p. 79-123); Fernando GARCIA de Cortázar y José Manuel GONZALEZ Vesga, **Breve história de España** (orig. publ. 1994, Madri: Alianza edtrl., 4a. ed. 2009, reimpr. 2010, esp. caps. 1 a 9, p. 7-190).

[760] Cfr. MICHELET, **Le Moyen Age** (livres I a XVII de **L'Histoire de France**, chronologie établie par Alain FERRARI, Paris: Robert Laffont, (c) 1981, impr. 2008); Karl Ferdinand WERNER, **Les origines – avant l'an 1000** (vol. I da **Histoire de France**, sous la direction de Jean FAVIER, Paris: Fayard, (c) 1984, impr. 2001); Jean FAVIER, **Le temps des principautés – de l'an 1000 à 1515** (vol. II da **Histoire de France**, sous la dir. de J. FAVIER, Paris: Fayard (c) 1984, impr. 2002).

[761] John BLAIR, **The Anglo-Saxon age** (orig. publ. 1984, Oxford: Univ. Press – A very short introduction, 2000); John GILLINGHAM & Ralph A. GRIFFITHS, **Medieval Britain** (orig. publ. 1984, Oxford: Univ. Press – A very short introduction, 2000, esp. chap. 8 – Towards a Nation, p. 133-151, cit. p. 149): "Englishmen's sense of nationhood and their awareness of their own Englishness are not easily gauged. But they sometimes compared themselves – and were compared by others – to peoples of different race, language, country or cultural and political tradition. In the later Middle Ages, Englishmen confronted, frequently violently, other peoples both in the British Isles and in mainland Europe. These confrontations were a forcing-house of nationhood and self-conscious Englishness. Such experiences gave rise to a number of emotions, which made English people aware of their nature, unity and common traditions and history."

[762] Catherine DENYS e Isabelle PARESYS, **Les anciens Pays-Bas à l'époque moderne** (1404-1815) – Belgique, France du Nord, Pays-Bas (Paris: Ellipses, 2007, esp. chap. 1 – Du duché au cercle de Bourgogne: une construction politique inachevée (1404-1555), p. 7-28); Paul ARBLASTER, **A History of the Low Countries** (orig. publ. 2006, New York: Palgrave Macmillan, 2012, esp. chap. 2 – Patterns of power and piety, 1100-1384, p. 50-94 and chap. 3 – The Low Countries united and divided, 1384-1609, p. 95-130, cit. p. 95): "Over the course of the fifteenth century the dukes of Burgundy gradually established themselves as rulers of much of the Low Countries, a process of unification completed in the sixteenth century by the Habsburg emperor CHARLES V. Within a decade of CHARLES V's death, this fragile

Esta Europa se faz com a herança da Antiguidade, sobretudo greco-romana, mas também celta e dos vários povos ditos bárbaros, com aportes judaico-muçulmanos. E a essa base se somam todos os elementos da era medieval.

Em Portugal, SANCHO I, em 1189 esteve perto de concluir a Reconquista, com o auxílio dos cruzados, ocupando Silves e todo o Algarve. Contudo, as poderosas e devastadoras contra-ofensivas de AL MANSUR, em 1190 e 1191, fizeram-no de novo perder todo o Além-Tejo, com a única exceção de Évora.[763]

> Na segunda fase do seu governo, SANCHO I envolveu-se em lutas contra o vizinho reino de León e contra o clero secular do seu país. A política de relações internacionais, tendente a fortalecer o estado português, continuou durante este reinado. Os contatos de amizade com Aragão, julgados fundamentais para conter o expansionismo leonês-castelhano começaram em 1174 (casamento do então infante D. SANCHO com DULCE, irmã do soberano reinante de Aragão, AFONSO II), prosseguindo com embaixadas portuguesas e com a arbitragem aragonesa no conflito com o rei de León. Outras relações diplomáticas foram estabelecidas com a Flandres (casamento da infanta MATILDE com o conde FILIPE da Alsácia e casamento do infante FERNANDO com a condessa JOANA), com Castela (casamento do infante herdeiro, AFONSO, com URRACA, filha de AFONSO VIII) e com León também (casamento da infanta TERESA com AFONSO IX, 1191, mas seu repúdio subsequente, sob pretexto de parentesco).[764]

composite state was torn apart in two hostile blocks, the Dutch Republic and the Habsburg Netherlands."
v. tb. **Tratado** (tomo 1 – **Direito internacional dos espaços**, cap. 4 – competências territoriais do estado).

763 A. H. de OLIVEIRA MARQUES, **Breve história de Portugal** (orig. publ. 1995, Lisboa: Presença, 11ª ed., revista e atualizada, 2019, cap. II – o nascimento de Portugal, p. 33-78, cit. p. 40-41): "No avanço de 1190, os muçulmanos passaram mesmo o Tejo e chegaram a Torres Novas."

764 A. H. de OLIVEIRA MARQUES, **Breve história de Portugal** (11ª ed., 2019, cit. p. 40-41): "É provável que SANCHO I, sem esquecer as ordens militares surgidas no reinado de seu pai (Hospitalários e Templários), tenha começado a favorecer com carinho as duas novas milícias de Santiago da Espada e de Calatrava, contribuindo assim para as equilibrar política e economicamente. Mostrou-se menos liberal para com as ordens religiosas não militares e para com o clero secular, porventura já consciente do seu perigo como forças

O desafio será construir identidades suficientemente seguras de si mesmas, para serem capazes de aceitar a diversidade. O longo caminho a ser percorrido até se descobrir que "é possível ser diferente sem ser bárbaro".[765] É longo o caminho, até a descoberta do outro.[766]

Contrariamente às visões negativas da era medieval, no conjunto da Europa, nessa fase, é uma nova civilização e identidade que se forma. Esta forma de ser e de ver o mundo se desenvolve nos séculos seguintes, e se projeta – na esteira dos grandes 'descobrimentos' –, mais ou menos diretamente, sobre o continente americano que será indelevelmente transformado pelos aportes europeus, que se somam aos elementos autóctones, e outros aportes alienígenas. Como também se expandirão os projetos europeus de poder e de dominação colonial, com consequências enormes, sobre o conjunto da África, bem como, em menor grau, porém sobre vastas extensões da Ásia e, mais tarde, ainda na Oceania – com relevância direta para a formação e o desenvolvimento do hodierno direito internacional.[767]

Nessa trajetória medieval da identidade 'europeia' se imbricam as identidades 'nacionais' ou mesmo do que hoje chamaríamos, identidades 'regionais'. Esse conjunto se compõe de múltiplos níveis identitários, que por vezes se somam, por outras se contrapõem, e permanecem presentes, até nossos tempos pós-modernos – como mostram as vicissitudes da construção de uma Europa integrada nas últimas décadas.

É fascinante perquirir como e porque a 'Europa' – denominação que não passa de aproximativo conceito geográfico, por volta do ano 400 d.C. quando esta, se contrapõe à Ásia, passa a ter conteúdo

políticas concorrentes e influenciado pela ação centralizadora do chanceler Julião PAIS, principal 'ministro' durante mais de trinta anos."

[765] Serge GRUZINSKI, **Las cuatro partes del mundo**: Historia de una mundialización (México: FCE, 2010, p. 194, e a seguir p. 193): "la compasión desemboca en una paradoja con la que tropiezan nuestros expertos en otras partes del mundo: se puede ser diferente sin ser bárbaro." [...] "Hacer el inventario de las diferencias es también señalar puntos en común. El ejercicio es indispensable para quien pretende tender puentes entre los mundos."

[766] Franklin Leopoldo e SILVA, **O outro** (São Paulo: Ed. WMF-Martins Fontes, 2012).

[767] Cfr. **Tratado** (tomos 14 a 17 – **Direito internacional no tempo do colonialismo** e tomo 20 – **Direito internacional, história e cultura**, esp. cap. 3 – Impacto do colonialismo sobre o direito internacional, a descolonização e o desenvolvimento do direito de autodeterminação dos povos).

identitário específico, depois de alguns séculos do tempo medieval. O que pode ser assinalado por alguns dados operacionais:

> Para o nosso objetivo imediato, uma linha divisória conveniente pode ser feita a partir do reino de CONSTANTINO (ca. 300). Daí em diante, até COLOMBO, a civilização europeia foi selada com a marca de duas tradições e disciplinas – a clássica e a cristã. Elas eram os marcos do período e, por mais que tentemos defini-las, não podemos perder de vista o fato de que a Europa medieval deleitou-se em pensar sobre si mesma como o velho mundo romano sob uma religião.[768]

Esta mesma Europa, contudo, já corresponde à afirmação de uma 'identidade', a partir do século VIII.[769] Apesar de suas profundas e duradouras divisões e conflitos internos, por vezes, mostra-se capaz de coordenar esforços conjugados para enfrentar inimigos e ameaças externas.

Uma identidade europeia se contrapõe aos invasores muçulmanos para designar como *'Europenses'* as forças unidas, na batalha perto de Poitiers, sob o comando de CARLOS MARTEL, em 732. Estas forças

[768] Cf. o já referido G. H. T. KIMBLE, **A geografia na Idade média** (orig. publ. **Geography in the Middle Ages**, 1938, trad. Márcia Siqueira de CARVALHO, segunda ed. revista, Londrina: Eduel / São Paulo: Imprensa Oficial do Estado, 2005, cap. 1 – o fim da geografia clássica, p. 1-22, cit. p. 3-4): "O início exato da Idade média é obscuro. Obviamente é impossível assinalar uma data". [...] "É deveras interessante pensar sobre essa época – como qualquer outro período de tempo convencional – mais como uma sobreposição à época anterior do que como uma descontinuidade." Mas isso não quer dizer que o homem medieval reuniu o lastro intelectual e de conhecimento geográfico dos antigos: "Nada pode estar mais longe da verdade. Para vermos o quanto foi retirado da Antiguidade, a típica concepção medieval de *oikoumené*, ou mundo habitável, para imaginarmos como eram limitados os horizontes – mesmo dos homens mais cultos, em comparação com os da época anterior e para apreciarmos a *naiveté* de mente que não questionava a existência real de dragões e homens sem cabeça, devemos lembrar, acima de tudo, do mundo esboçado no final da época clássica."

[769] Ver, por exemplo, os já referidos estudos de Michel ROUCHE, **Les racines de l'Europe**: les sociétés du haut moyen âge 568-888 (Paris: Fayard, 2003); Julia M. H. SMITH, **L'Europa dopo Roma** – una nuova storia culturale 500-1000 (orig. publ. **Europe after Rome** – a new cultural History 500-1000, Oxford: Univ. Press, 2005, trad. by Giovanni ARGANESE, Bologna: Il Mulino, 2008); Bryan WARD-PERKINS, **La caduta di Roma e la fine della civiltà** (orig. publ. **The Fall of Rome and the end of civilization**, Oxford: Univ. Press, 2005, trad. by Mario CARPITELLA, Roma/Bari: Laterza, 2008).

'europeias' enfrentam e fazem recuar os muçulmanos, liderados por ABD'EL RAHMAN: serão esses europeus, que ainda talvez sequer se viam como tais, que assinalam o limite da extensão muçulmana em terras da Europa medieval.

Avançam os muçulmanos no sudeste da Europa, ocupam vastas extensões dos Bálcãs, que manterão multissecularmente sob seu controle, e tomam Bizâncio, em 1453. Mas são expulsos da península ibérica, em 1492, completando séculos de luta pela 'Reconquista'.

Na região de Veneza, por sua vez, dá-se a confrontação entre os impérios carolíngio e bizantino. Nessa altura, consolida-se a identidade dessa cidade-estado, com as particularidades que a marcam de modo indelével:[770] a laguna se vê no centro de enfrentamento direto entre os dois impérios. Apesar de estender, durante séculos, seu dinamismo econômico e inovação comercial, T. CAMPANELLA prenunciava: "mesmo Veneza um dia cairá no torpor e desaparecerá".[771]

Comparada com Bizâncio e com o Islão, a Europa da época, ainda era pobre e atrasada. Nessa altura o desenvolvimento relativo era, de longe, favorável às outras duas civilizações, mas a Europa tinha começado a desenvolver ideias próprias e instituições originais, tinha estabelecido suas lideranças e se tornado consciente de sua existência e destino distintos.

Ao longo dos séculos do tempo medieval, mais que uma definição geográfica – ocupando espaço determinado –, cabe compreender a Europa

[770] Élisabeth CROUZET-PAVAN, **Les villes vivantes** – Italie XIIIe-XVe siècle (Paris: Fayard, 2009, chap. III, 'Une genèse singulière', p. 61-76, cit. p. 68-69). Ver tb. Jean-Claude BARREAU, **Un capitalisme à visage humain** – le modele vénitien (Paris: Fayard, 2011); Christian BEC, **Histoire de Venise** (originalmente publicado em 1983, Paris: PUF, 3e éd., reimpr., 2005); Alvise ZORZI, **Histoire de Venise** – La République du Lion (do original **La Repubblica del Leone – Storia di Venezia**, © 1979, trad. Jacques ROQUE, Paris: Perrin – tempus vol. 95, nova ed., 2005, impr. 2010).

[771] Tommaso CAMPANELLA, **Aphorismes politiques** (trad. Pierre CAYE et Claude MONET, Caen: Centre de philosophie politique et juridique – Univ. de Caen, 1993, "Sur le destin de Venise", cit. p. 50): "Même Venise un jour tombera dans la torpeur et disparaîtra par la faute de ses cours d'eau et de la mer hostile, qui ne cessent de la combler d'alluvions et de l'ensabler; elle qui, pourtant, est si parfaitement équilibrée qu'elle ne peut périr de son fait. La mer elle-même, à qui elle s'est confiée, la protège de l'étranger et l'exempte d'armée dans ses murs, si bien qu'elle n'a pas à craindre de subir la tyrannie de sa soldatesque; peut-être aura-t-elle à souffrir des condottieres à sa solde."

como conjunto de desenvolvimentos culturais específicos, que podem ser compreendidos no seu desenvolvimento histórico.[772]

Por outro lado, diversamente do vizinho império otomano ou de outros reinos asiáticos mais distantes, "a cultura política da Europa se pauta por intenso debate, público ou semipúblico – notadamente a respeito de quanto imposto deveria ser pago, por quem, para quem, e para quais finalidades, quase sempre militares". E, ao menos parte desses grupos, "embora fossem súditos, mais que cidadãos, no sentido contemporâneo do termo, muitos europeus acreditavam no governo mediante consentimento".[773]

Essa Europa teve como cimento e elemento compartilhado o uso do latim – ao menos entre as classes letradas – bem como o conhecimento do direito romano, que terá substancial impacto sobre toda a construção do direito internacional moderno – nos séculos XVI a XVIII.[774]

O latim se põe como herança comum, como língua unificada e universal, como a língua culta de uso entre homens da igreja, e por esta para a sua atuação, como a língua da política, manejada pelos reis e pela aristocracia, como também a língua do conhecimento, aquela na qual se escreveram e se discutiram todas as questões intelectuais.[775] O que

[772] Michael MITTERAUER, **Warum Europa?** Mittelalterliche Grundlagen eines Sonderwegs (orig. Publ. 2003, Munique: C. H. Beck, 5a. ed. rev., 2009, Schluss: "Welche Verkettung von Umstanden?" – Faktoren der europäischen Sonderentwicklung in ihrer Wechselwirkung, p. 274-296, cit. p. 296): "Der Frage nach den Ursachen des europäischen Sonderwegs im Sinne Max WEBERS nachzugehen, bedeutet nicht, aus historischen Analysen aktuelle Ab- und Ausgrenzungen vorzunehmen. Es geht nich darum, Europa zu 'de-finieren', indem man einen bestimmten Raum absteckt. Anliegen ist es vielmehr, spezifische europäische Kulturphänomene aus ihrer historischen Entwicklung verständlich zu machen – und keineswegs nur solche, die im öffentlichen Diskurs eher positiv besetzt sind". Cabe contrapor a análise desenvolvida por Brendan SIMMS, **Europe** – The Struggle for Supremacy, 1453 to the present (London: Allen Lane – Penguin, 2013), a seguir referido.

[773] Brendan SIMMS, **Europe** – The Struggle for Supremacy, 1453 to the present (London: Allen Lane – Penguin, 2013, Introduction: Europe in 1450, p. 1-6, cit. p. 1): "Western and central Europe had enjoyed a sense of common identity since the high Middle Ages."

[774] Cf. se examina no **Tratado** (tomos 5 a 13).

[775] A criação de poesia sacra e profana se faz durante séculos em latim, de cuja produção se conservaram textos desde PAULO DIACONO e ALCUINO DE YORK, no século VIII até DANTE ALIGHIERI e outros, no século XIV, como ilustra a antologia de Giovanna GARDENAL (a cura di), **Poesia latina medievale** (trad. a cura di Ferruccio FÖLKEL e

permitia que pessoas, ideias e textos circulassem – sem necessidade de tradução – em escala europeia.

O uso do latim como língua 'viva' para a criação e para a circulação do conhecimento no mundo ocidental perdura por mais de mil e trezentos anos, depois da queda do Império romano do Ocidente, em 476 A.D. Isso se percebe e se conserva ao menos até o final do século XVII e, ainda, durante boa parte do século XVIII, inclusive na produção do Direito internacional.[776]

Mesmo se o latim medieval difere sensivelmente do latim clássico de CÍCERO e seus contemporâneos, este se manteve vivo e sofreu mutações –das quais, entre outras resultam as línguas 'neolatinas.

> O latim da Idade média não mais é o de CÍCERO, mas é justamente porque ele ainda estava vivo. O humanismo fez dele uma língua morta; ele aí foi sepultado no seu triunfo (*il s'y est enseveli dans son triomphe*). Não teria então acontecido a mesma coisa no campo da filosofia? O humanismo não teria sido, muito mais do que a descoberta do pensamento grego, uma tentativa de o subtrair da jurisdição da filosofia, e o submeter à da história, com o risco de fazer, dele também, um morto? [...]
> Muitas vezes se disse, e em um sentido é verdade, que a Idade média permaneceu quase completamente estranha à história, ao menos como o Renascimento a entenderia, e nós a entendemos ainda hoje. Seu humanismo é muito diverso do humanismo histórico do passado, que

Giovanna GARDENAL, Milano: Arnoldo Mondadori, 1993); ver tb. Émile GEBHART, **Conteurs florentins du Moyen Âge** (Paris: Hachette, 2° ed., 1901).

[776] Em campo do saber como o direito internacional, a geração de conhecimento na área se faz em latim até meados do século XVIII, como se examina no **Tratado** (tomo 5 – **Direito internacional no tempo de Francisco de Vitória**, tomo 6 – **Direito internacional no tempo de Suárez, Gentili e Zouch**, tomo 7 – **Direito internacional no tempo de Hugo Grócio**, tomo 9 – **Direito internacional no tempo de Samuel Pufendorf**, tomo 10 – **Direito internacional no tempo de C. van Bynkershoek e Christian Wolff**). Será Emer de VATTEL (1714-1767) pioneiro em fazer seu Manual em francês em lugar do latim, na segunda metade do século XVIII (cf. **Tratado**, tomo 12 – **Direito internacional no tempo de Vattel e von Martens**), mas seus antecessores diretos e seus contemporâneos, tais como Cornelius van BYNKERSHOEK (1673-1743), Christian WOLFF (1679-1754) e J. J. BURLAMAQUI (1694-1748), ainda usaram preferencial se não preponderantemente o latim em toda a sua produção 'científica', para nos atermos a internacionalistas do século XVIII.

> caracteriza o Renascimento; é um humanismo do presente ou, se preferimos, um humanismo intemporal.[777]

O latim adaptou-se aos distintos contextos sociais e culturais – enquanto língua comum do Ocidente: "mais do que qualquer uma das outras línguas, o latim marca a unidade do pensamento europeu, em época na qual isso foi particularmente útil".[778] O latim

> marca também a coerência das doutrinas ao mesmo tempo que as mudanças destas ao longo da história. Contudo, ele não nos afasta da palavra profana; ele lhe permite, antes, pelo jogo da tradução, do bilinguismo, da

[777] Étienne GILSON (1884-1978), *Le Moyen Âge et le naturalisme antique* (1932) (in **Moyen Âge et Renaissance au Collège de France** – Leçons inaugurales, direction de Pierre TOUBERT et de Michel ZINK, avec la collab. d'Odile BOMBARDE, Paris: Fayard, 2009, p. 251-278, cit. p. 276-277): "Lorsqu'il se retourne vers la philosophie médiévale, ÉRASME n'y reconnaît pas plus la philosophie grecque qu'il ne reconnaît le latin dans la langue où elle s'exprime. Il a raison: PLATON, ARISTOTE, CICÉRON, SENÈQUE, n'y sont plus tels qu'ils furent; mais il a tort, car ce sont bien eux qui y sont, tels qu'ils y vivent encore et, en vivant, changent. C'est même parce qu'ils n'y sont pas encore morts qu'ils y sont si difficilement reconnaissables. Ce qu'ALBERT le Grand ou saint THOMAS D'AQUIN leur demandaient, ce n'était pas tant de leur dire ce qu'ils avaient été jadis, en Grèce ou à Rome, que ce qu'ils étaient encore capables de devenir, ce qu'eux-mêmes fussent devenus, s'ils eussent vécu au XIIIe siècle, en terre de chrétienté. Que dis-je? Ils y sont; ils s'y survivent. L'historien que les y rencontre est sans cesse partagé entre l'admiration pour la profondeur avec laquelle les penseurs du Moyen Âge les interprètent, et l'inquiétude d'un archéologue devant un bas-relief qui se mettrait soudain à vivre et à changer". Compare-se o enfoque de André CHASTEL (1912-1990) – colega de GILSON, no Collège de France – em seu **Arte e humanismo em Florença na época de Lourenço, o magnífico** – estudos sobre o Renascimento e o humanismo platônico (orig. publ. **Art et humanisme à Florence au temps de Laurent, le magnifique**, 1959, trad. Dorothée de BRUCHARD, intr. e notas Luiz MARQUES, São Paulo: Cosac Naify, 2012).

[778] Alain MICHEL, **Théologiens et mystiques au Moyen Âge**: la poétique de Dieu Ve – XVe siècles (choix présenté et traduit du latin par Alain MICHEL, Paris: Gallimard – Folio classique, © 1997, impr. 2003, 'introduction', p. 9-78). Nessa linha, ver tb.: Jean CHÉLINI, **Histoire religieuse de l'Occident médieval** (Paris: Hachette-Histoire, ed. 1991, impressão 2006); Richard William SOUTHERN, **L'église et la société dans l'Occident médieval** (orig. publ. **Western society and the church in the Middle Ages**, 1970, trad. Jean-Pierre GROSSEIN, Paris: Flammarion, 1997); R. W. SOUTHERN, **The making of the Middle Ages** (New Haven: Yale Univ. Press, 1953); Henriette WALTER, **L'aventure des langues en Occident** – leur origine, leur histoire, leur géographie (Paris: Robert Laffont, 1994).

tradição fonética ou gramatical, de se enriquecer e de se desenvolveber. Devemos nos lembrar dessa fecundidade, que faz da língua latina um dos mais potentes meios de desenvolver a modernidade na cultura. Hoje, sobretudo, convém nos lembrarmos disso e evitar as tentações de uma nova barbárie.[779]

Aí, põe-se outra faceta da contraposição entre universalismo e particularismos na civilização medieval: de um lado, o latim permite circularem as pessoas e as ideias no vasto conjunto do Ocidente medieval cristão; enquanto, de outro lado, as variações no latim podiam ocorrer, mas diziam respeito a modos de expressão, em relação ao que se deseja fazer, ou de uma para outras, das classes sociais. Assim, o contraste se limita, normalmente, a nuances na exatidão gramatical ou na qualidade do vocabulário.

Havia tanto base linguística quanto padrão cultural compartilhados, legados da Antiguidade clássica, sobre as quais se constroem as identidades nacionais, durante a era medieval. E estas aflorarão na era moderna, como estados 'nacionais'. Desde então, parece haver anseio por uma língua perfeita,[780] ou língua comum, que, todavia, não cumpre as mesmas funções, nem atua do mesmo modo.

[779] Alain MICHEL (op. cit. 1997, impr. 2003, 'introduction', p. 9-78, cit. p. 11): "Le latin, sur les sujets qui vont nous occuper, a été la langue commune de l'Occident. Mieux que chacune des autres langues, il marque l'unité de la pensée européenne, à une époque où cela est particulièrement utile. Il marque aussi la cohérence des doctrines en même temps que leur changement à travers l'histoire. Cependant, il ne nous écarte pas de la parole profane; il lui permet au contraire, par le jeu de la traduction, du bilinguisme, de la tradition phonétique ou grammaticale, de s'enrichir et de se développer. Il nous faut rappeler cette fécondité, qui fait de la langue latine un des plus puissants moyens de développer la modernité dans la culture. Aujourd'hui surtout, il convient de s'en souvenir et d'éviter les tentations d'une nouvelle barbarie."

[780] Umberto ECO, **La recherche de la langue parfaite dans la culture européenne** (préf. de Jacques LE GOFF, trad. de l'italien par Jean-Paul MANGANARO, orig. publ. **La ricerca della lingua perfetta nella cultura europea**, publicado simultaneamente pelas cinco editoras: Paris: Seuil; München: Beck; Oxford: Blackwell; Barcelona: Critica; Roma-Bari: Laterza, © 1994, impr. 1997, chap. XVII – Conclusions, p. 381-397, cit. p. 389): "A la fin de sa longue recherche, la culture européenne se trouve face à la nécessité urgente de trouver une langue véhiculaire qui en recompose les fractures linguistiques, aujourd'hui plus encore qu'hier. Mais l'Europe est obligée de tenir compte aussi de sa vocation historique, celle d'un continent qui a engendré des langues différentes, dont chacune, même la plus périphérique,

Em grande parte da Europa, as linguagens populares, que se vinculavam ao grupo germânico, pertenciam a família diversa da língua de cultura. Mesmo as línguas românicas, tinham-se a tal ponto afastado de sua fonte comum, que passar destas para o latim pressupunha longa aprendizagem escolar.[781]

O latim, fosse destinado a qualquer uso, oferecia aos intelectuais da época, um meio de comunicação internacional. Acima das literaturas nacionais, em língua vulgar, havia essa "dimensão internacional" no uso medieval do latim durante cerca de mais de mil anos:[782]

> a literatura latina da Idade média se desenvolve como uma literatura propriamente europeia? Graças a ela, um grande fato vem à luz: em meio à fragmentação política, étnica, linguística de nosso continente, a profunda solidariedade internacional de todo o território ocidental.[783]

Dados centrais do 'sistema' internacional medieval, apresentavam-se, concomitantemente, sendo: o milagre da ideia imperial, em sua ressurreição continuada, e a literatura latina medieval, como expressão de pensamento profundamente uno, em sua diversidade, em todas as fases do seu desenvolvimento, o mais possante e o mais fortemente estruturado dos organismos.

exprime le 'génie' d'un groupe ethnique, et demeure le véhicule d'une tradition millénaire. Est-il possible de concilier la nécessité d'une langue véhiculaire unique avec celle de la défense des traditions linguistiques?"

781 Marc BLOCH, **La société féodale** (orig. publ. 1939, Paris: Albin Michel, 1994, cit. p. 121): "Le schisme linguistique se ramenait, en fin de compte, à l'opposition de deux groupes humains. D'une part l'immense majorité des illettrés, murés, chacun, dans son dialecte régional [...]. Sur l'autre rive, la petite poignée des gens instruits qui, oscillant sans cesse du parler journalier et local à la langue savante et universelle, étaient proprement bilingues."

782 Edmond FARAL (1881-1958), *Littérature latine du Moyen Âge* (1925) (in **Moyen Âge et Renaissance au Collège de France** – Leçons inaugurales, direction de Pierre TOUBERT et de Michel ZINK, avec la collab. d'Odile BOMBARDE, Paris: Fayard, 2009, p. 211-231).

783 E. FARAL (texto cit., ed. 2009, p. 230-231): "au dessus des littératures nationales en langue vulgaire, les nourrissant et les expliquant, la littérature latine du Moyen Âge se développe comme une littérature proprement européenne? Grâce à elle, un grand fait vient à la lumière: c'est, dans le morcellement politique, ethnique, linguistique de notre continent, la profonde solidarité internationale de tout le territoire occidental."

Conviviam o latim como língua 'culta', cuja utilização se estendia por toda a área europeia,[784] ao lado dos falares populares das diferentes regiões da Europa. Dessa fonte comum adviriam as literaturas nacionais, nos seus respectivos idiomas.

No século XII, são constantes em CHRÉTIEN DE TROYES as referências ao "império de Roma" (*anpire de Rome*), no seu poema **Perceval ou le conte du Graal** (escrito em 1182-1183, vv. 2777-2779): acreditava eu que fosse ele tão bom cavaleiro, que não houvesse melhor no Império de Roma – *Et je cuidoie que il fust / Chevaliers teus que il n'eüst / Meillor en l'anpire de Rome* – reportando-se ao 'império' como realidade presente, no seu tempo.[785]

No caso do latim, havia, contudo, o inconveniente de ser, para a grande maioria dos homens que o utilizavam, língua radicalmente separada da palavra interior; de os obrigar, ao exprimirem o enunciado de seu pensamento, a perpétuas aproximações.[786] Ao lado do latim,[787] as línguas locais em formação variavam de região para região[788] No contexto da

[784] Giovanna GARDENAL (a cura di), **Poesia latina medievale** (trad. Ferruccio FÖLKEL e Giovanna GARDENAL, Milano: Arnoldo Mondadori, 1993); Émile GEBHART, **Conteurs florentins du Moyen Âge** (Paris: Hachette, 2° ed., 1901, cit. p. 1): "Le moyen âge avait tenté d'établir, par la notion de chrétienté, une communauté idéale des peuples de l'Occident. Par le latin, langue de l'Église, du droit écrit, de la scolastique et de la chronique, il fonda la communauté intellectuelle des races chrétiennes. Par la diffusion des souvenirs héroïques et des légendes chevaleresques, il créa une littérature véritablement européenne."

[785] CHRÉTIEN DE TROYES, **Perceval ou le conte du Graal** (escrito em 1182-1183, trad. inédite et introduction par Jean DUFOURNET, Paris: Garnier-Flammarion, 1997, vv. 2777-2779): *Et je cuidoie que il fust / Chevaliers teus que il n'eüst / Meillor en l'anpire de Rome.* V. tb. CHRÉTIEN DE TROYES, **Les Romans de la Table ronde**: Érec et Énide – Cligès – Le Chevalier de la Charrette – Le Chevalier au Lion – Le Conte du Graal (introduction Michel ZINK, trad. et annotation de Jean-Marie FRITZ, Charles MÉLA, Olivier COLLET, Catherine BLONS-PIERRE et David HULT, Paris: Libr. Générale française – Le livre de poche – classique, 2002, 'Le Conte du Graal', p. 553-734).

[786] M. BLOCH (op. cit., 1939, ed. 1994, p. 124): "L'absence d'exactitude mentale qui fut, nous l'avons vu, une des caractéristiques de ce temps, comment parmi les causes multiples qui sans doute conspirent à l'expliquer, ne pas ranger ce va et vient incessant entre les deux plans du langage?"

[787] M. BLOCH (op. cit., ed. 1994, p. 123): "Le latin ne constituait pas seulement la langue véhiculaire de l'enseignement; il était la seule langue qu'on enseignât. Savoir lire, tout court, c'était savoir le lire".

[788] Norman CANTOR (op. cit., 1993, p. 186).

restauração carolíngia,[789] de meados do século VIII ao final do século IX, tem-se registro documentado da divisão política e do progressivo afastamento entre as futuras línguas 'nacionais'.

No século XIV, escrever em francês há muito tinha deixado de ser uma novidade, mas permanecia uma escolha de valor cultural: o francês ganha domínios que, até então, eram feudo exclusivo do latim e, então, pode-se medir o impacto político. O francês é pensado como língua de cultura. Tal era o seu status na Inglaterra da época, onde era aprendido, da mesma forma que o latim.[790]

Colocava-se enorme problema de organização e de estrutura, questão capital para o conjunto do Ocidente europeu. O Império romano do Oriente consolidava, progressivamente, mundo separado, com uso predominante do grego e cada vez menos latim. Bizâncio mantinha alguma influência na região de Ravena, bem como laços históricos com Veneza, e em torno desta, na Itália, mas pouco ou nenhum impacto, sobre o conjunto ocidental.

Enquanto, de um lado, o mundo bizantino se ordenava no Mediterrâneo oriental, de outro lado, depois do fim do Império romano do Ocidente, as populações diversas, que Roma tinha governado durante séculos, espraiam-se em individualidades geográficas, e povos distintos. Os muitos grupos humanos que Roma tinha reunido, acrescidos dos grupos bárbaros os mais variados, que tinham ingressado, depois de suplantarem, o *limes* romano,[791] superpõem-se, em levas sucessivas,

[789] Jean CHÉLINI, **Histoire religieuse de l'Occident médieval** (Paris: Hachette-Histoire, ed. 1991, impressão 2006, especialmente cap. IV. 'La restauration carolingienne (742-888)', p. 123-212).

[790] Jacqueline CERQUIGLINI-TOULET, **La couleur de la mélancolie** – La fréquentation des livres au XIVe siècle (Paris: Hatier, 1993, En perdre son latin, p. 13-24, cit. p. 13-14): "Il faut noter la façon dont on appelle alors ces manuels qui enseignent, telle une mère, le français: *feminae*. / Liber ist vocatur femina quia sicut femina docet infantem loqui maternam sic docet iste liber iuvenes rethorice loqui Gallicum. / *Femina*, p. 28/ Ce livre est appelé *femina* parce que de même que la femme enseigne à l'enfant la langue maternelle, ainsi ce livre enseigne aux jeunes à bien parler le français".

[791] A respeito do *limes* romano, ver **Tratado** (tomo 1 – **Direito internacional dos espaços** (esp. cap. 1 – evolução do conceito e do tratamento do território no direito internacional, p. 31-64, e cap. 2 – soberania e território do estado, p. 65-141). O conceito do *limes* romano representava antes 'região' ou 'zona de influência' do que linha territorial, ou 'fronteira', propriamente dita, no sentido corrente do termo, em nossos tempos.

sendo eles: alamanos, alanos, anglos, bálticos, bretões, burgundos, escandinavos, francos, gépidas, godos, húngaros, hunos, lombardos, muçulmanos, ostrogodos, saxões, escotos, suábios, vândalos, visigodos, dentre outros. Entre os séculos III e X, estes povos varrem a Europa em todas as direções. O que adviria de todas essas mutações e cruzamentos de povos? Ainda maiores fracionamentos, bem como sucessivas tentativas de nova ordenação. Em meio a estes esforços o espectro do modelo romano – o ideal do império – permanece sempre presente, embora antes como ideal distante, do que realidade efetiva.[792] Assim como o conhecimento do direito romano e o uso do latim, em meio às mutações que se insinuavam, nas diversas sociedades, que, progressivamente, diferenciavam-se.

O destino da Itália permanece mutável e dividido. E esse fracionamento permanece (politicamente) até a segunda metade do século XIX e (juridicamente) até a primeira metade do século XX. No norte, constrói-se a partir de OTTO, o grande, um *Regnum Italiae*, em território do antigo reino lombardo.

De grandes consequências para o destino da Itália – cujos efeitos diretos se prolongam além da unificação, na segunda metade do século XIX, até os tratados de Latrão, em 1929 – terá sido a constituição do patrimônio de são PEDRO, o *patrimonium Petri*, ou Estados pontifícios, sobre o conjunto da Itália central.[793] E, mais ao sul, com Robert GUISCARD,

[792] Como examinado no **Tratado** (tomo 3 A – **Direito internacional no tempo antigo**, item 3.2 – conceito jurídico de império: I – da Antiguidade rumo à Idade média e tomo 5 – **Direito internacional no tempo de Francisco de Vitória**, item 12.2 – conceito jurídico de império: II – da Idade média à era moderna). O já citado Guglielmo FERRERO faz vasto panorama em seu **Grandeur et décadence de Rome** em seis volumes (trad. de l'italien par Urbain MENGIN): **I – La conquête** (Paris: Plon, 13ª ed., 1908); **II – Jules César**, Paris: Plon, 12ᵉ ed., 1907); **III – La fin d'une aristocratie** (Paris: Plon, 11ª ed., 1907); **IV – Antoine et Cléopatre** (Paris: Plon, 11ª ed., 1908); **V – La Republique d'Auguste** (Paris: Plon, 8ª ed., 1907); **VI – Auguste et le grand empire** (Paris: Plon, 4ª ed., 1908).

[793] Cf. se examina no **Tratado** (tomo 1 – **Direito internacional dos espaços**, item 2.1 – soberania e território: a Santa Sé e o Vaticano, p. 119-132). Antigo, mas rico de informações sobre a evolução da Itália medieval, dominada pelos papas, veja-se Ferdinand GREGOROVIUS, **Storia di Roma nel Medioevo** (do original alemão **Geschichte der Stadt Rom im Mittelater**, trad. a cura di Vittoria CALVANI e Pia MICCHIA, Roma: Newton Compton Ed., 1971, nuova edizione, 1989).

forma-se o reino normando da Sicília, com também a Apúlia e a Calábria.[794]

Na península ibérica, a partir de 1037 tem lugar a união dos reinos de Castilha e Leon. A partir desta começa ponto de cristalização política, que se torna sólido o bastante, para levar adiante o trabalho de 'reconquista' dos territórios há séculos dominados pelos 'mouros'; sobre tais esforços virá a ser construída a potência espanhola.[795] E se destacará Portugal.[796]

Depois de alcançar o poder real, PEPINO III, príncipe (741-751) e rei (751-768), cognominado 'o breve', busca 'legitimar' seu golpe de estado com a cerimônia de sagração. Coloca os fundamentos da política, que será retomada, mantida e ampliada por seu filho, CARLOS MAGNO rei e imperador (768-814).[797]

794 Pierre AUBÉ, **Les empires normands d'Orient** (orig. publ. 1991, Paris: Perrin, 2006, esp. première époque, III – *Robert GUISCARD ou la naissance de l'état normand (1041-1059)*, p. 45-59).

795 Sylvie DENOIX e Hélène RENEL (dir. de), **Atlas des mondes musulmans médiévaux** (Paris: CNRS Éd., 2022); Angelo HÜSLER, **L'Espagne médiévale**: chrétiens, juifs et musulmans (Gollion, Suiça: Infolio ed., 2008, esp. deuxième partie – *La Reconquista, des capitulations à l'expulsion*, p. 71-115); Fernando GARCÍA DE CORTÁZAR y José Manuel GONZÁLEZ VESGA, **Breve historia de España** (Madri: Alianza, © 1994, nueva ed., 2010, cap. 9 – *Los reinos cristianos*, p. 168-190); Eduardo MANZANO Moreno, **Historia de las sociedades musulmanas en la Edad media** (Madri: Síntesis, 1992); Philippe SÉNAC, **L'Occident médiéval face à l'Islam** – L'image de l'autre (orig. publ. 1983, Paris: Flammarion, 2e éd. rev., 2000).

796 A. H. de OLIVEIRA MARQUES, **Breve história de Portugal** (orig. publ. 1995, Lisboa: Presença, 11ª ed., 2019, cap. II – o nascimento de Portugal, p. 33-78, cit. p. 61): "Nos meados do século XI, mais de metade do Portugal de hoje ainda era muçulmano: uns 53.000 km quadrados. Gradualmente, a ofensiva cristã foi reduzindo esse espaço: um século passado, quando o Tejo se alcançou como fronteira, restavam ainda aos mouros 37.300 km quadrados. Na década de 1230, pertenciam ao islão menos de 15.300 km quadrados. Por último, o que ficou aos muçulmanos entre 1238 e a conquista final de 1249 não compreendia 2.500 km quadrados."

797 EGINHARD (nascido ca. 770- falecido em 840), **Vita Caroli Magni** (éd. franc., **Vie de Charlemagne**, trad. L. HALPHEN, Paris, 1938, p. 44-50); F. AUTRAND, L. BÉLY, P. CONTAMINE e T. LENTZ, **Histoire de la diplomatie française** I. Du Moyen Âge à l'Empire, présentation de Dominique de VILLEPIN, Paris: Perrin – tempus, ed. orig. 2005, reimpr. 2007); Louis HALPHEN, **Charlemagne et l'empire carolingien** (Paris: Albin Michel, 1947).

Em 814 morre CARLOS MAGNO em Aquisgrana. É sucedido por seu filho LUIS, o piedoso, coroado imperador em 816, em Reims. Na ordenação do império (*Ordinatio Imperii*) de 817, faz-se a atribuição de 'zonas de influência' entre: LOTÁRIO, imperador; LUIS, o Germânico, rei da Baviera; e PEPINO, rei da Aquitânia.

Por sua vez, LOTÁRIO será coroado imperador, em 823, em Roma. Em 830, LUIS o piedoso é declarado destituído do cargo de imperador, e é substituído por seu filho, também chamado LOTÁRIO.

Em 831, depois da Assembleia de Nijmeguen, LUIS é restabelecido no trono e se faz novo plano de divisão do Império. Em 833, LUIS o piedoso é deposto por seus filhos, no *Campo da mentira*, perto de Colmar.

Em 834, desencadeada a guerra entre os filhos de LUIS, este é restabelecido no trono, consagrado em Saint-Denis e, novamente em Metz, nesse mesmo ano.

Em 838, morre PEPINO e CARLOS o calvo, recupera a Aquitânia. Este depois é coroado em Quierzy.

Em 839, a **Doação de Worms** faz a divisão do Império entre LOTÁRIO e CARLOS, o calvo; LUIS, o germânico conserva a Baviera. No ano seguinte, morre LUIS o piedoso, em Mainz.

Ao ser celebrado o **Juramento de Estrasburgo**, em 14 de fevereiro de 842, entre LUIS, o germânico e CARLOS, o calvo, contra LOTÁRIO, os filhos mais novos do falecido LUIS, o piedoso, concluem aliança e a juram diante de seus exércitos:

> Pelo amor de Deus, e pelo povo cristão, e pela nossa salvação, a partir deste dia, na medida em que Deus me conceda saber e poder, eu socorrerei meu irmão CARLOS, com a minha ajuda, e assim como se deve, segundo o direito, socorrer seu irmão, desde que ele faça o mesmo por mim.[798]

Para que o juramento pudesse ser acompanhado pelos seus respectivos exércitos, como verdadeiras testemunhas da celebração desse 'tratado',

[798] Como reproduzem Françoise AUTRAND e Philippe CONTAMINE, *La diplomatie à la conquête de l'identité française* (Première partie – Naissance de la France: naissance de sa diplomatie – Le Moyen Âge, no volume de F. AUTRAND, L. BÉLY, P. CONTAMINE e T. LENTZ, **Histoire de la diplomatie française** I. Du Moyen Âge à l'Empire, présentation de Dominique de VILLEPIN, Paris: Perrin – tempus, ed. orig. 2005, reimpr. 2007, p. 44-69, cit. p. 44) e observam: "est, sans conteste, le premier document diplomatique de la langue française. "

entre as partes leste e oeste do Império carolíngio, LUIS o germânico, jurou em língua românica, e CARLOS o calvo, jurou em língua *tudesca* – estes, já então são reconhecidos como dialetos distintos, dos quais se desenvolvem, posteriormente, o atual francês e o alemão.

Ambos preparam assim o caminho para o **tratado de Verdun**, celebrado com o irmão mais velho de ambos, LOTÁRIO, no ano seguinte, em agosto de 843, entre os três descendentes de CARLOS MAGNO. Este documento chegou a ser chamado por Karl Ferdinand WERNER, a "base jurídica da independência do reino da França", face ao Império.[799]

Depois de três anos de duros combates, o **tratado de Verdun** regula a divisão do império carolíngio: na parte oeste, o reino de CARLOS, o calvo; a leste do Reno, o de LUIS, o germânico, e entre os dois, a parte central, do imperador LOTÁRIO I. Em 844, no Encontro de Yütz, celebra-se a "confraternidade" entre as "três partes" do Império.[800]

Alguns anos mais tarde, em 847, e em 851, serão feitos os encontros de Meersen, entre os três carolíngios. Em 854, CARLOS, o calvo e LOTÁRIO I se unem contra LUIS, o germânico.

Em 855, morre LOTÁRIO I em Prüm. Seus domínios são divididos entre os seus três filhos: LOTÁRIO II fica com a Lorena (*Lothringen*); CARLOS II fica com a Borgonha e a Provença; LUIS II, imperador, fica com a Itália. CARLOS, o menino, segundo filho de CARLOS, o calvo, será o rei da Aquitânia.

Em 869, morre LOTÁRIO II. E logo CARLOS, o calvo, faz-se coroar rei da Lorena (*Lothringen*), em Metz.

Em agosto de 870, pelo **tratado de Meersen** – castelo carolíngio situado próximo a Maastricht – consagra-se a divisão do reino de LOTÁRIO II (835-869), filho de LOTÁRIO I, entre seus tios LUÍS, o

799 Cfr. Karl Ferdinand WERNER, **Les origines – avant l'an 1000** (vol. I da **Histoire de France**, sous la direction de Jean FAVIER, Paris: Fayard, (c) 1984, impr. 2001); Jean FAVIER, **Le temps des principautés – de l'an 1000 à 1515** (vol. II da **Histoire de France**, sous la dir. de J. FAVIER, Paris: Fayard (c) 1984, impr. 2002); Jules MICHELET, **Le Moyen Age** (livres I a XVII de **L'Histoire de France**, chronologie établie par Alain FERRARI, Paris: Robert Laffont, (c) 1981, impr. 2008)

800 F. AUTRAND e P. CONTAMINE (op. cit., 2007, p. 45): "Les trois frères réconciliés – provisoirement – établirent, de plus, entre eux un accord de 'confraternité', posant ainsi une pierre d'attente de la construction européenne."

germânico, e CARLOS, o calvo. Como uma das etapas da divisão do império carolíngio.

Em 875, morre o imperador LUIS II. Nesse mesmo ano, CARLOS o calvo é coroado imperador pelo papa JOÃO VIII (872-882).

Em 876, morre LUIS o germânico. Seu reino é dividido entre os seus três filhos: CARLOMANO, CARLOS, o gordo, e LUIS, o jovem.

Em 877, a **Capitular de Quierzy** estabelece a hereditariedade das "honras", ou funções, o que anuncia os principados territoriais. Nesse mesmo ano, morre CARLOS, o calvo, e este é sucedido por seu filho, LUIS, o gago.

Em 879, morre LUIS, o gago. Seus dois filhos, LUIS III e CARLOMANO são coroados reis da *Francia* ocidental.

Em 881, CARLOS III, o gordo, rei da Germânia, é coroado imperador do Ocidente.

Depois de derrotar os Normandos no ano anterior, em 882 morre LUIS III. Em 884 morre CARLOMANO; e CARLOS, o simples (filho póstumo de LUIS, o gago) é afastado do poder. A **Capitular de Ver** é o último texto legislativo carolíngio.

Na Assembleia de Ponthion, em 885, o imperador CARLOS, o gordo, é proclamado rei da *Francia* ocidental. Este será deposto em 887, substituído por ARNULFO, rei da Germânia. Em 888, morre CARLOS, o gordo, e EUDES, marquês da Neustria, é eleito rei dos Francos e coroado em Compiègne.

Seguem-se décadas de invasões: normandos, escandinavos, húngaros, sarracenos. Grande reacomodação de forças e grupos étnicos em considerável extensão do território europeu.[801]

Na linha dos tratados de Verdun (843) e de Meersen (870), ulterior estágio de divisão e de esfacelamento do antigo império carolíngio, é assinalado pelo **tratado de Bonn** (921 d.C.): assim se assinala a divisão ultimada entre os dois núcleos do Ocidente, a França e a Alemanha, com os restos do império de Lotário – *Lothringen*, ou Lorena, a Borgonha e o

[801] Ver o conjunto da análise desenvolvida por Michel ROUCHE, **Les racines de l'Europe: les sociétés du haut moyen âge 568-888** (Paris: Fayard, 2003, cit. p. 138), para o período que se estende até a morte de CARLOS, o gordo, descreve a fase como "l'explosion de l'Empire carolingien en fragments féodaux est due au refus par ces aristocrates, devenus fonctionnaires, d'un pouvoir légitime."

norte da Itália, oscilando entre ambos.[802] Essas oscilações prosseguiriam durante séculos.

Com OTTO, o grande, recebe o espaço alemão a sua forma política, herdada do Império germânico, para o reino alemão. O reino da França se consolida, depois da morte do último carolíngio (em 987 d.C.), com a dinastia dos CAPETOS –[803] mesmo sem esquecer o poder das nobrezas regionais, em áreas como a Champagne, a Borgonha, a Aquitânia, a Bretanha, a Normandia, e Flandres.

Na altura do ano 962, depois de tempo de eclipse, ressurge o uso da dignidade imperial. LOTÁRIO IV (941-986) anexa a quase totalidade da futura Lorena (*Lothringen* ou *Lorraine*), unindo seus territórios da Frísia até o Jura, em detrimento de OTTO II (973-983), rei germânico e futuro imperador. O primeiro se lança sobre a capital imperial, Aachen (Aquisgrana), enquanto o outro faz incursão que quase o leva a tomar Paris.

A paz entre os dois soberanos veio a ser restabelecida em julho de 980, em Margaux-sur-Chiers, local próximo de Sedan. Nesse ato, dão-se as mãos, trocam beijo de paz, prometem-se assistência recíproca.

Afastada, condenada e rejeitada a *dissentio rei publicae*, foram restabelecidas a *amicitia* e a *concordia*. O resultado prático foi o remanejamento de territórios: a parte da atual Bélgica, que estava em discussão, foi cedida a OTTO II.[804]

Ao mesmo tempo em que ocorriam remanejamentos conceituais e territoriais, estes se faziam acompanhar por mutações linguísticas, que nos trazem do mundo antigo, para o contexto moderno.

Na Inglaterra, falava-se anglo-saxão e esta se torna língua de expressão literária entre os séculos VIII e IX, ao lado do latim.[805] Tal como deixou

[802] Wilhelm GREWE, **Epochen der Völkerrechtsgeschichte** (Baden-Baden: Nomos, 1984, primeira parte – *Ius gentium*: Grundzüge der mittelalterlichen Völkerrechtsordnung, p. 55-162, cit. p. 69-70).

[803] François MENANT, Hervé MARTIN, Bernard MERDRIGNAC, Monique CHAUVIN, **Les Capétiens** 987-1328 (Paris: Perrin-tempus, 1999, impr. 2008, esp. première partie – La France capétienne de 987 à 1108: les fondements, p. 1-195).

[804] O cronista do século X, RICHER DE REIMS é o autor de relato histórico que abrange o período de 882 a 995 d.C., marcando o final do período carolíngio. Ver RICHER DE REIMS, **Histoire de France** éd. et trad. R. LATOUCHE, Paris, 1937, t. II, p. 100-101); F. AUTRAND e P. CONTAMINE (op. cit., 2007, p. 75-76).

[805] John BLAIR, **The Anglo-Saxon Age** (Oxford: Univ. Press – a very short introduction, © 1984, new ed., 2000); John GILLINGHAM & Ralph A. GRIFFITHS, **Medieval Britain**

registro, em relação à primeira metade do século VIII, por exemplo, o venerável BEDA.[806]

No século X, com o velho EDUARDO e seu sucessor AETHELSTAM, já se encontrava a Inglaterra sob comando único. Depois da fundação do reino dinamarquês-norueguês-inglês por KNUT, ou CANUTO, o grande (1016-1042) forma-se o perfil político da Inglaterra, a partir da invasão normanda, comandada por GUILHERME, o conquistador, a partir da vitória deste, na batalha de Hastings, em 1066. Nas décadas seguintes ocorrem enormes transformações em toda a ordenação do reino.[807] Como já mostrava o livro geral de registro do reino, dito **Domesday Book**, de 1086.[808]

Na Irlanda manteve-se o uso da língua celta. O uso do termo 'celta' comporta enorme extensão temporal – do final da Antiguidade até o século XIX – e abrange seis distintas tradições e literaturas:[809] o maior volume foi conservado em irlandês e galês, com o gaélico da Escócia em terceiro lugar; mas sem esquecer a tradição própria da ilha de Man

(Oxford: Univ. Press – a very short introduction, © 1984, new ed., 2000); André MAUROIS, **História de Inglaterra** (do original **Histoire d'Angleterre**, © 1957, trad. Maria Henriques OSSVALD, Lisboa: Aster, 1976, em 3 vols.: I. Época antiga e medieval; II. Época moderna; III. Época contemporânea, esp. vol. I, livro I, p. 9-70); Simon SCHAMA, **A History of Britain**: at the edge of the world? – 3000 BC- AD 1603 (New York: Hyperion, 2000); E. L. WOODWARD, **Uma história da Inglaterra** (do original **A History of England** © 1962, trad. Álvaro CABRAL, Rio de Janeiro: Zahar, 1964, esp. II – Os anglo-saxões, p. 16-24, cit. p. 16): "O termo 'anglo-saxão' é tão bom como qualquer outro para denominar a principal composição tribal dos imigrantes."

806 Ver BEDE, **Historical works** – Ecclesiastical History of the English Nation Books I-III (with an English translation by J. E. KING, Cambridge, Ma./London: Harvard UP, LCL vol. 246, BEDE vol. I, © 1930, reprinted 2006); BEDE, **Historical works** – Ecclesiastical History of the English Nation Books IV-V – Lives of the Abbots – Letter to Egbert (with an English translation by J. E. KING, Cambridge, Ma./London: Harvard UP, LCL vol. 248, BEDE vol. II, 1st publ. 1930).

807 John GILLINGHAM e Ralph A. GRIFFITHS, **Medieval Britain** (© 1984, Oxford: Univ. Press, 2000); Paul ZUMTHOR, Guillaume le conquérant (Paris: Tallandier – histoire, 2003).

808 Ver Simon SCHAMA, **A History of Britain**: at the edge of the world? 3500 b.C.- 1603 A.D. (New York: Hyperion, 2000, esp. cap. 2 – *Conquest*, p. 66-113).

809 Ver a respeito Kenneth Hurlstone JACKSON (edited and translated by), **A Celtic Miscellany** (1st publ., 1951, London: Penguin, revised ed., 1971).

(o *manx*), bem como a tradição da Cornualha (o *cornish*) – língua que desapareceu no século XVIII – e, ainda, o bretão.[810]

Múltiplas divergências e complexas interações se põem há séculos entre britânicos e irlandeses, não deixando, até hoje, essa histórica rivalidade de lado. GERALDO DE GALES, em sua **História e topografia da Irlanda**, do início do século XIII,[811] mostra quanto foram marcantes a presença e ocupação norueguesa, ao menos até a chegada das forças inglesas à Irlanda.[812]

Na Dinamarca, Noruega e Suécia, na virada do século X ao XI, constroem-se reinos coesos.[813] Estes, na era moderna, consolidarão as suas

[810] K. H. JACKSON (op. cit., 1971, "preface', p. 13-21) observa: "Celtic literature began in early times, and continued in the Middle Ages, as the entertainment of an aristocratic social system, composed by a professional class of literary men who were supported by the aristocracy; that later, as the system broke down (in Ireland in the seventeenth, in Scotland in the eighteenth century, in Wales, with reservations, finally in the sixteenth) it was replaced by a more popular, often a semi-folk kind of composition; and that in recent times a modern literature, on a footing comparable to those of the other countries of Europe, has been in process of formation, with the writing of novels, plays and so on."

[811] O registro de GERALD OF WALES, em latim GIRALDUS CAMBRENSIS ou DE BARRI (ca. 1146-1223), na sua **The History and Topography of Ireland** (translated with an Introduction by John J. O'MEARA, 1st. publ., 1951, Londres: Penguin, 1982) pode ser fonte para o conhecimento da Irlanda, durante a Idade média, mas este, a serviço e com o fim de homenagear o rei inglês HENRIQUE II, se mostra engajado em difamar os irlandeses e demonstrar os títulos que poderiam fazer valer os ingleses, para exercer domínio sobre a Irlanda, Em 1183, GERALDO DE GALES teria feito a sua primeira visita à Irlanda, para a conquista da qual sua família desempenhou papel relevante. A serviço de HENRIQUE II, a partir de 1184, teria feito a segunda visita à Irlanda, em 1185. Teria feito uma terceira visita à Irlanda em 1199 e novamente, em 1204, quando teria permanecido por dois anos.

[812] GERALD OF WALES (op. cit., ed. 1982, part III, par. 92, p. 99-100): "Ireland can with some right be claimed by the kings of Britain, even tough the claim be from olden times." [...] "The kings of Britain have also a newly established double claim. On the one hand the spontaneous surrender and protestation of fealty of the Irish chiefs – for everyone is allowed to renounce his right; and on the other, the favor of the confirmation of the claim by the Pope."

[813] Cf. os já referidos Neil KENT, **A concise History of Sweden** (Cambridge: Univ. Press, 1st publ., 2008, reprinted, 2010, esp. cap. 2 – The formation and growth of the Swedish state, p. 16-48); Herman LINDQVIST, **A History of Sweden** – from Ice Age to our Age (orig. publ. 2002, transl. by Rod BRADBURY, Estocolmo: Norstedts Förlag, 2006, The Middle Ages, p. 51-90).

respectivas identidades 'nacionais', depois do fracasso das tentativas de união pessoal:

- a primeira delas se deu com a eleição de MAGNUS (1316-1374) para o trono da Suécia, logo depois de se ter tornado rei da Noruega, como herança do avô materno, HAKON Magnusson;
- e depois, com a assim chamada **União de Kalmar**, formada em 1397, com a mesma monarquia unificada sobre os três reinos, embora os respectivos sistemas jurídicos nacionais permanecessem separados.

Igualmente no século X, surge no leste, a Polônia independente, sob a condução de Boleslav CHROBRY.[814] Este tenta construir o primeiro esboço de um reino pan-eslavo.[815]

Na Rússia, por volta de 862, funda-se o reino dos Varagues, ou Veregues, e este progressivamente desloca seu centro, de Novgorod para Kiev. Em 988, com a conversão do grão-príncipe VLADIMIR, de Kiev, ao adotar o cristianismo ortodoxo, começa a se dar o distanciamento em relação ao catolicismo romano. Na Rússia, o estranhamento final entre os mundos católico e ortodoxo se dará durante o tempo da ocupação mongol, na primeira metade do século XIII.[816]

[814] Jerzy LUKOWSKI e Hubert ZAWADZKI, **Histoire de la Pologne** (do original **A concise History of Poland** © 2001, 2006, trad. Eric CHÉDAILLE, Paris: Perrin, 2010, esp. première partie, chap. 1 – La Pologne des PIAST, ?-1385, p. 33-68) assinalam que a designação da dinastia como a dos 'PIAST' somente se verifica "a partir do final do século XVII, por Silesianos amantes de antiguidades", e que documentos, da época destes dirigentes, simplesmente mencionavam *duces et principes Poloniae.*"

[815] W. GREWE (op. cit., 1984, p. 70): "Nur mit langen, durch innere Zerrüttungen bedingten Unterbrechungen haben sich die Polen als eigenständiger Faktor der mittelalterlichen Geschichte behaupten können."

[816] Remeto aos já mencionados: B. RYBAKOV, **Early centuries of Russian History** (translated from the Russian by John WEIR, Moscou: Progress Publishers, 1965); Nicholas V. RIASANOVSKY e Mark D. STEINBERG, **A History of Russia** (Oxford: Oxford Univ. Press, 7th. ed., 2005); Anatole LEROY-BEAULIEU (1842-1910), **L'empire des Tsars et les Russes** (ed. présentée par Marc RAEFF, Paris: Robert Laffont – Bouquins, 1990); Francis CONTE, **Les Slaves**: aux origines des civilisations d'Europe centrale et orientale – VIe – XIIIe siècles (orig. publ. 1986, Paris: Albin Michel, 1996); Henry BOGDAN, **Histoire des pays de l'Est** – des origines à nos jours (orig. publ. 1991, Paris: Perrin – tempus, ed. atualizada, 2008, esp. primeira parte, cap. IV – L'Europe de l'Est entre les Habsbourg, les Turcs et la Russie,

De modo semelhante, na Antiguidade, as invasões dos citas e dos sármatas iranianos, seguidas dos hunos, dos ávaros, dos búlgaros, que precederam os magiares, nessas ondas sucessivas, submergem a Europa central. Assimiladas por outros povos, essas tribos deixaram poucos traços.

O ducado, depois reino, da Boêmia, forma-se como estado. E mantém durante tempo considerável a condição de vassalo em relação aos reis alemães.[817] Os tchecos não são mencionados na *Ordinatio Imperii*, de 806, dentre as possessões carolíngias; mas aparecem na *Charta divisionis imperii*, de 817.

> A intrusão dos húngaros (magiares) nesse espaço teve consideráveis consequências para os eslavos ocidentais, definitivamente afastados da influência bizantina e separados dos eslavos meridionais. Além disso, os ancestrais dos eslovacos passaram a ficar sob o comando dos novos mestres do espaço danubiano, e viveram, doravante, separados dos eslavos da Morávia e da Boêmia, aos quais tinham sido brevemente reunidos no século IX, no quadro da Grande Morávia. Eles parecem ter sido lentamente empurrados para o norte, e seu território foi definitivamente administrado, durante nove séculos, pela coroa húngara.[818]

Na Hungria,[819] depois de cerca de quatro séculos de presença romana, na então província da Panônia, bem como durante cerca de um século

p. 99-119); Anthony-Emil N. TACHIAOS, **Cirillo e Metodio** – le radici cristiane della cultura slava (orig. publ. 2001, **Cyril and Methodius of Thessalonica** – the acculturation of the Slavs, ed. italiana a cura di Marcello GARZANITI, Milão: Jaca Book, 2005).

[817] Antoine MARÈS, **Histoire des Tchèques et des Slovaques** (orig. publ. 1995, Paris: Perrin-termpus, 2005, Introduction, p. 17-24 e Préhistoire d'un territoire, p. 25-36).

[818] Se "nada é simples, na Europa central, nem os fatos, nem as palavras – com mais razão ainda, quando é preciso prestar contas em outra língua" – como observa Antoine MARÈS, **Histoire des Tchèques et des Slovaques** (orig. publ. 1995, Paris: Perrin-termpus, 2005, Introduction, p. 17-24 e Préhistoire d'un territoire, p. 25-36), ainda menos para os tchecos e os eslovacos, no coração da Europa central, circundados por vizinhos, muitas vezes poderosos, sempre hostis, entre os alemães, os russos, e ainda, separando-os dos eslavos do sul, os húngaros, que dominaram os eslovacos durante séculos.

[819] Miklós MOLNAR, **Histoire de la Hongrie** (orig. publ. 1980, Paris: Perrin, 2010, chap. I – Des origines à 1301, p. 7-58); László KONTLER, **Uma história da Hungria** (orig. publ. **A History of Hungary**, 2009, trad. Leila V. B. GOUVÊA, São Paulo: Edusp, 2021, parte I – A

e meio na antiga Dácia – a futura Romênia – ambas tiveram grande importância estratégica:

> evidenciada pelo simples fato de que três ou quatro das 25 a trinta legiões do Império terem sido permanentemente guarnecidas na Panônia; somadas aos auxiliares recrutados entre os nativos, as forças militares romanas na província devem ter chegado pelo menos a quarenta mil homens. As novas províncias deviam constituir uma retaguarda para o *limes*, a densa rede de fortificações de diferentes tamanhos ao longo da fronteira do Império, como defesa e também suporte a partir do qual se comunicavam e se negociavam alianças com os povos do *Barbaricum*, que se estendiam ao longo dela: os germânicos quados e marcomanos e os iranianos sármatas.[820]

A partir da segunda metade do século IV, os limites (*limes*) do Império são atacados por diversos povos, dentre os quais os sármatas, os quados e os godos – estes últimos impõem aos romanos a derrota na batalha de Andrinopla, em 378 – e depois destes, os hunos, além de outros povos, como os ostrogodos, os gépidas e os lombardos, passam períodos mais ou menos longos na região.

> Mesmo depois que o poder romano foi varrido da região, as estradas e pontes de pedra, assim como outras construções permaneceram. A evidência sugere que elas até mesmo forneceram um 'embasamento passivo' à urbanização e à comunicação medievais da Hungria, e as principais edificações romanas continuaram em uso mais ou menos contínuo depois do século V, e ainda se mantinham de pé no final do século XVIII.[821]

terra, os povos, as migrações: Os celtas, p. 53-55; Os romanos, p. 55-58, A grande migração dos povos: hunos, gépidas, lombardos, avares e eslavos, p. 58-63).

[820] L. KONTLER, **Uma história da Hungria** (ed. 2021, p. 55-56): "Nas décadas que antecederam e sucederam as guerras de MARCO AURÉLIO contra uma poderosa aliança de povos germânicos, liderada pelos marcomanos (165-180 d.C.), as províncias do Danúbio desfrutaram de todos os benefícios da *Pax Romana*, e sob os governos de ADRIANO, ANTONINO PIO, no século II, e sob SEPTÍMIO SEVERO (um pró-cônsul da Panônia proclamado imperador pelas legiões panônicas) e seus sucessores, no início do século III, a influência civilizatória do governo romano também se tornou visível."

[821] L. KONTLER, **Uma história da Hungria** (ed. 2021, p. 56-57): "Elas se tornaram características duradouras da paisagem física do país, assim como a viticultura o foi para

Mas serão os ávaros que marcarão a presença histórica, a partir do século VI, até se fundirem com outros povos da região, sob os golpes dos exércitos de CARLOS MAGNO. Quando ESTEVÃO, o santo (997 até 1038), sconverte-se ao cristianismo romano, e recebe a coroa do papa, dá-se o alinhamento da Hungria com o Ocidente.

Os magiares, diversamente de outros povos, que passaram pela região, sedentarizam-se no território da atual Hungria. Depois de conflitos com os petchenegues, nas estepes ucranianas, uma federação de tribos húngaras atravessa, no ano 895, os desfiladeiros dos Cárpatos para se instalar inicialmente no vale do Tisza. A partir de lá, passaram aos poucos a controlar a planície do Danúbio médio.[822]

Na vizinha Romênia – a conquista romana da Dácia, província incorporada ao império por TRAJANO, em 102 d.C., primeiro transforma o rei dos dácios, DECEBALUS, em príncipe vassalo de Roma, com guarnições romanas estacionadas na região. A seguir, uma segunda guerra romano-dácia, em 105-106 d.C., leva à incorporação total da Dácia como província romana: "até então, a Dácia tinha se inclinado para o leste helênico; a partir de então, ela começa a se voltar para o oeste" – escrevia M. ELIADE: a população dácia se mescla com os colonizadores romanos, e o 'latim vulgar' se torna a língua universal dos habitantes.[823] O imperador

a agricultura e o cristianismo para a vida espiritual. Os colonizadores romanos plantaram as primeiras videiras próximo a Sopianae (hoje a região de Villány, famosa por seu vinho tinto produzido em solo vulcânico sob condições microclimáticas singulares) e nas colinas ao norte do lago Balaton. A preservação dos pomares e de algumas poucas espécies cultivadas pelos romanos na área da Hungria parece, também, constituir um persistente legado daqueles tempos. Já o cristianismo chegou relativamente tarde à Panônia: não se conheciam comunidades cristãs antes do governo do imperador GALEANO, em meados do século III, e o novo credo teve ainda de competir com cultos pagãos por um tempo considerável."

822 A ajuda, prestada pelos bávaros aos eslavos, não conseguiu refrear essa expansão: em julho de 907, o conde bávaro LUITPOLD foi esmagado perto de Bratislava e os magiares prosseguiram com suas expedições devastadoras durante várias décadas, somente freados por sua derrota em 933 diante do imperador HENRIQUE I e são definitivamente parados na Lech (Lechfeld) no ano 955, perto de Augsburgo. Como nota A. MARÈS, **Histoire des Tchèques et des Slovaques** (ed. 2005, cit. p. 47-48): "À partir de ce sanglant échec, les nomades se transformèrent en agriculteurs."

823 Mircea ELIADE, **The Romanians. A concise history** (translated by Rodica Mihaela SCAFES, Madri: Stylos, 1943, cit. p. 12-13); Robert D. KAPLAN, **In Europe's shadow** – Two

AURELIANO decide, em 271-272 A.D., fazer retirada estratégica da província para a margem sul do Danúbio, em Moesia, mais facilmente defensáveis.

O povo romeno é o produto de longo processo, que começa com a romanização dos dácios e termina com a romenização dos eslavos, e ocorre em área que se estende ao norte e ao sul do Danúbio. O mundo clássico subsiste, em meio às densas florestas, assediadas por sucessivas levas de invasores bárbaros, "auxiliado pela missão civilizadora dos exércitos romanos, durante cerca de dois séculos, e pelo sistema romano de estradas".[824]

No norte e no leste da Europa continental, predominavam povos de expressão germânica e, mais adiante, os eslavos –[825] o elo que unia os povos da região era a língua (*slowo*, a palavra), e os que se comunicavam entre si – de modo compreensível para os futuros 'poloneses', 'tchecos' ou 'russos' – eram os *Slowianie*, ou *Sclavini*, em oposição aos 'mudos' (*Niemcy*),[826] termo que, entre os eslavos, servia para designar os povos

Cold wars and a thirty-year journey through Romania and beyond (New York: Random House, 2016, chap. III – Latin Byzantium, p. 51-78, cit. p. 61-63): "Thus were the Romanians not to be part of the Germanic, Slavic and proto-Turk morass of savage peoples; instead they were destined to emerge as remnants of the Greater Mediterranean classical world of Romans and Greeks: closer in spirit and culture to Italy and Spain, say, than to neighboring Serbia and Bulgaria. / However, the story-line is not so simple, something I learned upon further research. To wit, as the late historian Vlad GEORGESCU summarizes". Cf.referido na nota seguinte.

[824] Robert D. KAPLAN, **In Europe's shadow** – Two Cold wars and a thirty-year journey through Romania and beyond (op. cit., 2016, p. 63-64): "Romania does, indeed, constitute a unique blend of a Latinate language and an Eastern orthodox church; the sound of Italy alongside the icons and frescoes of Greek Byzantium. One thinks of Ravenna – the Italian city glorified by its Byzantine art and heritage"; Vlad GEORGESCU, **The Romanians: a History** (translated by Alexandra BLEY-VROMAN, Columbus: Ohio State Univ. Press, 1991, p. 12-14).

[825] Francis CONTE, **Les Slaves**: aux origines des civilisations d'Europe centrale et orientale – VIe – XIIIe siècles (orig. publ. 1986, Paris: Albin Michel, 1996); Henry BOGDAN, **Histoire des pays de l'Est** – des origines à nos jours (publicado originalmente 1991, Paris: Perrin – tempus, ed. atualizada, 2008, esp. primeira parte, cap. IV – L'Europe de l'Est entre les Habsbourg, les Turcs et la Russie, p. 99-119).

[826] J. LUKOWSKI e H. ZAWADSKI (op. cit., 2001, ed. 2006, p. 35): "Ils ne se formalisaient guère de ces insultes linguistiques."

– que não falam (russo) – originários do mundo germânico, sobretudo os saxões, os francos, os bávaros e os da Lorena.[827]

Enquanto isso, no sul e no oeste, a partir do latim dito *vulgar*, ou popular, a língua falada pelo povo, no dia a dia, surgem e se desenvolvem as línguas ditas neolatinas, o catalão, o espanhol, o francês, o italiano, o português e, também, o romeno.[828]

A Europa ocidental inteira, com algumas variações, durante mais de mil e trezentos anos, depois do 'fim do Império romano', no século V, continua a utilizar o latim como língua culta. Esse padrão cultural se manteve muito além do exercício de qualquer dominação efetiva por Roma.

O modelo cultural e o parâmetro civilizacional se mantiveram muito além da existência política do Império. Em considerável medida se conserva o uso do latim como língua franca, de criação, de comunicação e de circulação do conhecimento, de modo generalizado, ao menos até o final do século XVII, e pontualmente, ainda na primeira metade do século XVIII. Inclusive na produção de obras de direito internacional.[829]

Sintomática, na emergência do direito internacional 'clássico' – que se aperfeiçoa institucionalmente, mas se estreita conceitualmente – a mudança de língua na qual este se redige e se exerce: o direito internacional 'clássico', nas línguas vernáculas, parece voltar-se para os interesses 'nacionais' e esquecer-se de sua matriz verdadeiramente internacional,

[827] J. LUKOWSKI e H. ZAWADSKI (op. cit., 2001, ed. 2006, loc. cit.): "Les Slaves païens vivant à l'est de l'Elbe ou au nord du Danube étaient la proie rêvée des esclavagistes. C'est à Venise, un des grands carrefours commerciaux du haut Moyen Âge, que le mot *sclavus* commença à signifier à la fois, *Slave* et *esclave*, tant étaient nombreux les Slaves méridionaux – des Balkans – revendus par les marchands vénitiens."

[828] Ver também vários dentre os livros de Henriette WALTER, **L'aventure des langues en Occident**: leur origine, leur histoire, leur géographie (préface d'André MARTINET, Paris: Robert Laffont, 1994), para exame de evolução do conjunto das línguas modernas na Europa, ou desta também o seu livro **Honni soit qui mal y pense**: "l'incroyable histoire d'amour entre le français et l'anglais"(Paris: Robert Laffont, 2001) sobre as relações e interações entre o francês e o inglês, ao longo dos séculos.

[829] Cf. se examina no **Tratado** (nos tomos 5 a 13 seguintes, esp. 5 – **Direito internacional no tempo de Francisco de Vitória** e 6 – **Direito internacional no tempo de Suárez, Gentili e Zouch**).

como o fora na era 'moderna'. Quem sabe volta a ter a sua vocação universal resgatada, em nosso contexto pós-moderno.[830]

Não é mero detalhe o fato de que exatamente a partir da fase em que as obras de direito internacional passam a se exprimir nas línguas vernáculas, a partir do século XVIII, perde-se a dimensão de 'universalidade' até então ao menos almejada, mesmo se nem sempre alcançada,[831] e passa-se a escrever a respeito de 'direito internacional europeu' ou mais adiante, 'direito internacional americano'. Assinala-se mudança de paradigma intelectual como de fase histórica na civilização ocidental, a partir da consolidação de estados nacionais e da fixação das soberanias territoriais.

Mais do que pretender considerar em detalhe e nos seus desdobramentos as mutações em curso nas diferentes sociedades medievais ocidentais, cabe situar o conjunto do fenômeno, como grande transformação do universalismo medieval aos particularismos das identidades nacionais da era moderna. E estes darão lugar, em alguns casos de particular exacerbamento, aos nacionalismos dos séculos XIX e XX, de desastrosas consequências para a humanidade.[832]

A partir desses desastres, em escala planetária, movimentos contraditórios se apresentam: de um lado, propugnam-se vínculos supranacionais, a partir da calamitosa experiência da Segunda guerra mundial, para contrabalançar os excessos dessas mesmas identidades 'nacionais' e

[830] Como examinado nos **Fundamentos do direito internacional pós-moderno** (op. cit., 2008). Observava Y. ONUMA, **A Transcivilizational Perspective on International Law** (RCADI, 2009, vol. 342; tb. publ. Haia: AIL-Pocket, 2010, cit.p. 178) enfatiza "The concepts or frameworks of international law that were predominant do not correspond to or represent realities of power constellation in the twenty-first century". Ver tb. ONUMA Yasuaki, **A normative approach to war** – peace, war and justice in Hugo Grotius (Oxford: Clarendon Press, 1993).

[831] Na segunda metade do século XVII, Samuel RACHEL (1628-1691) e Samuel PUFENDORF (1632-1694), bem como na primeira metade do século XVIII, Cornélio van BYNKERSHOEK (1673-1743), Christian WOLFF (1679-1754) e J. J. BURLAMAQUI (1694--1748), ainda em latim publicam muitas das suas obras. A mudança ocorre a partir de Emer de VATTEL (1714-1767), quando este publica em francês o seu livro, em 1758. Como se considera nos respectivos tomos e capítulos do **Tratado**.

[832] Como se examina no **Tratado** (tomo 13 – **Direito internacional no tempo do concerto europeu**, esp. os itens – Do universalismo da razão para os nacionalismos, bem como Literatura e nacionalismo)..

mesmo 'regionais'; de outro lado, assistimos a recorrências nacionalistas as mais desvairadas, e fantasiosas críticas a supostas formas de 'globalismo'.

Do universalismo medieval se passa ao fracionamento da era moderna. E esses estados 'nacionais' precisarão de toda rede de laços e alianças, que serão regidos pelo direito internacional, para sobreviverem nesse novo contexto.

Estas mesmas identidades que começam a se distinguir, no curso da Idade média, serão as bases sobre as quais se constroem os estados europeus da era moderna. O processo remonta a séculos, como se viram alguns rápidos elementos.

A listagem papal dos "reinos cristãos", feita em 1504, enumerava, depois do imperador (e do rei) romano-germânico, os reis da França, Espanha, Aragão, Portugal, Inglaterra, Sicília, Escócia, Hungria, Navarra, Chipre, Boêmia, Polônia e Dinamarca. Aí já estava consolidado, ao menos na Europa, o quadro da diversidade e da pluralidade de identidades políticas independentes.

Alguns ainda se voltam para experiências do passado, tanto mais idealizado quanto mais distante:

> A desmesurada avaliação dos 'poderes universais' (*universalen Gewalten*) da Idade média, no campo político, não somente do império, mas também do papado, ainda se faz sentir – sobretudo entre os alemães – e isso acarreta distorsões e torna necessários estudos que venham corrigir tais visões.[833]

A internacionalidade existiu e operou na Idade média, mas com as especificidades do tempo histórico e do contexto cultural específicos ao Ocidente. É, desse modo, dado básico para a compreensão do direito internacional medieval e moderno, situar o contexto da Idade média, no qual ocorrem elementos que se manifestarão em etapas subsequentes da evolução conceitual e institucional do sistema internacional.

[833] W. GREWE (op. cit., 1984, p. 71): "letzten Endes zurück auf eine ungenügend Kenntnis der kraftvollen Eigenstaatlichkeit und völlig selbeständigen Entwicklung zahlreicher Königreiche im ganzen Abendland."

A mutação que, a partir desse marco, esboça-se não corresponde somente à mudança da língua utilizada, ou à configuração de estados nacionais, territorialmente soberanos, mas refletirá igualmente mutações conceituais importantes, sobre o conjunto da organização de sistema internacional como um todo. Conjunto esse que, paradoxalmente, na medida em que se aperfeiçoa conceitual e institucionalmente, perde seu sentido de universalidade.[834]

O direito internacional clássico, de VATTEL em diante é mais precisamente ordenado[835] que o direito internacional de vocação naturalista, da era moderna, com os autores dos séculos XVI e XVII. Mas este último, embora conceitualmente incipiente, era mais 'universal', no sentido de mais abrangente da diversidade da condição humana.

O latim desempenhou elemento de coesão do conjunto da civilização ocidental. A este se opunham os outros grandes blocos, linguísticos e culturais da época. Cabe contrapor, de um lado, a língua de cultura, que era, quase universalmente, o latim; de outro, em sua diversidade, as diferentes falas de uso quotidiano (*les parlers d'usage quotidien*):[836]

> este é o singular dualismo, sob o signo do qual viveu praticamente toda a era feudal. Este era particular à civilização ocidental, propriamente dita, e contribuía para opô-la, vigorosamente, às suas vizinhas: os mundos celta e escandinavo, providos de ricas literaturas, poéticas e didáticas, nas línguas nacionais; o Oriente grego; o Islão, ao menos nas zonas realmente arabizadas.[837]

[834] Como referido, é o que se examina nos tomos seguintes do **Tratado** (5 a 13, e 20 – **Direito internacional, história e cultura**, cap. 1 – Direito internacional no tempo e seu papel na história).

[835] A respeito, ver **Tratado** (tomo 11 – **Direito internacional no tempo do Iluminismo**, item – do clássico ao direito internacional no tempo do Iluminismo e tomo 12 – **Direito internacional no tempo de Vattel e von Martens**, cap. 24 – Emer de VATTEL (1714-1767)).

[836] Marc BLOCH, **La société féodale** (© 1939, 1940, 1966, 1967, 1968 e 1989, Paris: Albin Michel, 1994).

[837] M. BLOCH (op. cit., 1939, ed. 1994, p. 119) prossegue, para acrescentar nuance relevante a esse quadro geral esboçado, no tocante ao uso do inglês antigo, ao lado do latim, como língua literária e jurídica, isso ao menos até a invasão normanda, em 1066: "Dans l'Occident même, à vrai dire, une société pendant longtemps fit exception: celle de la Grande Bretagne anglo-saxonne. Non qu'on n'y écrivît le latin et fort bien. Mais on n'écrivait pas que lui, à

A civilização ocidental tem a cultura e a línguas, grega e latina, como fundamentos da sua identidade. Não somente são estas a sua base, como dados-chave da sua identidade e da sua operação, em conjunto de instituições e de mecanismos, políticos e legais. Não se trata de mero detalhe decorativo ou complemento de erudição: o grego e o latim foram e são dados estruturantes da civilização e da identidade ocidentais. São dados necessários para a formação do Ocidente e para a construção da sua identidade e da sua civilização; como mostram os séculos de elaboração, do período medieval.[838] E, manifesta-se isso na contribuição de VITÓRIA para o direito internacional moderno.[839]

Esses fenômenos da criação e consolidação de identidades são perceptíveis também na contraposição com outras civilizações e grupos humanos: do Ocidente com o mundo bizantino; do Ocidente com o Islão; do Ocidente com os "impérios das estepes"; e mesmo na relação do Ocidente com o mundo eslavo.[840]

beaucoup près. Le vieil anglais s'était élevé de bonne heure à la dignité de langue littéraire et juridique."

[838] M. BLOCH (op. cit., 1939, ed. 1994, cit. p. 120-121): "Gardons-nous, d'ailleurs, d'imaginer ce latin de l'ère féodale sous les couleurs d'une langue morte, avec ce que l'épithète suggère à la fois de stéréotypé et d'uniforme. Malgré le goût de correction et de purisme réinstauré par la renaissance carolingienne, tout conspirait à imposer, dans des proportions très variables selon les milieux ou les individus, tantôt des mots, tantôt des tours nouveaux: la nécessité d'exprimer des réalités inconnues aux Anciens ou des pensées qui, dans l'ordre religieux notamment, leur avaient été étrangères; la contamination du mécanisme logique, très différent de celui de la traditionnelle grammaire auquel la pratique des langues populaires habituait les esprits; l'ignorance, enfin, ou la demi-science. [...] On ne se bornait pas à écrire le latin. On le chantait [...]. On le parlait aussi." Durante séculos se escreveu poesia em latim no Ocidente, como ilustram alguns dos autores reunidos na antologia de Giovanna GARDENAL (a cura di), **Poesia latina medievale** (trad. a cura di Ferruccio FÖLKEL e Giovanna GARDENAL, Milano: Arnoldo Mondadori, 1993); veja-se tb. Émile GEBHART, **Conteurs florentins du Moyen Âge** (Paris: Hachette, 2° ed., 1901).

[839] Cf. **Tratado** (tomo 5 – **Direito internacional no tempo de Francisco de Vitória**, esp. cap. 14).

[840] Francis CONTE, **Les Slaves**: aux origines des civilisations d'Europe centrale et orientale – VIe – XIIIe siècles (publ. originalmente em 1986, Paris: Albin Michel, 1996, esp. Livre E 'Les Slaves et l'Orient – mythes et réalités', com destaque para o cap. V, 'Les Slaves de l'Est entre l'Orient et l'Occident', p. 432-473, e o conjunto do Livre F, 'Les Slaves entre Byzance et Rome', p. 475-545).

Entre indivíduos, como entre povos, é preciso ter capacidade de dialogar com o outro. Especialmente em mundo no qual exponencialmente se acentua a interdependência. Ao mesmo tempo em que cada grupo tem e necessita das suas raízes e referências culturais ordenadoras.[841]

Por isso parece preocupante a perda – quase generalizada – de tais referências de base compartilhada,[842] entre diferentes civilizações. E as tentativas de precária substituição do mundo clássico greco-latino por outros dados, estes exógenos e exóticos, ademais de importância secundária e sujeitos a modismos e oscilações consideráveis, de geração em geração.

Em nosso mundo, que perdeu as referências da educação clássica, e se retorce nas angústias decorrentes da falta de parâmetros, pode ser útil e oportuno reler a contribuição de tantos expoentes do pensamento 'ocidental' em diversos ramos do conhecimento, que estavam insertos em continuidade histórica e civilizacional – do final do século V ao XVI. Autor como santo TOMÁS DE AQUINO, no diálogo que estabelece entre a sabedoria antiga, grega e romana, dos filósofos e do direito romano, procura os conciliar e aplicar às necessidades de seu tempo.[843] Exemplo seguido diretamente por Francisco de VITÓRIA, na primeira metade do século XVI.

Sintomaticamente grandes avanços na história da humanidade se deram – como na 'renascença' do século XII e no Renascimento – quando se dialoga com as fontes e se volta o olhar para o passado, e com isso se constroem, no presente, bases para a ação futura. Tão simples e tantas vezes fora retomada essa descoberta, ao longo da história da humanidade.[844]

841 Como se examina no **Tratado** (tomo 20 – **Direito internacional, história e cultura**), bem como nos **Fundamentos do direito internacional pós-moderno** (op. cit., 2008).

842 Henri-Irénée MARROU, **Histoire de l'éducation dans l'Antiquité** (originalmente publicado em 1948, Paris: Seuil, tome I: le monde grec, 2000; tome II: le monde romain, 2003). Análise situada de modo realista e inteligente na obra coletiva, coordenada por Jean-Marie PAILLER e Pascal PAYEN (éd.), **Que reste-t-il de l'éducation classique?** – Relire 'le MARROU', Histoire de l'éducation dans l'Antiquité (Toulouse: Presses Universitaires du Mirail, 2004).

843 Veja-se a respeito da contribuição de santo TOMÁS DE AQUINO, neste tomo, item 10.1, bem como no **Tratado** (tomo 5, seguinte).

844 Como se faz especificamente em enfoque pós-moderno, no diálogo com as fontes e na percepção do encadeamento e da continuidade históricas, no conjunto do **Tratado de direito internacional** e antes nos **Fundamentos do direito internacional pós-moderno** (op. cit., 2008).

A educação clássica é substrato básico para a formação intelectual da tradição ocidental. E suas raízes indo-europeias nos conectam, não somente entre as distintas tradições, nas quais se ramificou o Ocidente, mas, também, com a Índia e, a partir desta, desdobra-se para outro vasto e complexo quadrante de povos e de culturas correlacionadas com a matriz indiana, rumo à Ásia central, como ao Extremo Oriente, pelas fontes comuns, originais, a partir das quais foram construídas estas diferentes civilizações.[845]

As origens da ideia de nova era, na Europa, não são míticas, e não se perdem no tempo.[846] É possível assinalar ponto de partida histórico, mas este, apesar de histórico, passa por avatares diversificados ao longo dos séculos.

Teve tanto de realidade quanto de mito, a partir da figura de CARLOS MAGNO, coroado imperador pelo papa, na noite de Natal do ano 800, na cidade de Aachen. Em torno de CARLOS MAGNO, e a partir deste, nas gerações seguintes, coloca-se a retomada da ideia de Império, com todos os desdobramentos da concepção carolíngia de Império pan-europeu.[847]

A figura histórica de CARLOS MAGNO torna-se símbolo de nova era na história do 'Ocidente'. Como imortaliza, na literatura, texto fundador da literatura francesa, a **Canção de Roland**.[848]

845 Cf. se examina no **Tratado** (tomo 3 B – **Gregos, romanos, chineses, indianos**).

846 Cfr. P. B. CASELLA, sobre a **Comunidade europeia** (1994) e a **União europeia** (2002). Dos quais se retomam alguns dados na passagem seguinte. V. tb. MICHELET, **Le Moyen Age** (livres I a XVII de **L'Histoire de France**, chronologie établie par Alain FERRARI, Paris: Robert Laffont, © 1981, impr. 2008); Karl Ferdinand WERNER, **Les origines – avant l'an 1000** (vol. I da **Histoire de France**, direction de Jean FAVIER, Paris: Fayard, © 1984, impr. 2001); Jean FAVIER, **Le temps des principautés – de l'an 1000 à 1515** (vol. II da **Histoire de France**, dir. de J. FAVIER, Paris: Fayard, © 1984, impr. 2002).

847 Jean CHÉLINI, **Histoire religieuse de l'Occident médieval** (Paris: Hachette-Histoire, ed. 1991, impressão 2006, esp. ch ap. III – La restauration carolingienne, p. 123-212); Louis HALPHEN, **Charlemagne et l'empire carolingien** (Paris: Albin Michel, 1947); Richard William SOUTHERN, **L'église et la société dans l'Occident médieval** (do original **Western society and the church in the Middle Ages**, 1970, trad. de l'anglais par Jean-Pierre GROSSEIN, Paris: Flammarion, 1997); R. W. SOUTHERN, **The making of the Middle Ages** (New Haven: Yale Univ. Press, 1953).

848 ANÔNIMO, **Chanson de Roland** (ed. bilingue, texte présenté, trad. et commenté par Jean DUFOURNET, ed. de 1993, impr. 2004, Introduction, p. 9-49, cit. p. 9 e 11): "Avec **La chanson de Roland**, poème inaugural de la littérature française, nous avons d'emblée un

O imperador, com todo o seu poder,
Sete anos inteiros passou na Espanha;
Lá conquistou castelos e muitas cidades.[849]

As razões da intervenção de CARLOS MAGNO, além dos Pirineus, estariam dirigidas contra os chefes muçulmanos do norte da Espanha, que se opunham à autoridade de Córdoba, talvez favoráveis ao califa abássida. A intervenção espanhola teria surgido, de maneira acidental, como consequência de questões exteriores: CARLOS MAGNO teria a intenção de submeter algumas cidades da Espanha muçulmana, dentre as quais Saragoça, e livrar os cristãos dessa região do peso da opressão islâmica. É pouco provável que ele tivesse intenção de montar uma cruzada e reconquistar para o Cristo a Espanha muçulmana.

O sucesso alcançado em combates é apresentado como comprovação do favor divino: "Carlos está em seu direito contra os pagãos; Deus nos elegeu para o verdadeiro julgamento".[850] Na verdade, a intervenção na Espanha teria sido desastrosa.[851]

chef-d'oeuvre qui crée le genre épique, dans une sorte de désert poétique, à en juger du moins par ce qui nous reste des oeuvres de cette époque", e a respeito de Roland: "Au départ, le désastre pyrénéen de CHARLEMAGNE en 778 a dû provoquer une vive émotion, même si les chroniques officielles l'ont passé sous silence et si l'on ne peut retenir qu'une épitaphe très vague à EGGIHARD, l'une des victimes de l'embuscade à Roncevaux. Aussitôt, un certain nombre de faits nous surprennent: Roland, dont on peut penser qu'il a existé, mais qui n'est nommé que dans une version de la **Vie de Charles** (*Vita Karoli*) d'EGINHARD, est le seul parmi tous les combattants à être demeuré dans les mémoires."

849 ANÔNIMO, **Chanson de Roland** (ed. DUFOURNET, 2004, v. 2609-2611): "*Li emperere par sa grande poestet, /.VII. anz tuz plens ad en Espaigne estet; / Prend i chastels e alquantes citez.*"

850 ANÔNIMO, **Chanson de Roland** (ed. DUFOURNET, 2004, v. 3367-3368): "*Carles ad dreit vers la gent [pa]iesnie; Deus nus ad mis al plus verai juïse*"; em meio ao combate, também o inimigo parece se dar conta: O emir começa a pressentir, / Que ele está errado e Carlos Magno certo – "*Li amiralz alques s'en aperceit / Que il ad tort e Carlemagnes dreit.*"

851 ANÔNIMO, **Chanson de Roland** (ed. DUFOURNET, 2004, Dossier – Annexe nº 1 – L'expédition espagnole de Charlemagne en 778, p. 432-436, cit. p. 435): "Aucune annale franque ne dit, du vivant de CHARLEMAGNE, ce qui se passa alors. C'est seulement après sa mort que les **Annales royales jusqu'en 829** parlent du désastre, enregistré aussi par la **Vita Karoli** d'EGINHARD, la **Vita Hludovici Imperatoris** de l'Astronome limousin, les **Annales Anianenses** et le Poeta Saxo." – Na verdade, o exército de CARLOS MAGNO, rumando de volta para a França, é atacado, na passagem de montanha de Roncevaux, por gascões da montanha, talvez em conluio com gascões franceses, mas não por exércitos

Esta era 'carolíngia' – como passaria a ser chamada – marca o ponto de partida de

> europeísmo que não se exprime em termos históricos quantitativos, ou de duradouras realizações materiais, se considerar que o pouco manejável Império carolíngio somente poucos anos sobreviveu ao seu criador, e nunca chegou a atingir verdadeiramente a organização econômica e social de estado civil. Contudo, não obstante tudo isso, esse momento assinala a primeira emergência da cultura europeia do crepúsculo da existência pré-natal, à consciência da vida ativa.[852]

A concepção europeia surgida no período carolíngio será, de certo modo, o parâmetro e ideal inspirador de tentativas futuras de unificação, seja através do uso da força e do poderio militar, tal como ensaiadas por NAPOLEÃO ou HITLER. Ou, após multissecular experiência nos desastres da guerra, no âmbito de tentativas supra-nacionais como as anteriores Comunidades, e atualmente a União Europeia.

É possível assinalar a formação primeira de contexto político-cultural capaz de gerar movimentos intelectuais e correntes ideais de proporções europeias, bem como a história de direito que se possa denominar europeu,[853] a partir de de dado histórico preciso, de caráter simbólico e de múltiplas consequências: a coroação de CARLOS MAGNO, ocorrida no ano 800.

Embora seja este mero dado formal e convencional serve como muito mais do que simples ponto de partida, representando marco inicial de tradição jurídico-cultural, à partir do qual tem de ser traçada, em suas vivências históricas respectivas, o que se convencionou posteriormente denominar de '*espírito europeu*'. Sintomaticamente o próprio nome de

muçulmanos. Nesse ataque, foram mortos muitos soldados francos, dentre os quais o senescal EGGIHARD, o conde ANSELMO e ROLAND, duque de Bretanha – conforme registra EGINHARD, **Vita Karoli Magni Imperatoris** (escrita por volta de 826, trad. Louis HALPHEN, na ed. DUFOURNET, 2004, Annexe nº 4, p. 440-441): "Et ce revers ne put être vengé sur-le-champ, parce que les ennemis, le coup fait, se dispersèrent si bien que nul ne put savoir en quel coin du monde il eût fallu les chercher."

[852] J. P. DAWSON, **The Oracles of the Law** (Ann Arbor: Ann Arbor Univ. Press, 1968).

[853] Adriano CAVANNA, **Storia del diritto moderno in Europa**: le fonti e il pensiero giuridico (Milão: Giuffrè, 1982, esp. cap. I – L'idea di Europa: realtà e mito, p. 21-32).

Europa, desaparecido durante séculos, reaparece com certa frequência na era carolíngia: já na metade do século VIII uma crônica espanhola denomina *Europenses* os homens que venceram os exércitos árabes em Poitiers, no ano 732, ligando-se tal nome diretamente à pessoa de CARLOS MARTEL, e deste, algumas décadas mais tarde, passaria a ideia a CARLOS MAGNO.

O programa político ao qual concretamente aspirava CARLOS MAGNO era a fundação de potente império franco e cristão, em paralelo, ou quiçá em oposição a Bizâncio, mas desde o início a concepção desse império foi profundamente influenciada pela grandeza passada de Roma. Aí, inscreve-se a adição da ideia inspiradora, de que o Império carolíngio viesse dar ao Império Romano "sua forma definitiva".[854]

O novo Império almejava representar, como república cristã, a unidade civil e religiosa de todas as gentes ocidentais, irmanadas em fé que se tornara comum, após a conversão ao Cristianismo de quase todas as populações germânicas e outras tribos que haviam invadido o antigo Império romano do Ocidente, fracionando sua antiga unidade política.

A 'moderna' civilização europeia tem, assim, raízes de sua identidade nessa breve primavera que foi a era carolíngia. Tais raízes, mais do que geográficas, são culturais: "a Europa não é resultado da geografia, mas da história", sendo, por excelência, uma formação espiritual.[855] Representa a cristalização, dentre tantas alternativas possíveis, que congregou elementos do legado romano com as tradições dos povos germânicos, sob o signo do Cristianismo.

A combinação desses elementos foi complexa. Em alguns casos, levou séculos para ser completada.

[854] Henri PIRENNE, **Mahomet et Charlemagne**: Byzance, Islam et Occident dans le haut Moyen Age (incluí o volume, também, estes estudos aos quais se remete: Bruce LYON, *Le débat historique sur la fin du monde antique et le début du Moyen Age*, André GUILLOU, *Byzance et la genèse de l'Europe occidentale*, Francesco GABRIELI, *Effets et influences de l'Islam sur l'Europe occidentale* e Heiko STEUER, *De Théodoric le Grand à Charlemagne*, Milão: Jaca Book, trad. Hélène SEYRES, 1ª ed. francesa, 1987).

[855] Nota A. CAVANNA (op. cit., 1982, p. 22/23): "La nuova Europa, ora continentale, anziché mediterranea, pressoché completamente attorniata da forze potenti e ostili (Arabi, Slavi) che le si contrapponevano talora non solo con la minaccia delle armi, ma anche, come gli Arabi, con la pressione di una tradizione civile, religiosa e culturale svilupatissima, comminciava a trovare la propria identità."

Uma das facetas do aporte germânico na história do direito é a questão da 'responsabilidade' e a possibilidade da extensão desta ao grupo, além do indivíduo, autor do delito. Na perspectiva histórica do antigo direito germânico,[856] como em "muitos outros sistemas legais tribais", quando uma injustiça era cometida, "perturbava-se a paz entre o perpetrador individual e a vítima individual, mas também entre o clã do perpetrador e o clã da vítima".[857]

Foi somente no segundo milênio da era cristã que a Germânia começa a adotar o direito romano, segundo o qual o indivíduo é o quadro conceitual e estrutural para o julgamento (*the conceptual and structural framework for judgment*). Este é somente um dado, que pode ser tomado como exemplo da diversidade de origens e de modelos.[858]

Existe aí profunda transformação da concepção econômica e política da sociedade, de identidade, da noção e da extensão da responsabilidade do indivíduo. O conceito jurídico fundamental passa do clã, para o indivíduo.

Pode-se dizer que a Europa não seja o nome geográfico que individua o lado ocidental do continente asiático, estendendo-se dos Urais ao Atlântico, mas um produto da história. Esta é a mescla de elementos culturais gregos, romanos e germânicos, coligados pelo Cristianismo e por um milênio de Igreja centralizada e uniforme.[859]

[856] Bernhard SCHLINK, **Guilt about the Past** ("these lectures were presented in 2008 as part of the Lord Weidenfeld Lecture Series at St. Anne's College in Oxford", London: Beautiful Books, 2010).

[857] B. SCHLINK, **Guilt about the Past** (op. cit., 2010, "collective guilt?", pp. 5-22, cit. p. 5-6): "Thus, it was not just the perpetrator, but the perpetrator's whole clan that was exposed to the revenge or the penalty exacted by the victim and their entire clan. The victim's clan made the claim for atonement money, and the perpetrator's clan was accountable for paying it. This collective responsibility, liability and atonement operated through all levels of society and affected adults as well as children."

[858] B. SCHLINK (op. cit., 2010, p. 9): "The disappearance of tribal liability or liability based on clan affiliation coincided with the dissolution of the tribe and clan system, which together with the decline of rural populations due to feudalization allowed many to become as was said in colloquial German, 'too low for the feud and too poor for the penance'. The increase of territorial rule and the monopolization of the use of force by regional lords required that vengeful feuds had to be repressed."

[859] Paul VINOGRADOFF, **Roman Law in Mediaeval Europe** (London/New York: Harper & Brothers, 1909; reproduction Charleston, SC: Bibliolife, 2011); E. GENZMER, *Il diritto*

A partir da era carolíngia, grande parte da cultura ocidental fica conquistada pela ideia da grandeza da antiga 'capital do mundo', *Roma caput orbis*, eterna e insuperável, em continuação à qual se estendesse esse ideal de Império universal, romano e cristão.[860] A aspiração culta à realização de comunidade do gênero humano, sob a condução inspirada de *Roma magistra mundi* começa a delinear-se a partir do estabelecimento de paralelo político concreto entre Roma e o Império carolíngio.[861]

Roma torna-se, assim, potente símbolo da unidade ocidental. Contudo, tal símbolo não é automaticamente reciclável:

> Sem dúvida, hoje, não mais fundamos a ideia de Europa em uma fé religiosa ou na aspiração por ordenamento jus-político universal, mas é justamente a existência de constelação de nações independentes, cada uma das quais reivindica seu próprio e autônomo fundamento ético, que se põe como o irrefutável pressuposto de qualquer ideologia unitária. Nesse sentido, [...] o império carolíngio, mais que o 'prelúdio da Europa', foi 'um falso ponto de partida', um 'esforço notável, mas em última análise falhado'. Contudo, a vocação ao 'europeísmo', herança direta do século IX, não se dissolveu, justamente porque nesse século nasceu a comum tradição ocidental de cultura e de espiritualidade, um sentido de participação em patrimônio compartilhado de valores e a disposição de defender a intangibilidade deste.[862]

romano come fattore della civiltà europea (in **Conferenze romanistiche**, Milão: Università degli Studi di Trieste, 1960, p. 113-177); P. KOSCHAKER, **L'Europa e il diritto romano** (orig. publ. 1958, **Europa und das römischen Recht**, trad. italiana, con introd. di F. CALASSO, Milão, 1962).

860 Ferdinand GREGOROVIUS, **Geschichte der Stadt Rom im Mittelalter vom V. bis XV. Jahrhundert** (orig. publ. em 8 vols., 1859-1873), ed. italiana **Storia della città di Roma nel Medioevo** (intr. Waldemar KAMPF, trad. Andrea CASALEGNO, Torino: Einaudi, 1973, 3 vols., ristampa 2011, cit. vol. 1, p. 752-753) refere iniciativas tomadas pelo imperador OTTO III, no sentido da *Renovatio Imperii Romani* – a renovação do império romano.

861 Ver **Tratado** (tomo 3 A – **Direito internacional no tempo antigo**, item 3.2 – conceito jurídico de império I: da Antiguidade à Idade média, tomo 3 B – **Gregos, romanos, chineses, indianos**, cap. 6 – na formação e no desenvolvimento de Roma, e tomo 5 – **Direito internacional no tempo de Francisco de Vitória**, item 12.2 – conceito jurídico de império II: da Idade média à era moderna); tb. Stephan VEROSTA, **International Law in Europe and Western Asia between 100 and 650 A.D.** (RCADI 1964, t. 113, p. 485-620).

862 A. CAVANNA (op. cit., 1982, p. 30): "Indubbiamente, oggi, non fondiamo più l'idea di Europa su una fede religiosa o sulla aspirazione ad un ordenamento gius-político universale,

Pode-se, também, fazer recuar alguns séculos a ocorrência do 'fenômeno Europa', se analisado sob perspectiva diversa,[863] pois o conceito geográfico somente teria conquistado consistência histórico-espiritual própria quando os conceitos de *Sacrum Imperium* e, o outro, ainda mais amplo, de Cristianidade, tinha-se esvaziado de significado, após a ruptura da unidade religiosa subsequente à reforma.[864]

O conceito de Europa seria, assim, valor cultural derivado, mero resultado do vazio decorrente da derrocada da 'comunidade cristã', resultante das invasões germânicas, assim como do advento do Islamismo e sua fulminante expansão, à partir da segunda metade do século VII, ocupando grande parte da Espanha de 711 a 1270 e, até 1492, a região de Granada.[865]

quando anzi è proprio l'esistenza di una costellazione di nazioni indipendenti, tutte rivendicanti un proprio autonomo fondamento etico, ad essere l'irrefutabile presupposto di una qualsiasi ideologia unitaria. In questo senso si può consentire [...] che l'impero carolingio, più che un 'preludio d'Europa', fu 'una falsa partenza', uno 'sforzo notevole, ma in ultima analisi mancato'. Tuttavia la vocazione ad un europeismo, diretta eredità del IX secolo, non si è dissolta, proprio perché in quel secolo è nata una comune tradizione occidentale di cultura e di spiritualità, un senso di partecipazione ad un comune patrimonio di valori e la attitidine a difenderne l'intangibilità."

863 A. CAVANNA (op. cit., 1982, nota às páginas 30-31); v. tb. do historiador espanhol Alvaro D'ORS, *Ius Europaeum* (in **L'Europa e il diritto romano**: Studi in memoria di Paolo KOSCHAKER, Milão: Giuffrè, 1954, vol. 1), para mostrar que nem tudo são luzes no processo de unificação em torno da ideia europeia.

864 Ver **Tratado** (tomo 8 – **Direito internacional além do paradigma vestfaliano**); tb. Jean-Paul BARBIER-MUELLER, **La parole et les armes**: Chronique des guerres de religion en France 1562-1598 (Genebra: Musée international de la Réforme / Hazan, 2006).

865 Concisos e úteis, inclusive pela diversidade de enfoque, lembrem-se: Sophie BESSIS, **Histoire de la Tunisie** – de Carthage à nos jours (orig. publ. 2019, Paris: Tallandier-texto, éd. actualisée, 2022, esp. chap. III – De Rome aux arabes, p. 73-93); S. DENOIX et H. RENEL (dir. de), **Atlas des mondes musulmans médiévaux** (Paris: Éd. CNRS, 2022); G. MOKHTAR (coord.), **História geral da África** – vol. II: **A África antiga** (orig. publ. **Histoire générale de l'Afrique**, 1980, trad. C. H. DAVIDOFF et al., São Paulo: Ática / Paris: Unesco, 1983); Maurice LOMBARD, **L'Islam dans sa première grandeur** (VIIIª – XIª siècle) (Paris: Flammarion, (c) 1971; reimpr. 1987); John Bagot GLUBB, **A short History of the Arab Peoples** (Londres: Quartet Books, 1st publ., 1969; reprint 1980); S. MAHMASSANI, **The principles of international law in the light of Islamic doctrine** (RCADI, 1966, t. 117, p. 201-328). Ver tb. Jay A. LEVENSON (edited by), **Circa 1492** (Washington / New Haven: National Gallery of Art / Yale University Press, 1992).

Some-se a tais dados o progressivo afastamento, que culmina com a separação formal entre a igreja de Roma e a igreja ortodoxa, após o Cisma do Oriente, em 1054. Nesta altura, acaba-se de traçar a linha divisória entre cristãos, separando de modo até hoje marcante, católicos e ortodoxos.[866] Se esse conceito se tinha tornado inutilizável após a fratura religiosa do continente, constitui, sobretudo a partir do século XVI, o substitutivo ideológico do conceito de *Christianitas*.

O conceito visa desempenhar função unificante no lugar deste, enquanto denominação neutra, politicamente evocadora de valores culturais de civilização supra-estatal, cujo único significado positivo consistiria na capacidade de manter vivo e presente o antigo sentimento comunitário do universo cristão medieval. Esse sentimento se viu arriscado a enfraquecer-se e reduzir-se ao próprio nome, com a passagem dos séculos sucessivos ao século XVI.

A ideia de Europa, calando substancial falência política atrás de nome evocador da suposta missão civilizadora de bloco de nações,[867] somente pode ter futuro, em nossos dias, na medida em que se associe a valores ecumênicos – e, portanto, não político-geográficos – de solidariedade. Não é exatamente o que mais se tem visto, ultimamente.[868]

Cabe observar que "sendo as instituições humanas realidades de ordem psicológica, uma classe somente existe pela ideia que desta se faça".[869] Convém não esquecer que as instituições humanas são realidades de ordem psicológica.

[866] Excelente visão de conjunto é apresentada por Nicholas ZERNOV, **Il Cristianesimo Orientale** (do original **Eastern Christendom**, trad. italiana Orazio NICOTRA, Milão: Il Saggiatore, 1962).

[867] Comparem-se: A. PAGDEN, *Dispossessing the barbarian: the language of Spanish Thomism and the debate over the property rights of the American Indians* (in **The languages of political theory in early modern Europe** (Cambridge: Univ. Press, © 1987, edição de 1990, p. 78-98); Patricia SEED, **Ceremonies of possession in Europe's conquest of the new world 1492-1640** (New York / Cambridge: Cambridge Univ. Press, 1995).

[868] Cf. se considera em P. B. CASELLA, *Imperativo categórico da cooperação e as lições do BREXIT* (in **A evolução do direito no século XXI** – homenagem ao prof. A. WALD, coord. F. U. COELHO, G. TEPEDINO, S. F. LEMES, São Paulo: Ed. IASP, 2022, vol. 3, p. 963-1001), continuam a ocorrer disfuncionalidades, como ilustram a malfadada retirada do Reino Unido e as perniciosas manobras da Hungria e da Polônia na União Europeia.

[869] Mais uma vez, M. BLOCH, *Liberté et servitude personnelles au Moyen Age, particulièrement en France* – contribution à une étude des classes (orig. publ. 1933, in M. BLOCH, **Mélanges**

Uma dessas realidades de ordem psicológica, dentre as instituições humanas, é o 'estado'. Este é fenômeno historicamente condicionado,[870] cujo surgimento, relevante para a formação do direito internacional moderno, foi levado ao paroxismo no direito internacional clássico, mas tende à superação no contexto do direito internacional pós-moderno.[871] Embora ainda existam grandes receios e não menor indefinição de rumos em admitir sociedade internacional integrada por multiplicidade de atores e agentes não estatais.

A seguir, pode-se passar ao exame da construção do mundo intelectual medieval, no capítulo IX, com destaque para as contribuições de MARSÍLIO DE PÁDUA e de GUILHERME DE OCKHAM. O que se faz de modo esquemático, e tão somente como pano de fundo, voltado para os seus desdobramentos em relação ao direito internacional do tempo medieval.

historiques, Paris: Ed. CNRS, 2011, p. 286-355, cit. p. 355): "Les institutions humaines étant des réalités d'ordre psychologique, une classe n'existe jamais que par l'idée qu'on s'en fait."

[870] Ver **Tratado** (tomo 5 – **Direito internacional no tempo de Francisco de Vitória**, item 13.3 – estado soberano e direito internacional); b/c Jean PICQ, **Une histoire de l'état en Europe** – pouvoir, justice et droit du Moyen âge à nos jours (Paris: Presses de Sciences Po., 2009); Marc-Olivier PADIS (direction de), **Horizons de la souveraineté** (Paris: Esprit – Revue internationale, n. 281, jan. 2002, p. 82-185). Na perspectiva da história da França, todo o período de formação e consolidação da identidade nacional se faz antes do surgimento do fenômeno histórico do 'estado'. Cfr. Karl Ferdinand WERNER, **Les origines – avant l'an 1000** (vol. I da **Histoire de France**, dir. de Jean FAVIER, Paris: Fayard, (c) 1984, impr. 2001); Jean FAVIER, **Le temps des principautés – de l'an 1000 à 1515** (vol. II da **Histoire de France**, dir. de J. FAVIER, Paris: Fayard (c) 1984, impr. 2002).

[871] Como se considera no **Tratado** (tomo 20 – **Direito internacional, história e cultura**, cap. 4 – Papel da proteção internacional dos direitos fundamentais como fator de renovação e de transformação do direito internacional).

CAPÍTULO 9
MARSÍLIO DE PÁDUA E GUILHERME DE OCKHAM

A raça humana erra em se lamentar de sua natureza, sob pretexto de, por ser fraca e de curta duração, ser regida antes pelo acaso que pela virtude. Contrariamente a tal opinião, reflentindo bem, não se poderia encontrar nada maior, nem mais eminente e reconhecer-se-ia que falta à natureza humana antes a atividade que a força ou o tempo

CAIUS SALLUSTIUS CRISPUS (86-35 a.C.), **Guerra de Jugurtha**[872]

OCKHAM, como MARSÍLIO, equaciona poder temporal com a coercitividade da jurisdição, de tal modo argumentam para negar a pretensão papal e clerical de que as sentenças eclesiásticas, tais como a excomunhão, pudessem ter qualquer efeito jurídico sem a sanção das autoridades seculares.

A. BLACK (1992)[873]

[872] SALLUSTE, **Conjuration de Catilina. Guerre de Jugurtha. Histoires** (trad., intr. et notes par François RICHARD, © 1968, Paris: Flammarion, 1990, cit. p. 81).

[873] Antony BLACK, **Political Thought in Europe 1250-1450** (Cambrige: Univ. Press, 1st. publ., 1992, cit. p. 74): "OCKHAM, like MARSIGLIO, equated temporal with coercive jurisdiction, so that his argument here denied the papal and clerical claim that ecclesiastical sentences, such as excommunication, could have any legal force without the sanction of the secular authorities". Veja-se tb. Brian TIERNEY, **Origins of papal infallibility: a study**

No século XIV se tomou mais e mais consciência da contingência do mundo.

K. FLASCH (1992)[874]

Por volta de 1300, a tensão entre a igreja e a classe burguesa assumirá um significado ainda mais grave. O espírito burguês estará na origem do movimento que pretenderá emancipar a consciência humana da fé. As grandes universidades urbanas, reconstituindo o direito romano, fornecerão argumentos que irão contestar as teses pontifícias de soberania. É no seu seio que aparecerão os teóricos – e até os teólogos – que proclamarão a independência do temporal: MARSÍLIO DE PÁDUA, GUILHERME DE OCKHAM, PEDRO DE AILLY e esse John WICLIF, que cairá na heresia.

Daniel ROPS (1993)[875]

Para simplificar grosseiramente, poder-se-ia considerar que, na Idade média, em meio a outras, desenvolveram-se três grandes concepções diferentes do conhecimento. Estas terão relevância direta para nós.

A *primeira* concepção se constrói na alta Idade média, na esteira de AGOSTINHO,[876] e considerava o 'conhecimento' como iluminação divina que se manifesta na leitura e na meditação da Bíblia e das autoridades. PEDRO ABELARDO teve papel relevante em destruir essa concepção do saber.[877]

on the concepts of infallibility, sovereignty and tradition in the Middle Ages (Leiden: E. J. Brill, 1972).

[874] Kurt FLASCH, **Introduction à la philosophie médiévale** (trad. do alemão Janine de BOURGKNECHT, préf. de Ruedi IMBACH e François-Xavier PUTALLAZ, Fribourg, Suisse / Paris: Editions universitaires / Ed. du Cerf, 1922, chap. XI – Conciliation ou critique: les objections de LUTERELL contre GUILLAUME D'OCKHAM, p. 170-189, cit. 177).

[875] Daniel ROPS, **A igreja das catedrais e das cruzadas** (orig. publ. **L'église de la cathédrale et de la croisade**, 1993, trad. Emérico da GAMA, São Paulo: Quadrante, 1993, cit. p. 236-237).

[876] A respeito de AGOSTINHO DE HIPONA, veja-se o item 8.1.

[877] Veja-se o relato e as discussões a respeito da matéria, pelo próprio protagonista, em ABELARD et HÉLOÏSE, **Correspondance** ("Préface" de Étienne GILSON, © 1938; trad. d'Octave GRÉARD, présentée, revue et annotée par Edouard BOUYÉ, Paris: Gallimard--Folio classique, © 2000, impression 2006).

Ajudam a edificar uma *segunda* concepção do conhecimento Abu Ali al-Husain ibn Abdala IBN SINA, que o Ocidente conhece como AVICENA (980-1037),[878] e, depois dele, também AVERROIS (falecido em 1198), ambos partindo de ARISTÓTELES:[879] o conhecimento filosófico é cópia da ordem divina no mundo. Certamente, já se sabia então quanto o homem também contribui para tanto, com a sua atividade racional, como provam os debates em torno do 'intelecto agente'; mas a racionalidade do mundo se via assegurada, assim como o fato de que nossos conceitos têm uma relação intrínseca com o mundo: nossas definições são o sinal da organização das essências das coisas. Apoiando-se na validade

[878] AVICENA elaborou doutrina original e complexa da alma humana, que tem a sua expressão mais completa registrada no *Tratado da alma* do **Sifá**; sexto livro da Física da enciclopédia filosófica **Kitab al Sifá** – o livro da cura. Este tratado foi traduzido para o latim, em Toledo, entre 1152 e 1166. Inaugura reflexão sobre a liberdade do homem, cuja atividade é descrita como espontaneidade e criatividade. Por sua alma racional, o homem é substância espiritual e autônoma; por seu corpo, participa do curso do mundo. A ligação provisória que une a alma ao corpo explica que a psicologia esteja integrada na ciência física. O estudo da alma racional decorre de dupla consideração: o exame filosófico considera a alma, enquanto substância distinta, e se inscreve no quadro da metafísica; ou sobre a alma, enquanto princípio de animação do corpo, e pertence, como tal, à ciência física. Este enfoque, presente no *Tratado da alma* do **Sifá**, tem o mérito de abranger o conjunto das atividades do homem. Vejam-se os estudos de Ernst BLOCH, **Avicenne et la gauche aristotélicienne** (orig. publ. **Avicenna un die aristotelische Linke**, 1952, trad. Claude MAILLARD, Saint Maurice, França: Premières pierres, 2008); Gilbert SINOUÉ, **Avicenne** ou la route d'Ispahan (orig. publ. 1989, Paris: Denoel, 2006); Meryem SEBTI, **Avicenne: l'âme humaine** (Paris: PUF, 2000, Introduction, p. 5-7, cit. p. 5-6): "AVICENNE déploie une conception de l'homme qui rompt avec le pessimisme des doctrines dualistes. L'expérience n'est pas conçue comme un exil de l'âme loin de son origine, une privation de la plénitude d'être, puisque l'âme humaine n'est instaurée dans l'existence que lorsqu'un corps est disposé à la recevoir. Si l'homme est identifié à son âme, il ne réalise sa perfection essentielle qu'à l'aide du corps, ainsi réintégré dans la vérité de la nature humaine."

[879] ARISTOTLE, **Physics**: Books I-IV (original grego, with an English translation by P. H. WICKSTEED e F. M. CORNFORD, Cambridge, Ma. / London: Harvard UP, LCL vol. 228, ARISTOTLE vol. IV, © 1929, reprinted 2005); ARISTOTLE, **Physics**: Books V-VIII (original grego, with an English translation by P. H. WICKSTEED e F. M. CORNFORD, Cambridge, Ma. / London: Harvard UP, LCL vol. 255, ARISTOTLE vol. V, © 1934, reprinted 2006); ARISTOTE, **De la richesse, De la prière, De la noblesse, Du plaisir, De l'éducation** – Cinq oeuvres perdues (fragments et témoignages, édités, traduits et commentés sous la direction et avec une préface de Pierre-Maxime SCHUHL, Paris: P.U.F., 1968).

intemporal das nossas definições do homem e do mundo, AVERROIS e seus discípulos tinham concluído que sempre existiram homens e sempre existirão: se o mundo deveria ser eterno, é porque a concepção do saber o exigia.

A *terceira* concepção foi o resultado da crítica filosófica dos projetos metafísicos tradicionais, que se contentavam em abolir toda e qualquer contingência. Experiências reais vieram confirmar essa conscientização: grandes fomes, pela primeira vez desde o século XI, depressão econômica, a mortandade causada pela grande peste de 1348-1349, atinge população enfraquecida física, psíquica e economicamente.

Depois de 1300, os doutores franciscanos DUNS SCOT e Guilherme de OCKHAM basearam os seus ensinamentos na partilha inelutável que existe[880] entre: de um lado, o que pertence à fé e à devoção individual, o campo da piedade e dos impulsos do coração, e em certo sentido, também o do imaterial; de outro, aquilo que os sentidos percebem, o mundo em que vivemos, o criado, um espaço autônomo que, o homem tem dever de estudar a fim de melhor regê-lo. Este segundo campo é o da observação, da experiência sensorial e do raciocínio lógico. O homem é chamado a explorá-lo livremente, usando todas as faculdades intelectuais e sensíveis de que Deus o dotou. E mais ainda o príncipe, encarregado de manter na terra a ordem e a justiça. Pra bem governar, ele terá de referir-se aos ditos dos filósofos, à **Política**, de ARISTÓTELES, cujas adaptações eram compostas pelos sábios para lhes facilitar a tarefa.[881]

[880] Georges DUBY et al., **A Idade média** (2 vols., in **História artística da Europa** sob a coord. de G. DUBY e Michel LACLOTTE, © 1995, trad. Mário Dias CORREA, adaptação e notas Rosa F. de AGUIAR, São Paulo: Paz e Terra, 2002).

[881] G. DUBY et al. (op. cit., 1995, ed. bras. 2002, tomo I, p. 104-105): "As propostas dos teólogos limitavam-se a formular aquilo que todos, sem refletir, julgavam ser evidente. É claro que respondiam às expectativas de uma sociedade abalada pela expansão da economia de mercado, pela expansão dos limites do mundo, pela descoberta das singularidades da natureza, e em especial às expectativas daqueles que, ao descobrirem a precariedade da vida, se lançavam aos prazeres que o poder e a riqueza proporcionavam. A tendência ao realismo, que por todo o século se afirma na obra dos pintores e dos escultores, e o esforço para fornecer uma representação mais exata das coisas vistas não deixam de ter relação com essa vontade mais ou menos consciente de extrair do campo do sagrado um espaço de liberdade e delimitá-lo com muita clareza. Seja como for, o que DUNS ESCOTO e GUILHERME D'OCKHAM ensinavam relaciona-se muito intimamente com o fortalecimento

Diante do quadro de cidades divididas por lutas internas, e dos estados, que viriam a ser organizados de maneira moderna, começavam a ganhar importância, mas ainda eram incapazes de assegurar a ordem social, esses elementos que, somados, faziam reaparecer a clara percepção do impacto da contingência sobre o mundo. O que vinha reforçar a tendência medieval a remeter a decisão sobre as coisas deste mundo para a esfera transcendente.

A concepção de ciência em OCKHAM reflete a reação contra essa maneira de pensar. Esse conhecimento se sabia inacabado e condicionado por múltiplos fatores, mas não se submetia a tais limites, no espírito de uma passividade religiosa: tornava, ao contrário, mais estritas as normas do seu procedimento. Assim surge concepção da ciência que prepara a superação do quadro medieval. Por isso se diz ter OCKHAM contribuído não somente para a criação de direito moderno, mas também para inaugurar 'mentalidade' moderna.

Segundo OCKHAM, a ciência deve se preocupar com o seu ponto de partida e atentar para a apreensão direta das coisas particulares, que são as únicas que existem. Surge nova concepção de ciência, cujo método se mostraria de grande fecundidade. Entre a percepção e a afirmação do homem como admirável ou como digno de pena existe diferença marcante de padrão cultural e de visão do mundo. Ambas podem ocorrer em diferentes momentos da história.

Sintomática e expressivamente esta percepção oscila – na medida em que generalização de tal modo esquemática possa ter alguma utilidade – entre a afirmação ufanista, que predomina na Antiguidade, a afirmação pessimista, que pautaria boa parte da trajetória medieval, e novamente plena de entusiasmo, no contexto do Renascimento. Mesmo que toda generalização seja arriscada, e que algo dessa ordem seja ainda mais arriscado e possa acarretar injustiças pontuais, em relação a este ou aquele pensador, sempre existe utilidade em compreender uma grande linha de evolução, para, aí, situar o padrão cultural e o modelo conceitual subjacente ao modo de se ver a vida e o papel do homem no mundo.

Mesmo quem não esconde sua enorme resistência ao pensador aponta a importância da contribuição: "em GUILHERME DE OCKHAM, vemos

do estado, do qual dependia na época o mais vigoroso, o mais audacioso da criação artística."

o nominalismo engendrar o positivismo jurídico e a ideia de direito subjetivo. É bem com GUILHERME DE OCKHAM que se abrem as portas da filosofia moderna".[882]

Para a compreensão da evolução do direito internacional em séculos posteriores, em sentido semelhante, cabe enfatizar a relevância da contraposição entre 'tomismo' e 'nominalismo'. A oposição dogmática entre as duas correntes do pensamento jurídico medieval pode ser aqui mencionada na medida em que são relevantes para a compreensão da história intelectual dos 'clássicos' da história recente do direito internacional.[883]

> A oposição de teoria jurídica entre, de um lado, o nominalismo e, de outro, o tomismo, repousa, em última análise, na oposição dos conceitos de natureza e de Deus, em OCKHAM. Enquanto, para TOMÁS, coincidem, na ordem natural do ser, sua existência (*Dasein, existentia*) e sua essência (*Sosein, essentia*), com a vontade do criador (*Schöpferwillen, voluntas Dei*) e a razão divina (*göttlichen Vernunft, ratio divina*).[884]

Embora esta generalização seja simplista e até certo ponto arriscada – como, aliás, toda generalização – pode servir para apontar tendência geral e movimento amplo, cuja percepção é útil ao assinalar grandes mutações de uma para outra época. Existem transformações e rupturas, no conjunto da evolução medieval, contrariamente ao imobilismo que pode transparecer quando se contempla a escolástica,[885] fixada no século XIII, e que se mantém, entre dominicanos e franciscanos, até o

882 M. VILLEY (op. cit., 2003, 'conclusion sur la scolastique du Moyen Âge', p. 269-276, cit. p. 272).

883 Wilhelm GREWE, **Epochen der Völkerrechtsgeschichte** (Baden-Baden: Nomos, 1984, cit. p. 112-113).

884 W. GREWE (op. cit., 1984, primeira parte: *Ius gentium*: Grundzüge der mittelalterlichen Völkerrechtsordnung, p. 55-162, cit. p. 112, e a seguir, p. 113): "Die hier in ihrer gedanklichen Grundstruktur angelegte Antithese von naturrechtlicher und positivistischer Denkweise kehrt in den völkerrechtlichen Grundkonzeptionen der neuzeitlichen Klassiker immer wieder. Zeitweilig dominiert die Idee des Naturrechts, zeitweilig der Rechtspositivismus, oder aber es kommt zu einer Ausgleich in Gestalt einer '*synthetischen*' Denkrichtung."

885 Alfred VANDERPOL, **La doctrine scolastique du droit de guerre** (Paris: Pedone, 1919); A. VANDERPOL, **Le droit de guerre d'après les théologiens et les canonistes du Moyen Âge** (Paris/Bruxelles: Tralin, 1911).

século presente. Mas esta é somente uma das facetas da longa, diversificada e controvertida evolução da história das ideias no tempo medieval, ao longo de cerca de mil anos (dos séculos V ao XV, para ficar em mais uma generalização simplificadora).

Tais oscilações quanto à avaliação do papel do homem no mundo, ademais, não se põem como frutos do acaso. Justamente é relevante compreender que se esboça movimento de mudança quando as tendências de um tempo começam a se pôr de modo diverso. Assim, o contexto medieval passa a ter vozes críticas do tempo e do mundo então conhecidos e se colocam anseios em relação a novas aspirações.

A percepção da contingência humana, em si, assim como do conhecimento humano que pode ter parecido arriscada e perigosa para as concepções 'oficiais', no contexto eclesiástico do século XIV. Esta foi uma, dentre as críticas formuladas contra Guilherme de OCKHAM – que já fora, de certo modo intuída por SALÚSTIO, antes mesmo do início da era cristã.[886]

Este será dado relevante para o progresso futuro do conhecimento humano. Assim, existe toda uma complexa discussão sobre lógica e o que hoje chamaríamos 'teoria do conhecimento', sobretudo na primeira parte da vida e da obra de OCKHAM, úteis na história humana, na história da filosofia medieval e, de modo particularmente relevante, na evolução do pensamento ocidental, mas que refogem ao objeto do presente trabalho.

Interessa, aqui situar OCKHAM e MARSÍLIO DE PÁDUA como pensadores políticos. Pelos reflexos que as respectivas obras tiveram sobre a formação e os desenvolvimentos ulteriores de concepções 'modernas', a respeito do 'estado', da 'soberania' e das relações entre poder temporal e espiritual.[887]

Outro dado que os aproxima, apesar das diferenças entre ambos, foi o fato de que os dois, ameaçados de perseguição pela corte papal, somente conseguiram sobreviver e escrever porque obtiveram refúgio em Munique, junto ao imperador LUÍS da Baviera, e se engajaram, ao lado deste, na luta contra as pretensões hegemônicas do papado. A luta foi árdua.

[886] Na passagem de SALÚSTIO (86-35 a.C.), sobre a **guerra de JUGURTHA**, referida na epígrafe do capítulo.

[887] Ver tb. Léon DUGUIT, **Souveraineté et liberté** ("leçons faites à l'Université Columbia (New York) 1920-1921", Paris: La Mémoire du droit, 2002).

MARSÍLIO DE PÁDUA (1275-1342) e GUILHERME DE OCKHAM (ca. 1280- 1349) são aqui destacados, dentre as atuações que tiveram, em meio a numerosos outros pensadores medievais, justamente pela preocupação com a separação entre o poder civil e o poder religioso e pela explicação da origem do poder como elemento para a regulação da vida ordenada em sociedade. Esse dado da separação entre igreja e estado – que, ao menos na tradição ocidental, parece-nos evidente e necessário, levou séculos para ser conquistado.

Ambos pagaram caro pela independência de pensamento, foram perseguidos e, inclusive, excomungados por não se alinharem com as pretensões de exercício de poder temporal por parte do papado. Em nossos tempos, felizmente, somente de modo muito vago se pode avaliar o impacto que poderia ter esta arma de pressão e gesto político, ao contra alguém ser declarada, pela autoridade eclesiástica, a pena de *excomunhão*,[888] que implicava afastar não apenas do acesso ao sacramento da comunhão, na tradição católica, como, também, acarretava grave estigma social e profissional, que punha o destinatário na condição de pária e, mesmo a sua vida e a sua integridade física ficavam, assim, gravemente ameaçadas.[889]

[888] O **Código de direito canônico / Codex iuris canonici** promulgado por JOÃO PAULO II, papa, em 1983 (trad. CONFERENCIA NACIONAL DOS BISPOS DO BRASIL, notas, comentários e índice analítico Pe. Jesus HORTAL segunda edição revista e ampliada com a legislação complementar da CNBB, São Paulo: Loyola, 1987) ainda conserva tal prerrogativa, e consigna no **Canon 915**: "Ad sacram communionem ne admittantur excommunicati et interdicti post irrogationem vel declarationem poenae aliique in manifesto gravi peccato obstinate perseverantes", ou em vernáculo: "Não sejam admitidos à sagrada comunhão os excomungados e os interditados, depois da imposição ou da declaração da pena, e outros que obstinadamente persistem no pecado grave manifesto". Os **Cânones 1364** ss. especificam casos de incidência da pena de excomunhão *latae sententiae*: o apóstata da fé, o herege e o cismático, quem joga fora as 'espécies consagradas', as subtrai ou conserva para fim sacrílego, bem como, cf. **Cânon 1369** quem "em público espetáculo ou reunião, ou em escrito publicamente divulgado, ou usando por outro modo os meios de comunicação social, profere blasfêmias ou ofende gravemente os bons costumes, ou, contra a religião ou a Igreja, profere injúrias ou excita o ódio ou o desprezo, seja punido com justa pena."

[889] Algo assim como a condenação por *fatwa* muçulmana, ou seja, decreto de imã, por meio do qual alguém é declarado fora da fé e da lei, e como se abre temporada de caça ao indivíduo em questão. Exemplo marcante de nosso tempo, a *fatwa* prolatada contra o escritor Salman RUSHDIE, obrigou-o a passar a viver escondido, sob proteção de forças policiais inglesas, pois sua cabeça tinha sido colocada a prêmio, por ter supostamente criticado o Islão em

Na construção das premissas de ordenação de sistema internacional, as mutações ocorridas na Idade média foram e são relevantes para a ocorrência do sistema moderno, mas merecem também ser apontadas as características específicas do tempo em questão, sem as quais não teria emergido o modelo posterior.

Com relação à 'soberania' – apesar de o conceito ser, como tal, formulado apenas na segunda metade do século XVI por Jean BODIN – a Idade média a conheceu e praticou, mas esta não se punha como atributo único, exclusivamente centrado no 'estado' – porquanto este, tampouco como tal existia, e o termo precisaria esperar por MAQUIAVEL, para ser formulado na primeira metade do século XVI – mas, antes, experimentam-se e praticam-se várias formas de organização política.[890]

Característico do contexto medieval é a feudalidade, como manifestação do sistema denominado feudalismo, ou seja, a divisão da 'soberania', dentro do 'estado', em várias camadas, correspondentes aos graus sucessivos de aplicação e de ordenação. O que pode ser denominado 'suzerania'.

Explica-se o conteúdo, a partir do termo de referência do *bannum*:[891] "a senhoria constituía uma esfera global, a unidade de todas as formas de vida social que ocorressem no interior deste regime. Era uma unidade de produção e de consumo e – indissociavelmente – um grupo de soberania".[892]

Por sua vez, a 'suzerania' pode ser entendida como conjunto de terra de homens:

passagem de romance no qual descrevia como teria acontecido a interpolação de versos não canônicos – justamente estes apontados como 'satânicos' – na redação do **Corão**. Décadas depois de pronunciada essa *fatwa*, RUSHDIE sofreu atentado quando apresentaria palestra no estado de Nova York, em 2022.

890 Ver **Tratado** (tomo 5 – **Direito internacional no tempo de Francisco de Vitória**, cap. 13 – estado como sujeito de direito internacional – a contribuição de MAQUIAVEL e BODIN).

891 João BERNARDO, **Poder e dinheiro** – do poder pessoal ao estado impessoal no regime senhorial, séculos V-XV (Porto: Afrontamento/Biblioteca das Ciências do Homem: t. I: Sincronia. Estrutura econômica e social do século VI ao século IX, 1995; t. II: Diacronia. Conflitos sociais do século V ao século XIV, 1997; t. III: Sincronia. Família, dinheiro e estado do século XI ao século XIV, 2002).

892 João BERNARDO (op. cit., t. I., 1995, cap. 16 – Relações entre as classes sociais no regime senhorial, p. 207-236, cit. p. 230).

No fundamento do *bannum* está a capacidade de ordenar e proibir, de coagir, de julgar e punir, de conduzir a guerra – tendo em vista estabelecer e manter o quadro de cobrança das prestações, o seu agravamento, a crescente assimilação de camponeses independentes, em suma, a reprodução alargada da exploração. Era no âmbito de cada senhoria que assentava o *bannum*.[893]

A 'suzerania' era a expressão da construção de sistema político e institucional a partir das relações homem a homem. A construção dos vínculos podia compreender, inclusive, a formalidade de "adoção pelas armas":[894] mas esta não implicava subordinação do adotado pelo adotante, e era, muitas vezes, expressão antes de fraternidade, que de paternidade.[895]

Na sociedade feudal, a construção do eixo de poder tem múltiplos patamares de incidência; a soberania é, por assim dizer, fracionada em distintos planos de aplicação.[896] E, pode-se escolher, como mais adequado para o contexto, o termo 'suzerania', em lugar de 'soberania', que seria mais apropriado aplicar a partir do século XVI, quando ocorre a formulação do conceito em Jean BODIN e se instauram os estados soberanos.[897]

Esta expressão da 'soberania', em vários patamares de incidência, começa na relação entre os dois grandes poderes centrais do Ocidente medieval – o império e o papado. E, essa relação foi, por vezes, tensa e tempestuosa, inclusive com incursões militares e com penas de

[893] João BERNARDO (op. cit., t. I, 1995, loc. cit.): "Neste regime não existiu, durante o período agora analisado, nenhuma esfera própria à atividade do estado, senão a totalidade da classe senhorial, nas suas relações com a classe servil. Se se entender o estado como a instituição do poder da classe dominante, ele era o *bannum* e consistia, por conseguinte, na relação entre os senhores e os servos no âmbito de cada senhoria."

[894] Jules MICHELET, **Origines du droit français** – cherchées dans les symboles et formules du droit universel (originalmente publicado em Bruxelas: Meline, Cans et Compagnie, 1840, dois tomos, reedição facsimile, Paris: L'Harmattan, 2009, dois tomos).

[895] MICHELET (op. cit., 1840, ed. 2009, livre premier – La famille, chap. premier – L'enfant – exposition – adoption, p. 119-133, cit. p. 132-133).

[896] Conceito que se procurou situar no presente tomo, item 8.3 – caminhos da instauração medieval.

[897] Cfr. **Tratado** (tomo 5 – **Direito internacional no tempo de Francisco de Vitória**, cap. 13 – estado como sujeito de direito internacional – a contribuição de MAQUIAVEL e BODIN).

excomunhão, de um contra o outro, dos quais o incidente mais célebre foi a pública demonstração de contrição, por parte do imperador, aos pés do papa, em Canossa, no inverno de 1077. Este foi lance cinematográfico e de múltiplas repercussões.[898] Mas, atenhamo-nos ao que realmente interessa aqui.

Quem manda em quem e, em caso de conflito, a quem cabe a primazia? Nesta questão se engajaram longa e arduamente alguns dos melhores cérebros da Idade média. Ainda no século XIV, DANTE pagou com o exílio o seu engajamento em um dos lados da contenda – e o seu foi o lado que perdeu temporariamente a luta.[899]

A seguir, punha-se a relação entre um e outro destes dois poderes, o papa e o imperador, com os diferentes reis e poderes 'nacionais'. Como critérios ordenadores de estados, no plano internacional, 'nação' e 'nacionalidade' são outros termos cujo conteúdo, tal como hoje aplicado, remonta somente a MANCINI[900] no século XIX.[901]

Ambos termos, 'nação' e 'nacionalidade', podem, assim, ser usados com os reparos, ora formulados em relação ao tempo medieval. E, novamente, põe-se o equivalente questionamento com relação a primazia: a quem caberia a precedência, e, em caso de conflito, quem deveria prevalecer.

[898] O gesto de contrição de Canossa ocorre em 1077, quando o imperador HENRIQUE IV, depois de ter sido excomungado, e sofrendo revezes em meio a guerra civil na Alemanha, vai implorar o perdão do papa, como ferramenta para reverter o quadro de maré vazante de poder, em que se encontrava.

[899] Ver item específico sobre DANTE, neste volume: 10.2 – DANTE ALIGHIERI (1265-1321).

[900] Pasquale Stanislao MANCINI, **Direito internacional** (do original **Diritto internazionale. Prelezioni**, trad. Ciro MIORANZA, Ijuí, R.S.: Ed. Unijuí, 2003, esp. I – A nacionalidade como fundamento do direito das gentes – Preleção ao curso de direito internacional e marítimo, proferida na Real Universidade de Turim, em 22 de janeiro de 1851, p. 31-86).

[901] A respeito, Erik JAYME, **Pasquale Stanislao Mancini**: il diritto internazionale privato tra Risorgimento e attività forense (do original **Pasquale Stanislao Mancini**: Internationales Privatrecht zwischen Risorgimento und praktischer Jurisprudenz © 1980, Ebersbach: Verlag Rolf Gremer, trad. italiana Antonio RUINI, Padova: CEDAM, 1988). Como observa Pascal BRUCKNER, **Le vertige de Babel**: cosmopolitisme ou mondialisme (orig. publ. 1994, Paris: Arléa, 2000, p. 53): "Il est possible enfin que la nation soit une réalité périssable et que l'identité postnationale façonne le visage de l'humanité de demain."

Muitos reis se punham sob algo que poderia ser apontado como 'suzerania' do papa, ainda que fosse esta tão somente nominal. O termo pode ser aplicado no sentido que lhe atribui Marc BLOCH.[902]

O reconhecimento, ainda que tão somente nominal, de suzerania papal sobre os reis e os reinos ocorria, sobretudo, quando precisavam de apoio ou de legitimação política do papado. Aparece como elemento da primazia deste em relação ao conjunto dos poderes políticos do Ocidente medieval. Mas logo depois, esses mesmos reis tratavam de se situarem, como poderes incontrastados, em suas respectivas esferas de atuação, no que passa a ser progressivamente o âmbito geográfico de expressão e de funcionamento do poder 'nacional' do 'estado', como expressão de sua 'soberania' – utilizados, com os reparos já antes formulados, cada um destes termos.[903]

Essas oscilações ocorrem muitas vezes, em diferentes momentos, em distintos reinos da Europa, em relação à questão das investiduras, laicas ou canônicas, ou seja, quem nomeia – e, em última instância, em decorrência do fato de nomear, também controla – os bispos e as autoridades eclesiásticas, com os seus proventos e rendimentos, por vezes muito necessários, para o poder central se manter solvente e poder, inclusive financiar guerras, naquele 'país' – mais um termo útil, porém a ser usado com reserva, em relação ao tempo medieval. Essa se põe como a controvérsia das investiduras.

Durante o inteiro período dos imperadores saxões (919 até 1024) e mesmo além deste, as pretensões do papado estavam tão pouco seguras, dadas as agitações da aristocracia romana, que estas pretensões tiveram pouco impacto sobre a prática. Ao tempo da renovação otoniana do império, no ano 962, consolida-se, em dados concretos, a concepção de *Império romano-germânico*. O conteúdo deste:[904]

> Era, em termos de dominação política, nem o império mundial, nem o domínio de todo o Ocidente, ou mesmo sobre o '*Imperium*'. A ideia de

[902] Marc BLOCH, **La société féodale** (orig. publ. 1939, Paris: Albin Michel, 1994). V. tb. **Tratado** (tomo 5 – **Direito internacional no tempo de Francisco de Vitória**, cap. 13 – estado como sujeito de direito internacional – a contribuição de MAQUIAVEL e BODIN).

[903] Sobre a configuração espacial do poder e a 'territorialização' das suas manifestações, veja-se o **Tratado** (tomos 1 e 2 – **Direito internacional dos espaços**, segunda ed., 2022).

[904] Wilhelm GREWE, **Epochen der Völkerrechtsgeschichte** (Baden-Baden: Nomos, 1984).

dominação mundial (*Weltherrschaft*) já a tivera de abandonar CARLOS Magno, ao reconhecer o Império bizantino ao lado do seu.
Ao tempo dos imperadores saxões e sálicos não se poderia tampouco pretender manter a ideia de dominação sobre todo o Ocidente. Nunca tivera o Império a pretensão de exercer o poder sobre os reis franceses. Mesmo o poder sobre o *Imperium*, ou seja a tríade Alemanha, Itália e Borgonha não pode ser claramente identificado. O rei alemão reinava, mesmo sem ser imperador, sobre territórios reais na Itália e na Borgonha.[905]
O seu verdadeiro conteúdo era dever de proteção sobre a igreja e a cristandade, e assim, inseparavelmente ligado ao dever de conversão dos pagãos do leste; em outras palavras: o zelo com os fiéis, o zelo com a pureza da igreja, na cabeça e nos membros, o zelo com o estado do mundo, ordenado por Deus.[906]

O Império romano-germânico pode, assim, ser descrito como uma função eclesiástica de vocação mundial, o *Regnum ecclesie romane*, o poder temporal, praticamente autônomo, ao qual competia proteger a fé cristã contra os ataques dos pagãos e dos infiéis. E, o exercício de tais atribuições, inexoravelmente, exigia certo grau de influência sobre a ocupação da sede pontifícia.[907]

Como dado marcante das últimas décadas do século XI, é preciso contextualizar a controvérsia das investiduras. Esse longo conflito entre o imperador e o papa, que dividiu a Europa ocidental, não era simplesmente

[905] W. GREWE (op. cit., 1984, primeira parte – *Ius gentium*: Grundzüge der mittelalterlichen Völkerrechtsordnung, p. 55-162, cit. p. 62): "Das Kaisertum, das der deutsche König durch die Krönung erlangt, ist mithin nicht in erster Linie die Herrschaft über das gesamte Reichsgebiet. Das Kaisertum ist vielmehr ein geweihtes Herrscheramt besonderer Art."

[906] W. GREWE (op. cit., 1984, loc. cit., e a seguir, p. 63): "Romherrschaft und Ordnung und Befriedung Italiens blieben daher stets konstitutive Bestandteile des Kaisergedankens."

[907] Como observa William URBAN, em seu já referido estudo sobre **The Teutonic Knights** – a military history (London: Greenhill Books/Mechanicsburg, PA.: Stackpole Books, 2003, cit. p. 120), o conflito entre império e papado foi dado recorrente do sistema medieval: "The long history of the Holy Roman Empire is marked by recurring conflicts between emperor and pope. The particular quarrel of this era was different because neither party had sufficient real power to harm the other significantly; their feud was characterized by few actions stronger than harsh words and empty threats."

a luta entre duas pessoas, mas o choque de duas concepções divergentes do mundo, o encontro de grandes potências, com tradições e interesses muito distintos.[908]

> A dinastia otoniana tinha reunificado o poder e o ensino, o império e a igreja, na pessoa do príncipe reinante. Tudo isso desaba no século XI: o mundo estava por demais diversificado. A reforma monástica tinha preparado o terreno para uma nova concepção da igreja e do papado. A igreja 'sacramentalista' tinha triunfado, e com ela o centralismo e a imposição do celibato.
>
> A querela das investiduras, na verdade, a primeira grande disputa política na Europa, foi acompanhada por enxurrada de panfletos políticos e teológicos. Pela primeira vez, não se tratava mais de se impor politicamente somente pela força, mas também de ter razão no plano teórico, e isso face a um público europeu que se revelara.
>
> Os adeptos da concepção carolíngio-otoniana, ou seja, os imperiais, viram-se em posição mais difícil que os outros. Tinham, com certeza, textos bíblicos que lhes permitiam pretender que todo poder político vinha diretamente de Deus; podiam, também, invocar a tradição dos soberanos cristãos, que tinham vivido desde o final da Antiguidade; podiam recorrer ao costume, mas esse apelo soava vazio na época em que se redescobrira a dialética.
>
> Os melhores argumentos, em favor da concepção político-religiosa do império carolíngio-otoniano repousavam sobre os rituais da coroação. O império não tinha, assim, qualquer fundamento teórico próprio que fosse independente da teologia.
>
> Esse fundamento teórico somente será encontrado no século XII, emprestado do direito romano, que previa posição forte para o *imperator*, enquanto os servidores da religião ocupavam posição subordinada. No século XIII, graças à **Política** de ARISTÓTELES, poder-se-á provar que o homem é, por sua natureza, e acima de qualquer determinação teológica, um ser político.

[908] Kurt FLASCH, **Introduction à la philosophie médiévale** (trad. do alemão Janine de BOURGKNECHT, préf. de Ruedi IMBACH e François-Xavier PUTALLAZ, Fribourg, Suisse / Paris: Editions universitaires / Ed. du Cerf, 1922, chap. VI – Liberté ou servitude à l'égard de la politique et de la culture: MANEGOLD DE LAUTENBACH contre WOLFHELM DE COLOGNE, p. 71-89).

Do outro lado, os projetos de poder do papado contavam com o apoio teórico dos argumentos mais convincentes. Um partidário alemão do papado, MANEGOLD von Lautenbach (+1103), da Alta Alsácia, justificava que o papa pudesse depor o imperador, mediante argumento surpreendente: em última análise é do povo que o soberano tem o seu poder. Aquele, investido desse mandato, tem obrigações, em relação ao povo, e o rei que os negligencia pode, pelo povo, ser destituído. MANEGOLD compara o rei que faltou com seus deveres, ao guardador de porcos que não alimenta os seus animais e os deixa morrer de fome: pode ser mandado embora por 'justa causa', sem pagamento, coberto de vergonha.
Assim, MANEGOLD renova a teoria da soberania popular: a sacralização da realeza se apaga, diante da apreciação sóbria e funcional da política. Dessacralizando a soberania tradicional, fazia-se desta um simples instrumento, uma ferramenta, nas mãos do papa.[909]

A questão das investiduras é tema recorrente de conflito e de tensão entre o papado e o império e, a partir destes, mais e mais, em relação às nascentes jurisdições nacionais, em séculos da história medieval. Com relevância não somente como dado da história, mas também em perspectiva institucional, para a gênese e o desenvolvimento das bases de futuro sistema institucional e normativo internacional.

A questão será solucionada por meio da **Concordata de Worms**, realizada no ano de 1122, com aprovação do papa CALIXTO II (1199--1124) e do imperador HENRIQUE IV, a qual resolveu a controvérsia sobre as investiduras laicas,[910] que tinha durante muito tempo afetado a igreja:

Eu, bispo CALIXTUS, servo dos servos de Deus, concedo ao amado filho HENRIQUE – por graça de Deus, imperador dos romanos – que a eleição daqueles bispos e abades do reino alemão, que pertencem ao reino, realizem-se na sua presença, sem simonia e sem qualquer violência; e caso se produza alguma discórdia entre as partes, podereis – com o conselho

[909] K. FLASCH (op. cit., 1992, p. 82-83).
[910] Como se considerou no precedente cap. 8.

> e assessoramento do prelado metropolitano e dos provinciais – dar vosso assentimento e ajuda à parte que pareça mais justa.[911]

A **Concordata de Worms** permitiu "superar a controvérsia das investiduras (*Investiturstreit*) por meio de compromisso negociado".[912] Esta preservou as premissas da convivência entre imperador e papa, basilares na ordenação medieval, embora a relação entre os dois poderes centrais do sistema medieval tenha sido recorrentemente conflituosa.[913]

Vale, contudo, notar a curiosa premissa da identidade das 'partes contratantes', na Concordata de Worms:

> no contexto medieval, somente a igreja tinha essa capacidade transpessoal e institucional de celebrar tratados. Assim, consistiu a **Concordata de Worms** em promessas contratuais que HENRIQUE IV faz em relação a Deus, os apóstolos Pedro e Paulo e a igreja romana, enquanto as promessas papais somente valiam em relação a HENRIQUE IV e com a morte deste poderiam ser consideradas, por parte da igreja, como extintas.[914]

[911] James A. CORBETT, **História de los papas** (orig. publ. **The papacy. A brief History**, trad. Enrique GAINZA, Buenos Aires: Paidos, 1967, Documento n. 9 – El Concordato de Worms (1122), p. 174-176).

[912] W. GREWE (op. cit., 1984, primeira parte: *Ius gentium*: Grundzüge der mittelalterlichen Völkerrechtsordnung, p. 55-162, cit. p. 63-64): "Das Grundprinzip der mittelalterlichen Ordnung, das Nebeneinander von Imperium und Sacerdotium, blieb erhalten. Der Ausbau des Kirchenrechtes, gipfelnd im **Decretum Gratiani** (1150), hielt sich im Rahmen dieser Ordnung."

[913] Como observa o já referido William URBAN, **The Teutonic Knights** – a military history (London: Greenhill Books/Mechanicsburg, PA.: Stackpole Books, 2003, cit. p. 120): "The long history of the Holy Roman Empire is marked by recurring conflicts between emperor and pope. The particular quarrel of this era was different because neither party had sufficient real power to harm the other significantly; their feud was characterized by few actions stronger than harsh words and empty threats."

[914] W. GREWE (op. cit., 1984, p. 116): "Vertragliche Vereinbarungen konnten in Gesetzesform gekleidet sein (wie zum Beispeil das *Statutum in favorum principum* von 1231), sie konnten in getrennten und formal von einander unabhängigen Urkunden niedergelegt sein (wie das **Wormser Konkordat**). Als erster, in einem einheitlichen Dokument niedergelegter synnalagmatischer Vertrag gilt der Konstanzer Vertrag FRIEDRICH I. mit Papst EUGEN III. von 1153."

A partir do plano do interesse 'nacional' dos reis, e da relação destes com a igreja e o império, punha-se a relação entre o rei e os grandes senhores, o que se exprime no que seria 'âmbito interno' da ordenação política dos diferentes reinos.

Esse fenômeno contava, também, com desdobramentos externos, como solidariedade que se exprimiria em guerras, além das 'fronteiras' – outro termo a ser usado com cautela, e com aspas, quando se trata do contexto medieval. O termo, em si, é passível de ser transposto ao contexto medieval, desde que se tenha consciência de ser distinta a compreensão que então se fazia, em relação ao uso corrente do território e das fronteiras no contexto pós-moderno.[915]

Outro plano de manifestação de poder e de ordenação das relações sociais e econômicas se punha na relação destes 'grandes senhores', por sua vez, com a assim chamada 'pequena nobreza': ser "o homem de outro homem" era dado central do vocabulário feudal – "não havia aliança de palavras mais frequente do que esta, nem de sentido mais pleno".

JOHN OF SALISBURY, no seu tratado sobre o governo, **Policraticus** – *sive de nugis curialium et vestigiis philosophorum, libri octo* (1159), observava:[916] "certamente não há maior presente do que a devoção de um homem ao serviço de outro homem".[917]

Para a compreensão do direito internacional medieval, é preciso ter presente que o conceito de tratado, como se dá em direito internacional público atual, simplesmente não existia. Seria um erro – embora no

915 Ver a respeito **Tratado** (tomo 1 – **Direito internacional dos espaços**, esp. cap. 1 – evolução do conceito e do tratamento do território no direito internacional).

916 JOHN OF SALISBURY, **Policraticus**: Of the frivolities of Courtiers and the footprints of Philosophers (orig. 1159, edited and translated by Cary J. NEDERMAN, Cambridge: Univ. Press / Cambridge Texts in the History of Political Thought, first publ. 1990, seventh printing, 2007).

917 JOHN OF SALISBURY (op. cit., 1159, ed. 2007, Livro VII, cap. 17 – Of ambition, and that passion accompanies foolishness; and what is the origin of tyranny; and of the diverse paths of the ambitious, p. 162-167, cit. p. 165): "surely there is no greater present than the devotion of one man to the service of another man." A respeito de SALISBURY e do **Policraticus**, ver tb. **Tratado** (tomo 5 – **Direito internacional no tempo de Francisco de Vitória**, item 13.3 – estado soberano e direito internacional).

passado tenha frequentemente acontecido – ver, na soberania, o critério para a capacidade de celebrar tratados.[918] De qualquer modo,

> certo grau mínimo de capacidade de ação política (*politischer Handlungsfähigkeit*) pode ser dado como pressuposto, pois de outra maneira não haveria possibilidade de cumprir as obrigações estipuladas por meio de tratado. O vínculo de tratado se exprimia, no mais das vezes, como obrigação pessoal das partes contratantes (*persönliche Verpflichtung der Vertragsschliessenden*).[919] O direito canônico partia da concepção eclesiástica básica de que o descumprimento de promessa dada – como bilateralmente estipulada, por meio de tratado – era mentira (*Lüge, mendacium*) e portanto, um pecado, e que este deveria ser solucionado por meio da disciplina da igreja, como meio de obrigar cada um ao cumprimento de suas promessas. O descumprimento de promessa poderia acarretar a excomunhão – *Nisi pacta servet excommunicabitur*.[920]

A internacionalidade medieval se exprimia, antes, no plano de vinculação entre pessoas, como os príncipes, enquanto partes contratantes. Esta se exprimia como laço de homem a homem – e não como elo entre duas abstrações jurídicas, de nosso tempo, os 'estados', e os colegiados de estados, ordenados por meio de tratado ou 'organizações internacionais'.

Mas, não se pode deixar de reconhecer que a internacionalidade medieval, ainda que configurada – como "de homem a homem" – e, consequentemente, de modo diverso da moderna, clássica e pós-moderna, contudo, existia e operava como tal. E, era dado necessário para a regência ordenada da vida em sociedade.[921]

[918] Wilhelm GREWE, **Epochen der Völkerrechtsgeschichte** (Baden-Baden: Nomos, 1984).

[919] W. GREWE (op. cit., 1984, primeira parte: *Ius gentium*: Grundzüge der mittelalterlichen Völkerrechtsordnung, p. 55-162, cit. p. 116).

[920] W. GREWE (op. cit., 1984, p. 117): "Da die kirchliche Lehre im Unterschied zur Tradition des römischen Rechts von der Verbindlichkeit jedes formlosen Versprechens ausging, befestigte sie zugleich das Prinzip der Formfreiheit völkerrechtliche Verträge, das durch die Praxis der formellen Beurkundung nicht berührt wurde."

[921] Paul VINOGRADOFF, **Roman Law in Mediaeval Europe** (London & New York: Harper & Brothers, 1909, reprint, 2011, lecture V – Roman Law in Germany, p. 106-131, cit.

A celebração de tratados se revestia da forma mais solene e mais formal possível. E também havia a frequente utilização da redação por meio de notários pontifícios – *apostolica auctoritate notarii* – como funcionários a serviço do papa, na atuação de mais alto notário, para fins de direito internacional.

A pedido das partes, poderia o texto do tratado ser – *ad maiorem firmitatem* – extraído dos registros sob a forma de cartas apostólicas, e selado com o emblema papal das duas chaves cruzadas. Também havia, na Cúria, um serviço de registro de tratados.[922] Aproximativamente, poder-se-ia dizer que a chancelaria apostólica desempenhava, no contexto medieval, função de registro e publicidade de tratados e instrumentos internacionais. De certo modo, comparável ao que faz, em nossos tempos, a Secretaria-geral da Organização das Nações Unidas.

Tratados, na Idade média, como em nossos dias, não consistiam somente em relação subjetiva, mas criavam também direito objetivo. Seu conteúdo poderia abranger os mais variados objetos e campos: existiam tratados de paz e de neutralidade, alianças e pactos de não celebração de acordo de paz em separado, acordos de comércio e de agência e representação, como também acordos monetários, por meio dos quais se estabeleceu sistema monetário comum, bem como para o reconhecimento recíproco de meios legais de pagamento.

Os vínculos legais se exprimiam como vínculos interpessoais. Como se pode depreender do uso de expressão comum aos idiomas românicos e germânicos da Europa medieval, onde ser "o homem de outro homem" servia para exprimir a dependência pessoal, em si: "isso se aplicava, fosse qual fosse, ademais, a natureza jurídica precisa do vínculo (*lien*) e sem se embaraçar em relação a qualquer distinção de classe. O conde era o 'homem' do rei, como o servo era o de seu senhor na vila".[923]

p. 115): "We find the *Mirror of Actions* (**Klagspiegel**) trying to fit German class distinctions into the social classification of Rome [...]. It translates fluently the latin *servus* by *Eigen Mann*, that is, by *serf*. The equivalent in modern German would be *Leibeigen*, a man whose body is owned by another."

[922] W. GREWE (op. cit., 1984, p. 117): "Man wird diese notarielle Funktion der Kurie auf dem Hintergrund der Auffassung zu verstehen haben, die in der Kirche und insbesondere im Papste den obersten Hüter aller Verträge sah."

[923] Marc BLOCH (op. cit., 1939, ed. 1994, p. 209): "Cela, quelle que fût, par ailleurs, la nature juridique précise du lien et sans que l'on s'embarrassât d'aucune distinction de classe.

O foco dizia respeito ao elemento fundamental comum: a subordinação de homem a homem. O vínculo de homem a homem, em contexto no qual inocorriam estruturas 'institucionais' propriamente configuradas, muitas vezes ainda sequer concebidas.

A relação de homem a homem poderia se dar entre senhores, assim como entre senhor e 'servo'. Os servos, que em toda parte pareciam dever seguir a mão do mestre, viam-se, contudo, submetidos a muitas variações de tratamento e de regime legal aplicável.

Na ausência de textos precisos, os vínculos eram regidos por costumes:[924] onde "a impressão que fica dos documentos da era carolíngia é a de dissonância, eterna sem dúvida, por sua natureza, mas raramente vista de modo tão sensível: de um lado, o direito tradicional, ainda tido como eminentemente respeitável e vinculante; de outro lado, o direito que se fazia".[925]

A partir do século XII, sob a dupla influência do renascimento do direito erudito (*droit savant*) e do renascimento intelectual generalizado, assiste-se à expansão de nova necessidade de rigor nas categorias jurídicas: "as noções de liberdade e servidão se cristalizam; muitas flutuações de detalhe foram eliminadas".[926]

Le comte était l'homme du roi, comme le serf celui de son seigneur villageois." O foco dizia respeito ao elemento fundamental comum: a subordinação de homem a homem: "des plus élevés aux plus humbles, des transitions parfois quasi insensibles. Ajoutez, de pays à pays, bien de divergences."

[924] M. BLOCH, *Liberté et servitude personnelles au Moyen Age, particulièrement en France* – contribution à une étude des classes (originalmente publicado em 1933, in M. BLOCH, **Mélanges historiques**, Paris: Ed. CNRS, 2011, p. 286-355).

[925] M. BLOCH (op. cit., 1933, ed. 2011, p. 335 e 337): "L'impression qui se dégage des documents d'âge carolingien est celle d'une dissonance, éternelle sans doute en sa nature, mais que rarement on vit aussi sensible: d'une part le droit traditionnel, tenu encore pour éminemment respectable et contraignant; de l'autre, le droit qui se fait." Insistia M. BLOCH no caráter aleatório e nas flutuações que poderia sofrer esse direito: "le droit des collectivités laïques, pendant ces siècles de trouble et d'ignorance, laissait une place considérable à l'arbitraire, aux incertitudes de la jurisprudence, à l'infinie divergence des usages locaux; il témoignait, en revanche, d'une souplesse qui est souvent refusée à des droits plus savants et par là même beaucoup plus étroitement prisonniers des formules du passé."

[926] M. BLOCH (op. cit., 1933, ed. 2011, p. 345 e 346): "Autant que les survivances du passé, les premiers tâtonnements de l'avenir empêchent que, réalité humaine et, par suite

A situação peculiar na qual se encontrava o servo, em relação à administração da justiça atesta a estreita dependência deste: "vínculos de ordem pessoal e de ordem real se sobrepunham e muitas vezes surgia a dúvida para se poder decidir qual dos dois deveria prevalecer, o que engendrava perpétuos conflitos de direitos".[927]

A mutação de estruturas institucionais também é tópico de extensas e marcantes transformações, ocorridas na passagem do tempo medieval para o moderno.[928] Aí se inscreve o fenômeno de racionalização, ou mais precisamente de "despersonalização" do poder,[929] já na Idade média:

> Foi o dinheiro a permitir que as contradições funcionassem como um sistema. [...] O desenvolvimento da senhoria impessoal converteu o dinheiro num instrumento do poder, e para isso remodelou a totalidade das formas pecuniárias, submetendo-as à única que existia que decorria exclusivamente do *bannum*,[930] a moeda.

éternellement mouvante, un état de droit puisse jamais être décrit, sans trahison, comme un système d'une parfaite rigueur logique."

927 M. BLOCH (op. cit., 1933, ed. 2011, p. 319): "lien personnel et lien réel allaient s'enchevêtrant et l'embarras où l'on était trop souvent, de décider lequel des deux devait l'emporter engendraient des perpétuels conflits de droits."

928 M. BLOCH (op. cit., 1933, ed. 2011, p. 346-347) com base em decreto (*mandement*) de FELIPE VI aos funcionários da região da Champanha, de 5 de setembro de 1338, "mostra a administração real às voltas com o caos", BLOCH analisava: "la nécessité de résoudre un de ces graves problèmes de bornage que posait constamment la coexistence de pouvoirs seigneuriaux encore très forts et d'une autorité monarchique de plus en plus désireuse de s'affirmer."

929 João BERNARDO, em seu monumental estudo sobre **Poder e dinheiro** – do poder pessoal ao estado impessoal no regime senhorial, séculos V-XV (Porto: Afrontamento/Biblioteca das Ciências do Homem: t. I: Sincronia. Estrutura econômica e social do século VI ao século IX, 1995; t. II: Diacronia. Conflitos sociais do século V ao século XIV, 1997; t. III: Sincronia. Família, dinheiro e estado do século XI ao século XIV, 2002).

930 Adverte João BERNARDO, **Poder e dinheiro** (op. cit., t. I, 1995, '*nomenclatura*', p. 11-18, e parte I, cap. 16, '*Relações entre as classes sociais no regime senhorial*', p. 207-236, item c – *Relações de oposição: o sistema de poder*, cit. p. 225-226): "o conceito de *bannum* tem hoje de ser traduzido por uma constelação de acepções. O *bannum* era o poder de ordenar na paz e na guerra, sinônimo de ordem. Ordenar implica o recíproco, proibir. E supõe a faculdade de coagir para fazer respeitar a imposição ou o veto. Supõe ainda o poder de julgar os infractores e puni-los. E a capacidade de ordenar implica a autoridade na guerra, mediante a convocação

> Progressivamente, a partir do século XI e durante muito tempo ainda, o dinheiro-moeda e as outras formas que a ele se referiam, foram-se tornando o veículo de um poder que cada vez mais se assumia como riqueza. Até que o capitalismo reorganizasse todos estes elementos numa estrutura completamente nova e fizesse do dinheiro a realidade única tanto do poder como da riqueza.[931]

Essa 'racionalização' e 'despersonalização' acarretam, diria HABERMAS, "mudança estrutural da esfera pública" (*Strukturwandel der Öffentlichkeit*).[932] Fenômeno temporal e contextualmente situado como característico do advento da era moderna.

No contexto medieval, se o princípio desse vínculo humano impregnava todo conjunto da vida social, as formas que esta revestia não deixavam de ser singularmente diversas. Ou seja, ocorriam graus adicionais de ordenação do poder, onde os vassalos dos grandes senhores tinham a seu cargo extensões menores de terra e de poder, sob as suas respectivas 'jurisdições', ou competências de administração territorial.

E estes 'pequenos senhores', por sua vez, podiam ter, ainda, outros graus de dependência e de relação com rendeiros e concessionários de terras para exploração e prestação de serviços. Esses múltiplos vínculos, legais e humanos, são dados cruciais para a compreensão da sociedade e da economia medievais, porquanto esta se estruturava muito mais como conjunto de relações de prestação de vassalagem. Esta poderia se revestir de múltiplas formas simbólicas – tais como uma luva, um chapéu, ou sapatos, lembrava MICHELET, sobre as origens do direito francês –[933] mais

e o comando da hoste. Todas essas acepções se dispõem em torno de um núcleo central, contido no conceito de ordenar, que especificam e do qual, ao mesmo tempo, definem a amplitude. O *bannum* era, em suma, o poder do sim e do não, efectivo numa dada área. Esta capacidade de poder não se distinguia, no *bannum*, do território onde se exercia, nem da sanção que implicava."

931 João BERNARDO (op. cit., t. III, 2002, p. 19).

932 Jürgen HABERMAS, **Mudança estrutural da esfera pública**: investigações quanto a uma categoria da sociedade burguesa (orig. publ. **Strukturwandel der Öffentlichkeit**, 1961, trad. Flávio R. KOTHE, Rio de Janeiro: Tempo brasileiro, 2003).

933 Jules MICHELET, **Origines du droit français** – cherchées dans les symboles et formules du droit universel (originalmente publicado em Bruxelas: Meline, Cans et Compagnie, 1840;

do que como economia monetária propriamente dita, tal como praticada em tempos modernos e pós-modernos. Existia e operava a economia, mas esta se exprimia menos como moeda e mais como conjunto de prestações de serviços e de lealdades, decorrentes de acordos e de laços familiares e decorrentes de alianças.

Em suma, o fenômeno do poder existe e se ordena politicamente em todos os tempos. Não somente na era moderna, sob a égide do 'estado', mas, antes, e ainda no tempo medieval, põe-se conjunto que apresenta a 'soberania', no âmbito do 'estado', de modo diverso do que ocorrerá depois.[934]

Ao mesmo tempo, o comércio sempre existiu. Inclusive em escala intercontinental. E para operar o comércio sempre é mais fácil operar com moeda do que por meio de escambo de mercadorias.

A moeda é fenômeno constante de internacionalidade.[935] Com altos e baixos, decorrentes de disponibilidade e de credibilidade. Como mostram as longas trajetórias de moedas como o sólido de ouro

reedição facsimile, Paris: L'Harmattan, 2009, dois tomos, Livre II – Propriété, chap. III – Tradition, p. 241-268, cit. p. 264-265): Les vassaux étaient quelquefois obligés de porter les souliers du prince, pour témoigner soumission. E por vezes, como símbolo de revolta contra a ordem estabelecida. Ainda MICHELET, na mesma passagem, lembra que na revolta dos camponeses da Suábia (*Schwaben*) um sapato lhes serviu de emblema (*Bundschuh*).

934 Brian TIERNEY, **Origins of papal infallibility**: a study on the concepts of infallibility, sovereignty and tradition in the Middle Ages (Leiden: E. J. Brill, 1972). Ver tb. Léon DUGUIT, **Souveraineté et liberté** ("leçons faites à l'Université Columbia (New York) 1920-1921", Paris: La Mémoire du droit, 2002, p. 14) fala a respeito de grande transformação da concepção e das aplicações do princípio da soberania, concomitante à passagem do estado-potência para o estado-nação. Ver **Tratado** (tomo 8 – **Direito internacional além do paradigma vestfaliano**).

935 Vejam-se: Peter L. BERNSTEIN, **O poder do ouro**: história de uma obsessão (orig. publ. **The power of gold**: the History of an obsession, 2000, trad. Alexandre F. ROSAS, Rio de Janeiro: Campus, 2001); Marc BLOCH, **Esquisse d'une histoire monétaire de l'Europe** (Deux mots d'explication par Lucien FEBVRE; postface de Fernand BRAUDEL, Paris: Colin, 1954); Etienne FOURNIAL, **Histoire monétaire de l'Occident médiéval** (Paris: Fernand Nathan, 1970); Jacques LE GOFF, **Le Moyen Age et l'argent**: essai d'anthropologie historique (Paris: Perrin, 2010); Marie-Christine BAILLY-MAÎTRE, **L'argent**: du minerai au pouvoir dans la France médiévale (Paris: Picard, 2002), b/c Edmond RABBATH, **L'Orient chrétien à la veille de l'Islam** (Beirute: Publications de l'Université Libanaise – Section des études historiques, vol. XIII, 1980).

bizantino (*besante*),[936] o dinar árabe,[937] ou as cunhadas pelas cidades italianas, sobretudo, a partir de 1252, em Gênova (*genovino*),[938] em Florença (*florim*) e no ducado de Veneza,[939] a partir de 1284, bem como também

[936] P. BERNSTEIN (op. cit., 2000, ed. bras. 2001, p. 72): "Tanto no setor militar quanto no comércio, a base da riqueza bizantina e da sua influência financeira era essa extraordinária moeda de ouro.' [...] "A fama do besante não esmoreceu com a passagem dos séculos."

[937] P. BERNSTEIN (op. cit., 2000, ed. bras. 2001, p. 79 e a seguir p. 100): "Menos de cinquenta anos após a morte de MAOMÉ, os árabes imitaram os grandes governantes do passado, com a criação de sua própria moeda de ouro, o dinar, emitida pelo califa ABD EL-MELIK, em Damasco. Essas moedas, 97% ouro puro e cunhadas em grande quantidade, gradualmente desbancaram o besante como a principal moeda internacional, circulando por todos os domínios árabes assim como por toda a Europa cristã." Com particularidade, que mostra como o comércio e os interesses econômicos podem suplantar barreiras culturais e religiosas: "Os governos cristãos do Levante já cunhavam moedas de ouro em 1124, utilizando moldes roubados de tal forma que o dinheiro era igual à cunhagem original, incluindo as costumeiras mensagens árabes louvando MAOMÉ. Os cristãos continuaram a produzir essas moedas por mais 125 anos, muito embora, com o tempo, uma proporção cada vez maior das moedas fosse falsificada, normalmente com um metal base, como o cobre, misturado ao ouro." O que acabou por suscitar reação da hierarquia eclesiástica: "Em 1250, o papa INOCÊNCIO IV, escandalizado menos com a falsificação do que com o fato de as casas de cunhagem cristãs estarem emitindo moedas que louvavam o inimigo, finalmente entrou em ação excomungando todos os envolvidos." [...] "Em resposta às exigências do papa, os príncipes tomaram a modesta medida de estampar ditos cristãos ao mesmo tempo em que mantinham as inscrições árabes."

[938] P. BERNSTEIN (op. cit., 2000, ed. bras., 2001, p. 103-104): "Em 1252 [...] Gênova começou a emitir uma moeda de ouro de 24 quilates chamada genovino." [...] "Essas moedas pesavam cerca de 3,5 gramas, um grama inteiro a menos que os besantes originais de CONSTANTINO, mas a pureza de 24 quilates era um grande atrativo." [...] "O alto valor contemporâneo dessas moedas tinha mais do que o significado econômico: significava prestígio e glória para os seus emissores." E observa "a tradição da moeda de 3,5 gramas resistiu mais de seiscentos anos."

[939] Veja-se: Jean-Claude BARREAU, **Un capitalisme à visage humain** – le modele vénitien (Paris: Fayard, 2011); Christian BEC, **Histoire de Venise** (originalmente publicado em 1983, Paris: PUF, 3e éd., reimpr., 2005); Alvise ZORZI, **Histoire de Venise** – La République du Lion (do original **La Repubblica del Leone – Storia di Venezia**, © 1979, trad. Jacques ROQUE, Paris: Perrin – tempus vol. 95, nova ed., 2005, impr. 2010). P. BERNSTEIN (op. cit., 2000, ed. bras., 2001, p. 105): "Em 1284 surgia o ducado veneziano, a mais famosa e bem sucedida de todas as moedas de ouro nascidas durante o século XIII. [...] O ducado serviu como padrão de valor em toda a Europa e manteve seu volume de ouro até a república

as moedas de Perúgia e de Milão, pouco antes, ou de Lucca, por volta de 1273.

Estes são indícios[940] das mudanças no equilíbrio das forças econômicas e políticas internacionais da época.[941] E também da passagem da economia rumo à crescente utilização da moeda.[942]

A internacionalidade não se exprimia somente por meios econômicos. Mas também pelos caminhos tradicionais, tais como tratados e alianças.

veneziana cair nas mãos de NAPOLEÃO, em 1797. Todas essas moedas pesavam 3,5 gramas e eram de 24 quilates."

[940] P. BERNSTEIN (op. cit., 2000, ed. bras., 2001, p. 74 e p. 77) situa o contexto histórico de enfraquecimento de Bizâncio e de fortalecimento do comércio das cidades italianas, em meados do século XIII: "as crescentes forças comerciais italianas de Florença, Gênova e Veneza, começaram a emitir moedas de ouro, que gozaram de tanto crédito na época quanto o besante em seus dias de glória." [...] "o império bizantino, com todo o seu poder e riqueza, não contava com a dinâmica necessária para sustentar a si mesmo diante da vigorosa recuperação europeia, após as invasões bárbaras. Talvez o sucesso tenha simplesmente tornado os bizantinos menos comedidos que os europeus, que ainda procuravam se recuperar a partir das ruínas do império romano."

[941] Ver Jacques LE GOFF, **Le Moyen Age et l'argent**: essai d'anthropologie historique (Paris: Perrin, 2010). Comenta P. BERNSTEIN (op. cit., 2000, ed. bras., 2001, p. 104-105): "As necessidades comerciais explicam porque os primeiros passos na cunhagem de moedas de ouro na Idade Média se deram em cidades como Gênova e Florença, centros de atividade econômica e financeira, em vez de capitais de estados-nações, tais como Londres, Paris ou mesmo Roma." Este fenômeno da cunhagem de ouro pelas cidades italianas deflagra "uma das maiores reações em cadeia da história monetária" porquanto "a volta do ouro fez mais do que proporcionar símbolos e imagens: aliviou a tensão que o crescimento econômico exercia sobre uma moeda cronicamente inadequada. [...] Isso foi uma das provas mais espetaculares dos ganhos econômicos acumulados pelo mundo católico durante os dois ou três séculos precedentes e um símbolo palpável da inicial superioridade do Ocidente sobre o Oriente – pois o mundo islâmico e Bizâncio, que cunhavam ouro, quando a Europa se contentava com prata, agora depreciavam seu ouro ou deixavam de cunhá-lo." Ver tb. Robert S. LOPEZ, *Back to Gold, 1252* (in Economic History Review, 1956, 2nd Series, n. 9, p. 219-240).

[942] P. BERNSTEIN (op. cit., 2000, ed. bras., 2001, p. 107): "A expansão do comércio e das finanças provocou uma crescente ênfase no dinheiro, porém estava em jogo mais do que o dá e toma que caracteriza a oferta e a procura. O dinheiro é uma fonte natural de fascínio. A aritmética do dinheiro inclui fracionamentos complexos e proporções, sua posse simboliza poder e ele é a chave que abre as portas dos outros países. O risco de perdê-lo é a um só tempo estimulante e aterrorizante, e o poder que ele confere é irresistível. O desenvolvimento do comércio e dos bancos na Idade Média nutriu todos esses interesses e compulsões."

O tratado de Paris, de 28 de maio de 1258, foi o instrumento de reconciliação entre as dinastias dos CAPETOS e dos PLANTAGENETAS, tal como celebrado, depois das negociações conduzidas entre LUÍS IX, da França, e HENRIQUE III, da Inglaterra. Por meio deste instrumento, acertavam os dois soberanos diversas questões territoriais e, se o rei inglês mantinha possessões territoriais no continente, estas eram postas na condição de feudos, concedidos pelo rei da França – e assim, submetidos à 'suzerania' deste.

Vassalo do rei e par do reino da França, o rei HENRIQUE III da Inglaterra presta homenagem ao rei São LUÍS da França, no jardim do palácio deste, em 4 de dezembro de 1259. Entre os dois, ficam estabelecidas relações de paz e de amizade.

Mas, cabe indagar: "um é senhor e o outro é vassalo. As relações entre estados poderão durante muito tempo fundar-se sobre tal desigualdade?"[943]

Existe e opera conceito como o de 'soberania', mas este se vê fracionado e aplicado de modo escalonado, como facetas de 'suzerania', termo este mais adequado, tratando-se do contexto medieval, em várias escalas de conteúdo e de relação de poder e de extensão territorial deste.

A feudalidade não nega nem desconhece a 'soberania', como atributo da jurisdição do 'estado', no plano 'nacional'. Mas, esta se exprime de modo diverso, no mundo medieval, como vassalagem. Ocorre encadeamento de suzeranias e de alianças. Esta seria a forma medieval da soberania.

Cada um destes termos – 'estado', 'nacional', 'soberania' e 'jurisdição' – tem de ser usado com reparos: são conteúdos conhecidos e exercitados, mas estes se põem de modo diverso, em relação ao que atualmente se conhece e se aplica, e não podem ser simplesmente jogados, sem aspas, nem mínimo de cuidado com a respectiva contextualização, quando se fala a respeito do tempo medieval, sem que se cometam graves

[943] Françoise AUTRAND e Philippe CONTAMINE, *La diplomatie à la conquête de l'identité française* (Première partie – Naissance de la France: naissance de sa diplomatie – Le Moyen Âge, no volume de F. AUTRAND, L. BÉLY, P. CONTAMINE e T. LENTZ, **Histoire de la diplomatie française** I. Du Moyen Âge à l'Empire (présentation de Dominique de VILLEPIN, Paris: Perrin – tempus, ed. orig. 2005, reimpr. 2007, p. 44-69, cit. p. 57).

anacronismos. Ao mesmo tempo, esses termos nos são úteis e necessários e são de uso corrente.

No sentido estrito do termo, anacronismo, no sentido de estar fora do tempo, ou seja, jogar dado de uma época em outra, sem contextualização, com a consequência de que distorcem o conteúdo do termo e a compreensão do fenômeno político e jurídico, que se pretende examinar. Para dar imagem visual do impossível e do inadequado, seria algo assim como um ator usando relógio de pulso em filme de época, medieval ou antiga.

Na História da Hungria,[944] pode-se considerar a situação ao tempo do rei BELA III (1172-1196), quando ocorre o aumento da alfabetização, conjugado com a criação de conjunto de leis e normas relevantes para a organização do reino. Este soberano reforça os poderes centrais do estado e a propriedade senhorial laica; e permite concluir do exame do quadro: "outro dado (*acquis*) será preservado; a autoridade real permanece praticamente intacta, sem sucumbir à tentação feudal de fracionamento do poder (*morcellement du pouvoir*)".[945]

A Hungria, nessa altura, vê-se relativamente fora e poupada de vários desses males, e essas condições favoráveis, permitem aos reis angevinos, instalados no trono húngaro, "consolidar o seu poder interno e conduzir política externa ativa".[946] E esta fase de grandeza e depois declínio (1301-1526) se exprime em conjunto de acordos e de relações internacionais organizadas com outras potências.[947]

Outro dado recorrente é a concomitância e a interação entre os planos interno e externo de ordenação do poder: esse dado é muito presente na China – antiga e também atual – mas se vê também como constante

[944] Miklós MOLNAR, **Histoire de la Hongrie** (orig. publ. 1980, Paris: Perrin, 2010).

[945] M. MOLNAR (op. cit., ed. 2010, p. 43).

[946] M. MOLNAR (op. cit., ed. 2010, Grandeur et déclin. Des rois Anjou à la bataille de Mohács, 1301-1526, pp. 59-123, cit. p. 60): "consolider leur pouvoir intérieur et de mener une politique extérieure active".

[947] M. MOLNAR (op. cit., 2010, loc. cit.) apresenta os elementos da política externa húngara no século XIV: uma política de boa vizinhança com a Boêmia, onde na mesma época se estabelece a casa dos LUXEMBURGO, uma política de aliança (que será coroada pela união pessoal dos dois países, ao tempo do segundo angevino) com a Polônia, dos PIAST LOKIETEK (linha da Cujávia), especialmente durante o reinado de CASIMIRO III, o grande (1333-1370), ao mesmo tempo em que os reis húngaros da dinastia angevina reforçam os laços com o Adriático e os Bálcãs, além de fortalecerem o apoio do papado, com BONIFÁCIO VIII (1294-1303) e seus sucessores.

preocupação no mundo ocidental. Ou seja, a paz interna e a externa confluem.[948] O equilíbrio, que demonstra a benção celeste sobre a dinastia reinante se manifesta, simultaneamente, nos planos interno e externo da ação política. A paz interna e a paz nas fronteiras contribuem igualmente para a boa condução dos negócios do reino. Isso no passado, como no presente; no Oriente – e, de modo marcante, põe-se como preocupação ao longo da história, no Império do Meio – como, também, no Ocidente.

No século XIV, dentre os graves males do tempo, tais como, de longa data, os conflitos entre os reis e o papado, agravados pela crise que leva à transferência do governo central da Igreja católica para Avinhão (1305-1376) e, a partir daí, com o 'grande cisma do Ocidente', a existência de dois, e até mesmo três papas, simultaneamente, durante boa parte do século XV, excomungando-se reciprocamente e também aos apoiadores do(s) oponente(s),[949] acarretou o enfraquecimento da autoridade moral e do poder político da igreja; além disso, a guerra dos cem anos (1339-1453), entre ingleses e franceses, os estragos causados pela peste negra – hoje sabemos, a peste bubônica – que mata cerca de um terço de toda a população da Europa ocidental, em sucessivas recorrências, a partir de 1346-1353, reaparecendo durante décadas, em diferentes países, somados a invernos frios, a excessos de chuva, causam fomes intermitentes que assolam a Europa, como não se via há séculos; todos esses fatores se conjugam para compor quadro de crise do mundo medieval.

Estes fatos não têm somente caráter incidental, mas levaram a questionamentos profundos das estruturas institucionais e intelectuais dos séculos XIV e XV: são indícios e manifestações da 'crise' do modelo medieval, que contribuiria para preparar o surgimento do modelo moderno:[950] a "longa duração"[951] e o "outono da Idade

[948] Cfr. **Tratado** (tomo 3 B – **Gregos, romanos, chineses, indianos**).

[949] Dominique PALADILHE, **Les papes en Avignon** ((c) 1974, 1999, Paris: Perrin, 2008).

[950] O magistral estudo de F. BRAUDEL, **Civilisation matérielle, économie et capitalisme XVe-XVIIIe siècle** vol. I – **Les structures du quotidien: le possible et l'impossible** (Paris: A. Colin 1979), vol. II – **Les jeux de l'échange**, Paris: A. Colin, 1979), vol. III – **Le temps du monde**, (Paris: A. Colin, 1979).

[951] F. BRAUDEL, *Histoire et sciences sociales. La longue durée* (orig. publ. em 1958, republicado in **Écrits sur l'histoire**, Paris: Flammarion/Champs, © 1969, impr. 1984, nova impr. 1989, p. 15-38). Como referido supra, compreender e situar esse conjunto na 'longa duração' – *la longue durée* – é o que se busca com a utilização de conceitos e de referências históricas, que

média"[952] são várias vezes referidos porque formularam interpretações, passíveis de questionamento, mas aceitáveis pela compreensão de grandes conjuntos históricos, e permanecem úteis por permitirem situar as mutações de uma fase da história para outra – como na transição do mundo 'medieval' para o 'moderno'.

O tempo, ou a história e o lugar, ou contexto cultural sempre terão impacto sobre o direito internacional, como, ademais, sobre todas as coisas humanas, e são estas humanamente condicionadas e contingentes. Com muita facilidade se negligencia o legado da Idade média,[953] inclusive em relação ao direito internacional.

Situar o tempo histórico e o contexto cultural medieval é relevante para compreender como se instauram os elementos que comporão o moderno sistema internacional – porquanto uma "concepção universal de ordem jurídica somente pôde surgir quando se concebeu a multiplicidade dos estados constituindo grande e abrangente comunidade":[954]

> este pensamento parte da ampliação da concepção clássica da pólis, limitada pela doutrina aristotélica do direito natural, para dar lugar a visão

permeiam e dão base para o exame 'do direito internacional', que se faz 'no tempo'. Essa longa duração, esclarecia BRAUDEL, não é mero decurso de tempo, cronologicamente longo, mas a concomitância de elementos de uma fase, que se prolongam em outras fases da história.

[952] O clássico estudo de Johan HUIZINGA, publicado em 1919, **Herfstij der middeleeuwen**, sobre o fim da Idade média. A primeira tradução foi a alemã, **Herbst des Mittelalters** – Studien über Lebens- und Geistesformen des 14. und 15. Jahrhunderts in Frankreich und in den Niederländen (herausgegeben von Kurt KÖSTER, do original „Der Übertragung liegt die niederländische Ausgabe letzter Hand (1941) zugrunde / Deutsche Fassung – unter Benutzung der älteren Übersetzung von T. WOLFF-MÖNCKBERG (1923)", Stuttgart: A. Kröner, 11a. ed., 1975); de J. HUIZINGA, vejam-se, ainda os ensaios reunidos no volume, **El concepto de la historia y otros ensayos** (trad. Wenceslao ROCES, México: FCE, 1946, 5ª reimpr., 2005).

[953] Antony BLACK, **Political Thought in Europe 1250-1450** (Cambrige: Univ. Press, 1992, esp. chap. 3 – Empire and nation, item – International society, p. 87 ss.).

[954] A. Von VERDROSS e B. SIMMA, **Universelles Völkerrecht** (Berlim: Duncker & Humblot, 2a. ed., 1981, esp. 1.4 – Die Herausbildung des universellen Völkerrechts, p. 38-45). Ver tb. Ernst BLOCH, **Droit naturel et dignité humaine** (orig. publ. **Naturrecht und menschlische Würde**, 1961, trad. Denis AUTHIER et Jean LACOSTE, Paris: Payot, 2002, esp. cap. 5 – Sur le droit naturel d'ÉPICURE et du stoïcisme, p. 22-28, e cap. 6 – Conceptions stoïciennes et droit romain, p. 29-37).

mais ampla na filosofia estóica e cristã, que passa a conceber o conjunto da humanidade como unidade tendente a agrupar-se sob a égide do direito natural (*übereinstimmend die ganze Menschheit als eine durch das Naturrecht verbundene Einheit betrachten*), onde a base sociológica foi dada pelo reino alexandrino e pelo *Imperium romanum*, no qual a concepção de uma ordem universal, pela primeira vez encontra expressão.[955]

Essa concepção universalista se exprime com CÍCERO, no **De legibus**, quando este declara – *unam omnium rempublicam agnoscimus, mundum* – o ideal de única república, de todos, o mundo.[956]

A universalidade de ordem mundial, inicialmente concepção estóica, retomada por CÍCERO,[957] ressurgirá na idade média, depois da recepção da filosofia aristotélica, por ALBERTUS MAGNUS (1192-1280)[958] e por seu discípulo TOMÁS DE AQUINO (c. 1225-1277).[959] O direito natural à época, igualmente, colocar-se-ia a cristãos, judeus e pagãos, considerado vinculante, do mesmo modo, nas relações interpessoais como nas relações interestatais.

A convicção quanto à existência de direito internacional natural, cuja ordem abrangeria, indistintamente, toda a humanidade absolutamente não constitui inovação da era moderna:

[955] A. Von VERDROSS e B. SIMMA, **Universelles Völkerrecht** (ed.1981, loc. cit.).

[956] Falando a respeito de ZENÃO, ou ZENON, o fundador da escola estóica. M. T. CÍCERO, **De legibus** (7.4.37, with an English translation by Clinton W. Keyes, Cambridge, Ma. / London: Harvard Univ. Press, LCL 213, Cicero vol. XVI, © 1926, reprinted 2006).

[957] M. T. CÍCERO, **De legibus** (ed. 2006); v. tb. ___, **De officiis** (with an English translation by Walter Miller, Cambridge, Ma. / London: Harvard UP, LCL 30, tomo XXI das obras de Cícero, © 1913, reprinted 2005).

[958] Ingrid CRAEMER-RUEGENBERG, **Albertus Magnus** (Munique: Beck, 1980, cit. p. 37): "Die Vielseitigkeit, der Fleiss, die Gründlichkeit und die zugleich zielstrebige und fromme Klugheit dieses Mannes Albert, den man gewiss zu Recht 'den Grossen' nannte, sind bewunderswert. Um das ganze Spektrum dieser Persönlichkeit in ihren Wirkkreisen zu erfassen, wären mehrere Monographien erförderlich. / Unser Interesse, demgegenüber eingeengt, gilt vor allem der philosophischen Leistung des 'doctor universalis'. Dass diese Leistung in der im abendländichen Bereich erstmaligen Aufarbeitung der kompletten aristotelisch-aristotelistischen Systems bestand, ist umstritten."

[959] Ver, adiante, o item 10.1, sobre TOMÁS DE AQUINO; tb. o já ref. de Ernst BLOCH, **Droit naturel et dignité humaine** (ed. cit., 2002).

mas, sem esquecer a distinção entre a *respublica christiana* e a *communitas omnium gentium*, substancialmente abalada a concepção, ao tempo das cruzadas, quando começa a instaurar-se a convicção de que entre príncipes cristãos e os estados islâmicos e pagãos não poderiam ser celebrados tratados válidos.[960]

Cabe também enfatizar o papel desempenhado por Bizâncio[961] na formação da ideia da *respublica christiana*. Muitos séculos antes e depois da coroação de CARLOS MAGNO no ano 800:

> a gênese da ideia e do fato da comunidade internacional dos povos cristãos, que desempenha papel fundamental no nascimento do direito internacional da Europa, foi o resultado de todo o ensinamento de direito público e de toda a prática internacional de Bizâncio.[962]

Se a guerra é praga recorrente na vida da humanidade,[963] as tentativas de justificação desta por vezes põem a faceta mais odiosa da xenofobia, do preconceito, do fundamentalismo e da intolerância. Alinhamentos contrários ou favoráveis à guerra e ao uso da força, muitas vezes, são condicionados pela visão do próprio grupo e do(s) outro(s), como exemplarmente ilustram as cruzadas e as guerras de religião, em geral.[964]

[960] Alfred Von VERDROSS e Bruno SIMMA (op. cit., ed. 1981, p. 40); v. tb.Paul GUGGENHEIM, *Droit international général et droit public européen* (SchwJIR, vol. 18, 1961, p. 9).

[961] Michel de TAUBE, **L'apport de Byzance au développement du droit international occidental** (RCADI, 1939, t. 67, p. 233-340).

[962] M. de TAUBE (op. cit., 1939, chap. premier, '*Byzance et la communauté internationale des peuples chrétiens*', p. 242): plusieurs siècles déjà avant la reconstitution de l'Empire romain d'Occident par CHARLEMAGNE (800), – point de départ de la formation de la *respublica christiana* des peuples romano-germaniques, représentée par le pape et l'empereur – la même idée de l'unité du monde chrétien – mais représentée par le basileus sacro-saint de Constantinople – constituait la base même de l'Empire d'Orient, ainsi qu'un article de foi de sa communauté des peuples de l'Europe orientale et de l'Asie antérieure, pendant plusieurs siècles avant et après la date mémorable de l'an 800.

[963] Ver, neste tomo, cap. 11 – tratadistas da guerra: Balthazar AYALA e Pierino BELLI.

[964] Cfr., adiante, cap. 11 – tratadistas da guerra; indefensáveis do ponto de vista muçulmano, como aponta Amin MAALOUF, **Les croisades vues par les arabes** (orig. publ. 1983, Paris: Jean-Claude Lattès, 1988); v. tb. Philippe CONTAMINE, **La guerre au Moyen Age** (orig.

As cruzadas, de um lado, põem-se como uma dentre as facetas sombrias do mundo medieval; de outro lado, apresentam-se como fase de experimentação de modelos, como na transposição do sistema medieval de suzeranias e de vinculante, do mesmo modo, nas alianças, para os então estabelecidos reinos latinos do Oriente médio.[965]

> O mundo cristão contava com o início do século XIII, um componente grego, o Império bizantino, embora então bastante enfraquecido, e componente latino, com o reino de Chipre, fundado em 1197, o principado de Antioquia-Tripoli e o reino de Jerusalém. A capital deste último era Acre, depois da Cidade santa ter sido retomada em 1187, por SALADINO, que unificara o Egito e a Síria, para constituir o sultanato aiúbida do Cairo. O islão do Oriente médio tinha outro estado importante, o sultanato turco-sejúlcida de Rum (*roum*), abrangendo o centro da Anatólia, então no seu apogeu. A leste, o grande império muçulmano de Quaresma (*Khwarezm*) se estendia sobre a Transoxiana, o Khorasan, e o Irã oriental.[966]

Todo esse conjunto interconfessional, aliás bastante complexo e instável, era regido por conflitos armados e pelo jogo de interesses, característicos de políticas de poder, mas também conhecia e praticava o que se poderia denominar 'sistema internacional', regido por tratados, laços

publ. 1980, Paris: PUF – nouvelle Clio, 6e éd., 2003, Guerres justes et injustes, p. 449-452); Victor Davis HANSON, **Le modèle occidental de la guerre** (orig. publ. **The Western way of war**, 1989, trad. Alain BILLAULT, préf. John KEEGAN, Paris: Tallandier, 2007); Jacques LE GOFF, **Un long Moyen Age** (orig. publ. 2004, Paris: Hachette, 2009, La Croisade I – et Jérusalem est redevenue un rêve. Chronique d'un très grand malheur, p. 75-83; La Croisade II – et le Christianisme inventa la 'guerre juste', p. 85-94); Christian NADEAU e Julie SADA, **Guerre juste, guerre injuste**: histoire, théories et critiques (Paris: PUF, 2009); Jean-Pierre VERNANT (direction de), **Problèmes de la guerre en Grèce ancienne** (orig. publ. 1968, Paris: Éditions de l'École des Hautes Études en Sciences Sociales, 1999).

965 Raymond H. KÉVORKIAN (direction de), **Arménie: entre Orient et Occident** – trois mille ans de civilisation (Paris: Bibliothèque nationale de France, 2006).

966 Claude MUTAFIAN, Le siècle mongol (1220-1320), planche de salut ou copu de grâce? (no volume **Arménie: entre Orient et Occident** – trois mille ans de civilisation, coord. Raymond H. KÉVORKIAN, Paris: Bibliothèque nationale de France, 2006, p. 174-183, cit. p. 174).

de suzerania e alianças. Exemplo disso podem ser os tortuosos caminhos percorridos pela ideia do título histórico do reino de Jerusalém.[967]

A combinação de força e direito pode parecer bastante familiar. Sobretudo, se contemplada a partir da ótica de nossos tempos.

É cabível propor distinção entre duas concepções das cruzadas.[968] Esta seria a linha divisória entre a cruzada *idealista* e a cruzada *científica*:

> A primeira teve fim em 1192, com a aventura de RICARDO Coração de Leão, e FILIPE AUGUSTO. Consistia na ofensiva direta. Visava Jerusalém. Negligenciava-se todo o resto. As três tentativas desse gênero fracassaram sob a pressão árabe, não sem ter abalado o mundo feudal, [...] e deu ao mundo o espetáculo de um reino latino e feudal em Jerusalém.
> Os Venezianos – esses ingleses da Idade média – inauguram em 1202 as cruzadas que eu chamaria de *científicas* ou *políticas*. Movimento amplo, na busca de base operacional sólida, para a conquista ulterior da Terra santa, e deveria servir de pórtico para a entrada triunfal dos cristãos na Cidade santa.[969]

[967] Paul DURIEU, *Le titre historique de roi de Jerusalém* (Revue d'histoire diplomatique, publiée par les soins de la Société d'histoire diplomatique, Paris: Plon [Librairie Plon-Nourrit et Cie., Imprimeurs Éditeurs], 36e année, 1922, p. 138-153, cit. p. 153) considera que permaneceria válido o testamento de CHARLES d'Anjou-Maine, último rei de Jerusalém, da casa ducal de Anjou, e tal título, depois de passar pelos sucessivos reis e imperadores da França, ter-se-ia incorporado ao patrimônio nominal da República francesa, e conclui: "À l'heure actuelle, à qui a passé l'exercice du pouvoir suprême sur la France, qui appartenait jadis aux rois ou aux empereurs? N'est-ce pas, en conséquence des révolutions, à notre moderne régime de république? Ce n'est donc pas un paradoxe de soutenir, avec une continuité de raisons à invoquer s'espaçant sur une durée de plus de six siècles, que la République française se trouve investie à son tour de droits historiques sur la royauté nominale de Jérusalem, droits qui, à dater de 1481, en vertu de dispositions testamentaires du bon roi RENÉ, puis de son neveu le comte du Maine, sont venus s'incorporer inséparablement dans le patrimoine national de la France."

[968] L. de VOÏNOVITCH, *Le traité franco-serbe de Melun du 27 mars 1308* (Revue d'histoire diplomatique, publiée par les soins de la Société d'histoire diplomatique, Paris: Plon [Librairie Plon-Nourrit et Cie., Imprimeurs Éditeurs], 33e année, 1919, p. 258-278).

[969] L. de VOÏNOVITCH (1919, art. cit., p. 265-266): "Ces croisades de diversion et 'à retardement' eurent pour résultat la prise de Constantinople par BAUDOIN de Flandres et le Doge Henri DANDOLE, en 1202, et consécutivement la fondation de l'empire latin qui vivota un demi-siècle, ainsi que les désastres de JEAN DE BRIENNE et de Saint LOUIS en Égypte et en Tunisie. / Or, ces croisades réalistes furent traversées par des tentatives de

A conciliação entre o ideal e o real é dado recorrente da história. E, ao longo dos tempos, uma das facetas pelas quais se alinha o direito internacional, por vezes dividido entre um e outro.

A distinção, entre a *respublica christiana* e a *communitas omnium gentium*, basicamente recortava limites equivalentes aos do antigo Império romano, no qual obviamente já ocorria a divisão entre o direito vigente no interior deste, e o direito das gentes, aplicável às relações externas do império. Distinção que, depois, ver-se-ia retomada, como a linha divisória, entre a soma dos domínios dos Impérios romanos do 'Ocidente' e do 'Oriente'. E, prosseguiria como a soma dos espaços controlados pelas igrejas de Roma e de Bizâncio. E de um e outro destes, em relação ao mundo exterior, notadamente, em relação ao conjunto dos países de confissão cristã.

A linha divisória entre o individual e o universal não é somente detalhe técnico da filosofia medieval. Repercute sobre os modelos políticos, deste sobre os parâmetros jurídicos e projetar-se-á sobre o campo específico do direito internacional.

Contrariamente ao que ainda se aplica em santo TOMÁS –[970] na esteira de PLATÃO e de ARISTÓTELES –, compõe-se o mundo de 'categorias', de generalidades, de gêneros, de espécies, de naturezas,[971]

croisades, avortées avant même qu'elles eussent pu être mises en exécution." Sobre o papel dos Cavaleiros teutônicos, ver William URBAN, **The Teutonic Knights** – a military history (London: Greenhill Books/Mechanicsburg, PA.: Stackpole Books, 2003, esp. cap. 3, 'War in the Holy Land', p. 23-29).

970 Sobre os principais aspectos da doutrina jurídica de santo TOMÁS, ver adiante o item 10.1. Por questão de ordenação da exposição, preferi agrupar neste capítulo as considerações a respeito de MARSÍLIO DE PÁDUA (1275-1342) e de GUILHERME DE OCKHAM (ca. 1280-1349), precedidas destas breves anotações sobre DUNS SCOT (1266-1308), seguindo-se-lhes o capítulo sobre TOMÁS DE AQUINO (ca. 1225-1277) e DANTE ALIGHIERI (1265-1321), embora com alguma liberdade em relação a ordem estritamente cronológica, mas me pareceu mais adequada, sob o ponto de vista do encadeamento das ideias.

971 ARISTOTLE, **Physics**: Books I-IV (original grego, with an English translation by P. H. WICKSTEED e F. M. CORNFORD, Cambridge, Ma. / London: Harvard UP, LCL vol. 228, ARISTOTLE vol. IV, © 1929, reprinted 2005); ___, **Physics**: Books V-VIII (original grego, with an English translation by P. H. WICKSTEED e F. M. CORNFORD, Cambridge, Ma. / London: Harvard UP, LCL vol. 255, ARISTOTLE vol. V, © 1934, reprinted 2006).

de causas formais e finais.[972] Este passa, na visão de DUNS SCOT (1266-1308), o "doutor sutil", a ser substituído por mundo de pessoas, de indivíduos. Assim, formulam-se essas questões, dentre as teses mais famosas da filosofia escotiana:

- podemos conhecer imediatamente o singular; enquanto sustentava santo TOMÁS, "a ciência diz respeito ao geral", e que o objeto de predileção do conhecimento seriam os gêneros e as espécies; para DUNS SCOT, temos conhecimento intuitivo do indivíduo, e assim, das coisas singulares;
- cada indivíduo possui uma forma particular; enquanto, para santo TOMÁS, "somente a matéria é princípio de individuação", a 'forma' seria comum; a resposta de DUNS SCOT: o indivíduo, não mais o gênero, vê-se colocado no ponto de partida, e torna-se o objeto último do conhecimento científico;
- a vontade tem primado sobre a inteligência, não o contrário, e este é o dado essencial; para santo TOMÁS existia certa prioridade da inteligência, sobre a qual se regulava a vontade, em Deus e no homem: Deus jamais poderia querer se não atos razoáveis, e da mesma forma, a vontade humana mais autêntica, como aquela que se conformava à ordem ditada pela razão; DUNS SCOT inverte os termos, como filósofo do primado da vontade, autor de teologia, e ainda de psicologia e de moral voluntaristas; vê o pecado como ato livre da vontade, escolha de amor ou de ódio, antes de ser operação da inteligência; a satisfação das inclinações naturais, o perfazimento da "natureza própria" de cada um, pertence segundo DUNS

[972] ARISTOTLE, **Categories, On interpretation, Prior analytics** (original grego, with an English translation by H. P. COOKE e Hugh TREDENNICK, Cambridge, Ma. / London: Harvard UP, LCL vol. 325, ARISTOTLE vol. I, © 1938, reprinted 2002); ___, **Posterior analytics, Topica** (original grego, with an English translation by H. TREDENNICK e E. S. FORSTER, Cambridge, Ma. / London: Harvard UP, LCL vol. 391, ARISTOTLE vol. II, © 1960); ou tb. na ed. francesa, ARISTOTE, **Organon**: I. Catégories / II. De l'interprétation (trad. nouvelle et notes J. TRICOT, Paris: Vrin, 1984); ___, **Organon**: III. Les premières analytiques (trad. et notes J. TRICOT, Paris: Vrin, 1983); ___, **Organon**: IV. Les secondes analytiques (trad. et notes par J. TRICOT, Paris: Vrin, 1979); ___, **Organon**: V. Les Topiques (trad. et notes par J. TRICOT, Paris: Vrin, 1984); ___, **Organon**: VI. Les réfutations sophistiques (trad. et notes par J. TRICOT, Paris: Vrin, 1977).

SCOT à esfera do '*commodum*', da conveniência, sem relação com a moral.[973]

DUNS SCOT, nos assim chamados **Comentários** de Oxford sobre as **Sentenças** de PEDRO LOMBARDO, formula a sua visão da origem do *dominium* e da autoridade política.[974] Ele parece afastar a visão aristotélico-tomista da origem natural da propriedade, como do poder político; ao menos, assinala que a natureza não faz distinção entre as propriedades respectivas, nem tampouco investe alguém, 'naturalmente', de autoridade política. Ao menos conceitualmente, na origem as coisas eram comuns e os homens livres de toda dominação política.

De onde viriam, assim, o poder do *dominium* e do governo? Primeiro, da permissão divina: Deus teria revogado o estatuto inicial de indivisão comunitária e concedido a criação de propriedades – *concessa licentia appropriandi et distinguendi communia*; essa seria a parte do direito positivo divino. A fonte da distinção efetiva das propriedades procederia da lei positiva humana – *non fit de lege natura sed positiva.*

[973] DUNS SCOTUS, **On the will & morality** (selected and translated with an Introduction by Allan B. WOLTER, O.F.M., translation ed. by William A. FRANK, Washington, EUA: The Catholic University of America Press, © 1986, impressão 1997). Veja-se, também: Mary Beth INGHAM, **Initiation à la pensée de Jean Duns Scot** (do original **Scotus for Dunces – An Introduction to the Subtle Doctor**, © 2003, trad. fr. de Yves SOUDAN, avec la collaboration de Geneviève EGUILLON et Luc MATHIEU, Paris: Les éditions franciscaines, 2009); Léon VEUTHEY, **Jean Duns Scot** – pensée théologique (Paris: Les éditions franciscaines, 1967). Michel VILLEY (op. cit., 2003, chap. – L'école franciscaine et la philosophie de Duns Scot, p. 202-219, cit. p. 209) observa: "Libertação da pessoa, descoberta da pessoa, enquanto se removem essas telas – os gêneros, as espécies, as naturezas – que, na antiga filosofia, impediam a percepção desta, nua, na exaltação de sua liberdade: as fontes dessa visão do mundo são cristãs, evangélicas e tipicamente franciscanas. Sejam quais forem as suas origens, toda a filosofia moderna, fundada sobre o individualismo, está contida, em germe, nessa doutrina."

[974] DUNS SCOTUS, **Commentary on Peter Lombard Sentences (Opus Oxoniense)** [Latin]. Pedro LOMBARDO (ca. 1100-1160) foi bispo de Paris. Manuscritos dessa obra de Johannes DUNS SCOTUS (1265-1308) nas Bibliotecas Bodleian da Univ. de Oxford: MS. Bodl. 286 – 14th. Century, second Half; England / MS. Canon. Misc. 414 – 1469 / MS. Lat. Misc. a. 3 – Composite manuscript / MS. Rawl. C. 21 – 15th. Century / e do Merton College MS. 60 – 1451, MS. 61 – 1452, MS. 62 – 1453, MS. 64 – 1454 e MS. 666 – S. XIV in. – acessíveis on line.

Essa lei positiva humana pressupõe o poder político; mas este tem a sua fonte na convenção positiva dos membros da comunidade – *ex communi consenso et electione*. Enquanto santo TOMÁS acentuava as razões de justiça e de utilidade, que obrigam o homem, segundo o direito natural, a constituir estados e propriedades distintas e, em ampla medida, devem presidir às divisões, DUNS SCOT somente considera as causas eficientes para a obra voluntária do homem, para as convenções e as leis.

É, contudo, forçar um pouco a mão querer colocar em DUNS SCOT a origem do positivismo jurídico. O que acarretaria atribuir lugar central à obra deste, na história da filosofia do direito, ao menos em relação a essa corrente de pensamento. Mesmo que se devam, em seguida, criticar os excessos cometidos por tal doutrina e os efeitos distorsivos desta sobre a evolução posterior do direito, nos séculos seguintes, que não podem ser debitados ao notável filósofo medieval.

DUNS SCOT, na verdade, não nega o direito natural, e a posição realista, que ele adota, na querela dos universais, o mantém vinculado, em última análise, ao direito natural: nós vivemos na ordem que Deus constituiu e, mesmo que ele pudesse ter construído outra diversa, é desta ordem que extraímos o direito, e dessa natureza resulta o ordenamento. DUNS SCOT continua a professar o caráter natural de preceitos como a necessidade de cada um cumprir as suas promessas, como exige do legislador que considere a prudência, a boa razão (*recta ratio*), o interesse comum e o serviço da comunidade.

Este pensador, original e relevante, não chega a ter formulação própria de teoria e de filosofia do direito. Por issso, não poderia deixar de ser mencionado, ainda que isso aqui se faça somente de modo incidental, pela interação com os dois autores a seguir considerados – MARSÍLIO DE PÁDUA e GUILHERME DE OCKHAM.

Na longa série de conflitos que opuseram o poder temporal ao poder 'espiritual' aparece a controvérsia entre o rei da França, FILIPE, dito o belo, e o canonista Benedetto CAETANI, eleito papa BONIFÁCIO VIII (em dezembro de 1294, reinou até 1303).[975] Depois de vários incidentes

[975] DANTE acusa o conclave que elegeu BONIFÁCIO VIII de ter praticado o crime e o pecado de simonia; hoje se diria, de compra de votos. Na **Divina comédia**, DANTE foi categórico ao colocar BONIFÁCIO VIII entre os simoníacos, para fazer companhia a NICOLAU III (**Inferno**, canto XIX, vv. 52-57) e pondo na boca de GUIDO DE MONTEFELTRO

entre ambos, no início relativos à cobrança de impostos sobre o clero pelo rei da França, e a oposição papal à legitimidade de tal pretensão, monta o tom da controvérsia, até chegar à formulação contida na bula papal *Unam sanctam* (de 18 de novembro de 1302).

Movimentos militares e estratégias teóricas combinaram-se nesse enfrentamento, de um lado o papa queria levar à excomunhão o rei da França, e este revida, convocando concílio para declarar decaído de sua dignidade o papa. Fascinantes lances históricos, mas que fogem ao escopo deste trabalho.[976]

A bula *Unam sanctam* contém a mais audaciosa formulação até então experimentada da teocracia: a igreja seria uma, e estaria acima de todos os príncipes. O papa teria todo o poder sobre a igreja e sobre o mundo, pois todo o poder concorre para a salvação das almas.

A autoridade do governo do reino emanaria, assim, da autoridade espiritual, outrora atribuída a são PEDRO. Em suma, o papa seria juiz do rei; e isso em todas as matérias.

Em meio a essa verdadeira guerra, os teóricos se esforçam em apaziguar os ânimos: o dominicano JEAN DE PARIS, em seu tratado **De potere**, sobre o poder real e papal, via dois poderes independentes. Todos conferiam ao poder real sua origem natural e independente. A antiga noção de *res publica* reaparecia para colocar a coroa fora das hierarquias tiradas da visão agostiniana da **Cidade de Deus**.[977]

Esse conceito de *res publica* serve de base para a edificação do conceito de ordem jurídica internacional medieval. Naquele tempo histórico e contexto cultural, "não temos 'estados', no moderno sentido do termo, mas

a saudação a "*lo principe de' novi Farisei*" (**Inferno**, XXVII, 85). Também foi criticado BONIFÁCIO VIII por ter induzido seu predecessor CELESTINO V a abdicar. Depois de eleito, BONIFÁCIO faz prender o seu predecessor, em 16 de maio de 1295, e este é mantido preso, primeiro em Cápua, depois na residência de BONIFÁCIO VIII, em Anagni, e finalmente na prisão da Rocca di Fumone, perto de Ferrentino, onde CELESTINO V morre em 19 de maio de 1296.

[976] Ver sobre são CELESTINO V (1294), papa e mártir, e BONIFÁCIO VIII (1294-1303), dentre outros, Cláudio RENDINA, **I papi** – Storia e segreti (Roma: Newton, © 1983, nova ed., 1993, p. 409-413 e 413-420). Do ponto de vista da história da França, veja-se Jean FAVIER, no tomo **Le temps des principautés – de l'an 1000 à 1515** (vol. II da **Histoire de France**, sous la dir. de J. FAVIER, Paris: Fayard (c) 1984, impr. 2002, esp. 'la couronne et la tiare', p. 277-292).

[977] Cf. se examina no item 8.1, supra.

temos 'entes públicos' (*Gemeinwesen*)",[978] ou em latim, *res publica*. Depois, no início do século XVI, com a evolução posterior no uso do conceito, a partir de MAQUIAVEL,[979] restringir-se-á o seu alcance: este passa a designar, tão somente, "um estado que não seja uma monarquia".[980] Mas o alcance do termo era mais amplo, durante os séculos da Idade média.[981]

Vale lembrar a obsessão com a assim chamada transferência imperial (*translatio imperii*), onde o príncipe (*princeps*) ou dirigente alega as suas credenciais, para se situar como líder na Europa e mestre da romanidade. Além de sucessivos 'imperadores' do Ocidente de CARLOS MAGNO, passando pelos otonianos, até o final do 'Sacro Império', também aparece na reflexão de contemporâneo do século XIV, Andrea DANDOLO, homem de grande cultura e importante patrono das artes, que foi amigo de PETRARCA, homem de letras, advogado e historiador, e deixou seu registro da história em duas crônicas, a **Chronica brevis** e a **Chronica extensa**. Sua carreira política foi igualmente importante: com 22 anos tornou-se procurador de São Marcos e com 37 anos tornou-se Doge da República de Veneza, em 1343.[982]

[978] Wilhelm GREWE, **Epochen der Völkerrechtsgeschichte** (Baden-Baden: Nomos, 1984, primeira parte – *Ius gentium*: Grundzüge der mittelalterlichen Völkerrechtsordnung, p. 55-162, 3. Kapitel – *Die Subjekte der Völkerrechtsgemeinschaft*, p. 83-98, cit. p. 83): "Das Gesicht der mittelalterlichen Völkerrechtsordnung ist bestimmt durch die Struktur der politischen Verbände, die diese Ordnung tragen. Diese Verbände sind, wie schon grundsätzlich festgestellt wurde, keine '*Staaten*' in moderne Sinne, sie werden hier als '*Gemeinwesen*' bezeichnet."

[979] N. MACHIAVELLI, **Il Principe** (in **Tutte le opere**, a cura di Mario MARTELLI, Firenze: Sansoni, 1971, pp. 255-298); ed. bras., N. MAQUIAVEL, **O Príncipe e outros escritos políticos** (trad. Lívio XAVIER, São Paulo: Folha de São Paulo, 2010, p. 11-62).

[980] N. MAQUIAVEL, **O Príncipe** (eds. cits., 1971 e 2010; cap. I – *De quantas espécies são os principados e dos modos de conquistá-los*, p. 12): "Todos os estados, todos os domínios que exerceram ou exercem poder sobre os homens, foram e são repúblicas e principados." Ver, a respeito **Tratado** (tomo 5 – **Direito internacional no tempo de Francisco de Vitória**, cap. 13 – estado como sujeito de direito internacional: a contribuição de MAQUIAVEL e BODIN).

[981] W. GREWE (op. cit., 1984, p. 83): "Seitdem ist der Ausdruck zur eine Klassifikationsbegriff der Lehre von der '*Staatsformen*' herabgesunken."

[982] Giandomenico ROMANELLI (edited by), **Venice**: art & architecture (orig. publ. **Venezia**: l'arte nei secoli, 1997, translated by Janett ANGELINI, Elizabeth CLEGG, Emma FRENCH and Gareth THOMAS, Colônia: Könemann, 1997, 2 vols.).

Considerava DANDOLO a expressão do poder da República, a partir da experiência do Imperador de Roma. Como tantos outros, DANDOLO partia do modelo romano: tendo ocorrido a transferência do poder soberano (*translatio imperii*), esta teria passado do príncipe, como instrumento responsável pelo bem estar do povo, modelado a partir do imperador CONSTANTINO, para as novas formas de poder, em república como Veneza.

Depois de CONSTANTINO, no início do século IV, segundo entendia DANDOLO, naquilo em que todos os príncipes do Império do Ocidente e do Oriente tinham falhado,

> aconteceu, assim, a transferência imperial (*translatio imperii*), e o príncipe (*princeps*) ou dirigente de Veneza, líder na Europa e mestre da romanidade, apareceu com o novo CONSTANTINO, ou antes como aquele, cuja plena jurisdição tinham de reconhecer todos os venezianos, assim como os não-venezianos, quer leigos ou eclesiásticos, em seu próprio interesse.[983]

Outros como MARSÍLIO DE PÁDUA se manifestarão sobre estas candentes questões.

Serão, neste capítulo, sucessivamente considerados: MARSÍLIO DE PÁDUA (1275-1342) (9.1) e GUILHERME DE OCKHAM (nascido no final do século XIII, em torno de 1280, com significativas flutuações de datas, e falecido entre 1347 e 1350) (9.2). Se, de um lado, ambos se inscrevem no contexto de seu tempo, tendo como pano de fundo a luta

[983] G. ROMANELLI (op. cit., ed. 1997, vol. I, p. 114-115) reproduz a passagem do texto de Andrea DANDOLO: "Then occurred the *translatio imperii* [imperial transfer] and the *princeps* [ruler] of Venice, leader in Europe and master of Romania, appeared with the new CONSTANTINE, or rather as the one whose fullest jurisdiction all Venetians and non-Venetians, ecclesiastical and lay, in their own interest, had to recognize." Esse 'programa de governo' e teoria do poder de DANDOLO se teria exprimido, de forma plástica, quando este, como Doge da República de Veneza, determina seja feita a reforma da célebre **Pala d'Oro**, que leva a total restruturação desta: "If this really was DANDOLO's belief, it explains clearly why he wanted to cancel the imperial figure of Aléxis COMMENUS and replace it with the doge who was the first patron of the *Pala d'Oro*. However, DANDOLO's intervention in this work went well beyond the transformation of the imperial image into a ducal one: it was a complete restructuring. In fact, all the enamels of the first and second versions of the *Pala* were used to create an absolutely new one. This probably meant moving some of the enamel groups which previously had a unified iconographic and compositional logic of their own."

hegemônica entre império e papado, são aqui especificamente lembrados porque se destacam pelas reflexões a respeito de novos modelos de ordenação da sociedade, e das contundentes críticas aos modos vigentes à época, com repercussão e desdobramentos em tempos posteriores.

9.1. Marsílio de Pádua (1275-1342)

> Todos os reinos devem almejar a paz, na qual os povos progridem e se cuida do bem comum dos povos – *utilitas gentium custoditur.*
>
> MARSÍLIO, **Defensor da paz** (1324, ed. 2009)[984]

> O **Defensor da paz** (1324) teve o feliz privilégio de ser imediatamente posto em prática, na realidade histórica e política de seu tempo, embora por breve período.
>
> J. QUILLET (1970)[985]

> Os meios por ele [MARSÍLIO] proporcionados teriam levado à mudança completa nas relações entre igreja e estado na Europa.
>
> A. BLACK (1992)[986]

> Depois de ler o **Defensor pacis**, o papa declarou que era o livro mais herético que ele tinha jamais lido. JOÃO XXII, que era canonista e fino conhecedor das finanças, estava em condições de prever o desastre que

[984] MARSÍLIO da PADOVA, **Il difensore della pace / Defensor pacis** ("testo latino a fronte", estudo introdutório Mariateresa Fumagali Beonio BROCCHIERI, Milão: Rizzoli/ BUR/ I classici, 1ª. ed. 2001, 2ª. ed., 2009, 2 vols., libro I – diccio prima, cap. I – De intencione summaria tractandorum, et causa intencionis et libri divisione, p. 2-17, cit. p. 2-3).

[985] Jeannine QUILLET, **La philosophie politique de Marsile de Padoue** (Paris: Vrin- reprise, 1970, p. 14): "connut ce sort privilégié d'être mis immédiatement en application dans la réalité historique et politique de son temps, ne fût-ce que pour une période éphémère. "

[986] Antony BLACK, **Political Thought in Europe 1250-1450** (Cambrige: Univ. Press, 1992, 'Marsiglio', p. 58-71, cit. p. 71) prossegue: "Many of his ideas were indeed to prove attractive later, for example to Thomas CROMWELL architect of the Henrician Reformation in England. MARSIGLIO's ecclesiastical views, with exclusion of priests from all avenues of political power and so much ecclesiastical power given to the prince, suggest again that what we have here is the prototype for a new kind of state."

ameaçaria a política pontifícia em matéria de poder e de finanças, caso se adotassem as ideias de MARSÍLIO. O desenvolvimento ulterior lhe deu razão: a catástrofe se produziu no século XVI e MARSÍLIO amplamente contribuiu para tanto.

Kurt FLASCH (1992)[987]

O endurecimento das posições pontifícias acarretaria consequências. Era muito fácil explorar certas linguagens. Surgiram no outro campo teorizadores infinitamente mais perigosos do que os dos primeiros tempos. O mais terrível foi MARSÍLIO DE PÁDUA, cujo livro **O defensor da paz** (1324) causou muito barulho no momento em que o papa JOÃO XXII lutava contra LUÍS da Baviera. Reformulando numa síntese, aliás notável, todos os argumentos antipontifícios, propunha um sistema do mundo em que a igreja só teria poder sobre o espiritual, e em que a autoridade residiria no povo; este, por sua vez, delegá-la-ia por meio do voto em quem bem lhe parecesse, o que equivalia dizer que o Concílio – de que os simples fiéis deveriam participar – era o juiz da fé, e não o papa. Além disso, MARSÍLIO acrescentava que o papa não era de modo algum o sucessor de PEDRO, e que todos os padres eram igualmente depositários dos poderes de CRISTO. Essa concepção da igreja unicamente como uma doutrina e acima de tudo como uma sociedade, acabava por arruinar tudo aquilo de que a cristandade tinha vivido até então. No entanto, as condenações não impediram que ela se espalhasse.

Daniel ROPS (1993)[988]

A contribuição de MARSÍLIO DE PÁDUA (1275-1342)[989] se destaca em meio ao conjunto das diatribes de seu tempo na célebre luta pela hege-

[987] Kurt FLASCH, **Introduction à la philosophie médiévale** (trad. do alemão Janine de BOURGKNECHT, préf. de Ruedi IMBACH e François-Xavier PUTALLAZ, Fribourg, Suisse: Editions universitaires / Paris: Ed. du Cerf, 1922, chap. XI – Conciliation ou critique: les objections de LUTERELL contre GUILLAUME D'OCKHAM, p. 170-189, cit. p. 170).

[988] Daniel ROPS, **A igreja das catedrais e das cruzadas** (orig. publ. **L'église de la cathédrale et de la croisade**, 1993, trad. Emérico da GAMA, São Paulo: Quadrante, 1993, cit. p. 631-632).

[989] As datas de nascimento e falecimento de Marsiglio dei Mainardini, dito MARSÍLIO DE PÁDUA, podem ter alguma variação, conforme as fontes utilizadas: normalmente se admite

monia entre papado e império. Seu nome imediatamente se associa ao 'defensor da paz' – **Defensor pacis** (1324) – mas foi ele também autor de outras obras, tais como o assim chamado 'defensor menor', ou **Defensor minor**, o tratado sobre a trasladação do império ou **De translatione imperii**, o tratado sobre a jurisdição imperial em matéria matrimonial, ou **Tractatus de jurisdictione imperatoris in causis matrimonialibus**, outras obras nas quais a linha temática se mantém: a primazia do poder temporal cabe ao imperador; a função do papado deve se ater às questões espirituais.

A pretensão de exercício de poder temporal pela igreja constituiria usurpação das atribuições imperiais e desvio de função. MARSÍLIO considera total erro supor que a igreja possa ter qualquer poder legal, ou detenha qualquer força coercitiva. Isso se pode deduzir, seguindo a inequívoca lição de CRISTO: "dai a CÉSAR o que é de CÉSAR e o que é de Deus, a Deus".[990] Onde, claramente, tais poderes pertencem ao âmbito de CÉSAR – ou seja, à esfera do poder temporal.

Da mesma forma, são PAULO, na *Epístola aos romanos* (13,1-2) diz que devemos nos submeter ao poder dos magistrados, pois, como todo poder emana de Deus – *non est enim potestas nisi a Deo* –, quem resiste aos magistrados resiste a Deus – *qui resistit potestati, Dei ordinatione resistit.*[991]

A visão de MARSÍLIO se põe no sentido de trazer a igreja de volta à sua função inicial, ao modelo da igreja primitiva,[992] antes do

ter ocorrido o nascimento entre 1275 e 1280 e a morte entre 1342 e 1343. Assim se utilizam aqui as datas de uso corrente, assinalando todavia a ocorrência de alguma variação.

[990] BIBLIA SACRA – **Vulgatam Clementinam** (nova editio, A. COLUNGA e L. TURRADO, Madri: BAC, quinta ediitio, 1977) *Evangelium secundum Matthaeum* (22, 20-21): "Et ait illis Jesus: Cuius est imago haec, et superscriptio? Dicunt ei: Caesaris. Tunc ait illis: Reddite ergo quae sunt Caesaris, Caesari: et quae sunt Dei, Deo."

[991] BIBLIA SACRA – **Vulgatam clementinam** (nova editio, A. COLUNGA e L. TURRADO, Madri: BAC, quinta editio, 1977) *Epistola B. Pauli Apostoli ad Romanos* (13, 1-2).

[992] A respeito da igreja primitiva e da transição desta, sobretudo entre 312 e 394 d.C., J. B. BURY, **A History of the later Roman Empire** (New York: Dover Books, reed. 1958, vol. I, p. 360) assinalava: "nunca se deve esquecer que a revolução religiosa, feita por CONSTANTINO, em 312, foi talvez o ato mais audacioso jamais praticado por um autocrata, desafiando e desprezando o que pensava a grande maioria dos seus súditos"; Peter BROWN, **Society and the Holy in Late Antiquity** (London: Faber and Faber, 1982). Para situar o contexto da época, veja-se o cap.8, supra, sobre a longa transição do mundo tardo-antigo ao medieval. V. tb. P. de LABRIOLLE, **La réaction païenne**: étude sur la polémique

desenvolvimento do augustinismo político.[993] E, sobretudo, em decorrência da adoção das políticas de poder, que marcam a atuação do papado, durante a Idade média, transformando, progressivamente, a igreja em uma 'potência deste mundo':

> Enquanto afronto empreitada tão árdua, estou ciente de que três perigosos inimigos da verdade se preparam para a coarctar – *ex illius tamen tribus infestis hostibus huic operi bella parari video.* Contudo, ninguém pode duvidar que a verdade não possa ser confutada.
>
> O primeiro desses inimigos é a clara e violenta oposição, por parte do poder do bispo de Roma – *Romanorum episcoporum suorumque complicium* – e seus cúmplices. Estes tudo farão para aniquilar esta obra e aqueles que, amando a verdade, a difundirão, como se combatessem contra os adversários do seu propósito de deter ilegitimamente bens temporais, e de seu irrefreável desejo de exercitar a autoridade política – *eorum ardenti desiderio principatus.*[994]
>
> Também um segundo, antigo inimigo da verdade, se prepara para se contrapor, não menos duramente, contra esta obra: o hábito de aceitar afirmações falsas e as compartilhar – *consuetudine scilicet audiendi falsa illaque credendi.* Refiro-me às falsidades, que foram disseminadas e difundidas, nas almas de muitos cristãos simples, por bispos, presbíteros e seus pares. Esses sacerdotes, com suas palavras e seus escritos, desenvolveram, com trama muito complexa e difícil de ser desfeita, as doutrinas de origem divina e humana, relativa aos atos humanos, quer privados como públicos.
>
> De tal confusão doutrinal, depois deduziram, embora sem fundamento, conclusões que justificam seu ilegítimo controle sobre aqueles cristãos, que se deixaram envolver pelos paralogismos – *paralogismis* – dos sacerdotes e

anti-chrétienne du Ier au VIe siècle (Paris: l'Artisan du livre, 1934); Henri-Irénée MARROU, **Décadence romaine ou Antiquité tardive?** III ^e-VIe siècle (Paris: Seuil, 1977); Henri-Irénée MARROU, **L'église de l'Antiquité tardive** 303-604 (Paris: Seuil, 1963, 1985); Maurice VALLERY-RADOT, **L'Église des premiers siècles** (Paris: Perrin, 1999 e 2006); Paul VEYNE, **Quand notre monde est devenu chrétien** (312-394) (Paris: Albin Michel, 'édition revue et augmentée', 2007).

993 Veja-se, especificamente, item 8.1, 'AGOSTINHO DE HIPONA (354-430 A.D.)', bem como Henri-Irénée MARROU, **L'ambivalence du temps de l'histoire chez Saint-Augustin** (Paris: Vrin, 1950).

994 MARSÍLIO de PÁDUA, **Defensor pacis** (ed. 2009, II.I.1, vol. I, p. 282-285).

pelo temor da danação eterna, a se conformarem, como se se tratasse da vontade divina, a tais raciocínios sofísticos, expressos oralmente ou por escrito, nos quais a conclusão não decorre das premissas. Desse modo, as verdadeiras doutrinas – e suas premissas autênticas e mais evidentes – com relação aos argumentos que ora tratamos, foram canceladas na mente dos homens, e substituídas por falsas doutrinas, que agora muitos sequer conseguem perceber. Isso porque o hábito de dar atenção a doutrinas falsas confunde as ideias e as afastam da verdade – *turbat enim et abducit a veritate non modicum secundum quamlibet disciplina audicionum falsarum consuetudo.* [...] O terceiro e outro perigoso inimigo da verdade será, de qualquer modo, obstáculo a esta doutrina: refiro-me à inveja e hostilidade daqueles que, embora convencidos dos fundamentos das nossas opiniões, mesmo assim se oporão; tentando minimizar, emprivado, ou contestando publicamente – *eidem detraccionis dente clandestino lacerando vel presumpcionis clamoso latratu* –, impulsionados pela selvageria da inveja, somente porque tais doutrinas foram expostas por outro, e não por eles.[995]

Em sua obra principal, o **Defensor da paz** (1324),[996] MARSÍLIO, docente ilustre da Universidade de Paris, se oferece ao imperador como teórico, ao se voltar para a análise dos meios e mecanismos para a consecução da paz, e eliminação da discórdia civil de todas as cidades e reinos. Essa obra trouxe ao seu autor igualmente a celebridade e tormento.

Ao final da obra, o autor expunha o seu propósito:

Este tratado terá o nome de **Defensor da paz**, porque trata e explica as causas específicas, graças às quais se conserva e sobrevive a paz civil ou tranquilidade – *civilis pax sive tranquilitas* – as causas das quais surge o seu oposto, a discórdia, e por meios de quais esta é impedida e eliminada. Este tratado permite conhecer a autoridade, a causa e a concordância das leis divinas e humanas, e de todas as formas de governo coativo, que são as normas dos atos humanos, em cuja conveniente medida, se não impedida, consiste a paz ou tranquilidade civil.[997]

[995] MARSÍLIO de PÁDUA, **Defensor pacis** (ed. 2009, II.I.1, vol. I, p. 282-285).

[996] Mariateresa Fumagali Beonio BROCCHIERI, no estudo introdutório (in Marsílio da PADOVA, **Il difensore della pace / Defensor pacis**, "testo latino a fronte", Milão: Rizzoli/ BUR/ I classici, 1ª. ed. 2001, 2ª. ed., 2009, 2 vols., vol. I, p. V-XVI).

[997] MARSÍLIO DE PÁDUA, **Defensor pacis** (ed. 2009, III.3.1).

Tão logo a autoria da obra se torna conhecida, MARSÍLIO DE PÁDUA teve de se refugiar junto ao imperador LUIS da Baviera, em Munique, em 1326. Logo a seguir, o papa JOÃO XXII (1316-1334)[998] condena a obra maior de MARSÍLIO como herética, por meio da bula *Licet juxta doctrinam*, em 23 de outubro de 1327. Isso por conter ataques ao exercício da soberania temporal e da autoridade papal.

> Indicamos a causa singular da discórdia civil e da ausência de tranquilidade de alguns reinos e comunidades, que atingirá todas as outras comunidades, se não for proibida: se trata da convicção, do desejo e do esforço, com o quais o bispo de Roma e a sua corte de clérigos visam, de modo específico, o governo secular e possuir bens terrenos supérfluos. Esse referido bispo, particularmente, fundamenta a reivindicação do governo supremo sobre a plenitude dos poderes, que lhe foram conferidos por Cristo, na pessoa de são Pedro.[999]
>
> Não integra as competências desse bispo, nem de qualquer outro sacerdote ou clérigo, enquanto tais, conjunta ou singularmente, exercer qualquer governo secular, e ainda menos o [governo] supremo, nem pronunciar juízo coativo sobre qualquer pessoa neste mundo.[1000]

[998] DANTE (**Paraíso**, XVIII, 130-132) não poupa crítica ao papa JOÃO XXII, apontado por seu modo de vida discordante da simplicidade e da pobreza dos apóstolos, que deveriam pautar a vida cristã: "*Ma tu che sol per cancellare scrivi, / pensa che Pietro e Paolo, che moriro / per la vigna che guasti, ancor son vivi*". C. RENDINA, **I papi** – Storia e segreti (orig. publ. 1983, Roma: Newton, 1993, p. 427-431, cit. p. 428) assinala ter sido o pontificado de JOÃO XXII marcado por dois grandes problemas, que se entrecruzavam: o dissídio com o imperador LUIS da Baviera, e as controvérsias no seio da ordem franciscana.

[999] MARSÍLIO DE PÁDUA, **Defensor pacis** (ed. 2009, III.2.1): "como se assevera e dissemos, no último capítulo do livro I e, não sem razão, é rebatido em muitos outros capítulos do livro II".

[1000] MARSÍLIO DE PÁDUA, **Defensor pacis** (ed. 2009, III.2.1): "como demonstramos, com argumentos humanos, certamente, nos capítulos 12, 13 e 15 do livro I, e confirmamos nos capítulos 4 e 5 do livro II, graças aos testemunhos da verdade eterna, com os tratados dos seus santos intérpretes e de numerosos estimados doutores – *secunde firmavimus testimoniis veritatis eterne necnon santorum eius interpretum exposicionibus ac plurimorum approbatorum eiusdem doctorum*. Nos capítulos 6 e 7 do livro II, com base nas Escrituras e argumentações certas, estabelecemos quais e qual extensão tenha o poder dos sacerdotes ou bispos. Demonstramos no capítulo 23 do livro II que, nem todos, nem qualquer um deles, em particular o bispo de Roma, coletiva ou individualmente, detém aquela plenitude de poder que se arrogaram. Isso se faz pela particular malignidade da qual muitas vezes se falou nas considerações

O próprio MARSÍLIO parecia antecipar-se ao impacto que poderia ter seu livro, ao apontar: "assumimos nos discursos precedentes, como coisa por si evidente a todos, que estes sejam os fins e o que de melhor os homens possam desejar, ainda que em dois mundos diversos – *secundum diversum tamen et alterum seculum*".[1001] Além disso, procurava precaver-se contra o que pudesse ser considerado 'menos católico', nos seus escritos. Acrescentava: "caso se encontre alguma coisa, no que foi por nós escrito, alguma coisa menos católica – *minus catholice* – não foi esta dita com pertinácia e a submetemos à correção e à decisão da autoridade da igreja católica ou do concílio ecumênico dos fiéis cristãos".[1002]

Vigorosa e precisa separação entre as esferas de poder temporal e espiritual é estipulada por MARSÍLIO. Bem como aponta e condena atuação dos papas que se estendia além do considerado lícito ou adequado, com base na lei divina e humana. Dentre os quais:

- para alcançar a beatitude eterna somente é necessário crer na escritura divina ou na canônica – *solam divinam seu canonicam scripturam*, e é verdadeira qualquer interpretação, que necessariamente decorra desta, feita pelo concílio comum dos fiéis, se proposta na forma devida;[1003]
- definir sentenças dúbias da lei divina, especialmente no tocante aos assim chamados 'artigos da fé' – *qui Christiane fidei vocantur articoli* –, e ao que se deve crer, por necessidade de salvação, somente deve determinar o concílio ecumênico dos fiéis ou a sua multiplicidade – *solum generale concilium fidelium aut illius valenciorem multitudinem sive partem determinare debere* – e nenhum outro colégio parcial, ou pessoa singular, de qualquer condição, tem autoridade para fazer tal determinação;[1004]
- a escritura evangélica não ordena a observância dos preceitos da lei divina sob a ameaça de pena ou de suplício temporal – *ad observanda*

preliminares – *propter que malignitatis illius singularis in dictis prohemialiter sepius nominate sufficienter radices succise videntur.*"

1001 MARSÍLIO DE PÁDUA, **Defensor pacis** (ed. 2009, III.3.1).

1002 MARSÍLIO DE PÁDUA, **Defensor pacis** (ed. 2009, III.3.1).

1003 MARSÍLIO DE PÁDUA, **Defensor pacis** (ed. 2009, III.2.1) aponta "a certeza disso se encontra e pode ser extraída" do cap. 19 do livro II, pars. 2-5 *(19º secunde, ex 2ª in 5ª)*.

1004 MARSÍLIO DE PÁDUA, **Defensor pacis** (ed. 2009, III.2.2) aponta "ser a certeza disso encontrada" no cap. 20 do livro II, pars. 4-13 *(20º secunde, ex 4ª in 13ª)*.

precepta divini legis, pena vel supplicio temporali nemo evangelica scriptura compelli, precipitur;[1005]

- para a salvação eterna somente é necessário observar os preceitos da lei evangélica – *solius evangelice legis precepta* – ou o que desta decorre – *vel ad ipsa per necessitatem sequentia* –, e o que segundo a reta razão se deve fazer ou evitar; mas não é preciso observar todos os preceitos da antiga lei;[1006]
- não se pode dispensar nenhum mortal da observância dos preceitos de Deus ou da lei evangélica, nem proibir aquilo que é permitido, obrigando, sob ameaça de pena ou punição pelo estado da vida presente ou da futura; somente o concílio ecumênico ou o fiel legislador humano tem tal poder, e nenhum colégio parcial ou pessoa singular de qualquer condição detém tal prerrogativa;[1007]
- somente a universalidade dos cidadãos ou a sua maioria pode atuar como legislador humano – *legislatorem humanum solam civium universitatem esse aut valenciorem illius partem*;[1008]
- as decretais ou decretos dos pontífices romanos, ou de qualquer outro, coletiva ou singularmente, não constringem ninguém a punição ou suplício, temporal ou espiritual, se emanados sem concessão do legislador humano ou de concílio ecumênico;[1009]
- somente o legislador ou quem governa conforme à autoridade deste pode dispensar das leis humanas – *in humanis legibus solum legislatorem vel illius auctoritate alterum dispensare posse*;[1010]

[1005] MARSÍLIO DE PÁDUA, **Defensor pacis** (ed. 2009, III.2.3) cf. parágrafos 3-10 do cap. 9 do livro II *(9º secunde, ex 3ª in 10ª)*.

[1006] MARSÍLIO DE PÁDUA, **Defensor pacis** (ed. 2009, III.2.4) cf. parágrafo 10 ao final do cap. 9 do livro II *(9º secunde, ex 10ª in finem)*.

[1007] MARSÍLIO DE PÁDUA, **Defensor pacis** (ed. 2009, III.2.5) cf. parágrafo 9 do cap. 12 do livro I, parágrafo 1º do cap. 9 do livro II e o parágrafo 8 do cap. 21 do livro II *(12º prime, 9ª, et 9ª secunde, 1ª, et 21ª secunde, 8ª)*.

[1008] MARSÍLIO DE PÁDUA, **Defensor pacis** (ed. 2009, III.2.6) cf. caps. 12 e 13 do livro I *(12º et 13º prime)*.

[1009] MARSÍLIO DE PÁDUA, **Defensor pacis** (ed. 2009, III.2.7) cf. cap. 12 do livro I e par. 29 do cap. 28 do livro II *(12º prime, et 28º secunde, 29º)*.

[1010] MARSÍLIO DE PÁDUA, **Defensor pacis** (ed. 2009, III.2.8) cf. par. 9 do cap. 12 do livro I *(12º prime 9ª)*.

- o acesso ao governo ou qualquer outro cargo se faz mediante eleição, por quem tem autoridade com relação a tal escolha, e não depende de nenhuma outra confirmação ou aprovação – *principatum electum aut alterum qualecumque officium a sola eleccione auctoritatem habentis ad illam, nullaque alia confirmacione seu approbacione pendere*;[1011]
- a eleição de qualquer governo ou outro ofício, especialmente a eleição de quem será detentor de força coatora, somente depende da vontade expressa pelo legislador;[1012]
- o supremo governo da comunidade política deve ser somente um – *solum unum numero supremum principatum esse debere in civitate vel regno*;[1013]
- compete à autoridade do fiel governante civil determinar, segundo os costumes ou as leis aprovadas, as pessoas, suas competências e seu número, para exercer os ofícios da comunidade política – *personas et ipsarum qualitatem ac numerum* – e todas as demais matérias que se referem à coisa pública;[1014]
- nenhum governante, muito menos colegiado parcial ou pessoa individualmente, de qualquer condição, detém a plenitude de governo ou de poder sobre atos individuais ou civis, sem decisão do legislador humano;[1015]
- bispos e sacerdotes, enquanto tais, não tem qualquer governo ou jurisdição coativa sobre clérigos e leigos, mesmo na eventualidade de serem estes heréticos;[1016]
- sobre toda pessoa mortal singular de qualquer condição – *super omnem singularem personam mortalem cuiuscumque condicionis existat* –,

[1011] MARSÍLIO DE PÁDUA, **Defensor pacis** (ed. 2009, III.2.9) cf. par. 9 do cap. 12 do livro I e os parágrafos 4-7 do cap. 26 do livro II *(12º prime 9ª, et 26ª secunde, ex 4ª in 7ª)*.

[1012] MARSÍLIO DE PÁDUA, **Defensor pacis** (ed. 2009, III.2.10) cf. cap. 12 do livro I e os parágrafos 2-4 do cap. 15 do livro I *(12º et 15º prime, ex 2ª in 4ª)*.

[1013] MARSÍLIO DE PÁDUA, **Defensor pacis** (ed. 2009, III.2.11) cf. cap. 17 do livro I *(17º prime)*.

[1014] MARSÍLIO DE PÁDUA, **Defensor pacis** (ed. 2009, III.2.12) cf. cap. 12 do livro I e parágrafos 4 e 10 do cap. 15 do livro I *(12º prime et 15ª, 4ª et 10ª)*.

[1015] MARSÍLIO DE PÁDUA, **Defensor pacis** (ed. 2009, III.2.13) cf. cap. 11 do livro I e parágrafos 3-5 do cap. 23 do livro II *(11º prime et 23º secunde, ex 3ª in 5ª)*.

[1016] MARSÍLIO DE PÁDUA, **Defensor pacis** (ed. 2009, III.2.14) cf. parágrafos 2-4 do cap. 15 do livro I e os caps. 4, 5, 9 e 10 (par. 7) do livro II *(15º prime, ex 2ª in 4ª; 5º et 9ª secunde, ac 10º, 7ª)*.

bem como sobre qualquer colegiado de clérigos ou leigos, pela autoridade do legislador, somente o governante tem jurisdição coativa, seja real seja pessoal;[1017]

- não é legítimo a qualquer bispo ou presbítero excomungar alguém – *excommunicare quemquam absque fidelis* –, sem a autoridade do fiel legislador humano;[1018]
- todos os bispos tem igual autoridade, conferida diretamente por Cristo – *omnes episcopos equalis auctoritatis esse immediate per Christum* –, e não se pode provar, segundo a lei divina, que algum tenha primazia, em matéria temporal ou espiritual, e outro a ele esteja subordinado;[1019]
- segundo autoridade divina, com consenso e concessão do fiel legislador humano, todos os outros bispos, conjunta ou separadamente, podem excomungar o bispo de Roma – *excommunicare posse Romanum episcopum* –, e exercitar, em relação a este, outra autoridade, e vice-versa;[1020]
- ninguém pode, mediante lei humana, emanar dispensa em caso de uniões conjugais ou casamentos proibidos pela lei divina, enquanto aqueles proibidos pela lei humana são competência exclusiva do legislador somente, ou de quem governa, segundo mandato deste;[1021]
- tão somente ao legislador se reconhece como pertinente tornar legítimos os nascidos fora do legítimo tálamo ou matrimônio – *natos non ex legitimo thoro seu matrimonio* –, de modo a poderem gozar de direito de herança, e assumir outros cargos, civis ou eclesiásticos, e benefícios;[1022]

[1017] MARSÍLIO DE PÁDUA, **Defensor pacis** (ed. 2009, III.2.15) cf. caps. 15 e 17 do livro I e os caps. 4, 5 e 8 do livro II *(15º et 17º prime, 4º, 5º ac 8º secunde).*

[1018] MARSÍLIO DE PÁDUA, **Defensor pacis** (ed. 2009, III.2.16) cf. pars. 11-14 do cap. 6 e par. 9 do cap. 21 do livro II *(6º secunde, ex 11ª in 14ª, et 21ª secunde, 9ª).*

[1019] MARSÍLIO DE PÁDUA, **Defensor pacis** (ed. 2009, III.2.17) cf. caps. 15 e 16 do livro II *(15º et 16º secunde).*

[1020] MARSÍLIO DE PÁDUA, **Defensor pacis** (ed. 2009, III.2.18) cf. pars. 11-14 do cap. 6 e caps. 15 e 16 do livro II *(6º secunde, ex 11ª in 14ª, et 15, 16ª secunde).*

[1021] MARSÍLIO DE PÁDUA, **Defensor pacis** (ed. 2009, III.2.19) cf. par. 9 do cap. 12 do livro I e par. 8 do cap. 21 do livro II *(12º prime, 9ª, et 21ª secunde, 8ª)*; essa matéria é retomada no III.2.36.

[1022] MARSÍLIO DE PÁDUA, **Defensor pacis** (ed. 2009, III.2.20) cf. pars. acima referidos *(ubi supra; immediate).*

- integra os poderes do fiel legislador somente – *ad solum legislatorem fidelem spectare* –, avaliar com juízo coativo aqueles que pretendam aceder às ordens eclesiásticas, e decidir a respeito de sua suficiência, e sem a sua autoridade a ninguém é lícito, quer se trate de bispo ou sacerdote, promover alguém a tais ordens;[1023]
- somente quem governa segundo as leis dos fiéis tem a prerrogativa de avaliar o número de igrejas ou templos, bem como dos sacerdotes, diáconos e outros oficiais, que os administrem;[1024]
- somente mediante a autoridade do fiel legislador deverão ser conferidos ou revogados ofícios eclesiásticos específicos – *ecclesiastica officia separabilia* –, e da mesma forma, benefícios ou quaisquer outros bens, estipulados para fins religiosos;[1025]
- nenhum bispo, enquanto tal, tem autoridade para nomear notários ou quaisquer outros oficiais públicos, coletiva ou separadamente;[1026]
- os bispos, enquanto tais, coletiva ou individualmente, não podem conceder licenças de ensino, de qualquer matéria ou disciplina, porquanto tais concessões integram somente as competências do fiel legislador, ou de quem governa segundo sua autoridade;[1027]
- nos ofícios eclesiásticos e nos benefícios, deve ser dada preferência a quem foi promovido ao diaconato ou ao sacerdócio e a todos os que irrevogavelmente se consagraram a Deus, em relação aos não-consagrados;[1028]

1023 MARSÍLIO DE PÁDUA, **Defensor pacis** (ed. 2009, III.2.21) cf. pars. 2, 3 e 4 do cap. 15 do livro I e pars. 8-16 do cap. 17 do livro II *(15º prime, 2ª, 3ª, 4ª, et 17º secunde, ex 8ª in 16ª).*

1024 MARSÍLIO DE PÁDUA, **Defensor pacis** (ed. 2009, III.2.22) cf. pars. acima referidos *(ubi supra; immediate).*

1025 MARSÍLIO DE PÁDUA, **Defensor pacis** (ed. 2009, III.2.23) cf. pars. 2 e 4 do cap. 15 do livro I e pars. 16-18 do cap. 17 e pars. 11-15 do cap. 21 do livro II *(15º prime, 2ª et 4ª, et 17º secunde, ex 16ª in 18ª, et 21º secunde, ex 11ª in 15ª).*

1026 MARSÍLIO DE PÁDUA, **Defensor pacis** (ed. 2009, III.2.24) cf. pars. 2, 3 e 10 do cap. 15 do livro I e par. 15 do cap. 21 do livro II *(15º prime, 2ª, 3ª et 10ª, et 21º secunde, 15ª).*

1027 MARSÍLIO DE PÁDUA, **Defensor pacis** (ed. 2009, III.2.25) cf. pars. acima referidos *(ubi supra; immediate).*

1028 MARSÍLIO DE PÁDUA, **Defensor pacis** (ed. 2009, III.2.26) cf. pars. 6-8 do cap. 14 do livro II *(14º secunde, ex 6ª in 8ª).*

- o legislador pode dispor do uso de bens temporais eclesiásticos, no todo ou em parte, legitimamente e segundo a lei divina, para o bem público, para a utilidade pública, ou para defesa, uma vez atendidas as necessidades dos sacerdotes e dos demais ministros do Evangelho, as necessidades dos pobres impotentes, e do pertinente ao culto divino;[1029]
- todos os bens temporais, reservados para causas religiosas ou obras de beneficência, como os bens destinados por testamento a atravessar o mar e resistir aos infiéis, ou para resgatar quem foi feito prisioneiro, ou para prover aos pobres, destituídos de recursos, ou outros casos similares, podem ser administrados somente por quem governa segundo decisão do legislador e a vontade do legador ou doador de outro gênero;[1030]
- somente o fiel legislador humano tem o poder de conceder isenções a qualquer colegiado ou ordem, aprová-los ou instituí-los;[1031]
- segundo decisão do legislador humano, somente o governante tem autoridade para submeter a juízo coativo os heréticos e outros criminosos, e os que devam ser punidos com pena ou suplício temporal, bem como requerer, aplicar, e infligir tais penas, pessoais ou reais;[1032]
- nenhum súdito, mesmo se obrigado por juramento justo, em relação a outro, pode ser liberado por um bispo ou presbítero, sem causa que o fiel legislador possa considerar razoável, na terceira acepção do termo 'jurisdição' – *tercie significacionis iudicio iudicanda* – sendo a sã doutrina adversa a tal posição;[1033]

[1029] MARSÍLIO DE PÁDUA, **Defensor pacis** (ed. 2009, III.2.27) cf. par. 10 do cap. 15 do livro I, par. 16 do cap. 17 e par. 14 do cap. 21 do livro II *(15º prime, 10ª, et 17º secunde, 16ª, et 21º secunde, 14ª).*

[1030] MARSÍLIO DE PÁDUA, **Defensor pacis** (ed. 2009, III.2.28) cf. pars. acima referidos *(ubi supra; immediate).*

[1031] MARSÍLIO DE PÁDUA, **Defensor pacis** (ed. 2009, III.2.29) cf. pars. 2, 3, 4 e 10 do cap. 15 do livro I, par. 8-16 do cap. 17 e pars. 8 e 15 do cap. 21 do livro II *(15º prime, 2ª, 3ª, 4ª et 10ª, et 17º secunde, ex 8ª in 16ª, et 21º secunde, 8ª et 15ª).*

[1032] MARSÍLIO DE PÁDUA, **Defensor pacis** (ed. 2009, III.2.30) cf. pars. 6-9 do cap. 15 do livro I, pars. 2-3 do cap. 8 e cap. 10 do livro II *(15º prime, ex 6ª. in 9ª, et 8º secunde, 2ª et 3ª et 10º secunde).*

[1033] MARSÍLIO DE PÁDUA, **Defensor pacis** (ed. 2009, III.2.31) cf. caps. 6 e 7 e pars. 13-16 do cap. 26 do livro II *(6º et 7º secunde, et 26ª secunde, ex 13ª in 16ª).*

- somente o concílio ecumênico de todos os fiéis – *solum generalem concilium fidelium omnium* – tem competência para nomear um bispo, privar ou depor de tal ofício, ou [escolher] uma igreja como metropolitana em relação às outras;[1034]
- somente o fiel legislador, ou quem governa conforme a autoridade deste, sobre a comunidade dos fiéis, pode reunir o concílio ecumênico dos sacerdotes ou dos bispos, ou de todos os demais fiéis, com poder coativo; caso seja este reunido de modo diverso, suas decisões não terão força ou efeito, e ninguém pode ser obrigado a observá-las, sob ameaça de pena, espiritual ou temporal;[1035]
- jejuns e proibições alimentares exigem a autoridade do concílio ecumênico dos fiéis ou do fiel legislador. Somente o concílio ou o legislador podem proibir as artes mecânicas, ou o ensino das disciplinas, cujo exercício não foi proibido em certos dias, pela lei divina; somente o fiel legislador ou quem governa conforme a autoridade deste pode obrigar ao cumprimento de tais normas, sob ameaça de pena ou punição temporal;[1036]
- somente o concílio ecumênico deve estatuir e regular a canonização ou culto de uma pessoa como santo – *canonizari aut tamquam sanctum adorari quempiam*;[1037]
- contra juízo coativo, concedido por bispo ou sacerdote, é lícito, por parte do destinatário deste, apelar ao legislador ou a quem governa segundo sua autoridade;[1038]
- a quem compete conservar a perfeição evangélica da suma pobreza não deve ter qualquer bem imóvel em seu poder, sem que tenha a firme intenção de vender tal bem quando puder, dando aos pobres

[1034] MARSÍLIO DE PÁDUA, **Defensor pacis** (ed. 2009, III.2.32) cf. pars. 9-12 do cap. 22 do livro II *(22º secunde, ex 9ª in 12ª)*.

[1035] MARSÍLIO DE PÁDUA, **Defensor pacis** (ed. 2009, III.2.33) cf. pars. 2, 3 e 4 do cap. 15 e cap. 17 do livro I, do par. 6 ao fim do cap. 8 e os pars. 2-8 do cap. 21 do livro II *(15º prime, 2ª, 3ª et 4ª, et 17º prime et 8º secunde, ex 6ª in finem, et 21º secunde, ex 2ª in 8ª)*.

[1036] MARSÍLIO DE PÁDUA, **Defensor pacis** (ed. 2009, III.2.34) cf. pars. 2, 3, 4 e 8 do cap. 15 do livro I, e par. 8 do cap. 21 do livro II *(15º prime, 2ª, 3ª, 4ª et 8ª, et 21º secunde, 8ª)*.

[1037] MARSÍLIO DE PÁDUA, **Defensor pacis** (ed. 2009, III.2.35) cf. par. 8 do cap. 21 do livro II *(21º secunde, 8ª)*.

[1038] MARSÍLIO DE PÁDUA, **Defensor pacis** (ed. 2009, III.2.37) cf. par. 8 do cap. 15 do livro I, e par. 11 do cap. 22 do livro II *(15º prime, 8ª, et 22º secunde, 11ª)*.

o produto da venda; mas de nenhum bem, móvel ou imóvel, deve ter propriedade ou domínio, com o propósito de o reivindicar perante juízo coativo, contra quem dele se aproprie, ou pretenda apropriar-se;[1039]

- a comunidade ou pessoas singulares, em conformidade com a lei divina e segundo suas possibilidades, devem prover ao menos o necessário, aos bispos e outros ministros, que ministram o ensinamento do Evangelho, para quotidianamente se vestirem e se alimentarem, com o dízimo ou qualquer outra coisa, que não vá além da satisfação das necessidades de referidos ministros;[1040]
- o fiel legislador, ou quem governa segundo sua autoridade, pode obrigar na província a ele sujeita, tanto os bispos quanto outros ministros do Evangelho, aos quais são fornecidos alimento e vestuário suficientes, a celebrar os ofícios divinos e a ministrar os sacramentos eclesiásticos;[1041]
- a eleição do bispo de Roma, bem como de qualquer outro eclesiástico ou ministro do templo, assim como a suspensão ou a revogação, em razão de delito cometido, somente devem ser feitas, segundo a lei divina, pelo fiel legislador ou quem governa conforme a sua autoridade.[1042]

Depois de todas as especificações precedentes, aduzia MARSÍLIO: "podem ser deduzidas muitas outras conclusões úteis" dos dois primeiros livros, e propunha: "contentemo-nos com o que deduzimos, porque oferece fundamentação fácil e suficiente para erradicar a mencionada

[1039] MARSÍLIO DE PÁDUA, **Defensor pacis** (ed. 2009, III.2.38) cf. pars. 22 e 30 do cap. 13, e par. 44 do cap. 14 do livro II *(13º secunde, 22ª et 30ª, et 14º, 4ª).*

[1040] MARSÍLIO DE PÁDUA, **Defensor pacis** (ed. 2009, III.2.39) cf. pars. 6-11 do cap. 14 do livro II *(14º secunde, ex 6ª in 11ª).*

[1041] MARSÍLIO DE PÁDUA, **Defensor pacis** (ed. 2009, III.2.40) cf. pars. 2,3 e 4 do cap. 15 do livro I, os pars. 6 ao fim do cap. 8, e o par. 12 do cap. 17 do livro II *(15º prime, 2ª, 3ª et 4ª, et 8º secunde, ex 6ª in finem, et 17ª secunde, 12ª).*

[1042] MARSÍLIO DE PÁDUA, **Defensor pacis** (ed. 2009, III.2.41) cf. pars. 2, 3, 4 e 10 do cap. 15 do livro I, pars. 8 a 16 do cap. 17 e pars. 9-13 do cap. 22 do livro II *(15º prime, 2ª, 3ª, 4ª et 10ª, et 17º secunde, ex 8ª in 16ª et 22º secunde, ex 9ª in 13ª).*

peste, conjuntamente com as suas causas, e porque não pretendo estender demasiadamente o discurso".[1043]

A condenação papal à obra de MARSÍLIO enumera os pontos mais sensíveis: a alegada submissão do papa ao imperador, a alegada submissão dos bens temporais à jurisdição imperial, a suposta igualdade entre são PEDRO e os demais apóstolos, a ausência de qualquer jurisdição coercitiva, de natureza eclesiástica. Ligado a JOÃO XXII, se insurge ALVAREZ PELAYO, em sua obra **De statu et planctu ecclesiae**,[1044] na qual se engaja em refutar as teses do *ímpio e pérfido* MARSÍLIO.

Além das controvérsias suscitadas à época, o **Defensor da paz** é obra representativa não somente das lutas contra a autoridade temporal do papado,[1045] mas também reflete as transformações das comunas italianas, nos séculos XIII e XIV.[1046] Com base em ARISTÓTELES, e tomando como exemplo o santo Império e as *Comunas* italianas, MARSÍLIO argumenta ser o povo a autoridade suprema; e assim como somente existe um povo, em qualquer sociedade deve haver somente uma autoridade: *o governo supremo em uma cidade ou reino deve ser único.*[1047]

1043 MARSÍLIO DE PÁDUA, **Defensor pacis** (ed. 2009, III.2.42): "Possent autem alie quamplures et utiles conclusionis ex prioribus diccionibus per necessitatem inferri quas tamen deduximus, contenti sumus, quoniam ad predictam peste cum ipsius causa succidendam facilem atque sufficientem prebent ingressum, et propter abbreviacionem sermonis."

1044 Dentre as obras mais conhecidas de ALVARUS PELAGIUS (ca. 1280-1353), **Status et planctus ecclesiae**, teve 28 edições entre 1488 e 1998, em quatro idiomas, "held by 51 WorldCat member libraries wordwide"; enquanto seu **De planctu ecclesiae** teve 27 edições entre 1474 e 1999, em latim e outras línguas, também "held by 51 WorldCat member libraries worldwide", e ainda **De planctu ecclesiae libri II** teve seis edições entre 1474 e 1570, e "held by 23 WorldCat member libraries worldwide".

1045 Daniel ROPS, **A igreja das catedrais e das cruzadas** (orig. publ. **L'église de la cathédrale et de la croisade**, 1993, trad. Emérico da GAMA, São Paulo: Quadrante, 1993, cit. p. 646-647): "O conflito entre o sacerdócio e o império entrava, pois, numa nova fase. Os teorizadores da independência dos estados perante a igreja, sobretudo MARSÍLIO DE PÁDUA e OCKHAM, preparavam-se para justificar com argumentos essa política. Por seu lado, os 'espirituais', condenados pela Santa Sé, empenhavam-se fervorosamente em sublevar as massas contra ela."

1046 Para situar o contexto, ver Indro MONTANELLI e Roberto GERVASO, **L'Italia dei Comuni** – Il Medioevo dal 1000 al 1250 (Milão: Biblioteca Univ. Rizzoli, ed. aggiornata, 2010).

1047 MARSÍLIO DE PÁDUA, **Defensor pacis** (ed. cit., 2009, III.2.11; tb. cap. 17 do livro I *(17º prime)*): *solum unum numero supremum principatum esse debere in civitate vel regno.*

Ao contestar o caráter divino da instituição pontifical, MARSÍLIO ataca o cerne da lógica hierocrática, ou seja, da fundamentação transcendental do poder: a autoridade papal não é conferida diretamente por Deus, mas antes, pela escolha e pela vontade dos homens, exatamente como qualquer outra função na sociedade.[1048]

Segundo MARSÍLIO, o poder do papa tem origem humana, e foi estabelecido porque a congregação dos fiéis teve necessidade de um chefe e se revelou cômodo, de ponto de vista administrativo, contar com organização centralizada. Mas, tal papel poderia ter sido atribuído a qualquer outro, que não o bispo de Roma. Como ademais, deu-se, durante séculos. E, mesmo antes da reforma protestante, tampouco reconheciam qualquer primazia ao bispo de Roma, ainda então, nem o conjunto dos ortodoxos, nem tampouco a autocéfala igreja armênia.

A primazia do bispo de Roma se fez 'gradual e secretamente'. Primeiro com base no prestígio dos mártires PEDRO e PAULO. Mas, com o passar dos séculos, acentuou-se e transformou-se em tirania, bem como fonte de corrupção, na medida em que se tornou 'oficial'. Cumpre lembrar que até o final do século IV, sob os sucessores de CONSTANTINO, continua a existir a distinção entre a fé pessoal do imperador e sua ação como soberano, que reinava sobre pagãos e cristãos.

O Império permanecia bipolar.[1049] A religião dos imperadores não era necessariamente a da maioria do povo, nem, tampouco, a das aparências institucionais, que permanecerão durante muito tempo pagãs, ao menos na própria Roma. Somente se pode falar de Império cristão a partir de 394-395 d.C., para encerrar de vez a bipolaridade religiosa do Império romano, em guerra qualificada como 'a primeira das guerras de religião'.[1050]

1048 MARSÍLIO DE PÁDUA, **Defensor pacis** (ed. cit., 2009, I.19.6).

1049 P. VEYNE, **Quand notre monde est devenu chrétien** (312-394) (ed. 2007, cap. VII – *Un siècle double: l'Empire païen et chrétien*, p. 137-158, cit. p. 137, nota 2) observa serem três religiões, contando o judaísmo, "qui avait le malheur d'être considéré moins comme une autre religion, comme un autre paganisme, que comme un refus du christianisme. Aucune loi ne l'interdisait (**Code Théodosien**, XVI, 8, 8 en 393), mais l'anti-judaïsme chrétien était vif et brutal."

1050 P. VEYNE (op. cit., 2007, p. 138). Compare-se o enfoque de Daniel ROPS, **A igreja dos apóstolos e dos mártires** (do original **L'Église des apôtres et des martyrs**, © 1988, trad. Emérico da GAMA, São Paulo: Quadrante, 1988); ___, **A igreja dos tempos bárbaros**

A 'plenitude do poder' é causa que explica tanto a completa corrupção do clero como a miséria da Itália e do Império.[1051] A oposição violenta que MARSÍLIO manifesta em relação ao papado e às instituições eclesiásticas, sobretudo no que diz respeito à imunidade dos clérigos, achava-se no primeiro plano das preocupações da maior parte das cidades italianas da época:

> No plano dos fatos históricos, o **Defensor pacis** e a obra marsiliana são muito representativos dos eventos que, em boa medida, os suscitaram. Mas esta é igualmente uma obra teórica, que encontra na sua conjuntura histórica a ocasião de reflexão sobre o poder, sua unidade, sua autonomia, sobre as estruturas da comunidade cristã, pluralista, porquanto engloba, em seu desenvolvimento, tanto as *Comune* ou as *Signorie* italianas como o governo do mundo cristão, em seu todo.[1052]

Já ARISTÓTELES, na **Política**,[1053] diagnosticou as causas do conflito social e prescrevera remédios para a solução de tais males. Isso para preservar a vida da cidade (*polis*) como entidade politicamente organizada e a normalidade da vida institucional, no seio desta. Com base na lição aristotélica, expunha MARSÍLIO:

(do original **L'Église des temps barbares**, © 1991, trad. Emérico da GAMA, São Paulo: Quadrante, 1991); ___, **A igreja das catedrais e das cruzadas** (op. cit., 1993, p. 651, nota 20): "Alguns dos ataques provieram de teorizadores dos direitos do estado, como MARSÍLIO DE PÁDUA, que acusavam os papas de Avinhão e a sua corte de todos os vícios para melhor atacarem o poder pontifício."

1051 J. QUILLET (op. cit., 1970, p. 15).

1052 J. QUILLET (op. cit., 1970, p. 15-16): "Au niveau des faits historiques, le **Defensor pacis** et l'oeuvre marsilienne sont très représentatifs des événements qui les ont, pour une bonne part, suscités. Mais c'est aussi une oeuvre théorique, qui trouve dans la conjoncture historique l'occasion d'une réflexion sur le pouvoir, son unité, son autonomie, sur les structures de la communauté chrétienne, pluraliste, car elle englobe dans son développement aussi bien la Commune ou la Seigneurie italienne que le gouvernement du monde chrétien dans son ensemble."

1053 ARISTOTLE, **Politics** (V.8, 1307b, 29-30, original grego, with an English translation by R. RACKHAM, Cambridge, Ma. / London: Harvard UP, LCL vol. 264, ARISTOTLE vol. XXI, © 1932, reprinted 2005). Ver tb. ARISTÓTELES, **Política** (trad. Nestor Silveira CHAVES, Bauru: Edipro, 1995).

> dado que 'os contrários produzem o contrário', da discórdia, que é o contrário da paz, derivam frutos danosíssimos para as comunidades políticas – como se pode ver, como é notoriamente conhecido, em relação ao reino itálico – *ut videre sat est, etiam quasi omnibus inoccultum, ab Ytalico regno.* Durante todo o tempo em que seus habitantes viveram em paz, gozaram dos frutos da paz, dos quais falamos, e progrediram a ponto de submeter ao seu comando todo o mundo habitado – *ut universam habitabilem eorum dicioni subdiderint.*[1054]

Surgidos os litígios e discórdias entre os italianos, "seu reino começou a ser atormentado, por desventuras e desgraças de toda ordem, e a sofrer dominação de detestados povos estrangeiros". E, de novo, "hoje se encontra lacerado, quase destruído, e em razão da discórdia, pode ser facilmente invadido, por quem deseje ou tenha o poder de o conquistar".[1055]

> São, assim, os melhores, como dissemos, os frutos da paz e da tranquilidade; enquanto os da discórdia são insuportáveis: por isso devemos almejar a paz, se não a temos, devemos buscá-la, e uma vez alcançada, devemos conservá-la e, com todas as forças, devemos repelir a discórdia, que é o seu contrário.[1056]

MARSÍLIO apontava a existência de 'causa especial e secreta', desconhecida ao tempo dos antigos, que consiste nas intervenções clericais e, especialmente, papais nas questões políticas, com as pretensões destes ao exercício de prerrogativas da jurisdição temporal, em questões civis, sobre dirigentes laicos. Essa grande luta entre papado e império pela hegemonia, um dos marcos centrais da Idade média, foi causa de imensos infortúnios à humanidade.

Qual é, então, o papel da igreja? O CRISTO excluiu a si mesmo e a seus discípulos e seus sucessores de qualquer autoridade coercitiva e norma mundana. A igreja, fundada pelo CRISTO, não é corpo

[1054] MARSÍLIO DE PÁDUA, **Defensor pacis** (ed. 2009, I. 1.2).

[1055] MARSÍLIO DE PÁDUA, **Defensor pacis** (ed. 2009, I. 1.2 e I.1.3): "Esses miseráveis se precipitaram na conflitualidade recíproca, que se sabe ser má disposição dos governos civis, como é a doença nos animais."

[1056] MARSÍLIO DE PÁDUA, **Defensor pacis** (ed. 2009, I.1.4).

jurisdicional; é a congregação dos fiéis – *congregatio fidelium*. Agregar a superestrutura jurisdicional a atividade pastoral da igreja, a impregnar de pretensões o exercício e mesmo à primazia do poder temporal seriam distorções graves do sentido e da missão pastoral e espiritual.

Os sacerdotes devem somente ensinar e pregar: "ensinar e exortar o povo, na vida presente, corrigir e admoestar o pecador, e atemorizá-lo ante o juízo final ou a predição da glória vindoura, ou da danação eterna",[1057] mas não devem ter qualquer poder de coerção. Mais ainda, devem reconhecer em seu próprio seio a plena jurisdição da autoridade secular:

> O dirigente, em virtude da autoridade do legislador – como representante, para MARSÍLIO, do conjunto dos cidadãos – tem jurisdição sobre todos os bispos, os padres e o clero, sob pena que a sociedade seja destruída pela existência de multiplicidade desordenada de governos.[1058]

Esse o sentido da ação do CRISTO, segundo as Escrituras: Este "se teria empenhado em se subtrair a qualquer forma de exercício do poder, desejando sempre se submeter à jurisdição coercitiva da autoridade temporal".[1059]

Compete à autoridade temporal ser o juiz, mesmo no seio da igreja; cabe a esta decidir sobre quaisquer conflitos de poder, delitos e outras questões da mesma natureza. Sustenta que o mesmo deveria dar-se em questões de doutrina, embora seja aí menos clara a linha de argumentação expendida.[1060]

O poder soberano cabe à sociedade cristã no seu todo – a *universitas civium*, ou *universitas fidelium*. Isso leva ao reconhecimento da teoria conciliar:[1061] ou seja, a comunidade – *ecclesia* reunida, em seu

[1057] MARSÍLIO DE PÁDUA, **Defensor pacis** (ed. 2009, II.10.2).

[1058] MARSÍLIO DE PÁDUA, **Defensor pacis** (ed. 2009, II.8.9; III.2.15).

[1059] MARSÍLIO DE PÁDUA, **Defensor pacis** (ed. 2009, II.4.13).

[1060] Philippe NEMO, **Histoire des idées politiques dans l'Antiquité et au Moyen Âge** (orig. publ. 1998, Paris: PUF, 2007, p. 968-971, cit. p. 970): "La conséquence est moins claire pour les questions de doctrine."

[1061] P. NEMO (op. cit., 2007, p. 1009-1015, Le conciliarisme, cit. p. 1009): "le conciliarisme est l'idée selon laquelle le pouvoir papal doit être contrôlé et limité par la réunion de conciles généraux de l'Église". Observa Jean CHÉLINI, **Histoire religieuse de l'Occident médieval** (Paris: Hachette-Histoire, ed. 1991, impressão 2006, esp. cap. VI – *Le temps des schismes*

todo –[1062] com a participação dos fiéis, seria a detentora do que se poderia denominar o 'poder constituinte'.[1063]

No ataque à assim chamada 'plenitude do poder' – *plenitudo potestatis*, MARSÍLIO refuta diversas pretensões do papado: em ser a única fonte autorizada de interpretação das **Escrituras**; de fixar sozinho os pontos de dogma; de ser o único a poder convocar concílios gerais; de excomungar ou colocar sob interdição qualquer estado, príncipe ou país; de fazer nomeações para postos eclesiásticos em todo o mundo.

A tantas pretensões opõe MARSÍLIO a tese segundo a qual a própria igreja deve ser submetida às autoridades seculares: visto não deter, esta, poder de natureza coercitiva, deve reportar-se, cada vez que a vida cristã necessite de medidas de autoridade, ao 'fiel legislador humano'. Somente este poderá fazer nomeações para postos eclesiásticos, bem como convocar concílios ou praticar outros atos.

A autoridade secular fica, assim, na concepção de MARSÍLIO, liberta de toda ingerência ou tutela clerical. As tentativas "do papa e de seus cúmplices" – *Romanorum episcoporum suorumque complicium* – de se assenhorearem da Itália do norte são usurpações e atos de despotismo. Contrários aos propósitos da fé cristã e destituídos de fundamento legal, em "seu irrefreável desejo de exercitar a autoridade política" – *eorum ardenti desiderio principatus*.[1064]

Considerava MARSÍLIO DE PÁDUA ser flagrante a contradição entre a instauração da paz e as pretensões políticas do papado. Há, nele, vínculo entre dois projetos: de um lado, liberar a política da tutela e da influência

1294-1449, p. 465-625, esp. p. 524-557) descreve 'Le concile: un gouvernement d'assemblée' e aduz CHÉLINI (op. cit., 2006, nota 1, p. 535): L'interruption automatique du concile élimine toute tentation pour lui d'assumer l'élection du nouveau pontife.

1062 MARSÍLIO DE PÁDUA, **Defensor pacis** (ed. 2009, II.2.2): *quod hoc nomen 'ecclesia' vocabulum est ex uso Graecorum, significans apud ipsos, in hiis que ad nos pervenerunt, congregacionem populi sub uno regimine contenti, quomodo sumpsit ecclesiam*; MARSÍLIO tb. cita ARISTÓTELES, **Política** (op. cit., ed. cit., livro II, cap. 7): *Ecclesia autem participant omnes.*

1063 A situação atual é diversa, porquanto o **Código de direito canônico / Codex iuris canonici** promulgado por JOÃO PAULO II, papa, em 1983 (trad. CONFERÊNCIA NACIONAL DOS BISPOS DO BRASIL, notas, comentários e índice analítico Pe. Jesus HORTAL segunda edição revista e ampliada com a legislação complementar da CNBB, São Paulo: Loyola, 1987, canon 340) estipula a interrupção automática de um concílio, em caso de vacância da sede pontifícia.

1064 MARSÍLIO de PÁDUA, **Defensor pacis** (ed. 2009, II.I.1, vol. I, p. 282-285).

da igreja, e, de outro lado, defender a autonomia da filosofia. Indo muito mais longe que DANTE.

Pelos mesmos motivos, padece DANTE. Este, muito embora mais comedido em suas formulações, também suscitou virulenta polêmica com os defensores de primazia papal, os curialistas. E, sofreu perseguição e exílio, em Ravena, por suas posições.[1065]

DANTE recusa o hierocratismo, ou poder de origem divina, em nome do dualismo, ou seja, da convivência entre poder temporal e poder espiritual. MARSÍLIO contesta a própria noção de dualismo e opõe ao hierocratismo a concepção simétrica: o imperialismo.

No **Defensor da paz**, MARSÍLIO contestava o primado de Pedro, e mesmo a relação deste com Roma, asseverando que este nunca lá estivera e, portanto, o alegado primado do bispo de Roma não tinha origem divina. Em razão da inexistência dessa alegada primazia, não teria o papa o direito de eleger ou depor um imperador.

Como DANTE, considerava MARSÍLIO serem as ideias hegemônicas do papado a maior ameaça para a paz. Mas, existem várias diferenças entre ambos.

Observa-se, seguindo seu pendor pela medicina, MARSÍLIO insistir mais que DANTE no que biologicamente obrigava o homem a viver socialmente e em comunidade – tema do qual TOMÁS já se tinha ocupado.[1066] Mas, "a grande diferença em relação a DANTE, é o fato de que a filosofia política de MARSÍLIO não era talhada na medida dos interesses do imperador" – enquanto "tinham bastado alguns anos para aniquilar a expectativa de DANTE de que pudesse surgir um imperador pacificador".[1067]

> O médico de Pádua teve ocasião de observar em Paris o funcionamento de um 'estado moderno'; mas era nas cidades do norte da Itália que este

[1065] Cf. se considera, adiante, no item 10.2 – DANTE ALIGHIERI (1265-1321).

[1066] Kurt FLASCH, **Introduction à la philosophie médiévale** (trad. do alemão Janine de BOURGKNECHT, préf. de Ruedi IMBACH e François-Xavier PUTALLAZ, Fribourg, Suisse / Paris: Editions universitaires / Ed. du Cerf, 1922, chap. X – La cité de Dieu ou la paix sur terre: la réhabilitation de la philosophie politique dans sa lutte contre la suprématie politique de la papauté, p. 152-169).

[1067] E. GILSON, **Dante et la philosophie** (Paris: Vrin, 3e éd., 1972). K. FLASCH (op. cit., 1992, p. 164-5).

> pensava ao fazer ciência política: ensinar que as leis deveriam ter origem no povo, era retomar as convicções dessas comunidades, cujas liberdades estavam ameaçadas.
> Doravante a soberania popular não mais era instrumento a serviço da política da igreja; não mais era retorno aos antigos modelos romanos, mas era a única força verdadeira que poderia ser oposta à ambição do papa, no momento em que o poder imperial estava enfraquecido. Correspondia, além disso, à tradição de liberdade que se encontrava nessas comunidades. Mais do que DANTE, interessava-se MARSÍLIO pelas diversas formas internas de organização da sociedade (família, vila, cidade, reino); como ele, considerava que a paz estava no coração da doutrina política, mas a via antes como a saúde de um organismo político, enquanto DANTE se baseara na doutrina do intelecto.[1068]

MARSÍLIO reduzia toda sujeição ao estado a uma escolha voluntária do indivíduo. Assim se compreende porque, quando se buscam as fontes da ideia de estado democrático, sempre apareça o **Defensor da paz**, e não sem motivo: como se sabe, para MARSÍLIO, as leis vêm do povo. Contudo, o próprio texto deixa entrever muitas restrições às ideias democráticas: o soberano, a quem o povo entrega o controle do poder, não mais está submetido a um controle democrático.

Na medida em que MARSÍLIO recusava, com veemência, a interpretação política da cidade de Deus, defendida pelo papado, mais ele deveria buscar uma força política, que tivesse a dimensão para se opor ao poder da Igreja de Roma. O exame do texto mostra algumas dificuldades, encontradas por MARSÍLIO, para construir a sua argumentação: dentre estas, a importância crescente atribuída à autoridade do imperador. Mas, é preciso compreender as premissas a partir das quais constrói MARSÍLIO a sua argumentação, para poder compreender essas dificuldades.

O ponto de partida era a concepção aristotélica do estado. Este, como expressão de 'comunidade perfeita', ou seja, a forma de vida social completa, à qual estão subordinadas as menores comunidades, e somente assim os homens podem encontrar aquilo de que tem necessidade para viver bem. Esse ponto de partida deveria garantir ao estado ser

1068 Ver E. GILSON, **Dante et la philosophie** (Paris: Vrin, 3e éd., 1972). K. FLASCH (op. cit., 1992, p. 164-5).

reconhecido como organismo dotado de seu próprio sentido e de seus próprios fins, contra qualquer tentativa de o desvalorizar, o que teria beneficiado a posição hegemônica da igreja.

Ainda aí, MARSÍLIO e DANTE estariam de acordo. A especificidade da contribuição de MARSÍLIO reside na concepção da política, secularizada e laicizada.

Apesar de algumas diferenças menores, existe visão comparável entre DANTE e MARSÍLIO a respeito de ponto de vista capital: ambos veem a sociedade humana como unidade coletiva, como multidão de indivíduos constituindo todo orgânico – *anima universitatis civium* –, na formulação de MARSÍLIO;[1069] ou, para DANTE, a "sociedade do gênero humano" fossem únicas para todos os homens.[1070]

O conjunto dos cidadãos seria o corpo da comunidade civil, cuja inteligência única se encarnaria na lei. A utilização do tema da unidade do intelecto seria, assim, meio de figurar, para a política, a necessária unidade do desejo específico do homem, para a vida em sociedade e, consequentemente, para a felicidade humana, que deve ser o propósito de toda ordenação legal da vida em sociedade.

Quando MARSÍLIO fala em *universitas civium*, não se trata de conjunto específico de homens, agrupados em determinada comunidade.[1071] Aí, entendo que o termo remete também à realidade política concreta do gênero do caso particular, de conjunto dos cidadãos integrantes de comunidade civil dentre outras.

Trata-se, assim, de modo geral, de todo grupamento humano, pequeno ou grande, mas, sobretudo a caracterização do conjunto da humanidade. A cidade-estado é termo genérico para designar corpo composto de matéria e de forma, e essa forma é a lei – *anima universitatis* – como a alma desse conjunto, o que constitui prefiguração de ordenação institucional e normativa do mundo, por meio de direito internacional pós-moderno.

Além das questões internas, pertinentes a cada sociedade politicamente organizada, inscreve-se a ideia de leis das nações – *leges gentium* –,

[1069] MARSÍLIO DE PÁDUA, **Defensor pacis** (ed. 2009, I.15.6).

[1070] Cfr. item 10.2 – DANTE ALIGHIERI (1265-1321); J. QUILLET (op. cit., 1970, *Science naturelle et science civile: la cité comme organisme*, p. 64-66); tb. E. GILSON, **Dante et la philosophie** (ed. cit., 1972).

[1071] MARSÍLIO DE PÁDUA, **Defensor pacis** (ed. 2009, I.15.6).

impostas a todos os povos: são prescritas pelas nações e são aceitas como expressões do direito natural – *quodam jure naturae* – e como tais aplicadas.

Vínculos que se constroem em decorrência da necessidade de comunicação e de interações as mais variadas entre sociedades políticas independentes. Como ilustra a concepção do *jus communicationis*, formulado dois séculos mais tarde, por Francisco de VITÓRIA.[1072]

O estado, concebido por MARSÍLIO, não mais é simplesmente uma instituição social e uma estrutura técnica – hoje diríamos, tecnocrática – mas, tinha como fundamento uma concepção ética global e seu propósito era 'viver bem': seria a realização do bem comum. Influência de sua formação médica e da filosofia de ARISTÓTELES, dados de ordem biológica são transpostos na comparação entre a cidade-estado e um organismo: como o coração para os organismos, o poder soberano – *pars principans* – desempenha, para o organismo social, o papel mais nobre – *nobilior atque perfectior.*[1073]

A respeito da unidade e diversidade dos governos no mundo inteiro, observa MARSÍLIO:

> Os indivíduos estão sob a influência das causas que regem o funcionamento do mundo; constituem unidades diversas, e se agrupam em comunidades políticas diversas, de linguagem e de costumes diferentes. Esta é unidade de ordem: *quoniam haec unitas est ordinis, non simpliciter unitas.*[1074]

Esse princípio fundamental, MARSÍLIO o toma emprestado de ARISTÓTELES.[1075] Acrescenta-lhe colorações averroistas, usando linguagem familiar aos homens do seu tempo.

[1072] Cf. **Tratado** (tomo 5 – **Direito internacional no tempo de Francisco de Vitória**, esp. cap. 14).

[1073] MARSÍLIO DE PÁDUA, **Defensor pacis** (ed. 2009, I.15.5) sustenta que a monarquia hereditária seria somente uma caricatura de unidade, pois realizaria somente a unidade material; enquanto a monarquia eletiva seria a expressão de unidade de perfeição. Esta última resultaria da escolha ou da eleição do povo, expresso na lei, ou *anima universitatis civium*, transposição para o plano político do Intelecto agente, não engendrado, eterno e separado. Ver tb. **Defensor pacis** (I.17.10-11).

[1074] MARSÍLIO DE PÁDUA, **Defensor pacis** (ed. 2009, I.17.10-11).

[1075] ARISTOTLE, **Categories, On interpretation, Prior analytics** (original grego, with an English translation by H. P. COOKE e Hugh TREDENNICK, Cambridge,

Antes, TOMÁS DE AQUINO também o fizera.[1076] MARSÍLIO, contudo, tira deste princípio todas as consequências, e inaugura, assim, uma nova era na ciência política.

A **Política** de ARISTÓTELES fazia o elogio da monarquia: via nela a melhor forma de governo.[1077] Se se quiser uma apologia teórica da democracia, seria preciso corrigir ARISTÓTELES; mas MARSÍLIO não foi o único a fazê-lo. O tempo se prestou bem a tanto.[1078]

Na linha de ARISTÓTELES, desenvolve MARSÍLIO a sua argumentação, com base em visão organicista da sociedade e da comunidade política: o corpo não pode ter nem duas cabeças, nem duas organizações. O papel crítico do poder espiritual é, por ele, negado. Nesse sentido, poder-se-ia dizer que MARSÍLIO DE PÁDUA anteciparia HOBBES na concepção do absolutismo do estado moderno.[1079]

Ma. / London: Harvard UP, LCL vol. 325, ARISTOTLE vol. I, © 1938, reprinted 2002); ARISTOTLE, **Posterior analytics, Topica** (original grego, with an English translation by H. TREDENNICK e E. S. FORSTER, Cambridge, Ma. / London: Harvard UP, LCL vol. 391, ARISTOTLE vol. II, © 1960); ou tb. na ed. francesa, ARISTOTE, **Organon**: I. Catégories / II. De l'interprétation (trad. nouvelle et notes par J. TRICOT, Paris: Vrin, 1984); ARISTOTE, **Organon**: III. Les premières analytiques (trad. nouvelle et notes par J. TRICOT, Paris: Vrin, 1983); ARISTOTE, **Organon**: IV. Les secondes analytiques (trad. nouvelle et notes par J. TRICOT, Paris: Vrin, 1979); ARISTOTE, **Organon**: V. Les Topiques (trad. nouvelle et notes par J. TRICOT, Paris: Vrin, 1984); ARISTOTE, **Organon**: VI. Les réfutations sophistiques (trad. nouvelle et notes par J. TRICOT, Paris: Vrin, 1977).

1076 Cfr. item 10.1 – santo TOMÁS DE AQUINO (ca. 1225-1277); ARISTOTLE, **Physics**: Books I-IV (original grego, with an English translation by P. H. WICKSTEED e F. M. CORNFORD, Cambridge, Ma. / London: Harvard UP, LCL vol. 228, ARISTOTLE vol. IV, © 1929, reprinted 2005); ARISTOTLE, **Physics**: Books V-VIII (original grego, with an English translation by P. H. WICKSTEED e F. M. CORNFORD, Cambridge, Ma. / London: Harvard UP, LCL vol. 255, ARISTOTLE vol. V, © 1934, reprinted 2006).

1077 ARISTOTLE, **Politics** (original grego, with an English translation by R. RACKHAM, Cambridge, Ma. / London: Harvard UP, LCL vol. 264, ARISTOTLE vol. XXI, © 1932, reprinted 2005). Ver tb. ARISTÓTELES, **Política** (trad. Nestor Silveira CHAVES, Bauru: Edipro, 1995).

1078 Cf. se examina no **Tratado** (tomo 3 B – **Gregos, romanos, chineses, indianos**, cap. 5 – cidades-estado gregas e o mundo helenístico).

1079 Cfr. **Tratado** (tomo 8 – **Direito internacional além do paradigma vestfaliano**, item – sob o signo do Leviatã, e tb. tomo 20 – **Direito internacional, história e cultura**, cap. 1 – direito internacional no tempo e seu papel na história, item 1.1 – o Leviatã e suas transformações).

Nesse sentido, pode-se reconhecer ter MARSÍLIO desenvolvido a "noção de direito positivo, enfatizando as 'causas eficientes' das leis positivas (a vontade do povo, ou do imperador, uma vez instituído), sem esquecer as 'causas finais' nem sair da órbita do direito natural".[1080]

Compete ressaltar, "em razão de certa espécie de direito da natureza, onde se tem o claro sentimento de não se tratar de aplicar dedutivamente categorias de puro direito natural".[1081]

Ao buscar expressão de tal compreensão, reporta-se a alguém que nem foi canonista, nem romanista, mas um nome de peso, MARSÍLIO DE PÁDUA, um dos principais pensadores políticos da segunda metade da Idade média. Em relação ao direito de toda a sociedade humana – *jus humanae societatis* –, MARSÍLIO se reporta à base ciceroniana do conceito, mas enfatiza a dimensão da comunicação – *communicationis*.[1082]

MARSÍLIO, no **Defensor da paz**, parte da definição da 'cidade' – *civitas* – ou do reino – *regnum* –, e da comunidade civil.[1083] A seguir, interroga-se sobre as 'causas' da comunidade civil, distinguindo: causa material, causa formal e causa final – *de causa finali civitatis*;[1084] enquanto causa final de cada parte constituinte da cidade.[1085]

Por esse caminho, ele chega às suas conclusões a respeito do poder imperial e funda a própria autoridade das leis imperiais: a partir de visão do mundo lastreada na observação da natureza.[1086]

MARSÍLIO utilizou a derivação do poder público, a partir do povo, como o principal argumento para desalojar qualquer forma de jurisdição

[1080] M. VILLEY, **La formation de la pensée juridique moderne** (Paris: PUF, 2003, p. 236-237): "par la méthode – justement – du droit naturel, durcie même et grossièrement pratiquée par MARSILE, non sans pédantisme. Ce n'est point de cet universitaire entiché d'aristotélisme et complice de l'avérroïsme, qu'il faut attendre qu'il dévie de cette tradition. La méthode du droit naturel triomphait dans le droit public au début du XIVe siècle."

[1081] Jean MOREAU-REIBEL, **Le droit de société interhumaine et le *jus gentium***: essai sur les origines et le développement des notions jusqu'à Grotius (RCADI, 1950, t. 77, p. 481-598, cit. p. 520).

[1082] J. MOREAU-REIBEL (op. cit., 1950, loc. cit.).

[1083] MARSÍLIO DE PÁDUA, **Defensor pacis** (ed. 2009, caps. 1, 2 e 3).

[1084] MARSÍLIO DE PÁDUA, **Defensor pacis** (ed. 2009, cap. 4, *de causa finali civitatis*).

[1085] MARSÍLIO DE PÁDUA, **Defensor pacis** (ed. 2009, cap. 5, *de causa finali cujusdam partis civitatis*).

[1086] Compare-se a argumentação de GUILHERME DE OCKHAM, a respeito da mesma questão, no item 9.2, seguinte.

clerical e para impor a jurisdição popular, bem como do príncipe, sobre o clero. De modo pouco habitual para o seu tempo, não devem os seus argumentos ser considerados quer como 'conclusão lógica' dos argumentos de ARISTÓTELES, quer como típica expressão de teoria 'ascendente' do poder, porquanto existiram vários formuladores de teorias ascendentes, tanto do ponto de vista do estado como da igreja, que não compartilham as opiniões fortemente anticlericais de MARSÍLIO DE PÁDUA.[1087]

Com a intensificação da luta pelo poder, as cidades italianas não conseguiram preservar as suas liberdades – *libertas* –, que se exprimiam na eleição de magistrados, por vezes por períodos curtos, como seis meses, em meio ao recrudescimento das lutas, no seio das camadas dirigentes. Para tentar remediar as coisas, em muitas ocasiões, recorreu-se a homens fortes, vindos de fora, mas estes, uma vez instalados, empenharam-se em guardar para si o poder e muitas vezes, transmitiram-no aos seus descendentes. Vê-se, assim, reflorescer a ideia de monarquia hereditária, que fora, antes, tão criticada.

Nas décadas de 1320 a 1340, novos monarcas abolem as liberdades e a autonomia administrativa das cidades italianas. O quadro é agravado pela grande crise econômica do século XIV.

Em meio a esse quadro, ampliar as liberdades democráticas, mais do que o pretendeu fazer MARSÍLIO, teria sido insensato. Por isso, o modelo que este apresenta, no **Defensor da paz**, tem de ser entendido à luz do seu tempo e das condições nas quais se encontrava a península itálica.

Assim, MARSÍLIO escreve para tempo e meio determinado, como o fizera DANTE. Ele teria podido ir ao ponto de exigir que o soberano, que se supunha representar o povo, devesse respeitar as leis. Mas, o que não mais se deveria perder era a ideia do bem estar de todos, e a moral política daí decorrente.

[1087] A. BLACK (op. cit., 1992, p. 71): "What MARSIGLIO said of the Empire was meant to be equally applicable to the Italian communes, in whose milieu his theory was born. The church-state controversy had provoked the question of who should hold any kind of power, and on whose authority anybody rules. Constitutional questions were becoming philosophical ones, thus making possible much greater departures from current norms. And MARSIGLIO's was one of the most original of such theories. His response to theocracy was a self-determined state based on the formal sovereignty of the people."

A situação e os conflitos do momento obrigaram MARSÍLIO a concentrar toda a sua atenção sobre a integração da religião no seio do organismo político: os clérigos deveriam ser cidadãos como os outros. Para a Idade média, esta era uma concepção revolucionária: os clérigos possuíam sua própria legislação e sua própria jurisdição; estavam isentos de impostos.
MARSÍLIO não tinha nenhuma intenção de suprimir a religião. Seu propósito era integrá-la politicamente, para permitir que esta se desenvolvesse, como força espiritual. Ele se opôs à centralização monárquica da Igreja romana, e retomou a ideia dos concílios do tempo da igreja primitiva: reclamar a participação dos leigos nas paróquias, recusar a identificação da Igreja somente com a sua hierarquia. Nesses problemas de política eclesial, MARSÍLIO desenvolveu justamente seus projetos concretos. E, se mostrou coerente onde, do ponto de vista prático, isso se fez necessário.[1088]

Não se deve considerar a obra de MARSÍLIO DE PÁDUA somente como controvérsia em relação à estrutura de poder e às pretensões hegemônicas da igreja, sobre a sociedade do seu tempo. Ele teve a preocupação de pensar modelo político que pudesse nortear a organização das sociedades humanas e a ordenação da convivência entre estas.

Como outros publicistas da Idade média, MARSÍLIO foi confrontado com o problema da sociedade cristã e se esforça por resolver as contradições deste, no plano da política.[1089] É em função das duas estruturas centrais da Idade média – império e papado – que dão à sociedade medieval a sua feição específica e o caráter de unidade, tão característico do seu conjunto, que MARSÍLIO DE PÁDUA exerceu seus talentos de pensador e de polemista.[1090]

[1088] K. FLASCH (op. cit., 1992, p. 167): "Ses idées ont marqué le paysage politique de la fin du Moyen Âge, car il n'y avait pas de meilleur avocat que lui pour prêcher cet esprit conciliaire."

[1089] J. QUILLET (op. cit., 1970, p. 17): "Tout l'effort de sa pensée est de réfléchir sur les fondements d'une communauté limitée à l'Europe médiévale au début du XIVe siècle, qui reste fondamentalement attachée aux deux structures sur lesquelles elle s'est édifiée depuis le haut Moyen Âge: empire et papauté."

[1090] J. QUILLET (op. cit., 1970, loc. cit.): "S'il est extrémiste, MARSILE n'a rien d'un révolutionnaire: il n'entend rien innover ni rien construire de positivement nouveau. Il veut restaurer la grandeur impériale ou, plus exactement, la défendre contre les attaques de la papauté. Défenseur de l'Empire, MARSILE partage avec ses adversaires les mêmes

A importância do **Defensor da paz** reside no fato deste sancionar, no plano teórico, a separação dos dois poderes, separação essa que já se esboçava na realidade histórica. Se não chegou a desenvolver ulteriormente doutrina que o teria feito chegar ao modelo de democracia liberal, isso se deu em razão da situação criada, primeiro, pelas pretensões hegemônicas do papado, segundo, pelas lutas sangrentas pelo poder, travadas no interior das cidades italianas e, em terceiro, pelo aparecimento das senhorias, a delegação de poderes a homem forte, que, depois, não mais se retirava do protagonismo político, onde se instalara.

MARSÍLIO deixa claro o que pretendia defender, quando escreve a sua obra: a paz. Almejava a construção e a defesa da paz. Como premissa para a vida em sociedade.

Entre 1322 e 1324, quando escrevia em Paris o seu livro sobre a defesa da paz, mesmo tendo presentes as lições de Santo AGOSTINHO, de Santo TOMÁS, e o precedente de DANTE, não mais poderia MARSÍLIO, a seu tempo, acreditar como DANTE, quando este imaginara uma ordem universal, garantidora da paz.

A originalidade de MARSÍLIO consiste no fato deste defender a ideia de império, como italiano, na condição de pertencente a cidade independente, quer *Comune* ou *Signoria* do norte da Itália, e esta particularidade confere à sua defesa do império certo caráter de irrealidade: ele não se dedica ao *Imperium germanicum*, mais ou menos enraizado no território da Germânia, mas à noção romana do Império, instituição que reveste todos os aspectos de tradição sacramental: o imperador, para ele, não é somente o príncipe dos estados teutônicos, ele é o descendente dos Césares romanos e de CARLOS MAGNO.

Como apontado, a concepção de império passara por múltiplos avatares desde então.[1091] Não somente no Ocidente medieval.

croyances aux mêmes mythes, la participation aux mêmes illusions réformatrices, qu'elles concernent la papauté ou l'Empire lui-même."

1091 Cf. supra, cap. 8; e tb. **Tratado** (tomo 3 A – **Direito internacional no tempo antigo**, item 3.2 – conceito jurídico de império: I – da Antiguidade rumo à Idade média e tomo 5 – **Direito internacional no tempo de Francisco de Vitória**, item 12.2. conceito jurídico de império: II – da Idade média à era moderna); P. B. CASELLA, *Empires, hegemony and cooperation* (in **Pravovie aspekti BRICS – Aspetti giuridici del BRICS – Legal aspects of BRICS**, ed. By P. CATALANO and T. ALEXEEVA, Saint Petersburg: National Research Univ., 2011, p. 27-48, cit. p. 48): "the notion of Empire can have different meanings and can

É a este personagem mítico e enfraquecido, no início do século XIV, que se dirige MARSÍLIO: é à restauração do poder imperial, fundado na autoridade do povo romano, que ele se reporta. Este é o dado central da sua obra.

A imagem do bom governo e do bom príncipe é dado inspirador da formulação marsiliana. Esse imaginário remonta ao Império romano, desde filósofos pagãos como IAMBLICO, SOPATROS, THEMISTIOS,[1092] e, também, no polemista cristão EUSÉBIO DE CESAREIA,[1093] e se estende ao longo da era medieval.

Pode-se imaginar o quadro, que descortinava MARSÍLIO: ele tinha diante dos olhos a situação da Itália, onde o grande período das cidades terminava, em meio a lutas sangrentas, e as senhorias lá se desenvolviam, mais e mais.

> Vir em socorro da Itália significava, para MARSÍLIO, recusar a ideologia clerical da Cidade de Deus e exigir que esta se submetesse, também, às leis da cidade. Segundo ele, o 'legislador humano', isto é, o povo, tem o direito de reformar essa autoridade e, caso fracasse, de a depor.[1094]

be framed in many different ways. As evidenced by its metamorphosis along the centuries and under different civilization contexts".

1092 Ver o conjunto de textos e comentários a respeito do tema do bom governo, reportados por Dominic O'MEARA e Jacques SCHAMP, **Miroirs de prince** – de l'Empire romain au IVe. siècle (Fribourg: Academic Press / Paris: Cerf, 2006).

1093 Ver EUSÉBIO DE CESAREIA (265-340), **História eclesiástica** (trad. Monjas beneditinas do Mosteiro de Maria mãe de Cristo, São Paulo: Paulus, 2000, col. Patrística, vol. 15).

1094 K. FLASCH (op. cit., 1992, p. 168): "A situação criticada por MARSÍLIO encontrou a sua expressão no grande afresco de Ambrogio LORENZETTI, pintado por volta de 1340, e que pode ser admirado no Palácio comunal de Siena. Representa os efeitos do bom e do mau governo: se a cidade está dotada de boa constituição comunal, o bem comum é o verdadeiro soberano. O conceito aristotélico de bem comum é representado por alegoria que personifica o contraste existente entre o modo como a comunidade de um lado, e a senhoria de outro, compreendiam, uma e outra, seus respectivos papeis. Onde reina o bem comum, os conflitos internos da cidade são solucionados sem violência; é a justiça que sai vitoriosa, e não um único homem, ou tirano. A segurança se instala, mesmo nas pequenas rotas isoladas. O comércio floresce, e os camponeses podem trabalhar sem perigo em seus campos. A vida se expande, ativa e serena. Pois sobre tudo isso reina a paz, sem tensão e mais imponente que todos. Esse era programa ético e político que a filosofia de ARISTÓTELES tornava possível; ainda não se tratava de análise efetiva do mundo político. Isso é o que revela o afresco vizinho, que retrata os efeitos desastrosos do mau governo. Os dois quadros traduzem bem

O uso do termo "ideologia" em relação ao século XIV é outra prática que deve ser considerada com cautela – e com aspas, como espécie de sinalização desta. Mais um vocábulo de uso corrente, em nossos tempos, que necessita ser contextualizado para ser usado de maneira adequada. Sobretudo quando lançado em relação a séculos antes do seu aparecimento.

O termo 'ideologia' se encontra pela primeira vez nos escritos do filósofo francês DESTUTT DE TRACY, que publicou, em 1801, 1815 e 1826, trabalho intitulado *Dissertation sur quelques questions d'idéologie*, ou "elementos de ideologia".[1095] Daí, deu-se extensa proliferação, por vezes confusamente compreendida e equivocadamente aplicada.

O papel do imperador é ser, verdadeiramente, o defensor da paz – justamente, **Defensor pacis**. Não discrepante, em relação ao papel do imperador, como deste diz DANTE, no **De Monarchia**:[1096] *curator orbis, qui dicitur Romanus princeps*, ou seja, aquele que arbitra os conflitos entre estados e pode a estes por fim, *de jure*, por ser parte de suas atribuições, enquanto detentor da suprema jurisdição e da suprema autoridade.

É cabível que se faça avaliação bastante crítica da postura de MARSÍLIO:[1097]

> Haveria muito a dizer sobre esse fenômeno quase geral, dentre os pensadores do começo do século XIV – retorno à origem, nostalgia do passado, recusa do presente e desconhecimento do futuro – e MARSÍLIO, desse ponto de vista, é desigual sucessor de DANTE. Mergulhado nas querelas entre facções, que opunham os partidos locais, no norte da Itália, DANTE

a realidade italiana: o país se encontrava em uma encruzilhada. Foi nesse contexto concreto que MARSÍLIO dirigiu a sua polêmica contra o papado: ele pretendia fazer obra útil."

1095 DESTUTT DE TRACY, *Dissertation sur quelques questions d'idéologie* (1801, 1815 e 1826, no volume **Mémoire sur la faculté de penser / De la métaphysique de Kant / et autres textes** (1798-1802) (textes réunis et revus par Anne et Henry DENEYS, Paris: Fayard / Corpus des oeuvres de philosophie en langue française, 1992, pp. 181-201). O termo 'ideologia' pode ser derivado, em francês, de termo alemão, forjado por Joh. Gottl. FICHTE "Wissenschaftslehre". Cfr. **Tratado** (tomo 13 – **Direito internacional no tempo do concerto europeu**, item – J. G. FICHTE (1762-1814) racionalismo, direito natural e nacionalismo).

1096 DANTE, **De Monarchia** (III, 16); e a seguir, no item 10.2.

1097 J. QUILLET (op. cit., 1970, p. 17-18): "Elle est retour à l'origine, nostalgie du passé, refus du présent et méconnaissance de l'avenir."

> sonhava em restaurar o império e, assim, voltar à unidade orgânica que tinha sido a grandeza da sociedade política medieval. Mas, esse sonho de unidade, torna-se, no **De Monarchia**, a tentativa de transação entre essas duas potências: como não podem se confundir, elas tentarão coexistir. DANTE mantém o princípio da superioridade espiritual do papa sobre o imperador, homenageando, assim, o espiritual, que tão profundamente caracterizou o espírito desse tempo. Se MARSÍLIO escolhe o imperador, é pelas mesmas razões: o imperador é o guia esclarecido da sociedade cristã. [...]
> Enquanto DANTE tentara reconciliação, MARSÍLIO foi radical: o dualismo do temporal e do espiritual é integrado no dogmatismo unitário de império, cuja missão é, ao mesmo tempo, temporal e espiritual. Ele está profundamente convencido da importância do espiritual, mas não quer confiar a direção e a gestão ao papado. O vigário de Cristo, sucessor de são PEDRO, deve ser um conselheiro e um guia; o verdadeiro representante de Deus sobre a terra é o imperador. Este somente a Deus deve o seu poder, e é tanto o defensor do império como da igreja.[1098]

A postura de MARSÍLIO tem de ser situada no tempo histórico e no contexto cultural no qual este se inscreve: a situação da cidade de Pádua, na época, com os confrontos entre as facções, em clima de tensão e de progressivo enfraquecimento das liberdades políticas, que o **Defensor da paz** foi concebido, e do qual o próprio MARSÍLIO foi participante e foi vítima – mais uma vez, assim como DANTE.

Ao desejar ser o artesão da paz, MARSÍLIO apela ao imperador, no papel de *defensor da paz*, o único que poderia trazer remédio a tantos males do reino da Itália – *Regnum italicum* –, terra do império, onde "a discórdia e as querelas surgiram entre os habitantes", o "reino começou a ser atormentado, por desventuras e desgraças de toda ordem e a sofrer dominação de detestados povos estrangeiros". E, de novo, "hoje se encontra

[1098] J. QUILLET (op. cit., 1970, p. 18): "La conception marsilienne de la société humaine ne diffère pas, fondamentalement, de celle de ses pires adversaires: les partisans de la théocratie pontificale. Ce n'est pas une des moindres ironies de l'histoire que de susciter dans une même période, et pour des raisons à peu près identiques, des idéologies d'autant plus opposées qu'elles participent d'une inspiration commune: la sauvegarde de la société chrétienne et de son unité."

lacerado, quase destruído e, em razão da discórdia, pode ser facilmente invadido por quem deseje ou tenha o poder de o conquistar".[1099]

A discórdia – o contrário da paz – tem efeitos disruptores sobre o tecido social e abala a saúde do corpo social: "esses miseráveis se precipitaram na conflitualidade recíproca, que se sabe ser má disposição dos governos civis, como é a doença nos animais".[1100]

Como é sabido, a Itália atravessou períodos extremamente confusos, que ainda se prolongariam por muito tempo,[1101] onde "se pode afirmar que o estado moderno não nasce sob o signo de uma antisséptica 'racionalização', como no passado se costumava esquematizar, mas sob o signo do conflito e de uma crise de tradição".[1102] Situações recorrentes na moderna história europeia já se fazem presentes na Itália no final da Idade média. Elementos que prosseguirão em jogo, nos séculos seguintes – a tal ponto que a 'unificação' do estado italiano somente ocorre na segunda metade do século XIX:

> Ainda que limitada ao quadro político internacional, mais ou menos conscientemente a expressão 'preponderâncias estrangeiras' queria, no fundo, dizer tudo isso: definir uma dimensão da história da Itália moderna,

[1099] MARSÍLIO DE PÁDUA, **Defensor pacis** (ed. 2009, I. 1.2).

[1100] MARSÍLIO DE PÁDUA, **Defensor pacis** (ed. 2009, I.1.3).

[1101] Cfr. as considerações, supra, título II – direito internacional entre o mundo tardo-antigo e o medieval; v. tb. Indro MONTANELLI e Roberto GERVASO, **L'Italia dei Comuni** – il Medio Evo dal 1000 al 1250 (orig. publ. 1966, Premessa di Sergio ROMANO, Milano: Rizzoli, ed. aggiornata, 2010); Gaetano GRECO e Mario ROSA (a cura di), **Storia degli antichi stati italiani** (Roma-Bari: Laterza, 1996); Michel ZIMMERMANN, **La crise de l'organisation internationale à la fin du Moyen Âge** (RCADI, 1933, t. 44, p. 315-437).

[1102] Giuseppe GALASSO, **Dalla 'libertà d'Italia' alle 'preponderanze straniere'** (Napoli: Ed. Scientifica – Pubbl. dell'Istituto Suor Orsola Benincasa, Historica, vol. 1, 1997, cap. 1 – 'Libertà d'Italia' e 'preponderanze straniere', p. 3-14, cit. p. 3 e 12-13): "Un altro conto è la realtà del fatto che per oltre tre secoli il sistema degli stati italiani e, ancor di più, i singoli stati italiani non ebbero autonomia, o ne ebbero in assai scarso grado, nel quadro politico europeo; che le sorti della penisola e dei suoi stati furono largamente decise al di fuori di essa; che solo in pochi casi e per breve periodi l'Italia fu allora il teatro decisivo delle lotte di potenza in Europa; che essa stessa non fu, per lo più, nello stesso periodo, l'oggetto principale di queste lotte; che un'assai larga parte d'Italia fu contemporaneamente soggetta a l'una o all'altra delle grandi potenze europee, la Spagna o, meglio, la Corona spagnuola, prima, Francia e Austria poi."

essencialmente determinada pelas relações de força entre os estados italianos e as potências europeias.[1103]

Decorrência dessa conjuntura de fracionamento, nasce a instituição original das cidades-estado italianas da época, que é a *Signoria*, etapa relevante entre as *Comune* que as precederam, e o principado, do qual MAQUIAVEL será o teórico.[1104] Quando as *Comune* progressivamente perdem a liberdade e a independência, a *maxima libertas*, da qual gozaram durante tempos relativamente curtos, tem lugar a transformação e evolução das estruturas políticas e jurídicas – na passagem às *Signorie*.

Logicamente, houve tensão e confronto entre o republicanismo das cidades e o poder absoluto das *Signorie*. Dado o estado extremo de anarquia e de lutas fratricidas entre as facções, nas *Comune*, passou-se ao reforço do poder de comandantes do povo.

As *Signorie*, ao menos inicialmente, parecem respeitar o princípio da soberania popular, e submeter-se à aprovação do conselho geral dos cidadãos, o *Consilium generale*. É esta a forma de regime político que tinha sob os olhos MARSÍLIO, que muito provavelmente inspirou a sua concepção de governo para a cidade.

Diante do quadro que mostrava o passado, a *civitas* marsiliana está fundada na soberania popular. É a vontade popular a única causa eficiente do 'estado' – usado com reserva do anacronismo, para a 'cidade' – *civitas* – ou 'reino' – *regnum*. Este considerado como *pars principans*, detentor único

1103 G. GALASSO, **Dalla 'libertà d'Italia' alle 'preponderanze straniere'** (op. cit. 1997, cap. 1, cit. p. 13-14): "Questa dimensione non può essere considerata esclusiva nella storia di quell'Italia, né tale da respingere sullo sfondo altre dimensioni della stessa storia o da ridurle di peso e di significato e da far considerare completo il condizionamento che ne derivò alla storia del paese. La perdita di autonomia dell'Italia e la serie delle relative e gravissime conseguenze furono, tuttavia, reali e giustificano, anzi esigono una considerazione della storia dell'Italia moderna articolata o articolabile anche secondo questa sua dimensione: dimensione che nello stesso tempo – altro elemento di tanto rilievo da doverlo appena ricordare – è pure della storia europea nel cui contesto quella italiana si era svolta e si sarebbe continuata a svolgere, poiché europea e non solo italiana fu la preponderanza di Spagna, Francia, Austria nel periodo a cui si riferisce."

1104 Ver **Tratado** (tomo 5 – **Direito internacional no tempo de Francisco de Vitória**, item 13.1) sobre MAQUIAVEL.

da autoridade, titular exclusivo da jurisdição coercitiva:[1105] por isso, o supremo governo da comunidade política deve ser somente um – *solum unum numero supremum principatum esse debere in civitate vel regno.*[1106]

O alegado e tão frequentemente invocado republicanismo de MARSÍLIO se mostra,[1107] quando este preconiza as medidas que podem ser tomadas, em todos os casos nos quais o príncipe transgrida a lei. Onde não se pode deixar de fazer constar sua moderação, acompanhada de todas as espécies de restrições. A ideia dominante iria, antes, no sentido de conservadorismo razoável: "o regime estabelecido dificilmente é pior que a mudança de regime".[1108]

Nas relações entre a *Signoria* e o império, encontrava-se a figura do vicariato imperial. No século XIV, o *Regnum italicum* é território política e juridicamente determinado por seu pertencimento ao império. Esse território está vinculado por tradição multissecular ao Império romano; diversamente dos estados pontifícios, dominados pela igreja, como poder temporal. Contra o qual se insurge MARSÍLIO.

Nesse sentido se inscreve a atuação do imperador HENRIQUE VII, de conferir nova organização imperial à Itália. A principal medida foi instituir, sob nova formulação, a figura do vigário imperial: estes, em considerável número, eram os *Signori* das cidades, sobre as quais deveriam exercer as suas atribuições imperiais.

A evolução política do *Regnum italicum* se traduzira, primeiro, pela formação das *Comune*, e, depois, das *Signorie*, que eram, na verdade, cidades-estado independentes, tanto política quanto economicamente. A autoridade imperial sobre tais cidades era antes ficção que realidade.

Nesses casos, contudo, o imperador aparecia sempre como a figura à qual, ao menos teoricamente, poder-se-ia recorrer em casos de abusos, o árbitro supremo, o defensor dos oprimidos. Por esse motivo, os *Signori* das *Comune* tinham de se respaldar, ao menos nominalmente, junto ao poder

1105 MARSÍLIO DE PÁDUA, **Defensor pacis** (ed. 2009, I.17), trata da unidade de governo.

1106 MARSÍLIO DE PÁDUA, **Defensor pacis** (ed. 2009, III.2.11) cf. cap. 17 do livro I *(17º prime)*.

1107 MARSÍLIO DE PÁDUA, **Defensor pacis** (ed. cit., I.18), que trata das representações que podem ser feitas ao príncipe.

1108 MARSÍLIO DE PÁDUA, **Defensor pacis** (ed. cit., I.17.6-7; em sentido semelhante, antes I.16.2 e 16) bem como invoca a autoridade de ARISTÓTELES, **Política** (ed. cit., II, 8, 1269 a).

imperial; embora fosse este praticamente inexistente na realidade da vida política das cidades-estado italianas medievais.[1109]

O exercício do vicariato imperial se exprime como pacto, quer se apresente como vicariato temporário, quer como vicariato vitalício. A evolução, em seu conjunto, tenderá para a vitaliciedade, com o reforço do poder das *Signorie.*

A concessão imperial se celebrava como pacto, como contrato estabelecido entre a autoridade imperial e o futuro vigário. Existente, em qualquer das formas, com todas as aparências de tratado celebrado de igual para igual, o que se explica pela manifesta fraqueza do Império, notória na época.

O texto da concessão do vicariato de Milão a Matteo VISCONTI, tal como conservado, contém a menção expressa que o imperador HENRIQUE VII a este concedia "o mero e misto império e tudo o que constitui a simples jurisdição" – *merum et mixtum imperium et omne id quod est simplicis jurisdictionis.*[1110] Nesses tempos de agitação e incertezas que viviam as cidades-estado, o mito do Império romano desempenhou papel considerável.[1111]

[1109] Retrato eloquente das mudanças na obra magistral de Francesco GUICCIARDINI, **Storia d'Italia** (a cura di Silvana Seidl MENCHI, saggio introduttivo di Felix GILBERT, Turim: Einaudi, © 1971, ristampa 2008, 3 vols.), com sabor adicional de documento contemporâneo. Para perspectiva histórica, vejam-se: **Storia degli antichi stati italiani** a cura di Gaetano GRECO e Mario ROSA (Roma-Bari: Laterza, 1996), bem como as análises de Élisabeth CROUZET-PAVAN, **Les villes vivantes** – Italie XIIIe-XVe siècle (Paris: Fayard, 2009, Introduction, p. 7-13, cit. p. 7): "Villes vivantes parce que le regard s'est plus précisément porté sur les dynamismes qui, durant les derniers siècles du Moyen Âge, animèrent l'histoire de ces organismes en mouvement", e tb. É. CROUZET-PAVAN, **Renaissances italiennes 1380-1500** (Paris: Albin Michel, 2007).

[1110] Ver as fontes acima referidas, b/c texto reproduzido em G. SANDRI, *I vicariati imperiali perpetui di Henrico VII di Lussemburgo* (Atti dell'Istituto Veneto di Scienze, Lettere ed Arti, anno acad. 1944-45, t. CIV, parte seconda, p. 151-190). J. QUILLET (op. cit., 1970, p. 38-39): "Le **Defensor pacis** est ainsi à la croisée des chemins, hostile à l'organisation temporelle de l'Église, favorable à l'Empire dont la vocation est universelle, théoricien de la cité indépendante et qui a conservé un caractère fondamentalement populaire par ses origines, bien que ce démocratisme soit de pure forme et que la *pars principans,* c'est-à-dire le prince, ait, en définitive, tous les privilèges dont jouit le seigneur à la tête de sa ville, *gouvernant selon son arbitre absolu.*"

[1111] Ver **Tratado** (tomo 3 A – **Direito internacional no tempo antigo**, item 3.2 – conceito jurídico de império I: da Antiguidade à Idade média, tomo 3 B – **Gregos, romanos,**

O reino da Itália, no século XIV, apesar do enfraquecimento progressivo da autoridade imperial, permanecia território do Império. A relação entre as *Signorie* e o imperador eram, ao menos nominalmente, uma situação de dependência, embora as cidades-estado sejam, de fato, plenamente autônomas.[1112] Oscila-se entre a afirmação de inexistir e não se reconhecer poder superior – *civitas superiorem non recognoscens*, e a existência de laços, ao menos formais, de dependência – *superiorem recognoscens* –, porquanto grande número de comunidades políticas italianas, juridicamente autônomas, integravam os estados imperiais.

Com notável semelhança entre os dois, o pensamento de MARSÍLIO, exprime-se, na segunda metade do século XIV, na fórmula de BÁRTOLO: *Imperatorem in dominum non recognoscentes* – o não reconhecimento de senhor no imperador. BÁRTOLO, como MARSÍLIO, mas por razões distintas, defende tanto o particularismo das cidades, quanto o universalismo do Império.[1113]

chineses, indianos, cap. 6 – na formação e no desenvolvimento de Roma, e tomo 5 – **Direito internacional no tempo de Francisco de Vitória**, item 12.2 – conceito jurídico de império II: da Idade média à era moderna); tb. Stephan VEROSTA, **International Law in Europe and Western Asia between 100 and 650 A.D.** (RCADI 1964, t. 113, p. 485-620, Conclusion, p. 612-613): "There is always continuity in history. The continuity in the history of international law was assured by the East Roman or Byzantine Empire."

1112 J. QUILLET (op. cit., 1970, p. 40-41): "Un compromis s'établit, cherchant à concilier la réalité du gouvernement effectif autonome de la cité, avec une souveraineté qui reste entièrement, sur le plan juridique, entre les mains de l'Empereur". Esta reitera pouco adiante a assim chamada "ambivalência das posições marcilianas" (op. cit., 1970, p. 45), que pode ser esclarecida pela referência à condição das *Signorie*, "que tout en affirmant leur autonomie politique reconnaissaient leur dépendance juridique à l'égard de l'Empire. Il y a des *jura reservata* de l'Empereur" e isso se manifesta no exercício pelo senhor da cidade: "Les *jura reservata* manifestent bien l'exercice par l'Empereur d'une véritable *plenitudo potestatis* que MARSILE oppose sans la nommer à celle du pape et qu'il considère comme légitime alors que cette dernière est, selon lui – et il le démontre longuement – usurpée."

1113 Paul VINOGRADOFF, **Roman Law in Mediaeval Europe** (London & New York: Harper & Brothers, 1909, reprint, 2011, lecture V, '*Roman Law in Germany*', p. 106-131, cit. p. 124-125) sobre a contribuição de BÁRTOLO: "he adapted and developed the Roman conceptions on the authority of the people as a source of power, of the part played by coercion in the creation of laws (*vis coactiva*), of the delegation of political authority and jurisdiction

Existiria unidade jurídica substancial, que uniria entre elas, as cidades – *superiorem non recognoscentes* – que não reconheciam autoridade superior, mas mantinham vínculos, mais ou menos formais, com o Império. A universalidade do *dominium* imperial não seria, assim, incompatível com a existência de *dominia* particulares específicos,[1114] que permanecem subordinados ao primeiro no plano jurídico.

A concepção de império se desenvolve, na argumentação de MARSÍLIO, não somente no **Defensor pacis**, como também no **De translatione imperii**.[1115] Neste tratado, MARSÍLIO mantém a sua linha de argumentação, colocando, em primeiro lugar, o papel do imperador como 'fiel legislador civil' e a importância deste para contrabalançar as pretensões ao poder temporal do papado.

A linha de pensamento de MARSÍLIO permanece fiel à evolução política real das cidades-estado italianas de seu tempo. A tese da autonomia interna da *civitas* se encontra em contradição com a referência à instância superior de poder, ainda que o Império tivesse soberania nominal sobre a maior parte delas, na maior parte do tempo.

Essas cidades, mesmo afirmando a sua autonomia, reconheciam a subordinação ou a dependência, no plano jurídico, ao conjunto do Império. Estas encontram meio termo, fazendo da pessoa do *Signor*, símbolo de sua autonomia, ao mesmo tempo o vigário imperial, ou seja, a pessoa por meio da qual reconhecem implicitamente a sua dependência em relação ao Império.

Essa relação de dependência, algumas décadas mais tarde, interver-se-á. Como afirma, na segunda metade do século XIV, Coluccio SALUTATI,

by the Emperor and the like." Sobre os glosadores, os pós-glosadores e os comentadores, e especificamente sobre a contribuição de BÁRTOLO, ver **Tratado** (tomo 5 – **Direito internacional no tempo de Francisco de Vitória**, cap. 12 – *jus gentium, jus commune, jus europaeum*: entre a teoria e a prática).

1114 A respeito das noções de império, domínio e domínio eminente, ver **Tratado** (tomo 1 – **Direito internacional dos espaços**).

1115 MARSILE DE PADOUE, **Oeuvres mineures. Defensor minor. De translatione imperii** (trad., notes et introduction Colette JEUDY et Jeannine QUILLET, préf. Bernard GUENÉE, Paris: Éd. CNRS – Sources d'histoire médiévale, 1979) curiosamente se serve extensamente da obra de Landolfo COLONNA, **Tractatus de translatione imperii**, mas revertendo os argumentos favoráveis ao papado. Em seu prefácio, Bernard GUENÉE considera a relação entre esses dois tratados e a obra de PTOLOMEU DE LUCCA.

no seu tratado **De Tyranno,**[1116] esforçando-se em conciliar os dois aspectos contraditórios das relações entre as *Signorie* e o Império, a coletividade – *communitas* – existe e opera; exprime-se em sua condição de reconhecer a existência de autoridade superior – *superiorem recognoscens.*

Em seguida, considera-se a contribuição de GUILHERME DE OCKHAM, contemporâneo de MARSÍLIO, que, como este, teve papel relevante no processo de formação de novas estruturas intelectuais para situar as grandes questões de seu tempo (9.2).

OCKHAM, como MARSÍLIO, também foi convicto defensor do primado do Império. Também alinhado com o imperador LUIS DA BAVIERA, ataca o papado, em série de obras políticas de conteúdo e tom radical, questionando, com extremo rigor lógico, a pretensão papal ao exercício de controle sobre os poderes temporais, bem como a pretender julgar, com exclusividade, seus poderes em relação a quaisquer matérias de ordem espiritual.

9.2. Guilherme de Ockham (ca. 1285-1347)

> Que as razões de tudo devam ser apresentadas, indicam as sagradas Escrituras, mostram os exemplos dos santos, determina a justa razão, prescrevem as leis humanas e recomenda a caridade fraternal. Por isso, seguir os passos do glorioso apóstolo PAULO, na medida em que o puder, apresento-vos a todos, cristãos católicos e heréticos, as minhas razões, a respeito do que eu fiz, faço e farei.
>
> G. de OCKHAM, Carta aos irmãos franciscanos (1334)[1117]

[1116] Humanista, filósofo e literato, foi amigo de PETRARCA e BOCCACCIO, além de chanceler da República de Florença, Coluccio SALUTATI (1331-1406), **Il Trattato 'de Tyranno' e lettere scelte** (a cura di Francesco ERCOLE, Bologna: N. Zanichelli, 1942).

[1117] GUILHERME DE OCKHAM, *Epistola ad fratres minores* (1334, in Wilhelm von OCKHAM, **Texte zu Theologie und Ethik**, Lateinisch/Deutsch, Ausgewählt, übersetzt und herausgegeben von Volker LEPPIN und Sigrid MÜLLER, Stuttgart: Philipp Reclam – Universal Bibliothek Nr. 18083, 2000, p. 274-287): "De omnibus ratione est reddendam, scripturae divinae insinuant, exempla sanctorum ostendunt, recta ratio dictat, iura humana praecipiunt et fraterna caritas persuadet. Proinde, ut apostoli gloriosi beati Pauli sequar utcumque vestigia, vobis (quantum in me est) omnibus, christianis catholicis et haereticis, de his, quae egi, ago et agam, cupio reddere rationem.".

A razão pela qual não-juristas, como OCKHAM, adotaram linguagem jurídica, em tal extensão, não se deve ao fato de nesta encontrarem doutrina com a qual concordassem, mas era o modo óbvio e o vocabulário no qual se discutiam direitos e outras questões.

A. BLACK (1992)[1118]

O pensamento de OCKHAM é claro, mas difícil de ser compreendido.

K. FLASCH (1992)[1119]

Mais moderado [do que MARSÍLIO DE PÁDUA] ao menos na sua formulação, OCKHAM, que interveio também nessa questão como em tantas outras, admitia um primado de jurisdição do papa sobre o temporal, mas afirmava igualmente que os príncipes recebem o seu poder do direito natural; e que, em caso de conflito entre os dois poderes, se a autoridade do papa se desvia do caminho correto, e se torna prejudicial, deve ser modificada pela igreja inteira, isto é, pelo conjunto dos fiéis. Também ele chegava, pois, a essas teorias conciliaristas que assumiriam uma importância tão grande na segunda metade do século XIV.

Daniel ROPS (1993)[1120]

1118 Antony BLACK, **Political Thought in Europe 1250-1450** (Cambrige: Univ. Press, 1992, Introduction, p. 1-13, cit. p. 11): "It has come to be assumed that Roman Law favoured princely, or papal, sovereignty. Often, probably more often than not, they did. [...] The reason why non jurists, like OCKHAM, adopted juristic language to such an extent was not that they found there a doctrine with which they agreed but that it was the obvious mode and vocabulary in which to discuss rights and so forth."

1119 Kurt FLASCH, **Introduction à la philosophie médiévale** (trad. do alemão Janine de BOURGKNECHT, préf. de Ruedi IMBACH e François-Xavier PUTALLAZ, Fribourg, Suisse / Paris: Editions universitaires / Ed. du Cerf, 1922, chap. XI – Conciliation ou critique: les objections de LUTERELL contre GUILLAUME D'OCKHAM, p. 170-189, cit. p. 173) pondera: "a lógica, que tinha desempenhado interesse preponderante, desde o nascimento da filosofia medieval, tinha se tornado, no século XIII, uma especialidade científica muito elaborada; seu alto nível influenciou o caráter geral dos debates. A língua dos textos se fez mais precisa; atribuiu-se grande importância às técnicas de argumentação mais sutis." [...] "Os adeptos da tentativa de conciliação, surgida no século XIII, tiveram assim tendência a considerar o século XIV como época de decadência; a seus olhos, o interesse pela lógica, no século XIV, minara as sínteses formuladas no século XIII."

1120 Daniel ROPS, **A igreja das catedrais e das cruzadas** (orig. publ. **L'église de la cathédrale et de la croisade**, 1993, trad. Emérico da GAMA, São Paulo: Quadrante, 1993, cit. p. 631-632).

> A história pôs em evidência a obra pessoal de OCKHAM e fez dele o fundador de uma escola de filosofia, que atravessará toda a história moderna, e sobrevive ainda hoje. [...] O nominalismo se expande em todos os países da Europa; será o legado da Idade média à filosofia moderna, passando na Alemanha de Gabriel BIEL a LUTERO, ou na Inglaterra, por BACON, HOBBES, LOCKE e HUME.
>
> Michel VILLEY (ed. 2003)[1121]

Foi GUILHERME DE OCKHAM, na primeira metade do século XIV, o escolástico franciscano que teve maior influência na história da filosofia, cuja obra assinala o início da filosofia moderna[1122] e a correspondente passagem da 'via antiga' para a 'via moderna' e, na esteira do qual, avançarão muitos outros filósofos e pensadores – inclusive na transição do direito clássico para o direito moderno.[1123] Circunstâncias da vida e dos tempos

1121 Michel VILLEY (1914-1988), **La formation de la pensée juridique moderne** (texte établi, révisé et présenté par Stéphane RIALS, notes revues par Eric DESMONS, Paris: PUF – Leviathan, 2003, cit. p. 223) enumera: "o Ocamismo triunfa nos últimos séculos da história universitária medieval, quando os mestres mais famosos, não somente de Oxford e de Paris, como de outros centros de estudo, são nominalistas: THOMAS DE BRAVARDINE (ou BRADWARDINE), GREGÓRIO DE RIMINI, JOHN BURIDAN, MARSÍLIO DE INGHEM, NICOLAS D'AUTRECOURT, JEAN GERSON, PIERRE D'AILLY, ALBERTO DE SAXE, Nicolau ORESMO."

1122 M. VILLEY (op. cit., 2003, p. 272): "Com o triunfo da 'via moderna', nos séculos XIV e XV, por exemplo em João GERSON e Gabriel BIEL, o nominalismo servirá de ponto de partida para as grandes filosofias do direito da era moderna, propriamente dita: HOBBES, LOCKE, BENTHAM, etc. É o que levará a colocar, no centro da ciência do direito a ideia de potência individual ou de direito subjetivo, e seu derivado, a de lei concebida como emanação da potência individual; a rejeitar qualquer outra fonte possível da ordem jurídica; a negar que se possa, da natureza, extrair relações de direito. Se o nominalismo permitirá conservar ainda (como o farão HOBBES e LOCKE) uma lei natural moral, desembocará necessariamente nesse positivismo jurídico que resume a doutrina de HOBBES e de sua inumerável descendência, à qual, bem se poderia dizer, que ainda pertencemos."

1123 Ao mesmo tempo, cabe advertir para as consequências possíveis da aplicação de positivismo jurídico sem limites, do qual resulte sistema de direito arbitrário e ditatorial. Assim, se poderia dizer que foram feitos amálgamas entre nominalismo e tomismo, sempre vivos e presentes na educação oficial. A respeito, vejam-se também: Ernst BLOCH, **Naturrecht und menschlische Würde** (orig. publ.1961), trad. francesa de Denis AUTHIER et Jean LACOSTE, **Droit naturel et dignité humaine** (Paris: Payot, 2002) e trad. inglesa de Dennis J. SCHMIDT, **Natural law and human dignity** (Cambridge, Ma./London: MIT Press,

fizeram desse franciscano, primeiro, um filósofo, depois, um político e vigoroso polemista, engajado na grande polêmica do século: a confrontação em torno da questão da primazia do poder, entre o império e o papado.

> Na obra política de OCKHAM, ele se opõe ao primado político do papado. Contra o absolutismo do papa, OCKHAM evoca a lei de CRISTO, que é a lei da liberdade. Nem no âmbito espiritual, nem no político, o papa pode pretender a plenitude do poder – *plenitudo potestatis*. Aquilo que OCKHAM busca são, na verdade, os direitos da igreja. Ela é a 'multidão de todos os católicos que foram desde os tempos dos profetas e dos apóstolos até agora'. É a tradição histórica da igreja que reconhece e fixa, no decorrer da sua vida religiosa, as verdades que se encontram na base. É a igreja que é infalível, não o papa ou o concílio. E, se o poder do papa sobre a igreja não é dominação – *dominativus* – mas ministerial – *ministrativus* –, é igualmente insustentável, para OCKHAM, a pretensão do papado avinhonense, segundo a qual o poder do imperador derivaria de Deus, mas somente através do papa.[1124]

© 1987, third printing, 1996); b/c Knud HAAKONSSEN, **Natural law and moral philosophy**: from Grotius to the Scottish Enlightenment (Cambridge: Univ. Press, 1st. publ., 1996, digital printing 2003). Observa M. VILLEY (op. cit., 2003, p. 272): "[os juristas] foram obrigados a atenuar as consequências inaceitáveis do nominalismo, por meio de empréstimos à doutrina do direito natural, e realizaram, desse modo, entre as duas filosofias, se não uma síntese verdadeira, ao menos combinações ecléticas: estas foram as doutrinas de SUAREZ, da escola moderna do direito natural, de LEIBNIZ, de WOLFF. Em sentido oposto, os filósofos nominalistas tomaram emprestado de santo TOMÁS o princípio de laicitude (*laïcité*) (ao menos na ciência do direito) que estes levaram até o laicismo (*laïcisme*). Ora, mesmo quando temos de lidar com essas misturas, efetuadas entre os princípios, decorrentes de diferentes sistemas, continua a ser verdadeiro que o pensamento jurídico moderno vive da herança que lhe legou a filosofia medieval. Assim, nossa tomada de contato com santo TOMÁS e os franciscanos nos permite compreender a passagem do direito clássico ao direito moderno, fenômeno que poderia contar na história do direito."

1124 Giovanni REALE e Dario ANTISERI, **Filosofia – Antiguidade e Idade média** (orig. publ. **Il pensiero occidentale – Antichità e Medioevo**, 2013, trad. José BORTOLINI, São Paulo: Paulus, 2017, cap. 26 – O pensamento medieval no ocaso, p. 639-648, cit. p. 639): "CRISTO e os apóstolos, afirma OCKHAM, jamais quiseram estabelecer um reino temporal; sua missão teve como objetivo a salvação espiritual."

Apesar de franciscano, OCKHAM viu-se engajado em defesa dos interesses do imperador, contra as pretensões hegemônicas temporais do papado. Sua obra, que se divide em vertente lógico-filosófica e outra jurídico-política – que mais interessa no contexto jurídico internacional – repercute em vários séculos e prossegue, presente e relevante, até os nossos dias.

Guilherme nasce, por volta de 1285, no vilarejo de Ockham, no condado de Surrey.[1125] Ingressa na ordem dos Franciscanos e, em 1306, já tinha sido admitido como subdiácono. Sua formação acadêmica é encetada na casa da ordem franciscana em Oxford.

Seja por questão de não disponibilidade de vaga acadêmica ou por questões de política universitária, OCKHAM não consegue se tornar chefe de cadeira ou catedrático – de onde viria a alcunha de *Venerabilis inceptor* – Venerável principiante. Esta também é explicada como lhe tendo sido atribuída em razão do papel crucial, desempenhado por nosso filósofo, na abertura de novos caminhos na filosofia medieval: 'via nova', por ele inaugurada, em relação à 'via antiga', ainda trilhada por DUNS SCOT e TOMÁS DE AQUINO, dentre outros.

Seguindo a tradição medieval, os ainda alunos também costumavam lecionar e, para tanto, escreve uma espécie de "monografia de final de curso" ou "tese de láurea" da época. Mas, no caso de OCKHAM, trata-se de uma grande obra de comentários, **Scriptum in primum librum sententiarum**,[1126] no qual comenta as **Sentenças** do teólogo PEDRO

[1125] Podem ser apontadas algumas variações na data de nascimento – por volta de 1285 – enquanto a morte de OCKHAM teria ocorrido em 1347, vítima da peste negra – embora tb. sejam mencionados os anos de 1348 e 1349 como datas de morte. Como apontam Volker LEPPIN und Sigrid MÜLLER (in W. von OCKHAM, **Texte zu Theologie und Ethik**, op. cit., 2000, p.9): "Er dürfte um 1285 in dem Dorf Ockham in der englischen Grafschaft Surrey geboren sein"; por sua vez, referia Léon BAUDRY, **Guillaume d'Occam** – sa vie, ses oeuvres, ses idées sociales et politiques – tome I – **L'homme et les oeuvres** (Paris: Vrin, 1950, Conclusion, p. 245-249, cit. p. 245): "Guillaume naquit vraisemblablement entre 1280 et 1290."

[1126] De GUILHERME DE OCKHAM, **Commentarii (sive Questiones) in quatuor Sententiarum libros**, são enumerados manuscritos em várias bibliotecas, bem como edições antigas e mais recentes in Léon BAUDRY, **Guillaume d'Occam** – sa vie, ses oeuvres, ses idées sociales et politiques – tome I – **L'homme et les oeuvres** (Paris: Vrin, 1950, Bibliographie, p. 273-306, cit. p. 276-279): "Ed. Lib. I, Strasbourg, 1483; Lib. I-IV, Lyon:

LOMBARDO (ca. 1100-1060), o Manual padrão para o ensino da teologia na Idade média.

Já desde esse primeiro trabalho relevante de sua lavra, percebem-se traços originais de seu pensamento e a sua ousadia intelectual: ele critica Santo TOMÁS, cuja influência, impulsionada pela igreja, estendia-se progressivamente; tampouco poupa críticas a João DUNS SCOT (ca. 1266-1308)[1127] que se tinha tornado mestre para a ordem franciscana.[1128] Ao mesmo tempo em que formula objeções em relação a outro grande mestre franciscano, são BOAVENTURA (1217 ou 1218-1274).[1129]

Desde esse momento, OCKHAM se distancia consideravelmente de exercícios equivalentes, que constituíam prática corrente em seu tempo. Nessa idade, mergulhada na dialética, cultiva-se lógica extremamente erudita – como codificam as **Summulae logicales**, de PEDRO DE

Trechsel, 1495 " b/c Ph. BOEHNER, **Guglielmi Ockham questio prima principalis prologi in primum librum sententiarum** (Paderborn, 1939), dentre outras.

[1127] DUNS SCOTUS, **On the will & morality** (selected and translated with an Introduction by Allan B. WOLTER, O.F.M., translation ed. by William A. FRANK, Washington, EUA: The Catholic University of America Press, © 1986, impressão 1997). Veja-se, também, Michel VILLEY (op. cit., 2003, cap. sobre 'L'école franciscaine et la philosophie de Duns Scot', p. 202-219).

[1128] Ver tb. os já referidos estudos de Mary Beth INGHAM, **Initiation à la pensée de Jean Duns Scot** (orig. publ. **Scotus for Dunces – An Introduction to the Subtle Doctor**, 2003, trad. fr. de Yves SOUDAN, avec la collaboration de Geneviève EGUILLON et Luc MATHIEU, Paris: Les éditions franciscaines, 2009); Léon VEUTHEY, **Jean Duns Scot** – pensée théologique (Paris: Les éditions franciscaines, 1967).

[1129] Definido como "um dos autores mais fecundos da igreja latina e um dos mais perfeitos literariamente" por Étienne GILSON, **La philosophie de saint Bonaventure** (orig. publ. 1923, Paris: Vrin, 2e éd. 1943, 3e tirage, 1978, Préface, p. 5-8) menciona a edição monumental das obras de são BOAVENTURA, publicada entre 1882-1902, pelos franciscanos de Quaracchi, e GILSON comenta (op. cit., 1978, chap. I – L'homme et le milieu, p. 9-75, cit. p. 9): "Pour saint BONAVENTURE, plus encore peut-être que pour saint THOMAS D'AQUIN, on peut dire que l'homme disparaît derrière l'oeuvre. Pas une seule biographie contemporaine ne nous est parvenue et, si l'on n'a pas encore perdu tout espoir de retrouver l'écrit de Gilles de ZAMORRA, l'histoire de sa vie n'en doit pas moins être reconstituée par des comparaisons de dates et des interprétations de témoignages dont les origines sont très diverses."

ESPANHA.[1130] A obra de OCKHAM já se intitula lógica (mais) moderna (ou dos modernos) – *logica modernorum*.[1131]

> OCKHAM nos deixa certos, com relação a alguns atos interiores pessoais – tais como o fato de acreditar em Deus ou amar seu próximo –, mas questiona a possibilidade de conhecer os atos interiores de outrem: dado que não podemos saber se alguém crê em Deus; a dúvida sempre existirá nesse gênero de questões – *non esset inconveniens quod dubitarem utrum ille crederet vel non*. O hábito que se tinha de falar em 'crentes' e 'descrentes', em 'fiéis' e 'infiéis', e sobre o qual repousava a estrutura social da Igreja visível, era, assim, reconhecido como problemático.[1132]
>
> De modo geral, as oposições intelectuais se reforçavam: as ordens determinavam a sua linha e proibiam aos seus professores se afastarem do pensamento das respectivas autoridades, sob o risco de perderem as suas funções e serem postos na prisão. Os dominicanos adotaram o pensamento de TOMÁS DE AQUINO e, os franciscanos, o de BOAVENTURA e DUNS SCOT.[1133]

[1130] PETRUS HISPANUS, **Logische Abhandlungen** – Tractatus – Summulae logicales (aus dem Lateinischen von Wolfgang DEGEN und Bernard PABST, Munique: Philosophia Verlag – Analytica, 1995); v. tb. Cassiano ABRANCHES, Pedro Hispano e as '*Summulae Logicales*' – no 675º aniversário da sua morte, 1277-1952 (Revista portuguesa de filosofia, t. 8, fasc. 3, jul.-set. 1952, p. 243-259)

[1131] GUILHERME DE OCKHAM, **Summa totius logicae** – conta tradução recente, **Commentaires sur les livres de l'art logique** (trad. R. GALIBOIS, Sherbrooke: Centre for Renaissance Studies, 1978); **Somme de logique** – 1ère partie (trad. J. BIARD, Mauvezin: TER, 1988, 2e éd., 1993); ___ – 2e partie (trad. J. BIARD, Mauvezin: TER, 1996); ___ – 3e partie (trad. J. BIARD, C. GRELLAR, K.-S. ONG-VAN-CUNG, Mauvezin: TER, 2003-); além das edições críticas, em latim: **Opera philosophica** (New York: Saint Bonaventure Institute, 1974-1988); **Opera theologica** (New York: Saint Bonaventure Institute, 1967-1986) e **Opera politica** (Manchester: Univ. Press, 1956-).

[1132] Kurt FLASCH, **Introduction à la philosophie médiévale** (trad. do alemão Janine de BOURGKNECHT, préf. de Ruedi IMBACH e François-Xavier PUTALLAZ, Fribourg, Suisse / Paris: Editions universitaires / Ed. du Cerf, 1922, XI – Conciliation ou critique: les objections de LUTERELL contre GUILLAUME D'OCKHAM, p. 170-189, cit. 181).

[1133] K. FLASCH (op. cit., 1922, cit. 171): "Il y avait certes de multiples variantes, mais il se forma peu à peu une espèce de scolastique officielle qui, jusqu'au XXe siècle, a donné cette fausse impression qu'une uniformité intellectuelle recouvre l'ensemble du moyen âge."

OCKHAM não se conformou com as diretivas da sua ordem. Ele era um lógico de grande valor.[1134] E mostra o seu distanciamento em relação à consolidação de posições institucionais: ao eliminar grande número de teses, tradicionalmente defendidas pela filosofia tradicional, fala-se na 'navalha' de OCKHAM. "A filosofia de OCKHAM é, essencialmente, uma crítica das abstrações, conduzida em nome do princípio fundamental, segundo o qual toda realidade é individual e que as teorias devem ser tão simples quanto possível".[1135]

Se um conhecimento abstrato pode exprimir a realidade, ele deve ter como fundamento a compreensão direta de um ser singular. Para designar esse conhecimento direto, OCKHAM fala em 'intuição', mas, para ele, o termo tem sentido distinto daquele do nosso tempo.[1136]

Esta teria considerável impacto futuro, como mencionado, porquanto GUILHERME inaugura uma filosofia nova – *via moderna* –,[1137] com enorme impacto sobre a filosofia medieval, e além dela: o 'nominalismo' significou revolução radical na filosofia do direito.[1138] Em oposição ao

[1134] K. FLASCH (op. cit., 1992, p. 173): "Mas somente os historiadores que, de maneira anti-histórica, aplicam a escala de valores do século XIII, para julgar o século XIV, pensam que tenha por isso sofrido a causa da filosofia."

[1135] K. FLASCH (op. cit., 1992, p. 175-176).

[1136] No volume GUILLAUME D'OCKHAM, **Intuition et abstraction** (textes introduits, traduits et annotés par David PICHÉ, Paris: Vrin – *Translatio* – Philosophies médiévales, 2005, Introduction, p. 7-51, cit p. 7-8), comenta D. PICHÉ que, ao lado de aspectos mais conhecidos da contribuição de OCKHAM: "digne de respect, en un autre sens, cet 'initiateur' d'une nouvelle façon de philosopher qui consiste à repositionner les problèmes sur le plan de l'analyse logico-sémantique. Ce qui est moins connu toutefois, en dehors du cercle des spécialistes du Moyen âge philosophique, c'est le fait que ce singulier penseur ait bâti une théorie de la connaissance qui a pour principe la causalité naturelle exercée sur les sens par les choses du monde et pour fin la vérité des jugements d'existence énoncés par l'intellect. La pierre angulaire de cet édifice théorique est la notion de '*duplex notitia incomplexa*', la dualité de connaissances incomplexes qui constituent l'intuition et l'abstraction."

[1137] Como referido, apesar de bacharel formado, ao termo de cerimônia de *inceptio*, não obtém, contudo, o direito de lecionar, como mestre, provavelmente por falta de vagas – ou outros motivos. Daí o cognome de *Venerabilis inceptor*n – respeitável iniciante – pode ser elogio, por inaugurar 'via nova' na história da filosofia.

[1138] Ver Cyrille MICHON, **Nominalisme – la théorie de la signification de Guillaume d'Ockham** (Paris: Vrin, 2002); tb. M. VILLEY (op. cit., 2003, chap. 3 – La philosophie juridique de Guillaume d'Occam, p. 220-268, cit. p. 221 e a seguir, p. 223): "N'eût-il été que l'*inceptor* du nominalisme que Guillaume d'Occam aurait sa place dans la philosophie du

'realismo', que, na filosofia escolástica, significava serem os conceitos universais considerados como reais.[1139]

Dentre os teólogos voluntaristas do século XIV, cabe assinalar o princípio, ainda latente – porquanto são antes e acima de tudo, teólogos – de uma enorme guinada, na qual cabe destaque para OCKHAM, no sentido de dar "configuração nominalista à maior disputa filosófica da Idade média e a sepultá-la: a questão dos universais":[1140]

> Esse grande debate, o maior da gnoseologia medieval, vê os 'pesquisadores' – *speculatores* – divididos entre 'nominalistas' e 'realistas', com sentido essencial, que interessa de perto tanto o politólogo quanto o jurista: a realidade individual é, por si, perceptível. Ou tem necessidade de mediação de [conceitos] universais, ou seja, de gênero e de espécie, para ser percebida. O pensamento medieval, mais genuíno na sua unidade cognoscitiva, crê na realidade daquele instrumento de mediação, que é o universal, que atua como instrumento de mediação ou filtro, mas também condicionamento

droit. [...] La principale raison bien sûr pour laquelle OCCAM est célèbre est qu'il ouvre la *via moderna*. Sans doute n'est-il pas le premier à frayer cette voie. On parle déjà de nominalisme aux XIe et XIIe siècles avec ROSCELIN ou ABÉLARD; dès la fin du XIIIe siècle, le franciscan PIERRE D'AURIOLE (ou AURIOL) ou même le dominicain DURAND DE SAINT-POURÇAIN (hétérodoxe dans son ordre) étaient de tendance nominaliste."

1139 Os gêneros, as espécies, os universais – o o animal, o homem, o cidadão – não seriam somente conceitos, mas teriam existência real, fora de nosso espírito. Daí a denominação de 'realismo', em sentido filosófico tomista. Na interpretação de OCKHAM somente os indivíduos existem, somente estes são reais, e constituem 'substâncias'. As noções gerais não existem. Assim, mais do que falar, simplesmente, em 'nominalismo' – o que, em si, já constitui categoria genérica, negada pela própria doutrina – caberia falar neste ou naquele filósofo nominalista, tais como OCKHAM, GREGÓRIO DE RIMINI ou Gabriel BIEL. Nem, tampouco, falar em filosofia moderna, mas em filósofos, ditos modernos, cada um deles considerado individualmente, tais como HOBBES, DESCARTES, SPINOZA ou LOCKE. Os universais não passariam de sinais, termos da linguagem, nomes, que desempenham em nossa lógica uma função particular: estes nos servem para 'conotar', ou seja, notar conjuntamente, diversos fenômenos singulares. Exprimem semelhança ou relação percebida pelo agente que nomeia, entre diferentes individualidades. E esse modo de falar não é arbitrário, mas tem algum fundamento na natureza intrínseca das coisas, no mundo da realidade – *fundamentum in re* – e, embora o ser pertença a cada um dos indivíduos, e os termos gerais nada signifiquem por si mesmos, exceto o conhecimento imperfeito e parcial dos indivíduos.

1140 Paolo GROSSI, **L'ordine giuridico medievale** (Roma / Bari: Laterza, 1995, cap. sesto – La maturità d'una esperienza giuridica e le sue tipicità espressive, p. 127-201, cit. p. 197).

para conhecimento do singular, para a aproximação direta do singular com a realidade individual.[1141]

Entre 1321 e 1322, redige a **Exposição sobre os livros da arte lógica**, bem como as **Pequenas sumas de filosofia natural**. Em 1323, redige a **Summa totius logicae**, ou suma de toda a lógica, bem como os tratados **Da quantidade** e o **Tratado sobre o corpo do Cristo.**[1142]

Nessa mesma altura, OCKHAM começa a redigir a **Exposição sobre a física de Aristóteles,**[1143] as **Questões sobre a física,**[1144] bem como o **Tratado sobre a predestinação.**[1145] E começarão, também, os seus problemas, que levarão a substancial guinada em sua vida e sua obra.

[1141] P. GROSSI, **L'ordine giuridico medievale** (op. cit., 1995, cit. p. 197): "Coerenza somma di una civiltà in cui speculazione filosofica e assetto sociogiuridico sono tutt'uno: se la gnoseologia medievale punta a livello filosofico sull'universale, la politologia e la giuristica puntano sulla comunità: il primo e la seconda sono i due strumenti necessarii perché un singolo debole e timido possa convenientemente esprimersi."

[1142] As obras de GUILHERME DE OCKHAM contam com edições críticas, em latim, publicadas: **Opera philosophica** (New York: Saint Bonaventure Institute, 1974-1988); **Opera theologica** (New York: Saint Bonaventure Institute, 1967-1986) e **Opera politica** (Manchester: Univ. Press, 1956-), bem como traduções de algumas obras: **Commentaires sur les livres de l'art logique** (trad. R. GALIBOIS, Sherbrooke: Centre for Renaissance Studies, 1978); **Somme de logique** – 1ère partie (trad. J. BIARD, Mauvezin: TER, 1988, 2e éd., 1993); ___ – 2e partie (trad. J. BIARD, Mauvezin: TER, 1996); ___ – 3e partie (trad. J. BIARD, C. GRELLAR, K.-S. ONG-VAN-CUNG, Mauvezin: TER, 2003-); com destaque para OCKHAM, **Breviloquium de principatu tyrannico**, texto latino por Richard SCHOLZ, **Wilhelm von Ockham als politischer Denker** und sein Breviloquium de principatu tyrannico (Stuttgart: Anton Hiersemann, 1944, reed. 1952); trad. em inglês ___, **A short discourse on tyrannical government** (ed. by Arthur Stephen McGRADE, translated by John KILCULLEN, Cambridge: Univ. Press, 1992); trad. em francês ___, **Court traité du pouvoir tyrannique** (trad. du latin et introduction Jeean-Fabien SPITZ, Paris: PUF, 1999).

[1143] GUILHERME DE OCKHAM, **Expositio super physicam Aristotelis**, são enumerados manuscritos em várias bibliotecas dessa obra inédita cf. L. BAUDRY, **Guillaume d'Occam** – tome I (ed. 1950, Bibliographie, p. 273-306, cit. p. 274-275).

[1144] GUILHERME DE OCKHAM, **Philosophia naturalis (sive Summulae) in libros physicorum**, são enumerados manuscritos em várias bibliotecas, bem como edições: Bologna, 1494; Veneza, 1506; Roma, 1637; b/c o inédito, ___, **Questiones in libros physicorum** – com manuscritos conservados em Paris, em Viena e no Vaticano, in L. BAUDRY, **Guillaume d'Occam** – tome I (ed. 1950, Bibliographie, p. 273-306, cit. p. 276 e 284-285).

[1145] GUILHERME DE OCKHAM, **Tractatus de praedestinatione et praescientia Dei**, além de vários manuscritos, conservados em bibliotecas de Paris, Basiléia, Bruges, Erfurt

John LUTERELL, chanceler da Universidade de Oxford e também teólogo renomado, inquieta-se com as ideias de OCKHAM, redige um catálogo dos erros de seu jovem colega, o *Libellus contra doctrinam G. Occam*. Essa lista de cinquenta e seis teses, extraída do **Comentário das Sentenças**, é enviada ao papa JOÃO XXII para acusar OCKHAM de heresia.

Em 1324, OCKHAM é convocado a Avinhão, onde o obrigam a passar a residir, pelos próximos quatro anos, para organizar sua defesa, em meio a clima de hostilidade e durante período marcado pela proclamação da primazia do poder temporal sobre o poder espiritual, pelo imperador LUIS da Baviera. Este acusara o papa de heresia, mas também se encontrava em situação problemática, em relação à corte papal, e tinha, inclusive, sido excomungado.

Este imperador foi um opositor do regime hegemônico papal, por isso fulminado com a pena máxima de exclusão da comunidade dos fiéis. Mas, LUÍS não somente se manteve no poder, como acolheu, sob sua proteção, pensadores refratários aos ditames papais. Em perspectiva histórica, mais extensa, poder-se-ia dizer que conduziu o processo de se repensar todo o modelo institucional do seu tempo, a partir de tais oposições incidentais.

Ainda nesse mesmo difícil e conturbado ano, OCKHAM termina a redação de suas "questões quodlibetais", ou **Quodlibeta septem**.[1146] Enquanto isso, alongava-se o seu processo, que nunca chegou a ter sentença definitiva.

Os relatórios da comissão encarregada de examinar a sua obra mostraram-se desfavoráveis a ele: a nova doutrina parecia realmente perigosa.

e no Vaticano, ed. antiga: Bologna, 1496, cf. L. BAUDRY (op. cit. 1950, p. 285); ed. mais recente, de Ph. BOEHNER, **Tractatus de praedestinatione...** (New York: St. Bonaventure Institute – Franciscan Publications, 1945), tb. trad. GUILLAUME D'OCKHAM, **Traité sur la prédestination et la prescience divine des futurs contingents** (textes introduits, traduits et annotés par Cyrille MICHON, Paris: Vrin – *Translatio* – Philosophies médiévales, 2007).

1146 GUILHERME DE OCKHAM, **Quodlibeta septem**, além de vários manuscritos, conservados em bibliotecas de Paris, Basiléia, Bruxelas, Giessen, Göttingen, Munique e no Vaticano, eds. antigas: Paris: P. Lerouge, 1487 e Estrasburgo, 1491, cf. L. BAUDRY (op. cit. 1950, p. 283), **Quodlibeta septem Guglielmi de Ockham** (ed. Josef C. WEY, New York: St. Bonaventure Institute – Franciscan Publications, 1980).

Esta parecia questionar os fundamentos da filosofia tradicional e aplicava as conclusões dessa crítica à teologia.

Segundo o parecer da comissão papal: sua doutrina "fazia mau uso" da lógica; destruía o caráter científico da teologia; lançava o descrédito sobre os conceitos e as palavras; punha em causa a percepção sensível. No que diz respeito à relação entre pensamento e a realidade, ela abalava as opiniões estabelecidas. Punha em xeque as certezas da escolástica sobre a substância e as propriedades – os assim chamados 'acidentes' –, e criava dificuldades para os partidários da doutrina oficial da Eucaristia.[1147]

Entre 1324 e 1328, essas questões foram extensamente discutidas em Avinhão. Documentos da época atestam que a situação do franciscano inglês não era nada promissora.

Nessa altura, ocorre evento que transforma a vida de OCKHAM. Este, até então, era um lógico e um teórico, hoje diríamos 'epistemologista', e comentador de ARISTÓTELES, que pouco se interessara pela política.

Em 26 de maio de 1328, sob ameaças, Guilherme de OCKHAM foge de Avinhão, em companhia do Geral da ordem dos franciscanos, Michel da CESENA. Este também tinha sido chamado à corte papal para dar explicações sobre a sua concepção da pobreza franciscana, pois entendia que somente a renúncia completa à propriedade poderia conduzir à vida perfeita. Isso não deveria se aplicar somente a cada monge, considerado como indivíduo, mas igualmente à ordem, como todo.

O papa rejeita essa interpretação. CESENA, como mestre geral da Ordem, mostra a OCKHAM os relatórios da Cúria sobre a questão da pobreza: assim se caracterizava como a Cúria traía a doutrina evangélica da propriedade. Este foi o ponto de partida de nova vertente – política e crítica dos poderes temporais do papado – na obra de OCKHAM.[1148]

[1147] K. FLASCH (op. cit., 1992, p. 171): OCKHAM "mostrava que TOMÁS DE AQUINO e DUNS SCOT tinham tido a ingenuidade de aceitar as estruturas da linguagem como formas reais dos objetos; criticava sobretudo o seu modo de compreender o que é uma distinção (*distinctio*). Essa crítica, por sua vez, recolocava em questão a doutrina da Trindade. Em suma, todo o edifício conceitual da Igreja desabaria: a concepção ockhamniana da onipotência divina destruía a doutrina da graça e abalava a ética."

[1148] Léon BAUDRY, **Guillaume d'Occam** – sa vie, ses oeuvres, ses idées sociales et politiques – tome I – **L'homme et les oeuvres** (Paris: Vrin, 1950, chap. II – Le séjour à Avignon et à Pise. L'allié Michel de Cézène, p. 96-123, cit. p. 112-113): "Michel [de CÉZÈNE] avait de la finesse. Il sentit venir l'orage. Il devina la sourde colère du pape et comprit [...] qu'elle

Ante o perigo iminente, ambos conseguem evadir-se primeiro para Aigues mortes, e de lá embarcam para Pisa, onde buscam refúgio na corte imperial: na chegada a Pisa, os oficiais do imperador os esperavam às portas da cidade, e a população festejou a chegada de ambos.[1149] A sorte de ambos passa a depender do imperador LUIS da Baviera. Este também estava ameaçado pelo papa. Tanto OCKHAM quanto o imperador LUÍS foram excomungados: *mansit itaque [OCCAM] excommunicatus cum excommunicato [LUDOVICO] in civitate monacensi usque ad mortem.*[1150]

Em companhia do imperador, OCKHAM se desloca e passa a residir em Munique, onde permanece cerca de vinte anos e redige numerosos tratados de eclesiologia e de política, até falecer em 1347 (ou 1349): "defende-me, imperador, com a espada, eu te defenderei com a minha palavra" – *imperator defende me gladio, et ego defendam te verbo.* Sua vigorosa

éclaterait avec d'autant plus de violence qu'elle avait été plus longtemps contenue. Il chercha autour de lui des hommes susceptibles d'épouser sa querelle et de l'aider à la soutenir. Ses regards se portèrent naturellement sur Guillaume en qui il apercevait un esprit fertile en ressources. Il lui donna l'ordre de lire et d'étudier les constitutions du pape. Les dispositions dans lesquelles Guillaume abordait cette étude ne le portaient pas à beacoup de bienveillance. Il trouva, nous dit-il, les constitutions **Ad conditorem canonum**, **Cum inter** et **Quia non numquam** '*remplies de tant d'assertions hérétiques, erronées, sottes, ridicules, chimériques, insensées, nuisibles à la vraie foi, contraires aux bonnes moeurs, à la raison naturelle, à l'expérience et à la charité fraternelle* qu'il *ne se souvenait pas d'avoir jamais rencontré un court écrit d'hérétique ou de païen qui mêlât à ce point les erreurs aux vérités*' [in *Epistola ad fratres*]. [...] Maintenant Guillaume était mûr pour la révolte. L'événement ne tarda pas à le faire voir. "

1149 L. BAUDRY, **Guillaume d'Occam** (tome I, 1950, cit. p. 116): "À Pise ou durant le voyage, une nouvelle réconfortante leur parvint. Michel de CÉZÈNE, que le cardinal légat, Bertrand DU POUGET avait reçu mandat de faire destituer, venait d'être réélu par le chapitre de Bologne. Cette marque de confiance ne pouvait qu'encourager les rebelles. Faisant fi de la sentence de déposition portée contre lui à la date du 6 juin, Michel adressait un mois plus tard, le 9 juillet, une lettre à tous les membres de l'Ordre. Il leur faisait savoir pour quelles raisons il s'était enfoui d'Avignon; il leur montrait que, tombé dans l'hérésie, JEAN XXII n'était plus pape, qu'ils n'avaient aucun compte à tenir des ordres qu'il pourrait leur donner; en s'y soumettant '*ils damneraient leur âme et s'avoueraient coupables d'hérésie*'."

1150 Registra **Chronicon insigne monasterii hirsaugiensis** (1559, p. 279 in **Chronica de ducibus Bavariae**, ed. LEIDINGER, **Bayerische Chroniken des XIV. Jahrh.**, 1918, p. 164) cfr. L. BAUDRY, **Guillaume d'Occam** (t. I, 1950, cit. p. 123, nota 4), "d'après la chronique de B. MULLER, Guillaume aurait séjourné au couvent de Spire en 1328, 1329 et y aurait composé entre autres écrits contre JEAN XXII un traité sur la pauvreté du Christ et des Apôtres – mas aduz, ao final – ce renseignement est évidemment fautif."

inteligência passa a se dedicar à luta contra as pretensões hegemônicas temporais do papado e em defesa de LUIS V da Baviera.

Também junto ao imperador se encontra MARSÍLIO DE PÁDUA, que na corte deste também se refugiara, em razão da perseguição desencadeada pela autoria do **Defensor pacis**. Ambos sãos os teóricos mais importantes do seu tempo, que se encontraram assim, a serviço do imperador e adversários da Cúria.[1151] Lutarão lado a lado, mas não exatamente com os mesmos argumentos.

Diversamente de DUNS SCOT, ensaiou GUILHERME DE OCKHAM a aplicação de sua filosofia e de sua lógica às questões políticas e jurídicas. Há quem conteste o nexo entre as obras da primeira e da segunda fase da vida de OCKHAM: assim se completa o quadro da contribuição dele para a filosofia jurídica.

É o fundador do 'nominalismo', que tem a sua aplicação em direito, como em todas as coisas. Na sua obra jurídica, aponte-se a eclosão, no tocante às fontes do direito, do positivismo jurídico, e no tocante à estrutura, a noção de direito subjetivo individual: "faz-se aqui a linha divisória entre o direito natural clássico, inseparável do realismo de ARISTÓTELES e de santo TOMÁS, e o positivismo jurídico".[1152]

> A metafísica de OCKHAM transporta para o mundo da linguagem e do pensamento, ao universo conceitual, o que pertencia, para os tomistas, ao mundo do ser: os gêneros, as 'formas comuns' e as relações. Não mais são se não conceitos, ou instrumentos, etapas no caminho do conhecimento de realidade exclusivamente singular, se não começo de conhecimento incerto, a respeito dos indivíduos. Universais e relações não passam de instrumentos do pensamento. Não existem, no real e na natureza real, nada acima dos indivíduos: nada de universais, nada de estrutura, nada de direito natural.[1153]

[1151] A respeito de MARSÍLIO DE PÁDUA, ver o precedente item 9.1.

[1152] Aí se encontra a chave do problema fundamental (ainda hoje, apesar de tudo o que se diga) da filosofia do direito. M. VILLEY (op. cit., 2003, p. 223-224). E, contudo, surpreendia-se VILLEY, "il reste hautement probable que peu de juristes se familiariseront avec cette doctrine".

[1153] M. VILLEY (op. cit., 2003, p. 226-227) manifesta-se, contudo, tomista: "Personnellement, et jusqu'à plus ample informé, je conserverai donc ma préférence à la métaphysique thomiste. / Mais laissons là la critique." Contraponham-se de ARISTÓTELES,

> Importa captar o impacto e as consequências históricas dessa nova filosofia. [...] toda filosofia se expande para os setores os mais diversificados da atividade intelectual: assim se deu com o nominalismo. [...] Além de suas implicações teológicas, o nominalismo, a longo prazo, renova os métodos das ciências, e invade o direito.[1154]
> A estrutura do direito moderno somente pode ser explicada se remontamos a essa fonte, a essas premissas metafísicas, elaboradas pelas escolas da Idade média, em seu apogeu. Sua lógica e sua metafísica, embora somente transmitidas ao direito, de maneira lenta e por via indireta, são, assim, a contribuição maior de OCKHAM para a história do direito.[1155]

Por mais relevante que seja a obra lógica de GUILHERME DE OCKHAM para a história da filosofia, aqui nos interessa, sobretudo, a

a **Física** e a **Metafísica**. ARISTOTLE, **Physics**: Books I-IV (original grego, with an English translation by P. H. WICKSTEED e F. M. CORNFORD, Cambridge, Ma. / London: Harvard UP, LCL vol. 228, ARISTOTLE vol. IV, © 1929, reprinted 2005); ARISTOTLE, **Physics**: Books V-VIII (original grego, with an English translation by P. H. WICKSTEED e F. M. CORNFORD, Cambridge, Ma. / London: Harvard UP, LCL vol. 255, ARISTOTLE vol. V, © 1934, reprinted 2006). ARISTOTE, **La Métaphysique** (intr., trad. et notes J. TRICOT, Paris: Vrin, 1986, 2 tomos); ARISTOTLE, **Metaphysics**: Books I-IX (original grego, with an English translation by Hugh TREDENNICK, Cambridge, Ma. / London: Harvard UP, LCL vol. 271, ARISTOTLE vol. XVII, © 1933, reprinted 2003); ARISTOTLE, **Metaphysics**: Books X-XIV / **Oeconomica / Magna Moralia** (original grego, with an English translation by H. TREDENNICK e C. Cyril ARMSTRONG, Cambridge, Ma. / London: Harvard UP, LCL vol. 287, ARISTOTLE vol. XVIII, © 1935, reprinted 2006).

[1154] M. VILLEY (op. cit., 2003, p. 227-228): "Acarreta o abandono do direito natural, desse método, que segundo nosso entendimento, tinha presidido à constituição da ciência jurídica romana e que a escolástica humanista acabara de restaurar, no direito erudito da Idade média – método que tinha como ponto de partida, para a descoberta das soluções jurídicas, a observação da natureza e da ordem que desta se depreende. O nominalismo, ao contrário, habitua a pensar todas as coisas a partir do indivíduo: este, enquanto indivíduo (e não mais a relação entre diversos indivíduos) torna-se o centro de interesse da ciência do direito; o esforço da ciência jurídica passa a tender a descrever as qualidades jurídicas do indivíduo, a extensão das suas faculdades, os seus direitos individuais. [...] O positivismo jurídico é filho do nominalismo. Todas as características essenciais do pensamento jurídico moderno estão potencialmente contidos no nominalismo."

[1155] M. VILLEY (op. cit., 2003, p. 229): "Il est vrai que si OCCAM n'eût point instauré le nominalisme, d'autre l'eussent sans doute découvert à la même époque – car de telles révolutions ne sont pas le fait d'un seul homme."

continuidade temporal e causal desta, que se manifesta em sua fase seguinte da vida, especificamente na sua obra política. Não menos original nem ousado se mostrará nesses últimos vinte anos de sua vida. Nesse debate de grande relevância para a configuração do sistema internacional da época – tendo como centro o papa ou o imperador.

A partir de 1328, OCKHAM passa da pura filosofia e teologia para a política e a polêmica.[1156] Engajou-se em mostrar as contradições e combater o que considerava ser a tirania dos papas, que se tinham arrogado a primazia do poder temporal – especificamente JOÃO XXII (1316-1334) e seus sucessores BENEDITO XII (1334-1342) e CLEMENTE VI (1342-1352). O foco passa a ser a filosofia política, com forte componente de eclesiologia – estudo da natureza e estrutura da igreja, dentre as quais as funções e os poderes do papa.

Esta fase final e mais madura da sua obra não somente tem grande interesse para o estudo da história da filosofia política e do pensamento religioso mas, sobretudo, OCKHAM contempla a construção do arcabouço conceitual do que hoje se chamaria o modelo estrutural e ordenador das 'relações internacionais', do seu tempo, sobretudo no delicado tópico da questão da primazia, no poder temporal, entre o imperador e o papado. Apesar das suas afirmações, por vezes radicais, seu pensamento em muitos aspectos era conservador ou, ao menos, tradicional.

OCKHAM escreveu a respeito de muitas teorias e práticas tradicionais da igreja, antes da formulação mais agressiva e abrangente da autoridade papal, formulada por INOCÊNCIO III e outros pontífices dos séculos XIII e XIV. Essas tradições mais antigas – com risco do anacronismo – podem ser descritas como liberais. O pensamento liberal

[1156] A respeito da data de instalação de GUILHERME DE OCKHAM, bem como de MARSÍLIO DE PÁDUA, junto à corte de LUÍS da Baviera em Munique, ver tb. o precedente item 9.1 – MARSÍLIO DE PÁDUA (1275-1342), tb. aparece discrepância do marco inicial. Comenta K. FLASCH (op. cit., 1992, p. 172): "A vida e a obra de OCKHAM foram assim divididos em dois. Até por volta de 1325, um pensador solitário, que se interessa por problemas essencialmente teóricos. De 1325 a 1349 (o ano de sua morte é incerto), desenvolveu atividade literária de filósofo político; combateu a doutrina da 'plenitude de potência', que defendia o papa. Suas razões diferiam das de MARSÍLIO, esse médico e jurista de Pádua, para quem era estranha a ideia franciscana de pobreza, mas os dois autores se juntaram em suas críticas às pretensões do papado."

moderno se fundamenta em determinadas concepções e ideias políticas, antigas e medievais, sobre as quais se debruçou OCKHAM, retomando-as, defendendo-as e ajudando a perpetuá-las. Assim, encontramos elementos, na obra política de OCKHAM, que antecipam John LOCKE, J. S. MILL e outros.[1157]

Dentre argumentos de OCKHAM:

- que os cristãos têm o direito de declarar e defender suas opiniões em oposição às do papa e dos concílios, mesmo que estas sejam errôneas;
- que nenhuma parte da igreja – nem o papa, nem o concílio – é infalível;
- que ao tentar impor falsos ensinamentos na igreja, o papa viola os direitos da comunidade dos fiéis e pode ser deposto;
- dado que as mulheres, como os homens, integram a igreja, estas também deveriam tomar parte em algumas atividades da igreja, como os concílios;
- que os poderes dos governos seculares não dependem de aprovação da igreja;
- que os direitos dos ateus e dos não-crentes – tais como direitos de participação no governo ou direitos de propriedade – não podem ser afetados pelo estabelecimento do cristianismo, embora passíveis de alteração pela lei civil;
- que o imperador, os reis e outros senhores temporais não têm poderes absolutos, mas têm de respeitar os direitos de seus súditos;
- que um governante tirânico pode ser deposto.

[1157] Sobre a obra jurídico-política de OCKHAM, vejam-se: Léon BAUDRY, **Guillaume d'Occam: sa vie, ses oeuvres, ses idées sociales et politiques** (Paris: Vrin, 1950); Christophe GRELLARD e Kim Sang ONG-VAN-CUNG, **Le vocabulaire de Guillaume d'Ockham** (Paris: Ellipses, 2005); Gottfried MARTIN, **Wilhelm von Ockham**: Untersuchungen zur Ontologie der Ordnungen (Berlin: Walter de Gruyter, 1949); Jean-Fabien SPITZ (trad. do latim e introdução) a G. OCKHAM, **Court traité du pouvoir tyrannique** (Paris: PUF, 1999, introdução, pp. 1-92); Brian TIERNEY, **Origins of papal infallibility: a study on the concepts of infallibility, sovereignty and tradition in the Middle Ages** (Leiden: E. J. Brill, 1972); ___, **The foundations of Conciliar Theory** (Cambridge: Univ. Press, 1995, new ed. 1997).

São, assim, respectivamente considerados: o **Diálogo**, o **Breve tratado sobre o poder do papa**,[1158] e o **Breve tratado sobre o governo tirânico**.

O **Dialogus** ou Diálogo, embora incompleto, é a obra mais importante que OCKHAM nos legou (além das versões originais manuscritas, dos séculos XIV e XV, i.a. publicado em 1476, em 1494 e Frankfurt em 1614).[1159] Este se apresenta, em três partes, como a transcrição das discussões entre o mestre e o discípulo-redator, a respeito de várias opiniões dos doutos, sobre as controvérsias entre JOÃO XXII e os franciscanos dissidentes.

Na primeira parte, há extenso debate a respeito de heresias e hereges. Os franciscanos dissidentes acusam JOÃO XXII de ensinar heresia e se ter tornado herege, enquanto, por sua vez, o papa se referia ao líder dos franciscanos, Michel da CESENA, como 'esse herege'.

OCKHAM – ou o mestre, no **Diálogo**, que seria a voz do autor – pondera que qualquer integrante da igreja – inclusive o papa, ou cardeais, ou integrantes de qualquer colegiado ou concílio – pode cair na heresia. Mas, CRISTO estará sempre com a igreja e não permitirá que todos os membros da igreja caiam na heresia, ao mesmo tempo – de modo que sempre haverá alguém – por vezes mesmo fora de cargos oficiais – para defender e

1158 GUILLAUME D'OCCAM, **Breviloquium de potestate papae** (éd. L. BAUDRY, Paris: Vrin, 1937). "Ouvrage dont nous avons montré ailleurs que l'authenticité est hors de doute" cf. L. BAUDRY, **Guillaume d'Occam** (Paris: Vrin, 1950, cit. p. 218).

1159 GUILHERME DE OCKHAM, **Dialogus** I. Inc. 'In omnibus curiosus existis'. Expl.... ad omnium utilitatem fidelium et Dei omnipotentis honorem; cui gloria, laus et imperium in secula seculorum Amem. L. BAUDRY, **Guillaume d'Occam** (op. cit., tomo I, 1950, p. 288-289) elenca manuscritos do **Dialogus** em diferentes bibliotecas. WILLIAM OF OCKHAM, **Dialogus** (Latin text and English translation, ed. by John KILCULLEN, John SCOTT, George KNYSH, Volker LEPPIN, Jan BALLWEG, Karl UBL and Semih HEINEN, under the auspices of the Medieval Texts Editorial Committee of the British Academy, 1995, 2002 – available on line: publications.thebritishacademy.ac.uk): "The purpose of the present project is to restore the text of the **Dialogue** to the state in which it left the author's hands – or, since this is not really possible, to bring it as close as we can to that state. To do this we will compare the text of the early printed editions (1476, 1494, 1614) with the surviving 14th and 15th century manuscripts (there are more than thirty). We intend also to produce a translation of the whole work to make it accessible to readers who do not read Latin. OCKHAM's Dialogue deserver a place besides MARSILIUS's **Defensor pacis**, HOOKER's **Laws of Ecclesiastical Polity**, HOBBES's **Leviathan** and LOCKE's **Two Treatises**, among the classics of political thought."

resgatar a verdade. Assim, OCKHAM rejeita a tese da infalibilidade papal ou conciliar, mas considera ser a igreja, como um todo, infalível, porquanto nem todos os seus membros cairão na heresia simultaneamente.

Simplesmente ter uma convicção herética não transforma alguém em herege. É preciso ater-se a tal concepção herética com pertinácia, ou seja, com a disposição de não mudar de convicção, mesmo que se demonstre não ser aquela consistente com a fé católica. O oposto da pertinácia é a disposição para corrigir-se. Para decidir se alguém é um herege se faz necessário, assim, em geral, argumentar para demonstrar ser aquela opinião herética e instar quem a sustente a mudar de convicção.

Por vezes, a discussão não se faz necessária, por exemplo, quando um papa exprime uma convicção herética e a tenta impor à igreja, como verdade católica, pode-se deduzir a pertinácia de tal conduta: ao tentar impor a sua concepção, a pertinácia pode ser deduzida. Isso significa que a ortodoxia de um papa pode ser examinada, como a de qualquer cristão, e o papa não pode se valer da sua autoridade para se eximir do escrutínio.

Se o papa é herético, ele automaticamente é excomungado e perde toda a sua autoridade espiritual e administrativa. Embora possa continuar a reinar como papa *de facto*.

A parte I do **Diálogo** de OCKHAM é a sua mais importante obra política, quer em termos de qualidade dialética, como por sua extensão. E é, presumivelmente, a única que teria sido integralmente completada. Contém a mensagem fundamental de OCKHAM a respeito da responsabilidade constitucional, bem como de atuação de cidadania ativa e inclusiva.

A parte II do **Diálogo**, tal como foi conservada, não parece se coadunar com o início da obra: não se desenvolve como diálogo, mas contém dois textos expositivos que foram inseridos por alguém – provavelmente não o próprio autor – no lugar do texto perdido ou que nunca foi escrito. Dedica-se o texto a expor que JOÃO XXII sustentava doutrinas heréticas a respeito da visão beatífica e, na medida em que as tentava impor, com pertinácia, tornava-se herege. Essa controvérsia surge entre 1331 e 1332, em relação a sermões, nos quais o papa questionava a opinião tradicional sobre a matéria.

A parte III do **Diálogo** é dividida em dois segmentos. OCKHAM teria concebido seis segmentos, nessa terceira parte, especificando a atuação dos principais atores nessa controvérsia, inclusive ele mesmo. Nenhum desses segmentos veio à luz, se algum dia foram escritos. Do que foi conservado, o segmento inicial (3.1) trata do poder do papa e do clero e o segmento final (3.2) trata do poder e direitos do imperador romano.

No primeiro segmento (3.1, livros 1 e 2), inicialmente se discute a constituição da igreja. O mestre apresenta objeções à doutrina da plenitude do poder do papa, no sentido de poder fazer qualquer coisa que não seja contrária à moral e a lei divina positiva. Essa doutrina é muito criticada por OCKHAM no **Breve tratado**.

A seguir (3.1, livros 3 e 4), ao menos em parte, parece ser reação às concepções de MARSÍLIO DE PÁDUA. Este também se encontrava refugiado em Munique, vivendo na corte de LUÍS da Baviera. No **Defensor da paz**, MARSÍLIO argumentava ser a hierarquia da igreja uma instituição puramente humana, que o governante da cristandade – o imperador, e não o papa – pode mudar; assim, o imperador poderia abolir o papado, ou modificar os poderes deste. MARSÍLIO, ademais, atribuía a infalibilidade não ao papa, mas aos concílios gerais da igreja – a serem convocados pelo imperador.[1160]

No início do livro seguinte (3.1.3), é suscitada a indagação se CRISTO teria feito de PEDRO a cabeça da igreja. São examinadas as fontes das quais as respostas a estas e outras questões teológicas podem ser deduzidas; e a questão de ser ou não infalível um concílio ecumênico. A maior parte do programa, esboçado no início, não parece ter sido executada.

No segundo segmento (3.2) são expostos os direitos do Sacro império romano. Segundo os defensores das prerrogativas deste, o sucessor do Império romano de CÉSAR AUGUSTO teria sido transferido por CONSTANTINO de Roma para Constantinopla e, de lá, trasladado para a Alemanha. O 'imperador romano' era eleito vitaliciamente pelos príncipes eleitores; em geral, viajava para Roma, para ser coroado pelo papa, e retornava para a Alemanha.

Durante o século XIII, novamente, os papas tentaram estabelecer controle sobre o império. Na opinião dos defensores dos interesses da Cúria, o papa LEÃO III transferira o império dos gregos para os francos, mediante a coroação de CARLOS MAGNO, no ano 800, e sustentavam, somente um papa poderia transferir a outro ou abolir o império. Também

[1160] Cfr. item 9.1, relativo a MARSÍLIO DE PÁDUA.

afirmavam que cada imperador recém-eleito tinha de ser aprovado e coroado pelo papa para se tornar efetivamente imperador.

Os defensores do Império, por sua vez, argumentavam que, na transferência do Império, o papa LEÃO tinha simplesmente cumprido o desejo do povo romano; que a participação do papa e de outros clérigos na coroação não lhes conferia poder sobre o imperador ou outros reis. Argumentos contrários e favoráveis a cada uma das teses são desenvolvidos por OCKHAM neste segundo segmento.

O primeiro livro (3.2.1), que se segue, discute se é ou não vantajoso para a raça humana ser governada por um único imperador ou governante secular, nas questões temporais. Também se discutem: quais qualidades tal governante mundial deve ter; se o Império romano deriva seu poder de Deus, ou do papa, ou do povo romano; e se pode o império ser abolido ou dividido. Uma opinião – presumivelmente a de OCKHAM – é ser o governo mundial necessário para a manutenção da paz, e assim deveria haver um governante mundial, mas isso não seria útil, quando a oposição for tão forte e a tentativa de apoiar um imperador causar tanta resistência, que não permita a esse imperador governar.

O segundo livro (3.2.2) discute os direitos e poderes do imperador romano. Inclui tentativa de definição da diferença entre questões 'espirituais' e 'temporais', como modo de delimitar as esferas de atuação da igreja e do poder secular. Discute-se a doutrina da 'plenitude do poder' imperial, que se sobreporia aos direitos de propriedade dos súditos; as respostas negativas são vigorosamente argumentadas. Finalmente, discute-se a pretensão de aprovação papal ao candidato escolhido pelos príncipes eleitores, antes deste poder exercer as suas funções e prerrogativas imperiais.

O terceiro livro (3.2.3) discute se o imperador pode exercer poder em questões 'espirituais': notadamente, se o imperador pode escolher o papa, como por vezes tinha sido feito. O texto se interrompe no meio da discussão, deixando em aberto várias questões que tinham sido suscitadas. Considera-se ser este livro a mais notável discussão de OCKHAM a respeito do direito natural.[1161]

1161 WILLIAM OF OCKHAM, **Dialogus** (Latin text and English translation, ed. by J. KILCULLEN et al., cit. – available on line: publications.thebritishacademy.ac.uk): "Although the Master does not say which he agrees with of the various opinions he presents, it is usually

Dentre as razões para escrever uma versão compacta da sua grande obra, apontava OCKHAM: "as pessoas de hoje amam a brevidade".[1162] As longas considerações, que expusera, na terceira parte do **Dialogus**, acarretavam o risco de cansar o leitor. Assim, fez o resumo do conteúdo nesse novo escrito, o **Breviloquium**, cuja autenticidade foi atestada.[1163]

Escrito durante o pontificado de BENTO XII – ou seja, antes de 25 de abril de 1342 – no Prólogo, o autor se lamenta amargamente que os príncipes não atentem para aqueles que assinalam os perigos que representam as pretensões do papado.[1164] Como diversas outras, esta obra também ficou inacabada – ou, quem sabe, teria sido mutilada. Mas, o que chegou até nós permite conjeturar quais questões o autor tinha a intenção de discutir, na parte que se conservou.

O título – **Breve tratado sobre o poder papal** – já deixa suficientemente claro que se trata de considerar o poder espiritual do papado. No capítulo 20 do livro II, ele enumera quatro maneiras de se compreender os poderes concedidos a PEDRO e ao papa, pelas palavras do CRISTO: "Tudo o que ligares – *quodcumque ligaveris*" – e deixa para o final a apresentação de sua opinião pessoal.[1165]

not difficult for us to guess which of them OCKHAM supported, since we know the exigencies of his situation and can consult the 'assertive' works. But it is worth emphasising that the **Dialogue** gives a fair and strong account of a wide range of opinions. No doubt this is why it was circulated and (after the invention of printing) printed.It was valued for its presentation of and criticism of theories and arguments even by readers who did not agree with OCKHAM's assessment of JOHN XXII and BENEDICT XII. The author does not push the reader (at least, not too strongly) in the directions he favors; he states the various positions as well as he can and trusts that the better opinion will prevail in the reader's mind."

1162 R. SCHOLZ (op. cit. II, p. 432); cf. Compendium err. (p. 976, I.37).

1163 GUILLAUME D'OCCAM, **Breviloquium de potestate papae** (éd. L. BAUDRY, Paris: Vrin, 1937). "Ouvrage dont nous avons montré ailleurs que l'authenticité est hors de doute" cf. L. BAUDRY, **Guillaume d'Occam** (Paris: Vrin, 1950, cit. p. 218), já referido.

1164 GUILLAUME D'OCCAM, **Breviloquium de potestate papae** (éd. 1937, p. 1); L. BAUDRY, **Guillaume d'Occam** (Paris: Vrin, 1950, cit. p. 218): "Peut-être ne serait-on pas loin de la vérité en plaçant la composition de cet écrit en 1341, année au cours de laquelle l'empereur s'alliait avec la France, retirait à ÉDOUARD III le titre de vicaire impérial et cherchait à se rapprocher d'Avignon."

1165 GUILLAUME D'OCCAM, **Breviloquium de potestate papae** (éd. L. BAUDRY, Paris: Vrin, 1937, p. 60 e 68). "Une remarque analogue se retrouve au début du chapitre premier du troisième livre" cf. L. BAUDRY, **Guillaume d'Occam** (Paris: Vrin, 1950, cit. p. 219).

Ao final desse mesmo capítulo (II.20), OCKHAM indica que deveria ser considerado se o papa é obrigado a observar as leis civis. E, mais adiante (V.4), declara a intenção de mostrar a quem caberia julgar se o papa caiu em heresia.

De tal maneira, deduz-se que esse **Breve tratado** deveria conter uma exposição completa a respeito do poder espiritual e temporal do papa. Essas observações "provam que GUILHERME tinha seu modo pessoal de conceber a igreja, o estado e as relações entre ambos, e temos o direito de procurar os traços essenciais em seus diversos escritos".[1166]

O **Breviloquium de principatu tyrannico** – Breve tratado ou discurso sobre o governo tirânico, ou também referido "sobre o governo tirânico" (redigido entre 1335-1340, somente publicado em 1926, a partir da sua redescoberta), este deve ter sido utilizado, como base de argumentação, nas controvérsias de seu tempo.[1167]

Nessa obra, OCKHAM rejeita a afirmação quer da supremacia militar, da preponderância econômica, do avanço relativo nas ciências e na pesquisa, ou de qualquer enunciado de cunho fundamentalista, emanado este de qualquer confissão, na medida em que pretenda congelar e apresentar como paradigmática, se não a única possível, determinada concepção estática do mundo, da vida e dos seres. Se não se levar em conta a diversidade da realidade destes, termina-se por afastar todos os que não se submetam a tais tiranias intelectuais, e assim se tendem a acirrar os conteúdos predominantemente reacionários. Insiste OCKHAM no papel da reflexão e do debate, para mais se descobrir da verdade, a respeito do poder, que intervém em todos os casos, insiste na necessidade

[1166] GUILLAUME D'OCCAM, **Breviloquium de potestate papae** (éd. L. BAUDRY, Paris: Vrin, 1937, p. 66 e 136). "D'autre part GUILLAUME renonce ici à la méthode suivie dans le **Dialogue**; il ne dit plus vouloir rapporter les opinions d'autrui, mais faire connaître, en y adhérant fermement, les conclusions auxquelles ses recherches l'ont conduit. Ces deux remarques ont une grande importance. Elles nous montrent que, si dans le **Dialogue** et l'**Octo questiones** le polémiste feint de ne pas se prononcer, cela n'est pas dû à l'absence d'une conviction arrêtée, puisque dans le **Breviloquium**, rédigé entre ces deux ouvrages, il a pris position très nettement." cf. L. BAUDRY, **Guillaume d'Occam** (Paris: Vrin, 1950, cit. p. 219).

[1167] Este texto ficou perdido, durante séculos, e somente foi redescoberto por SCHOLZ, em 1926. Richard SCHOLZ (1872-1946), **Wilhelm von Ockham als politischer Denker und sein *Breviloquium de principatu tyrannico*** (Leipzig-Stuttgart: K. W. Hiersemann, 1944, reed. 1952).

de que seja permitido fazer debates, escrever livros e publicar a verdade para aqueles que não a conhecem!

Insistira OCKHAM, ainda, que não se devem multiplicar as abstrações além do necessário – *entia non sunt multiplicanda praeter necessitatem.*[1168] Por isso, será chamado de nominalista. Embora ele mesmo não tenha utilizado tal denominação –[1169] que somente aparece no final do século XV. Apesar disso, ele é considerado um dos principais expoentes do 'nominalismo', a doutrina pela qual se entende que somente

[1168] As abstrações não devem ser multiplicadas além do necessário. A respeito, GUILLAUME D'OCKHAM, **Intuition et abstraction** (textes introduits, traduits et annotés par David PICHÉ, Paris: Vrin – *Translatio* – Philosophies médiévales, 2005); Christophe GRELLARD et Kim Sang ONG-VAN-CUNG, **Le vocabulaire de Guillaume d'Ockham** (Paris: Ellipses, 2005, Nominalisme, cit. p. 47-50): "On définit en général le nominalisme comme la doctrine qui soutient que seuls existent les individus et qui applique, pour défendre cette thèse, le 'rasoir d'OCKHAM', *entia non sunt multiplicanda praeter necessitatem.*" [...] "En outre, le principe selon lequel il ne faut pas multiplier inutilement les entités ne se trouve pas sous cette forme chez Guillaume, mais sous la forme 'c'est en vain que l'on fait avec plusieurs ce que l'on peut faire avec un petit nombre', ou 'on ne doit pas poser de pluralité sans nécessité', formules qui interdisent de déterminer à priori ce que sont ces 'plusieurs'. De fait, ce principe n'est pas en soi nominaliste. OCKHAM le reprend à DUNS SCOT qui n'est pas nominaliste, et il provient d'ARISTOTE (**Physique**, I,4, 188a 17-18), mais il y a bien un visage nominaliste de ce principe. OCKHAM ne se désigne pas comme nominaliste, mais comme terministe, c'est-à-dire pratiquant la logique terministe: la logique qui examine le sens des termes ou les unités signifiantes d'une proposition."

[1169] Toda a obra de OCKHAM é perpassadapor nominalismo metodológico, que o leva a tentar estabelecer com coerência os princípios de uma filosofia (natural, ética e política) e de uma teologia, que se alinham com um empirismo geral. Assim, OCKHAM coloca a experiência sensível como o necessário ponto de partida da especulação, e se empenha em manter a especulação nos limites do que autoriza a investigação da razão sobre os dados dos sentidos. Nessa perspectiva, a lógica e, mais especificamente, a semântica constitui a ferramenta fundamental de que dispõe a razão para aceder à verdade. OCKHAM faz da lógica o instrumento da filosofia. Como expõem C. GRELLARD et Kim Sang ONG-VAN--CUNG, **Le vocabulaire de Guillaume d'Ockham** (ed. 2005, cit. p. 5-6): "Philosophe et théologien marqué par sa formation en logique, OCKHAM fut aussi, par la force des choses, engagé dans les querelles politiques de son temps. Dans ses écrits polémiques, largement liés aux circonstances, on retrouve la virtuosité argumentative qui le caractérise, mais au-delà on découvre ce que l'on peut véritablement qualifier de philosophie politique (ou écclesio--politique) ". V. tb. Cyrille MICHON, **Nominalisme – la théorie de la signification de Guillaume d'Ockham** (Paris: Vrin, 2002).

existem os indivíduos.[1170] Nesse sentido, aplica-se a assim chamada "navalha de OCKHAM", para suprimir todas as entidades ontológicas supérfluas, como as abstrações e os universais.

Séculos antes do surgimento da expressão, estariam em OCKHAM as premissas para a constituição e a operação da assim chamada 'sociedade civil'. Bem como extensa e articulada argumentação a respeito da necessidade de separação de poderes entre o papa e o imperador, com as respectivas esferas de competência entre o poder eclesiástico e o poder civil.

Já o enquadramento do texto de OCKHAM sobre o governo tirânico, como obra 'jurídica' ou 'política', pode ser objeto de controvérsia. MARTIN fala em exame da ontologia das ordens – *Untersuchungen zur Ontologie der Ordnungen* –[1171] enquanto VILLEY entende ser estritamente jurídico – *problème vraiment juridique* – o objeto do tratado:[1172]

> percorramos esse livro de ponto de vista um tanto novo, sem nos preocupar em aprofundar o conteúdo da doutrina, mas unicamente para testar o método seguido por OCKHAM. Lendo nessa perspectiva o **Breviloquium**, ficamos surpresos com o caráter estranhamente moderno, em certos aspectos, de seu estilo, de sua vinculação rigorosa às fontes do direito positivo: esse é o estilo próprio do positivismo. E o método seguido por OCKHAM,

[1170] C. GRELLARD et Kim Sang ONG-VAN-CUNG, **Le vocabulaire de Guillaume d'Ockham** (ed. 2005, Nominalisme, cit. p. 48): "La notion de nominalisme apparaît à la fin du XVe siècle (1473) dans un mémoire adressé à LOUIS XI rédigé par des maîtres nominalistes, suite à la condamnation de leur doctrine. On peut y lire: on appelle nominalistes ces maîtres qui ne multiplient pas les choses, principalement désignés par des termes, selon la multiplication des termes. On appelle réalistes au contraire ceux qui affirment que les choses sont multipliés selon la multiplicité des termes ". [...] "En outre, on appelle nominalistes ceux qui s'appliquent avec diligence et effort à connaître toutes les propriétés des termes, dont dépendent la vérité et la fausseté d'un énoncé, et sans lesquelles on ne peut juger parfaitement de la vérité ou de la fausseté des propositions."

[1171] Gottfried MARTIN, **Wilhelm von Ockham**: Untersuchungen zur Ontologie der Ordnungen (Berlin: Walter de Gruyter, 1949).

[1172] M. VILLEY (op. cit., 2003, p. 234): "je ne vois pas de raison valable de contester qu'OCCAM y traite d'un problème vraiment juridique – et d'ailleurs le plus important du droit public médiéval: celui du partage des pouvoirs entre les deux autorités souveraines (ou qui l'une et l'autre voudraient être) du Moyen Âge, l'empereur et le pape."

nessa matéria, parece-nos constituir, nesse momento do início do século XIV, uma novidade decisiva.[1173]

Além de sua convicção, até mesmo por questão de sobrevivência, OCKHAM colocou-se a serviço de LUIS V da Baviera, e conduziu, por conta deste, o debate contra a tese pontifical da plenitude do poder – *plenitudo potestatis* – ou seja a soberania total, não somente espiritual como também temporal do papa. Esse modelo teórico da 'soberania' e os desdobramentos da aplicação do eixo central de ordenação política do mundo ocidental são o grande debate e a controvérsia intelectual medieval, que se exprime também no campo internacional. Como a premissa básica para a ordenação do 'sistema internacional' da época.

Com cristalina clareza, OCKHAM – embora somente nos tenha chegado texto truncado – parte da estrita interpretação literal da **Escritura**, o velho método dos teólogos, de submissão absoluta da inteligência ao texto positivo revelado. Mas, se OCKHAM a aplica ao direito – "o método positivista foi, assim, um empréstimo feito pelos juristas aos teólogos" – não foi a obra de OCKHAM simples retorno ao passado: "sua dialética é mais estrita do que poderia ter sido na época do 'agostinismo jurídico'; ele sabe, além disso, reconhecer o lugar do direito positivo de origem humana".[1174]

A divisão entre os dois poderes não pode, segundo OCKHAM, valer-se das leis emanadas nem de uma nem da outra, dentre as partes em

[1173] M. VILLEY (op. cit., 2003, loc. cit. e a seguir, p. 237): "Le style juridique du **Breviloquium** surprend par son aspect moderne, par sa sécheresse positiviste, par sa constante affectation de soumission exclusive aux sources positives. [...] En pleine conscience de sa démarche, avec une clarté exemplaire, OCCAM nous déclare s'en tenir aux textes de droit positif. Encore en est-il de deux sortes: les lois divines, les lois humaines."

[1174] M. VILLEY (op. cit., 2003, p. 238): "Car les besoins juridiques de la société sont beaucoup plus étendus au XIVe siècle qu'ils ne l'étaient à cet âge antérieur de l'augustinisme où l'on pouvait concevoir le projet de s'en remettre totalement à l'Écriture sainte et de se passer de droit humain. Maintenant les villes et le commerce se sont développés, et les États, et le système de plus en plus complexe des rapports administratifs. Or, dès lors que l'on répudie l'interpréation symbolique, on ne trouve rien sur ces points dans l'Évangile. Rien non plus que l'on puisse extraire sérieusement de la Loi ancienne. Il y a nécessité de recourrir à des sources d'origine humaine: à quoi répondaient en effet au XIIIe siècle la renaissance du droit naturel de l'Antiquité gréco-romaine et la renaissance du droit romain qui en fut longtemps le corollaire."

conflito: há de valer-se da lei divina – *jus divinum* – *jus*, para OCKHAM significa lei, ordem, comando, da *ordinatio Christi*.

OCKHAM satisfaz essas exigências pela exaltação das leis positivas humanas. Não que estas tenham lugar ainda importante, no próprio **Breviloquium**, pois o problema colocado não decorre, essencialmente, de nenhuma legislação humana. E, contudo, OCKHAM prevê que questões precisas, relativas à autoridade do imperador ou mesmo aos poderes do papa, dizem respeito ao direito positivo humano.

Como este escreve nas "oito questões sobre o poder do papa":[1175]

> *Secundo tenet illa opinio quod illae duae potestates nec cadunt nec cadere debent in eundem hominem; quod quidem non accidit ex natura rei, sed ex ordinatione Dei et iure divino, quod cavetur ne ordinarie vel regulariter idem homo praesit rebus saecularibus et divinis* – assim se põe a opinião, segundo a qual dois poderes não caem nem podem cair sobre a mesma pessoa; e que isso não se dá pela natureza das coisas, mas em decorrência de disposição legal, emanada de Deus e do direito divino, que preclui que ordinária e regularmente o mesmo homem presida as coisas seculares e divinas.[1176]

Com algumas décadas de distância, o mesmo conflito, sobre a primazia do poder, que se instaura entre o imperador LUIS V da Baviera e o papa JOÃO XXII, já se expressara entre o rei FILIPE, o belo, da França, e o papa BONIFÁCIO VIII, que também ensejara vibrante controvérsia e debates na época.[1177]

[1175] GUILHERME DE OCKHAM, **Octo quaestiones** – são conservados manuscritos em bibliotecas de Paris, Avinhão, Bremen, Frankfurt-Meno, Roma, Ulm, Viena; ed. antiga: Lyon: Trechsel, 1496 (cf. L. BAUDRY, op. cit., 1950, p. 292-293); b/c GUILHERME DE OCKHAM, **Octo quaestiones de potestate papae** (ed. CAMASTRA, Milão: Rusconi, 1999).

[1176] GUILHERME DE OCKHAM, **Octo quaestiones de potestate papae** (ed. cit., 1999, I.4, p. 84).

[1177] De Richard SCHOLZ (1872-1946), além de seu já ref. prefácio a **Wilhelm von Ockham als politischer Denker** und sein Breviloquium de principatu tyrannico (Leipzig-Stuttgart: K. W. Hiersemann, 1944, reed. 1952), veja-se também, **Die Publizistik zur Zeit Philip des Schönen und Bonifaz VIII** – Ein Beitrag zur Geschichte der politischen Anschauungen des Mittelalters (Stuttgart: F. Enke, 1903); v. tb. G. de LAGARDE, **La naissance de l'esprit laïque au déclin du Moyen Âge** – tome 4 – **Guillaume d'Ockham, défense de l'empire** (Louvain: Nauwelaerts / Paris: Béatrice-Nauwelaerts, 1962) ___, ___ – tome 5 – **Guillaume d'Ockham, critique des structures ecclésiales** (Louvain: Nauwelaerts / Paris:

Foi o problema central do direito público e do direito internacional medieval a questão da determinação da primazia do império ou do papado. Tanto mais porque o Império – que dos romanos a CARLOS MAGNO e, a seguir ao Sacro império romano, da nação alemã – historicamente existe, desde antes de CRISTO, e não esperou pelo papa para exercer as suas funções.

Em suma, para OCKHAM valeria a teoria exposta pelo papa GELÁSIO I (492-496), segundo a qual o poder do império e do papado são independentes:

> Enquanto o papa GELÁSIO formulara a teoria das 'duas espadas' porque naquela época ela era funcional à reivindicação da autonomia da igreja em relação à política, mais tarde, num diferente contexto histórico e político, especialmente com INOCÊNCIO III (1198-1216), apresentou-se com decisão a teoria do primado do poder da igreja sobre o poder do império. Daí todas as polêmicas posteriores sobre o predomínio de um ou de outro poder.[1178]

Aponte-se precisão terminológica e cronológica com relação à transposição do termo 'soberania' – que somente surge no século XVI, com BODIN – deve ser usada com cuidado;[1179] mas o fenômeno era conhecido, embora se usassem outras expressões para o designar, tais como *suprema potestas*, ou com diferentes qualificativos o termo, bastante vago, aliás, de *auctoritas*, etc.

Do lado papal, interviera PTOLOMEU DE LUCCA – o continuador da obra **De regno**,[1180] deixada inacabada com a morte de santo TOMÁS – e

Béatrice-Nauwelaerts, 1963); J. RIVIÈRE, **Le problème de l'église et de l'état au temps de Philippe le Bel** (Louvain / Paris: Champion, 1926).

1178 G. REALE e D. ANTISERI, **Filosofia – Antiguidade e Idade média** (ed. 2017, cit. p. 639).

1179 Como se examina no **Tratado** (tomo 5 – **Direito internacional no tempo de Francisco de Vitória**, cap. 13 – estado como sujeito de direito internacional: a contribuição de MAQUIAVEL e BODIN).

1180 TOMÁS DE AQUINO, **De regno ad regem Cypri** – Sobre a realeza ao rei de Chipre (introdução, tradução e notas Carlos Arthur Ribeiro do NASCIMENTO, São Paulo: Ed. Madamu, 2022); PTOLOMAEUS LUCCENSIS, **De regimine principum ad regem Cypri** (in THOMAS AQUINAS, **Opuscula omnia necnon opera minora**, tomus

a facção inteira dos canonistas da corte romana, tais como AGOSTINO TRIUMPHO e o franciscano espanhol ALVAREZ PELAYO.[1181] Do lado imperial, JEAN DE PARIS – também continuador de santo TOMÁS, cuja doutrina é moderada – bem como DANTE e MARSÍLIO DE PÁDUA, contemporâneo de OCKHAM, na corte de LUIS V.[1182]

Todos esses autores trariam a comprovação do triunfo do método do direito natural. Por isso, os positivistas tentam privar esse debate do caráter jurídico, e somente consentiriam em timidamente denominá-los 'publicistas'.

No partido pontifical praticamente só se utilizam argumentos jusnaturalistas, e sem dúvida não se poderia de outro modo pretender fundamentar o poder temporal do papa – dado que a fraude perpetrada, no final do século VIII ou início do século IX, sob o nome da *Doação de Constantino*, não poderia prevalecer – e alegava-se uma visão do mundo, e, particularmente, do mundo dos homens, da humanidade, que, por natureza, seria una, formaria um corpo e deveria ter somente uma cabeça.

No partido imperial, JEAN DE PARIS (1303)[1183] desenvolve sua doutrina em sentido favorável à autonomia do estado. Da mesma forma, MARSÍLIO DE PÁDUA parece servir –embora com sérias divergências, no tocante ao conteúdo das soluções – a mesma causa que OCKHAM, mas não o faz da mesma maneira.[1184]

JEAN DE PARIS, e também MARSÍLIO, condenam o método de argumentação tirada da exegese simbólica dos textos das **Escrituras**.

primus – Opuscula philosophica, ed. R. P. Joannes PERRIER, Paris: Lethielleux, 1949, p. 221-445); v. tb. José Antonio MARTINS, Sobre o *regimen politicum* no **De regimine principum** de Ptolomeu de Lucca (Porto Alegre: Veritas, 2017, vol. 62, n. 3, DOI: https://doi.org/10.15448/1984-6746.2017.3.22664).

1181 Cf. ref. no item 9.1, dentre as obras mais conhecidas de ALVARUS PELAGIUS (ca. 1280--1353), **Status et planctus ecclesiae**, teve 28 edições entre 1488 e 1998, em quatro idiomas, "held by 51 WorldCat member libraries wordwide"; enquanto seu **De planctu ecclesiae** teve 27 edições entre 1474 e 1999, em latim e outras línguas, também "held by 51 WorldCat member libraries worldwide", e ainda **De planctu ecclesiae libri II** teve seis edições entre 1474 e 1570, e "held by 23 WorldCat member libraries worldwide".

1182 Cf. itens 10.2 – DANTE ALIGHIERI (1265-1321) e 9.1 – MARSÍLIO DE PÁDUA (1275-1342).

1183 JEAN DE PARIS (1255-1306), **De potestate regia et papali**, ed. **Über königliche und päpstliche Gewalt** (ed. Fritz BLEINSTEIN, Stuttgart: Ernst Klett Verlag, 1969).

1184 Cfr. item 9.1, relativo a MARSÍLIO DE PÁDUA.

Exalta JEAN DE PARIS o poder das leis do imperador romano, a *suprema potestas*, ou 'soberania' do imperador –[1185] mas não cabe falar em contrato social individualista, como fonte do poder imperial, erro frequentemente repetido.

Para OCKHAM, no **Breviloquium**, a questão deve ser tratada segundo o texto das Escrituras, e a exegese destas é o trabalho dos teólogos: *theologorum est scire quam potestatem habeat papa ex jure divino* –[1186] compete aos teólogos saber que poder tem o papa, segundo o direito divino.

A exegese deve ser literal, deve ater-se à letra da lei e buscar as intenções do legislador. OCKHAM condena expressamente o uso da interpretação 'mística':

> O sentido místico da Escritura, a menos que a própria Escritura, diretamente ou no contexto, não o comporte expressamente, embora deste se possa fazer uso para a edificação moral, não pode e não deve ser alegado, quando se trata de provar ponto disputado, por ocasião de conflito entre cristãos.[1187]

Rejeita, assim, os argumentos das 'duas luminárias' e das 'duas espadas'. OCKHAM somente admite a interpretação literal, aquela que nada acrescente ao texto: e assim devem ser considerados os textos relativos ao poder de são PEDRO.[1188] E, a partir de tais textos, constata OCKHAM que, rigorosamente, não se pode pretender deduzir qualquer poder temporal para o papa, mas se deve reconhecer a primazia temporal do imperador: "dai a César o que é de César" – como enunciara, com precisão, o CRISTO.[1189]

O poder temporal do imperador decorreria, assim, das próprias **Escrituras**. Ademais, OCKHAM lembra que, apesar de pagãos, durante a maior parte da existência de seu império, tinha santo AGOSTINHO louvado "além da conta", os antigos romanos, por seu "regime justo, espírito público, amor à pátria, cuidado e sabedoria em criar leis justas".[1190]

1185 Cf. ref., JEAN DE PARIS, **Über königliche und päpstliche Gewalt** (ed. 1969).
1186 GUILHERME DE OCKHAM, **Breviloquium** (I, 7).
1187 GUILHERME DE OCKHAM, **Breviloquium** (loc. cit.).
1188 GUILHERME DE OCKHAM, **Breviloquium** (II, 14 e 15).
1189 GUILHERME DE OCKHAM, **Breviloquium** (II.14, II.15, II.16, II.17, II.18, II.19, II.20).
1190 GUILHERME DE OCKHAM, **Breviloquium** (II.19).

Comentava OCKHAM a apreciação de santo AGOSTINHO sobre os antigos romanos: "atraindo outros povos para os amar, por essas e outras virtudes, sujeitaram o mundo inteiro ao seu império, mais pela sabedoria do que pelas armas".[1191] E prosseguia na comparação:

> gostaria que, aqueles chamados pontífices romanos, em nossos tempos, imitassem o seu modo de governar, abandonando a sua violenta tirania sobre os fiéis do império! Talvez, assim, a Itália tivesse florescido e abundasse em todas as coisas boas, e seu povo não tivesse sido massacrado.[1192]

Mas, por contrariar as pretensões hegemônicas temporais do papado, OCKHAM foi considerado herético. Como outros, antes e depois, poderia ter sido condenado e morrido na fogueira, se não tivesse conseguido fugir de Avinhão, e se refugiado junto ao imperador, primeiro na Itália e, depois, em Munique.

No **Breviloquium**,[1193] OCKHAM primeiro reproduz o texto da notória fraude, a suposta *Doação de Constantino*, e, depois, a rebate: "parece, assim, que as palavras citadas não são de tal autoridade que devam prevalecer sobre a razão".[1194]

O futuro daria razão a OCKHAM, quanto ao caráter apócrifo e fraudulento da suposta *Doação de Constantino*.[1195] Tanto mais que este já considera não serem verdadeiras, nem quanto ao conteúdo, nem quanto à

1191 GUILHERME DE OCKHAM, **Breviloquium** (loc. cit.)

1192 GUILHERME DE OCKHAM, **Breviloquium** (II.19).

1193 GUILHERME DE OCKHAM, **Breviloquium** (VI, cap. 3 – Não é possível provar, graças ao privilégio conferido por Constantino, que o império vem do papa).

1194 GUILHERME DE OCKHAM, **Breviloquium** (VI, cap. IV – Alguns afirmam que as palavras mencionadas no capítulo precedente são apócrifas e não tem qualquer autoridade).

1195 Como se examinou no item 8.4 – continuidade e mudança do contexto medieval ao moderno, a comprovação definitiva da fraude, mediante análise textual e contextual, seria feita por Lorenzo VALLA (1407-1457), na sua **Declamatio** (1440). Esta somente foi publicada em forma de livro, com traduções em várias línguas, algumas décadas mais tarde, a partir de 1517, em meio às controvérsias e guerras de religião, entre católicos e protestantes, no contexto da reforma. Ver Lorenzo VALLA, **On the Donation of Constantine** (translated by G. W. BOWERSOCK, Cambridge, Ma. / London: Harvard Univ. Press – The I Tatti Renaissance Library, 2007); v. tb. Giovanni Maria VIAN, **La donazione di Costantino** (Bolonha: Il Mulino, 2004, esp. cap. II – Genesi di una legenda, p. 53-89, cap. III – Scoprire un falso, p. 91-128, e cap. IV – Polemica e filologia, p. 129-167).

forma: começava a ficar claro que esta 'doação' não datava do século IV, e nem era de autoria do imperador CONSTANTINO, mas teria sido forjada, na ou em torno da chancelaria papal, no século IX, como modo de impor modelo de regulação da convivência entre o ressurgido império, a partir de CARLOS MAGNO, com o bispo de Roma, e as pretensões crescentes de exercício de centro de poder pelo papado.

O final do texto[1196] de OCKHAM está truncado. Quais foram as mãos e com quais propósitos se fez tal mutilação?

Não existe, assim, base teológica para a fundamentação das pretensões hegemônicas temporais do papado. A matéria sai do campo de ação e de competência dos teólogos.

A fortiori, os direitos do imperador decorrem do direito positivo humano. A questão, assim, passa ao campo de competência dos *jurisperiti*, ou seja, dos romanistas, que têm a ciência das leis.[1197] A interpretação das normas deve ser, igualmente, estrita e literal.

Para OCKHAM, o direito romano é legislativo e sua interpretação deve, assim, seguir as fórmulas positivas dos textos e buscar a vontade do legislador, pois se trata de direito positivo: o *jurisperitus* aplica os mesmos métodos em relação às leis imperiais que o *theologus* em relação aos preceitos divinos. Razão adicional para repudiar interpretações místicas...

Importante a caracterização da origem dos textos romanos, apontada por OCKHAM. A respeito das **Institutas**, declara: *quod principi placuit legis habet vigorem, cum lege regia quae de ejus imperio lata est, populus ei et in eum omne imperium suum et potestatem concedat* –[1198] ou seja, a potência criadora da vontade imperial encontra o seu fundamento na vontade popular.

[1196] GUILHERME DE OCKHAM, **Breviloquium** (VI, cap. V – As palavras citadas podem receber interpretação sã, e que não repugna às demais opiniões, que foram antes provadas): "Parece que todos os termos gerais devem ser compreendidos segundo esse sentido, assim modificado, determinado e especificado; ou seja, que nas coisas que dizem respeito ao culto de Deus e à cristandade, os pontífices e os padres tem um chefe na pessoa do papa, da mesma forma que os juízes tem um rei, e que o papa tem um poder desse gênero, maior que o do imperador, e que... CAETERA DESUNT."

[1197] GUILHERME DE OCKHAM, **Breviloquium** (I, 10). *Leis* romanas, não mais o *direito* romano.

[1198] **Institutas** (I, II, 6); GUILHERME DE OCKHAM, **Breviloquium** (IV, 3).

Pode-se questionar se e em que medida o texto das **Institutas** teria, em Roma, o alcance universal que lhe é atribuído no contexto medieval. Mas, como tal, será doravante aplicado.

Interessa-nos determinar a origem do *imperium* – ou seja, da soberania, da 'jurisdição temporal' – e do *dominium*.[1199] Estes decorreriam de poder inicialmente conferido por Deus aos homens de se apropriarem das coisas do mundo – que ele chama de *potestas appropriandi*.[1200]

No livro III do **Breviloquium**, OCKHAM considera a origem do domínio (*dominium*) das coisas temporais – "que é comum a todo o gênero humano" – do poder de conferir a propriedade de certas coisas temporais a uma ou mais pessoas, bem como do poder de estabelecer aqueles que possuem jurisdição (*jurisdictio temporalis*), e que "todos existem em virtude do direito de Deus":[1201] *potestas instituendi iudicem et rectorem, qui potestatem habeat coercendi* – tem o poder de instituir juízes e gestores, quem tem o poder de exercer a coerção.[1202]

Na mesma linha, o **Dialogus**, ou 'Diálogo' –[1203] embora seu texto esteja igualmente incompleto – a obra mais importante que OCKHAM nos

[1199] Cf. **Tratado** (tomo 3 A – **Direito internacional no tempo antigo**, item 3.2 – conceito jurídico de império: I – da Antiguidade rumo à Idade média e tomo 5 – **Direito internacional no tempo de Francisco de Vitória**, item 12.2. conceito jurídico de império: II – da Idade média à era moderna); P. B. CASELLA, *Empires, hegemony and cooperation* (in **Pravovie aspekti BRICS – Aspetti giuridici del BRICS – Legal aspects of BRICS**, ed. By P. CATALANO and T. ALEXEEVA, Saint Petersburg: National Research Univ., 2011, p. 27-48); tb. Marc BLOCH, *L'empire et l'idée d'empire sous les Hohenstaufen* (in Marc BLOCH, **Mélanges historiques**, préface de Yann POTIN, Paris: Ed. CNRS, 2011, p. 529-559).

[1200] GUILHERME DE OCKHAM, **Breviloquium** (III, 7 – O que diz respeito à senhoria das coisas temporais, que é comum a todo o gênero humano, do poder de conferir a propriedade de certas coisas temporais a uma ou mais pessoas, ou a colegiado, bem como o poder de estabelecer aqueles que possuem jurisdição, todos existem em virtude do direito de Deus).

[1201] GUILHERME DE OCKHAM, **Breviloquium** (III, caps. 7 a 11).

[1202] GUILHERME DE OCKHAM, **Breviloquium** (III, 11 – Algumas jurisdições temporais decorrem do direito de Deus e do direito natural, enquanto outras decorrem do direito dos homens). A redação de OCKHAM é muito clara a respeito.

[1203] WILLIAM OF OCKHAM, **Dialogus** (Latin text and English translation, ed. by John KILCULLEN, John SCOTT, George KNYSH, Volker LEPPIN, Jan BALLWEG, Karl UBL and Semih HEINEN, under the auspices of the Medieval Texts Editorial Committee of the British Academy, 1995, 2002 – available on line: publications.thebritishacademy.ac.uk; já L. BAUDRY, **Guillaume d'Occam** (op. cit., tomo I, 1950, p. 288-289) elencava manuscritos do **Dialogus** em diferentes bibliotecas e edições antigas em 1476, 1494 e Frankfurt em 1614.

legou.[1204] Este considera ser, em princípio, o papa superior em questões atinentes ao campo de ação da igreja, ou seja, as questões eclesiásticas e, assim, seria o imperador superior ao papa nas questões temporais.

OCKHAM considera que o papa poderia julgar o imperador por heresia, assim como o imperador poderia julgar o papa por homicídio: *supposito enim, quod aliquibus sit aliquis praelatus vel princeps vel rector praeficiendus, evidenti ratione colligitur, quod [...] illi quibus est praeficiendus habent jus eligendi, et praeficiendi eis, unde nullus dari debet ipsis invitis.*[1205]

Questiona-se se os romanos, em decorrência do direito natural, deteriam a prerrogativa de eleger o papa. Este é um problema jurídico. O diálogo se estabelece entre o mestre e seu discípulo, sobre os sentidos possíveis do termo 'direito natural'. Não transparece a intenção do mestre em negar o conceito de direito natural. Considera-o de uso corrente.[1206]

[1204] Cfr. a seleção de alguns trechos traduzidos e compilados em Ralph LERNER and Muhsin MAHADI (eds.), **Medieval political philosophy**: a sourcebook (New York: Collier-Macmillan, 1963, pp. 492-506). V. tb. para outros textos, tais como a noção do conhecimento ou ciência, problemas epistemológicos (especificamente no tocante ao conhecimento intuitivo de coisas não existentes), problemas lógicos, a teoria da suposição, a verdade, as operações inferenciais, e a discussão sobre o ser, a a essência e a existência, bem como a possibilidade de uma teologia natural, v. WILLIAM OF OCKHAM, **Seleção de obras** (trad. e noras de Carlos Lopes de MATTOS, São Paulo: Abril – os pensadores, 1973 vol. VIII, p. 339-404). Esta 'seleção' não faz justiça à riqueza e à complexidade da obra. A respeito M. VILLEY (op. cit., 2003, p. 231-232): "O **Dialogus**, texto um tanto obscuro e talvez voluntariamente difícil, porquanto era perigoso demais confrontar diretamente a ortodoxia, mas também porque OCKHAM pratica o método da dialética, o do diálogo, que confronta liberalmente as opiniões contraditórias, mais do que expõem diretamente a opinião do autor."

[1205] GUILHERME DE OCKHAM, **Dialogus** (III, 6).

[1206] Engajado na defesa da linha aristotélico-tomista e abertamente alinhado com a hierarquia católica, VILLEY, apesar de sua erudição e sua lucidez, parece mais empenhado em denegrir OCKHAM, pelo que este teve de heterodoxo, do que expor o que este pensador tem de original e de inovador. Discordo, ao menos parcialmente, da ponderação a respeito do 'positivismo' jurídico, como decorrência lógica do 'nominalismo' filosófico de OCKHAM, afirmada por M. VILLEY (op. cit., 2003, p. 240): "Avec une cohérence parfaite, OCCAM juriste suit la voie d'OCCAM philosophe. Dirais-je qu'il fut l'inventeur du positivisme juridique? C'est là un genre d'affirmation qu'un historien ose difficilement hasarder. La méthode juridique d'OCCAM ne manque sans doute pas de précédents, dans son ordre ou dans le passé de l'histoire du droit. [...] Que conclure? Ceci, pour le moins, qu'on ne connaît pas, avant l'oeuvre de GUILLAUME D'OCCAM, d'application consciente et systématique du positivisme juridique, mais que dans l'oeuvre de ce dernier, on voit un tel positivisme

Mas impõe-se aprofundar o conhecimento do seu sentido. Podem, assim, ser apontados três sentidos diferentes:

- o hábito de designar como direito natural alguns preceitos racionalmente necessários – *continetur in scripturis divinis* – como os contidos no 'Decálogo' (os dez mandamentos, por exemplo, "não matarás"); em verdade não parece ser esta a convicção íntima de OCKHAM; nem que tais preceitos sejam verdadeiramente necessários para a razão; nem tampouco autenticamente 'naturais' – OCKHAM lhes assinavala origem *positiva*, o comando positivo de Deus; e nem por isso tornam-se 'jurídicos' esses preceitos, mas permanecem lei *moral* natural;
- em segundo sentido, o termo designa o estatuto primitivo da humanidade, o regime jurídico em vigor antes de qualquer legislação, ou formação de costumes humanos – *absque omni consuetudine vel constitutione humana*; velho sentido, transposto do sonho estóico de uma idade de ouro, transposto pelo cristianismo nos termos do paraíso terrestre; este teria perdido, assim, todo sentido e interesse prático;
- o terceiro sentido, pode-se designar como direito natural as consequências que decorrem racionalmente de convenção entre os homens, ou de norma de direito positivo: *tertio modo dicitur jus naturale illud, quod ex jure gentium vel aliquo facto humano evidente ratione colligitur, nisi de consensu illorum, quod interest, statuatur contrarium* – essa norma, que decorra do direito das gentes.

Para OCKHAM, 'direito natural' seria, na prática, as consequências naturais das normas positivas: além de não ter, propriamente, vinculação com a 'natureza', este tampouco tem caráter universal e obrigatório. Ao menos em relação ao legislador, valem somente os preceitos, até que se legisle em sentido contrário – *nisi* [...] *statuatur contrarium.*

Quando novo texto legislativo intervenha, as conclusões lógicas do direito natural *tertio modo* se tornam, dirá KIRCHMANN (1848), na

sortir d'une logique, du culte de la dialectique et du goût porté à l'extrême pour le raisonnement le plus strict, solidaire en verité d'une métaphysique et premier effet dans le droit du nominalisme."

era do triunfo do positivismo, conversa fiada, vazia de sentido – *blosse Makulatur.*[1207] Substancialmente diversa a perspectiva do positivismo histórico.[1208]

- o quarto, e seria o verdadeiro sentido do termo direito natural – e teria sido aquele que lhe atribui santo TOMÁS – mas não se põe no **Dialogus**. E este seria o início de longo desvio de rumo,[1209] com desdobramentos que se estendem no tempo...

No final do que se conservou do **Dialogus**, o 'mestre' – provável expressão da opinião do próprio OCKHAM – argumenta que, uma vez estar o papa sujeito à jurisdição coercitiva do imperador, e considerando não poderem existir dois juízes supremos no seio da mesma sociedade, sob pena de serem suscitadas infinitas querelas e guerras, é preciso que haja somente um juiz supremo. Faz as considerações seguintes, para justificar que seja suprema a autoridade do imperador:

[1207] Julius Hermann von KIRCHMANN, em sua controvertida e provocadora conferência de 1847, sobre a inutilidade do direito como ciência, **Die Wertlosigkeit der Jurisprudenz als Wissenschaft** (ed. original Berlim, 1848, mit einem Nachwort, einer kurzen Lebensbeschreibung und einer ausführlichen Bibliographie, herausgegeben von Heinrich H. MEYER-TSCHEPPE, Heidelberg: Manutius Verl., 1988; existe tb. trad. espanhola, **La jurisprudencia no es ciencia**, trad. castellana y escrito preliminar de Antonio TRUYOL Y SERRA, Madri: Instituto de estudios políticos, 1949).

[1208] Adam SCHAFF, **História e verdade** (orig. publ. **Histoire et vérité**, 1971, trad. Maria Paula DUARTE, rev. Carlos Roberto F. NOGUEIRA, São Paulo: Martins Fontes, 4ª ed. bras., 1987, segunda parte, cap. I – Duas concepções da ciência da história: o positivismo e o presentismo, p. 101-140, cit. p. 101): "positivismo, que atesta que o conhecimento histórico é possível como reflexo fiel, puro de todo o fator subjetivo, dos fatos do passado" em oposição ao "presentismo, variante atualmente mais em voga do relativismo subjetivista, que nega que um tal conhecimento seja possível e considera a história como uma projeção do pensamento e dos interesses presentes sobre o passado."

[1209] M. VILLEY (op. cit., 2003, cap. cit., p. 233): "A expressão 'direito natural' começa a ser utilizada – e é uma aventura destinada a se reproduzir, e que dura até nossos dias – mantida em vida por respeito somente aparente e verbal, em acepções tão impróprias umas quanto as outras e que não mais tem qualquer relação com a sua etimologia. O autêntico direito natural não saberia entrar na ótica do nominalismo; este é impotente sequer para concebê-lo. Não vejo nada do direito natural subsistir em OCKHAM, nada além do termo. Mas vejo surgir, no prolongamento do nominalismo ockamiano, o seu corolário: o positivismo jurídico."

o juiz supremo não é o papa; o papa não pode ocupar tal posição. Assim, o papa deve ser julgado por aquele juiz supremo, que é o imperador, que por direito é o dirigente e senhor de todo o mundo [...] Assim, o imperador é o juiz do papa, para qualquer tipo de crime.[1210]

Esta formulação pode ser tentativa, mas terá sido a formulação mais clara a que chegou OCKHAM, no sentido de explicitar as relações constitucionais entre o papado e o poder imperial.[1211] A regra geral seria a preponderância do imperador em assuntos temporais e a do papa em assuntos religiosos. Mas, com a possibilidade de questionamento, quando o imperador se afaste da justiça, ou quando o papa se afaste na doutrina.

O princípio da subsidiariedade perpassa toda a construção do pensamento de OCKHAM como modo de corrigir 'desvios' de conduta que ocorram, quer por parte do papa ou do imperador. OCKHAM propõe soluções para questões constitucionais de toda e qualquer natureza.[1212] Direitos constitucionais e funções sociais, no âmbito da sociedade dos fiéis são, assim, extensamente considerados.

O ponto central do pensamento de OCKHAM – sempre apontado, simultaneamente, como claro, mas complexo e, por vezes, de difícil

[1210] WILLIAM OF OCKHAM, **Dialogus** (III/II.3.17, p. 947-8).

[1211] A. BLACK (op. cit., 1992, p. 74-75): "Even if this did express OCKHAM's settled opinion, such a statement was for OCKHAM only preliminary and provisional. For all that has been established so far is that the pope is superior in religious matters, and the emperor in secular matters, 'regularly'. What may be done 'in certain instances' (*casualiter*, occasionally) is, for OCKHAM, quite another matter. *Casualiter*, that is, if the pope is in error (as in the poverty dispute), the emperor may summon a general council to judge him on a spiritual isse; and, if the council decides erroneously, then doctrinal and moral authority devolves upon others – OCKHAM's own experience of church authority may again have pointed the way here. And it is not just the emperor and princes who supplment the failings in papal rectitude but *any believing Christian*, even a woman or baby, who in fact upholds the truth as revealed by Scripture and reason. OCKHAM relied here upon the example of Mary at the Crucifizion. Church authority devolves upon the laity as such. they, as much as the clergy, are Chirstians."

[1212] WILLIAM OF OCKHAM, **Dialogus** (III/II.2.11, p. 913; III/II.3.22, pp. 954-956); deste também, **De Imperatorum et pontificium potestate** ('Imperial and papal power', ed. by C. K. BRAMPTON, Oxford: Clarendon Press, 1927, cap. 10).

compreensão –[1213] pode, contudo, ser trazido para formulação bastante sucinta. Em suma, considera OCKHAM, com certa desconfiança, toda forma de autoridade que se pretenda apresentar como inquestionável, e põe ênfase, sobretudo, nos ditames da consciência individual.

Como se vê, o problema da liberdade na busca da verdade não é novo, e isso OCKHAM já o demonstra, especialmente no **Breviloquium**, ou Breve discurso sobre o governo tirânico:[1214] *querendo autem, opponendo, disputando et partis adverse defensiones solvendo, melius veritas invenitur* – melhor se encontra a verdade questionando, formulando oposições, discutindo e resolvendo os argumentos do oponente.[1215] A verdade deve ser cuidadosamente buscada para que possa com mais certeza ser encontrada. E, por conseguinte, "para descobrir a verdade a respeito do poder do papa, que intervém em todas as esferas, espirituais e temporais, é assim permitido debater, escrever livros e publicar a verdade, destinados àqueles que desconhecem a verdade".[1216]

Mas, este desafio e esta necessidade permanecem, em boa medida, não solucionados. Isso se vê ainda em nossos tempos; ou, antes, especialmente, nestes.

[1213] "O pensamento de OCKHAM é claro, mas difícil de ser compreendido" – comenta Kurt FLASCH, **Introduction à la philosophie médiévale** (ed. 1922, chap. XI – Conciliation ou critique: les objections de LUTERELL contre GUILLAUME D'OCKHAM, p. 170-189, cit. p. 173).

[1214] WILLIAM OF OCKHAM, **A short discourse on tyrannical government**: over things divine and human, but especially over the empire and those subject to the empire, usurped by some who are called highest pontiffs (edited by Arthur Stephen McGRADE, transl. by John KILCULLEN, Cambridge: Univ. Press – Cambridge texts in the history of political thought, 1992); GUILLAUME D'OCKHAM, **Court traité du pouvoir tyrannique**: sur les choses divines et humaines – et tout spécialement sur l'Empire et sur ceux qui sont assujettis à l'Empire – usurpé par ceux qui certains appellent 'souverains pontifes' (trad. du latin et introduction par Jean-Fabien SPITZ, Paris: PUF, 1999).

[1215] GUILHERME DE OCKHAM, **Breviloquium** (I.2): "Querendo autem, opponendo, disputando et partis adversae defensiones solvendo, melius veritas invenitur". Na tradução de John KILCULLEN (ed. cit., 1992, I.2, p. 7 e Appendix: text and translation, p. 171-185, comentário p. 172-173): "But truth is better found in questioning, opposing, disputing, and resolving the arguments of the other side". Na tradução de Jean-Fabien SPITZ (ed. cit., 1999, I.2, p. 100): "Or, c'est en cherchant, en opposant les avis, en disputant et en résolvant les objections de la partie adverse, que l'on trouve mieux la vérité."

[1216] GUILHERME DE OCKHAM, **Breviloquium** (I.2).

Assim, para OCKHAM, dentre outros pensadores e teólogos de seu tempo, colocam-se dois termos:

- o primeiro é a potência absoluta – *potentia absoluta* – e representa *a priori* lógico, que precede o ato da criação do mundo, como a infinita reserva de energia com a qual o Deus onipotente bíblico e cristão o pode ter criado, ao dar vida a infinitos mundos e infinitas ordens, distintas daquela realizada por meio da criação; e
- o segundo é a potência ordenada – *potentia ordinata* – e se refere à atual ordem do mundo, escolhido e impresso por Deus, nas coisas, no momento da criação, ou seja, o mundo, tal como estudado pelos filósofos e regido pelas leis, que já apontara ARISTÓTELES.[1217]

Ao colocar a fonte última de autoridade na consciência individual, OCKHAM se dá conta de dificuldade assim criada. Pois ele prossegue para questionar quando se pode dizer que se tenha ido adiante da situação de regularidade, que enseje a cada um desligar-se dos argumentos de autoridade para recorrer aos ditames da própria consciência. Quando a autoridade 'regular' deva ser substituída por autoridade 'ocasional'. Aqui, propõe-se o critério: tais ocasiões podem surgir a qualquer tempo. Podem ocorrer sempre que se faça necessário. Pode se dar, a qualquer tempo que o papa ou um concílio errem, como o imperador, ou os príncipes, falhem em remediar a injustiça. Então se dá o caso de a utilidade pública e a necessidade evidente exigirem a ação de autoridades suplementares.

Mas, como saber quando o papa errou, ou quando os poderes seculares podem ter deixado de fazer justiça? Sabemos, da mesma forma como sabemos qualquer outra coisa: pela verdadeira fé, em questões teológicas; pelo julgamento, lastreado no conhecimento, ou 'sabedoria', nos assuntos seculares. A questão crucial será a determinação de quem possua tais condições?[1218]

[1217] ARISTOTLE, **Politics** (original grego, with an English translation by R. RACKHAM, Cambridge, Ma. / London: Harvard UP, LCL vol. 264, ARISTOTLE vol. XXI, © 1932, reprinted 2005). Ver tb. ARISTÓTELES, **Política** (trad. Nestor Silveira CHAVES, Bauru: Edipro, 1995).

[1218] Pode dar-se, *casualiter*, em casos de fé e de doutrina, que qualquer grupo de fiéis, como os franciscanos, mesmo em minoria, ou fiel cristão, individualmente, seja este homem, mulher ou criança. *Casualiter*, no caso do poder temporal e do bem público, pode não ser qualquer

Para OCKHAM, o foco parece estar no fato de qualquer indivíduo poder chegar ao conhecimento da verdade, e que o certo e o errado serão óbvios para qualquer pessoa sincera e bem intencionada. Mas, não se pode prever quem, em quais circunstâncias, poderá estar com a razão em determinada situação. Ele mesmo admite a dificuldade de tal determinação: "talvez seja impossível estabelecer norma geral e imutável para tais situações especiais".[1219]

Seria, assim, sobretudo em matéria de liberdade de consciência religiosa, que o pensamento de OCKHAM mais se aproxima da moderna teoria democrática.[1220] Não deixa de ser curioso que, em OCKHAM, mesmo se a autoridade em matéria de fé pode reverter a qualquer indivíduo, por sua vez, a autoridade temporal, em caso de injustiça, pode reverter para 'o sábio'. Isso se poderia explicar pelo fato de que a fé pode iluminar qualquer pessoa, enquanto socialmente, a regência das coisas humanas, inclusive em matéria de administração da justiça, exige conhecimentos técnicos.

Os escritos políticos de OCKHAM, como se vê, com base em suas convicções pessoais, expressamente enfatizam o direito de discordar e a possibilidade de buscar a verdade de modo independente. Apesar das dificuldades de interpretação do seu pensamento, a contribuição de OCKHAM se mostra nas assertivas consistentes a respeito do fundamento último da soberania[1221] bem como do papel central da consciência

autoridade constituída, mas os homens mais sábios, sinceramente imbuídos do espírito de justiça, sem qualquer exceção de pessoas – nem levar em conta as dignidades profissionais, ou as condições sociais de cada um – quer sejam súditos ou dirigentes, quer sejam pobres ou ricos, onde quer que possam ser encontrados. Os erros do comportamento papal podem ser julgados por 'homens cultos' e mesmo por 'qualquer indivíduo'. Cfr. WILLIAM OF OCKHAM, **De Imperatorum et pontificium potestate** (ed. cit., 13.15-16).

1219 WILLIAM OF OCKHAM, **De Imperatorum et pontificium potestate** (ed. cit., 13.15-16).

1220 A. BLACK (op. cit., 1992, pp. 76-77): "We do not know then, where in any particular case true authority resides. OCKHAM has turned constitutional questions into epistemological and psychological ones. He has taken the pursuit of truth and justice beyond the point where they can be attained by any legal or political process."

1221 Ver **Tratado** (tomo 5 – **Direito internacional no tempo de Francisco de Vitória**, cap. 13 – estado como sujeito de direito internacional – a contribuição de MAQUIAVEL e BODIN, esp. item 13.2 – Jean BODIN (1530-1596)); tb. Jens BARTELSON, **A genealogy of sovereignty** (New York / Cambridge: Cambridge Univ. Press, 1995).

individual, informada pela fé e pelo julgamento inteligente, pautado pelo discernimento.

A autoridade religiosa vem do Cristo e a autoridade secular vem de Deus, através do povo, mas em caso algum se imaginou estabelecer poder que pudesse agir contra a verdade ou a justiça, e pudesse se sobrepor ao julgamento de pessoas honestas, refletindo de modo sincero, e voltadas para a consecução do bem de todos. Enfatiza, assim, a falibilidade intrínseca de qualquer instância de poder, seja este religioso ou temporal.

A insistência de OCKHAM quanto ao fato de que o poder político legítimo somente pode ser exercitado sobre homens livres, mesmo se se reporta ao conceito de ARISTÓTELES e à distinção feita por este entre o poder despótico e o poder político, ou seja, aquele que se exerce no âmbito da *pólis*, como espaço de convivência de homens livres,[1222] também se conecta ao pensamento dos **Evangelhos**, quando se trata de situar o conceito de liberdade. Autoridade que prive o povo da liberdade que lhe foi concedida pelo CRISTO não pode ser legítima.

A supremacia da consciência individual decorre da interpretação que OCKHAM faz do **Novo testamento**. E, neste pensador, a controvérsia entre poder da igreja e poder temporal se exprime como afirmação original e inspirada dos direitos individuais.[1223]

1222 ARISTOTLE, **Politics** (original grego, with an English translation by R. RACKHAM, Cambridge, Ma. / London: Harvard UP, LCL vol. 264, ARISTOTLE vol. XXI, © 1932, reprinted 2005). Ver tb. ARISTÓTELES, **Política** (trad. Nestor Silveira CHAVES, Bauru: Edipro, 1995), e **Tratado** (tomo 3 B – **Gregos, romanos, chineses, indianos**, cap. 5 – cidades-estado gregas e mundo helenístico).

1223 Para A. BLACK (op. cit., 1992, pp. 77-78): "None of this should surprise us, coming from an ardent follower of St. Francis and a diligent reader of the New Testament, and it would be hard to deny that the spirit of philosophical nominalism was blowing here too." [...] "It is refreshing to find that, when nowadays the connection is so often made between liberty and the right to be wealthy, the first major exponent of European liberty and rigths was dedicated to poverty. OCKHAM constructed his libertarian argument from a need to defend the absolute poverty of the son of God, and the right of others to follow that example. Not that one should imagine a direct lineage from OCKHAM to modern liberalism. His political works were read by very few. They provided, nonetheless, encouragement and arguments for many different types of criticism of papal and clerical authority. But the ethos and tone of OCKHAM's writings, the spirit of restless questioning until one encountered a bedrock of Scripture or reason, affected the whole climate of later medieval theology, philosophy and university teaching. And these fed into ways of thought that would later issue from the

Além da dimensão de ênfase no direito de divergir, na liberdade de pensamento e de expressão, pode, assim, também ser apontada a dimensão do pensamento de GUILHERME DE OCKHAM como precursor da filosofia social. Este nos falava em unidade – *una civitas*.[1224]

O que hoje seria qualificado como teoria intelectual, no caso de OCKHAM parece nascer, naturalmente, de sua profunda convicção religiosa combinada com a despretenciosa afirmação da liberdade de discernimento e de consciência de cada indivíduo, mesmo em face da autoridade instituída.

As contribuições de MARSÍLIO DE PÁDUA e GUILHERME DE OCKHAM se inscrevem no movimento de extraordinária criação intelectual, que caracteriza o período de um século, desde meados do século XIII até meados do século XIV, tais como a origem, finalidade e legitimidade da autoridade temporal, independentemente de qualquer fundamentação religiosa, e livre de qualquer interferência das autoridades eclesiásticas. O princípio de separação entre igreja e estado, entre poder laico e religioso, que nos parece, há séculos, tão útil quanto de aplicação corrente, levou séculos e consumiu grandes esforços para ser construído.

Estas 'inovações' institucionais e conceituais passam a ser explicadas e justificadas como conjunto coerente de ideias. Entre ca. 1250 até ca. 1350 são fixados alguns conceitos inovadores para o seu tempo e que permanecem presentes: marcas distintivas do Ocidente 'civilizado' como a separação entre poder temporal e autoridade eclesiástica, onde, dentre outros, foram precursores MARSÍLIO DE PÁDUA e GUILHERME DE OCKHAM, ao negar às autoridades eclesiásticas qualquer poder para promover o cumprimento da lei bem como executar penas e medidas de uso da força,[1225] contribuíram para o aperfeiçoamento das estruturas de governo, pelas quais passam a se diferenciar algumas sociedades, em relação a outras, nas quais, até hoje, existe indistinção entre esferas civil e confessional do poder político. Com resultados comprometedores para as liberdades civis e políticas.

cliffs of time as a torrent of civil liberties." V. tb. Jürgen MIETKHE, **Ockhams Weg zur Sozialphilosophie** (Berlin: Walter De Gruyter, 1969).

1224 GUILHERME DE OCKHAM, **Dialogus** (III, 21).

1225 Cf. se examina no precedente item 9.1 – MARSÍLIO DE PÁDUA.

A diferença entre ambos os modelos estava em relação ao modo de fundamentar as razões para tal divisão de competências, entre o poder temporal e o religioso. A evolução posterior se pôs no sentido de restringir o papel das autoridades eclesiásticas, em geral, ao sentido de guia espiritual, com a exclusão progressiva de qualquer poder das autoridades religiosas, no sentido de fazerem elas mesmas cumprir, por meio de uso da força, esses ensinamentos. Apesar de recorrências fundamentalistas, que pretendem retomar tais concepções, tão nefastas, quanto ultrapassadas.

Ambos autores foram, neste capítulo, sucintamente considerados. Ambos tiveram e conservam papel relevante nesse processo de construção de sistema internacional 'moderno', da convicção da necessidade de identidade civil, do que poderia vir a ser chamado, posteriormente, 'sociedade civil', no sentido amplo do termo, como consciência do indivíduo, inserto em sociedade, mas dotado de capacidade de reflexão e de análise crítica, que não necessariamente se submeta às ordens dos poderes constituídos do seu tempo, mas revestido de coragem para pensar por conta própria e apontar o que considera serem erros e acertos das políticas reinantes do seu tempo.

A seguir, pode-se passar à contribuição dada por Sto. TOMÁS DE AQUINO (ca. 1225-1277) e DANTE ALIGHIERI (1265-1321) (cap. 10, respectivamente itens 10.1 e 10.2), e, depois, pelos tratadistas da guerra (cap. 11).

CAPÍTULO 10
TOMÁS DE AQUINO E DANTE ALIGHIERI

Sem leis justas, não existe paz; sem a paz, não existe ordem nem tranquilidade para viver vidas, verdadeiramente humanas, na prática da justiça e da caridade.

TOMÁS DE AQUINO e PTOLOMEU DE LUCCA,
De regno (sec. XIV, ed. 2022)[1226]

Manifestamente, a paz universal é o mais alto dos bens destinados à nossa felicidade.

DANTE ALIGHIERI, **De monarchia** (1307-1313, ed. 1989)[1227]

[1226] TOMÁS DE AQUINO, **De regno ad regem Cypri** – Sobre a realeza ao rei de Chipre (introdução, tradução e notas Carlos Arthur Ribeiro do NASCIMENTO, São Paulo: Ed. Madamu, 2022); PTOLOMAEUS LUCCENSIS, **De regimine principum ad regem Cypri** (in THOMAS AQUINAS, **Opuscula omnia necnon opera minora**, tomus primus – Opuscula philosophica, ed. R. P. Joannes PERRIER, Paris: Lethielleux, 1949, p. 221-445); v. tb. José Antonio MARTINS, Sobre o *regimen politicum* no **De regimine principum** de Ptolomeu de Lucca (Porto Alegre: Veritas, 2017, vol. 62, n. 3, DOI: https://doi.org/10.15448/1984-6746.2017.3.22664).

[1227] DANTE ALIGHIERI, **De monarchia** (latim e italiano, in **Tutte le opere** a cura di Luigi BLASUCCI, Firenze: Sansoni, primeira edição, 1965, quarta edição, 1989, I.4): "Unde manifestum est quod pax universalis est optimum eorum que ad nostram beatitudinem ordinantur."

> Como filho do seu tempo, todo filósofo está sujeito, sob muitos pontos de vista, às influências de seu meio ambiente. De modo particular, as especulações filosóficas devem interpretar-se em função das imagens do mundo, construídas pela humanidade, nas fases sucessivas de seu desenvolvimento.
>
> P. BOEHNER e E. GILSON, **História da filosofia cristã** (1952, ed. 1988)[1228]

Aqui, consideram-se as contribuições de TOMÁS DE AQUINO e DANTE ALIGHIERI. Ambos se inscrevem, obviamente, no seu tempo e meio, e devem ser considerados nos seus respectivos contextos histórico-culturais. Mas, os homens não se reduzem a simples produtos do respectivo tempo e meio: existem componentes pessoais, que se manifestam. E, nesse sentido, pode-se falar em contribuição de cada um para a nossa disciplina do direito internacional.

Embora não tanto afastados no tempo – pois DANTE ALIGHIERI era um jovem entre onze e doze anos, quando falece TOMÁS DE AQUINO – cada um se move em mundos bastante distintos. Próximos no amplo tempo dito medieval, e no espaço europeu ocidental, não poderiam estar mais distantes pelas ideias.

Algumas aproximações podem ser tentadas no sentido das respectivas concepções sobre o governo e o direito, bem como sobre a concepção de cada um a respeito de sistema ordenador da convivência internacional. Mantendo a perspectiva consentânea com o contexto medieval, a respeito de cada um destes temas.

Ao considerar os princípios políticos dos diferentes regimes, no seu estudo sobre o poder dos príncipes, o **De regime principum**, também conhecido como **De regno** (escrito por volta de 1260, permaneceu inacabado),[1229]

[1228] Philoteus BOEHNER e Etienne GILSON, **História da filosofia cristã** – desde as origens até Nicolau de Cusa (© 1952 e 1954, trad. Raimundo VIER, O.F.M., © 1970, Petrópolis: Vozes, 4ª ed., 1988, 'a imagem medieval do mundo', cit. p. 276).

[1229] A respeito da controvérsia sobre a natureza deste escrito, quer se o considere como tratado de teologia política ou de filosofia política, vejam-se: Jacques MARITAIN, **De la philosophie chrétienne** (Paris: Desclée de Brouwer, 1933, pp. 163-165); tb. E. GILSON, **Le thomisme** – introduction à la philosophie de saint Thomas (Paris: Vrin, 6e ed. révue, 3e tirage, 1979, p. 405): "il est bien certain que le **De regimine principium** est un écrit théologique, mais si c'est là une raison de dire qu'il ne contient pas la politique de Saint

teve em PTOLOMEU DE LUCCA o continuador da obra,[1230] deixada inacabada com a morte de santo TOMÁS.

Santo TOMÁS não se apresenta como um reformador, nem analisa situações políticas concretas, mas parece se mover em mundo ideal, onde tudo se desenrola segundo as exigências da justiça, sob o governo de líder(es) perfeitamente virtuoso(s), e cuja ação se faz voltada para a consecução do bem comum. Mas, TOMÁS não viveu desligado da vida e do mundo, como referido: "sem leis justas, não existe paz; sem a paz, não existe ordem nem tranquilidade para viver vidas, verdadeiramente humanas, na prática da justiça e da caridade".[1231]

Se, no século XIII, TOMÁS concebera o seu **De regime principum** como defesa da monarquia, mas o deixara inacabado, no início do século XIV, PTOLOMEU DE LUCCA parece ser o autor que levou adiante a argumentação encetada por TOMÁS. Outros contestam a extensão da autoria respectiva de TOMÁS e de PTOLOMEU DE LUCCA. Mas, além desse dado,[1232] cabe insistir na inovação contida: o fato de que não foi preciso esperar, até o século XVI, para ver surgirem "autores políticos que introduzem questões jurídicas no pensamento político":[1233]

THOMAS, il faut ajouter, pour la même raison, que la **Somme de théologie** ne contient pas sa morale, et l'on verra quelles énormes difficultés souleverait cette assertion."

[1230] PTOLOMAEUS LUCCENSIS, **De regimine principum ad regem Cypri** (in THOMAS AQUINAS, **Opuscula omnia necnon opera minora**, tomus primus – Opuscula philosophica, ed. R. P. Joannes PERRIER, Paris: Lethielleux, 1949, p. 221-445); v. tb. José Antonio MARTINS, Sobre o *regimen politicum* no **De regimine principum** de Ptolomeu de Lucca (Porto Alegre: Veritas, 2017, vol. 62, n. 3, DOI: https://doi.org/10.15448/1984-6746.2017.3.22664).

[1231] O detalhamento dos regimes estaria contido no livro II do **De regimine principium**, que infelizmente permaneceu inacabado.

[1232] Nesse sentido, Jean MOREAU-REIBEL, **Le droit de société interhumaine et le *jus gentium***: essai sur les origines et le développement des notions jusqu'à Grotius (RCADI, 1950, t. 77, p. 481-598, cit. p. 519): se reporta ao tratado **De regimine principum** no livro dedicado ao rei de Chipre, que trata de política: [...] "continué par un auteur peu connu mais doué d'un esprit remarquablement positif, TOLOMEO, *alias* PTOLÉMÉE, de Lucques, en Italie. Au livre II (chapitre 12) on lit un chapitre entier dédié au problème des routes."

[1233] J. MOREAU-REIBEL (op. cit., 1950, p. 518-519): "la politique nourrie de ces greffes n'a pas attendu le XVIe siècle pour naître."

essas vias são comuns a todos: em virtude de certo direito natural, que não é outro senão o direito das gentes – *les lois qui se sont données les nations.* Assinale-se o caráter imperativo dessa última expressão. Aqui, vê-se que PTOLOMEU preferiu usar outro termo em lugar de direito da sociedade humana – *jus societatis humanae* –, outra formulação que lhe pareceu, com razão ou sem ela, mais adequada: leis dos povos – *leges gentium* –, mas trata-se da mesma inspiração, como vai provar a invocação da autoridade de santo AGOSTINHO – *Augustinus in glossa dictum, verbum exponit.* [...] O direito de passagem, assim reconhecido como direito geral de circulação internacional se funda, além disso, sobre doutrina muito firme da ordem pública internacional.[1234]

A extensão do raciocínio por analogia, que desempenha importante papel no pensamento jurídico medieval alcança, aqui, a sua plena aplicação. Este é texto completo, extremamente preciso, que se aplica a problema definido: a questão da circulação, sem a qual a vida humana se empobrece, estiola-se e perde a sua possível dimensão de plenitude, caso os indivíduos e os grupos estivessem encerrados em espaços, dos quais estão impedidos de sair.

Considerando a situação geral, PTOLOMEU explica que, em alguns lugares, parece ainda predominar a "mentalidade de escravo" e os soberanos reapareciam nas cidades – como os "tiranos", em relação às "senhorias". PTOLOMEU termina, assim, o livro, com espírito 'democrático', enquanto TOMÁS o concebera como apologia da monarquia, e em perspectiva fundamentalmente monárquica, como modo de ordenação do poder em uma sociedade organizada.

Para quem mantém postura bastante crítica:[1235]

A filosofia política de TOMÁS DE AQUINO comporta temas contraditórios. Em sentido quase biológico reconhecia de maneira imparcial o

[1234] J. MOREAU-REIBEL (op. cit., 1950, loc. cit): "le droit de passage ainsi reconnu comme un droit général de circulation internationale s'appuie, en outre, sur une doctrine très ferme de l'ordre public international."

[1235] Kurt FLASCH, **Introduction à la philosophie médiévale** (trad. do alemão Janine de BOURGKNECHT, préf. de Ruedi IMBACH e François-Xavier PUTALLAZ, Fribourg, Suisse / Paris: Editions universitaires / Ed. du Cerf, 1922, chap. X – La cité de Dieu ou la paix sur terre: la réhabilitation de la philosophie politique dans sa lutte contre la suprématie politique de la papauté, p. 153-169).

estatuto particular do homem como um 'ser de necessidades', e renuncia a se valer da teologia para desvalorizar a esfera política (assim como a filosofia); a seus olhos, a organização política humana tem sentido em si mesma; ela torna possível a 'beatitude' (para TOMÁS como para ARISTÓTELES, este é o fim de toda ação moral). Justifica, assim, a distinção de setores que se formaram no curso da história. Além disso, leva em consideração o processo histórico, na medida em que não mais fala em império; ele pensa a organização política em termos de reinos e cidades, todos submetidos, contudo, à soberania política do papa. Colocando, assim, a política a serviço do papado, TOMÁS não defende o *status quo*; ele formula um programa teológico e político. Ele coloca a sua filosofia política a serviço de uma monarquia pontifícia universal.[1236]

Na perspectiva histórica se pode considerar o desenvolvimento da teologia, através dos séculos: suas fronteiras variaram, como também a extensão da aplicação e a importância do direito canônico. A teologia é discurso sobre Deus, e tudo pode ser concebido do ponto de vista de Deus – *omnia sub ratione Dei*, escrevia TOMÁS.

Na linha da definição do direito internacional – *jus gentium* – segundo ISIDORO DE SEVILHA,[1237] compunha este "a base das normas sobre ocupação de espaços,[1238] sobre edificações nestes construídas, sobre a

1236 K. FLASCH (op. cit., 1992, p. 159-160) prossegue: "Se contrariamente ao agostinismo político, ele [TOMÁS] começou a ver no estado uma forma de vida humana de caráter ético, ele acaba, contudo, por fazer do estado simples meio em função de fim colocado no além. Os reis devem exercer seus cargos políticos com o fim de permitir aos homens chegar ao céu; eles devem impor o que os pode conduzir para lá e proibir o que disso os desvie; mas cabe ao clero mostrar como chegar lá. Quando faltam com seus deveres, o papa decide as medidas a tomar contra eles."

1237 Como se examina brevemente no item 8.2 – ISIDORO DE SEVILHA (560-636 d.C.).

1238 O termo 'ocupação' terá múltiplos desdobramentos e interpretações possíveis, conforme o contexto histórico de se trate, cf. **Tratado** (tomo 1 – **Direito internacional dos espaços**, cap. 6 – modos de aquisição e perda do domínio do estado sobre o território, item 6.1 – ocupação); Vaios KOUTROULIS, **Le début et la fin de l'application du droit de l'occupation** (Paris: Pedone, 2010); e tb. Antonio Vasconcelos de SALDANHA e JIN Guo Ping, **Para a vista do imperador – memoriais da dinastia Qing sobre o estabelecimento dos portugueses em Macau (1808-1887)** (Macau: Instituto português do Oriente, 2000, "introdução", pp. 9-26, cit. p. 11) trata-se do sentido e do justo alcance de conceitos – *ocupação, ocupar* – que a historiografia e a política chinesa tem demonstrado alguma dificuldade em

guerra, sobre prisioneiros e escravidão, sobre a restituição de prisioneiros de guerra (*postliminia*), sobre a celebração de acordos (*foedera*) e tratados de paz (*paces*)", mas também "sobre o dever de imunidade dos legados, bem como sobre a proibição de casamento entre pessoas de origem étnica distinta".[1239] Em suma, para ISIDORO, "chama-se, assim, direito das gentes – *jus gentium*, porquanto diz respeito e tem vigência em quase todos os povos – *quod eo jure omnes fere gentes utuntur*".[1240]

A formulação de ISIDORO, a respeito do direito das gentes, repetida durante séculos, mantém-se intocada.[1241] Encontra-se esta, literalmente, adotada na **Concordia**, mais tarde conhecida como **Decretum** de GRACIANO, os famosos **Decretum magistri Gratiani**, ou **Decretum Gratiani**.[1242]

compreender nos textos portugueses, já que não dissocia o sentido meramente dinâmico ou logístico do termo ocidental (*ocupação, occupation*) do também possível (mas não inevitável) alcance do termo como indicativo de um título de aquisição territorial. Observam: "A tão discutida e polêmica ocupação de Macau encontra assim nos próprios documentos chineses [...] publicados, a chave da compreensão de uma progressiva dinâmica de 'assentamento temporário consentido', para 'estabelecimento sedimentado por pagamento de foro', complementado perifericamente com veras, mas já tardias 'aquisições territoriais por título de ocupação'."

1239 ISIDORO DE SEVILLA, **Etimologias / Etymologiarum** (edição bilingue, texto latino de Wallace M. LINDSAY publicado na *Scriptorum Classicorum Biblioteca Oxoniensis*, em 1911, "versión española y notas" José OROZ Reta y Manuel-A. Marcos CASQUERO, intr. general por Manuel C. DIAZ Y DIAZ, Madri: Biblioteca de Autores Cristianos, vol. 647, 1ª ed., 2004, reimpresión, 2009, liber V – De legibus et temporibus, 2. De legibus divinis et humanis', p. 500-501) fizera antes a distinção entre lei divina e humana: "Omnes autem leges aut divinae sunt, aut humanae. Divinae natura, humanae moribus constant; ideoque haec discrepant, quoniam aliae alliis gentibus placent. *Fas* lex divina est, *ius* lex humana."

1240 ISIDORO DE SEVILLA, **Etimologías** (V.6): "Jus gentium est sedum occupatio, aedificatio, munitio, bella, captivitates, servitudes, postliminia, foedera, pacis, legatorum non violandorum religio, connubia inter alienigenas prohibita. Et inde jus gentium, quod eo jure omnes fere gentes utuntur."

1241 Wilhelm G. GREWE, **Epochen der Völkerrechtsgeschichte** (Baden-Baden: Nomos, 1984, p. 108-109): "Das *jus gentium* umfasst nach seine Auffassung alle Normen, die der Mensch kraft seiner Vernunft in gesammten menschlichen Verkehr als notwendig erkennt und die daher bei allen Völkern gleicherweise beobachtet zu werden pflegen."

1242 **Decretum Gratiani** ou **Concordia discordantium canonum** ou, simplesmente, **Decretum**, a coletânea de direito canônico, compilada no século XII, como obra jurídica de GRACIANO, jurista que floresceu na primeira metade do século XII. Compõe parte do conjunto, que se tornaria conhecido como **Corpus juris canonici**.Foi a principal fonte

Ainda, alinha-se segundo tal concepção, na segunda metade do século XIII, TOMÁS DE AQUINO, na **Suma teológica** (II, 2, q. 57 a 3),[1243] a respeito do direito internacional:

> compreende todas as normas que o homem, por força de sua razão, reconhece como necessárias, em todo o conjunto das relações humanas, e que desse modo, por todos os povos, são observadas como necessárias.[1244] Em tal conjunto se inscrevem os princípios básicos da convivência entre os povos, tais como as normas, herdadas da antiguidade, a respeito da inviolabilidade dos mensageiros, e a premissa de que os acordos têm de ser cumpridos.[1245]

Quando BÁRTOLO DE SASSOFERRATO, a respeito de ordenação do mundo, escreve que esta se faz segundo o *jus gentium*, estamos insertos na mesma tradição: a concepção do direito internacional medieval, desenvolvida a partir do direito romano.

A aplicação do direito internacional, no tempo medieval,[1246] é mencionada em muitos laudos arbitrais.[1247] Este é apontado como dado

de direito pelos canonistas, até a adoção das **Decretais** do papa GREGÓRIO IX, em 1234; como parte do **Corpus juris canonici**, permaneceu em vigor até 1917.

1243 TOMÁS DE AQUINO, **Suma teológica** (escrita 1268-1273, tradução Alexandre CORREIA, Campinas: Ecclesiae, 5 vols., 2016).

1244 W. GREWE (op. cit., 1984, p. 108-109): "Das *jus gentium* umfasst nach seine Auffassung alle Normen, die der Mensch kraft seiner Vernunft in gesammten menschlichen Verkehr als notwendig erkennt und die daher bei allen Völkern gleicherweise beobachtet zu werden pflegen."

1245 W. GREWE (op. cit., 1984, p. 109): "Dennoch gehören zwar nicht alle völkerrechtliche Einzelsätze, wohl aber die tragenden Grundprinzipien des Völkerrechts zum *jus gentium* in thomistischer Sinne".

1246 A respeito de BÁRTOLO ver tb. tomo 5, cap. 12; Michel De TAUBE, **Les origines de l'arbitrage international: Antiquité et Moyen Âge** (RCADI, 1932, t. 42, p. 1-116)

1247 M. De TAUBE (op. cit., 1932, p. 92) distinguia entre categorias, conforme a previsão de aplicação de: (i) direito nacional, público e privado, das partes em litígio, ou seja as suas leis e o seu direito consuetudinário – *lex* e *mos sive usus*; (ii) o direito geral, ou direito comum a toda a Europa civilizada – "enquanto esta constituía (como a Grécia antiga) uma comunidade jurídica de povos, pertencentes à mesma civilização", ou seja o direito romano [...] e, *mutatis mutandis*, ao lado deste, o direito canônico pan-europeu da igreja católica romana, que também desempenhou igualmente o papel de direito geral, até a época da reforma, que rompeu a unidade religiosa da Europa; e (iii) o direito das gentes, propriamente dito, que não mais

necessário para a existência e a preservação de convivência organizada entre poderes políticos independentes.[1248]

Em 1272, o papa GREGÓRIO X, em mensagem ao rei CARLOS da Sicília, enfatizava o caráter obrigatório e necessário – hoje diríamos, cogente – da observância da imunidade de representantes diplomáticos, mesmo quando estes se encontrem em território inimigo – *Jus gentium exigat ut legati gentis cujuslibeti securitate gaudeant, etiam apud hostes.*[1249]

Uma **Suma teológica**, tal como, justamente, a de Santo TOMÁS,[1250] constitui uma 'enciclopédia universal', e "os problemas do direito são, aí, copiosamente tratados":[1251]

> Historicamente, é falso que a teologia tenha manifestado, em todos os tempos, a mesma desconfiança em relação à razão profana. Foi, assim, tema

se confunde com o *jus gentium* dos juristas romanos, ou para ser mais exato, que se começa a interpretar no sentido do que hoje se entende por direito internacional (ou interestatal).

1248 Otto SCHILLING, **Das Völkerrecht nach Thomas von Aquino** (Freiburg im Breisgau: Herdersche Verlagshandlung, 1919, na coleção Das Völkerrecht – Beiträge zum Wiederaufbau der Rechts- und Friedensordnung der Völker, im Auftrage der Kommission für Christliches Völkerrecht von Dr. Godehard Jos. EBERS, Heft Nr. 7 – digitalized by the Internet Archive in 2011 with funding from Univ. of Toronto, http://www.archive.org/details/dasvlkerrecht00schi, Vorwort): "Nur an den Prinzipien, die er aufstellt und konsequent zur Geltung bringt, kann das Völkerrecht wieder gesunden und erstarken. Dringt nich Geist von den Geiste, den er voraussetzt, in das Bewusstsein der Völker ein, wird die Grundlage nicht anerkannt, die er, geleitet von der Weisheit der hervorragendsten christlichen und heidnischen Denker, in christlichen Sinne dem Naturrecht gegeben, alsdann werden die letzten Dinge schlimmer sein als die ersten."

1249 A violação da integridade dos arautos e embaixadores romanos constituía causa justa para a guerra, como também na Índia antiga, cf. se examina no **Tratado** (tomo 3 B – **Gregos, romanos, chineses, indianos**, cap. 6 – na formação e no desenvolvimento de Roma e cap. 7, item 7.1 – Índia antiga).

1250 TOMÁS DE AQUINO, **Suma teológica** (escrita 1268-1273, tradução Alexandre CORREIA, Campinas: Ecclesiae, 5 vols., 2016).

1251 Michel VILLEY (1914-1988), **La formation de la pensée juridique moderne** (Paris: PUF-Leviathan, 2003, Introduction, cit. p. 55): "Tous les grands problèmes de la philosophie du droit sont par ailleurs liés à ceux de la théologie, fût-elle 'dogmatique': le problème du droit naturel à la nature de la 'création', et même aux attributs de Dieu; le rôle de la contrainte dans le droit au 'péché', à l'anthropologie chrétienne. Rationalisme, relativisme, positivisme, sociologisme, individualisme, communisme, toutes ces positions correspondent à des thèses de théologie, etc."

de grande debate na Idade média, o papel respectivo da fé e da razão na teologia.

Nos séculos XII e XIII, grande recurso é feito à razão (ABELARDO e a *dialética*) e às doutrinas profanas (ALBERTO MAGNO, Santo TOMÁS e a renascença aristotélica). O acordo foi cuidadosamente buscado entre os dados da fé e os da razão, mas o uso da razão não foi, absolutamente, condenado.

A fortiori, a 'teologia'[1252] de ARISTÓTELES[1253] ou, ainda, a de SPINOZA,[1254] são teologias racionais. Um historiador não pode restringir arbitrariamente o sentido do termo teologia. GRÓCIO, PUFENDORF, LOCKE, WOLFF ou, ainda, ROUSSEAU têm fortes preocupações teológicas.[1255]

Para Santo TOMÁS, a religião é questão de direito divino (*jus divinum*) enquanto a política – o que depois se diria, o 'estado' e a 'soberania' – são questões de direito humano (*jus humanum*). E aduzia, o primeiro – *jus divinum* – não necessariamente anula o segundo – *jus humanum*

[1252] ARISTOTE, **La Métaphysique** (intr., trad. et notes J. TRICOT, Paris: Vrin, 1986, 2 tomos); ARISTOTLE, **Metaphysics**: Books I-IX (original grego, with an English translation by Hugh TREDENNICK, Cambridge, Ma. / London: Harvard UP, LCL vol. 271, ARISTOTLE vol. XVII, © 1933, reprinted 2003); ARISTOTLE, **Metaphysics**: Books X-XIV / **Oeconomica / Magna Moralia** (original grego, with an English translation by H. TREDENNICK e C. Cyril ARMSTRONG, Cambridge, Ma. / London: Harvard UP, LCL vol. 287, ARISTOTLE vol. XVIII, © 1935, reprinted 2006).

[1253] Contraponha-se-lhe ARISTOTLE, **Physics**: Books I-IV (original grego, with an English translation by P. H. WICKSTEED e F. M. CORNFORD, Cambridge, Ma. / London: Harvard UP, LCL vol. 228, ARISTOTLE vol. IV, © 1929, reprinted 2005); ARISTOTLE, **Physics**: Books V-VIII (original grego, with an English translation by P. H. WICKSTEED e F. M. CORNFORD, Cambridge, Ma. / London: Harvard UP, LCL vol. 255, ARISTOTLE vol. V, © 1934, reprinted 2006).

[1254] Baruch ESPINOZA, **Traité des autorités théologique et politique**, (orig. publ. **Tractatus theologico-politicus** publ. 1670, notice par Madeleine Francès e Raymond Misrahi, in **Oeuvres complètes**, Paris: Gallimard, © 1954, impr. 1992, p. 597/908); b/c ___, **Traité de l'autorité politique** (notice par Madeleine Francès, in **Oeuvres complètes**, Paris: Gallimard, © 1954, impr. 1992, p. 909/1044).

[1255] M. VILLEY (op. cit., 2003, Introduction, p. 56). Como se examina nos tomos seguintes do **Tratado** (tomo 7 – **Direito internacional no tempo de Hugo Grócio**, tomo 9 – **Direito internacional no tempo de Samuel Pufendorf**, tomo 10 – **Direito internacional no tempo de C. van Bynkershoek e Christian Wolff**).

–, particularmente se este se conforma com as premissas da razão natural.

O direito das gentes é universal, como quadro multi-ideológico.[1256] Este não comporta restrições, somente decorrentes da diversidade de religião.

A busca da universalidade. Isso era verdade, no século XIII, e assim tem de permanecer. Sob pena do direito internacional perder a sua razão de ser.[1257]

É impossível conceber o desenvolvimento do trabalho de Franscisco de VITÓRIA e de Francisco SUAREZ sem as bases conceituais formuladas, alguns séculos antes, por santo TOMÁS. Ante o silêncio da lei positiva escrita, ou em direito internacional – porquanto o direito das gentes se torna campo fértil para a construção de direito natural – serão os dominicanos espanhóis, discípulos fieis de santo TOMÁS, que lhe darão grande impulso, nos século XVI e XVII.[1258]

Não nos esqueçamos que VITÓRIA e SUÁREZ eram teólogos, que se ocuparam (também) de direito internacional, como parte integrante do 'programa universitário' da teologia e na atuação da teologia inclusive como conselheira e orientadora de diretrizes de política externa.[1259]

DANTE, por sua vez, viveu e sofreu as agruras do seu tempo, os efeitos do engajamento na luta política, entre guelfos e gibelinos – partidários do imperador e do papa – experimentou os revezes da sorte e, por se ter vinculado ao partido que perdeu o poder, foi obrigado a exilar-se, e seus escritos refletem a vida e o mundo no qual estava inserto – inclusive

[1256] C. H. ALEXANDROWICZ, **The Afro-Asian world and the law of nations: historical aspects** (RCADI, 1968, t. 123, p. 117-214, cit. p. 148-149): "The law of nations (as a universal and multi-ideological framework) cannot be in alliance with any particular ideology (religious, social or economic) and this proposition is valid even today, for otherwise international would cease to be a framework of coexistence and tend to lose its ultimate *raison d'être.*"

[1257] Cf. **Tratado** (tomo 11 – **Direito internacional no tempo do Iluminismo** e tomo 13 – **Direito internacional no tempo do concerto europeu**).

[1258] M. VILLEY (op. cit., 2003, titre II, chap. III – La doctrine du droit de saint Thomas, p. 149-176, cit. p. 162).

[1259] Como se examina no **Tratado** (tomo 5 – **Direito internacional no tempo de Francisco de Vitória** e tomo 6 – **Direito internacional no tempo de Suárez, Gentili e Zouch**).

faz aparecer como personagens da **Divina Comédia**,[1260] em diferentes círculos do "inferno" os seus inimigos políticos e os seus desafetos.[1261]

Em torno do imperador FREDERICO II,[1262] dá-se a caracterização dos dois partidos: um do nome alemão de *Welf*, designava originalmente a dinastia dos príncipes da Baviera, opositores da dinastia imperial dos HOHENSTAUFEN.[1263]

Na Itália, os partidários dos *Welf*, passam a ser chamados *guelfi*, ou *guelfos*, enquanto os partidários de FREDERICO DE HOHENSTAUFEN, cuja dinastia era originária da Suábia (*Schwaben*), são chamados *ghibellini*, ou *gibelinos*, em relação à cidade de Waiblingen. Assim, originalmente, tratava-se de luta dinástica entre duas facções no Sacro império romano germânico, e depois, passam a ser também encontrados na Itália, sem relação com as lutas temporais promovidas pelo papado:

> na Itália, a luta do *Welf*, OTHON, contra o HOHENSTAUFEN Frederico – cada um dos dois, na verdade, tipos extremos de suas raças – deram precisamente origem a esses dois nomes de guerra e de partido – guelfos e gibelinos – que ressoaram através dos séculos e onde se pode perceber

1260 DANTE ALIGHIERI, nestas quatro edições: **La divina Commedia** (in **Tutte le opere**, a cura di Luigi BLASUCCI, Firenze: Sansoni, 1989, p. 387-733); **La divina commedia** (testo critico della Società Dantesca Italiana, riveduto col Commento Scartazziniano, rifatto da Giuseppe VANDELLI, Milano: Ulrico Hoepli, 21° ed., 1983); **A divina comédia** (traduzida, anotada e comentada por Cristiano MARTINS, São Paulo: EDUSP / Belo Horizonte: Itatiaia, 1976); **A divina comédia – Inferno** (ed. bilingue, trad. e notas Italo E. MAURO, São Paulo: Ed. 34, 1998); **A divina comédia – Purgatório** (ed. bilingue, trad. e notas Italo E. MAURO, São Paulo: Ed. 34, 1998); **A divina comédia – Paraíso** (ed. bilingue, trad. e notas Italo E. MAURO, São Paulo: Ed. 34, 1998).

1261 Étienne GILSON, **Dante et Béatrice** (Paris: Vrin, 1974, Réflexions sur la situation historique de Dante, p. 119-127); Cristiano MARTINS, *A vida atribulada de Dante Alighieri* (in **A divina comédia**, ed. Cristiano MARTINS, 1976, p. 7-81).

1262 Jacques BENOIST-MÉCHIN, **Frédéric de Hohenstaufen** ou le rêve excommunié (1194--1250) (Paris: Perrin, © 1980, ed. 2008); Ernst KANTOROWICZ, **L'empereur Frédéric II** (do original **Kaiser Friedrich der Zweite**, © 1927, trad. Albert KOHN, Paris: Gallimard – Quarto, 2000, **Kantorowicz oeuvres**, p. 9-641, v. tb. nota do tradutor, p. 20, n. 3); Olaf B. RADER, **Friedrich II.** Der Sizilianer auf dem Kaiserthron – eine Biographie (orig. publ. 2010, Munique: C. H. Beck, 4a. ed. 2012).

1263 Marc BLOCH, *L'empire et l'idée d'empire sous les Hohenstaufen* (conferências em Estrasburgo, em 1927-1928, in Marc BLOCH, **Mélanges historiques**, préface de Yann POTIN, Paris: Ed. CNRS, 2011, p. 529-559).

grande significação no acaso que associou o partido 'guelfo' ao papado. Pois, por espírito 'gibelino' entendia-se, simplesmente, no século XIII, essa clareza de espírito, esse espírito liberal, aplicado às coisas do mundo, muitas vezes próximo da heresia, espírito que tinha, ainda, seu lugar na igreja, mas que situando-se já fora dela, a considerava como vista de fora, como conjunto.[1264]

Se a distância temporal pode parecer pequena, os mundos nos quais cada um dos dois se moveu e operou foram substancialmente diversos, e isso se reflete em concepções distintas a respeito da natureza do poder e dos modos de exercitá-lo. Além desses dados fáticos, outra diferença essencial a ser assinalada é o fato de que TOMÁS DE AQUINO se inscreve como teólogo e como doutor da Igreja, enquanto, diversamente, dado relevante para a contribuição de DANTE é um humanista, que desenvolve, justamente, a reflexão sobre o poder laico.[1265]

TOMÁS ainda opera no contexto da união medieval, e DANTE já aponta para a separação de poderes temporal e espiritual. Esta separação se acentuará nos séculos seguintes, até se colocarem como mundos praticamente estanques.

Se, como "BOCCACCIO declarou, teria sido difícil para DANTE criar a sua obra se este não se tivesse feito gibelino",[1266] a essa observação, pode-se contrapor que santo TOMÁS dificilmente teria escrito a *sua* obra, se não tivesse deixado a tendência gibelina da sua família, e alinhado-se no campo papal. Sem dúvida, além dos méritos intelectuais deste imenso gênio e trabalhador incansável, sua enorme difusão, e sua canonização

1264 E. KANTOROWICZ (op. cit., 1927, ed. 2000, p. 67).

1265 É. GILSON, Réflexions sur la situation historique de Dante (no vol. **Dante et Béatrice**, 1974, cit. p. 119) "Je veux parler de la conception, si répandue dans l'enseignement, d'un Dante 'humaniste'. Que l'on me comprenne bien! Je n'ai aucune intention de régenter le langage. Chacun doit se sentir libre d'appeler Dante un humaniste, s'il le désire. J'ajoute que le sens des mots étant libre, il est certainement possible de donner de l'humanisme une définition telle qu'elle s'applique correctement à Dante". Convém fazer comparação com a análise do 'humanismo' em André CHASTEL (1912-1990) – colega de GILSON, no Collège de France – em seu **Arte e humanismo em Florença na época de Lourenço, o magnífico** – estudos sobre o Renascimento e o humanismo platônico (orig. publ. **Art et humanisme à Florence au temps de Laurent, le magnifique**, 1959, trad. Dorothée de BRUCHARD, intr. e notas Luiz MARQUES, São Paulo: Cosac Naify, 2012).

1266 E. KANTOROWICZ (op. cit., 1927, ed. 2000, p. 67-68).

– muito veloz – foram patrocinadas por servirem aos interesses políticos da igreja de Roma.

Os nomes desses dois partidos se fizeram ouvir pela primeira vez, em Florença, em 1216, por ocasião do casamento AMIDEI-BUONDELMONTI, no momento em que a querela familiar se transforma em luta de partidos políticos. Partidários do imperador, os BUONDELMONTI tomam então o nome de 'partido dos guelfos', e os AMIDEI, por sua vez, inspirando-se no nome do anti-rei, fazem-se chamar 'partido dos gibelinos'.

Ainda não se tratava de partido imperial e partido pontifical, exceto que nessa época os pontificais teriam sido os gibelinos. Somente mais tarde, quando FREDERICO II exerceu o poder imperial, 'gibelino' tornou-se sinônimo de 'imperial' e 'cesáreo', passando 'guelfo' a ter o sentido de partidário do papa.[1267]

FREDERICO II sequer teve necessidade de participar da batalha franco-anglo-guelfa, e somente recolheu os frutos das vitórias francesas. Enquanto o herdeiro do trono da França deu cabo do exército e fez em pedaços o rei JOÃO, cognominado "sem terra", no Poitou, o rei FILIPE AUGUSTO conseguiu se desfazer da coalizão do guelfo (*Welf*) com o duque de Brabante.[1268]

Inicialmente se considera a importância da contribuição de Santo TOMÁS DE AQUINO (10.1), para os fins do presente trabalho, no sentido de fixação de conceitos para a política e a consolidação futura do direito internacional, na perspectiva do tempo. Desnecessário dizer que não se pretenda esgotar o rico e complexo legado deste – como tampouco se pretende, em relação a outros pensadores e autores aqui mencionados –,

[1267] E. KANTOROWICZ (op. cit., 1927, ed. 2000, pp. 67-68).

[1268] Comenta E. KANTOROWICZ (op. cit., 1927, ed. cit., 2000, p. 68): "Em 27 de julho de 1214 teve lugar a memorável batalha de Bouvines, que decidiu o futuro de três países. A França vitoriosa, reúne as milícias agrupadas pelas cidades, e consolida a sua unidade interior. Na Inglaterra, a derrota suscita a revolta dos barões contra o rei, e foi a origem da grande carta da liberdade, a *Magna Carta*, de 1215. Quanto à Alemanha, ela revelou pela primeira vez ao conjunto da política europeia todas as suas divisões intestinas. O império não mais estaria unido, se não uma única vez, e de modo brilhante, sob o HOHENSTAUFEN que recebeu, então das mãos da França a águia de ouro imperial, tomada do imperador OTHON, vencido. O fato de que o rei FILIPE AUGUSTO, atento aos detalhes, tenha feito apressadamente restaurar as asas quebradas dessa águia tem pouca importância."

mas tão somente situar, em que medida, podem ter contribuído para a evolução e a fixação de conceitos que levaram, depois, à formação do direito internacional, e à posterior fixação dos parâmetros deste, como disciplina autônoma.[1269]

10.1. Tomás de Aquino (ca. 1225-1277)

> Direito é norma ou medida de ação, por meio da qual se é levado à ação ou coibido de agir. O termo *lex* deriva de *ligare*, vincular, porque nos vincula â ação. A norma e medida de ação é a razão, que é o princípio primeiro da ação humana.
>
> SANTO TOMÁS DE AQUINO, **Suma teológica**
> (*Tratado sobre o direito*, Iº. IIº., qu. 90-97)[1270]

> Surpreende-me ter sido possível que tais verdades, depois de terem sido, caíssem totalmente no esquecimento de nossos saberes protestantes. Quais impasses estes teriam podido evitar-se, se os tivessem podido seguir. Por minha parte, eu talvez não tivesse escrito o meu livro, se as tivesse conhecido.
>
> R. von IHERING, **Der Zweck im Rechts** (1898)[1271]

1269 Como referido, em outras passagens, a obra de Francisco de VITÓRIA e de Francisco SUAREZ teria sido inconcebível sem as bases formuladas por santo TOMÁS. A respeito, v. **Tratado** (tomo 5 – **Direito internacional no tempo de Francisco de Vitória**, cap. 14 e tomo 6 – **Direito internacional no tempo de Suárez, Gentili e Zouch**, cap. 15).

1270 TOMÁS DE AQUINO, **Suma teológica** (escrita 1268-1273, tradução Alexandre CORREIA, Campinas: Ecclesiae, 5 vols., 2016).

1271 Rudolf von IHERING, **Der Zweck im Rechts** (Leipzig: Breitkopf und Härtel, 1898, t. 2, p. 126). Dentre os vários julgamentos sobre a filosofia tomista do direito, este célebre positivista do século XIX dedica muitas páginas, para mostrar que o direito deveria tender e tendia necessariamente para os seus fins, para os fins da espécie humana. Um de seus leitores assinalou-lhe a existência da **Suma teológica**. Depois de a ler, IHERING respondeu o que está transcrito acima. Que o direito tende aos fins sociais já o sabia e longamente escrevera santo TOMÁS, e fez isso séculos antes de IHERING. Mas, ao menos, teve IHERING a coragem e a integridade para admiti-lo. Como observa Michel VILLEY (op. cit., 2003, p. 165): "IHERING era da mesma espécie que santo TOMÁS, um universitário honesto".

> Relevante é a contribuição de santo TOMÁS DE AQUINO para a construção de um direito internacional, digno de nota e de admiração – *Erwähnung und Würdigung*; foi justamente TOMÁS DE AQUINO que claramente mostrou e profundamente captou os fundamentos do nosso direito internacional. Com certeza, não coube a ele descobrir nem lançar os fundamentos e as normas basilares do direito internacional. Mas, ele tomou as obras do passado, do genial ARISTÓTELES, de CÍCERO, de AGOSTINHO e de outros padres da igreja, ele conheceu profundamente o direito romano e, com destaque, o direito canônico e, de tudo isso, fez a união desses conhecimentos em seu espírito, cuja abrangência, profundidade e clareza nos deixam maravilhados.
>
> Otto SCHILLING (1919)[1272]

Além da sua imensa obra teológica e filosófica, a contribuição de TOMÁS DE AQUINO será relevante para o direito do seu tempo. E repercute, nos séculos futuros, em decorrência de sua adoção como 'doutrina da igreja'. Mas, esta aqui nos interessa mais em si mesma do que como posição 'oficial'.

Esta posição oficial não se consolidou sem alguns percalços: em 1277, o bispo de Paris condena 219 proposições filosóficas, em sua maioria associadas com o averroísmo latino, mas uma dúzia delas eram provenientes de escritos de santo TOMÁS. Uma geração depois de sua morte, contudo, foi TOMÁS DE AQUINO reconhecido pela igreja como o melhor antídoto contra os racionalistas secularizantes.

Na altura em que foi canonizado, em 1323, já tinha sido colocado por DANTE dentre os mais eminentes santos, em seu *Paraíso*, na **Divina Comédia**.[1273] Apesar de todas as críticas recebidas, a **Suma teológica**

[1272] Otto SCHILLING, **Das Völkerrecht nach Thomas von Aquino** (Freiburg im Breisgau: Herdersche Verlagshandlung, 1919, na coleção Das Völkerrecht – Beiträge zum Wiederaufbau der Rechts- und Friedensordnung der Völker, im Auftrage der Kommission für Christliches Völkerrecht von Dr. Godehard Jos. EBERS, Heft Nr. 7 – digitalized by the Internet Archive in 2011 with funding from Univ. of Toronto, http://www.archive.org/details/dasvlkerrecht00schi, 1 – Einleitung, p. 1).

[1273] DANTE ALIGHIERI, nestas quatro edições: **La divina Commedia** (in **Tutte le opere**, a cura di Luigi BLASUCCI, Firenze: Sansoni, 1989, p. 387-733); **La divina commedia** (testo critico della Società Dantesca Italiana, riveduto col Commento Scartazziniano, rifatto da Giuseppe VANDELLI, Milano: Ulrico Hoepli, 21° ed., 1983); **A divina comédia** (traduzida,

exerceu profunda influência sobre o movimento da Contrarreforma, no Concílio de Trento (1545-1563).

TOMÁS DE AQUINO foi declarado 'doutor da igreja', em 1567, e o tomismo foi adotado pelos jesuítas como o seu sistema filosófico, no século XVII. O papa LEAO XIII, em sua encíclica **Aeterni Patris** (1879) declarou o tomismo a filosofia oficial da igreja católica.[1274]

A riqueza e complexidade das diferentes facetas da personalidade e da contribuição intelectual de TOMÁS DE AQUINO[1275] eram enfatizadas por E. GILSON em alentado estudo.[1276]

anotada e comentada por Cristiano MARTINS, São Paulo: EDUSP / Belo Horizonte: Itatiaia, 1976); **A divina comédia – Inferno** (ed. bilingue, trad. e notas Italo E. MAURO, São Paulo: Ed. 34, 1998); **A divina comédia – Purgatório** (ed. bilingue, trad. e notas Italo E. MAURO, São Paulo: Ed. 34, 1998); **A divina comédia – Paraíso** (ed. bilingue, trad. e notas Italo E. MAURO, São Paulo: Ed. 34, 1998).

1274 Peter D'EPIRO e Mary Desmond PINKOWISH, **Sprezzatura** – Fifty ways Italian Genius shaped the World (New York: Anchor Books, 2001, thirteen – *St. Thomas Aquinas: titan of theology*, p. 87-93, cit. p. 93): "Anyone who could furnish DANTE with the main dogmas for the **Divine Comedy**, supply a philosophy to the Catholic Church, and captivate freethinking James JOYCE (who boasted of being 'steeled in the school of old AQUINAS') had to be a man of extraordinary genius."

1275 Quanto às datas de nascimento e de morte, respectivamente, algumas fontes assinalam 1224 outras 1225 e também se encontram menções a 1228 – assim se uniformiza com a referência a ca. – por volta de – 1225 e o falecimento, majoritariamente mencionado como ocorrido em 1277, às vezes até mesmo com dia e mês – 7 de março de 1277 – mas Pierre PIERRARD, **Dictionnaire des prénoms et des saints** (Paris: Larousse, 1974, pp. 205-206) registra (1225-1274). V. tb. M. D. CHENU, **Introduction à l'étude de saint Thomas d'Aquin** (Paris: Vrin, 1950); M. D. CHENU, **Saint Thomas d'Aquin et la théologie** (Paris: Seuil, 1959); G. K. CHESTERTON, **Saint Thomas Aquinas** (Londres: Hodder & Stoughton, 1933); L. H. PETITOT, **La vie intégrale de saint Thomas** (Paris, 1930).

1276 Étienne GILSON, **Le thomisme. Introduction à la philosophie de Saint Thomas d'Aquin** (Paris: Vrin, 6e éd., revue, 3e tirage, 1979). Alguns dos estudos 'teológicos' a respeito de santo TOMÁS não consideram de modo adequado as especificidades das questões jurídicas, sobretudo no tocante à fundamentação do *direito natural*, que deve ser considerado como questão de *lei*, e não de *moral*. Alguns dos estudos jurídicos, carecem de adequada fundamentação do ponto de vista teológico. Com alguns reparos, mencionem-se: E. di CARLO, **La filosofia política e giuridica di San Tommaso d'Aquino** (Palermo: Palumbo, 1945); C. GRANERIS, **Contributi tomistici alla filosofia del diritto** (Torino: Società editrice internazionale, 1949); V. E. KURTZ, **Individuum und Gemeinschaft beim heil. Thomas von Aquin** (München: Kösel-Pustet, 1932); F. OLGIATTI, **Il concetto di giuridicità e S. Tommaso d'Aquino** (Milão: Vita e pensiero, 1943).

em três de seus aspectos mais importantes, a personalidade de Santo TOMÁS vai além do objeto de nosso estudo. O santo que ele foi se inscreve no campo da hagiografia; o teólogo exigiria estudo especial, conduzido com método apropriado, e cujos resultados ocupariam, de pleno direito, o primeiro lugar, em estudo abrangente sobre santo TOMÁS; o místico e a sua vida íntima fogem, em considerável medida, às nossas pretensões.[1277]

Em seguida, GILSON se volta para o foco, sobre o qual construirá o seu exame, no qual confluem os vários aspectos antes mencionados:

> somente a reflexão filosófica, por ele posta a serviço da teologia, concerne-nos diretamente [...] O que há de mais aparente, de mais constante na personalidade de Sto. TOMÁS, a figura, enfim, sob a qual há maior possibilidade que ele se tenha representado a si mesmo, é o Doutor. O santo foi, essencialmente, um doutor da Igreja; o homem foi um doutor em teologia e em filosofia; o místico, enfim, jamais separou suas meditações do ensino do qual se inspiravam.[1278]

Igualmente aqui cabe fazer ressalva equivalente: não se tem a intenção – nem a pretensão – de esgotar interpretações possíveis e controvérsias doutrinais com o teólogo e o místico, mas, por assim dizer, destacar, dentre as facetas consideradas pelo pensador, o papel da dimensão política, em vista da específica importância deste, no percurso de discussão em vista da construção de conceitos modernos sobre política, sobre poder, sobre direito e sobre estado – justamente onde se inscreve a vertente a

[1277] E. GILSON (op. cit., ed. cit., 1979, Introduction, p. 9-45, cit. p. 9): "Par trois de ses aspects les plus importants, la personnalité de Saint THOMAS déborde le cadre de notre étude. Le saint qu'il fut rélève en propre de l'hagiographie; le théologien exigerait une étude spéciale, conduite avec une méthode appropriée, et dont les résultats occuperaient de droit la première place dans une étude d'ensemble sur saint THOMAS; le mystique et sa vie intime échappent dans une large mesure à nos prises."

[1278] E. GILSON (op. cit., ed. cit., 1979, loc. cit.): "seule la réflexion philosophique qu'il mit au service de la théologie nous concerne directement" [...] "Ce qu'il y a de plus apparent, de plus constant dans la personnalité de Saint THOMAS, la figure enfin sous laquelle il y a plus de chances qu'il se soit représenté à lui-même c'est le Docteur. Le saint fut essentiellement un docteur de l'Église; l'homme fut un docteur en théologie et en philosophie; le mystique enfin ne sépara jamais ses méditations de l'enseignement qui s'en inspirait."

ser, aqui, considerada. Especificamente em relação à formação do direito internacional.[1279]

Esta ressalva se põe como precaução indispensável, tanto mais porque a obra de TOMÁS DE AQUINO, além de sua extensão física – por contar vários milhares de páginas –, teve e tem repercussão direta e relevante sobre os séculos seguintes, não somente no plano teológico e doutrinário da tradição católica, o que aqui, diretamente, não interessa, mas na formação e na consolidação de conceitos e de esferas de poder, sobre os quais a prática posterior desenvolve elaborações ulteriores.

> Por mais vivo que seja nele o sentido da incidência do estudo sobre o destino prático dos homens, santo TOMÁS se recusa a ser 'engajado', exceto pela única verdade transcendente da fé cristã. Para todo o resto, ele é tolerante, ele sabe reconhecer as suas ignorâncias, compreender e escutar os outros, acolhendo a todos, quer se trate do árabe AVICENNA, do judeu MAIMÔNIDES, e sobretudo do pagão ARISTÓTELES. Ele professa que nessas matérias, a autoridade é o mais frágil dos argumentos – *locus ab auctoritate est infirmissimus* –[1280]. Em suma, durante os trinta anos de sua vida universitária, ele viveu pela verdade, com toda a independência de espírito: é o mais marcante da sua história, e exemplo tão nobre quanto fora de moda.[1281]
> A doutrina tomista do direito natural desempenhou tal papel na história que seria realmente imperdoável aos juristas desconhecê-la; mas como é o caso da maioria, cabe insistir um pouco mais a respeito. Mas é preciso, antes, prevenir que esta possui qualidade desconcertante, para um

[1279] Nesse sentido, ver as considerações desenvolvidas por Jean MOREAU-REIBEL, **Le droit de société interhumaine et le *jus gentium*: essai sur les origines et le développement des notions jusqu'à Grotius** (RCADI, 1950, t. 77, pp. 481-598, esp. p. 508-509) a respeito da contribuição de santo TOMÁS DE AQUINO: considera a posição tomista espécie de média entre as posições dos romanistas e dos canonistas. Por meio da qual se legitimaria o costume, e se lhe reconheceria a preeminência, dentre as fontes do direito internacional.

[1280] Santo TOMÁS DE AQUINO, **Suma teológica** (Iª., qu. 1, art. 8).

[1281] Michel VILLEY, **La formation de la pensée juridique moderne** (Paris: PUF – Leviathan, 2003, titre II, cap. III, 'la doctrine du droit de saint Thomas', p. 149-176, cit. p. 151, e a seguir, p. 149): "A obra de santo TOMÁS está estreitamente ligada à vida de seu tempo, não tanto contemplativa quanto militante e extraordinariamente fecunda em efeitos práticos. Ela está, na história do direito, na origem de uma revolução. Que as conquistas desse período que viu surgir a Europa moderna tenham podido se perder, desde então, não implica que uma tal doutrina deixe de ter interesse para nós."

historiador das doutrinas, habituado aos autores modernos: a de ser pouco original.[1282]

Não é a maneira de santo TOMÁS deixar na sombra, como nossos ativistas modernos, as dificuldades teóricas da doutrina social cristã; em plena luz, ele destaca o problema dos papéis respectivos da fé e da razão natural, na busca da verdade; ele responde com seu tratado geral do conhecimento, em seguida com o que diz respeito especialmente à busca do justo e do direito.[1283]

Por mais extensa e admirável que seja, a obra e a figura de TOMÁS DE AQUINO não podem ser isoladas do tempo e do meio nos quais se inscrevem. Como parte das controvérsias e das lutas que marcaram o seu tempo, como a questão da busca da hegemonia do mundo ocidental pelo papado.

Inscrevem-se a sua vida e a sua obra na tradição intelectual do Ocidente, do século XIII, com enorme impacto da filosofia grega, e,

1282 M. VILLEY (op. cit., 2003, p. 155): "Saint THOMAS n'avait pas le goût d'être original; il eût été le premier surpris et, sans doute, inquiet qu'on lui attribuât une doctrine personnelle du droit naturel. [...] Ses seuls maîtres étaient *les choses*: les choses constituaient le seul livre, dont en fin de compte il s'efforçât de comprendre la signification; mais, quand on veut traduire un livre, la bonne méthode est de s'aider de toutes les traductions antérieures, à la fois de PLATON, d'ARISTOTE et de saint AUGUSTIN. Saint THOMAS n'a pas entendu être autre chose qu'un professeur; son ouvrage reste une collection, un recueil d'opinions anciennes et reçues par la tradition, tout comme le **Décret** de GRATIEN, mais où, mieux encore que chez GRATIEN, est obtenue la concordance. Il n'a pas eu la vanité de vouloir attacher son nom à *une* philosophie nouvelle, préférant *la* philosophie."

1283 M. VILLEY (op. cit., 2003, p. 167): enquanto posição de conjunto, a tendência pessoal de santo TOMÁS é a de confiar no conhecimento natural e reabilitar o papel da razão. Nesse ponto, ele se opõe ao agostinismo e propõe visão menos sombria que a de santo AGOSTINHO sobre os poderes de nossa inteligência, em nossa situação presente. A discussão diz, sobretudo, respeito ao problema teológico das consequências do pecado: santo AGOSTINHO tendia – como, depois dele, também fez LUTERO – a enfatizar a decadência e a corrupção da natureza humana, depois do pecado original. Para santo TOMÁS, a nossa natureza está somente doente, enfraquecida pelo pecado de Adão e Eva, mas não destruída. A razão, que o homem recebeu, com sua natureza, e de que dispõem mesmo os pagãos, continua verdadeira. Santo TOMÁS não tem dificuldade em conciliar, esse otimismo, com o princípio de santo AGOSTINHO, segundo o qual toda verdade vem de Deus. [...] A grande audácia da teologia de santo TOMÁS está em, sem nada temer para a fé, dizer sim à inteligência, a ARISTÓTELES, a CÍCERO e ao direito romano.

sobretudo, de ARISTÓTELES. Isso se pode dizer com tranquilidade, porquanto TOMÁS DE AQUINO teria sido outro e teriam sido diversas as suas obras, escritas sem o esteio e a presença constante do Estagirita, com quem dialoga extensamente em seus escritos.

Na linha de ARISTÓTELES,[1284] afirma santo TOMÁS ser mutável a natureza humana – *natura* [...] *hominis est mutabilis* – e, portanto, tem as leis de se adaptar a tais mudanças.[1285] Não faz, assim, sentido, imputar a santo TOMÁS a concepção de direito natural imutável. Esse dado será, justamente, relevante para a criação de conjunto de normas de direito das gentes, deduzido do direito natural pelos dominicanos espanhóis, a partir do século XVI.

A doutrina tomista do direito natural parte da concepção de ARISTÓTELES. Esta é melhor ordenada e mais consistente que a formulação original e, em sua fundamentação, faz uso de argumentos do neo-platonismo, de CÍCERO, de ULPIANO, da **Bíblia** e de santo AGOSTINHO. Ele não se subsumiu a nenhuma escola, mas se empenha em conciliá-las.[1286]

Santo TOMÁS mais ou menos repete as considerações de ARISTÓTELES:[1287]

- sobre a *necessidade* das leis positivas humanas – a lei não decorre somente da necessidade, decorrente da corrupção humana, causada pelo pecado, como em são ISIDORO DE SEVILHA e nos **Decretos** de GRACIANO; é necessidade que decorre da própria natureza do homem, sociável e naturalmente destinado à ordem política – a

1284 ARISTOTLE, **Physics**: Books I-IV (original grego, with an English translation by P. H. WICKSTEED e F. M. CORNFORD, Cambridge, Ma. / London: Harvard UP, LCL vol. 228, ARISTOTLE vol. IV, © 1929, reprinted 2005); ARISTOTLE, **Physics**: Books V-VIII (original grego, with an English translation by P. H. WICKSTEED e F. M. CORNFORD, Cambridge, Ma. / London: Harvard UP, LCL vol. 255, ARISTOTLE vol. V, © 1934, reprinted 2006).

1285 Santo TOMÁS DE AQUINO, **Suma teológica** (*De mutatione legum*, Iº. IIª., qu. 97, art. 1,3 et 4).

1286 M. VILLEY (op. cit., 2003, p. 156): "Não nos deve surpreender que santo TOMÁS tenha adotado as grandes teses da filosofia clássica, a respeito da ordem natural. A ideia de que o mundo implica uma ordem e não decorre do acaso, está presente em PLATÃO, em ARISTÓTELES, como também nos estóicos; santo TOMÁS a encontra confirmada em textos do **Gênesis** e no conjunto dos dogmas cristãos."

1287 M. VILLEY (op. cit., 2003, p. 163-4).

lição de PAPINIANO, no **Digesto**,[1288] permitiu corrigir ISIDORO e GRACIANO; é necessária por ter caráter prescritivo – cria novos direitos e obrigações – e não somente repressivo ou permissivo;

- sobre a *origem* da lei, que procede da autoridade, presente, por natureza, em todo grupo político humano:[1289] segundo o regime político, esta tem por autor um monarca, um grupo de ricos ou de sábios, o povo reunido, ou melhor ainda, uma combinação de tais fontes;[1290] sua força repousa, na prática, sobre a aceitação popular;[1291]
- sobre a *continuidade* do direito positivo humano, relativamente ao direito natural: o trabalho de legislação é um *prolongamento* do estudo do justo natural – e toda lei humana deriva da lei natural, seja por meio de *conclusão* – de aplicação, segundo circunstâncias históricas, de preceito, tirado da natureza – seja de *determinação* – de adição aos dados vagos do direito natural, mas no quadro do direito natural, para servir aos fins da natureza;[1292] o direito, assim, é fruto da razão e da vontade: da razão, enquanto deriva da ciência da natureza; da vontade humana, enquanto potência legislativa, que lhe agrega estabilidade, forma escrita e precisão;
- sobre as *qualidades* da lei humana positiva, que deve ser não somente justa – editada para o *bem comum*, em vista do fim natural do povo, para o qual é feita, e não para os fins pessoais do legislador[1293] – mas também adaptada às circunstâncias de tempo e de lugar, pois deve ser a expressão de justo natural e mutável – e, aqui, santo TOMÁS segue a formulação de são ISIDORO;[1294] e, enfim,
- sobre a *autoridade* da lei humana positiva, santo TOMÁS se rege pela doutrina de ARISTÓTELES: a lei humana, tendo as suas raízes na natureza, deve, em princípio, ser observada; seus preceitos obrigam

[1288] **Digesto** (I.III.1).

[1289] Santo TOMÁS DE AQUINO, **Suma teológica** (Iº. IIª., qu. 90, art. 3): "Et ideo condere legem vel pertinet ad totam multitudinem vel pertinet ad personam publicam quae totius multitudinis curam habet."

[1290] Santo TOMÁS DE AQUINO, **Suma teológica** (Iº. IIª., qu. 95, art. 4).

[1291] Santo TOMÁS DE AQUINO, **Suma teológica** (Iº. IIª., qu. 97, art. 2): "leges habent maximum virtutem ex consuetudine ut [ARISTOTELES] dicit."

[1292] Santo TOMÁS DE AQUINO, **Suma teológica** (Iº. IIª., qu. 95, art. 2).

[1293] Santo TOMÁS DE AQUINO, **Suma teológica** (Iº. IIª., qu. 90, art. 2).

[1294] Santo TOMÁS DE AQUINO, **Suma teológica** (Iº. IIª., qu. 95, art. 3).

a consciência, pois ela cria o justo;[1295] e o justo tem como fonte, ao menos em parte, o arbitrário do homem. Contudo, a autoridade dessa lei humana positiva nunca passa de condicional: a lei é tal e somente merece esse nome, enquanto cumpre a sua função de expressão e de realização do justo; quando cessa de desempenhar essa atribuição, é preciso que os juízes a mudem.[1296]

Não aprendemos nada de novo: praticamente todas essas análises já estavam em ARISTÓTELES, e santo TOMÁS evitou acrescentar ou cortar a uma descrição verídica. Mas, no seu tempo, que reconquista! Comenta Michel VILLEY:[1297]

> Restabelecer os títulos, reconstruir os métodos de jurisprudência laica; no mesmo lance, ratificar o recurso aos textos romanos. E, além do direito romano, fundar, no direito natural, o impulso de nova doutrina, capaz de *adaptar* o direito romano às condições da vida moderna, e mais tarde tomar liberdades crescentes com o direito romano. [...]
> Até o fim do antigo regime [na França, em 1789], a doutrina conservará o primeiro lugar na elaboração do direito. Foi por influência do tomismo que BONIFÁCIO VIII, no fim do século XIII, propõe nova análise das decretais pontificais e reivindica o poder de colocar leis criadoras de direito novo. Logo se seguirão os decretos (*ordonnances*) dos soberanos leigos, e o enorme florescimento das leis, na Europa moderna. Imenso serviço foi prestado pela filosofia tomista à história do direito.[1298]

De modo semelhante, com impacto direto e não menos relevante, as interações entre Santo TOMÁS e seu mestre e mentor, são ALBERTO

[1295] Santo TOMÁS DE AQUINO, **Suma teológica** (Iº. IIª., qu. 96, art. 4).

[1296] Santo TOMÁS DE AQUINO, **Suma teológica** (Iº. IIª., qu. 96, art. 6; II.II, qu. 21).

[1297] M. VILLEY (op. cit., 2003, p. 164): "Il y avait cela. Mais surtout, l'oeuvre de saint THOMAS fut de rendre aux juristes le sens de la fonction législatrice."

[1298] M. VILLEY (op. cit., 2003, p. 165): "Não quero dizer que a leitura da **Suma teológica** tenha deixado de ser recomendável: ela deve ser lida, nos detalhes, do próprio texto; o resumo que se acaba de fazer, sacrificou o mais belo: o drama das discussões dialéticas; vivo e perspicaz esforço, em busca de solução. Quanto ao fundo, talvez tenhamos, tanto quanto a Idade média, tirado proveito de tal leitura. Nossos juristas, como os agostinianos do século XI, ignoram ARISTÓTELES; e a filosofia clássica do direito natural caiu novamente em esquecimento, sob a concorrência de outras doutrinas, além do agostinismo, e de outra espécie de barbárie, que a da Idade média."

Magno (ca. 1200-1280)[1299] poderiam, igualmente, merecer extenso exame.[1300] Pelo qual tenho especial carinho.

Não se pode compreender TOMÁS sem ALBERTO – e por isso se inscreve breve digressão sobre o mestre, para depois se compreender a trajetória do discípulo. E, mesmo se ambos se inscrevem no seu tempo e no seu meio, o transcendem para se tornarem universais.

A concepção de direito natural de ALBERTO é retomada e ampliada por TOMÁS. Este se alinha pelas concepções de direito natural da Patrística. Que, por sua vez, partira da bases colocadas por antigos gregos e romanos, com destaque para ARISTÓTELES e CÍCERO. Mas, TOMÁS não se mostra somente um sistematizador, é também conhecedor e avaliador da literatura precedente, "com cuja sabedoria, abrangência e precisão muito poderiam aprender alguns pesquisadores modernos".[1301]

TOMÁS foi aluno de ALBERTO na Universidade de Paris, quando este lá foi professor da Faculdade de Teologia. Este, depois, lecionaria em Colônia.

ALBERTO foi pensador crucial para o desenvolvimento intelectual do Ocidente, não somente por ter sido, provavelmente, primeiro a fazer traduzir e comentar os textos de ARISTÓTELES, que então começavam a ser, através dos árabes da Espanha e como efeito secundário das Cruzadas, redescobertos no Ocidente, como também por introduzir o exame dos filósofos neoplatônicos, e discutir as teses dos pensadores árabes, comentadores de ARISTÓTELES, embora nem sempre tenha chegado a fazer a síntese de elementos tão diversos, nem logrado acordar essencialmente filosofia e teologia.[1302] Mas, não por acaso, ALBERTO, de Colônia, mereceu o cognome de 'magno'.[1303]

1299 Outras fontes apontam como data de nascimento deste por volta de 1193, em Lauingen.

1300 Ingrid CRAEMER-RUEGENBERG, **Albertus Magnus** (Munique: Beck, 1980).

1301 Otto SCHILLING, **Das Völkerrecht nach Thomas von Aquino** (1919, 1 – Einleitung, cit. p. 2).

1302 I. CRAEMER-RUEGENBERG (op. cit., 1980, p. 160): Aber nicht nur für diese grosse Strömungen der Geistesgechichte ist Alberts Werk bedeutsam. Albert hat zwar viel weniger geforscht und experimentiert, als man gemeinhim – und zum Teil heute noch – glaubt, aber er hat das Spezialwissen seiner Zeit gewisser massen fokusiert.

1303 Kurt FLASCH, **Introduction à la philosophie médiévale** (trad. do alemão Janine de BOURGKNECHT, préf. de Ruedi IMBACH e François-Xavier PUTALLAZ, Fribourg, Suisse / Paris: Editions universitaires / Ed. du Cerf, 1922, IX. 'L'immortalité individuelle

A base da filosofia tomista é aristotélica: a relação de filiação intelectual e conceitual estava estabelecida – e, para tanto, foi crucial a contribuição de ALBERTO,[1304] como sábio que influenciou o processo de redescoberta de ARISTÓTELES pelo Ocidente,[1305] e como mestre de TOMÁS DE AQUINO. Mas, a contribuição do grande professor e erudito que foi São ALBERTO Magno não se reduz a ter sido o mentor intelectual de tal discípulo, por mais considerável que seja esta, mas tem igualmente a sua luz própria – embora muitas vezes negligenciada.

Em 1248, TOMÁS acompanha ALBERTO a Colônia, e com ele permanece quatro anos. Em 1252, retorna a Paris, onde TOMÁS lecionará até 1259.

ou le retour à l'esprit universel: ALBERT LE GRAND contre AVERROÈS', pp. 132-152) mostra que ALBERTO chega a solução de compromisso: sua concepção da alma se inspira do modelo de intelecto que se encontra em AVERROIS; mas, em outro sentido, insiste na individualidade do intelecto. Se, de um lado, a sua ideia de 'compromisso histórico' conheceu certo sucesso no plano da política eclesiástica e cultural, por outro lado, ainda havia muitas questões filosóficas, que permaneceram em suspenso: ele não conseguiu resolver a questão da unidade do intelecto. A prova é que, durante décadas, este foi tema permanente de debates: "Todos os filósofos podem se reclamar de ALBERTO – isso vale para TOMÁS DE AQUINO tanto quanto para os averroístas latinos. A controvérsia entre ALBERTO e AVERROIS não pôs termo ao assunto; pelo contrário, ela lançou o tema no Ocidente latino. Caso se queira insistir com ALBERTO no fato de que a teologia não deve intervir na busca filosófica, e nos encontramos ao lado de SIGER DE BRABANT (falecido em 1284). Se quisermos assinalar, com ALBERTO, a dependência da alma em relação ao corpo, estamos ao lado de Santo TOMÁS DE AQUINO. Se buscamos a individualidade do pensamento, não dos aportes externos da filosofia, mas em teoria coerente do intelecto, e nos aproximamos de THIERRY DE FREIBERG (falecido por volta de 1320) ou de Mestre ECKHART (falecido por volta de 1327). Todos esses discípulos romperam com seu mestre. Todos vieram dele. Nesse sentido, ele pode ser chamado de ALBERTO MAGNO."

1304 Ver levantamento da repercussão da obra de ALBERTO Magno, feito por M. SCHOOYANS, *Bibliographie philosophique de Saint Albert le Grand* (in **Revista da Universidade Católica de São Paulo**, 21 (1961) fascículos 37-38, p. 36-88). Dentre as obras principais de São ALBERTO Magno: a **Summa de creaturis**, os **Comentários** aos livros das Sentenças, a **Summa theologica** que permaneceu inacabada,bem como o **Ensaio contra os erros dos árabes**, escrito a pedido do papa ALEXANDRE IV.

1305 ARISTOTLE, **Physics**: Books I-IV (original grego, with an English translation by P. H. WICKSTEED e F. M. CORNFORD, Cambridge, Ma. / London: Harvard UP, LCL vol. 228, ARISTOTLE vol. IV, © 1929, reprinted 2005); ARISTOTLE, **Physics**: Books V-VIII (original grego, with an English translation by P. H. WICKSTEED e F. M. CORNFORD, Cambridge, Ma. / London: Harvard UP, LCL vol. 255, ARISTOTLE vol. V, © 1934, reprinted 2006).

Em Paris, TOMÁS DE AQUINO comenta a **Bíblia** e as **Sentenças** de PEDRO LOMBARDO –[1306] o 'manual' básico, redigido na metade do século XII, utilizado nas faculdades medievais de teologia, até ser substituído, por sua vez, pela **Suma teológica** do próprio TOMÁS DE AQUINO –[1307] estas eram, então, as etapas básicas normais da carreira do jovem docente.[1308]

Por meio de licença papal, obtém, em 1256, a *licentia docendi*, ou licença docente. Depois, tornar-se-á mestre e participa das controvérsias que então opõem os clérigos regulares e seculares, dentro da Universidade.

Retorna e permanece na Itália, de 1259 a 1268, em Anagni, Orvieto, Viterbo e Roma – onde ensina na cúria papal – e nesses anos redige o essencial de sua obra, antes de voltar a Paris, de 1268 a 1272, anos igualmente fecundos, nos quais escreve parte considerável da sua obra maior, a **Suma teológica**. Em 1272, TOMÁS é chamado a Nápoles, para dirigir a faculdade de teologia.

Ele morre na Abadia de Fossa Nova, em 7 de março de 1277, quando se dirigia ao concílio de Lyon. Logo após a morte deste, várias dentre as teses de santo TOMÁS serão condenadas pela autoridade eclesiástica, pelo Decreto de 1277.

Grande viajante foi este contemplativo. Mas, com exceção de algumas viagens, a vida de Santo TOMÁS se concentra no estudo e no ensino. Seus deslocamentos universitários e participação em controvérsias de seu tempo mostram semelhança com as andanças de professores convidados (*visiting professor*) – e, também, quanto o fenômeno da assim chamada 'globalização' já ocorria antes de se lhe atribuir esse nome.

Sua vasta obra se estende por vários milhares de páginas, compreendendo tanto as escritas por ele mesmo, além de anotações de cursos,

[1306] Antes da obra de PEDRO LOMBARDO, fora, durante séculos, utilizada a obra equivalente de São ISIDORO DE SEVILHA, as **Sentenças**, ou **De Sententiarum libri tres**, que precedem a obra bem conhecida com o mesmo nome, de PEDRO LOMBARDO, cf. se considerou, supra, item 8.2 – ISIDORO DE SEVILHA.

[1307] TOMÁS DE AQUINO, **Suma teológica** (escrita 1268-1273, tradução Alexandre CORREIA, Campinas: Ecclesiae, 5 vols., 2016).

[1308] Para aceder aos graus respecitvamente de 'bacharel bíblico' e, a seguir, de 'bacharel nas sentenças'.

conservadas por estudantes, que o próprio não chegou a dar redação definitiva.[1309] A obra de TOMÁS DE AQUINO compreende:[1310]

1. **Comentários a ARISTÓTELES** (feitos com base nas traduções de Robert GROSSETESTE e GUILHERME DE MOERBECKE, abrangem as Segundas analíticas, ou **In libros posterium analyticorum**,[1311] a Física, ou **In octo libros physicorum**,[1312] a Metafísica, ou **In duodecim libros methaphysicorum**,[1313] os tratados Do céu e Do mundo, ou **In libros de caelo et mundo**,[1314] o tratado sobre a geração e a corrupção, ou **In libros de generatione et corruptione**,[1315] sobre os sentidos, ou **In libro de sensu et sensato**,[1316] da memória e da lembrança, ou **In librum de memoria et reminiscentia**,[1317] da alma, ou **In libros de anima**,[1318] Da meteorologia, ou **In libros meteorologicorum**,[1319] Da interpretação – **In libros peri hermeneias**,[1320] da Ética a Nicômaco, ou **In decem libros ethicorum**,[1321]

[1309] Veja-se: E. GILSON (op. cit., ed. 1979, *passim*); Ph. NEMO, **Histoire des idées politiques dans l'Antiquité et au Moyen Âge** (Paris: PUF – Quadrige, 2007, esp. 'Saint Thomas d'Aquin', p. 897-952); Paul E. SIGMUND, **St. Thomas Aquinas on Politics and Ethics** (a new translation, backgrounds, interpretations, translated and edited by Paul E. SIGMUND, New York: Norton, 1988).

[1310] S. THOMAE AQUINATIS, Ord. Praed., **Opera omnia ad fidem optimarum editionum accurate recognita** (Parmae: P. Fiaccadori, 1862-1873, 25 vols.); **Doctoris angelici divi** THOMAE AQUINATIS **opera omnia...** Studio St. FRETTÉ et P. MARÉ (Paris: Vivés, 1871-1880, 34 vols.); v. tb. P. MANDONNET, O.P. e J. DESTRES, O.P., **Bibliographie thomiste** (Bibliothèque thomiste, I, Paris: Vrin, 2e éd., 1960); enquanto o *Bulletin thomiste*, publicado regularmente, desde 1924, contém a indicação e muitas resenhas críticas de obras relativas a santo TOMÁS DE AQUINO.

[1311] TOMÁS DE AQUINO, **In libros posterium analyticorum** (Roma / Turim: Marietti, 1955).

[1312] TOMÁS DE AQUINO, **In libros posterium physicorum** (Roma / Turim: Marietti, 1954).

[1313] TOMÁS DE AQUINO, **In duodecim libros Metaphysicorum** (Roma / Turim: Marietti, 1950).

[1314] TOMÁS DE AQUINO, **In libros de caelo et mundo** (Roma / Turim: Marietti, 1952).

[1315] TOMÁS DE AQUINO, **In libros de generatione et corruptione** (Roma / Turim: Marietti, 1952).

[1316] TOMÁS DE AQUINO, **In decem libros ethicorum** (Roma / Turim: Marietti, 1949).

[1317] TOMÁS DE AQUINO, **In decem libros ethicorum** (Roma / Turim: Marietti, 1949).

[1318] TOMÁS DE AQUINO, **In libros de anima** (Roma / Turim: Marietti, 1949).

[1319] TOMÁS DE AQUINO, **In libros meteorologicorum** (Roma / Turim: Marietti, 1952).

[1320] TOMÁS DE AQUINO, **In libros peri hermeneias** (Roma / Turim: Marietti, 1955).

[1321] TOMÁS DE AQUINO, **In decem libros ethicorum** (Roma / Turim: Marietti, 1949).

da Política (até livro III, cap. 10), ou **In libros politicorum**,[1322] comentários sobre a política, até hoje considerados fontes relevantes;
2. comentários a Dionísio Aeropagita –[1323] abrangendo o tratado deste sobre os **Nomes divinos**, ou **In Dyonisium de divinis nominibus**, da **Teologia mística**, da **Hierarquia celeste** e da **Hierarquia eclesiástica** – e comentários a BOÉCIO (**In Boethium de Hebdomadibus** escrito antes de 1260-1261 e, da mesma época, **Super librum Boethii de Trinitate**,[1324] bem como o comentário **Super librum de causis expositio**;[1325]
3. **Comentários da Bíblia** (no exercício do magistério, comentou toda a **Bíblia**, e foram conservados os comentários, anotados pelos seus estudantes, a respeito de **Isaías**, **Jeremias**, **Livro das lamentações**, **Salmos**, **Livro de Jó**, **Evangelho segundo são Mateus**, **Evangelho segundo São João** e **Epístolas de São Paulo**);
4. **Comentários sobre as Sentenças de Pedro Lombardo** (ou **In IV libros Sententiarum Petri Lombardi**, de 1254-1256, a primeira grande obra, escrita por volta dos 30 anos);
5. **Questiones disputatae** (conservaram-se 510 destas, divididas em sete rubricas: sobre a verdade, **De veritate**, 1256-1259, sobre a potência (divina), **De potentia**, 1259-1268, sobre o mal, **De malo**, 1270-1271, sobre as criaturas espirituais, **De spiritualibus creaturis**, 1268-1269, sobre a alma, **De anima**, 1269-1270, sobre as virtudes, **De virtutibus**, 1271--1272, sobre o verbo encarnado, **De unione verbi incarnati**, 1268) mais as **Questiones de quodlibet** (12 questões *quodlibetais*, desenvolvidas sem assunto previamente definido, I-VI, 1269-1272 e VII-XII, 1256-1259);[1326]
6. a **Suma contra os gentios**, ou **Summa contra gentiles**,[1327] (1261--1264, voltada à refutação de AVERROIS e da leitura averroista de ARISTÓTELES), sem esquecer os tratados teológicos: **De rationibus fidei**

[1322] TOMÁS DE AQUINO, **In libros politicorum** (Roma / Turim: Marietti, 1951).

[1323] TOMÁS DE AQUINO, **Expositio in Dyonisium De divinis nominibus** (ed. C. PERA, Roma / Turim: Marietti, 1949) – contém o texto grego de DIONÍSIO.

[1324] TOMÁS DE AQUINO, **Super librum Boethii de Trinitate** (ed. Bruno DECKER, Leiden, 1955); ___, **In Boethium de Hebdomadibus**, escrito antes de 1260-1261 e outros escritos, na ed. ___, **Opuscula** (Paris: Lethellieux, 1927, 5 vols.).

[1325] TOMÁS DE AQUINO, **Super librum de causis expositio** (escrito após 1270, ed. H. D. SAFFREY, Friburgo, Suíça, 1954).

[1326] TOMÁS DE AQUINO, **Questiones de quodlibet** (Roma / Turim: Marietti, 1949).

[1327] TOMÁS DE AQUINO, **Summa contra gentiles** (Roma: ed. Vaticane, 1934).

contra Sarracenos, Graecos et Armenos, 1261-1264; **Contra errores graecorum**, 1263; **Responsio ad fr. Joannem Vercellensen... de articulis 118 ex opere Petri Tarentasii**, 1264-1266; **Responsio ad fr. Joannem Vercellensen... de articulis 42**, 1271; e **De perfectione vitae spiritualis**, 1270; e, finalmente,

7. **Suma teológica** (ou **Summa theologiae**, conta vários milhares de páginas, divididas em três grandes partes: partes I, I-II e II-II, 1265-1268, parte III, 1272-1273, parte III, 1272-1273) –[1328] inacabada – *Prima pars* (Deus como princípio, estuda Deus, a criação, o mundo, o homem), *Secunda pars* (Deus como fim, estuda a moral e a política), *Tertia pars* (estuda as condições cristãs para o retorno, o Cristo e a sua igreja) e o *Suplemento* (obra de REGINALDO DE PIPERNO, com base em anotações de estudantes, sobre o fim último, o paraíso, o purgatório e o inferno).[1329]

Nesta, encontram-se:

> o 'Tratado das leis', ou 'tratado sobre o direito', quase ao final da primeira seção da segunda parte,[1330] onde TOMÁS estuda as normas que devem regular a conduta humana, consistente em quatro categorias:
> *lei eterna*, causa suprema de toda ordem e da qual todo o resto deriva, mas da qual – pois ela é a razão transcendente de Deus – não temos conhecimento; segue-se a

[1328] TOMÁS DE AQUINO, **Suma teológica** (escrita 1268-1273, tradução Alexandre CORREIA, Campinas: Ecclesiae, 5 vols., 2016). Outras fontes apontam como data de composição da obra 1265-1272. Cfr. Wolfgang HILBER (hrsg.), **Lexikon der Philosophie** (Düsseldorf: Tandem, 2009, p. 387-389) menciona como datas de composição da **Summa theologiae** (1268-1273); por sua vez, Étienne GILSON, **Le thomisme** – Introduction à la philosophie de saint Thomas d'Aquin (orig. curso ministrado na Univ. de Lille, em 1913--1914, Paris: Vrin, 6ª ed., 3ª tiragem, 1979, Appendice, p. 461-464, cit. p. 462) comentava: "De 1268 à 1271, quatre années seulement se sont écoulées, mais si l'on s'en rapporte aux conclusions sur lesquelles les historiens s'accordent en général, on constate que saint THOMAS doit avoir écrit, en quatre ans, outre une partie indéterminée de la **Summa theologiae**, II-II, les Commentaires sur la **Physique** d'Aristote, sur la **Métaphysique**, l'**Éthique à Nicomaque**, le **De anima**, les traités **De unitate intellectus**, **De substantiis separatiis**, les **Questiones de quodlibet I-VI**; enfin les **Questiones disputatae de spiritualibus creaturis**, **De anima**, **De unione verbi incarnati**, **De malo** et peut-être même **De virtutibus**. Est-ce impossible? Non, si l'on tient compte de l'extraordinaire puissance de travail que, de toute manière, il faut bien reconnaître à saint THOMAS."

[1329] Cabe acrescer o **Compendium theologiae**, inacabado e de data de composição incerta; alguns o situam no início da carreira e outros no final da carreita de Santo TOMÁS.

[1330] Santo TOMÁS DE AQUINO, **Suma teológica** (Iº. IIº., qu. 90-109).

lei natural, pois esta deve constituir para o homem a fonte primeira de sua moral – porquanto a lei natural decorre, literalmente, da própria natureza, e por definição, esta é acessível aos pagãos como aos fiéis; a esta se segue longa exposição sobre a

lei humana que é a expressão e o prolongamento da lei natural, e que decorre, evidentemente, da razão profana;[1331] e, finalmente, a

lei divina revelada tem o papel de nos fazer conhecer o mundo sobrenatural, e nos instruir sobre as coisas próprias da salvação, e nos conduzir além dos bens temporais, rumo à beatitude eterna, à qual não temos acesso por nossos próprios meios – *quae excedit proportionem naturalis facultatis humanae*;[1332] e

o 'tratado da justiça', na *Secunda secundae*, onde a **Suma** trata das virtudes e dos vícios, especialmente a questão 57, *de jure*, onde santo TOMÁS explicita a sua definição de direito, e as questões 58 e seguintes, *de justitia, de injustitia*, às quais se segue série de questões sobre os pecados contra a justiça, onde explica detalhadamente diversos problemas relativos ao direito (propriedade, contratos, roubo, usura, direito processual, diferentes delitos, etc.).

A simples menção dos principais títulos mostra a dimensão desse vasto conjunto. Como mencionado, não seria pertinente – nem, tampouco, viável – pretender exame da totalidade da obra.

Reportam-se, desta forma, alguns dados relativos à ordenação da vida social. Com a ressalva de se manterem, assim, isolados trechos de obra

1331 M. VILLEY (op. cit., 2003, p. 168) o mais novo nesse tratado das leis, a respeito das ciências humanas, dentre as quais o direito tem suas soluções específicas, é o amplo espaço reconhecido às fontes profanas do conhecimento.

1332 Santo TOMÁS DE AQUINO, **Suma teológica** (Iª. IIª., qu. 91, art. 4). O ensinamento do **Evangelho**, segundo santo TOMÁS não diz respeito à ordem temporal, e o regime dos bens terrestres é matéria regulada pelo direito. O **Evangelho** não comporta normas jurídicas, *judicialia* (Iª. IIª., qu. 108, art. 3). Não se devem confundir o reino dos céus e o direito, nem fazer mau uso dos preceitos da perfeição evangélica, contra seu próximo e a ordem pública, transpondo-os indevidamente para o ofício do juiz terrestre, ao qual compete a atribuição dos bens materiais, em vista de ordem provisória. É crucial para a evolução futura das sociedades ocidentais a clara divisão e a delimitação de competências entre as esferas religiosa e jurídica. A vida social é regida pelas leis, não pelo pecado. Existe, também, direito positivo de inspiração divina, ou direito canônico, que deve permanecer fundado nas Escrituras.

mais vasta,[1333] cujo equilíbrio reside, justamente, na sua coerência, como todo, e na sua inserção do conjunto de uma visão do mundo.

E essa obra vem responder à necessidade de seu tempo, porquanto se "o mundo dos juristas do século XIII ainda estava sob o domínio do agostinismo", por sua vez, "o direito canônico reivindicava, ao menos em princípio, a competência universal":[1334]

> triunfante continuava a *ideia* de que o único verdadeiramente justo é extraído do Evangelho. Ora, essas ideias agostinianas tinham se tornado fonte de

[1333] M. VILLEY (op. cit., 2003, p. 153): mesmo se estas são as fontes essenciais, é preciso, contudo, acrescentar que limitar-se a tais textos – que constitui a tentação normal dos juristas, mesmo se devemos ao menos supor tanto de boa vontade – é condenar-se a não entender o que de mais belo existe na doutrina jurídica de santo TOMÁS [...]. É preciso ler a **Suma** inteira. Aí se encontrarão, dispersos ao longo da obra, grande número de questões de relevância para o direito: por exemplo (Iª., qu. 96 ss.), importantes considerações sobre a propriedade, o casamento, a escravidão, o poder público; dentre os desenvolvimentos sobre o pecado (Iª. IIª.), encontra-se uma teoria geral dos delitos e do direito penal (qu. 71-87); no meio do estudo sobre a lei hebraica, um tratado sobre o melhor regime constitucional (qu. 105, art. 1), e mesmo um plano de exposição de conjunto da ciência do direito (qu. 104, art. 4); na *Secunda secundae* (IIª. IIª.) o tratado sobre a guerra (qu. 40), a sedição (qu. 42), o pagamento do dízimo (qu. 87), do juramento (qu. 89), da obediência (qu. 104), da verdade nos contratos (qu. 109-110), dos ofícios e dos estatutos profissionais (qu. 183). E conclui: "Mas estas referências não são as mais importantes. Se for preciso escolher, recomendaria, de preferência, as teorias sobre o conhecimento (Iª., qu. 84 ss.), sobre o governo divino do mundo (Iª., qu. 103 ss.), sobre os fins da atividade humana (Iª. IIª., qu. 1 ss.), as relações entre a justiça e a caridade (IIª. IIª., qu. 23 ss.), a prudência (qu. 47), e os fins últimos (no *Suplemento*). Lá está o fundamento filosófico e teológico da doutrina do direito natural, a pedra angular do sistema, e para nós a revelação de sua prodigiosa coerência. Chegamos a essa conclusão verídica que há 7153 páginas para serem lidas, na edição latina de BLOT da **Suma teológica**, sem contar as demais obras."

[1334] M. VILLEY (op. cit., 2003, p. 154). Não bastava que, como tinham feito os glosadores, tivessem sido reencontrados os textos do **Corpus juris civilis**; para assegurar-lhes a aplicação, era, primeiro, preciso convencer os destinatários das normas que estas fossem justas, ao serem aplicadas, mesmo quando se levava em conta a origem pagã desses textos, e que a sua autoridade deixara de se apoiar sobre a sobrevivência do império de JUSTINIANO. Não bastava, tampouco, ter sido restituído o teor original dos textos romanos, pois estes mal correspondiam às condições da vida medieval: era necessária a adaptação desses textos a um novo mundo – como realizarão sobretudo os pós-glosadores – eram necessárias nova legislação e nova jurisprudência. Que fosse, em suma, além do direito romano, restaurada a sua *fonte viva*, a filosofia que outrora fundara a sua autoridade e presidira à sua gênese.

incômodo e de consciência pesada porque, *na prática*, o direito cristão, de origem puramente sacral, não mais respondia às necessidades sociais. Era preciso que uma filosofia e uma teologia novas justificassem a mudança do direito. A principal contribuição de santo TOMÁS ao direito medieval é a ajuda dada ao renascimento das instituições antigas: em direito público, ele prepara a reconquista da autonomia do estado, em face da igreja, restaurando a teoria profana da soberania.[1335]

Santo TOMÁS ensina a existência da soberania, mesmo em proveito dos infiéis. Ensina mesmo que, em matéria temporal, mais vale obedecer ao rei que ao papa.[1336] Os reis existem não por serem coroados em rito de sagração, ou pela vontade da igreja, mas em decorrência da lei natural. Mas, sustenta serem os fins naturais da sociedade subordinados à salvação, que é sobrenatural.

Mais profunda e ainda mais radical é a reconstrução das bases da soberania: a autoridade, a dominação política, a sujeição, a hierarquia são justificadas como naturais, conformes ao plano da natureza, segundo a doutrina de ARISTÓTELES, e não mais como remédios para paliar os efeitos negativos dos pecados dos homens.

Para santo TOMÁS a igreja tem razão em se organizar segundo o modelo do império romano, com apoio dos legistas, sob a dominação do papa. Se, para MARSÍLIO DE PÁDUA e GUILHERME DE OCKHAM são inaceitáveis as teses aristotélicas em relação ao papa – e criticam TOMÁS por essa sua formulação – ambos as aceitam em relação ao império secular, tendo à sua frente um imperador.[1337]

Será o seu discípulo, JEAN DE PARIS, seu sucessor na cátedra parisiense e defensor da sua doutrina, quem, em seu **De potestate regia et papali** (1303), derrubará a doutrina do poder direto.[1338]

O ensinamento do **Evangelho**, segundo TOMÁS, não diz respeito à ordem temporal, e o regime dos bens terrestres é matéria regulada pelo direito. O **Evangelho** não comporta normas jurídicas, *judicialia*.[1339]

1335 M. VILLEY (op. cit., 2003, p. 171).

1336 Santo TOMÁS DE AQUINO, **Suma teológica** (IIº. IIº., qu. 60, art. 6, ad. 3; qu. 104, art. 5 et 6).

1337 Sobre MARSÍLIO DE PÁDUA e GUILHERME DE OCKHAM ver capítulo precedente.

1338 A respeito de JEAN DE PARIS, e o seu tratado **De potestate regia et papali** (1303) veja-se J. LECLERCQ, **Jean de Paris et l'ecclésiologie du XIIIe siècle** (Paris: 1942).

1339 Santo TOMÁS DE AQUINO, **Suma teológica** (Iº. IIº., qu. 108, art. 3).

Não se devem confundir o reino dos céus e o direito, nem fazer mau uso dos preceitos da perfeição evangélica, contra seu próximo e a ordem pública, transpondo-os indevidamente para o ofício do juiz terrestre, ao qual compete a atribuição dos bens materiais, em vista de ordem provisória. É crucial para a evolução futura das sociedades ocidentais a clara divisão e a delimitação de competências entre as esferas religiosa e jurídica.

A vida social é regida pelas leis, não pelo pecado. Existe, também, direito positivo de inspiração divina, ou direito canônico, e este deve permanecer fundado nas Escrituras.

Esta divisão crucial, entre as esferas, religiosa, de um lado, e a social e jurídica, de outro, não foi feita no mundo muçulmano. A imbricação das duas ordens traz consequências nefastas, quando a interpretação da lei religiosa, manipulada por interesses hegemônicos, vale-se da imputação sobrenatural para fazer valer os seus propósitos humanos e políticos.

> A contribuição de santo TOMÁS aos juristas me parece consistir nisso, mas não se limitar a tanto. Não se tratava, com ele, de restauração, pura e simples, do direito natural de ARISTÓTELES; pois a missão que santo TOMÁS tinha recebido e aceitado de Roma era a de batizar ARISTÓTELES, de fazer a concordância deste com santo AGOSTINHO, de enriquecer essa filosofia, refundando-a no seio da fé cristã. Reconstituição de uma doutrina do direito natural, superação do direito natural da Antiguidade greco-romana, pelo seu encontro e a sua fusão com a tradição cristã.[1340]

A noção de moral social evoca imediatamente a de justiça social[1341] e, por sua vez, a noção de justiça evoca a noção de direito. O que exige o direito (*jus*) é aquilo que é justo (*justum*) e fazer o que é justo em todas as

[1340] M. VILLEY (op. cit., 2003, cap. III, p. 149-176, esp. p. 154-155) comenta que as traduções são muitas vezes muito mais difíceis de compreender, comparadas com a clareza dos textos originais, e que as interpretações "tomistas" muitas vezes lhe pareciam o oposto do que dizia santo TOMÁS: "nous ne serons qu'insuffisamment aidés par les études contemporaines de doctrine thomiste" [...] "et puis la plupart des théologiens se trouvent élevés de nos jours (à la différence de saint Thomas) dans une grande ignorance du droit; ils étudient (ou plutôt ils croient étudier) le 'droit naturel' en moralistes, sans s'apercevoir qu'il diffère de la 'loi' naturelle, ni pressentir le caractère spécifique des problèmes du droit."

[1341] E. GILSON (op. cit., ed. 1979, chap. – La vie sociale, p. 375-405); b/c Paul E. SIGMUND, **St. Thomas Aquinas on Politics and Ethics** (op. cit., 1988).

circunstâncias da vida em sociedade é, precisamente, o objeto que visa a virtude da justiça (*justitia*).[1342]

A diferença essencial da justiça, em relação a outras virtudes, está no fato de que enquanto as demais dependem sobretudo, se não exclusivamente, do agente, no caso da justiça é preciso, necessariamente, ter em conta outro dado, que não o agente, e pode-se mesmo, em certo sentido, falar em justiça, sem ser levado em conta o agente, ou mesmo pode a justiça encontrar-se fora ou além do trabalho deste agente. Assim, em certo sentido, pode-se dizer que a justiça é a própria virtude, ou se se prefere, que toda virtude é justiça, e que a justiça contém todas as virtudes. Assim, ARISTÓTELES apresenta a justiça como "disposição moral que torna os homens aptos a fazer coisas justas".[1343]

Primeiro, TOMÁS vai buscar a fundamentação da justiça em ARISTÓTELES e na concepção desta como virtude social:[1344] a justiça grega se pautava pela consideração do conjunto social, do fim coletivo, e do meio social e político ao qual se aplicava. A seguir, exemplo da metamorfose de conceitos, da cidade grega para a cidade cristã, passa a são MATEUS V.6: *Beati qui esuriunt et sitiunt justitiam* – bem-aventurados os que têm fome e sede de justiça. A justiça, como as demais virtudes, deve interiorizar-se para se tornar cristã: antes de ser justa diante da cidade, é preciso sê-lo diante de si mesma, para o poder ser, diante de Deus.[1345]

1342 E. GILSON (op. cit., 1979, p. 375): "Ce qui distingue la justice parmi les autres vertus, c'est qu'elle règle les relations entre les hommes, et la forme la plus simple sous laquelle nous concevons d'abord ce que de telles relations devraient être, est celle de l'égalité. Égaliser deux choses, c'est, comme on dit vulgairement, les 'ajuster'."

1343 ARISTOTLE, **The Nicomachean Ethics** (original grego com tradução em inglês de H. RACKHAM, first publ. 1926, Cambridge, Ma.: Harvard UP, Loeb Classical Library, ARISTOTLE vol. XIX, reprinted 2003). De especial relevância para a concepção aristotélica da justiça, é o livro V. Deste primeiro enunciado, passa a distinguir as várias espécies de justiça. (V, III) – a justiça particular pode ser 'distributiva' ou 'corretiva'.

1344 E. GILSON (op. cit., 1979, p. 377) mesmo do ponto de vista de ARISTÓTELES não se pode considerar a essência da justiça como idêntica à das demais virtudes: "La justice légale n'inclut toutes les autres que parce qu'elle les domine et les ordonne toutes à la fin qui est sienne, le bien de la cité.". Se os homens são considerados somente como integrantes do corpo social, todas as suas virtudes são da ordem da justiça, o que significa fazer desta uma 'virtude geral', que abranja todas as demais virtudes.

1345 Ver tb. E. GILSON, **L'esprit de la philosophie médievale** (Paris: Vrin, 2ª ed., 3a. tiragem, 1978, chap. VII – La gloire de Dieu, p. 133-153, cit. p. 133): "Lorsque nous lisons dans

Cabe, assim, distinguir a justiça *legal*, aquela que se caracteriza como a virtude da conduta justa perante o grupo social, da justiça particular, virtude segundo a qual cada homem se conduz em particular, de modo justo, em relação a cada homem, considerado como indivíduo. Esta se exerce não como 'paixão da alma', como impulso do agente, que pode caracterizar as demais virtudes, mas se expressa como dimensão da relação do homem em sociedade. A justiça se põe nas ações dos homens, nas suas relações com outros homens, seu comportamento e suas ações.

Pode-se falar a respeito de 'homem justo', mas este o é sempre relativamente a alguém, assim como se pode falar de 'alguma coisa justa' ou 'causa justa', por aí se entendendo que a justiça exige que assim se faça, mesmo se ninguém o faz. Designa-se, precisamente, o que é 'justo' sob o nome do que é de 'direito'.

Cabe, assim, considerar quais sejam as várias formas do direito. Esta não é noção simples: o direito se apresenta sob dois aspectos, segundo a justiça e segundo a igualdade. Existe, primeiro, a igualdade, natural das próprias coisas, e esta basta para fundar uma relação de direito, e assim, de justiça. O que se designa como 'direito *natural*' tem como conteúdo primário da expressão aquilo que é *naturalmente* justo, e, por conseguinte, corresponde ao direito. Caso diverso é o daquele onde existe igualdade, equivalência, em virtude de convenção, pública ou privada.

Dois homens podem se entender e acordarem que o uso de determinado bem vale certo montante, durante determinado tempo. De modo equivalente, todo um povo pode se entender para fixar escala de valores e de preços. Os representantes do povo ou o chefe do estado podem validamente fazer isso, no lugar de todo o povo – desde que observados os mecanismos 'constitucionais' adequados para tanto. Essas decisões criam relações de equivalência mais flexíveis que aquelas da estrita igualdade natural. O que assim corresponde ao direito, em razão de convenção, designa-se como 'direito *positivo*'.[1346]

les **Sommes** du XIIIe siècle des exposés cohérents de la pensée chrétienne, nous oublions facilement la longue préparation qui les a rendu possibles. Il s'en faut pourtant de beaucoup que ces ajustages minutieux d'idées aient été réussis du premier coup. Des siècles d'efforts obstinés, et beaucoup de génie ont été nécessaires pour que les philosophes chrétiens parviennent à prendre claire conscience de ce qu'impliquaient leurs propres principes et les formuler correctement."

[1346] **Suma teológica** (II a. II ae., 57, 2 *ad Resp.*).

Finalmente, algumas manifestações sobre a equidade decorrem tão naturalmente das exigências da razão que estas se encontram em praticamente todas as sociedades humanas.[1347] Como a razão é comum a todos os homens, as convenções desta derivadas também o são.[1348]

Forma-se, assim, um direito comum a todos os homens que se chama 'direito *das gentes*' – que não necessariamente coincide com o que hoje diríamos, direito *internacional*. Ditado pela razão natural, o 'direito das gentes' não é objeto de instauração especial; independentemente de instituição específica, ele está presente espontaneamente, em todo lugar em que prevaleça a razão.[1349]

É possível tentar fazer paralelo com o contexto de nossos tempos: o 'direito das gentes' tomista seria antes o conjunto dos princípios gerais do direito, ou seja, as normas gerais de aplicação necessária, ou 'jus cogens', que se impõem como necessárias, ao conjunto da sociedade internacional, independentemente de positivação.

A emanação da lei para a razão humana:[1350] "direito é a norma ou medida de ação pela qual se é levado à ação ou a deixar de agir. Como mencionado,[1351] a palavra lei (*lex*) deriva de *ligare*, ligar, ligação, por levar a agir. A regra e a medida da ação é a razão, como princípio primeiro da ação humana. A razão tem o poder de mover a vontade, porque quando alguém almeja determinado fim, a razão comanda o que há de ser feito

[1347] A servidão e a escravidão não são assim, de 'direito natural'. E. GILSON (op. cit., 1979, nota 4, p. 376): "ils se justifient seulement pour autant que le maître et l'esclave y trouvent tous deux leur intérêt." E enfatizava, em defesa de críticas correntes: "Saint THOMAS est donc bien éloigné de considérer la condition d'esclave comme naturelle; dès qu'elle cesse d'être utile aux deux parties, elle perd tout caractère de droit." V. Marc BLOCH, **La société féodale: la formation des liens de dépendance / les classes et le gouvernement des hommes** (orig. publ. 1939 e 1940, Paris: Albin Michel, 1973); A. PIOT, **Droit naturel et réalisme: essai critique sur quelques doctrines françaises contemporaines** (Paris: LGDJ, 1930).

[1348] TOMÁS DE AQUINO, **Suma teológica** (I a, II ae, 95, 4 ad 2 m): *inquantum utile est huic quod regatur a sapientori, et illic quod ab hoc juvetur, ut dicitur in* **I Polit**. lect. 4.

[1349] TOMÁS DE AQUINO, **Suma teológica** (II a. II ae., 57, 3 *ad Resp.* et ad 3 m.). Sobre o *jus gentium* v. tb. **Suma teológica** (I a, II ae, 95, 4 ad 1 m).

[1350] TOMÁS DE AQUINO, Tratado sobre o direito (questões 90-97 da **Summa theologiae**, 1266-1273).

[1351] Ver **Tratado** (tomo 3 A – **Direito internacional no tempo antigo**, cap. 1 – direito internacional, modelos históricos e culturais).

para o alcançar. Para que ato de vontade, de alguma coisa que tem de ser feita, tenha o caráter de lei, precisa ser guiada por alguma razão".[1352]

A razão humana precisa proceder dos preceitos do direito natural, como de certos princípios comuns e indemonstráveis, para outras disposições mais específicas. Essas disposições específicas às quais se acede pela razão são as leis humanas: pelo direito natural, a natureza humana participa do direito eterno, na proporção da capacidade dessa mesma natureza humana. Mas, o homem precisa ser direcionado para os seus fins sobrenaturais por caminho mais alto. Daí existir lei adicional, concedida por Deus, pela qual o homem compartilha mais perfeitamente o direito divino.[1353]

TOMÁS DE AQUINO considera o direito natural (*quaestio* 94): "como o bem tem a natureza de um fim e o mal o seu oposto, todas as coisas para as quais o homem tem inclinação natural são, naturalmente, apreendidas como boas pela razão e, portanto, como objetos a serem almejados, e os seus opostos são males a serem evitados".[1354]

Assim, a ordem dos preceitos do direito natural seguiria a ordem das nossas naturais inclinações:

- existe no homem, primeiro, inclinação para o bem, que este, por natureza, compartilha com todas as substâncias, posto que cada substância procura preservar-se segundo a sua própria natureza. Correspondendo a essa inclinação, o direito natural contém as coisas que preservam a vida humana e a protegem da destruição;
- em segundo lugar, existe no homem inclinação para alguns fins mais específicos, segundo a natureza que este compartilha com outros animais, em conformidade com o que o direito natural é dito conter o que a natureza ensinou a todos os animais;[1355]

[1352] TOMÁS DE AQUINO (op. cit., 1266-1273, questão 90, 'a essência do direito', 1, 'é direito questão de razão?'

[1353] TOMÁS DE AQUINO (op. cit., 1266-1273, questão 91 – espécies de direito, 1 – existe direito eterno?, 2 – existe direito natural?, 3 – existe direito humano?, 4 – havia necessidade de direito divino?).

[1354] TOMÁS DE AQUINO (op. cit., 1266-1273) passa a considerar os efeitos do direito (*quaestio* 92), o direito eterno (*quaestio* 93) e o direito natural (*quaestio* 94).

[1355] Faz referência a ULPIANO no **Digesto** (I.i.i.i).

- em terceiro lugar, existe no homem inclinação natural para o bem de natureza racional que é somente dele. Assim, o homem tem a inclinação natural para conhecer a verdade a respeito de Deus e para a vida em sociedade. Assim, as coisas que pertencem às inclinações deste tipo pertencem ao direito natural, assim como o homem deveria evitar a ignorância, que ele não deva ofender outros, com os quais tem de associar-se, e outras ações correlatas.

Quanto à questão de saber se o direito natural é o mesmo para todos os homens[1356] TOMÁS DE AQUINO retoma a consideração de que "o que o homem é naturalmente inclinado a fazer pertence ao direito natural". Mas, dado que "alguns homens são naturalmente inclinados para coisas diferentes – alguns pelo desejo de prazer, outros pelo desejo de honra, e outros homens, por outras coisas, assim, o direito natural não é o mesmo para todos os homens".[1357]

E prossegue, para afirmar que todas as coisas às quais o homem tem inclinação, por natureza, pertencem ao direito natural. Uma das coisas próprias do homem é ser este inclinado a atuar conforme a razão. A razão procede dos princípios gerais para os particulares,[1358] contudo, a razão especulativa difere da razão prática na forma como o faz. A razão especulativa se ocupa das verdades necessárias, que não podem ser de

[1356] TOMÁS DE AQUINO (op. cit., objeção 3 à *quaestio* 94).

[1357] Lourival Gomes MACHADO, **Tomás Antonio GONZAGA e o direito natural** (intr., rev. e notas de Oliveiros S. FERREIRA, São Paulo: Martins / EDUSP, 1968, cap. I – o problema, p. 17-33, cit. p. 17-18): "julgamos que sem desprezar a importância e a necessidade da aferição da veracidade dos sistemas intelectuais de toda ordem, cuja destinação, contudo, será bem diversa da que interessaria à análise objetiva, precisamos igualmente examinar esses mesmos sistemas do ponto de vista de sua existência social, pois em cada deles marcou-se a influência dos valores dominantes em determinado instante de um grupo humano e, dessa mesma contingência, não raro resultou a fixação, o abandono ou a modificação, seja formal, seja substancial, de um desses valores, ou, pelo menos, uma repercussão de qualquer ordem no conjunto das representações coletivas. Nem menos nem mais importante que a história das ideias tratada à maneira tradicional, mas por certo tão necessária quanto ela, a crítica sociológica das doutrinas, dos sistemas, das tendências, enfim dos produtos supra-estruturais, começa a ser feita. Para que a lenta construção acabe por definir-se, basta que não se julgue de sua legitimidade pela insuficiência dos que, como nós, de boa vontade, se propõem a prestar sua contribuição."

[1358] Reporta-se a ARISTÓTELES, **Física** (I.1).

outro modo se não como são, assim a verdade é encontrada com tanta segurança nas condições particulares, como em seus princípios gerais. A razão prática, contudo, trabalha com coisas contingentes, relacionadas às ações humanas. Assim, embora exista certa necessidade nos princípios gerais, quanto mais se avança em direção ao específico, mais podem ser encontradas objeções.

Quanto aos princípios gerais da razão é evidente, sejam estes especulativos ou práticos, que existe único padrão de verdade e de direito, para todos, e conhecido por todos. Contudo, quando se trata das conclusões específicas da razão especulativa, a verdade é a mesma para todos, mas não é conhecida por todos da mesma forma.

É universalmente verdadeiro, por exemplo, que os três ângulos de um triângulo são iguais a dois ângulos retos, embora nem todos o saibam. Quando se trata das conclusões particulares da razão prática, não existe o mesmo padrão de verdade e de correção para todos, nem são essas conclusões igualmente conhecidas por todos.

É certo e verdadeiro, para todos, agir em conformidade com a razão. A conclusão particular que decorre desse princípio, põe-se no sentido de que empréstimos devem ser pagos. Isso é verdade, na maioria dos casos, mas pode acontecer, em caso específico, seria danoso e, portanto, irracional, pagar determinado empréstimo, por exemplo, se alguém quisesse usar o dinheiro para fazer guerra contra o seu país.[1359] E as exceções tornam-se tanto mais verossímeis, quanto mais descemos a hipóteses mais específicas, por exemplo, se o empréstimo deveria ser pago, mediante certa garantia, ou de modo especificado. Quanto mais particulares as condições envolvidas, mais exceções pode haver, quanto a ser direito pagar ou não o empréstimo.

Será possível concluir, tanto quanto os princípios gerais primeiros, que dizem respeito ao direito natural, são os mesmos para todos, tanto como padrão da ação correta, e quanto à possibilidade de poderem ser

[1359] Veja-se também Jacques LE GOFF, **Le Moyen Age et l'argent**: essai d'anthropologie historique (Paris: Perrin, 2010, Introduction, p. 9-15, cit. p. 9): "L'argent n'est pas un personnage de premier plan de l'époque médiévale, ni du point de vue économique, ni du point de vue politique, ni du point de vue psychologique et éthique"; mais adiante, LE GOFF (op. cit., 2010, cap. 5 – Échanges, argent, monnaie dans la révolution commerciale du XIIIe siècle, p. 59-81, p. 70) pondera ter sido o dinheiro um instrumento de racionalização da sociedade: "L'argent fut un instrument de rationalisation."

conhecidos. Contudo, nos casos mais específicos, que são como as conclusões dos princípios gerais, é o mesmo para todos, na maioria dos casos, tanto como padrão de ação correta como no fato de serem conhecidos (por todos). Contudo, nas instâncias particulares, podem ocorrer exceções, tanto com relação à sua correção, em razão de certos obstáculos (assim como obstáculos podem produzir casos excepcionais entre as coisas que crescem e decaem na natureza), como quanto a serem conhecidas. Isso pode ocorrer por ter sido a razão de alguns corrompida pela paixão, ou maus hábitos, ou por má disposição da natureza.[1360]

Para que a ordenação dos poderes seja boa, ensina na **Suma teológica**, (Iª.IIª. 105, 1, *ad resp.*), seja numa cidade ou num povo quaisquer, é preciso atentar para duas coisas:

- primeiro, que todos os cidadãos tenham certa parcela de autoridade, pois este é o meio de manter a paz entre o povo, de modo que todos amem tal arranjo e se empenhem em conservá-lo, como já descrevia ARISTÓTELES, na **Política** (livro II, *lectio* 14); e
- segundo, diz respeito ao modo como se ordenem e se dividem os poderes, em cada caso concreto, conforme as diversas espécies de regimes de divisão da autoridade, pois existem várias modalidades, conforme já expunha também ARISTÓTELES, na **Política** (livro III, *lectio* 6).

A melhor gestão política – *politia* –, segundo TOMÁS DE AQUINO, exprime-se por meio do equilíbrio ou da boa dosagem – *bene commixta*: de monarquia – *regnum*, quando somente um governe; de aristocracia, quando diversos exerçam o poder, segundo as suas virtudes – *potestas optimatum*, ou de democracia, enfim, como expressão do poder do povo – *ex democratia, id est potestate populi*, quando os chefes podem ser escolhidos dentre os integrantes do povo, e ao povo cabe a eleição dos chefes.[1361]

O pensamento de TOMÁS DE AQUINO, afastando o santo, o teólogo e o místico, como se apontou, em sua dimensão jurídica e política, tem

[1360] Como JÚLIO CÉSAR escreve, em certa época, o furto não era reputado ilícito entre os germanos, embora expressamente contrário ao direito natural. Refere JÚLIO CÉSAR, **De bello gallico** (VI.23).

[1361] TOMÁS DE AQUINO, **Suma teológica** (Iª.IIª. 105, 1, *ad resp.*).

contribuição relevante para a caracterização das fontes do direito e da construção de modelo de separação entre as esferas religiosa e temporal do direito e do poder. A doutrina de TOMÁS atendeu às necessidades da sociedade do seu tempo, permitindo ressuscitar o método e as fontes do direito antigo, bem como serviu aos propósitos da política eclesiástica.

Ele busca a concordância e a fusão entre a sabedoria antiga e a cristã. Mas, subordina os fins últimos do homem, enquanto indivíduo, como da sociedade, em seu todo, à salvação. E daí, decorrem posições, que nem sempre é possível compartilhar.

Em nosso mundo em que se esgarçam ou mesmo se perdem[1362] as referências da educação clássica[1363] e que se retorce nas angústias, decorrentes da falta de parâmetros civilizacionais,[1364] nos quais se inscrevam as variações de temperatura e pressão, da vida em sociedade, na sua cambiante fluidez, a novidade do dia e da semana pode parecer mais importante do que é, simplesmente por falta de dados para comparar com o que realmente importe. Sintomaticamente, grandes avanços na história da humanidade se deram – como na 'renascença' do século XII e no Renascimento – quando se dialoga com as fontes e se volta o olhar para o passado, e com isso se constroem, no presente, bases para a ação futura. Tão simples e tantas vezes retomada essa descoberta, ao longo da história da humanidade.

Pode ser útil e oportuno reler a contribuição de TOMÁS, pelo diálogo que estabelece entre a sabedoria antiga, grega e romana, dos filósofos e do direito romano, para os conciliar e aplicar às necessidades de seu

[1362] Veja-se a obra coletiva, coordenada por Jean-Marie PAILLER e Pascal PAYEN (éd.), **Que reste-t-il de l'éducation classique?** – Relire 'le MARROU', Histoire de l'éducation dans l'Antiquité (Toulouse: Presses Universitaires du Mirail, 2004). A educação clássica não é detalhe decorativo ou de erudição, mas substrato básico para a formação intelectual da tradição ocidental, por tratar das eternas questões da vida individual e da vida social, às quais sempre volta a reflexão humana.

[1363] O padrão colocado por Werner JAEGER, **Paideia**: a formação do homem grego (orig. publ. **PAIDEIA** – die Formung des griechischen Menschen, orig. publ. 1936, trad. Artur M. PARREIRA, São Paulo: Martins Fontes, 1979).

[1364] Guillaume APPOLINAIRE, no poema "La victoire: "O bouches / l'homme est à la recherche d'un nouveau language / Auquel le grammarien d'aucune langue n'aura rien à dire" (**Calligrammes** in **Oeuvre poétique**, Paris: Gallimard-Pleiade, ed. de 1965, impr. 1967, p. 309-312, cit. p. 310).

tempo. Vemos o anseio de seu como de outros tempos, quando este fala no "mundo como unidade de ordem, segundo a qual as coisas se ordenam" – e tudo remete a Deus.[1365]

Assim, pode-se passar ao exame da contribuição de DANTE ALIGHIERI. Ao apontar o sentido de unidade essencial do gênero humano, esta foi inovadora, não somente a seu tempo, como se faz oportuno e necessário lembrar. Também é relevante a reflexão dantesca, por destacar o papel da paz, como requisito indispensável para que os humanos possam alcançar a plena realização de suas potencialidades.

Estas condições para o perfazimento das potencialidades humanas em contexto de paz deveriam ser buscadas sob a égide de império universal. E, nesse sentido, DANTE preconiza a estrita autonomia entre os poderes do imperador, como expressão do poder temporal, e do papa, como expressão do poder religioso (10.2).

10.2. Dante Alighieri (1265-1321)

> [...] todas as coisas
> tem ordem entre elas, e isso é forma
> que o universo a Deus faz assemelhar
> [...]
> As várias naturezas vão dispostas
> nesta ordem, mas por modo variado,
> dele mais perto ou mais distante postas.

DANTE, **Divina comédia** (séc. XIV, Paraíso I, 103-111)[1366]

[1365] TOMÁS DE AQUINO, **Summa theologica** (I, qu. 47, art. 3): "Mundus enim iste unus dicitur unitate ordinis, secundum quod quaedam ad alia ordinantur. Quaecumque autem sunt a Deo, ordinem habent ad invicem et ad ipsum Deum."

[1366] DANTE ALIGHIERI, **Tutte le opere** (a cura di Luigi BLASUCCI, Firenze: Sansoni, 1989); DANTE ALIGHIERI, **La divina commedia** (testo critico della Società Dantesca Italiana, riveduto col Commento Scartazziniano, rifatto da Giuseppe VANDELLI, Milano: Ulrico Hoepli, 21° ed. – ristampa, 1983, **Paradiso** I, 103-105 e 109-111): [...] "Le cose tutte quante / hanno ordine tra loro, e questo è forma / che l'universo a Dio fa simigliante." [...] "Nell'ordine ch'io dico sono accline / tutte nature, per diverse sorti, / più al principio loro e men vicine."

A Toscana era, então, na Itália, o que Atenas tinha sido na Grécia.

VOLTAIRE (1751, ed. 2010)[1367]

A Europa não mais era uma comunidade de estados, reportando-se a único superior político. A concepção de unidade descrita no **De monarchia** de DANTE tinha sido sucedida pelo cinismo político pragmático do **Príncipe** de MAQUIAVEL, que deu expressão à política de estado de valorização esclarecida do próprio interesse e glorificação do engano.

Charles G. FENWICK (1934)[1368]

A filosofia política de DANTE, por mais oposta que seja ao tomismo, não parece ter sido colocada contra este por razões abstratas, quer religiosas ou metafísicas. [...] Nela, almeja DANTE a sua missão específica de reformador político e de resgate de injustiças – *réformateur politique et redresseur de torts*. O que ele quer, acima de tudo, é abolir essa monstruosa injustiça, que constitui, a seus olhos, a usurpação do Império pelo papado. Os 'cúpidos' e os decretalistas, que combatem a **Monarquia**, são aqueles já colocados no Inferno pela **Divina comédia**, pois esses homens não somente traem a autoridade sobre a qual se instalam, mas também a [autoridade] que representam. Como o tirano, que usa do poder para seus fins pessoais, comete um crime o clérigo que se serve da revelação, para fins temporais: comete o

1367 VOLTAIRE, **Le siècle de Louis XIV** (1751, éd. établie, présentée et annotée par J. HELLEGOUARCH et S. MENANT, Paris: Gallimard-Pleiade, 2e éd., 2008, cit. p. 629): "O estado de Florença gozava de tranquilidade e de abundância sob o governo dos MEDICIS, as letras, as artes e a polidez, que os MEDICIS tinham feito nascer, ainda floresciam". V. tb. André CHASTEL (1912-1990), **Arte e humanismo em Florença na época de Lourenço, o magnífico** – estudos sobre o Renascimento e o humanismo platônico (orig. publ. **Art et humanisme à Florence au temps de Laurent, le magnifique**, 1959, trad. Dorothée de BRUCHARD, intr. e notas Luiz MARQUES, São Paulo: Cosac Naify, 2012).

1368 C. G. FENWICK, **International Law** (orig. publ. 1924, New York / London: D. Appleton-Century Co. Inc., 2nd ed. revised and enlarged, 1934, p. 17): "Europe was no longer a community of states owing allegiance to a single political superior. The conception of unity set forth in DANTE's **De monarchia** had been succeeded by the practical political cynicism of MACHIAVELLI's **Prince**, which gave expression to a state policy of enlightened self-interest and glorified deceit."

crime supremo, a traição do Espírito santo – *o summun facinus, etiamsi contingat in somniis, aeterni Spiritus intentione abuti*!

Étienne GILSON (1939, ed. 1972)[1369]

DANTE ALIGHIERI é personalidade complexa e interessante, cujo fascínio atravessou séculos, e permanece presente – como poeta, cuja obra não somente marca o princípio da literatura, mas da língua nacional da Itália, ao mesmo tempo em que também se faz personagem de seu próprio poema épico, em que escreve e relata o périplo que desenvolve, através do 'inferno', 'purgatório' e 'paraíso' – em companhia de VIRGÍLIO, de Beatriz e de são BERNARDO DE CLAIRVAUX, na **Divina comédia**. "Por isso, as mulheres de Florença – *le fiorentine donnicciuole* – quando passava o ALIGHIERI, sussurravam entre si: *'eis o homem que vai ao Inferno e volta para sua casa'*."[1370]

Por sua imortal criação, DANTE se faz homem de todos os tempos, mas também permanece homem de seu tempo, engajado no debate de ideias e na política, e paga pelas escolhas que fez, com o exílio e condições precárias de vida, para si e sua família, por ter escolhido o lado que perdeu a luta política. Foi no exílio, ademais, que completou parte importante de sua obra.

Surpreendentemente 'moderno' em certos aspectos – como no amor ('romântico' e desvinculado da realidade) por Beatriz, que descreve em minúcias – e idealiza literariamente –[1371] mas também medieval, como se

[1369] DANTE ALIGHIERI, **De monarchia** (III.iv); Étienne GILSON, **Dante et la philosophie** (orig. publ. 1939, Paris: Vrin, 3ª ed., 1972, chap. III – La philosophie dans la Monarchie, p. 161-222, cit. p. 221-222): "Si DANTE a conçu la nature et le rôle de la philosophie d'une manière si personnelle, c'est que l'idée qu'il s'en est faite était exigée par la solution du problème si personnel qu'il s'est posé dans la **Monarchie**. C'est donc en fonction de son idéal d'un empire universel, non de la doctrine d'AVERROÈS ou de celle de saint THOMAS, qu'il convient de l'interpréter."

[1370] Para orientar o viajante nesse complexo trajeto literário, histórico, filosófico e politico, **Atlante dantesco** dichiarato da Raffaele ANDREOLI e preceduto dalla **Vita di Dante** scritta da Giovanni BOCCACCIO, Napoli: Giov. Pedone-Lauriel / Gabriele Rondinella coeditori, 1857, Prefazione, p. 5-9, cit. p. 5-6): *"Ecco l'uomo che va all'Inferno e ne torna a sua posta."*

[1371] DANTE ALIGHIERI, **Vita nuova** (in **Tutte le opere** a cura di Luigi BLASUCCI, Firenze: Sansoni, primeira edição, 1965, quarta edição, 1989, p. 53-76, cit. XXI, p. 63): "Poesia che trattai d'Amore ne la soprascritta rima, vennemi volontade di volere dire anche in loda di questa gentilissima parole, per le quali io mostrasse come per lei si sveglia questo

vê do trecho referido em epígrafe, pelo anseio e pela busca de harmonia no mundo, ao afirmar que "todas as coisas tem ordem entre elas, e isso é forma que o universo a Deus faz assemelhar" – de grande beleza e sutileza, no original – *Le cose tutte quante / hanno ordine tra loro, e questo è forma / che l'universo a Dio fa simigliante.*[1372]

A **Divina Comédia**[1373] não é somente um belíssimo poema, e o monumento da língua, que viria a ser italiana, mas comporta toda uma leitura da realidade política, tal como vista por DANTE. Contém críticas – como ilustram os personagens que ele insere nos diferentes níveis do 'inferno', 'purgatório' e 'paraíso' – e com os quais dialoga e dos quais reporta o conversado no seu texto. Além da crítica, também faz apelo para reforma estrutural da sociedade. Tudo isso envolto em teoria política, nela contida, bastante controvertida.

Por isso, a **Divina comédia** suscita, há séculos, tantas e tão diversificadas leituras e interpretações. E tantas lições podem ser deduzidas desse conjunto de riqueza inesgotável – não somente pela beleza literária, como também pela acuidade da análise política.

Parece irrelevante observar a mesma ressalva, que se pode exprimir em relação a outros filósofos e pensadores, quanto ao fato de não se tratar de internacionalista, no sentido estrito do termo – tanto mais, que esta denominação a ele aplicada constituiria anacronismo – mas isso pouco importa, diante da relevância da argumentação dantesca, nesse grande debate, a respeito da primazia do império ou do papado, no contexto medieval.

Amore, e come non solamente si sveglia là ove dorme, ma là ove non è in potenzia, ella, mirabilemente operando, lo fa venire. E allora dissì questo sonetto, lo quale comincia: *Ne li occhi porta*".

1372 DANTE ALIGHIERI, **La divina commedia** (ed. cit., **Paradiso** I, 103-105).

1373 DANTE ALIGHIERI, nestas quatro edições: **La divina Commedia** (in **Tutte le opere**, a cura di Luigi BLASUCCI, Firenze: Sansoni, 1989, p. 387-733); **La divina commedia** (testo critico della Società Dantesca Italiana, riveduto col Commento Scartazziniano, rifatto da Giuseppe VANDELLI, Milano: Ulrico Hoepli, 21° ed., 1983); **A divina comédia** (traduzida, anotada e comentada por Cristiano MARTINS, São Paulo: EDUSP / Belo Horizonte: Itatiaia, 1976); **A divina comédia – Inferno** (ed. bilingue, trad. e notas Italo E. MAURO, São Paulo: Ed. 34, 1998); **A divina comédia – Purgatório** (ed. bilingue, trad. e notas Italo E. MAURO, São Paulo: Ed. 34, 1998); **A divina comédia – Paraíso** (ed. bilingue, trad. e notas Italo E. MAURO, São Paulo: Ed. 34, 1998).

Simplesmente, não se pode deixar de mencionar DANTE ALIGHIERI, por suas relevantes reflexões sobre o poder monárquico e separação dos poderes civil e religioso, especialmente nos três livros **De monarchia**,[1374] que se estimam escritos entre 1300 e 1313. Cabe acenar, sem adentrar a controvérsia a respeito da data exata de composição deste tratado: quando exatamente teria sido composto não se pode afirmar com segurança,[1375] porquanto nos faltam dados claros e remissões, que nos situem, de modo expresso, quer em relação a pessoas ou a fatos contemporâneos. Mas, o contexto no qual se deu a preparação do texto é claro.

Para os fins do presente trabalho, cabe ater-nos preponderantemente ao **De monarchia**: "obra prima de filosofia política, obra perfeita de um filósofo da história, bastaria para a glória de DANTE, como pensador, se no caso dele o poeta não eclipsasse as outras facetas".[1376]

DANTE expõe a sua paixão pela causa do Império, bem como sua ambição pessoal, como pensador e como autor, da qual não faz mistério: dentre as verdades, ainda ocultas, mas úteis, todavia por serem descobertas, a mais escondida e a mais útil é a verdade sobre a monarquia. Tarefa até então por ninguém intentada – *ab omnibus intemptata* – DANTE defende apaixonadamente o papel do Império – *temporalis Monarchie*

[1374] Michele BARBI, *Dante: vita, opere e fortuna* (in DANTE ALIGHIERI **Tutte le opere** a cura di Luigi BLASUCCI, Firenze: Sansoni, 4ª ed., 1989, p. 1-50, cit. p. 25): "È da escludere tuttavia che possa essere stato scritto mentre DANTE era ancora in patria, in occasione delle controversie giurisdizionali con la corte pontificia, e più ancora che una parte sia stata scritta allora e una parte più tardi, dopo la morte di ARRIGO VII, tanto è salda l'unità del concepimento e della tratazione."

[1375] DANTE ALIGHIERI, **De monarchia** (in **Tutte le opere** a cura di Luigi BLASUCCI, Firenze: Sansoni, primeira edição, 1965, quarta edição, 1989). A respeito da data provável do tratado, cf. comenta Étienne GILSON, **Dante et la philosophie** (orig. publ. 1939, Paris: Vrin, 3ª ed., 1972, chap. III – La philosophie dans la Monarchie, p. 161-222, cit. nota 1): "la date exacte est inconnue", mas algumas datas são sugeridas: "WITTE le place avant 1300; STEINER entre 1300 et 1303; TRAVERSI va jusqu'en 1306; d'autres, revenant à l'opinion de BOCCACE, rattachent sa composition à la descente d'HENRI VII, donc aux environs de 1313"; C. FOLIGNO, The date of the De Monarchia (in **Dante – Essays in Commemoration**, Londres: Univ. Press, 1921, cit. p. 150) opta por data em torno de 1313, na mesma linha de Giovanni BOCCACCIO, **Vita di Dante Alighieri** (Napoli: Giov. Pedone-Lauriel, 1856, no vol. **Atlante dantesco** da Raffaele ANDREOLI, Napoli: Giov. Pedone-Lauriel / Gabriele Rondinella coeditori, 1857, p. 1-37).

[1376] Étienne GILSON, **Dante et Béatrice** (Paris: Vrin, 1974, De la 'Vita Nuova' à la 'Divine comédie', p. 9-22, cit. p. 11).

notitia utilissima sit, et maxime latens –, como única garantia possível da justiça, da paz e da felicidade, para todo o gênero humano:[1377]

> Dentre outras verdades, desconhecidas e contudo úteis, o conhecimento da monarquia temporal é particularmente útil, mas pouquíssimo notada e por ninguém pesquisada, porque não oferece ganhos imediatos. É, por isso, minha intenção tirá-la da obscuridade, para a trazer à atenção do mundo com meu estudo, e ter a palma da glória por ser o primeiro a fazê-lo. Em verdade, empenho-me em obra árdua e superior às minhas forças, não tanto confiante na minha capacidade quanto na luz do divino Dispensador, 'que a concede a todos, abundantemente e jamais falha'.[1378]

Nessa obra, ele se contrapõe à posição de primazia temporal do papado, defendida pelo tomismo e seus continuadores. O que leva o papa JOÃO XXII – o mesmo que excomungou OCKHAM e condenou a obra maior de MARSÍLIO DE PÁDUA – a condenar ao fogo o **De monarchia**, em 1329. Nessa altura, DANTE já tinha falecido, alguns anos antes.

No século XVI, a difusão da **Monarquia** de DANTE, pelos protestantes, na Itália e fora dela, em plena guerra de narrativas contra a igreja, leva à inclusão dessa obra de DANTE no **Index de livros proibidos**, em 1554 – do qual somente será retirada no século XIX.

> DANTE se empenha em demonstrar uma verdade que ele, com razão, considerava original e nova, e ainda hoje assim permanece, na sua essência, se não no detalhe da sua realização: um mundo uno, unido sob a autoridade de um imperador livre, e uma igreja mundial una, unida sob um papa, igualmente único e livre, esse papa e esse imperador, ambos dependendo (*relevant*) somente da autoridade superior de Deus.[1379]
> O império então, mas qual império? Aos olhos de DANTE, sequer se colocava a questão, pois sua **Monarquia** traça a história, para determinar os

[1377] DANTE ALIGHIERI, **De monarchia** (I.i, in **Tutte le opere** a cura di Luigi BLASUCCI, Firenze: Sansoni, primeira edição 1965, quarta edição, 1989).

[1378] DANTE ALIGHIERI, **De monarchia** (I.i): "Arduum quidem opus et ultra vires aggredior, non tam de propria virtute confidens, quam de lumen Largitoris illius 'qui dat omnibus affluenter et non improperat'."

[1379] É. GILSON, **Dante et Béatrice** (1974, De la 'Vita Nuova' à la 'Divine comédie', p. 9-22, cit. p. 11).

títulos. Esse império já existe em germe, é o de Roma. O tema dantesco da monarquia universal se vincula aqui a um segundo, que não passa de outra forma do primeiro. O primeiro, contudo, explica mais o reformador político infeliz e o pensador genial, enquanto o segundo interessa diretamente ao artista supremo da **Divina comédia**.[1380]

Com sua concepção de separação entre as esferas de poder temporal e religioso, e ataque contra a usurpação do poder temporal pelo papado, assim como MARSÍLIO DE PÁDUA e GUILHERME DE OCKHAM, também DANTE prepara o caminho para os que vieram depois, como se pode deduzir do exame das contribuições de autores, como MAQUIAVEL e BODIN, respectivamente na primeira e na segunda metade do século XVI.[1381]

Sabemos quanto se opunha santo AGOSTINHO à concepção de um império mundial.[1382] Concepção na qual, justamente, pauta-se DANTE, com base na filosofia aristotélica: "podemos conceber que tenha sido em nome do direito internacional (*jus gentium*) que se travou o combate contra o monopólio imperial ou a ideia de monarquia universal".[1383]

Central na reflexão política de DANTE, o **De monarchia** é o texto que expõe do modo mais ordenado e mais completo a sua doutrina política.

[1380] É. GILSON, **Dante et Béatrice** (1974, cit. p. 11): "Celui-ci est le jeune Italien mis à l'école de la *grammatica* antique, qui survivait alors dans les écoles italiennes en vue de former les esprits à la poésie et à l'éloquence. L'étude de la *grammatica* de QUINTILIEN, c'est-à-dire de la littérature latine classique, lui révéla VIRGILE et l'**Éneide**, c'est-à-dire, plus encore qu'un chef-d'oeuvre, l'idéal même de ce qu'une oeuvre poétique peut être."

[1381] Como se examina no **Tratado** (tomo 5 – **Direito internacional no tempo de Francisco de Vitória**, cap. 13 – estado como sujeito de direito internacional – a contribuição de MAQUIAVEL e BODIN).

[1382] Cfr., supra, neste tomo, item 8.1 – AGOSTINHO DE HIPONA (354-430 A.D.); observava Jean MOREAU-REIBEL, **Le droit de société interhumaine et le *jus gentium*: essai sur les origines et le développement des notions jusqu'à Grotius** (RCADI, 1950, t. 77, p. 481-598, esp. p. 511): "On sait à quel point saint AUGUSTIN s'était montré hostile à la formule d'un Empire mondial, qui s'accomodera si fort, au contraire, chez DANTE avec une philosophie d'inspiration aristotelicienne."

[1383] J. MOREAU-REIBEL (op. cit., 1950, p. 511): "On conçoit que ce soit au nom du *jus gentium* qu'ait pu être livré le combat contre le monopole impérial ou l'idée de monarchie universelle."

Aponta este, logo no início, a dificuldade da tarefa e que esta estaria além das suas forças – *arduum quidem opus et ultra vires aggredior.*[1384]

Diversamente de TOMÁS DE AQUINO,[1385] pressupõe DANTE – e pretende demonstrar filosoficamente – que a monarquia universal seja útil e, mesmo, necessária. Por isso, utiliza a estrutura rigorosa do silogismo, e começa expondo o princípio do qual decorre cada uma de suas afirmações.

Indaga DANTE se pode haver fim comum para a civilização humana – *finis universalis civilitates humani generis* – e, daí, deduz a base sobre a qual caberá construir a sua indagação:[1386] se existe alguma coisa que constitua o propósito do universal consórcio humano, este será o princípio, sobre o qual todas as nossas ulteriores argumentações fundarão a sua própria validade. Considera, por outro lado, absurdo que se deva pensar que não possa haver um fim único e comum, e que existam, antes, somente fins singulares deste ou daquele agrupamento humano.[1387]

Existe, assim, atividade particular, própria de todo o gênero humano – *est ergo aliqua propria operatio humane universitatis, ad quam ipsa universitas hominum in tanta multitudine ordinatur* – para a qual o conjunto dos homens, nesse tão vasto agrupamento, é destinado.[1388] É atividade que não pode ser exaurida quer por um único ser, por uma única família, por uma única cidade, nem tampouco por um único reino, mas, de onde se deduz, somente poder ser exercido, como potência específica, pelo conjunto da humanidade.[1389]

1384 DANTE, **Monarchia** (I.i).

1385 Cf. examinado no precedente item 10.1 – TOMÁS DE AQUINO (ca. 1225-1277).

1386 DANTE, **Monarchia** (I.ii): "Nunc autem videndum est quid sit finis totius humanae civitatis."

1387 DANTE, **Monarchia** (I.ii): "erit hic principium per quod omnia que inferius probanda sunt erant manifesta suficienter; esse autem finem huius civilitatis et illius, et non esse unum omnium finem arbitrari stultum est." V. tb. **Tratado**, a respeito da noção de império e dos desdobramentos desta ideia (tomo 3 A – **Direito internacional no tempo antigo**, cap. 3 – civilizações antigas entre hegemonia e relações internacionais, item 3.2 – conceito jurídico de império: I – da Antiguidade rumo à Idade média, e tomo 5 – **Direito internacional no tempo de Francisco de Vitória**, cap. 12 – *jus gentium, jus commune, jus europaeum*: entre a teoria e a prática, item 12.2 – conceito jurídico de império: II – da Idade média à era moderna).

1388 DANTE, **Monarchia** (I.iii).

1389 DANTE, **Monarchia** (I.iii): "Que autem sit illa, manifestum fiet si ultimum de potentia totius humanitatis appareat."

O saber político visa a ação, não a teoria, e as ações são determinadas por sua finalidade. O princípio de todas as teses políticas é, assim, o conhecimento do fim universal do gênero humano: falar somente desta ou daquela cidade seria tolice.

Mas, qual é esse fim, em vista do qual Deus, por meio da natureza, criou a humanidade? Deus e a natureza produzem as coisas em vista de suas operações: na natureza, nada é em vão.

Devemos, assim, encontrar a operação específica do homem para descobrir a finalidade do gênero humano. Esta é operação que nenhum indivíduo, em particular, seria capaz de fazer; e tampouco podem alcançar nem uma família, nem uma cidade, nem um reino. Essa operação deve constituir a perfeição última da qual os homens são capazes; deve ser a sua tarefa específica. Não há de ser a simples existência, pois os homens compartilham a existência com outros elementos. Não há de ser a vida, pois os animais também a possuem – destituídos de racionalidade. Somente pode ser o conhecimento que o homem adquire por meio do 'intelecto possível'; conhecimento que não pertence a qualquer outro ser, superior ou inferior.

Daí, resulta que a perfeição última, da qual a humanidade é capaz, reside na potência do intelecto. Nenhum homem ou nenhum povo realizarão, sozinhos, tais potencialidades. A humanidade inteira é necessária para alcançar tal realização.

> Fica, assim, suficientemente demonstrado que a atividade específica do gênero humano, considerado na sua totalidade, consiste em atuar sempre toda a potência possível do intelecto, primeiro direcionado à indagação e, em segundo lugar, por extensão, na direção da atividade prática, em função da [prévia] indagação.[1390]

Com base em conceitos – que alguns consideram provenientes de AVERROIS; e outros restringem tal identificação – formula DANTE a sua concepção do intelecto possível: a finalidade da humanidade seria o desenvolvimento total do espírito, através da ação do gênero humano, por

[1390] DANTE, **Monarchia** (I.iv): "Satis igitur declaratum est quod proprium opus humani totaliter accepti est actuare semper totam potentiam intellectus possibilis, per prius ad speculandum et secundario propter hoc ad operandum per suam extensionem."

meio da técnica e das artes. E, prossegue DANTE: a humanidade, para alcançar tal feito, precisa viver em paz.

> E, como o que vale para a parte, também vale para o todo, o homem singular progride em prudência e sabedoria, estando calmo e quieto, é claro que o gênero humano, quando está na quietude ou tranquilidade da paz, encontra-se em mais adequadas condições, para levar a bom termo a sua obra, que é quase divina.[1391]

Somente poderá a humanidade alcançar seu propósito se conseguir viver em paz. Por isso, a paz universal é da mais alta importância. Sem paz, a humanidade não pode desenvolver a plenitude das suas potencialidades: "resulta manifesto ser a paz universal o mais alto dos bens destinados à nossa felicidade".[1392] Isto posto,[1393] DANTE deduz que a filosofia deve provar, com rigor, a necessidade de uma monarquia universal.

> Resumindo o que se disse, são questões fundamentais as debatidas a respeito da monarquia temporal, comumente denominada 'império', e sobre isso, nosso propósito é conduzir a indagação na ordem indicada, com base no princípio estabelecido.[1394]
> A primeira questão é se a monarquia é necessária para o bem do mundo – *utrum ad bene esse mundi Monarchia temporalis necessaria sit* – e isso pode ser

[1391] DANTE, **Monarchia** (I.iv): "Et quia quemadmodum est in parte sic est in toto, et in homine particulari contingit quod sedendo et quiescendo prudentia et sapientia ipse perficitur, patet quod genus humanus in quiete sive tranquillitate pacis ad proprium suum opus, quod fere divinum est"...

[1392] DANTE, **Monarchia** (I.iv): "Unde manifestum est quod pax universalis est optimum eorum que ad nostram beatitudinem ordinantur."

[1393] A paz universal deve ocorrer, e para DANTE este é o princípio mais elevado da política. A seus olhos, tudo o que exprime em seu livro deve ser julgado segundo tal princípio. Kurt FLASCH, **Introduction à la philosophie médiévale** (trad. do alemão Janine de BOURGKNECHT, préf. de Ruedi IMBACH e François-Xavier PUTALLAZ, Fribourg, Suisse / Paris: Editions universitaires / Ed. du Cerf, 1922, chap. X – La cité de Dieu ou la paix sur terre: la réhabilitation de la philosophie politique dans sa lutte contre la suprématie politique de la papauté, p. 153-169, ver p. 161).

[1394] DANTE, **Monarchia** (I.v): "Resummens igitur quod a principio dicebatur, tria maxime dubitantur et dubitata queruntur circa Monarchiam temporalem, que comuniori vocábulo nuncupatur 'Imperium'; et de hiis, ut predictum est, proposito est sub assignato principio inquisitionem facere secundum iam tactum ordinem."

resolvido, sem que se oponham argumentos dialéticos ou de autoridade, com argumentos evidentes, dos quais o primeiro pode ser deduzido da autoridade do Filósofo, na sua Política. Lá, ARISTÓTELES afirma, com sua indiscutível autoridade que, quando diversos elementos estão ordenados para um fim único, é preciso que um destes dirija e os outros sejam dirigidos. E, isso não somente por sua autoridade, mas também segundo a razão indutiva.

Assim, para um indivíduo – colocando todas as suas forças ordenadas, para alcançar a felicidade – ou para uma família – cujo fim é preparar os seus integrantes para viver bem –, também se tomarmos em consideração uma cidade – cujo fim é alcançar uma adequada assistência às pessoas e aos bens – ou determinado reino, cuja finalidade é similar à da cidade, mas com a garantia de uma paz mais estável, veremos ser sempre necessário que haja um governo único, não somente no caso de bom ordenamento político, como também no caso de mau governo, pois, de outro modo, não se alcançaria a sua finalidade, e o reino caminharia para a sua ruína: 'qualquer reino dividido caminha para a desolação' – *omne regnum in se divisum desolabitur.*

E, como tudo isso se verifica em relação aos indivíduos, como às comunidades, fica, assim, evidente que o gênero humano, na sua totalidade, está ordenado para um único fim; sendo assim necessário que exista alguém que o guie e governe, e este deve ser chamado 'monarca' ou 'imperador' – *Monarcha sive Imperator dici debet* – e fica, assim, evidente que a monarquia ou o império é necessário para o bem do mundo – *et sic patet quod ad bene esse mundi necesse est Monarchiam esse sive Imperium.*[1395]

Assim como a parte está em relação ao todo, também a ordem das partes, em relação à ordem do todo – *ordo in parte ad ordinem in toto.* A parte está para o todo como ao seu próprio fim e perfeição: assim também a ordem das partes, está para a ordem do todo, como ao próprio fim e perfeição. E como todas as unidades parciais, abaixo do reino e os próprios reinos se devem ordenar em função de um único príncipe ou principado, ou seja do monarca ou da monarquia.[1396]

[1395] DANTE, **Monarchia** (I.v): "Si ergo sic se habet in hiis et in singulis que ad unum aliquod ordinantur, verum est quod assumitur supra; nunc constat quod totum humanum genus ordinatur ad unum, ut iam preostensum fuit: ergo unum oportet esse regulans sive regens".

[1396] DANTE, **Monarchia** (I.vi): "Et sic omnes partes prenotate infra regna et ipsa regna ordinari debent ad unum principem sive principatum, hoc est ad Monarcham sive Monarchiam."

Além disso, a humanidade no seu conjunto é, de certo modo, um todo constituído de partes, e cada uma das partes em relação ao todo; e de fato, um todo, em relação aos povos e reinos particulares, como a parte em relação à totalidade do universo.[1397] Assim, como os vários componentes da humanidade nesta se ordenam, a humanidade deve se ordenar no todo do qual é parte – *sicut ergo inferiora humane universitatis, bene respondent ad ipsam, sic ipsa 'bene' dicitur respondere ad suum totum*; as partes, que compõem a humanidade, ordenam-se, cada uma, em relação à humanidade, por um único princípio; e assim também a humanidade se ordenará no universo, com relação ao seu príncipe, de modo simples e por um único princípio: *ex quo sequitur Monarchiam necessariam mundo ut bene sit* – daí decorre ser a monarquia necessária para o bem mundial.[1398]

Inovadora a contribuição de DANTE no sentido de apresentar a humanidade como um todo: "o gênero humano alcança a sua perfeição, quando se assemelha a Deus, seguindo a sua natureza; e o gênero humano mais se aproxima de Deus, quando alcança seu mais alto grau de unidade".[1399]

Também relevante a lição dantesca, por apontar a necessidade de divisão de competências e a separação entre poder civil, ou temporal, e poder eclesiástico, ou religioso, e será objeto de ulterior elaboração por pensadores do Renascimento e da era moderna: "filosofando, a mente humana pode compreender, com grande clareza, quando raciociona bem, que o gênero humano alcança a sua perfeição quanto também este é regulado por um único príncipe, enquanto seu motor, e uma única lei, como seu moto".[1400] E, mais adiante:

Aquilo que é contra a natureza de determinado ente não pode ser contado dentre as virtudes de cada ente, porquanto estas derivam da própria

[1397] DANTE, **Monarchia** (I.vii): "Amplius, humana universitas est quoddam totum ad quasdam partes, et est quedam pars ad quoddam totum. Est enim quoddam totum ad regna particularia et ad gentes, ut superiora ostendunt; et est quedam pars ad totum universum."
[1398] DANTE, **Monarchia** (I.vii).
[1399] DANTE, **Monarchia** (I.viii): "humanum genus bene se habet et optime quando, secundum quod potest, Deo assimilatur. Sed genus humanum maxime Deo assimilatur quando maxime est unum."
[1400] DANTE, **Monarchia** (I.ix): "humanum genus tunc optime se habet, quando ab unico principe tanquam ab unico motore, et unica lege tanquam unico motu, in suis motoribus et motibus reguletur."

natureza do ente, em vista de alcançar os seus próprios fins, mas o poder de conferir autoridade a este nosso reino mortal é contra a natureza da igreja: assim não está dentre as suas virtudes.[1401]

Em lugar de fundamentar a política de maneira quase biológica, como o fizera TOMÁS DE AQUINO, parte DANTE do pressuposto de vasta filosofia da cultura e da paz. Baseadas na significação do gênero humano: "onde pode haver litígio, deve haver a possibilidade de juízo pois, de outro modo, existiria um estado imperfeito, não suscetível de perfeição, e isso é impossível, porquanto Deus e a natureza nunca são imprevidentes, em relação ao que é necessário".[1402]

Há quem diga que "DANTE, na linha de AVERROIS, exprime-se em sentido intelectual, mas, para ele, o intelecto não se limita à sua função puramente teórica, mas abrange a atividade técnica, artística e ética".[1403] Outro entende que "em lugar de separar a teologia da filosofia, para fazer oposição entre ambas, DANTE as separava para assegurar-lhes a concordância e as unir": de tal modo, o "universo de DANTE continua tipicamente cristão, mas o é à sua maneira, e não se deixa reduzir a nenhum outro tipo conhecido de universo cristão da Idade média".[1404]

O projeto global visa dar mais intensidade à vida; não visa somente assegurar a sobrevivência: a humanidade deve desenvolver as riquezas latentes nela. Para chegar a tal fim, todos os homens são indispensáveis e a paz constitui condição fundamental.

[1401] DANTE, **Monarchia** (III.xiv): "illud quod est contra naturam alicuius non est de numero suarum virtutum, cum virtutes uniuscuiusque rei consequantur naturam eius propter finis adeptionem; sed virtus auctorizandi regnum nostre mortalitatis est contra naturam Ecclesie: ergo non est de numero virtutum suarum."

[1402] DANTE, **Monarchia** (I.x): "Et ubicumque potest esse litigium, ibi debet esse iudicium; aliter esset imperfectum sine proprio perfectivo: quod est impossibile, cum Deus et natura cum necessariis non deficiat."

[1403] K. FLASCH (op. cit., 1992, p. 161). Considera E. GILSON, **Dante et la philosophie** (ed. 1972, chap. III, cit. p. 218-219) inaceitável reduzir a fundamentação de DANTE à base Averroísta: "Le plus simple serait donc de considérer l'attitude de DANTE non comme un cas particulier de l'averroïsme latin, mais comme un effort pour fonder son séparatisme politique sur la morale d'ARISTOTE."

[1404] E. GILSON, **Dante et la philosophie** (ed. 1972, cit. p. 219): "L'empereur de DANTE possède la clef du Paradis terrestre, mais le pape seul tient celle qui ouvre aux hommes le royaume des cieux."

A doutrina de DANTE tem a unidade de pensamento, que decorre da fonte, onde se sente a presença de iniciativa pessoal, por trás de cada uma das teses que compõe. Por isso, ela é impossível de ser classificada. O ideal de uma monarquia universal, de uma filosofia universal, e de uma fé universal, as três completamente independentes, em suas respectivas ordens, realizam, contudo, acordo perfeito, em virtude do jogo de suas espontaneidades próprias, sem qualquer equivalente na Idade média, ou em qualquer outro período da história.[1405]

Essa realização se punha no plano da realidade terrena. Não se imiscui com o plano da transcendência.

DANTE não fundava nem considerava as relações entre a igreja e o estado, entre a filosofia e a fé, da mesma maneira que TOMÁS DE AQUINO. Para ele, as duas finalidades da humanidade coexistem, uma ao lado da outra; elas não se excluem reciprocamente. Uma dimensão não pode ser instrumentalizada em favor da outra.
Contrariamente ao que pensava TOMÁS DE AQUINO, a teologia não mais tem a prerrogativa de dominar as demais ciências. O papa não goza de qualquer poder político: ele não mais o deve ter, para conservar a sua autoridade espiritual.
Com DANTE, a esfera política, pela primeira vez, vê-se colocada na sua dignidade intelectual, moral e cultural. Isso se dá graças à sua doutrina da riqueza do potencial espiritual humano, inspirada por AVERROIS. Foi também graças ao seu ideal de paz, que compreendia vários temas evangélicos, interpretados à luz da sensibilidade franciscana.
A pretensão do papado em fazer da Cidade de Deus uma potência dominando o mundo político impedia o desenvolvimento da humanidade. DANTE sustentou a autonomia do império e da filosofia, mas também para liberar o cristianismo de toda dimensão política e de toda cupidez. Com a condição da igreja abandonar os seus projetos políticos de instauração de uma Cidade de Deus a Itália poderia esperar aquilo de que mais necessitava: a paz.[1406]

[1405] E. GILSON, **Dante et la philosophie** (ed. 1972, cit. p. 219-220): "DANTE veut leur accord dans l'indépendance" ao mesmo tempo em que "DANTE veut leur indépendance dans leur accord."

[1406] K. FLASCH (op. cit., 1992, p. 163): "DANTE a soulevé une virulente polémique contre les curialistes, mais [...] sans vouloir exclure toute soumission spirituelle de l'empereur

Na busca de unidade se exprime a identidade entre o que pensa DANTE a respeito do poder temporal e o poder religioso,[1407] duas ordens são possíveis, a saber a ordem dos assuntos temporais e a ordem dos assuntos espirituais: a segunda deve estar a cargo da igreja, que se encontre acima das preocupações meramente temporais, e contribua para encaminhar as almas no sentido da fé em Deus; enquanto a primeira deve estar nas mãos do monarca, que reúna em si todos os poderes encontrados acima das paixões humanas e seja capaz de implantar a justiça e a paz na sociedade.[1408]

> O que caracteriza o ideal de DANTE é sua profunda fé na harmonia das obras de Deus, desde que permaneçam fiéis à sua natureza. Assim se vê a vontade de justiça se desdobrar em exaltação ilimitada da liberdade. A liberdade é, para ele, essencialmente o direito que tem, cada ser, de agir segundo sua própria natureza, sob a égide de autoridades sãs – *autorités salutaires* – que o protegem e permitem que este atinja sua finalidade. É preciso que nossa vontade esteja submetida à do imperador, para ficar livre dos tiranos e dos papas, como é preciso que nossa fé fique sujeita à autoridade do papa, para estar livre daquela dos tiranos e imperadores.[1409]

Além das contribuições aqui lembradas, antes e a seguir, outros nomes e obras poderiam ter encontrado o seu espaço e papel, no processo de construção do conceito de estado, do conteúdo e dos desdobramentos deste, tal como da concepção do poder monárquico e da separação entre ordem do poder civil e do poder religioso, em vista da ordenação do

au père de la chrétienté, il ne voulait toutefois pas que cette soumission porte atteinte à l'autonomie de l'ordre politique."

1407 Eduardo C. B. BITTAR, **Curso de filosofia política** (orig. publ. 2002, São Paulo: Atlas, 3ª ed., 2007, cap. 5 – Dante Alighieri: poder monárquico e separação dos poderes civil e religioso, p. 122-134, cit. p. 127): "quando DANTE teoriza sobre as possibilidades de intervir sobre a desordem do mundo no qual se encontrava inserido, a solução aparecia somente no plano político, mas, num segundo momento, quando se debruça sobre os temas metafísicos contidos em sua obra poética (**Divina Comédia**), ambas as questões, a política e a metafísica, ganham corpo e identidade".

1408 E. C. B. BITTAR (op. cit., 2002, ed. 2007, p. 128): "O monarca vincula-se, em última instância, a Deus, e somente a Deus, o que lhe garante autonomia de ação e decisão com relação aos demais poderes eclesiásticos."

1409 E. GILSON, **Dante et la philosophie** (ed. 1972, cit. p. 220).

'sistema internacional' da época. Estas considerações poderiam estender-se sobre extensa e variada gama de filósofos e pensadores políticos, nos séculos transcorridos anteriores ou contemporâneos.

Como PIERRE DUBOIS (ca. 1250-1320), no seu apelo à Reconquista da terra santa – *De recuperatione terrae sanctae*, escrito por volta de 1306, onde, dentre outros assuntos, conclamava os europeus à reconquista do Santo Sepulcro e da Terra santa, conjugado com manifesto, no qual pleiteava a pacificação da Europa, mediante atribuição, à França, do papel antes desempenhado pelo Sacro Império romano germânico, esvaziado pela fraqueza do poder central.[1410]

Além dos já mencionados MARSÍLIO DE PÁDUA (1275-1342) e GUILHERME DE OCKHAM (ca. 1285-1347), bem como no século XVI, Nicolau MAQUIAVEL e Jean BODIN, a seguir considerados.[1411]

Depois de considerar, neste capítulo, as contribuições de TOMÁS DE AQUINO (1228-1274) e de DANTE ALIGHIERI (1265-1321) se pode passar aos assim chamados tratadistas da guerra, Balthazar AYALA e Pierino BELLI (cap. 11). Nestes, põe-se a reflexão sobre o tema da guerra e do uso da força em relação ao direito e às relações internacionais. Tema antigo e moderno, onde já passamos a nos aproximar mais do que viria, em séculos posteriores, a integrar o direito internacional, propriamente dito.

A guerra continua a ser um dos dilemas da humanidade, e um dos maiores desafios a tentativa de submeter a violência a princípios e procedimentos jurídicos. Evitar o recurso à guerra ainda pode ser o melhor, se não o único, caminho. Como ecoava a advertência de TUCÍDIDES:[1412]

1410 Pierre DUBOIS, **De recuperatione terrae sanctae** – traité de politique générale (ca. 1306, éd. par Charles-Victor LANGLOIS, Paris: Alphonse Picard – Coll. de textes pour servir à l'étude et l'enseignement de l'histoire, 1891, disponível on line: books.google.com.br). Cfr. P. B. CASELLA, **União europeia – instituições e ordenamento jurídico** (São Paulo: LTr, 2002, cap. 1 – contexto internacional e especificidades europeias, item 1.2 – projetos e experiências de união europeia: antecedentes históricos, p. 54-71, cit. p. 56).

1411 Como se examina no cap. 9 – MARSÍLIO DE PÁDUA e GUILHERME DE OCKHAM, b/c no **Tratado** (tomo 5 – **Direito internacional no tempo de Francisco de Vitória**, cap. 13 – estado como sujeito de direito internacional – a contribuição de MAQUIAVEL e BODIN).

1412 TUCÍDIDES (ca. 460 – ca. 400 a. C.), **História da guerra do Peloponeso** (trad. do grego, intr. e notas, Mário da Gama KURY, Brasília: Ed. UnB, © 1982, 3ª ed., 1987).

Percebei, antes de ser envolvido nela, quão grandes são os riscos de erros de estimativa na guerra. Efetivamente, quando se prolonga demais, ela tende a depender simplesmente do acaso, e sobre o acaso nenhum dos lados tem poder, pois os resultados entram na esfera do desconhecido e do precário. Muitos se lançam apressadamente à guerra e querem ser os primeiros a agir, embora isto deva ser o último recurso, mas quando se veem em situação difícil, finalmente resolvem falar.[1413]

[1413] TUCÍDIDES (I.78 e a seguir I.122): "A guerra, com efeito, menos que qualquer outra coisa, se enquadra em regras fixas, mas tem de adaptar seus planos às circunstâncias, na medida dos recursos disponíveis; quem a enfrentar com sangue frio, muito provavelmente estará mais seguro; ao contrário, quem for impetuoso, fracassará por sua própria culpa."

CAPÍTULO 11
TRATADISTAS DA GUERRA: BALTHAZAR AYALA E PIERINO BELLI

Os eventos da guerra são imprevisíveis

TUCÍDIDES (c. 460 – c. 400 a. C.)[1414]

Será porque seus costumes se opõem e se contradizem, que os homens suscitam intensos combates e guerras cruéis? Eles querem perecer causando-se uns aos outros o máximo dano. A sua barbárie não tem justificação possível.

BOÉCIO (524 AD)[1415]

[1414] TUCÍDIDES, **História da guerra do Peloponeso** (trad. do grego, intr. e notas, Mário da Gama KURY, Brasília: Ed. UnB, © 1982, 3ª ed., 1987, livro II, 11): "os ataques são geralmente súbitos e furiosos; muitas vezes, uma força menor, por estar temerosa, vence adversários mais numerosos, despreparados por subestimar o inimigo. Em terra hostil deve-se sempre ser ousado em pensamento, mas cauteloso na ação e, portanto, estar preparado, pois assim os homens serão mais valorosos no ataque e mais firmes na defesa."

[1415] ANICII MANLII SEVERINI BOETHII, **Philosophiae Consolationis** (ou **Consolation de la philosophie,** edição bilingue, traduction nouvelle en prose et en vers avec le texte en regard par Louis Judicis de MIRANDOL, Paris: Guy Trédaniel / Ed. de la Maisnie, 1981); tb. BOÈCE, **La consolation de la philosophie / Philosophiae consolationis** (traduction nouvelle avec introduction et notes par Aristide BOCOGNANO, Paris: Garnier, 1937). Liber

Sem tratado algum se é deixado em uma guerra sem fim, e uma guerra sem fim priva para sempre, de sua humanidade, aqueles que a ela se consagram.

PROCÓPIO DE CESARÉIA (séc. VI, ed. 2022)[1416]

As leis não se ouvem no estrépito das armas.

Serafim de FREITAS (1625)[1417]

Mesmo o conflito bélico não mais pode ser confronto frontal entre duas pátrias. Em razão da multinacionalidade do capitalismo e da indústria da notícia, a guerra não põe frente a frente dois povos: põe em concorrência poderes diversos.

V. GREGOTTI (1999)[1418]

Neste capítulo, faz-se breve exame das contribuições dos tratadistas da guerra, Balthazar AYALA e Pierino BELLO, dois dentre os muitos autores que se debruçaram sobre o tema da guerra. Não datam de nossos tempos

IV, Metrum IV: "An distant quia dissendentque mores, / Iniustas acies et fera bella movent / Alternisque volunt perire telis? / Non est justa satis saevitiae ratio."

1416 Principal fonte histórica do século VI, PROCÓPIO DE CESAREIA narra, nas **Guerras de Justiniano**, as guerras dos bizantinos contra os persas (livros I e II) cf. ed. PROCOPE DE CÉSARÉE, **Les guerres contre les perses** (trad. Janick AUBERGER, notes par Geoffrey GREATREX, Paris: Les belles lettres, 2022, cit. livro II, 10.10-15, p. 143-144), contra os vândalos (livros III e IV), cf. ed. PROCOPE DE CESARÉE, **La guerre contre les vandales** (trad. et commenté par Denis ROQUES, préf. Philippe MURRAY, Paris: Les belles lettres, 2004), bem como contra os godos (livros V a VIII), cf. ed. PROCOPE, **Histoire des goths** (trad. Denis ROQUES, présenté, révisé et annoté par Janick AUBERGER, Paris: Les belles lettres, 2015, 2 vols.).

1417 Frei Serafim de FREITAS, **De justo imperio lusitanorum asiatico** (orig. publ. em Valladolid: Tipografia de Jerônimo Morillo, 1625); ___, **Do justo império dos portugueses na Ásia**, intr. de Marcelo CAETANO, trad. Miguel Pinto de MENESES, Lisboa: Instituto Nacional de Investigação Científica, 1983, reimpressão, 2 vols., cit. vol. I, p. 221 e 286) assevera: "A guerra não é um meio adequado à propagação da fé."

1418 Vittorio GREGOTTI, **Identità e crisi dell'architetura europea** (Torino: Einaudi, 1999, cap. Undicesimo – Neoeclettismo, p. 157-170, cit. p. 158): "Persino il conflitto bellico non può più essere confronto frontale tra due patrie. A causa della multinazionalità del capitalismo e dell'industria della notizia, la guerra non mette di fronte due populi: mette in concorrenza diversi poteri."

as tentativas de regular pelo direito e restringir por meio de acordos os desastres da guerra.[1419]

Toda tentativa de humanizar ou de limitar a ação essencialmente destruidora e inumana da guerra tem caráter paliativo. Disso se tem consciência no direito internacional pós-moderno.[1420]

[1419] Existe toda uma linha de reflexão internacionalista, sobretudo no período entre as duas guerras mundiais, na esteira do Pacto de Paris, de 1928, que proscreveu a guerra do direito internacional positivo, como meio válido de solução de controvérsias entre estados, e merece ser considerada, tais como: Jules BASDEVANT, **Règles générales du droit de la paix** (RCADI, 1936, t. 58, p. 471-692); Maurice BOURQUIN, **Règles générales du droit de la paix** (RCADI, 1931, t. 35, p. 1-232); James-Leslie BRIERLY, **Règles générales du droit de la paix** (RCADI, 1936, t. 58, p. 1-242); Arrigo CAVAGLIERI, **Règles générales du droit de la paix** (RCADI, 1929, t. 26, p. 311-585); Edouard-Eugène-François DESCAMPS, **Le droit international nouveau**: l'influence de la condamnation de la guerre sur l'évolution juridique internationale (RCADI, 1930, t. 31, p. 393-559); Charles DUPUIS, **Règles générales du droit de la paix** (RCADI, 1930, t. 32, p. 1-290); J.-P.-A. FRANÇOIS, **Règles générales du droit de la paix** (RCADI, 1938, t. 66, p. 1-294); Albert E. HINDMARSH, **Le Japon et la paix en Asie** (RCADI, 1936, t. 57, p. 97-199); J. van KAN, **Règles générales du droit de la paix**: l'idée de l'organisation internationale dans ses grandes phases, RCADI, 1938, t. 66, p. 295-601); Erich KAUFMANN, **Règles générales du droit de la paix** (RCADI, Volume 54 (1935, t. 54, p. 309-620); H. LAUTERPACHT, **Règles générales du droit de la paix** (RCADI, 1937, t. 62, p. 95-422); Louis Le FUR, **Règles générales du droit de la paix** (RCADI, 1935, t. 54, p. 1-307); Edgar MILHAUD, **L'organisation économique de la paix** (RCADI, 1926, t. 15, p. 277-431); Boris MIRKINE-GUETZÉVITCH, **Le droit constitutionnel et l'organisation de la paix** (droit constitutionnel de la paix) (RCADI, 1933, t. 45, p. 667-773); Joseph MULLER, **L'oeuvre de toutes les confessions chrétiennes (églises) pour la paix internationale** (RCADI, 1930, t. 31,pp. 293-392); Ernest Minor PATTERSON, **Les bases économiques de la paix** (RCADI, 1931, t. 37, p. 413-525); H. RAUCHBERG, **Les obligations juridiques des membres de la Société des Nations pour le maintien de la paix** (RCADI, 1931, t. 37, p. 83-204); V. H. RUTGERS, **La mise en harmonie du pacte de la Société des Nations avec le pacte de Paris** (RCADI, 1931, t. 38, p. 1-123); Gabriele SALVIOLI, **Les règles générales de la paix** (RCADI, 1933, t. 46, p. 1-164); Georges SCELLE, **Règles générales du droit de la paix** (RCADI, 1933, t. 46, p. 327-703); Stélio SÉFÉRIADES, **Principes généraux du droit international de la paix** (RCADI, 1930, t. 34, p. 177-492); Karl STRUPP, **Les règles générales du droit de la paix** (RCADI, 1934, t. 47, p. 259-595); A. VERDROSS, **Règles générales du droit international de la paix** (RCADI, 1929, t. 30, p. 271-517); Hans WEHBERG, **La contribution des conférences de la paix de La Haye au progrès du droit international** (RCADI, 1931, t. 37, p. 527-669).

[1420] Cf. **Tratado** (tomo 20 – **Direito internacional, história e cultura**, cap. 5 – desafios e desenvolvimentos do direito internacional no contexto pós-moderno, item 5.2 – os limites à guerra e ao uso da força); no mesmo sentido: Boutros BOUTROS-GHALI, **Le droit**

TUCÍDIDES já sabia e apontava:[1421] "a guerra não é tanto uma questão de armas, quanto de dinheiro, pois é o dinheiro que torna as armas disponíveis",[1422] e aduzia: "são as riquezas acumuladas e não impostos arrecadados sob pressão, que sustentam as guerras".[1423] Isso se mostra, todavia, verdadeiro. É contudo, necessário por limites ao uso da força, em contexto no qual a interdependência se torna cada vez mais acirrada entre os estados, e a capacidade de destruição cada vez mais eficaz.

international à la recherche de ses valeurs: paix, développement, démocratisation (RCADI, 2000, t. 286, p. 9-38); Patrick DAILLIER, **Les opérations multinationales consécutives à des conflits armés en vue du rétablissement de la paix** (RCADI, 2005, t. 314, p. 233-431); Lucius CAFLISCH, **Cent ans de règlement pacifique des différends interétatiques** (RCADI, 2001, t. 288, p. 245-467); Olivier CORTEN, **Le droit contre la guerre**: L'interdiction du recours à la force en droit international contemporain (Paris: Pedone, 2008); Christine GRAY, **International law and the use of force** (Oxford: Univ. Press, 1st publ., 2000, 3rd ed., 2008); Leslie C. GREEN, **The contemporary law of armed conflict** (Manchester: Univ. Press, 1st publ. 1993, 3rd ed. 2008); Frits KALSHOVEN, **Reflections on the laws of war**: collected essays (Leiden: M. Nijhoff, 2007); Marcelo G. KOHEN (ed. by), **Promoting Justice, Human Rights and Conflict Resolution through International Law / La promotion de la justice, des droits de l'homme et du règlement des conflits par le droit international**: Liber amicorum Lucius CAFLISCH (Leiden: M. Nijhoff, 2007); Anne-Marie LE GLOANNEC e Aleksander SMOLAR (dir. de), **Entre Kant et Kosovo**: études offertes à Pierre HASSNER (Paris: Presses de Sciences Po, 2003); Mai LEQUAN, **La paix** (introduction, choix de textes, commentaires, vade-mecum et bibliographie par M.L., Paris: Flammarion, 1998); Keiichiro OKIMOTO, **The distinction and relationship between *Jus ad Bellum* and *Jus in Bello*** (Oxford & Portland, Oregon: Hart Publ., 2011, Studies in International Law, vol. 33); Adam ROBERTS and Richard GUELFF (ed. by), **Documents on the laws of war** (orig. publ.1982, Oxford: Univ. Press, 3rd ed., 2000, reprinted 2010); Gary D. SOLIS, **The law of armed conflict** – International Humanitarian Law in War (Cambridge: Univ. Press, 1st publ., 2010, reprinted, 2010); Hew STRACHAN and Sybille SCHEIPERS (ed. by), **The changing character of war** (Oxford: Univ. Press, 2011); Ugo VILLANI, **Les rapports entre l'ONU et les organisations régionales dans le domaine du maintien de la paix** (RCADI, 2001, t. 290, p. 225-436); **Le droit international au service de la paix, de la justice et du développement**: Mélanges Michel VIRALLY (Paris: Pedone, 1991).

1421 TUCÍDIDES, **História da guerra do Peloponeso** (trad. do grego, intr. e notas, Mário da Gama KURY, Brasília: Ed. UnB, © 1982, 3ª ed., 1987).

1422 TUCÍDIDES (I.83).

1423 TUCÍDIDES (I.141 e a seguir I.140): "Nenhum de vós, porém, deve pensar que iremos entrar na guerra por motivos banais [...] nem abrigar depois no espírito a ideia recôndita de que estaremos em guerra por quase nada; esse 'quase nada' representa para nós a afirmação e prova de nossas convicções políticas."

Sabiamente advertia TUCÍDIDES serem imprevisíveis "os eventos da guerra".[1424] Alguns séculos mais tarde, essa visão sombria da história é reforçada por Marco Aneu LUCANO (39-65 d.C.), ao descrever no seu poema épico **Farsália** a guerra civil entre CÉSAR e POMPEU.[1425] Esta guerra terá repercussões sobre a evolução do modelo romano antigo.[1426]

Muito antes, também enfatizava PROCÓPIO DE CESARÉIA (séc. VI, ed. 2022) – "sem tratado algum se é deixado em uma guerra sem fim, e uma guerra sem fim priva para sempre, de sua humanidade, aqueles que a ela se consagram".[1427] E, por sua vez, a lição de BOÉCIO demonstra estarem ambos conscientes do recorrente e dificilmente solucionável problema humano. Permanece presente a indagação, quanto a ser o desconhecimento do outro o ponto inicial de distanciamento, que traz a desconfiança: "será porque seus costumes se opõem e se contradizem, que os homens suscitam intensos combates e guerras cruéis?"[1428]

[1424] TUCÍDIDES (op. cit., ed. cit., loc. cit., II.11).

[1425] Marco Aneu LUCANO, **Farsália** (cantos I a V, intr., trad. e notas de Brunno V. G. VIEIRA, Campinas: Lumina – Ed. da Unicamp, 2011).

[1426] Cf. **Tratado** (tomo 3 B – **Gregos, romanos, chineses, indianos**, cap. 6 – na formação e no desenvolvimento de Roma); em vasto panorama da história de Roma antiga, Guglielmo FERRERO, **Grandeur et décadence de Rome II – Jules César** (trad. de l'italien par Urbain MENGIN, Paris: Plon, 12e ed., 1907, cit. p. II), nesse tomo apresenta a conquista da Gália e a guerra civil, que conduz à ditadura e ao assassínio de CÉSAR: "La conquête de la Gaule devient une 'guerre coloniale', commencée et menée par le chef d'un parti, dans le but de s'en servir comme instrument d'action sur la politique de l'Italie."

[1427] Já citado como relevante fonte a respeito do século VI, PROCÓPIO DE CESAREIA narra, nas **Guerras de Justiniano**, as guerras dos bizantinos contra os persas (livros I e II) cf. ed. PROCOPE DE CÉSARÉE, **Les guerres contre les perses** (trad. Janick AUBERGER, notes par Geoffrey GREATREX, Paris: Les belles lettres, 2022, cit. livro II, 10.10-15, p. 143--144), contra os vândalos (livros III e IV), cf. ed. PROCOPE DE CESARÉE, **La guerre contre les vandales** (trad. et commenté par Denis ROQUES, préf. Philippe MURRAY, Paris: Les belles lettres, 2004), bem como contra os godos (livros V a VIII), cf. ed. PROCOPE, **Histoire des goths** (trad. Denis ROQUES, présenté, révisé et annoté par Janick AUBERGER, Paris: Les belles lettres, 2015, 2 vols.).

[1428] "Será porque seus costumes se opõem e se contradizem, que os homens suscitam intensos combates e guerras cruéis? Eles querem perecer causando-se uns aos outros o máximo dano. A sua barbárie não tem justificação possível", já ref. BOETHII, **Philosophiae Consolationis** (ou **Consolation de la philosophie,** trad. en prose et en vers avec le texte en regard par L. J. de MIRANDOL, Paris: Guy Trédaniel / Ed. de la Maisnie, 1981); ___, **La consolation de la philosophie / Philosophiae consolationis** (trad., introduction et notes

Da desconfiança se pode passar ao estranhamento, e este, por sua vez, pode levar à confrontação e ao conflito armado: "eles querem perecer causando-se uns aos outros o máximo dano". Apesar de mil e quinhentos anos passados, é tristemente atual o que o filósofo e lógico BOÉCIO, pouco antes de ser executado, deixa registro da "consolação da filosofia", onde deplora essa barbárie sem justificação possível.

No eco de autores latinos, Frei Serafim de FREITAS (1625) advertia não se fazerem ouvir as leis, no estrépito das armas. A razão e o direito são postos de lado, enquanto dure o uso da força.[1429]

Os esforços de regulação jurídica da guerra mostram ter eficácia restrita. Face aos notáveis desenvolvimentos do direito internacional, em vários campos de sua 'institucionalização' e sua 'jurisdicionalização', caracteriza-se como "gigante de pés de barro", no capítulo crucial da limitação do uso da força nas relações internacionais. Tanto mais porque, "de novo a guerra aparece como uma possibilidade, ou mesmo como uma opção concreta".[1430]

Isso, para não dizer, que as tentativas de regulação jurídica do conflito armado tenham, muitas vezes, alcance simplesmente nominal.[1431] Ao

A. BOCOGNANO, Paris: Garnier, 1937). Liber IV, Metrum IV: "An distant quia dissendentque mores, / Iniustas acies et fera bella movent / Alternisque volunt perire telis? / Non est justa satis saevitiae ratio."

1429 Frei Serafim de FREITAS, **De justo imperio lusitanorum asiatico** (orig. publ. em Valladolid: Tipografia de Jerônimo Morillo, 1625); ___, **Do justo império dos portugueses na Ásia**, intr. de Marcelo CAETANO, trad. Miguel Pinto de MENESES, Lisboa: Instituto Nacional de Investigação Científica, 1983, reimpressão, 2 vols., cit. vol. I, p. 221 e 286) assevera: "A guerra não é um meio adequado à propagação da fé."

1430 Cfr. **Tratado** (tomo 2 – **Direito internacional dos espaços**, item 29.3 – dimensão humana do território como expressão da relação entre espacialidade e direitos fundamentais); comenta Bruno SIMMA, no seu Prefácio (in Olivier CORTEN, **Le droit contre la guerre**: L'interdiction du recours à la force en droit international contemporain, Paris: Pedone, 2008, p. V-VII, cit. p. VI): "Il est vrai que quelques uns ont manifesté une certaine réticence à l'égard de cette tendance belliciste au regard du fiasco irakien. Mais le constat n'est, en soi, guère rassurant: la licéité ou l'illicéité du recours à la force ne saurait dépendre de l'efficacité ou non de la force des armes."

1431 Norman ANGELL, **A grande ilusão** (orig. publ. **The great illusion**, 1910, ed. rev. 1933, trad. Sérgio BATH, Brasília: Ed. UnB / IPRI; São Paulo: IOE, 2002); Raymond ARON, **Paz e guerra entre as nações** (orig. publ. **Paix et guerre entre les nations**, 1962, Ed. Calmann-Levy, trad. Sérgio BATH, Brasília: Ed. UnB, Col. Pensamento Político, 1979); Frank ATTAR, **Droit international: entre ordre et chaos** (Paris: Hachette, 1994); D. BATISTELLA,

mesmo tempo, por sua crucial relevância para a sobrevivência da humanidade, o tema não pode ser deixado de lado.[1432]

Retour de l'état de guerre (Paris: Armand Colin, 2006); Norberto BOBBIO, **Il problema della guerra e le vie della pace** (Bolonha: Il Mulino, 1979); Gérard CHALIAND, **Les guerres irrégulières** XX-XXIe. siècle: guérrilas et terrorisme (Paris: Gallimard, 2008); ___, **Le nouvel art de la guerre** (Paris: L'Archipel, 2008); Karl von CLAUSEWITZ, **Da guerra** (orig. publ. **Vom Kriege**, trad. integral de Teresa Barros Pinto BARROSO, prefácio Anatole RAPOPORT, São Paulo: Martins, 1979); Philippe CONTAMINE, **La guerre au Moyen âge** (orig. publ. 1980, Paris: PUF, 6ᵉ éd., 2003); Thomas CUSHMAN (ed.), **A matter of principle** – Humanitarian Arguments for War in Iraq (Berkeley: Univ. of Califórnia Press, 2005); Michel DOUSSE, **Dieu en guerre**: la violence au coeur des trois monothéismes (Paris: A. Michel, 2002); Francisco GARCÍA FITZ, **La edad média** – guerra e ideología, justificaciones reliigosas y jurídicas (Madri: Sílex, 2003); A. GARDOT, **Le droit de la guerre dans l'oeuvre des capitaines français du XVIᵉ siècle** (RCADI, 1948, t. 72, p. 393-540); Yvon GARLAN, **La guerre dans l'antiquité** (Paris: Nathan, orig. publ.1972, reimpr. 1990); Victor Davis HANSON, **Le modèle occidental de la guerre** (orig. publ. **The Western Way of War**: infantry battle in classical Greece, 1989, trad. Alain BILLAULT, préf. John KEEGAN, Paris: Tallandier–Texto, 2007); Hans von HENTIG, **Der Friedenschluss**: Geist und Technik einer verlorenen Kunst (Munique: dtv, 1965); Donald J. KAGAY and L. J. Andrew VILLALON (ed. by), **The circle of war in the Middle Ages** (Woodbridge: The Boydell Press, 1999); John KEEGAN, **Uma história da guerra** (orig. publ. **A history of warfare**, 1993, trad. Pedro Maia SOARES, São Paulo: Companhia das Letras, 2006); Bernard-Henri LÉVY, **De la guerre en philosophie** (Paris: Grasset, 2010); Demétrio MAGNOLI (org.), **História da paz** (São Paulo: Contexto, 2008); Christian NADEAU e Julie SADA, **Guerre juste, guerre injuste**: histoire, théories et critiques (Paris: PUF, 2009); Nicolas OFFENSTADT, **Faire la paix au Moyen Âge**: discours et gestes de paix pendant la guerre de Cent ans (Paris: Odile Jacob, 2007); David RODIN, **War and self-defense** (Oxford: Univ. Press, 2002); Christian SAINT-ETIENNE, **Guerre et paix au XXIᵉ siècle**: comprendre le monde de demain (Paris: François Bourrin, 2010); Jean-Pierre VERNANT (dir. de), **Problèmes de la guerre en Grèce ancienne** (publ. orig. 1968, Paris: Éditions de l'École des Hautes Études en Sciences Sociales, 1999); Michael WALZER, **Arguing about Wars** (New Haven/London: Yale Univ. Press, 2004).

[1432] Alexander GILLESPIE, **A History of the Laws of War**, vol. I – The Customs and Laws of War with regards to Combatants and Captives (Oxford/Portland, Oregon: Hart Publ., 2011); ___, ___, II – The Customs and Laws of War with regards to Civilians in Times of Conflict (Oxford/Portland, Oregon: Hart Publ., 2011); ___; ___, III – The Customs and Laws of War with regards to Arms Control (Oxford/Portland, Oregon: Hart Publ., 2011); b/c os já referidos Hew STRACHAN and Sibylle SCHEIPERS (ed. by), **The changing character of war** (Oxford: Univ. Press, 2011); Keiichiro OKIMOTO, **The Distinction and Relationship between *Jus ad bellum* and *Jus in bello*** (Oxford/Portland, Oregon: Hart Publ., 2011), e esp. Chr. TOMUSCHAT, **International law**: ensuring the survival of mankind on

No contexto da Índia antiga,[1433] a configuração do direito da guerra[1434] dividia-se este entre o direito escrito e o direito costumeiro. Esse conjunto se estenderia desde a Antiguidade indiana – com base nas lições do **Arthashastra** de KAUTILYA, no século II d.C. –[1435] até os nossos dias.

Se a vida social se inscreve na intersecção entre *dharma* – ou seja o conjunto das normas de comportamento ético – e *artha* – a percepção do que convém, do que pode ser socialmente mais eficaz – há que se buscar equilíbrio entre os dois. Ao menos em tempo de paz.

No contexto medieval europeu,[1436] grande número de estudos e tratados são escritos a respeito do tema da guerra. Pelos doutrinadores cristãos, desde os santos AGOSTINHO e ISIDORO.[1437]

Para ISIDORO,[1438] o direito natural era: "comum a todas as nações, existe em todas as partes, por simples instinto da natureza,

the eve of a new century – general course on public international law (RCADI, 1999, t. 281, p. 9-438); Hersch LAUTERPACHT, **The function of law in the international community** (orig. publ. 1933, introduction Martti KOSKENNIEMI, Oxford: Univ. Press, 2011).

1433 Cf. **Tratado** (tomo 3 B – **Gregos, romanos, chineses, indianos**, item 7.1 – Índia).

1434 K. R. R. SASTRY, **Hinduism and international law** (RCADI, 1966, t. 117, p. 503-616, chap. IV – On the laws of war', p. 566-585).

1435 KAUTILYA, **The Arthashastra** (edited, rearranged and translated by L. N. RANGAJARAN, New Delhi: Penguin Books India, 1992); v.tb. **Tratado** (tomo 3 B – **Gregos, romanos, chineses, indianos**, item 7.1 – Índia).

1436 Philippe CONTAMINE, **La guerre au Moyen Age** (orig. publ. 1980, Paris: PUF – nouvelle Clio, 6e éd., 2003, guerres justes et injustes, p. 449-452); J. F. VERBRUGGEN, **The art of warfare in Western Europe during the Middle Ages** – from the eighth century to 1340 (orig. publ., **De Krijgskunst in West-Europa in de Middeleeuwen** – IX. tot begin XIV. eeuw, 1954, translated by C. S. WILLARD and Mrs. R. W. SOUTHERN, Suffolk, U.K.: Boydell Press, 2nd ed., revised and enlarged, 1997, reprinted, 2002); Donald J. KAGAY and L. J. Andrew VILLALON (ed. by), **The Circle of War in the Middle Ages** – Essays on Medieval Military and Naval History (Woodbridge: The Boydell Press, 1999).

1437 AGOSTINHO e ISIDORO DE SEVILHA são mencionados, neste tomo, cap. 8, itens 8.1 e 8.2.

1438 ISIDORO DE SEVILLA, **Etimologias** (edición bilingue, "texto latino preparado por Wallace M. LINDSAY publicado dentro de la *Scriptorum Classicorum Biblioteca Oxoniensis*, en el año 1911", versión española y notas José OROZ Reta y Manuel-A. Marcos CASQUERO, intr. general por Manuel C. DIAZ Y DIAZ, Madri: Biblioteca de Autores Cristianos, vol. 647, 1ª. ed., 2004, reimpresión, 2009).

independentemente de promulgação".[1439] Ao que aduzirá, séculos mais tarde, santo TOMÁS DE AQUINO, ser este direito natural "comum a nós e às demais formas de vida".[1440] Por sua vez, DANTE ALIGHIERI apontava a paz como o maior valor a ser alcançado e preservado pelo conjunto da humanidade, como condição para o perfazimento das potencialidades humanas.[1441]

Também é abordado o tema pelos operadores, que mantém o foco na guerra.[1442] Como também por doutrinadores cristãos dos séculos seguintes, entre os canonistas. E, entre estes, ocorrerá notável reversão da orientação do cristianismo em relação à guerra.

Como advertia o historiador inglês Steven RUNCIMAN, "o cidadão cristão tem um problema fundamental a solucionar: terá ele o direito de lutar por seu país? Sua religião é uma religião de paz, e a guerra significa carnificina e destruição".[1443] E, por isso,

> Os primeiros patriarcas cristãos não tinham dúvidas a respeito. A seu ver, a guerra não passava de assassinato em larga escala. Após o triunfo da cruz, porém, seus cidadãos não deveriam estar prontos para pegar em armas para garantir seu bem estar?
>
> A igreja oriental acreditava que não. [...] O soldado bizantino não era realmente tratado como um assassino. Contudo, a sua profissão não lhe trazia nenhum *glamour*. A morte em batalha não era tida como gloriosa, nem se considerava a morte na luta contra os infiéis uma forma de martírio; o

[1439] ISIDORO DE SEVILLA (op. cit., ed. 2009, livro V, cap. 4 – *Quis sit ius naturale*, p. 500-503): "Ius autem naturale [est] aut civilem aut gentium. Ius naturale [est] commune omnium nationum, et quod ubique instinctu naturae, non constitutione aliqua habetur."

[1440] TOMÁS DE AQUINO, **Summa theologiae** (II, q. 57, a 3).

[1441] TOMÁS DE AQUINO e DANTE ALIGHIERI são mencionados no precedente cap. 10, itens 10.1 e 10.2.

[1442] A. GARDOT, **Le droit de la guerre dans l'oeuvre des capitaines français du XVIe siècle** (RCADI, 1948, t. 72, p. 393-540); Alfred VANDERPOL, **La doctrine scolastique du droit de guerre** (Paris: Pedone, 1919); ___, **Le droit de guerre d'après les théologiens et les canonistes du Moyen Âge** (Paris/Bruxelles: Tralin, 1911).

[1443] Steven RUNCIMAN, **História das Cruzadas**, vol. I – A primeira cruzada e a fundação do reino de Jerusalém (orig. publ. **A History of the Crusades**, 1951, trad. Cristiana de Assis SERRA, Rio de Janeiro: Imago, 2002); ___, ___, II – Cruzadas do século XII (orig. publ. 1951, trad. C. A. SERRA, Rio de Janeiro: Imago, 2002); ___, ___, III – O reino de Acre e as últimas cruzadas (orig. publ. 1951, trad. C. A. SERRA, Rio de Janeiro: Imago, 2002).

verdadeiro mártir morria armado com sua fé. Lutar contra o infiel era deplorável, conquanto por vezes não houvesse como evitá-lo; combater companheiros na fé cristã era duplamente condenável.[1444]

O maior canonista da patrística grega, são BASÍLIO, dito 'o grande' (falecido em 379 d.C.),[1445] embora compreendesse que um soldado devia obedecer ordens, sustentava[1446] que todos os culpados por matar em guerra deveriam se abster de comungar, em sinal de arrependimento, durante três anos. Seu conselho pode ter sido considerado demasiadamente severo.

O ponto de vista ocidental era menos esclarecido e menos consistente. O próprio AGOSTINHO, na **Cidade de Deus**,[1447] admitira que as guerras fossem travadas como meio para a conservação ou a recuperação da paz: *bellum geritur, ut pax acquiratur* – gere-se a guerra, para que se alcance a paz.[1448]

A paz era por ele concebida como estado de tranquilidade, fundado sobre ordem justa – *pax omnium rerum tranquilitas ordinis*. Talvez fossem mesmo certas guerras feitas por determinação divina – *bellum Deo auctore* –,[1449] desde que se lhe assegurasse a justa intenção – *intentio recta* –, sem a qual a guerra não poderia ser autorizada.

A formulação agostiniana é acompanhada por ISIDORO DE SEVILHA – e a simplicidade da fórmula deste contribui para a sua difusão. E, como tal, é adotada pelo **Decretum Gratiani**, no século XII –[1450]

[1444] S. RUNCIMAN (ed. 2002, vol. I, cit. p. 83).

[1445] A respeito de são BASÍLIO, ver Hans von CAMPENHAUSEN, *Basilios der Grösse* (in **Griechische Kirchenväter**, Stuttgart: Kohlhammer, orig. publ. 1955, 5a. ed., 1977, cap. 7, p. 86-100, cit. p. 92): "Basilios gilt als der Begründer der griechischen Kunstpredigt."

[1446] São BASÍLIO, carta n. 188 (texto MIGNE, **Patrologia grega**, vol. XXXII, col. 681).

[1447] Sobre santo AGOSTINHO, ver o item 8.1.

[1448] AGOSTINHO DE HIPONA, **A Cidade de Deus** (orig. publ. **De civitate Dei** trad. Oscar PAES LEME, intr. Pe. Riolando AZZI, São Paulo: Edameris, 1964, 3 vols.); ___, **De civitate Dei / La ciudad de Diós** (edicion bilingue, trad. Santos SANTAMARTA Del Rio y Miguel FUERTES Lanero, intr. y notas de Victorino CAPANAGA, in **Obras de San Agustín**, vols. XVI e XVII, Madri: Biblioteca de Autores Cristianos, 3ª ed., 1977, vols. 171 e 172).

[1449] AGOSTINHO, **A Cidade de Deus** (I,21).

[1450] **Decretum Gratiani** ou **Concordia discordantium canonum** ou, simplesmente, **Decretum**, é coletânea de direito canônico, compilada no século XII, como obra jurídica de GRACIANO, jurista que floresceu na primeira metade do século XII. Compõe parte

e assim passa a integrar o direito canônico –[1451] e recebe ulterior formulação, ainda em santo TOMÁS DE AQUINO. Mas, o principal estava colocado desde santo AGOSTINHO. Para ele, a guerra justa exige três premissas:

- a autoridade do príncipe (*auctoritas principis*), ou seja, a guerra somente pode ser declarada pelo detentor do poder soberano, aquele que não reconhece qualquer superior acima de sua autoridade, e tem assim a missão de determinar o seu próprio direito;
- a causa justa (*iusta causa*), que se destina a punir violação de direito, restituir os efeitos, decorrentes de ato ilegal; e
- a reta intenção (*recta intentio*), o propósito de promover o bem e evitar o mal.[1452]

É preciso contextualizar a guerra, em relação à história do Ocidente, porquanto "a sociedade militar que emergira no Ocidente, em decorrência das invasões bárbaras, inevitavelmente, procurava justificar o seu passatempo habitual". Assim se explica a configuração da "guerra santa, quer dizer, a guerra que era do interesse da igreja, tornou-se lícita e até desejável".[1453]

Dentre os precursores do 'direito da guerra', em meados do século IX, o papa LEÃO IV (847-855) declarou que todos os que morressem em batalha, em defesa da igreja, receberiam uma recompensa celestial.

do conjunto, que se tornaria conhecido como **Corpus juris canonici**.Foi a principal fonte de direito pelos canonistas, até a adoção das **Decretais** do papa GREGÓRIO IX, em 1234; como parte do **Corpus juris canonici**, permaneceu em vigor até 1917.

1451 W. GREWE (op. cit., 1984, primeira parte – *Ius gentium*: Grundzüge der mittelalterlichen Völkerrechtsordnung, p. 55-162, cit. p. 63-64): "Das Grundprinzip der mittelalterlichen Ordnung, das Nebeneinander von Imperium und Sacerdotium, blieb erhalten. Der Ausbau des Kirchenrechtes, gipfelnd im **Decretum Gratiani** (1150), hielt sich im Rahmen dieser Ordnung."

1452 Sobre santo AGOSTINHO, ver o item 8.1.

1453 S. RUNCIMAN (ed. 2002, vol. I, cit. p. 84): "O código de cavalaria que se desenvolvia, apoiado por épicos populares, prestigiava o herói militar; e o pacifista adquiriu uma má reputação, da qual nunca mais se recuperou. Contra tal sentimento, a igreja pouco podia fazer. Procurou, em vez disso, direcionar a energia belicosa de modo que revertesse em sua vantagem."

O papa NICOLAU I Magno (858-867) foi contemporâneo do patriarca ortodoxo METÓDIO.[1454] Engajado nas lutas entre império e papado, como na confrontação entre Roma e Bizâncio, teve a sua formulação da doutrina da guerra na famosa *Carta aos búlgaros*. NICOLAU I determinou que os homens, sob sentença da igreja por seus pecados, não deveriam portar armas, exceto para combater os infiéis.[1455]

Algumas décadas mais tarde, o papa JOÃO VIII (872-882) classificou as vítimas de guerra santa como mártires; e caso morressem em batalha, teriam os seus pecados remidos. O soldado, porém, deveria ser puro de coração. Como argumentou, alguns séculos mais tarde, GUILHERME DE OCKHAM, como nunca se pode saber o que vai pela mente das pessoas, é sempre temerário julgar ações, com base em intenções, ou em fé – que são coisas de foro interno, que não é possível, para um terceiro, julgar.[1456]

A guerra contra os muçulmanos na Espanha adquiriu o *status* de guerra santa.[1457] Em 1063, o rei de Aragão, RAMIRO I, que lançara grande ofensiva contra os muçulmanos, foi assassinado por um muçulmano em Grados. Essa morte teve efeito catalizador sobre parte da Europa. Em resposta, o papa ALEXANDRE II (1061-1073) conclama à luta pela cruz, na Espanha, e promete indulgência a todos os que nesta

[1454] Ambos referidos no item 8.3 – caminhos da instauração medieval. Veja-se Anthony-Emil N. TACHIAOS, **Cirillo e Metodio** – le radici cristiane della cultura slava (orig. publ. **Cyril and Methodius of Thessalonica** – the acculturation of the Slavs, 2001, ed. italiana a cura di Marcello GARZANITI, Milão: Jaca Book, 2005, esp. cap. 8 – L'attività dei discepoli in Bulgaria, p. 119-131).

[1455] Carta de NICOLAU I em **Monumenta Germaniae Historica, Epistolae** (Vol. VI, p. 658). Essa carta foi incorporada às **Decretais** de GRACIANO, no século XII. O que seria indício de sua aceitação como conteúdo, pela doutrina oficial da igreja. Cf. nesta mesma página se observa.

[1456] Sobre GUILHERME DE OCKHAM, ver o item 9.2.

[1457] Cfr. Angelo HÜSLER, **L'Espagne médiévale**: chrétiens, juifs et musulmans (Gollion, Suiça: Infolio ed., 2008, esp. 2e partie – La Reconquista, des capitulations à l'expulsion, p. 71-115); Maurice LOMBARD, **L'Islam dans sa première grandeur (VIIIe-XIe siècle)** (orig. publ. 1971, préf. de Hichem DJAÏT, Paris: Flammarion / Champs, impr. 1980); S. DENOIX et H. RENEL (dir. de), **Atlas des mondes musulmans médiévaux** (Paris: Éd. CNRS, 2022); Eduardo MANZANO Moreno, **História de las sociedades musulmanas en la edad media** (Madri: Síntesis, 1992); Philippe SÉNAC, **L'Occident médiéval fase à l'Islam** – L'image de l'autre (Paris: Flammarion, 2e. éd. revue; 2000); Julio VALDEÓN, Idade média (in Julio VALDEÓN, Joseph PÉREZ e Santos JULIÁ, **História da Espanha**, orig. publ. **História de España**, 2009, trad. Luís Felipe SARMENTO, Lisboa: Eds. 70, 2014, p. 13-151).

luta se empenhassem. O que leva à reunião de um exército para levar adiante a obra de RAMIRO.[1458]

Seu sucessor, o papa GREGÓRIO VII (1073-1085), convida os príncipes da cristandade a ingressar no movimento pela recuperação da Espanha.[1459] Ao mesmo tempo, com base na falsificação da *Doação de Constantino*,[1460] lembrava ao mundo o papa GREGÓRIO VII que a Espanha integrava o domínio de são Pedro, e declarava que os cavaleiros cristãos poderiam tomar posse das terras que conquistassem aos infiéis.

Os castelhanos capturam Toledo em 1085. Segue-se a retomada islâmica, sob condução dos mais fanáticos almorávidas. Assim, a partir de 1087, os cavaleiros cristãos de outras nações foram convocados com urgência à Espanha para arrostá-los.

Logo a seguir, o papa URBANO II (1088-1099) dá ulterior apoio às lutas dos cristãos na Espanha. Até o fim do século, "as campanhas espanholas continuaram atraindo cavaleiros cristãos aventureiros do norte, até que a captura de Huesca, em 1096, e de Barbastro, em 1101, marcou o fim dessa série de campanhas".[1461] A mudança conceitual estava feita:

> No final do século XI, a ideia da guerra santa, portanto, fora posta em prática. Os cavaleiros e soldados cristãos foram incentivados pelas autoridades eclesiásticas a deixar suas querelas mesquinhas e partir para as

[1458] S. RUNCIMAN (ed. 2002, vol. I, cit. p. 89): "iniciou-se um afluxo de cavaleiros franceses que atravessaram os Pirineus para continuar o trabalho. Em 1073, uma nova expedição foi organizada por EBLES de Roucy."

[1459] S. RUNCIMAN (ed.2002, vol. I, cit. p. 89): "Em 1078, HUGO I, duque da Burgúndia [Borgonha], liderou um exército para ajudar seu cunhado, ALFONSO VI, de Castela. Em 1080, GREGÓRIO VII estimulou pessoalmente uma expedição comandada por GUY-GEOFFREY. Durante os anos seguintes, tudo correu bem."

[1460] Lorenzo VALLA (1407-1457), em sua **Declamatio** (1440), denunciava o caráter fraudulento da suposta *Doação de Constantino*. O texto de VALLA teve de esperar até 1517, para ser impressa por Ulrich von HÜTTEN, e amplamente distribuída, com traduções em diversas línguas. Texto e comentários em Lorenzo VALLA, **On the Donation of Constantine** (translated by G. W. BOWERSOCK, Cambridge, Ma. / London: Harvard Univ. Press - The I Tatti Renaissance Library, 2007); Giovanni Maria VIAN, **La donazione di Costantino** (Bolonha: Il Mulino, 2004, esp. cap. II - Genesi di una legenda, p. 53-89, cap. III - Scoprire un falso, p. 91-128, e cap. IV - Polemica e filologia, p. 129-167); b/c, as considerações a respeito, neste tomo, item 8.4 - continuidade e mudança do contexto medieval ao moderno.

[1461] S. RUNCIMAN (ed. 2002, vol. I, cit. p. 90).

fronteiras da cristandade para combater os infiéis. A recompensa por seus serviços seria a posse das terras que conquistassem, além de benefícios espirituais. Quais seriam exatamente tais benefícios é algo que não se sabe ao certo. [...] Aos poucos, o pontificado assumiu a direção das guerras santas. Em geral, era o responsável por lançá-las e selecionar seu comandante. A terra conquistada encontrava-se, em última instância, sob suzerania papal.[1462]

No século XII, GRACIANO – em latim, Franciscus GRATIANUS –, além de lecionar direito canônico em Bolonha, faz codificação sistemática do direito canônico, na **Concordia**, mais conhecida como **Decretum** ou **Decretum magistri Gratiani** (ca. 1140) – vasta coleção de 3.800 textos – com seus comentários. Além de estabelecer o direito canônico como disciplina jurídica independente,[1463] GRACIANO também menciona temas relacionados com a guerra.

Chega a afirmar a justiça da guerra, desejada por Deus: *Crimina pro Deo punire non est crudelitas, sed pietas* – punir crimes em nome de Deus não é crueldade mas piedade![1464]

Quantos excessos e quantos atos de intolerância podem se esconder por trás desse propósito pio. Uma guerra contra hereges, por exemplo, poderia ser digna de louvor.

Dentre os canonistas, Henrique de SEGUSIA, dito HOSTIENSIS, foi professor em Bolonha e em Paris, em 1262 nomeado cardeal de Óstia, e falece em 1271. Em sua **Summa aurea**, no capítulo *De treuga et pace*, desenvolve a sua concepção da 'guerra justa': que ele descreve como a guerra, conduzida pelos cristãos, contra os infiéis.[1465]

[1462] S. RUNCIMAN (ed. 2002, vol. I, cit. p. 90).

[1463] P. GROSSI, **L'ordine giuridico medievale** (Roma/Bari: Laterza, 1995, cap. 7 – Presenza giuridica della Chiesa, p. 204-222, cit. p. 205): "è la prima compiuta consolidazione del diritto della Chiesa, se per consolidazione intendiamo non una materiale raccolta di testi ma un setaccio storico governato da una articolazione sistematica. Se il **Decretum** di IVO [di CHARTRES] è stato potuto definire un magazzino di testi, la **Concordia** grazianea è qualcosa di qualitativamente diverso, frutto di tempi nuovi e di un personaggio in grossa sintonia col suo presente, che fa suo l'insegnamento della dialettica abelardiana, che orecchia il dibattito dei primi glossatori."

[1464] **Decretum Gratiani** (XXIII, 2; VIII, 13).

[1465] W. GREWE, **Epochen der Völkerrechtsgeschichte** (Baden-Baden: Nomos, 1984, I. parte, 2. Kap. – Die Grundlage der Völkerrechtsgemeinschaft, p. 72-82, cit. p. 73-74): "Da

No século XIII, os apelos a cruzada se tinham esvaziado:[1466] "a importância prática das cruzadas, como instrumento de política externa, declinou do século XIII em diante".[1467]

Sempre na perspectiva da fé e da doutrina católicas, dedicaram-se ao tema da guerra também os santos ALBERTO Magno e TOMÁS DE AQUINO.[1468] A esse tempo, enquanto a Europa se compartimenta, como resultado das tensões políticas, esboça-se transformação da dimensão e do modo de condução da guerra: o fortalecimento dos futuros 'estados' nacionais[1469] leva à concentração de poder e do foco dos conflitos armados, a partir dos séculos XIV e XV.

Começa a configuração de como passariam a ser as guerras, na era moderna – séculos XV a XVIII: "ao longo de toda a sua história, a Idade média europeia viveu em guerra permanente. Mas, no século XIV, a guerra muda de dimensão. Doravante, tudo depende dela. A guerra perturba a ordem das coisas. Abala o sistema de valores."[1470]

Encontra-se no pensamento jurídico medieval a concepção de existir, além da comunidade dos povos cristãos, outra comunidade mais ampla, fundada no direito natural, e que englobaria todo o gênero humano – essa *communitas omnium gentium* abrangeria, também, os infiéis. DANTE ALIGHIERI foi formulador dessa concepção no seu **De Monarchia**, no início do século XIV.[1471] A condição humana se colocaria acima das circunstâncias da confissão religiosa e da inimizade entre cristãos e pagãos.

Paradoxalmente, foi também no início do século XIV, com o papa BONIFÁCIO VIII (1294-1303) e seus partidários, como AEGIDIUS

für HOSTIENSIS die Christenheit die Rechtsnachfolgerin des römischen Reiches war, nannte er diesen Krieg *bellum Romanum*."

1466 A. BOZEMAN (op. cit., 1960, ed. 2010, cap. 8 – The Medieval Western European Realm, p. 238-297)

1467 A. BOZEMAN (op. cit., 1960, ed. 2010, p. 284): "When the Lateran Council, acting in execution of a papal directive, issued a summons for yet another crusade, no single prince obeyed, nor did anyone make the slightest effort to secure that general four-year truce which was to have served the foreign enterprise."

1468 Ver a respeito, o item 10.1 – santo TOMÁS DE AQUINO.

1469 Georges DUBY et al., **A Idade média** (in **História artística da Europa**, coord. G. DUBY e Michel LACLOTTE, orig. publ. 1995, trad. Mário Dias CORREA, adaptação e notas Rosa F. de AGUIAR, São Paulo: Paz e Terra, 2 vols., 2002).

1470 G. DUBY et al. (ed. 2002, tomo I, cit. p. 118-119).

1471 Ver a respeito, o item 10.2 – DANTE ALIGHIERI.

ROMANUS, que se difundem os defensores de visões extremistas das pretensões hegemônicas do papado – *dominium universalis et superius* –, e se dá a mutação desse conceito de vocação universal, em favor de visão mais 'engajada'. Com a pretensão de estipular gradações entre os seres humanos: o homem em pecado mortal não teria direitos – *nullus est dominus civilis, quam est in peccato mortali.* Essa concepção, além de arma contra os opositores locais da igreja, depois também se mostraria útil para a justificação da conquista colonial espanhola.[1472]

Na realidade política, por vezes, mesmo opositores e inimigos ferrenhos tinham interesse em manter em funcionamento canais de diálogo e relações diplomáticas. Por vezes, detalhes de protocolo serviam para mostrar a convivência organizada. Mesmo entre o papado e representantes dos dirigentes otomanos. No contexto medieval, lembrava Jules MICHELET, "tendo o papa, segundo o uso, apresentado o pé ao enviado turco para que o beijasse, este toca com os lábios não o pé, mas o joelho do papa".[1473]

Diante de interesses, as coisas nunca se colocaram de modo tão radical: e "não somente papas e imperadores, como reis e outros dirigentes do cristianismo ocidental mantiveram relações internacionais com os infiéis, com estes celebraram tratados, e os trataram como inimigos legítimos, em tempos de guerra".[1474]

A concepção de existir padrão mínimo de direito internacional que vincularia mesmo a comunidade dos povos cristãos em relação aos não-cristãos, com base em direito natural, e que, como tal, vincularia toda a

[1472] Ver **Tratado** (tomo 5 – **Direito internacional no tempo de Francisco de Vitória**, cap. 14 – Francisco de VITÓRIA (1480-1546), bem como os tomos 14 a 17 – **Direito internacional no tempo do colonialismo**).

[1473] Jules MICHELET, **Origines du droit français** – cherchées dans les symboles et formules du droit universel (orig. publ. Bruxelas: Meline, Cans et Compagnie, 1840, reedição facsimile, Paris: L'Harmattan, 2009, dois tomos, Livre II – Propriété, chap. III – Tradition, p. 241-268, cit. p. 262): "Le pape ayant selon l'usage présenté le pied à l'envoyé turc pour qu'il le baisât, celui-ci toucha des lèvres non le pied, mais le genou du pape."

[1474] W. GREWE (op. cit., 1984, p. 75) comenta ter o imperador FREDERICO BARBAROSSA, antes de partir na cruzada, como cavalheiro, mandado prevenir o sultão SALADINO, por meio do conde Heinrich VON DIEZ, bem como o fato de cidades italianas, sobretudo Gênova e Veneza, terem mantido durante toda a Idade média, intensas relações comerciais com o Oriente islâmico.

humanidade, não correspondia somente a anseios teóricos, como respondia a necessidades práticas de intercâmbio, sobretudo na região do Mediterrâneo.[1475]

Em todo discurso sobre a guerra são também buscados meios e modos de limitar o flagelo.[1476] De preocupação moral, passará a questão a ser objeto de regulação jurídica própria:[1477] "esse 'direito da guerra' é, no conjunto das construções do direito internacional, a parte mais angustiosa e mais decisiva, aquela que, quando olhada de perto, comanda todos os outros elementos componentes desta disciplina".[1478]

Isso se dá, primeiro, no contexto da divisão entre *jus in bello* e *jus ad bellum*.[1479] Depois, no assim chamado direito internacional humanitário, como disciplina própria, a partir do final do século XIX mas,[1480]

[1475] W. GREWE (op. cit., 1984, p. 76): "Die grundsätzliche Unterscheidung zwischen Christen und Ungläubigen und die Auschliessung der letzteren aus den engeren abendländlischen Völkerrechtsgemeinschaft wurde durch diese Praxis doch nicht berührt."

[1476] Jacques LE GOFF, **Un long Moyen Age** (orig. publ. 2004, Paris: Hachette, 2009, La Croisade I: et Jérusalem est redevenue un rêve – Chronique d'un très grand malheur, p. 75-83; La Croisade II: et le Christianisme inventa la 'guerre juste', p. 85-94); Christian NADEAU e Julie SADA, **Guerre juste, guerre injuste**: histoire, théories et critiques (Paris: PUF, 2009).

[1477] A. GARDOT, **Le droit de la guerre dans l'oeuvre des capitaines français du XVIe siècle** (RCADI, 1948, t. 72, p. 393-540, chap. I – Les hommes et les oeuvres, cit. p. 397): "L'étude du développement historique du droit international a suscité, on le sait, des nombreux et pénétrants travaux. Leurs résultats et conclusions essentiels – qu'ils fussent des essais monographiques ou des tentatives de synthèse – faisaient apparaître, qu'ils tendissent ou non à cette fin spéciale, la continuité de ce développement, l'intime pénétration des doctrines à travers les différentes époques et les diverses civilisations."

[1478] A. GARDOT (op. cit., 1948, p. 399).

[1479] A respeito, ver **Tratado** (tomo 6 – **Direito internacional no tempo de Suárez, Gentili e Zouch**, tomo 7 – **Direito internacional no tempo de Hugo Grócio**, tomo 8 – **Direito internacional além do paradigma vestfaliano**, tomo 9 – **Direito internacional no tempo de Samuel Pufendorf**, tomo 10 – **Direito internacional no tempo de C. van Bynkershoek e Christian Wolff**).

[1480] Ver **Tratado** (tomo 12 – **Direito internacional no tempo de Vattel e von Martens**, item – mutações do direito internacional no século XVIII, ilustradas pelo tema da guerra e tomo 13 – **Direito internacional no tempo do concerto europeu**, item 28.3 – tentativas de regulação jurídica da guerra e do uso de gases e armamentos); Keiichiro OKIMOTO, **The distinction and relationship between *Jus ad Bellum* and *Jus in Bello*** (Oxford & Portland, Oregon: Hart Publ., 2011, Studies in International Law, vol. 33); Christine GRAY,

sobretudo, com as quatro **Convenções** de Genebra de 1949 e **Protocolos adicionais** de 1977, bem como os demais instrumentos codificados e normas consuetudinárias sobre a matéria.[1481]

No sentido de contextualizar o direito internacional no tempo histórico e meio cultural, uma vez mais, neste campo, podem e devem ser buscadas matrizes conceituais e pontos de inspiração, cujos desdobramentos podem ter chegado, ainda que de modo indireto, até os nossos dias. Como se dá na relação entre os ideais da cavalaria medieval e o direito internacional.

Pode ser apontada relação, direta e necessária, entre os ideais de cavalaria e o direito internacional.[1482] Ressaltava, no século XII, CHRÉTIEN DE TROYES que a dignidade do cavaleiro não lhe permite esquecer a injúria feita, nem a ofensa à honra.[1483]

Isso se justifica, porquanto a concepção da cavalaria constituia, para autores – como FROISSART, MONSTRELET, CHASTELLAIN, *et de tant d'autres* – "o conjunto de ideias gerais com auxílio das quais

International law and the use of force (orig. publ. 2000, Oxford: Univ. Press, 3rd ed., 2008); Leslie C. GREEN, **The contemporary law of armed conflict** (orig. publ. 1993, Manchester: Univ. Press, 3rd ed. 2008); Frits KALSHOVEN, **Reflections on the laws of war**: collected essays (Leiden: M. Nijhoff, 2007, esp. cap. 43 – From International Humanitarian Law to International Criminal Law, p. 947-957); Robert KOLB, ***Ius contra bellum*: le droit international relatif au maintien de la paix** (Basiléia: Helbing & Lichtenhahn, 2003); ___, ***Ius in bello*: le droit international des conflits armés** (Basileia: Helbing & Lichtenhahn, 2003).

1481 Cfr., neste capítulo, item 11.3 – herança antiga e medieval na concepção moderna da guerra.

1482 Johan HUIZINGA, La valeur politique et militaire des idées de chevalerie à la fin du Moyen Âge (Revue d'histoire diplomatique, publiée par les soins de la Société d'histoire diplomatique, Paris: Plon-Nourrit et Cie., 35e année, 1921, p. 126-138, cit. p. 127): "la chevalerie a été, après la religion, la plus forte des idées générales et généreuses qui ont rempli les cerveaux et les coeurs de ces hommes d'autrefois."

1483 V. tb. CHRÉTIEN DE TROYES, **Romans de la Table ronde** – Érec et Énide – Cligès – Le chevalier de la charrette – Le chevalier au lion – Le conte du Graal (intr. Michel ZINK, trad. et annot. Jean-Marie FRITZ, Charles MÉLA, Olivier COLLET, Catherine BLONS--PIERRE et David HULT, Paris: LGF – classique, 2002); ___, **Perceval ou le conte du Graal** (escrito em 1182-1183, trad. et prés. Jean DUFOURNET, Paris: Garnier-Flammarion, 1997, v. 2900-2904): "Mes oblïee ne passee / La honte n'avait ele mie, / Que mout est mauvés qui oblie, / S'an li fet honte ne leidure".

se explicavam as engrenagens da política e da história".[1484] Mesmo quando esses mesmos autores – sobretudo FROISSART, cujas crônicas em prosa relatam eventos da Guerra dos cem anos, da deposição de EDUARDO II, em 1327 até 1400 – mostram o contraste entre os ideais da cavalaria e a prática,[1485] não se pode negligenciar o papel paradigmático desempenhado por esta, na formatação das concepções gerais, ordenadoras da civilização medieval.[1486]

Não se trata de mera hipótese: efetivamente se encontram mesclados elementos do direito das gentes, em meio à regulamentação, casuística e por vezes pueril, dos feitos de armas e dos combates em campo fechado – enfatizava J. HUIZINGA.[1487] É preciso compreender que "todas as categorias, das quais nos servimos, para compreender a história, faziam-lhes quase totalmente falta, e apesar de tudo, eles, como nós, sentiam a necessidade de enxergar ordem":[1488]

> Eles tinham necessidade de forma para o seu pensamento político, e é aí que se inscreve a ideia de cavalaria. Graças à ficção cavalheiresca, a história

[1484] J. HUIZINGA (conferência cit., 1921, p. 129): "Leur point de vue était très insuffisant et très fantaisiste sans doute. Le nôtre est beaucoup plus vaste; il embrasse les causes économiques et sociales, entre autres. Pourtant cette vision d'un monde régi par la chevalerie, toute superficielle et fausse qu'elle fût, c'était ce que pouvait concevoir de plus clair l'esprit laïque du moyen âge, dans le domaine des idées politiques. C'est la formule par laquelle les hommes de ce temps réussirent à comprendre, tant soit peu, la complexité effrayante des événements. Ils ne voyaient autour d'eux que violence et confusion. La guerre, c'était, la plupart du temps, un procès chronique d'incursions isolées. La diplomatie, c'était une procédure très solennlle et très verbeuse, où une foule de questions de détails juridiques se heurtait à quelques traditions très générales et à quelques points d'honneur."

[1485] Jehan FROISSART (ca. 1337-1410), **Chroniques de France et d'Angleterre** (éd. Alberto VARVARO, Bruxelas: Accadémie royale de Belgique, Livre quatrième, 2015).

[1486] J. HUIZINGA (conferência cit., 1921, p. 132): "dans toute civilisation archaïque, la démarcation nette entre le sérieux et la pose se dérobe à nos regards. Dans la vie chevaleresque, le jeu grave et solennel se confond sans cesse avec la raison et le calcul. En négligeant l'élément de jeu on ne comprendrait pas tous les ressorts de la politique médiévale."

[1487] J. HUIZINGA (conferência cit., 1921, p. 134-135): "Ce n'est pas une hypothèse que j'énonce. On trouvera effectivement entremêlés les premiers éléments du droit des gens avec la réglementation casuistique et souvent puérile des pas d'armes et des combats en champ clos."

[1488] J. HUIZINGA (conferência cit., 1921, loc. cit.).

para eles se reduzia a um grave espetáculo de honra e de virtude, a um nobre jogo de regras edificantes e heróicas.[1489]

A cavalaria, ao menos enquanto ideal, faz-se presente,[1490] sobretudo em matéria como a regulação da guerra: "não será exagero dizer que as ideias de cavalaria exerceram influência constante sobre a condução da guerra, seja retardando, seja precipitando as resoluções, fazendo perder oportunidades e negligenciar vantagens. Influência real, por conseguinte, embora em suma negativa".[1491]

Ao chamar o sistema de ideais da cavalaria de nobre jogo de regras de honra e de preceitos de virtude, toca-se o ponto onde podem ser constatadas as relações entre a cavalaria e a evolução do direito das gentes. Embora as origens deste remontem à Antiguidade e ao direito canônico, foi a cavalaria o fermento que tornou possível o desenvolvimento de um direito da guerra. A noção de um direito internacional foi precedida e preparada pelo ideal cavaleiresco de uma bela vida de honra e de lealdade.[1492-1493]

1489 J. HUIZINGA (conferência cit., 1921, p. 130).
1490 J. HUIZINGA (conferência cit., 1921, p. 138): "La chevalerie n'eût point été l'idéal de vie de plusieurs siècles si elle n'avait contenu de hautes valeurs sociales. C'est dans l'exagération même de ses vues généreuses et fantastiques qu'a résidé sa force. L'âme du moyen âge, féroce et passionnée, ne pouvait être conduite qu'en plaçant beaucoup trop haut l'idéal vers lequel devaient tendre les aspirations. Ainsi fit l'Église; ainsi a fait la pensée du féodalisme. Que la réalité ait continuellement démenti ces hautes illusions d'une vie sociale pure et noble, qui oserait le nier? Mais, en définitive, où serions-nous, si nos pensées n'avaient jamais dépassé l'exacte distance du réalisable?"
1491 J. HUIZINGA (conferência cit., 1921, loc. cit.).
1492 J. HUIZINGA (conferência cit., 1921, cit. p. 134-135).
1493 Honoré de BOUVET, também chamado BONET (ca. 1340-1410), **Arbre des batailles** (1387) Parte 3, cap. 6 – em que constitui a coragem de um cavaleiro e o cap. 7 – se um homem deve preferir a morte ou a fuga de uma batalha, depois de apontar ser essa uma questão difícil, comentava: "Nessa discussão, quero acrescentar a minha opinião. Eu considero que, se um cavaleiro está engajado em combate, com cristãos, contra sarracenos, e pense que, com a sua fuga, os cristãos podem perder a batalha, deve ele aguardar a morte, em lugar de fugir, porque ele sabe que se morrer pela fé, ele será salvo"; cap. 8 – punição do homem que deixa o combate, sem consentimento ou ordem superior... ver Honoré BONET, **The tree of battles** (an English version with Introduction by G. W. COOPLAND, "with an hitherto unpublished historical interpolation", Cambridge, Ma.: Harvard Univ. Press, 1949).

A compilação, surgida no final do século XIV e que circulou até o século XVI, a **Árvore das batalhas**, de Honoré BONET, prior de Selonnet, na Provence, pode ser mencionada,[1494] dentre os livros sobre homens e feitos de armas que desempenharam papel informador para o direito das gentes: "os problemas da guerra justa ou injusta, do direito de presas e da fidelidade à palavra dada se apresentam, ao espírito de BONET, como casos de conduta cavaleiresca, que ele considera por meio de distinções especiais e formalistas".[1495]

Quando BONET questionava "se haveria licitude em se fazer guerra contra os sarracenos ou outros infiéis", essa indagação permitiria situar a extensão de abrangência do sistema internacional da época. E também testar a coerência de tais limites, conforme as especificações do papado – embora a hipótese fosse formalmente admitida e sancionada, do ponto de vista da igreja católica, com a concessão de perdão e de indulgências – "é coisa para a qual o papa concede perdão e indulgência para essas guerras":

> Desta vez, quero fazer uma pergunta, e saber com que direito e por qual razão se pode fazer a guerra, contra os sarracenos ou outros infiéis, e se é coisa devida, que o papa conceda perdão e indulgência por tais guerras – *Ceste fois nous vueil je faire une telle question, c'est assavoir par quel droit ne par quelle raison peut-on mouvoir guerre contre les Sarrazins ou autres mescreants, et c'est chose deue que le pape donne pardon et indulgence pour ces guerres.*[1496]

1494 Criticava J. HUIZINGA o fato de Ernest NYS não ter reconhecido a influência dos ideais da cavalaria no desenvolvimento do direito internacional medieval (conferência cit., 1921, p. 135): "Il faut s'étonner que M. Ernest NYS, qui s'est tant occupé des précurseurs de GROTIUS et spécialement de Honoré BONET, ait nié l'influence des idées de chevalerie sur le développement du droit des gens. Comme nulle part, il n'apparaît mieux que dans l'*Arbre des batailles,* à quel point la conception dirigeante qui inspire à l'auteur, ecclésiastique lui-même, ses idées très remarquables, est celle de la chevalerie."

1495 J. HUIZINGA (conferência cit., 1921, p. 135 e 136): "On y trouve pêle-mêle les questions d'honneur personnel et les questions les plus graves du droit des gens. [...] Insensiblement on passe des suppositions spéciales aux questions d'ordre général."

1496 Honoré BONET, **Arbre des batailles** (ed. cit.); tb. J. HUIZINGA, conferência cit., 1921, p. 136): "L'auteur prouve que'elles ne sont même pas licites dans le but de convertir les païens à la foi. [...] L'*Arbre des batailles,* hélas, n'était qu'un traité théorique. Nous savons très bien que la guerre de ces temps-là a été très cruelle. On a trop peu respecté les belles règles et les exemptions générales telles que les énumérait le bon prieur de Selonnet. Pourtant, si

BONET nega a validade do título para mover justa guerra, em tais casos. Mesmo em se tratando de buscar a conversão do inimigo.

Em suma, a partir do exame das normas de cavalaria, tais como as formulara a **Árvore das batalhas**, seria o ponto crucial, a partir do qual se poderia avaliar a importância da contribuição da cavalaria para a civilização ocidental: "ao assumir o orgulho os traços de alto valor ético, a posição de honra do cavaleiro exprimir-se-ia em preparar o caminho para a clemência e para o direito".[1497] Assim,

> Poder-se-ia dizer que o sentimento da cavalaria transmutar-se-ia em patriotismo, com os melhores elementos deste: o espírito de sacrifício, a necessidade de justiça, e de proteção dos oprimidos, germinaram a partir do solo da cavalaria.[1498]

Desse modo, mais que ruptura ou mudança estrutural de modelo, pode-se ver a possível continuidade entre os mundos medieval e moderno.[1499] Inclusive, no tocante a questões como a passagem do espírito da

un peu de clémence s'est introduit lentement dans les moeurs politiques et militaires, c'est plutôt le sentiment d'honneur qui y a contribué que les convictions de légalité et de morale. Le devoir militaire a été conçu d'abord comme l'honneur d'un chevalier."

[1497] J. HUIZINGA (conferência cit., 1921, p. 137): "Si vous voulez vous convaincre que ces transitions d'idées sont réelles, lisez le **Jouvencel**, le roman biographique de JEAN DE BUEIL, compagnon d'armes de la Pucelle. Qu'il me soit permis d'en citer un seul passage, où la psychologie du courage a trouvé une expression simple et touchante: *On s'entr'ayme tant à la guerre. Quand on voit sa querelle bonne et son sang bien combattre, la larme en vient à l'ueil. Il vient une douleur au cueur de loyaulté et de pitié de veoir son amy qui si vaillamment expose son corps pour faire et accomplir le commandement de nostre créateur. Et puis on se dispose d'aller mourir ou vivre avec luy, et pour l'amour ne l'abandonner point. En cela vient une délectation telle que, qui ne l'a essaiié, il n'est homme qui sceust dire quel bien c'est. Pensez-vous que homme qui fasse cela craingne la mort? Nennil; car il est tant reconforté, il est si ravi, qu'il ne scet où il est. Vraiment il n'a paour de rien.* "

[1498] J. HUIZINGA (conferência cit., 1921, p. 137): "C'est dans le pays classique de la chevalerie qu'on entend pour la première fois les accents émouvants d'un amour de la patrie, empreint du sentiment de justice. Il n'est pas besoin d'être un grand poète pour dire ces simples choses dignement."

[1499] Como se apontou, neste tomo, cap. 8, esp. item 8.4 – continuidade e mudança do contexto medieval ao moderno, no cap. 11, item 11.3 – herança antiga e medieval na concepção moderna da guerra e tb., **Tratado** (tomo 5 – **Direito internacional no tempo de Francisco de Vitória**).

cavalaria medieval, para o moderno 'patriotismo': seriam antes facetas de fenômenos equivalentes do que conceitos substancialmente distintos.

Em sentido semelhante, o fenômeno da cavalaria medieval pode ser considerado: "na Alemanha e na França essa atitude de vida cavalheiresca (*ritterliche Lebenshaltung*) alcança a sua mais nobre formulação, mesmo considerando que a cavalaria era fenômeno generalizado para todo o Ocidente".[1500]

> Essa consciência de classe da cavalaria ocidental, que ultrapassava as fronteiras dos povos e dos estados, manifestar-se-á séculos mais tarde, na solidariedade dinástica das casas reinantes, como continuação do mesmo fenômeno. Até o início do século XIX permanece, dessa forma, elemento condutor do pensamento comunitário em matéria de direito internacional.[1501]

A mesma consciência de classe, que remonta à cavalaria medieval, poderia, assim, ser percebida em desdobramentos e como modelo para o que constituiu o parâmetro dominante entre as dinastias reinantes na era do direito internacional clássico. Mas, para tanto, faz-se necessário atentar para a matriz medieval.[1502]

O modelo teve impacto direto sobre a guerra e as premissas para a condução desta – ao menos como ideais teóricos de correção e de justiça,

[1500] Wilhelm GREWE, **Epochen der Völkerrechtsgeschichte** (Baden-Baden: Nomos, 1984, primeira parte – *Ius gentium*: Grundzüge der mittelalterlichen Völkerrechtsordnung, p. 55-162, cit. p. 80) caracteriza expressivamente o fenômeno: "die Volks- und Landesgrenzen übergreifende Standesbewusstsein der abendländischen Ritterschaft".

[1501] W. GREWE (op. cit., 1984, p. 80): "Die Tugendskala der ritterlichen Ethik und Lebenshaltung, die Ideale der 'mâze', der Ehre, Treue, Zucht, Stete, der Tapferkeit, und des hohen Muttes, die 'mitte' und 'erbärmde' sind in die ethische Grundsubstanz des mittelalterlichen Rechtsgefühls eingegangen. Spezifisch mittelalterliche Institutionen wie Lehnrecht und Fehdewesen sind untrennbar mit ritterlichen Wesen und ritterlicher Lebensanshauung verknüpft. Indem diese Institutionen in die völkerrechtliche Ordnung hineintragten, entfaltete die ritterliche Gedanke auch in ihrem Bereiche seine Wirksamkeit."

[1502] Como apontavam J. HUIZINGA (conferência cit., 1921) e W. GREWE (op. cit., 1984) e como se considera no **Tratado** (tomo 10 – **Direito internacional no tempo de C. van Bynkershoek e Christian Wwollf** e tomo 11 – **Direito internacional no tempo do Iluminismo**).

que deveriam informar a condução dos conflitos. Já em consequência do estrito conceito e quase inseparável contexto de guerra e legítima defesa, estabeleceu-se o inteiro direito medieval de guerra sob a égide desse pensamento, mesmo se o direito escolástico-canônico sobre a guerra parece não tomar qualquer conceito jurídico dessa fonte.

Numerosas ligações podem ser estabelecidas em torno da comunidade da *respublica christiana*. Não somente a cavalaria, como também a espiritualidade, quer no clero secular, como entre as ordens monásticas, constroem elementos de solidariedade que transcendem as identidades e as fronteiras nacionais. O mesmo vale, embora em menor medida, para a identidade das comunidades urbanas, e as interações entre estas.

Ao longo dos tempos, são numerosos os autores que cuidaram do tema da guerra, desde a Antiguidade ocidental, tais como HERÓDOTO, TUCÍDIDES, POLÍBIO, TITO LÍVIO ou TÁCITO. Isso se mostra também no Oriente médio, no **Antigo testamento**.[1503]

Do mesmo modo, no Oriente, quer se trate da Índia, com o **Mahabharata**, passando aos registros históricos chineses, com destaque para o **Shi Ji**, de SIMA QIAN. Isso se verifica em todas as épocas, até os nossos dias: porque o fenômeno é recorrente, e ultrapassa toda racionalidade e toda razoabilidade, e tentam-se buscar parâmetros para a sua condução e limites para os seus efeitos.

Sem esquecer tantos outros, nos séculos XIV, XV e XVI, também ocorrem textos de reflexão jurídica, política e filosófica, sobre a guerra, suas premissas de justiça, sua condução estratégica, seus efeitos sobre pessoas, sobre territórios e sobre bens móveis, e os desdobramentos do conflito, depois da retomada da paz. Dentre estes autores – tais como Balthazar AYALA e Pierino BELLI, a seguir considerados –[1504] entre o final da era medieval e o início da moderna, poderiam ser lembrados alguns, tais como:

- o canonista de Bolonha, Giovanni da LEGNANO, que escreveu por volta de 1390 – e se ilustrou no assim chamado direito da

[1503] Cfr. **Tratado** (tomo 3 A – **Direito internacional no tempo antigo** e tomo 3 B – **Gregos, romanos, chineses, indianos**).

[1504] Considerados, no presente capítulo, item 11.6 – a guerra e o direito internacional nos tratados de AYALA e BELLI.

guerra –[1505] foi contemporâneo de BÁRTOLO. Ambos poderiam assim ser lembrados para o que viria, posteriormente, a ser parte de um sistema ordenado de direito internacional.

Homem de seu tempo, Giovanni da LEGNANO também se inscreve na grande controvérsia da época, na linhagem dos autores que se declaram favoráveis à supremacia temporal do imperador,[1506] em oposição às pretensões hegemônicas do papado.[1507]

- o direito de represália experimenta, a partir do século XV, profundas mudanças: nessa matéria, os conceitos fundamentais de BÁRTOLO exerceram duradoura influência, passando pelo **Tratado sobre a guerra, as represálias e o duelo** – *Tractatus de bello, de represaliis et de duello*, no qual Giovanni da LEGNANO desenvolveu muitos dos pensamentos de BÁRTOLO, com reflexos até a escolástica tardia da Espanha;[1508]
- o holandês Henri de GORINCHEN, no século XV, enfatiza o conceito: *De jure naturali debent esse communes* – em caso de conflito entre o direito da sociedade humana e outros usos e costumes, de determinado setor ou região, devem prevalecer aqueles que correspondem ao interesse comum, mais amplo;[1509]

[1505] Giovanni da LEGNANO, **De bello, de repraesaliis et de duello** (Collotype of the Bologna Manuscript of *circa* 1390, photographic reproduction of the first edition (1477), with an extended and revised text, introduction, list of authorities by T. Erskine Holland, translation by J. L. Brierly, with a photograph of Legnano's Tomb, Oxford: Carnegie Foundation – coll. Classics of International Law, 1917, vol. 8).

[1506] A respeito de Giovanni da LEGNANO, ver G. GOYAU, **L'église catholique et le droit des gens** (RCADI, 1925, t. 6, p. 123-240).

[1507] G. GOYAU, **L'église catholique et le droit des gens** (RCADI, 1925, t. 6, p. 123-240, cit. p. 179): "ce chef, cet unique juge et arbitre, c'était l'empereur."

[1508] W. GREWE menciona como data de composição do tratado de G. da LEGNANO 1360 e não 1390, **Epochen der Völkerrechtsgeschichte** (Baden-Baden: Nomos, 1984, primeira parte – *Ius gentium*: Grundzüge der mittelalterlichen Völkerrechtsordnung, p. 55-162, cap. 7 – Der Rechtzwang: Idee und Wirklichkeit des *gerechten Krieges*, p. 131-147, cit. p. 147): "Sie sind eindrucksvolle Zeugnisse für die souveräne, sich von *Corpus iuris* lösende Methodik der grossen mittelalterlichen Lehrer des römischen Rechts, ihre enge Verbindung mit der Scholastik und die auf diesen Elementen aufgebaute Gestaltung rechtlicher Institutionen nach den Bedürfnissen ihrer Zeit."

[1509] A contribuição do precursor holandês, do século XV, HENRI DE GORINCHEN, foi resgatada por outro holandês, Robert Hubert Willem REGOUT, em seu livro **La doctrine de la guerre juste** – de saint Augustin à nos jours (Paris: Pedone, 1935); v. tb.

- no início do século XVI, quando MAQUIAVEL escreve o seu tratado sobre a **Arte da guerra**,[1510] não trata de considerações morais a respeito, mas de considerações técnicas sobre o modo mais eficaz de condução de conflito armado.[1511] E, realisticamente, considerava: "os erros que se fazem em outras coisas podem, por vezes, ser corrigidos; mas aqueles que se cometem na guerra, logo sobrevém o castigo, e não mais se podem emendar".[1512]

Existe toda uma linha de encadeamento de temas e de autores, em torno da guerra e das tentativas de ordenar um direito da guerra. Se estes que se dedicaram ao tema da guerra são legião, por que dar destaque a alguns dentre eles? A seguir (11.6), consideram-se as obras de Balthazar AYALA (1582)[1513] e de Pierino BELLI (1563).[1514]

As contribuições específicas destes dois autores foram destacadas, e são neste capítulo estudadas. São ambos expressões de gênero extensamente praticado, ao longo dos séculos, mas a atenção específica se dá em razão do interesse de ambos em tratar o tema da guerra, sob a ótica do direito internacional. Em seus tratados sobre a guerra, AYALA e BELLI também têm relevância pelo exame do desenvolvimento do direito

J. MOREAU-REIBEL, **Le droit de société interhumaine et le *jus gentium*: essai sur les origines et le développement des notions jusqu'à Grotius** (RCADI, 1950, t. 77, p. 481-598, p. 521).

[1510] N. MACHIAVELLI, **Dell'arte della guerra** (in **Tutte le opere**, a cura di Mario MARTELLI, Firenze: Sansoni, 1971, pp. 299-398).

[1511] A respeito, v. **Tratado** (tomo 5 – **Direito internacional no tempo de Francisco de Vitória**, item 13.1 – MAQUIAVEL).

[1512] N. MACHIAVELLI, **Dell'arte della guerra** (ed. cit., 1971, pp. 299-398, cit. livro II, p. 323): "gli errori che si fanno nell'altre cose, si possono qualche volta correggere; ma quegli che si fanno nella guerra, sopravvenendo subito la pena, non si possono emendare."

[1513] Balthazar AYALA, **De jure et officiis bellicis et disciplina militari** (ed. by John Westlake, vol. I – photographic reproduction of the edition of 1582, with a portrait of Ayala, introduction by J. WESTLAKE, vol.II – translation of the text, by John Pawley BATE, with translator's note and Index of citations, Washington: Carnegie Endowment for International Peace – The Classics of International Law, 1912, No. 2 of the series).

[1514] Pierino BELLI, **De re militari et bello tractatus** (vol. I – photographic reproduction of the edition of 1563, with introduction by Arrigo Cavaglieri, and a portrait of Belli, vol. II – translation of the text by Herbert C. Nutting, with a translation of the introduction, and indexes, Oxford: Carnegie Endowment for International Peace – The Classics of International Law, 1936, No. 18 of the series).

internacional no tempo. E, também, porque nem sempre se faz justiça a um e a outro, nos estudos e nos manuais da área.

O problema mais decisivo para a configuração de sociedade verdadeiramente universal, no contexto medieval, foi a discussão a respeito da possibilidade e da extensão da inclusão dos povos não abrangidos pela cristandade e pelo império (do Ocidente) no seio do possível sistema internacional.[1515] Até que ponto os 'infiéis' – ou seja, não cristãos, na terminologia da época – poderiam ser parte de eventual sistema institucional e normativo 'internacional'?

Essa candente questão foi debatida durante séculos, desde a doutrina do século XIII. Passa pela manifestação a respeito, no Concílio de Constança, de 1414 até 1418. Lá argumentou o delegado polonês, Paul VLADIMIRI – como antes fizera seu predecessor e também reitor da Universidade de Cracóvia, Stanislaw SCARBIMIRIA,[1516] que não-cristãos poderiam fundar autoridade estatal legítima, e esta não dependeria da confissão cristã, mas seria inerente à condição humana, igualmente partilhada por todos os homens.

O tema ainda será tratado por Francisco de VITÓRIA, na primeira metade do século XVI. E não deixa de estar, mais ou menos abertamente, subjacente a muitas controvérsias dos nossos tempos sobre "mundos em guerra".[1517] Quem pode ser aliado de quem; quem pode ou deve aliar-se a uns contra outros...

Esse abismo entre dois mundos se exprime também em relação à guerra e às tentativas de regulamentação desta. Quais deveres poderiam

[1515] Jean MOREAU-REIBEL, **Le droit de société interhumaine et le *jus gentium*: essai sur les origines et le développement des notions jusqu'à Grotius** (RCADI, 1950, t. 77, p. 481--598, esp. chap. III – Des canonistes à VITORIA – proclamation du 'jus humanae societatis' au Concile de Constance, p. 523-536).

[1516] Como se examina adiante, neste tomo, item 11.6.3 – a contribuição dos tratadistas da guerra para o direito internacional; ver tb. Jerzy LUKOWSKI e Hubert ZAWADZKI, **Histoire de la Pologne** (orig. publ. **A concise History of Poland** © 2001, 2006, trad. Eric CHÉDAILLE, Paris: Perrin, 2010, chap. 2 – La Pologne jagellonienne 1386-1572, p. 69-113).

[1517] Cf. **Tratado** (tomo 5 – **Direito internacional no tempo de Francisco de Vitória**, cap. 14); ver tb. Anthony PAGDEN, **Mundos em guerra** – 2500 anos de conflito entre o Ocidente e o Oriente (orig. publ. **Worlds at war** – The Long Struggle between East and West, 2008, trad. Miguel MATA, Lisboa: Ed. 70, 2009).

existir em relação aos cristãos, como em relação aos não-cristãos, em meio a conflito internacional?

SINIBALDO FIESCHI, a seguir o papa INOCENCIO IV (1243-1254), na sua obra **Apparatus in quinque libri decretalium**, considerava que mesmo os infiéis tem *dominium* e tem jurisdição.[1518] Ou seja, também os 'infiéis', justamente, são titulares de direitos, tais como os reconhece o direito das gentes, no sentido de serem parte do conjunto da comunidade internacional, e não se pode privá-los de tais direitos, a menos que exista 'justa causa' para a guerra.

E, foi justamente durante o pontificado de INOCENCIO IV, em agosto de 1244, que Jerusalém voltaria a cair nas mãos dos turcos otomanos. Este foi um dos papas que esteve as voltas com o imperador FREDERICO II, entre iniciativas militares, conjuntas ou em confrontação, bem como declarações de excomunhão, assacadas contra este último. O contexto, sem dúvida, marcou a discussão sobre o tema do alcance universal da mensagem da igreja e da regulação possível de sistema internacional.[1519]

Poderia ser lícita aliança entre cristãos e 'infieis' não-cristãos? Essa questão não tinha somente alcance teórico, mas, concretamente, coloca-se durante séculos: já se colocava no século XIII, ao tempo do papa INOCENCIO IV, como ainda se debatia, no século XV, ao tempo do papa PIO II.

Concretamente se punha a questão ao tempo de Eneias Sílvio PICCOLOMINI (1405-1464), o papa PIO II. Em várias passagens da sua **Autobiografia**,[1520] com verve e erudição, PIO II critica acerbamente os venezianos por serem aliados dos otomanos, e como tais, os venezianos

1518 Citado por J. MOREAU-REIBEL (op. cit., 1950, p. 523).

1519 Ver tb. **Tratado** (tomo 5 – **Direito internacional no tempo de Francisco de VITORIA**, cap. 12 – *jus gentium, jus commune, jus europaeum*: entre a teoria e a prática); Olaf B. RADER, **Friedrich II. Der Sizilianer auf dem Kaiserthron** – eine Biographie (orig. publ. 2010, Munique: C. H. Beck, 4a. ed., 2012); Jacques BENOIST-MÉCHIN, **Frédéric de Hohenstaufen** – ou le rêve excommunié (1194-1250) (orig. publ. 1980, Paris: Perrin-tempus, 2008); Cláudio RENDINA, **I papi** – Storia e segreti (orig. publ. 1983, Roma: Newton, nova ed., 1993, p. 378-383, cit. p. 383): "Fu essenzialmente un politico. [...] Con l'impero minacciava anche di decadere la potenza politica del papato nel contesto europeo e rischiava cosi di essere compromessa la portata universale del messaggio cristiano della Chiesa."

1520 Eneias Sílvio PICCOLOMINI, papa PIO II **Commentariorum Pii Secundi Pontificis Maximi Libri XIII** (edição bilingue **Commentaries**, ed. by Margaret MESERVE and

preferiam, antes, manter os bons laços de comércio com os infiéis, do que correr o risco de sofrerem represálias e perda de mercados, por se engajarem em luta contra o Império otomano, quer em prol da recuperação dos locais de culto na Terra santa, ou mesmo para tentar recuperar Constantinopla.

Mais tarde, Alberico GENTILI critica o rei FRANCISCO I da França por ter se aliado ao sultão otomano contra as forças cristãs, em guerras na Europa.[1521]

O dilema de tentar regular a guerra marca profundamente o direito internacional. Desde a era medieval, passando pelos internacionalistas da era moderna, como GENTILI, sobre o direito da guerra (1598) e GRÓCIO, sobre o direito da guerra e da paz (1625),[1522] destes para os internacionalistas clássicos, e prossegue como tema de eleição – sem solução plena – até os dias atuais.[1523]

O dilema da paz era bem percebido e apontado por KANT: falar que a paz seja desejável é óbvio. Mas, ao se cuidar do tema, é preciso manter distanciamento suficiente para compreender que esse anseio não será nem fácil nem brevemente alcançado.[1524]

Marcello SIMONETTA, Cambridge, Ma. / London: Harvard Univ. Press – The I Tatti Renaissance Library, vol. I – Books I-II, 2003; vol. II – Books III-IV, 2007).

1521 A respeito de GENTILI, ver **Tratado** (tomo 6 – **Direito internacional no tempo de Suárez, Gentili e Zouch**, cap. 16).

1522 Ver **Tratado** (tomo 6 – **Direito internacional no tempo de Suárez, Gentili e Zouch**, cap. 16 e tomo 7 – **Direito internacional no tempo de Hugo Grócio**, cap. 18); Alberico GENTILI, **Direito de guerra** (orig. publ. **De jure belli** libri tres, trad. Ciro MIORANZA, intr. Diego PANIZZA, Ijuí: Ed. Unijuí, 2004); Hugo GRÓCIO, **O direito da guerra e da paz** (orig. publ. **De jure belli ac pacis**, intr. Antonio Manuel HESPANHA, trad. de Ciro MIORANZA, col. clássicos do direito internacional, Ijuí: Ed. Unijuí, 2004, 2 vols.); ___, **De jure belli ac pacis** (ed. facsimilar da tradução de Jean BARBEYRAC, "avec les notes de l'auteur même, qui n'avoient point encore paru en françois; & de nouvelles notes du traducteur", orig. publ. Amsterdã: Pierre DUCOUP, 1724 / Caen: Publ. de l'Univ. de Caen, 1984, 2 tomos).

1523 L. OPPENHEIM e H. LAUTERPACHT, **International law**: II. Disputes, war and neutrality (Londres: Longmans, Green & Co., 1955); Bert V. A. RÖLING, **The law of war and the national jurisdiction since 1945** (RCADI, 1960, t. 100, p. 323-456); Ludwig QUIDDE, **Histoire de la paix publique en Allemagne au moyen âge** (RCADI, 1929, t. 28, p. 449-598).

1524 P. B. CASELLA, *Pax perpetua – a review of the concept from the perspective of economic integration* (in **Dimensão internacional do direito**: estudos em homenagem a G.E. do

A tentativa de ordenar e de regular legalmente a guerra é anseio tão antigo quanto inexoravelmente fadado ao insucesso, porquanto uma vez desencadeadas as forças mais elementares da destrutividade na natureza humana,[1525] é sempre difícil a estas contrapor qualquer limite, sob a argumentação da necessidade de parâmetros 'civilizados'.[1526]

A guerra sempre esteve presente nas relações humanas, quer pessoais como entre sociedades. Infelizmente, tende-se a perceber que sempre haverá de estar presente entre nós.[1527]

Desde a Antiguidade, até muito recentemente, a guerra não somente era lícita como era atividade louvada e louvável. Sua recorrente utilização é frequentemente apontada.[1528]

NASCIMENTO E SILVA, coord. P. B. CASELLA, São Paulo: LTr, 2000, p. 69-88); tb. Anne--Marie LE GLOANNEC e Aleksander SMOLAR (dir. de), **Entre Kant et Kosovo** – études offertes à Pierre HASNER (Paris: Presses de Sciences Po, 2003, esp. cap. 31 – Droit de sécession et droit à la citoyenneeté: réflexions à partir d'une note de Kant dans le Projet de la paix perpétuelle, par Jean-Pierre DERRIENNIC, p. 459-476); Evelyn BARRETO, **Projetos de paz perpétua no direito internacional contemporâneo** (pref. P. B. CASELLA, apres. C. P. MOISÉS, São Paulo: WMF – Martins Fontes, 2021).

1525 **Anatomia da destrutividade humana** é o título de alentado volume de Erich FROMM, originalmente publicado em inglês (**The anatomy of human destructiveness**, Nova York: Holt, Rinehart and Winston, 1973) e no Brasil (trad. Marco Aurélio de Moura MATOS, Rio de Janeiro: Ed. Guanabara, 2ª ed., 1987). Ponderava este, além de ser o estudo da agressão e da destrutividade "um dos problemas fundamentais da Psicanálise, a onda de destrutividade que avassala o mundo também o coloca na pauta de um dos estudos praticamente mais relevantes." Considerava FROMM a impossibilidade de escrever adequadamente sobre a destrutividade humana conservando-se dentro dos limites da Psicanálise.

1526 A. GARDOT, **Le droit de la guerre dans l'oeuvre des capitaines français du XVIe siècle** (RCADI, 1948, t. 72, p. 393-540); Gilles LAPOUGE, **Utopie et civilisations** (Paris: Flammarion/Champs, 1978).

1527 Como adiante se considera, no presente capítulo, especialmente os dois ensaios de S. FREUD (1915) e (1921), a seguir referidos.

1528 Como se examina no **Tratado** (tomos 3 A – **Direito internacional no tempo antigo** e 3 B – **Gregos, romanos, chineses, indianos**); v. tb. Yvon GARLAN, **La guerre dans l'Antiquité** (orig. publ. 1972, Paris: Nathan, 1990); Victor Davis HANSON, **Le modèle occidental de la guerre** (orig. publ. **The Western way of war**, 1989, trad. Alain BILLAULT, préf. John KEEGAN, Paris: Tallandier, 2007); Antonio Ramos dos SANTOS e José VARANDAS (coord.), **A guerra na Antiguidade** (Lisboa: Centro de História da Universidade de Lisboa – Caleidoscópio, 3 volumes, 2006, 2008 e 2010); Harry SIDEBOTTOM, **Ancient Warfare** (Oxford: Univ. Press, 2004); Jean-Pierre VERNANT

A mesma tripartição das funções sociais pode ser apontada e está presente em todas as sociedades antigas, de matriz indo-europeia, entre: *oratores*, aqueles que rezam; *laboratores*, aqueles que trabalham; *bellatores*, aqueles que lutam.[1529] O exercício da guerra correspondia a uma função social, considerada útil e necessária. E, como tal, regulamentada e inserida socialmente.

Convém considerar, ainda que breve e esquemáticamente, como se deu a surpreendente mutação do tratamento da guerra pela doutrina cristã e pelas autoridades eclesiásticas. Com forte guinada em relação ao pacifismo explícito do CRISTO, a igreja passa à apologia da guerra, quando voltada para fins afirmados como válidos e aceitáveis, pela hierarquia – e afirma que pode a guerra ser afirmada não somente 'justa', como até mesmo, paradoxalmente 'santa', por exemplo, no contexto das cruzadas ou na defesa da fé.[1530]

(direction de), **Problèmes de la guerre en Grèce ancienne** (orig. publ. 1968, Paris: Éditions de l'École des Hautes Études en Sciences Sociales, 1999).

[1529] Em diversas de suas obras Georges DUMÉZIL, tais como, **Mythes et dieux des indo-européens** (textes réunis et présentés par Hervé COUTAU-BÉGARIE, Paris: Flammarion, 1992); **Les dieux souverains des indo-européens** (1977, 3e éd. revue et corrigée, Paris: Gallimard, 1986); **L'oubli de l'homme et l'honneur des dieux** et autres essais ('vingt-cinq esquisses de mythologie', Paris: Gallimard, 1985); **Mythe et épopée I**: L'idéologie des trois fonctions dans les épopées des peuples indo-européens (1968, Paris: Gallimard/NRF, 1989); **Mythe et épopée II**: Types épiques indo-européens: un héros, un sorcier, un roi (1971, 4e éd., 1986, Paris: Gallimard/NRF, impressão 1988); **Mythe et épopée III**: histoires romaines (1973, 3e éd., corrigée, Paris: Gallimard/NRF, impressão 1986).

[1530] Como se examina nos itens seguintes: 11.1 – 'cristianizar' a guerra? e 11.2 – guerra justa e guerra santa: entre 'jihad' e cruzadas; v. tb. Michel DOUSSE, **Dieu en guerre**: la violence au coeur des trois monothéismes (Paris: A. Michel, 2002); Jean FLORI, **Guerre sainte, *jihad*, croisade** – violence et religion dans le christianisme et l'islam (Paris: Seuil, 2002); Francisco GARCÍA FITZ, **La edad média** – guerra e ideología, justificaciones reliigosas y jurídicas (Madri: Sílex, 2003); Jacques LE GOFF, **Un long Moyen Age** (© 2004, Paris: Hachette, 2009, La Croisade I: et Jérusalem est redevenue un rêve – Chronique d'un très grand malheur, p. 75-83; La Croisade II: et le Christianisme inventa la 'guerre juste', p. 85-94); Christian NADEAU e Julie SADA, **Guerre juste, guerre injuste**: histoire, théories et critiques (Paris: PUF, 2009).

11.1. 'Cristianizar' a guerra?

> A distância é imensa entre o ensinamento cristão e a realidade histórica [...] mas os preceitos da Igreja, mesmo se não foram respeitados, pesaram sobre as sociedades ocidentais.
>
> J. LE GOFF (2009)[1531]

> O cristianismo, pregado por JESUS, apresenta-se, desde a sua origem, como uma religião de paz, reprovando e condenando o uso da violência e das armas.
> No final do século XI, apesar disso, o papa URBANO II prega a cruzada, expedição de guerra santa, prescrita aos cavaleiros cristãos, em remissão de seus pecados.
>
> J. FLORI (2002)[1532]

Sensível, notória e perversa mutação se dá com relação ao tratamento da guerra na tradição cristã: da afirmação categórica do pacifismo, com a recusa do uso da violência e das armas, transpõe-se a linha para a pretensa justificação da guerra – alegando que em alguns casos pode ser justa –[1533] ou mesmo a pretensa 'santificação' da guerra, ao cabo do primeiro milênio, com as 'cruzadas' e outras iniciativas 'em defesa da fé'. Quanto ao modo de apresentar a guerra como 'santa', pela hierarquia eclesiástica e de seus apologistas – mesmo que não se mostre esse dado abertamente –, teve crucial influência o modelo anterior da 'jihad' islâmica.

A linha de ruptura conceitual, no campo cristão, é espantosa. E, apesar disso, pode frequentemente ser minimizada.

[1531] Jacques LE GOFF, **Un long Moyen Age** (orig. publ. 2004, Paris: Hachette, 2009, La Croisade II: et le Christianisme inventa la 'guerre juste', p. 85-94, cit. p. 88-89).

[1532] J. FLORI (op. cit., 2002, Introduction, p. 7-11, cit. p. 7): "L'attitude de l'église chrétienne face à la guerre a, au cours de ces onze siècles, connu une évolution si profonde, un changement si radical, qu'il vaudrait mieux parler à son propos de révolution doctrinale."

[1533] Tais como os santos AGOSTINHO e ISIDORO DE SEVILHA, mencionados no item 8.1 e 8.2, b/c, no século IX, o papa NICOLAU I, em sua *Carta aos búlgaros*.

O CRISTO nos traz mensagem de paz. Ele obriga PEDRO a recolher a espada, e adverte "quem usa a espada, morrerá pela espada" – *omnes enim qui acceperint gladium, gladio peribunt.*[1534]

Para TERTULIANO,[1535] "ao desarmar Pedro, o Senhor desarmou todos os soldados, nenhuma condição o permite, expõe-se a um ato ilícito".

Isso é afirmado por TERTULIANO, considerado um dos grandes teólogos cristãos, o mais antigo – o maior, depois de santo AGOSTINHO – dentre os escritores eclesiásticos do Ocidente e o criador da literatura cristã em latim. Como teólogo, TERTULIANO representou, de maneira particularmente nítida, as preocupações de ordem positiva, jurídica e prática, que permanecerão características essenciais da teologia latina.[1536]

Os primeiros padres da Igreja trazem mensagem pacifista e antibelicosa.[1537] Consentânea e consistente com os ensinamentos do CRISTO.

[1534] BIBLIA SACRA – **Vulgatam clementinam** (nova editio, A. COLUNGA e L. TURRADO, Madri: BAC, quinta editio, 1977) *Evangelium secundum Matthaeum* (26,52).

[1535] Quintus Septimius Florens TERTULLIANUS, ou simplesmente TERTULIANO, nasceu em Cartago entre 150 e 160 e morreu por volta de 225 d.C. De família pagã, filho de um centurião proconsular, recebeu excelente formação em latim e em grego. Suas obras revelam grande conhecimento da história e dos autores, de HERÓDOTO a TÁCITO. Estudou direito em Cartago e provavelmente também em Roma, onde, segundo o testemunho de EUSÉBIO, ganhou fama de ser um dos mais eminentes juristas. Convertido e batizado, por volta de 195 d.C., passa a dedicar-se ao estudo das Escrituras e da literatura cristã, bem como à defesa do cristianismo, e é ordenado sacerdote, cerca do ano 200. De temperamento lutador, dialético por formação e animado pela força da nova fé, escreve, entre outras, a sua obra de defesa do cristianismo, o **Apologeticum** (197), onde põe em evidência a iniquidade das leis de perseguição contra os cristãos. Por volta do ano 200, escreve o **De praescriptione haereticorum**, uma refutação geral dos heréticos, em que opõe às heresias a 'prescrição' da tradição apostólica continuada nas igrejas. V. TERTULIANO, **A moda feminina / Os espetáculos** (trad. do original latino Fernando MELRO, Lisboa e São Paulo: Verbo, 1974, com base na edição TERTULIEN, Sources chrétiennes, vol. 173, fixação do texto, intr. e notas de Marie TURCAN, cit. 'nota biográfica', p. 7-11).

[1536] H. von CAMPENHAUSEN, **Lateinische Kirchenväter** (orig. publ. 1960, Stuttgart: Kohlhammer, 4a. ed., 1978, 1. Kapitel – Tertulian, p. 11-36); tb. H. BETTENSON (op. cit., 1969, TERTULLIAN, p. 103-167).

[1537] Henry BETTENSON (ed. and translated by), **The Early Christian Fathers** – a selection from the writings of the Fathers from St. CLEMENT of Rome to St. ATHANASIUS (London / Oxford: Oxford Univ. Press, 1969); Hans von CAMPENHAUSEN, **Lateinische Kirchenväter** (Stuttgart: Kohlhammer, 4a. ed., 1978); Hans von CAMPENHAUSEN,

Para ORÍGENES,[1538] "transformamos em foice a lança com a qual antes combatíamos, não mais tiramos a espada contra uma nação, pois nos tornamos, pelo Cristo, filhos da paz. Matar é proibido. É sempre proibido matar um homem, pois Deus quis que a sua vida fosse sagrada".[1539]

As coisas começam a mudar quando o cristianismo deixa de ser 'oposição' e passa a ser e estar 'no governo'. É sabido quantas mudanças pode acarretar deixar de ser pedra e se tornar vidraça!

A confrontação do tema da guerra no cristianismo começa a ser sentida, entre o início, com CONSTANTINO, até o final do século IV, com TEODÓSIO, quando da cristianização do então decadente Império romano do Ocidente: era preciso defender o império contra os bárbaros, que ameaçavam a própria existência da comunidade organizada. A guerra defensiva passa, então a ser justificada pelos teólogos e os apologistas, sem contudo se chegar a pretender santificá-la.

A partir do final do século IV, o cristianismo se torna religião de estado, e os cristãos, integrados na sociedade, tem de cuidar do interesse

Griechische Kirchenväter (orig. publ. 1955, Stuttgart: Kohlhammer, 5a. ed., 1977); Charles Norris COCHRANE, **Christianity and classical culture** – a study of thought and action from Augustus to Augustine (orig. publ. 1940, Londres: Oxford Univ. Press, reprinted 1968); Edwin HATCH, **The influence of Greek Ideas on Christianity** (foreword with new notes and a bibliography by Frederick C. GRANT, New York: Harper, 1957); Werner JAEGER, **Early Christianity and Greek Paideia** (orig. publ. 1961, Londres: Oxford Univ. Press, 1969); W. JAEGER, **Humanismo y teologia** (orig. publ. **Humanism and theology**, 1963, trad. de Alberto José GENTY TREMONT, Madri: Rialp, 1964); Daniel RUIZ BUENO (versión, introducción y notas de), **Padres apostólicos** ("edición bilingue completa", Madri: BAC, 1985).

1538 Origenes ADAMANTINUS, ou simplesmente ORÍGENES (ca. 185-255 d.C.). Observa H. von CAMPENHAUSEN, **Griechische Kirchenväter** (Stuttgart: Kohlhammer, (c) 1955, 5a. ed., 1977, 4. Kapitel: Origenes, p. 43-60, cit. p. 52 e a seguir, p. 59): "Die Bibel ist já die massgebende Urkunde für alles, was ORIGENES lehrt und zu erforschen sucht, die unerschöpfliche Quelle aller Metaphysik und Ethik, aller theologischen, philosophischen und wissenschatlichen Erkenntnis überhaupt." [...] "So ist das Lebens- und Charakterbild des seltenen Mannes bis zuletzt von eindeutiger Klarheit und Geschlossenheit: eine strenge und doch gütige, durch und durch lautere Persönlichkeit, der geistigen Arbeit und der asketischen Frömmigkeit allein geweiht, ein Gelehrter und vor allen ein systematischer Denker, der es mit jedem Gegner aufnehmen könnte."

1539 H. BETTENSON (op. cit., 1969, ORIGEN, p. 185-262); H. von CAMPENHAUSEN, **Griechische Kirchenväter** (Stuttgart: Kohlhammer, (c) 1955, 5a. ed., 1977, o já ref. 4. Kapitel: Origenes, p. 43-60).

público. E passam a se posicionar de modo diverso em relação às grandes questões do seu tempo e do meio. Assim, não mais veem como se recusar a fazer guerras que se faziam prementes: a sociedade romana sofre vários ataques, por parte dos assim chamados 'bárbaros'.[1540] E é preciso não somente revidar militarmente os ataques, ao mesmo tempo em que se faz a apologética da nova fé. E se busca eximir a responsabilidade pela decadência e queda de Roma.[1541]

A partir de então, tratava-se de 'cristianizar' a guerra. Esse caminho foi, por vezes, bastante tortuoso. E condenáveis os resultados, porquanto uma vez desencadeadas as forças primitivas e destruidoras, é difícil se não praticamente impossível controlá-las.

Segundo AGOSTINHO,[1542] a guerra decorre do pecado original. Assim como a natureza humana decaiu em razão deste, e essa queda marca toda a nossa natureza, também a guerra estará presente nessa natureza humana decaída.

Ante a impossibilidade de evitar ou de proibir a guerra, tratava-se de a restringir e de a tentar manter dentro de certos limites. E de a submeter a normas, ditadas pelo Cristianismo.

[1540] Para situar o fenômeno, veja-se o capítulo 8, sobre a transição do mundo tardo-antigo ao medieval, esp. o item 8.3 – caminhos da instauração medieval. V. tb. Henri-Irénée MARROU, **Décadence romaine ou Antiquité tardive?** III e-VIe siècle (Paris: Seuil, 1977); Henri-Irénée MARROU, **L'église de l'Antiquité tardive** 303-604 (Paris: Seuil, 1963, 1985); Maurice VALLERY-RADOT, **L'Église des premiers siècles** (Paris: Perrin, 1999 e 2006); Paul VEYNE, **Quand notre monde est devenu chrétien** (312-394) (Paris: Albin Michel, 'édition revue et augmentée', 2007).

[1541] Em grande tradição histórica, a partir da visão da hierarquia católica, de santo AGOSTINHO, com a **Cidade de Deus**, escrita entre 413 e 427 d.C., até J.-B. BOSSUET, no final do século XVII. Ver: supra, o item 8.1; AGOSTINHO DE HIPONA, **A Cidade de Deus** (do original **De civitate Dei** trad. Oscar PAES LEME, intr. Pe. Riolando AZZI, São Paulo: Edameris, 1964, 3 vols.), ou tb. a ed. **De civitate Dei / La ciudad de Diós** (edicion bilingue, trad. Santos SANTAMARTA Del Rio y Miguel FUERTES Lanero, intr. y notas de Victorino CAPANAGA, in **Obras de San Agustín**, vols. XVI e XVII, 3a. ed., 1977, 2 vols., Madri: Biblioteca de Autores Cristianos, vols. 171 e 172); Jacques-Bénigne BOSSUET, **Discours sur l'histoire universelle** (originalmente publicado em 1681, 'textes établis et annotés' par l'Abbé VELAT et Yvonne CHAMPAILLER, Paris: Gallimard–Pleiade, © 1961, impr. 2006, pp. 657-1027, notas e variantes, pp. 1471-1524).

[1542] Aurelius AUGUSTINUS (354-430 d.C.) Veja-se o item 8.1 – AGOSTINHO DE HIPONA (354-430 A.D.) b/c Henri-Irénée MARROU, **L'ambivalence du temps de l'histoire chez Saint-Augustin** (Paris: Vrin, 1950).

A base da doutrina agostiniana da guerra consiste, de um lado, em ter afastado a recusa inicial do cristianismo em fazer uso da guerra e das armas, e de outro lado, em retomar a concepção antiga da 'guerra justa' – que AGOSTINHO retira de autores como CÍCERO – e a trazer para o contexto cristão (*ein christliches Bild der Welt*), e da visão cristã da história do mundo: a guerra acontece porque este mundo está decaído, em razão do pecado. Ao mesmo tempo, não deixa de ser muito cético em relação à verdadeira necessidade – *dira necessitas* – da guerra, assim pensada como meio de se retomar a paz.[1543]

A 'sacralização' da guerra se amplifica, notavelmente na altura das invasões normandas, e sobretudo, muçulmanas, primeiro, no Oriente médio, e depois, no Ocidente, onde a resistência das populações cristãs, muito especialmente na Espanha visigótica, em luta contra os invasores muçulmanos, reveste-se de tons proféticos e de esperança de intervenção divina, para selar o resultado dos combates.

Esta malfadada tentativa de trazer a 'legitimação' da guerra, para dentro da comunidade cristã,[1544] teve objetivo diversionista, no sentido estrito de afastar os conflitos internos, do seio da cristandade, mobilizando energias para fora desse espaço, no contexto medieval – contra o 'outro', o inimigo externo. E assim, institucionaliza-se o uso da guerra, como instrumento de poder, por exemplo, na confrontação com o mundo muçulmano.[1545]

1543 W. GREWE (op. cit., 1984, parte primeira, cap. 7 – *Der Rechtszwang: Idee und Wirklichkeit des 'gerechten Krieges'*, p. 131-147, cit. p. 133-134).

1544 Ver tb. Anthony PAGDEN, **Mundos em guerra** – 2500 anos de conflito entre o Ocidente e o Oriente (do original **Worlds at war** – The Long Struggle between East and West © 2008, trad. Miguel MATA, Lisboa: Ed. 70, 2009).

1545 A agressão ocidental contra o mundo muçulmano deixou marcas profundas, que o Ocidente parece esquecer. Cf., a seguir, item 11.2. Ver, por exemplo tentativas de síntese: Pierre AUBÉ, **Les empires normands d'Orient** (orig. publ. 1991, Paris: Perrin, 2006, esp. *Deuxième époque. La Sicile et le rêve oriental*, p. 89-195); Amin MAALOUF, **Les croisades vues par les Arabes** (orig. publ. 1983, Paris: J'ai lu, 1988, Avant propos, p. 5): "Ce livre part d'une idée simple: racconter l'histoire des croisades telles qu'elles ont été vues, vécues et rélatées dans 'l'autre camp', c'est-à-dire, du côté arabe. Son contenu repose, à peu près exclusivement, sur les témoignages des historiens et chroniqueurs arabes de l'époque. / Ces derniers ne parlent pas de croisades, mais de guerres ou d'invasions franques."

Como também se invoca a santidade da guerra contra os 'pagãos' europeus – na linha da atuação de ordem monacal armada, como os Cavaleiros teutônicos –[1546] contra os heréticos e outros grupos minoritários, como os cátaros[1547] ou albigenses, grupos trucidados e varridos do mapa e da história por meio de operações militares. Como ocorrem também, no interior da Europa, outras, não menos nefandas, 'cruzadas'.

> O catarismo, esse cristianismo dissidente, erradicado depois de vinte anos de guerra e cem anos de Inquisição, dessa parte da Europa ocidental, onde se tinha solidamente implantado. [...] A reconquista católica soube cuidadosamente enquadrar os homens e marcar seu território. O enquadramento cerrado dos novos bispados, criado em 1317 – Montauban, Lavaur, Castres, Saint-Papoul, Mirepoix, Rieux e Lombez – enquanto o de Toulouse era elevado a arcebispado, dava à igreja meios de controlar mais de perto o país, com a universidade, criada em favor da derrota occitana de 1229, velando, de seu lado, pelo alinhamento das consciências. [...]
> A Santa Sé tentou enviar uma cruzada contra a Bósnia herética com o muito católico rei da Hungria, mas sem sucesso. Os 'cristãos' da Bósnia, como eram simplesmente chamados, se mantiveram até a chegada dos turcos, em meados do século XV. Mas, como minoria religiosa, no seio do vasto império otomano, eles não foram reconhecidos, e se viram confrontados – *pris en tenaille* – pela igreja latina e pela igreja grega. Heréticos aos olhos de todos, eles recusaram a vinculação quer com Roma ou com Constantinopla e, ademais, mais ou menos forçados, esses eslavos passaram ao islão. Seus distantes descendentes continuam muçulmanos, e se veem vítimas de perseguição, por seus vizinhos católicos romanos, os croatas, ou ortodoxos, os

[1546] Sobre os Cavaleiros teutônicos ver: Henry BOGDAN, **Les chevaliers teutoniques** (© 1995, Paris: Perrin – tempus, 2009); William URBAN, **The Teutonic Knights** – a military history (London: Greenhill Books/Mechanicsburg, PA.: Stackpole Books, 2003).

[1547] René NELLI, **Les cathares**: hérésie ou démocratie (Paris: Marabout Université, 1972, cit. p. 9): "On peut étudier le phénomène cathare sous deux angles bien différents: en tant qu'hérésie ou en tant que civilisation originale. L'hérésie s'est développée avec succès dans plusieurs pays d'Europe. Mais le catharisme, en tant que civilisation, ou du moins, en tant qu'expression spirituelle la plus achevée d'une civilisation spécifique, avec sa culture, ses moeurs, ses lois, etc., s'est surtout épanoui en Occitanie."

sérvios. Mas continuam presentes no país os únicos túmulos de dignatários cátaros, que ainda podem ser vistos.[1548]

Na até hoje tensa relação entre ambos, ainda se colhem em nossos tempos os amargos frutos do progressivo estranhamento entre os mundos ocidental e islâmico.[1549] Por isso devem ser enfatizadas as perspectivas de diálogo e de construção de pontes, visando o entendimento: por ser inexorável a convivência, não pode ser esta pautada pela tentativa recíproca de destruição, mas tem de se buscar o entendimento e a convivência organizada.

A linha pacifista era claramente enunciada. Ao menos durante os primeiros séculos da igreja. Até se instaurar o uso político da guerra pela hierarquia eclesiástica, após a virada do primeiro milênio.[1550] A igreja chega a falar em 'cruzada pela paz':

> Os chefes mais lúcidos da igreja começavam, porém, a compreender que talvez não fosse possível jugular por inteiro a violência feudal, e que seria mais oportuno fazê-la derivar para outro objetivo. No Concílio de Narbonne, de 1054, ouviu-se esta bela afirmação: '*cristão que mata outro cristão derrama o sangue de Cristo*'. Outro cristão... mas e se fosse um infiel? A conclusão impunha-se *de per se*.
>
> Já o papa JOÃO VIII tivera a intuição de que a cristandade deveria alcançar a unidade pela luta contra o infiel. Assim, quando chamar a si as instituições da 'paz', o papado dar-lhes-á uma nova intenção, e do salteador feudal

[1548] Michel ROQUEBERT, **Histoire des cathares** – Hérésie, croisade, inquisition du XIe au XIVe siècle (orig. publ. 1999, Paris: Perrin – tempus, 2002, chap. 20 – derniers bons hommes, derniers bûchers, p. 474-497, cit. p. 496-497) mostra a difusão do catarismo na Bósnia, que escapa, temporariamente à cruzada contra eles promovida na Europa ocidental: "Quand brûlaient les Derniers cathares occitans, ceux d'Italie avaient disparu depuis une génération à peu près, à la fois sous les coups de l'Inquisition et sous l'effet de la prédication des mendiants. Mais il était un pays où l'on oublia presque que l'hérésie dualiste subsistait, et qu'elle était même peu ou prou devenue religion nationale depuis que son prince, KOULINE, s'était converti vers 1200, avec sa famille et plusieurs de ses vassaux."

[1549] Mohammad Hashim KAMALI, **Shari'ah Law** – An Introduction (Oxford/New York: Oneworld, 2008). Como aponta Omid SAFI no prefácio ao livro de M. H. KAMALI (op. cit., 2008, "foreword", p. VII-VIII): "In today's world intimate knowledge about Islam and Muslims is not a luxury, but a matter of mutual survival."

[1550] Ver também a seguir, item 11.2, "guerra justa e guerra santa: entre *jihad* e as cruzadas".

fará um cruzado. O famoso discurso de URBANO II em Clermont, conclamando o povo para a Cruzada, mostrará formalmente esta associação dos dois aspectos. A guerra aos muçulmanos servirá de válvula de escape à violência dos barões.[1551]

Contrariamente à progressiva aceitação e apologia da guerra pela hierarquia eclesiástica, no século XIV, dentre outros críticos, destacou-se, como vimos,[1552] MARSÍLIO DE PÁDUA. Na sua obra maior, o **Defensor da paz**, de 1324, MARSÍLIO considera total erro supor que a igreja possa se arrogar qualquer poder temporal, ou deter qualquer força coercitiva, seguindo a inequívoca lição de CRISTO: "dar a CÉSAR o que é de CÉSAR e a Deus, o que é de Deus" –[1553] não poderia ser mais claramente expressado: ou seja, tais poderes pertencem ao âmbito de CÉSAR – à esfera do poder temporal. A mutação somente pode ser explicada como estratégia na secular luta pela hegemonia temporal do papado. Que, na esteira da instigação gregoriana, acabam por conferir à guerra por uma 'boa causa' o caráter de 'guerra santa'.[1554] A transformação foi completa – em detrimento dos ensinamentos pacifistas do CRISTO.

O engajamento eclesiástico na sacralização do uso da violência armada se faz quando convém à proteção dos interesses da hierarquia eclesiástica: efeito da expansão da atuação e dos interesses terrenos do papado e da implicação da igreja na sociedade feudal. Justifica-se a guerra, quando esta se volta para defender a igreja, seus representantes e seus bens deste mundo.

Os santos patronos dos mosteiros e, mais ainda, os santos militares dão o exemplo, ao intervirem nos combates levados a cabo contra os pagãos, normandos e húngaros, ou contra os infiéis árabo-bérberes. Assim,

1551 Daniel ROPS, **A igreja dos apóstolos e dos mártires** (orig. publ. **L'Église des apôtres et des martyrs**, 1988, trad. Emérico da GAMA, São Paulo: Quadrante, 1988); Daniel ROPS, **A igreja dos tempos bárbaros** (orig. publ. **L'Église des temps barbares**, 1991, trad. Emérico da GAMA, São Paulo: Quadrante, 1991, *'a paz de Cristo'*, p. 582-588, cit. p. 586-7)

1552 Ver, supra, o item 9.1 – MARSÍLIO DE PÁDUA (1275-1342).

1553 BIBLIA SACRA – **Vulgatam Clementinam** (nova editio, A. COLUNGA e L. TURRADO, Madri: BAC, quinta ediitio, 1977) *Evangelium secundum Matthaeum* (22, 20-21): "Et ait illis Jesus: Cuius est imago haec, et superscriptio? Dicunt ei: Caesaris. Tunc ait illis: Reddite ergo quae sunt Caesaris, Caesari: et quae sunt Dei, Deo."

1554 Ver, a seguir, o item 11.2 – guerra justa e guerra santa: entre *jihad* e as cruzadas.

explicam-se as ordens cristãs de cavalaria, como os Templários –[1555] atuando em todas as frentes, quer como defensores dos Estados latinos no Oriente médio ou como atores da Reconquista na península ibérica – ao lado de outras, as ordens de Calatrava, de Santiago ou de Alcântara – bem como os Hospitaleiros[1556] e os Cavaleiros teutônicos.

Dentre as várias ordens religiosas combatentes de cavalaria, podem ser destacados alguns elementos da história dos Cavaleiros teutônicos.[1557]

[1555] A respeito dos Templários, dentre extensa literatura disponível, ver: Georges BORDONOVE, **Los Templários** – História e tragédia (orig. publ. **Les Templiers** – Histoire et tragédie, 1977, trad. Carlota VALLÉE LAZO, México: FCE, 1988); Giorgio PERINI, **Les aveux des Templiers** (Paris: Jean de Bonnot, 1992); Régine PERNOUD, **Les Templiers** (orig. publ. 1974, Paris: PUF, 4e éd., 1988); Gérard de SÈDE, **Les Templiers sont parmi nous** – l'énigme de Gisors (orig. publ. 1962, Paris: J'ai lu, 1975); Julie PERINO-ROUX, **Les Templiers** (Vic-en-Bigorre: MSM, 2015, esp. – Sur tous les fronts, p. 138-256, cit. p. 139): "Combattants émérites dont les contemporains, chrétiens comme musulmans, ont vanté le courage et la discipline, les Templiers constituent la première armée permanente du Moyen Âge. [...] Mais l'action militaire du Temple ne se limite pas à l'Orient des croisades, où, deux siècles durant, ils jouent un rôle politique croissant. Elle s'illustre également dans la Reconquista de la péninsule Ibérique, principalement au Portugal, en Aragon et en Catalogne, où les chevaliers du Temple sont appelés dès 1130".

[1556] J. PERINO-ROUX, **Les Templiers** (Vic-en-Bigorre: MSM, 2015, esp. – Autres ordres, p. 259-311): "Institutions charitables fondées au XIIe siècle, l'Hôpital Saint-Jean à Jérusalem et l'Hôpital Sainte-Marie-des-Allemands à Acre se militarisent progressivement: les ordres combattants des Hospitaliers et des Teutoniques voient ainsi le jour et combattent aux côtés du Temple pour la sauvegarde des États latins, sans pour autant abandonner leur vocation hospitalière. [...] Enfin, en ces temps de guerre, le sort des chrétiens captifs intéresse deux institutions religieuses non militaires, vouées à leur libération: l'ordre des Trinitaires et l'ordre des Mercédaires."

[1557] Sobre os Cavaleiros teutônicos, os elementos a seguir referidos tem como fonte: Henry BOGDAN, **Les chevaliers teutoniques** (Paris: Perrin – tempus, 2009); Jerzy LUKOWSKI e Hubert ZAWADZKI, **Histoire de la Pologne** (orig. publ. **A concise History of Poland**, 2001, trad. Eric CHÉDAILLE, Paris: Perrin, 2010, esp. chap. 2 – La Pologne jagellonienne 1386-1572', p. 69-113); Philippe MEYER, **Baltiques** – Histoire d'une mer d'ambre (Paris: Perrin – histoire, 2013, esp. première partie – Baltique allemande, chap. 1 – Vers une Allemagne nordique (*Ostkolonisation*), p. 47-66 e 2 – Teutoniques et Porte Glaive, p. 67-87); J. PERINO-ROUX, **Les Templiers** (op. cit. 2015, esp. – L'ordre Sainte-Marie-des-Teutoniques, p. 275-279); William URBAN, **The Teutonic Knights** – a military history (London: Greenhill Books/Mechanicsburg, PA.: Stackpole Books, 2003); tb. **Tratado** (tomos 14 a 17 – **Direito internacional no tempo do colonialismo**), a respeito da *Ostkolonisation* – a 'colonização' do nordeste da Europa pelos C avaleiros teutônicos.

Estes, depois de vários avatares, tornam-se protestantes e se transformam no estado prussiano, que virá a liderar, em torno de si, a unificação da Alemanha.

Por volta de 1120, é fundado em Jerusalém, por iniciativa de cruzados alemães, um hospital, tendo Maria como padroeira, e especialmente dedicado a acolher peregrinos alemães. A instituição, colocada sob tutela dos Hospitaleiros, desaparece quando se dá a conquista de Jerusalém, por SALADINO, em 1187. Mas, em 1189, quando é sitiada a cidade de Acre, pelos exércitos da terceira cruzada, dois cruzados alemães, mercadores, vindos um de Lübeck e o outro de Bremen, fundam, à frente de Acre, um hospital de campanha, destinado a seus compatriotas feridos. Reconquistada a cidade pelos cristãos, em 1191, instalam seu hospital Santa Maria-dos-alemães perto da porta de são Nicolau, em Acre. A independência da instituição, apoiada pelo imperador HENRIQUE VI (1191-1197), é reconhecida, em 1196, pelo papa CELESTINO III, que lhe concede numerosos privilégios, apesar dos protestos dos Hospitaleiros, que reivindicavam sua tutela.
Em 1198, vários príncipes alemães, presentes em Acre, bem como leigos e eclesiásticos, vinculados à cruzada, abortada pela morte repentina do imperador, em 1197, obtém o acordo das autoridades políticas e religiosas do reino de Jerusalém para transformar o hospital dos alemães em ordem militar. Já em fevereiro de 1199, o papa INOCÊNCIO III ratifica essa transformação, definindo a dupla missão dos cavaleiros 'segundo o modelo do Templo, enquanto clérigos e cavaleiros, e o exemplo dos Hospitaleiros, em relação aos pobres e aos feridos'.
O futuro da Ordem alemã – *Deutscher Orden* – permanece precário, até a gestão do quarto grão-mestre, Hermann von SALZA (1209-1239), quando a ordem alcança novos desenvolvimentos. Terminada a sua militarização, a ordem participa da quinta cruzada (1217-1221) e, em 1221, o papa HONÓRIO III confirma a sua regra e seus privilégios, equiparando-a às ordens dos Templários e Hospitaleiros. Implantam-se no reino da Armênia da Cilícia, onde o rei LEÃO I lhes confia o castelo de Almuda, por volta de 1211-1212. No reino de Jerusalém, adquirem, em 1220, os domínios de JOSSELIN III de Courtenay, com vastos territórios, a nordeste de Acre, em torno da fortaleza de Castellum Regis. A partir de 1226, nessas terras erigem o castelo de Montfort, que se torna a sede da ordem, a partir de 1230.

Outras terras lhes são atribuídas, tais como o baronato de Toron, reconquistadas em 1229.

A partir dos anos 1220, com apoio do imperador FREDERICO II (1220-1250), do papado e dos príncipes cruzados, que retornavam às suas terras, a Ordem alemã se expande no Ocidente. Novas províncias são criadas em terras do Império e na Sicília, sob controle imperial principalmente, mas também no centro e norte da Itália, na França e na península Ibérica: apesar de sua clara identificação nacional, a ordem também recruta outras nacionalidades.

Os cavaleiros teutônicos, comandados por SALZA, participam da sexta cruzada, ao término da qual, graças ao imperador FREDERICO II, os cristãos voltam a Jerusalém, e a Ordem recebe o controle do antigo hospital de Santa Maria.

Em 1230, os cavaleiros atendem ao chamado do duque CONRADO da Mazóvia, em luta contra as populações pagãs da Prússia – os prutenos, das margens do Báltico, hostis aos poloneses. Seguindo o modelo dos templários, CONRADO funda, em 1228, a Ordem dos irmãos de Dobrin, que alcança poucos resultados. Tampouco o Templo e a Ordem de Calatrava se interessam. Mas, para os cavaleiros teutônicos, a cristianização e colonização do espaço báltico se tornam verdadeira cruzada e foco principal da atuação da Ordem, que conserva o controle das áreas conquistadas.

A partir de Kulmerland, na margem direita do Vístula, até o litoral báltico, os cavaleiros ampliam progressivamente a área sob seu controle na Prússia ocidental e, em 1309, instalam a nova sede da Ordem no castelo de Marienburg – hoje Malbork, na Polônia. Essas conquistas são ratificada por bulas imperiais de 1226 e 1235, pelas quais FREDERICO II concede aos cavaleiros os mesmos direitos e privilégios dos príncipes do Império, sobre as terras conquistadas na Prússia. Enquanto pela bula pontifícia de Rieti, em 1234, o papa GREGÓRIO IX coloca a Prússia sob sua jurisdição e a atribui ao controle exclusivo dos cavaleiros.

Avançando rumo ao nordeste, os cavaleiros se implantam na Livônia, onde absorvem a Ordem dos porta-espadas de Riga, em 1237, mas encontram a resistência dos lituanos e do príncipe russo ALEXANDER NEVSKI, de Novgorod, que inflinge derrota arrasadora aos cavaleiros, sobre o lago Peipus gelado, em 1242. A conquista da Pomerânia ocidental e do porto de Danzig – atual Gdansk – marca a ruptura entre os teutônicos e os poloneses.

Senhores na Prússia de verdadeiro estado soberano, o *Ordenstaat*, os cavaleiros lá constroem poderosas fortalezas e organizam a colonização do território. Os portos da Ordem integram a Liga hanseática – aliança das cidades mercantis do mar do Norte e do Báltico, pelas quais transitam o âmbar, madeiras, peles, produtos minerais e cereais.

O século XIV assinala o apogeu da Ordem teutônica. O grão-mestre, eleito pelo capítulo geral da Ordem, reina como soberano na Prússia, estado próspero, com sua própria moeda e sistema judiciário independente. O grão-mestre exerce monopólio total sobre o comércio, assistido por Conselho de cinco membros. A ordem é dividida em províncias: a da Livônia tem seis conventos; a da Itália, da França e da Espanha podem ser autônomas ou vinculadas à Alemanha; mas a principal é a da Alemanha – e se estende da Borgonha à Boêmia, passando pela Alsácia e pela Áustria. A Ordem tem propriedades rurais e urbanas, igrejas e hospitais – como o de Marburgo, fundado por santa ELIZABETH da Hungria (+ em 1231).

O avanço dos cavaleiros teutônicos na Livônia e na fronteira da Lituânia se choca com a resistência dos poloneses e dos russos. A partir de 1385, muda a situação: o grão-duque JAGELLON, da Lituânia, converte-se ao cristianismo, com seu povo, e casa-se com a herdeira do reino da Polônia, EDWIGES I de Anjou. Com seus aliados lituanos e eslavos, o rei LADISLAU II da Polônia inflinge aos teutônicos terrível derrota na batalha de Tannenberg, perto de Grünwald, em 1410, na qual morre o grão-mestre ULRICH von Jungigen.

Doravante privados de sua justificação religiosa, confrontados com a desaceleração da economia no Báltico, começa a haver oposição dos burgueses locais, contra o governo teutônico da Prússia – unidos em Liga, o *Bund* – em 1440, a seguir se aliam ao rei da Polônia, CASIMIRO IV, em 1454. Tem início a chamada 'guerra dos treze anos', ao término da qual os irmãos são obrigados a abandonar, em favor da Polônia, em 1466, a Prússia ocidental: Pomerânia, Kulmerland e Ermland; e, como vassalos do rei da Polônia, conservam somente a região de Königsberg – atual Kaliningrado, na Rússia.

Buscando aliados contra os poloneses, em 1510, os irmãos oferecem o cargo de grão-mestre a ALBERTO, príncipe do Império e margrave de Brandemburgo. Este adere à Reforma, em 1523, levando consigo para o lado protestante a maioria dos cavaleiros. Secularizado, o antigo estado teutônico torna-se o ducado da Prússia, vassalo protestante do reino católico da Polônia. Em 1561, o mestre da província da Livônia, por sua vez, também adere à Reforma: torna-se duque da Curlândia e presta vassalagem ao rei da Polônia.

A Ordem teutônica somente permanece em algumas regiões da província da Alemanha, cujo mestre, WALTHER von Cromberg, assume o título de grão-mestre em 1529. Protegido pelos HABSBURGO, que assumem o título de grão-mestres no final do século XVI, a Ordem tenta preservar sua tradição militar, engajando-se nos combates contra os otomanos.

Implantada no sul da Alemanha, no século XVII, a Ordem é de lá expulsa pelas campanhas de NAPOLEÃO, em 1809. Transfere sua sede para Viena, onde ressurge como instituição de caridade, a partir de 1834, sob a égide do papado e dos HABSBURGO. A Ordem sobrevive à queda do regime imperial austríaco, em 1918, mas, depois da anexação da Áustria – o *Anschluss*, de 1938 – seu funcionamento é proibido pelo regime nazista. Este, contudo se apropria do símbolo da 'cruz de ferro', preta sobre fundo branco e da história da Ordem, reinterpretando-a segundo a ideologia nazista.

A ordem da casa alemã de Santa Maria de Jerusalém reaparece em Viena, depois da guerra. Seus integrantes, irmãos e irmãs, da Alemanha, da Áustria, da Bélgica, da Eslováquia, da Eslovênia, da Itália e da República Checa desenvolvem ações de caridade em várias partes do mundo.[1558]

Assim, desde o século XII até o presente, essa ordem medieval religiosa e de cavalaria se modifica, desloca-se, no tempo e no espaço, transforma-se em dois estados (semi) soberanos, perde tal condição e permanece, até hoje, com a retomada de sua atuação humanitária e caritativa. Mostra, ademais, a influência da cavalaria e da religião na configuração do sistema internacional medieval...

[1558] Cfr.**Tratado** (tomos 14 a 17 – **Direito internacional no tempo do colonialismo**), a respeito da *Ostkolonisation* – a 'colonização' do nordeste da Europa pelos C avaleiros teutônicos – com a conjugação da cristianização – comércio – colonização – conquista – os mesmos elementos que se encontrariam nos impérios coloniais da era moderna; tb. os já referidos: H. BOGDAN, **Les chevaliers teutoniques** (op. cit., 2009); J. LUKOWSKI e H. ZAWADZKI, **Histoire de la Pologne** (op. cit., ed. 2010, p. 69-113); P. MEYER, **Baltiques** (op. cit. 2013, p. 47-87); J. PERINO-ROUX, **Les Templiers** (op. cit. 2015, esp. – L'ordre Sainte-Marie-des--Teutoniques, p. 275-279); William URBAN, **The Teutonic Knights** – a military history (op. cit., 2003).

O longo processo da reconquista – primeiro a lusitana, completada em 1249, enquanto a espanhola somente é terminada em 1492 –, contou com decisiva contribuição de várias dessas ordens confessionais militares – como os Templários, os Hospitaleiros, os de Avis, de Calatrava, de Santiago e de Alcântara.[1559] Guerreiros portando o desenho da cruz em suas ordens, receberam terras, antes, durante e depois da conquista e construíram fortalezas para apoiar o esforço dessa guerra contra o infiel – cujos vestígios permanecem na paisagem, como legado histórico e arquitetônico relevante desse tempo: tais como Alcobaça, Tomar, Batalha, Alcântara etc.:

> Difícil como se revelou, a *Reconquista* foi marcada por sucessivos espaços de fronteira, zonas mais ou menos longas e mais ou menos 'terras de ninguém', caracterizadas por diminuta segurança, desorganização administrativa, povoamento rarefeito e destruição intermitente, acentuada nos povoados maiores.[1560]

[1559] P. CONTAMINE, **La guerre au Moyen âge** (op. cit., 6e éd., 2003); F. GARCÍA FITZ, **La edad média** – guerra e ideología, justificaciones religiosas y jurídicas (Madri: Sílex, 2003, segunda parte – La justificación religiosa de la guerra – el concepto de la guerra santa, esp. La guerra sacralizada, p. 119-164, e Guerras justas y santas: Cruzada y Reconquista, p. 165--217); D. J. KAGAY e L. J. A. VILLALON (ed.), **The circle of war in the Middle Ages** (op. cit., 1999); E. MANZANO Moreno, **Historia de las sociedades musulmanas en la Edad média** (Madri: Síntesis, 1992, esp. cap. 8 – El mundo musulmán en la época de las Cruzadas, p. 157-170); C. NADEAU e J. SADA, **Guerre juste, guerre injuste**: histoire, théories et critiques (op. cit., 2009); N. OFFENSTADT, **Faire la paix au Moyen Âge**: discours et gestes de paix pendant la guerre de Cent ans (op. cit., 2007); J. PERINO-ROUX, **Les Templiers** (op. cit. 2015, esp. – Dans la péninsule Ibérique, p. 281-303); P. SÉNAC, **L'Occident médiéval face à l'Islam** – L'image de l'autre (Paris: Flammarion, 2ª ed., 2000); J. VALDÉON, J. PÉREZ, S. JULIÁ, **História de Espanha** (op. cit., ed. 2014, Idade média, esp. caps. 3 – A resistência cristã, p. 43-54 a cap. 10 – O século XV. Os contrastes da coroa de Aragão, p. 139-151).

[1560] A. H. de OLIVEIRA MARQUES, **Breve história de Portugal** (orig. publ. 1995, Lisboa: Presença, 11ª ed., 2019, cap. I – as origens, p. 11-32, cit. p. 25-26): "Foi o que sucedeu na Galiza e em Entre Douro e Minho, cuja reorganização e repovoamento só começaram, com garantias de continuidade, em meados do século IX. Portucale (Porto) teve papel de relevo nesse movimento."(op. cit., p. 27): "A sul do Douro, os territórios conquistados formavam outra província, chamada *Coimbra*, logicamente continuando a velha tradição administrativa." (op. cit., 2019, cap. II – o nascimento de Portugal, p. 33-78, cit. p. 75): "A ação das ordens religioso-militares ajudou igualmente a reduzir as presúrias. No Sul, grande parte

> Grande parte, se não a maioria do imenso espólio acumulado por reis e senhores, durante o saque da *Reconquista*, foi investida em construções religiosas [...] tremendo surto de catedrais, abadias, igrejas paroquiais e capelas num país relativamente pobre, como era Portugal. Também explica porque motivo a grande época das construções correspondeu aos 100 anos entre os meados do século XII e os meados do século XIII. É interessante verificar que a maior parte dos monumentos desse tempo revela o caráter militar da *Reconquista* e a necessidade de defesa. São edifícios volumosos e sólidos, providos de ameias e dispondo de poucas aberturas, à maneira de castelos. Na realidade, serviam muitas vezes como tal.[1561]

Também ficaram marcas na literatura, como ilustram as crônicas medievais, em rica e variada tradição épica, com destaque para o **Poema de mio Cid**.[1562] O 'mouro', o infiel, era o inimigo a ser derrotado, em defesa da fé e da 'pátria' – quiçá, o que viria a ser uma possível futura 'identidade nacional'.

Ao passar a promover a guerra, foi preciso ordenar questões conceituais e estratégicas, a esta referentes. Tais como: primeiro, quem poderia declarar a guerra, e segundo, as motivações da guerra.

A primeira dessas normas dizia respeito a *quem* poderia declarar a guerra: somente pode ser legítima a guerra – *bellum iustum* – quando declarada por quem tenha autoridade – *auctoritas* – para o fazer. Já AGOSTINHO especificava que somente o príncipe o pode fazer.[1563]

Desse modo, a Igreja proscreve todas as guerras que não sejam guerras de 'estado', conduzidas pelo poder público. Essa mesma preocupação

da guerra e das suas vitórias gloriosas pertenceu às ordens de Santiago e de Calatrava, aos freires do Templo e do Hospital. Mostraram-se aí secundárias as iniciativas do rei. Feitos individuais, como o de Geraldo GERALDES no Alentejo, ou a incursão do povo de Santarém contra Évora, eram exceções. Não admira, assim, que a distribuição da terra, no Sul, obedecesse a um quadro inteiramente diferente do do Norte."

1561 A. H. de OLIVEIRA MARQUES, **Breve história de Portugal** (ed. 2019, cap. IIII – o estado feudal, p. 79-123, cit. p. 97)

1562 ANÓNIMO, **Poema de Mío Cid** (ed., intr.. y notas de José Jesús BUSTOS Tovar, Madri: Alianza, ed. 1988) – baseada no texto paleográfico publicado por Ramón MENÉNDEZ PIDAL; ___, **Poema de mío Cid** (prosificación moderna Alfonso REYES, Madri: Jorge A. Mestas, 6ª ed., 2010); Richard FLETCHER, **Em busca de El Cid** (orig. publ. **The Quest for El Cid**, 1989, trad. Patrícia de Q. C. ZIMBRES, São Paulo: Ed. Unesp, 2002).

1563 Ver item 8.1 – AGOSTINHO DE HIPONA (354-430 A.D.).

ainda se vê em AYALA, no século XVI, bem como em GRÓCIO, no século XVII.[1564]

Tentará a igreja erradicar todas as formas de guerra privada, o que hoje se chamaria 'guerrilha',[1565] ou guerras irregulares. Isso também serviu aos interesses dos príncipes, a partir dos séculos XII e XIII, quando das tentativas de progressivamente construir 'estados nacionais'.

Esse esforço para a supressão das guerras privadas foi igualmente aplicado pelo rei são LUÍS, na França.[1566] E quando este, no século XIII, toma medidas para proibir todas as guerras entre senhores feudais, tal esforço tinha por escopo fazer respeitar o monopólio real em matéria militar.

A segunda norma dizia respeito às *motivações* da guerra: essa pode ser justa quando não inspirada pela vontade de causar danos, pela crueldade na vingança, pelo espírito implacável não apaziguado, pelo desejo de dominar e outras atitudes equivalentes – *vindictae et ultionis gratia* – acompanhando, ainda, AGOSTINHO. Ou seja, a igreja exclui a guerra de conquista.

Tomar armas pode ser justificado, quando se foi injustamente atacado. AGOSTINHO não é um pacifista: afirma que é preciso saber se decidir a combater, quando necessário.[1567] A guerra, consequência do pecado, pode e deve ser remédio ao pecado. Isso segundo a fórmula: as guerras justas vingam as injustiças.

Como referido, mesmo se foi imensa a distância entre a configuração original do ensinamento cristão e os desdobramentos mostrados pela realidade histórica, os preceitos da Igreja, mesmo não respeitados, pesaram sobre as sociedades ocidentais. Considere-se a situação ao longo de mais de um século da guerra dita dos "Cem anos", o longo conflito que

[1564] Ver, a seguir, o item 11.6.1 – Balthazar AYALA (1548-1584), bem como **Tratado** (tomo 7 – **Direito internacional no tempo de Hugo Grócio**, cap. 18).

[1565] Ver adiante, ainda neste capítulo, item 11.7 – guerrilha e direito internacional.

[1566] Observa Jacques LE GOFF, **Un long Moyen Age** (originalmente publicado 2004, Paris: Hachette, 2009, La Croisade II: et le Christianisme inventa la 'guerre juste', p. 85-94, cit. p. 87-88) sobre a concepção da guerra em Santo AGOSTINHO: "Son propos tient à la situation de l'époque. L'empire romain est attaqué par deux sortes d'ennemis: les barbares et les hérétiques. Certains princes et peuples se sont ainsi convertis à l'arianisme, comme les Goths. La lutte avec eux est forcément militaire."

[1567] Ver item 8.1 – AGOSTINHO DE HIPONA (354-430 A.D.).

remonta ao estabelecimento na Inglaterra, do século XII, da dinastia dos PLANTAGENETAS.

Pouco mais de um ano depois da morte do sábio conselheiro, o Abade SUGER (ca. 1081-1151), que durante longo tempo tinha sopesado o interesse público, LUÍS VII declarava guerra ao Plantageneta e mandava embora sua mulher, ELEONORA da Aquitânia. Assim, estavam plantados os germes da guerra de Cem anos, que mergulhariam a França em três séculos de duros combates, de miséria e de infelicidades.[1568]

Conflito dito dos Cem anos, porém somente termina na segunda metade do século XV:

> A França, muitas vezes derrotada, sofre graves catástrofes militares, mas sempre se beneficiou da imagem, que apresentava, de país atacado, de vítima de desejo de conquista e, portanto, condenável, por parte dos ingleses. Ela assim, paradoxalmente, tirou proveito de sua incapacidade em conduzir os combates contra os ingleses.[1569]

Dos tempos da corte de CHARLES VI, conservam-se os registros de Eustache DESCHAMPS, prodigando seus conselhos, dentre tantos outros temas, sobre como fazer para ganhar a 'guerra dos cem anos', ou sobre a importância de prover dados, para que se conserve a memória e "não pereça a história, com a fabricação de falsas notícias" – tema muito atual:[1570]

[1568] Ver SUGER, **De glorioso rege Ludovico, Ludovici filio / Histoire de Louis VII** (in SUGER, **Oeuvres** – tome I – Écrit sur la consécration de Saint-Denis, L'oeuvre administrative, Histoire de Louis VII, texte établi, traduit et commenté par Françoise GASPARI, Paris: Les belles lettres – Les classiques de l'histoire de France au Moyen Âge, vol. 37, 2e tirage, 2008, Introduction, p. VII-LXVI, cit. p. XXXII): "il mourut le 13 janvier 1151. [...] L'abbé de Saint-Denis laissait derrière lui une oeuvre immense: celle de la modération, de la paix du royaume, de l'harmonie et du prestige de la *Corona regni*." V. tb. SUGER, **Oeuvres** – tome II – Lettres de Suger – Chartes de Suger – Vie de Suger par le moine Guillaume (texte établi, traduit et commenté par Françoise GASPARI, Paris: Les belles lettres – Les classiques de l'histoire de France au Moyen Âge, vol. 41, 2e tirage, 2008).

[1569] Jacques LE GOFF (op. cit., 2009, cap. cit., pp. 88-89).

[1570] Eustache DESCHAMPS, **Anthologie** (édition, traduction et présentation par Clotilde DAUPHANT, Paris: Le livre de poche – Coll. Lettres gothiques, 2015, Introduction, p. 7-39, cit. p. 7): "L'oeuvre poétique d'Eustache DESCHAMPS (1340-1405) est un sommet de la culture de cour du XIVe siècle, comme le palais des Papes en Avignon, le château de Vincennes ou les enluminures de Jean PUCELLE."

> E pelo que, nós desejamos
> Promover, enquanto vivermos,
> Os eloquentes, que tem memória
> Do tempo passado, e evitam
> Que por erro ou negligência
> Não pereça a história com
> A fabricação de falsas notícias,
> Queremos prover para que
> Toda a verdade seja revelada[1571]

Ontem, como hoje, a guerra mobiliza grandes interesses e pode ser motor de grandes mudanças, no interior das sociedades, como nas relações entre estas. Muitas vezes, ao longo da história – e da mais remota aos nossos tempos, como registram os jornais – o fruto da guerra será redesenhar relações de força e de hegemonia, pode levar a consideráveis mutações nas relações entre os homens; pode também redesenhar mapas e fazer modificações profundas na vida dos povos.

Para o tempo que nos concerne no presente trabalho – a Idade média – não fugiu a esses padrões. Considerável importância revestiram os conflitos armados. Como dado da política e da definição de relações de poder. E também com considerável impacto sobre o 'direito internacional no tempo medieval': "a guerra suscitou na Idade média grandes necessidades financeiras, o mais das vezes sob forma monetária":[1572]

> A economia e principalmente as trocas comerciais foram a base desse crescimento da circulação monetária, mas o que custou monetariamente mais que tudo, na Idade média, foi atividade quase permanente, a guerra.

[1571] Eustache DESCHAMPS, Le prince de haulte éloquence [D'un beau dit de ceuls qui contreuvent nouvelles bourdes et mensonges] (in **Anthologie** (éd. C. DAUPHANT, 2015, N. 189 (MCCCCIV) vv. 187-195, p. 650-672, cit. p. 660-661): "Et par quoy, nous, qui desirons / Eslever tant com nous vivrons / Les eloquents qui ont memoire / Du temps passe, et que l'ystoire / Des nouvelles choses querir / Ne puist par no coulpe perir / Et par deffault de pourveance / Nous voulens pourveoir en ce / Par quoy tout puist estre avoiré".

[1572] Jacques LE GOFF, **Le Moyen Age et l'argent**: essai d'anthropologie historique (Paris: Perrin, 2010, chap. 5 – Échanges, argent, monnaie dans la révolution commerciale du XIIIe siècle, p. 59-81, cit. p. 66): "La guerre suscita d'ailleurs au Moyen age [...] de très gros besoins financiers, le plus souvent sous forme monétaire."

> Se, como se pôde ver, a guerra foi mais econômica em homens, do que se teria acreditado, isso se deu porque, precisamente, a importância crescente do dinheiro tornava mais rentável fazer prisioneiros os inimigos, e deles obter resgate, em lugar de matá-los [...] a preparação e o equipamento de um exército representavam despesas enormes.[1573]

A guerra na Idade média obriga a considerar vasto e complexo conjunto, ao longo de mais de um milênio de história. Onde cabe ressaltar especificidades:

> tanto mais porque a guerra medieval constituiu um mundo a parte, no qual se encontraram implicados tanto o direito canônico quanto as inscrições propiciatórias, inscritas sobre as espadas, a técnica de colocar ferraduras em cavalos, como a arte de curar feridas, o uso de flechas envenenadas, como regras de alimentação recomendada para os combatentes. O assunto precisaria ser abordado por diferentes ângulos, se o quisermos captar em suas verdadeiras dimensões: arte militar, armamentos, recrutamento, composição e vida dos exércitos, problemas morais e religiosos, colocados pela guerra, ligações entre o fenômeno guerra e o contexto social, político e econômico.[1574]

Assim se considera a construção da 'doutrina' da guerra justa e do exacerbamento desta, que pode levar a afirmar determinada causa de guerra como 'santa'.[1575] E a interessante contraposição entre o surgimento da ideia de guerra santa dos cristãos – ou cruzada – em relação à concepção da guerra santa islâmica – a *djihad* ou *jihad* (11.2).

[1573] J. LE GOFF (op. cit., 2010, cap. cit., p. 79): "L'économie, et principalement les échanges commerciaux, fut la base de cette croissance de la circulation monétaire, mais ce qui coûta monétairement le plus au Moyen Age fut une activité quasi permanente, la guerre. Si on a pu montrer que la guerre fut plus économe en hommes qu'on ne l'avait cru, car précisément l'importance croissante de l'argent rendait plus profitable faire prisonnier l'ennemi et d'en obtenir une rançon plutôt que de le tuer [...] la préparation et l'équipement d'une armée représentaient des dépenses énormes."

[1574] Ph. CONTAMINE, **La guerre au Moyen Age** (op. cit., ed. 2003, Avant-propos, p. 5-6).

[1575] Ver o já ref. estudo de Michel DOUSSE, **Dieu en guerre**: la violence au coeur des trois monothéismes (Paris: Albin Michel, 2002).

11.2. Guerra justa e guerra santa: entre *jihad* e as cruzadas

Guerra santa e guerra justa, princípios religiosos e princípios jurídicos voltam a aparecer, inextricavelmente unidos, em outra das grandes construções ideológicas que, na Idade média ocidental, serviu para animar, explicar e justificar a guerra que fizeram determinadas sociedades ocidentais com suas vizinhas islâmicas: nos referimos ao conceito de *reconquista*.

F. GARCÍA FITZ (2003)[1576]

Depois de um milênio de combates e de trocas, fascinado pelo Indiano, a Europa deixa de lado o Turco. Uma história termina. Agressivo, deformado, eminentemente fictício, o reflexo se apaga, moribundo. A atualidade me espanta: será que este foi bem enterrado?

Philippe SÉNAC (2000)[1577]

A doutrina da 'guerra justa' se empenhou em fazer distinções, e isso desde os tempos do imperador CONSTANTINO. Os primeiros téologos da igreja, ao deverem reconciliar a teologia pacifista, com as necessidades militares imperiais, interpretaram antigos princípios gregos e romanos, para chegar a uma norma cristã. Às vésperas da queda do Império, AGOSTINHO usou a doutrina da guerra justa para negar a legitimidade aos desafios internos e externos contra a unidade cristã. O mesmo motivo leva TOMÁS DE AQUINO a, ulteriormente, refutar a definição, exigindo que as guerras fossem (i) conduzidas com base em autoridade válida, (ii) justa, com relação à causa defendida; e (iii) animada por justa intenção. GRÓCIO, o ultimo expositor clássico da doutrina da guerra justa, tentou

[1576] Francisco GARCÍA FITZ, **La edad média** – guerra e ideología, justificaciones religiosas y jurídicas (Madri: Sílex, 2003, segunda parte – La justificación religiosa de la guerra – el concepto de la guerra santa, esp. La guerra sacralizada, p. 119-164, e Guerras justas y santas: Cruzada y Reconquista, p. 165-217, cit. p. 194).

[1577] Philippe SÉNAC, **L'Occident médiéval face à l'Islam** (Paris: Flammarion, 2ª ed. revista, 2000, 'conclusion', pp. 161-163, cit. p. 163): "Après un millénaire de combats et d'échanges, fasciné par l'Indien, l'Europe délaisse le Turc. Une histoire prend fin. Agressif, déformé, éminemment factice, le reflet s'estompe, moribond. L'actualité m'étonne: l'a-t-on bien enterré?" V. tb. S. MAHMASSANI, **The principles of international law in the light of Islamic doctrine** (RCADI, 1966, t. 117, p. 201-328).

prover base crível para a distinção, com base antes no direito natural do que na teologia cristã.

Thomas M. FRANCK (1990)[1578]

A guerra que, ao mesmo tempo, é 'legítima defesa' precisa ter uma causa justa.

W. GREWE (1984)[1579]

A simbologia – como utilização eficaz de sinais – se faz presente em torno da guerra, como da paz. Por vezes, pequeno detalhe, mesmo de caráter formal ou incidental, pode servir para desencadear algo muito maior. Sem dúvida, a 'fé' e a confissão religiosa foram agentes catalizadores de energias, nos esforços de guerra – isso no tempo medieval, como também antes e depois se verá.[1580]

Qual é a lição a ser tirada: normalmente, é preciso catalizar as energias dos homens para os fazer matar. Isso pode ser verificado em relação ao soldado mercenário, aquele que se engaja no conflito como uma 'atividade', de caráter 'profissional', porque o pagam para isso, e sua solidariedade se manterá em relação a quem pagar melhor. Como pode ser operado mediante constrição – o alistamento é obrigatório e o desertor

[1578] Thomas M. FRANCK, **The Power of Legitimacy among Nations** (New York / Oxford: Oxford Univ. Press, 1990, chap. 5 – Determinacy and the Sophist rule – Idiot rule Paradox, p. 67-83, cit. p. 80-81): "The 'just war' doctrine struggled to make precisely such distinctions even in the time of Emperor CONSTANTINE. Early Church theologians, having to reconcile pacifist theology with imperial military needs, reinterpreted older Greek and Roman principles to arrive at a Christian norm. In the wake of the Empire's fall, AUGUSTINE used the just war doctrine to deny legitimacy to internal and external challenges to Christian unity. The same motive led THOMAS AQUINAS further to refute the definition by requiring wars to be (I) waged on valid authority; (II) just with regard to the cause espoused; and (III) animated by a right intention. GROTIUS, the last classical expositor of the just war doctrine, tried to provide a credible basis for the distinction in natural law rather than in Christian theology."

[1579] Wilhelm GREWE, **Epochen der Völkerrechtsgeschichte** (Baden-Baden: Nomos, 1984, primeira parte – *Ius gentium*: Grundzüge der mittelalterlichen Völkerrechtsordnung, p. 55-162, cap. 7 – *Der Rechtzwang: Idee und Wirklichkeit des* gerechten Krieges, p. 131-147, cit. p. 133): "Der Krieg, der zugleich *rechte Fehde* ist, muss einen rechten Grund haben."

[1580] Como se considera, no item 11.4 – guerra e natureza humana.

fica sujeito às mais severas penas da lei; mas sempre houve e haverá a utilização corrente, por vezes excessiva, de abstrações mobilizadoras – luta-se (e morre-se) pela pátria, pela defesa da fé, dos valores da tradição ocidental (ou de outra), da família. Importa menos o que se ponha como conteúdo, do que o efeito que possa ter o discurso sobre a ação dos homens, para os induzir a tomar armas, matar seus semelhantes, destruir recursos naturais e patrimônio arquitetônico e cultural de outros, acreditando – ou ao menos, alegando – o fazer por causa justa. Assim se dá numa guerra supostamente 'justa'... e, por vezes, chega-se ao paroxismo de pretender que determinada guerra seja 'santa' – a pior das contradições possíveis.

A guerra, em alguns casos, poderia não somente vir a ser considerada justa, como ser declarada 'santa'. Desconsiderando quanto isso pode ser questionável e questionado. Assim fez a igreja, com o movimento das cruzadas. Pouco parece ter importado que se tenha deixado de lado a lição do CRISTO, condenando taxativa e inexoravelmente a violência e o uso da força.[1581] Havia motivos e interesses para tanto.

A nova orientação eclesiástica, em defesa da guerra, desde que 'justa' ou 'santa', fez-se para atender fins políticos e estratégicos, que parecem se impor, sem soterrar completamente as vozes contrárias, que clamam contra o 'desvio de poder' e de função que então perpetrava a hierarquia eclesiástica e os doutrinadores, alinhados com a cúpula da igreja. Por isso, em vários momentos, a hierarquia eclesiástica, para combater os pacifistas e esvaziar a legitimidade de seus discursos, os declara heréticos e... move cruzadas contra esses grupos minoritários – que, em boa medida, estavam mais próximos da lição original cristã, do que os seus detratores, em cargos oficiais.

Na medida em que a doutrina oficial da igreja encampa, acolhe e promove iniciativas bélicas e concede bençãos a determinados grupos guerreiros e ao uso das armas por estes, passa a ser entre os grupos minoritários, em meio aos marginais, os heréticos e seus simpatizantes, onde é possível buscar a expressão mais completa do pacifismo e a defesa da não-violência, no tempo medieval:[1582]

1581 Como brevemente se considerou, no item 11.1.

1582 Ph. CONTAMINE, **La guerre au Moyen Age** (op. cit., ed. 2003, 3e partie – Thèmes et perspectives, chap. X – La guerre: aspects juridiques, éthiques et religieux, item V – Le pacifisme médiéval et ses limites, p. 462-468, cit. p. 464-467); F. GARCÍA FITZ, **La edad**

- no início do século XIII, um grupo de valdenses foi convencido pelo papa INOCÊNCIO III a voltar ao seio da igreja, mediante isenção do serviço militar;
- na Itália, os integrantes da Ordem terceira franciscana e os penitentes se beneficiaram, ulteriormente, de isenção equivalente;
- no sudoeste da França, entre os cátaros, era proibido a qualquer homem matar seu semelhante, mesmo em tempo de guerra e ainda que fosse para se defender de um malfeitor; qualquer guerra, mesmo tendo causa justa, era considerada criminosa: o soldado, obedecendo ao seu chefe, como o juiz, que prolatava uma sentença de morte, eram tidos como criminosos – neste, como em outros campos, os cátaros retomavam posições da igreja preconstantiniana;
- o pacifismo era forte componente do movimento dos cavaleiros lolardos, na Inglaterra: o assassínio em batalha é expressamente contrário ao Novo Testamento, em virtude do 'mandamento dado por CRISTO aos homens, para se amarem uns aos outros, terem piedade de seus inimigos e se abster de os matar' – esta foi uma das doze teses dos lolardos, condenadas em 1395;
- entre os hussitas na Boêmia, houve uma corrente favorável à guerra, justificando a resistência aos pretensos cruzados, em nome da verdade, da inocência e da pátria, mas uma outra linha pregava a não-violência – seguindo Pavel CHELCIKY – que criticava os que têm escrúpulos em comer carne de porco às sextas-feiras, mas derramam sangue humano, sem hesitar; segundo ele, a primeira era da igreja, pacifista, foi idade de ouro, na qual a lei cristã, como lei de amor, proibia o homicídio, de modo que os fiéis deveriam obedecer ao estado, dando a César o que é de César, mas recusando-se a assumir funções públicas ou cumprir o serviço militar;
- em suma, correntes heterodoxas pretenderam, de um lado, estender à coletividade e aos poderes públicos as interdições que, segundo a interpretação tradicional da igreja, diziam respeito somente aos particulares e às condutas individuais e, por outro lado, impor ao

média – guerra e ideología, justificaciones religiosas y jurídicas (op. cit., 2003, segunda parte – La justificación religiosa de la guerra – el concepto de la guerra santa, esp. item – Más allá de la ortodoxia: pacifismo y herejía, cit. p. 116-118).

conjunto dos cristãos um comportamento pacífico, que a igreja reservava aos clérigos e aos que aspiravam à perfeição.[1583]

A partir das necessidades de consolidar as bases do poder temporal, segundo a conveniência das autoridades eclesiásticas medievais, desenvolve-se o conceito de 'guerra justa'. E este, levado ao paroxismo da 'guerra santa', servirá para muitas finalidades.

O conceito de guerra e o direito de guerra na Idade média provêm de três fontes:

- a tradição antiga, sobretudo transmitida pelos romanos;
- o direito de legítima defesa, no contexto feudal e da cavalaria; e
- a tradição da igreja, sobretudo com a doutrina da guerra justa.

A tradição antiga já foi examinada.[1584] Esta, em considerável extensão, continua a ser estudada e citada, por autores leigos e clérigos – dos canonistas medievais até Hugo GRÓCIO, ainda no século XVII, ainda fundamenta nessa tradição a sua concepção do **Direito da guerra e da paz**.[1585]

O direito de legítima defesa, no contexto feudal e da cavalaria, integra de modo essencial o contexto medieval.[1586] Nesse tempo histórico e nesse contexto cultural, a legítima defesa é vista não como aplicação voluntária de recurso à força, mas como forma de implementação de direito.

Da última vertente – a tradição da igreja, sobretudo a doutrina da guerra 'justa' –, se extrairá o conceito de 'guerra santa'.[1587] Com pro-

[1583] Ph. CONTAMINE, **La guerre au Moyen Age** (op. cit., ed. 2003, loc. cit.); F. GARCÍA FITZ, **La edad média** – guerra e ideología, justificaciones religiosas y jurídicas (op. cit., 2003, loc. cit.).

[1584] Para o conteúdo desta vertente, ver **Tratado** (tomo 3 A – **Direito internacional no tempo antigo** e tomo 3 B – **Gregos, romanos, chineses, indianos**), as considerações introdutórias, do início do presente capítulo, e ainda, logo a seguir, o item 11.3 – herança antiga e medieval na concepção moderna da guerra.

[1585] Cfr. **Tratado** (tomo 7 – **Direito internacional no tempo de Hugo Grócio**, cap. 18).

[1586] Cf. mencionado, v. o início do presente capítulo e, a seguir, item 11.3; W. GREWE (op. cit., 1984, p. 132): "Das Fehderecht stellt demgemäss eine tief in das Erdreich der mittelalterlichen Verfassungs- und Sozialstruktur hinabreichende Wurzel des mittelalterlichen Kriegsrechts dar."

[1587] V. tb., neste tomo, itens 8.1 – AGOSTINHO DE HIPONA (354-430 A.D.) e 10.1 – TOMÁS DE AQUINO (ca. 1225-1277); W. GREWE (op. cit., 1984, parte primeira, cap.

fundas consequências, não somente no âmbito interno da cristandade, mas também nas relações entre o bloco cristão e o muçulmano, nos séculos transcorridos desde então – como por exemplo, as 'cruzadas', alegadamente 'guerra santa' para os cristãos. Objetivamente consideradas, as cruzadas foram agressões imotivadas contra os dirigentes e povos muçulmanos da época – e esses dados não devem nem podem ser esquecidos, quando se quer compreender os desdobramentos que se estendem até o contexto atual.[1588]

O movimento das cruzadas não surge de modo isolado. Como tantos fenômenos humanos, sua compreensão exige contextualização. Em amplo panorama,[1589] existe dado civilizacional que não deve ser negligenciado:

> Os árabes, quase tanto quanto os bizantinos, eram herdeiros da civilização greco-romana. Seus modos de vida não eram tão distintos assim. [...] Exceto por raras ocasiões de crises e represálias, as autoridades do Império e as do Califado concordavam em não impingir conversões de nenhum dos lados, concedendo liberdade de culto à outra religião.
> Os cristãos ocidentais não podiam partilhar da tolerância e sensação de segurança dos bizantinos. Sentiam orgulho por serem cristãos e herdeiros

7, p. 131) considera que o peso espiritual mais forte desses três elementos teve a doutrina da igreja, embora não se possa falar em conjunto ordenado: "Aus diesen verschiedenartigen Wurzeln erwuchs kein einheitliches und geschlossenes System des Kriegrechts. Auf Schritt und Tritt begegenet man wiederstreitenden Theorien der grossen Dogmatiker der Scholastik, tritt neben die Lehre von gerechten Krieg eine andere von 'heiligen Krieg' mit ganz abweichenden Konsequenzen für die praktische Anwendung des Kriegrechts."

1588 Como aponta Amin MAALOUF, **Les croisades vues par les arabes** (orig. publ. 1983, Paris: Jean-Claude Lattès, 1988); v. tb. Philippe CONTAMINE, **La guerre au Moyen Age** (orig. publ. 1980, Paris: PUF – nouvelle Clio, 6e éd., 2003, Guerres justes et injustes, p. 449-452); Victor Davis HANSON, **Le modèle occidental de la guerre** (orig. publ. **The Western way of war**, 1989, trad. Alain BILLAULT, préf. John KEEGAN, Paris: Tallandier, 2007); Jacques LE GOFF, **Un long Moyen Age** (orig. publ. 2004, Paris: Hachette, 2009, La Croisade I – et Jérusalem est redevenue un rêve. Chronique d'un très grand malheur, p. 75-83; La Croisade II – et le Christianisme inventa la 'guerre juste', p. 85-94); Christian NADEAU e Julie SADA, **Guerre juste, guerre injuste**: histoire, théories et critiques (Paris: PUF, 2009).

1589 Steven RUNCIMAN, **História das Cruzadas** (orig. publ. **A History of the Crusades** © 1951, trad. Cristiana de Assis SERRA, Rio de Janeiro: Imago, 2002, em 3 vols.: I. a primeira cruzada e a fundação do reino de Jerusalém; II. cruzadas do século XII; III. o reino de Acre e as últimas cruzadas).

de Roma, como acreditavam, no entanto tinham uma desconfortável consciência de que, sob muitos aspectos, a civilização muçulmana era superior à sua.[1590]

No movimento ocidental das cruzadas – além da defesa da fé e da expansão da cristandade – houve influências relevantes, e esses outros dados não devem ser esquecidos:

- o jogo de poder – centralizar e direcionar a 'cristandade' ocidental, sob a égide do papado, que teria, ademais, formulada a pretensão de suzerania sobre os territórios conquistados no Oriente médio;
- a manobra diversionista – tirar a recorrência da prática e a dificuldade de exercer controle sobre os conflitos do interior da Europa, direcionando-os contra inimigos externos;
- os interesses comerciais – estabelecer rotas de comércio entre o Oriente médio e a Europa, sem necessidade de intermediação bizantina;
- tudo isso e muitos outros dados, ao lado do propósito declarado de "libertar os lugares santos do cristianismo do jugo infiel" – e "hoje sabemos que é preciso desconfiar desta palavra tão auspiciosa, 'libertação'."[1591]

No século XIII, FREDERICO II Hohenstaufen (1194-1250) se insurge contra o uso 'político' da Cruzada:[1592] como forma de exercício de dominação pelo papado, avocando a competência para reger a mobilização geral da cristandade, em favor de inimigo externo, tinha efeito deletério de aumentar a concentração de poder nas mãos da hierarquia eclesiástica, e, sobretudo, do chefe desta. Por suas críticas, FREDERICO II será duas vezes excomungado, inclusive pelo papa GREGÓRIO IX.

A afirmação de que a guerra pode ser justa – *bellum iustum* –, desde que declarada por quem tem autoridade para tanto, e desencadeada por

1590 S. RUNCIMAN (op. cit., 1951, ed. bras. 2002, vol. I, p. 87).

1591 S. RUNCIMAN (op. cit., 1951, ed. bras. 2002, vol. I, p. 186).

1592 Marc BLOCH, L'empire et l'idée d'empire sous les Hohenstaufen (conferências em Estrasburgo, em 1927-1928, in Marc BLOCH, **Mélanges historiques**, préface de Yann POTIN, Paris: Ed. CNRS, 2011, p. 529-559).

motivo justo, pode sofrer valorização adicional: a guerra, em alguns casos, pode ser promovida a 'santa'.

Isso se põe, desde o início, no islão, como política de expansão da fé, com uso da força armada. A partir da conclamação à primeira cruzada, em 1095, passa a ocorrer, por vezes com desenvolvimentos tortuosos, também no âmbito do cristianismo.[1593]

Já algumas décadas antes, em meados do século XI, na Espanha, a conclamação à luta pela reconquista do território, há séculos ocupado pelos muçulmanos, foi declarada 'guerra santa'. O 'outro lado' parecia ver as coisas de modo diverso.[1594]

Toma-se emprestado o conceito do Islão. A participação em guerra dita 'santa' conferia diversos benefícios, neste mundo e no outro.

Em relação à guerra como à paz, na construção do direito internacional, caberá determinar a base conceitual sobre a qual este haverá de ser estruturado: será laica, e terá por base a afirmação intrínseca da dignidade humana, enquanto tal, ou terá laivos, mais ou menos marcados, de base confessional, e estes podem nos levar aos modelos ideológicos de confronto, disfarçados de conflito entre civilizações, ou fundamentalismos religiosos, e aí corre-se o risco de retomar as concepções de guerra santa, *jihad* ou cruzada.[1595]

Ao descrever a evolução das ideias, das mentalidades e das atitudes das duas religiões em relação à guerra, percebe-se que o nascimento da guerra dita santa no Ocidente interage com a ideia de *jihad* islâmica, e culmina na conclamação à cruzada, como ataque frontal e direto ao

[1593] Gilles KEPEL, **Jihad**: expansão e declínio do islamismo (trad. Lais ANDRADE, Rio de Janeiro: Biblioteca do Exército Ed., 2003); Christian NADEAU e Julie SADA, **Guerre juste, guerre injuste**: histoire, théories et critiques (Paris: PUF, 2009).

[1594] Refiram-se, dentre outros: Brigitte FOULON e Emmanuelle TIXIER DU MESNIL (trad. et présentation), **Al-Andalus**: anthologie (préface de Gabriel MARTINEZ-GROS, Paris: Flammarion, 2009); Angelo HÜSLER, **L'Espagne médiévale**: chrétiens, juifs et musulmans (Gollion, Suiça: Infolio ed., 2008); b/c, supra, item 8.2 – ISIDORO DE SEVILHA (560-636 A.D.).

[1595] Cfr. as considerações desenvolvidas em P. B. CASELLA, *Direito internacional e dignidade humana* (in **Direito internacional**: homenagem a A. MEIRA MATTOS, org. P. B. CASELLA e A. de C. RAMOS, São Paulo: Quartier Latin, 2009, p. 223-343); ver tb. A. MEIRA MATTOS, *A proteção da pessoa humana e a recentralização humanista do direito internacional* (Belém do Pará: A Leitura/ Caderno da Escola Superior da Magistratura do Estado do Pará, vol. 4, n. 6, maio de 2011, p. 75-82).

islamismo, colocado diante do Ocidente, e foi a dramática etapa final dessa transformação que se estende por um milênio.[1596]

Contrariamente à mutação radical ocorrida no cristianismo, no caso do islão não ocorre mudança tão significativa. Existe atitude fundamentalmente diversa entre os dois fundadores de religião, em relação ao uso da força armada e da guerra.

Desde a origem, MAOMÉ – mantendo-se aqui a grafia incorreta, porém de uso corrente no Ocidente, para designar o profeta *Muhammad* – não repudia o uso da violência e aceita a guerra santa – *jihad*. Seus sucessores ampliam esse aspecto e somente 'estendem' o seu âmbito de aplicação.

As conquistas árabes, dos séculos VII a IX, fazem-se em nome da fé muçulmana, e são realizadas em detrimento do Império romano do oriente e dos reinos cristãos que se encontraram no caminho dos guerreiros de Alá. O que se fez, contudo, sem deixar de manter certa tolerância e aceitação: inicialmente, não se trucidavam todos os vencidos, nem se impunham conversões forçadas – estas poderiam vir, depois, para alcançar mais integração social e atender interesses econômicos. Além disso, mediante o pagamento de tributo, embora permanecendo em situação subordinada – em relação aos muçulmanos – tanto cristãos quanto judeus, como fiéis das "religiões do livro", podiam continuar a viver nos territórios conquistados pelo islão.

A aceitação da guerra e mesmo a tentativa de sacralização desta passa por fases de mutação. Assim "a evolução que, no seio do cristianismo, levou à elaboração de uma doutrina da guerra santa, retoma muitos elementos do *jihad* islâmico. As duas religiões chegam, nessa altura – fim do século XI –, a nível similar de sacralização da guerra".[1597]

1596 Mais uma vez, os já referidos estudos de J. FLORI, **Guerre sainte, *jihad*, croisade** – violence et religion dans le christianisme et l'islam (Paris: Seuil, 2002); J. LE GOFF, **Un long Moyen Age** (© 2004, Paris: Hachette, 2009, La Croisade I: et Jérusalem est redevenue un rêve – Chronique d'un très grand malheur, p. 75-83; La Croisade II: et le Christianisme inventa la 'guerre juste', p. 85-94); C. NADEAU e J. SADA, **Guerre juste, guerre injuste**: histoire, théories et critiques (Paris: PUF, 2009); M. DOUSSE, **Dieu en guerre**: la violence au coeur des trois monothéismes (Paris: Albin Michel, 2002).

1597 J. FLORI (op. cit., 2002, Introduction, p. 7-11, cit. p. 9): "évolution qui, au sein du christianisme, a conduit à l'élaboration d'une doctrine de la guerre sainte rejoignant par de nombreux traits le *jihad* islamique. Les deux religions en arrivent à cette date (fin du XIe siècle) à un niveau similaire de sacralisation de la guerre. "

Sobretudo no lado ocidental, a herança medieval, ou mesmo o peso desse passado medieval, que poderia parecer considerável, faz-se sentir menos do que lado muçulmano.[1598] Isso gera distorções e é fonte de incompreensão entre esses dois mundos.[1599]

A teoria e a prática do direito islâmico – mesmo fora de seu âmbito 'interno' de abrangência e de aplicação –, tem suscitado estudos doutrinais e históricos[1600] que fogem ao escopo do presente trabalho. Mas, cabe

[1598] J. FLORI (op. cit., 2002, p. 10) considera os efeitos da laicização progressiva do mundo ocidental de matriz cultural judaico-cristã, dado que se acelerou no último século, e profundamente transformou as mentalidades, particularmente no que diz respeito ao próprio conceito de guerra santa: "Non seulement ce concept n'éveille plus aucun écho favorable dans la psychologie commune de l'homme occidental, mais il suscite une réaction de répulsion."

[1599] J. FLORI (op. cit., 2002, p. 10-11): "Ce *jihad* guerrier, les musulmans 'modernistes' tentent vainement de le spiritualiser et de le 'démilitariser'. Force est pourtant de constater aujourd'hui qu'il rencontre, sous sa forme la plus radicale, dans les pays musulmans, un écho de vaste ampleur. La propagande islamiste s'en empare et s'en nourrit, preuve, s'il en fallait, que telle est bien la perception qui peut en avoir spontanément la mentalité commune musulmane. S'il est peut-être vrai, comme on l'a récemment souligné, que les terroristes islamistes de notre temps s'inspirent des idéologies révolutionnaires du XXe siècle, il n'en reste pas moins qu'eux mêmes s'en réclament d'un *jihad* originel et se veulent les héritiers des grands héros du *jihad* médieval. Ce n'est pas là un hasard, ni un acte innocent."

[1600] Mohammad Hashim KAMALI, **Shari'ah Law** – An Introduction (Oxford/New York: Oneworld, 2008); Gamal M. BADR, *A Survey of Islamic International Law* (in **Religion and International Law**, edited by Mark W. JANIS & Carolyn EVANS, © 1999, Leiden/Boston: M. Nijhoff, 2004, p. 95-101); M. VIRALLY, **Le principe de réciprocité dans le droit international contemporain** (RCADI, 1967, t. 122, p. 1-106); S. MAHMASSANI, **The Principles of International Law in the light of Islamic doctrine** (RCADI, 1966, t. 117, p. 201-328); R. KOLB (op. cit., 2010, p. 24 e a seguir, p. 172): "Le droit international islamique a été analysé à cause du lien indissoluble, tantôt fructueux, tantôt orageux, du monde islamique et du monde occidental pendant plus de treize siècles. [...] Dès le 7e siècle après J.-C., les phénomènes de droit international doivent donc être perçus sous le prisme du droit international islamique, qu'il soit pur ou qu'il soit frélaté avec les traditions locales". Sobre a confluência de tradições hindus, islâmicas e europeias, ver **Tratado** (tomo 3 B – **Gregos, romanos, chineses, indianos**, item 7.1); tb. C. H. ALEXANDROWICZ, *Kautilyan Principles and the Law of Nations* (orig. publ. British Y.I.L., 1965/66, vol. 41, p. 301 ss.) reprinted in C. H. ALEXANDROWICZ, **The law of nations in global history** (ed. By D. ARMITAGE e J. PITTS, Oxford: Univ. Press, 2017); C. H. ALEXANDROWICZ, **The Afro-Asian world and the Law of Nations** (RCADI, 1968, t. 123, p. 117-214).

aqui apontar alguns dos dados que se se põem nas tentativas de interação entre Ocidente e mundo islâmico.

Nunca se deve esquecer o papel de transmissão e circulação intelectual desempenhado pelo mundo muçulmano em relação ao Ocidente: inclusive em relação à configuração da 'guerra santa'. Graças aos árabes, não somente recebeu o Ocidente o sistema de numeração – originalmente, indiano, porém dito arábico –, e vários outros conhecimentos, quer criados ou transmitidos pelos árabes, como também destes nos veio o legado dos textos e dos comentários árabes da obra de ARISTÓTELES – primeiro traduzidos do árabe para o latim, e somente mais tarde conhecidos nos originais gregos – aos quais se somam todos os comentaristas árabes aos textos do Estagirita, que tiveram enorme impacto sobre a filosofia ocidental medieval.[1601]

Grandes reflexões da lavra de intelectuais e filósofos, tais como Abu Ali al-Husain ibn Abdala IBN SINA, conhecido no Ocidente como AVICENA,[1602] assim como AL FARABI,[1603]

[1601] Por exemplo, em santo TOMÁS DE AQUINO, cf. item 10.1.

[1602] AVICENA (980-1037) elaborou doutrina original e complexa da alma humana, que tem a sua expressão mais completa registrada no *Tratado da alma* do **Sifá**; sexto livro da Física da enciclopédia filosófica **Kitab al Sifá** – o livro da cura. Este tratado foi traduzido para o latim, em Toledo, entre 1152 e 1166. Inaugura reflexão sobre a liberdade do homem, cuja atividade é descrita como espontaneidade e criatividade. Por sua alma racional, o homem é substância espiritual e autônoma; por seu corpo, participa do curso do mundo. A ligação provisória que une a alma ao corpo explica que a psicologia esteja integrada na ciência física. O estudo da alma racional decorre de dupla consideração: o exame filosófico considera a alma, enquanto substância distinta, e se inscreve no quadro da metafísica; ou sobre a alma, enquanto princípio de animação do corpo, e pertence, como tal, à ciência física. Este enfoque, presente no *Tratado da alma* do **Sifá**, tem o mérito de abranger o conjunto das atividades do homem. Ver Ernst BLOCH, **Avicenne et la gauche aristotélicienne** (orig. publ. **Avicenna und die aristotelische Linke**, 1952, trad. Claude MAILLARD, Saint Maurice, França: Premières pierres, 2008); Meryem SEBTI, **Avicenne: l'âme humaine** (Paris: PUF, 2000).

[1603] AL FARABI (ca. 870-950 d.C.), cujo nome completo era Abu Nasr Muhammad bin Muhammad bin Muhammad bin Tarkhan al-Farabi, viveu em época de grande atividade intelectual no califado abássida, em cuja capital, Bagdá, viveu AL FARABI, a partir do início do século X, e onde estudou com mestres cristãos. Por volta de 942 viajou e viveu no Egito e na Síria, vindo a falecer em Damasco. São escassos os dados sobre a sua vida, dado que as fontes medievais árabes fornecem informações divergentes. Dentre vasta obra: AL FARABI, **La philosophie de Platon** – ses parties, l'ordre de ses parties, du commencement jusqu'à la fin (trad. de l'arabe et annoté par Olivier SEDEYN et Nassim LÉVY, Paris: Allia, 2013);

AL KINDI,[1604] IBN RUSD, ou na adaptação latina, AVERROIS,[1605] AL GHAZALI,[1606] cujas doutrinas foram essenciais para a evolução do islão,

___, **De l'obtention du bonheur** (trad. de l'arabe par O. SEDEYN et N. LÉVY et annoté par O. SEDEYN, Paris: Allia, 2010, cit. p. 69): "chaque être est fait pour atteindre la perfection ultime qu'il est susceptible d'atteindre conformément à sa place dans l'ordre de l'être. La perfection spécifique de l'homme est appelée le *bonheur suprême*; et à chaque homme, en fonction de son rang dans l'échelle de l'humanité, appartient le bonheur suprême spécifique approprié à son genre d'homme"; ___, **A cidade virtuosa** (trad. do árabe, introdução e notas Catarina BELO, Lisboa: Fund. C. Gulbenkian, 2018) ou *Os princípios das ideias dos habitantes da cidade virtuosa – Mabadi ara'ahl al-madina al-fadila* – defende a unidade e unicidade divinas – a unidade de Deus significa que existe apenas um Deus e a unicidade significa que não há qualquer multiplicidade em Deus; "noutras obras AL FARABI defende a liberdade de escolha humana, posição que não se encontraria mais tarde em AVICENA e AVERROIS" – comenta C. BELO (op. cit., 2018, Introdução, p. 7-60); ver tb. Jamil Ibrahim ISKANDAR, **Compreender Al-Farabi e Avicena** (Petrópolis: Vozes, 2011).

1604 AL KINDI (ca. 801-870), Thabit IBN QURRA (836-901) e AL RAZI (865-925) com seus sistemas cosmológicos podem ser compreendidos como interpretações do **Timeu** de PLATÃO. A respeito, Marwan RASHED, *Les débuts de la philosophie moderne* (in **Les Grecs, les arabes et nous – Enquête sur l'islamophobie savante**, dir. de Philippe BÜTTGEN, Alain de LIBERA, Marwan RASHED, Irène ROSIER-CATACH, Paris: Fayard, 2009, p. 144-146) mostra o início da filosofia árabe marcado pelo platonismo e pela proximidade com a teologia racional.

1605 AVERROIS, na verdade, Abu Al Walid Muhammad Ibn Ahmad ibn Muhammad Ibn Ruchd (Córdoba, 1126 – Marraqueche, 1198) depois de extensos estudos islâmicos, ciências, bem como filosofia, torna-se *cadi* de Sevilha e depois de Córdoba, e viaja frequentemente entre a Espanha e o Marrocos. Dentre as suas obras que suscitaram críticas das correntes favoráveis a interpretação literal do islão, se destacam os comentários de ARISTÓTELES, do qual desenvolveu sobretudo os aspectos materialistas e racionalistas. Foi-lhe atribuída a doutrina dita da "dupla verdade", segundo a qual poderia haver distinção e mesmo oposição entre verdade racional e verdade revelada. Autor do **Tahafut al Tahafut**, Incoerência da incoerência, esta obra é resposta crítica à obra de AL GHAZALI. A filosofia averroista foi ensinada na Universidade de Paris por SIGER DE BRABANT, antes de ser criticada por TOMÁS DE AQUINO, e condenada pela igreja em 1240, e depois por LEAO X em 1513. Ver AVERROIS, **Discurso decisivo sobre a harmonia entre a religião e a filosofia** (trad. do árabe, introdução e notas Catarina BELO, Lisboa: Imprensa Nacional – Casa da Moeda, 2006); e ainda, Catarina BELO, **Existência, causa, essência** – Estudos sobre filosofia e teologia islâmicas (Lisboa: Centro de filosofia da Universidade de Lisboa, 2012, esp. 'O neoplatonismo islâmico: continuidade e inovação', p. 171-173).

1606 Abu Hammid Muhammad AL GHAZALI (1058-1111), conhecido como ALGAZEL, teólogo e pensador do islão, depois de professar em Bagdá, torna-se peregrino errante por cerca de dez anos, na Palestina e Arábia. Instala-se para lecionar em Nichapur, antes

como também IBN KHALDUN, com seu monumental discurso sobre a história universal –[1607] pelo qual tenho especial predileção – integram o patrimônio cultural da humanidade.[1608]

Estes filósofos – pela adoção do termo *falsafa*, mostram a sua filiação à filosofia – se consideram continuadores e herdeiros do pensamento grego, particularmente de ARISTÓTELES e do Neoplatonismo. E, como tal, merecem ser lembrados e cultivados.[1609]

Cada um destes se põe, frequentemente, como objeto de estudo, em função quer das raízes para futuros desdobramentos na Europa ou das

de se retirar do mundo e se tornar *sufi* em Tus. Sua principal obra, **Ihya ulum al din**, ou Revivificação das ciências religiosas, permanece documento primordial para o conhecimento das ciências e da fé islâmicas. É autor de tratados de polêmica filosófica, tais como **Tahafut al-falasifa**, ou Incoerência dos filósofos – ao qual respondeu AVERROIS – bem como **Al munqidh min al-dhalal**, ou Erro e libertação, e de sufismo, **Al Jawahir al Ghawali**, ou Pérolas preciosas.

[1607] O já referido Ibn KHALDUN (1332-1406), **Al-Muqaddima**, ou Discurso sobre a História universal (ed. francesa **Discours sur l'histoire universelle**, traduction nouvelle, préf. et. notes V. MONTEIL, Paris: Sindbad, 3 vols., 1978).

[1608] Christian JAMBET, **Qu'est-ce que la philosophie islamique?** (Paris: Gallimard/Folio Essais 547, 2011); Pauline KOETSCHET (textes choisis et présentés par), **La philosophie arabe IXe-XIVe siècle** (Paris: Seuil/Points, 2011, Introduction, p. 9-31, cit. p. 11) enfatiza: "l'extraordinaire mouvement de traduction des textes philosophiques et scientifiques grecs en arabe (le syriaque constituant souvent une étape intermédiaire) qui se déroula du milieu du VIIIe siècle à la fin du Xe siècle dans l'Empire abbasside et sa capitale Bagdad, et dans lequel la philosophie arabe médievale a ancré son dynamisme. L'immense majorité des textes grecs disponibles dans l'Empire byzantin sont concernés"; b/c o já ref. estudo de Marwan RASHED, Les débuts de la philosophie moderne (in **Les Grecs, les arabes et nous – Enquête sur l'islamophobie savante**, dir. de P. BÜTTGEN, A. de LIBERA, M. RASHED, I. ROSIER-CATACH, op. cit., 2009).

[1609] Além dos já referidos estudos de Catarina BELO, **Existência, causa, essência** (op. cit., 2012); C. JAMBET, **Qu'est-ce que la philosophie islamique?** (op. cit., 2011); P. KOETSCHET, **La philosophie arabe IXe-XIVe siècle** (op. cit., 2011); P. SÉNAC, **L'Occident médiéval face à l'Islam** (op. cit., 2000), ver tb.: Nilüfer GÖLE, **Interpénétrations L'Islam et l'Europe** (Paris: Galaade Ed., 2005); Jonathan LYONS, **A casa da sabedoria** – como a valorização do conhecimento pelos árabes transformou a civilização ocidental (orig. publ. **The House of Wisdom** – How the Arabs transformed Western civilization, 2009, trad. Pedro Maia SOARES, Rio de Janeiro: Jorge Zahar, 2011); E. MANZANO Moreno, **História de las sociedades musulmanas en la Edad média** (Madri: Sintesis, 1992); S. DENOIX et H. RENEL (dir. de), **Atlas des mondes musulmans médiévaux** (Paris: Éd. CNRS, 2022).

interações com esta. Com a ressalva de algumas passagens positivas, pode-se, contudo, falar em cerca de treze séculos durante os quais tem predominado a mútua incompreensão.

O islão situaria três períodos – de duração desigual – em sua evolução histórica e, especificamente em relação ao tratamento da guerra santa – *jihad*: a era da expansão, a era da interação e a era da coexistência[1610] – como premissa necessária para a compreensão de fenômeno em evolução:

> O direito das gentes islâmico não é parte do dogma do islão, mas o produto de processo contínuo, de especulação jurídica, por autoridades jurídicas, ao longo dos tempos. O direito das gentes islâmico é parte do conjunto (*corpus*) do direito islâmico, assim como o *jus gentium* original era parte do direito interno romano antigo.[1611]

A primeira fase do islão, a era da expansão, teria durado pouco mais de um século e se pautado pela ideia de religião de vocação universal, com vistas a conquistar o mundo inteiro para a nova fé. Existem, simultaneamente, elementos de ruptura e de continuidade: "o direito islâmico chegou por último (*latecomer*). Se o mero fato majoritário das populações atualmente vivendo na área é evidência de sua centralidade, a expansão do islão chegou por último na história das civilizações do Oriente médio".[1612]

1610 Gamal M. BADR, A Survey of Islamic International Law (in **Religion and International Law**, ed. By M. W. JANIS and C. EVANS, op. cit. 2004, p. 95-101, cit. p. 95): "Any attempt at describing the Islamic regulation of international relations must not loose sight of this historical framework." E adverte para as possiveis distorções que podem advir: "Studies based on a single source in the classical literature or on sources pertaining to a single period are bound to be descriptive of the international law of Islam as it was at a certain point in time, not of the living and developing Islamic view of international law and relations."

1611 G. BADR (cap. cit., 2004, loc. cit.) comenta que muito se fala a respeito do caráter religioso do direito islâmico, mas este considera: "Islamic law is religious law only in the sense that its basic ethical grounds and some of its general principles are to be found in the **Quran** and the pronouncements of the Prophet. Beyond that, the corpus of Islamic law as it developed over the ages is manmade in the sense that it resulted from the efforts of the jurists of the various schools of law. [...] There is very little that is rigid and immutable in Islamic Law."

1612 Chibli MALLAT, **Introduction to Middle Eastern Law** (Oxford: Univ. Press, © 2007, reprinted, 2011, cap. 2 – The formation of Middle Eastern Law, p. 15-126).

Apesar do surgimento do direito islâmico ter ocorrido no início do século VII – ainda no período conhecido pelos estudiosos ocidentais como 'Antiguidade tardia' – este parece, simultaneamente, "uma ruptura radical em relação às tradições jurídicas precedentes, bem como a continuidade de padrões do Oriente médio, enraizados nas primeiras civilizações, que tiveram uso da escrita, e persistem em algumas formas, até o presente".[1613]

Nessas circunstâncias, elaborou-se teoria pelos juristas da época segundo a qual o "resto do mundo, fora do domínio do islão foi chamado coletivamente de território da guerra (*dar-al-harb*), e a relação normal entre este e o estado islâmico era considerada a guerra" – tréguas eram permitidas, mas a duração destas não poderia exceder dez anos, segundo precedente estipulado durante o tempo de vida do profeta.[1614]

O fim dessa primeira fase de expansão decorreria da percepção da impossibilidade de levar o islão aos quatro cantos do mundo. A partir daí, a realidade da necessidade de interação com outras potências não-muçulmanas impôs novas formulações jurídicas – "embora alguns juristas tenham carregado para a era da interação as normas e os hábitos de pensar da era precedente".[1615]

Na era da interação, a principal mudança teria ocorrido na fundamentação para a guerra contra os não-muçulmanos: enquanto se considerou, durante a primeira era de expansão, que a guerra contra os infiéis era justificada simplesmente por serem estes não-muçulmanos, juristas posteriores enfatizaram a hostilidade dessa relação e as guerras dos não-muçulmanos contra o islão como razão para a guerra santa (*jihad*):

> Assim, quando as realidades históricas provaram a futilidade de fazer guerra permanente contra os infiéis, o pensamento jurídico reinterpretou o dever da *jihad*, como guerra defensiva contra aqueles infiéis que ameaçavam

[1613] C. MALLAT (op. cit., 2011, Middle Eastern legal calques, p. 16-32, cit. p. 16).

[1614] G. BADR (cap. cit., 2004, loc. cit.).

[1615] S. MAHMASSANI, **The principles of international law in the light of Islamic doctrine** (RCADI, 1966, t. 117, p. 201-328); Wael B. HALLAQ, **An Introduction to Islamic Law** (orig. publ. 2009, Cambridge: Univ. Press, 3rd printing, 2011); Fatiha SAHLI and Abdelmalek EL OUAZZANI, Africa North of the Sahara and Arab countries (in **The Oxford Handbook of the History of International Law**, ed. By B. FASSBENDER and A. PETERS, Oxford: Univ. Press, 2012, p. 385-406).

o território do islão – a dicotomia entre o território do islão (*dar-al-islam*) e o território da guerra (*dar-al-harb*) deu lugar a divisão tripartite do mundo: *dar-al-islam, dar-al-harb* e *dar-al-sulh*, ou seja o território da paz, que compreendia aqueles outros estados que, embora não reconhecendo a autoridade do estado muçulmano sobre eles, não eram hostis e mantinham com este relações amigáveis.[1616]

O fim das cruzadas no Oriente próximo, o fato de se ter levado a cabo a reconquista da Espanha, e os avanços otomanos na Europa foram os três eventos maiores que marcam o período dos séculos XIII ao XVI: juntos marcam o fim da era da interação e levam para o período seguinte, pautado pela coexistência. Os mundos cristão e muçulmano tinham se confrontado e testado as suas forças um contra o outro, e chegaram a conclusão de que nenhum dos lados poderia vencer o outro, que ambos teriam de coexistir e que a paz deveria ser a relação normal entre ambos, não somente temporária, mas sem prazo definido.

A era da coexistência pode ser situada nesse mesmo período – dos séculos XIII ao XVI, *grosso modo* – que coincide com a passagem do direito internacional medieval ao moderno: "o conflito ativo ao qual o islão estivera submetido em boa medida ficou para trás; a paz veio a ser mais amplamente reconhecida como o relacionamento normal entre estados islâmicos e não-islâmicos".[1617] De tal modo, tréguas e tratados de amizade não mais tinham de ser celebrados por tempo determinado.

Exemplo dessa fase seria o tratado de amizade, celebrado em 28 de janeiro de 1292 – justamente o ano seguinte ao fim das cruzadas –, pelo sultão mameluco do Egito e Síria, Al-Ashraf KHALIL, com JAIME II, dito "o justo", rei de Aragão, por sua própria conta, bem como em nome dos reis de Castilha-León e de Portugal. O instrumento estipula "cordialidade e amizade, ano após ano, na terra e no mar, nas montanhas e nos vales, em lugares próximos e distantes".[1618]

Este tratado de 1292 incluía a exigência que JAIME II e os dois outros reis cristãos – de Castilha-León e de Portugal – se tornassem 'amigos' de Al-Ashraf e dos amigos deste, e 'inimigos dos seus inimigos', tais como

1616 G. BADR (cap. cit., 2004, loc. cit.).
1617 G. BADR (cap. cit., 2004, loc. cit.).
1618 Cit. G. BADR (cap. cit., 2004, p. 96-97).

os reis francos e outros não-francos. Estes soberanos se comprometiam, ademais, a não tomar parte em guerras contra o Egito e a Síria, mesmo que estas fossem declaradas pelo papa, e enumeravam-se: "o papa em Roma, ou qualquer rei dos francos, ou os genoveses, ou os venezianos... ou os templários, ou os hospitaleiros [da ordem de São João de Jerusalém], ou os bizantinos, ou qualquer outra nação cristã", preparassem ataque contra territórios egípcios ou sírios, d. JAIME e os outros dois reis deveriam empreender ação militar contra o agressor para frustrar tais planos. Além disso, comprometer-se-iam a não prestar assistência a qualquer rei cristão que violasse acordo de paz com AL-ASHRAF. O tratado ainda continha cláusulas relativas a comércio internacional e a peregrinação a Jerusalém por súditos dos três reis cristãos. E terminava proclamando o seu caráter permanente: "a cordialidade e a amizade assim estabelecidas durarão para sempre, pois os reinos envolvidos se tornaram como se fossem um só" e acrescentava que "este tratado não perderá a vigência em caso de morte ou de substituição de uma das partes" e "suas cláusulas se perpetuarão ao longo dos anos".[1619]

O império mameluco também enviou e recebeu embaixadores de outras potências europeias, como a República de Veneza. O rei LUIS XII, da França, foi recebido no, Cairo, em 25 de março de 1512, com delegação de cerca de 50 pessoas.[1620]

Em 1535, foi celebrado o tratado de amizade franco-otomano. Em 1580, tratado equivalente foi celebrado entre a Turquia e a Inglaterra. Cabe ressaltar que "assim, as duas principais potências islâmicas da época, o Egito e, mais tarde, a Turquia, começaram a tomar parte no direito comum das nações, estabelecendo relações diplomáticas com potências europeias, e com estas celebrando tratados".[1621]

1619 Cit. G. BADR (cap. cit., 2004, p. 96-97).

1620 Extenso tratamento e contextualização em F. AUTRAND, L. BÉLY, P. CONTAMINE, T. LENTZ, **Histoire de la diplomatie française** I. Du Moyen Âge à l'Empire (Paris: Perrin – tempus, ed. orig. 2005, reimpr. 2007, vol. I – Première partie: naissance de la France: naissance de sa diplomatie (le moyen âge), par F. AUTRAND e P. CONTAMINE, p. 39-177; Deuxième partie: Les temps modernes (1515-1789), par Lucien BÉLY, p. 179-480).

1621 G. BADR (cap. cit., 2004, p. 97): "Nevertheless, as a legacy of the past, the exclusivist view of international law both on the Islamic and the non-Islamic side was not easy to forgo. Each side remained largely convinced of the superiority of its legal order and its own exclusive version of international law."

Apesar da existência de tratados entre potências europeias e as principais potências islâmicas há séculos, alegadamente, é somente com o tratado de Paris, de 1856, que as potências europeias declaram admitir o 'império otomano para participar do direito público e do concerto da Europa'.[1622] Isso se fazia, tardiamente, e somente de modo parcial, dado que a adesão otomana ao sistema europeu era posta como 'concessão' feita pelas potências europeias.[1623] O que não corresponde à realidade histórica, como mostram tratados, celebrados entre potências europeias e potências islâmicas, desde o século XIII e, especificamente, com os otomanos, a partir do século XV.

Apesar do estabelecimento de relações diplomáticas e da celebração de tratados, não é fácil se desvencilhar do peso do legado do passado, que leva cristãos e islâmicos a visões exclusivistas do direito internacional – cada lado convicto de que suas tradições são superiores e mais adequadas, tanto do lado islâmico quanto do não-islâmico –[1624] e se acentuaria com o prevalente eurocentrismo do direito internacional clássico.[1625]

A seguir, passa-se a considerar a permanência das heranças antiga e medieval na concepção moderna da guerra (11.3).

[1622] A respeito, ver **Tratado** (tomo 13 – **Direito internacional no tempo do concerto europeu**); tb. Jacques-Alain de SÉDOUY, **Le concert européen**: aux origines de l'Europe (1814-1914) (Paris: Fayard, 2009, esp. chap. XII – Le Congrès de Paris ou le concert européen restauré (mars-avril 1856), p. 308-323).

[1623] Ulteriores considerações a respeito no **Tratado** (tomo 13 – **Direito internacional no tempo do concerto europeu**). Ainda G. BADR (cap. cit., 2004, loc. cit.): "The prevailing Eurocentricity of classical international law was obvious not only at the practical level of state to state relations and law-creating acitivities; it manifested itself at the intellectual level as well. [...] Things have come a long way since then, but only gradually."

[1624] Mesmo se BADR conclui em tom otimista, caberá ver em que medida essa ponderação teórica pode ter algum impacto sobre a prática dos países que se alinham por essa confissão: "o pensamento jurídico islâmico contemporâneo não tem dificuldade em subscrever todos os princípios correntes do direito internacional. Além disso, aspira enriquecer o direito internacional com as suas próprias contribuições". Cfr. G. BADR (cap. cit., 2004, p. 101) e conclui: "What contemporaneous legal systems can contribute to each other and to international law is a different emphasis on values, a particular pattern of juridical reasoning and a distinctive methodology in the search for solutions to common problems."

[1625] Cfr. **Tratado** (tomo 13 – **Direito internacional no tempo do concerto europeu**); tb. o já ref. J.-A. de SÉDOUY, **Le concert européen**: aux origines de l'Europe (1814-1914) (Paris: Fayard, 2009, esp. chap. XII – Le Congrès de Paris ou le concert européen restauré (mars--avril 1856), p. 308-323).

11.3. Herança antiga e medieval na concepção moderna da guerra

> estou convencido [...] que existe um direito comum a todos os povos, e que serve para a guerra e na guerra
>
> Hugo GRÓCIO (1625)[1626]

> o princípio importa mais que os fatos. O essencial era que aos espíritos se impusesse realmente a ideia de direito comum, e, por conseguinte, superior às nações, de uma justiça que não traduzisse simplesmente a vitória do deus particular de uma nação, mas a arbitragem de um Deus único, adorado por todos os beligerantes.
>
> Théodore RUYSSEN (1923)[1627]

Quanto da herança antiga e medieval permanece, na concepção moderna da guerra? As duas citações, referidas em epígrafe, ilustram esse anseio de construção de direito comum, e de base jurídica para a regulação dos conflitos – esses dois dados permanecem muito presentes.

A tradição antiga sobre a guerra, na linha da filosofia e literatura da Grécia clássica, confere ao conceito da guerra justa, como princípio ético, a sua configuração na linha estoica. Os aspectos jurídicos da guerra serão, por sua vez, captados e regulados pelos romanos.

A tradição romana antiga se transmite à alta Idade média, pelas obras dos padres da igreja e dos canonistas. Estes, ao desenvolver a argumentação, sempre se reportam às fontes e às autoridades romanas – e como vimos – as definições de *guerra justa*, em santo AGOSTINHO, em

1626 Hugo GRÓCIO, **O direito da guerra e da paz** (orig. publ. **De jure belli ac pacis**, 1625, intr. Antonio Manuel HESPANHA, trad. de Ciro MIORANZA, col. clássicos do direito internacional, Ijuí: Ed. Unijuí, 2004, 2 vols., cit. Prolegômenos, § 28 e a seguir livro I, cap. I,14): *Est jus gentium quod gentium omnium aut multorum voluntate vim obligandi accepi*"; v. tb. **Tratado** (tomo 7 – **Direito internacional no tempo de Hugo Grócio**, cap. 18).

1627 Théodore RUYSSEN, **De la guerre au droit** (Paris: Alcan, 1923, p. 194-195): "Le principe importe plus que les faits. L'essentiel était qu'aux esprits s'imposât réellement l'idée d'un droit commun et, par suite, supérieur aux nations, d'une justice qui ne traduisit pas simplement la victoire du dieu particulier d'une nation, mais l'arbitrage d'un Dieu unique, adoré par tous les bélligerants."

ISIDORO DE SEVILHA, como em GRACIANO, no século XII, ligam-se diretamente à de CÍCERO (106-43 a.C.), no **De officiis**.[1628]

Com o processo de 'romanização' do conceito de império,[1629] sob a égide da dinastia dos HOHENSTAUFEN, que se assinala com FREDERICO BARBAROSSA, e a partir deste, impõe-se a crescente utilização do direito romano, como fundamentação para o poder imperial, por parte dos imperadores alemães. Essa configuração se faz diretamente presente na regulação da guerra – exprime-se no 'desafio' – como a ideia de prévio e formal pedido de satisfação, bem como necessidade de aviso prévio, e declaração formal – para caracterizar a suspensão ou interrupção do estado normal de relações pacíficas.

Considerava JOHN OF SALISBURY, no seu tratado sobre política e governo, **Policraticus** – *sive de nugis curialium et vestigiis philosophorum libri octo* (1159),[1630] que o poder do príncipe se exerce por meio da mão armada como por meio da mão desarmada – o serviço público civil.[1631] E, apontava o papel estratégico da mão armada: "esta não floresce sem

[1628] Cfr. **Tratado** (tomo 3 B – **Gregos, romanos, chineses, indianos**, cap. 6 – na formação e no desenvolvimento de Roma) b/c, no presente tomo, itens 8.1 – AGOSTINHO DE HIPONA, 8.2 – ISIDORO DE SEVILHA; escrevia CÍCERO, **De officiis** (with an English translation by Walter MILLER, Cambridge, Ma./London: Harvard Univ. Press / LCL 30, CICERO XXI, © 1913, reprinted 2005, cit. I.xi.36): *nullum bellum esse iustum nisi quod aut rebus repetitis geratur aut denuntiatum ante sit et indictum* – "nenhuma guerra é justa se não for encetada depois de ter sido apresentado pedido oficial de satisfação, ou aviso tenha sido dado, e declaração oficial feita".

[1629] Cfr. cap. 9 – MARSÍLIO DE PÁDUA e GUILHERME DE OCKHAM, b/c **Tratado** (tomo 3 A – **Direito internacional no tempo antigo**, item 3.2 – conceito jurídico de império: I – da Antiguidade rumo à Idade média e tomo 5 – **Direito internacional no tempo de Francisco de Vitória**, item 12.2. conceito jurídico de império: II – da Idade média à era moderna); P. B. CASELLA, *Empires, hegemony and cooperation* (in **Pravovie aspekti BRICS – Aspetti giuridici del BRICS – Legal aspects of BRICS**, ed. By P. CATALANO and T. ALEXEEVA, Saint Petersburg: National Research Univ., 2011, p. 27-48); Marc BLOCH, *L'empire et l'idée d'empire sous les Hohenstaufen* (conferências 1927-1928, in Marc BLOCH, **Mélanges historiques**, préface de Yann POTIN, Paris: Ed. CNRS, 2011, p. 529-559).

[1630] JOHN OF SALISBURY (1115 ou 1120 – 1180), **Policraticus**: Of the frivolities of Courtiers and the footprints of Philosophers (orig. de 1159, edited and translated by Cary J. NEDERMAN, Cambridge: Univ. Press / Cambridge Texts in the History of Political Thought, first publ. 1990, 7th printing, 2007).

[1631] A respeito de SALISBURY e do **Policraticus**, ver tb. **Tratado** (tomo 5 – **Direito internacional no tempo de Francisco de Vitória**, item 13.3).

seleção, conhecimento e prática. Estes são da maior utilidade". E explicava como aferir a possível utilidade do braço armado: "pois, quando essas qualidades não estão presentes, a mão inútil não traz qualquer vantagem; contudo, dentre estes, conhecimento e prática são os mais úteis".[1632]

> Pois o conhecimento das coisas da guerra torna valoroso na batalha. Ninguém teme fazer aquilo que tem consciência de ter aprendido bem. Pois, em verdade, alguns bem treinados nos conflitos bélicos estão mais aptos a alcançar a vitória do que uma multidão crua e despreparada, sempre sujeita ao massacre.[1633]

Dá o exemplo dos romanos antigos que, em número reduzido, comparado aos gauleses, aos germanos, aos espanhóis, como aos africanos, venceram todos esses povos nas batalhas e os submeteram a serem governados por Roma, durante séculos:

> por causa das adversidades, convinha selecionar recrutas treinados e, como se diz, ensinar-lhes a lei (*jus*) das armas, fortalecer-lhes o aprendizado com a prática diária, calcular os resultados prováveis, no campo de combate, pela análise das técnicas efetivas, durante treinamentos em formação de batalha, e punir severamente os relapsos.[1634]

A gestão do braço armado não somente deve estar voltada para o tornar eficiente, como também deve ser desempenhada em conformidade com o interesse público: "quem deseja a paz, deve se preparar para a guerra; quem almeja a vitória deve treinar diligentemente as suas tropas; quem deseja boa fortuna deve lutar com habilidade, não contando com a sorte".[1635] Isso porque, "nem assuntos militares, nem obras

[1632] JOHN OF SALISBURY (op. cit., 1159, ed. 2007, livro VI, cap. 2 – That military service requires selection, knowledge and practice, p. 109-112, cit. p. 109).

[1633] JOHN OF SALISBURY (op. cit., 1159, ed. 2007, loc. cit.): "The wisdom and justice of the prince appears mainly in his moderate use of this hand." [...] "For since the works of peace and likewise of war should be moderated, he ought to have proficiency in law and and matters of war."

[1634] JOHN OF SALISBURY (op. cit., 1159, ed. 2007, livro VI, cap. 2, p. 110).

[1635] JOHN OF SALISBURY (op. cit., 1159, ed. 2007, livro VI, cap. 19, 'Of the honour to be exhibited by soldiers, and of the modesty to be shown; and who are the transmitters of the

piedosas, podem ser conduzidos, efetivamente, sem prévia reflexão e prudência".[1636]

A herança da tradição romana se inscreve na escola de Bolonha. Esta forte tradição romana se dá tanto com os glosadores no século XI, como depois, com os comentadores do século XIV. Dentre estes últimos, sobretudo os dois mais destacados expoentes, BÁRTOLO de Sassoferrato (1314-1357) e seu discípulo, BALDO DE UBALDIS (1327-1400). Ambos, professores de direito romano, profundamente imbuídos da ideia de império e da continuidade entre os antigos imperadores romanos e os imperadores romano-germânicos, bem como da linha que conduz do direito romano ao direito imperial.

BÁRTOLO e BALDO influenciaram profundamente o pensamento jurídico medieval. E destes, particularmente, aqui, nos interessam o conceito e o direito da guerra.

BÁRTOLO, apesar de defensor da primazia da concepção imperial, reconhece e se aplica a regular o conteúdo e a aplicação do direito de numerosos outros príncipes e dirigentes *de facto* independentes, de conduzirem guerra 'oficial' – *bellum publicum* – como tinham feito os romanos com outros povos e, como fazia a seu tempo, o imperador. E com a obrigação de observar os direitos dos prisioneiros, como o direito de postlíminio.[1637]

Dessa forma, "o que BÁRTOLO tem a dizer sobre o direito de guerra, ele o faz em relação à precisa e lúcida apreciação do direito de represálias, cujos fundamentos ele desenvolve em analogia com o *ius belli*".[1638]

military arts, and of certain of their general precepts', p. 122-125, cit. p. 123) prossegue: "No one dares to provoke, no one dares to offend, those who one knows would be superior if fought."

1636 JOHN OF SALISBURY (op. cit., 1159, ed. 2007, livro VI, cap. 22, 'That without prudence and forethought no magistracy remains intact, nor does that republic flourish the head of which is impaired', p. 129-131, cit. p. 130).

1637 Pode-se caracterizar, em tempo de guerra, o direito de postlíminio como: "o que se captura em guerra justa, a nós se transfere". A respeito, ver, adiante o conceito e os seus desdobramentos em AYALA e em BELLI, neste capítulo, itens 11.6.1 e 11.6.2.

1638 W. GREWE (op. cit., 1984, p. 145-146): "Das Repressalienrecht, wie es zu seiner Zeit gebräuchlich war, unterschied sich von dem gleichnamigen Völkerrechtsinstitut unserer Tage dadurch, dass es sich nicht auf eine im Verhältnis zwischen Staaten zueinander geübte Vergeltung bezog, sondern ein in strengen Rechtsformen geordnetes prozessähnliches Selbsthilfenmittel bezeichnete, das einzelnen Bürgern – insbesondere Kaufleuten, die mit Angehörigen anderer Gemeinwesen Handeln trieben – ein Instrument bot, um sich

Ao falar em *represália* no direito medieval, partia-se da premissa de responsabilidade coletiva, segundo a qual poderia ser exercido o ressarcimento, contra qualquer integrante da comunidade do agente, autor do dano ou da violação de direito. Observadas as formalidades – tais como uma carta de represália, por meio da qual se autorizava a satisfação do dano sofrido, até o montante ali especificado – haveria legitimação da represália. Mas, isto somente depois que tivesse havido o "esgotamento dos recursos internos", e constatada a impossibilidade de recurso judicial, junto aos tribunais do reclamado.[1639]

BÁRTOLO considera o exercício de medidas como a represália medieval um remédio odioso – *remedium odiosum* – e enfatiza os efeitos negativos de sua utilização: pois poderia levar ao exercício de contra represálias, bem como interromper ou prejudicar os fluxos normais de comércio, e mesmo levar a risco de guerras. Por esses motivos, dado que não poderia ser eliminado, BÁRTOLO se empenha em limitar o exercício do direito de represália.

Alguns séculos mais tarde, ao encetar a sua grande obra, GRÓCIO prosseguia, na mesma passagem, referida em epígrafe, afirmando: "tive numerosas e graves razões para me determinar a escrever sobre o assunto. Via no universo cristão uma leviandade com relação à guerra que teria deixado envergonhadas as próprias nações bárbaras".[1640] Isso porque,

> Por causas fúteis ou mesmo sem motivo se corria às armas e, quando já com elas às mãos, não se observava mais respeito algum para com o direito divino nem para com o direito humano, como se pela força de um edito, o furor tivesse sido desencadeado sobre todos os crimes.[1641]

A respeito da contribuição de Baltazar AYALA, opina "a mesma coisa foi tentada com mais detalhes, anexando a algumas regras gerais grande

für Rechtsansprüche zu entschädigen, für deren Durchsetzung ihnen keinen richterliche Instanz zu Gebote stand."

[1639] Compare-se com o regime vigente no direito internacional, cf. ACCIOLY – NASCIMENTO E SILVA – CASELLA, **Manual** (25ª ed., 2021, 8.2 – solução não-pacífica de controvérsias, esp. 8.2.2 – represálias); sobre o esgotamento dos recursos internos, v. A. A. CANÇADO TRINDADE, **The application of the rule of exhaustion of local remedies in international law** (New York: Cambridge Univ. Press, 1983).

[1640] GRÓCIO, **De jure belli** (prolegômenos, § 28).

[1641] GRÓCIO, **De jure belli** (prolegômenos, § 28).

quantidade de exemplos".[1642] GRÓCIO faz resenha – pouco lisonjeira, aliás – a respeito das obras de seus predecessores:[1643]

> Vi também livros específicos escritos sobre o direito da guerra, alguns escritos por teólogos como Francisco VITÓRIA, HENRIQUE DE GORCKUM, Guilherme MATHEUS, e outros escritos por doutores de direito, como João LUPUS, Francisco ARIUS, JOÃO DE LEGNANO, MARTINUS LAUDENSIS. Todos esses autores pouco disseram sobre assunto tão fértil e a maioria o fez mesclando ou confundindo sem ordem alguma o que é relativo ao direito natural, ao direito divino, ao direito das gentes, ao direito civil, que decorrem de cânones.[1644]

Como se deu no passado, continua a ocorrer em nossos dias a confrontação entre forças antagônicas da civilização e da barbárie. As passagens referidas servem para ilustrar algumas das dimensões do fenômeno humano da guerra: este permanece um paradoxo sem solução.[1645] Quiçá, dado inerente à natureza humana...

[1642] H. GRÓCIO, **De jure belli** (prolegômenos, § 38): "Nas causas que levam a proferir se uma guerra é justa ou injusta, AYALA sequer tocou. GENTILI esboçou, segundo o seu modo de ver, alguns tipos gerais, mas muitos pontos relativos a célebres e frequentes questões, sequer os abordou". V. tb. **Tratado** (tomo 6 – **Direito internacional no tempo de Suárez, Gentili e Grócio**, cap. 16).

[1643] A esses teólogos some-se JOÃO DE CARTAGENA, cuja obra sobre o tema foi publicada em Roma, em 1609.

[1644] GRÓCIO, **De jure belli** (prolegômenos, § 37).

[1645] V. **Tratado** (tomo 20 – **Direito internacional, história e cultura**, cap. 5 – desafios e desenvolvimentos do direito internacional no contexto pós-moderno, item 5.2 – os limites à guerra e ao uso da força) e tb. adiante, neste capítulo, o item 11.4 – guerra e natureza humana; GREGOTTI (1999), arquiteto e professor de arquitetura na Itália, ao escrecer sobre "identidade e crise da arquitetura europeia" põe reflexão que parece não ter sido entendida, por dirigentes obtusos, com desastrosos resultados e sem perspectiva de solução 'fácil' em futuro previsível – a assim chamada 'guerra ao terror' não pode ser "conflito frontal entre duas pátrias". Essa, justamente, não se apresenta como por "frente a frente dois povos", mas "põe em concorrência poderes diversos". Tão elementar quanto pouco entendido e praticado. Vittorio GREGOTTI, **Identità e crisi dell'architettura europea** (Torino: Einaudi, 1999, cap. Undicesimo – Neoeclettismo, p. 157-170, cit. p. 158): "Persino il conflitto bellico non può più essere confronto frontale tra due patrie. A causa della multinazionalità del capitalismo e dell'industria della notizia, la guerra non mette di fronte due populi: mette in concorrenza diversi poteri."

O dado necessário da separação entre guerra e paz, percebido e 'institucionalizado' pelos antigos romanos significa inserir em meio à civilização e à vida da cidade a questão da violência e da guerra. Este é problema do qual os romanos, tiveram consciência desde a origem.[1646] Assim, "a guerra é outro mundo, que tem suas leis próprias, bem diferentes das leis da paz; mundo onde se entra com ritos e de onde só se pode sair com outros ritos. Inventaram um conceito, da guerra 'justa' – entendendo com isso uma coisa bem diferente do que essas palavras nos sugerem":[1647]

> A guerra justa – *bellum iustum* – é empreendida segundo as formas do direito e, por conseguinte, formalmente de acordo com a divindade, assim como as 'núpcias justas' são aquelas que produzem efeitos conformes ao direito, no estatuto das pessoas. Os cidadãos, quando alistados na legião, tornam-se soldados ao prestarem juramento solene ao chefe que os recruta. Esse juramento os sacraliza, tornam-se outros aos olhos dos deuses, estão habilitados a matar os inimigos sem se macularem; quando são autorizados pelo chefe a deixar temporariamente o exército, voltam a ser, durante a ausência, cidadãos comuns.[1648]

A distinção entre o domínio da paz e o da guerra era assinalada pelas portas do templo de Jano: se as portas estivessem abertas, Roma estava em guerra, e os quirites, cidadãos pacíficos, transformavam-se em soldados; se fechadas as portas, eram as leis e as virtudes do tempo de paz que regiam a cidade.

> O mundo da guerra diferia do outro em muitos aspectos: depende de outra ordem, de outras leis e de outras excelências. Às do tempo de paz – Justiça, Piedade, Fé – sucedem Violência e Furor, esse ímpeto que arrebata o ser a si mesmo e o transforma em força mortífera.[1649]

[1646] Como se examina no **Tratado** (tomo 3 B – **Gregos, romanos, chineses, indianos**, cap. 6 – na formação e no desenvolvimento de Roma).

[1647] P. GRIMAL, **Virgílio, ou o segundo nascimento de Roma** (orig. publ. **Vergile ou la seconde naissance de Rome**, 1985, ed. bras., 1992, p. 236).

[1648] P. GRIMAL, **Virgílio, ou o segundo nascimento de Roma** (op. cit., 1985, ed. bras., 1992, p. 236).

[1649] P. GRIMAL (op. cit., 1985, ed. bras. 1992, loc. cit.): "Seria absurdo dizer que esse rito 'transformava' o caráter dos cidadãos; ele transformava a sua situação jurídica e religiosa, em função do papel que passavam a assumir."

Mesmo se, "muitas sociedades chamadas 'primitivas' conhecem essa metamorfose dos seres na guerra": algumas tentam controlá-la; outras tentam provocá-la por diversos meios, porquanto, por mais perigosa que possa ser para a cidade, é preciosa nos momentos de perigo.[1650]

A cidade romana conhece esse aspecto duplo: seu 'herói fundador', Eneias, ao personificar e simbolizar a *urbs*, pode ser sábio e ponderado, em tempo de paz; como se mostra selvagem e impiedoso, em tempo de guerra, sem que isso comprometa, no que quer que seja, seu caráter, que continua imutável.

Na Idade média – como também em nosso contexto presente – vê-se o paradoxo do descompasso entre a teoria e a prática: de um lado, somam-se os ideais da cavalaria e da doutrina da igreja a respeito da 'guerra justa' – somente aquela oficialmente declarada pelo príncipe, e como tal, reveste-se da forma devida, faz-se por causa justa e norteada por reta intenção – e, de outro lado, a selvageria da prática, com todos os desvarios que cometem os homens, em meio a conflitos armados. Assim,[1651] "parece que o espírito medieval, em sua sentimentalidade sangrenta, somente poderia ser orientado na medida em que se colocasse o ideal alto demais: assim na doutrina da igreja, assim também no ideal da cavalaria".[1652]

Quanto mais concentrado o teatro das operações de guerra, tanto mais a sanha assassina dos homens poderia se manifestar.[1653] E onde não se tratasse do destino de opositores de igual condição de cavaleiros – em relação aos quais, ademais, poupar a vida do inimigo capturado poderia render o pagamento de bom resgate – nos demais casos, não haveria

[1650] P. GRIMAL (op. cit., 1985, ed. bras. 1992, loc. cit.).

[1651] Johan HUIZINGA, **Herfstij der middeleeuwen** (1919); **Herbst des Mittelalters** (trad. alemã, cit., 1975); ed. bras. **O outono da Idade média** – estudo sobre as formas de vida e de pensamento dos séculos XIV e XV na França e nos Países Baixos (ensaios de Peter BURKE e Anton van der LEM, entrevista Jacques LE GOFF, trad. Francis Petra JANSEN, São Paulo: Cosac Naify, 2010); ver tb. J. HUIZINGA, La valeur politique et militaire des idées de chevalerie à la fin du Moyen Âge (Revue d'histoire diplomatique, publiée par les soins de la Société d'histoire diplomatique, Paris: Plon [Librairie Plon-Nourrit et Cie., Imprimeurs Éditeurs], 35e année, 1921, p. 126-138).

[1652] J. HUIZINGA (op. cit., 1919, ed. cit., 1975, p. 149 ss.).

[1653] W. GREWE (op. cit., 1984, primeira parte, cap. 7, item III – *Das wahre Gesicht des Krieges*, p. 141-143, cit. p. 141-142): "Je engräumiger der Kriegschauplatz war, je näher sich die Kriegführenden durch nachbarschaftliche und landmannschaftliche Bande standen, um so blütiger und grausamer wurde der Kampf geführt."

espaço nem razão para nortear a condução da guerra pelos elevados ideais do cavaleiro cristão.

Mas, "apesar do quadro de desilusão que a realidade da guerra na Idade média nos mostra, não se pode, apesar de tudo, subestimar a importância material e a relevância do efeito moral das normas formuladas":[1654]

> Sobretudo, em comparação com a Antiguidade, uma coisa se torna clara: a objetividade com a qual TUCÍDIDES descrevera os horrores da guerra do Peloponeso permanece estranha aos cronistas medievais. Onde estes tinham de relatar as coisas da guerra, estes a confrontavam com julgamentos de valor, e esta é uma premissa que, na consideração do *ius in bello* no direito internacional público, não pode ser descartada.[1655]

Pode ser útil e oportuno situar a distinção entre *ius in bello* e *ius ad bellum*. Por seus múltiplos desdobramentos, teóricos e práticos.

Alguns elementos,[1656] permitem fazer a linha divisória:

- '*ius ad bellum*' é o termo latino para designar o direito internacional que regula o uso da força; estipula quando um estado pode ou não usar a força, com base no direito internacional; a fonte primária deste, no direito internacional *vigente*, é a **Carta** da ONU, especialmente em seu artigo 2º, inc. 4º, que proíbe o uso da força pelos estados, nas relações internacionais, com duas exceções: a legítima defesa, prevista no art. 51, e a implementação forçada de decisões

[1654] W. GREWE (op. cit., 1984, p. 143): "Die Überlieferung ist immer schweigsam, wenn es sich um jene Fälle handelt, in denen schlicht das Recht befolgt wurde."

[1655] W. GREWE (op. cit., 1984, p. 143).

[1656] Christine GRAY, **International law and the use of force** (Oxford: Univ. Press, 1st publ., 2000, 3rd ed., 2008); Leslie C. GREEN, **The contemporary law of armed conflict** (Manchester: Univ. Press, 1st publ. 1993, 3rd ed. 2008); Frits KALSHOVEN, **Reflections on the laws of war**: collected essays (Leiden: M. Nijhoff, 2007, esp. cap. 43 – From International Humanitarian Law to International Criminal Law, p. 947-957); Robert KOLB, ***Ius contra bellum*: le droit international relatif au maintien de la paix** (Basiléia: Helbing & Lichtenhahn, 2003); R. KOLB, ***Ius in bello*: le droit international des conflits armés** (Basileia: Helbing & Lichtenhahn, 2003); Keiichiro OKIMOTO, **The distinction and relationship between *Jus ad Bellum* and *Jus in Bello*** (Oxford & Portland, Oregon: Hart Publ., 2011, vol. 33 in the series Studies in International Law).

emanadas do Conselho de Segurança, nos termos do cap. VII da **Carta**; e, por sua vez,

- *'ius in bello'* é o termo latino para designar o direito internacional humanitário, ou o direito dos conflitos armados; estipula normas de conduta, durante conflitos armados, especialmente sobre como proteger pessoas colocadas fora de combate (combatentes feridos, doentes ou náufragos; combatentes capturados; e civis), e quais meios e métodos de guerra podem ou não ser usados, bem como os direitos e obrigações de estados neutros.

Estes são dois ramos do direito internacional, especificamente voltados para a regulação do uso da força por estados e outros agentes. Ambos os ramos do direito internacional são constituídos por vasto número de dispositivos, contidos em tratados – o núcleo do direito internacional codificado, nesta matéria, as **Convenções** de Genebra, de 1949, e os **Protocolos adicionais**, de 1977, já contém 531 artigos –[1657] e também por extenso conjunto de normas costumeiras. Cuja enorme relevância sequer precisa ser enfatizada.[1658]

Seria a guerra dado inseparável da natureza humana (11.4)?

[1657] Yves SANDOZ et al., **Comentário del Protocolo del 8 de junio de 1977 adicional a los Convenios de Ginebra del 12 de agosto de 1949 relativo a la protección de las vítimas de los conflictos armados internacionales** (Protocolo I) (orig. publ. **Commentaire des Protocoles additionnels du 8 juin 1977 aux Conventions de Genève du 12 août 1949**, trad. Maurício DUQUE Ortiz, dir. general de la trad. José CHOCOMELI Lera, Bogotá: CICR / Plaza y Janés, 2009, 2 tomos); Sylvie-Stoyanka JUNOD, **Comentário del Protocolo del 8 de junio de 1977 adicional a los Convenios de Ginebra del 12 de agosto de 1949 relativo a la protección de las vítimas de los conflictos armados sin carácter internacional** (Protocolo II) **y del artículo 3 de estos Convenios** (orig. publ. **Commentaire des Protocoles additionnels du 8 juin 1977 aux Conventions de Genève du 12 août 1949**, trad. José CHOCOMELI Lera, con la colab. de Maurício DUQUE Ortiz, Bogotá: CICR / Plaza y Janés, 1998); Mario BETTATI (textes introduits et commentés par), **Droit humanitaire** (Paris: Seuil – essais, 2000).

[1658] V. **Tratado** (tomo 2 – **Direito internacional dos espaços**, cap. 29 – espacialidade e direitos fundamentais: a dimensão humana do território, item 29.3 – dimensão humana do território como expressão da relação entre espacialidade e direitos fundamentais; e tb. tomo 20 – **Direito internacional, história e cultura**, cap. 5 – desafios e desenvolvimentos do direito internacional no contexto pós-moderno, item 5.2 – os limites à guerra e ao uso da força).

11.4. Guerra e natureza humana

há um direito na guerra, como há na paz, e nós aprendemos a respeitar esse direito do mesmo modo que a lutar com coragem.

TITO LÍVIO, **História de Roma** (V.27)[1659]

Utilizei-me, neste livro, do termo 'agressão', para designar a agressão defensiva, reativa, que subordinei à conceituação de 'agressão benigna', mas chamei 'destrutividade' a 'crueldade' de propensão especificamente humana para destruir e ansiar por um controle absoluto (a 'agressão maligna'). [...] Toda vez que empreguei o termo agressão, por ter-me parecido útil num determinado contexto a fim de indicar o sentido diverso de uma agressão defensiva, qualifiquei-o expressamente para evitar incompreensões.

Erich FROMM, **Anatomia da destrutividade humana** (1973, 1987)[1660]

ver – sobretudo ver e ouvir e sentir
o escuro que sobe das trincheiras
onde a razão humana mal dardeja ainda
os fogos trêmulos do entendimento

Lúcio CARDOSO (1912-1968), *Mazepa* (1934)[1661]

A compreensão da matéria exige o aporte de conhecimentos de outras áreas para situar o fenômeno da guerra, como das forças que a suscitam, na ótica de fenômenos humanos. Assim, dentre os psicanalistas, as lições de FROMM, FREUD, LORENZ, bem como MEGARGEE e HOKANSON, dentre outros, trazem dados úteis para situar o fenômeno da destrutividade humana, e a sinistra relação entre a natureza humana e a guerra, nos planos histórico e jurídico.[1662]

[1659] TITO LÍVIO, **História de Roma** (intr., trad. e notas Paulo M. PEIXOTO, São Paulo: Paumape, 1989, livro V, n. 27, p. 418).

[1660] Erich FROMM, **Anatomia da destrutividade humana** (orig. publ. **The anatomy of human destructiveness**, 1973, tradução de Marco Aurélio de Moura MATOS, Rio de Janeiro: Ed. Guanabara, 2ª. ed., 1987, Terminologia, p. 17-19).

[1661] Lúcio CARDOSO, **Poesia completa** (ed. crítica Ézio Macedo RIBEIRO, São Paulo: EDUSP, 2011, "Mazepa", 1934, p. 221-222).

[1662] Norman ANGELL, **A grande ilusão** (do original **The great illusion**, © 1910, ed. rev. 1933, trad. Sérgio BATH, Brasília: Ed. UnB / IPRI; São Paulo: IOE, 2002); Raymond ARON,

Nesta breve reflexão, não por acaso se traz este trecho de poema de Lúcio CARDOSO, sobre o líder cossaco ucraniano Ivan Stepanovich MAZEPA (1639-1709), pois em meio ao "escuro que sobe das trincheiras" da guerra, se trata de "ver – sobretudo ver e ouvir e sentir", quanto se conserva "onde a razão humana mal dardeja ainda os fogos trêmulos do entendimento". É difícil enxergar quanto da razão humana pode ser conservado e operacionalizado, em meio ao "escuro que sobe das trincheiras"...[1663] Nisso podem nos ajudar os referidos FROMM, FREUD, LORENZ bem como MEGARGEE e HOKANSON.

Erich FROMM aponta a necessidade de traçar distinção entre os termos "agressão" e "destrutividade".[1664] O uso em psicanálise se faz diversamente do vocabulário jurídico.

Em direito, e especificamente em direito internacional, utiliza-se o termo agressão como a *iniciativa de atacar* – daí, por exemplo, a proibição às guerras de agressão, no direito internacional vigente, o que leva os agressores a procurarem caracterizar as suas ações como '*defensivas*', mesmo quando se trate de assim chamados 'ataques preventivos'. Dizer que tais formulações não se sustentam, quer causal como estruturalmente, não muda a frequência com a qual são empregadas. O que é absolutamente contraditório, porém não menos frequente.

Sigmund FREUD (1915), em curto e não muito conhecido ensaio, intitulado *Pensamentos para os tempos sobre a guerra e a morte*, meses após

Paz e guerra entre as nações (trad. Sérgio BATH, Brasília: Ed. UnB, Col. Pensamento Político, 1979, do original **Paix et guerre entre les nations** © 1962, Ed. Calmann-Levy); Frank ATTAR, **Droit international: entre ordre et chaos** (Paris: Hachette, 1994); Norberto BOBBIO, **Il problema della guerra e le vie della pace** (Bolonha: Il Mulino, 1979); Karl von CLAUSEWITZ, **Da guerra** (do original **Vom Kriege**, trad. integral de Teresa Barros Pinto BARROSO, prefácio de Anatole RAPOPORT, São Paulo: Martins, 1979); Yvon GARLAN, seu já referido **La guerre dans l'antiquité** (Paris: Nathan, ©1972, reimpr. 1990); Alberico GENTILI, **Direito de guerra** (do original **De jure belli libri tres** trad. Ciro MIORANZA, intr. Diego PANIZZA, Ijuí: Ed. Unijuí, 2004), tb. considerado no **Tratado** (tomo 6 – **Direito internacional no tempo de Suárez, Gentili e Zouch**, cap. 16); John KEEGAN, **Uma história da guerra** (do original **A history of warfare** © 1993, trad. Pedro Maia SOARES, São Paulo: Companhia das Letras, 2006); Gilles LAPOUGE, **Utopie et civilisations** (Paris: Flammarion / Champs, 1978).

[1663] Lúcio CARDOSO, **Poesia completa** (ed. crítica Ézio Macedo RIBEIRO, São Paulo: EDUSP, 2011, "Mazepa", 1934, p. 221-222).

[1664] E. FROMM (op. cit., 1973, ed. bras., 1987, Terminologia, p. 17-19, cit. p. 18).

o início da Primeira guerra mundial, já fazia a seguinte consideração: "as guerras não cessarão enquanto as nações viverem sob condições tão diferentes, enquanto o valor da vida humana for tão diversamente valorizado e enquanto as animosidades que os dividem representarem forças motivadoras da mente tão poderosas".[1665] O mesmo FREUD (1921), após o conflito avassalador da Primeira guerra mundial, escreveu que o amor age como fator civilizador, transformando o egoísmo no altruísmo, efeito que se produz não só na vida individual como também na humanidade.[1666] Mostra FREUD, em sua obra, a partir da década de 1920, que a paixão de destruir – *thanatos*, ou instinto de morte – é tão forte quanto o instinto de vida, e considerada de igual potência à da paixão de amar – *eros*, instinto de vida, sexualidade.

Konrad LORENZ (1966) representa marco na evolução dos estudos sobre o tema, com a publicação de seu livro *sobre a agressão* nesse ano.[1667] Foi este premiado com o NOBEL de medicina e fisiologia em 1973.

Edwin I. MEGARGEE e Jack E. HOKANSON (1976) consideram a *dinâmica da agressão* por meio da análise comparativa entre indivíduos, grupos, nações.[1668]

[1665] Sigmund FREUD, **Reflexões para os tempos de guerra e morte** (orig. publ. **Zeitgemässes über Krieg und Tod**, 1915, edição Standard brasileira das obras psicológicas completas de Sigmund FREUD, comentários e notas de James STRACHEY, em colab. com Anna FREUD et al., trad. do alemão e do inglês, direção geral de Jayme SALOMÃO, trad. de Themira de Oliveira BRITO, Paulo Henriques BRITO e Christiano Monteiro OITICICA, rev. técnica de Darcy Mendonça UCHOA, Rio de Janeiro: Imago, © 1969, ed. 1974, vol. XIV, p. 309-341).

[1666] Sigmund FREUD, **Psicologia de grupo e análise do ego** (orig. publ. **Massenpsychologie und Ich-Analyse**, 1921, edição Standard brasileira das obras psicológicas completas de Sigmund FREUD, comentários e notas de James STRACHEY, em colab. com Anna FREUD et al., trad. do alemão e do inglês, direção geral e rev. técnica de Jayme SALOMÃO, trad. de Christiano Monteiro OITICICA, rev. Carlos Alberto PAVANELLI, Rio de Janeiro: Imago, © 1969, ed. 1976, vol.XVIII, p. 87-189).

[1667] Konrad LORENZ, **So kam der Mensch auf den Hund** (orig. publ. Viena: Verlag Borotha-Schroeder, 1950, esta ed. München: Saur, 2002); v. tb. Konrad LORENZ, **Os oito pecados capitais do homem civilizado** (orig. publ. **Die acht Todsünden der zivilisierten Menschheit**, 1973, trad. Henrique BECK, São Paulo: Brasiliense, 2ª. ed., 1991).

[1668] Edwin I. MEGARGEE e Jack E. HOKANSON, **Dinâmica da agressão**: análise de indivíduos, grupos, nações (trad. Dante Moreira LEITE, São Paulo: E.P.U. / EDUSP, 1976).

Cabe, a seguir, considerar os argumentos jurídicos, em perspectiva histórica. Como apontei nos **Fundamentos** (2008),[1669] cabe pensar quanto tempo levou a humanidade até repudiar a guerra como ferramenta válida para a política internacional? Ou até que se condenasse de modo claro o colonialismo, para dar lugar à autodeterminação dos povos, como princípio do direito internacional pós-moderno? Da formação e institucionalização do direito internacional dos direitos humanos? Da mesma forma, a consolidação de parâmetros regulatórios dos espaços comuns e do meio ambiente?

O esforço de pôr limites aos conflitos armados é meritório e deve ser continuado. Mesmo quando seus resultados pareçam ingênuos ou de pouco efeito ante a extensão das violências cometidas.

Na Idade média, são encetados esforços visando estabelecer limites materiais e temporais às guerras, quer quanto à extensão, como aos meios, considerados lícitos de serem empregados. Assim, por exemplo, no terceiro concílio de Latrão, em 1179, formulou-se condenação contra a tomada de prisioneiros que fossem cristãos.

No segundo concílio de Latrão, em 1139, proibiu-se o uso de arbaletas e de arcos, como "armas mortíferas e odiosas a Deus". Cabe reportar essa tentativa de regulação da guerra, sem deixar de observar quanto essa normativa, que visava preservar as formas cavalheirescas de combater, "chama a atenção na era da bomba atômica".[1670]

Séculos se passaram desde então. Houve momentos em que se buscaram novos caminhos – com a experimentação de novas receitas, como se ensaia após a Primeira guerra mundial.[1671]

[1669] P. B. CASELLA, **Fundamentos do direito internacional pós-moderno** (Prólogo Hugo CAMINOS, São Paulo: Quartier Latin, 2008).

[1670] Arthur NUSSBAUM, **Historia del derecho internacional** (orig. publ. **A concise History of the Law of Nations**, 1947, trad. Francisco Javier OSSET, adiciones sobre História de la doctrina hispanica de derecho internacional por Luís GARCIA ARIAS, Madri: Revista de derecho privado, s/d, prólogo de L.G.A. datado "1949", cap. II – La edad média, p. 18-52, cit. p. 22).

[1671] Carl BOUCHARD, **1914-1919 – Le citoyen et l'ordre mondial** – Le rêve d'une paix durable au lendemain de la Grande guerre (Paris: Pedone, 2008); Georges CLEMENCEAU, **Correspondance (1858-1929)** (éd. établie et annotée par Sylvie BODZIAK et Jean-Noël JEANNENEY, Paris: Robert Laffont-Bouquins/Bibliothèque nationale de France, 2008); Samuël TOMEI, **Clemenceau, le combattant** (Paris: La documentation française, 2008); Margaret MacMILLAN, **Les artisans de la paix** – Comment LLOYD GEORGE,

O saldo ainda se mostra pouco conclusivo. Quanto ainda pode parecer amadorística a formulação do Tratado geral de renúncia à guerra como instrumento de política nacional, mais conhecido como Pacto BRIAND-KELLOGG, assinado em Paris, em 27 de agosto de 1928, cujo nome se reporta ao então ministro das relações exteriores da França, Aristide BRIANT (1862-1932) e ao secretário de estado dos Estados Unidos, Frank B. KELLOGG (1856-1937). O Pacto condenava o recurso à guerra para a solução de controvérsias internacionais, e estipulava a renúncia a este como instrumento de política nacional, em seu art. 1º, pelas principais potências da época. E representou marco importante da evolução no sentido da proibição do uso da força pelos estados no direito internacional positivo – encetada com as conferências de paz da Haia, de 1899 e de 1907, e culmina com a Carta da ONU, em 1945.[1672]

Pode ser questionada a tentativa de proscrever a guerra do direito internacional positivo, quando o contexto internacional já prenunciava o que estaria por vir, preparado o caminho que levou ao conflito de 1939-1945. Contudo, não se pode, nem se deve, esquecer quanto essa formulação representa marco válido de afirmação da não-juridicidade intrínseca da guerra.[1673] Muito embora continuem a ocorrer guerras, e renovem-se as alegações para justificá-las, buscando formulações próximas dos valores que substancialmente as ações negam.

CLEMENCEAU et WILSON ont redessiné la Carte du monde (do original **Peacemakers** (c) 2001, trad. André ZAVRIEW, Paris: J. C. Lattès, 2006).

[1672] Inicialmente assinado e ratificado por quinze estados, incluíndo: África do Sul, Alemanha, Austrália, Bélgica, Canadá, Estados Unidos, França, India, Irlanda, Itália, Japão, Nova Zelândia, Polônia, Reino Unido, Tchecoslováquia. A França e o Reino Unido formularam reservas; enquanto Japão e Estados Unidos apresentaram notas de interpretação ao texto. Aderiram ao Pacto mais 48 estados, representando o conjunto dos membros da Sociedade das Nações, com exceção da Argentina, Bolívia, El Salvador e Uruguai. Egito, Pérsia e União Soviética rejeitaram as reservas feitas por outros estados, quando aderiram. Nepal, San Marino e Iêmen não aderiram. O Pacto ainda estaria em vigor, considera Randall LESAFER, Kellogg-Briand Pact (1928) (in **Encyclopedia of Public International Law**, ed. R. WOLFRUM, Oxford: Univ. Press, 2012, vol. VI, p. 579-584, § 2).

[1673] Sobre Aristide BRIAND, ver: Victor MARGUERITTE, **Aristide BRIAND** (Paris: Flammarion, 1932); Christophe BELLON, **Briand, l'européen** (Paris: La documentation française, 2009).

A implementação efetiva desse princípio terá de ser buscada mais tarde. Há de ver se e em qual medida tal possibilidade será humanamente viável.

O tema da guerra e da paz aparece em todos os tempos, desde que existe registro da história –[1674] muito antes da obra principal de Hugo GRÓCIO, como mostram os predecessores e os autores posteriores, ao longo de séculos. Para GRÓCIO – que ainda trata a matéria na perspectiva antiga e medieval em vista da sua situação moderna – o destaque dado à guerra se põe desde o título do seu **De jure belli ac pacis**,[1675] porquanto esta seria e permanece a grande questão, não somente do direito internacional, como da política e das assim chamadas relações internacionais.

Da mesma forma, o livro de seu contemporâneo, Alberico GENTILI, intitula-se **Direito de guerra**, ou no original, **De jure belli libri tres**, enfatiza o exame do direito da guerra, em três livros.[1676] A regulação da guerra e das guerras permanece no foco.

A especificidade de ambos se põe no sentido de destacar normas e princípios de direito internacional a partir dos temas da 'guerra'.[1677] Basicamente entendida na linha de CLAUSEWITZ: "a guerra é um ato de violência para forçar o adversário a se submeter à nossa vontade".[1678]

Será o esforço da construção das normas da 'paz',[1679] a contraposição a esta linha de tratamento da guerra como parte da vida internacional – e

[1674] Cf. P. B. CASELLA, Negociação e conflito no direito internacional: cinco mil anos de registro da história (São Paulo: Revista Fdusp, 2019, vol. 114, p. 185-230); tb. **Tratado** (tomo 20 – **Direito internacional, história e cultura**, cap. 5, item 5.2 – os limites à guerra e ao uso da força).

[1675] Hugo GRÓCIO, **O direito da guerra e da paz** (orig. publ. **De jure belli ac pacis**, 1625, intr. Antonio Manuel HESPANHA, trad. de Ciro MIORANZA, col. clássicos do direito internacional, Ijuí: Ed. Unijuí, 2004, 2 vols.); v. tb. **Tratado** (tomo 7 – **Direito internacional no tempo de Hugo Grócio**, cap. 18).

[1676] Alberico GENTILI, **Direito de guerra** (orig. publ. **De jure belli libri tres** trad. Ciro MIORANZA, intr. Diego PANIZZA, Ijuí: Ed. Unijuí, 2004); tb. **Tratado** (tomo 6 – **Direito internacional no tempo de Suárez, Gentili e Zouch**, cap. 16).

[1677] A respeito ver o exame das contribuições de Balthazar AYALA e Pierino BELLI para o direito internacional, no item 11.6, a seguir.

[1678] Karl von CLAUSEWITZ, **Da guerra** (orig. publ. **Vom Kriege**, 1830, trad. integral de Teresa Barros Pinto BARROSO, prefácio de Anatole RAPOPORT, São Paulo: Martins, 1979, Primeira parte, Livro I, cap. I – Que é a guerra?, n. 2 – Definição, p. 73).

[1679] Ver o item 11.5 – o ideal da construção da paz, a seguir.

isso desde tempos imemoriais –[1680] a linha de reflexões sobre a paz e os meios e modos para construção desta tem marcos relevantes. Ao menos como anseios teóricos.

Dentre anseios e projetos para tornar a paz perpétua, sem esquecer, desde o século XIV, DANTE, no **De Monarchia**, bem como seu contemporâneo Pierre DUBOIS, **De recuperatione Terrae Sanctae**, bem como, no século XVII, o **Grande plano** do duque de SULLY, dentre outros,[1681] cabe lembrar, do século XVIII, o Abade de SAINT-PIERRE, com seu **Projeto para tornar perpétua a paz na Europa**.[1682]

A ideia, retomada por J.-J. ROUSSEAU, em meados do mesmo século, foi revisitada por I. KANT, que, no ensaio de 1795, sobre a *paz perpétua*.[1683] KANT alcança a formulação que se tornou a mais conhecida, dentre os vários autores, que escreveram sobre o tema.

A advertência de KANT e outros se faz no sentido de que a paz não é somente a ausência de guerra, mas se há de construir conteúdo positivo, de modo a permitir a duração desta. A questão não é somente de se chegar à paz, mas, sobretudo, de a fazer durar. A questão para o direito internacional é a mesma: a duração. Como toda instituição humana, não se haverá de pretender que possa ser eterna, mas deve ter alguma durabilidade razoável. O que possa ser essa durabilidade e essa razoabilidade são outras complexas questões a serem enfrentadas e resolvidas, algum dia, pela humanidade.

[1680] Cfr. **Tratado** (tomos 3 A – **Direito internacional no tempo antigo** e 3 B – **Gregos, romanos, chineses, indianos**); Yvon GARLAN, em seu já antes referido estudo sobre **La guerre dans l'Antiquité** (Paris: Nathan, © 1972, impr. 1990) considera banal apontar a frequência de ocorrência da guerra na Antiguidade.

[1681] Ver P. B. CASELLA, Pax perpetua: a review of the concept from the perspective of economic integration (in **Dimensão internacional do direito**: estudos em homenagem a G. E. do Nascimento e Silva, org. P. B. CASELLA, São Paulo: LTr, 2000, p. 69-88); ___, **União europeia**: instituições e ordenamento jurídico (São Paulo: LTr, 2002, esp. 1.2 – projetos e experiências de União europeia: antecedentes históricos, p. 54-71).

[1682] Abbé de SAINT-PIERRE, **Projeto para tornar perpétua a paz na Europa** (trad. Sérgio DUARTE, pref. Ricardo SEITENFUS, Brasília: Ed. UnB / IPRI, São Paulo: IOE, 2003).

[1683] P. B. CASELLA, Pax perpetua – a review of the concept from the perspective of economic integration (in **Dimensão internacional do direito**, op. cit. 2000, p. 69-88); b/c, em relação ao contexto europeu, o item 1.2 – projetos e experiências de união européia: antecedentes históricos (in **União Européia: instituições e ordenamento jurídico**, op. cit. 2002, p. 54-71).

A busca da paz se há de fazer de modo, tanto quanto possível, tranquilo e destacado das contingências do dia-a-dia: de novo pode-se dizer não ser isso humanamente viável – pois, assim, não se há de buscar o que for impossível: melhor buscar o que pode ser conseguido. Aí pode haver espaço para atuar de modo sensível e sensato – dentro do que for humanamente viável e possível.

Nisso se inscreve a incitação a se buscar certo distanciamento em relação aos fatos correntes, para poder melhor captar-lhes o alcance e sentido. Como mostra o ideal de construção da paz,[1684] entre as potências da época na Europa, até vir a se traduzir na prática.[1685]

Infelizmente, as teorias a respeito da construção da paz parecem ser mais belas e mais completas do que as realizações práticas destas. Como se passa a considerar (11.5).

11.5. O ideal de construção da paz

> os movimentos pela paz raramente são tão impressionantes na prática quanto na teoria.
>
> Steven RUNCIMAN (1951, ed. bras. 2002)[1686]

[1684] VOLTAIRE era o único ao lado do leito de morte de Charles Irénée CASTEL, Abbé de SAINT-PIERRE quando este expirou, em 29 de abril de 1743, e considerou eloquente a situação de solidão desse homem, que morreu falando em paz... (D'ALEMBERT, **Éloge de l'abbé de SAINT-PIERRE** (1775) "lu à la reception de Mr. de MALESHERBES", 'Avant propos' Simone GOYARD-FABRE, Caen: Univ. de Caen / Centre de Philosophie politique et juridique, 1993, nota 4, p. 12).

[1685] Não se pode estudar nem compreender a integração sem atentar para as bases de direito internacional e para as dimensões histórico-culturais inerentes a qualquer processo de tal natureza. Passa o direito internacional clássico da *coexistência*, ao direito internacional contemporâneo da *cooperação*, para o direito internacional pós-moderno da *integração*? A percepção da fragmentação e da diversidade, que acompanham o mundo pós-moderno se fazem repercutir na busca de modelos de coesão e ordenação integrada? Sinais da passagem do primeiro para o segundo patamar já apontava W. FRIEDMANN, **The changing structure of international law** (Londres: Stevens & Sons, 1964).

[1686] Steven RUNCIMAN, **História das Cruzadas** (do original **A History of the Crusades** © 1951, trad. Cristiana de Assis SERRA, Rio de Janeiro: Imago, 2002, em 3 vols.: I. a primeira cruzada e a fundação do reino de Jerusalém; II. cruzadas do século XII; III. o reino de Acre e as últimas cruzadas, cit. vol. I, p. 86).

o termo 'direito da guerra' é, em si mesmo, de uma dolorosa ironia.

Louis-Erasme LE FUR (1932)[1687]

pois os povos não fizeram a guerra. Eles são vítimas da guerra, porque são vítimas do monstro Estado. O monstro empolga-os e a partir da escola organiza a mentira viva de que se alimenta e em que se rebolca. Mentira alemã de um lado, mentira francesa de outro, mentira inglesa, mentira italiana, mentira em todos os idiomas, sob todas as formas.

MONTEIRO LOBATO (1921, ed. 1951)[1688]

O ideal de construção da paz se traduz por múltiplas formas, em diferentes momentos da história.[1689] Em boa medida, "a história bizantina era extraordinariamente livre de guerras de agressão", onde "os métodos pacíficos eram sempre preferíveis, ainda que envolvessem uma diplomacia tortuosa ou o pagamento de dinheiro". Por isso, "para os historiadores ocidentais, habituados a admirar o valor marcial, os atos de muitos estadistas bizantinos parecem covardes ou dissimulados; sua origem, porém, não raro, era um desejo genuíno de evitar o derramamento de sangue".[1690]

O ideal de construção da paz, como advertia KANT, no ensaio sobre a paz perpétua (1795), permanece antes o ideal do que a efetivação deste, na realidade.[1691] E, sua efetivação não deve nem pode ser esperada para futuro breve – ele já o sabia no final do século XVIII.

1687 L. E. LE FUR, **Le développement historique du droit international**: de l'anarchie internationale à une communauté internationale organisée (RCADI, 1932, t. 41, p. 501-602, p. 559): "Le terme de 'droit de la guerre' est par lui-même d'une douloureuse ironie."

1688 J. B. MONTEIRO LOBATO, O pai da guerra (no volume **A onda verde e o presidente negro**, 1921, São Paulo: Brasiliense, 1951, p. 53).

1689 No início do capítulo foi referida extensa lista de autores que tem tratado de temas da guerra sob o ponto de vista do direito internacional. Dentre os quais a respeitável série de internacionalistas que proferiram na Academia de direito internacional da Haia cursos sobre "normas gerais do direito da paz", bem como outros mais recentes.

1690 S. RUNCIMAN (op. cit., 1951, ed. bras., 2002, vol. I, livro II – A pregação da cruzada, cap. I – Santa paz e guerra santa, p. 83-91, cit. p. 83).

1691 Cf. o precedente item 11.4 – guerra e natureza humana; P. B. CASELLA, Pax perpetua – a review of the concept from the perspective of economic integration (in **Dimensão internacional do direito,** op. cit. 2000, p. 69-88); b/c o item 1.2 – projetos e experiências de união européia: antecedentes históricos (in **União Européia: instituições e ordenamento jurídico**, op. cit. 2002, p. 54-71).

Dentre os esforços de paz entre os homens, no contexto medieval, mesmo se o direcionamento das forças belicosas da Europa medieval rumo ao inimigo externo, o 'infiel', contra o qual se faria uma 'cruzada' – e esta se chegaria a pretender caracterizar como 'santa' –, afigure-se como questionável e destituído de fundamento nos Evangelhos,[1692] cumpre, igualmente, reconhecer a atuação válida da igreja medieval no sentido de instaurar modalidades de pacificação tais como a *paz de Deus* e a *trégua de Deus*. Cabe fazer distinção entre ambas.

A *paz de Deus* tinha como propósito poupar os sacerdotes e os indefesos. A *paz de Deus* tinha como objetivo proteger os sacerdotes e os pobres, bem como os seus bens, de modo a "limitar os estragos do poderio militar desenfreado":[1693] com previsão de "sanções contra aqueles que o violassem, ao ponto de ameaçar com o interdito toda a região em que se violasse o pacto: não haveria missa pública, nem batismos, nem casamentos, nem enterros, nem toque de sinos; era a vida ferida de morte".[1694]

A trégua de Deus – *treuga Dei* – tinha intenção diferente: por meio desta se proibia a própria guerra, durante alguns períodos. Porém, "à luz da realidade medieval e da sua avaliação ética tem de ser entendidos os esforços da igreja para conter o uso da força, por meio da instituição da paz de Deus – *Gottesfrieden*".[1695]

> Desde o século XI, encontram-se anúncios da *Treuga Dei*, que serviram para excluir da guerra algumas categorias de pessoas (sacerdotes, comerciantes), de lugares (igrejas e cemitérios), e alguns períodos (da quinta ou sexta-feira

[1692] Cf. os precedentes itens 11.1 – cristianizar a guerra? e 11.2 – guerra justa e guerra santa: entre 'jihad' e as crizadas.

[1693] Daniel ROPS, **A igreja dos tempos bárbaros** (1991, ed. cit., "o doloroso alvorecer do ano mil", p. 538-617, cit. p. 584-585): "O texto do juramento de Verdun-sur-Saône, muito preciso e divertido nos seus detalhes, indica-o claramente. O ascendente dos bispos reunidos devia são tão grande que a maioria dos barões presentes acabaria por prontificar-se a prestar o juramento de paz, e de fato muitos o fizeram."

[1694] D. ROPS (op. cit., 1991, loc. cit.): "Por volta de meados do século XI, o movimento ultrapassou o Reno, os Alpes e os Pirineus, e a realeza começou a favorecê-lo por toda a parte, compreendendo que essa invenção do episcopado lhe seria muito útil, na tarefa de sofrear o feudalismo anarquizante."

[1695] Wilhelm GREWE, **Epochen der Völkerrechtsgeschichte** (Baden-Baden: Nomos, 1984, primeira parte: *Ius gentium*: Grundzüge der mittelalterlichen Völkerrechtsordnung, p. 55-162, cap. 7, *Der Rechtzwang: Idee und Wirklichkeit des* gerechten Krieges, p. 131-147).

até a segunda-feira de manhã). Mas foram limitados os efeitos da comunicação da paz de Deus.[1696]

A ideia de uma trégua institucional foi lançada, pela primeira vez, pelo papa JOÃO XV (988-996), por ocasião do conflito entre o duque da Normandia e o rei da Inglaterra. Mas não chegou a ter êxito.[1697]

Em 1017, em Elne, próxima a Perpignan, um sínodo decidiu proibir qualquer operação militar "desde a nona hora do sábado, até a primeira hora da segunda-feira". Em 1041, o concílio de Nice foi mais longe e ordenou tréguas absolutas desde a noite de quarta-feira até a manhã da segunda-feira.

O exemplo foi seguido, e outras dioceses estendem a trégua, e proibiram a guerra durante duas grandes partes do ciclo litúrgico: o advento e a quaresma. Noutras, desde as rogações até a oitava de Pentecostes.[1698]

Em 1043, o imperador HENRIQUE III promulgou "um dia de indulgências". Por meio deste se fazia uma anistia, comprometendo-se a desistir de vingar as injúrias, e convidou todos os demais príncipes a fazer o mesmo.

Em 1054, o concílio de Narbonne codificou todas essas práticas: "enquanto a trégua de Deus se espalhava pelo norte da França, depois pela Alemanha renana, e ultrapassava o canal da Mancha e os Alpes e era

1696 W. GREWE (op. cit., 1984, primeira parte, cap. 7, item IV – *Gottesfrieden*, p. 143-144): "Die Destrebungen zur Eindämmung der Gewaltanwendung durch Gottes- und Landfrieden haben sich ergänzt und überschnitten, sie beschränkten sich nicht auf das Fehdewesen, sondern griffen – schon wegen der fehlenden scharfen Abgrezung zwischen Innen- und Aussenverhältnis der Herrschaftsverbände – in den Bereich des Kriegsrechts über."

1697 Ver François NEVEUX, **L'aventure des Normands** – VIIIe – XIIIe siècle (avec la collaboration de Claire RUELLE, Paris: Perrin – tempus, © 2006, nova ed., 2009, reimpr. 2010, esp. caps. III, 'La fondation de la Normandie', p. 55-84; IV, 'Une nouvelle principauté', p. 85-114; chap. V – Robert le magnifique, p. 115-131, cit. p. 129): "À vingt-cinq ans environ, Robert le Magnifique apparaît comme l'un des princes les plus puissants du royaume de France, capable de s'imposer à ses voisins et même d'avoir une politique étrangère autonome." O filho de ROBERT se volta para a Inglaterra, e GUILHERME será o responsável pela vitória na batalha de Hastings em 1066.

1698 D. ROPS (op. cit., 1991, p. 586): "Diversas festas da Virgem e as Vigílias das quatro têmporas deviam também ser celebradas com a paz."

aceita na Espanha, o papado chamou a si a iniciativa, a fim de associá-la a uma outra intenção".[1699] Com as 'cruzadas'.[1700]

Desse redirecionamento adviria o movimento das cruzadas – como manobra diversionista desses impulsos bélicos contra alvo externo, o 'infiel'. Mas, outras distorções ocorrem também contra minorias no interior da Europa, como mostram as não menos nefandas 'cruzadas' contra os cátaros ou albigenses.[1701]

Estes movimentos constituíram tentativas de se libertar da tirania da igreja de Roma, na linha do que fora também o movimento do Bogomilismo, no século X, na Bulgária: movimento revolucionário, dirigido contra os boiardos, senhores da terra, e os grandes dignatários da igreja. Mas, assume proporções muito mais amplas no Languedoc, no século XIII.

Desvio de função também se produziu no caso das milícias da paz, criadas pelo arcebispo AIMON de Bourges: formada por voluntários que deveriam punir os senhores que violassem a trégua de Deus, efetivamente, ao que parece, teria castigado grande número deles; mas, a seguir essa "piedosa milícia" pôs-se a imitar os que pretendia atacar, entregando-se também a todo tipo de depredações.

Não parece ter sido necessário esperar pelo fortalecimento do estado nacional, no final da Idade média e início da era moderna, para se poder alcançar mais eficácia na implementação das tréguas de Deus.[1702] Como

[1699] D. ROPS (op. cit., 1991, loc. cit.): "Na prática, quais foram os resultados de tais belas exortações? Na aparência, medíocres: a ameaça de excomunhão não bastou para impedir os excessos da brutalidade, e o século XI ainda findará banhado em sangue e violência. [...] Lutar pela paz e pela fraternidade nunca foi nem será tarefa fácil."

[1700] Ver supra, item 11.2 – guerra justa e guerra santa: entre *jihad* e as cruzadas.

[1701] Cf. os precedentes itens 11.1 – cristianizar a guerra? e 11.2 – guerra justa e guerra santa: entre *jihad* e as cruzadas; Michel ROQUEBERT, **Histoire des cathares** – Hérésie, croisade, inquisition du XIe au XIVe siècle (orig. publ. 1999, Paris: Perrin – tempus, 2002); René NELLI, **Les cathares**: hérésie ou démocratie (Paris: Marabout Université, 1972).

[1702] Ver **Tratado** (tomo 5 – **Direito internacional no tempo de Francisco de Vitória**, cap. 13 – estado como sujeito de direito internacional – a contribuição de MAQUIAVEL e BODIN); como observava W. GREWE (op. cit., 1984, primeira parte, cap. 7, item IV – *Gottesfrieden*, p. 143-144): "Die noch bis zum Beginn des 17. Jahrhundert anzutreffende Institution der *trêve*, eine Zwischenform zwischen Friedensvertrag und militärischen Waffenstillstand, weist entwicklungsgeschichtliche Zusammenhänge mit den *Treuga Dei*

se deu, na França, com LUÍS XI (1461-1483), e na Alemanha, depois da Paz de Worms, de 1495 – assim, somente, a partir do início do século XVI.

Aí se pode vislumbrar o início do movimento, como versão preliminar do que viria a tomar corpo no direito internacional, no século XX, no sentido da proscrição da licitude da guerra, como meio de solução de controvérsias internacionais. Louvável como ideia – a proscrição do uso da força, por meio do direito internacional – sempre parece ter efeito prático restrito.

Em seu tratado sobre a guerra e as coisas militares, Pierino BELLI (1563)[1703] considera se poderia ser lícito guerrear a qualquer tempo e enumera os períodos de suspensão das hostilidades, em decorrência de interditos de ordem religiosa – as assim chamadas tréguas, canônicas ou legais. E, depois, conclui o capítulo com a constatação:

> Em nossos tempos, que têm pouca consideração pelas coisas, sagradas ou profanas, nenhum dia está isento de luta armada. Pois, mesmo no dia santo da Páscoa, as forças do papa JÚLIO II e de FERNANDO, rei da Espanha, engajaram-se em ferrenho combate com os franceses em Ravena; e, de novo, no exato tempo sagrado da Páscoa, terrível batalha foi travada entre os espanhóis e os franceses, perto de Ceresole, que é uma vila na província de Cuneo.[1704]

Seria este exemplo de categoria jurídica tornada inaplicável, em decorrência de prática reiterada em sentido contrário. Com a ação da própria igreja – no caso as tropas conduzidas pelo próprio papa JÚLIO II (1503-1513) – pelo mau exemplo dado, justamente na Páscoa; e exemplo seguido, na batalha de Ceresole, por espanhóis e franceses.

auf. Gelegentlich wird in der Gottesfriedensbewegung eine frühe Vorfom des modernen Gedankens des völkerrechtlichen Gewaltsverbots gesehen."

1703 Pierino BELLI, **De re militari et bello tractatus** (1563, 2 vols., Oxford: At the Clarendon Press/London: Humphrey Milford, 1936. [No. 18 of the series.] Vol. I. photographic reproduction of the edition of 1563, with introduction by Arrigo Cavaglieri, and a portrait of Belli. 30+151 pages. Vol. II. translation of the text by Herbert C. Nutting, with a translation of the introduction, and indexes. 32a+viii+411 pages). A respeito da contribuição de BELLI para o direito internacional, ver item 11.6.2.

1704 P. BELLI (op. cit., 1563, ed. 1936, parte II, cap. X – *An liceat omni tempore bellari*, § 4).

Ao mesmo tempo nos parecem louváveis e ingênuos, em meio a todas as guerras na Europa da era moderna – ou, antes, exatamente em razão destas – os projetos de construção da paz na Europa. Projetos e esboços vindos de longa data,[1705] retomados na linha de Charles Irénée Castel, o Abbé de SAINT-PIERRE,[1706] comentados por G. W. LEIBNIZ,[1707] resumidos e anotados por Jean-Jacques ROUSSEAU –[1708]este bastante cético em

1705 Ver P. B. CASELLA, Pax perpetua: a review of the concept from the perspective of economic integration (in **Dimensão internacional do direito**: estudos em homenagem a G. E. do Nascimento e Silva, org. P. B. CASELLA, São Paulo: LTr, 2000, p. 69-88); ___, **União europeia**: instituições e ordenamento jurídico (São Paulo: LTr, 2002, esp. 1.2 – projetos e experiências de União europeia: antecedentes históricos, p. 54-71).

1706 No ano de 1712, o Abbé de SAINT-PIERRE, lança em Colônia, sem indicação de local nem data, o **Mémoire pour rendre la paix perpétuelle à l'Europe**. No ano seguinte, são publicados, corrigidos e consideravelmente aumentados, os dois primeiros volumes do **Projet pour rendre la paix perpétuelle en Europe** (Utrecht: chez Antoine Schouten marchand libraire, 1713), seguidos de terceiro volume, em 1717, contendo esclarecimentos e respostas às objeções apresentadas, e, em 1729, um **Abrégé du projet**. Em vernáculo, v. **Projeto para tornar perpétua a paz na Europa** (trad. Sérgio DUARTE, pref. Ricardo SEITENFUS, Brasília: Ed. UnB / IPRI, São Paulo: IOE, 2003), retomado e resumido por Jean-Jacques ROUSSEAU em meados do mesmo século e por Immanuel KANT, em 1795.

1707 G. W. LEIBNIZ, *Observations sur le projet de paix perpétuelle de l'abbé de SAINT-PIERRE* (**Oeuvres de LEIBNIZ**, publiées pour la première fois d'après les manuscrits originaux avec notes et introductions par A. FOUCHER DE CAREIL, volume quatrième **Histoire et politique**, Paris: Librairie de Firmin Didot Frères, Fils et Cie., 1862, pp. 325-327, a *Lettre de LEIBNIZ à l'abbé de SAINT-PIERRE* datada de Hanover, 7 de fevereiro de 1715, pp. 328-336, as *Observations sur le projet de paix perpétuelle de Mr. l'abbé de SAINT-PIERRE* ('Avant propos' Simone GOYARD-FABRE, Caen: Univ. de Caen / Centre de Philosophie politique et juridique, 1993), observa: "je suis persuadé qu'un tel projet en gros est faisable, et que son exécution seroit une des choses les plus utiles au monde". Ver tb. LEIBNIZ, **Le droit de la raison** (textes réunis et présentés par René SÈVE, Paris: Vrin, 1994); **Tratado** (tomo 10 – **Direito internacional no tempo de C. van Bynkershoek e Christian Wolff**, item 22.1 – direito segundo LEIBNIZ).

1708 Jean-Jacques ROUSSEAU foi encarregado de preparar edição das obras do Abbé de SAINT-PIERRE. Depois de reunir material considerável, limitou-se a publicar um *Extrait du Projet de Paix*, um *Jugement* sobre a mesma obra e o *Jugement sur la Polysynodie*. Charles-Irénée CASTEL, abbé de SAINT PIERRE, **Discours sur la polysynodie, où l'on démontre que la polysynodie ou pluralité des conseils est la forme de ministère la plus avantageuse pour un Roi et pour son Royaume** (Amsterdam: chez Du Villard et Changuion, 1719). Jean-Jacques ROUSSEAU, Écrits sur l'Abbé de SAINT-PIERRE (**Oeuvres complètes**, éd. publ sous la direction de Bernard GAGNEBIN et Marcel RAYMOND, vol. III, com a colaboração de François BOUCHARDY, Jean-Daniel CANDAUX, Robert DERATHÉ, Jean FABRE, Jean

relação ao direito internacional –[1709], também exposto pelo enciclopedista D'ALEMBERT,[1710] antes de ser retomado por Immanuel KANT.[1711] Desde então,[1712] percorre seu tortuoso caminho, passa por Max SCHELER

STAROBINSKY et Sven STELLING-MICHAUD, Paris: Gallimard / Pleiade, © 1964, impr. 1991, contendo *Extrait du projet de paix perpétuelle* (fragments), *Jugement sur le projet de paix perpétuelle, Que l'état de guerre naît de l'état social* e *Fragments sur la guerre, Polysynodie de l'Abbé de Saint-Pierre, Jugement sur la Polysynodie,* fragments sur la polysynodie en forme de dialogue, fragments divers, projet d'introduction à un ouvrage sur l'Abbé de Saint-Pierre, Liste des manuscrits contenus dans les cartons de Mr. le Comte de Saint-Pierre, p. 561-682).

1709 Jean-Jacques ROUSSEAU sempre foi reticente em relação ao direito internacional, mas não chega a negação taxativa deste, como Thomas HOBBES. V., i.a., Simone GOYARD-FABRE, *Les silences de HOBBES et de ROUSSEAU devant le droit international* (in **Le droit international** Archives de philosophie du droit, vol 32, Paris: Sirey, 1987, p. 59-69, observa no último parágrafo): "Toujours étrange et ambivalent, ROUSSEAU, dans ses réticences á l'égard du droit international, pose un point d'interrogation chargé de mystère existentiel, là où le rationalisme de HOBBES, dans son implacable logique, exprimait la certitude d'une négation."

1710 D'ALEMBERT, **Éloge de l'abbé de SAINT-PIERRE** (1775) "lu à la reception de Mr. de MALESHERBES" ("avant propos" Simone GOYARD-FABRE, Caen: Univ. de Caen / Centre de Philosophie politique et juridique, 1993)

1711 Isaiah BERLIN, *KANT as an unfamiliar source of nationalism,* no volume **The sense of reality**: Studies in ideas and their history (London: Chatto & Windus, 1st. publ. 1996, p. 232-248); Jean-Michel BESNIER, *Le droit international chez KANT et HEGEL* (in **Le droit international** Archives de philosophie du droit, vol 32, Paris: Sirey, 1987, pp. 85-99); James BOHMAN and Matthias LUTZ-BACHMANN (eds.), **Perpetual peace**: essay on KANT's cosmopolitan ideal (Cambridge, Ma.,: MIT Press, © 1997); A. DELORENZO Neto, *Duas concepções do pacifismo: os projetos de KANT e Max SCHELER* (in **Estudos jurídicos em homenagem ao professor Haroldo VALLADÃO**: estudos, homenagens, manifestações de solidariedade, currículo, Rio de Janeiro: Freitas Bastos, 1983, pp. 24-33); Michel VILLEY, *La doctrine du droit dans l'histoire de la science juridique: préface à Emmanuel KANT* (in E. KANT, **Métaphysique des moeurs**, première partie, **Doctrine du droit**, trad. A. PHILONENKO, Paris: Vrin, 1979); Jürgen HABERMAS, **La paix perpétuelle**: le bicentenaire d'une idée kantienne (trad. de l'allemand Rainer HOCHLITZ, Paris: Cerf, 1996); Soraya A. NOUR, **À paz perpétua de KANT**: filosofia do direito internacional e das relações internacionais (prefácio Carlos Henrique CARDIM, São Paulo: Martins Fontes, 2004).

1712 Immanuel KANT, em 1795, no ensaio **Zum ewigen Frieden**: ein philosophischer Entwurf – sucesso editorial da época, esgota rapidamente a primeira edição, publicada pelo editor Nicolovius e se torna o primeiro escrito de KANT a ser traduzido e publicado em francês. V. edição KANT, **Projet de paix perpétuelle** (texte intégral, présentation et commentaires de J.-J. BARRÈRE et C. ROCHE, Paris: Nathan, 1991). Ref. análise desenvolvida

(1931),[1713] até o bicentenário, conforme examina Jürgen HABERMAS.[1714] Somente em parte e, mesmo assim, quando amparados por motores adicionais, pode-se dizer tenham chegado a ser aplicados.

"Poder-se-ia dizer de KANT e HUSSERL que manifestaram em sua(s) velhice(s) uma certa pressa em tratar dos problemas políticos, para os quais, aparentemente, não os preparavam seus monumentais edifícios filosóficos", embora a atualidade do pensamento político de KANT seja ressaltada por Sérgio VIEIRA DE MELLO:[1715]

> Essa abordagem cosmopolítica do problema da História nos interessa eminentemente, pois veremos que, com KANT, muitas intuições e teses, antes dele esboçadas ou articuladas por outros, encontraram a sua forma acabada

por Soraya Abdel NOUR, em seu já ref. **À paz perpétua de KANT:** filosofia do direito internacional e das relações internacionais (op. cit., 2004).

[1713] Max SCHELER, **Die Idee des Friedens und der Pazifismus** (Berlim: Der neue Geist, 1931); Max SCHELER, **Le sens de la souffrance**: suivi de deux autres essais **Repentir et renaissance, Amour et connaissance** (trad. de l'allemand par Pierre KLOSSOWSKI, Paris: Fernand Aubier / Ed. Montaigne, 1936); A. DELORENZO Neto, *Duas concepções do pacifismo: os projetos de KANT e Max SCHELER* (in **Estudos jurídicos em homenagem ao professor Haroldo VALLADÃO**: estudos, homenagens, manifestações de solidariedade, currículo, Rio de Janeiro: Freitas Bastos, 1983, pp. 24-33, item 2 – A teoria de Max SCHELER, p. 28-31).

[1714] Jürgen HABERMAS, no seu já ref., **La paix perpétuelle**: le bicentenaire d'une idée kantienne (trad. de l'allemand Rainer HOCHLITZ, Paris: Cerf, 1996).

[1715] Sérgio VIEIRA DE MELLO, *História filosófica e história real: atualidade do pensamento político de KANT* (aula inaugural no International Peace Research Institute, em Genebra, em 1999, no vol. **Pensamento e memória**: textos escolhidos, org. Jacques MARCOVITCH, São Paulo: EDUSP / Saraiva / Fundação BUNGE, 2004, p. 35-60, cit. p. 37): "O **Projeto da paz perpétua** sai em 1795. KANT está com 71 anos. Um ou dois anos depois – a data exata ainda é discutida –, KANT publica **Doutrina do direito**, primeira parte de **Metafísica dos costumes**. Junto com **Conflito das faculdades**, essa foi a sua última grande obra, antes de o declínio físico e intelectual consumir-lhe progressivamente o corpo e o espírito até sua morte, em 1804." (...) "O cidadão prussiano, amante de sua pátria, como o era KANT, não podia deixar de se alegrar ao ver terminar desta forma uma guerra que colocava em perigo os avanços conseguidos pela Revolução francesa, pela qual o filósofo, como todos sabem, tinha grande admiração. KANT estava consciente de viver, como nós hoje, um momento importante da história filosófica e da própria História. Sabia, com tanta clareza, que ele mesmo havia revolucionado o universo das ideias, que não iria autorizar a si mesmo uma fuga racional para o universo da política e do direito."

e permanecem como parâmetros da sociedade internacional, nos dias de hoje.[1716]

Pretender alcançar a implementação da paz – possível, ainda que não perpétua,[1717] em contexto institucional[1718] e normativo eficaz –[1719] pode, como ademais se mostrou, ser necessário contar não somente

[1716] S. VIEIRA DE MELLO (aula cit., ed. cit., p. 38-39): "Vamos analisar em primeiro lugar **Ideia de uma história universal de um ponto de vista cosmopolita**, obra na qual já se cristaliza o essencial do pensamento que KANT sistematizaria mais adiante. / Convém lembrar o que é *ideia* para KANT, o sentido que ele próprio dá a esse termo. Ideia não é somente aquilo que não deriva dos sentidos, mas algo que supera até os conceitos do entendimento, uma vez que nada se pode achar na experiência que seja uma ilustração dessa Ideia. É, portanto, nesse sentido, a um só tempo irreal e necessário, que é preciso entender a universalidade da História prisma cosmopolítico. Essa ideia surgiu cinco antes da Revolução francesa. Ao falar da 'simpatia de aspiração' que, em vários lugares, havia acompanhado o desenvolvimento dessa revolução, KANT disse que ela testemunhava a existência de uma sensibilidade moral universal, ativada pelo catalisador em que se constitui o acontecimento político no sentido pleno e intenso do termo."

[1717] Braz de Sousa ARRUDA, **Curso de direito internacional – na era atômica** (Curitiba: Ed. Guaíra, s/d, 1946 ?, p. 87): "KANT em 1795 publica a sua **Paz perpétua**. É um genial estudo: cita-nos o filósofo de Koenigsberg no começo de sua monografia a anedota de um estalajadeiro que, sobre a taboleta de sua hospedaria, fizera pintar um cemitério e, em cima da pintura, mandara escrever *à paz perpétua!* Não é, contudo, o cepticismo a característica da minúscula mas notável monografia de KANT. Depois da grande guerra surgem numerosos planos para o estabelecimento da paz perpétua. Finalmente chegamos à Sociedade das Nações."

[1718] Norberto BOBBIO, **A era dos direitos** (do original **L'età dei diritti** © 1990, trad. Carlos Nelson COUTINHO, Rio de Janeiro: Campus, 1992, parte II, item 3, 'Kant e a revolução francesa', p. 131-141); Norberto BOBBIO, **Direito e estado no pensamento de Emanuel Kant** (do original **Diritto e stato nel pensiero di Emanuel Kant** © 1969, trad. Alfredo FAIT, rev. Estevão Rezende MARTINS, Brasília: Ed. UnB, col. Pensamento político, vol. 63, 1984, esp. parte iv, item 10, 'paz perpétua', pp. 159-166), encerra o volume, dando a palavra a KANT, com a clássica passagem: "Não podemos esperar que os reis filosofem ou os filósofos tornem-se reis, e nem isso é algo a ser desejado, porque a posse da força corrompe inevitavelmente o livre juízo da razão. Mas que o rei ou os povos soberanos não deixem perder ou reduzir ao silêncio a classe dos filósofos, mas a deixem falar publicamente, isto é indispensável a ambos os lados, para iluminar os próprios negócios."

[1719] P. B. CASELLA, Imperativo categórico da cooperação e as lições do Brexit (in **Evolução do direito no século XXI**: seus princípios e valores [...] – homenagem ao prof. Arnoldo WALD, coord. F. U. COELHO, G. TEPEDINO, S. M. F. LEMES, São Paulo: Ed. IASP, 2022, vol. 3, p. 963-1001); ___, Pax perpetua – a review of the concept from the perspective of

motores adicionais, bem como mecanismos de implantação eficazes. Estes podem não ter sido como tais concebidos, pelos teóricos e práticos, os pensadores e estadistas que primeiro formularam tal anseio, ao longo dos séculos, até que se passasse à implantação efetiva.[1720] Como ilustra a trajetória percorrida, a partir do tratado CECA de Paris (1951), dos tratados de Roma (1957) e demais instrumentos 'constitutivos' pela União Europeia. O projeto político de Europa unida, mais que integrada, permanece válido,[1721] apesar de todas as resenhas negativas que receba.

A contribuição kantiana terá permanecido mais presente na concepção de *sociedade civil universal*, em contraposição à sociedade ordenada pelos e para os estados. Na medida em que se substitua *universal*, que parece remeter excessivamente ao contexto idealistamente iluminista do século XVIII, para adotar a formulação 'sociedade civil internacional', tem-se termo de grande contemporaneidade, e de uso corrente, no contexto pós-moderno.

A construção da paz e a durabilidade desta como premissas de ordenação humana do mundo: cabe enfatizar, de ordenação teleologicamente humana do mundo, como almejava DANTE ALIGHIERI, no **De Monarchia**: a paz universal como requisito para que os humanos possam

economic integration (in **Dimensão internacional do direito**: estudos em homenagem a G.E. do NASCIMENTO E SILVA, São Paulo: LTr, 2000, p. 69-88).

1720 Jürgen HABERMAS, **La paix perpétuelle**: bicentennaire d'une idée kantienne (do original **Kants Idee des Ewigen Frieden** – aus dem historischen Abstand von 200 Jahren © 1996 Suhrkamp, trad. por Rainer ROCHLITZ, Paris: Cerf, 1996, p. 24): "La souveraineté extérieure renvoie à la capacité d'un état d'affirmer son indépendance dans l'arène internationale, et donc de défendre, au besoin au moyen de ses forces armées, l'intégrité de ses frontières; autrement dit, la souveraineté est la capacité, fondé sur le monopole de la force, de maintenir la paix et l'ordre dans le pays, en recourant au pouvoir administratif et au droit positif. La raison d'état se définit par les principes d'une politique de puissance intelligente, incluant des guerres limitées, la politique intérieure étant quant à elle subordonnée au primat de la politique extérieure. La séparation claire entre politique extérieure et politique intérieure s'opère au nom d'un concept de pouvoir étroit, politiquement sélectif, et en dernière instance par le fait que le souverain dispose des forces armées et de la police."

1721 Não obstante os percalços sofridos pelo projeto de tratado da **Constituição européia**, de 2004, rejeitado pelos eleitores da França e dos Países Baixos, em 2005. Foi necessário fazer reengenharia do projeto constitucional europeu, trazido em formulação menos comprometedora, até ser aceito como o Tratado de Lisboa, de 2007. V. **Un traité pour l'Europe** (apres. N. SARKOZY, Paris: Dalloz, 2008).

perfazer as suas potencialidades.[1722] Tão fácil de se desejar, como complexo para se construir.

A importância da regulação do uso da força por sistema internacional[1723] não pode ser excessivamente enfatizada: a institucionalização desta seria a solução da grande questão, especificamente da guerra, e do uso da força ou ameaça do uso desta, em geral, para a humanidade, e permitiria "afastar das gerações futuras" a reincidência do "flagelo da guerra" – como almeja a **Carta** da ONU, de 1945. A ideia é aceitável, como tal, somente faltaria assegurar a sua efetiva implementação na prática, sem derrogação possível, por qualquer país, a qualquer pretexto.

De dimensão utópica passa a regulação do uso da força e da guerra a ser parte do direito internacional positivo. Resta assegurar que se efetive a aplicação.

Esboça-se sistema internacional, regulador do uso da força, no **Pacto** da Liga das Nações,[1724] art. 16: "se algum membro da sociedade recorrer à guerra contrariamente aos compromissos assumidos, será *ipso facto* considerado como tendo cometido um ato de guerra contra todos os outros membros da sociedade".[1725]

Pode ser desleal considerar, com o olhar deste século, a atuação da Sociedade das Nações em matéria de desarmamento,[1726] ou a questão da prevenção da guerra.[1727] Logicamente, trata-se de temas sobre os quais dificilmente poderá ser dita a última palavra.

Na **Carta** da ONU, foi desenvolvido conceito que, se aplicado, poderia representar enorme progresso. Nesta se instaura sistema internacional

[1722] Cfr. item 10.2 – DANTE ALIGHIERI (1265-1321).

[1723] Como considerado nos **Fundamentos** (2008, XV – contingência e uso da força no direito internacional, p. 1137-1215); v. tb. Norman ANGELL, **A grande ilusão** (do original **The great illusion**, © 1910, ed. rev. 1933, trad. Sérgio BATH, Brasília: Ed. UnB / IPRI; São Paulo: IOE, 2002).

[1724] Previa o **Pacto** da Sociedade das Nações, nos seus arts. 12, 13 e 15, a obrigação dos membros em buscar solução pacífica de controvérsias, submetendo o caso seja a processo de arbitragem, seja a solução judiciária, seja ao exame do Conselho.

[1725] Com as consequências desse ato decorrentes, especificadas nos parágrafos seguintes do art. 16 do **Pacto** da Sociedade das Nações.

[1726] Louis de BROUCKÈRE, **Les travaux de la Société des Nations en matière de désarmement** (RCADI, 1928, t. 25, p. 365-450).

[1727] Louis de BROUCKÈRE, **La prévention de la guerre** (RCADI, 1934, t. 50, p. 1-84).

regulador do uso legítimo da força, conforme o art. 2º. Ao enumerar que, em vista de cumprir os propósitos da organização, os seus membros agirão de acordo com os princípios ali estipulados, dentre os quais o parágrafo 4º, nos termos do qual "todos os membros deverão evitar em suas relações internacionais, a ameaça e o uso da força contra a integridade territorial ou a independência política de qualquer estado, ou qualquer ação incompatível com os propósitos das Nações Unidas".[1728] A ser lido e interpretado em conjunto com o capítulo VII da **Carta**, que regula a ação relativa a ameaças à paz, ruptura da paz e atos de agressão, nos seus artigos 39 a 51. Logicamente, muitas vezes pode ser problema ter a definição de quem seja o 'agressor', especialmente quando este se disfarça atrás de outras alegações.[1729]

Na interpretação destas situações limite ocorre considerável ampliação das atribuições do Conselho de Segurança, a partir do final da guerra fria, nos anos 1990.[1730] Impõe-se, contudo, assegurar a objetividade de julgamento e de tratamento de situações concretas, de modo equivalente.[1731]

Tal como na **Carta** se estipula, estaria afastado o 'flagelo da humanidade', e ficaria restrito o uso da força, exceto como "meio coercitivo" em nome da organização, ou como violação do direito internacional. Todo

[1728] Nem sempre fácil o equilíbrio entre o direito internacional e a jurisdição interna dos estados, como mostra F. ERMACORA, **Human rights and domestic jurisdiction**: article 2, par. 7 of the Charter (RCADI, 1968, t. 124, p. 371-452).

[1729] Como se examina no **Tratado** (tomo 2 – **Direito internacional dos espaços**, item 29.3 – dimensão humana do território como expressão da relação entre espacialidade e direitos fundamentais); v. tb. W. KOMARNICKI, **La définition de l'agresseur dans le droit international moderne** (RCADI, 1949, t. 75, p. 1-114).

[1730] Yann KERBRAT, **La référence au chapitre VII de la Charte des Nations Unies dans les résolutions à caractère humanitaire du Conseil de sécurité** (préface de Mario BETTATI, Paris: LGDJ, 1995; 1ere partie – L'élargissement de la notion de menace contre la paix, fondement de la référence au chapitre vii' e 2e partie – La référence au chapitre VII, instrument de l'action du Conseil de sécurité en matière humanitaire').

[1731] Djacoba Liva TEHINDRAZANARIVELO, **Les sanctions des Nations-Unies et leurs effets secondaires**: assistance aux victimes et voies juridiques de prévention (avant-propos de Raymond RANJEVA, préface de Georges ABI-SAAB, Paris: PUF / publications de l'IUHEI, de Genebra, 2005); Mohammed BENNOUNA, **Les sanctions économiques de l'ONU** (RCADI, 2002, t. 300, pp. 9-78).

"uso da força", exceto se autorizado pela organização, seria ilegal. Isso até mesmo em relação à legítima defesa.

Ainda nos tempos da Liga das Nações, elaboravam-se[1732] teorias a respeito da legítima defesa. A estas se podem contrapor análises da 'guerra', 'agressão' e 'auto-defesa'.[1733] Nos termos da **Carta**, a legítima defesa, conceitualmente resguardada no artigo 51, tem a sua extensão limitada, "até que o Conselho de Segurança tenha tomado as medidas necessárias para a manutenção da paz e da segurança internacionais" e as medidas tomadas, no exercício do direito de legítima defesa devem ser comunicadas imediatamente ao Conselho, e "não deverão de modo algum atingir a autoridade e a responsabilidade que a presente carta atribui ao Conselho para levar a efeito, em qualquer tempo, a ação que julgar necessária à manutenção ou ao restabelecimento da paz e da segurança internacionais."

Representa avanço no direito internacional positivo que exista tal regulação. Contudo, a norma, não obstante inscrita em tratado vigente, tem de ser cumprida. Não é o que mostram exemplos recentes de violação do direito internacional vigente, mediante recurso a guerra de agressão imotivada.[1734]

Mesmo tema candente como a guerra e a viabilidade de sua regulação pelo direito internacional há de ser considerado com certo distanciamento, sem crispação, sem ódio, sem ressentimentos. Buscando o sentido, buscando a visão de conjunto a mais ampla que se puder alcançar. Em suma, na natureza humana estão simultaneamente presentes os impulsos para a vida em sociedade e para a agressividade. Ai pode e deve inscrever-se o direito, em geral, e especialmente o direito internacional.

[1732] E. GIRAUD, **La théorie de la légitime défense** (RCADI, 1934, t. 49, p. 687-868).

[1733] Yoran DINSTEIN, **Guerra, agressão e legítima defesa** (orig. publ. **War, aggression and self-defence**, 1988, trad. Mauro Raposo de MELLO, rev. científica de Guilherme de Assis ALMEIDA, Barueri: Manole, 3ª ed., 2004); Lori F. DAMROSCH & David J. SCHEFFER (ed. by), **Law and force in the new international order** (Boulder / Oxford: Westview Press, 1991); Lori F. DAMROSCH, **Enforcing international law through non-forcible measures** (RCADI, 1997, t. 269, p. 9-250).

[1734] Cfr. **Tratado** (tomo 2 – **Direito internacional dos espaços**, item 29.3 – dimensão humana do território como expressão da relação entre espacialidade e direitos fundamentais).

Mas, como fazer para que nesse dilema relacional humano, dentre as formas de vida,[1735] inscreva-se, como um todo, o direito? Este pode e deve ser modo de regular socialmente a solução de controvérsias entre indivíduos, de modo a evitar o recurso à violência, e ao uso direto da força, por pessoas e grupos, dentro de determinada sociedade, sob pena de comprometer o funcionamento institucional desta. O 'exercício arbitrário das próprias razões' não é risco somente nos âmbitos internos, mas igualmente presente e recorrente, também no contexto internacional.

A re-institucionalização do uso da força e do exercício arbitrário das próprias razões, levadas às suas últimas consequências, reconduzem à barbárie. Em suas modalidades mais violentas e primitivas. Tem de ser consciente e firmemente rejeitados, por todos os que acreditem nos valores da civilização e do diálogo, para a construção de mundo humanamente mais digno. Sem exceções, por esta ou aquela facção, que pretenda arvorar para si a prerrogativa de excluir o seu inimigo específico daquela condição e dignidade humana.

[1735] Rudolf HALLER, **Wittgenstein e a filosofia austríaca** (trad. de Norberto de ABREU E SILVA Neto, São Paulo: EDUSP, 1990, esp. cap. 9 – Forma de vida ou formas de vida?, p. 133-139, cit. p. 133, 135-136 e 137-138): "não são as diferentes formas de vida, formas de ação ou tipos de ação que devem ser compreendidas como incluídas no 'comportamento comum da humanidade', mas, pelo contrário, algo que poderia ser chamado a natureza da existência humana, algo que poderia ser melhor esclarecido pela noção clássica de *zoon politikon* – o ser humano como um ser social. [...] "WITTGENSTEIN reuniu sua concepção do que pode ser significativamente dito com a ideia de um espaço lógico permissor de mudanças de perspectiva dentro dele, um espaço de jogo que inclui e limita tudo o que poderia possivelmente ser dito. O que é novo nas últimas reflexões e investigações é que, por um lado, os fundamentos são buscados e descobertos nas práticas da vida cotidiana e na interconexão entre hábitos, costumes e instituições, e, por outro, que as atividades e visões das pessoas tornam-se essenciais para a compreensão da ação linguística. A compreensão da ação linguística, como a do significado linguístico, apenas é possível contra o pano de fundo das práticas cotidianas, da atividade humana. [...] "ele coloca a questão da extensão, na qual o indivíduo, que busca encontrar e construir sua própria forma de vida, é capaz de liberar-se das formas que compreendem a sociedade e a cultura. Ele acredita que, de fato, o indivíduo tem liberdade para escolher sua própria forma de vida, e assim deve fazê-lo, mas que a totalidade de formas de vida – 'todas as formas são linguagens' – ou aquilo que é também chamado a cultura de uma sociedade, não pode ser moldada e criada por indivíduos." Ver tb. Jacques LE RIDER, **Modernité viennoise et crises de l'identité** (orig. publ. 1990, Paris: PUF- Quadrige, 2000).

E, para todos, tem esse de ser o caminho mais seguro. Não se pode nem se deve pensar algo que seja somente feito em benefício de alguns e em detrimento de muitos; mas, a construção do equilíbrio do mundo, se nunca foi fácil antes, torna-se ainda mais complexa nestes nossos tempos pós-modernos.

A seguir, passa-se a considerar a temática da guerra, nos tratados de AYALA e BELLI (11.6).

11.6. A guerra e o direito internacional nos tratados de AYALA e BELLI

> Onde estão os vikings e os aztecas,
> e os homens e as mulheres de Cro-Magnon?
> onde estão as velhas e as novas Atlântidas,
> a Grande Porta e a Invencível Armada,
> a lei Sálica e os Livros Sibilinos,
> Pepino, o Breve e Ivan, o Terrível?
> tudo acabou, caído em ruína e aos pedaços,
> dentro dos moles maxilares do tempo:
> aqui, se em uma coisa não pensa uma guerra,
> uma outra guerra logo tem pronto o remédio.
>
> Edoardo SANGUINETI (1930-2010), *Balada da guerra*[1736]

> Com o tempo mudam os deveres morais, e com a mudança de circunstâncias nem sempre são os mesmos.
>
> CÍCERO (106-43 a.C.)[1737]

[1736] Edoardo SANGUINETI, *Ballata della guerra* (in **Les poètes de la Méditerrannée**: anthologie, "édition en français et dans toutes les langues originales", préface Yves BONNEFOY, édition d'Églal ERRERA, Paris: Gallimard – Poésie / Culturesfrance, 2010, p. 690-699): "*Dove stanno i vichinghi e gli aztechi, / e gli uomini e le donne di Cro-Magnon ? / dove stanno le vecchie e nuove Atlantidi, / la Grande Porta e la Invincibile Armata, / la legge Salica e i Libri Sibillini, / Pipino il Breve e Ivan il Terribile? / tutto è finito, lì a pezzi e a bocconi, / dentro le molli mascelle del tempo: / qui, se a una cosa non ci pensa una guerra, / un'altra guerra ci ha lì pronto il rimedio.*"

[1737] CÍCERO, **De officiis** (with an English translation by Walter MILLER, Cambridge, Ma./ London: Harvard Univ. Press / LCL 30, CICERO XXI, © 1913, reprinted 2005, I.x, 31): *Et cum tempore comutantur, commutatur officium et non semper est idem.*

Em AYALA e BELLI, como outros autores – predecessores, como LEGNANO, ou posteriores, como GENTILI e GRÓCIO –, o estudo da guerra e a tentativa de regulá-la mediante normas e princípios se põe como drama humano recorrente. Cada um traz consigo o seu arcabouço mental e social: inscreve-se no tempo histórico e no contexto cultural no qual atuou e é por estes marcado.

Ao longo de toda a sua história, a Idade média europeia viveu em guerra permanente. Mas, no século XIV, a guerra muda de dimensão.[1738]

> Doravante, tudo depende dela. A guerra perturba a ordem das coisas. Abala o sistema de valores.As hostilidades perturbam as relações mercantis, interrompem as peregrinações e, mais genericamente, o fortalecimento dos estados prejudica todas as instituições que nos tempos de INOCENCIO II e de São LUIS, uniram a Europa.[1739]

Estabelece-se territorialização, até então não experimentada,[1740] característica da era moderna, que se traduz em controles nas fronteiras que, dessa forma, tornam-se uma realidade.

> Os príncipes vivem no temor da traição: na esperança de erguer em torno de sua pessoa uma muralha de lealdade reforçada, cada um deles cria, Jarreteira ou Tosão de Ouro, uma ordem de cavalaria. [...]
> Os povos sofrem sob o peso dos guerreiros, agrava-se a xenofobia, as nações fecham-se sobre sua própria identidade, os santos padroeiros são exaltados, as lendas dinásticas ampliam-se e as línguas nacionais, repelindo o latim, elevam-se à dignidade de língua escrita, invadindo os textos.[1741]

[1738] Georges DUBY et al., **A Idade média** (2 vols., in **História artística da Europa** sob a coord. de G. DUBY e Michel LACLOTTE, © 1995, trad. Mário Dias CORREA, adaptação e notas Rosa F. de AGUIAR, São Paulo: Paz e Terra, 2002).

[1739] G. DUBY et al. (op. cit., 1995, ed. bras. 2002, tomo I, p. 118-119): "Prova disso são a ascensão vertiginosa dos chefes militares mais felizes e a arrogância das efígies que eles encomendaram de si próprios aos pintores e aos escultores."

[1740] Cfr. **Tratado** (tomo 1 – **Direito internacional dos espaços**, cap. 1 – evolução do conceito e do tratamento do território no direito internacional e seguintes).

[1741] G. DUBY et al. (op. cit., 1995, ed. bras. 2002, loc. cit., e a seguir, p. 122): "Tal compartimentação tem, é claro, repercussões na criação artística. [...] Formam-se 'escolas' locais, cujos traços específicos os especialistas hoje identificam. [...] Porém o que mais nos salta aos olhos,

Até hoje guerras se fazem, e qualquer tentativa de exercer controle sobre os abusos e ilegalidades que em meio a estas ocorram, dificilmente pode ser controlada, por mecanismos jurídicos. Mas, ao mesmo tempo, percebe-se a inexorável necessidade de ao menos tentar por limites à destruição do homem pelo homem, em meio a conflito armado.[1742]

AYALA e BELLI são exemplos de dois autores que se põem na linhagem que interliga os canonistas e teólogos medievais, como dois homens da Renascença que escrevem sobre a guerra. E preparam o caminho para a era moderna.

Como dito, são numerosos os autores que escreveram sobre temas da guerra. Por exemplo, toda uma série de autores e capitães de guerra escrevem sobre o direito da guerra, no século XVI, na França, tais como:[1743]

- Martin DU BELLAY e Guillaume DU BELLAY (1491-1545), soldados, diplomatas, administradores, escritores; Guillaume foi feito prisioneiro em Pavia; em seguida foi governador (1537) e depois vice-rei do Piemonte; sua obra histórica compreende: **Les Ogdoades** e **Les Mémoires**;
- Charles de COSSÉ, conde de Brissac (1506-1563), grande mestre de artilharia, marechal da França, em 1550; *Lieutenant-général* no Piemonte até a celebração do tratado de paz de Cateau-Cambrésis (1559); também ocupa o governo da Picardia; BOYVIN DU VILLARS publica suas **Memórias**;
- François de SCÉPEAUX, senhor de Vieille-Ville (1509-1571); vai para a Itália com LAUTREC; influencia a política orientada para o rio Reno; Vincent CARLOIX nos deixa as suas **Memórias**, mas existe controvérsia quanto à autenticidade e sobretudo ao alcance do texto, mas vale "pela pintura dos costumes e das ideias";
- François de RABUTIN foi testemunha e participante dos eventos cruciais de seu tempo, tais como a viagem de HENRI II à Lorena, o

quando chegamos às últimas décadas da Idade média, após ter seguido por um milênio a evolução da criação artística na Europa, é a continuidade."

1742 Como se examinou nos precedentes itens 11.1 a 11.5 do presente capítulo.

1743 André GARDOT, **Le droit de la guerre dans l'oeuvre des capitaines français du XVIe siècle** (RCADI, 1948, t. 72, pp. 393-540, chap. premier – *Les hommes et les oeuvres*).

sítio da cidade de Metz, e o da cidade de Saint-Quentin (1557), bem como a tomada da cidade de Calais; e os descreve em sua obra histórica: **Commentaires des dernières guerres en la Gaule Belgique entre Henri II et Philippe II**;

- Gaspard de COLIGNY (1511-1572), coronel geral da infantaria; restaurador da disciplina militar; almirante da França (1552); toma parte no sítio à cidade de Saint-Quentin (1557); sua obra histórica compreende: **Le Discours sur les choses qui se sont passées au siège de Saint-Quentin** e **Les Ordonnances**;
- Raymond de FOURQUEVEAUX (1509-1574), soldado da Itália e diplomata, também "escritor desconhecido" (*l'écrivain inconnu*); uma obra capital, **La discipline militaire**, antes erroneamente atribuída a Guillaume DU BELLAY, teve a autoria reconhecida de FOURQUEVEAUX, do qual vale enfatizar o alcance desse tratado técnico;
- Blaise de MONLUC (1501-1577) teve longa vida de combates incessantes, suas **Memórias** relatam cinquenta anos de guerras – e cabe indagar quanto dessa obra se pode tirar para elaborar um direito da guerra;
- François de LA NOUE (1531-1591), dito o "braço de ferro", soldado sob BRISSAC, e capitão nos Países Baixos, foi feito e mantido prisioneiro (1580-1585); sua obra histórica compreende: **Abrégé des vies de Plutarque**, **Réflexions sur l'histoire des guerres d'Italie**, e a mais importante, **Les Discours politiques et militaires** – GARDOT considera o alcance da obra para um direito da guerra;
- André de BOURDEILLES, irmão de Pierre (BRANTÔME), autor de **Les couronnels français**; André de BOURDEILLES, capitão nas campanhas da Itália, foi administrador no Périgord; deixou judiciosas **Maximes et avis du maniement de la guerre**;
- e ainda, cabe ponderar, "esta galeria, embora rica, é incompleta, e nela ainda poderiam figurar SAULX-TAVANNES, D'AUBIGNÉ, e muitos outros".

Em suma, a respeito de todo esse grupo, e de sua contribuição para o direito da guerra, pode-se considerar serem completas, vivas e harmoniosas as opiniões dos capitães de guerra do século XVI francês: "estes compõem conjunto doutrinário, do qual é necessário e suficiente unir e classificar os elementos", e ainda, "essa doutrina, elaborada no fogo da prática, implica e exprime um ideal de humanização da guerra". E, desse modo, conclui que assim lhes pode assegurar o lugar na evolução do direito internacional.[1744]

Destes aqui tão somente lembrados, e das obras de AYALA e BELLI, a seguir brevemente consideradas, pode-se avançar rumo ao direito internacional moderno. Inovação conceitual que já se esboça com o contemporâneo destes, em Salamanca, nas lições de Francisco de VITÓRIA (1480-1546). E todos os seus sucessores.[1745]

Existem interações e confluências entre estes autores e estas linhas de pensamento, do legado 'medieval' ao mundo do Renascimento, e deste ao tempo histórico e contexto cultural 'moderno' – dos séculos XV a XVIII. Mas, todos esses autores – quer teólogos e canonistas, quer tratadistas renascentistas da guerra, quer internacionalistas modernos e clássicos – exprimem o que já, muito antes, esboçara CÍCERO, no sentido de que com o tempo mudam os deveres morais e, dada a mudança de circunstâncias, nem sempre são os mesmos.

Vamos examinar a extensão da contribuição de Balthazar AYALA (11.6.1).

11.6.1. Balthazar AYALA (1548-1584)

> Existem leis, na guerra como na paz.
>
> B. AYALA (1582, ed. 1912)[1746]

[1744] A. GARDOT (op. cit., 1948, *'conclusion'*, p. 530-533, cit. p. 533): "Si l'on a justement parlé de l''actualité du XVIe siècle', il est permis d'affirmer que jamais elle n'a plus clairement éclaté qu'à propos de ce droit de ce 'domaine du droit de la guerre', tel que l'ont décrit et tracé ces grands chefs, parfois dans le silence du cabinet, souvent de la prison, toujours au contact de la vie des camps. La guerre ne leur a pas paru 'douce', suivant la parole d'ÉRASME, à eux qui l'avaient faite."

[1745] Cf. **Tratado** (tomo 5 – **Direito internacional no tempo de Francisco de Vitória**, e tomos seguintes).

[1746] Balthazar AYALA, **De Jure et Officiis Bellicis et Disciplina Militari Libri III** (originalmente publicado em Duaci [Douai], em 1582; seg. ed., Antuérpia, 1597; edited by and introduction John WESTLAKE, translated by John Pawley BATE, Washington: Carnegie Institution, 1912, 2 vols., cit. *Praefatio de iure belli*): "sunt enim & belli, sicut & pacis iura".

A contribuição de Balthazar AYALA está contida em seu **De Jure et Officiis Bellicis et Disciplina Militari Libri III** – Do direito e dos ofícios bélicos e da disciplina militar, em três livros.[1747]

Afirma AYALA, em seu prefácio, que se atribui a PÍNDARO a frase segundo a qual "a guerra é tirana e amante, que domina sobre todo o direito, nada existindo que tanto se oponha ao dom divino da lei como a força, que é característica das bestas".[1748] Contrariamente a quem sustenta tal condenação, ao termo deste mesmo prefácio, faz a apologia do direito da guerra, considerando bastaria explicar o motivo da obra, para aplacar aqueles que se arriscam a condenar as leis da guerra – com a qual a segurança do estado está implicada –, como sendo contrária à natureza e à paz do Evangelho.[1749]

Ao lado de GENTILI, foi considerado por GRÓCIO como um dos seus principais predecessores,[1750] no que hoje constitui o direito internacional, embora não faça justiça a AYALA.[1751] Apesar de sua relevância, curiosamente pouco é lembrado e menos ainda estudado.

AYALA nasceu em Antuérpia, em 1548, e faleceu em 1584 – um ano antes da publicação da primeira obra de GENTILI, sobre o direito de legação, **De Legationibus libri III** (1585).[1752] Tinha AYALA ligações de

[1747] O parecer do censor eclesiástico, ao final do índice: "Estes três livros são de utilidade na preservação da disciplina militar, nestes tempos conturbados, e não contém nada contrário à fé católica. Este é o meu parecer em 16 de novembro de 1581." assinava Mathias LAMBRECHT, licenciado em teologia e professor de teologia na boa Universidade de Douai.

[1748] B. AYALA (op. cit., 1582, ed. 1912, cit. *Praefatio de iure belli*): "bellum tyrannum esse, & legem omnium reginam, nihil enim legibus, quae divinibus nobis datae sunt, tam contrarium quam vi agere, quod proprium est belluarum."

[1749] B. AYALA (op. cit., 1582, ed. 1912, cit. *Praefatio de iure belli*): "Et haec quidem dixisse sufficiat, ut huius operis rationem redderemus, & iis satisfaceremus, qui iura belli (quibus reip.[ublica] salus continetur) tanquam natura & paci evangelicae contraria, damnare sunt ausi."

[1750] Ver H. GRÓCIO, **De jure belli ac pacis** (*Prolegomena*, § 37-38). Embora GRÓCIO diga, incorretamente, que AYALA não teria tocado a análise das causas, pelas quais uma guerra pode ser considerada justa ou injusta.

[1751] H. GRÓCIO, **De jure belli** (Prolegômenos, § 38): "Nas causas que levam a proferir se uma guerra é justa ou injusta, AYALA sequer tocou. GENTILI esboçou, segundo o seu modo de ver, alguns tipos gerais, mas muitos pontos relativos a célebres e frequentes questões, sequer os abordou."

[1752] Alberico GENTILI, **De legationibus libri tres** (orig. publ. 1585, trad. Gordon Jennings LANG and Edwin Hermann ZEYDEL, Oxford: Univ. Press – Carnegie Endowment for International Peace – Coll. Classics of International Law, vol. 12, 2 tomos, 1924).

família com a Espanha, mas nascido e criado no que hoje é Bélgica, típico súdito de CARLOS V e de FILIPE II – no contexto do "império no qual o sol nunca se punha". O irmão de Balthazar, Felipe AYALA, foi embaixador da Espanha na corte de HENRIQUE IV da França.[1753]

Estudou direito na Universidade de Louvain, e além da formação técnica, também teve tempo de reunir conhecimentos consideráveis sobre várias áreas. Sua erudição em autores gregos e latinos e exemplos bíblicos é recorrente em seu escrito.

Em 27 de maio de 1580, foi nomeado *I. C. de Exercitus Regii apud Belgas Supremi Juridici* – auditor militar do exército real para exercer suas funções na Bélgica. Em 1583, recebeu nomeações adicionais, passando a integrar o Grande Conselho, conforme ordem assinada pelo príncipe de Parma, em Tournai.

O livro de AYALA teria, assim, sido escrito entre a sua nomeação, em 1580 e a data da dedicatória, "do campo diante de Tournai", em 31 de outubro de 1581. Em plena atividade militar, não teria tido o acesso fácil a bibliotecas. Deve, assim, ter preparado a sua obra com base em anotações feitas anteriormente. E, como lhe restavam somente três anos de vida, não teve oportunidade de fazer outras contribuições para o direito.

> A primeira impressão da leitura do livro de AYALA é de não ser tratado no qual o sistema e as partes tenham sido logicamente concebidos, e do qual as conclusões são derivadas das autoridades citadas, mas uma massa de citações e de exemplos, coligidos de todas as idades e fontes, organizados segundo o seu conteúdo e acompanhados das observações do autor a respeito de cada um dos temas.
>
> Como notava J. WESTLAKE – A erudição vem primeiro e o pensamento em segundo. Isso não parece ser atribuível a qualquer deficiência do autor, exceto no sentido de que AYALA certamente não era um pensador original. Seu pensamento segue as linhas que tinham sido transmitidas ao longo do tempo, e não pede reordenação dos marcos originalmente colocados.

[1753] J. WESTLAKE, na introdução à B. AYALA (1582, ed., 1912, '*introduction*', p. I-XXVII, cit. p. VI) esclarece ter AYALA deixado uma filha, Barbe, que se casou com Henry ZOES, professor de direito em Louvain, "one of the good Belgian jurists of the period, who died in 1627".

Deve-se acreditar que as suas fontes tenham sido coletadas antes de sua nomeação como advogado-geral e magistrado, em vista de obra a ser cuidadosamente preparada, e quando a pressão das suas atribuições funcionais a cuidadosa preparação, ele teria preferido lançar no papel do modo mais rápido possível, em lugar de atrasar e talvez colocar em risco a publicação do que era especialmente apropriado a seu tempo.[1754]

A dedicatória de AYALA ao príncipe de Parma[1755] enfatiza as motivações do autor: a necessidade de manter as antigas instituições. Sua preocupação central é a necessidade de manter a justiça. Estas – as antigas instituições e manter a justiça – e não a razão ou a humanidade, eram as suas considerações dominantes.

A configuração intelectual de AYALA pode ser deduzida da estrutura e do tratamento dos temas, contidos nos três livros de sua obra. Já no primeiro capítulo, do primeiro livro, menciona AYALA quanto eram cuidadosos os romanos com as coisas do direito,[1756] e que estes tomavam o mesmo cuidado ao declarar a guerra, não menos do que faziam com as coisas da paz. E, daí, resultariam os constantes sucessos destes nas armas.[1757]

[1754] J. WESTLAKE (intr. cit., 1912, p. VI-VII): "The want of final polish in arrangement is thus easily accounted for and condoned, but the nature of the author's mind stands out not the less clearly."

[1755] O tratado de AYALA em três livros (1582) é pelo autor dedicado ao príncipe de Parma: "*Serenissimo Parmae et Placentiae Principi, Alexandro FARNESIO, Regis apud Belgas Praefecto, & Imperatori felicissimo*".

[1756] Dados jurídicos tem de ser contextualizados pela perspectiva histórica e pela realidade social, cf. **Tratado** (tomo 20 – **Direito internacional, história e cultura**, cap. 1 – direito internacional no tempo e seu papel na história); tb. adverte João BERNARDO, **Poder e dinheiro** – do poder pessoal ao estado impessoal no regime senhorial, séculos V-XV (Porto: Afrontamento/Biblioteca das Ciências do Homem: t. I: Sincronia. Estrutura econômica e social do século VI ao século IX, 1995; t. II: Diacronia. Conflitos sociais do século V ao século XIV, 1997; t. III: Sincronia. Família, dinheiro e estado do século XI ao século XIV, 2002, cfr. t. I, 1995, Nomenclatura, p. 11-18, cit. p. 11): "O direito constitui uma técnica classificadora que, por um lado, arrasta a herança de formas jurídicas anteriores e, por outro lado, serve ao grupo social que a usa, ou para defender o seu estatuto numa situação de declínio, ou para afirmar um estatuto superior quando se encontra em ascensão. A maior parte dos historiadores, porém, recorre às categorias jurídicas como se fossem o retrato fiel, ou até a expressão única, das relações sociais."

[1757] B. AYALA (op. cit., 1582, ed. cit., 1912, liber I, caput primum): "*Romanos belli, sicut & pacis iura perpenso iudicio semper aestimasse*".

Para a compreensão do conceito central, pode ser útil situar a noção do *bannum*:

> O *bannum* era o poder de ordenar na paz e na guerra, sinônimo de ordem. Ordenar implica o recíproco, proibir. E supõe a faculdade de coagir para fazer respeitar a imposição ou o veto. Supõe ainda o poder de julgar os infractores e puni-los. E a capacidade de ordenar implica a autoridade na guerra, mediante a convocação e o comando da hoste. Todas essas acepções se dispõem em torno de um núcleo central, contido no conceito de ordenar, que especificam e do qual, ao mesmo tempo, definem a amplitude. O *bannum* era, em suma, o poder do sim e do não, efectivo numa dada área. Esta capacidade de poder não se distinguia, no *bannum*, do território onde se exercia, nem da sanção que implicava.[1758]

Em suma, "a paz não se opunha então à guerra, mas à ruptura da ordem; e esta, enquanto expressão dos interesses setoriais, incluía as expedições guerreiras, desde que bem sucedidas".[1759]

Na contribuição de Balthazar AYALA para o direito internacional, "a influência do conceito de soberania leva a uma formalização da guerra justa, dado que a guerra é a luta entre soberanos legítimos".[1760]

> O alcance de sua doutrina fica, de certo modo, limitado pelo fato de que este se refere essencialmente ao conflito entre FILIPE II e as províncias dos Países Baixos, tomadas pela Reforma. Esse conflito não é, a seus olhos, guerra propriamente dita, mas a repressão de rebelião, o que explica,

[1758] João BERNARDO, **Poder e dinheiro** (op. cit., t. I, 1995, Nomenclatura, p. 11-18, e parte I, cap. 16 – Relações entre as classes sociais no regime senhorial, p. 207-236, item c – Relações de oposição: o sistema de poder, cit. p. 225-226).

[1759] João BERNARDO (op. cit., t. I, 1995, nota 25, p. 225-226): "A diversidade é muito grande entre as definições de *bannum* propostas pelos historiadores, frequentemente até pelos mesmos autores. Alguns resumem-se ao núcleo do conceito, definido como o poder de *ordenar*: M. BLOCH (1939-40) [...]. Outros acrescentam-lhe o recíproco, definindo-o como a capacidade de *ordenar* e *proibir* [...]. Por vezes, insiste-se na eficácia do poder e, neste caso, a coação é introduzida na definição. Define-o como capacidade de coagir: [...] E. PERROY (1974); ou de *ordenar, proibir e coagir.*"

[1760] Antonio TRUYOL Y SERRA, **Histoire du droit international public** (Paris: Economica, 1995).

ademais, o rigor dos meios, admitidos pelo autor hispano-flamengo, para pôr termo a esta, porquanto os rebeldes não poderiam se valer das prerrogativas dos beligerantes legítimos.

Esse enfoque acarreta toda uma série de exceções ao princípio geral da boa-fé, do qual diz AYALA que deve ser observada pelos inimigos no curso de uma guerra justa. Esta podendo o ser dos dois lados, as normas da guerra se aplicarão, independentemente do fato que esta seja justa.[1761]

O capítulo inicial de AYALA é dedicado ao exame do direito fecial – *jus fetiale* – em Roma, como corpo de normas ao qual se confiara a regência do início da guerra: o direito estabelecido, que deveria ser observado na matéria, bem como as demais cerimônias relacionadas com a guerra, e o respeito dos romanos por essas normas. A guerra justa se faz segundo o direito das gentes – *iusta bella sunt iure gentium indictae*.[1762]

No capítulo II, do livro I,[1763] AYALA declara ser a paz, em geral, preferível à guerra, mesmo quando esta for justa, por toda a devastação que acarreta. Mas, ressalva, ser a guerra justa melhor do que a paz desonrosa – *bellum tamen honestu, [...] turpi pacem semper est praeferendum*.[1764]

Para ser justa, a guerra tem de ser declarada e ser conduzida por quem detenha autoridade e comando, emanados de príncipe soberano:[1765] *In repub. bene constituta maxime coseruanda esse iura belli*.[1766]

Ao particular não assiste o direito de desencadear guerra, pois a este cabe recorrer aos tribunais para proteger os seus direitos.[1767] Mas essa formulação precisa de alguns reparos.

1761 A. TRUYOL Y SERRA (op. cit., 1995, cap. VII, '*les fondateurs de la science du droit international*', p. 47-63, item 3, '*la littérature militaire*', p. 55): Celle-ci pouvant l'être des deux côtés, les règles de la guerre s'appliqueront indépendamment du fait qu'elle soit juste.

1762 B. AYALA (op. cit., 1582, ed. 1912, livro I, cap. II, § 5).

1763 B. AYALA (op. cit., 1582, ed. 1912, livro I, cap. II, '*De bello iusto, & iustis belli causis*').

1764 B. AYALA (op. cit., 1582, ed. 1912, livro I, cap. II, § 5): [ex Demosthenis sententia].

1765 A ênfase no caráter 'oficial' da guerra é tb. recorrente em autor como GRÓCIO. A respeito deste, ver **Tratado** (tomo 7 – **Direito internacional no tempo de Hugo Grócio**, cap. 18). O dilema atual se põe no sentido de como inscrever as assim chamadas guerras 'não oficiais' no direito internacional, especialmente a 'guerrilha'. Como brevemente se refere no item seguinte, 11.7.

1766 B. AYALA (op. cit., 1582, ed. 1912, livro I, cap. II, § 1).

1767 J. WESTLAKE (intr. cit., 1912, p. IX): "but immediately, as if perceiving the inappropriateness of that reason to a case where the opponent is not amenable to a court of law, AYALA

Se a causa é grande e necessária, e se encontra ausente o príncipe, e for perigosa a demora, a guerra pode ser feita, mesmo sem ordem deste, especialmente para a defesa, e esse direito é assegurado a qualquer um, segundo o direito natural. Nessa permissão se inclui não somente a vingança, mas mesmo a expulsão do inimigo de seu território, se com menos não se puder estar seguro.

Na guerra justa, aplicando as leis da guerra, os efeitos seguem as suas causas. Desse modo, o butim se torna propriedade dos captores.

Mesmo na guerra por causa justa e necessária, não deve o príncipe ser influenciado por qualquer impulso de causar dano. Nem, tampouco, ser movido pela crueldade ou pela vontade de dominação.[1768] Os mesmos critérios para a determinação da guerra justa, como já apontados por AGOSTINHO, mil anos antes, e deduzidos da tradição romana, outros séculos mais antiga.[1769]

Os principais objetivos da guerra justa são: a autodefesa e a defesa dos aliados e amigos; a recuperação do que foi tomado abusivamente, com uso de violência; a vingança de injúria sofrida, e se a injúria foi causada por particulares, destituídos de autoridade pública, a entrega destes para serem punidos.

A recusa de passagem pelo território alheio é causa justa para a guerra: pois a passagem sem causar dano – *transitus innoxius* – é livre segundo o direito da sociedade humana.[1770] A respeito, pode ser feito paralelo com o direito internacional do mar vigente.[1771]

adds that a private person taking any steps of the nature of war without the command of the prince is guilty of *lesa majestas* by the *lex Julia*, the ground of which is the *lex regia*, by which the people has transferred to the prince all sovereignty over itself and all power."

[1768] B. AYALA (op. cit., 1582, ed. 1912, livro I, cap. II, § 10).

[1769] cfr. Item 8.1 – AGOSTINHO DE HIPONA (354-430 A.D.); v. tb. **Tratado** (tomo 3 B – **Gregos, romanos, chineses, indianos**, cap. 6 – na formação e no desenvolvimento de Roma, esp. item 6.3 – duradouta contribuição do *jus gentium* para o direito internacional).

[1770] B. AYALA (op. cit., 1582, ed. 1912, livro I, cap. II, § 11). A passagem considerada é de natureza militar, como se deduz do exemplo bíblico citado: da guerra dos Israelitas contra os Amoritas, que lhes tinham recusado a passagem para a terra prometida.

[1771] A respeito da neutralidade, v. **Tratado** (tomo 8 – **Direito internacional além do paradigma vestfaliano**, item – construção da neutralidade no direito internacional moderno e o tratado de NEWMAYR VON RAMSLA (1620)).

Ainda que, em terra, a situação seja consideravelmente distinta, em relação à neutralidade.[1772] E "nada pode ser mais expressivo para ilustrar o caráter rudimentar da neutralidade na época do Renascimento do que a afirmação desse direito, que na verdade, ainda era considerado axiomático por GRÓCIO".[1773]

A mais justa das causas da guerra – sintomaticamente –[1774] é apontada como aquela conduzida contra rebeldes ou separatistas – *rebelles et imperio deficientes* –, pois estes cometeriam ofensa contra Deus, de quem emanaria todo poder.[1775] Mas, como o rebelde não pode propriamente ser chamado de inimigo, a ação armada contra este seria menos do que exercício de guerra, ou antes execução, e como tal não se exige a autoridade do príncipe, mas a ordem de juiz dotado de jurisdição seria suficiente.[1776] Isso somente é verdade na extensão das medidas necessárias para a defesa ou para assegurar o exercício da jurisdição.

Os demais direitos da guerra podem ser exercidos contra rebeldes somente com a autoridade do príncipe, que faça de tal confrontação uma verdadeira guerra, mas, mesmo assim, os atos dos rebeldes, como os dos piratas e salteadores, não são cobertos pelas leis da guerra. Por conseguinte, não adquirem estes a propriedade das coisas que capturem nem as pessoas por estes capturadas poderiam ser escravizadas.[1777]

Lembra AYALA que os romanos impunham aos aliados, que se insurgiam, as penas mais severas.[1778] Entre os gregos, a lei de SÓLON, condenava ao banimento os atenienses que permanecessem neutros em caso de levante popular.

[1772] Compare-se o item 11.2 – direito de passagem inocente, no vigente Direito internacional do mar, cf. **Tratado** (tomo 1 – **Direito internacional dos espaços**).

[1773] J. WESTLAKE (intr. cit., 1912, p. IX).

[1774] Em sentido oposto, o Direito internacional vigente ampara a autodeterminação dos povos, cf. **Tratado** (tomo 20 – **Direito internacional, história e cultura**, cap. 3 – impacto do colonialismo sobre o direito internacional, a descolonização e o desenvolvimento do direito de autodeterminação dos povos, esp. 3.4 – descolonização e desenvolvimento do direito de autodeterminação dos povos).

[1775] B. AYALA (op. cit., 1582, ed. 1912, livro I, cap. II, § 12-13).

[1776] B. AYALA (op. cit., 1582, ed. 1912, livro I, cap. II, § 14).

[1777] B. AYALA (op. cit., 1582, ed. 1912, livro I, cap. II, § 15).

[1778] B. AYALA (op. cit., 1582, ed. 1912, livro I, cap. II, § 16).

Em seu tempo, AYALA considera quanto a modesta paciência de tantos, nos Países Baixos, contribuíra para ajudar os rebeldes.[1779] A resistência armada contra o príncipe legítimo é considerada crime equivalente ao parricídio,[1780] e nunca pode ser justificada.

Os eventos do tempo deveriam estar muito presentes para AYALA, em campo:[1781] em 15 de junho de 1580, o príncipe de Parma tinha proclamado Édito, colocando a prêmio a cabeça do príncipe GUILHERME de Orange. E, por sua vez, em 26 de julho de 1581, os Estados-gerais tinham declarado FILIPE decaído de sua condição de soberano.

Tratava-se tanto de 'batalha de formas', quanto de guerra propriamente dita, a caracterização ou descaracterização de títulos de 'legitimidade', para o exercício do poder, em tempo de paz, como de guerra. E a consequente titularidade ou perda desta, em relação a conduzir a guerra e a paz. Com caráter 'oficial'.

AYALA, a seguir, retoma as causas justas para a guerra: esta não pode ser feita contra os infiéis, somente por o serem estes, porque Deus, que faz o sol levantar-se sobre o justo e o injusto, não teria concedido soberania somente aos fiéis, mas a todas as criaturas dotadas de razão.[1782] Tampouco pode ser justificada a guerra pela recusa dos infiéis em se submeter ao imperador, pois embora seja este senhor de todo o mundo, homens letrados como COVARRUBIAS e F. VASQUEZ provaram o contrário.[1783]

Claramente, "a origem espanhola e as simpatias de AYALA o mantém favorável ao lado do protesto que Espanha, França e Inglaterra, lares de nacionalidades independentes, mantiveram ao longo das Idades médias

1779 B. AYALA (op. cit., 1582, ed. 1912, livro I, cap. II, § 17 e 19) considera ser dever para qualquer cidadão alinhar-se com o príncipe que detém legalmente o poder supremo, em caso de insurgência (*scisso imperio*).

1780 B. AYALA (op. cit., 1582, ed. 1912, livro I, cap. II, § 21). A rebelião contra o príncipe é comparada à heresia; e quem a este desobedece é chamado de *infidelis* – no duplo sentido do termo, de 'infiel' e 'sem fé'.

1781 J. WESTLAKE (intr. cit., 1912, p. XI): "He proceeds to declare that all rule and power over the people are concentrated in the person of the prince not only by the *lex regia*, but by the ordinance of God." Ver B. AYALA (op. cit., 1582, ed., 1912, livro I, cap. II, § 26).

1782 B. AYALA (op. cit., 1582, ed. 1912, livro I, cap. II, § 28).

1783 B. AYALA (op. cit., 1582, ed. 1912, livro I, cap. II, § 29).

(the middle ages)",[1784] em relação à doutrina alemã e italiana de imperador do mundo.[1785]

A guerra contra os infiéis pode ser feita como em relação a qualquer outro grupo: também quando causam dano à fé cristã, mediante blasfêmia, ou argumentos mentirosos – *pravis persuasionibus*. Pode, igualmente, ser feita a guerra quando os infiéis impedem a pregação da fé, e assim fazem injustiça aos cristãos, que tem o direito de pregar o **Evangelho** em todo o mundo.[1786] Argumentos semelhantes ainda serão invocados pelos colonizadores europeus, em séculos seguintes.[1787]

Apresentadas as causas da guerra, AYALA adverte que reis e príncipes devem considerar cautelosamente as razões para entrar em guerra, e não se deixarem levar pela cobiça dos soldados.[1788] E, a seguir, acrescenta a qualificação: "exceto se claramente se determine ser a guerra injusta".[1789]

Considerando a duvidosa razoabilidade da maioria das guerras, e a possibilidade de apresentar o que na verdade é ataque, sob a forma de medidas de 'legítima defesa', pouco podemos duvidar que a responsabilidade feudal, como interpretada, pudesse ter tendência prática em favor da reclamação de senhor que intente ingressar em guerra. O que não difere substancialmente dos tempos que correm.

No tratado sobre costumes feudais, **Feudorum Consuetudines**,[1790] lê-se que, segundo alguns, deve o vassalo sempre ajudar o seu senhor,

[1784] J. WESTLAKE (intr. cit., 1912, p. XII).

[1785] V. **Tratado** (tomo 3 A – **Direito internacional no tempo antigo**, cap 3 – civilizações antigas entre hegemonia e relações internacionais, item 3.2 – conceito jurídico de império: I – da Antiguidade rumo à Idade média e tomo 5 – **Direito internacional no tempo de Francisco de Vitória**, cap. 12 – *jus gentium, jus commune, jus europaeum*: entre a teoria e a prática, item 12.2 – conceito jurídico de Império: II – da Idade média à era moderna).

[1786] B. AYALA (op. cit., 1582, ed. 1912, livro I, cap. II, § 30).

[1787] Cfr. **Tratado** (tomos 14 a 17 – **Direito internacional no tempo do colonialismo**).

[1788] B. AYALA (op. cit., 1582, ed. 1912, livro I, cap. II, § 30 e 31).

[1789] B. AYALA (op. cit., 1582, ed. 1912, livro I, cap. II, § 32) retoma a velha questão e cita em apoio de seus argumentos a autoridade de santo AGOSTINHO. Cf. examinado no item 8.1, supra, neste tomo.

[1790] **Corpus juris**, Apêndice, **Feudorum Consuetudines** (ed. cit., livro II, tit. 28). Referido "which is commonly printed as an appendix to the **Corpus juris**", por WESTLAKE (intr. cit., 1912, p. XIII-XIV): "the received opinion of the 16th century did not go quite so far, for [E.] NYS [**Les origines du droit international**, p. 174] quotes Franciscus de VICTORIA as laying down that subjects must not take arms in a manifestly unjust war, but that if the

sem qualquer distinção de caso. Mas, segundo OBERTUS DE ORTO e GERARDUS CAMPAGISTUS, cuja opinião o autor do tratado endossa, isso em guerra injusta, somente se aplicaria para a defesa do senhor, e o vassalo não poderá perder o seu feudo por recusar a sua colaboração ao senhor, em caso de ataque, promovido por este último.

O crescente uso de mercenários, com engajamento voluntário destes, privá-los-ia da desculpa quer da obrigação feudal, ou do dever do simples súdito. Essas circunstâncias dificilmente poderiam deixar de afetar os argumentos dos moralistas, como a hesitação, talvez refletida por AYALA.

A seguir, AYALA aponta a diferença entre a atuação do jurista e do moralista, no que diz respeito à guerra:[1791] tinha ele antes reconhecido que poderia ter discutido com mais clareza o dever do soldado em guerra injusta. Mas, que o tempo ainda não chegara para ele, nem tampouco para grande homem, como TOMÁS DE AQUINO, de discutir a questão envolvendo os direitos e deveres da consciência.[1792]

O capítulo III, do livro I, é dedicado ao exame do duelo ou combate singular – *De duello seu singulari certamine*: a prática é denominada uso detestável, inspirado pelo demônio. E assinala que esta, adequadamente, tinha sido proibida pelo direito canônico: "visando a sua completa eliminação, várias censuras e penalidades tinham sido instituídas, não somente contra os próprios combatentes, mas também contra aqueles que a iniciasse ou aconselhasse, ou mesmo contra quem estivesse presente ao combate".[1793]

A inserção de capítulo sobre essa modalidade, em obra sobre a guerra, reflete traço escolástico. Seria, assim, remanescente do tempo em que a

notables of the nation, consulted by the king, pronounce in favour of the justice of the war, the classes below them may in good conscience conform themselves to their decision." [...] "Certainly, a little later, SUAREZ holds mercenaries to be strictly bound to enquire into the justice of the cause for which they fight [E. NYS, **Les origines du droit international**, p. 175]."

1791 B. AYALA (op. cit., 1582, ed. 1912, livro I, cap. II, § 33-35).

1792 O exame do livro I, cap. II da obra de AYALA o exime da crítica contra este formulada por GRÓCIO (op. cit., 1625, *Prolegomena*, § 37), de supostamente ter AYALA negligenciado o exame das causas justas para a guerra, cf. supra referido; no mesmo sentido, J. WESTLAKE (intr. cit., 1912, p. XV) enfatiza: "It should have shielded him from the imputation of neglecting the just causes of war, by making which GROTIUS showed that even his prodigious memory was not infallible". A respeito de TOMÁS DE AQUINO, ver supra, item 10.1.

1793 B. AYALA (op. cit., 1582, ed. 1912, livro I, cap. III, § 1).

guerra, como enfrentamento público de caráter nacional, ainda não se tinha distinguido plenamente das lutas em geral.[1794]

AYALA condena os combates singulares, exceto quando se tratar de luta entre soldados de lados opostos, em guerra regular, sob ordem ou mediante consenso de general.[1795] Ou, quando os príncipes tiverem acordado em reportar o litígio ao combate de dois ou mais campeões selecionados.[1796]

No capítulo IV, do livro I, AYALA discute as represálias e a tomada de reféns – *Pignerandi potestatem, quam Graeci 'Androplepsia' vocant*. Ele as condena como afetando todos, menos a parte culpada.[1797]

O direito de represália existe sobre bens, porque a lei humana, para a ordenação da convivência e a melhor repressão das violações à lei, pode punir por meio de multa, confisco, privação de honrarias, ou outros mecanismos combinados, mesmo em relação aos que não cometeram qualquer delito.[1798] Isso foi muitas vezes regulado, tanto pelo direito civil,[1799] quanto pelo direito canônico, especialmente em relação aos filhos e descendentes daqueles que pecaram contra a majestade divina ou humana.

1794 J. WESTLAKE (intr. cit., 1912, p. XVI).

1795 B. AYALA (op. cit., 1582, ed. 1912, livro I, cap. III, '*De duello seu singulari certamine*', § 7, 8 e 9).

1796 B. AYALA (op. cit., 1582, ed. 1912, livro I, cap. III, § 10-13). Mesmo assim, AYALA considera ser meio imprudente de solução de controvérsias, porque como escrevera TITO LÍVIO, a solução que promete ser duradoura de conflito somente se faz quando a parte perdedora primeiro se defendeu com todas as suas forças.

1797 B. AYALA (op. cit., 1582, ed. 1912, livro I, cap. IV, § 3-6). Cita o preceito do **Deuteronômio**, segundo o qual não cabe aos pais pagar pelos filhos, nem aos filhos pagar pelos pais, mas cada homem pagará por seu próprio pecado, bem como o princípio citado de ULPIANO, no **Digesto** (9.2.13) "*dominus membrorum suorum nemo videtur*" – ou seja, ninguém é senhor (sequer) de seus próprios membros.

1798 B. AYALA (op. cit., 1582, ed. 1912, livro I, cap. IV – *De pignerationibus, quas vulgo represalias vocant*, § 5).

1799 A respeito do direito de represália, em BÁRTOLO e Giovanni DA LEGNANO, ver o início do presente cap. 11. O direito de represália experimenta a partir do século XV profundas mudanças: nessa matéria, os conceitos fundamentais de BÁRTOLO exerceram duradoura influência, passando pelo **Tratado sobre a guerra, as represálias e o duelo** – *Tractatus de bello, de represaliis et de duello*, no qual Giovanni da LEGNANO desenvolveu muitos dos pensamentos de BÁRTOLO, com reflexos até a escolástica tardia da Espanha.

O capítulo V, do livro I, é dedicado ao exame da captura em tempo de guerra e do postlíminio.[1800] O que se captura em guerra justa, a nós se transfere: *quae iusto bello capimus; in nos transfertur.*[1801]

Conjectura AYALA que. na era primitiva, a qual os pagãos chamavam de idade de ouro, todos os homens nasciam livres e eram considerados iguais, e todas as coisas eram usufruídas em comum. Esse estado de coisas ele chama de direito natural – *jus naturale.*[1802]

Em tempos posteriores, em razão da crescente maldade humana, esse estado original das coisas foi considerado inconveniente, e a razão natural teria ditado a instauração da propriedade, bem como da guerra, com captura e aprisionamento, decorrentes da guerra, e depois, por meio do consentimento universal se teriam tornado parte do direito das gentes – *jus gentium.*

Em relação ao uso do termo direito das gentes, em AYALA, *jus* aparece como direito, "no sentido clássico do direito, no qual os povos de todas as nações são concordes e que estes aplicam em suas respectivas comunidades" – fato ou suposto fato que acarreta a "consequente aplicação do mesmo direito às relações mútuas de tais comunidades, em outras palavras, a sua operação no que chamamos o direito das gentes (*law of nations*)".[1803]

O direito das gentes é assim contado como direito positivo, mas em que medida é esta uma lei justa? No que diz respeito ao direito da guerra, AYALA pondera não faltar a este a equidade, baseada na repressão da injustiça.[1804] E que não se aplica em relação a piratas, salteadores, ou qualquer um que não seja legalmente inimigo.[1805]

[1800] J. WESTLAKE (intr. cit., 1912, p. XVII) considera característico do estilo solto de AYALA – *the looseness of his style* – ter este brevemente apresentado os princípios, com base nos quais considera lícita a captura (livro I, cap. V, § 1-2), mas estes somente são plenamente explicados quando chega à escravização de prisioneiros (livro I, cap. V, § 16).

[1801] B. AYALA (op. cit., 1582, ed. 1912, livro I, cap. V, '*De bello captis, & iure postliminii*', § 1).

[1802] B. AYALA (op. cit., 1582, ed. 1912, livro I, cap. V). Considera WESTLAKE ter AYALA mostrado certa ambiguidade no uso do termo *jus* no conceito de *jus naturale*, pois este não seria propriamente 'direito', mas simplesmente 'prerrogativa', no sentido de gozo por ninguém questionado.

[1803] J. WESTLAKE (intr. cit. 1912, p. XVIII).

[1804] B. AYALA (op. cit., 1582, ed. 1912, livro I, cap. V, § 1, 16, 18).

[1805] J. WESTLAKE (intr. cit. 1912, p. XVIII): "If the remark had been made that even within those limits the laws of war may operate in favour of the unjust party, we do not know what

Um limite aos direitos gerais da guerra se põe no sentido do antigo e louvável costume, em caso de conflito entre cristãos, que os prisioneiros de guerra não sejam transformados em escravos, mas mantidos sob custódia, para libertação mediante pagamento de resgate.[1806] Esse limite não se observaria quando cristãos estivessem em armas, a serviço de sarracenos ou infiéis, ou que a estes tivessem de qualquer modo prestado assistência; embora, ao serem presos, devessem ser vendidos somente para outros cristãos.[1807]

O direito segundo o qual a propriedade de bens capturados se transfere ao vencedor se aplica não somente às coisas móveis, como também aos imóveis, como, por excelência, a terra, que se torna propriedade pública da comunidade vencedora.[1808] Os perdedores ficam privados de sua propriedade sobre o butim.[1809]

AYALA desenvolve, a seguir,[1810] várias questões sobre a recuperação de condições pessoais por meio do postlíminio, e algumas diretrizes sobre o tratamento de prisioneiros: tal como a previsão de que mulheres e crianças podem ser aprisionadas, mas não devem ser executadas.[1811]

Mesmo considerando que o direito canônico excluía das consequências da guerra não somente sacerdotes, monges e irmãos leigos, bem como viajantes, mercadores e camponeses, AYALA considera terem essas disposições caído em desuso. Somente admite a exclusão dos eclesiásticos, na medida em que estes não interferissem nas coisas da guerra.

A respeito do postlíminio, AYALA explicita o seu entendimento:[1812] o costume antigo se punha no sentido de a terra, ao ser recuperada do

AYALA's answer would have been, but probably he would have said that the just must at least be armed with the means of repression, although the decrees of Providence may sometimes deny them that effect."

1806 B. AYALA (op. cit., 1582, ed. 1912, livro I, cap. V, § 27, bem como, mais adiante, §§ 29 a 32).

1807 B. AYALA (op. cit., 1582, ed. 1912, livro I, cap. V, § 19).

1808 B. AYALA (op. cit., 1582, ed. 1912, livro I, cap. V, § 3). Navios capturados eram equiparados a bens imóveis, como categoria jurídica. As ordenações espanholas da época se alinham com o conceito equivalente do direito brasileiro vigente, em relação a navios e aeronaves, como sujeitos a registro.

1809 B. AYALA (op. cit., 1582, ed. 1912, livro I, cap. V, § 8).

1810 B. AYALA (op. cit., 1582, ed. 1912, livro I, cap. V, § 20 a 24).

1811 B. AYALA (op. cit., 1582, ed. 1912, livro I, cap. V, § 25).

1812 B. AYALA (op. cit., 1582, ed. 1912, livro I, cap. V, § 34-38).

inimigo, retornar ao seu antigo dono, por aplicação do postlíminio. E isso era mantido nas ordenações espanholas, com a ressalva de que em caso de reinos, governos, territórios, e outros bens fundiários de grande relevância, essa retomada não se contaria a partir da data da efetiva reocupação, mas se sujeitaria ao consentimento do rei. Mesmo quando o castelo perdido fosse reconquistado por seu antigo senhor, poderia o rei reclamá-lo, como fruto do esforço de guerra.[1813]

A respeito de coisa que tenha sido roubada, em seguida capturada pelo inimigo e depois recuperada, AYALA formula opinião hesitante,[1814] no sentido de que esta não precisaria ser devolvida a seu antigo dono, porquanto o direito da guerra prevaleceria sobre as relações originais de direito civil.

O exame da matéria deste capítulo se encerra,[1815] com a discussão a respeito da possibilidade de direitos incorpóreos serem capturados na guerra e transferidos ao vencedor. E se assim for, se estes ficariam sujeitos ao postlíminio.

A respeito da primeira questão, AYALA responde afirmativamente, no sentido de que direitos incorpóreos de comunidade vencida eram detidos por certa comunidade, e a propriedade da própria comunidade se transfere ao conquistador, bem como o conjunto dos direitos e prerrogativas que esta detinha. Pode o conquistador dar novas leis a esta comunidade vencida. E quem está no poder de outro nada pode ter em seu poder.

A respeito da segunda questão, admite AYALA que possa haver postlíminio de direito incorpóreo.[1816]

O exame da manutenção de promessas feitas ao inimigo é o objeto do capítulo VI, do livro I, dedicado ao tema.[1817] A exceção se põe em relação às promessas feitas aos revoltosos, em relação aos quais AYALA repudia

[1813] B. AYALA (op. cit., 1582, ed. 1912, livro I, cap. V, § 33).

[1814] B. AYALA (op. cit., 1582, ed. 1912, livro I, cap. V, § 40).

[1815] B. AYALA (op. cit., 1582, ed. 1912, livro I, cap. V, § 41-43).

[1816] A questão será tratada de modo substancialmente diverso por GRÓCIO, **De jure belli ac pacis** (op. cit., 1625, livro 3, cap. 9, § 9), que considera não haver a possibilidade de postlíminio de dívida. Argumenta com o mesmo exemplo de ALEXANDRE ter adquirido direito absoluto com a conquista de Tebas, este fez a remissão da dívida com os Tessálios, tão efetiva juridicamente como se o pagamento desta a ele tivesse ocorrido.Ver **Tratado** (tomo 7 – **Direito internacional no tempo de Hugo Grócio**, cap. 18).

[1817] B. AYALA (op. cit., 1582, ed. 1912, livro I, cap. VI, '*De fide hosti servanda*').

qualquer dever de manter a boa-fé, assim como se poderia argumentar em relação a piratas e salteadores.[1818]

Por conseguinte, convenções obtidas por força usurpadora – *per tyrannidem* – não teriam caráter vinculante: nestas, não teria havido consentimento, que é indispensável em todos os pactos, pois o consentimento teria sido viciado pela força ilícita. Pode-se questionar, argumentava AYALA, se o príncipe fica vinculado pelo pactuado com os seus súditos; mas certamente, se estes alguma coisa alcançaram mediante insurreição, que constiui violação da boa-fé destes em relação ao soberano, não podem reclamar a boa-fé do príncipe em relação a eles.

A questão deve ser avaliada em perspectiva histórica e conceitual:

> é interessante problema ver personagens históricas como CHARLES I da Inglaterra, e muitos de seus partidários em igual medida, que no fundo não eram maus sujeitos, podem ter sido moralmente cegos nesse lado da consciência, em relação aos pactos políticos com os súditos. Os argumentos citados são interessantes para se avaliar como viam a questão.
> A base da posição destes era a convicção de ordem divina externa, que tornava impossível assegurar compromissos políticos que pudessem afetar tal ordem. A humanidade comum, sobre a qual se funda o dever de observar a boa-fé, não é sentida, por aqueles que se identificam com uma vontade divina, à qual atribuem instituições, para existir entre eles e seus oponentes.[1819]

O padrão de boa-fé defendido por AYALA era alto, exceto no que diz respeito aos insurgentes, em relação aos quais fazia exceção: estes, por serem considerados desleais, poderiam ser tratados de modo particularmente violento. O que se afigura inaceitável no direito internacional vigente.[1820]

1818 B. AYALA (op. cit., 1582, ed. 1912, livro I, cap. VI, § 6-7).

1819 J. WESTLAKE (intr. cit., 1912, p. XXIV).

1820 Ver H. ACCIOLY – G. E. do NASCIMENTO E SILVA – P. B. CASELLA, **Manual** (25ª ed., 2021, item 3.3.3 – reconhecimento de beligerância e insurgência, p. 271-273): Quando uma insurreição, com fins puramente políticos, deixa de ter o caráter de simples motim e assume proporções de guerra civil, sem, contudo, se poder reconhecer a condição jurídica desta, "considera-se existir situação de fato, que não podendo ser classificada como estado de beligerância, não deve ser qualificada como situação de pura violência ou de banditismo. A

Afirmava AYALA que boa-fé tem de ser mantida em relação ao inimigo legal, como nas relações entre particulares. Os pactos devem ser cumpridos sem se fazer chicana sobre a redação destes.[1821]

Todas as nossas ações devem se reportar a princípios de justiça. A violação de tratado, por uma das partes, acarreta a liberação da obrigação da outra parte,[1822] exceto se a cláusula violada for considerada como de importância secundária. Mas isso não autoriza a violar outro tratado.[1823]

As normas da boa fé são as mesmas, para tréguas como para tratados de paz e alianças.[1824] Mas é usual e prática corrente, embora não exprima o direito, que uma leve violação de trégua, prestes a expirar, não deva ser entendida como o fim de qualquer possibilidade de entendimento. O caráter pérfido de determinado inimigo não exclui o dever de manter a boa-fé em relação a este.[1825]

A distinção entre três categorias de tratados é apresentada:[1826]

- aqueles que põem fim à guerra, mediante rendição incondicional do inimigo, quando este passa a ter somente a existência que o vencedor lhe permita conservar;
- aqueles que põem fim à guerra, com condições, possivelmente incluindo o reconhecimento pelo inimigo da superioridade do conquistador – *ut is populus alterius populi majestatem conservet* – que "era a forma comum dos tratados romanos"; e
- aqueles que são celebrados em tempo de paz, possivelmente incluindo semelhante reconhecimento por uma das partes. Desta

esse estado de fato, que poderá ser reconhecido por governos estrangeiros, dá-se o nome de *insurgência*. O seu reconhecimento não confere propriamente direitos especiais aos insurretos, mas produz certos efeitos: 1º os insurgentes não poderão ser tratados como 'terroristas', nem a exemplo do que lhes era antigamente atribuído, de 'piratas' ou 'bandidos' pelos governos que os reconheçam; 2º a mãe-pátria (ou o governo legal), se os reconhece, deverá tratar como prisioneiros de guerra os que caírem em seu poder; 3º nessa mesma hipótese, os atos dos insurretos não comprometerão, necessariamente, a responsabilidade da mãe-pátria (ou do governo legal)."

1821 B. AYALA (op. cit., 1582, ed. 1912, livro I, cap. VI, § 2 e 4).

1822 B. AYALA (op. cit., 1582, ed. 1912, livro I, cap. VI, § 15).

1823 B. AYALA (op. cit., 1582, ed. 1912, livro I, cap. VI, § 17, 20-22).

1824 B. AYALA (op. cit., 1582, ed. 1912, livro I, cap. VI, § 18).

1825 B. AYALA (op. cit., 1582, ed. 1912, livro I, cap. VI, § 19, 21).

1826 B. AYALA (op. cit., 1582, ed. 1912, livro I, cap. VII, '*De foederibus et indutiis*').

> terceira categoria, podem ser subdivididos: os meramente defensivos, ou os que sejam tanto ofensivos quanto defensivos – "para usar a terminologia corrente" – ou seja, designando tanto resistir a como fazer a guerra.[1827]

Apesar de útil e relevante, curiosamente, AYALA não faz ulterior uso dessa classificação.[1828]

Em caso de extrema necessidade, pode o príncipe celebrar tratado que acarrete o abandono de propriedade privada ao inimigo. Pode o príncipe mesmo ter necessidade de tomar propriedade de um súdito e a entregar ao inimigo, pois o bem comum há de ser preferido ao dos indivíduos.[1829]

Parece, mas não é claramente formulado, o direito que os particulares poderiam ter de pleitear e obter compensação, do príncipe ou do tesouro público, por prejuízos sofridos em tais casos. A possibilidade de indenização é expressamente excluída, "quando se trate de casas, quer de inimigos ou de súditos, construídas junto aos muros, e dos quais exista risco de fogo ou de cilada, as quais podem ser derrubadas e destruídas, mesmo sem pagamento de compensação".[1830]

Quando morre um príncipe, os tratados por este celebrados se mantém em relação ao seu sucessor, quer se trate de direitos, como de obrigações a este incumbentes. Pouco importa que este sucessor seja herdeiro, por força de lei, ou em decorrência de eleição. Exceto se bens anexados à coroa tiverem sido alienados sem o necessário consentimento do povo ou de assembleia – *citra populi vel ordinum consensum, qui ad hoc requiritur* –, ou quando a dignidade e a autoridade do príncipe tiverem sido atingidas – *majestas principis* –[1831] que não poderiam ter sido validamente feitos, mesmo em relação ao predecessor.[1832]

[1827] B. AYALA (op. cit., 1582, ed. 1912, livro I, cap. VII, § 2).

[1828] J. WESTLAKE (intr. cit., 1912, p. XXV): "no use is made of the classification."

[1829] B. AYALA (op. cit., 1582, ed. 1912, livro I, cap. VII, § 7).

[1830] B. AYALA (op. cit., 1582, ed. 1912, livro II, cap. I, § 15 *in fine*).

[1831] B. AYALA (op. cit., 1582, ed. 1912, livro I, cap. VII, § 10).

[1832] J. WESTLAKE (intr. cit., 1912, p. XXVI): "The purport clearly is that no perpetually binding close can be given to a civil war by an agreement limiting the prince's prerogatives, in accordance with what AYALA has taught in the preceding chapter, about its not being a duty to keep faith with rebels."

São apresentadas estratégias de guerra e estratagemas lícitos na operação bélica, bem como a questão da fraude na guerra.[1833] Sem explanação de princípios legais a respeito.

Os direitos dos embaixadores – *de iure legatorum* – são expostos no capítulo IX do livro I.[1834] AYALA afirma serem os embaixadores seguros e invioláveis entre todos os povos; como se estipulou segundo o direito das gentes – *Legati apud omnes gentes semper tuti, & inviolabiles fuerunt, quod iure gentium inductum est.*[1835]

Digna de nota é a recusa em admitir tais direitos e prerrogativas aos rebeldes, bem como a súditos que sirvam o inimigo com intenção traiçoeira. AYALA chega a considerar que as tropas imperiais tinham direito de matar os súditos do imperador CARLOS V, comissionados pelo rei da França, FRANCISCO I, como embaixadores junto ao Grão-Turco.[1836] Merece crítica AYALA, por "não perceber que, fosse qual fosse a sua condição pessoal, eles não poderiam ter direitos contra o imperador, enquanto embaixadores de um inimigo, junto a uma terceira potência".[1837] Parte da intransigência de AYALA em relação aos insurretos, que considerava indignos e privados de quaisquer direitos.[1838]

A lei e os deveres relacionados com a guerra e a disciplina militar – *de iure et officiis bellicis et disciplina militari* – são objeto dos livros II e III, do tratado de AYALA e, em geral, estes "contém pouco ou nada que pertença ao direito internacional".[1839]

Vale, contudo, ressaltar a enumeração dos deveres relacionados com a guerra – *De officiis bellicis* – no capítulo I, do livro II. A diretriz geral é

[1833] B. AYALA (op. cit., 1582, ed. 1912, livro I, cap. VIII, '*De infidiis & fraude hostili*').

[1834] B. AYALA (op. cit., 1582, ed. 1912, livro I, cap. IX, '*De iure legatorum*').

[1835] B. AYALA (op. cit., 1582, ed. 1912, livro I, cap. IX, § 1).

[1836] B. AYALA (op. cit., 1582, ed. 1912, livro I, cap. IX, § 5).

[1837] J. WESTLAKE (intr. cit., 1912, loc. cit.).

[1838] J. WESTLAKE (intr. cit., 1912, p. XXVI): "The man of God who was eaten by a lion for desobeying the divine order not to accept meat or drink from JEROBOAM, whose sin he had been sent to denounce, is brought in as a warning to princes not to treat with rebels and schismatics."

[1839] J. WESTLAKE (intr. cit., 1912, p. XXVII): "AYALA's object in them seems to have been to bring together all the maxims of policy or prudence which he could find relating to war, whether apprehended, being waged, or leaving questions behind it – whether again such maxims were generally accepted or were debated."

claramente enunciada: nos ofícios bélicos, a primeira das obrigações é abster-se de fazer guerra, exceto por justa causa, de modo a se preservar a lei da sociedade humana – *ad officia bellica in primis spectat ut non nisi ex iusta causa bellu geratur, ne ius humanae societatis violetur.*[1840]

Uma vez em guerra, alerta AYALA, deve-se reprimir todo impulso de conquista, não somente por ser inconsistente com a justiça, mas acarretar, normalmente, muitos outros males.[1841] O que permanece legítimo e deve ser lembrado – não somente em manuais de direito internacional, como em livros sobre a guerra e manuais de formação de militares, de qualquer arma.

O foco do trabalho passa do direito para as considerações de estratégia militar. Isso se acentua nesses dois livros seguintes. AYALA extrai a maioria de suas referências de fontes bíblicas ou da Antiguidade clássica, e também menciona fontes espanholas, com ênfase para a extrema severidade das ordenações espanholas em caso de rendição de castelo.[1842]

O capítulo II, do livro II, trata do comandante ou general de exército – *De imperatore vel duce exercitus.* Afirma AYALA a absoluta necessidade e a dificuldade de se ter um perfeito general – *nihil rarius perfecto imperatore* –[1843] nada mais raro de ser encontrado...

O capítulo III, do livro II, enumera proposições relacionadas com a guerra e cautelas a serem observadas pelos comandantes, sempre com base em exemplos da Antiguidade.[1844]

O capítulo IV, do livro II, examina "se a gentileza e a bondade ou a firmeza e a crueldade são mais vantajosas em um general".[1845] Onde se observa: *nullum animal maiore arte tractadum quam homo* – "nenhum animal exige maior arte para ser tratado do que o homem".[1846]

1840 B. AYALA (op. cit., 1582, ed. 1912, livro II, cap. I, '*De officiis bellicis*').

1841 B. AYALA (op. cit., 1582, ed. 1912, livro II, cap. I, § 1).

1842 Comentada por AYALA (op. cit., livro III, cap. 18, §§ 2-5).

1843 B. AYALA (op. cit., 1582, ed. 1912, livro II, cap. II, § 1).

1844 B. AYALA (op. cit., 1582, ed. 1912, livro II, cap. III, '*Sequuntur propositiones quaedam bellicae, et cautiones imperatoriae, veterum exemplis stabilitae*').

1845 B. AYALA (op. cit., 1582, ed. 1912, livro II, cap. IV, '*Utrum lenitate et benevolentia an vero severitate et sevitia plus proficiet imperator*').

1846 B. AYALA (op. cit., 1582, ed. 1912, livro II, cap. IV, § 1).

O capítulo V, do livro II, considera os tempos e estações a serem levados em conta, sobretudo na guerra,[1847] dado que – *aliter in bello, aliter in pace agendum* – a conduta própria na guerra é uma, enquanto na paz, é outra.[1848]

No capítulo VI, do livro II, AYALA adverte serem "as facções e as deliberações prolongadas especialmente danosas nas coisas da guerra, especialmente quando se precisa mais de ação do que de conselho".[1849]

A matéria do capítulo VII, do livro II, diz respeito à conservação da autoridade – *majestas* – em relação à qual, considera AYALA, nenhuma derrogação da soberania deve ser admitida, pelo rei ou pelo estado, enquanto a força permanece intocada, e erram aqueles que pensem que a arrogância de um inimigo possa ser domada pela moderação e pela paciência.[1850]

No capítulo VIII, do livro II, pondera "se mais vale esperar a guerra em casa, ou conduzi-la em território inimigo".[1851] Assevera AYALA "esta questão foi muito variadamente discutida por generais da mais alta reputação, e muitos argumentos e exemplos foram citados, em ambos os lados, de modo a não ser fácil dizer qual opinião deve ser seguida".[1852]

Na mesma linha, o capítulo IX, do livro II, considera "se se deve no início de uma batalha atacar de modo veemente, ou se mais vale conservar o terreno e aguardar o ataque inimigo".[1853] AYALA considera que "nada pode ser de tão pouco valor, para ser arriscado, que não possa produzir grandes resultados na guerra".[1854]

[1847] B. AYALA (op. cit., 1582, ed. 1912, livro II, cap. V, '*Temporum rationem praecipue in bello habendam*').

[1848] B. AYALA (op. cit., 1582, ed. 1912, livro II, cap. V, § 1).

[1849] B. AYALA (op. cit., 1582, ed. 1912, livro II, cap. VI, '*Contentiosas et lentas de rebus bellicis deliberationes admodum noxias esse, praefertim ubi facto, magis quam consilio opus est*').

[1850] B. AYALA (op. cit., 1582, ed. 1912, livro II, cap. VII, '*Dum res adhuc sunt integrae, ne minimum quidem regi, vel reipubl. de maiestate sua concedendum esse: & errare eos qui arrogantia hostium, modéstia & patientia vinci posse existimant*').

[1851] B. AYALA (op. cit., 1582, ed. 1912, livro II, cap. VIII, '*An praestet bellum domi excipere, an vero in hostilem agrum inferre*').

[1852] B. AYALA (op. cit., 1582, ed. 1912, livro II, cap. VIII, § 1).

[1853] B. AYALA (op. cit., 1582, ed. 1912, livro II, cap. IX, '*An praestet initio praelij magno clamore, & concitato cursu in hostes pergere; an vero loco manere, & hostium impetum excipere*').

[1854] B. AYALA (op. cit., 1582, ed. 1912, livro II, cap. IX, § 1): "In bello nihil tam leve est, quod non magnae interdum rei momentu faciat cuius nobis fidem faciunt."

No capítulo X, do livro II, pondera AYALA não ser prudente atacar estado que se encontra em guerra civil, somente com base em tal dado.[1855]

O capítulo XI, do livro II, trata da colocação das tropas,[1856] de tal modo que a luta seja absoluta necessidade para estas. Mas que ao inimigo se deve facultar modo de escapar de tal necessidade.

"Em tempo de vitória, o primeiro e principal pensamento deve ser a respeito da paz" é o tema do capítulo XII, do livro II.[1857] Pondera AYALA ser dado da natureza que sabemos melhor suportar a adversidade do que a boa fortuna.[1858]

E o capítulo XIII, do livro II, considera: "depois do inimigo ter sido derrotado, qual o melhor método para o manter quieto, em paz duradoura?"[1859] Considera haver não menor virtude em conservar o que conquistamos, do que conquistar e, igualmente, no bom uso da vitória, tanto como na própria vitória.[1860]

O livro III é totalmente dedicado ao exame de aspectos da disciplina militar.[1861] O que, em geral, foge ao escopo do presente trabalho. Mas, ao menos uma consideração merece ser destacada.

[1855] B. AYALA (op. cit., 1582, ed. 1912, livro II, cap. X, '*Non esse consilii, inuicem infensos civilibus dissenssionibus hostes, sola discordia fretum invadere*').

[1856] B. AYALA (op. cit., 1582, ed. 1912, livro II, cap. XI, '*Necessitatem pugnandi magno studio imponendam militibus esse, & hostibus remittendam*').

[1857] B. AYALA (op. cit., 1582, ed. 1912, livro II, cap. XII, '*In victoria potissimum de pace cogitandum*').

[1858] B. AYALA (op. cit., 1582, ed. 1912, livro II, cap. XII, § 1).

[1859] B. AYALA (op. cit., 1582, ed. 1912, livro II, cap. XIII, '*Devictis hostibus, qua potissimum ratione perpetua pace quieti obtineri possint*').

[1860] B. AYALA (op. cit., 1582, ed. 1912, livro II, cap. XIII, § 1).

[1861] Os capítulos do livro III da obra de AYALA (1582, ed. 1912) são os seguintes: I. '*De disciplina militari*' – da disciplina militar; II. '*De officio legati, tribuni, & aliorum qui militibus praesunt*' – das funções [e deveres] dos legados, tribunos e outros oficiais; III. '*De metatoribus, sive mensotibus*' – dos responsáveis pela intendência [e abastecimento]; IV. '*De militibus, & qui militare possunt*' – dos soldados, e quem pode servir como tais; V. '*De sacramento militari*' – do juramento militar; VI. '*De missione*' – da dispensa; VII. '*De privilegis militum*' – das prerrogativas dos soldados; VIII. '*De iudiciis militaribus*' – dos tribunais militares; IX. '*De poenis militum*' – das penas militares; X. '*De contumacibus et ducum dicto non parentibus, eosque non protegentibus*' – da contumácia e daqueles que não obedecem às ordens de seus oficiais, e de quem não os defende; XI. '*De emansoribus*' – dos que se afastam sem licença; XII. '*De desertoribus*' – dos desertores; XIII. '*De transfugis et proditoribus*' – dos desertores que se alinham com o inimigo

Instância notável de opinião, arriscada por AYALA por sua própria conta, sem respaldo de qualquer citação, tão somente mencionando alguns exemplos, é a seguinte: se homem de posição – *nobilis* – possa atuar como espião, sem demérito, e mesmo com glória, quando seu motivo for o zelo pelo bem público; embora admita que o fazer mediante pagamento seria motivo de descrédito.[1862]

A contribuição de Balthazar AYALA para o direito da guerra e para o direito internacional se exprime por essa breve obra, escrita provavelmente em pouco tempo e nas condições as mais adversas – datada do *acampamento em frente de Tournai*. Mas não deixa de ser ilustrativa de esforço de racionalização e de ordenação da teoria e da prática sobre o tema, em fase na qual se instaurava o contexto da modernidade: o fracionamento em múltiplos estados, em constante enfrentamento, levando à necessidade de normatização.

Assim como seu genial contemporâneo, Miguel de CERVANTES Saavedra (1547-1616), com seu teatro[1863] e (as duas partes de) seu **Dom Quixote** (1605 e 1615)[1864] representa marco da passagem do 'medieval' para o 'moderno', em outra área, de certo modo, Balthazar AYALA também faz a transição entre dois tempos e duas fases da história e da evolução humanas. Ambos são expressões de mundo em mutação.

e dos traidores; XIV. *'De seditiosis'* – dos sediciosos; XV. *'De iis qui in acie loco cedunt aut victi sededunt'* – daqueles que entregam o terreno na batalha, ou se rendem quando vencidos; XVI. *'De iis qui arma alienant, vel amitunt'* – daqueles que partem com as suas armas, ou as perdem; XVII. *'De iis qui excubias deferut, vel minus recte agunt '* – das sentinelas que abandonam ou negligenciam o posto; XVIII. *'De eo qui arcem, veloppidum, cuius praesidio impositus est, amittit, vel hostibus dedit'* – daquele que perde, ou entrega ao inimigo, uma fortaleza ou cidade, que tinha sido indicado para defender; XIX. *'De furtis et aliis quibusdam delictis militaribus'* – do furto e outros delitos militares; XX. *'De praemiis militum'* – das recompensas aos soldados.

[1862] B. AYALA (op. cit., 1582, ed. 1912, livro III, cap. XIII, § 6).

[1863] Miguel de CERVANTES Saavedra, **Teatro completo** (edición prologada y anotada por Agustín BLANQUEZ, Barcelona: Edtrl. Iberia, 1966, 2 vols.).

[1864] Miguel de CERVANTES Saavedra, **El ingenioso hidalgo don Quijote de la Mancha** (1605, intr. y notas de Joaquin CASALDUERO, Madri: Alianza, 1ª ed., 1984, 3ª reimpr., 1992) e **El ingenioso caballero don Quijote de la Mancha** (1615, intr. y notas de Joaquin CASALDUERO, Madri: Alianza, 1ª ed., 1984, 3ª reimpr., 1992).

A seguir, pode-se passar ao exame da contribuição de Pierino BELLI (11.6.2).

11.6.2. Pierino BELLI (1502-1575)

> A guerra é antigo negócio, e os inícios desta praticamente coincidem com os da própria raça humana. [...] E não terá fim este mal, até que o próprio mundo se acabe.
>
> P. BELLI (1563)[1865]

A obra principal de Pierino BELLI, que aqui nos interessa considerar, é o "tratado sobre as coisas militares e a guerra" – **De re militari et bello tractatus** (1563), dividido em onze partes.[1866] Embora não figure no título da obra – sobre a guerra –, a paz é apontada como o propósito, e a parte X lhe é dedicada: "a intenção de um povo ou de um rei em guerra não deve ser outra se não alcançar a paz".[1867]

Este autor de tratado sobre a guerra põe como parâmetro e propósito, que "as guerras não deveriam ser feitas por cobiça ou crueldade, mas pelo desejo da paz".[1868] Bastante humanista, pelo modo de tratar o tema, e pela inserção da discussão da matéria na perspectiva mais ampla da ordenação

[1865] P. BELLI, **De re militari et bello tractatus** (1563, ed. 1936, cf. ref. completa na nota seguinte, parte I, cap. I, *'De belli origine & antiquitate'*, §§ 1 e 3): "Bellum antiquum esse hominibus negotium, & cum ipso pene humano genere exortum, fatis in comperto est." [...] "Neque esse hoc malum desiturunt, donec orbis ipse deficiat momentur sacro eloquio prout habetur."

[1866] Pierino BELLI, **De re militari et bello tractatus** (1563, 2 vols., Oxford: At the Clarendon Press/London: Humphrey Milford, 1936; No. 18 of the series 'Classics of International Law': Vol. I. photographic reproduction of the edition of 1563, with introduction by Arrigo Cavaglieri, and a portrait of Belli. 30+162 folios = 30+324 pages; Vol. II. translation of the text by Herbert C. NUTTING, with a translation of the introduction, and indexes. 32a+viii+412 pages).

[1867] P. BELLI (op. cit., 1563, ed., 1936, parte X, cap. I, § 4): "Nam queque alia debet esse bellantis populi aut regis intentio qua ut pace consequatur".

[1868] P. BELLI (op. cit., 1563, ed., 1936, parte X, cap. I, § 4): "bella non cupiditate aut crudelitate, sed pacis studio sunt gerenda". Observe-se ser a redação desta passagem de BELLI muito próxima de CÍCERO, cf. nota seguinte.

da vida na sociedade humana.[1869] Direcionamento comparável ao de AYALA.[1870]

Na linha habitual, adverte BELLI: *qui desiderat pacem praeparet bellum* – quem deseja a paz deve estar preparado para a guerra.[1871] E citava BÁRTOLO, segundo quem sem a firme intenção recobrar a paz, pouco efeito terá um tratado de paz – onde "a paz nada mais seria do que o acordo, por meio do qual se ponha termo a uma guerra, já começada".[1872] Pode isso ser defensável sob ponto de vista de estrita técnica jurídica, mas não esgota o conteúdo da paz, a ser construída, não somente como a ausência de guerra.[1873]

Logo no início, BELLI também trazia à colação[1874] a lição de CÍCERO, em seu tratado sobre os deveres, o **De officiis**,[1875] "existem dois tipos de confrontação, um por meio da discussão, outro por meio da força";

1869 BELLI, ao cuidar da paz, no livro X, lembra CÍCERO, **De officiis** (with an English translation by Walter MILLER, Cambridge, Ma./London: Harvard Univ. Press / LCL 30, CICERO XXI, © 1913, reprinted 2005, I.xxiii, 80): "a guerra deveria ser feita de tal modo que se veja claro nada se buscar além da paz" – *Bellum autem ita suscipiatur, ut nihil aliud nisi pax quaesita videatur.*

1870 B. AYALA (op. cit., 1582, ed. 1912, livro II, cap. I, § 1). Uma vez em guerra, alerta AYALA, deve-se reprimir todo impulso de conquista, não somente por ser inconsistente com a justiça, mas acarretar, normalmente, muitos outros males. E mesmo nos ofícios bélicos, a primeira das obrigações é abster-se de fazer guerra, exceto por justa causa, de modo a se preservar a lei da sociedade humana. Lições tanto mais válidas, por estarem em livros sobre direito da guerra.

1871 P. BELLI (op. cit., 1563, ed., 1936, parte X, cap. I, § 9), nesta mesma passagem, logo a seguir, cita BALDO, no sentido de que a paz deve ser real e duradoura, e se a insinceridade a ela se mescla, não será paz, mas engano – *Pax debet esse vera et perpetua, quod si in ea latent insidiae non est Pax sed dolus.* BELLI cita novamente BALDO (no parágrafo 10, seguinte), quando segundo este último não seria "a paz nada além dos termos de tratado de paz".

1872 P. BELLI (op. cit., 1563, ed., 1936, parte X, cap. I, § 10) cita de BÁRTOLO, *Consilium* 66, cuja redação começa: "Ad declarationem". Escrevia BELLI (op. cit., loc. cit.): "Ut igitur aliqua ad pacis materia spectantia tractemus quaero, primo quid sit Pax. Eam [...] dixit BARTOLUS nihil esse aliud quam pactum per quod bello introducto finis in ponitur, ita ipse dixit in consi. LXVI, quod incipit 'ad declarationem'."

1873 A respeito se consideraram alguns elementos, no precedente item 11.5, sobre o ideal de construção da paz.

1874 P. BELLI (op. cit., 1563, ed. 1936, parte I, cap. II, § 1).

1875 CÍCERO, **De officiis** (with an English translation by Walter MILLER, Cambridge, Ma./London: Harvard Univ. Press / LCL 30, CICERO XXI, © 1913, reprinted 2005).

e dado que "o primeiro é próprio dos homens e o segundo dos animais, devemos recorrer a este último somente quando não se puder empregar o primeiro".[1876]

De BELLI se conservam, igualmente, nos arquivos de Alba, vários *consigli* ou pareceres, redigidos por ocasião de litígios. Dentre estes, o original de sua sentença, proferida como árbitro, em 1570, na controvérsia entre o conde Filippo ROERO, a cidade de Alba, e o município de Monticello, sobre questões de limites.[1877]

Pouco se conservou de informação sobre os primeiros anos de vida de BELLI, mas este provavelmente aperfeiçoou seus estúdios jurídicos na Universidade de Perúgia.[1878] A esta universidade acorriam estudantes de muitas partes, inclusive do exterior, e nela se conservava a memória dos seus célebres mestres: em Perúgia tinham ensinado BÁRTOLO, ou BARTOLUS di SASSOFERRATO (1313-1356)[1879] e seu discípulo BALDO, ou BALDUS DE UBALDIS (1327-1400).[1880] Juristas até hoje citados em direito internacional privado.

[1876] CÍCERO, **De officiis** (ed. cit., 1913, reimpr. 2005, I.xi, 34): "Nam cum sint duo genera decertandi, unum per disceptationem, alterum per vim, cumque illud proprio sit hominis, hoc beluarum, confugiendum est ad posterius, si uti non licet superiores."

[1877] A. CAVAGLIERI (intr. cit., 1936, p. 14a): "Altre sentenze o dispute legali del BELLI furonno stampate dall'OSASCO nei suoi **Consilia sive responsa** e da Jacoppo MANDELLI nei suoi **Consigli**. Quattro anni dopo la sua morte fu pubblicato un suo discorso latino, nel quale sostiene le ragioni del duca di SAVOIA alla successione del Marchesato di Saluzzo. Nell'Archivio di Stato in Torino, tra le **Negoziazioni di Spagna**, è documentata tutta l'opera spesa dal BELLI nel 1575 perchè le piazze di Santhià e di Asti nel Piemonte fossero liberate dagli Spagnuoli, impresa a cui non erano riusciti i commissari precedenti."

[1878] Alberico GENTILI, **Laudes Academiae Perusinae** (Hanoviae, 1605) ao fazer a louvação da Universidade de Perúgia recorda P. BELLI. Mas, pode parecer inexplicavelmente, GENTILI, no seu **De jure belli**, omite qualquer referência a BELLI em sua obra, cf. adiante se expõe.

[1879] A. CAVAGLIERI, *Introduzione* (à obra de P. BELLI, ed. cit., 1936, p. 13a – 29a.), menciona "la biografia del BELLI, pubblicata enl 1783 dal suo concittadino barone VERNAZZA di Ferney" para os dados relativos à biografia de P. BELLI, aqui referidos (cit. p. 13): [BELLI] "in un discorso latino, pubblicato dopo la sua morte, cita Filipp DECIO e Carlo RUINO, maestri di diritto a Perugia, chiamandoli col titolo *dominus meus*, espressione usata probabilmente per significare *maestro*."

[1880] Apesar de ser BALDO frequentemente citado por P. BELLI, este não deixa de lhe assacar crítica mordaz: "BALDO, como sempre, vacila" – *sed idem BALDUS ut est in omni quaestione inconstans* (op. cit., 1563, ed. cit., 1936, parte V, cap. III, '*de variis questionibus quae incidunt in*

Ambos defensores da primazia do poder imperial, com BÁRTOLO e BALDO são "alcançados os pontos mais altos desse desenvolvimento intelectual",[1881] mas cabe advertir, "com a obra destes dois famosos jurisconsultos italianos já vinha o germe da dissolução do universalismo do final da Idade média":[1882]

> BÁRTOLO se afasta do direito romano, que o imperador seja *de iure* senhor do mundo inteiro, *dominus totius mundi* e *rex universalis*. Mas ele também levou em conta o fato de, em seu tempo, existirem numerosos reinos e outros poderes temporais, totalmente independentes – *principes superiores non recognoscentes*. Com a ajuda dessa distinção entre instituições *de iure* e *de facto*, colocou ele a fundamentação da teoria jurídica do futuro estado territorial soberano do início da idade moderna.
> A ponte espiritual foi feita por BALDO, com sua frase: *Rex in regno suo est Imperator regni sui*. Assim se fez a possibilidade de aplicar a cada um dos príncipes soberanos a mesma argumentação que se levantara em relação aos poderes do imperador. BÁRTOLO não chegou a conhecer tal formulação, mas a preparou, contudo, em relação às cidades italianas, com a fundamentação, segundo a qual *civitas sibi princeps*.[1883]

No lado papal,[1884] o paroxismo da formulação das pretensões hegemônicas temporais está contido na bula de BONIFÁCIO VIII, *Unam sanctam*, de 1302. Nesta, pretende que a submissão ao papa é indispen-

Induciis', § 22). Em sentido oposto, Paolo GROSSI, **L'ordine giuridico medievale** (Roma – Bari: Laterza, 1995, por ex., p. 251) considera BALDO como o expoente máximo de todos os juristas medievais italianos, além de sua grande erudição.

1881 Wilhelm GREWE, **Epochen der Völkerrechtsgeschichte** (Baden-Baden: Nomos, 1984).

1882 W. GREWE (op. cit., 1984, primeira parte: *Ius gentium*: Grundzüge der mittelalterlichen Völkerrechtsordnung, p. 55-162, cit. p. 67) aponta como datas de nascimento e morte de BÁRTOLO (1314-1357).

1883 W. GREWE (op. cit., 1984, p. 67-68).

1884 Sem esquecer autores como Aegidius COLONNA (este também referido como Aegidius Romanus, ou Gilles de Rome), JACÓ DE VITERBO (ou Jacó CAPOCCI), Alvarus PELAGIUS e Augustinus TRIUMPHUS de Ancona, que se alinham com o partido de BONIFÁCIO VIII e lutam pelo universalismo da igreja e o poder direto sobre as coisas temporais – *potestas directa in temporalibus* – do papado.

sável para qualquer criatura, na busca da salvação: *Porro subesse romano pontifici omni creature declaramus, dicimus definimus omnio esse de necessitate salutis.*

A política de BONIFÁCIO VIII pode ser definida como a última tentativa de construção de regime teocrático no Ocidente. E esta soçobra de encontro à resistência do rei da França, FILIPE, o Belo.

Depois dos 'glosadores' e 'pós-glosadores' de Bolonha, nos séculos XI a XIII, Perúgia desempenha relevante papel na formação da ordem jurídica dos novos tempos, especialmente com os 'comentadores', nos séculos XIII e XIV. Foi esta a base para a construção dos sistemas de direito, não somente medievais,[1885] como ainda se estende o impacto da contribuição destes juristas medievais sobre os sistemas jurídicos modernos e contemporâneos:

> Foi um singular momento de sintonia – ou, mais ainda, de colaboração – entre análise teórica e análise histórica, demostrando como poderia frutificar uma ciência jurídica concebida unitariamente sem disfunções antinaturais entre 'história' e 'dogma', como mal se dizia, no passado. E foi uma lufada de ar fresco, trazida pela riqueza de uma visão de ordenação pluralística.[1886]

Em 1535, BELLI foi nomeado *auditor de guerra* nos exércitos do imperador CARLOS V, ao qual prestou relevantes serviços. Quando FILIPE II sucedeu ao pai, não somente manteve o BELLI a seu serviço, como o promoveu a *conselheiro de guerra*, e nessa qualidade atuou sob as ordens do cardeal MADRUZZI, do marquês de PESCARA e do duque de SESSA.

[1885] A respeito, ver **Tratdo** (tomo 5 – **Direito internacional no tempo de Franscisco de Vitória**, cap. 12 – *jus gentium, jus commune, jus europaeum*: entre a teoria e a prática).

[1886] De modo conciso e inspirado situa o fenômeno, Paolo GROSSI, **L'ordine giuridico medievale** (Roma/Bari: Laterza, 1995, cap. secondo – *Premesse ordinative*, p. 17-35, cit. p. 33): "Fu un momento singolare di sintonia – direi di più, di collaborazione – fra analisi teorica ed analisi storica, dimostrando la frutuosità di una scienza giuridica concepita unitariamente senza inaturali scompozioni fra 'storia' e 'dogma', come un tempo malamente si diceva. E fu una boccata d'aria fresca, che la ricchezza d'una visione ordinamentale, pluralistica, portò."

Em 1559, com o tratado de Cateau-Cambrésis,[1887] EMANUELE FILIBERTO, duque da Savóia, recupera da França os seus domínios.[1888] Este instrumento internacional marca, em favor da Espanha, o fim da luta francesa por territórios italianos.[1889]

Em 1561, EMANUELE FILIBERTO elegia dentre os novos conselheiros de estado Pierino BELLI, que conserva essa função até a sua morte. Em suas altas funções de estado, BELLI foi particularmente requisitado para pareceres sobre questões jurídicas relevantes.[1890]

[1887] Ver L. BÉLY, *Les temps modernes (1515-1789)* (in F. AUTRAND, L. BÉLY, Ph. CONTAMINE, T. LENTZ, **Histoire de la diplomatie française**, vol. I. Du Moyen Âge à l'Empire, Paris: Perrin – tempus, ed. orig. 2005, reimpr. 2007, p. 179-470, chap. 1 – *La construction hésitante et fragile d'une puissance moderne (1515-1661)*, itens 1 – Le grand duel: le roi de France face à CHARLES V; 2 – Le royaume de France au péril des guerres de religion; e 3 – La diplomatie au XVIe siècle, cit. p. 233): "Commandée par la conjoncture, la reconciliation des deux grandes monarquies catholiques est préparée par cinq mois de négociations: MONTMORENCY et SAINT-ANDRÉ, alors prisonniers, discutent d'abord pour leur maître, puis le cardinal de Lorraine se joint à eux. Le 2 avril 1559 est signé au Cateau-Cambrésis le traité avec l'Angleterre, et le 3 avril celui avec l'Espagne et la Savoie. / Ces traités sont vécus comme un désastre pour la France par bien des contemporains, protestants comme catholiques. Les hommes de guerre jugent que la situation ne justifie pas des abandons pareils, surtout après des décennies d'efforts, en Italie par exemple. Et la noblesse sent qu'elle perd avec la guerre italienne son champ d'action privilégié où elle pouvait obtenir gloire, richesses et bienfaits royaux."

[1888] Wilhelm GREWE, **Epochen der Völkerrechtsgeschichte** (Baden-Baden: Nomos, 1984, Zweiter Teil – *Ius inter Gentes.* Die völkerrechtlichsordnung des spanischen Zeitalters 1494-1648, p. 163-322, 1. Kapitel – *Die Vormachtstellung Spaniens im Staatensystem*, p. 165-167, cit. p. 166): "Die Macht, die sich Spanien zuerst in die Wege stellt, ist *Frankreich* – das Frankreich KARLS VIII., der im Streben nach der Kaiserkrone 1494 der Einbruch in Italien versucht, das Frankreich FRANZ I., der sich gleichzeitig mit Karl zur Kaiserwahl stellt und unterliegt, der 1525 bei Pavia geschlagen wird, in höchster Not das Bündnis mit den Türken eingeht, im Frieden von Crépy (1544), aber doch endlich auf Italien verzichten muss."

[1889] W. GREWE (op. cit., 1984, p. 166): "Der Friede von Cateau-Cambrésis (1559) beendet den Kampf um Italien zugunsten Spaniens."

[1890] A. CAVAGLIERI (intr. cit., 1936, loc. cit.): "Incaricato di trattare gli interessi di EMANUELE FILIBERTO cogli inviati del re di Francia a Lione, affinchè venissero da questo restituite le conque fortezze del Piemonte, assolse il suo ufficio così felicemente da meritare le più alte lode del principe, come resulta da un diploma da questo rilasciatogli, in cui lo esalta per esserci dimostrato a lui devoto e fedele 'più negli avversi casi che nella prospera fortuna'.

A atuação de BELLI como conselheiro de EMANUEL FILIBERTO ensejou o debate sobre o reino de Chipre. A matéria tal como foi por este aconselhada, reflete-se no tratado **De re militari et de bello** de BELLI, quando examina se é lícito a rei cristão valer-se do auxílio de príncipe infiel – *an christiano rege liceat auxilio uti infidelis principis.*[1891]

Considera relevante distinguir se a aliança se faz com infiel para combater outro infiel, ou se tem por fim a aliança com infiel combater outro príncipe cristão – *aut iungitur foedus cum infideli contra alium infidelem, aut adversus alium fidelium.* Responde afirmativamente à primeira;[1892] mas considera não se deve aceitar a segunda: "tal aliança e apoio deveria ser deixada severamente isolada".[1893]

Outra importante missão desempenhada por BELLI, por incumbência de EMANUEL FILIBERTO, foi a solução da controvérsia entre o duque de FERRARA, de um lado, e os florentinos, modenenses e luchenses, do outro, a respeito dos limites entre os seus respectivos territórios. O conflito se arrastava há séculos, e alguns acordos, negociados ou firmados, tinham sido rompidos ou tinham falhado. As coisas tinham chegado a tal ponto que se estava prestes a tomar armas.[1894]

> Pactuou-se recorrer a um árbitro, que examinasse a controvérsia e prolatasse um laudo. Eleito para tal ofício o duque da SAVOIA, este delegou a tarefa a BELLI, que não tendo podido fazer os querelantes chegarem a um acordo, pronunciou a sua sentença. Não foi fácil induzir o duque de FERRARA e os seus povos a aceitá-la, mas a tanto conseguiu chegar a grande autoridade de EMANUEL FILIBERTO.[1895]

A obra principal de BELLI, **De re militari et de bello**, teria sido escrita em 1558 – 67 anos antes da obra de GRÓCIO e 30 anos antes da obra de GENTILI – e foi publicada em 1563, por Francesco

[1891] P. BELLI (op. cit., 1563, ed., 1936, parte II, cap. XVII).
[1892] P. BELLI (op. cit., 1563, ed., 1936, parte II, cap. XVII, § 4): "Considero tal ação era e permanece permitida. Pois, o que pode ser mais vantajoso para os cristãos do que satã dividido contra si mesmo, e do mesmo modo contra os seus seguidores – a cuja categoria todos os maometanos pertencem?"
[1893] P. BELLI (op. cit., 1563, ed., 1936, parte II, cap. XVII, § 7).
[1894] A. CAVAGLIERI (intr. cit., 1936, p. 14a).
[1895] A. CAVAGLIERI (intr. cit., 1936, p. 14a).

PORTONARI, de Turim, impressor em Veneza. A edição traz epigramas, de diversos autores, em louvor a BELLI.[1896]

O tratado é dedicado a FILIPE II, da Espanha – isso, depois de BELLI estar a serviço do duque de SAVOIA. Já na dedicatória, esclarece o autor não pretender formular preceitos a respeito da arquitetura militar, ou da arte da guerra, matérias das quais não entende.

O seu propósito é apresentado logo no início: não é ditar livro sobre coisas militares, mas mostrar quais sejam, segundo os princípios do direito, as causas justas da guerra; quais coisas sejam lícitas e quais ilícitas aos príncipes, e aos chefes dos exércitos, na conclusão de alianças e na condução das operações militares; como devam comportar-se os capitães e os militares nas suas relações com os inimigos em armas, com os prisioneiros, com os mercadores e os agricultores, sejam da própria parte, sejam da parte adversa; qual tratamento deva dar-se aos bens do inimigo etc.

Trata-se de exposição do direito internacional da guerra, tal como resulta da aplicação dos princípios de direito natural. BELLI afirma considerar tal estudo não indigno de sua profissão e de ter sido levado a tanto por sentimento humanitário, pelo desejo de tornar menos frequentes as guerras, das quais lamenta a facilidade, mesmo por motivos fúteis, com nobres palavras, e de pôr freio aos abusos, as devastações, e os saques feitos pela soldadesca.[1897] Com fortes expressões, BELLI deplora os excessos praticados pelos chefes militares na Ligúria, e no seu Piemonte, sem nenhuma misericórdia.[1898] Com tanta selvageria – *sine ulla misericordia* – como sequer fazem os turcos, quando guerreiam – *quod neque Turcae faciunt dum bellantur.*

[1896] "Nel 1583, già morto l'autore, l'opera fu ristampata a Venezia da Francesco ZILETI nel tomo XVI della grande raccolta intitolata **Tractatus juris universi**, auspici il MENOCCHIO ed il PANZIROLI che la proposero all'editore", anotava A. CAVAGLIERI (intr. cit., 1936, p. 15a).

[1897] P. BELLI (op. cit., 1563, ed. cit., 1936, parte VI e parte VII) contam vários capítulos regulando "várias coisas da guerra", mas sobretudo, os direitos, as obrigações e a remuneração dos soldados – *de militis premiis & stipendiis*. Especifica as coisas por lei proibidas a um soldado – *quae sunt militibus a iure prohibita* (parte VII, cap. VII), bem como em quais situações o soldado fica sujeito ao direito comum – *quando utantur milites iure communi cum ceteris* (parte VII, cap. VIII). São também extensamente considerados os crimes dos soldados e a punição destes – *de delictis militaribus et eorum poenis* (na inteira parte VIII, em capítulo único).

[1898] P. BELLI (op. cit., 1563, ed. 1936, parte II, cap. XI, § 5).

O tratado de BELLI se divide em onze partes, subdivididas, por sua vez, em capítulos que totalizam 69, e o conjunto alcança o total de 1074 parágrafos numerados. Algumas partes, contudo, constam de único 'capítulo'.

Sem se estender em grandes elogios, pode ser situada de modo conciso a contribuição de Pierino BELLI. No que concerne ao direito da guerra, segue globalmente a doutrina escolástica da guerra justa.[1899]

No que diz respeito à condução das hostilidades, BELLI condena as crueldades cometidas contra os prisioneiros e exige cuidados em relação às populações dos territórios ocupados. Se uma parte aceita a arbitragem, a outra parte deverá, nesse meio tempo, abster-se de combater.[1900]

O dado é relevante, e BELLI o enfatiza: "se a guerra é declarada – *cui bellum indicitur* – contra pessoa que se mostra pronta a aceitar a lei e o laudo de árbitros sobre o objeto da controvérsia, as ações bélicas devem ser interrompidas – *bello est abstinendum*".[1901] Esta é ideia central em sua obra e critério importante para a avaliação de sua contribuição.

> O estilo da obra é sem polimento, rústico, trabalhoso. Cansa não somente o excesso de erudição, sem dúvida vasta e profunda, mas nem sempre usada a propósito, como também a frequência das citações – o uso contínuo, que se encontrará depois também em GENTILI e GRÓCIO, de exemplos tirados da história antiga e moderna, e também de casos ocorridos ao próprio autor, na sua atuação como juiz e no exercício de seu ofício. Além disso, perturba a unidade e a ordem lógica do tratamento da matéria, a ingerência de questões estranhas, e o fato de BELLI ter mesclado às suas doutrinas sobre o direito das gentes alguns problemas de natureza totalmente diversa, que dizem respeito à administração pública e outros ramos do direito.[1902]

[1899] Antonio TRUYOL Y SERRA, **Histoire du droit international public** (Paris: Economica, 1995).

[1900] A. TRUYOL Y SERRA (op. cit., 1995, cap. VII – Les fondateurs de la science du droit international, p. 47-63, item 3 – *La littérature militaire*, p. 55).

[1901] P. BELLI (op. cit., 1563, ed. 1936, parte I, cap. V, § 13).

[1902] A. CAVAGLIERI (intr. cit., 1936, p. 15a); tb. Efisio MULAS, **Pierino Belli da Alba, precursore di Grozio** (Torino: Unione tipografico-editrice torinese, 1878, p. 55-57) segundo o

Se tais digressões podem, em considerável medida, explicar o sucesso imediato da obra de BELLI, são, contudo, indícios de falta de rigor no tratamento da matéria, de método imperfeito e insuficiente. Méritos da obra de BELLI são, sobretudo, o profundo sentimento humano, a notável independência de julgamento, a verdadeiramente singular amplitude de ideias, e dado o tempo na qual foi escrita, preocupação digna de nota em fundamentar cada resolução tão somente sobre o sentimento do direito e da equidade.[1903]

Para BELLI as causas da guerra se resumem a duas: infligir ou repelir uma injúria, ou seja, guerra ofensiva ou defensiva.[1904] As guerras injustas não passam de bandidagem – *iniusta bella sunt manifesta latrocinia.*[1905] Os príncipes devem se abster de fazer guerra por razão insuficiente ou injusta: e mesmo quando possam se justificar perante a lei, isso não os exime de se justificarem perante Deus.[1906]

A injúria pode ser pessoal, própria do povo beligerante, ou dizer respeito a outro povo, ligado àquele por vínculo, reconhecido segundo o direito das gentes, seja por aliança, por amizade ou por federação. Injusta

qual: "sono esaminate e risolute tutte le questioni, necessarie a sapersi dall'*auditore di guerra*, facendosi largo campo al diritto pubblico in quanto influisce sulle relazioni private dei cittadini e le modifica. Inoltre non si contenta il BELLI di esporre la dottrina ma, ad essa unendo la pratica, dà conto di tutti i casi dei quali egli ebbe a giudicare quando teneva l'ufficio di *auditore*, mettendogli a confronto con le leggi romane e colle sentenze dei dottori; sicchè il suo libro può considerarsi un vero manuale teorico-pratico, necessario a tutti coloro che aspiravano a quella carica, allora molto ambita e difficile a disimpegnare'."

1903 A. CAVAGLIERI (intr. cit., 1936, p. 16a).

1904 P. BELLI (op. cit., 1563, ed. 1936, parte I, cap. IV, '*Belli species*'), cita BALDO, segundo o qual seriam três as modalidades da guerra: ofensiva, defensiva e para a recuperação de coisa perdida. Mas, pode-se argumentar que a terceira categoria se inscreva na categoria defensiva. Pouco mais adiante, BELLI (parte II, cap. I, § 2) considera os cinco requisitos para ser justa a guerra – a justa pessoa, a justa matéria, a justa causa, a justa intenção e a autoridade devida – que podem ser reduzidos a três – a saber, pessoa, causa e intenção – "como fazem todos os canonistas", e que, segundo BELLI, podem ser reduzidos a dois – pessoa e causa, "pois a primeira inclui a intenção e a autoridade, e a segunda inclui a matéria e a causa".

1905 P. BELLI (op. cit., 1563, ed. 1936, parte II, cap. I, § 1).

1906 P. BELLI (op. cit., 1563, ed. 1936, parte X, cap. II, § 22, '*Milites rapientes in bello iniusto non excusantur per federa, quo ad Deum*'): "Caveant igitur principes ne bellum levi ex causa suscipiant ne ve ex iniusta. Et si enim soluti sint legibus, non sunt tamen soluti Deo."

é a guerra que não seja feita para defender-se, para assegurar a restituição, ou por necessidade.

Resistir à injúria é direito sagrado para qualquer povo, e a própria natureza nos ensina a revidar a violência com violência, e as armas com as armas – *natura ipsa docemur vim vi et arma armis repellere*. Não somente é lícito, mas constitui dever tomar em armas, em certos casos: (a) pela pátria, pela liberdade, pela segurança pública; (b) pelo próprio soberano. Neste se encarna a representação da nação, que se torna, assim, pessoa viva e verdadeira; por isso, ao se combater pelo soberano, não se defende a sua pessoa, mas a própria pátria:[1907] "nobres princípios, que atestam em BELLI profundo sentimento de justiça".

A quem compete o direito de declarar a guerra? Prescindindo do exame da forma de governo, o direito de declarar a guerra deve ser considerado atributo inerente à soberania.

Quem declara a guerra deve encontrar-se no legítimo poder de o fazer – *justitia potestatis* – ou em razão de causa grave e justa da própria guerra – *justitia causae*. BELLI considera necessária a declaração de guerra, e desta faz depender a própria justiça da guerra. Somente em três casos, pode a declaração ser omitida:

(i) contra piratas, pois estes estão em guerra contra a humanidade –[1908] *hostis humani generis* –,[1909] e é assim lícito a qualquer um persegui-los;

[1907] A. CAVAGLIERI (intr. cit., 1936, loc. cit.).

[1908] P. BELLI (op. cit., 1563, ed. 1936, parte II, cap. XI, '*In quos diffidatio & denunciatio belli exerceatur quosue comprehendat*', § 1): "Já declarei que hostilidades somente podem ser encetadas depois de proclamação ou declaração de guerra, como é chamada. É contudo costumeiro fazer exceção no caso de piratas, pois estes já estão, tecnicamente e de fato, em estado de guerra; pois gente cuja mão está voltada contra qualquer um deve esperar equivalente retorno de todos os homens, e deveria ser permitido a qualquer um atacá-los."

[1909] A respeito, ver P. B. CASELLA, **Direito internacional, terrorismo e aviação civil** (São Paulo: Quartier Latin, 2006, cap. V – *Fenômeno da pirataria*, p. 63-78), para contextualização das discussões sobre a internacionalidade, inerente ao delito, e da necessidade de regime internacional para a repressão deste, que pode ser caracterizado como *crimen juris gentium*. V. tb. **Tratado** (tomo 2 – **Direito internacional dos espaços**, item 17.4 – apoderamento ilícito de aeronaves).

(ii) contra aqueles que o imperador e o papa tenham declarado inimigos públicos,[1910] porque por meio dessa declaração, entende-se ter sido a guerra contra eles já declarada;[1911] e
(iii) contra vassalos, federados ou aliados daqueles contra quem é movida a guerra, quando ao inimigo prestem socorro efetivo.[1912]

Em qualquer outro caso, a guerra, encetada sem declaração, torna-se injusta. BELLI considera dever haver intervalo de tempo – cuja duração não especifica – entre a declaração e o início das ações armadas, com base em princípio de bom senso, que veda atacar o inimigo de modo traiçoeiro.[1913]

BELLI observa não se poder restringir a ação de nações que – sendo livres – se beneficiem do direito internacional, "que é sempre operativo e pertence a todas as eras".[1914] Ou seja, dada a condição de sujeito de direito internacional,[1915] isto é, ser estado soberano, existe direito de se fazer

[1910] P. BELLI (op. cit., 1563, ed. 1936, parte II, cap. XI, § 2). Não se pode deixar de notar a curiosa semelhança desta com os efeitos da *fatwa* muçulmana – declaração de punibilidade indiscriminada.

[1911] P. BELLI (op. cit., 1563, ed., 1936, parte II, cap. XVIII, § 1): "Com referência a minha manifestação original, que o povo é escravizado, quando capturado em guerra declarada pelo imperador, existe confirmação no que disse antes [parte II, cap. XI], e no que vou dizer depois [parte IV, cap. I], ALCIATI tentou introduzir uma nova heresia, segundo a qual entre cristãos, os cativos não são escravizados, e mesmo que os bens capturados não se tornem propriedade dos captores. E ataca os teólogos que dizem o contrário, chamando-os de faladores tolos, ou meros sacos de vento – *teologos aliud dicentes, quod & mateologos vocat, id est vani loquos.*"

[1912] P. BELLI (op. cit., 1563, ed. 1936, parte II, cap. XI, § 3). Comparem-se as ferozes considerações desenvolvidas por AYALA (cf. item 11.6.1, precedente) a respeito da guerra total e sem lei, como este propugna, quando feita contra rebeldes ou insurgentes.

[1913] P. BELLI (op. cit., 1563, ed. 1936, parte II, cap. VIII, § 8): "que temporis dliatio debeat intercedere ab indicto bello" e comenta em lugar algum ter encontrado a especificação de prazo adequado: "Ego, ut ingenue fatear, nullibi ex annalibus comperi, aut adnotavi statos esse dies", mas que este poderia ser dado pelo bom senso, como sendo certo que seja justo que intervenha certo lapso de tempo, no qual uma pessoa se possa preparar e estar pronta para defender-se.

[1914] P. BELLI (op. cit., 1563, ed. 1936, parte I, cap. V, § 11): "neque enim video quid obstet quo minus eae gentes, cum sint liberae, iure & ipsa gentium utantur, est perpetuam & perenne omnium saeculorum".

[1915] Ver **Tratado** (tomo 5 – **Direito internacional no tempo de Francisco de Vitória**, cap. 13 – estado como sujeito de direito internacional). Contraponha-se o exame da matéria à

valer o direito internacional, e este é dado "perpétuo e perene por todos os séculos".

Afirma BELLI, ademais, "todos os homens bons concordam que as guerras devem ser feitas somente por razões que sejam ao mesmo tempo sérias, cogentes e justas".[1916] Se a guerra não for justa, e for clara e manifesta a injustiça do soberano, o súdito não está obrigado a assistir seu senhor.[1917]

Justa deve ser a guerra, segundo BELLI, não somente na sua origem, mas em todas as ações, que em toda a duração desta se façam. Mesmo em se tratando de guerra movida por causa justa, torna-se esta ilícita e injusta quando seja conduzida com rancor ou espírito de vingança.[1918]

Condena a deslealdade em relação aos inimigos.[1919] Entre beligerantes, BELLI considera lícito somente utilizar as artes e os estratagemas que não tenham caráter de perfídia:[1920] "segundo o direito das gentes, pactos não devem ser violados, e o que se pactua, mesmo com o inimigo, deve ser cumprido – *Ad ius gentium pertinet ne fides violetur, sed quod convenit etiam inter hostes servetur*".[1921]

luz do direito internacional atual, como examina, por exemplo, o diplomata e docente suíço, Roland PORTMANN, **Legal personality in international law** (Cambridge: Univ. Press, 2010), no exame da personalidade em direito internacional.

1916 P. BELLI (op. cit., 1563, ed. 1936, parte II, cap. I, '*Quae sint belli indicendi causae*', § 1): "Bella nisi ex magna causa non suscipi, eaque iusta, et necessaria, censent boni omnes."

1917 P. BELLI (op. cit., 1563, ed. 1936, parte II, cap. II, '*An semper parendum sit principi ad militiam vocanti*', § 3). É extensamente considerada na parte II, capítulo III, a "extensão na qual o súdito tem a obrigação de acompanhar o senhor na guerra" – '*Qualiter vasallus obligetur domino in bello*'. A seguir, "se o vassalo tem o dever de acompanhar seu senhor em guerra estrangeira" – '*An vasallus teneatur sequi dominum ad externum bellum*' (parte II, cap. IV), e "se é permitido ao vassalo desertar seu senhor na batalha" – '*An liceat vasallum dominum in praelio deserere*' (parte II, cap. V).

1918 P. BELLI (op. cit., 1563, ed. 1936, parte II, cap. I, § 5).

1919 P. BELLI (op. cit., 1563, ed. 1936, parte II, cap. XIII, '*Foederati, deditici, captivi quid differant*') faz a distinção entre aliados, soldados que se renderam e prisioneiros.

1920 P. BELLI (op. cit., 1563, ed. 1936, parte II, cap. XIV, '*Fidem hosti esse servandam*').

1921 P. BELLI (op. cit., 1563, ed. 1936, parte II, cap. XIV, § 1).

BELLI condena severamente o uso de tropas mercenárias,[1922] pois estas são movidas somente pelo impulso dos ganhos que podem ser auferidos em decorrência dos despojos conquistados em combate.

Os prisioneiros de guerra[1923] devem ser tratados com moderação.[1924] É injusto e cruel abusar destes. Define-os: "prisioneiros [e reféns de guerra] são homens livres",[1925] "entregues à custódia de outra potência,[1926] como garantia do cumprimento de acordos [de paz]. Esta prática corresponde ao direito das gentes, assim como a guerra, as servidões e o postlíminio".[1927]

Poderia, igualmente, ocorrer a entrega de reféns como garantia de cumprimento de obrigações entre aliados. Embora fosse mais frequente a entrega de reféns entre inimigos, para assegurar a paz e o cumprimento de um tratado.[1928]

1922 A respeito, ver Steven ISAAC, The problem with Mercenaries (in **The circle of war in the Middle Ages**, ed. by Donald J. KAGAY and L. J. Andrew VILLALON, Woodbridge: The Boydell Press, 1999, p. 101-110, cit. p. 110): "Even though money served as the medieval mercenary's basis of service, we must see that he understood his service in terms of lordship and vassalage. [...] Until that transition, however, mercenaries operated within feudal structures as acceptable types. They became problems when they did not keep faith with their employer-lords, no differently than did 'purely' feudal soldiers."

1923 P. BELLI (op. cit., 1563, ed. 1936, parte XI, '*De obsidibus*', cap. único).

1924 P. BELLI (op. cit., 1563, ed. 1936, parte XI, cap. único, § 1): "Como prisioneiros [e reféns] estão frequentemente associados com [acordos de] paz, devem ser feitas algumas observações a respeito" – *Quum autem pacem plerumque accedat obsides, aliqua de eis sunt dicenda.*

1925 P. BELLI (op. cit., 1563, ed. 1936, parte XI, cap. único, § 7) especificava ser habitual entregar como reféns pessoas dentre as mais nobres da nação que os entrega: *Dantur etiam de more pro obsidibus nobilissimi ex gente dante.*

1926 P. BELLI (op. cit., 1563, ed. 1936, parte XI, cap. único, § 8) normalmente por potências secundárias em relação a potência mais poderosa: *Dantur et plerumque obsides dignioribus ac potentioribus atque his qui & maiestate, & viribus prestant.*

1927 P. BELLI (op. cit., 1563, ed. 1936, parte XI, cap. único, § 2): "sunt autem obsides liberi homines in potestatem pro observandis foederibus alteris traditi. Inventum eius esse de iure gentium sicut bella, servitutes & postliminia."

1928 P. BELLI (op. cit., 1563, ed. 1936, parte XI, cap. único, § 4). Prática corrente desde a Antiguidade, como se examina no **Tratado** (tomos 3 A – **Direito internacional no tempo antigo**, cap. 3 – civilizações antigas entre hegemonia e relações internacionais e 3 B – **Gregos, romanos, chineses, indianos**, cap. 6 – na formação e no desenvolvimento de Roma).

Matar quem se rende é coisa contrária ao sentimento de humanidade. BELLI a denomina "a mais abominável das práticas".[1929]

Ademais,[1930] BELLI afirma ser nefando exercitar contra o prisioneiro qualquer espécie de sevícias.[1931] De modo bastante avançado para os padrões do seu tempo.

BELLI considera se o prisioneiro de guerra libertado deve observar o compromisso de voltar:[1932] excluída a responsabilidade em relação a inimigos públicos – *hostis reipublicae* –, fica facultada a escolha entre cumprir ou não a promessa de voltar. Mas, nos demais casos, entende BELLI: "meu veredito é o mesmo do que em relação à guerra entre cristãos, onde mesmo prisioneiros, não se tornam escravos. Pois a pessoa tem a obrigação de voltar, se assim prometeu, e também de pagar resgate, se com isso concordou".[1933]

Ficam excluídos dos danos da guerra, e devem ser respeitados, pelos beligerantes, crianças, agricultores, mercadores, membros do clero e estrangeiros. Com particular cuidado devem ser tratados os embaixadores e os legados do inimigo,[1934] dos quais BELLI especifica os direitos e os deveres: "não considero que os emissários hoje seriam imunes, ao

[1929] P. BELLI (op. cit., 1563, ed. 1936, parte II, cap. XII, § 8) chama a matança de prisioneiros a mais abominável das práticas – *Sed & nostris bellis vidimus quandoque in captos feuitum, fedisimo tamen more, nisi capiantur transfugae* – exceto no caso de desertores.

[1930] P. BELLI (op. cit., 1563, ed. 1936, parte II, cap. XVI, '*An duci hostium capto parci debeat*') considera se general inimigo capturado deve ser poupado. E considera que sim, caso não se tema a retomada das hostilidades. E reporta o adágio: *Homo mortus non renovat bellum* – um morto não faz guerra.

[1931] Aspecto igualmente ressaltado por A. CAVAGLIERI (intr. cit., 1936, p. 17a): "Diversamente da altri scrittori che, come il GENTILI, ammettono delle eccezioni, il BELLI non consente alla sua dottrina umanitaria limitazioni di sorta."

[1932] P. BELLI (op. cit., 1563, ed., 1936, parte IV, cap. VIII, '*Captus sub fide revertendi dimissus an debeat fidem observare*').

[1933] P. BELLI (op. cit., 1563, ed., 1936, parte IV, cap. VIII, § 2). Logo adiante, especifica distinção (IV.VIII, § 7) segundo a qual, (i) se um soldado prometeu alguma coisa em seu detrimento pessoal, e segundo as leis da guerra, tem a obrigação de observar o juramento; ou (ii) se prometeu alguma coisa em prejuízo do estado, sem referência ao uso costumeiro na guerra, então não estará obrigado. Pois a sua obrigação para com o estado será mais forte que a sua palavra pessoal – *fortius enim obligatur reipublicae quam proprie promissioni.*

[1934] P. BELLI (op. cit., 1563, ed. 1936, parte II, cap. IX, § 10): "emissários do inimigo são imunes. Segundo glosa [ao **Digesto** II.xiv.5] considera-se ter havido acordo tácito entre os comandantes. Mas é mais provável que a prática se baseie no direito das gentes – *verius est*

tentarem coisa semelhante" – tal como conspirar contra o governo local – "pois estes não devem ultrapassar os limites de suas atribuições".[1935]

BELLI dedica a inteira parte IX, capítulo único, à questão dos salvo-condutos:[1936] "é de uso corrente, durante as guerras, a emissão de documentos chamados 'salvo-condutos', cujo nome deriva do fato que ao portador se assegura a ida até o destino e o retorno com segurança".[1937]

Não se deve, tampouco, matar o chefe inimigo, feito prisioneiro. Exceto em se tratando de circunstâncias extraordinárias, que poderiam resultar em dano para toda a nação tal gesto de piedade. É necessário, contudo, que os indivíduos, poupados pelos beligerantes, não abusem de tal condição.

Em matéria de ocupação bélica, afirma BELLI não devem ser considerados como inimigos os habitantes das localidades ocupadas, desde que naturalmente se abstenham de qualquer ato hostil, e respeitem a autoridade provisória, instaurada no país.[1938] Quando o exército tiver de atravessar terrenos de propriedade privada, deve dar mostra de grande moderação, sendo, em caso diverso, lícito ao proprietário opor-se à passagem. Não se deve permitir o saque, nem a destruição das coisas ocupadas, nem a imposição de exações de qualquer natureza, devendo, ao contrário, pagar-se por tudo o que se precise adquirir para satisfazer necessidade do exército. Por sua vez, os habitantes de província ocupada que prestem assistência aos invasores, não devem ser considerados e nem punidos como rebeldes, porque aquela assistência é considerada como extorquida por aquela espécie de terror, que é causado pelo simples fato da ocupação.

O direito de presa é legítimo, segundo BELLI,[1939] como decorrência do direito das gentes – *jus gentium*. Esse direito tanto se estende às coisas, constituindo o que se denomina propriamente a presa, quanto às pessoas, constituindo o chamado estado de servidão. Mas, os prisioneiros de

tamen quod hoc sit iure gentium inductum –, que nos tempos antigos era tão escrupulosamente observado."

1935 P. BELLI (op. cit., 1563, ed. 1936, parte II, cap. IX, § 11).

1936 P. BELLI (op. cit., 1563, ed. cit., 1936, parte IX, '*de salvis conductibus*'. '*titulus unicus*').

1937 P. BELLI (op. cit., 1563, ed. cit., 1936, parte IX, cap. único, § 1): "nomine a re ipsa de sumpto quod impetrantes servent, saluosque plerunque deducant atque reducant, non est igitur haec pars silentio praetereunda" – por esse motivo, a matéria deve merecer atenção.

1938 P. BELLI (op. cit., 1563, ed. 1936, parte II, cap. XI, § 5).

1939 P. BELLI (op. cit., 1563, ed. 1936, parte II, cap. XII, '*Capta an capientium fiant*').

guerra, entre povos cristãos, não devem ser escravizados,[1940] mesmo em caso de guerra declarada pelo imperador:[1941] "pois os cristãos, não menos que os romanos, são irmãos e concidadãos, uns dos outros, como dizem as Escrituras". E, "assim, sendo irmãos, e não inimigos, mesmo quando vão à guerra, os cristãos não se tornam escravos dos captores".[1942]

No que diz respeito às coisas, BELLI distingue os bens móveis e os imóveis. As primeiras, se foram tomadas no campo inimigo, no qual é lícito o butim, passam, sem mais, para a propriedade de quem se apoderou delas. Se, contudo, foram tomadas durante o combate, devem ser consignadas ao comandante, o qual as distribuirá aos soldados, em razão do valor por estes demonstrado. As coisas imóveis pertencem exclusivamente ao príncipe, que não as pode nem distribuir nem doar.

Em relação aos neutros, para que a sua condição não sofra ofensa por parte dos beligerantes, BELLI propõe os princípios seguintes:

(a) que não seja lícito fazer prisioneiro nem molestar o inimigo, que se encontre em território neutro;
(b) que os estrangeiros, que se encontram em território dos estados beligerantes, não devem destes últimos receber qualquer ultraje;
(c) que o território neutro não possa ser violado por nenhuma razão dependente da guerra, como por exemplo, o transporte de prisioneiros; e caso isso se verifique, entende que o prisioneiro recupera a liberdade, assim que se toque o território neutro.

Acerca das tréguas, às quais BELLI dedica todo o livro V do seu tratado,[1943] coloca-se a questão da duração e da natureza destas. Primeiro, BELLI trata de situar o conceito, referindo a autoridade do direito

[1940] P. BELLI (op. cit., 1563, ed., 1936, parte IV, cap. I, '*An inter christianos capti in bello servi fiant*').

[1941] P. BELLI (op. cit., 1563, ed., 1936, parte IV, cap. I, § 2): "sed contrarium, etia in bello a Caesar indicto."

[1942] P. BELLI (op. cit., 1563, ed., 1936, parte IV, cap. I, § 3): "non sunt enim minus christiani quam romani invicem & concives, & fratres, quod comprobatur auctoritate sacrarum literarum." [...] "ut sunt igitur fratres et non hostes, etiam si dissideant, non efficiuntur servi capientium".

[1943] P. BELLI (op. cit., 1563, ed., 1936, parte V, '*de induciis*').

romano:[1944] "O que é uma trégua? E o **Digesto**[1945] diz ser a suspensão das hostilidades por breve período."

Indaga BELLI a seguir se a trégua tem mais em comum com a guerra ou com a paz – *Induciae cum magis comparentur bello, an paci.*[1946] Considera BELLI: a paz e a trégua não são idênticas,[1947] dado que muitas vezes os acordos de trégua mencionam serem estes celebrados e estabelecem condições a serem observadas, "até que venha a paz". Por outro lado, aponta ser "habitualmente citada a autoridade do **Decreto** II.i.13, segundo as quais parece ser considerado que a trégua é paz; pois lá se diz que aquele que viola uma trégua faz violência a pacto de paz".[1948]

BELLI considera ser a trégua de curta duração mais próxima da guerra – *treuga bello magis accedit quam paci* –[1949] mas que uma trégua de longa duração – *induciis lungi temporis* – deva ser considerada como espécie de convenção de paz.[1950] Daí decorre a consequência de não se poder retomar as hostilidades sem nova declaração de guerra.[1951]

Se um dos beligerantes violar a trégua, é lícito ao outro também o fazer. Para aferir se houve violação de trégua, esta deve ser examinada em seus exatos termos e condições; e, para tanto, devem prevalecer a boa-fé – *Neque decet cavillari pactiones et foedera.*[1952]

BELLI dedica uma inteira parte, em capítulo específico, ao postlíminio, que considera parte do direito das gentes – *postliminium est de*

[1944] P. BELLI (op. cit., 1563, ed., 1936, parte V, cap. I, § 2).

[1945] D. XLIX.xv, 19, § 1.

[1946] P. BELLI (op. cit., 1563, ed., 1936, parte V, cap. II).

[1947] P. BELLI (op. cit., 1563, ed., 1936, parte V, cap. II, § 1).

[1948] P. BELLI (op. cit., 1563, ed., 1936, parte V, cap. II, § 1) e completa: Esse entendimento é também indicado no **Decreto**, II.xxiv. 3, 25. E também no verso de VIRGÍLIO, **Eneida** (XII.33): "Doze dias foram acordados, e na resultante paz... – *Bis senos pepigere dies, & pace sequestra* ".

[1949] P. BELLI (op. cit., 1563, ed., 1936, parte V, cap. II, § 2): "concludit quod treuga bello magis accedit quam paci, quod ego puto verum in propria treuga, id est, quae iuxta definitionem suam, de qua in d. §. induciae, ad breve tempus est facta."

[1950] P. BELLI (op. cit., 1563, ed., 1936, parte V, cap. II, § 3).

[1951] P. BELLI (op. cit., 1563, ed. cit., 1936, parte V, cap. III, § 21) suscita a indagação se ao término de período de trégua se faz necessária nova declaração de guerra.

[1952] P. BELLI (op. cit., 1563, ed. cit., 1936, parte V, cap. III, '*de variis questionibus quae incidunt in Induciis*', § 5).

iure gentium.[1953] Esse direito consiste em recuperar coisa em posse do inimigo.[1954]

O postlíminio, contudo, não compete a todos, nem se refere a todas as coisas perdidas na guerra.[1955] Dele podem usufruir somente as pessoas e as coisas às quais foi assim concedido, segundo as leis e os costumes – *capta in bello capientium fieri, tam animata quam inanimata.*[1956]

O efeito do postlíminio, em relação às pessoas, é o de as fazer retornar ao estado em que se encontravam, no momento em que foram presas pelo inimigo; ou melhor, que se considerem como se nunca tivessem perdido a liberdade. Quanto às coisas, estas se considerem como pertentencentes ao antigo proprietário, qualquer que seja o tempo transcorrido desde o dia no qual foram tomadas e aquele no qual sejam recuperadas, não sendo o direito, no qual se funda o postlíminio, passível de prescrição.

A parte X, em dois capítulos, é dedicada à paz – *de pace.* Começa por considerar a polaridade entre guerra e paz, e afirma que as coisas aparentemente opostas são, por natureza, relacionadas:

> voltamo-nos agora para assunto mais tranquilo e mais atraente, mas temos de reconhecer o fato de ter sido assim disposto e ordenado pela natureza que os opostos se atraem – *contraria contrariis cohaerant*; e que as coisas que parecem aos homens ser totalmente antagônicas, na verdade se ligam umas às outras – *quae videntur hominibus pugnatissima ea tamen sint inter se coniuncta.*[1957]

Qualquer efeito da guerra deve cessar com a paz. Mas qual a natureza da paz? Como caracterizá-la? BELLI suscita a questão: "da mesma

[1953] P. BELLI (op. cit., 1563, ed., 1936, parte III, cap. I, '*de postliminio reversis*').

[1954] P. BELLI (op. cit., 1563, ed., 1936, parte III, cap. I, § 1): "Quo iure bella inducta sunt, & captivitatis, ac servitutes, eodem fuerunt introducta & postliminia, ut in d.c. ius gentium." E o define, na mesma passagem: "Est autem postliminium ius amissae cum hoste rei recuperandae."

[1955] Ver tb. P. BELLI (op. cit., 1563, ed., 1936, parte II, cap. XVIII, '*Additio ad capitulum de quo supra capta an capientium fiant*'), sobre a mesma matéria.

[1956] P. BELLI (op. cit., 1563, ed., 1936, parte II, cap. XVIII, § 1).

[1957] P. BELLI (op. cit., 1563, ed. cit., 1936, parte X, cap. I, '*de pace*', § 1).

maneira que se põe fim à guerra com a paz, são todas as consequências da guerra igualmente liquidadas com a paz?"[1958]

Considera BELLI, por exemplo, a questão dos efeitos de banimento ou medida equivalente, declarado antes ou durante a guerra, contra determinada pessoa ou grupo. Bem como sentenças (militares) prolatadas contra rebeldes, por atos de rebelião e de guerra, são considerados como cancelados quando retorna a paz; diversamente do que ocorre com sentenças que tenham base diversa, e BELLI exemplifica, em caso de débito ou outra ação civil.[1959] A possível anistia concedida, após o término do conflito, deveria restaurar os direitos de cidadãos que tivessem sido banidos antes ou durante a guerra.[1960]

A paz deve anular todas as consequências da guerra, e deve ser considerada como verdadeira *restitutio in integrum* – o que, considero, pode ser antes anseio de justiça, que dado viável na prática. Segundo BELLI, mesmo os territórios ocupados devem ser restituídos, salvo estipulação em contrário.[1961]

Em suma, os tratados de paz devem ser regidos pela lealdade e a boa-fé na sua interpretação, e não é lícito fazer cavilações, visando destas tirar benefício. Devem se inspirar de sentimento de humanidade, que não dê lugar a oculta intenção insidiosa ou traição.

Adverte BELLI serem perigosas as sutilezas e disputas a respeito da matéria, por serem litigiosas mais que finais. E, por esse motivo, todas as causas da guerra devem ser eliminadas para que a paz seja sem lacunas.[1962] BELLI, desse modo, procurou responder à questão da construção e da conservação da paz.

[1958] P. BELLI (op. cit., 1563, ed., 1936, parte X, cap. I, § 12): "Subsequenter quaero sicut per pacem tollitur bellum an ita & tollatur omnis effectus belli".

[1959] P. BELLI (op. cit., 1563, ed. cit., 1936, parte X, cap. I, '*de pace*', § 12).

[1960] P. BELLI (op. cit., 1563, ed. cit., 1936, parte X, cap. I, § 13).

[1961] P. BELLI (op. cit., 1563, ed. cit., 1936, parte X, cap. I, § 15): "secuta pace fieri debet restitutio antiquis dominis non solum immobilium raptorum in bello sed etiam mobilium, loquitur tamen in casu cum ita cautum fuit in foederibus."

[1962] P. BELLI (op. cit., 1563, ed. 1936, parte X, cap. II, § 29): "subtilitates et disputationes circa ista sunt periculosae, & lites verius qam leges, & propterea hortatur ut omnes belli occasio precidantur, quia pax debet esse sine insidiis, ut ibi in fi. conf. ex quibus solvitur quaestio proposita."

A paz não se presume rompida por coisa leve, nem por grave suspeita.[1963] Viola-se a paz se nova causa leva a nova ofensa[1964] e o ofendido ataca o ofensor.[1965]

BELLI faz, ainda, longo capítulo sobre a extensão dos efeitos da paz,[1966] em relação a "quem está incluído nos acordos de paz" – *Pacis foedera ad quos extendantur.*[1967] Afirma ser a "paz, como contrato, matéria estrita de direito".[1968] E, aduz critério para a interpretação: "meu entendimento é que antes de tudo devem ser examinados os artigos do acordo de paz; como disse várias vezes, pois estes podem ter sido redigidos para cobrir tais casos".[1969] Especifica que "em matéria duvidosa, a interpretação se faz contra a parte que se funda na redação pouco precisa".[1970]

Moderação é recomendada ao vencedor, que tem o direito de punir, mas não o de se vingar e de se comportar com crueldade contra o inimigo. Como dito, entende BELLI que todas as coisas tomadas durante a guerra devem ser devolvidas, exceto as presas de guerra.

[1963] P. BELLI (op. cit., 1563, ed. 1936, parte X, cap. II, § 28, '*Pax non dicitur violare ex levi re, neque etiam ex grave suspicione*'; 39, '*Alapa seu colaphus gravior est offensa quam vulnus*'; 65, '*Pax an fieri possit ita ut offendens det se in manum offendi ad eius discretionem*').

[1964] P. BELLI (op. cit., 1563, ed. 1936, parte X, cap. II, § 35): caso surja nova ocasião para fazer guerra, deve-se dizer que a paz foi violada? – *Quaero igitur si nova exoriatur causa propter quam moveantur arma, an dicatur violari pax.*

[1965] P. BELLI (op. cit., 1563, ed. 1936, parte X, cap. II, § 49): Mesmo quando a paz foi [por um] rompida, e a penalidade incorrida, não se deve considerar que a paz tenha terminado, em relação a todos os demais. Mesmo se isso pode ser argumentado entre indivíduos, é preciso tomar extremo cuidado, em se tratando das causas da guerra. – *quod etiam fracta et violata pace, et commissa poena, non censetur a pace recessum quo ad alios, quia non propterea poterunt offendi, esto quod unus de parte ipsorum contravenerit paci, sed ille punietur, quod in privata pace est rationabile, sed in bello crederem considerandam diligentius qualitatem contraventionis, quod tamen ultra non profequor.*

[1966] P. BELLI (op. cit., 1563, ed. 1936, parte X, cap. II, § 137) conclui o longo capítulo: "Talvez a explicação que dei acima seja verdadeira".

[1967] P. BELLI (op. cit., 1563, ed. 1936, parte X, cap. II, § 1): "Quaero etiam pacta pace inter ipsos Principales belli auctores, puta inter hos potentissi." Aduz autoridades, contra e a favor da inclusão de 'aderentes', quando acordo de paz é celebrado entre duas potências. Quer se estenda a aliados e outros 'coligados', ou não terá relevância e impacto direto sobre a aplicação do conteúdo do acordo de paz.

[1968] P. BELLI (op. cit., 1563, ed. 1936, parte X, cap. II, § 2).

[1969] P. BELLI (op. cit., 1563, ed. 1936, parte X, cap. II, § 18).

[1970] P. BELLI (op. cit., 1563, ed. 1936, parte X, cap. II, § 18): "Nam in re dubia contra eum sit interpretatio qui se fundat ex scriptura iuxta".

BELLI é fortemente favorável à arbitragem, e desenvolve o conceito com aplicações e efeitos notáveis. Basta, segundo ele, a declaração de uma das partes, no sentido de desejar remeter ao juízo de árbitros a controvérsia, para que a outra parte se veja, sem mais, obrigada a depor as armas, e sujeitar-se ao juízo arbitral. O simples fato da não aceitação da arbitragem é suficiente para que a guerra, que se siga, seja considerada injusta em relação a quem se recusou e para que sejam atingidas de nulidade todas as consequências.[1971]
A solução arbitral não configura, para BELLI, uma transação ou acomodação amigável de qualquer ordem, mas direito verdadeiro e próprio de cada um dos beligerantes, ao qual o outro beligerante é obrigado a se submeter. A adesão de uma das partes basta para tornar vinculante a arbitragem, mesmo em relação à outra parte, sob ameaça da sanção da guerra injusta, em caso de recusa.[1972]

Merece ênfase o fato de ter Pierino BELLI examinado as mais notáveis questões jurídicas atinentes à guerra, e deduzido, do direito das gentes, princípios que encontraram ampla aceitação em doutrinas posteriores. Algumas das quais ingressaram efetivamente na prática dos estados, alcançando o status de direito costumeiro ou codificado, especialmente no **Regulamento sobre as leis e os costumes da guerra terrestre**, anexo às Convenções da Haia de 1899 e 1907.[1973]

A respeito da repercussão da obra de P. BELLI junto a seus contemporâneos e as gerações seguintes, cumpre notar: A. GENTILI, em seu **De jure belli** – publicado, inicialmente, em 1588, e, em forma definitiva, em 1598 – não faz qualquer menção a seu predecessor.[1974]

1971 A. CAVAGLIERI (intr. cit., 1936, p. 19a).

1972 A. CAVAGLIERI (intr. cit., 1936, loc. cit.): "È veramente notevole che idee così ardite, così decisamente favorevoli al pacifismo e alla istituzione dell'arbitrato obbligatorio, siano state formulate nell'anno 1558!"

1973 Adam ROBERTS and Richard GUELFF (edited by), **Documents on the laws of war** (© 1982, Oxford: Univ. Press, third ed., 2000, reprinted 2010, "1907 Hague Convention IV Respecting the Laws and Customs of War on Land", p. 67-72; "Annex to the Convention: Regulations Respecting the Laws and Customs of War on Land", p. 73-84; "1907 Hague Convention V Respecting the Rights and Duties of Neutral Powers and Persons in Case of War on Land", p. 85-94).

1974 A. CAVAGLIERI (intr. cit., 1936, p. 20a) se insurge contra tal omissão: "GENTILI non fa alcuna menzione del suo predecessore. Non soltanto non gli riconosce alcun merito,

O tratado de BELLI suscita ampla repercussão, e recebe elogios de vários juristas da época.[1975] Apesar disso, por muito tempo, o nome e a obra de BELLI permaneceram esquecidos.[1976]

Ter sido o piemontês Pierino BELLI o primeiro escritor a tentar tratar de forma científica temas de direito internacional, antes de GENTILI e GRÓCIO, era ressaltado por MANCINI,[1977] na sua famosa preleção de 22 de janeiro de 1851,[1978]

ma sdegna perfino di ricordarlo. Tale silenzio è inesplicabile, tanto più che il GENTILI stesso cita e dice di avere studiato il trattato **De Bello** di Giovanni Da LEGNANO, che è più antico di quello del BELLI." Tanto mais porque BELLI foi mencionado por GENTILI no discurso deste, antes referido, de Louvação à Universidade de Perúgia, onde recorda também que BELLI foi chamado de 'insigne jurisconsulto' por MENOCCHIO. Lembra, ainda, CAVAGLIERI (intr. cit., 1936, loc. cit.) que nas suas **Hispanicae Advocationes**, para sustentar certas opiniões, GENTILI cita a autoridade de BELLI, mostrando conhecer perfeitamente o tratado, do qual cita títulos e parágrafos. Mas, apesar de tudo: "Invece, nelle prime pagine del **De jure belli**, il GENTILI si vanta di essere il primo a trattare scientificamente il diritto delle genti e dice testualmente: *Magnam atque difficilem rem agredior... Non habent libri illi de hoc jure, non alii ulli qui extent.* Aggiunge: *Equidem praeter LIGNANI paucula huius tractatus, et aliorum nonnulla alia sparsim, legi nihil.* Vi è dunque nel GENTILI un disprezzo assoluto, una deliberata volontà di non tenere in alcun conto l'opera del BELLI. Di tale noncuranza, che appare veramente ingiusta e eccessiva, non si conoscono le ragioni."

1975 A. CAVAGLIERI (intr. cit., 1936, p. 20a): "Il TIRABOSCHI scrisse 'essere stato il BELLI il primo, che stessamente applicasse la scienza delle leggi all'uso della guerra'. Anche il POSSEVINO ed il MENOCCHIO dissero essere quell'opera di alto valore, da leggersi attentamente da chiunque debba occuparsi di cose di guerra, commento diligentissimo e profondo *de re militari*." Essa observação de A. CAVAGLIERI (1936) segue muito de perto a anterior manifestação de P. S. MANCINI (1851, ed. bras., 2003, reproduzida logo adiante).

1976 O mesmo CAVAGLIERI (intr. cit., 1936, p. 20a–21a) mencionava: "Il PIERANTONI riconosce anche egli che il BELLI fu lungamente dimenticato e cerca di spiegarlo dicendo che questo oblio 'avviene perchè, nel lavoro sovente fastidioso della bibliografia scientifica, l'uno scrittore copia l'altro; e se quindi accade un primo fallo di omissione, esso perdura continuo e sconosciuto attraverso secoli e generazioni sino a che non sorga l'ora avventurosa di una nobile ed inattesa riparazione'." Note-se que o próprio CAVAGLIERI utiliza extensamente a conferência de MANCINI (de 22 de janeiro 1851) para dados a respeito da vida e da obra de BELLI.

1977 A respeito de MANCINI ver Erik JAYME, **Pasquale Stanislao Mancini**: il diritto internazionale privato tra Risorgimento e attività forense (do original **Pasquale Stanislao Mancini**: Internationales Privatrecht zwischen Risorgimento und praktischer Jurisprudenz © 1980, Ebersbach: Verlag Rolf Gremer, trad. italiana Antonio RUINI, Padova: CEDAM, 1988); v. tb. E. JAYME, **Considérations historiques et actuelles sur la codification du droit international privé** (RCADI, 1982, t. 177, pp. 9-102).

1978 Pasquale Stanislao MANCINI, **Direito internacional** (do original **Diritto internazionale. Prelezioni**, trad. Ciro MIORANZA, Ijuí, R.S.: Ed. Unijuí, 2003, cap. I – *A nacionalidade*

Nele, encontram-se – como, mais tarde, até de modo excessivo, em GENTILI e em GRÓCIO –, exemplos tirados da história antiga e moderna, e também casos mais notórios que o próprio autor julgou ou tratou em sua função. Algumas das graves e delicadas questões propostas no curso do livro são resolvidas pelo autor com uma conscienciosa e também ousada liberalidade de princípios, que não deixam de assombrar em virtude da posição oficial que ocupava e contrasta de modo esplêndido com a medrosa servidão de muitos célebres escritores dos séculos seguintes.[1979]

Indagava: excetuando-se TIRABOSCHI, que escreveu **De Bello,** "ter sido o primeiro que com propriedade e por escrito aplicava a ciência das leis para o uso da guerra", onde está outro que alguma vez tenha lembrado o seu nome, com gratidão?[1980]

Outro italiano, Federico SCLOPIS, teve também o mérito de ter chamado a atenção para a obra esquecida de Pierino BELLI, dizendo-o digno de particular menção, por ser a sua obra conduzida com princípios liberais e de grande amplitude, sobretudo ao se levar em conta a qualidade

como fundamento do direito das gentes – Preleção ao curso de direito internacional e marítimo, proferida na Real Universidade de Turim, em 22 de janeiro de 1851, p. 31-86, cit. p. 41-42): "Era, pois, sem dúvida meu dever, falando hoje numa ocasião solene, nesta pátria dele, testemunhar publicamente de seu indubitável mérito para com a ciência, reconhecer que o primeiro tratado jurídico sobre o tema do direito das gentes foi um livro piemontês e, com isso, reivindicar para este país e, em decorrência para a Itália, outra glória doméstica." Segue-se extensa nota de rodapé sobre a vida e a obra de BELLI (nota 4, p. 42-43) da qual extrai o trecho acima.

1979 P. S. MANCINI (aula cit., 1851, ed. bras., 2003, nota 4, p. 42-43, *in fine*): "POSSEVINO, MENOCCHIO e PANCIROLO não descuraram em falar com elogios dessa obra **De Bello**. Reservamo-nos fazer dela especial análise na parte histórica de nosso curso, comparando-a com escritos anteriores, particularmente teológicos, sobre temas similares dos outros italianos, como Giovanni Da LEGNANO, milanês, e Martino GARATI, da cidade de Lodi, e de algum outro canonista espanhol, nos quais não há nada que possa merecer o nome de científico."

1980 P. S. MANCINI (preleção 22 de janeiro de 1851, ed. cit., 2003, p. 41-42): "Era, pois, sem dúvida meu dever, falando hoje numa ocasião solene, nesta pátria dele, testemunhar publicamente de seu indubitável mérito para com a ciência, reconhecer que o primeiro tratado jurídico sobre o tema do direito das gentes foi um livro piemontês e, com isso, reivindicar para este país e, em decorrência para a Itália, outra glória doméstica."

dos tempos em que escreveu.[1981] Fora da Itália, poucas vezes o nome e a obra de P. BELLI são lembrados.[1982]

A contribuição de BELLI, como a de outros autores no direito internacional, fica em segundo plano, diante da repercussão das obras de GENTILI[1983]

[1981] [Conte] Federico Paolo SCLOPIS di Salerano, **Storia della legislazione italiana** (Torino: dalla Tipografia Bernardoni, vol. I, 1841; Torino: UTET, vol. II, 1863, p. 592-4); A. CAVAGLIERI (intr. cit., 1936, p. 21a) prossegue: "Ma neppure la calorosa ed autorevole testimonianza del MANCINI è bastata a consacrare definitivamente la reputazione scientifica del BELLI e a dargli il posto che, secondo il nostro parere, gli compete nella storia delle dottrine di diritto internazionale".

[1982] Na sua história sobre os progressos do direito das gentes WHEATON sequer o menciona – ver Henry WHEATON, **Elements of international law** (orig. publ. 1836; Leipzig: Brockhaus, 1858, 2 vols.; on line: https://books.google.com); Ernest NYS, **Les origines du droit international** (Bruxelas: Castaigne, 1894, I, p. 235) o recorda brevemente, sem fazer qualquer apreciação crítica; Jan DE LOUTER, **Le droit international public positif** (Washington: Publications of the Carnegie Endowment for International Peace – Bibliothèque internationale de droit des gens / Oxford: Univ. Press, 1920, 2 vols., cit. vol. I, p. 98) em rápida menção, diz ser o seu tratado o mais completo e mais sistemático, em relação aos de seus predecessores, mas se apressa em acrescentar que o lugar de honra, no século XVI, pela solidez dos escritos e pela amplitude das ideias, cabe aos canonistas e escritores espanhóis, VITORIA, SOTO, AYALA, SUAREZ etc.; tb. A. CAVAGLIERI (intr. cit., 1936, p. 21a).

[1983] Considera CAVAGLIERI (intr. cit., 1936, p. 22a) especialmente graves as omissões sobre a obra e a importância de BELLI, cometidas por internacionalistas italianos contemporâneos: "dissensi che sovente si legano alla valutazione dell'opera di Alberico GENTILI, che taluni esaltano come único precursore direito internacional GROZIO, distruggendo quindi in suo confronto ogni mérito del BELLI, mentre gli altri li collocano alla medesima altezza, mettendo in luce quanto il GENTILI deve al BELLI, benchè non si sia curato neppure di nominarlo e abbia mostrato di sdegnare il contributo all'elaborazione scientifica del diritto di guerra", tais como: PERTILE, **Elementi di diritto internazionale moderno** (p. 32) faz avaliação favorável da obra de BELLI, mas se limita a declará-la "più pratica e spigliata" do que a de seus predecessores; LOMONACO, **Trattato di diritto internazionale pubblico** (p. 11) "non fa pero che riproddure gli elogi del MANCINI"; com juízo mais independente, FUSINATO, **Introduzione ad un corso di diritto internazionale pubblico** (p. 27-28): "per quanto nei nostri giorni si siano esagerati da taluno i meriti di Pierino BELLI a scapito di GENTILI, egualmente come talvolta furono esagerati quelli di GENTILI a scapito di GROZIO, pure è certo che il suo trattato supera per importanza tutto ciò che fino allora su tale argomento era stato scritto; e, accanto a quelle mancanze, che in tutti i precorsori di GROZIO più o meno si ripetono e che sono la deficienza di unità di concetto e di trattazione sistematica, l'indirizzo teologico della discussione giuridica, la confusione del pubblico diritto con il privato, della morale con il diritto, si ritrova un certo spirito chiaro e metodico,

e, sobretudo, de GRÓCIO.[1984] Ainda MANCINI: "a grande obra de GRÓCIO obscureceu e se sobrepôs a todas as precedentes".[1985]

Afirmava DI GIORGI, professor de filosofia do direito, na Universidade de Parma, em livro (1876) sobre Alberico GENTILI, considerar que, no mérito, como no tempo, era este precedido por Pierino BELLI, "o qual é verdadeiramente o iniciador, na Itália, da ciência do direito internacional propriamente dito".[1986] Tépido admirador de BELLI, avalia:

> P. BELLI deu, com seu tratado, impulso notável ao progresso da ciência do direito internacional, e começou a ordenação deste como sistema, enquanto ramo distinto de outras disciplinas afins. Colocada a obra **De re militari et de bello** à frente de trabalhos de outros italianos, que levam o mesmo título, não sofre como parâmetro – *non soffre il parangone*.[1987]

una relativa completezza nella esposizione delle teorie e della pratica del tempo suo, e una certa tendenza positiva, che più largamente preludia ai metodi posteriori". Ver tb. G. FUSINATO, *Le droit international de la République romaine* (RDILC, 1885, p. 273 ss.).

1984 A respeito de Alberico GENTILI e de Hugo GRÓCIO, ver **Tratado** (tomo 6 – **Direito internacional no tempo de Suárez, Gentili e Zouch**, cap. – Alberico GENTILI e tomo 7 – **Direito internacional no tempo de Hugo Grócio**, cap. 18 – Hugo GRÓCIO).

1985 P. S. MANCINI (aula cit., 1851, ed. bras., 2003, p. 43): "É difícil encontrar outra que, ao aparecer tenha conseguido maior fama, obtido a honra de mais numerosos e diversificados comentários e exercitado uma influência mais sensível sobre a política dos governos da cristandade, para amenizar as suas relações recíprocas em proveito da civilização e da justiça. Mas todos sabem qual era o método de GRÓCIO em fundamentar os argumentos sobre um acúmulo de autoridades clássicas e de opiniões expressas por poetas e filósofos, sem aprofundar-se bastante no estudo da natureza íntima e essencial das sociedades humanas. Além disso, ele paga frequentemente tributo às opiniões e aos erros dominantes em seu século, bastando relembrar como, para ele, não se deve declarar injusta a guerra que se mova para introduzir a própria religião junto a povos infiéis que tem uma diversa."

1986 A. CAVAGLIERI (intr. cit., 1936, p. 22a); Alessandro DI GIORGI, **Della vita e delle opere di Alberico Gentili** (Parma: Tipografia di Adorni Michele, 1876 – disponível on line, cit. p. 75-83) a respeito da obra de BELLI: "quanto ad argomenti presi a trattare, si può dire che nulla vi manchi, fatta ragione allo stato della scienza e alle condizioni sociali del tempo suo. Le dottrine sono attinte alle fonti della giurisprudenza romana e canonica e ai principii dell'equità. Lo stile non è così forbito, come quello di alcuni posteriori del BELLI: uomo vissuto tra le armi, non sono da chiedergli fiori o fronde di stile e di eloquenza... Tali difetti sono un neo molto lieve, dove c'è tanta sostanza di scienza giuridica."

1987 DI GIORGI (op. cit., 1876, p. 75-83).

A mais candente defesa da importância de BELLI foi feita por Efisio MULAS, que lhe dedicou todo um volume – **Pierino Belli de Alba, precursor de Grócio** (1878) –, "notável pela diligência, pela cultura, pelo equilíbrio de julgamento".[1988] Com BELLI, segundo MULAS, afirma-se, pela primeira vez, na ciência, um direito internacional independente, "o qual não somente começa a afastar-se da teologia, mas se insurge contra aqueles que, em nome da teologia, tentassem violar os seus parâmetros. A obra de BELLI apresenta a primeira tentativa rumo a uma organização científica do direito das gentes".[1989]

Caberia a BELLI ter preparado o terreno, depois triunfalmente percorrido por GENTILI e GRÓCIO. E, a prioridade de GENTILI é contestada por MULAS: "não se deve negar que a obra de GENTILI representa um progresso em relação à de BELLI, mas este progresso, considerável quanto à forma, reduz-se a muito pouco, no que diz respeito ao conteúdo". Aduzia, contudo: "todas as questões, tratadas por GENTILI foram, antes dele, estudadas e resolvidas por BELLI".[1990]

As vozes contrárias são, contudo, numerosas: assim, por exemplo, PIERANTONI primeiro (1869 e 1876) tinha exaltado a obra de BELLI, afirmando ter esta alto valor histórico e enfatizando o progresso em relação aos escritos anteriores sobre matérias semelhantes, com foco sobretudo teológico.[1991] Depois, PIERANTONI (1902)[1992] muda de opinião, e afirma que BELLI "não teve intenção de considerar a renovação do direito da guerra, nem de conferir estrutura orgânica especial a este nobre ramo da jurisprudência".[1993]

Por sua vez, Pasquale FIORI[1994] diz ser justo incluir BELLI dentre aqueles que trataram de questões de direito internacional, mas não se

[1988] A. CAVAGLIERI (intr. cit., 1936, p. 22a-23a).

[1989] Efisio MULAS, **Pierino Belli da Alba, precursore di Grozio** (Torino: UTET, 1878).

[1990] Efisio MULAS, **Pierino Belli da Alba, precursore di Grozio** (Torino: UTET, 1878).

[1991] Augusto PIERANTONI, **Storia degli studi del diritto internazionale in Italia** (Modena: C. Vicenzi, 1869, p. 35-42); PIERANTONI, **Storia del diritto internazionale nel secolo XIX** (Napoli: G. Marghieri, 1876, p. 8-12).

[1992] PIERANTONI, **Storia degli studi del diritto internazionale in Italia** (2° ed., Firenze, 1902).

[1993] PIERANTONI (op. cit., 1902, p. 155-170).

[1994] Pasquale FIORI, **Trattato di diritto internazionale pubblico** (Torino: UTET, 1884, 1887-1888, 3ª ed. dei due primi volumi, rivista ed ampliata, accresciuta [...], 2° ed. dell'ultimo volume, rivisto ed ampliato anch'esso).

deve exagerar-lhe o mérito: "se se quiser considerar como precursor de GRÓCIO e de GENTILI qualquer um que tenha escrito sobre o direito da guerra, convém atribuir a precedência a Giovanni Da LEGNANO".[1995]

> na obra de BELLI falta a unidade de conceito, falta o tratamento sistemático, falta a completa separação das questões de direito internacional em relação às questões de direito privado. Encontram-se, é lógico, as normas relativas à guerra, mas se discorre mais longamente a respeito da ordenação dos exércitos, dos direitos e dos deveres daqueles que integram o exército, da administração das milícias e assim por diante.[1996]

Dentre os críticos de BELLI, o mais feroz é Giuseppe SPERANZA (1910), conterrâneo e biógrafo de GENTILI. Este reconhece a BELLI: "o mérito de suficiente erudição jurídica, de bom senso prático pouco comum, de igualmente bom método de exposição da vasta matéria, e enfim de seu sentimento humanitário".[1997]

> Mas – apesar de tudo isso – parece um exagero querer apontá-lo como precursor de direito, em processo de constituição como o direito internacional. Longe disso, ele foi, com AYALA, o último da linha daqueles políticos, juristas e canonistas, que recolheram e expuseram as normas da equidade canônica, introduzida no exercício da guerra, subordinada à política do direito teocrático imperial.[1998]

A condenação de SPERANZA é sem apelação, nem esperança: "BELLI não foi mais que repetidor de tudo o que cogitaram com base na equidade

[1995] P. FIORI (op. cit., 3ª ed., I, p. 50-51).

[1996] P. FIORI (op. cit., 3ª ed., I, p. 50-51).

[1997] Giuseppe SPERANZA, **Alberico GENTILI: Studi, parte prima** (Roma: F. Pallotta, 1876); ___, **Alberico GENTILI, parte seconda** (Roma: Ascoli Piceno, 1910).

[1998] G. SPERANZA (op. cit., 1910, p. 82-99): "il merito di una sufficiente erudizione giuridica, di un buon senso pratico non comune, di un tal quale metodo nell'esporre la vasta materia, ed infine di un sentimento umanitario [...] ma di ciò ci corre al volerlo ritenere come precursore di un diritto constituendo quale l'internazionale. Lungi da ciò, egli fu, insieme al D'AYALA, l'ultimo della schiera di quei politici Giuristi e Canonisti, che raccolsero ed esposero le regole dell'equità canonica, introdotta nell'esercizio della guerra subordinatamente alla politica del diritto teocratico imperiale."

natural os predecessores juristas e canonistas". E, assim, "sequer se pode dar ao BELLI a honra de ter sido o primeiro a reunir, em exposição metódica, as antes esparsas considerações jurídico-políticas sobre a matéria – *le sparse disquisizioni giuridico-politiche sulla matéria*":

> Porque BELLI utilizou extensamente LEGNANO e, ainda mais, o seu imitador GARATI, não somente quanto aos métodos de exposição, no que diz respeito à guerra, mas também quanto às normas em vigor. [...] Em suma, BELLI, longe de representar, com sua obra, um progresso no direito das gentes, foi simplesmente um expositor de casos práticos sobre a matéria, segundo os conhecimentos e os princípios do seu tempo.[1999]

Pode-se tentar buscar avaliação de conjunto da contribuição dos tratadistas da guerra para o ulterior desenvolvimento do direito internacional (11.6.3).

11.6.3. A contribuição dos tratadistas da guerra para o direito internacional

> A guerra continuou a alimentar monografias, cujo conteúdo se torna mais e mais complexo, à medida que esse fenômeno, sob a pressão das soberanias em ascensão, assim se torna também. A profissão de seus autores, conselheiros jurídicos dos exércitos, enriquece-as com dados tirados da prática.
>
> A. TRUYOL Y SERRA (1995)[2000]

Nestes dois tratadistas da guerra, AYALA e BELLI, como em outros autores que, ao longo dos séculos, debruçaram-se sobre o tema da guerra,

[1999] G. SPERANZA (op. cit., 1910, loc. cit.).

[2000] Antonio TRUYOL Y SERRA, **Histoire du droit international public** (Paris: Economica, 1995, p. 55): "La guerre a continué a alimenter des monographies, dont le contenu devient plus complexe à mesure que ce phénomène, sous la pression des souverainetés montantes, le devenait lui-même. La profession de leurs auteurs, conseillers juridiques aux armées, les enrichit de données prises de la pratique."

desde AGOSTINHO e ISIDORO DE SEVILHA,[2001] até TOMÁS DE AQUINO,[2002] encontramos ponderações e ensinamentos, não somente em relação ao foco na guerra,[2003] como também elementos de direito internacional propriamente dito. Ulteriores desenvolvimentos logo viriam a ocorrer a partir do século XVI, na linha de Francisco de VITÓRIA e seus sucessores.[2004]

Ponto de inflexão conceitual ocorre quando muda o foco do conflito para a construção do arcabouço normativo, no qual este se inscreva, com as tentativas mais ou menos frustradas de juridicização da guerra. Mas, ao mesmo tempo, não se pode deixar de reconhecer que a questão da guerra e os dilemas legais decorrentes desta, continuam a ser dados centrais, no direito internacional, do tempo clássico ao contexto pós-moderno.

Depois de terem sido apontados (11.6.1 e 11.6.2) alguns dos elementos das obras de ambos, agora se pode passar ao exame da contribuição dos tratadistas da guerra para o direito internacional. E, a respeito da importância de ambos, para os subsequentes autores e desenvolvimentos alcançados na disciplina.

Muitas controvérsias giram em torno de quais autores trazem inovações ou se inscrevem como continuadores, como por exemplo: entre AYALA, BELLI, GENTILI e GRÓCIO.

A contribuição de BELLI tinha sido apontada por MANCINI (preleção de 1851, ed. bras. 2003):[2005] "pelas matérias tratadas, pela sua disposição, pela forma lógica de argumentação, que era habitual em

2001 Tais como os santos AGOSTINHO e ISIDORO DE SEVILHA, mencionados nos itens 8.1 e 8.2, enquanto doutrinadores cristãos, para o tratamento do tema, na perspectiva e em defesa dos interesses da igreja.

2002 Sobre santo TOMÁS DE AQUINO, ver item 10.1.

2003 Alfred VANDERPOL, **La doctrine scolastique du droit de guerre** (Paris: Pedone, 1919); A. VANDERPOL, **Le droit de guerre d'après les théologiens et les canonistes du Moyen Âge** (Paris/Bruxelles: Tralin, 1911).

2004 Nesse sentido, ver **Tratado** (tomo 5 – **Direito internacional no tempo de Francisco de Vitória**, cap. 14 – sobre Francisco de VITÓRIA, bem como os tomos seguintes).

2005 Pasquale Stanislao MANCINI, **Direito internacional** (do original **Diritto internazionale. Prelezioni**, trad. Ciro MIORANZA, Ijuí, R.S.: Ed. Unijuí, 2003, cap. I – *A nacionalidade como fundamento do direito das gentes* – Preleção ao curso de direito internacional e marítimo, proferida na Real Universidade de Turim, em 22 de janeiro de 1851, p. 31-86, com extensa nota sobre a vida e a obra de BELLI, nota 4, p. 42-43).

seu século, e também pela erudição, que não lhe falta, a primeira vista, reconhece-se ter servido de exemplo e de guia para GRÓCIO e para GENTILI".[2006]

Em sua obra sobre BELLI, desenvolve cuidadoso cotejo e comparação E. MULAS (1878):[2007] esta, avaliada com medida e prudência, parece convincente em demonstrar que sobretudo a obra de GENTILI – trinta anos depois de BELLI – tem com esta última muitos pontos em comum, que não podem ser casuais e supostamente independentes uma da outra. O que confirmaria a assertiva de MANCINI (1851).

Comum a BELLI e a GENTILI são a concepção da guerra, que ambos consideram como derivada do direito das gentes, bem como a sanção necessária para o manter inviolado. Considerava MULAS (1878), de maneira surpreendente:

> A guerra é uma necessidade, e assim, para que possa ser admitida juridicamente, é necessário que essa característica de necessidade fique tão patentemente manifesta, em toda a sua extensão, que a guerra seja considerada como algo que não pode ser evitado [da qual seja impossível subtrair-se], como o único meio eficaz para restabelecer a harmonia do direito, perturbada no seio das nações; em suma, como um mal, mas mal menor, se comparado ao que derivaria de se deixar o preceito sem sanção, e o direito submetido à vontade ou ao capricho do mais forte.[2008]

É expressivo, com relação ao tema, fazer o cotejo direto entre passagens equivalentes dos três autores, sustentando somente deva ser feita a guerra em decorrência de necessidade:

[2006] P. S. MANCINI (preleção de 1851, ed. bras. 2003, cit. supra, no item 11.6.2).

[2007] Efisio MULAS, **Pierino Belli da Alba, precursore di Grozio** (Torino: UTET, 1878).

[2008] E. MULAS (op. cit., 1878, p. 75): "La guerra è una necessità e quindi, perchè possa giuridicamente ammetersi, bisogna che questo carattere di necessità si palesi in tutta la sua forza, come qualchecosa a cui sia impossibile sottrarsi, come il solo mezzo efficace a ristabilire l'armonia del diritto turbata nel seno delle nazioni; come un male infine, ma un male minore di quello che deriverebbe dal lasciare il precetto senza sanzione e il diritto sottposto alla volontà od al capriccio del più forte."

- escreve BELLI (1563, ed., 1936):[2009] *Bella nisi ex magna causa non suscipi, eaque iusta et necessaria.*[2010] E logo adiante: *Bellum debet esse necessitatis.*[2011]
- repete, de modo incisivo, Alberico GENTILI (1598, ed. 2004):[2012] *Iustum bellum habet semper necessitatem, ut ex necessitate bellum descendit.*[2013] Sem prejuízo da avaliação do contexto preciso.[2014]

2009 Pierino BELLI, **De re militari et bello tractatus** (2 vols., Oxford: At the Clarendon Press/London: Humphrey Milford, 1936. [No. 18 of the series.] Vol. I. photographic reproduction of the edition of 1563, with introduction by Arrigo Cavaglieri, and a portrait of Belli; Vol. II. translation of the text by Herbert C. Nutting, with a translation of the introduction, and indexes).

2010 P. BELLI (op. cit., 1563, ed. 1936, Parte II a., tit. I, c. 1).

2011 P. BELLI (op. cit., 1563, ed. 1936, Parte II a., tit. V, c. 13).

2012 Alberico GENTILI, **Direito de guerra** (do original **De jure belli libri tres**, 1598, trad. Ciro MIORANZA, intr. Diego PANIZZA, Ijuí: Ed. Unijuí, 2004).

2013 A. GENTILI (op. cit., livro III, cap. 18).

2014 Ver **Tratado** (tomo 6 – **Direito internacional no tempo de Suárez, Gentili e Zouch**, esp. cap.16 – Alberico GENTILI); assinalava H. NÉZARD, em seu *Albericus GENTILIS (1532-1608)* (in **Les fondateurs du droit international**: leurs oeuvres, leurs doctrines, introduction de A. PILLET, Paris: V. Giard & E. Brière, 1904, p. 37-93, chap. III – sa théorie – sa méthode, p. 78-87, cit. p. 78-80): "Toutes les solutions que GENTILIS apporte aux problèmes agités au XVIe siècle découlent d'une idée qui n'est pas systematisée dans ses oeuvres, mais dont les éléments épars constituent cependant une doctrine établie. (...) Le droit international c'est pas pour notre auteur le droit de la communauté des états, c'est l'oeuvre de la grande république de l'humanité (cfr. **De jure belli**, livre I, chap. I). L'idée de l'unité du monde domine toutes les doctrines du moyen âge et la constitution d'un état universel était considérée comme le bien absolu en soi et comme une condition essentielle de la paix générale. / Mais on s'en était séparé sur le point de savoir dans quelle autorité se résumait la souveraineté de la République universelle. (...) Tant que l'empire subsista, on concilia les deux pouvoirs. Dieu maître du ciel était represente par le pape, Dieu maître de l aterre avait pour mandataire l'empereur, l'un était le chef spirituel, l'autre le chef temporel: l'église et l'empire étaient une seule et même chose, la communauté des états, mais vue sous ses deux faces." Após as lutas de religião, a igreja se viu "épuisée, atteinte dans son autorité morale, va se voir dénier son caractère de communauté internationale des états, par OCKHAM, MARSILE DE PADOUE, WYCLIFFE et les écrivains de la Réforme. / Dès lors, la société des états ne trouve plus sa constitution laïque dans l'empire, ou religieuse dans l'église catholique, il faut, pour ne pas laisser tomber les liens qui doivent unir les nations, lui trouver un autre fondement. Les écrivains protestants fondent la communauté des états non plus sur la loi religieuse de la religion catholique, mais l'humanité tout entière, y compris les hérétiques et les infidèles: *non unius est Reipublicae sed omnium* (**De jure belli**, l. I, chap. I)."

- por sua vez, Hugo GRÓCIO (1625):[2015] *Rara [...] belli sumendi causa est quae omitti aut non possit aut non debeat.*[2016] Apesar da continuidade, existiria alguma particularidade.[2017]

BELLI caracterizava as guerras como ofensivas ou defensivas: *Originem ipsam bellorum inter homines ab injuria processisse credendum est, sive inferenda, sive propulsanda.*[2018]

GRÓCIO exprime, substancialmente, o mesmo conceito: *Causa justa belli suscipiendi nulla esse alia potest, nisi injuria.*[2019]

GENTILI, por seu turno, faz divisão mais complexa das causas da guerra, como divinas, naturais e humanas,[2020] mas também reconhece que as guerras tenham o propósito de infligir ou repelir injúria.[2021] E, em formulação mais abrangente: "é causa honesta de guerra aquela que tem sua razão na consciência humana".[2022]

2015 Hugo GRÓCIO, **O direito da guerra e da paz** (intr. A. Manuel HESPANHA, trad. de Ciro MIORANZA, col. clássicos do direito internacional, Ijuí: Ed. Unijuí, 2004, 2 tomos).

2016 H. GRÓCIO (op. cit., 1625, livro II, cap. XXIV, c. 8).

2017 Knud HAAKONSSEN, **Natural law and moral philosophy**: from Grotius to the Scottish Enlightenment (orig. publ. 1996, Cambridge: Univ. Press, digital printing 2003, 1 – Natural law in the seventeenth century, p. 15-62, cit. p. 15): "The soutces reveal an extraordinary degree of continuity between scholastic natural law (not only AQUINAS') and the natural law doctrines that dominated Protestant Europe during the seventeenth and much of the eighteenth centuries. Yet it seemed to moral philosophers of these centuries, especially to the modern natural lawyers themselves, that something decisively new happened with GROTIUS. Protestant natural law was seen as a distinct school of moral philosophy, until the history of philosophy was redrawn by KANT and by others working in the light of his philosophy."

2018 P. BELLI (op. cit., 1563, ed. 1936, Parte I, cap. III, '*Bella unde exorta*', parágrafo único).

2019 H. GRÓCIO (op. cit., 1625, livro II, cap. I, c. 1).

2020 A. GENTILI (op. cit., livro I, cap. 17 – quando se diz que a guerra é feita por necessidade; I.18 – quando se diz que a guerra é feita por utilidade; I.19 – quando se diz que a guerra é feita por causas naturais; I.20 – quando se diz que a guerra é feita por causas humanas).

2021 A. GENTILI (op. cit., livro III, cap. 13 – do estabelecimento da paz em vista do futuro, § 1): "Já descrevi o bastante sobre aquelas coisas que podem ser feitas pelo vencedor para punir as injúrias passadas – *ulscidento praeterita* – e também sobre as que dizem respeito ao futuro. [...] Duas coisas importantes devem ser asseguradas pela pena – *ultio*: a satisfação da imjúria e a segurança para o futuro".

2022 A. GENTILI (op. cit., livro I, cap. 25 – a causa honesta para mover guerra).

Tanto BELLI quanto GENTILI consideram injusta a guerra feita sem prévia declaração. GENTILI chega ao ponto de precisar[2023] qual deva ser a duração do intervalo entre a declaração e o início das hostilidades; enquanto BELLI se abstém de fazer especificação de prazo.

As duas condições, uma de ordem substancial e outra de ordem formal, das quais GRÓCIO faz depender a guerra solene – a autoridade e a declaração – bem como o poder de fazer a guerra, ou por decisão direta, por quem é titular da soberania, ou mediante licença do superior imediato, e o desafio regulamentar que tem de ser feito, antes de tomar em armas, encontram-se já indicadas no tratado de BELLI.

A necessidade que a guerra seja justa não somente na sua declaração, mas também na sua condução, a condenação da deslealdade contra os inimigos, e da perfídia nas artes bélicas, já se achavam no tratado de BELLI, com argumentos e princípios que pouco diferem dos escritores que o sucederam.

As considerações de GENTILI sobre as tréguas, sobre as pessoas a serem mantidas imunes das consequências da guerra, bem como sobre o tratamento a ser dispensado aos prisioneiros de guerra, apresentam notáveis semelhanças com as formulações de BELLI.[2024] Este afirma: "como existem leis na guerra como na paz" – *cum sint belli sicut & pacis iura* –[2025] a formulação de BELLI (1563) é, ademais, retomada por AYALA (1582), exatamente: *sunt enim & belli, sicut & pacis iura*.[2026]

BELLI é mais generoso em relação aos prisioneiros de guerra, porque os quer manter longe de qualquer espécie de sevícias. Por sua vez, GENTILI se limita a proclamar desumana a matança de prisioneiros,[2027] mas enumera dez casos nos quais seria lícito atentar contra a vida destes.

2023 A. GENTILI (op. cit., livro II, cap. 1 – a guerra deve ser declarada, § 5): "Depois da declaração de guerra sabemos que deviam decorrer trinta e três dias antes que se desse início a ela".

2024 P. BELLI (op. cit., 1563, ed. 1936, parte II, cap. IX, '*An sint aliqui à bello tuti & immunes*').

2025 P. BELLI (op. cit., 1563, ed. 1936, parte II, cap. IX, § 1).

2026 Balthazar AYALA, **De Jure et Officiis Bellicis et Disciplina Militari Libri III** (originalmente publicado em Duaci [Douai], em 1582; seg. ed., Antuérpia, 1597; edited by and introduction John WESTLAKE, translated by John Pawley BATE, Washington: Carnegie Institution, 1912, 2 vols., cit. "*Praefatio de iure belli*"): Existem leis, na guerra como na paz.

2027 A. GENTILI (op. cit., livro II, cap. 16 – sobre os prisioneiros e como não é lícito matá-los e tb. II.18 – quando se pode recrudescer contra aqueles que se rendem e contra os prisioneiros).

A respeito de alianças, BELLI ensina que deve ser considerada nula a que possa acarretar envolvimento em guerra injusta.[2028] O mesmo princípio se acha, depois, confirmado por GRÓCIO.[2029]

A questão, examinada por GENTILI (1588, 1598), se seria lícito ao príncipe decidir uma guerra por meio de duelo singular, é por ele negada.[2030] A mesma questão já recebera, algumas décadas antes, idêntica reposta de BELLI (1563).[2031] Entre ambos, AYALA (1582) igualmente condena os combates singulares, exceto quando se tratar de luta entre soldados de lados opostos, em guerra regular, sob ordem ou mediante consenso de general.[2032]

No tocante às recomendações de moderação ao vencedor, ao estabelecer as condições de paz, estas se encontram tanto em BELLI quanto em GENTILI. Mais exigente é GENTILI, ao prever que o vencedor, além das despesas da guerra e das indenizações a impor ao vencido, tem o direito de onerá-lo com tributações, em espécie, ou incidentes sobre território, de reter para si, em caráter definitivo, áreas ocupadas durante a guerra por seus exércitos, de destruir as cidades conquistadas, etc. Segundo a sua opinião, os territórios e os bens ocupados pertencem ao vencedor, salvo estipulação em sentido contrário nos tratados.[2033]

Sobre os mesmos temas, BELLI, por sua vez, considera como exceção a regra como tal apresentada por GENTILI. Ele é favorável à *restitutio in*

2028 P. BELLI (op. cit., 1563, ed. 1936, parte II, cap. XVII, § 8).

2029 H. GRÓCIO (op. cit., 1625, livro II, cap. XV, c. 13).

2030 A. GENTILI (op. cit., livro III, cap. 15 – sobre as coisas pertinentes nos tratados e sobre o duelo).

2031 P. BELLI (op. cit., 1563, ed. 1936, parte II, cap. XV, '*An Duci ipsi liceat uti singulari certamine*') examina se pode o próprio comandante engajar-se em combate singular. Depois de referir exemplos históricos a respeito dessa prática, declara considerar totalmente inadequada a prática: "*Ego omnino censeo non licere*". Retoma a questão e, em geral, a condenação dos duelos, BELLI (op. cit., 1563, parte X, cap. II, §§ 128-132: 128, '*Duellum est a iure improbatum*'; 129, '*Duellum est furia contra omnem humanitatem*'; 130, '*Duellum debet esse ultimum refugium*'; 131, '*Duellum ex generali consuetudinem non est illicitum*'; 132, '*Duellum etiam pro innocentia defendenda est exosum legisbus*').

2032 B. AYALA (op. cit., 1582, ed. 1912, livro I, cap. III, '*De duello seu singulari certamine*', § 7, 8 e 9). A respeito, ver o item 11.6.1, precedente.

2033 A. GENTILI (op. cit., livro III, cap. 2 – sobre a vingança do vencedor; III.3 – despesas e danos da guerra; III.4 – tributos e ônus a impor aos vencidos; III.5 – a apropriação do vencedor é universal, e seguintes).

integrum,[2034] desde que as partes não tenham diversamente condicionado no tratado de paz.

No tocante à arbitragem, a ideia aparece tanto em BELLI, como em GENTILI. Mas, o desenvolvimento da matéria parecia mais decisivo e racional em BELLI, que fulmina de injusta a guerra, movida pelo beligerante, que se recuse a aceitar a proposta do outro beligerante em submeter a controvérsia a arbitragem. Enquanto GENTILI, de modo mais vago, encerra o terceiro livro de seu tratado com invocação a Deus, por fazer cessar as guerras, de modo que possam os benefícios da paz ser gozados por toda a humanidade:

> E aqui termino meu tratado sobre o direito da guerra. Outros e mais minuciosos estudos sobre os tratados e as convenções deixo a nossos intérpretes que, de modo mais completo e mais digno, quero crer, tratam desta matéria. Não pude nem foi propósito meu consultá-los.[2035]

Apesar dessa afirmação de GENTILI – cuja edição preliminar é de 1588 e a definitiva de 1598 –, do cotejo entre sua obra e a de BELLI – esta escrita em 1558 e publicada em 1563 – "parece emergir a conclusão que GENTILI se deve ter servido e tirado vantagem do tratado de BELLI. Que conhecia a obra deste, já foi considerado".[2036]

> Os progressos de qualquer ciência são o resultado de trabalho coletivo. Cada estudioso utiliza os esforços, os resultados, os materiais, recolhidos por seus predecessores; tenta dar passo à frente, e realizar obra mais perfeita.
> Mas a lealdade exige que ele reconheça quanto deve a quem o precedeu, que não desacredite ou cale o mérito de outro para aumentar o próprio. GRÓCIO reconhece a sua dívida com GENTILI, e este por sua vez, faz as honras ao espanhol Francisco de VITÓRIA, ao qual com certeza também deve bastante Pierino BELLI.
> À luz desses justos reconhecimentos, faz, assim, péssima figura a negativa de GENTILI em reconhecer o mérito de BELLI, agravado pela orgulhosa

2034 P. BELLI (op. cit., 1563, ed. 1936, parte X, cap. I, § 21): "Dum tamen dixi supra quod pax omnia in pristinum restituit".

2035 A. GENTILI (op. cit., livro III, cap. 24 – quando são violadas as convenções, § 4).

2036 A. CAVAGLIERI (intr. cit., 1936, p. 26a).

afirmação de ser o primeiro a tratar a importante e difícil matéria. Tanto mais quanto a afinidade de tratamento e de solução de várias questões do direito da guerra, por parte dos dois escritores, não pode ter sido fruto do acaso – *non può essere puramente casuale.*[2037]

O que, opino, poderia servir para explicar, mas não justificar a atitude em relação a BELLI, por parte de GENTILI, seriam as circunstâncias da vida deste: obrigado a fugir da Itália, para não cair nas garras da Inquisição, por ser protestante, teve GENTILI de se refugiar e se radicar na Inglaterra, onde veio a se tornar professor e publicar a sua obra. Assim, os ressentimentos, em relação ao passado e à sua terra natal, seriam dados marcantes a serem levados em conta para entender os motivos da recusa de GENTILI em reconhecer o crédito, por este devido, ao tratado de BELLI? Humanamente pode-se entender; intelectualmente é mais difícil justificar.

Retoma CAVAGLIERI e rebate a crítica feita por SPERANZA (1910),[2038] quanto à suposta falta de originalidade de BELLI:

> É, ainda, excessiva e injusta a acusação, contra o BELLI, de ter somente repetido as normas da equidade canônica, já expostas e recolhidas por outros juristas, sem tentar qualquer reforma direta que pudesse libertar o estudo do direito internacional das estreitezas da teologia, e a dar-lhe a dignidade de disciplina independente.[2039]

Cabe contextualizar a extensão da liberdade de pensamento – entre católicos como AYALA e BELLI –, ante a diversa condição de protestantes – como GENTILI e GRÓCIO:

> O grandioso esforço de destacar o direito internacional de certas premissas teológicas, sobre as quais se fundara até então, iniciando o seu amálgama com o direito das gentes, foi devido a Alberico GENTILI e, sobretudo, a GRÓCIO, os quais, pertencendo à religião protestante, estavam livres dos vínculos, que constrigiam a liberdade de pensamento de um católico

[2037] A. CAVAGLIERI (intr. cit., 1936, p. 26a).
[2038] Ver os argumentos de SPERANZA (op. cit., 1910), reproduzidos acima, no item 11.6.2.
[2039] A. CAVAGLIERI (intr. cit., 1936, p. 26a).

sincero como BELLI. Este não pôde desenvolver em todas as consequências o seu conceito, nem fixar os princípios racionais do direito da guerra, buscando-os fora da teologia, substituindo a razão e a autoridade da história e dos juristas àquelas regras puramente canonísticas, sobre as quais os escritores precedentes tinham baseado todas as suas doutrinas. Nele, muitas vezes, o intelecto deve ter se dobrado à fé – *più volte l'intelletto dovette in lui piegare alla fede.*[2040]

A questão do impacto das proibições da santa madre igreja sobre o desenvolvimento do direito internacional nos países católicos já foi brevemente mencionada.[2041] Tendo, inclusive, acarretado a inclusão de boa parte das obras filosóficas e políticas, bem como da doutrina de direito internacional, na famigerada relação dos livros proibidos – o *Index librorum prohibitorum*: tais como MARSÍLIO DE PÁDUA, DANTE ALIGHIERI, GUILHERME DE OCKHAM, antes mencionados, e tantos outros.[2042]

Este é risco inerente a qualquer sistema intolerante, que se paute pelo fundamentalismo, que tenta obrigar a conformar-se com doutrina oficial, em lugar de permitir a livre busca da convicção e da verdade. Como se viu, ainda que não fossem as liberdades ilimitadas nos países do norte da Europa, o conservadorismo intelectual e políticas autoritárias acarretam o deslocamento do eixo de desenvolvimento para outras praças, onde se possa gozar de mais liberdade.[2043]

2040 A. CAVAGLIERI (intr. cit., 1936, p. 26a-27a): "Il grandioso sforzo di staccare il diritto internazionale da certe premesse teologiche, su cui si era fondato fino allora, iniziandone la compenetrazione col diritto delle genti, è dovuto ad Alberico GENTILI e sopratutto a GROZIO, i quali, appartenendo alla religione protestante, erano liberi dai vincoli, che costringevano la libertà di ragionamento di un cattolico sincero come il BELLI. Questi non potè svolgere in tutte le conseguenze il suo concetto di fissare i principi razionali del diritto di guerra ricercandoli fuori della teologia, sostituendo il ragionamento e l'autorità della storia e dei giuristi a quelle regole puramente canonistiche, sulle quali gli scritori precedenti imperniavano tutte le loro dottrine. Più volte l'intelletto dovette in lui piegare alla fede."

2041 Ver **Tratado** (tomo 3 A – **Direito internacional no tempo antigo**, cap. 1 – Direito internacional: modelos históricos e culturais; antes tb. tomo 1 – **Direito internacional dos espaços**, item 2.1 – soberania e território: a Santa Sé e o estado do Vaticano).

2042 Cf. se examina: 9.1 – MARSÍLIO DE PÁDUA, 9.2 – GUILHERME DE OCKHAM, 10.2 – DANTE ALIGHIERI.

2043 Como mostram as perseguições contra os já referidos: 9.1 – MARSÍLIO DE PÁDUA, 9.2 – GUILHERME DE OCKHAM, 10.2 – DANTE ALIGHIERI. V. tb. **Tratado** (tomos 6

O caso BELLI pode ser explicado neste mesmo sentido. E essa lição merece ser pensada: "mesmo se não abertamente manifestado, é digno de nota o esforço feito por BELLI, no sentido de emancipar o tratamento do direito internacional dos enredos da teologia, que resulta indiscutivelmente do conjunto da sua doutrina".[2044]

> A afirmação de que a guerra e a paz pertencem ao direito das gentes, de onde derivava a consequência de que todas as controvérsias internacionais devessem ser reguladas exclusivamente pelo próprio direito das gentes, e não mais por prescrições teológicas; as contínuas recomendações de humanidade durante a guerra, de moderação para o vencedor; a opinião no sentido de que, em caso de urgente necessidade, desaparecem os privilégios gozados pelos clérigos,[2045] e também estes, ao lado dos leigos, estão obrigados a suportar os pesos necessários para tornar o estado forte e seguro, não mais se fazendo distinções entre os cidadãos.[2046]
> Finalmente, a autorização de resistência contra as incitações dos papas, no sentido de se violar o direito das gentes; estes e outros princípios e conceitos, que se encontram no tratado de BELLI, são incontestavelmente a expressão de pensamento, que não somente busca liberar-se da teologia, mas se insurge contra aqueles que, em nome da própria teologia, tentassem violar os preceitos do direito das gentes. Grande é o mérito de BELLI se

– **Direito internacional no tempo de Suárez, Gentili e Zouch**, 7 – **Direito internacional no tempo de Hugo Grócio**, 9 – **Direito internacional no tempo de Samuel Pufendorf** e seguintes).

[2044] A. CAVAGLIERI (intr. cit., 1936, p. 27a). No mesmo sentido, E. MULAS (op. cit., 1878, p. 63): "È vero che le reminiscenze teologiche formano ancora il fondo dell'opera e che il BELLI abbonda anch'egli nel concedere privilegi ai chierici, nel sottometterse spesso il suo giudizio a quello della Bibbia non solo, ma anche dei canoni o dei santi Padri. Ma vi sono determinazioni che mostrano com'egli, pur rimanendo fermo nelle sue credenze cattoliche nelle quali era tenacissimo, tendeva a sottrare il diritto delle genti a quell'autorità di cui sopportava il giogo."

[2045] P. BELLI (op. cit., 1563, ed. 1936, parte II, cap. IX, § 4, 5, 6 e 7): "o direito canônico determina sejam poupados padres, eremitas, monges, peregrinos, comerciantes e agricultores, e seus rebanhos – *canones, presbyteris, monachis, conversis, peregrinis, mercatoribus, rusticis, eorumque animalibus* – [...] estas normas foram nulificadas pela prática contrária". "

[2046] Assim também a afirmação que, nos momentos de extremo perigo, quando é perigosa qualquer hesitação, seja lícito buscar os meios necessários onde seja mais fácil, inclusive não se excluindo o tesouro das igrejas.

se pensar que ele escreveu em tempo no qual a teologia era considerada a norma reguladora de qualquer atividade humana, e a essa, segundo o uso e a tradição da escola, também BELLI devia declarar respeito e prestar homenagem. Tais inevitáveis declarações não o impediram de buscar fora desta as bases do novo direito e de avaliar as questões específicas do direito da guerra, desvinculadas das premissas teológicas.[2047]

As críticas formuladas contra a obra de BELLI, tais como a carência de ordem lógica, de deficiência de estilo, de confusão no tratamento dos temas, em decorrência da ingerência de material estranho, de falta de unidade, de pouco espírito crítico, são, em si, procedentes, mas devem ser contextualizadas, em relação ao tempo e ao meio em que foram produzidas, com as dificuldades inerentes a uma primeira e incerta tentativa de elaboração científica, tanto mais por ter sido a obra feita em condições adversas, nas quais, "não se pode com certeza encontrar a excelência, que a elaboração de dado sistema de normas alcançará somente ao tempo de sua perfeita maturidade".[2048] Contudo, "reconhecidos os méritos de BELLI, que nos parecem devidos, não pretendemos com isso negar a sua inferioridade, do ponto de vista da elaboração científica, não somente no confronto com Hugo GRÓCIO, mas também com Alberico GENTILI".[2049]

[2047] A. CAVAGLIERI (intr. cit., 1936, loc. cit.): "GENTILI e GROZIO procedettero molto più innazi; ma sembre ingiusto e contrario alla verità storica il negare al BELLI il vanto di essere stato loro precursore, di avere tentato per primo, tra le difficoltà opposte dalle concezioni e dalle formule tradizionali, di sollevare la trattazione del diritto internazionale a dignità di disciplina scientifica indipendente." Cita G. CHIALVO, **Il precursore italiano del diritto internazionale** (1919, p. 20-24).

[2048] A. CAVAGLIERI (intr. cit., 1936, p. 28a) no tocante à alegada excessiva erudição, ademais nem sempre oportuna, com abuso de citações e de exemplos, oriundos das fontes as mais díspares, que muitas vezes sufocam com a autoridade do nome ou do caso histórico o livre desenvolvimento racional das questões e dos princípios, trata-se de defeito – se o é, acrescentaria – também encontrável em ampla medida em GENTILI e em GRÓCIO.

[2049] A. CAVAGLIERI (intr. cit., 1936, p. 28a). O próprio E. MULAS (op. cit., 1878, p. 90), ferrenho defensor de BELLI e da importância de sua obra, reconhece, contudo, ter GENTILI tratado as questões "in modo più scientifico, purgando il diritto delle genti dalla folla di distinzioni e di questioni estranee. Inoltre spetta al GENTILI il merito di una certa critica che, per quanto ancora in germe e grossolana, rivela la tendenza dello spirito umano a risalire ai sommi principii. Invece in BELLI troviamo un continuo riferirsi agli esempli della storia, alle

Em relação a GENTILI, graves críticas foram feitas pelo próprio GRÓCIO, como por BYNKERSHOEK e por EINECIO: método defeituoso, insuficiente amplitude no tratamento da matéria, excessiva intervenção de elementos de autoridade, que sufocam o desenvolvimento racional das questões, distinções pouco claras entre a moral e o direito, e destes com a política, exagerada influência do direito romano sobre as relações internacionais e assim por diante.[2050]

A crítica imparcial, embora reconheça a superioridade de GENTILI em relação a BELLI, assinala a este lugar notável entre os precursores de GRÓCIO. Ele intuiu, de modo talvez incerto e defeituoso, a exigência de destacar a doutrina do direito internacional das premissas teológicas, sobre as quais até então se fundara, amalgamando o tratamento com o do direito natural e conferindo, assim, ao direito das gentes, base independente, fundada sobre o raciocínio livre.
Os progressos da ciência são, geralmente, fruto de obra coletiva, de certo número de autores, cada um dos quais continua e melhora os resultados de quem o tenha precedido, até que se chegue àquele que alcança consolidar os esforços anteriores em elaboração decisiva e perfeita. Pierino BELLI com certeza se conta entre os que prepararam o terreno sobre o qual GRÓCIO deveria, depois, elevar o soberbo edifício do seu tratado **De jure belli ac pacis.**[2051]

leggi e costumi dei popoli, alle sentenze dei dottori; ma questo paziente lavoro di erudizione non è coordinato ad uno scopo concreto e superiore, nè tende a sciogliere da tutti questi esempi una parola unica ed armonica, che rannodi le diverse concezioni. Questo cerca invece di fare il GENTILI, il quale non si accontenta di citare le leggi ed i costumi dei popoli, ma tutte queste fonti mette continuamente a riscontro e da questo riscontro tenta trarre delle regole generali, che poi viene applicando alla risoluzione delle singole quesitoni."

2050 Ver **Tratado** (tomo 6 – **Direito internacional no tempo de Suárez, Gentili e Zouch**, tomo 7 – **Direito internacional no tempo de Hugo Grócio**, tomo 10 – **Direito internacional no tempo de C. van Bynkershoek e Christian Wolff**); Johann Gottlieb EINNECIUS, **Elementi di diritto di natura e delle genti** (orig. publ. **Grundlagen des Natur- und Völkerrechts**, 1737, trad. Andrea C. AMATO, Napoli: Tipografia di Domenico Sangiacomo, ed. seconda, 'riveduta e ricorretta dal Vertitore', 1828).

2051 Ver **Tratado** (tomo 7 – **Direito internacional no tempo de Hugo Grócio**); A. CAVAGLIERI (intr. cit., 1936, p. 29a); de Arrigo CAVAGLIERI, ver tb. seu curso na Haia, **Les règles génerales du droit de la paix** (RCADI, 1929, t. 26, p. 311-586).

O dado principal a ser observado é como no estudo das mais importantes relações do direito da guerra BELLI traçou soluções e princípios,[2052] que encontramos depois, em grande medida, não somente em GENTILI e GRÓCIO, mas também na doutrina moderna e normas recentes sobre a matéria.[2053] Desse modo, pode-se concluir ter sido a sua percepção de tais questões consentânea com desenvolvimentos ulteriores, ocorridos na matéria –[2054] sem valorar quanto à justiça específica dos conteúdos positivados.

Pode-se, contudo, indagar até que ponto as questões legais estariam exatamente no cerne da indagação em VITÓRIA.[2055] Mesmo se a primeira

[2052] P. BELLI (op. cit., 1563, ed. 1936, parte XI, cap. único, § 22) termina o seu tratado: "se alguma coisa boa foi dita, deve ser creditada ao Criador do homem e do conhecimento; o que exista de incorreto e de imperfeito, deve ser atribuído à falibilidade e aos limitados poderes do autor, que estará pronto a ouvir aqueles que tiverem correções e aperfeiçoamentos a sugerir" – *Et per ista sit impositus finis huic tractavi, in quo si quid boni est dictum datori hominis et intellectus eric accepto ferendum; si quid vero perperam et minus vere, imbecilitatem et tenuitati operaii noegre feretur ascribi, qui et patienter audiet corrigentes, et meliora proferentes.*

[2053] Como observado acima, neste capítulo, com menção a algumas das normas sobre a guerra terrestre, constantes nas convenções da Haia de 1899 e 1907.

[2054] Enrico CATELLANI, **La dottrina italiana del diritto internazionale nel secolo XIX** (Lezioni all'Accademia di Diritto Internazionale all'Aja nel 1933, Roma: Anonima Romana Editoriale – Pubblicazioni dell'Associazione Italiana per la Società delle Nazioni, vol. XXXVI, 1935, cit. p. 9-10); anteriormente ___, **Les maîtres de l'école italienne du droit international au XIXe siècle** (RCADI, 1933, t. 46, p. 704-826).

[2055] Ver **Tratado** (tomo 5 – **Direito internacional no tempo de Francisco de Vitória**, cap. 14 – Francisco de VITÓRIA (1480-1546)); de um lado, Arthur NUSSBAUM, **A concise history of the law of nations** (New York: The Macmillan Co., 1954, p. 101) descreve VITÓRIA como "an anticipant of international law"; enquanto Urban G. WHITAKER Jr. **Politics and power: a text in international law** (New York: Harper & Row, 1964, p. 16), ressalva: "he was clearly of a period in which the law could not be said to have become a recognizable discourse"; e por sua vez, Antonio TRUYOL Y SERRA enfatiza o que considera a paternidade inconteste do direito internacional pelos seus dois conterrâneos – VITÓRIA e SUÁREZ. E.g., v. **Histoire du droit international public** (Paris: Economica, 1995), b/c A. TRUYOL y Serra, **La conception de la paix chez VITORIA et les classiques espagnols du droit des gens** suivi de Paul FORIERS **L'organisation de la paix chez GROTIUS** (Paris: Vrin, 1987 / la présente édition est la reprise de deux articles parus dans les 'Recueils de la société Jean BODIN pour l'histoire comparative des institutions', tome XV "la paix", deuxième partie, Bruxelles: Éditions de la Librairie Encyclopédique, 1961); e ainda Manuel DIEZ DE VELASCO Vallejo, **Instituciones de derecho internacional público** (Madri: Tecnos, 10ª ed., 1994, nos caps. – el concepto de derecho internacional público

intenção foi dar conforto à Coroa da Espanha em relação a tema sobre o qual até então nada se sabia – decorrência das 'descobertas' da América – sua originalidade nunca deve ser esquecida. Inova a formulação de VITÓRIA, no contexto em que se dá essa mutação irreversível da história do mundo e se desencadeiam os desenvolvimentos subsequentes, que se transformam em catástrofes. Sobre os quais refletem outros, ao chegar por exemplo a Melchior CANO, DOMINGO DE SOTO e VAZQUEZ DE MENCHACA.[2056]

Igualmente válida e necessária a acerba crítica aos mecanismos de conquista colonial, feita pelo contemporâneo Bartolomeu de LAS CASAS.[2057] Merece ser lembrada e valorizada a inovadora e corajosa contribuição deste. Pela revolucionária reavaliação das atitudes do Ocidente, em relação a outras culturas.

Afirmou LAS CASAS, na sua **História das Índias**: "todos os povos do mundo são homens" e como tais, seres racionais. E que "nenhuma nação existe hoje, nem pode existir, pouco importa quão bárbaros, orgulhosos, ou depravados sejam os seus costumes, que não possa ser atraída e convertida para todas as virtudes políticas, e para toda a humanidade dos homens racionais".[2058]

A verdade fundamental era o fato de ser a guerra errada, como método de expandir a fé:[2059]

(i) e (ii), redactado por Carlos JIMENEZ Piernas, p. 59-113, cit. p. 61) discretamente referem: "desempeñó un papel precursor fundamental la Escuela Española del Derecho de Gentes".

[2056] Ver **Tratado** (tomo 6 – **Direito internacional no tempo de Suárez, Gentili e Zouch**, item – outras vozes no direito internacional – DOMINGO DE SOTO e VAZQUEZ DE MENCHACA).

[2057] (Fray) Bartolomé de LAS CASAS, **Historia de las Indias** (ed. de Agustín MILLARES Carlo y estudio preliminar de Lewis HANKE, México: Fondo de Cultura Económica, 1ª ed., 1951, 2ª ed., 1965, 4ª reimpr., 1995, 3 vols.)

[2058] B. de LAS CASAS (op. cit., ed. cit.).

[2059] Adda BOZEMAN, **Politics & Culture in International History** – from the Ancient East to the opening of the Modern Age (© 1960, New Brunswick, N.J.: Transaction Publishers, 2nd ed., 4th printing, 2010, esp. chap. 8, '*The Medieval Western European Realm*', p. 238-297, esp. item E. '*New Departures in Intercultural Relations*', p. 289-297, cit. p. 289-290): "This general conclusion led him to inquire into the actual circumstances that attended Spain's dominion in America, in particular the relations between the *conquistadores* and the pagan Indians."

> Dentre os representantes da igreja que se sentiram no dever de questionar todas as teorias consolidadas que eram coniventes com a escravização dos nativos pagãos, e que se opuseram, com medidas concretas, às políticas seculares dos *conquistadores*, que tinham reduzido a população indígena ao estado de mais abjeta miséria, nenhum foi mais ativo e mais influente em seu tempo, e nenhum merece maior reconhecimento hoje, do que Bartolomé de LAS CASAS. Os ousados novos princípios, a serviço dos quais esse letrado e monge dominicano colocou todas as suas energias físicas e intelectuais, não somente redimiram muito da brutal ação anterior da Europa no Hemisfério ocidental, mas vieram a constituir uma filosofia de relações interculturais, que é ricamente sugestiva, até os nossos dias. [...]
> Hoje – quinhentos anos depois de ter sido pela primeira vez tornada evidente – a obra de LAS CASAS a respeito das relações interculturais deveria receber pleno crédito como inspiradora fonte de referência e de sabedoria, para todos aqueles que estão preocupados com a redefinição das relações entre povos que não se governam (*non-self-governing peoples*) e as potências que os administram.[2060]

Muito pode variar a avaliação do fenômeno colonial –[2061] como tantas outras coisas na vida, conforme o 'lado' em que se coloque ou a inter-

[2060] A. BOZEMAN (op. cit., 1960, ed. 2010, p. 292): "The ideas for which LAS CASAS had engaged himself as a fighting priest, diplomat, scholar and publicist may not have had a lasting influence upon Spain's governmental circles, but they continued to permeate Spain's intellectual elites. Indeed, the records of few nations are as complex and contradictory as those of sixteenth century Spain. For the country that sent forth, and continued to support, a horde of conquering adventurers, produced simultaneously a group of most imaginative, fearless men of letters who never ceased to criticize the conduct of their compatriots. It may have been this striking, thought-provoking ambiguity in the character of early imperialist Spain which moved one of the greatest intellectuals of imperialist England in the eighteenth century to remark: '*I love the University of Salamanca; for when the Spaniards were in doubt as to the lawfulness of their conquering America, the University of Salamanca gave it as their opinion that it was not lawful*'." [in James BOSWELL, **Boswell's Life of Johnson** (London, New York, Toronto, 1953, p. 321).]

[2061] Daniel J. BOORSTIN, **The discoverers** (New York: Random House, © 1983, 1st. Vintage ed., 1985, esp. book II, part vii, 'the american surprise', 30 'the enterprise of the Indies', pp. 224-231); Erik ORSENNA, **L'entreprise des Indes** (Paris: Stock/Fayard, © 2010, impr. 2011); Jean CRUSOL, **Les Îles à sucre** – de la colonisation à la mondialisation (Bécherel: Ed. Les Perséides, 2e ed., 2008).

pretação que faça o agente cognoscente – a respeito dos mecanismos de conquista colonial e do colonialismo.[2062] Mas não podem ser esquecidos nem negligenciados os nefastos efeitos destes:

> Todas as regras tradicionais da guerra, às quais os mexicanos se conformavam por instinto, foram violadas pelos invasores com a maior naturalidade. Longe de negociar antes do conflito, eles se introduzem em México, com discursos pacíficos; depois, subitamente, massacram os nobres índios reunidos na praça de dança, no pátio do templo de Uitzilopochtli.[2063]
> O fato é que os espanhóis faziam a guerra 'total'; para eles, havia apenas um estado, a monarquia de CARLOS V, e só uma religião possível. O choque das armas não é nada, comparado ao choque das ideologias.[2064]

A guerra, como outros dados da história, tornou-se produto, tornou-se dado de consumo e de confrontação entre modelos, mais do que entre povos, ou entre ideias. Longe de ser novidade, como dito, essa percepção já era colocada por BOÉCIO, no século VI, e permanece assustadoramente atual: "Será porque seus costumes se opõem e se contradizem, que os homens suscitam intensos combates e guerras cruéis? Eles querem perecer causando-se uns aos outros o máximo dano. A sua barbárie não

[2062] Ver **Tratado** (tomos 14 a 17 – **Direito internacional no tempo do colonialismo**); Alfredo BOSI, **Dialética da colonização** (São Paulo: Companhia das Letras, 1992, 1ª reimpressão, 1992).

[2063] Jacques SOUSTELLE, **Os astecas na véspera da conquista espanhola** (orig. publ. **Les aztèques à la veille de la conquête espagnole**, 1955, trad. Eduardo BRANDÃO, São Paulo: Companhia das Letras, 1990, esp. cap. VI – a guerra, p. 229-241).

[2064] J. SOUSTELLE, **Os astecas na véspera da conquista espanhola** (ed. bras. 1990, cit. p. 239-240): "A guerra não é apenas, conforme a cláusula de CLAUSEWITZ, a continuação da política, mas também o espelho em que se reflete uma civilização nos momentos de crise, quando aparecem suas tendências mais profundas, o comportamento dos mexicanos é extremamente revelador." [...] "Sucumbiu [essa civilização] sobretudo porque sua concepção religiosa e jurídica da guerra a paralisava diante de invasores que agiam motivados por interesses totalmente diferentes. Por mais paradoxal que possa parecer à primeira vista, somos levados a pensar que os astecas, por mais hábeis guerreiros que fossem, não o eram bastante para enfrentar os cristãos europeus do século XVI.".

tem justificação possível".[2065] A reflexão parece continuar a ser invocada como argumento válido.

Até certo ponto, ainda parece fazer sentido a explanação dada,[2066] a respeito de confrontação entre dois "mundos", entre 'Ocidente' e 'Oriente', na medida em que um e outro possam ser, de algum modo, delimitados.[2067] Esta confrontação dataria de cerca de 2500 anos. E sem perspectiva de 'solução'.[2068]

A guerra pode se dar entre 'mundos' – entre 'Ocidente' e 'Oriente', por exemplo – como tantas vezes entre distintas facetas ou vertentes de um único mas, em um caso como no outro, algumas normas básicas de ordenação da convivência sempre permanecem necessárias, mesmo em caso de conflito, seja este latente ou declarado. Como também enfatizava

[2065] ANICII MANLII SEVERINI BOETHII, **Philosophiae Consolationis** (ou **Consolation de la philosophie,** edição bilingue, traduction nouvelle en prose et en vers avec le texte en regard par Louis Judicis de MIRANDOL, Paris: Guy Trédaniel / Ed. de la Maisnie, 1981); tb. BOÈCE, **La consolation de la philosophie / Philosophiae consolationis** (traduction nouvelle avec introduction et notes par Aristide BOCOGNANO, Paris: Garnier, 1937). Liber IV, Metrum IV: "An distant quia dissendentque mores, / Iniustas acies et fera bella movent / Alternisque volunt perire telis? / Non est justa satis saevitiae ratio."

[2066] Anthony PAGDEN, **Mundos em guerra** – 2500 anos de conflito entre o Ocidente e o Oriente (do original **Worlds at war** – The Long Struggle between East and West © 2008, trad. Miguel MATA, Lisboa: Ed. 70, 2009). V. tb., A. PAGDEN (edited by), **The languages of political theory in early modern Europe** (Cambridge: Univ. Press, © 1987, edition 1990).

[2067] A. PAGDEN (op. cit. 2008, ed. cit. 2009, pp. 511-512): "As antigas fronteiras geográficas entre Ocidente e Oriente estão longe de ter desaparecido. É verdade que elas sempre existiram mais mentalmente do que na realidade."

[2068] O cenário é mais complexo, como se faz sentir, visual e estruturalmente, na arquitetura, a crise da pós-modernidade. Esta crise parece ser sentida de modo bastante vago, quando se trata do direito e da história, onde o aspecto intrigante do pós-modernismo é o fato deste tornar patente uma condição de impossibilidade. Cfr. **Tratado** (tomo 5 – **Direito internacional no tempo de Francisco de Vitória**, item 13.3 – estado como sujeito de direito internacional). Para V. GREGOTTI (op. cit., 1999, pp. 161-162): "L'aspetto interessante per noi del post-modernismo è che esso rende palese una condizione di impossibilità. Poichè non siamo più in grado di vivere un'identificazione culturale con una specifica serie di immagini e di figure, i modi possibili di far emergere i valori della cultura archittetonica sono un processo di astrazione tipologica a una variazione eclettica tanto ampia che stà ormai divorando la stessa tradizione del nuovo, ma questo è forse il suo obiettivo."

PROCÓPIO DE CESARÉIA (séc. VI, ed. 2022) – "sem tratado algum se é deixado em uma guerra sem fim, e uma guerra sem fim priva para sempre, de sua humanidade, aqueles que a ela se consagram".[2069]

Pode se tratar de confrontação latente, ou de guerra armada, mas cabe considerar algumas premissas básicas de ordenação da convivência. Aí se inscreve o direito internacional, mesmo na convivência entre mundos em crise. Como se viu no final da Idade média, com o esgotamento de seu modelo institucional.

> A evolução política da Europa leva ao estabelecimento das grandes monarquias soberanas. Ao processo histórico corresponde uma nova concepção do direito internacional, que se estabelece sobre as ruínas dos princípios da Idade média. [...] O cosmos jurídico é então quebrado em fragmentos soberanos e a ideia da organização, forte e hierarquizada, do gênero humano, parece se desfazer para sempre.[2070]

Acerba controvérsia foi suscitada, no Concílio de Constança, de 1414 até 1418, quando argumentou o delegado polonês, Paul VLADIMIRI – antes fizera seu predecessor, e também reitor da Universidade de Cracóvia, Stanislaw SCARBIMIRIA –[2071] de que não-cristãos poderiam fundar autoridade estatal legítima, e esta não dependeria da confissão cristã, mas seria inerente à condição humana, igualmente partilhada por todos os homens.

[2069] Principal fonte histórica do século VI, PROCÓPIO DE CESAREIA narra, nas **Guerras de Justiniano**, as guerras dos bizantinos contra os persas (livros I e II) cf. ed. PROCOPE DE CÉSARÉE, **Les guerres contre les perses** (trad. Janick AUBERGER, notes par Geoffrey GREATREX, Paris: Les belles lettres, 2022, cit. livro II, 10.10-15, p. 143-144), contra os vândalos (livros III e IV), cf. ed. PROCOPE DE CESARÉE, **La guerre contre les vandales** (trad. et commenté par Denis ROQUES, préf. Philippe MURRAY, Paris: Les belles lettres, 2004), bem como contra os godos (livros V a VIII), cf. ed. PROCOPE, **Histoire des goths** (trad. Denis ROQUES, présenté, révisé et annoté par Janick AUBERGER, Paris: Les belles lettres, 2015, 2 vols.).

[2070] Michel ZIMMERMANN, **La crise de l'organisation internationale à la fin du Moyen Âge** (RCADI, 1933, t. 44, p. 315-437, cit. p. 434).

[2071] Veja-se Jerzy LUKOWSKI e Hubert ZAWADZKI, **Histoire de la Pologne** (do original **A concise History of Poland** © 2001, 2006, trad. Eric CHÉDAILLE, Paris: Perrin, 2010, esp. chap. 2 – La Pologne jagellonienne 1386-1572, p. 69-113).

Em 1415, foi apresentada perante o Concílio de Constança – o mesmo que julgou Jan HUSS e as questões da Boêmia –[2072] a controvérsia, que inicialmente parecia interessar somente aos povos eslavos,[2073] mas assumira dimensão europeia e mesmo universal. A matéria estava ligada às relações e luta entre os Cavaleiros teutônicos[2074] e o rei da Polônia, também Grão-duque da Lituânia: "essa foi uma das mais importantes questões das quais possa se ocupar um concílio ecumênico e interessa, de certo modo, a todo o gênero humano".[2075]

[2072] Antoine MARÈS, **Histoire des Tchèques et des Slovaques** (orig. publ. 1995, Paris: Perrin – tempus, 2005, chap. VI – un siècle hussite, p. 107-144, cit. p. 113-114): "Dans une tentative de réhabilitation, le bénédictin Paul de VOOGHT, **L'hérésie de Jan Hus** (Louvain, 1975) a ainsi apprecié Jan HUS: 'La voix de HUS s'élève comme la plainte profonde de la chretienté mise au supplice par les désordres de l'église et par le schisme [...] Ce qui l'anime, c'est tout simplement le besoin de faire face au plus pressé: persuader les chrétiens que si la hiérarchie ecclésiastique est pourrie de haut en bas, la vie chrétienne peut et doit être sauvée [...] Héros national, révolté, wiclifiste, utraquiste, hérétique et finalement premier martyr de la future idée protestante, HUS fut tout cela... malgré lui. Il le fut par toutes sortes de circonstances et par ses contradictions internes. Il ne fut rien de tout cela par son propre choix'. Une vision que d'autres contestent: au contraire, affirment-ils, HUS à l'égal de LUTHER, de Thomas MÜNTZER, de ZWINGLI ou de CALVIN, fut un vrai réformateur dont l'action fut interrompue et reprise par ses disciples quelques années plus tard avec le mouvement hussite. / En fait, les critiques de HUS à l'égard de l'église n'avaient rien de très original. MARSILE DE PADOUE, WICLEF et même les maîtres de l'Université de Paris avaient suggéré les mêmes réformes que lui. Mais ses idées se développaient au moment précis où tous les efforts étaient tendus vers le retour à l'unité de l'église."

[2073] Henry BOGDAN, **Histoire des pays de l'Est** – des origines à nos jours (orig. publ. 1991, Paris: Perrin – tempus, edição atualizada, 2008); Henry BOGDAN, **Histoire des peuples de l'ex-URSS** – du IXe. siècle à nos jours (Paris: Hachette – pluriel, 1995). Ver ainda, Francis CONTE, **Les Slaves** – aux origines des civilisations d'Europe centrale et orientale (Paris: Albin Michel, 1e éd., 1986, nova ed., 1996).

[2074] Sobre os Cavaleiros teutônicos ver os já referidos estudos de: Henry BOGDAN, **Les chevaliers teutoniques** (© 1995, Paris: Perrin – tempus, 2009); William URBAN, **The Teutonic Knights** – a military history (London: Greenhill Books/Mechanicsburg, PA.: Stackpole Books, 2003).

[2075] Jean MOREAU-REIBEL, **Le droit de société interhumaine et le *jus gentium*: essai sur les origines et le développement des notions jusqu'à Grotius** (RCADI, 1950, t. 77, p. 481-598, esp. chap. III – Des canonistes à VITORIA – proclamation du 'jus humanae societatis' au Concile de Constance', p. 523-536).

> Havia já mais de duzentos anos que os poloneses se tinham tornado cristãos e constantemente se viam às voltas com as agressões dos prussianos, ainda envolvidos ou recaídos na idolatria pagã, e os poloneses, tendo chamado em seu socorro os Cavaleiros da ordem teutônica, concederam a estes alguns territórios, na região limítrofe dos prussianos e essas doações tinham sido confirmadas pelo imperador FREDERICO II, bem como pelos papas HONÓRIO III e GREGÓRIO IX.
> Sob o pretexto de converter os pagãos, os Cavaleiros teutônicos punham tudo a fogo e a sangue, tanto na Prússia, como na Lituânia e em toda a região. Sem poupar nem mesmo seus benfeitores poloneses, embora fossem estes igualmente cristãos.[2076]

A discussão se colocou no eco da batalha de Tannenberg, perto de Grünwald, em 1410, a respeito de ser lícito aliar-se a não-cristãos contra outro povo cristão. A união entre a Polônia e a Lituânia somente ocorreria em 1413 – depois da batalha e antes do concílio de Constança.

A argumentação desenvolvida no Concílio de Constança constitui apelo à consciência internacional e, ao mesmo tempo, ao sentimento de justiça, para todo o mundo cristão, tanto junto aos leigos, como aos clérigos. Os defensores da tradição da teocracia armada ainda eram numerosos.

A confrontação entre as teses acima, no Concílio de Constança, não somente abre discussão sobre o papel da cavalaria.[2077] Como também sobre os limites da convivência pacífica entre cristãos e não-cristãos. O que nos parece até hoje mais relevante foi trazer a indagação sobre a configuração e os limites de possível sociedade organizada, de alcance universal.

[2076] J. MOREAU-REIBEL (op. cit., 1950, loc. cit.); cita Jacques LENFANT, **Histoire du Concile de Constance** (Amsterdam: chez Pierre Humbert, nouvelle édition, 1727).

[2077] Interessante a análise de Stephen MORILLO, The 'age of cavalry' revisited (in **The circle of war in the Middle Ages**, ed. by Donald J. KAGAY and L. J. Andrew VILLALON, Woodbridge: The Boydell Press, 1999, p. 45-58, cit. p. 58), no sentido de que a predominância da cavalaria na Idade Média se deveu acima de tudo ao fato de que os 'estados' da época, com exceção da Itália e de Flandres, eram pobres demais para manterem exércitos permanentes com corpos de infantaria organizados, daí a relevância da atuação de cavaleiros. O que mudaria com o aumento da centralização e fortalecimento das finanças dos estados, a partir da era moderna – pondo fim à era da cavalaria: "The age of cavalry was really the age of bad infantry, and was a political, not a technological, phenomenon".

Duas grandes questões foram, assim, colocadas perante o Concílio de Constança: primeiro, se os 'pagãos' ou 'infiéis' também podem ter direitos; e a segunda, muito mais delicada, a de saber quais relações poderiam se estabelecer, do ponto de vista jurídico, entre o mundo cristão e os infiéis. As duas se complementam, porquanto ao reconhecer que tenham direitos, os infiéis poderiam fazer valer tais direitos, mesmo em relação a outros cristãos. Se os infiéis tem direitos, quem os violar, mesmo sendo cristão, seria, assim, o agressor. Daí, decorreria ser legítimo que cristãos e não-cristãos pudessem ser aliados.

A argumentação expendida foi tripla: primeiro, que do ponto de vista do direito natural, não se deve fazer a outros o que não queremos que nos façam; do ponto de vista do direito das gentes, os infiéis são reconhecidos como legítimos titulares de seus territórios, e de sua autonomia política; finalmente, em relação ao direito da sociedade humana, relações normais devem ser mantidas entre cristãos e infiéis. Estamos, assim, colocados no terreno da própria humanidade e do reconhecimento de uma sociedade interhumana.[2078]

Para fundamentar a concepção humanista e universalista da sociedade internacional e dos fundamentos desta, ao lado da concepção do direito natural, tiveram papel o direito romano e o direito canônico, os glosadores e pós-glosadores (*die Glossatoren und Kommentatoren*), até que, no início da era moderna se consolidassem as concepções do direito internacional que, sujeitas a maiores ou menores mudanças, alcançam os nossos tempos pós-modernos. O mesmo cinismo oportunista, que sustentaria que pactos válidos não poderiam ser celebrados com príncipes não cristãos responde, até os nossos dias, pelos desmandos que comprometem a existência e a operação eficiente de instituições e normas internacionais, dando guarida aos oportunismos confessionais os mais variados. Que se renovam e se multiplicam, em detrimento de concepções humanistas, tendentes a abranger o conjunto da humanidade, e reconhecer a todos os humanos a mesma dignidade e condição, indiferentemente de filiação confessional ou política específica!

Papel considerável desempenha a convicção da necessidade de *regulae juris* para a ordenação legítima do mundo: como fundamento do direito

[2078] J. MOREAU-REIBEL (op. cit., 1950, p. 530-532, cit. p. 531): "Nous sommes placés ici sur le terrain de l'humanité même et de la reconnaissance d'une société interhumaine."

internacional. Este se põe nos **Instrumentum pacis monasteriensis**, com a assinatura dos delegados imperiais e franceses, enquanto o **Instrumentum pacis osnabrugensis** conteria as assinaturas dos delegados imperiais e suecos, como configuração modernamente estruturada, na sequência e consequência do Congresso de Vestfália, a partir de 1648, quando se instaura sistema europeu de coordenação e regulação da convivência de poderes soberanos,[2079] todavia, reflexo do absolutismo reinante, considerando os príncipes e não os estados enquanto sujeitos de direito internacional, porquanto os príncipes poderiam dispor livremente de seus estados. Como ainda explanava GRÓCIO,[2080] descrevendo o direito internacional como 'aquele que se põe entre povos diversos, como entre os dirigentes dos povos' – *illud jus quod inter populos plures* ***aut populorum rectores*** *intercedit.*[2081]

A organização da convivência externa se pautará, quer pela força[2082] ou pelo direito, o direito internacional. Essa velha dicotomia existe desde a Antiguidade,[2083] e a resposta ainda parece oscilar.

[2079] Ver **Tratado** (tomo 8 – **Direito internacional além do paradigma vestfaliano**); Alfred Von VERDROSS e Bruno SIMMA (op. cit., ed. 1981, p. 40-41): "Den Abschluss dieses langen Umwandlungsprozesses (...) bildet der erste europäische Staatenkongress von Osnabrück und Munster, der am 24. Oktober 1648 durch den aus zwei Friedeninstrumenten bestehenden Westfällischen Frieden abgeschlossen wurde."

[2080] Cfr. **Tratado** (tomo 7 – **Direito internacional no tempo de Hugo Grócio**, cap. 18); Hugo GRÓCIO, **O direito da guerra e da paz** (intr. Antonio Manuel HESPANHA, trad. de Ciro MIORANZA, do original **De jure belli ac pacis**, col. clássicos do direito internacional, Ijuí: Ed. Unijuí, 2004, 2 vols.); ___, ___ (edição facsimilar da tradução de Jean BARBEYRAC, "avec les notes de l'auteur même, qui n'avoient point encore paru en françois; & de nouvelles notes du traducteur", orig. publ. em Amsterdã, chez Pierre DUCOUP, 1724, Caen: Publications de l'Univ. de Caen, 1984, 2 tomos).

[2081] Hugo GRÓCIO (op. cit., ed. 2004, Prolegômenos, p. 33-65, n. 1): "esta parte do direito, porém, que intervém nas relações de muitos povos *ou de chefes de estado*, cujos preceitos são fundados sobre a própria natureza ou estabelecidos por leis divinas ou ainda introduzidos pelos costumes e por uma convenção tácita, poucos escritores tentaram entrar nesse campo, ninguém tentou até o presente fazer disso o objeto de um tratado completo e metódico. Semelhante trabalho interessaria, contudo, à humanidade."

[2082] C. H. M. WALDOCK, **The regulation of the use of force by individual states in international law** (RCADI, 1952, t. 81, p. 451-518); H. WEHBERG, **L'interdiction du recours à la force: le principe et les problèmes qui se posent** (RCADI, 1951, t. 78, p. 1-122).

[2083] Nesse sentido, veja-se o **Tratado** (tomo 3 A – **Direito internacional no tempo antigo**, esp. cap. e tomo 3 B – **Gregos, romanos, chineses, indianos**) sobre as oscilações entre

É perniciosa a medida na qual a guerra torna a moral lacaia da força,[2084] e, quando isso ocorre, fazia-se (1907) –[2085] como se faz, todavia – premente a necessidade de claro alinhamento dos estados, pelos princípios do direito internacional, e da igualdade jurídica dos estados.[2086] Sob pena de legitimar a força, como argumento último das relações internacionais.[2087] O risco existe e permanecem os seus efeitos, não obstante os avanços institucionais e normativos, realizados desde a altura em que Ruy BARBOSA desenvolvia as suas considerações, ainda ao tempo da Primeira guerra mundial.[2088]

Como outras, justamente, a Primeira guerra mundial se anunciava, pelas tensões acumuladas, muito antes de se ter desencadeado o conflito, já se apontava – *le fardeau écrasant de cette paix armée* – o peso dessa paz

sistemas hegemônicos e sistemas tendentes à busca da convivência organizada.

2084 Ruy BARBOSA, *Problemas de direito internacional* (conferência proferida na Faculdade de direito de Buenos Aires, em 14 de julho de 1916, orig. publ. Londres: Jas Truscott & Son. Ltda., 1916, reproduzido in Ruy BARBOSA, **A grande guerra**, Rio de Janeiro: Ed. Guanabara, 1932, tb. publ. Ruy BARBOSA, **Escritos e discursos seletos**, seleção, organização e notas de Virgínia C. de LACERDA, intr. geral Américo J. LACOMBE, João MANGABEIRA, Oswald de ANDRADE e Carlos CHIACCHIO, Rio de Janeiro: Aguilar, 1966, p. 81-123).

2085 Ruy BARBOSA, *La nouvelle Cour permanente d'arbitrage* (discurso proferido na segunda conferência de paz, na Haia, em 9 de outubro de 1907, orig. publ. in Mário de Lima BARBOSA, **Ruy Barbosa na política e na história**, Rio de Janeiro: Briguiet, 1916, tb. publ. Ruy BARBOSA, **Escritos e discursos seletos**, seleção, organização e notas de Virgínia C. de LACERDA, intr. geral Américo J. LACOMBE, João MANGABEIRA, Oswald de ANDRADE e Carlos CHIACCHIO, Rio de Janeiro: Aguilar, 1966, p. 71-81) insistira na igualdade jurídica dos estados, como fundamento do direito internacional.

2086 Cf. já considerava James B. SCOTT, **Le principe de l'égalité juridique dans les rapports internationaux** (RCADI, 1932, t. 42, p. 467-630).

2087 Observa Claude-Albert COLLIARD, *Égalité ou spécificité des états dans le droit international public actuel* (in **Mélanges offerts à Mr. le Doyen Louis TROTABAS**, Paris: L.G.D.J., 1970, p. 529-558, cit. p. 532): "L'égalité ainsi se combine avec la prise en considération d'inégalités fonctionnelles. / Le phénomène apparaît dans le cadre des organisations internationales, tant au plan des structures qu'au plan des mécanismes de déliberation. / L'égalité absolue des états ne peut exister autrement que sur un plan juridique, car il est bien évident que les états sont divers, et depuis longtemps, qu'il en est de grands et des petits, de riches et de pauvres, de puissants économiquement et de faibles."

2088 V. tb. R.SANDIFORD, **Évolution du droit de la guerre maritime et aérienne** (RCADI, 1939, t. 68, p. 555-686).

armada.[2089] A lição deveria ter sido meditada, antes que se dessem as catástrofes das duas guerras mundiais, como também se impõe atentar para os riscos, no contexto presente. Por razões não substancialmente diversas.

Pode-se entender a utilidade de existirem normas para reger a conduta recíproca dos estados *em* guerra,[2090] mas o problema da *legitimidade* da própria guerra sequer se coloca.[2091] Para este, ninguém ainda provou que, segundo o direito das gentes positivo, o princípio do respeito do território estrangeiro se apague, diante de qualquer guerra: "tal interpretação não poderia ser aceita, na falta de disposição expressa, pois esta conduziria à consequência absurda que as violações de pouca importância do território estrangeiro pareceriam estritamente proibidas, enquanto qualquer agressão hostil[2092] deveria ser tolerada".[2093] O princípio do respeito do território

[2089] Eugène VERON, "Introduction" a J. NOVICOW, **La politique internationale** (Paris: Felix Alcan, 1886, cit. p. XXVI e p. XXII) apontava, nesse texto de 1886, os riscos do que poderia vir: "Non, malgré toutes les leçons de l'histoire, malgré les démonstrations de l'expérience, en dépit de toute morale et de tout droit, l'Allemagne, la Russie, l'Autriche, la Prusse, l'Angleterre, la Turquie, en opprimant l'Alsace-Lorraine, la Pologne, la Bohême, l'Irlande, les populations diverses des Balkans, persisteront à laisser peser sur l'avenir la menace incessante de la plus formidable des guerres, provoquée par l'explosion des haines accumulées, d'un bout à l'autre du continent. Et ce qu'il y a de pire, c'est que tous savent bien que cette revanche des nationalités est inévitable; nul n'ignore que d'ici là l'absence seule de sécurité suffira pour infliger à tous les peuples de cruelles souffrances."

[2090] A.VERDROSS, **Règles générales du droit international de la paix** (RCADI, 1929, t. 30, p. 271-518).

[2091] A. GARDOT, **Le droit de la guerre dans l'oeuvre des capitaines français du XVIe. siècle** (RCADI, 1948, t. 72, p. 393-540).

[2092] W. KOMARNICKI, **La définition de l'agresseur dans le droit international moderne** (RCADI, 1949, t. 75, p. 1-114); S. M. SCHWEBEL, **Aggression, intervention and self-defense in modern international law** (RCADI, 1972, t. 136, p. 411-498); J. ZOUREK, **La définition de l'agression et le droit international: développements récents de la question** (RCADI, 1957, t. 92, p. 755-860).

[2093] Bengt BROMS, **The definition of aggression** (RCADI, 1977, t. 154, p. 299-399); Yoran DINSTEIN, **Guerra, agressão e legítima defesa** (do original **War, aggression and self-defence** © 1988, 3ª. ed. inglesa 2001, trad. Mauro Raposo de MELLO, rev. de Guilherme de Assis ALMEIDA, Barueri: Manole, 3ª ed., 2004); John FISCHER WILLIAMS, **La convention pour l'assistance financière aux états victimes d'agression** (RCADI, 1930, t. 34, p. 77-176).

estrangeiro deixaria, assim, de ser aplicável no caso da mais grave violação do bem, protegido por essa norma fundamental.[2094]

Visto tal exceção geral não estar fundada no direito internacional positivo, o princípio do respeito das esferas territoriais estrangeiras permanece válido, igualmente para as agressões hostis, considerando não existirem regras especiais, que permitam, excepcionalmente, violar o território de outros estados. Daí, resulta que a guerra, para ser legítima,[2095] em direito internacional comum, deve sempre se fundar em título jurídico: "a legitimidade da guerra pressupõe, assim, sempre um ato contrário ao direito, cometido pelo estado, contra o qual esta guerra é dirigida".[2096]

A matéria teve considerável evolução.[2097] Logicamente, será necessário ter clareza com relação aos limites da 'legítima defesa', para se deduzir adequada definição de agressão.[2098]

A tese, já desenvolvida pelos expoentes clássicos da disciplina, e reconhecida pela grande maioria dos publicistas mais qualificados, foi novamente defendida, após a Primeira guerra mundial: "a guerra e o ordenamento de direito internacional público"[2099] comprovaria que o

[2094] A. VERDROSS (op. cit., 1929, § 81 'guerre', p. 496-503, cit. p. 497, *supra*, e a seguir, p. 496): "La doctrine combattue par nous renverse donc le fardeau de la preuve, si, pour défendre la légitimité de la guerre, elle exige la démonstration de l'existence de règles spéciales limitant la liberté des états en cette matière, au lieu de se demander si, et dans quelle mesure, le principe généralement accepté du respect du territoire étranger souffre des exceptions."

[2095] A. GARDOT, **Le droit de la guerre dans l'oeuvre des capitaines français du XVIe siècle** (RCADI, 1948, t. 72, p. 393-540).

[2096] A. VERDROSS (op. cit., 1929, § 81 'guerre', p. 496-503, cit. p. 497): "Le droit des gens ne contient pas de titres spéciaux qui ne soient valables que pour la guerre comme telle. Ces titres ont trait, au contraire, à *toutes* les catégories d'auto-protection par des moyens coercitifs. Une guerre, pour être licite en droit international commun, doit donc se baser, soit sur le titre de légitime défense, soit sur le même titre que l'on base aussi les représailles, à savoir sur le droit de contraindre un état coupable d'un délit international à le réparer."

[2097] R. SANDIFORD, **Évolution du droit de la guerre maritime et aérienne** (RCADI, 1939, t. 68, p. 555-686).

[2098] Bengt BROMS, **The definition of aggression** (RCADI, 1977, t. 154, p. 299-400).

[2099] A. VERDROSS (op. cit., 1929, loc. cit.): "À cote de la vieille distinction entre les guerres justes et injustes, le Pacte a introduit une *nouvelle* catégorie de guerres interdites"; P. B. CASELLA, **Tratado de Versalhes na história do direito internacional** (São Paulo: Quartier Latin, 2007, Parte I – Pacto da Sociedade das Nações, p. 67-76).

direito das gentes consuetudinário[2100] corresponde também à doutrina clássica sobre a legitimidade da guerra.

Esta tese já se encontra, igualmente, na base do **Pacto** da Sociedade das Nações, cujo art. 15, al. 7ª, partia da ideia de que uma guerra, não proibida pelo Pacto, e, portanto, regida pelo direito internacional comum, somente seria permitida se o estado, que a ela recorre, a "julga necessária para a proteção do direito e da justiça". O **Pacto** determinava, assim, a exclusão, mesmo das guerras não empreendidas em violação do mesmo: que a teoria moderna analisava.[2101]

A inovação, trazida ao direito internacional positivo, pelo **Pacto** da Sociedade das Nações, em 1919, vai além da distinção clássica entre guerras *justas* e *injustas*, e põe passo adicional: proibindo mesmo as guerras de auto proteção,. caso as partes em litígio violem disposições relativas aos meios pacíficos de solução de controvérsias. À distinção *material* – entre guerras justas e injustas – acresceu-se, após o advento do sistema da Sociedade das Nações, a distinção baseada em critério *formal*.[2102]

Da mesma forma, qualquer guerra, empreendida em violação de laudo arbitral ou de sentença judicial, já era, anteriormente, proibida pelo direito internacional comum, pois se tratava aí de guerra injusta, porquanto guerra que não serviria para a "proteção do direito e da justiça".

[2100] Sobre o conceito e desdobramentos de direito internacional consuetudinário, ver Brian D. LEPARD, **Customary international law** – a new theory with practical applications (Cambridge: Univ. Press, 2010).

[2101] A.VERDROSS (op. cit., 1929, loc. cit.), e antes dele, Leo STRISOWER (1857-1931), **Der Krieg und die Völkerrechtsordnung** (Viena: Manz, 1919 – disponível on line); L. STRISOWER, **L'exterritorialité et ses principales applications** (RCADI, 1923, t. 1, p. 229-288); v. tb. Ihor ZEMAN, Die völkerrechtliche Tätigkeit von Leo Strisower und sein Einfluss auf Hans Kelsen, Alfred Verdross und Hersch Lauterpacht (ZöR – Zeitschrift für öffentliches Recht – Journal of Public Law, Band 73, Heft 2, Juni 2018, p. 373-396).

[2102] A.VERDROSS (op. cit., 1929, p. 498): "Cette nouvelle catégorie englobe les guerres d'auto-protection, commencées avant l'expiration d'un délai de trois mois après la décision arbitrale ou judiciaire ou le rapport du Conseil (art. 12, al. 1 du Pacte) ainsi que les guerres, intervenant même après ce terme, contre une partie qui se conforme aux conclusions du rapport du Conseil accepté à l'unanimité (art. 15, al. 6 du Pacte), ou aux conclusions du rapport de l'Assemblée accepté par les membres du Conseil et la majorité des autres membres de la Société (art. 15, al. 10 du Pacte)."

Da mesma forma, as agressões[2103] dirigidas contra a integridade territorial e a independência política de outros estados, membros da Sociedade – como previa o art. 10º do **Pacto**, era claro, no sentido de tais atos violarem a competência internacional de estados estrangeiros. E, portanto, jamais poderiam servir para a proteção de direitos, conferidos aos estados, pelo direito das gentes.

Como cabia ao Conselho decidir as questões em conformidade e com base no direito internacional, tinha este a obrigação de recomendar as soluções que entendesse conformes à lei internacional, as mais equitativas e as mais apropriadas ao caso, nos termos do art. 15, al. 4 do **Pacto**. Tal interpretação era corroborada pelo fato de que tal decisão do Conselho somente poderia ser adotada, conforme o princípio geral, por unanimidade.[2104]

Entre as duas guerras mundiais, assim, já existia sistema institucional e normativo internacional que permitia tipificar o recurso à guerra como ilícito internacional.[2105] Considerável evolução pode ser registrada, ao menos na perspectiva do direito internacional pós-moderno, em relação à fundamentação da guerra.[2106] Mesmo antes do advento do **Pacto de Paris**, de 1928, por meio do qual se condena o recurso à guerra, como meio de solução de controvérsias internacionais, e os estados contratantes, nos termos do art. 1º, "a esta renunciavam, como instrumento de política nacional, nas suas relações recíprocas".[2107]

[2103] W. KOMARNICKI, **La définition de l'agresseur dans le droit international moderne** (RCADI, 1949, t. 75, p. 1-114); J. ZOUREK, **La définition de l'agression et le droit international**: développements récents de la question (RCADI, 1957, t. 92, p. 755-860).

[2104] A.VERDROSS (op. cit., 1929, p. 499): "Après la mise en vigueur du **Pacte**, l'évolution progressive du droit des gens a développé des règles ultérieures limitant de nouveau le droit des états de recourir à une guerre d'auto-protection."

[2105] A. GARDOT, **Le droit de la guerre dans l'oeuvre des capitaines français du XVIe. siècle** (RCADI, 1948, t. 72, p. 393-540); R.SANDIFORD, **Évolution du droit de la guerre maritime et aérienne** (RCADI, 1939, t. 68, p. 555-686).

[2106] ONUMA Yasuaki, **A normative approach to war** – peace, war and justice in Hugo Grotius (Oxford: Clarendon Press, 1993); ___, **A Transcivilizational Perspective on International Law** (RCADI, 2009, vol. 342; tb. publ. Haia: AIL-Pocket, 2010).

[2107] Aristide BRIAND, em 27 de agosto de 1928, por ocasião da assinatura do Pacto de Paris, assim se pronunciou: "La guerre est répudiée sans réserves, en tant qu'instrument de politique nationale, c'est-à-dire, dans sa forme la plus spécifique et la plus redoutable – la guerre égoïste et volontaire". Cfr. A. VERDROSS (op. cit., 1929, p. 501-502): "Cependant pour atteindre ce but, il me semble clair que, d'une part, il faut développer encore la procédure

A respeito do **Pacto de Paris**, de 1928, teve ocasião de manifestar-se o então consultor jurídico do Itamaraty, Clovis BEVILAQUA (1934):[2108]

> Não vejo que consideração, no estado atual da evolução política, possa-se opor à adesão do Brasil a essa proscrição da guerra 'egoísta e voluntária', para usar das palavras de BRIAND. Certamente, toda nação reserva para si o direito de defender o seu território, contra ataque ou invasão possível.[2109]

A configuração de restrição ao chamado "uso unilateral da força" será, ulteriormente, reforçada e institucionalizada, depois da Segunda guerra mundial, no sistema da ONU.[2110] Este, que sucede ao da Sociedade das Nações, a partir da **Carta** de San Francisco, de 1945, em seu capítulo VII, arts. 39 a 51.[2111]

Ao ponderar a respeito do direito internacional, então vigente, como "sistema jurídico em plena transformação, e que busca ainda a sua

pacifique, de manière que tous les différends puissent être tranchés définitivement par une autorité impartiale. [...] Il est d'autre part nécessaire de faire évoluer le droit des gens pour adapter ses règles aux besoins toujours variables de l'humanité. [...] Pour atteindre, en realité, le noble but proclamé par le Pacte KELLOGG, il me semble donc nécessaire de renouveller *continuellement* le droit international public général et particulier, conformément aux règles de la justice prise dans un sens idéal."

2108 A. P. Cachapuz de MEDEIROS (org.), **Pareceres dos consultores jurídicos do Itamaraty**: vol. II – pareceres de Clóvis BEVILAQUA (1913-1934, pref. de Zuleika LINTZ, Brasília: Senado Federal, 2000).

2109 Clóvis BEVILAQUA, *Parecer de 8 de março de 1934* (Pacto KELLOGG) (ed. cit., 2000, p. 621-622): "Aliás para que a renúncia da guerra seja eficaz, é necessário que também se reduzam os armamentos ao mínimo indispensável, e que as nações usem dos processos conducentes à segurança recíproca, à firmidão do regime da paz. É, porém, da mais alta conveniência dar esse passo importantíssimo, que o Pacto BRIAND-KELLOG traduz." E aduzia BEVILAQUA a seguir: "Quando fomos, há anos, convidados a aderir a esse Pacto, já firmado por diferentes governos, a Nação, melindrada, deu uma resposta algo displicente, pelo órgão do Ministro MANGABEIRA, que declarou não adiantar o Pacto ao que preceituava a nossa Constituição, art. 34, n. 11. Mas, agora, a situação internacional é outra, o movimento de adesão assumiu forma coletiva americana, e é de grande alcance para o nosso continente que o Brasil não hesite em dar forma definitiva à sua aceitação ao Pacto da paz."

2110 C. H. M. WALDOCK, **The regulation of the use of force by individual states in international law** (RCADI, 1952, t. 81, p. 451-518); H. WEHBERG, **L'interdiction du recours à la force**: le principe et les problèmes qui se posent (RCADI, 1951, t. 78, p. 1-122).

2111 Para exame da matéria, v. **Fundamentos** (2008, esp. item XV – contingência e uso da força no direito internacional, p. 1137-1215) ao qual se remete, ante a impossibilidade de retomar extensamente a exposição, neste passo.

lógica",[2112] SCELLE deplorava a recrudescência da guerra, como então se prenunciava.[2113] A auto-atribuição da competência para punir o suposto autor de ameaça ou lesão a direito se tipifica criminalmente em direito interno – como exercício arbitrário das próprias razões – mas é recorrentre, no plano internacional. Mesmo quando os estados buscam excusas para atos ilegais que pratiquem. O que mostra o caráter incipiente da institucionalização do sistema internacional.

A seguir, passa-se a considerar a questão do possível enquadramento da guerrilha pelo direito internacional (11.7).

11.7. A guerrilha e o direito internacional

> 'guerrilha' é conceito vago, que abrange toda uma série de diferentes significados, que vão do combatente irregular, passando por uma forma específica de lutar, até um tipo específico de conflito armado. Não parece fácil apontar qualquer denominador comum. [...] Além disso, a definição dada dependerá do ângulo, a partir do qual o conceito é considerado: diferentes descrições emergirão, conforme o assunto seja focado do ponto de vista da ciência política, da história contemporânea, da ciência militar ou do direito da guerra.
>
> Frits KALSHOVEN (1972, ed. 2007)[2114]

2112 Georges SCELLE, **Théorie et pratique de la fonction exécutive en droit international** (RCADI, 1936, t. 55, p. 87-202, cit. p. 171): "Système juridique en pleine transformation et qui cherche encore sa logique."

2113 G. SCELLE (op. cit., 1936, p. 164): "Le recours à la guerre d'exécution du droit classique est ici infiniment plus grave que dans le cas précédent, puisqu'il correspond au droit de se faire justice à soi-même, après avoir jugé soi-même de la légitimité de sa cause. En droit interne, se faire justice à soi-même est une des violations les plus graves qui se puissent imaginer de l'ordre public, car c'est une *usurpation des compétences publiques* des agents juridictionnels et exécutifs. L'acte ne redevient licite, et encore dans des limites étroitement précisées, que lorsqu'il s'agit de repousser l'agression et de recourir à la légitime défense, qui n'est en fait qu'un succédané de l'action déficiente des autorités publiques. Le fait qu'une norme inverse ait pu s'établir dans l'ordre public international s'explique uniquement par l'absence d'institutions obligatoires de justice et de police, laissant le champ libre à la vengeance privée qui est la forme primitive du droit."

2114 Frits KALSHOVEN, **Reflections on the laws of war**: collected essays (Leiden: M. Nijhoff, 2007, cap. 20 – The position of guerrilla fighters under the Law of War, p. 467--495, cit. p. 468-469, orig. publ. na *Revue de droit pénal militaire et de droit de la guerre*, 1972,

> O debate a respeito do terrorismo, no curso dos últimos [...] anos, está em considerável medida desfocado, no sentido de que não existem, de um lado, 'algozes' e, de outro, 'vítimas', mas as culpas e responsabilidades [...] tem de ser partilhadas. Como tantas coisas humanas, a questão do terrorismo somente pode ser compreendida, se situada em contexto cultural e histórico, no qual se inscreve, como parte de todo mais amplo (e complexo).
>
> P. B. CASELLA (2006)[2115]

> Uma guerra de guerrilhas eficiente só é possível em países em que tais apelos podem ser feitos com bom êxito a uma alta porcentagem da população rural, numa grande proporção territorial do país.
>
> E. HOBSBAWM (1965, ed. 2005)[2116]

> Se o direito clássico está em vias de desaparecer, como fase histórica, este não foi abolido como método e visão.
>
> Charles CHAUMONT (1970)[2117]

Todo este capítulo do direito internacional ainda está para ser escrito, de modo consentâneo com as realidades da guerra no mundo atual – e isso vastamente foge ao escopo do presente trabalho, sobre o direito internacional medieval, apontando para o início da era moderna. Mas

vol. 11, p. 55-90) a seguir opta por considerar a matéria do ponto de vista dos guerrilheiros: "the viewpoint adopted here giver primary emphasis to the position of guerrilla fighters as irregular combatants and, consequently, to the humanitarian and military aspects of their status and mode of fighting." Ver tb. do mesmo F. KALSHOVEN (op, cit., 2007, cap. 21 – Guerrilla and Terrorism in Internal Armed Conflict, p. 497-509 e 22 – Guerrilla and Humanitarian Law: an Introduction, p. 511-519).

2115 P. B. CASELLA, **Direito internacional, terrorismo e aviação civil** (1986, São Paulo: Quartier Latin, 2006, Posfácio, p. 157-167, cit. p. 157).

2116 Eric HOBSBAWM, *O Vietnã e a dinâmica da guerra de guerrilhas* (orig. publ. in *The Nation*, em 1965, reunido no volume **Pessoas extraordinárias**: resistência, rebelião e jazz, do original **Uncommun people**, 1998, trad. Irene HIRSCH e Lólio L. de OLIVEIRA, São Paulo: Paz e Terra, 3ª ed., 2005, p. 289-303, cit. p. 292).

2117 Charles CHAUMONT, **Cours général de droit international public** (RCADI, 1970, t. 129, p. 333-528, cit. p. 345): "Si le droit classique est en voie de disparition comme phase historique, il n'est pas aboli comme méthode et vision."

não resisto a fazer comparação, que mostra uma paradoxal recorrência do uso da força e de atos de 'guerra', por parte de agentes não estatais. Algo pós-moderno...

Depois de considerar alguns aspectos do passado, no tocante às tentativas de enquadrar juridicamente a guerra, acontece na definição – teológica, jurídica e institucional – da guerra, ao longo da história, grande esforço no sentido da publicização da guerra: esta, para ser 'legítima' tem de ser decidida e conduzida pelos príncipes e pelos 'poderes públicos', com as formalidades necessárias, para que possa ser guerra 'válida'; que depois se poderia considerar ser ou não 'guerra justa'; e mesmo, em alguns casos, como se viu, pretender-se alçar à dignidade de uma 'guerra santa'.[2118]

Se situar a guerra – digamos, 'clássica' – já é tarefa complexa, esse quadro se torna ainda mais incerto, em relação ao direito internacional, em se tratando da recorrência do uso da força e de atos de guerra, sob a forma de 'guerrilha' (originalmente, *guerrilla* = pequena guerra).[2119] É dado central que a definição "dependerá do ângulo, a partir do qual o conceito é considerado: diferentes descrições emergirão, conforme o assunto seja focado do ponto de vista da ciência política, da história contemporânea, da ciência militar ou do direito da guerra".[2120] Contudo, apesar de complexo e incerto, pode ser útil, ainda que aqui isso se faça de modo breve e tão somente ilustrativo, como menção ao impacto do tempo histórico e do contexto cultural, na distinção entre a guerra pública e as demais modalidades de guerra – problema de longa data enfrentado – acrescido da dificuldade de enquadramento de todas essas categorias de

[2118] Cf. especialmente os itens 11.1 – cristianizar a guerra?, 11.2 – guerra justa e guerra santa: entre jihad e cruzadas e 11.3 – herança antiga e medieval na concepção moderna da guerra.

[2119] Cfr. **Diccionario de uso del español actual** (proyecto editorial y dirección Concepción MALDONADO González, prólogo de Gabriel GARCIA MARQUEZ, Madri: Ed. SM, 3ª ed., 1999, cit. p. 908): "**guerrilla** s.f. Grupo de personas armadas no pertenecientes al ejército que, al mando de un jefe particular y aprovechando su conocimiento del terreno y su facilidad de maniobra, luchan contra el enemigo mediante ataques por sorpresa: *Durante la guerra de la independencia, los españoles se organizaran en guerrillas para luchar contra los ejércitos de NAPOLEÓN.*"

[2120] F. KALSHOVEN, **Reflections on the laws of war** (op. cit., 2007, cap. 20 – The position of guerrilla fighters under the Law of War, loc. cit.).

guerra irregular e de seus combatentes, também irregulares, não aceitas pelo direito internacional clássico, logicamente, mas ainda, também, dificilmente enquadradas nos parâmetros do direito internacional, no contexto pós-moderno.

Como o terrorismo,[2121] a guerrilha não é fenômeno de hoje: "pertence a todas as épocas, embora frequentemente ingresse na história com nomes diferentes: resistência, inssurreição, guerra de libertação nacional, são termos que imediatamente nos ocorrem".[2122]

> Mesmo se nos limitarmos aos últimos cinquenta anos, as instâncias a serem mencionadas incluem a Guerra civil espanhola, a resistência contra as forças alemãs de ocupação, em vários países da Europa, durante a Segunda guerra mundial, a longa série de guerras de libertação nacional, durante o processo de descolonização, os conflitos pós-coloniais em diversos estados recém independentes, na África e na Ásia, bem como os processos revolucionários na América central e do sul.[2123]

Como visto, neste capítulo, houve toda uma linha de autores – medievais, modernos e clássicos – em direito internacional, que se viram às voltas com o fenômeno da guerra e da indispensável delimitação desta. A guerra propriamente dita, aquela que se faz mediante prévia e formal declaração, conduzida "entre príncipes soberanos". Em contraposição às modalidades, por assim dizer, não regulamentares, a violência privada, as revoltas populares – que depois de insufladas e desencadeadas, tornam-se incontroláveis – dentre todas as formas de uso da força e das armas, que a igreja e os poderes públicos tentaram canalizar para fora das sociedades. Como ilustram as cruzadas – contra os 'infiéis' islâmicos, na Terra Santa ou na Reconquista ibérica – contra os hereges – cátaros ou albigenses, hussitas e outros – ou, ainda, contra os pagãos – prussianos e lituanos – para morrerem lutando ou aceitarem ser 'cristianizados' – o que não deixa

[2121] Cfr. P. B. CASELLA, **Direito internacional, terrorismo e aviação civil** (op. cit., 2006).

[2122] F. KALSHOVEN, **Reflections on the laws of war** (op. cit., 2007, cap. 22 - Guerrilla and Humanitarian Law: an Introduction, p. 511-519, originalmente apresentado no *International Symposium of the Red Cross on Guerrilla and International Humanitarian Law*, em Antuérpia, 2-3 de fevereiro de 1984, e publicado nos **Proceedings of the Symposium**, p. 23-34).

[2123] F. KALSHOVEN (op. cit., 2007, cap. 21, cit. p. 511).

de ser retomado, no tempo colonial – sob alegação de ser o "fardo do homem branco", levar a outros povos os três ou quatro "C": cristianismo, civilização, comércio e, também, claro, a conquista.[2124]

Consolidar categorias legalmente aceitáveis de guerra traz a consequente desqualificação de outras modalidades, como 'bandidagem', ou atos intrinsecamente 'fora da lei' – o que pode ter sido útil, até certo ponto – e como violentamente argumentava AYALA, negando aos 'rebeldes', qualquer direito ou dignidade.[2125] O que poderia ser sustentado, do ponto de vista de oficial encarregado de defender a ocupação espanhola, mas, certamente, não seria consentâneo com o ponto de vista dos flamengos, que lutavam 'pela libertação nacional', contra a opressão das forças estrangeiras de ocupação.[2126] Os flamengos, antigos colonizados, depois se tornaram ferrenhos colonizadores – como também os estadunidenses, antigos colonizados, depois acirrados colonizadores,[2127] e que perduram nesse papel até hoje.

Todo esse modo 'clássico' de considerar os fenômenos da guerra e do uso da força, como prerrogativa dos estados, deixa de fora o que constituem as assim chamadas "guerras irregulares".[2128] Ou seja, em

[2124] Cf. **Tratado** (tomos 14 a 17 – **Direito internacional no tempo do colonialismo**).

[2125] Cfr. item 11.6.1 – Balthazar AYALA (1548-1584).

[2126] Como considerado no **Tratado** (tomo 7 – **Direito internacional no tempo de Hugo Grócio**, item 18.1 – conflitos metropolitanos e aventuras coloniais holandesas: interlúdio no Brasil).

[2127] Cf. **Tratado** (tomos 14 a 17 – **Direito internacional no tempo do colonialismo**, cap. 3 – a colonização holandesa, cap. 4 – a colonização belga e cap. 9 – a colonização pelos Estados Unidos).

[2128] Gerard CHALIAND, **Les guerres irregulières** XXe-XXIe siècle – guérillas et terrorismes (Paris: Gallimard-Folio actuel 135, 2008); Yoram DINSTEIN, **Guerra, agressão e legítima defesa** (do original **War, agression and self-defense**, 1988, trad. Mauro R. de MELLO, rev. Guilherme A. de ALMEIDA, Barueri, SP: Manole, 2004); Christine GRAY, **International law and the use of force** (Oxford: Univ. Press, 3rd ed., 2008); Leslie C. GREEN, **The contemporary law of armed conflict** (Manchester: Univ. Press – Juris Publishing, 1st. publ., 1993, 3rd. ed., 2008, esp. chap. 19 – The law and non-international conflicts, p. 343-370); Christian SAINT-ÉTIENNE, **Guerre et paix au XXIe siècle** –Comprendre le monde de demain (Paris: François Bourin, 2010); Hew STRACHAN & Sibylle SCHEIPERS (ed. by), **The changing character of war** (Oxford: Univ. Press, 2011).

casos extremos, "existem princípios jurídicos, aplicáveis ao uso ilegal da força?"[2129] Em sentido semelhante:[2130]

> Os termos 'guerrilha' e 'terrorismo' são usados tão frequentemente por jornalistas, comentadores e políticos, em tempos recentes, que se tornaram expressões familiares (*household words*). Contudo, esses termos não adquiriram qualquer significado preciso, em razão desse uso diário, que nos permita determinar, com algum grau de certeza, se determinado ato entra na categoria de guerra de guerrilha (*guerrilla warfare*) ou de terrorismo. A opinião geral é no sentido de ser 'guerrilha' usado popularmente como sinônimo dos 'mocinhos' (*the good guys*), enquanto terrorismo se refere às ações dos 'bandidos' (*the bad guys*). Essa distinção depende do lado com o qual cada um simpatiza. A distinção popular é, assim, particularmente inapropriada para o nosso propósito de estabelecer como descobrir se existem distinções legais entre guerrilha e terrorismo, no contexto das normas de direito internacional humanitário, aplicáveis a conflitos armados não-internacionais.[2131]

No sentido de regulação progressiva do uso da força armada pelo direito internacional pós-moderno se põe o desafio de colocar parâmetros jurídicos para a guerrilha e para o terrorismo. No direito internacional tradicional, estritamente interestatal, a matéria se colocaria de modo transverso e pouco efetivas se mostraram as tentativas de regulação jurídica eficaz.

No século XX, – e prossegue no atual século – "três fatores ganharam as guerras convencionais": "maiores reservas de efetivo humano, maior potencial industrial e um sistema de administração civil racionalmente

[2129] Como examina Thomas M. FRANCK, *In extremis*: are there legal principles applicable to the illegal use of force? (no vol. **Man's inhumanity to man** – Essays on international law in honour of Antonio Cassese, ed. by LAL Chand Vohrah, Fausto POCAR, Yvonne FEATHERSTONE, Olivier FOURMY, Christine GRAHAM, John HOCKING and Nicholas ROBSON, The Hague: Kluwer Law International, 2003, p. 309-351).

[2130] Frits KALSHOVEN, **Reflections on the laws of war**: collected essays (Leiden: M. Nijhoff, 2007, cap. 21 – Guerrilla and Terrorism in Internal Armed Conflict, já ref., p. 497-509).

[2131] F. KALSHOVEN (op. cit., 2007, cap. 21, cit. p. 497).

funcional".[2132] A lição que se poderia tirar da guerra do Vietnã – 1961-1975, em tragédia épica que, na verdade, estende-se por trinta anos, 1945-1975 –[2133] seria o sentido da impossibilidade de que o segundo desses fatores (maior potencial industrial) compensasse o primeiro (maiores reservas de efetivo humano).[2134]

No Vietnã, nos anos 1960, os Estados Unidos "ficaram gravemente abalados ao descobrirem que novo método de ganhar guerras foi desenvolvido em nossa época, e este supera a organização e o poder industrial das operações militares convencionais. Trata-se da guerra de guerrilhas".[2135]

E surge a necessidade de regular a nova dimensão que adquirem os conflitos armados, quando, em lugar de exércitos convencionais, defrontando-se de modo convencional, põe-se o desafio de enfrentar inimigo que utilize métodos não convencionais de luta armada. Como?

2132 Eric HOBSBAWM, *O Vietnã e a dinâmica da guerra de guerrilhas* (orig. publ. in *The Nation*, em 1965, reunido no volume **Pessoas extraordinárias**: resistência, rebelião e jazz, do original **Uncommun people**, 1998, trad. Irene HIRSCH e Lólio L. de OLIVEIRA, São Paulo: Paz e Terra, 3ª ed., 2005, p. 289-303).

2133 Max HASTINGS, **Vietnã: uma tragédia épica 1945-1975** (orig. publ. **Vietnam: an epic tragedy, 1945-1975**, 2018, trad. Berilo VARGAS, Rio de Janeiro: Intrínseca, 2021, Introdução, p. 19-25, cit. p. 19): "A luta pelo Vietnã – um país pobre do Sudeste asiático do tamanho da Califórnia que abrange montanhas, florestas e arrozais que encantam os turistas do século XXI –, mas que não agradaram aos combatentes ocidentais do século XX, durou três décadas e custou algo entre duas e três milhões de vidas."

2134 E. HOBSBAWM (art. cit., 1965, ed. cit., 2005, p. 289): "A estratégio dos Estados Unidos, nas duas últimas décadas se baseou na esperança de que o segundo desses fatores (no qual eles são superiores) compensasse o primeiro, no qual se acreditava que a URSS tivesse uma pequena vantagem. Esta teoria fundamenta-se num cálculo errôneo da época, desde que a única guerra previsível era contra a Rússia, uma vez que as potências do Pacto de Varsóvia não tem população maior que a da OTAN."

2135 E. HOBSBAWM (art. cit., 1965, ed. cit., 2005, p. 290): "o número de Golias que tem sido derrubados pelos estilingues dos Davis já é impressionante: os japoneses na China, os alemães na Iugoslávia na época da guerra, os ingleses em Israel, os franceses na Indochina e na Argélia. Atualmente, os próprios Estados Unidos estão sendo submetidos ao mesmo tratamento no Vietnã do Sul. Daí as angustiadas tentativas de lançar bombas e mais bombas contra homens pequenos, escondidos atrás de árvores, ou de descobrir a mágica (por certo deve haver uma...), que permite aos poucos milhares de camponeses mal armados conter o maior poderio militar da terra. Daí também a simples recusa em acreditar que possa ser assim."

> As operações do tipo guerrilha não são um fenômeno novo. Qualquer sociedade camponesa tem seu bandido generoso ou 'Robin Hood', que 'toma dos ricos para dar aos pobres' e escapa de todas as grosseiras ciladas de soldados e policiais até ser traído. [...]
> Tanto a realidade quanto a lenda existem em nossos dias, da China ao Peru, literalmente. Assim como os recursos militares dos bandidos, os dos guerrilheiros são os óbvios: armamentos elementares, reforçados por conhecimento detalhado do terreno difícil e inacessível, mobilidade, resistência física superior à de seus perseguidores, mas acima de tudo, uma recusa em lutar nos termos do inimigo, isto é, como força concentrada, frente a frente.[2136]

Aí se põe a principal diferença entre a forma antiga – cujos objetivos militares eram extremamente modestos e limitados – e a guerrilha pós-moderna. Outro dado, a ser ressaltado, é o fato de que "praticamente todas as guerrilhas existentes foram ideologicamente conservadoras, ainda que socialmente rebeldes" e desse modo: "A novidade da moderna guerra de guerrilhas, portanto, não é tanto de natureza militar".[2137]

No tocante à extensão dos objetivos militares:

> A prova de fogo de um grupo guerrilheiro surge quando ele se propõe a tarefas ambiciosas como a derrubada de um regime político ou a expulsão de uma força regular de ocupação, e especialmente quando se dispõe a fazê-lo não em algum canto remoto do país (a zona 'liberta'), mas em todo um território nacional.[2138]

2136 E. HOBSBAWM (art. cit., 1965, ed. cit., 2005, pp. 290-291): "Mas o principal recurso da guerrilha não é militar e sem ele torna-se indefesa: deve ter a simpatia e o apoio, ativo e passivo, da população local. Qualquer Robin Hood que os perca está morto, e assim também qualquer guerrilheiro. Todo livro texto sobre a guerra de guerrilha começa assinalando isto – que é algo que a instrução militar 'contrainsurrecional' não pode ensinar."

2137 E. HOBSBAWM (art. cit., 1965, ed. cit., 2005, pp. 291-292).

2138 E. HOBSBAWM (art. cit., 1965, ed. cit., 2005, p. 291): "Até princípios do século XX, dificilmente quaisquer movimentos guerrilheiros enfrentaram essa prova [...] As ações guerrilheiras desempenharam, algumas vezes, significativo papel em guerras modernas de envergadura, seja como um fator exclusivo em condições excepcionalmente favoráveis, como no caso dos tiroleses contra os franceses em 1809, ou mais comumente como auxiliares de forças regulares – durante as guerras napoleônicas, por exemplo, ou em nosso século [XX], na Espanha e na Rússia". V.tb. Vaios KOUTROULIS, **Le début et la fin de l'application du droit de l'occupation** (Paris: Pedone, 2010).

A relativa ineficácia dos resultados marginais de tais ações pode ter sido uma razão pela qual os estrategistas militares negligenciaram a questão da guerrilha, até o século XX. Mas, este fenômeno, inaugurado em larga escala contra a ocupação militar no Vietnã, nos anos sessenta e setenta, multiplicou-se.

Isso se deu, também, pela resistência no Afeganistão, primeiro contra a União soviética, até a saída destes, no final dos anos setenta e, a partir de 2001, contra os Estados Unidos e alguns aliados destes, depois de vinte anos, terminando em fiasco, e retirada às pressas dos contingentes militares, abandonando seus colaboradores autóctones à vingança dos talibãs. Do mesmo modo, produziu-se contra a ocupação dos Estados Unidos, no Iraque, por mais de uma década, a partir de 2003. Como também se vê na resistência palestina à ocupação israelense – que arrefece e recrudesce, há mais de setenta anos, e agrava-se, agora, com o governo de extrema direita em Israel.

> A novidade é política, e de duas espécies. Primeiro, são mais comuns hoje as situações em que as forças guerrilheiras podem contar com o apoio de massas em áreas amplamente diferenciadas de seu país.[2139]
> A segunda inovação política é a ampliação, não apenas do apoio aos guerrilheiros, mas da própria força guerrilheira, por partidos e movimentos de âmbito nacional e, às vezes, internacional.[2140]

Em suma, "os povos oprimidos não desejam apenas melhorias econômicas".[2141] Como exemplificaram os ingleses, expulsos da

[2139] E. HOBSBAWM (art. cit., 1965, ed. cit., 2005, p. 292), referido em epígrafe: "uma guerra de guerrilhas eficiente só é possível em países em que tais apelos podem ser feitos com bom êxito a uma alta porcentagem da população rural, numa grande proporção territorial do país."

[2140] E. HOBSBAWM (art. cit., 1965, ed. cit., 2005, p. 292-293): "A unidade guerrilheira não é mais um produto puramente local; é um corpo de quadros permanentes e móveis em torno do qual se articula a força local. Esses quadros a unem a outras unidades, até formar um 'exército guerrilheiro' capaz de desenvolver uma estratégia de âmbito nacional e de se transformar em um autêntico 'exército'."

[2141] E. HOBSBAWM (art. cit., 1965, ed. cit., 2005, p. 295): "Os movimentos insurrecionais de maior envergadura (destacando-se o vietnamita) são aqueles que combinam elementos sociais e nacionais. Um povo que deseja pão e *também* independência não pode ser contentado com uma mera distribuição de pão mais generosa."

Irlanda,[2142] depois da ação do movimento revolucionário irlandês, de 1916 a 1922.

A dimensão internacional dos movimentos guerrilheiros pós-modernos pode ser objeto de extensas considerações. Para descrever fenômenos como a guerrilha e o terrorismo, utilizam-se denominações como "guerras irregulares" ou mudança do perfil da guerra.[2143] Combinam-se, assim,

[2142] Thomas BARTLETT, **Ireland** – a History (orig. publ. 2010, Cambridge: Univ. Press, 6th printing, 2012, chap. 6 – The making of the two Irelands, 1914-1945, p. 377-467 e chap. 7 – Hubris and nemesis: the two Irelands, p. 468-579); Máire and Conor Cruise O'BRIEN, **Ireland** – a concise History (orig. publ. 1972, 3rd ed. rev., 1985, reprint 1999, esp. chap. 7 – The struggle for independence, p. 123-152 e chap. 8 – Self-goveernment, p. 153-176); Martin WALLACE, **A short History of Ireland** (orig. publ., 1973, Belfast: Appletree Press, 2008, esp. Modern Ireland – The civil war – Reconstruction – Fianna Fail – The Republic of Ireland – Northern Ireland, p. 102-116).

[2143] Consideradas, por exemplo, a discussão conceitual sobre o enquadramento jurídico do fenômeno em P. B. CASELLA, **Direito internacional, terrorismo e aviação civil** (São Paulo: Quartier Latin, 2006). Ver tb.: Jean BELIN, Sébastien-Yves LAURENT et Anne-Marie TOURNEPICHE (dir. de), **La conflictualité armée** – approches interdisciplinaires (Paris: Pedone, 2021); Luigi BONANATE, **Terrorismo internazionale** (Firenze: Giunti – Casterman, 1994); Gérard CHALIAND, **Les guerres irrégulières** (Paris: Gallimard, 2008); Olivier CORTEN, **Le droit contre la guerre – l'interdiction du recours à la force en droit international contemporain** (Paris: Pedone, 2008); René GIRARD, **Achever Clausewitz** (entretiens avec Benoît CHANTRE, orig. publ. 2007, éd. revue et augmentée, Paris: Flammarion – champs – essais, 2011, cit. p. 192): "CLAUSEWITZ nous aide à penser une accéleration de l'histoire, dont on peut craindre qu'elle nous mène vers le pire"; Victor Davis HANSON, **Le modèle occidental de la guerre** (orig. publ. **The Western way of war**, 1989, préface John KEEGAN, trad. Alain BILLAULT, Paris: Les belles lettres, 1990); Frits KALSHOVEN, **Reflections on the laws of war**: collected essays (Leiden: M. Nijhoff, 2007); LAL Chand Vohrah, Fausto POCAR, Yvonne FEATHERSTONE, Olivier FOURMY, Christine GRAHAM, John HOCKING and Nicholas ROBSON (ed. by), **Man's inhumanity to man** – Essays on international law in honour of Antonio Cassese (The Hague: Kluwer Law International, 2003); Henri LAURENS et Mireille DELMAS-MARTY (dir. de), **Terrorismes – histoire et droit** (Paris: CNRS Éd., 2010); Jean-François MATTÉI e Denis L. ROSENFELD (ed.), **O terror** (Rio de Janeiro: Zahar – Filosofia política, 2002); Stephen NATHANSON, **Terrorism and the ethics of war** (orig. publ. 2010, Cambridge: Univ. Press, 2011); Christian SAINT-ÉTIENNE, **Guerre et paix au XXIe siècle** – comprendre le monde de demain (Paris: François Burin, 2010); Hew STRACHAM e Sibylle SCHEIPERS (ed. by), **The changing character of war** (Oxford: Univ. Press, 2011); Anne-Marie TOURNEPICHE, Recours à la force et nouveaux enjeux de la conflictualité: réflexions sur l'évolution des liens entre *jus ad bellum et jus in bello* (in **Panser la guerre, penser la paix** – 2, Londres: Thames & Hudson, 3 Mélanges en l'honneur du professeur Rahim KHERAD, Paris: Pedone, 2021,

os elementos da internacionalidade da guerra clássica com a dimensão nova da complexidade da regulação pelo direito internacional dos movimentos guerrilheiros.

Com certeza, "problemas sociais não podem ser solucionados por meio de teorias jurídicas". Problemas, como as formulações teóricas, tem de ser situados no tempo histórico e contexto cultural: as premissas do direito internacional (clássico) têm de ser situadas em relação à época de sua formulação – e busca de soluções.[2144]

O fim do colonialismo e de grande parte da colonização justamente se assinalam pelo marco do ano 1960.[2145] A mudança do modelo[2146], em curso desde então, leva a um direito internacional mais consentâneo com o contexto pós-moderno: a mutação histórica precisa se fazer acompanhar de correspondente mutação de modelo institucional.[2147]

A multiplicação de estados independentes, nos quinze anos imediatamente seguintes à Segunda guerra mundial, exacerba as fraquezas e inconsistências do modelo clássico do direito internacional. Ao evidenciar a fragilidade do arcabouço anteriormente existente,[2148] sinaliza a

p. 289-298); Jeremy WALDRON, **Torture, terror and trade-offs** – Philosophy for the White House (orig. publ. 2010, Oxford: Univ. Press, 2012); Kenneth N. WALTZ, **O homem, o estado e a guerra** – uma análise teórica (orig. publ. **Man, the State and war** – a theoretical analyysis, 1954, trad. Adail U. SOBRAL, rev. Marina APPENZELLER, São Paulo: Martins Fontes, 2004).

2144 Martti KOSKENNIEMI, **The gentle civilizer of** nations: the rise and fall of international law (1870-1960) ("Hersch Lauterpacht Memorial Lectures", Cambridge: Univ. Press, 1st. published 2001, reprinted 2005, cit. p. 504): "solutions to social problems cannot be derived from legal theories".

2145 Jean CHARPENTIER, Autodétermination et décolonisation (in **Le droit des peuples à disposer d'eux-mêmes**: méthodes d'analyse du droit international – Mélanges offerts à Charles CHAUMONT, Paris: Pedone, 1984, p. 117-133).

2146 Robert CHARVIN, Le droit international tel qu'il a été enseigné: notes critiques de lecture des traités et manuels (1850-1950) (in **Le droit des peuples à disposer d'eux-mêmes**: méthodes d'analyse du droit international – Mélanges offerts à Charles CHAUMONT (Paris: Pedone, 1984, p. 135-159).

2147 Charles CHAUMONT, **Cours général de droit international public** (RCADI, 1970, t. 129, p. 333-528, cit. p. 345), já referido: "Si le droit classique est en voie de disparition comme phase historique, il n'est pas aboli comme méthode et vision."

2148 Cfr. **Tratado** (tomo 1 – **Direito internacional dos espaços**, cap. 6 – modos de aquisição e de perda de domínio do estado sobre o território, esp. item 6.1 – ocupação, p. 304-331, tomo 17 – **Direito internacional no tempo do colonialismo**, cap. 14 – crise do sistema e

necessidade de mudança, mas não necessariamente mostra o caminho para alcançar tais novas formulações. Tal como a inserção da guerrilha no direito internacional pós-moderno, ainda problemática e controvertida, dada a diversidade de categorias jurídicas.

Em suma, embora menos frequentemente considerados, entendo não se podem negligenciar as contribuições dos antigos tratadistas da guerra para a compreensão do direito internacional, tal como virá a ser estruturado depois. Algumas considerações formuladas por autores, como AYALA e BELLI, bem como outros, como LEGNANO, GENTILI e GRÓCIO, permanecem presentes[2149] e parecerão sobremodo atuais, no direito internacional posterior ao tempo de suas contribuições.

A guerra continua a ser o teste dos limites de qualquer sistema e qualquer tentativa de sistematização das normas de regulação da convivência entre seres, assim como entre sociedades. Toda tentativa de regular a guerra mediante o direito parece problemática e contingencial. Este fenômeno ainda assume contornos mais variados e acrescida complexidade, em nosso tempo.

O tema da guerra e sua relação com o direito internacional é extenso e complexo. Dificilmente se pode pretender dizer a respeito algo de novo, e mais ainda que possa vir a ter algum impacto sobre a prática.

Não se devem, contudo, menosprezar os esforços no sentido do aperfeiçoamento institucional do sistema internacional, seja na vertente dos princípios, como no plano dos procedimentos. E, esperar que tais progressos teóricos possam vir a ter alguma relevância e impacto sobre a guerra e as formas as mais variadas de uso da força nas relações internacionais. Como sensatamente foi afirmado

> Por definição, é impossível medir o impacto do direito internacional sobre a ausência de recurso ao uso da força ou analisar os conflitos que não ocorreram, mas a **Carta** da ONU – e os princípios que esta proclama – contribuíram e contribuem sempre para a regulação das relações

emergência da 'autodeterminação dos povos' como princípio basilar do direito internacional pós-moderno e tomo 20 – **Direito internacional, história e cultura**, item 3.4 – descolonização e desenvolvimento do direito de autodeterminação dos povos); Vaios KOUTROULIS, **Le début et la fin de l'application du droit de l'occupation** (Paris: Pedone, 2010).

[2149] Cf. **Tratado** (tomo 6 – **Direito internacional no tempo de Suárez, Gentili e Zouch**, bem como tomo 7 – **Direito internacional no tempo de Hugo Grócio**)..

internacionais. Da mesma forma, a difusão dos princípios do direito internacional humanitário e a necessidade de proteger as populações, ou de enquadrar os meios de combate, mostram-se enraizados na prática internacional. A permanência dos conflitos e sua evolução, reflexo da evolução da sociedade, não significam que o direito internacional seja ineficaz, mas que os esforços para o respeitar e o fazer respeitar devem ser incessantemente renovados.[2150]

Nesse sentido, pode ser relevante mostrar a importância das reflexões sobre a guerra e o direito da guerra, desde a origem do direito internacional. E essa vertente se desdobra ao longo dos séculos da evolução deste.

Não se deixe, tampouco, de fazer justiça aos dois tratadistas da guerra, que foram aqui especificamente considerados: Balthazar AYALA e Pierino BELLI – homens de seu tempo, um de família espanhola, nascido no que hoje é Bélgica, e o outro piemontês, no que hoje é Itália, ambos foram súditos da coroa espanhola e serviram CARLOS V e FILIPE II. Algumas vezes negligenciados, ou totalmente esquecidos, ambos tiveram o mérito de colocar a questão da guerra sob a ótica do direito, e desse modo, contribuíram para o desenvolvimento do direito internacional.[2151]

A seguir, pode-se passar às conclusões deste Direito internacional no tempo medieval.

[2150] Anne-Marie TOURNEPICHE, Recours à la force et nouveaux enjeux de la conflictualité: réflexions sur l'évolution des liens entre *jus ad bellum* et *jus in bello* (in **Panser la guerre, penser la paix** – Mélanges en l'honneur du professeur Rahim KHERAD, Paris: Pedone, 2021, p. 289-298, cit. p. 298).

[2151] Prossegue no **Tratado** (tomo 5 – **Direito internacional no tempo de Francisco de Vitória**, cap. 12), a linha condutora que pode ser designada como passando do *jus gentium, jus commune, jus europaeum* – ou o exame do modelo jurídico conceitual, no qual vem a se inscrever o direito internacional, como construção histórica e cultural, entre a teoria e a prática.

CONCLUSÕES

E pelo que, nós desejamos
Promover, enquanto vivermos,
Os eloquentes, que tem memória
Do tempo passado, e evitam
Que por erro ou negligência
Não pereça a história com
A fabricação de falsas notícias,
Queremos prover para que
Toda a verdade seja revelada

Eustache DESCHAMPS (séc. XIV, ed. 2015)[2152]

Sempre existe continuidade na história.

S. VEROSTA (1964)[2153]

2152 Eustache DESCHAMPS (ca. 1340-1405), Le prince de haulte éloquence [D'un beau dit de ceuls qui contreuvent nouvelles bourdes et mensonges] (in **Anthologie**, édition, traduction et présentation par Clotilde DAUPHANT, Paris: Le livre de poche – Coll. Lettres gothiques, 2015, N. 189 (MCCCCIV) vv. 187-195, p. 650-672, cit. p. 660-661): "Et par quoy, nous, qui desirons / Eslever tant com nous vivrons / Les eloquents qui ont memoire / Du temps passe, et que l'ystoire / Des nouvelles choses querir / Ne puist par no coulpe perir / Et par deffault de pourveance / Nous voulens pourveoir en ce / Par quoy tout puist estre avoiré".

2153 Stephan VEROSTA, **International Law in Europe and Western Asia between 100 and 650 A.D.** (RCADI 1964, t. 113, p. 485-620, Conclusion, p. 612): "There is always continuity in history."

Tem grande relevância a perspectiva medieval do direito internacional, para a compreensão dos desenvolvimentos conceituais e institucionais, que se produzem durante este longo tempo, cerca de um milênio, e estende-se entre a Antiguidade 'tardia' e o início da era 'moderna', durante o qual povos, culturas e línguas se configuram em novas facções e combinações. Os povos, culturas e línguas 'modernas', bem como 'estado moderno' e 'soberania', como as estruturas de sistema internacional surgem, alteram-se em contatos uns com os outros, reconfiguram-se várias vezes, no curso desses séculos.

Vasto e complexo conjunto, por todos os seus desdobramentos no tempo, no espaço e na cultura, a perspectiva medieval, contudo, como também ocorre em relação à Antiguidade,[2154] costuma menos frequentemente ser apresentada, diante da indagação se houve ou não 'direito internacional' no tempo 'medieval' – o que obviamente está fartamente documentado e comprovado – mas reaparece a dúvida, tendente à negação, diante da alegação da inocorrência de 'estado' e de 'soberania' – conceitos somente formulados no século XVI, respectivamente por N. MAQUIAVEL e J. BODIN.[2155] Sem os quais, segundo tal enfoque simplista, não havendo estado, não existiriam relações internacionais, nem tampouco direito internacional.

Obviamente sim, existiu e existe direito internacional, desde que se conservam registros da história escrita; e embora 'estado' e 'soberania' ainda não tivessem esses nomes, existem unidades políticas independentes e estas operam internamente e internacionalmente entre si, e alguns outros elementos, aqui apontados, sobejamente demonstram: tratados foram e são celebrados, relações diplomáticas e consulares foram e são praticadas, guerra e paz se sucedem – como desde a Antiguidade e continuam até nossos tempos pós-modernos.

[2154] No **Tratado** (tomos 3 A – **Direito internacional no tempo antigo** e 3 B – **Gregos, romanos, chineses e indianos**).

[2155] Como se examina no **Tratado** (tomo 5 – **Direito internacional no tempo de Francisco de Vitória**, cap. 13 – estado como sujeito de direito internacional: a contribuição de MAQUIAVEL e BODIN).

O direito internacional, desde suas origens[2156] até o momento pós-moderno, está intrinsecamente relacionado com o tempo histórico e contexto cultural no qual opera,[2157] como ademais qualquer criação humana. Tais relações e interações não são neutras nem unívocas: fazem-se cruzadas e interferem reciprocamente.

A contribuição medieval é variada e relevante para o direito internacional, não somente por ensaiar modelos de ordenação do 'sistema internacional' como ilustra e repercute, não somente no contexto europeu, a grande disputa pela primazia entre o império e o papado, onde nenhuma das duas instituições centralizadoras consegue fazer o mundo se colocar plenamente sob a sua imagem e modelo, desaguam no fracionamento e multipolarização, que serão tônica marcante do 'sistema internacional' dos séculos seguintes – e até hoje. O tempo medieval permite entender como surgem os elementos das eras moderna – séculos XV a XVIII – e clássica.

O tempo medieval também tem relevância e relação direta com o que virá depois, pelos desenvolvimentos no campo do direito da guerra e das tentativas de regulação jurídica desse flagelo da humanidade, que nos acompanha desde os mais remotos tempos passados e prossegue, em nossos dias, onde apesar de avanços e da juridização de algumas facetas dos conflitos armados, continuam a jogar a lei do mais forte e o uso da força, inclusive em flagrante violação das normas jurídicas internacionais vigentes, em guerra de agressão imotivada.

Sem o direito internacional no tempo medieval se corre o risco de cair em visões reducionistas, que enxergam somente os desenvolvimentos mais recentes e pretendem explicar o que se vê hoje, sem lembrar dos indispensáveis e numerosos séculos precedentes. E disso resultam visões distorcidas, tais como dizer que um sistema internacional surge somente com os tratados da paz de Vestfália, em 1648, ou que a proteção internacional de direitos fundamentais somente surja após os horrores da II guerra mundial e o advento da ONU. Embora sejam vozes

[2156] Cf. **Fundamentos** (2008) e ulteriormente em P. B. CASELLA, Negociação e conflito no direito internacional: cinco mil anos de registro da história (São Paulo: Revista. Fdusp, 2019, vol. 114, p. 185-230).

[2157] Cf. se considera no **Tratado** (tomo 20 – **Direito internacional, história e cultura**).

correntes, são afirmações que obviamente não se sustentam e não fazem sentido.[2158]

Os desenvolvimentos do direito internacional no tempo prosseguem.[2159] E, renovam-se, ao longo dos séculos seguintes.

[2158] Como se examina no **Tratado** (tomo 8 – **Direito internacional além do paradigma vestfaliano** e tomo 20 – **Direito internacional, história e cultura**, cap. 4 – papel da proteção internacional dos direitos fundamentais como fator de renovação e transformação do direito internacional).

[2159] Com o **Tratado** (tomo 5 – **Direito internacional no tempo de Francisco de Vitória**, tomo 6 – **Direito internacional no tempo de Suárez, Gentili e Zouch** e seguintes). As referências bibliográficas deste e do tomo seguinte se encontram no final do tomo 5.